石油替代综论

陈俊武　李春年　陈香生　编著

中国石化出版社

内 容 简 介

本书由陈俊武院士主持选定各章节的题目和内容并撰写主要章节。全书分为三大篇：资源篇系统介绍了石油和有可能替代石油的国内外资源状况；生产技术篇介绍由各种替代资源（包括煤、天然气、油页岩、油砂、生物质、核能、太阳能等）生产目前的石油化工产品（主要是油品、烯烃、芳烃、醇醚和氢气）及其他化学品的工艺和技术，不仅介绍工艺技术原理，还对工程技术和技术经济作了介绍和对比，展望了新的能源替代技术的应用推广前景，展示了石油能源替代的路线图；应用篇则介绍了不同交通运输工具的能耗与节能、非常具有替代前景的氢燃料的运输和储存、CO_2 的捕集与减排。最后一章专门对各种替代技术作了宏观的技术经济评估。

本书内容试图具有较广的工艺、工程、技术经济的涵盖面，便于读者查阅各种能源替代技术方面的资料。本书力求体现不同替代技术和资料的新颖性；不同替代技术的可能性与可行性；评估不同替代技术的技术经济性与现实性。

本书学术性和实用性强，具有一定的理论水平，读者对象是从事石油和石油化工行业、能源行业、化学行业的广大科技工作者和管理人员，包括教育、科研、设计、生产等方面的专业人员和大专院校学生。

图书在版编目（CIP）数据

石油替代综论/陈俊武，李春年，陈香生编著. —北京：中国石化出版社，2009（2021.4 重印）
ISBN 978-7-80229-924-5

Ⅰ.石… Ⅱ.①陈…②李…③陈… Ⅲ.能源开发-概论
Ⅳ.F206

中国版本图书馆 CIP 数据核字（2009）第 063329 号

中国石化出版社出版发行
地址：北京市东城区安定门外大街 58 号
邮编：100011　电话：(010)57512500
发行部电话：(010)57512575
http://www.sinopec-press.com
E-mail:press@sinopec.com
北京捷迅佳彩印刷有限公司印刷
全国各地新华书店经销
*
787×1092 毫米 16 开本 59.75 印张 1 插页 1506 千字
2009 年 5 月第 1 版　2021 年 4 月第 2 次印刷
定价：280.00 元

序 言

能源的广泛应用带动了国民经济的发展，促进了人类社会的进步。蒸汽机的发明与电力的应用使人们进入工业社会，使以煤炭为代表的化石能源取代了传统的薪柴能源。百余年来，伴随着石油工业和汽车工业的诞生，石油和天然气又逐步顶替了大部分煤炭而成为能源的主角。

作为方便使用的液体燃料，汽油、煤油和柴油普遍用于汽车、轮船、火车和飞机，成为日常需要的大宗运输燃料，给人们出行和货物运输带来极大便利。20世纪中期以石油和天然气为原料的一系列基本有机化工产品逐步取代了相应的煤化工产品，奠定了大规模合成塑料、合成纤维、合成橡胶、合成氨和合成洗涤剂工业的基石。从此油和天然气与人类现代生活产生了千丝万缕的联系，成为不可或缺的一类重要能源。

石油和天然气消费的迅速增长曾经是石油能源时代的标志。过去100年间，石油的年消费量已经跃升到近40亿吨，其中50%~60%是运输燃料。不少发达国家得益于廉价石油产生的巨大经济效益，因此也过分消费以致浪费了大量宝贵的石油资源。天然石油是由亿万年前沉积的生物遗骸在地层中适当生油条件、运移条件和封闭的储油条件下逐步演化而成的，其地质储量和可采储量十分有限。目前剩余可采储量难以精确估计，但根据许多大油田的发现速度、开采速度和产能变化曲线判断，如果按照消费量1.5%~2.0%的年递增速率，30~50年后可能达到产能的顶峰。2008年石油价格大起大落，从147美元/桶下滑到50美元/桶以下，全球金融危机和经济衰退是主要原因，并不改变原油资源不足的客观事实，“后石油时代”的降临只是个时间问题。

不容置疑，当前面临着能源更替的转折点，警钟已经敲响。人们不但要关注石油补充和替代的重大课题，而且应尽快采取措施。早已发现的非常规石油资源(特重油、油砂和油页岩)多数具备了技术上可行，开采、提炼的经济指标已基本合理的条件，完全可以使用已掌握的常规原油尤其是重油加工手段进行加工，补充部分常规石油的不足。

但是仅仅依靠非常规石油难以弥补逐年剧增的常规石油缺口，随之而来是石油产品的替代课题。从石油以外的一次能源出发，存在多种多样的替代方案。将天然气、煤、生物质等碳基能源转化为碳基液体燃料(石油烃和非烃醇、醚产品)是首选方案，它不需改动或仅少许变动既有的汽车发动机结构以及燃料的储存、运输和加注等社会基础设施，将节省大量资金。但转化效率低，导致一次能源消耗上升；而且燃料生产过程的碳排放较石油加工过程成倍增加（生物质原料例外）。以氢燃料为代表的非碳基运输燃料与燃料电池结合在理论上具有优越性——不仅节约能源，而且使用中不排放温室气体（燃料制造中排放温室气体视所用原料而异）。但是氢燃料和燃料电池汽车的使用对制造业和运输业是革命性的变革，需要很长的“过渡时间”，何况目前其经济指标远未符合设想的目标，不能列入当前重点石油替代方案。

在石油能源逐步更替的前夕，科学技术界提出了林林总总的替代方案，有些具备初步产业化的条件，有些正在开发，更多的处于研究阶段，还有一些则属于大胆的设想。总之这项大课题覆盖了很多的学科领域（物理学、化学、生物学、地质学、光电子学、生命科学、材料科学、环境科学……）、很广的技术专业（化学工程、催化、电力工程、机械工程、核工程……）、很深的知识层面（预测模型、基因科学……）和很大的行业范围（能源、制造、化工、农业……）。可以毫不夸张地认为这是一项跨学科、集大成的世界性课题，也是世纪性难题。

正因为如此，迄今有关这方面的著作往往侧重于某个领域，例如热门的煤化工领域和异军突起的生物燃料领域，涉及全面者尚不多见。但是在技术进步的较长过程中，客观存在此赶彼超的局面。如何确切把握各领域技术进步的动态信息，并及时进行对比和评估，不仅对于能源行业的主要决策人是必要的，而且对于政府有关部门的决策人也是有益的。以上思路构成了撰写本书的契机。

本书内容试图具有较广的涵盖面，便于读者查阅石油替代各方面的信息。努力体现下述特点：

（1）新颖性：力所能及地收集刊物和网络上发布的公开资料和若干内部资料，尽量介绍最新的信息（多数到2007年，少数到2008年，个别为2009年，尽量采用最近年份的统计数据）。

（2）可能性与可行性：正在研究中、开发中的有前景的技术和已经产业化的技术均择要介绍，并结合世情与国情适当评述。在本书末“总结和刍议”中综合阐述了作者的看法。

（3）可比性与现实性：除了介绍国外公开发表的技术经济对比资料外，也列举一些粗略的评估资料，还专门在第十六章归纳总结了不同替代技术路线的综合技术经济评估，以便读者在此基础上展开更细致和更有针对性的工作。

本书不包括石油地质勘探和油田开发方面所涉及的石油增储与增采的内容。

本书的编著者们分别撰写了以下章节：

陈俊武：第十二章至第十六章，总结和刍议，全书审定；

李春年：第一章至第十章，概述的初稿；

陈香生：概述，第十一章，第一章和第八章部分内容，全书校对。

本书编写和出版过程中得到了中国石化出版社黄志华和张正威先生及中国石化集团洛阳石油化工工程公司梁龙虎先生的大力支持和帮助，谨此致谢！

因编著者们的专业知识有限，本书内容定有错误和不妥之处，敬请读者指正。

陈俊武　李春年　陈香生

2009年1月

目　录

第二篇 生产技术篇

第三篇　应　用　篇

全书内容概述

国民经济和人们的生活均与石油化工息息相关。我国是属于石油资源短缺、天然气资源不多、煤炭资源则相对丰富的国家。2007 年中国石油加工量为 32679 万 t，其中国产原油为 18376 万 t，进口原油为 16317.55 万 t，出口为 282.92 万 t，净进口原油为 15934.63 万 t(海关统计数)，进口依存度已达 48.76%。石油安全已经是影响国民经济健康发展的重要因素之一。

人类使用能源从早期的柴薪时代进入到煤炭时代仅仅 200 多年，从煤炭时代进入到石油、天然气时代也就 100 多年。由于无节制的消费和浪费，石油资源已经耗尽一半之多，面临日益短缺的危机，原油价格已经从几美元/桶曾经飙升到 100 多美元/桶(受全球金融危机影响，本书封稿时下滑到 50 美元/桶以下，是非正常和特定时期的价格)。人们不得不考虑哪种资源能够替代当前广泛使用的石油资源，用这些新的替代资源生产目前石油化工行业的燃料、烯烃、芳烃、醇醚、塑料、化纤等产品。各国为此投入大量人力和物力进行研究和开发，取得了一大批成果，有的已经达到工业化运用阶段。当然，对某些技术也是诸子百家各有所见，生物柴油到底是否是“绿色”就争议很大。各国政府还必须根据自己的资源环境和技术实力决定各自的石油替代方案和技术路线。

本书分“资源”、“生产技术”、“应用”三篇，共十六章，力求最广泛地收集世界各国在石油能源替代方面的各种技术和资料，然后按专题进行整理。介绍了常规石油、天然气和煤炭资源需求及现状；石油替代资源(包括核能、风能、太阳能、生物质能)技术现状和应用前景；替代石油资源生产运输燃料(包括煤炭直接液化和间接液化)；煤和天然气生产合成气；合成气生产油品和醇醚化学品；生物质生产合成气和生物油；非石油原料生产烯烃和芳烃；非石油原料生产氢气；氢燃料的运输、储存；运输车辆燃料的替代(包括醇醚燃料、双动力燃料、氢燃料电池)等方面的技术现状和应用前景。

在对上述技术专题进行介绍后，本书第十五章对目前世人非常关注的环境问题作了详细介绍，分析了以 CO_2 为主的温室气体产生源，世界各国和地区的排放量，减少温室气体排放的技术和措施。

作者深熟石油加工的工程领域，长期跟踪并关注国内外能源替代的技术进展，本书最后部分提出了石油能源替代的初步结论和实施建议，以期对各相关部门的领导在决策石油能源替代规划时有所借鉴，对提高从事石油能源行业技术人员的业务水平有所帮助。

以下为各分章节的内容要点。

第一章内容是“石油、天然气和煤炭资源”

化石能源资源除了常规的石油、天然气和煤炭资源外，还包括目前备受重视的其他非常规化石资源，如沥青油砂、特重原油、油页岩、煤层气、天然气水合物等。这类能源资源将是常规石油的重要替代资源。本章详细介绍了世界和我国这两大类资源的储量、产量、消费量及其开发、利用前景，主要介绍了常规的石油、天然气、煤炭资源和非常规的沥青油砂资源，对煤层气和天然气水合物资源的国内外开发现状作了简要介绍。

一、石油资源

根据美国《油气杂志》(OGJ)2008年12月22日的数据，2008年世界石油探明可采储量是1838.6亿t。随着技术的不断进步，预计未探明石油资源量还会有1281多亿t，这是对世界石油资源增长仍然抱乐观态度学者的理论依据，能否实现有待逐步落实。

20世纪70年代以来，许多石油工作者估算了世界石油最终可采储量。绝大部分储量估计值集中于2500~3000亿t范围之内。美国地质调查局(USGS)估算世界石油资源基数的高、中、低值分别5310亿t、4090亿t和3060亿t。

由于我国油田的地质条件较为复杂和历史上勘探不足等原因，石油资源情况还没有完全勘探清楚。经过近几十年的多次勘察、评价，可以认定我国是石油资源较为丰富的国家。我国的石油资源主要分布在松辽、渤海湾、鄂尔多斯、准噶尔、塔里木、柴达木、渤海、东海、珠江口和莺琼等盆地。其中，松辽、渤海湾的探明程度超过40%；其他盆地探明程度则仍不足20%。

根据2007年公布的全国第三次资源评价结果，我国的石油远景资源量为1085.57亿t，拥有可能找到的石油资源650多亿t，已经探明石油地质储量为256.1亿t，探明率为39%，仅仅占石油资源量的24%。表明我国无论是石油还是天然气的资源探明率均不高，低于国外平均60%~70%的探明率。探明地质储量并不是可以采出的经济可采储量，扣除已经采出资源量后的剩余可采资源量才是可纳入近期国民经济实施的资源量。国土资源部2007年3月公布了对中国石油、中国石化、中国海洋石油及地方油气公司所属油气田的储量统计结果，截至2006年底，我国的石油探明剩余经济可采储量为20.43亿t。我国石油工业在20世纪80年代之前属于快速增长阶段，此后处于稳定增长阶段，目前处于缓慢的稳定增长阶段，预计未来10年还将处于稳定增长的中期阶段。专家预测2010~2030年我国原油产量仍将稳定在年产1.8~2.0亿t的水平。

二、天然气资源

根据2007年12月24日美国《油气杂志》(OGJ)的数据，全世界天然气探明储量是175.2万亿m^3(其中OPEC组织的探明储量是89.194万亿m^3，占50.95%)。世界天然气储量主要集中于俄罗斯、中东和中亚地区。俄罗斯是天然气产量最多的国家；美国是天然气生产大国同时又是天然气消费大国；伊朗的天然气储量丰富，可采储量占世界的15%，生产潜力很大；卡塔尔的天然气储量仅次于伊朗，而且近年来天然气工业发展较快，是未来极具发展天然气生产潜力的国家；英国、挪威尽管目前的天然气产量份额较大，但天然气资源较少，年产量已接近峰值，增产潜力不大。

按国际能源展望(IEO)预测，预计未来25年仍是天然气需求量增长最快的时期。2030年世界天然气总需求量将增至4.62万亿m^3，比2004年天然气消费量(2.82万亿m^3)增长了64%，年均增长率达1.9%，高于2004~2030年石油的年均增长率(1.4%)，却低于同期煤炭的年均增长率(2.2%)。按地区分类计算，2004~2030年发展中国家天然气消费的年均增长率为2.6%，高于工业化国家(年均增长率为1.2%)。美国在此预测期间的天然气消费量增长缓慢，与其他工业化国家相比，年均增长率最低(仅为0.6%)。

我国从20世纪90年代起，在天然气资源的勘探开发方面取得了重大突破。从地质条件看，我国的陆相盆地多，沉积体积大，分布面积广，具有很好的天然气生成和储存条件。探明的天然气储量急剧增长，此期间探明的天然气储量相当于建国40年来的总和。至21世纪初，在西部地区的塔里木、陕甘宁、柴达木、准噶尔、新疆吐哈、四川普光等地盆地内相继发现了长庆、克拉2号、普光等大型气田，在内蒙古伊克昭盟发现了苏里格特大型气田。根据2008年公布的全国资源评价结果，我国天然气远景资源量为55.89万亿m^3，地质资源量为35万亿m^3，已经探明的天然气可采资源量为22万亿m^3左右。我国的天然气资源探明率远远低于世界平均水平(60%)，天然气资源还有很大潜力，预计未来20年内将是我国天然气储量快速增长期。

中国天然气资源不足，中远期的资源缺口可能达到40%(预测2030年消费量为2000亿m^3)。为此正在积极规划、建设LNG进口终端设施和输气管线，用于解决电力高峰负荷的调峰以及烧煤电站的大气污染问题。

三、煤炭资源

目前，煤炭在世界一次能源消费中所占比重为26.5%，低于石油所占比重(37.3%)，高于天然气所占比重(23.9%)。据美国能源信息署预测，到2025年，煤炭在世界一次能源消费结构中所占比重略有下降，但在亚洲发展中国家和地区的能源市场中，煤炭仍将占主导地位。

从煤炭资源储量看，全世界的煤炭资源主要分布在北半球北纬30°~70°之间，约占世界煤炭资源总量的70%。根据《世界能源统计2007年度报告》发布的数据，2006年底，世界煤炭探明可采储量为9090.64亿t，其中无烟煤和烟煤的可采储量为4787.71亿t，占总储量的52.67%；褐煤和次烟煤的可采储量为4302.93亿t，占总储量的47.33%。世界煤炭资源分布极不平衡，欧洲和欧亚大陆、亚洲太平洋地区、北美洲的煤炭储量较为集中，非洲、中南美洲、中东的储量很少。世界平均储采比由2002年的204a减小到2003年的192a、2004年的164a、2005年的155a和2006年的147a。可采储量位居前5位的国家依次是：美国2466.43亿t(占世界27.1%)；俄罗斯1570.10亿t(占17.3%)；中国1145.00亿t(占12.6%)；印度924.45亿t(占10.2%)；澳大利亚785.00亿t(占8.6%)。中国探明储量位居第3位，储采比由2002年的82a减小到2003年的69a、2004年的59a、2005年的52a和2006年的48a，低于世界平均储采比(147a)。

2006年煤炭产量前7位的国家依次是：中国(占39.4%)、美国(占19.3%)、印度(占6.8%)、澳大利亚(占6.6%)、南非(占4.7%)、俄罗斯(占4.69%)、印度尼西亚(占3.9%)，前7位国家的煤炭生产量为26.294亿t石油当量，占世界煤炭生产总量的85.4%。从煤炭资源消费量看，世界煤炭主要用于发电和炼钢，目前世界上64%的煤炭消费用于发电。

从煤炭消费量看，2006年煤炭消费量前7位的国家依次是中国(占38.6%)、美国(占18.4%)、印度(占7.7%)、日本(占3.9%)、俄罗斯(占3.6%)、南非(占3.0%)、德国(占2.7%)，前7位国家的煤炭消费量为24.041亿t石油当量，占世界煤炭消费总量的77.8%。

煤炭是中国储量最多、分布最广的不可再生战略资源。根据全国第三次煤炭资源预测与评价，中国煤炭资源总量约5.57万亿t，居世界第一。2003年末查明煤炭资源储量10210.56亿t，其中，基础储量3342.03亿t，查明资源量6868.53亿t。据中国《地质勘探导报》报道，中国矿产资源查明储量中仅有约20%是可采储量。也就是说，中国煤炭查明资源量中只有约1373.7亿t是可采储量，这与英国石油公司《世界能源统计2007年度报告》估计的中国煤炭可采储量1145亿t比较接近。根据国土资源部最新评估结果，中国煤炭资源可采储量为2040亿t，而不是一直沿用的1145亿t数据，居世界第二。

中国是世界煤炭资源大国，也是煤炭生产、消费大国。中国富煤贫油少气的能源特点决定了煤炭将继续充当第一能源地位的角色。长期以来，煤炭在中国一次能源生产和消费中的比例平均高达70%以上。在今后20年内，煤炭仍然是中国主要的可利用能源，且在一次能源结构中所占比例将保持在60%左右。

四、油砂沥青资源

虽然全世界许多地区均有油砂沥青和特重原油资源，但主要集中在南、北美洲地区，尤其是加拿大和委内瑞拉。一项数据表明：加拿大和委内瑞拉拥有的油砂沥青和重质原油资源均约占世界总量的90%。

中国油砂资源主要分布在新疆、青海、西藏、四川、贵州、广西及华北、内蒙古等地。最近在松辽盆地发现了大面积的油砂资源，具有埋藏浅、含油率高和油质好等特点，具有很大的发展潜力，将成为我国中远期石油补充与替代的重要能源资源。

第二章内容是"核能、生物质和其他可再生能源资源"

根据国家的《可再生能源法》，国家发改委公布了《可再生能源发展"十一五"规划》。认为风电、太阳能、生物质能技术基本成熟，正处于快速发展时期；生物质液体燃料对替代石油、发展农村经济的作用日益显现。本章从资源角度重点介绍生物质能、太阳能、风能和其他可再生能源资源的国内外现状。

国家发改委新近公布了《国家核电发展专题规划(2005~2020年)》，标志核能将在我国得到越来越大的应用和发展，规划到2020年，核电装机容量争取达到4000万kW，并有可能调整为6000万kW。核电占全部电力装机容量的比例从现在的不到2%提高到4%，核电年发电量将达到2600亿~2800亿kW·h。本章还对国内外的核能技术发展的现状作了重点介绍，除介绍了目前国际上已经应用的第三代核电技术外，还介绍了目前正在开发的更为先进的第四代核电技术，并对核供热和运用核能制氢的技术作了展望。

可再生能源的利用目标是为了替代化石能源，主要用作运输燃料。包括以下几项技术：

(1) 以生物质资源为原料生产液体燃料的生产技术，包括生产燃料乙醇、生物柴油等；

(2) 以煤炭和天然气为原料，用洁净的技术生产替代石油产品的技术，如费托合成生产油品、甲醇、二甲醚等；

(3) 使用不同的原料和能源的制氢技术，用于石油化工生产的氢原料和氢燃料；

(4) 利用太阳能、核能、风能等可再生能源生产氢燃料的技术。

一、核能

核能不属于可再生能源。除目前常规的核电应用领域外，利用核能还可生产氢能和其他替代燃料。

我国调整能源结构的优先选择是加快发展核电。目前，中国已投产的核电装机容量远低于世界各国核电占总发电量的比例(平均16%)。发达国家法国、日本、美国等国核电的比例都很高。借鉴国际上的成功经验，我国正加快核电发展步伐，推动第三代核电技术装备引进和国产化工作，力争到2020年，核电装机容量达到4000万kW，甚至6000万kW。

目前国际上运行的核电站大都采用第二代核电技术。第三代核电技术的目标是以提高安全性和经济性为主，已经开始商业化，将逐渐成为核电市场的主导堆型。第四代核电技术也即将进入商业化应用阶段，在经济安全性、减少核废料和防止核扩散等方面将达到更高的目标，使之在经济上能够与其他电力生产技术相竞争，它的目标是初始建设投资不高于1000

美元/kW 装机容量；安全性提高，降低反应器堆芯熔化的概率；做到在事故条件下也不向厂外释放放射性物质。

新一代模块式高温气冷堆具有效率高、安全性好、应用灵活等优点；氦气轮机发电、供热技术在用于生产替代燃料方面有着良好的发展前景。

除了核电应用领域外，依靠核能供热发展制氢和替代燃料将是 21 世纪一条重要的工艺路线。技术领域包括核供热的天然气重整制氢、核供热的煤气化等技术。中国、美国、俄罗斯、日本和一些欧洲国家都在积极开发核能生产氢气、替代燃料等工艺技术，制订了各种工艺方案。可行的方案是利用高温气冷堆(HTGR)生产电力和提供高温热源，用于制氢或生产合成燃料。

高温气冷反应堆是可为工业生产过程提供高温位热能的主要反应堆型。高温气冷反应堆的氦冷却剂出口温度可达 900℃，可以为各类工艺过程提供高温热源(如煤炭造气、稠油热采、天然气重整的热源)。GT-MHR 核电系统是可供热的核反应堆，具有“防熔化”特性、热效率高、抗增殖能力、环境效应好、模块化设计、投资低的优点。

二、生物质能

生物质能原料除农业、林业产品及其废料(如农作物秸秆，初步估计中国的秸秆总量约为 6 亿 t/a)外，还有人工种植的能源作物(如草类、速生植物、油料作物等)。不同的研究、统计表明，至 2050 年，世界通过种植各种能源作物可获得的生物能源总量为 70 亿~100 亿 t 石油当量。发展生物燃料替代一定数量的化石能源需求是可行的。

不同国家的地理、气候环境各异，需要根据自己的条件制定发展生物质资源的路线。如拉丁美洲、南美洲和东欧地区可耕地面积相对较广，土地价格和人工费也较低，将是廉价的生物能源供应地。中国因为人均耕地少(仅仅为 1.3 亩)和人均粮食拥有量(380kg 左右)偏低，中国发展生物质能源在一定程度上将受到国情的制约。

一些用生物质资源生产燃料的工艺技术，如用粮食、糖类作物生产燃料乙醇的技术已在一些国家(如美国、巴西、中国)实际应用，取得了一定的节约石油和改善环境的效果。许多以其他生物质为原料生产替代燃料的先进工艺技术，如纤维素生产替代燃料、氢气的技术正处于开发研究阶段。这些工艺技术或是由于技术经济的原因目前尚无法与化石燃料竞争，或是因某些技术障碍目前还未能实现工业化。但是，用新技术生产的新型生物质替代燃料必将在未来的能源供应市场中发挥重要的作用。

三、太阳能

利用太阳能生产替代燃料包括利用太阳能电力制氢、通过光-化学转化过程利用太阳能生产能源载体和利用植物光合作用将太阳能转化为生物质能源。太阳能光伏发电技术已开始商业化，我国的太阳能光伏发电产业处于快速发展中。光伏发电系统的建设投资将逐步降低；电价也可达到消费者能够接受的水平。我国的太阳能资源的理论储量为 1.13 万亿 t 石油当量。大多数地区的日平均辐射量超过 4kW/m^2，西藏地区高达 7kW/m^2。

太阳能产业面临的挑战是降低成本。充分利用荒漠地区建设太阳能发电基地，利用太阳热能生产运输燃料具有战略意义。

四、风能

风能的利用以发电为主。世界风力发电的发展十分迅速。2008 年 4 月召开的欧盟风能大会上，全球风能理事会秘书长预测在全世界 2007 年底风能装机容量在已经达到 1 亿 kW 的基础上，2012 年将达 2.41 亿 kW，2020 年将达 10 亿 kW，届时将占世界发电量的7%~8%。

过去限制风能资源的大规模商业开发的主要约束因素是风力发电成本仍然偏高。通过大型化及技术改进，风力发电有可能与化石能源发电相竞争。

风能发电是洁净的替代能源，利用风能可带来明显的环境效益。大致每 MW 的发电容量可每年减少 CO_2 排放 2100t，减少 SO_2 排放 2.5t，减少 NO_x 排放 1.7t。

我国的风力资源丰富，可开发、利用的地区约占全国总面积的 76%，主要分布于西北、华北、东北、青藏高原及沿海地区。2007 年底，我国风能累计装机容量已达 588 万 kW，风力发电装机容量仅次于德国、美国、西班牙、印度，居世界第五位。我国实际风力发电量不到 300 万 kW，国家中长期发展规划预计到 2020 年至少增加风力发电量 5 倍，达到 3000 万 kW，并有可能调整到 1 亿 kW。

第三章内容是“石油需求与供给的可持续性”

本章内容包括能源需求的预测方法，从不同的石油终端消费估计世界和我国中远期石油需求量，重点是世界和我国中远期对石油的需求，影响石油可持续供给的各种因素，讨论常规石油产能出现峰值和非常规石油等补充和替代问题。

一、影响中国未来能源需求的主要因素及优化中国能源消费的措施

国家发改委能源研究所在回顾、分析中国社会经济发展及能源环境状况之后，对未来 20 年中国能源发展情景作了系统的分析研究，提出了如下影响 2020 年中国能源需求形势的主要因素有：

（1）人口缓慢增长与老龄化社会将对中国能源需求与能源质量提出更高的要求；

（2）城市化进程的加快将促使城市基础设施和住宅投资不断增加，必将导致民用能源需求迅速增长，民用能源消费结构逐步优化；

（3）经济增长方式的转变与经济结构的调整将有利于能源使用效率的提高；

（4）以资源、经济和市场一体化为标志的全球化进程的加速将为中国未来经济的可持续、跨越式的发展提供机会；

（5）科技的不断创新必将对未来能源生产和消费产生越来越大的影响；

（6）优化能源结构可以促进中国能源使用效率的逐步提高，减缓温室气体的排放强度和对大气的污染。

中国经济快速发展促使能源需求急剧增长，面对我国化石能源资源相对短缺的国情，需要正确处理好发展和消费的关系，在能源消费方面需要采取如下的应对措施：

（1）建立一个清洁、高效、可持续发展的能源系统；

（2）贯彻、实行“节能优先、结构多元、环境友好”的可持续发展战略；

（3）贯彻“以人为本”的经济发展观；

（4）在充分利用国内外化石能源的基础上，还应充分发展、利用可再生能源和替代能源，实现能源多样化。

二、情景分析是美国能源部和大石油公司常采用的预估分析方法

介绍了采用不同情景分析模式对世界和中国能源需求的预测结果，可帮助人们了解影响未来能源经济的各种因素，包括经济的增长、技术发展和进步、政府政策、新技术和新产品的推广以及消费者的反应，还可包括能源消费对气候变暖以及大气污染的影响等。

“情景”是对高度不确定性的未来进行构想的工具。其功能包括：

(1) 描述未来世界发生的状况;

(2) 是一种严谨构想未来的思考方式;

(3) 正确地界定一些关键性的不确定因素，设计未来发展的理想框架;

(4) 政策导向对未来的发展起着约束、引导作用，标准化情景分析有助于对政策进行评估。

国际能源组织(IEA)预测2004~2030年期间的总能源消费增长量主要是发展中国家能源消费量的增长。发展中国家的能源消费增长量为49.6亿t油当量，占世界总增长量的77%。2010年后，发展中国家的能源消费量就将超过工业化国家。至2030年，发展中国家的一次能源消费量将占世界总消费量的57%，比工业化国家高出35%。对石油、天然气和煤炭的预测结果是:

(1) 石油

在预测期间内，石油仍是主要的商品能源，在总能源消费量中仍将保持较高的份额，例如在2004年为38%，尽管随油价升高使石油消费量份额将略有降低，预计2030年仍将保持在34%左右。

预计石油年消费量将从2004年的42亿t，增长至2015年的50亿t；2030年则将增长至60亿t，年均增长率为1.4%，低于天然气和煤炭。工业化国家增加的石油需求量主要用作运输燃料，发电用燃料油量将下降，由其他燃料(如天然气、煤炭和生物质能源)所替代。发展中国家的所有部门石油需求量均将增长。

(2) 天然气

预测期间内，天然气的年均消费量增长率为1.9%(高于石油)，从2004年的26.1亿t石油当量增长至2030年的42.9亿t石油当量。石油价格高涨导致天然气需求量增长，主要用于发电以取代燃料油，提高发电效率和减少CO_2的排放。不同地区的天然气价格差别很大，主要取决于地区的资源拥有量和至消费地区的运输距离。中东和俄罗斯是天然气资源丰富和价格最低的地区。

(3) 煤炭

2003年以来，世界煤炭消费急剧增长。由于石油和天然气价格上升，预测期内的煤炭消费量比例也将不断攀升，预计煤炭消费量的份额将从2004年的26%升至2030年的28%。中国、美国和印度是煤炭消费量最大的国家，这三个国家的煤炭消费增长量将占世界的86%。煤炭消费量将从2004年的29亿t石油当量增长至2030年的50亿t石油当量，年均增长率为2.2%，高于石油和天然气。

三、国际能源组织(IEA)按基准方案对中国能源需求量的预测结果

2010年中国总能源消费量为15.95亿t/a石油当量(其中石油3.8亿t/a，天然气0.49亿t/a石油当量，煤炭10.5亿t/a石油当量，核能0.06亿t/a石油当量，水电及其他1.1亿t/a石油当量)；CO_2排放量为40.63亿t/a。

2015年中国总能源消费量为18.99亿t/a石油当量(其中石油4.6亿t/a，天然气0.68亿t/a石油当量，煤炭12.3亿t/a石油当量，核能0.11亿t/a石油当量，水电及其他1.3亿t/a石油当量)；CO_2排放量为42.84亿t/a。

2020年总能源消费量为22.26亿t/a石油当量(其中石油5.5亿t/a，天然气0.94亿t/a石油当量，煤炭14.2亿t/a石油当量，核能0.12亿t/a石油当量，水电及其他1.5亿t/a石油当量)；CO_2排放量为56.93亿t/a。

2025年中国总能源消费量为26.03亿t/a石油当量(其中石油6.4亿t/a，天然气1.3亿t/a石油当量，煤炭16.5亿t/a石油当量，核能0.13亿t/a石油当量，水电及其他1.7亿t/a石油当量)；CO_2排放量为66.66亿t/a。

四、产能峰值与石油能源替代比例

美国能源情报署EIA(Energy Information Administration)预计常规石油产量可持续增长20年或更长时间，然后产量将开始下降。EIA对石油产量可持续增长20年或更长时间持比较乐观态度的原因是：采用的技术数据较为可靠、稳健；参照的是美国产量达到峰值后，用储产比估算峰值后期产量的方法，可预测峰值后的产量曲线；考虑了市场动态、技术进步、经济政策等因素对石油产量曲线造成的影响。

2007年全世界的石油产量是36.181亿t。根据美国《油气杂志》(OGJ)2008年6月16日的报道，道达尔石油公司CEO根据公司内部的长期研究成果，预测2020年世界石油峰值产量将稳定在9500万桶/d(约46亿t/a)，来自其他领域的石油或替代燃料量(包括生物燃料、GTL、CTL、凝析油、LPG)将达到500万桶/d(约2.425亿t/a)，石油和石油替代产品的峰值产量将是48.5亿t/a。要维持这一峰值产量将非常困难。道达尔认为国际能源机构提出的到2030年石油供应量将达到1.16亿桶/d的假设过于乐观。

五、节约能源和环境保护

在介绍了世界对能源目前消耗量并预测了未来的需求后，自然总结出节约能源、保护环境已经成为当今所有国家和公众的共识。

为了满足2025年世界石油消费量，世界石油生产能力需要在2001年产能(38亿t/a)的基础上扩大至60亿t/a，即增加产能22亿t/a。预计产能增加量的60%将靠欧佩克产油国提供，非欧佩克产油国只能满足需要增加生产能力的40%左右。

由于运输燃料主要来自石油，因此节约运输燃料油就更具有重要意义。发达国家在提高发动机效率、节约燃油、提高行车效率和改善交通运输系统以及调整运输模式等多方面采取措施，并根据自己的实际情况制定和实施不同的鼓励、约束政策以推动节约燃油、减少CO_2的排放。

六、石油、天然气和煤炭价格走势

1. 石油价格走势

石油价格并非受单一的市场供需影响，美国经济疲软和美元持续贬值均推动了油价的波动；同时，地缘政治的不稳定也加大了石油价格的不确定性。2008年初世界石油价格进入百美元/桶时代，7月份交货的轻质原油期货一度达到147美元/桶的水平，到11月份又滑落到50美元/桶水平。2009年将如何走向，取决于国际金融危机的缓解及经济的复苏程度。

2. 天然气价格走势

国际天然气价格一直与油价挂钩，通常是油价的40%至60%。由于石油价格上涨幅度太大，将带动天然气价格的大幅度提高。美国Henry Hub天然气价格从2007年底的7.16美元/MMBTU，到2008年二季度末的11.86美元/MMBTU，上涨57.9%。美国2008年夏季天然气价格继续维持在11和13美元/MMBTU之间。天然气价格持续上涨又将导致北美降低了对液化天然气(LNG)的进口。天然气价格的上涨又将导致国际甲醇和尿素的价格将持续上涨。中国2008年4月底进口的甲醇现货价(CFR)为387美元/t，到7月初就涨到499美元/t，涨幅近30%。2008年四季度，受石油价格下滑的影响，天然气价格涨幅趋缓。

中国天然气价格政策是其能源定价中最为复杂和模糊的部分，考虑到通胀的压力及天然气价格上涨会带动居民消费指数CPI上升，政府未采取放开天然气价格的做法。天然气价格只有美国的一半，不到液化天然气(LNG)现货进口价的1/3。天然气仅仅占中国能源总消费量的3%，而美国和欧盟的这一比例分别为1/3和1/4。尽管中国去年11月将天然气出厂价提高了1/3，但是这仅涉及工商业用户，而对更为价格敏感的家庭用户和化肥厂商没有影响。涨价之后国内价格为每立方米约1.40元，即5.6美元/MMBTU。相比之下，美国价格是11~13美元/MMBTU，长期LNG合约价格是15美元/MMBTU。所以全球天然气价格大幅度上涨而中国本土价格基本不变的局面不可能长期维持，否则，既对进口国外LNG极为不利，也不利于刺激和鼓励国内的天然气工业发展。

国家发改委能源局油气处预测，今后20年将是中国天然气市场发展最迅速的时期，年均增长率将超过15%。到2010年，中国天然气消费将达1200亿m^3，2020年则超过2000亿m^3。但中国天然气产量增速落后于需求增速，供需缺口估计在500亿至1000亿m^3，只能靠进口来弥补。中国最近与国外签署了一连串LNG进口协议，如中国石油与壳牌和澳大利亚的Woodside公司达成了LNG购买协议，中海油和中国石油2008年4月与卡塔尔达成了LNG购买协议，协议价格达10美元/MMBTU或更高，表明我国正日益接受国际价格，国内天然气价格与国际价格逐步一致是必然趋势。

3. 煤炭价格呈上升趋势

从世界煤炭价格看，20世纪80年代以来，国际煤炭市场价格的变化与石油价格涨落大致相同，但幅度略小。1991~2006年的煤炭市场价格，按照西北欧基准计算，年均增长率为2.68%；按照美国电厂煤炭进价计算，年均增长率为5.31%；按照日本进口炼焦煤到岸价计算，年均增长率为2.95%；按照日本进口锅炉用煤到岸价计算，年均增长率为1.51%。可见，2006年的煤炭价格涨幅较大。2004、2005、2006、2007、2008年度的煤炭价格依然呈现总体上涨的趋势。直至2008年第三季度，由于主要煤炭出口国纷纷降低煤炭出口量，石油价格居高不下，受美元持续贬值及美国经济增长疲软等因素的影响，国际煤炭价格将继续保持高位或将继续上涨的运行态势。对亚太市场的煤价有较大影响的日本与澳大利亚的煤炭合同谈判已经在125美元/吨达成协议，涨幅超过了100%。

2008年初，受冰冻雨雪灾害天气的影响，煤炭运输受阻，煤炭价格大幅上涨，2月上旬煤炭价格达到最高点，秦皇岛港发热量5500kcal/kg动力煤的平仓价格达到610~625元/t，创下历史新高，平均上涨了20%以上。2月中旬后吨煤价格小幅回调20元/t左右，但仍然处于较高水平。直到2008年四季度，受世界金融危机、全球经济衰退的影响，煤炭价格开始较大幅度回落。

因此，专家预测高煤炭价格将对煤制油和煤制烯烃产业带来经济效益不确定的阴影。

七、石油安全

世界每年的石油贸易量为20亿t左右。美国、西欧和亚太地区是主要的石油进口地区；中东、俄罗斯、非洲和中南美洲是主要的石油出口地区。2006年世界石油进、出口贸易总量达5256万桶/d，比10年前(1996年为3832万桶/d)增长了37%。2006年美国、西欧和日本进口石油量约占当年世界石油贸易总量的60%以上。2006年中国进口石油1.92亿t，2007年进口石油1.63亿t，主要来自中东和西非，约占53%。

石油供应安全是指能否有效地为终端用户提供能源和服务。石油消费国家需要掌握石油资源，保证供应和运输通道的安全。

国内石油资源无法满足需求的增长，进口依存度不断提高。进口石油主要是通过霍尔姆斯海峡和马六甲海峡，石油运输通道存在巨大安全风险。为了国家的能源安全，除了加大国内石油资源的勘探和开发力度，增加国内石油产量，淘汰高能耗的生产设备，节约石油资源外，还应加快采取用可再生资源替代石油的步伐，开辟世界多元化的石油进口渠道，建立国家战略石油储备基地等措施。

八、积极面对石油资源逐步匮乏的问题

毫无疑问，世界石油资源终将逐渐减少以至最终枯竭。常规和非常规石油的划分本来就没有严格的定义，随着油价持续攀升和勘探开采、加工、改质技术的进步，早期从技术和经济角度考虑难以开采和炼制的非常规石油资源将变为可以开采和炼制的常规石油资源。常规和非常规石油资源的界限必将逐步缩小，非常规石油必将成为重要的石油补充资源。因此，人们对石油资源的前景既应予以关注，又不应有过多的悲观看法。支持这种观点的学者是基于如下考虑：

(1) 勘探、钻采技术进步可将更多的不可采石油资源变为可采石油资源；

(2) 非常规石油(包括油砂沥青、特重原油和油页岩等)储量丰富，开采、炼制技术不断进步，将补充常规石油的不足；

(3) 替代燃料生产技术(包括风能、太阳能、生物质能、核能等技术)的推广应用，非常规石油资源开采及其加工技术、天然气制油(GTL)技术、煤制油技术(CTL)、生物质燃料技术等的发展和应用，必将生产更多的替代能源并替代部分石油资源。

(4) 燃料使用技术和节能技术的进步将减缓石油的消费。

第四章内容是“非常规石油的开采和加工”

非常规石油资源是指除了石油、天然气、煤炭以外可作燃料的气、液、固体矿产资源，它们是常规石油资源的重要补充，故又称之为“补充能源”，通常包括油页岩、油砂、特重原油、煤层气等。从勘探开发程度而言，沥青油砂、特重原油已分别在加拿大和委内瑞拉进行工业化生产。油页岩的开采、加工和页岩油炼制技术也是较为成熟的技术，中国、俄罗斯等国也已有工业生产经验。煤层气开采技术已经处于商业应用阶段。世界特重原油和沥青油砂经济可采储量分别为4343亿桶石油当量和6507亿桶石油当量，其中，西半球的重质原油和沥青油砂储量分别占世界总储量的69%和82%。

一、油页岩

油页岩采掘工艺与煤炭相同，分为露天开采和井下开采两类方法。油页岩矿藏应采用何种开采方法取决于油页岩含油率、埋藏深度、矿藏的赋存条件以及技术经济等因素。覆盖层较薄、赋存倾角较小的油页岩矿适合于露天开采。露天开采的重要经济指标是剥采比。与煤炭共生的油页岩矿更适合于露天开采。

油页岩的加工通常采用干馏工艺，它是在温度为450~600℃条件下隔绝空气的热分解过程。不同国家开发了多种型式的干馏炉，已经工业化的炉型包括ATP干馏炉、抚顺式干馏炉、Paraho干馏炉和Petrosix干馏炉等。除了油页岩干馏技术外，颗粒油页岩还可用作循环流化床锅炉的燃料。油页岩燃烧发电也是已经工业化的技术。油页岩灰具有较好的活性，适合于用作水泥掺合料。

影响油页岩工业发展的主要约束因素有三个：建设投资和生产成本较高，无法与天然石油竞争；生产成本存在不定因素，如油页岩的开采成本、运转成本和维修费用、副产品回收等；环境保护问题有待解决，如澳大利亚的Stuart油页岩项目，由于干馏过程排放的二噁英是“持久性有机污染物”而被迫停工。

中、俄等国于20世纪30年代前就建立了油页岩工业，美国曾于20世纪70~80年代期间进行了油页岩干馏的开发工作，证实了地下油页岩干馏技术的有效性，但是没有解决工程放大问题。

页岩油的加工流程与重油加工类似，由于页岩油中含有一定量的氮、氧、硫和重金属杂质，故需采用催化加氢工艺进行加工。

二、沥青油砂

沥青油砂的开采方法也分为露天开采法和就地开采法。

露天开采方法经历了多次改进。最初使用轮式挖掘机开采，皮带运输机将沥青油砂送至抽提工厂。由于机械设备庞大、维修工作量大和不能选择沥青油砂等缺点，已改为液压式单斗挖掘机-重型卡车运输的开采方式。

沥青抽提一般采用“热水法”。为了改善分离效果，通常向浆液中加入碱液以调节水的化学成分，抽提温度为30~50℃。有的公司推出了逆流沉降技术，用轻烃洗涤沥青，但均存在溶剂回收的技术问题。

抽提所得的沥青必须用凝析油或合成原油调制成稀释的油砂沥青，以便输送至炼厂改质为合成原油。改质的目的是使油砂沥青轻质化并脱除重金属、残炭和硫、氮等杂质。

就地开采法是采用通蒸汽(或地下燃烧)的方法降低矿层中沥青的黏度，使之能够用泵抽到地上。可将目前的开采技术分为循环注入蒸汽法、注入蒸汽-重力排出法(SAGD法)、冷流动开采法、镗孔开采法、低压SAGD开采法和纯溶剂开采法等，采出的产品即为油砂沥青。

加拿大早期建设的油砂沥青改质装置采用焦化-加氢处理流程，特点是技术成熟、建设投资较低。焦化-加氢处理流程缺点是合成原油质量较差、合成原油产率约80%。为了提高合成原油收率和质量，20世纪80年代在焦化流程中增加了LC-Fining加氢裂化装置，以实现油砂沥青轻质化。现在又进一步发展为LC-Fining加氢裂化-延迟焦化联合流程。

三、特重原油

特重原油的开采、加工和炼制过程与油砂沥青基本相似。油砂沥青的生产费用和建设投资等技术经济指标对特重原油的加工和处理过程应有可比性和参考价值。

委内瑞拉是特重原油主要生产国，特重原油开采目前主要采用水平井冷法开采。在油藏内钻长度约1500m的水平井，用泡沫驱油机理，使分散的气泡滞留在重油中以提高产量，单井日产量可达3000桶。冷法开采工艺简单、生产成本低，但只适用于开采孔隙度高、渗透性好的油藏。冷法开采特重原油的资源回收率低于10%。从技术上看，增加建设投资后，特重原油回收率可提高到15%~25%。

特重原油的加工机理与油砂沥青基本相同，因此可采用脱碳或加氢工艺达到重油的轻质化和脱杂质目的。

早期的特重原油改质以焦化工艺为主，加氢工艺采用得比较少。后来发展为加氢脱金属改质和加氢脱金属-脱硫两种加氢改质工艺方案。现在又发展为焦化-加氢处理联合工艺(生产密度高达0.922~0.959g/cm^3、高硫和高金属的合成原油)和焦化-加氢处理-加氢裂化联合工艺(生产优质、低硫合成原油)。

特重原油还可与水按70∶30比例混合并加入1%的表面活性剂后形成稳定的乳化液体，

称之为乳化油。最初生产乳化油的目的是解决管道输送和长距离船舶运输问题，现在乳化油已成为新的锅炉燃料油。

第五章内容是“煤炭的直接液化”

煤炭的高效和清洁利用是能源发展亟待解决的问题之一。煤液化技术(包括煤直接液化和煤间接液化技术)和煤气化技术是重要的洁净煤技术。

煤炭液化用的煤种有褐煤、烟煤和次烟煤。煤炭加氢直接液化过程是将煤炭的分子结构通过加氢转化为较小的分子，提高其H/C原子比，部分脱除煤炭中的硫、氮、氧杂原子和脱除无机矿物质。包括将煤分子转化成高沸点的烃，同时将大部分氧、氮和硫转化为 H_2O、NH_3 和 H_2S；在催化剂存在和高氢分压下，重质烃裂化为低分子烃；以及裂化产品的加氢饱和生成目的产品的过程。

煤炭中的氧、氮和硫相应地转化为 H_2O、NH_3、H_2S 气体，消耗大量氢气。对于氧含量为22.7%的褐煤，生成水的耗氢量约占加氢液化过程总耗氢量的34.6%。

20世纪30年代德国实现了煤炭直接液化技术的工业化。20世纪70年代煤液化技术进入了新的发展时期。在工艺流程、催化剂和工艺设备制造等方面均有了许多改进，产品收率和质量、工艺过程的技术经济性均有提高。中国神华集团在鄂尔多斯煤制油项目完成后的产能计划为300万t/a。第一期工程，约消耗221万t原料煤，年生产各类油品108万t，已于2008年底打通流程，取得突破性进展。

煤炭直接液化全过程包括煤浆加氢液化、液化生成油加氢稳定和各个馏分油的加氢改质3个主要工序以及制氢、副产品回收和与环保有关的辅助工序。由于主要工艺设备(反应器、气体压缩机)受制造能力、产品规格的约束，大型化的煤炭液化工厂往往需要根据生产规模设置几个系列。这几个系列如何与后继的加氢过程及其他过程匹配和优化就成为重要的工程设计问题。

煤直接液化工艺除了即将投产的中国神华工业装置外，还未见有其他在建工业装置的报道。可能存在的若干技术问题(如加氢反应器循环油泵密封和磨损、高压煤浆泵运转的可靠性、煤浆加热炉和高压分离器结焦、高温高压减压阀磨损以及分馏塔中固体物沉降等)均需要通过生产实践验证和解决。

一、当前国外的煤直接液化工艺技术

20世纪70年代石油危机以来，德、美、日等工业化国家重新重视和开始发展煤炭液化工艺技术。研究的重点是开发煤炭液化新工艺、降低反应条件、提高油品收率和质量。全部开发研究工作均是在德国的煤液化技术和第二次世界大战后石油重油、渣油加氢技术的基础上进行的。

国外具有工业化前景的工艺技术主要有德国的IGOR工艺、日本的NEDOL工艺、美国HRI公司的HTI工艺。

IGOR工艺是德国在IG煤炭液化工艺和Pott-Broche煤炭溶剂抽提工艺的基础上开发成功的工艺。主要特点是：

- 反应条件苛刻，反应温度为470℃，反应压力为30MPa；
- 使用炼铝的废渣(赤泥)作催化剂；
- 用减压蒸馏过程进行固-液分离；
- 采用经过加氢的循环溶剂配制煤浆，供氢性能好，液化转化率高。

NEDOL 工艺是日本 20 世纪 80 年代开发的技术。液化用煤以次烟煤和低品位烟煤为主。反应温度为 430~465℃，反应压力为 17~19MPa；煤浆的表观平均停留时间为 1h 左右。工艺特点是流程中设有溶剂加氢反应器，可以提高制备煤浆用溶剂的供氢能力。液化轻油含有较多的杂原子化合物，需要进一步加氢精制。

HTI 工艺是美国 HRI 公司在 H-Oil 工艺基础上开发的沸腾床两段加氢液化工艺。主要特点是：

- 采用的沸腾床反应器由于有良好的返混特性从而可以很好地控制反应温度，基本接近于恒温反应，反应温度为 440~450℃，反应压力为 17MPa；
- 使用铁基凝胶催化剂，催化剂活性高、加入量少；
- 采用溶剂抽提技术进行减压残渣的固-液分离，可以最大限度地回收脱灰油(DAO)。脱灰油送回煤液化装置，可以提高液化油收率。

HTI 工艺存在循环重油的质量控制问题。

二、中国神华煤液化技术

神华煤液化技术是借鉴德国煤加氢液化的生产经验、吸收 NEDOL 和 HTI 加氢液化工艺的技术优点以及国内的煤炭加氢液化试验结果形成的工艺技术。

单元技术的特点是：采用合成的高性能的铁催化剂；使用供氢性能优良的循环溶剂配制煤浆；采用减压蒸馏技术分离沥青质和固体物；液化生成油的加氢稳定采用了 T-Star 工艺。这套组合工艺具有煤加氢液化的可靠性好，反应器利用率高，催化剂的性价比好和固液分离过程可靠等优点。

三、煤炭直接液化的技术经济

高苛刻工艺条件和反复加氢过程(一般包括煤液化加氢、生成油加氢稳定和柴油组分的加氢精制或液化中油及重油加氢裂化过程)，使煤炭直接液化生产油品的单位投资和建设费用远远高于常规的石油加工投资。中国神华集团规划年产 300 万 t 油品的第一期工程(年消耗原料煤 221 万 t，年产 108 万 t 油品)，总投资金额为 100 亿元，即吨油投资为 1 万元人民币。每生产 1t 油品需要 10t 水，几乎是常规炼油的 10 倍。由于它是以一种不可再生资源(煤炭)代替另一种不可再生资源(石油)生产油品，而且是高投资和高耗水行业，国家对煤制油的发展采取非常谨慎的态度，为了国家的能源安全，在神华第一座工业化煤直接液化装置建成之前，不会核准建设其他的煤液化装置。

第六章内容是“生物质非气化途径生产运输燃料”

可生产运输燃料的生物质原料包括直接由光合作用生成的农林业陆生植物(包括粮食作物、农业秸秆、林业木本或草本作物等)和水生生物质(包括藻类和河流、湖泊、池塘、海洋以及生物反应器中生长的其他水生植物)。目前只有很少部分生物质被收获、采集用作生物能源和生物产品的原料。

发展生物质生产替代燃料是一项系统工程。基于生物工程生产运输燃料的开发研究已取得了成果，也存在一些技术障碍(例如：降低纤维素酶的生产成本)有待突破。

生物质是多种高分子有机化合物组成的复合体，包括纤维素、半纤维素、木质素和可抽出物等组分。在不同的生物质或同一生物体的不同部位中，这些高分子组分的含量和分布也不同，甚至有很大差异。

基于生物工程生产的运输燃料主要品种为燃料乙醇、生物柴油和生物油等。

一、生物质生产乙醇

按使用的原料划分，燃料乙醇有谷物乙醇、纤维素乙醇和合成气发酵乙醇。中国目前的乙醇生产以玉米为主，由于我国的人均粮食拥有量和耕地面积均较低，约束了谷物乙醇的发展。国家鼓励发展“非粮乙醇”的生产，减少对粮食生产燃料乙醇的补贴，正在开展用纤维素原料生产燃料乙醇的研究开发工作。

谷物乙醇以粮食(玉米)或糖类作物(甘蔗、甜菜)为原料通过发酵工艺生产。每吨乙醇耗用玉米约3.4t。根据谷物生产乙醇的能量平衡计算，用玉米生产乙醇，单位付出能量可获得的能量收益约34%。乙醇生产全过程的净能耗为22.20MJ/kg乙醇，乙醇的高热值为29.66MJ/kg，乙醇生产的能效比为1.00：1.34。

生物质中的木质素不能生产乙醇，目前只能用作发电燃料。通过不同的工艺过程可将生物质中的纤维素和半纤维素水解成为各种糖类后发酵生成乙醇。酶的应用则是为了提高纤维素水解的效率。纤维素酶是多种酶的重组体，其中包括内切葡萄糖酶、外切葡萄糖酶和β-葡萄糖酶。重组的絮凝性菌(Z. mobilis bacterium)是一种发酵用微生物，可以使葡萄糖和木糖发酵生成乙醇，也可用于6碳的甘露糖和半乳糖的发酵。提高纤维素水解效率和糖发酵的效率就可以降低生产成本。预计近期(5年内)的乙醇成本可降至3.21美元/加仑，10~15年内约可降至1.91美元/加仑，最终在20年之后降至1.26美元/加仑。实现生物质乙醇技术工业化的关键是降低酶的生产成本。初期目标是将纤维素酶的有效成本在0.5美元/加仑乙醇的基础上进一步降低至0.1美元/加仑乙醇的水平，最终将纤维素酶的成本降至5美分/加仑乙醇。

从合成气生产乙醇的间接发酵法使用的是厌氧微生物(obligate anaerobes)，首先生成乙酰基CoA中间体；乙酰基CoA中间体再转化为乙醇或乙酸。合成气间接发酵工艺的主要优点是可以加工纤维素生物质等任何生物质原料。但这种技术目前在经济上仍不具有竞争力，建设投资和生产成本均高于谷物直接发酵工艺。

二、生物柴油

生物柴油是利用植物油脂或动物油脂等可再生资源制造出来的可以替代石油柴油的新型燃料。主要成分为软脂酸、硬脂酸、油酸、亚油酸等长链饱和或不饱和脂肪酸与甲醇或乙醇反应所形成的酯类化合物。生物柴油具有可再生、易于生物降解、燃烧污染物排放量低、温室气体排放量低等特点。生物柴油与石油柴油具有相近的性能，并且有以下优越性：(1)优良的环保特性；(2)较好的发动机低温启动性能；(3)较好的润滑性能；(4)较好的安全性能；(5)良好的燃烧性能；(6)可再生性能；(7)无需改动柴油机，可直接添加使用，同时无需另添设加油设备、储存设备及人员的特殊技术训练；(8)生物柴油以一定比例与石油柴油调和使用，可以降低油耗、提高动力性，并降低尾气污染。

第一代生物柴油是用动植物油脂为原料，通过甘油三酸酯与甲醇(或乙醇)进行酯交换反应而生产的脂肪酸酯(FAME)，如用菜籽油(西欧国家)和大豆油(美国)生产的脂肪酸甲酯。其他可用原料还包括谷物油、棉籽油、棕榈油、动物油脂(如牛油脂)和餐饮业的废油等。过程中副产纯度为80%~88%的粗甘油，粗甘油如何转化和利用有许多方案，包括用作多元醇的替代物、化学品中间体、生物化学原料以及燃料添加剂等。开辟甘油市场是生物柴油生产中有待解决的问题。

通过加氢裂化方法生产生物柴油为第二代技术，现已开发了几种新工艺。加氢裂化方法不联产丙三醇，可加工宽范围(包括高含游离酸)的物料。植物油加氢处理柴油的产率为75%~80%。这类柴油28天后可生物降解95%(矿物基柴油在同样时间内只能降解40%)。2008年2月美国《烃加工》杂志报道，与酯交换法生产的常规生物柴油相比，加氢植物柴油的主要优点是：它在化学上是多种正构烷烃的混合物；基本不含硫(<10μg/g)和芳烃；低温流动性可根据需要通过加氢后处理进行调节。产品的十六烷值很高，性质类似于天然气合成油(GTL)的柴油和生物质合成油(BTL)的柴油。加氢生物柴油完全符合常规柴油规格(ASTM D975；世界Ⅳ类燃料规格标准)，只是密度为规格的下限，因此在常规柴油中的添加比例大，排放物中NO_x可减少7%~14%，颗粒物排放量可减少28%~46%，CO和HC排放均大大减少。该工艺采用常规炼油厂的加氢处理催化剂和氢气，可方便地与炼油厂组合在一起。第一套(规模为17万t/a)加氢处理生物柴油装置已于2007年中在芬兰Neste石油公司的Porvoo炼油厂投产，第二套(规模为80万t/a)的加氢处理生物柴油装置正在建设。

微藻被认为是非常有前景的生物柴油原料，生产过程包括培育和生产微藻、微藻收获、类脂物的抽提、残渣生产甲烷和类脂物反酯化生成柴油等工艺过程。可利用盐碱土地培育微藻，从中提取类脂化合物并生产生物柴油。藻类的生长速度快，生产能力大。一些微藻品种可通过光合作用大量积累类脂物，在光照充足的条件下，积累量可达生物质量的40%~60%。只要光照充足、有足够的CO_2和水分就可快速生长。CO_2是微藻生长的主要碳源，把微藻生产与燃煤发电相联合，可以解决CO_2来源和电厂温室气体排放问题。

发展微藻生物柴油需要的主要条件是：筛选出合格的微藻品种；设计优化的光生物反应器(池)，降低微藻品种培养和采集过程的设备投资。目标是类脂物的生产率能达到$50g/(m^2 \cdot d)$的水平。

我国政府对生物燃料非常重视，并制定了相关政策促进其发展。2004年科技部启动了“十五”国家科技攻关计划“生物燃料油技术开发”项目。2005年，国家专项农林生物质工程开始启动，规划生物柴油在2010年的产量为200万t/年、2020年的产量为1200万t/年。目前国内所生产的生物柴油没有统一的质量标准，一般仅可用于农用或发电机械，要想直接用于汽车和船舶并保证不会对其带来机械损害还有一定的距离。中国生物柴油生产技术仅处于初级阶段。与国外相比，中国在发展生物柴油方面还有相当大的差距，未能形成生物柴油的产业化生产。

三、生物质热解和生物油技术

生物质热化学加工的目标是生产生物油，用作替代燃料或用于发生电力、蒸汽。

生物质热解过程是在400~650℃温度和不使用任何反应化合物或氧化剂的热化学转化过程，利用热能打破大分子生物质的化学键，产品以液态热解油为主，副产裂解气体和焦炭。

生物油是复杂有机化合物的混合物，包括醚、酯、醇、醛、酮酚和有机酸等组分，含氧量和含水量均较高。生物油组成与石油产品有较大的差别，需要用物理或化学方法精制、改质以提高稳定性后才能用作运输燃料油。

已经研发出了多种快速热解工艺及热解反应器，目前认为循环流化床-输送床热解反应器具有工业化可行性。生物质热解的生物油能量收率约70%，包括焦炭发生蒸汽的总能效率可达90%。

美国正在开展生物油重整制氢技术的研究，目标是将生物油转化为运输燃料。

第七章内容是"煤炭、天然气和生物质生产合成气"

用化石能源(煤炭或天然气)和生物质为原料通过合成气路线生产替代燃料是发展替代能源的重要工艺路线。

一、工业上广泛应用的几种气流床高压煤制合成气气化炉

煤炭造气技术已经从常压移动床技术发展到高压气流床技术，单炉原料煤处理量可达2000~2500t/d。高压气流床气化炉为高压、高温操作，所产合成气的质量明显好于固定床气化炉，合成气中不含酚类、焦油等杂质，可以大大简化气体精制流程和污水处理量。高温输送床气化炉是开发中的气化技术。大型高压气流床气化炉的冷煤气效率可达80%~85%；碳转化率为97%~99%；气化强度约为6~9t/(m^2·h)。

Shell 气化炉

为干式进料压力气化炉，可以使用无烟煤、烟煤、褐煤、重油或石油焦为气化原料。主要技术参数是：碳转化率高达99%以上；合成气中($CO+H_2$)浓度可达90%以上，不含重烃，甲烷含量极低；煤炭热值的83%可转化为合成气，约15%转化为高、中压蒸汽；总热效率可达98%左右。

GE(德士古)气化炉

为水煤浆进料立式炉。分为气化反应室和急冷室两部分。煤气热回收有急冷式、合成气冷却式和混合式三种流程。德士古炉结构简单，气化强度高，设备体积小，布置紧凑，生产能力大，适用于高水分、高灰分、高硫和粘结性的烟煤。因为德士古气化炉的耐火砖使用寿命短(受高温气流和熔渣的冲刷、磨蚀严重)，烧嘴使用寿命仅为50d左右，故需要配置热备用气化炉。

GSP 气化炉

又称Noell气流床气化炉，适合于处理煤炭、重油、石油焦、生物质木材和生活废料。由于采用特殊的水冷壁结构，可以自动调节气化过程，保证操作稳定。使用内冷式多通道烧嘴，延长了使用寿命。生产负荷弹性大，据称可以半负荷生产。合成气组成是：(H_2+CO)含量为95.42%，CO_2 含量为4.06%(干基)。碳转化率为99.6%。

E-Gas 气化炉

是在德士古气化技术的基础上开发的二段、上流式煤气化炉。E-Gas气化炉具有生产能力大、耗氧量低和气体产率高等优点。

Lurgi 压力气化炉

通常分固体排灰的Lurgi炉和液体排渣的BGL/Lurgi炉，是最成熟的气化炉型。液体排渣加压气化炉是在固体排灰炉基础上开发，于20世纪80年代进行商业化示范后商业化推广应用的。与常压移动床气化法相比，固体排灰的Lurgi炉由于是在气化温度不高的条件下气化，因此煤气中 CH_4 和 CO_2 含量较高，焦油、酚类、氨、水溶性碳氢化合物和碳黑等杂质含量也高，粗煤气需经脱 CO_2 和变换精制后才可以作合成氨、合成甲醇及合成油的原料气，故合成气净化过程较复杂，废水处理流程长，环境效应较差。液体排渣法由于在高温条件下操作，生成甲烷的放热反应减少，水蒸气量的减少使 CO_2 还原成CO的反应增强，因此与干法排灰相比，煤气中甲烷含量下降，CO和 H_2 含量提高，CO/H_2 比增加，CO_2 含量下降，煤气的热值增加。

第四代Lurgi炉(Mark-Ⅳ)内径为5m，单炉产气约7.5万 Nm^3/h(干气)，属于中型的煤气化技术，适合生产城市煤气和中型合成氨装置。

我国开发的多喷嘴水煤浆气化炉

多喷嘴水煤浆气化炉由于多喷嘴对称布置在气化炉中上部同一水平位置上，煤浆与氧气一起喷入气化炉内，使水煤浆颗粒在气化炉内同时有颗粒的湍流弥散、振荡运动、对流加热、辐射加热、煤浆蒸发、挥发物析出、气相反应、煤焦的多相反应、灰渣形成等过程。主要技术参数：比氧耗≤0.38m^3/m^3，比煤耗≤0.55kg/m^3，有效气体含量($CO+H_2$)≥80%。

已经工业化的单台气化炉日投煤能力为1200t以上，现在国内许多煤化工、煤液化项目的气化装置正考虑完全采用国产化的多喷嘴水煤浆气化技术，单台气化炉日投煤能力已达到2000t。

二、天然气生产合成气

以采用蒸汽重整和部分氧化重整技术为主。在这两项工艺基础上，可组成多种生产合成气的工艺方法。除了重整基础技术的发展、进步外，还形成了多种联合重整专利技术。这些技术改善了合成气的生产经济性。工艺过程优化的主要目标是控制合成气的组成、降低原料消耗、提高能效和节约建设投资。采用的方法包括改进重整催化剂的性能、用气体加热流程取代传统的管式重整炉、紧凑式重整反应器设计和膜分离技术的应用等。

三、生物质气化生产合成气

生物质的化学组成和化学结构均与煤炭不同。生物质气化过程是用热化学法转化为中(或低)热值气体，所用的气化技术也不同于煤炭气化。

生物质中的碳含量低于煤炭，而H/C(原子)比为1.5左右，高于煤炭的H/C原子比(≤1.0)。生物质的挥发分含量为80%左右，比煤炭(约35%)高得多。生物质中含有醚、酸和醇等含氧基团，氧含量约40%。生物质的含水率为30%~50%，也高于煤炭。

生物质气化过程包括原料预处理和干燥、生物质气化、合成气净化以及合成气转化和调制四个工序。生物质原料预处理干燥过程较复杂、能耗很高，约相当于生物质所含能量的8%~10%。

生物质气化炉是在煤炭气化炉的基础上改进、开发而成的。可用的炉型有常压、间接加热的循环流化床BCL气化炉；吹氧式、高压循环流化床GTI气化炉；两段气化的Carbo-V生物质气化炉等。

迄今为止，由于生物质替代燃料整体技术和经济方面的原因，还没有建成工业化的生物质造气装置。预期生物质能源产业将在工艺技术不断进步和经济效益继续改善的基础上得到发展。

四、煤和天然气生产合成气过程都会造成碳排放

煤的气化和费托合成过程(包括燃料油使用)的总碳排放量将超过用石油炼制过程(包括燃料使用)所产生的碳排放量。因此，应考虑设置CO_2回收设施，减少温室气体的大规模排放。

第八章内容是“合成气生产醇醚燃料”

不管是以煤炭还是以天然气为原料制醇醚化学品，均需要先将其转化为符合合成要求的、H_2与CO比例合适的合成气，然后再合成为醇醚产品。本章除重点介绍了生产甲醇和二甲醚的技术现状、不同专利商生产甲醇和二甲醚反应器的技术要点、合成甲醇和二甲醚催化剂的技术发展现状外，还详细分析了以煤炭和天然气为原料经合成气制甲醇和二甲醚的技术经济，尤其详细分析了不同煤炭和天然气价格对合成气和甲醇生产成本的影响。还介绍了甲醇、乙醇、二甲醚作为替代燃料的性质、与常规石油燃料运用比较、推广运用前景。

一、甲醇是重要的化工原料和燃料

合成甲醇从20世纪20年代工业化以来，生产技术和用途经历了多次发展和变化。20世纪60年代中期相继开发成功了低压和中压甲醇合成技术，使生产成本降低，消费市场迅速扩大。甲醇的消费市场也经历了从化工原料逐渐向燃料方向转变。20世纪80年代之前甲醇的主要用途是用作生产甲醛、乙酸、酯类等化工产品的原料。20世纪90年代以后，燃料用甲醇的生产有了很大发展，甲醇还成为生产MTBE的重要原料，用作提高汽油辛烷值的添加剂和新配方汽油的含氧化合物添加组分。从中、远期替代燃料的发展趋势估计，甲醇有可能成为氢的载体用于燃料电池。

建设大型化甲醇工厂的目的是将偏远地区廉价的天然气或煤炭资源转化为甲醇。随着合成甲醇工艺技术的发展、改进，合成甲醇工厂的经济规模将迅速扩大，以天然气为原料的特大型甲醇合成工厂已发展到7500t/d的生产规模，并有继续增大的趋势。

甲醇新近应用的热点是作为极具有工业化应用前景的低碳烯烃生产工艺(MTO或MTP)的原料。

甲醇合成技术包括许多种专有技术。多数专利商提供的技术包括天然气转化生产合成气和甲醇合成两项技术，也有的专利商仅提供重整生产合成气技术。目前，掌握百万吨级以上Mega Methanol技术的专利商主要是ICI/Synetix、Lurgi公司，占据了市场的主要份额。他们的甲醇生产流程大致相同，但反应器型式和结构、工艺过程细节略有差异，并各有其自身特点。本章对各种天然气转化生产合成气的专利技术、甲醇合成专利技术、甲醇合成反应器专利技术做了详细的分析和介绍。

甲醇作为汽油的替代燃料已经有很久历史。20世纪70年代的石油危机，使甲醇成为车用替代汽油的首选。由于甲醇具有很高的辛烷值，在汽油机中应用时压缩比可以从9提高到12~14，从而提高发动机的热效率。

由于存在着与人体接触有毒性、未转化物尾气排放影响环境、运输和储存中可能存在的泄漏排放、冷启动困难等问题，甲醇能否直接作为内燃机燃料一直是国内外争议的课题。美国和欧洲最近几乎放弃甲醇作为替代燃料而转为推广使用乙醇汽油和生物柴油。我国对推广甲醇汽油也同样采取比较审慎的态度，虽然在编制却一直没有发布甲醇汽油的国家标准，仅仅在山西、陕西进行试验性推广应用。甲醇的物理热值是汽油的一半，由于热效率的提高，甲醇替代汽油实际热值比是1∶1.6。

二、二甲醚是重要的化工产品和新兴的替代燃料

二甲醚可以代替LPG用作民用燃料，也是非常优异的柴油替代燃料，还可作为发电燃料，具有减少污染气体排放的效果。

二甲醚的生产工艺技术经历了多次发展、变化。经历了从初期使用硫酸的甲醇液相脱水工艺、甲醇气相催化脱水工艺到合成气直接合成二甲醚工艺三个发展阶段。

合成气一步法生产二甲醚的工业技术目前还不成熟，是技术发展方向和国内外的研发热点。其特点是生产出合成气后，合成气进入合成反应器内，在反应器内完成甲醇合成和甲醇脱水两个反应和变换过程，含有二甲醚和甲醇的混合物经过精馏得到二甲醚，未反应的甲醇返回合成反应器。国外有代表性的一步法合成二甲醚生产工艺有：丹麦Topsøe工艺、美国AirProducts工艺和日本NKK工艺。一步法甲醇单程转化率约为70%~85%，二甲醚的选择性大于98%。由于没有甲醇合成的中间环节，一步法工艺流程简单、设备少、投资小，从而生产成本比二步法低。目前二甲醚生产技术仍是以精甲醇为原料进行脱水反应的二步法工艺。在二步法中，甲醇液相脱水技术已逐渐被甲醇气相催化脱水技术所取代，特点是副产品少，二甲醚纯度为99.9%，工艺非常成熟。二步法的缺点是要经过甲醇合成、甲醇精馏、甲醇脱水和二甲醚精馏步骤，流程长，设备投资大。

二甲醚用作替代燃料主要取决于其生产成本。二甲醚的生产成本与原料(煤或天然气)价格、采用的生产工艺等多种因素相关。只有在石油和天然气价格处于高价位时，在煤炭资源丰富的地区发展二甲醚产业才有技术经济优势。

第九章内容是“合成气生产油品与联产电力、化工产品”

费托合成技术是合成气在专用催化剂表面上进行的聚合反应过程。费托合成反应的本征动力学是逐步地进行链增长和在催化剂表面上进行—CH_2—基的聚合。根据催化剂对于链增长反应和链终止反应的催化作用决定产品的选择性，聚合的速率与生成的产品无关。费托合成反应会生成各种烷烃、烯烃和含氧化合物(包括醇类、醛类、酸类和酮类)。

影响产品分布的参数包括反应温度、压力、原料气的组成、使用的催化剂品种及其助剂。催化剂的活性会随反应温度而提高。对于钴催化剂，在反应温度为200~210℃范围内，反应速率与温度呈指数关系增长。

费托合成催化剂组成包括费托合成金属(通常为第Ⅷ族过渡金属钴或铁)、第二金属(一般为贵金属)、氧化物助剂和高表面积的担体。根据生产合成气的原料不同，选择不同的第Ⅷ族元素。对于天然气原料，钴是变换活性较小的催化金属，是优先的选择。铁催化剂则具有水煤气变换活性，适用于H_2/CO比较低的煤制合成气。

费托合成生产替代燃料可使用天然气、煤炭和生物质为原料。煤炭为原料的费托合成是成熟的工艺技术。天然气是重要的费托合成原料，生物质造气的合成技术正处于开发阶段。

煤制合成气的CO_2排放量高(气化过程的碳排放量约为煤含碳量的70%)，故煤制油过程必须解决CO_2回收和处理问题。

一、已经工业化的费托合成技术

南非Sasol公司的SSPD合成技术和Shell公司的SMDS技术均是已经工业化的费托合成技术。

SSPD合成技术使用劣质褐煤，用鲁奇式高压气化炉生产合成气。Sasol-Ⅰ合成油厂合成部分使用了ARGE固定床合成反应器和循环流化床(Synthol)合成反应器；Sasol-Ⅱ和Sasol-Ⅲ合成油厂使用经过改进的密相流化床反应器，以生产运输燃料为主。经历了半个多世纪的发展，Sasol公司在生产技术改进、催化剂和合成反应器的研究开发上都取得了成就，最终形成了以浆液床合成反应器为基础的SSPD(Sasol Slurry Phase Distillates)工艺。

Shell公司SMDS技术(Shell Middle Distillate Synthesis)为两段转化工艺，采用管式固定床反应器，以生产重质石蜡烃为目的产品。使用锆作助剂的钴催化剂，以提高对重质产品的选择性。SMDS技术第一段为重质烷烃合成(HPS)过程，采用费托合成技术生产链长为C_9~C_{25}的烷烃；第二段为液体产品的加氢异构化和加氢裂化过程，生成中馏分油产品。合成操作温度为230℃，压力为2.8MPa，CO总转化率为97.5%。为提高中馏分油的产率，合成所得的重质烷烃需经过加氢异构化和加氢裂化，以生产优质煤油或柴油。

二、正在开发中的费托合成技术

多家公司开发了费托合成工艺专利技术，主要方向是从合成气生产、费托合成反应器、合成催化剂配方等方面作出改进，有的技术已接近实现工业化。这些技术主要有：

Conoco合成技术。该技术是用部分氧化工艺生产合成气，以生产柴油为目的产品；

ExxonMobil合成技术。该技术是用流化床部分氧化工艺生产合成气，采用气泡塔式浆液床合成反应器，合成产品采用固定床加氢异构化工艺；

Rentech合成技术。该技术是使用改良铁催化剂的合成技术，以柴油为目的产品，合成蜡经过加氢后可作为食品蜡或经加氢异构化生产润滑油基础油；Rentech合成工艺使用浆液床气泡反应器，可以在线加入或取出催化剂。

三、工业化的费托合成反应器类型

固定流化床反应器为Sasol公司开发的先进型Synthol反应器。合成气从反应器底部进入，以鼓泡形式通过催化剂层。反应热是用安装在催化剂层内的取热器取出的。固定流化床反应器的主要特点是换热效率较高、床层温度梯度小和通过反应器的压力降低，对产品分布也有较好的灵活性。1995～1999年，Sasol公司在Secunda合成油厂安装了4台单台产能11000桶/d、直径8m的固定流化床反应器和4台单台产能20000桶/d、直径10.7m的固定流化床反应器，代替了以前的16台小的固定流化床反应器。

多管式固定床(MTFB)合成反应器是SMDS工艺采用的反应器。第二代MTFB反应器设计能力为生产合成油19000桶/d，反应器内径8m、总高21m。内装管壳式取热器，取热量达300～350MW。

浆液床合成反应器是适合于大型化的反应器。对于合成油生产规模为5000t/d的工厂，只需安装鼓泡塔式浆液床反应器4台。Sosal公司的浆液床合成反应器内径5m、高度22m，生产能力为2500桶/d，于1993年投产。正计划建设更大规模(19000桶/d)的浆液床反应器。

四、费托合成联产电力、化工产品是技术发展方向

常规费托合成过程的单程转化率低，需采用气体循环流程以提高转化率，这将导致流程复杂、能效率降低。将生产运输燃料技术和IGCC发电技术联合起来，组成以煤炭为原料、联产运输燃料、电力、供热的一体化的联合工厂，可以提高能源转换效率和利用效率。一体化的联合技术是今后的发展方向，由煤炭气化生产合成气、一部分合成气生产液体燃料、合成尾气和/或合成气的燃气透平及汽轮机发电三部分组成。

一体化的联合技术具有用能效率高(IGCC电站的效率可达到或超过50%)、环境效应好(IGCC电站克服了煤直接燃烧产生的环境污染大的缺点)、适用不同的气化原料、耗水量低(IGCC电站的耗水量约比常规的汽轮机电站减少30%～50%)等优点。

第十章内容是“化石能源、可再生能源和核能制氢”

能源应用的总发展趋势是减少碳基燃料使用量和提高燃料的氢含量。从使用高碳含量的木材、煤炭到使用碳含量相对较低石油和天然气，最后进入使用低碳的混合动力燃料以致无碳的氢能等。

使用氢能是一项长远的发展计划，构建以氢能为基础的能源系统是一项完整的系统工程，也许需要几十年的时间。

对发展氢能燃料有“支持”和“质疑”两种意见。氢燃料支持者认为：除了氢能，没有其他更具竞争力的运输燃料替代方案。只要氢燃料电池成本能降到有竞争力的水平，燃料电池汽车可以方便地随处加注价格合理的氢燃料，氢燃料汽车就可以广泛应用。

对氢能燃料替代持否定态度的学者认为燃料电池汽车和氢气系统仍有许多技术经济障碍

有待解决，发展氢能燃料并不能快速解决能源、温室气体和环境污染问题。

将氢能作为替代燃料的前提是必须能够获得大量低成本的氢气，氢燃料必须在经济上有能够与石油燃料竞争的能力才可能进入市场。

本章介绍了以不同原料(包括化石能源原料和可再生能源原料)的制氢技术。

一、以煤炭为原料的制氢技术

煤炭资源相对丰富，常规煤气化-制氢技术又是成熟的技术。但必须采用“强化工艺”简化流程，降低能耗、降低建设投资和降低生产成本。

先进的煤制氢系统应包括使用大功率的煤气化炉、采用流化床高温脱硫技术、使用微孔金属膜分离器同时完成水煤气变换和 H_2 与 CO_2 的分离等技术。而这些技术均为开发中的技术，虽然具有简化流程、提高效率和降低生产成本的特点，离工业化应用尚有待时日。

大型制氢工厂如果采用煤制氢联产电力技术方案，可提高工厂热效率、降低生产成本。先进的煤制氢-联产电力和煤制气-燃料电池发电是两个可行的方案。

其他开发中的煤制氢技术有：氧分离膜与气化炉联合技术、CO 增浓气化技术、煤加氢气化、熔融铁制氢等工艺，具有简化生产过程或不生成 CO_2 等特点。

用煤制氢时，每生产 1t 氢气的 CO_2 排放量约为 16t。为了实现煤制氢零排放效应、生产洁净氢燃料，未来的煤制氢工厂就必须设置 CO_2 回收、填埋系统。

二、以天然气为原料的制氢技术

用蒸汽重整工艺生产氢气是目前主要的制氢路线。常规天然气重整制氢工艺包括原料气预处理、蒸汽重整、水煤气变换和氢气净化 4 个工序。天然气蒸汽重整装置的规模可大可小。小型装置的制氢能力可为 $100Nm^3/h$，特大型装置规模为 15 万~20 万 Nm^3/h。

大型天然气制氢工厂可采用带 CO_2 回收的重整工艺或部分氧化工艺。天然气处理量为 7 万 Nm^3/h 的工厂，氢产量约为 17 万 Nm^3/h。两种流程的当量热效率分别为 78.6% 和 87.4%，CO_2 回收量分别为 2600t/d 和 3400t/d。

分散式制氢系统适用小型加氢站，用天然气制氢是分散式制氢系统的主要技术方案。在天然气价格便宜的地区建设天然气制氢装置可使建设投资大大减少。分散式的天然气制氢技术与大型制氢工厂基本相同，但是在设备尺寸(体积)、工艺条件、生产成本和开停工时间要求等方面均有特殊的要求。例如紧凑式小型甲烷蒸汽重整炉和板式甲烷蒸汽重整器等均具有体积小、启动快的特点，适合于分散式加氢站使用。开发中的新工艺有：将蒸汽重整、水煤气变换和氢净化过程集中于单一反应器中完成的蒸汽重整膜反应器技术；离子输送膜重整技术；等离子重整技术等。小型部分氧化制氢系统已开始工业化，其优点是可以迅速调整生产负荷、可使用多种制氢原料(包括甲烷、乙醇、甲醇和汽油)。

整体式制氢装置除了原料气重整、变换、氢净化系统外，还包括氢压缩和氢加注等全部设施，核心技术为天然气重整-膜分离反应器和金属氢化物热压缩机两项技术。

三、以可再生资源为基础的制氢技术

以可再生资源为基础的制氢技术有生物质直接制氢；光生物法制氢；太阳能或风能发电-电解水制氢；核供热-供电制氢等不同技术。这些技术有的虽然在实验室已经实现，但离工业化实际运用还很远，有些则仅仅处于研究阶段。

生物质制氢有生物路线和热化学路线。每条工艺路线均包括直接法和间接法两种生产流程。直接制氢法包括：生物质造气制氢、生物质光生物转化制氢；间接制氢法有生物油裂化-重整制氢、生物甲醇制氢、生物乙醇制氢等技术。

生物质光生物法制氢是利用单细胞生物将太阳能转化、储存为氢燃料的工艺技术。不同的工艺路线包括：绿藻光生物法制氢、利用红外光光合成细菌制氢等。光生物法制氢是利用微生物的光合作用进行物质和能量转换生产氢气的技术。绿藻光生物法是研究开发的重点。太阳能的转化效率可达10%。这些工艺还需解决一些工艺技术、生物技术和工程问题才能实现工业化。

发酵法制氢技术则是利用厌氧发酵菌降解高分子有机物生产氢气。由于不需要光源，生物反应器的设计、操作简单，发酵菌的制氢能力和生长速度均高于光生物制氢的菌种。目前研究方向是使用富含葡萄糖的纤维素或半纤维素为原料，寻找能够发酵此类原料的微生物。木质纤维素生物质资源丰富，运用木质纤维素生物质制氢的课题正在进行实验室的研究中。

生物制氢联合工艺是将绿藻光合成过程与厌氧光合细菌的制氢过程串联在一起，组成联合生物制氢流程。联合工艺的优点是：绿藻和光合成细菌可分别利用不同波长的太阳光能，提高光能利用率。光生物制氢过程的细胞生物质和发酵制氢过程的有机物均能获得有效的利用。

四、核能、风能、太阳能制氢

风能制氢是用风电为电解水制氢过程提供电源。世界风力发电的发展十分迅速。2007年世界新增加的风电能力为19876MW，累计的风电产能已达到94030MW。2007年美国风电的最高成本约为5~6美分/kW·h，最低约可降至2~3美分/kW·h，已经能与化石能源发电相竞争。在一定条件下，可以发展风能制氢。

已研究了多种太阳能制氢方法。有可能在中、近期工业化的太阳能制氢技术包括：太阳能电解水制氢(是由太阳能光伏电池发电和电解水制氢组成的联合系统)；太阳能热化学制氢(是用太阳能为热源的硫碘法热化学制氢系统)；太阳能光合作用制氢(属于生物质光生物法制氢，是开发中的技术)；太阳能热解水制氢(仍处于实验室研究阶段，暂时还不能工业化应用)。太阳能制氢系统的优点和科学性在于可长久地提供能量，为环境友好的能源系统；缺点是能量密度低，无法及时、稳定地提供能量(有时间性和地域性的限制)。

核供热、供电制氢是有希望工业化的核能制氢技术。核供热的碘硫热化学法制氢技术是设置模块化高温气冷核反应堆，氦冷却剂出口温度可达900~950℃；高温蒸汽电解技术是用核能为高温蒸汽电解提供热力和电力，用高温气冷核反应堆(HTGR)为高温蒸汽电解制氢装置供电和供热。

第十一章内容是“非石油原料生产低碳烯烃和芳烃”

本章除介绍了目前已经进入了大型工业化应用阶段的以煤炭和天然气为起始原料，经甲醇制取低碳烯烃的MTO和MTP工艺技术的工艺原理、催化剂特点、工程技术特点、产品分布数据、技术经济数据外，还介绍了虽然还未达到工业化应用阶段，但极有应用发展潜力的生物质制化学品技术(即生物炼制技术)及其应用前景；介绍了虽然还处于实验室阶段，国内外研究机构一直不断地在深入研究，期望获得突破的天然气(甲烷)直接制芳烃技术(包括甲烷有氧芳构化和无氧芳构化技术)、甲烷氧化耦联制烯烃(OCM)研究的进展。

一、甲醇制低碳烯烃的MTO工艺

用以甲醇为代表的含氧有机物为原料生产以乙烯和丙烯为主的低碳烯烃工艺有国外UOP公司的MTO工艺，以及中国科学院大连化学物理研究所、中国石化集团洛阳石油化工工程公司和陕西新兴煤化工公司合作开发的DMTO工艺，还有中国石化上海石化研究院的

SMTO 工艺。目前仅大连化学物理研究所的 DMTO 工艺已经进入到了建设大型化的 60 万 t 烯烃/年装置的工业化应用阶段，其他 MTO 技术尚未见工业化应用报道。

催化剂是经金属改性的 SAPO 系列含磷硅铝氧化物分子筛，最终产品均是[SiO_2]、[PO_2]、[AlO_2]四面体构成的 8 元环笼形状的网架结构。非常适合甲醇、二甲醚等含氧有机化合物分子进入笼子内部与酸性活性中心接触。采用小孔 SAPO-34 分子筛可以有效地扩大乙烯、丙烯和丁烯分子在分子筛孔道中扩散时的差别，提高低碳烯烃的选择性。

MTO 工艺流程的前部分是使甲醇转化为低碳烯烃，后部系统为烯烃的精制分离部分，与管式裂解炉工艺的精制分离部分大致相似，根据对目的低碳烯烃产品是化学品级还是聚合级的不同，流程可以适当调整和改变。催化剂的反应机理决定了催化剂的反应周期非常短，需要频繁地再生，从而决定了 MTO 工艺不宜选择固定床反应器型式而只能选择连续反应-再生的流化床反应器型式。

技术经济评价表明，甲醇价格是影响混合烯烃生产成本和销售价值的关键，煤炭价格又是影响甲醇生产成本和销售价值的关键。将 MTO 工艺所用原料煤的价格定在不大于400 元/t 界限比较合理，这时煤制甲醇的税前销售成本可保持在 1900 元/t 以下，由 MTO 制混合烯烃的税前销售成本可在 7300 元/t 以下，可确保与石脑油制烯烃相比有相当明显成本优势。当然，如果石油价格处于非常低位(如本书稿封稿时，石油价格已跌至 50 美元/桶以下)，MTO 工艺就很难有竞争力。

建设 MTO 工厂除了考虑煤炭和天然气的原料价格外，还有一个重要因素就是要有足够、长期的资源供应量。

煤基 MTO 项目是水资源消耗非常大的项目，对于从备煤开始，经煤气化和甲醇合成，再经 MTO 或 MTP 的聚烯烃产能为 60 万 t/a 的大型化煤化工项目，每生产 1t 聚烯烃要消耗 20~25t 新鲜水。我国水资源恰恰与煤炭资源逆向分布，是制约大型化煤化工项目规划和建设的重要因素之一。

二、甲醇制丙烯的 MTP 工艺

国外具有代表性的甲醇制丙烯 MTP 工艺是由德国 Lurgi 公司开发，该工艺采用南方化学公司开发的改性 ZSM 分子筛催化剂，在第一反应器中甲醇和循环回来的二甲醚或其混合物与硅酸铝催化剂接触生成含有丙烯的第一股反应物料，该物料然后进入第二反应器，在第二反应器中与改性的专用 ZSM 类型分子筛催化剂接触反应生成含有丙烯的产物。

MTP 工艺的原理是甲醇先脱水转化为二甲醚，二甲醚和未转化的甲醇混合物进一步转化为小分子烯烃，再进一步转化为芳烃、烷烃等。

目前 MTP 的工艺技术已经进入大型化工业装置的应用阶段，中国和伊朗均与 Lurgi 公司签订了相关的协议，并开始建设工厂。

Lurgi 公司的 MTP®工艺目前是从单管式反应器一步放大到直径约为 10m 的多单元组合式的固定床反应器，有许多工程技术有待验证和确认。

与德国 Lurgi 公司的 MTP®工艺采用固定床型式有所不同，国内清华大学的甲醇制丙烯工艺采用的是流化床型式，经过催化剂的催化作用，生成以丙烯为主的反应生成物，从而避免了目前固定床 MTP®反应器内 ZSM 类型催化剂因为结焦快而需要每月切换反应器频繁进行再生的缺点。该技术已经进入建设万吨级丙烯产能规模工业化示范装置阶段。

和 MTO 工艺的技术经济分析相类似，甲醇价格对丙烯制造成本的影响极大，甲醇原料成本是 MTP®工艺最具有影响力的关键指标。

三、天然气能直接转化为烯烃和芳烃技术

多年以来，科技界一直期盼天然气能直接转化为烯烃和芳烃，始终未停止在这方面的研究。由于甲烷的化学稳定性，大多数目的产物在反应条件下都比甲烷更容易进一步转化和反应，故很难在较高的甲烷转化率下获得理想的产物选择性。目前直接转化只是在甲烷制氢氰酸（氨氧化或氨交换法）、甲烷氯化制甲烷氯化物、甲烷与硫磺反应制 CS_2 等少数过程实现了商业化生产。其他甲烷直接转化为化学品的方法，如甲烷氧化制甲醛和甲醇、甲烷氧化耦联制乙烯、甲烷脱氢芳构化制芳烃等领域仍然面临重大的挑战。甲烷直接转化制烯烃和芳烃的研究在 20 世纪 90 年代最为活跃，进入 21 世纪后除甲烷脱氢芳构化的研究外，甲烷氧化制乙烯、甲醛和甲醇的研究报道已经不多。

甲烷氧化耦联（OCM）直接转化为 C_2 烯烃的基本条件是要研究出一种能使 C_2 的选择性大于 80%的催化剂，并且 C_2 烃类产物的产率要达到 25%以上才会有商业意义。迄今为止的研究水平尚未达到这一水平。经过十余年的努力，人们对甲烷氧化耦联（OCM）直接转化为 C_2 烃类的热情逐步衰退，转为甲烷（天然气）转化为芳烃的研究工作。

甲烷直接催化转化制芳烃分为两种方法，即有氧条件下的芳构化技术和无氧条件下的芳构化技术。目前的研究表明，在有氧的氧化条件下，甲烷合成芳烃的反应难以控制，不仅甲烷的转化率低，芳烃的选择性及收率难以达到商业化推广应用的前景。甲烷在无氧条件下的芳构化可以通过高温裂解来实现，但甲烷热裂解转化成苯的最低反应温度为 1171K，如果苯的收率要达到 6%～8%，则需要反应温度为 1477～1575K，因而高温热裂解制芳烃的技术难度非常大，加之目的产物收率低，技术经济不合算，不具备工业开发和应用的前景。

四、生物质制化学品的炼制技术及进展

木质生物质是目前世界上最有可能大规模利用的最为丰富的可再生资源和能源，通过太阳光的光合作用生成的木质生物质总量超过 2000 亿 t。木质生物质组分中，木质素含量约占 20%，纤维素约占 40%，半纤维素约占 25%。为了从木质生物质生产目前主要由石油化工工艺生产的化工产品，需要通过气化、热裂解、加压液化等手段将生物质大分子降解或分解，然后对生成的小分子产物进一步进行纯化、重整或转化，形成可直接利用或可为下游化工利用的产品。

由于生物质分布广泛，属于可再生能源的范畴，开发生物质能源产品或生物质化工产品有利于减少对化石石油资源的过分依赖；生物质转化得到的甲醇、乙醇、丙二醇等化学品是目前化工产业必需和紧缺的原料；生物质原料尤其是木质生物质容易在贫瘠的土地上种植，做到不与粮争地；有利于环境保护，减少 CO_2 温室气体的排放。因此生物炼制已经越来越受到关注。

目前生物炼制根据使用的原料以及过程的不同，可以分为不同的炼制系统：(1)以木质纤维素为原料的炼制，指利用包含有纤维素的干生物质或废料为原料的炼制过程；(2)全作物炼制，是指利用玉米及谷物为原料的炼制过程，这类炼制不适合中国的国情，属于国家限制或控制发展的项目；(3)绿色炼制，是指利用天然湿生物质原料，例如，以青草和苜蓿为原料的炼制过程；(4)热化学炼制，是指利用热化学方法将生物质转化为成为均一的中间化合物，如合成气、生物油等，然后再通过生物的方法将其转化为各种生物基化学品。

生物质炼制目前尽管从理论上讲是积极并可行的，但从原料的收集与预处理、低成本生物酶的工业化生产、生产过程的整合和自动化等均有大量工作要做。生物质炼制目前仍然处于中试研究或小型示范工厂阶段，真正全面的生物质经济时代还没有到来。

第十二章内容是“交通运输工具的耗能与节能”

本章在介绍了目前不同类型汽车及未来有可能发展的汽车的能耗与节能技术，全世界空运、水运和铁路运输的能耗状况后，进一步用“TTW”[从油箱到车轮]效率表征了运输过程的能效率。

一、不同类型汽车及未来有可能发展的汽车的能耗与节能技术

交通运输耗能主要与乘客周转量和货物运量、车辆保有量、运输方式、使用的运输工具和运输燃料使用效率等多种因素有关。

轻型汽车的能耗与节能

据中国汽车工业协会统计，我国 2007 年汽车产量为 888.24 万辆，其中轿车 478.77 万辆，占 54.0%。预测 2008 年中国汽车产量有望达到 1000 万辆，其中乘用车产量 730 万辆，乘用车中轿车为 550 万辆。中国已经成为汽车生产和消费大国。随着中国经济的发展，轻型汽车保有量将持续增长。按“中情景”模式预测，2020 年我国小轿车保有量将达到 6000 万辆，达到 46 辆/千人的水平。

据公安部统计，2007 年底我国私人拥有的轿车数量是 1522 万辆，约占轿车总量的 60%，我国人均轿车保有量为 20 辆/千人，远低于工业化国家(约 400~600 辆/千人)水平。

轻型汽车的能耗约占运输燃料总消费量的 60%。世界及各个国家轻型汽车的燃料年消费量与人均汽车保有量、单车年行驶里程、不同品牌汽车耗油指标等多种因素有关。

为了提高行车效率、降低油耗，一些国家都制定了油耗法规。美国规定小轿车和轻型卡车的百公里油耗从 1978~1983 年的 11.8~17.5L 降低至目前的 8.6~11.4L。日本的汽车油耗标准是按汽车重量分为 9 级，不同车重汽车的百公里油耗应达到 4.7~15.6L。中国将汽车重量划分为 16 级，2008 年应达到的百公里油耗为 6.2~14.7L。

重型汽车的能耗与节能

重型汽车的燃料消耗量随不同国家而异，2000 年油耗范围在 1.57~2.14MJ/(t·km)之内(按柴油计折合每 100t·km 耗油 4.4~6.1L)，预期 2030 年的耗油指标可降至 1.27~1.60MJ/(t·km)(按柴油计折合每 100t·km 耗油 3.6~4.5L)。2000 年世界重型和轻型卡车的柴油消费量约为 9450 万 t，汽油消费量约为 6030 万 t。预期 2030 年的柴油、汽油消费量将分别增长至 17650 万 t 和 11800 万 t。

重型汽车的能耗取决于其运行状态。车辆在城市和高速公路上的车速和怠速时间均不相同。2010 年，重型卡车的发动机热效率(不包括采用混合动力发动机)可从目前的 42%提高至 50%；示范发动机可提高至 55%。提高柴油内燃机效率的措施包括：排气热量回收和改进热管、汽缸压力达到峰值、优化电动附属设施及系统、降低发动机的磨损和提高燃烧效率等。

替代燃料汽车的能耗与节能

对于替代燃料汽车，目前替代燃料主要是乙醇、生物柴油、甲醇、LPG 和天然气。

乙醇燃料的灵活汽车与纯汽油车相比：价格持平或略有上升；燃料消耗量低 1%左右；行驶里程低于汽油车。预测 2000~2050 年期间，世界乙醇和生物柴油使用量均将有较大的增长。

二甲醚替代柴油燃料具有十六烷值高、压缩性能优、燃烧完全、无黑烟和炭尘的特点。与使用柴油相比可提高发动机效率 10%~15%，热效率增加 2%~3%。

天然气用作内燃机燃料可提高压缩比、改善动力性能和经济性。天然气的供应方式有压缩天然气(CNG)和液化天然气(LNG)两种方式。

电动汽车的能耗与节能

开发电动汽车的初衷是为了节约燃料消耗和保护环境。可分为纯电动汽车、混合动力汽车、燃料电池汽车三类。

纯电动汽车(或称蓄电池汽车 BEV)的动力部分主要由电动机和蓄电池组成。在同等燃料价格和相同的汽车年行驶里程情况下，内燃机汽车的燃料费用约比 BEV 汽车高出 2.5~3 倍。但 BEV 汽车价格高于内燃机汽车且电池更换周期短，所以 BEV 汽车固定费用高于内燃机汽车。蓄电池汽车的发展受到蓄电池性能的约束，其主要不足是行驶里程短(一次充电行程≤200km)、充电时间长(4~5h)。

混合动力汽车(HEV)仍以内燃机为主动力，辅以电动机和能量回收、储存设施。混合动力汽车可有充电式和非充电式两种类型。混合动力汽车的发动机可在低油耗、污染少的最佳工况下运行，可利用低负荷运行时多余的功率和制动时摩擦产生的热量为电池充电。当汽车高负荷运行时内燃机功率不足，可通过电动机补充。混合动力汽车兼具内燃机汽车续驶里程长、加油方便和电动汽车效率高及环保效应好的优点。混合动力汽车已于 2004 年进入市场，具有节油和降低温室气体排放效应优点。目前价格约仍高出常规内燃机汽车许多，一些国家制定了不同的免税、补贴政策以鼓励、支持混合动力汽车的发展。混合动力小轿车的节能效果可达 30%~40%。大型卡车由于主要在公路上行驶，传动系统效率较低，混合动力车型的节油效果不显著。

燃料电池汽车(FCV)由燃料电池发动机、动力系统、燃料系统和安全系统组成。燃料电池汽车的燃料系统有设置“车装加工系统”和“车载储氢罐”两种方案。最初推荐“车装加工系统”方案是为了避免建设复杂的供氢系统设施。由于车装加工系统启动性能不符合标准，2004 年美国能源部决定停止研发工作。燃料电池的理论效率为 64%左右，是汽油内燃机的 3 倍多。燃料电池汽车目前的效率为内燃机汽车的 1.8~2 倍，是混合动力车型的 1.0~1.5 倍。目前发展燃料电池汽车还存在一些技术经济问题，包括：氢燃料储存、运输和加注技术；建设相应的系统设施资金问题；燃料电池技术；生产和成本问题等。解决这些问题需要继续花大力完成技术开发、投入大笔资金、国家政策扶持和公众的支持。燃料电池汽车实现市场化和扩大占有率尚需时日且存在许多变数。据预测，2030 年和 2040 年燃料电池汽车的市场份额可分别达到 5%和 50%。

二、空运、水运和铁路运输的能耗

航空运输客运和货运的增长幅度均超过 GDP 的增长幅度。航空运输的燃油消耗量大，耗油指标可按每人每千米消耗燃料热值(RPK 值)计算。早期中型客机的 RPK 值为 6MJ/(人·km)；新型宽体客机已降至 1.5MJ/(人·km)。2004 年美国民航平均油耗为 1.7L/(100 人·km)。有人探讨了使用氢燃料的喷气发动机改革方案，此方案在技术上仍存在诸多障碍，包括液氢储罐体积比航空煤油油箱大 3 倍；能量消耗高 9%~13%；有效载重降低 20%~30%；燃料成本升高(液氢、航空煤油价格分别为 20 美元/GJ 和5 美元/GJ)等问题。

水路运输具有运输量大、节省燃料的优点，至今仍占重要地位。预测2000~2050 年期间世界水路运输燃料总消费量增长幅度约 33%，其中，发展中国家地区增长率可达 50%。

2000 年世界铁路客运、货运平均能耗数据分别为 0.30MJ/(人·km)[0.0071kg 油当量/(人·km)]和 0.2~0.4MJ/t·km[0.0048~0.0095kg 油当量/(t·km)]。预期 2000~2050 年

期间，客运、货运年均单位能耗分别可降低1%和2%~3%。多数国家、地区(发达国家、独联体和东欧、拉美)的客运以电力机车为主，约占80%~90%。货运则以柴油机车为主，一般均超过50%，北美地区高达98%。

三、运输过程的能效率

运输过程的能效率可用“TTW”[从油箱到车轮的综合能耗效率]表征。

以常规火花塞汽油内燃机汽车为基准，估算了15种车型(4种火花塞内燃机汽车、3种混合动力汽车和8种燃料电池汽车)的TTW效率、燃料经济性[用百公里燃料油耗量(L)表示]指标。结果如下：

常规火花塞内燃机汽车的TTW效率为：汽油机16.7%~16.9%，柴油机19.4%；综合燃料经济性为：汽油机11.6~11.9L/100km；柴油机9.9L/100km。

混合动力汽车的TTW效率为20.7%~24.6%；综合燃料经济性为8.0~9.6L/100km。

燃料电池汽车的TTW效率为24.0%~41.4%；综合燃料经济为4.9~8.6L/100km。

第十三章内容是“氢燃料供应”

对于氢燃料汽车，制氢过程生产的燃料氢需要经过压缩(或液化)、储存、运至加氢站才能为燃料电池汽车加注氢燃料。小轿车的氢燃料一次加注量应为5kg(相当于40L汽油)才能保证行驶500km。

一、氢的储存

氢的储存分为气态储存、液态储存、吸附态储存、化合态储存几种方式。

(1) 对于气态储存，由于常温气态氢的体积密度小、能量密度低于汽油，故气态储氢必须采用高压储罐。5kg储氢量、压力70MPa的车载储氢罐的有效容积约为160L。储罐采用复合材料制作，储罐内层为铝合金或高密度聚合物的防渗材料，耐压层是高强度碳纤维，外层为保护层。球形头盖为金属制作。高压储氢罐要求使用高强度材料制造以减轻罐的重量，同时降低制造成本。现有储氢罐制造技术在氢的比能量、能量密度和成本上仍未达到攻关目标，制造成本过高的原因主要归因于碳纤维价格过高。大型储氢站的储氢设施可有大型地上容器储存或地下设施储存两种建设方案，利用采尽的天然气井、岩盐或硬质岩石矿井储氢也是可行的。

(2) 对于液态储存，由于液氢生产、运输已是成熟技术，车载燃料采用液氢储罐方案可行，但需降低液氢生产成本、解决液氢装置规模与运输方式匹配等技术问题。氢气液化是高投资、高能耗的工艺过程。氢液化过程的能耗约10kW·h/kg氢，约相当于氢低热值的30%。2005年氢液化装置的投资指标为2.15万美元/(t氢·a)[150美元/(GJ·a)]；2030年预计可降至0.72万美元/(t氢·a)[50美元/(GJ·a)]。耗电指标为13.5kW·h/kg氢。液氢生产的核心问题是深度保冷(降低能耗和物耗)和确保安全。车装液氢储罐容积为150L，为复合层结构，内层为不锈钢或铝合金制作，外壳为碳钢材料，中间层为超级保温材料，厚度30mm。

(3) 对于吸附态储存，可用的吸附材料包括碳基材料(包括活性炭、碳纳米管和石墨纤维等)和高表面积材料(HAS)。高表面积新材料尚未达到实用阶段。这些吸附态储存介质应具有足够的吸附容量、适宜的解吸条件和速率。材料的制造工艺、价格以及包装、运输要满足车装储氢的要求。AX-21活性炭具有较好的低温吸附氢的性能，已经制定了设备结构方案和工艺参数。车装低温活性炭储氢系统尚未实际应用。

(4) 对于化合态储存，是以化合物形式储存氢气，在使用地点将氢化合物分解为氢气，副产的分解产物运回产地再生实现氢的循环过程。氢的金属化合物有许多种，如 MgH_2。目前车装水解制氢设备体积和重量虽然不大，但生产成本很高，还原过程能耗较大，氢气综合成本是 6.50 美元/kg，难以达到工业化推广应用。

二、氢的输送

氢气运输可以是气体态输送，也可以是液态输送。从中央制氢工厂向加氢站运送氢燃料的运输方法有液氢罐车运输、压缩后的氢燃料用管道输送或管式拖车汽车输送等方式。燃料氢气态运输是最简单的运输方式，在消费量集中的地区适合用管道输送气体氢燃料，缺点是管线建设的投资高。

在氢燃料推广使用初期，氢燃料消费量少，适宜采用管线输送气体氢和管式拖车汽车输送相结合方式供应氢气。管道输送氢气的总能耗(包括压缩及管路磨损)比输送天然气大得多，两者的比值约为 440 : 100，即输送天然气、输送氢气的耗能量分别相当于所输送燃料能量的 0.31%和 1.33%。因此，用天然气制氢时，虽然大型制氢工厂的氢气生产成本低于分散式制氢，但前者的氢运输费用却高于分散式制氢的天然气运输费用。大运输量、短距离管道输氢的单位成本低于小运输量、长距离的管道输氢。

液氢运输可有管道运输、汽车运输、铁路运输和海运等不同方式。液氢管道运输只在特定场合下应用。在运氢量和输送距离相同情况下，液氢汽车运输的单位运输成本低于金属氢化合物的运输成本，液氢运输的经济性又不如压缩氢的管道运输。

三、加氢站

加氢站是为燃料电池汽车供应氢燃料的系统设施。因为目前燃料电池汽车仍处于示范阶段，建成的加氢站仍较少。

向加氢站配送的氢燃料有高压氢气或液态氢两种加注形式。目前配送液氢较少，多数是配送高压氢。以压力为 35MPa 压缩氢方式加注。

在加氢站内建设小型天然气制氢或电解水制氢装置，组成产销一体的设施是经济合理建设方案。生产规模为日产氢 50~1300kg 的天然气制氢装置投资约为 68~300 万美元。

加氢站有三种规模：即加注氢燃料量分别为 50、500 和 1300kg/d；加注车次分别为 10、100 和 300 车次。燃料氢加注压力有 35MPa 和 70MPa 两种。

加氢站的投资包括压缩机、储氢罐、加注设施及相应的安装费用，投资金额与加注站规模、氢燃料压力等级和升压流程等因素有关。

第十四章内容是“燃料电池和动力蓄电池”

燃料电池汽车和纯电动汽车的区别是其动力分别是来自燃料电池和蓄电池。

一、燃料电池的结构组成

燃料电池是将化学能直接转化为电能的发电设备。最大特点是反应过程不涉及燃烧，能量转换效率不受“卡诺循环”的限制。燃料电池的热力学能量转换理论效率为 83%，实际使用能效率可达 50%以上，比汽油内燃机高一倍多。燃料电池无机械运动部件，噪声低，维修工作量小，反应产物为水汽，对环境的污染非常小。

燃料电池可分为 5 种：包括聚合物电解质燃料电池(PEMFC)、碱性燃料电池(APC)、磷酸盐燃料电池(PAFC)、熔融碳酸盐燃料电池(MCFC)和固体氧化物燃料电池(SOFC)等。

聚合物电解质燃料电池(PEMFC)又称质子交换膜燃料电池，具有功率密度高、能量转换效率高、低温启动、环境友好等优点，适合用作汽车的动力源。它采用固体聚合物为电解质，用含铂多孔碳作电极。氢在阳极被电极材料催化为电子和质子，质子穿过交换膜、在阴极再度被催化，与氧气和来自阴极的电子化合生成水。聚合物电解质燃料电池系统包括三个子系统：即燃料电池系统(是核心部件，包括燃料电池堆、堆硬件、换热器、压缩-膨胀机、阳极尾气燃烧器、传感器和控制阀等)、燃料系统(目前车载储氢罐在储存密度、储氢方案和储罐材料等方面有不同方案有待论证和确定)和配套设备系统(包括电流变换器和调制器、启动蓄电池、系统控制器、电气、安全与系统包装等)。

直接甲醇燃料电池(DMFC)是处于开发中的技术，它是将甲醇和水混合物送至DMFC的阳极，于130℃迅速被贵金属催化剂分解为CO_2和质子氢，空气中氧在阴极接受电子并与氢质子化合为水。电池内的全部反应是甲醇燃烧成二氧化碳和水。DMFC技术用作汽车动力源尚需时日。

二、燃料电池的性能

燃料电池的性能取决于温度、压力、气体组成、反应物利用率、电流密度等操作参数。燃料电池还应具有良好的耐久性和耐低温性能。耐久性又包括机械耐久性和抗燃料杂质的耐久性，燃料电池2010年的耐久性攻关目标是超过5000h。在耐低温性能方面，2010年的攻关目标是汽车用燃料电池应能在0℃条件下放置和使用，在-20℃下的冷启动时间不超过30s，发动机功率应达到额定功率的50%，并能应对-30℃的低温。

三、燃料电池的效率

燃料电池配置有氢燃料、空气、水等供应设施。燃料电池效率为输出功率对氢燃料低热值的百分比。由于汽车需要在低负荷状态下运行，使燃料电池系统实际效率低于理论值。美国能源部为运输用PEMFC燃料电池堆制定的技术目标是：2015年的能量效率(在100%额定功率状态下)应达到55%。

四、燃料电池生产成本仍然偏高

燃料电池汽车能够占有市场、取代内燃机汽车的首要条件是具备价格优势。目前，燃料电池系统生产成本仍高于汽油内燃机，主要原因是：使用有机高分子原材料价格较高；铂催化剂用量大；制造工艺复杂，生产成本高；尚未达到工业化生产规模等因素。目前，燃料电池堆的生产成本比内燃机高出几倍。在改进技术和生产工艺、开发新材料和新型催化剂、大批量生产提高产量方面存在有降低成本的空间。

降低生产成本的目标为：2010年每kW燃料电池系统成本达到45美元；2015年进一步降低至30美元。

降低生产成本的主要技术措施包括：降低电极的载铂量(从0.4mg/cm^2降低到0.1mg/cm^2)；降低电解质材料生产成本(从100美元/m^2降低到50美元/m^2)；改变催化剂配方(开发Pt/Re/Pd/C和Pt/Au/Ni/C新配方催化剂，降低铂用量并提高催化剂活性，催化剂的质量比活性比Pt/C催化剂高约20倍。)

五、动力蓄电池

随着混合动力汽车HEV和燃料电池汽车的发展，蓄电池相应承担了汽车的部分动力。蓄电池对有的类型汽车甚至承担了全部动力(如外网电源充电式混合动力汽车PHEV，在一定时间段就仅仅使用蓄电池的电能，完全电动汽车EV则完全使用电能)，因而对电池的性能要求十分苛刻。不仅要具有高的功率密度，有的还要更高的能量密度。Ni-H蓄电池能初步满足 HEV 的指标，但对 PHEV 则有差距，对 EV 则差距更大，只能为小功率的 NEV 提供动力。新一代的 Li 蓄电池正处于大力研究开发阶段。

EV 属负荷消耗型(CD)汽车，从充电到放电，电量用去 80%，每次行程可达 200km，可反复循环 1000 个周期。

PHEV 属边消耗边维持型(CDS)汽车，在短程行驶情况条件(16~64km)寿命可达 1000 个循环周期，在助力条件和 25%充电率(SOC)下，出力 40kW 维持 10s，这样的浅循环周期寿命可达 30 万次。

HEV 属维持型汽车，只在助力条件下使用，55%充电率时，出力 40kW 维持 10s，这样的浅循环周期寿命可达 30 万次。

不同动力汽车对蓄电能力的要求不同，EV>40kW · h；PHEV 为 5~15kW · h；HEV 为 1~2kW · h。

不同动力汽车对电功率与蓄电量比值(P/E)的要求不同，EV 为 2；PHEV 为 3~15；HEV 为 16 以上。

可见不同车型对动力电池有不同要求，应结合具体情况合理选用。

目前高性能低成本动力蓄电池的研究开发已经纳入美国蓄电池联合会(USABC 等)的行动计划。近期锁定在 5~10kW · h 容量、40kW 峰功率和成本不高于 4000 美元的目标。远期要求应能达到中型乘用车(SUV)连续行驶 64km，成本仍不高于 4000 美元的水平。锂离子电池的比功率比 NiMH 电池高一倍，单个电池电压(4V)比 NiMH 电池高两倍，有利于今后发展，但是它的低温性能还需要改进，成本比 NiMH 电池高 4~10 倍，研究开发任务还很艰巨。

第十五章内容是“运输燃料生产和应用中的环境影响”

现在已经证实，人为地过量排放温室气体是全球气候变暖的主要诱因。1992 年联合国政府间谈判达成了《联合国气候变化框架公约》，1997 年缔约方大会通过了《京都议定书》，对减少主要工业发达国家的温室气体排放量提出了明确规定。2007 年联合国政府间气候变化委员会(IPCC)公布了对全球气候变化的第四次评估报告，再次阐明了问题的严重性，向各国敲起警钟，成为当年举行的八国首脑会议(G8+5)的主要议题，多方取得了共识。本章将着重介绍和讨论运输燃料排放的二氧化碳在温室气体排放总量中占有的份额及其对环境的影响。

一、全球气候变暖 90%应归结为人为因素所致

近年政府间气候变化组织第四次评估报告说明，导致 20 世纪全球气候变暖的原因 90%应归结为人为因素所致。若不及时采取有效措施任其自由发展，那么 21 世纪末温室气体浓度可能达 650μL/L 以上，全球气温平均将升高 4℃以上，无疑将对人类的生存环境带来灾难性后果。

预测今后 50 年乃至 21 世纪末的世界累计排碳数量将达到 1 万亿 t 到 2.5 万亿 t 不等，竭尽所能降低排碳量以缓解气候变暖是全世界的共同责任。

二、二氧化碳的来源

二氧化碳排放是工业化社会的伴生物。随着 20 世纪下半叶廉价化石燃料的大量应用，二氧化碳的排放量呈现突飞猛进的增长势头，打乱了大气层长期以来保持的平衡，使二氧化碳浓度持续增长。连带着其他温室气体排放量的同步增加，是近年地球大气层温度日益变暖的主要原因。

三、温室气体的减排途径

世界排放大国和强国已把节能减排问题列入重大议程，要求加强国际技术和经济合作，根据各国国情采取有效措施，把减排任务具体落实。争取2020年后，通过生物质替代能源的大规模利用；增加土壤对CO_2的捕集；对化石燃料发电产生的CO_2进行捕集和埋存；提高终端用能效率和节能；太阳能大规模发电进入商业化应用；核能运用有所突破等手段使二氧化碳排放量大幅度降低。

美国学者提出，减排60%~80%温室气体的途径是大力提高能源效率，并增加可再生能源(风能、生物燃料、生物质能、光伏发电、太阳能集热发电、地热等)的份额。预计碳排放量可在22.3亿t/a基础上减排11亿~13亿t/a。德国政府的《2020年环境议程》设想以低碳运输燃料生产、碳捕集和埋存技术为主力，使氢能够在运输燃料中基本得到推广，在2020年前将温室气体排放量在1990年基础上减少40%，高于欧盟提出的20%目标。

四、我国的温室气体减排任重道远

我国近年来经济发展速度快，高耗能工业(钢铁、建材)增长幅度大，2002年至2006年排放二氧化碳从33.1亿t碳/a增加到54.5亿t碳/a，我国人均排放量也从占世界人均排放量的65%升至95%，世界对中国的温室气体排放非常关注，中国在发展经济的同时也必须考虑相应的温室气体减排任务。

五、运输车辆排放温室气体的综合分析

全世界运输业排放的以二氧化碳为主的温室气体占排放总额的比例为15%~25%，发达国家这个比例就更高。以美国为例，运输燃料排放二氧化碳达到年人均5t之多。日本和欧洲大国一般不少于3t。减少运输业的温室气体排放是减少碳排放的重要环节。

采用WTW(Well to Wheel)的车辆-燃料循环的分析研究方法表明，使用补充与替代燃料一定要有碳的捕集和封存措施，否则温室气体排放量更大。因为在利用石油以外的化石燃料生产替代油品或醇醚燃料的生产过程中，燃料的利用效率往往只有50%~70%。若化石原料的碳含量高于石油(例如使用天然沥青、超重油或煤炭)，则综合利用效率反而偏低，反之，若化石原料属于低碳燃料(例如天然气)，则综合利用效率略有提高。由于原料所含的碳在WTW全过程中几乎都排放至大气中，这就比以原油为原料加工得到的汽油或柴油的WTW过程排碳高出50%~60%(以天然气为原料生产替代品时)，甚至比以原油加工得到的汽油或柴油WTW排碳量高出几倍(以天然沥青原料或煤炭为原料生产替代品时)。除非在WTT过程尽量将碳捕集封存，否则对国家和世界而言，反而会加剧温室气体的排量。

六、生物燃料乙醇的减排效果优于常规汽油

美国能源部ANL国家实验室在20世纪90年代后期就乙醇汽油的WTW分析为课题，研究中型轿车使用不同牌号乙醇汽油时，每英里车程内燃机循环过程的燃油消耗与GHG排放。具体收集了农业栽培，农业化学品生产，乙醇生产和内燃机燃烧中的能源(电力，油品)消耗和GHG排放，并与单一汽油燃料比较，得出乙醇汽油相对于单一汽油每英里车程和每单位数量乙醇的能源消耗和GHG排放量的降低比率，从而定量判断燃料乙醇的应用效果。乙醇来源于玉米、速生草本植物或速生木本植物，扣除了玉米为原料时副产品和速生植物为原料时副产电力外输能源与GHG的折算，乙醇的生产方法按湿法和干法两方案计算。发表的成果澄清了过去一度认为玉米乙醇在农业和工业生产过程能耗很大，WTW综合效果差，从节能意义上得不偿失的观点。说明使用生物乙醇燃料汽车的能耗和碳减排效果优于使用常规

石油汽油燃料汽车的能耗和碳减排。

七、生物柴油的减排效果优于常规柴油，合成柴油的减排效果又优于生物柴油

生物柴油的 WTW 分析表明，生物柴油燃烧中源自生物质的 CO_2 排至大气层后最终通过光合作用又返回生物质，不增加大气层 CO_2 含量，因此生物柴油的减排效果好。GTL 合成柴油净排碳量又优于生物柴油。

八、二氧化碳的减排和捕获

要想在碳排放量不断增长的形势下根本解决温室气体减排问题，需要采取双管齐下措施，即一方面减少碳排放量，另一方面从不得不排放的燃烧烟气或生产废气中将二氧化碳予以捕获并加以利用或封存。前者属于直接减排或治本手段，后者则属于间接减排或治标手段，两者应相辅相成，才能行之有效。

捕获 CO_2 的目的是从电厂大量排放的烟气中将低浓度 CO_2 取出并转变成浓缩气体，运输到适当地点予以封存。有三种可用于捕获从煤、天然气、石油或生物质燃料燃烧过程中产生的 CO_2 方法，这些技术可归纳为：①燃烧后捕获的系统技术；②燃烧前捕获的系统技术；③氧化燃料系统技术。

九、二氧化碳的地质封存和利用

二氧化碳的封存一般采用“地质封存”技术，正在开发中的还有“海洋封存”技术。地质封存技术又分为三类：①地下油藏或气藏封存；②地下深层岩盐构造封存；③地下不便开采的煤矿床封存。每种封存方法均是把高密度状态的二氧化碳注入地下的岩石构造中。开采过的油藏、气藏或盐矿由于保留有多孔的岩石构造，是理想的、可供选择的地质构造。另外，合适的地下或水下沉积岩构造也可考虑用于封存 CO_2。

第十六章内容是“宏观方案技术经济分析评估”

本章的特点是从技术经济的角度对不同替代方案进行介绍和对比，有利于高层决策者站在高处，从国家的长远规划角度，从可持续发展理念出发，看到 30～50 年后的发展前景，在统筹安排能源发展的宏观战略大局内，妥善解决石油替代的百年大计。

从石油替代产品类型考虑，液体烃燃料有较大优越性，不需改造既有的庞大燃料供应设施，也不需对汽车的结构做重大改变。石油以外的许多一次能源（如煤、天然气、生物质和微生物）都能转化为烃燃料（CTL、GTL、BTL、AGL），但它们同时又是发电（CTE、GTE、BTE）的重要原料。故需要对不同组合技术如煤发电-生物质制油与煤制油-生物质发电两组方案；太阳能通过微藻制油-煤发电与煤制油-太阳能发电两组方案进行宏观对比。

另外从节约能源和温室气体减排出发，氢能作为石油替代产品确实有很大优点，一度甚至很热，对其发展进程虽然还不太明朗，也作了初步的经济论证。

一、以煤为原料制取石油替代运输燃料

1. 煤制甲醇

煤炭价格是制约甲醇价格的关键因素。由于煤制甲醇主要是由煤制合成气和合成气制甲醇两部分构成。在煤制合成气部分，煤炭价格占合成气的成本随煤炭价格的上升逐步加大，在煤炭价格分别为 200 元/t 和 600 元/t 时由占合成气成本的 25.4%上升到 42.2%（财务内部收益率取 12%）。在合成气制甲醇部分，合成气成本占甲醇销售成本的 85%～90%。另外，煤制甲醇装置的大型化是降低煤基甲醇价格的关键，目前国内外煤基甲醇制烯烃的甲醇装置规模至少是 180 万 t/a。

2. 煤制二甲醚

二甲醚用作替代燃料主要取决于其生产成本。二甲醚的生产成本与原料(煤或天然气)价格、采用的生产工艺等多种因素相关。据估算：在原油价格为90美元/桶情况下，柴油和液化石油气的销售价格分别约为6800元人民币/t和6200元人民币/t，如果二甲醚价格能维持在4500~4800元人民币/t之内就具有竞争力。

3. 煤制氢

现有的煤制氢技术成熟，很难再进一步提高效率、降低成本。煤制氢的建设投资高，必须达到经济规模才能在经济上可行。目前的气流床加压气化炉的煤日处理量为3000t左右，单系列煤气化炉制氢系统产氢气量约15万Nm^3/h。

煤气化制氢虽然技术成熟，在化石能源制氢技术中，热效率不高，且产品成本比和设备投资比均高于天然气水蒸气重整制氢和天然气部分氧化法制氢。

现在普遍认为采用联产电力和/或化学品的大型IGCC制氢是煤制氢工艺的发展方向，但经济可行的规模需要日投煤量在6000t以上。

4. 煤直接液化和间接液化制油

煤直接液化(DCL)的主要优点是化学过程的能效较高、过程的CO_2排放量比间接法(IDCL)低，但如计入制氢和发电等过程用能，能效只稍高于IDCL。DCL生成油的芳烃含量高、柴油十六烷值低，如计算进一步改善柴油质量的能耗，综合能效将再有所降低。

二、以生物质为原料制取石油替代运输燃料

目前粮食生产燃料乙醇的能效比为1.34，即用玉米生产乙醇过程中，每投入1个单位能量(MJ/kg)即可获得1.34单位的可再生能量收益，因此在美国等玉米生产大国得到重视和发展。尽管现在出现了许多对粮食生产燃料乙醇的批评和异议，发展势头仍然不减。中国政府经过前几年的发展后，已经明确指出用粮食作物生产燃料乙醇不适合中国的国情。

生物柴油的能效比为3.2，即生产1单位能量的生物柴油需消费化石能源0.313单位能量。含生物柴油20%的调合柴油相对于纯石油柴油的大气污染物排放量明显减少，试验表明未燃烧的烃类减排约20%，CO减排约12%，可吸入颗粒物减排12%，多环芳烃减排13%，硝化的多环芳烃减排50%，所以中国正在四川、广西、湖南等省的一些不适合种植粮食作物的偏远地区试验性地种植小桐籽等油料作物，建设示范性的生物柴油工厂。

三、太阳能和风能制氢

任何能源的电力均可用于电解水制氢。用化石燃料发电、制氢不仅成本高，而且排放温室气体过多，只适合在燃料电池汽车示范时期少量应用。太阳能PV发电制氢成本也较高，而且难以规模经营。核电或太阳能热力发电制氢可以另辟蹊径——高温电解水技术，但该技术迄今尚未成熟。风电制氢已成为热门话题，认为无论在规模上，还是在成本上有发展前景。

四、各种能源发电的技术经济比较

1. 煤发电、气-电联产(IGCC)和气-电-油联产

全世界的煤炭主要用于发电，我国能源结构比例中煤炭占70%左右，绝大部分煤炭也是用于发电。煤发电细分有燃烧发生蒸汽进而通过蒸汽轮机发电，与气化产生煤气进而通过燃气轮机与蒸汽轮机联合循环发电两种基本方式，前者随原料不同(煤或煤矸石)而有粉煤链条锅炉燃烧(PC)与颗粒煤循环流化床燃烧(CFB)方式。链条锅炉燃烧随蒸汽参数差别而分亚临界、超临界和超超临界三大类，循环流化床燃烧主要采用亚临界方式。以上差别带来

技术经济指标的差异，进行评估时需要给予适当考虑。

Mitretek2002 年的报告中曾就今后开发更先进的煤气化发电技术做了预测，认为在煤气化分离氢气过程以高温膜分离取代 PSA，并在燃气轮机前设置高温固体氧化物燃料电池（SOFC），就可增加发电量，使最终发电效率达到 65.7%（不捕集 CO_2）和 61.3%（捕集 CO_2）。

当采用先进煤发电技术即 IGCC 技术时，可以同时考虑联产合成油。美国能源部 NETL 实验室组织了三家评估公司进行了多方案对比论证，其后又做了补充，认为在高油价情况并考虑捕集 CO_2 时仍然具有竞争力。综合热效率（HHV）可由单一发电的 40%提高到 49%~53%，随着产油量的增加，CO_2 排放量大幅度减少。

2. 生物质发电

21 世纪早期美国 NREL 就比较了用于生物质气化联合循环发电（BGCC）的三种炉型（GTI 的 Renugas 加压炉、GTI 的 Renugas 常压炉和 Battelle 高通量气化炉 FERCO）。按生物质（含 20%水的废木料）596~675t/d 的进料量计算，Renugas 加压炉工厂净发电 42MW，净热效率 40.6%，居三者之首。单位成本是 65.0 美元/MW · h，大大超过煤电价格。比常规煤电增多的费用如认为是二氧化碳减排费用，那么每吨碳折合 77 美元，每吨二氧化碳折合 21 美元。结论是小规模（25~50MW 级）的生物质发电厂对农民增收有些帮助，但总体效益较差，国家从减排二氧化碳角度适当付给上网电费补贴是合理的。

3. 风能发电

风能是可再生能源，风能发电可减少温室气体排放，近年发展速度很快。机组大型化能够降低单位电力投资，虽然风电的不稳定性对并网存在不利因素。

4. 核能发电

压水堆核电厂正在掀起新一轮建设高潮，第四代快堆核电厂正在大力开发，预期25~30 年后得到推广应用。核能发电成本主要来自投资的财务费用，而这与各国的优惠政策和其他情况有关，核电的售价又涉及投资回报率。

五、不同原料生产同类产品的技术经济比较

主要对比了天然气、煤或生物质原料生产合成油的工艺的技术经济。

GTL 方案具有投资低，排放二氧化碳少的优点，特别适合在廉价天然气的偏远产地建厂。我国天然气个别产地可用 CNG 替代运输燃料，但总的情况是在国产和进口（LNG+CNG）数量尚不能满足城市生活和调峰发电需要时，无论从数量上或从价格上都不宜考虑建设 GTL 厂。

CTL 比较适合在我国煤资源丰富地区建厂。当每桶原油价格超过 80 美元，且煤价低于 300 元人民币/t 时效益较好。但投资过高（超过天然石油深海开发、甚至超过非常规石油的开发投资）限制了它的近期和中期发展规模。远期如必须限制二氧化碳排放，那么仅此一项每吨产品成本就增加约 1500 元（每吨二氧化碳的捕集、输送和封存费用按 300 元低限计）。对比表明，单一煤制油过程能源、水耗、CO_2 排放量、投资均高，CTL 如果与石油炼制、IGCC 联合将是双方均有利的组合。

BTL 技术尚处于开发过程，因为受原料供应条件限制，装置规模偏低，单位投资最高，但由于具有“绿色产品”性质，不需限制二氧化碳排放，在此前提下所节省的费用足以抵消高额投资给成本的影响，因而较 CTL 有优势。

但是由于受 BTL 规模限制，难以发挥更大的作用，近期和中期可考虑将生物质与煤按

(10~15)：(90~85)的比例掺混，一同气化，从而在一定程度上减轻了CTL路线排放二氧化碳的压力。这就是目前新提出的CBTL技术。

六、氢能替代作为运输燃料的前景

从节能和保护环境出发，氢能运输燃料用于内燃机汽车的效益不够突出，主要是用于燃料电池汽车，而且需要在燃料和车辆(包括燃料电池和蓄电池系统)制造工艺、产品储存输送、产品向车辆加注等方面进行一系列大改动(可视为一场革命性变革)，与前述各类替代石油燃料方案差别很大。可以说前面列举的各种替代方案在近期内(2020年前)都有可能实施，而氢能替代方案正处在总体研发阶段，最快也要等到2020年后才能看出眉目，全面实施就更难了。

人们对氢能运输燃料的期待值很高，但经过各国多年来的努力，迄今仍有三大重要关口(高功率、长寿命、廉价的燃料电池；高能量密度的车载与地面储存设施；可再生能源的廉价制氢工艺)有待突破，其推广实施难度日益彰显，因此全面严谨的论证时机尚未到来。

第一篇　资 源 篇

第一章　石油、天然气和煤炭资源

第一节　化 石 能 源

一、概述

化石能源主要包括石油、天然气和煤炭三种碳基燃料，是人类社会发展和生活必要的能源资源。

人类使用煤炭的历史非常久远，大规模地开采和使用煤炭始于19世纪中期。英国等西方国家首先用煤炭为动力开始了工业化进程。煤炭的使用促进了工业和交通运输的发展。至今，在中国、美国等煤炭资源比较丰富的国家，煤炭消费量仍然很大，主要是用作发电和工业燃料。在以煤炭作为主要能源的年代，产量不大的基本有机化工原料(如芳烃等)也主要是来自煤炭炼焦的副产品。

大规模商业化开采石油始于20世纪的30年代，第二次世界大战之后，中东和非洲地区廉价石油的开采促进了以石油为原料的运输燃料的广泛应用和石油化工产业的发展，促进了西方工业化国家经济的快速发展，提高了人们的物质、文化生活水平。原油加工所得的成品油主要用作运输燃料和石油化工的原料，炼油所得的渣油，除了一部分被“轻质化”生产运输燃料外，主要用作工业和发电燃料。由于燃料油价格和在使用、储存及运输方面均比煤炭有明显的优势，使燃料油迅速取代了传统的工业燃料——煤炭。

燃料油和煤炭的应用始终受到价格的制约。20世纪70年代出现的石油危机，使原油价格急剧上涨，不仅促进了节能技术的发展，在工业燃料使用上又出现了以煤代油的趋势。

石油是最重要的化石能源资源，也是各国激烈竞争的战略物资。如今，全世界化石能源的消费结构仍然以石油为主，石油在一次能源总消费量中所占的份额中约为40%左右，是现代工业和经济增长的动力。石油还是重要的石油化工原料，目前，绝大部分基本有机化工原料(烯烃和芳烃)仍然主要用各种石油产品(轻烃、石脑油或瓦斯油)为原料进行生产。

从20世纪60年代以来(至2005年)，人类共累积开采了约1650亿t原油。自20世纪80年代至今，世界原油年产量一直稳定在30亿~39亿t左右(只是20世纪80年代初期略低，为27亿~28亿t左右)。

天然气是新兴的洁净能源资源，目前主要用作发电、民用燃料和石油化工原料，天然气转化生产运输燃料和化工产品是未来的发展方向。在世界天然气产量丰富(尤其是偏远)的地区正在积极兴建大型化的天然气合成甲醇、天然气合成油和天然气液化(LNG)工厂。

二、化石能源的生产和消费

根据“BP世界能源统计2008”，2007年全世界的石油、天然气和煤炭的生产、消费数据如表1-1所示。

统计数据表明，2006~2007年世界一次能源消费量的年增长率为2.4%，低于强势增长的2004年(4.4%)，但仍然高于近10年的平均值。亚太地区仍是需求增长最快的地区，

2006 年、2007 年增长率分别达 4.9%、5.0%。中国的能源消费增长量占全世界同期增长量的一半以上，中国 2007 年的能源消费量数据如表 1-2 所示。

表 1-1　2007 年世界能源生产量和消费量

项　目	数量/亿 t 石油当量	%	项　目	数量/亿 t 石油当量	%
石油、天然气、煤炭总产量	97.43	100	石油、天然气、煤炭总消费量	97.68	100
石油	39.53	40.6	石油	39.53	40.5
天然气	26.54	27.2	天然气	26.37	27.0
煤炭	31.36	32.2	煤炭	31.78	32.5

注：2007 年包括水电和核能的一次能源总消费量为 110.99 亿 t 石油当量。

根据“BP 世界能源统计 2008”整理。

表 1-2　2007 年中国能源消费量数据

项　目	2007 年消费量/亿 t 石油当量	对 2006 年增长率/%	项　目	2007 年消费量/亿 t 石油当量	对 2006 年增长率/%
一次能源总量	18.63①	7.7	天然气	0.61	20.0
石油	3.68	4.2	煤炭	13.11	7.9

注：①包括水电和核能。

广义而言，化石能源除了常规的石油、天然气和煤炭资源外，还包括目前备受重视的非常规能源。这主要指沥青油砂、特重原油、油页岩、煤层气等，因为此类能源资源将是常规石油的重要补充资源。

本章将分别对常规化石能源资源的储量、产销情况及非常规能源的资源情况、开发利用前景等作出说明。

第二节　石油资源

一、石油储量

为了确切说明化石能源的资源量，需要明确以下几个定义：

- 探明地质储量：指国家或特定地区内通过地质勘察获得的石油储量。
- 探明可采储量：指在现有的经济、技术和操作条件下从已知储量中可以开采出的石油储量，或称“探明经济可采储量”。
- 剩余探明可采储量：是累积探明的、经济可采储量扣除累计已经生产量的差值。
- 新增探明可采储量：是指某一年度(或特定时间段)内，获得的新的可采石油储量。
- 石油资源基数(Resources Base)=探明储量+资源量。
- 资源量(Resources)：指已有资源随着技术进步成为经济上有吸引力而增加的可采储量(含多种增加采收率的措施)以及待探明的可采储量两项之和。
- 储采比：若未来产量继续保持为某年水平，则该年年终的剩余探明可采储量除以年产量即为剩余可采储量的可开采年数，称之为储产比(R/P 比)；国内统称为储采比。

1. 世界石油储量

探明可采储量、常规石油最终可回收资源量、石油年产量和达到峰值的年限是衡量石油资源的几项重要指标。以下说明世界石油探明可采储量和最终可回收资源量数据；关于石油产量达到峰值问题的论述参见本书第三章。

1）世界石油探明可采储量

定期公布世界石油资源统计数据的部门有：英国石油（BP）公布的“世界能源统计”、美国 OGJ 每年年终公布的“世界油气资源”数据、世界石油（World Oil）、USGS（美国地质勘探局）汇编的数据和欧佩克秘书处公布的世界石油储量数据[6]。

尽管这些组织公布的数据来源不同，但所汇编的“剩余探明可采储量”数据相差不大。现以 BP 和 OGJ 的统计数据为例，说明世界石油储量情况。

（1）BP 公司和 OGJ 统计的世界石油探明可采储量[4]

2007 年/2008 年世界主要产油国家的石油剩余探明可采储量数据见表 1-3。

表 1-3　2007/2008 年世界石油的剩余探明可采储量

国　家	探明可采储量，OGJ 数据，2008 年		探明可采储量，BP 数据，2007 年末	
	亿 t	%	亿 t	%
1. 沙特阿拉伯	361.9	19.7	363	21.3
2. 加拿大	244.0	13.3	42	2.2
3. 伊朗	186.5	10.1	190	11.2
4. 伊拉克	157.5	8.6	155	9.3
5. 科威特	139.0	7.6	140	8.2
6. 阿联酋	131.8	7.2	130	7.9
7. 委内瑞拉	116.1	6.3	125	7.0
8. 俄罗斯	82.2	4.5	109	6.4
9. 利比亚	59.8	3.3	54	3.3
10. 尼日利亚	49.6	2.7	49	2.9
11. 美国	29.2	1.6	36	2.4
12. 中国	21.9	1.2	21	1.3
13. 卡塔尔	20.8	1.1	36	2.2
14. 墨西哥	14.4	0.8	17	1.1
15. 阿尔及利亚	16.7	0.9	15	1.0
16. 巴西	17.3	0.9	17	1.0
17. 哈萨克斯坦	41.1	2.2	53	3.2
18. 挪威	9.2	0.5	10	0.7
19. 阿塞拜疆	9.6	0.5	10	0.6
20. 印度	7.7	0.4	7	0.4
21. 其他国家	122.3	6.7		
世界合计	1838.6	100	1686	100.0

资料来源：“BP 世界能源统计 2008”和 OGJ 2008 年 12 月 22 日公布数据。

应该指出，BP 和 OGJ 两者的统计差别是对加拿大原油储量统计值的不同，其他国家的数据则基本相同。据“加拿大石油生产者协会”（CAPP）公布的常规原油储量为 6.35 亿 t（47 亿桶）。阿尔伯塔的油砂资源储量为 1741 亿～1745 亿桶（约折合 238 亿 t）。OGJ 2008 年 12 月公布的加拿大的石油储量 244 亿 t，包括了油砂的经济可采储量。而 2008 年“BP 世界能源统计”公布的加拿大石油可采储量为 42 亿 t（277 亿桶），则是常规石油的可采储量，不包括油砂沥青的可采储量。

世界石油探明可采储量分布不均匀，表1-4列出了按地区统计的2007年石油探明储量分布和储采比数据。

表1-4　按地区统计的石油探明可采储量和储采比

地区和国家	探明可采储量/亿t	占世界储量的/%	储采比/a
全世界	1686	100	41.6
欧佩克国家	1276	75.5	72.7
非欧佩克国家*	235	14.1	14.3
前苏联	174	10.4	27.4
按地区分布统计			
中东地区	1029	61.0	82.2
北美洲	95	5.6	13.9
中南美洲	159	9.0	45.9
欧洲及欧亚大陆	194	11.6	22.1
非洲	159	9.5	31.2
亚太地区	54	3.3	14.2

*非欧佩克国家不包括前苏联。资料来源："BP世界能源统计2008"。

(2) 探明可采储量会随技术进步而不断增加

探明可采储量是地球中蕴藏的全部石油资源储量的一部分。探明可采储量将随着勘探、开发技术水平的提高而变化。以下数据可以说明石油资源量与勘探工作阶段和勘探技术进步的关系。

表1-5为美国能源情报局EIA(Energy Information Administration)公布的1995~2025年期间世界常规石油资源基数(Resources Base)预测值，包括剩余探明可采储量、剩余探明可采储量资源增长量和未探明可采储量三项数据。其中，剩余探明储量是指已发现、探明，但尚未开采的石油储量，是OGJ的年评估值；剩余探明储量增长量主要是由于采油技术进步、提高油田采油率可获得的资源量，未探明可采储量是指还需通过进一步勘探才能找到的可采石油储量，这两项数据是摘自美国地质调查局(USGS)的2000年"世界石油评估"。三项之和即为石油资源基数。

表1-5　1995~2025年世界石油资源基数预测表　　亿t

国家或地区	剩余探明可采储量	剩余探明可采储量增长量	未探明可采资源量	常规石油资源基数
工业化国家				
美国	29	104	113	246
加拿大	244	17	45	306
墨西哥	18	35	63	116
澳大利亚、新西兰	2	4	8	14
西欧	21	27	49	97
发展中国家				
俄罗斯	82	145	157	384
东欧及中亚地区	26	44	76	146
中国	25	27	20	72
亚洲其他国家	14	20	33	67
中东地区	1014	345	367	1726
非洲	140	100	170	410
中南美洲	141	124	171	436
世界合计	1763	996	1281	4040
OPEC国家	1230	540	546	2316
非OPEC国家	533	456	735	1724

资料来源：根据"EIA2006国际能源展望"数据整理。其中：剩余探明可采储量引自OGJ 2006年1月数据，剩余探明可采储量增长量和未探明可采资源量为USGS的数据。

从表 1-5 数据可以看出，在技术进步的基础上，未探明可采石油资源量有可能为 1281 亿 t。这是对世界石油资源增长仍然抱乐观态度学者的理论依据。表 1-5 的数据毕竟是预测数据，能否实现有待逐步落实。

(3) 从储采比看石油探明可采储量

储采比是衡量石油探明可采储量的重要标志。近 20 年来世界原油储采比一直稳定在 45 年左右，比 20 世纪 70~80 年代增长了 10 年左右。在年产量保持在 35 亿~40 亿 t 条件下，使探明可采储量增长至 1600 亿 t。表 1-6 列出了 1973~2007 年世界石油剩余可采储量、年产量和储采比变化的数据。

表 1-6　1973~2007 年世界石油剩余可采储量、产量和储采比

年　度	可采储量/亿 t	年产量/亿 t	储采比/a
1973	806	27.7	29
1975	836	26.5	32
1980	844	29.6	29
1985	966	26.5	36
1990	1363	30.2	45
1995	1374	30.8	45
2000	1402	33.4	42
2005	1636	38.95	42
2007	1686	39.06	42

2）常规石油的最终可回收资源量

探明可采储量不等于地球中蕴藏的全部石油资源量。人们通过地质勘探找到了石油资源，根据经济评估确定可开采的石油量。但是，地球中蕴藏的石油总量和可采出的石油量究竟是多少是石油地质、石油开发和石油经济工作者共同关注的课题。除了“探明可采储量”之外，还应关注“最终可回收的石油资源量”这一指标。

以下为常规石油最终可回收资源量的 3 种估算实例：

(1) USGS 估算结果

USGS 评估的 2000 年世界常规石油(包括凝析油)的“最终可回收的常规石油资源”总量为 4582 亿 t。其中包括：

a) 待发现石油资源量：按不同的可采概率(5%~95%)计算，变化范围在 678~2177 亿 t 之内，采用“中值”为 1286 亿 t；

b) 增长的石油储量：指现有油田的可增长储量。按概率的中值计算，为 1000 亿 t(约相当于“最终剩余可采储量”的 28%)；

c) 剩余石油储量：即探明剩余可采储量，为 1314 亿 t；

d) 累计石油已生产量：982 亿 t(按截至 1996 年计)。

表 1-7 为按照 USGS 于 2000 年公布的数据估算的常规石油最终剩余可回收资源量[11]。图 1-1 为最终可回收石油资源分布图，说明最终可回收石油资源的分布情况。

表 1-7　常规石油的最终剩余可回收资源量　亿 t

项　目	概　率			
	95%	50%	5%	中值
待发现石油资源量	678	1207	2177	1286
已有油田储量的增长	314	1000	1685	1000
剩余石油储量				1314
累计的石油生产量				982
最终可回收石油总量				4582
最终剩余可回收资源量				3600

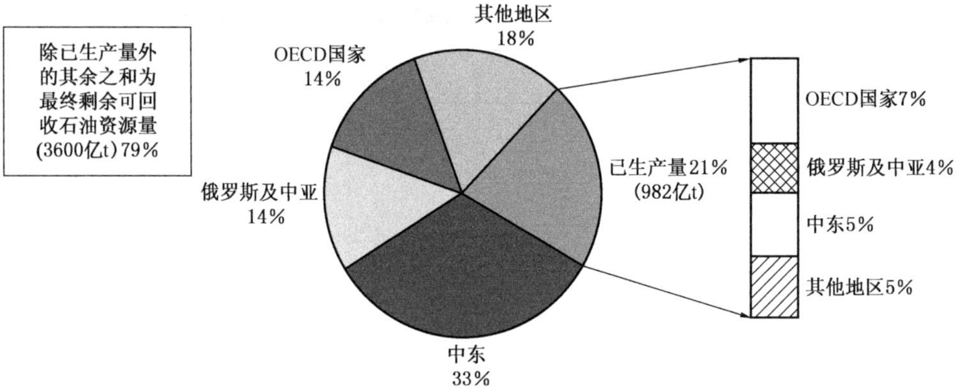

图 1-1　最终可回收石油资源分布

（2）我国的估算结果

我国石油勘探工作者于 2005 年根据 USGS 等多项数据，采用了资料调研、模型预测和情景分析等多种方法，对 2020~2050 年世界石油资源量等进行了分析，预测世界石油资源量为 5030 亿 t，见表 1-8。表中的剩余探明可采储量是摘自 BP“世界能源统计 2008”的数据。

表 1-8　世界石油资源量和探明可采储量[8]

地　区	石油资源量(Resources)		剩余探明可采储量	
	亿 t	%	亿 t	%
北美洲	859	17.1	95	5.6
中南美洲	519	10.3	159	9.0
欧洲及欧亚大陆	1008	20.0	194	11.6
中东	1840	36.6	1029	61.0
非洲	409	8.1	156	9.5
亚太地区	395	7.9	54	3.3
世界合计	5030	100	1686	100

资料来源：BP 世界能源统计 2008。

（3）小结

自 20 世纪 70 年代以来，许多石油工作者估算了世界石油最终可采储量。图 1-2 列出了最终可采储量的不同估算结果。1980~1990 年的储量估计值集中于 2500~3000 亿 t 范围之内。USGS 估算世界石油资源基数的高、中、低值分别为 5310 亿 t、4090 亿 t 和 3060 亿 t。可以看出：近 20 年来，尽管一些旧油田不断萎缩、可采储量降低，但近 30 年来世界最终可采储量估算值有较大的增长。

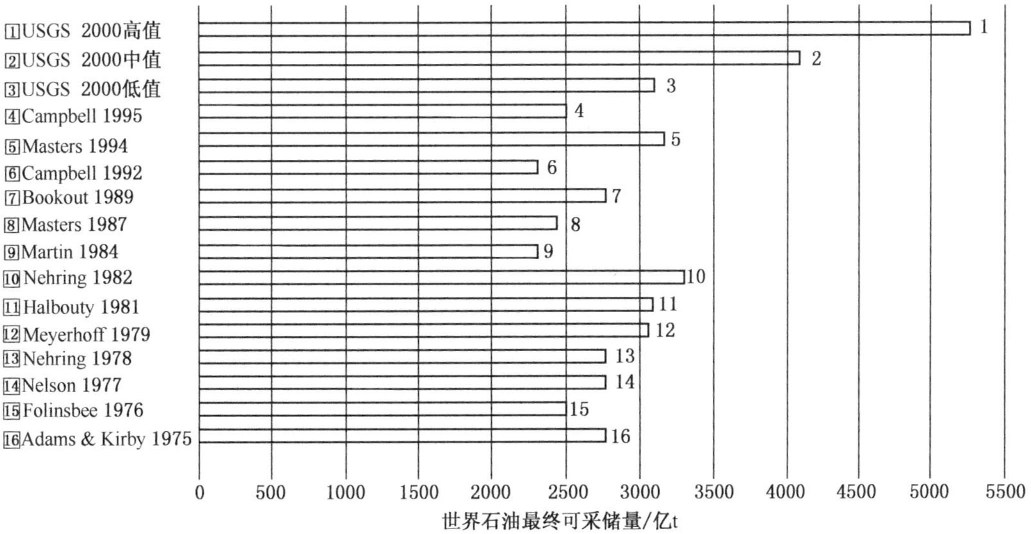

图 1-2　历年公布的世界石油最终可采储量估算值

表 1-9 说明了从 1984~2006 年 20 年来世界石油可采储量仍呈稳定增长的趋势。综合表中数据可以看出：石油资源的前景是好的，近来巴西新发现海上大油田即为一例。在勘探、开采技术进步和充分投资的基础上，石油的探明可采储量应能进一步提高。

表 1-9　一些国家石油可采储量变化

国家或地区	储量变化情况			
	1984 年/亿桶	2006 年/亿桶	增加量/亿桶	增减/%
欧佩克国家	5100	9024	+3924	+77
沙特阿拉伯	1717	2642	+925	+54
科威特	927	1015	+88	+10
伊朗	589	1375	+786	+133
伊拉克	650	1150	+500	+77
委内瑞拉	280	800	+520	+186
利比亚	214	415	+201	+94
尼日利亚	167	362	+195	+117
非欧佩克国家	1706	1754	+48	+3
挪威	49	97	+48	+98
巴西	20	118	+98	+490
墨西哥	564	137	-427	-76
美国	361	299	-62	-17
前苏联	810	1229	+419	+52
印尼	96	43	-53	-55
马来西亚	29	43	+14	+48
越南	—	31	+31	—
安哥拉	21	90	+69	+329
加蓬	6	23	+17	+283
世界合计	7616	12082	+4466	+59

注：根据“BP 世界能源统计 2006”数据计算。

3）石油资源匮乏问题[1]

毫无疑问，世界石油资源终将逐渐减少以至最终枯竭。除了政治和市场投机因素外，石油供应量如果低于市场需求就必然导致油价上升。一般认为，非常规石油资源是指那些在当前油价和使用常规技术在经济上无法开采的石油资源。常规和非常规石油的划分本来就没有严格的定义。随着油价持续攀升和勘探开采、加工、改质技术的进步，早期从技术和经济角度难以开采和炼制的非常规石油资源将变为可以开采和炼制，常规和非常规石油资源的界限必将逐步缩小，非常规石油必将成为重要的石油补充资源。因此，人们对石油资源的前景既应予以关注，又不应过于悲观。支持这种观点的学者是基于如下考虑：

（1）勘探、钻采技术进步可将更多的石油资源开发成为可采的储量；

（2）非常规石油(包括沥青油砂、特重原油和油页岩等)储量丰富，随着开采、炼制技术不断进步，将补充常规石油的不足；

（3）替代燃料生产技术包括风能、太阳能、生物质能等可再生能源及核能技术的推广应用，以及非常规石油资源开采及其加工技术、天然气制油(GTL)技术、煤制油技术(CTL)、生物质制油技术(BTL)等的发展和应用，必将逐步替代部分石油资源；

（4）燃料使用技术和节能技术的进步将减缓石油消费的增长。

人们应该自信，至21世纪中期(2050年)，石油资源虽将逐渐减少，但如果及时、积极地采取应对措施，在石油产量达到峰值之前解决石油替代问题，石油资源匮乏问题将得到一定程度的化解。

4）几点认识

综合上述情况，可归纳以下几点：

（1）石油资源丰富，但分布不均匀

大部分可采储量集中于中东、非洲和中亚地区，亚太地区最少。世界各个地区的石油储量分布情况如图1-3所示。

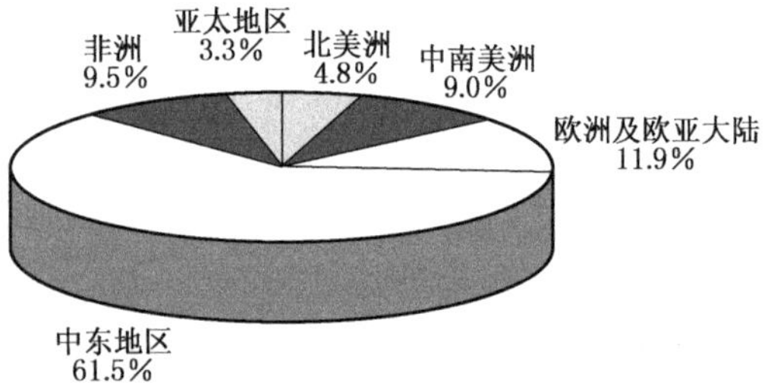

图1-3 世界石油资源分布图

（2）勘探、开采的技术进步使石油探明储量增长

由于近30年来勘探、生产技术不断进步，全世界石油探明储量呈逐年增长趋势。1980年的世界石油探明剩余可采储量为899亿t，经历了26年生产之后(1980~2005年的累积产量约850亿t)，2007年末的世界剩余可采储量却增长至1686亿t。

据BP的统计数据：世界石油探明储量自1988年增至9000亿桶(1232亿t)以来，探明储量超过1200亿t已经连续保持了近20年，并保持稳定。按照目前的石油产量(40亿t/a)计算，可维持40年以上。另外，从石油储采比数据看，20世纪80年代后期至今世界石油探明储量的储采比一直保持在40~45年左右，较20世纪70年代提高了约15年。图1-4为历年世界石油探明储量数据。

（3）海上石油储量增长较快

随着勘探、开采技术的不断进步，探明的海上石油资源量不断增加。海上石油的钻探深度已从20世纪80年代的水下300m深度增加到21世纪初的1852m以上。目前，最先进的海上石油钻井深度已达到6000m(2万英尺)。

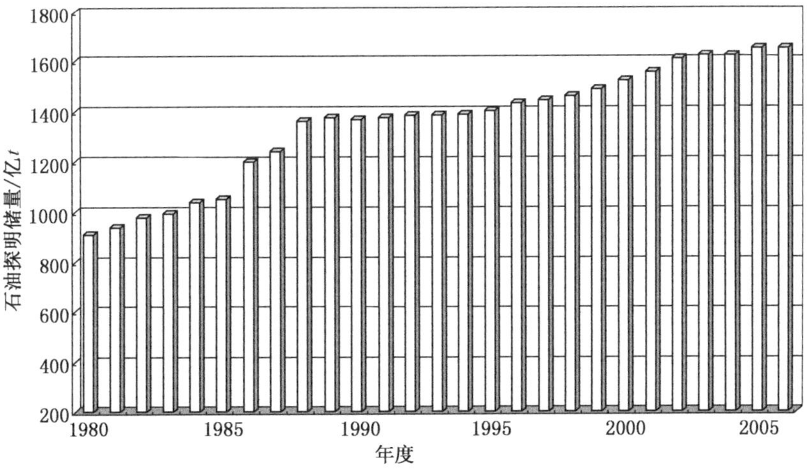

图 1-4 历年世界石油探明储量

目前，世界每天生产石油约 8000 万桶，年产量 39 亿 t，海洋石油产量占了四分之一多，形成了北美墨西哥湾、中东波斯湾、欧洲北海、委内瑞拉马拉开波湖等几大海湾油气田。海洋石油作业正在向深水领域发展，通常水深 200m 以内称为近海，超过 300m 的海域称为深海，300~500m 一般是大陆架斜坡，更深则处在大陆架边缘。深水蕴藏着丰富的油气资源，预测世界海上 44%的油气资源储存在超过 300m 水深的水域。

世界海洋石油资源量约占全球石油资源总量的 34%，全球海洋石油蕴藏量约 1000 多亿 t，其中已探明的储量约为 380 亿 t。目前全球已有 100 多个国家在进行海上石油勘探，其中可对深海进行勘探的有 50 多个国家。2003 年世界海洋石油生产量达 12. 57 亿 t，约占世界石油总生产量的 34. 1%；2003 年世界海洋天然气生产量达 6856 亿 m^3，占世界天然气总生产量约 25. 8%。

世界海洋石油产量的增长速度是世界石油生产总量增速的 3 倍多，预计今后几年海洋石油生产仍将以更高的速率增长。2003 年，海洋石油生产增速最快的地区依次是：中东 11%、北美和中美 7. 3%、南美 6. 8%。

2007 年以来，世界原油价格持续攀升，至 2008 年年中的原油期货价格曾升至 140 美元/桶左右，达到历史最高价格，对世界经济和人民生活造成影响。尽管 2008 年末已回落至 50 美元/桶左右，美国政府和议会正在研议开发深海石油资源的议题。

2. 中国石油储量

1）中国的石油资源总体状况

旧中国对石油资源勘探不足，石油工业只有甘肃、陕西等地的小型油田，石油产量微不足道。新中国成立初期，由于石油产量较少，燃料油需求主要依靠进口，在大力勘探石油的同时，致力于发展煤制油(包括费托合成和低温干馏)和页岩油工业。至 20 世纪 60 年代初，合成燃料产量已达到 100 多万 t，其中页岩油约占 80%。随着 20 世纪 60 年代后大庆、胜利、任丘、大港和中原东部地区油田的陆续发现和开发，我国石油工业迅速发展，至 70 年代末期，石油年产量已达 1 亿 t。目前已经形成了东部、西部和海上共三大石油产区，油田接近 600 个，原油年产量已稳定在 1. 8 亿 t 左右，居世界的第 5 位。

我国三大石油产区的划分范围如下：

(1) 东部油区：东北产油区为松辽盆地，包括伊通、海拉尔、二连等盆地；华北产油区为渤海湾盆地的陆上地区；江淮产油区为南襄、江汉和苏北盆地。

（2）西部油区：西北产油区除鄂尔多斯、塔里木和准噶尔三大盆地外，还有柴达木、酒西、土哈、焉耆和三塘湖等盆地；南方产油区有探明储量的是四川、三水、百色和景谷等盆地，但储量很少，2004 年的剩余可采储量仅占全国的 0.14%。

（3）海上油区：储量主要分布在渤海和南海海域，东海海域石油储量的比例很少。

2）中国的石油储量

由于我国油田的地质条件较为复杂和历史上勘探不足等原因，原油资源情况尚未完全勘探清楚。经过近几十年的勘察、评价，可以认定我国是石油资源较为丰富的国家。历次勘探结果数据见表 1-10。表 1-10 列举的第三轮全国油气资源评价数据中，中国陆域和近海 115 个盆地石油远景资源量 1086 亿 t 中陆地资源 934 亿 t，近海资源 152 亿 t。按主要区域划分的资源量见表 1-11。

表 1-10　中国石油储量的历次勘探结果

石油储量	全国第二轮资源评价/亿 t	2003 年评价数据/亿 t	全国第三轮资源评价		
			石油资源数量/亿 t	比 2003 年评价数据增加/%	比全国第二轮资源评价增加/%
远景储量	940	1041	1086	4.3	15.5
地质储量		619	765	23.6	
可采储量	158	150	212	41.3	34

3）近 20 年来中国石油储量变化情况分析

（1）全国累计探明地质储量和累计探明可采储量变化情况

表 1-12 表汇总了国家历次公布的 1984~2004 年中国石油储量变化情况。

表 1-11　全国油气资源地域分布

项目	远景资源量		地质资源量		可采资源量	
	亿 t	%	亿 t	%	亿 t	%
东部陆地	418	39	324	42	100	47
西部陆地	271	25	175	23	48	23
其他	245	22	159	21	35	16
近海	152	14	107	14	29	14
合计	1086	100	765	100	212	100

注：截至 2005 年底累计探明地质储量 258 亿 t，探明程度 34%。探明可采资源量 70 亿 t。

（2）全国剩余可采储量

剩余可采储量是衡量石油工业发展的重要指标。1984~2004 年，全国剩余可采储量变化很小。1984~1994 年期间，全国剩余可采储量未增反降；1994~2004 年期间略有增长，年均增长率和年均增长量分别仅为 0.99%和 0.1 亿 t。从各个油区情况看：东部油区的剩余可采储量呈逐年递减趋势；西部和海上油区有所增长，弥补了东部剩余可采储量的减少。至 2006 年底，剩余可采储量降至 20.43 亿 t。为了维持长期稳产和提高产量，东部油区应尽可能减缓剩余可采储量的下降速度，同时开拓西部油区和加强勘探程度使剩余可采储量持续增加。表 1-13 列出了全国和各油区的剩余可采储量变化情况。

表 1-12 1984~2004 年全国石油储量变化[9]

项目	储量/亿 t			增长量/亿 t			年均增长率/%		
	1984 年	1994 年	2004 年	1984~1994 年	1994~2004 年	1984~2004 年	1984~1994 年	1994~2004 年	1984~2004 年
累积探明地质储量	93.3	169.9	246.8	76.6	76.9	153.5	6.18	3.83	4.95
东北油区	78.5	136.5	170.5	58.0	34.0	92.0	5.69	2.25	3.95
西北油区	14.1	26.2	52.7	12.1	26.5	38.6	6.45	7.19	6.81
海上油区	0.39	6.79	22.6	6.40	15.8	22.2	32.96	12.79	22.5
累积探明可采储量	35.7	49.3	67.3	13.6	18.0	31.6	3.28	3.17	3.22
东北油区	32.5	41.7	51.4	9.2	9.7	18.9	2.51	2.13	2.34
西北油区	3.10	6.44	11.0	3.34	4.56	5.5	7.59	5.53	6.54
海上油区	0.07	1.48	4.81	1.41	3.33	4.74	35.7	12.4	23.6

表 1-13 1984~2004 年各油区石油剩余可采储量变化情况[9]

油区	剩余可采储量/亿 t			年均增长率/%		增长量/亿 t	
	1984 年	1994 年	2004 年	1984~1994 年	1994~2004 年	20 年	年均
东部油区	20.092	16.826	15.053	-1.76	-1.11	-5.039	-0.252
西部油区	2.164	4.096	6.546	6.59	4.80	4.382	0.2191
海上油区	0.056	1.222	2.824	35.40	8.74	2.765	0.1382
全国	22.312	22.144	24.423	-0.08	0.99	2.111	0.1055

综合上述情况，可对我国中期石油储量形势归纳以下几点[9]：

• 东部产油区处于稳产阶段的后期，但仍是增储的主力。1984~2004 年期间，探明的地质储量和探明可采储量的增长量均占全国增长量的 60%左右。东部油区减少的剩余可采储量可由西北和海上油区的增加所弥补。从岩性油藏的勘探和提高采收率取得的成绩看，东部油区还有生产潜力，预测稳产阶段可能延续 10~15 年；

• 1984~2004 年期间，西部油区的探明地质储量和探明可采储量的增长量均约占全国增长量的 25%，西部油区的探明可采储量占全国的比例已由 1984 年的 8.66%上升至 2004 年的 16.37%；

• 海上油区：1984~2004 年期间海上油区的地质和可采储量均有较大的增长，海上油区的探明可采储量占全国的份额已由 1984 年的 0.2%升至 2004 年的 7.14%，尤其是渤海油区储量的年均增长率为两位数增长；

• 西部、海上油区完成了产区的战略接替，从 20 世纪 80 年代提出了“稳定东部、开拓西北和海域油区，实现产区的战略接替”以来，从东、西部产油区的剩余可采储量和产量的叠加曲线看，剩余可采储量和产量均呈持续上升的趋势。

为保持原油的长期稳产和产量的提高，在勘探开发方面应加强以下几项工作：

• 东部油区的挖潜应尽可能减缓剩余可采储量和产量的下降速度；

• 西北油区应继续进行领域开拓，加深勘探程度，增加储量、提升产量；

• 加强西藏高原和南海深水海域的勘探开发，开拓、建设新的石油战略接替区。

(3) 中国各油区探明可采储量变化

自20世纪80年代以来，东部油区的探明可采储量缓慢降低，西部油区逐年增长。尤其是海上油区(包括渤海和南海油区)的地质储量和可采储量均有较高的增长。1984~2004年期间，东部油区探明可采储量占全国的比例已由1984年的90.9%缓慢降低至2004年的76.4%。同期西部油区相应比例则由8.66%上升至16.37%。海上油区的探明可采储量由1984年的0.071亿t增长至2004年的4.81亿t。图1-5表明20年来中国各油区探明可采储量比例变化情况。

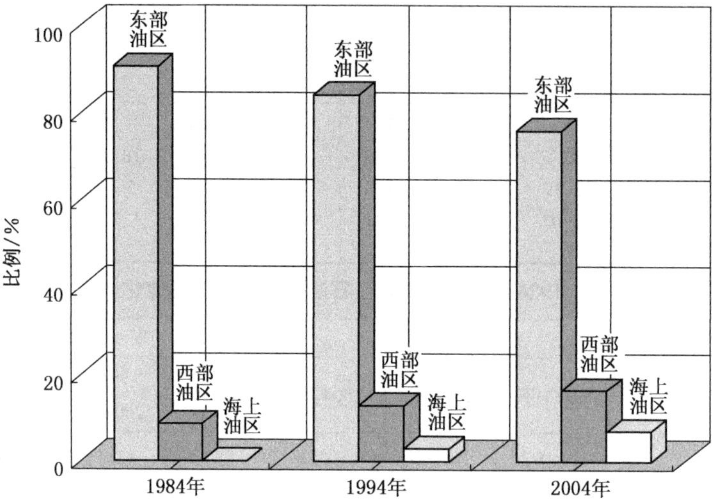

图1-5　中国各产油区探明可采储量比例变化图

据国土资源部2007年3月公布的中国石油、中国石化、中国海洋石油及地方油气公司所属油气田的储量统计结果，截至2006年底，我国的石油剩余经济可采储量为20.43亿t，按照1.837亿t的原油产量计算，储采比为11.1年。

长期以来，中国石油工业一直贯彻“稳定东部、发展西部”的战略方针，实现原油生产稳定增长和可持续发展。2007年中国石油集团公司所属的冀东油田公司在唐山地区发现了南堡油田，储量规模达10亿t。有利勘探面积达1570km^2，其中陆上面积570km^2，滩海面积1000km^2。这是东部地区近年来找到的最重要的石油储量，随着勘探工作的深入预期还会有新的发现。

“BP世界能源统计2008”公布2007年末的中国石油资源探明剩余可采储量为21亿t，接近我国公布的石油资源剩余经济可采储量。

二、石油产量

1. 世界石油产量

1) 产量及预测

2006~2008年世界主要产油国和世界原油产量如表1-14所示。

数据表明：2005年中东地区石油产量12.2亿t，占世界石油产量的31.2%；沙特阿拉伯和俄罗斯是石油产量最大的国家，两国的石油产量约占当年世界总产量的约四分之一；欧佩克产油国的产量占全世界总产量的43.5%；2005年世界各个地区石油产量分布情况见图1-6。

表 1-14　2006~2008 年世界原油产量　亿 t

项　目	2006 年产量	2007 年产量	2008 年产量	项　目	2006 年产量	2007 年产量	2008 年产量
沙特阿拉伯	4.55	4.31	4.45	英国	0.75	0.76	0.70
俄罗斯	4.75	4.86	4.88	阿尔及利亚	0.67	0.68	0.69
美国	2.57	2.55	2.45	巴西	0.86	0.87	0.91
伊朗	1.95	1.97	1.95	利比亚	0.85	0.85	0.86
中国	1.84	1.87	1.90	哈萨克斯坦	0.53	0.54	0.69
墨西哥	1.63	1.54	1.40	印度尼西亚	0.45	0.42	0.43
加拿大	1.28	1.31	1.29	安哥拉	0.70	0.85	0.94
委内瑞拉	1.28	1.20	1.18	马来西亚	0.37	0.38	0.38
挪威	1.25	1.14	1.06	印度	0.34	0.34	0.33
阿联酋	1.31	1.27	1.28	阿根廷	0.32	0.31	0.31
尼日利亚	1.11	1.08	0.97	世界产量合计	36.28	36.14	36.5
科威特	1.25	1.22	1.16	其中：欧佩克	14.7	15.3	16.1
伊拉克	0.95	1.05	1.18				

资料来源：2006 年、2007 年数据为中国石化“石油化工要闻”根据 OGJ 统计资料整理；2008 年数据为 OGJ2008 年 12 月 22 日公布数据。

美国能源信息署(EIA)对世界中远期的石油产量(含天然气凝析油)进行了预测[11]，结果如表 1-15 所示。各个地区石油产量预测值见表 1-16。

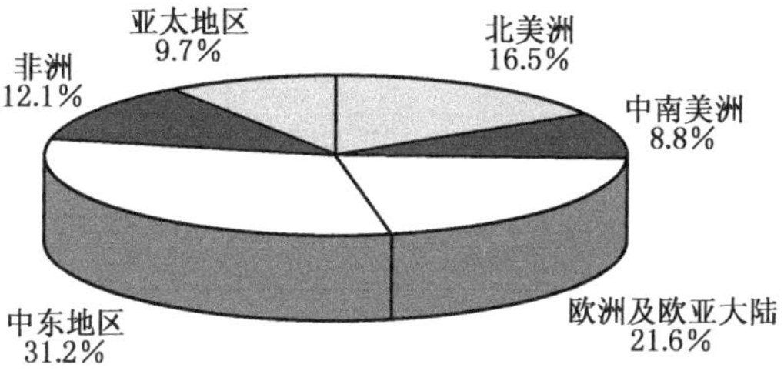

图 1-6　2005 年世界石油产量分布

EIA 2007 年预测石油产量时，将 2030 年欧佩克产油国的石油产量从 EIA 2006 年的预测值 22.7 亿 t 调高至 27.1 亿 t。非欧佩克产油国 2030 年的产量从 36.3 亿 t(IEO 2006 年预测值)调低至 26.5 亿 t。

表 1-15　2010~2030 年世界石油产量预测(含天然气凝析油)

项　目	年度 2004	年度 2010	年度 2020	年度 2030	2004~2030 年均增长率/%
基准情况					
世界石油总产量/亿 t	41.5	45.4	51.9	58.9	1.4
其中：常规石油	40.2	43.1	48.3	53.6	1.1
非常规石油	1.3	2.3	3.6	5.3	5.6
高油价情况					
世界石油总产量/亿 t	41.5	43.9	45.8	51.7	0.9
其中：常规石油	40.2	41.6	41.0	44.6	0.4
非常规石油	1.3	2.3	4.8	7.1	6.8
低油价情况					
世界石油总产量/亿 t	41.5	46.5	56.5	66.9	1.9
其中：常规石油	40.2	44.4	54.3	64.2	1.8
非常规石油	1.3	2.1	2.2	2.7	2.9

资料来源：根据“EIA 国际能源展望—2007”数据整理。

表 1-16 2010~2030 年各个地区石油产量预测(含天然气凝析油)

项 目	2004 年	2010 年	2015 年	2020 年	2025 年	2030 年	2004~2030 年均增长率/%
欧佩克产油国/亿 t	16.6	18.4	20.4	22.4	24.5	27.1	1.2
其中：沙特阿拉伯	5.2	4.5	4.7	5.2	6.5	8.2	1.8
伊朗	2.1	2.1	2.15	2.25	2.4	2.5	0.8
伊拉克	1.0	1.25	1.65	2.1	2.4	2.65	3.8
科威特	1.25	1.4	1.6	1.95	2.0	2.05	1.9
卡塔尔	0.5	0.75	0.8	0.85	0.85	0.9	2.0
阿联酋	1.4	1.65	1.9	2.25	2.35	2.45	2.2
西非洲地区	1.7	3.15	3.8	4.05	4.3	4.6	3.9
北部非洲	1.75	2.2	2.35	2.45	2.5	2.45	1.3
委内瑞拉	1.15	1.0	0.9	0.9	0.85	0.85	-1.1
印尼	0.6	0.5	0.5	0.4	0.35	0.35	-2.2
非欧佩克产油国/亿 t	23.6	24.7	25.5	25.9	26.2	26.5	0.5
其中：美国	4.15	4.5	4.75	4.75	4.6	4.55	0.4
加拿大	1.0	1.0	0.95	0.85	0.8	0.75	-1.3
墨西哥	1.9	1.6	1.5	1.6	1.65	1.75	-0.3
西欧	3.15	2.45	2.15	1.8	1.55	1.35	-3.2
俄罗斯	4.65	5.0	5.15	5.35	5.6	5.75	0.8
哈萨克斯坦	0.6	0.95	1.35	1.55	1.7	1.85	4.4
中国	1.8	1.8	1.6	1.7	1.7	1.65	-0.4
世界合计/亿 t	40.2	43.1	45.9	48.3	50.7	53.6	1.1
欧佩克的产量份额/%	41	43	44	46	48	50	—
波斯湾地区的产量份额/%	28	27	28	30	33	35	—

资料来源：根据"EIA 国际能源展望—2007"数据整理。

表 1-17 为国内估计的世界石油产量(原油，不含凝析油)数据[8]。在石油资源量分别为 5030 亿 t 和 6000 亿 t 情况下制定的两个生产方案，预测 2010~2050 年期间的世界石油产量。第一方案的石油产量将于 2030 年前后达到峰值，年产量为 50 亿 t 左右；第二方案的石油峰值产量为 56 亿 t 左右，将于 2030 年前后达到。达到峰值产量之后，石油产量将下降。

表 1-17 国内预测的世界石油产量 亿 t

项 目		2004 年	2010 年	2030 年	2050 年
第一方案：石油资源量为 5030 亿 t	OECD 国家	8.63	11.04	10.20	7.06
	发展中国家	26.57	32.18	39.54	35.33
	世界合计	35.20	43.22	49.74	42.39
第二方案：石油资源量为 6000 亿 t	OECD 国家	8.63	11.89	12.07	9.27
	发展中国家	26.57	33.21	44.37	44.37
	世界合计	35.20	45.10	56.44	53.64

据"EIA 2006 国际能源展望"预测：尽管 2025 年油价可能比 2005 年的预测值高 35%，从能源资源量和生产形势看，2030 年的石油生产量将仍可满足预测的需要量。

2）世界石油生产前景展望[3]

(1) 欧佩克产油国石油产量及前景预估

1984~2004 年期间，世界探明石油储量增长了 4270 亿桶(折合 583 亿 t)，增长了 56%，中东地区欧佩克产油国家增长最快，北美洲一些国家的探明储量则有所降低。从表1-18可以看出，预计未来几十年内，世界石油需求量的增长将主要依靠中东、非洲和中亚等地区的石油生产量。

表1-18　2004~2030年世界石油产量变化预测(含天然气凝析油)

国家或地区	2004年生产量/亿t	2030年预计产量/亿t	年均增长率/%
欧佩克产油国合计	17.0	28.4	2.0
其中：中东合计	11.5	19.3	2.0
沙特阿拉伯	5.25	8.20	1.7
伊朗	2.05	2.50	0.8
伊拉克	1.0	2.10	3.8
科威特	1.25	2.0	1.9
卡塔尔	0.5	1.30	4.0
阿联酋	1.40	2.45	2.2
西非合计	1.70	2.45	1.3
委内瑞拉	1.50	1.65	0.7
非欧佩克合计	24.5	30.45	0.8
其中：美国	4.3	5.10	0.6
加拿大	1.55	2.55	1.8
墨西哥	1.90	1.8	-0.3
西欧	3.20	1.45	-2.9
俄罗斯	4.65	5.75	0.8
里海地区各国	0.95	2.85	4.3
非洲各国	1.25	1.85	1.6
中国	1.80	2.45	1.1
中南美洲	2.05	3.65	2.3
世界合计	41.5	58.9	1.4

2004~2030年期间，全世界石油(含天然气凝析油)总产量(包括常规石油和非常规石油)将从2004年产量41.5亿t增至2030年的58.9亿t，年均增长率为1.4%。欧佩克产油国石油产量的年均增长率为2.0%；非欧佩克国家仅为0.8%。此期间石油产量增长最快的地区和国家分别为欧佩克产油国(2.0%)，沙特阿拉伯(3.9%)，西非洲地区(3.9%)。OECD欧洲国家(挪威、英国等)同期的年均产油率将降低2.9%。

(2) 非OPEC国家的石油产量及前景预估

过去30多年来，非OPEC产油国家的石油产量稳步增长，不断扩大其市场份额。20世纪70年代初期，北美洲石油产量进入快速增长时期；80年代则是北海油田和墨西哥成为非OPEC主要产油地区；90年代后拉丁美洲、西非洲的一些发展中国家和中东的非OPEC国家成为新的石油快速增长地区。据“2004国际能源展望”的“基准方案”预测，非OPEC国家的原油产量将稳步增长，将从2001年的23.4亿t/a提高至2025年的32.3亿t/a。

综合不同组织发布的资料信息，非OPEC产油国石油生产前景大致预估如下：

a. 俄罗斯和中亚里海盆地石油资源丰富、生产前景看好。2005年，俄罗斯、哈萨克斯坦和土库曼斯坦等中亚国家的石油年产油量已达6亿t。2010年里海盆地的石油年产量将可达1.55亿t，此后还会继续增长。

b. 非洲国家(主要是尼日利亚、安哥拉、加蓬)的石油生产前景看好。2020年后安哥拉的年产油量将达1.7亿t，同期西非海上油田将约有4000万t的产能。

c. 油砂、特重原油的生产前景十分乐观。由于成本降低和市场较好，油砂、特重原油的生产前景十分乐观。如果将油砂、特重原油计入常规石油资源，将大大提高常规石油的可采资源量。加拿大原油产量近年逐步增加，已从2000年的年产量1.269亿t升至2005年的1.452亿t，年均增长率已达2.5%。预计2020年后，加拿大常规石油年产量将减少2500万t，同时非常规石油——油砂沥青产量将增长至1.25亿t/a。南美洲委内瑞拉的原油产量也在缓缓增长，2005年的原油产量为1.547亿t。

d. 美国石油产量下降，北美洲国家产量的增加将递补美国产量的递减。由于勘探和生产成本上升和阿拉斯加找油速率下降，美国的原油产量将减少，墨西哥和加拿大的石油产量将补充美国石油产量的减少。预期2010年后墨西哥年产油量将达2.1亿t，2025年的产量将在此基础上再提高2500万t。

e. 欧洲北海油田产量将略有降低。2005年挪威的石油产量达到了1.382亿t，此后将缓慢下降，到2025年的年产量可能将降至1.2亿t左右。

f. 波斯湾的非欧佩克产油国(如阿曼和也门)的产量将略有增长。

g. 环太平洋地区的石油产量将缓慢增长。随着勘探、采油技术的进步，马来西亚、印度、菲律宾、越南的石油产油量均将有所增长，但总量不会很大。传统的产油国——印度尼西亚近10年来石油产量降低了近30%，2005年产量仅为5500万t。亚太地区仍是石油产量偏低的地区，区内的石油产量不足，仍需从区域外大量进口。2005年，中国、日本、印度和韩国的石油消费量为7.93亿t，占地区总消费量的71%。

3) 世界炼油能力[4]

据美国OGJ 2008年12月22日公布的截止到2009年1月1日的数据，2008年世界炼油能力为42.80亿t/a，较2007年增长1500万t/a，炼油厂总数为655座，具体见表1-19。

调查表明，2030年的世界石油年需求量将达60亿t。2005~2030年期间，为开发建设油田、运输油轮、输油管线和炼油厂需要的总投资约为1万亿美元。

表1-19　2008年世界炼油能力　亿t/a

序号	国家	炼油能力	序号	国家	炼油能力
1	美国	8.69	11	加拿大	1.01
2	中国	3.22	12	巴西	0.95
3	俄罗斯	2.71	13	英国	0.93
4	日本	2.34	14	伊朗	0.73
5	印度	1.13	15	墨西哥	0.77
6	韩国	1.30	16	西班牙	0.64
7	德国	1.21	17	委内瑞拉	0.64
8	意大利	1.17	18	荷兰	0.60
9	沙特阿拉伯	1.04	19	新加坡	0.67
10	法国	0.99		世界合计	42.80

中国的炼油能力和生产工艺也需要随着运输燃料油消费量的增长和对产品质量标准的提高作出相应的调整，相应增加成品油精制、改质的能力。

2. 中国石油产量

自20世纪60年代大庆油田的开发以来，我国相继开发了胜利、任丘、大港和中原等东部油田，石油工业迅速发展，产量稳步提高。至70年代末期，我国的石油年产量已达1亿t。近几年我国的原油年产量一直稳定在1.8~1.83亿t左右，居世界的第5位。经过50多年的发展，建成了包括东部、中部、西部和海上共四大石油产区，包括近600个油田和1万多公里的输油管线。

我国石油工业在20世纪80年代之前属于快速增长阶段，此后处于稳定增长阶段。我国的石油资源储量目前处于缓慢的稳定增长阶段，预计未来10年还将处于稳定增长的中期阶段。专家预测2010~2030年原油年产量仍将稳定在年产1.8亿~2.0亿t的水平。

“八五”以来我国的石油产量分布已有明显变化，陆上西部油田和海上油田的原油产量均有较大幅度的增长，2003年两个产油区产量在全国产量中的份额分别升至21.6%和13.1%。同期中东部油田的原油产量则逐年递减，份额已从1990年的91.6%降至2003年的65.3%。具体数据见表1-20和表1-21。

表1-20　中国各个产油区的产量变化

年　度	中东部油田产量份额/%	西部油田产量份额/%	海上油田产量份额/%
1990年	91.6	7.5	0.9
2003年	65.3	21.6	13.1

表1-21　2003年中国各个地区原油产量

油　区	产量/万t	份额/%
东部产油区	11071	65.3
西部产油区	3668	21.7
海上产油区	2205	13.0
全国合计	16944	100

1）按油区储量形势预测石油产量[8]

2005年中国石油产量达1.8亿t。按照目前的勘探成果，预测2006~2030年石油产量可维持在1.8亿~2亿t。表1-22预测了2010年、2015年和2020年具体分配到各产油区的储量和产量。

- 东部油区可采资源量为84亿t，探明率为60%，通过综合调整和采用三次采油技术，预计于2020年可产油0.76亿~0.85亿t；
- 西部油区可采资源量为46亿t，待探明资源量为35.9亿t。通过加强勘探、争取发现新油田，预计2020年产量可增至0.68亿~0.75亿t；
- 海上油区预计2020年产量可达到0.37亿~0.41亿t。

表1-22　全国和各油区预测的石油产量　亿t

产油区	2005年	2010年	2015年	2020年
东部油区	1.03~1.07	0.89~0.96	0.83~0.91	0.76~0.85
西部油区	0.40~0.42	0.51~0.55	0.62~0.67	0.68~0.75
海上油区	0.29~0.30	0.36~0.39	0.37~0.41	0.37~0.41
全国合计	1.72~1.79	1.77~1.91	1.82~1.99	1.81~2.01

2）按储采比预测石油产量[8]

老油区储采比设定为9.4，通过提高采收率、增加可采储量、动用新的探明储量等措施，使可采储量增加66.3亿~90.6亿t。新油区在不同的探明储量和新开发储量的不同动用率条件下，设定4个产量方案。预测如表1-23所示的不同年代的石油产量。

表 1-23　按储产比控制法预测的石油产量　　万 t

项目		2000 年	2010 年	2020 年	2030 年	2040 年	2050 年
老油区产量	基础产量	16086	8647	2985	1052	371	131
	提高采收率产量	—	2103	2691	2406	2008	1668
新油区产量	1 方案	—	6862	10740	11460	11023	10233
	2 方案	—	7770	12136	12960	12471	11567
	3 方案	—	7506	12555	14287	14696	14502
	4 方案	—	8506	14210	16191	16670	16446
全国总产量	1 方案	16086	17432	16416	14918	13402	12032
	2 方案	16086	18339	17812	16418	14850	13366
	3 方案	16086	18076	18231	17745	17075	16301
	4 方案	16086	19075	19887	19649	19049	18245

以上预测结果说明我国未来石油产量变化趋势如下：

- 预计中国石油产量可能于 2020 年前后达到峰值，峰值产量近 2 亿 t；
- 老油区已开发的储量将在未来几十年内逐渐耗尽，产量将从 2000 年的 1.6 亿 t 降至 2050 年的 1799 万 t(包括基础产量 131 万 t 和提高采收率的产量 1668 万 t)，产量份额约仅占当年全国产量的 10%左右；
- 西部和海上新产油区 2050 年的石油产量可达到 1.02 亿~1.64 亿 t，约占全国总产量的 85%~90%；
- 预计 2050 年中国石油总产量将保持在 1.20 亿~1.82 亿 t 范围之内；
- 国民经济持续发展，石油需求的缺口将加大。国内专家预测，2003~2050 年的需求年均增长率为 2.4%，2050 年中国的石油需求量将达 8 亿 t 左右，石油缺口将达到 6.2 亿~6.8 亿 t。

三、石油消费量

1. 世界石油和石油产品消费量

1) 世界一次能源消费量[4]

表 1-24 为近年的世界一次能源消费量数据。一次能源消费为包括石油、天然气、煤炭、核能和水电的总能源消费量。

表 1-24　世界主要能源消费国家一次能源消费量

国家或地区	一次能源消费量/亿 t 石油当量		1995~2007 年增长率/%	2007 年消费量占世界的份额/%
	1995 年	2007 年		
北美洲地区	25.07	28.39	11.8	25.8
其中：美国	21.20	23.61	9.7	21.4
加拿大	2.75	3.22	17.1	3.0
中南美洲地区	3.85	5.53	37.4	4.9
其中：巴西	1.42	2.17	45.8	1.9
委内瑞拉	0.56	0.71	25.0	0.6

续表

国家或地区	一次能源消费量/亿 t 石油当量		1995~2007 年增长率/%	2007 年消费量占世界的份额/%
	1995 年	2007 年		
欧洲地区	27.80	29.88	8.9	27.8
其中：法国	2.36	2.55	11.4	2.4
德国	3.33	3.11	-1.2	3.0
英国	2.14	2.16	6.1	2.1
俄罗斯	6.68	6.92	5.5	6.5
中东地区	3.39	5.74	63.4	5.1
其中：伊朗	0.95	1.83	88.4	1.6
沙特阿拉伯	0.97	1.68	63.9	1.5
非洲	2.46	3.44	31.7	3.0
亚太地区	23.11	38.02	57.6	33.5
其中：中国	9.16	18.63	85.4	15.6
印度	2.54	4.04	66.5	3.9
日本	4.94	5.18	5.3	4.8
韩国	1.49	2.34	51.7	2.1
世界合计	85.68	110.99	27.0	100.0

各个国家消费的能源结构随本国的资源情况而异。表 1-25 列出几个国家能源结构的典型实例。从中可以看出，中国的一次能源消费仍以煤炭为主。

- 美国的煤炭储量丰富，所以煤的消费仍占较高的份额(25%)。
- 法国核能占有较高的比例。
- 俄罗斯天然气和石油储量丰富，油、气消费量所占份额高达 72.7%。
- 沙特阿拉伯的一次能源消费以油、气为主，各占 58.2%和 41.8%。

表 1-25　一些国家 2006 年的一次能源消费结构

国　　家	一次能源结构/%				
	石油	天然气	煤炭	核能	水电
中国	20.6	2.9	70.2	0.7	5.6
美国	40.3	24.4	24.4	8.1	2.8
法国	35.3	15.5	5.0	38.9	5.3
俄罗斯	18.2	52.2	16.0	5.0	5.6
沙特阿拉伯	58.3	41.7	—	—	—

注：①以 2006 年消费量数据为基准；②根据“BP 世界能源统计—2006”整理。

2）世界的石油消费量

2007 年世界石油总消费量为 39.53 亿 t，比 2004 年增长了 1.3 亿 t，但低于近 10 年增长的平均值。各个地区和一些国家的石油消费量如表 1-26 所示。从表中数据可知，北美洲、欧洲和亚太地区是主要石油消费地区，产量不能满足消费需求，需要从中东、非洲和中南美洲进口。

表 1-26　2007 年世界石油消费量

地区或国家	2007 年石油消费量		2007 年石油产量/亿 t	产消差额/亿 t
	亿 t	占总消费量的份额/%		
北美洲地区	11.35	28.7	6.43	-4.92
其中：美国	9.43	23.9	3.12	-6.31
加拿大	1.02	2.6	1.59	0.57
墨西哥	0.89	2.3	1.73	0.94
中南美洲地区	2.52	6.4	3.33	0.81
其中：巴西	0.97	2.4	0.90	-0.07
欧洲地区	9.49	24.0	8.61	-0.88
其中：法国	0.91	2.3	0	-0.91
德国	1.13	2.8	0	-1.13
意大利	0.83	2.1	0	-0.83
荷兰	0.49	1.2	0	-0.49
俄罗斯	1.26	3.2	4.91	3.65
英国	0.78	2.0	0.77	-0.01
西班牙	0.79	2.0	0	-0.79
中东地区	2.94	7.4	12.02	9.08
其中：伊朗	0.77	1.9	2.12	1.35
沙特阿拉伯	0.99	2.5	4.93	3.94
非洲地区	1.38	3.5	4.89	3.51
亚太地区	11.85	30.0	3.79	-8.06
其中：中国大陆	3.68	9.3	1.87	-1.81
印度	1.29	3.3	0.37	-0.92
印尼	0.54	1.4	0.47	-0.07
日本	2.29	5.8	0	-2.29
新加坡	0.47	1.2	0	-0.47
韩国	1.08	2.7	0	-1.08
世界合计	39.53	100.0	39.06	-0.47

资料来源：根据“BP 世界能源统计—2008”整理。

3）世界的运输燃料消费量

表 1-27 表明运输燃料油的消费量占石油总消费量的比例仍然很高，一般约占 50%～70%，工业化国家甚至高达 70%以上，汽柴油是主要的运输燃料。

据国际能源机构 2002 年统计数据，2002 年世界石油总消费量为 37.5 亿 t，其中运输业消费量为 20.6 亿 t，占 55%。预计 2030 年世界石油消费量将达 60 亿 t，其中运输燃料油消费量将达 38.4 亿 t，占石油总消费量的 64%。随着替代燃料生产和使用技术的发展，预计运输燃料消费量中由石油所生产的产品所占的份额将会逐渐减少。能够替代石油运输燃料的产品将包括由天然气和煤炭生产的燃料（GTL 和 CTL）和用生物质作原料生产的燃料乙醇和生物柴油。

表 1-27　各地区和一些国家石油产品消费量

地区或国家	2006 年石油消费量/（万桶/d）	汽油消费量/（万桶/d）	中馏分油消费量/（万桶/d）	汽油、中馏分油合计①	
				万桶/d	%②
北美洲	2478.3	1110.6	729	1839.6	74.2
中南美洲	515.2	149.7	194.9	344.6	66.9
欧洲及欧亚大陆	2048.3	463.1	895.6	1358.7	66.3
中东	592.3	125.2	195.5	320.7	54.1
非洲	279.0	64.8	123.6	188.4	56.2
亚太地区	2458.9	698.6	891.3	1589.9	64.6
世界合计	8371.9	2612.0	3029.9	5461.9	67.4
美国	2073.1	957.1	622.0	1579.1	76.7
中国	744.5	196.8	268.9	465.7	60.5
日本	516.4	181.6	175.6	357.2	69.2
欧盟 25 国	1486.5	331.4	705.8	1037.2	69.8
经合组织	4904.1	1772.0	1757.6	3477.6	71.9

①表中汽油包括车用和空港用汽油以及轻馏分油；中馏分油包括航空煤油、柴油、取暖用油和船舶用轻燃料油；
②为汽油和中馏分油量占石油消费量的份额。

另据“IEO 国际能源展望—2006”预测，2003～2030 年期间世界石油日消费量如表 1-28 所示。

表 1-28　2003～2030 年期间世界石油产品日消费量预测

年　度	消费量/（百万桶/d）	年　度	消费量/（百万桶/d）
2003	80	2020	104
2010	92	2025	111
2015	98	2030	118

资料来源；根据“IEO 国际能源展望—2006”整理。

按行业划分，约 50%石油总消费量用于运输部门，约 39%石油总消费量用于工业部门（以用作石油化工原料为主）。按地区消费量划分，消费量增长的主要地区为非 OECD 的亚洲国家（以中国、印度为主）和 OECD 的北美洲国家（以美国、加拿大为主）。非 OECD 国家油品需求快速增长的原因是由于经济的强劲增长、新兴工业的发展和运输用油的快速增长。2003～2030 年期间，中国、印度的油品消费的年均增长率可达 3.0%，欧洲和亚洲工业化国家的油品消费年均增长率则相对比较缓慢，分别为 0.2%和 0.5%。其他非工业化国家的油品消费年均增长率为：欧洲国家 1.4%，中东国家 1.5%，非洲国家 2.3%，中南美洲国家 1.8%。

2. 中国的石油和石油产品消费量

表 1-29 是 BP 公司发布的统计数据。自 1994 年至 2007 年期间，中国的石油消费量从 1.495 亿 t 增加到 3.68 亿 t，增长了 146%。我国自 1993 年开始成为石油净进口国后，原油进口量逐年增长，2007 年原油净进口量已达 1.81 亿 t，进口依存度已达 49.8%。表 1-30 为近年来中国成品油的消费数据。

表 1-29　中国历年石油生产量和消费量

年　份	年消费量/万 t	生产量/万 t	净进口量/万 t	进口依存度/%
1994	14960	14670	290	1.9
1995	15750	14900	850	5.4
1996	17240	15850	1390	8.1
1997	19600	16010	3390	17.3
1998	19700	16020	3680	18.7
1999	20960	16020	4940	23.6
2000	22360	16260	6100	26.8
2001	22790	16480	6310	27.7
2002	24740	16690	8050	32.5
2003	27170	16960	10210	37.6
2004	31890	17410	14480	45.4
2005	32780	18080	14700	44.8
2006	35330	18370	16960	48.0
2007	36800	18670	18130	49.8

资料来源：BP 世界能源统计—2008。

表 1-30　中国历年的成品油消费量　　万桶/d

年　度	成品油消费量	其　中			
		轻馏分油	中馏分油	燃料油	其他
1995	339.5	101.0	101.1	67.9	69.6
1996	370.2	114.0	109.3	68.8	78.1
1997	417.9	125.3	124.5	73.6	94.4
1998	422.8	128.0	124.1	74.1	96.7
1999	447.7	124.9	146.7	77.1	99.0
2000	477.2	127.0	159.0	77.5	113.6
2001	487.2	125.6	166.9	78.0	116.7
2002	528.8	135.2	179.1	79.2	135.2
2003	580.3	148.9	194.5	88.0	148.9
2004	677.2	167.3	228.5	95.6	185.8
2005	698.8	174.9	242.5	89.9	191.5
2006	744.5	196.8	268.9	94.0	184.8
2007	785.5	205.1	290.8	85.4	204.1

资料来源：BP 世界能源统计 2006~2008。

表 1-31 为中国近期(2010~2020 年)石油消费量预测结果(高中低三种情景)[8]。交通运输用油量和年均增长率均高于其他用油。

表 1-31　中国中近期(2010~2020 年)石油消费量预测

预测年度	石油总消费量/亿 t	交通运输用油			化工用油		其他用油	
		汽车/万辆	用油量/亿 t	占总消费量/%	亿 t	占总消费量/%	亿 t	占总消费量/%
2010	3.30	5000	1.38	42	0.50	15	1.42	43
	3.40	5500	1.48	44	0.53	16	1.35	40
	3.50	5700	1.50	43	0.56	16	1.44	41
2020	4.00	7780	1.75	44	0.72	18	1.53	38
	4.50	10260	2.18	49	0.78	17	1.54	34
	5.00	13100	2.46	49	0.87	17	1.67	34

第三节　天然气资源

一、天然气储量

世界天然气储量主要集中于俄罗斯、中东和中亚地区。天然气储量最丰富的国家是俄罗斯、伊朗和卡塔尔等国。2007 年分地区和国家的天然气探明可采储量如表 1-32 所示。

表 1-32　世界各地区天然气探明可采储量　　万亿 m^3

国　家	历史探明可采储量			2007 年探明可采储量		
	1980 年	1990 年	2000 年	探明储量	占世界总量/%	储采比
1. 北美洲合计	9.89	9.49	7.49	7.98	4.5	10.3
美国	5.57	4.74	4.97	5.98	3.4	10.9
加拿大	2.49	2.73	1.68	1.63	0.9	8.9
墨西哥	1.83	2.03	0.84	0.37	0.2	8.0
2. 中南美洲合计	2.78	5.25	6.98	7.73	4.4	51.2
阿根廷	0.64	0.66	0.78	0.44	0.2	9.8
玻利维亚	0.12	0.11	0.68	0.74	0.4	54.7
巴西	0.05	0.12	0.22	0.36	0.2	32.3
哥伦比亚	0.12	0.10	0.13	0.13	0.1	16.2
秘鲁	0.03	0.34	0.25	0.36	0.2	>100
特立尼达和多巴哥	0.30	0.25	0.56	0.48	0.3	12.3
委内瑞拉	1.26	3.43	4.15	5.15	2.9	>100
其他	0.25	0.24	0.22	0.07	—	—
3. 欧洲和欧亚大陆	36.00	59.84	61.74	59.41	33.5	55.2
阿塞拜疆	n/a	n/a	1.37	1.28	0.7	>100
德国	0.27	0.22	0.26	0.14	0.1	9.6
意大利	0.16	0.32	0.25	0.09	0.1	10.0
哈萨克斯坦	n/a	n/a	2.00	1.90	1.1	69.8
荷兰	1.58	1.97	1.66	1.25	0.7	19.4
挪威	0.45	1.55	1.94	2.96	1.7	33.0
波兰	0.10	0.16	0.12	0.11	0.1	26.4
罗马尼亚	0.30	0.11	0.34	0.63	0.4	54.4
俄罗斯	n/a	n/a	46.70	44.65	25.2	73.5

续表

国家	历史探明可采储量			2007年探明可采储量		
	1980年	1990年	2000年	探明储量	占世界总量/%	储采比
土库曼斯坦	n/a	n/a	2.86	2.67	1.5	39.6
乌克兰	n/a	n/a	1.11	1.03	0.6	54.0
英国	0.74	0.55	0.74	0.41	0.2	5.7
乌兹别克斯坦	n/a	n/a	1.85	1.74	1.0	29.8
其他	32.33	54.87	0.47	0.43	0.2	
4. 中东	24.69	37.99	59.81	73.21	41.3	>100
巴林	0.23	0.18	0.11	0.09	—	7.4
伊朗	14.10	17.00	26.60	27.80	15.7	>100
伊拉克	0.78	3.11	3.11	3.17	1.8	>100
科威特	1.05	1.52	1.56	1.78	1.0	>100
阿曼	0.08	0.28	0.86	0.69	0.4	28.6
卡塔尔	2.80	4.62	14.44	25.60	14.4	>100
沙特阿拉伯	3.18	5.22	6.30	7.17	4.0	94.4
叙利亚	0.09	0.18	0.24	0.29	0.2	54.7
阿联酋	2.37	5.62	6.06	6.09	3.4	>100
也门	—	0.25	0.48	0.49	0.3	>100
5. 非洲	5.99	8.55	12.47	14.58	8.2	76.6
阿尔及利亚	3.72	3.30	4.52	4.52	2.5	54.4
埃及	0.08	0.38	1.43	2.06	1.2	44.3
利比亚	0.69	1.21	1.31	1.50	0.8	98.4
尼日利亚	1.16	2.84	4.11	5.30	3.0	>100
其他	0.34	0.83	1.09	1.21	0.7	>100
6. 亚太地区	4.47	9.88	12.28	14.46	8.2	36.9
澳大利亚	0.18	0.94	2.20	2.51	1.4	62.8
孟加拉	0.29	0.73	0.31	0.39	0.2	24.0
文莱	0.21	0.33	0.37	0.34	0.2	28.0
中国	0.70	1.00	1.37	1.88	1.1	27.2
印度	0.34	0.70	0.76	1.06	0.6	35.0
印度尼西亚	0.82	2.86	2.68	3.00	1.7	45.0
马来西亚	0.85	1.64	2.34	2.48	1.4	40.9
缅甸	0.09	0.27	0.29	0.60	0.3	40.8
巴基斯坦	0.45	0.64	0.68	0.85	0.5	27.6
巴布亚新几内亚	—	0.24	0.43	0.44	0.2	>100
泰国	0.29	0.22	0.36	0.33	0.2	12.7
越南	—	0.02	0.17	0.22	0.1	28.5
其他	0.24	0.29	0.34	0.37	0.2	
世界合计	83.83	131.00	160.76	177.36	100.0	60.3
其中：欧盟25国	3.17	3.53	3.23	2.84	1.6	14.8
经合组织	13.86	15.68	14.92	15.77	8.9	14.4
前苏联	32.00	54.53	56.16	53.53	30.2	67.7

资料来源：BP世界能源统计—2008。

由上表可以看出：2007年世界天然气探明可采储量为177.4万亿m^3，其石油当量为1597亿t，与当年世界石油探明可采储量(1686亿t)相当。根据OGJ资料，2007年年末世界探明可采储量为175.2万亿m^3。

天然气按地区的可采储量分布如图1-7。

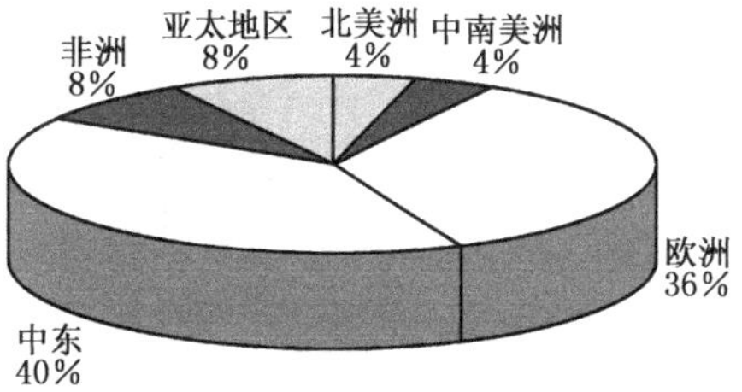

图1-7　世界天然气储量分布

天然气资源储量位居前列的一些国家及其储量见表1-33。从表中数据可以看出：俄罗斯、伊朗和卡塔尔三国的天然气储量占全世界的55.3%。全世界天然气资源约有3/4集中在中东、东欧和俄罗斯地区。中国天然气资源探明程度较低。

表1-33　天然气丰富国家的储量(2007年)

国　家	天然气储量/万亿 m^3	占世界总储量/%	国　家	天然气储量/万亿 m^3	占世界总储量/%
俄罗斯	44.65	25.2	阿尔及利亚	4.52	2.5
伊朗	27.80	15.7	委内瑞拉	5.15	2.9
卡塔尔	25.60	14.4	伊拉克	3.17	1.8
沙特阿拉伯	7.17	4.0	印度尼西亚	3.00	1.7
阿联酋	6.09	3.4	澳大利亚	2.51	1.4
美国	5.98	3.4	马来西亚	2.48	1.4
尼日利亚	5.30	3.0	中国	1.88	1.1

资料来源：BP世界能源统计—2008。

二、天然气产量

2007年世界天然气生产量为29400亿m^3，折合26.45亿t石油当量。按石油当量计算天然气产量低于当年石油产量(39.14亿t)。按年生产量排序的一些国家天然气产量及其产量份额见表1-34。

表1-34　2007年主要天然气生产国的产量

国　家	2007年		国　家	2007年	
	产量/10亿 m^3	占世界产量/%		产量/10亿 m^3	占世界产量/%
俄罗斯	607.4	20.6	马来西亚	60.5	2.1
美国	545.9	18.8	卡塔尔	59.8	2.0
加拿大	183.7	6.2	乌兹别克斯坦	58.5	2.0
伊朗	111.9	3.8	阿联酋	49.2	1.7
挪威	89.7	3.0	埃及	46.5	1.6
阿尔及利亚	83.0	2.8	墨西哥	46.2	1.6
沙特阿拉伯	75.9	2.6	阿根廷	44.8	1.5
英国	72.4	2.5	澳大利亚	38.9	1.4
中国	69.3	2.4	印度	31.8	1.1
土库曼斯坦	67.4	2.3	委内瑞拉	28.5	1.0
印度尼西亚	66.7	2.3	特立尼达和多巴哥	39.0	1.3
荷兰	64.5	2.2	世界合计	2940.0	100.0

资料来源：BP世界能源统计—2008。

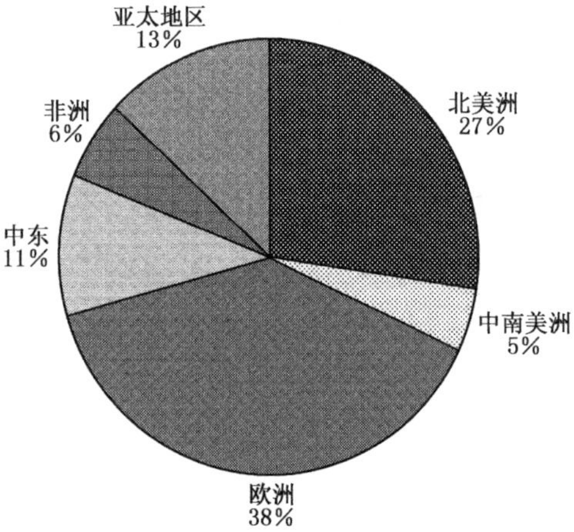

图1-8 世界天然气产量分布

从表中数据可以看出，俄罗斯是天然气产量最大的国家；美国是天然气生产大国，也是天然气消费大国。伊朗的天然气储量丰富，可采储量占世界的15%，生产潜力很大；卡塔尔的天然气储量仅次于伊朗，而且近年来天然气工业发展较快，是未来极具发展天然气生产潜力的国家；英国、挪威目前的天然气产量份额较大，但天然气资源较少；年产量已接近峰值、增产潜力不大。

世界天然气产量分布情况见图1-8。历年天然气产量增长情况见表1-35。从历年产量增长情况看，年产量的增长率高于石油和煤炭。1965~2005年期间，世界天然气产量增长了350%。40年来的天然气年均增长率为3.5%。

表1-35 世界历年天然气产量增长变化

年　度	天然气产量/百万t石油当量	增长比率/%	年　度	天然气产量/百万t石油当量	增长比率/%
1965	632.0	100	1995	1938.2	307
1970	923.8	146	2000	2190.9	347
1975	1077.4	170	2004	2440.7	383
1980	1307.2	207	2005	2506.0	397
1985	1505.1	238	2006	2592.8	410
1990	1794.5	284	2007	2654.1	420

资料来源：根据2005~2008年“BP世界能源统计”整理。

自20世纪90年代以来，世界天然气的储采比一直稳定在60年以上。2007年的储采比达60.3年，高于同年世界石油的储采比(41.6a)。

三、天然气消费量

1. 天然气消费及预测

按地区分类的主要天然气消费国家2006年的消费量统计数据见表1-36。可以看出，美国和俄罗斯是天然气消费量最大的国家，分别占当年世界总消费量的22%和15%。按地区计：以欧洲和北美洲天然气消费量最高，消费量份额分别为27.3%和40.1%。亚太地区的天然气消费量占当年世界总消费量的15.3%。这三个地区的总天然气消费量占世界总量的83%。各个地区天然气消费量比例参见图1-9。

从表1-36可以看出近10年来世界各国和地区天然气消费增长变化情况。亚太地区和中东地区的天然气消费量急剧增长，增幅达80%~90%；北美地区天然气消费量持平；欧洲地区天然气消费量约增长了17%。

表 1-36　1996/2007 年世界各地区天然气消费量

地　区	1996 年		2007 年	
	消费量/10 亿 m^3	占世界消费量/%	消费量/10 亿 m^3	占世界消费量/%
北美洲	754.1	33.5	801.0	27.6
其中：美国	640.2	28.5	652.9	22.6
加拿大	85.3	3.8	94.0	3.2
墨西哥	28.6	1.3	54.1	1.8
中南美洲	81.4	3.6	134.5	4.6
其中：阿根廷	31.0	1.4	44.1	1.5
巴西	5.5	0.3	22.0	0.8
委内瑞拉	29.7	13.2	27.9	1.0
欧洲及欧亚大陆	976.4	43.4	1155.7	39.4
其中：法国	36.1	1.6	41.9	1.4
德国	83.6	3.7	82.7	2.8
意大利	51.5	2.3	77.8	2.7
荷兰	41.7	1.9	38.3	1.4
俄罗斯	379.9	16.9	438.8	15.0
乌克兰	82.5	3.7	64.6	2.2
英国	82.1	3.7	91.4	3.1
乌兹别克斯坦	43.3	19.3	45.6	1.6
中东	150.7	6.7	299.4	10.2
其中：伊朗	38.9	1.7	111.8	3.8
沙特阿拉伯	44.4	2.0	75.9	2.6
阿联酋	27.2	1.2	43.2	1.5
非洲	47.2	2.1	83.5	2.8
其中：埃及	11.3	0.5	32.0	1.1
亚太地区	238.0	10.6	447.8	15.3
其中：中国	17.9	0.8	67.3	2.3
印度	20.5	0.1	40.2	1.4
印尼	32.2	1.4	33.8	1.2
日本	64.0	2.8	90.2	3.1
马来西亚	17.8	0.8	28.3	1.0
韩国	13.5	0.6	37.0	1.3
世界合计	2247.8	100.0	2921.9	100.0

资料来源：BP 世界能源统计—2008。

2006 年世界天然气消费量为 28508 亿 m^3，同比增长了 2.5%，增长率低于 2004 年，接近于近 10 年的平均值。2006 年亚太地区的天然气消费量同比增长率为 6.5%，是增长率最快的地

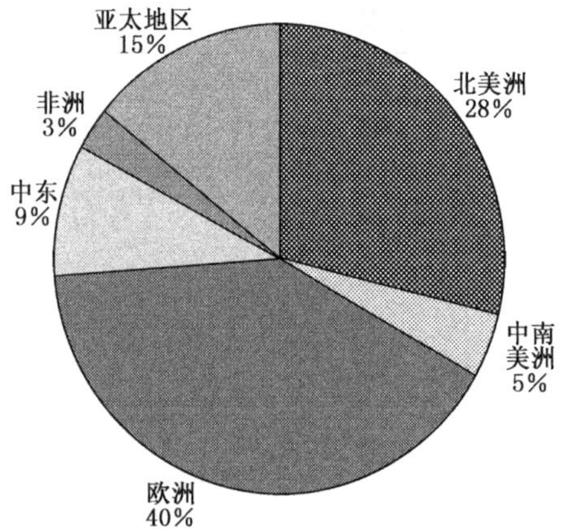

图 1-9　各地区天然气消费量比例

区。中国和印度天然气消费量分别为 556 亿 m^3 和 397 亿 m^3，同比年均增长率分别为 21.6%和 4.3%。中国的天然气消费水平仍低于工业化国家，2006 年的天然气消费量仅占当年世界总消费量的 1.9%(同年中国的石油、煤炭消费量分别占世界总消费量的 9.0%和 38.6%)。

美国是世界最大的天然气消费国，2006 年天然气消费量为 6197 亿 m^3，同比下降了 1.7%。天然气消费形势是发电用气量增长、工业用气量下降。

EIA 按基准情况对世界各个地区在 2004~2030 年预测的天然气消费量增长情况作了预测，结果见表 1-37。

表 1-37　2010~2030 年期间各地区的天然气消费量增长情况预测

国家和地区	预测的消费量/万亿 m^3					2004~2030 年均增长率/%
	2004 年	2010 年	2015 年	2020 年	2030 年	
OECD 国家总计	1.46	1.63	1.75	1.85	1.98	1.2
OECD 北美国家	0.78	0.86	0.92	0.97	1.01	1.0
其中：美国	0.63	0.68	0.70	0.75	0.74	0.6
加拿大	0.96	0.11	0.12	0.13	0.15	1.7
OECD 欧洲国家	0.53	0.60	0.65	0.69	0.76	1.4
OECD 亚洲国家	0.14	0.17	0.18	0.20	0.21	1.5
非 OECD 国家总计	1.37	1.65	1.90	2.15	2.64	2.6
非 OECD 欧洲国家	0.69	0.76	0.82	0.89	1.01	1.4
其中：俄罗斯	0.45	0.50	0.53	0.56	0.61	1.2
非 OECD 亚洲国家	0.24	0.35	0.45	0.54	0.78	4.6
其中：中国	0.04	0.08	0.10	0.13	0.20	6.5
中东	0.24	0.30	0.35	0.39	0.46	2.5
非洲	0.07	0.09	0.11	0.13	0.18	3.3
中南美洲	0.12	0.15	0.17	0.19	0.22	2.6
世界总计	2.82	3.28	3.65	4.00	4.62	1.9

资料来源：根据“IEO 国际能源展望—2007”整理。

预计未来 25 年仍是天然气需要量增长最快的时期。2030 年世界天然气总需求量将增至 4.62 万亿 m^3，比 2004 年天然气消费量(2.82 万亿 m^3)增长 64%，年均增长率达 1.9%，高于 2004~2030 年石油消费的年均增长率(1.4%)，却低于同期煤炭消费的年均增长率(2.2%)。按地区分类计算，2004~2030 年发展中国家天然气消费的年均增长率为 2.6%，高于工业化国家(年均增长率为 1.2%)。美国在此预测期间的天然气消费量增长缓慢，与其他工业化国家相比，年均增长率最低(仅为 0.6%)。

预计未来天然气主要产量是来自俄罗斯和中亚地区、北美洲、中东和非洲。

IEO 每年对中远期的石油、天然气和煤炭的需求量也作出预测。表 1-38 列出了 2006 年和 2007 年油、气、煤年均增长率的预测结果及与 2004 年预测值的区别，主要差别是调低了石油消费的增长率，相应调整了天然气和煤的增长率。

表 1-38　石油、天然气和煤炭消费量预测结果比较

预测期间	年均增长率/%		
	石　油	天然气	煤　炭
2004~2030 年(IEO—2007)	1.4	1.9	2.2
2003~2030 年(IEO—2006)	1.4	2.4	2.5
2001~2025 年(IEO—2004)	1.9	2.2	1.5

可以看出，由于 2005 年以来国际油价大幅攀升，所以“IEO—2006”(与“IEO—2004”数据相比)调低了石油消费的增长率，相应提高了天然气和煤炭的增长率。天然气储量丰富，用作发电燃料的热效率高于煤炭，同时又是重要的化工原料，故维持较高的增长率。天然气在世界能源消费总量中的份额将从 2003 年的 24%提高至 2030 年的 26%。由于煤炭资源丰富，价格低于石油和天然气，故 2003~2030 年期间的年均消费量增长率预测值为 2.5%，2004~2030 年的增长率预测为 2.2%，煤炭消费量的增长率均高于石油和天然气。这些情况说明：从 20 世纪 70 年代以来，石油和煤炭的消费量一直随油价波动处于“此消彼长”的变化中。在对 2007 年化石能源消费增长预测中，IEO 相应调低了天然气和煤炭的增长率，石油消费的年均增长率则保持不变(1.4%)。

2006 年北美洲地区的天然气消费量占全世界的 27.3%，美国的消费量占地区消费量的 80%。“IEO—2007”预测，2030 年该地区的天然气消费量却降至占同期世界总消费量的 20%，主要原因是美国天然气消费量呈缓慢增长态势，发电用天然气消费量将逐年下降。由于天然气价格偏高，在 2003~2030 年期间内，新建的天然气发电容量为 130GW，同期新建的煤发电容量却为 150.4GW。2004 年美国总发电量中，天然气发电量的份额低于 20%；燃煤发电的份额为 50%。至 2015 年天然气发电的份额将增长至 22%。此后，由于天然气价格上升和政策上对洁净煤技术的鼓励，形势将逆转。2030 年天然气发电份额将降至 16%；煤电份额将升至 57%。美国发电用天然气量于 2020 年达到峰值(2040 亿 m^3)后，2030 年发电用天然气量将减少至 1670 亿 m^3。

美国现有进口 LNG 卸船设施 5 套，总能力为 450 亿 m^3，另外在墨西哥湾有 3 套进口设施正在建设中。由于天然气价格上涨，使长期处于规划状态的两条天然气管线开始建设，一条为加拿大到美国的天然气管线，将于 2011 年运行，另一条为阿拉斯加天然气管线，计划于 2015 年向美国南部各州供应天然气，2030 年的输气能力为 570 亿 m^3。

日本是亚洲的天然气消费量最多的国家，2006 年消费量达 846 亿 m^3(占当年世界总消费量的 3.0%)。由于人口下降和经济增长缓慢，故在亚太地区工业化国家中的天然气消费量年均增长率偏低(为 1.4%)。

自 1970 年以来，世界天然气探明储量的增长量一直超过生产量的增长。俄罗斯和中东是天然气产量增长最快的地区。这些地区增加的产量将向北美、欧洲和亚洲一些国家输出。中东将仍然是 LNG 的主要供应地区。主要用作发电燃料的 LNG 将成为最重要的贸易商品。

发展天然气产业需要大量投资。为满足天然气供应基础设施的建设，需要的累计投资金额为 2.7 万亿美元，即从目前至 2030 年，每年需要投资 1000 亿美元，其中 50%以上将用于天然气田的勘探、开发。

目前的天然气主要用途是用作燃料。用作生产液体燃料、化工产品原料的数量还不是很多，从发展趋势看，这部分消费量将有较大的增长。

过去几年来，由于国际石油价格不断升高，使“天然气转化为液体燃料或化工产品”(GTL)技术变得在经济上有吸引力。虽然至今只有南非和马来西亚的 GTL 工厂建成投产，但是，阿尔及利亚、澳大利亚、埃及、伊朗、尼日利亚和卡塔尔等天然气资源丰富的国家都在进行生产规模为 2 万~16 万桶/d 的 GTL 工厂的规划。由于俄罗斯的丰富天然气资源多位于偏远地区，所以发展 GTL 工厂就更具有吸引力。在 IEO 的天然气消费量预测中，工业用天然气量中已经考虑了 GTL 工业的需用量。至 2030 年，预期在非洲、中东和俄罗斯等地将建成有一定量 GTL 工厂，使工业用天然气量有较大的增长。GTL 工厂的天然气原料消费量很高，一套生产能力为 14 万桶/d 的 GTL 工厂，每年消费的天然气量为 142 亿 m^3，约相当于俄罗斯 2003 年天然气消费量的 3%。

2. 世界液化天然气(LNG)贸易

1）天然气的运输方式

从天然气产地运至消费地区可有以下几种运输方式：

① 管道运输。从俄罗斯和中亚地区向西欧大陆输送的天然气是以管道运输为主，从北非到欧洲南部运送天然气也采用管道运输的方式。

② LNG(液化天然气)运输船是装有液化天然气储槽的大型海运油轮，一般采用双重船壳结构。标准容量为 12.5 万~16 万 m^3。最近投用的 Q-Flex 级容量为 21.7 万 m^3，而预期 2008 年末投用的 Q-Max 级容量将达 26.6 万 m^3。按照储槽形式的不同可有独立储槽式和金属膜式两种。独立储槽式 LNG 运输船以球形压力储槽型为主，称为 MOSS 液化天然气运输船；金属膜式 LNG 运输船是用船体内壳作为 LNG 储槽，称为 GAZ 液化天然气运输船。

天然气从气田输送至港口附近的液化工厂进行液化，然后装船运输。天然气液化一般是在-160℃的温度下进行的。液化方法有膨胀机循环、串级循环和混合冷冻剂循环等不同的液化流程。

液化天然气运到接收码头后，在卸船终端经过专用卸船设施送入储罐，经过再气化设施气化，供给用户使用。

③ 液化天然气(LNG)陆上短距离运输采用载重槽车运输方式。

④ 天然气就地转化的方式。天然气在产地经过转化、合成过程加工成运输燃料油或化工产品(GTL)，再将产品运至消费地区。这种方式对于偏远地区廉价的天然气资源可能是经济、合理的利用方式。目前中东、非洲正在建设此类天然气转化工厂。

2）世界液化天然气的贸易概况

美国、西欧和亚太地区是天然气的重要消费市场，俄罗斯、中东和中亚以及非洲是天然气的主要生产和出口地区。北美洲生产的天然气主要在本区内消费，还需从外部进口一部分天然气。分别说明如下：

① 美国。美国是天然气消费量最大的国家，2007 年消费量为 6529 亿 m^3，除了国内的产量外，还需从加拿大进口天然气，而美国同时向墨西哥输出天然气。由于美国计划将从地区外大规模输入液化天然气，所以这种贸易结构将会改变。预计至 2010 年北美地区的天然气需求缺口将达 570 亿 m^3，2025 年将进一步扩大至 1700 亿 m^3/a。此进口量将主要来自中东和非洲，且将主要以液化天然气(LNG)方式运输。预计 2010 年美国天然气净进口量为总需求量的 21%，全部为 LNG。所以美国正在东、西海岸和墨西哥湾沿岸建设 LNG 卸船终端，以扩大 LNG 进口量。这些进口终端全部建成后，增加的 LNG 装卸能力达 4250 亿 m^3。不过，此项建设计划也受到当地公众的质疑。

② 西欧。天然气是西欧增长最快的工业和民用燃料，年均增长率为 2.0%，将从 2003 年的 0.5 万亿 m^3 增至 2030 年的 0.87 万亿 m^3。西欧 5 个天然气消费量最大的国家是英国、德国、意大利、荷兰和法国。其中，英国是西欧天然气产量和消费量最大的国家。预计 2015~2020 年德国将超过英国成为西欧天然气最大消费国。英国自 20 世纪 90 年代中期成为天然气进口国，其天然气储量为 0.48 万亿 m^3(2006 年)，由于实行了天然气私有化政策，使英国的天然气产量上升、价格回落，到 1997 年又重新成为天然气净出口国，并减少了对煤炭发电的依赖。欧盟于 2004 年按计划实行对天然气的市场化管理，引入灵活的合同条款和鼓励竞争。欧洲其他国家的天然气消费平均年增长率为 3.3%。2001~2002 年期间，德国、法国和意大利曾是西欧进口天然气最多的国家，其中，德国天然气消费量有 38%是来自俄罗斯的管道天然气，其余部分是从地区内进口；意大利消费的天然气总量中，有 30%和 32%是分别来自俄罗斯和阿尔及利亚的管道天然气，另有 9%是来自阿尔及利亚、尼日利亚等国的 LNG。这 3 个国家 2002 年进口了相当于总消费量 23%的 LNG，另外的 45%是来自俄罗斯和阿尔及利亚的管道天然气。

西欧目前共有 10 个 LNG 卸船终端(西班牙 4 个，法国 2 个，比利时 1 个，希腊 1 个，意大利 1 个，葡萄牙 1 个)，总卸船能力为 570 亿 m^3/a。目前正积极新建 LNG 卸船终端。

俄罗斯是向西欧出口天然气最多的国家。北非是西欧第二大的天然气供应地，阿尔及利亚和埃及向意大利、西班牙和葡萄牙输送管道天然气，海上向法、意、比利时和希腊等国输送 LNG。阿尔及利亚正在扩大天然气资源的开发、鼓励外资兴建天然气运输和储运码头等设施。

法国和荷兰的天然气消费量增长中等，西班牙和葡萄牙的天然气消费量迅速增长。例如：1998 年葡萄牙天然气消费量仅为 1.0 亿 m^3，至 2005 年迅速增长至 41 亿 m^3。葡萄牙的天然气原来是由阿尔及利亚经管道输送，从 1998 年开始进口 LNG，1999 年取得了从尼日利亚购买 LNG 的合同，为期 20 年，初期是在西班牙卸船、气化后经由管道输送到葡萄牙，直到 2003 年建成自己的再气化终端设施。

西班牙是全世界增长最快的天然气市场，过去 10 年来消费量翻了三番，2006 年天然气消费量为 334 亿 m^3。该国正在淘汰老旧的核电站和燃煤电站，改用完全依靠进口天然气作发电燃料。西班牙有 3 套 LNG 卸船设施，随着近年来 LNG 进口量的扩大，除了扩建已有的 3 套进口终端外，还在陆续新建 3 套 LNG 进口终端设施。

西欧天然气生产国是英国、挪威和荷兰，2006 年 3 国总计生产天然气 2300 亿 m^3，扣除自己消费的 1340 亿 m^3，其余部分全部供给西欧各国消费。西欧的天然气消费从 20 世纪 70 年代就不能自给，最初是依靠从阿尔及利亚、利比亚进口的 LNG 和由苏联、中亚进口的管道天然气。近年来，天然气总供应量中约三分之一依靠进口，主要来源为俄罗斯、中亚的管道天然气、阿尔及利亚的管道天然气和来自中东、非洲、南美等地进口的 LNG。

③ 俄罗斯。俄罗斯是世界天然气生产和出口大国。2006 年俄罗斯的天然气产量为 6120 亿 m^3。2006 年，俄罗斯向欧洲各国总计出口了管输天然气 1510 亿 m^3，占当年世界管输天然气总贸易量的 28%。2006 年俄罗斯的天然气消费量为 4320 亿 m^3。

④ 中东地区。中东是世界上天然气储量最丰富的地区，伊朗的天然气储量仅次于俄罗斯和卡塔尔，居世界第三位。2007 年伊朗和卡塔尔的探明储量分别为 27.80 万亿 m^3 和 25.60 万亿 m^3。从 20 世纪 90 年代开始中东天然气消费量急剧增长，从 1990 年的 1048 亿 m^3 增长至 2007 年的 2994 亿 m^3。主要原因是中东石油出口国希望扩大天然气的国内消费量以

便能够出口更多的石油。伊朗的天然气消费量约占其总能源消费量的一半，其中 36.1%用于发电、22.8%为工业用燃料、28.8%为民用燃料、3.8%为商业用量，其余用作车用燃料。

沙特阿拉伯的天然气探明储量居世界第四位，约 40%的天然气资源为“非伴生气”。沙特阿拉伯选择积极开发国内天然气市场的战略是以天然气作为石油化工厂原料而不是发展 LNG 的出口。向红海沿岸的延布和朱拜勒工业中心提供天然气原料生产石油化工产品(产量约占世界的 10%)。设在 Hawiyah 的天然气加工厂产量为 4200 万 m^3/d，足以替代 26 万桶/d 的轻质原油国内消费量。一项开发计划的目标是实现上游天然气开发与下游石油化工厂、发电厂和海水淡化工厂的联合。

卡塔尔是天然气工业发展最快的国家。2006 年卡塔尔共计出口了液化天然气(LNG) 2260 万 t(310 亿 m^3)。卡塔尔发展天气工业的目标包括：a. 发展天然气转化技术生产优质运输燃料，已分别与 Sasol 公司和 Shell 公司合作建设合成燃料厂；b. 建设 LNG 出口基地向亚洲、英国和美国等国家和地区出口液化天然气。在卡塔尔建设天然气液化工厂具有很大优势，天然气的勘探开发成本最低。尽管卡塔尔的天然气田在海上，但是从气田至液化工厂的输气管线并不太长，所以输气管线的投资占总投资的比例较低；加上在 RasLaffan 工业城建设 LNG 出口终端可以充分利用城市的基础设施和建设用地，故总建设投资较低。卡塔尔已建成和计划兴建的、专供向亚洲出口 LNG 的终端设施能力达 2550 万 t/a。卡塔尔向欧洲和北美供应 LNG 的出口终端项目包括向英国供应 1500 万 t/a LNG 的设施和 2008~2009 年向美国供应 750 万 t/a LNG 的设施；能力为 920 万 t/a 的 2 套终端设施和一套向美国供应 1500 万 t/a 液化天然气的出口终端设施。卡塔尔雄心勃勃的计划是以其廉价的天然气价格于 20 年后在美国 LNG 市场取得主导地位，还计划从天然气生产、液化、运输到销售全方位地与国际石油公司合作。

⑤ 日本和韩国。日本和韩国是亚洲天然气消费量最大的国家。日本是世界 LNG 进口量最大的国家，97%天然气消费量依靠进口 LNG，主要用作发电燃料和民用燃料。预计日本的天然气消费量将从 2001 年的 790 亿 m^3 增长至 2025 年的 1190 亿 m^3，年均增长率为 1.6%。

韩国的天然气储量极少，是世界第二大 LNG 进口国。2005 年的需求量为 333 亿 m^3，2030 年将升至 370 亿 m^3，年均增长率为 1.7%。韩国的天然气消费结构为：工业燃料 17.6%，民用燃料 41.45%，发电燃料 35.4%。

从上述情况可以看出，国际天然气市场不断发展、壮大，一片繁荣。从产地到消费区可有两种交易方式：以 LNG 或气体方式运销到消费地区；在产区转化为燃料或化工产品再运销到消费地区。

管道天然气是陆上输送天然气的重要运输方式，从俄罗斯经过东欧地区输往西欧的天然气以管道运输为主，从北非向南欧运输天然气均以管道运输为主。为了开发远东地区的天然气资源，俄罗斯计划建设至远东地区的天然气管道。2006 年国际管道天然气的贸易量为 5371 亿 m^3，占总贸易量的 70%。我国已建成总长为 2500km 的西气东输的天然气管道，还计划将来与中亚和西伯利亚的输气管道连接以便进口俄罗斯和中亚的天然气。

液化天然气(LNG)运输船的海上运输是一种正处于积极发展、最经济的运输方式，从印尼、马来西亚出口到亚太地区天然气和从中东、北非输往欧洲和亚太地区等地的天然气均采用 LNG 运输船的海上运输方式。2006 年国际 LNG 贸易量达 2111 亿 m^3，占当年世界总贸易量的 30%。2007 年世界天然气贸易数据[4]见表 1-39 和表 1-40。

表 1-39　2007 年世界管道天然气贸易量及流向

出口国家	出口数量/亿 m^3	主要流向
加拿大	1073	美国
俄罗斯	1475	西欧
阿尔及利亚	341	南欧
挪威	861	西欧
英国	104	西欧
荷兰	486	西欧
印尼	54	新加坡
缅甸	99	泰国
土库曼斯坦	61	伊朗
伊朗	62	土耳其
利比亚	92	意大利
玻利维亚	117	巴西、阿根廷等
阿根廷	27	智利
埃及	24	约旦
世界贸易总量	5497	

资料来源：BP 世界能源统计 2008。

表 1-40　2007 年世界 LNG 贸易量及流向

出口国家	出口数量/亿 m^3	主要流向
美国	11.8	日本
特立尼达和多巴哥	181.5	北美州、欧洲和亚太地区
阿曼	121.7	欧洲和亚太地区
卡塔尔	384.8	北美、欧洲和亚太地区
阿联酋	75.5	亚太地区
阿尔及利亚	246.7	欧洲和亚太地区
埃及	136.1	欧洲和亚太地区
利比亚	7.6	欧洲
尼日利亚	211.6	北美、欧洲和亚太地区
澳大利亚	202.4	亚太地区
文莱	93.5	亚太地区
印度尼西亚	277.4	亚太地区
马来西亚	297.9	亚太地区
世界合计	2264.1	

资料来源：BP 世界能源统计 2008。

四、中国天然气储量和产量

1. 中国的天然气资源量

据“BP 世界能源统计 2008”数据，2007 中国的天然气探明储量为 1.88 万亿 m^3，仅占世界探明储量的 1.1%。储采比为 27.2a[4]。

从 20 世纪 90 年代后，我国在天然气资源的勘探开发方面取得了重大突破。从地质条件看，我国的陆相盆地多，沉积体积大、分布面积广，具有很好的天然气生成和储存条件。探明的天然气储量急剧增长，此期间探明的天然气储量相当于新中国成立 40 年来的总和。至 21 世纪初，在塔里木、陕甘宁、柴达木、准噶尔、新疆吐哈、内蒙古苏里格和四川普光相继发现大型气田和特大型气田，使我国天然气探明储量大大增加。但我国的天然气资源探明率仍然比较低。

据国土资源部 2008 年新一轮全国油气资源评价结果，我国天然气远景资源量为 55.89 万亿 m^3，地质资源量为 35 万亿 m^3，已经探明的天然气可采资源量为 22 万亿 m^3，勘探仍处于早期阶段。

中国的天然气开发处于发展期，预计未来 20 年我国的天然气探明储量将有较快的增长。

2. 中国的天然气消费发展前景

2007 年中国天然气消费量为 673 亿 m^3，仅占当年一次能源总消费量的 3.3%。预期天然气用量将逐渐增加。国家正在积极采取措施发展天然气的生产、运输和进口能力。预期民用和发电用天然气量将增长。例如：北京市正在执行用天然气取代煤炭的规划，以改善城市环境。上海市已决定不再建设烧煤发电装置。

据预测，2020 年中国天然气消费量为 2000 亿 m^3，资源缺口可能达到 40%。除了发展国内天然气产量外，中国正在积极规划、建设 LNG 进口终端设施和输气管线，进口天然气用于解决民用燃料、电力高峰负荷以及烧煤电站的大气污染等问题。

3. 中国天然气进口前景

我国天然气主要由“中国石油”、“中国石化”和“中国海洋石油”三家公司经营。目前已经建成从陕北至北京，从新疆塔里木至上海，从四川至湖北的输气管线，正在建设连接中亚天然气管道的新疆至广东的第二条西气东输线及四川至上海的输气管线，并计划延伸至东部、中南部地区。

中国正在积极规划、建设 LNG 进口终端设施和输气管线，用于解决电力高峰负荷以及烧煤电站的大气污染问题。将从俄罗斯进口天然气。

中国正在进口液化天然气（LNG），中国海洋石油与英国石油（BP）签署了在广东建设第一个液化天然气卸船设施（能力为 330 万 t/a）的合同。澳大利亚 LNG 公司已经取得了总金额为 106 亿美元、向中国长期（25 年）供应 LNG 的合同，LNG 供应量为 300 万 t/a。中国海洋石油公司在福建建设的 LNG 卸船设施已经投产，一期能力为 260 万 t/a。深圳的 LNG 终端设施已经建成。规划和计划建设的还有青岛、宁波、上海、海口等多处 LNG 终端设施。

中国的 LNG 进口将从 2006 年的 100 万 t 增至 2015 年的 2090～2590 万 t。东部沿海的经济发达地区将可以获得进口天然气作为城市的清洁燃料。

第四节　煤炭资源

一、煤炭储量

煤炭是古老、储量丰富的化石能源，美国、俄罗斯、中国等是煤炭储量丰富的国家。

2007 年全世界煤炭的探明可采储量为 8475 亿 t，其中无烟煤和烟煤储量为 4309 亿 t，占 51%；亚烟煤与褐煤储量为 4166 亿 t，占 49%[4]。按地区分布的储量、煤炭资源丰富国家的储量情况参见表 1-41。

表 1-41　2007 年世界煤炭的探明可采储量

地　区	2007 年底探明可采储量/亿 t	占总储量/%	储采比/a
北美洲	2505	29.6	224
其中：美国	2427	28.6	234
加拿大	66	0.8	95
中南美洲	163	1.9	188
其中：巴西	71	0.8	>500
哥伦比亚	70	0.8	97
欧洲及欧亚大陆	2722	32.1	224
其中：德国	67	0.8	33
哈萨克斯坦	313	3.7	332
波兰	75	0.9	51
俄罗斯	1570	18.5	500
乌克兰	339	4.0	444
非洲和中东地区	510	6.0	186
其中：南非	480	5.7	178
亚太地区	2575	30.4	70
其中：澳大利亚	766	9.0	194
中国	1145	13.5	45
印度	565	6.7	118
印尼	43	0.5	25
世界合计	8475	100.0	133
其中：OECD 国家	3569	42.1	168
前苏联	2260	26.7	463
其他新兴市场经济体	2646	31.2	70

资料来源："BP 世界能源统计—2008"。

按照2007年世界探明可采的煤炭储量的产量计，可供开采133年。煤炭资源的分布虽然很广，但是，探明可采储量的60.6%集中在美国(28.6%)、俄罗斯(18.5%)和中国(13.5%)三国。另外，澳大利亚、印度、南非、乌克兰和哈萨克斯坦等国共占有世界探明储量的29.1%。即这8个国家集中了世界煤炭总探明可采储量的约90%。图1-10为世界煤炭资源分布图。

中国是煤炭资源丰富的国家，但又是人均煤炭拥有量偏低的国家(世界和中国的人均煤炭拥有量分别为140t/人和88t/人)。据国土资源部最新预测数据，中国煤炭资源可采储量为2040亿t，而不是过去一直沿用的1145亿t，居世界第二位。主要分布于石炭纪、侏罗纪的地层中。按煤炭种类划分：75%为烟煤，12%为无烟煤，13%为褐煤。表明中国煤炭储量以发电用煤为主。中国煤炭的平均含硫量为1.12%，平均灰分为16.84%。

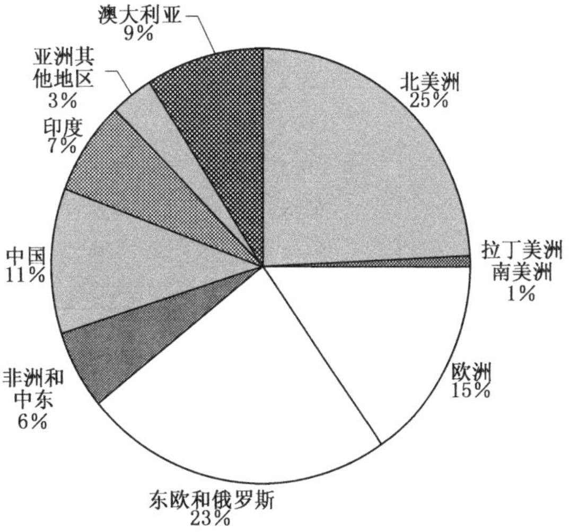

图1-10　世界煤炭资源分布

由表1-42可以看出，中国煤炭资源分布不均匀，主要集中于西北、华北地区，中南地区相对较少。包括山西、内蒙古、陕西、新疆、宁夏、甘肃、青海等省区总计拥有约70%的探明可采煤炭资源量。山西省的硬炼焦煤储量约260亿t。

中国侏罗纪形成的煤炭，约占探明储量的60%，是挥发分高、灰分低(5%~10%)和含硫量低(1%)的优质煤。石炭纪和二迭纪形成的煤炭包括无烟煤、高挥发分的烟煤以及挥发分中等的炼焦煤。

表1-42　中国煤炭储量分布

地　区	煤炭储量占全国比例/%	地　区	煤炭储量占全国比例/%
西　北	23.6	华　东	11.4
华　北	43.1	中　南	6.2
东　北	5.8	西　南	9.9

二、煤炭生产量

按照生产量排序，全世界7个煤炭产量大国依次是中国、美国、澳大利亚、印度、南非、俄罗斯和印度尼西亚。2006年主要煤炭生产国的煤炭产量如表1-43所列。

不同产地的煤炭性质差别极大，甚至不同煤层的煤炭质量也有差别。澳大利亚、美国和加拿大得天独厚地盛产优质炼焦煤，是主要的焦煤出口国家。褐煤的热值低、运输成本高，在世界煤炭市场中不是主要商品煤。褐煤生产量前3位国家是德国(年产量1.93亿t)、俄罗斯(1.1亿t)和美国(0.84亿t)，2001年3国总产量占世界褐煤产量的41%。我国云南省拥有丰富的褐煤资源。

中国是世界第一煤炭产量大国，历年煤炭产量数据见表1-44。

表 1-43 2007 年世界主要煤炭生产国的煤炭生产量

国家	2007 年产量		国家	2007 年产量	
	百万 t 石油当量	占世界产量/%		百万 t 石油当量	占世界产量/%
中国	1289.6	41.1	乌克兰	39.6	1.3
美国	587.2	18.7	加拿大	36.9	1.2
澳大利亚	215.4	6.9	英国	10.4	0.3
印度	181.0	5.8	世界合计	3135.6	100.0
南非	151.8	4.8	其中：北美洲	629.9	20.1
俄罗斯	148.2	4.7	中南美洲	55.3	1.8
印尼	107.5	3.4	欧洲	445.4	14.2
波兰	62.3	2.0	中东地区	0.5	—
德国	51.5	1.6	非洲	154.2	4.9
哈萨克斯坦	48.3	1.5	亚太地区	1850.2	59.0

资料来源：根据“BP 世界能源统计—2008”整理。

表 1-44 中国历年煤炭产量

年份	产量/亿 t	年份	产量/亿 t
1981	6.17	2004	19.56
1986	8.94	2006	23.50
1991	10.84	2007①	25.23
1996	13.14	2008②	27.16
2002	14.15		

资料来源：BP 世界能源统计—2007。

①为中国统计年鉴数据。

②为中国煤炭工业协会 2009 年 1 月 14 日公布数据。

从表中数据可以看出，中国煤炭产量从 1981 年的 6.17 亿 t 增长至 2008 年的 27.16 亿 t，翻了两番多，煤炭产业呈迅速发展的趋势。

中国的煤炭产量集中于华北、西北几个省区，其中又以山西、内蒙古、陕西、河南和河北等省区产量最大。

中国是煤炭生产大国，尽管少数煤矿如神东煤田的开采已达到世界一流水平，但一些中小型煤矿的生产技术仍比较落后。中国煤炭生产的主要问题是：

- 采煤的机械化程度低。
- 洗煤能力不足，从而导致运输量增大、杂质含量高造成环境污染，提高了 SO_x 和颗粒物排放量。
- 劳动生产率偏低。与一些国家相比，人均煤炭生产率偏低。如美国为 10600t/(人·a)；澳大利亚为 7600t/(人·a)；波兰、德国为 400~6000t/(人·a)；我国仅为 100~1250t/(人·a)，且大型煤矿与中小煤矿的差异很大。
- 煤炭生产的安全较差，煤炭企业安全事故多发。
- 煤田中的煤层气大部没有回收，是导致煤矿安全事故频发的重要原因之一。

应该指出，如果按照过去估算偏低的中国探明可采煤炭资源量 1145 亿吨，储采比较低(45 年)，按 2040 亿 t 计算也只有 80 年左右，人均煤资源占有量仅为世界人均占有量的 60%左右。煤炭资源的优化利用、提高煤炭利用效率仍是重要的技术课题。

中国近年来煤炭生产量迅速增长，约有一半产量是个体小型煤矿生产的。这些煤矿生产效率和资源回收率低、安全性差、对资源的破坏也较严重，极不利于煤炭生产和煤化工行业的可持续发展。因此，根据煤资源条件建设现代化大型煤炭生产基地和改造、适当关停小煤窑仍是发展煤炭生产的必由之路。

三、煤炭消费量

1. 世界煤炭消费量

在世界化石能源总消费结构中，煤炭消费量仅次于石油。表 1-45 表明，2007 年世界石油和煤炭消费量分别为 39.53 亿 t 石油当量和 31.78 亿 t 石油当量。2007 年世界化石能源总消费量中，煤炭的消费份额为 32.5%。

新世纪以来，煤炭仍然是世界化石燃料消费增长最快的燃料。2005 年、2006 年的同比增长率分别为 5%和 5.6%，为过去 10 年平均增长率的 2 倍。

2007 年全世界煤炭消费同比增长了 4.5%，高于过去 10 年的平均增长水平(3.2%)。除了中东地区外，其他地区均有超过过去 10 年平均水平的增长率。

根据近年石油价格不断上升的形势预测，煤炭在化石能源消费量中的份额仍将呈缓慢上升的趋势。各个地区和主要煤炭消费国家的煤炭消费量见表 1-46。

表 1-45　2007 年世界化石能源消费比例

化石能源种类	消费量/亿 t 石油当量	占总消费量的比例/%	化石能源种类	消费量/亿 t 石油当量	占总消费量的比例/%
煤炭	31.78	32.5	天然气	26.38	27.0
油	39.53	40.5			

表 1-46　2007 年各个地区和国家的煤炭消费量

地区和国家	2007 年消费量/百万 t 石油当量	占当年世界总消费量的经例%
北美洲	613.3	19.3
其中：美国	573.7	18.1
加拿大	30.4	1.0
中南美洲	22.4	0.7
其中：巴西	13.6	0.4
欧洲和欧亚大陆	533.7	16.8
其中：捷克	18.9	0.6
德国	86.0	2.7
波兰	57.1	1.8
俄罗斯	94.5	3.0
西班牙	20.1	0.6
土耳其	31.0	1.0
乌克兰	39.3	1.2
英国	39.2	1.2

地区和国家	2007 年消费量/百万 t 石油当量	占当年世界总消费量的比例%
中东地区	8.9	0.3
非洲	105.9	3.3
其中：南非	97.7	3.1
亚太地区	1896.2	59.7
其中：澳大利亚	53.1	1.7
中国	1311.4	41.3
印度	208.0	6.5
日本	125.3	3.9
韩国	59.7	1.9
世界合计	3177.5	100.0

资料来源：根据“BP 世界能源统计—2008”整理。

中国和美国均为煤炭消费大国，近年来两国的煤炭消费量占世界总煤炭用量(以热值为基准)的一半以上(2007 年为 59.4%)。美国的煤炭消费主要用于发电，用煤炭作动力的发电量占美国总发电量的51%，预计2025年煤发电份额仍将保持52%。

2007年中国的煤炭消费量为13.11亿t石油当量，同比增长率为7.9%，占当年全世界总消费量的41%。虽然是2002年以来的最低增长率，但依然占全世界增长量的三分之二以上。

“IEO世界能源展望2007”按基准情况对世界中远期煤炭消费量进行了预测，预测结果见表1-47。

表1-47　2010~2030年世界煤炭消费量预测

地区或国家	预测消费量/亿t石油当量					2004~2030年均增长率/%
	2004年	2010年	2020年	2025年	2030年	
工业化国家合计	11.7	12.4	13.1	14.0	14.9	0.9
北美洲工业化国家	6.1	6.7	7.5	8.4	9.3	1.6
其中：美国	5.7	6.1	6.9	7.7	8.6	1.6
欧洲工业化国家	3.3	3.3	3.1	2.9	2.9	-0.5
亚洲工业化国家	2.3	2.5	2.6	2.7	2.8	0.6
其中：日本	1.2	1.2	1.2	1.1	1.1	-0.1
韩国	0.5	0.6	0.7	0.7	0.8	1.5
发展中国家合计	17.1	21.9	29.0	32.1	35.2	2.2
欧洲发展中国家	2.3	2.4	2.8	2.9	2.9	1.0
其中：俄罗斯	1.2	1.3	1.4	1.5	1.5	0.9
亚洲发展中国家	13.5	17.7	24.1	27.0	30.0	3.1
其中：中国	10.4	14.0	19.0	21.4	24.0	3.3
印度	2.0	2.3	3.1	3.5	3.8	2.4
中东发展中国家	0.1	0.13	0.13	0.15	0.15	1.6
非洲发展中国家	1.0	1.3	1.5	1.6	1.7	1.9
中南美洲发展中国家	0.2	0.27	0.4	0.4	0.4	2.8
世界合计	28.8	34.3	42.1	46.1	50.2	2.2

资料来源：根据“IEO世界能源展望2007”数据整理。

自20世纪80年代以来，世界煤炭消费量一直持续处于缓慢增长期。2004年世界煤炭消费量为28.8亿t(石油当量，下同)，比1990年(22.5亿t)增长了28%。1990~2004年期间世界煤炭消费量的年均增长率为1.7%。根据预测，2004~2030年期间世界煤炭消费量将从2004年的28.8亿t增长至2030年的50.2亿t，年均增长率为2.2%。即预测未来20年(2004~2030年)期间世界煤炭消费的增长率有可能超过过去(1990~2004)15年的年均增长率。

不同地区和国家煤炭消费量增长差别很大，煤炭消费量的增长主要集中于亚洲发展中国家(中国和印度)和美国等煤炭消费大国。2004~2030年期间，亚洲发展中国家煤炭消费的年均增长率为3.1%；中国煤炭消费量的年均增长率为3.3%，均超过同期世界平均年增长率(2.2%)。西欧工业化国家和日本的煤炭消费均将呈负增长，年均增长率分别为-0.5%和-0.1%。

预测美国的煤炭消费量将从2004年的5.7亿t(石油当量，下同)增长至2030年的8.6亿t。中国的煤炭消费量将从2004年的10.4亿t增长至2030年的24亿t。届时，中美两国的煤炭消费量将占世界煤炭消费量的65%。

从表 1-47 中数据可归纳为以下几点：

① 2004~2030 年期间内世界煤炭消费量年均增长率为 2.2%，增长量主要来自亚洲发展中国家和美国等的煤炭消费；

② 西欧国家的煤炭消费量为负增长，东欧地区和俄罗斯等国家煤炭消费量的增长率（1%左右）低于世界平均值（2.2%）；

③ 发展中国家的煤炭消费年均增长率为 2.8%，亚洲各国更高达 3.1%，高于世界的年均增长率（2.2%）；

④ 比较“IEO 国际能源展望 2007”在相同基准下的油、气、煤消费量预测数据可以看出：2004~2030 年期间世界石油、天然气和煤炭消费量年均增长率分别为 1.4%、1.9%和 2.2%。即在 2004~2030 年期间，世界化石能源消费量中仍以煤炭消费量的增长最快，超过了石油和天然气的增长。

分析 IEO 的预测数据可知：全世界煤炭消费量将缓慢增长，其在一次能源总消费量中的份额将从 2004 年的 25.6%升至 2030 年的 28.3%。亚洲发展中国家（中国和印度为主）的能源消费结构仍将以煤炭为主；在预测期间（2004~2030 年），发展中国家的煤炭消费将有较大的增长；一次能源消费中的煤炭份额将从 2004 年的 23%增长至 2030 年的 35%左右。亚洲发展中国家的煤炭消费量在一次能源总消费量中的比例将稳定在 50%以上。北美洲（以美国为主）的煤炭消费将持续增长，消费份额缓慢上升，保持在 20%左右。在预测期间，西欧地区的煤炭消费量将显著降低。至 2030 年，煤炭消费量将从 2004 年的 16%降至 2030 年的 12%左右。参见表 1-48。

表 1-48 2004~2030 年期间煤炭消费量占一次能源中的份额比较

项　目	煤炭消费量占一次能源总消费量比例/%			
	2004 年	2010 年	2020 年	2030 年
全世界	25.6	26.9	27.5	28.3
工业化国家	19.4	19.4	18.9	20.0
北美洲工业化国家	19.9	20.3	20.5	22.8
西欧工业化国家	16.2	15.7	14.2	12.4
发展中国家	22.8	33.9	34.6	34.6
亚洲发展中国家	53.6	53.7	53.8	52.4

资料来源：根据“IEO 世界能源展望 2007”数据整理。

2. 中国的煤炭消费量

中国煤炭的产量和消费量均居世界之首。煤炭消费在我国能源消费结构中占主导地位的形势仍将继续维持较长的时间。据国内统计数据，我国煤炭消费量中，约 50%是用于发电和供热，工业用煤约占 40%，其中的 60%为化工、水泥、造纸等的用煤；30%用于炼焦。民用、农业、商业和交通运输用煤仅占总消费量的 10%左右。

2007 年，中国煤炭消费量（13.11 亿 t 石油当量）约占同期世界总消费量（31.78 亿 t 石油当量）的 41%。预计中国 2030 年的煤炭消费量将占世界总消费量的 48%。

表 1-49 为“IEO 世界能源展望 2007”预测的中国中远期电、工业和其他行业的煤炭消费比例。

表 1-49　中国中远期各个行业煤炭消费比例预测

年　度	发电用/%	工业用/%	其他行业用/%
2004	56	39	6
2015	60	35	5
2030	59	39	3

资料来源：根据“IEO 世界能源展望 2006”数据整理。

中国对进口原油的依存度已经接近 50%，是国家能源安全必须面对的紧迫问题。适度发展煤制油工业无论从战略储备还是从能源安全的角度都是合理的。中国正在启动煤炭直接液化生产石油产品的示范项目；同时积极开发煤炭间接液化技术，通过费托合成技术生产运输燃料油。预计煤制油工业用煤量将逐渐增长。但是，中国煤炭消费量中约一半以上用于发电、工业用煤约占总消费量的 40%的形势将持续。所以必须在提高发电效率、发展洁净煤技术以保证发电和工业用煤量情况下来规划煤制油工业的发展规模。

3. 其他国家的煤炭消费

1）亚洲国家的煤炭消费

印度是次于中国的亚洲煤炭消费大国，约 2/3 煤炭消费量用于发电，其余的煤消费量以工业用为主。2004 年印度的煤炭消费量为 2.0 亿 t 石油当量，2030 年预测的消费量为 3.8 亿 t 石油当量。煤炭消费的年均增长率达 2.4%，高于发展中国家的平均值(2.2%)。预测印度的煤发电容量将从 2004 年的 82GW 增长至 2030 年的 186GW，燃煤发电容量将净增长 104GW。

日本是亚洲第三位的煤炭消费国。全部煤炭消费依靠进口，主要来自澳大利亚。约一半以上的煤炭消费用于钢铁工业。日本的发电能力中 23%为燃煤电站，日本计划在 2001~2010 年期间再建设 16GW 的燃煤发电能力。由于人口出生率下降和工业增长速度放缓，日本的煤炭消费量也将减少。“IEO-2007”预测的 2004~2030 年期间日本煤炭消费量将从 1.2 亿 t 石油当量缓慢降至 1.1 亿 t 石油当量，年均增长率为-0.1%。

澳大利亚是世界煤炭出口最多的国家，近年来澳大利亚的煤炭总出口量均超过 2 亿 t。近年来澳大利亚国内煤炭消费量持续下降，2007 年消费量仅为 0.531 亿 t 石油当量，主要用于发电(包括硬煤和褐煤)。由于煤炭资源丰富，澳大利亚发电燃料仍以煤炭为主。近年来，澳大利亚仍在建设燃煤电站。但是煤电的份额将缓缓下降，煤电在总发电量中的份额将从 2004 年的 73%降至 2030 年的 3%。

2）西欧国家的煤炭消费

1990~2003 年期间，欧洲工业化国家的煤炭消费量从 11.8 亿 t 减少至 8.07 亿 t，下降了 38%，2006 年进一步降至 6 亿 t 左右。据“IEO-2007”预测，2004~2030 年期间西欧工业化国家的煤炭消费量将呈负增长，年均增长率为-0.5%。西欧国家 2030 年的煤炭消费量约降至 5 亿 t 以下。

煤炭消费量下降的主要原因是：

① 德国等国家低热值褐煤消费量减少了；

② 西欧国家大量使用天然气替代煤炭发电(法国使用核能)；

③ 替代能源(生物柴油和生物质发电)的开始应用；

④ 欧盟国家削减或取消了对煤炭生产的补贴。

德国是西欧煤炭消费量最多的国家。1990~2001 年期间，煤炭年消费量从 4.75 亿 t 降至 2.39 亿 t，下降了近 50%。预计 2030 年期间将进一步减少至 2 亿 t 左右。德国的燃煤发电占总发电量的51%，其中27%用褐煤为燃料，24%为无烟煤燃料。

英国的燃煤电站正在大规模地被使用天然气的联合循环电站所取代。20世纪90年代，新的燃气电站由于天然气价格下降和发电效率提高而受益。预计2001~2025年期间，英国的煤耗量将从6400万t下降至4400万t。

几乎所有西欧国家都在根据自己情况采取不同措施减少发电用煤。例如，西班牙将燃煤电站改作削峰电站，法国计划将燃煤电站报废。北欧各国均在降低煤炭用量，丹麦2001年的煤电比率为47%，计划于2030年全部取消燃煤电站；意大利为了降低燃油电站的生产成本，将一部分燃油电站改为燃煤电站。

20世纪80年代以来，几乎所有西欧产煤国家的煤炭产量均在下降。1980~2002年期间西欧从区域外进口了煤炭7700万t，同期硬煤产量却下降了2.14亿t。此期间西欧的煤炭消费量同样呈下降的趋势。以生产量最大的英国为例：1990年产量为1.04亿t，2001年降至3500万t，降低了66%，2006年英国的煤炭产量进一步降至1900万t左右。

自20世纪90年代比利时和葡萄牙相继最后关闭煤矿以来，英、德、西、法等国均靠政府补贴维持其煤炭生产。

3）东欧和前苏联地区的煤炭消费

前苏联15个加盟共和国中，俄罗斯、乌克兰和哈萨克斯坦的煤产量占全区总产量的99%，消费量的98%。20世纪90年代煤炭工业经历了从国有到私有化的过渡，俄罗斯和哈萨克斯坦关闭了经济效益差的煤矿，将国有煤矿售给私人。1991年苏联解体后，煤炭产量急剧下滑，1990~2001年期间，区域内煤炭消费量减少了41%。

1998年后，这三个国家的煤产量、消费量有所恢复。IEO预测这些国家的煤炭消费仍将持平，能源消费的增长将以使用天然气和石油为主。

波兰是仅次于德国的欧洲第二大煤炭生产和消费国。2006年煤炭消费量为1.2亿t左右。其他东欧国家的煤炭消费以自产的次烟煤、褐煤为主。

20世纪90年代后期，东欧国家进行了从优先发展重工业向发展低耗能经济的政策调整，1990~2001年期间的煤炭消费量下降了28%。2006年东欧各国煤炭消费量约为1.8亿t。预测2004~2030年期间东欧各国煤炭消费的年均增长率为1.1%。

4）美国和北美洲地区的煤炭消费

美国的煤炭资源丰富，2006年煤炭消费量为11亿t。发电燃料仍然以煤炭为主，煤发电量占总发电量的50%以上。由于天然气价格上涨，坑口煤价格和运费相对较低，使煤炭发电仍具有竞争力，预计至2025年煤电仍将保持52%的份额。预测2004~2030年期间美国煤炭消费量将从2004年的9.7亿t增至2030年的14.6亿t，年均增长率达1.6%，高于工业化国家的平均值(0.9%)。美国已有燃煤电站利用率的提高和燃煤发电能力的增长，将使燃煤电厂平均的开工率从2001年的69%提高至2030年的高于80%。

5）非洲的煤炭消费

非洲的煤炭生产和消费集中于南非。2006年南非煤炭产量为2.5亿t，相当于非洲当年总产量的97%，约3/4的产量为国内消费，其余部分供出口。南非是最大的以煤炭为原料生产合成燃料油的国家，约17%的煤炭消费量用于生产合成油，合成燃料产量约占南非液体燃料消费量的1/4以上。

4. 世界煤炭消费形势综述

(1) 中国、美国、印度、俄罗斯、澳大利亚和南非等主要煤炭生产国，在今后相当长的时间段(如2030年之前)内，煤炭仍将是这些国家的主力能源。

(2) 一些工业化国家(如西欧工业化国家、日本)的煤炭消费逐渐减少。

(3) 发电和民用燃料正在从使用煤炭向天然气等其他燃料转变，转变的速率取决于经济因素。通常，国际天然气和石油(按热值计算)价格为煤炭的2~3倍。

(4) 为了节能、保护环境和降低温室效应，必须发展和使用“清洁煤技术”。美国于2004年制订了“未来发电计划”(FutureGen)，开发煤炭综合利用技术。计划用9.5亿美元投资建设一套先进的、275MW的煤炭发电-制氢(包括CO_2捕集-埋存)示范工厂。这是一项世界性新技术示范试验，主要的开发技术包括：大功率的煤炭气化炉、高效氢气透平、膜分离制氧和氢分离技术、价格不高于400美元/kW的燃料电池技术。煤炭造气过程产生CO_2在电厂进行捕集试验，然后将100万t的CO_2送到油田埋存或地层深部埋存。这个联产电力、氢气项目可以在CO_2零排放情况下实现用煤炭制氢。

四、世界煤炭贸易

2004年国际市场煤炭贸易总量为8.07亿t，只相当于世界煤炭总消费量的13%。澳大利亚、印度尼西亚、南非等国是煤炭产量大于消费量的国家。澳大利亚、中国、南非、美国和印度尼西亚等国是煤炭主要输出国。表1-50为“IEA-2006”预测的中远期世界煤炭贸易状况[3]。数据表明，2004~2030年期间，世界煤炭贸易量将从2004年的8.07亿t增长至2030年的11.64亿t，年均增长率为1.5%。未来的世界主要煤炭出口国家仍将以澳大利亚、印度尼西亚、南非、中国、欧亚大陆地区和美国等国家为主。

表1-50　2004~2030年期间世界主要煤炭出口国家的煤炭出口量

煤炭出口国家	2004年煤炭出口量/亿t	预测的出口量/亿t	
		2015年	2030年
澳大利亚	2.67	3.27	3.49
南　非	0.76	0.95	0.82
欧亚大陆地区	0.62	0.97	1.02
中　国	0.81	0.46	0.48
南美洲(以哥伦比亚和委内瑞拉为主)	0.72	1.17	1.66
印度尼西亚	1.33	1.86	2.06
其　他	1.16	1.03	2.11
世界合计	8.07	9.71	11.64

由于中国煤炭消费量迅猛增长，所以近年来中国煤炭出口量呈持续减少趋势，2003年中国出口煤炭9500万t，至2005年降至7200万t；2006年前3季度煤炭出口量持续减少。

根据国际煤炭贸易的发展形势，澳大利亚正在投资建设装煤港口、煤矿和系统设施，以扩大煤炭出口能力。其他如委内瑞拉和越南等国也在扩展其煤炭出口能力。

国际煤炭贸易的煤种包括焦煤和燃料用煤，其中燃料用煤占大部分(约70%)。

近几年国际煤炭贸易的主要特点是亚洲的煤炭进口量强劲增长，韩国是进口煤炭最多的国家。

由于价格等因素，中国东南沿海地区开始进口燃料煤用于发电。近年来，中国的焦煤进口量呈增长趋势，预计进口量将从2004年的700万t增长至2030年的5900万t。

中国近年的煤炭进口量达1300万t，大大超过了1980~2001年期间的进口量(200~400万t)，主要是因为中国南方沿海地区电厂的进口煤炭价格低于从北方运来的国产煤炭价格。

预测2030年中国的煤炭净进口量将可达到2200万t。

日本和韩国都是煤炭资源不足、煤炭消费依靠进口的国家。欧洲地区国家由于国内煤炭生产成本升高的原因导致煤炭进口量呈中等幅度增长。

世界煤炭贸易主要集中在亚太地区、欧洲和北美洲，以亚太地区贸易量最大，2006年亚太地区煤炭出口量和进口量分别为5.11和4.45亿t，分别占全世界煤炭出口、进口量的61.5%和53.5%。澳大利亚是全世界煤炭出口第一大国，其出口量约占世界煤炭出口总量的30%左右，占亚太地区出口量的50%左右。澳大利亚煤炭出口量的80%输往亚洲，印度尼西亚、中国煤炭出口量的80%也是输往亚洲地区之内。2006年世界各地区煤炭进出口贸易量和进出口的比例见表1-51。

表1-51　2006年世界进出口贸易的数量和各大地区进出口的比例

项　目		亚太地区	欧洲	北美洲	中南美洲	非洲、中东	总计
出口	出口数量/亿t	5.11	1.12	0.72	0.67	0.69	8.31
	占世界的比例/%	61.5	13.5	8.70	8.10	8.29	100
进口	进口数量/亿t	4.45	2.74	0.61	0.25	0.26	8.31
	占世界的比例/%	53.5	33.0	7.30	3.00	3.20	100

五、煤炭价格

煤炭价格受多种因素的影响，与原油价格密切相关。在1991~2007年期间，国际煤炭价格与石油价格呈同步增长形势，但煤炭价格增长幅度低于石油。按照单位热值价格(美元/GJ)计算，布伦特原油价格从1991年的2.41美元/GJ(20美元/桶)增长至2007年的12.37美元/GJ(72.4美元/桶)，年均增长率为7.9%。分析煤炭价格可知：同期日本进口焦煤进口价格从1991年的2.24美元/GJ(60.45美元/t)增长至2007年的3.26美元/GJ(88.24美元/t)，年均增长率为2.25%，大大低于原油价格的增幅。表1-52为1991~2007年原油、煤炭价格及原油与煤的比价。

表1-52　1991~2007年原油、煤炭价格及比价

年　度	布伦特原油		日本焦煤进口到岸价		油/煤比价
	美元/桶	美元/GJ	美元/t	美元/GJ	
1991	20.0	3.41	60.45	2.24	1.52
1992	19.32	3.30	57.82	2.14	1.54
1993	16.97	2.90	55.26	2.05	1.42
1994	15.82	2.70	51.77	1.91	1.41
1995	17.02	2.91	54.47	2.01	1.45
1996	20.67	3.53	56.68	2.1	1.68
1997	19.09	3.26	55.51	2.05	1.59
1998	12.72	2.17	50.76	1.88	1.15
1999	17.97	3.07	42.83	1.58	1.94
2000	28.50	4.87	39.69	1.47	3.31
2001	24.44	4.18	41.33	1.53	2.73
2002	25.02	4.28	42.01	1.55	2.80
2003	28.83	4.93	41.57	1.54	3.20
2004	38.27	6.54	60.56	2.24	2.92
2005	54.52	9.32	89.33	3.31	2.82
2006	65.14	11.13	93.46	3.46	3.22
2007	72.40	12.37	88.24	3.26	3.79

图 1-11 为 1991~2007 年世界原油和煤炭的价格(按美元/GJ 计算)和同期油煤的比价关系图。

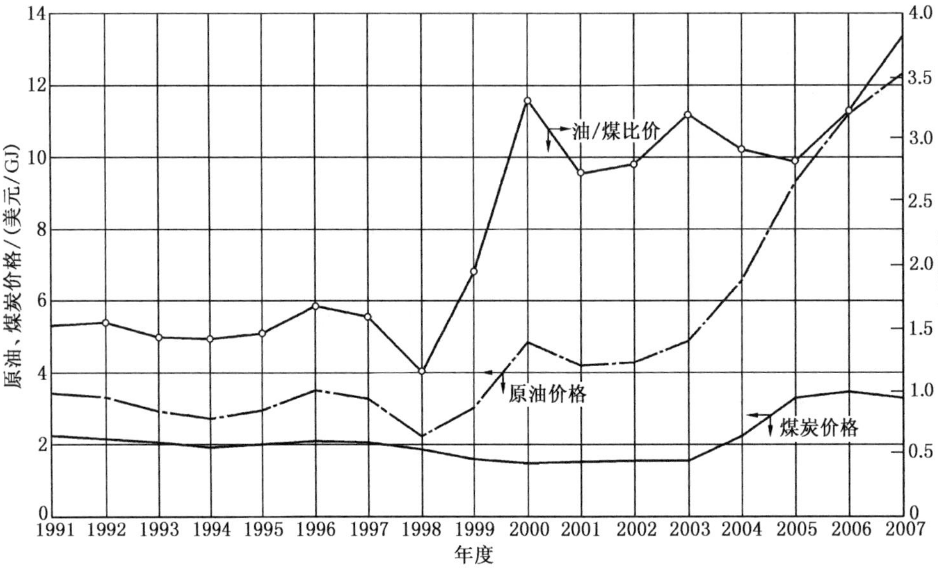

图 1-11　1991~2007 年原油、煤炭价格及油煤比价

国际市场煤炭价格包括西北欧基准价、日本进口焦煤和锅炉煤的到岸价等不同的计算方式。据比较，近 20 年的煤价年均增幅稳定维持在 2%~3%，变化不大。2008 年以来，国际煤炭价格呈持续高增长态势，主要受石油价格居高不下、主要煤炭出口国家减少煤炭出口量等因素的影响。例如：2008 年，日本与澳大利亚达成的煤炭合同竟然将焦煤价格增长至 125 美元/t。

2008 年初，我国受冰冻雨雪灾害天气的影响，煤炭运输受阻，煤炭价格大幅上涨，2 月上旬煤炭价格达到最高点，秦皇岛港动力煤(热值=23GJ/t)的平仓价格达 610~625 元/t，创历史新高，平均上涨了 20%以上。2 月中旬后吨煤价格小幅回调 20 元左右，但仍然处于较高水平，全年国内煤炭价格将继续保持高位小幅震荡上涨的态势。因此，高煤炭价格将对煤制油和煤制烯烃产业的经济性带来不利的影响。

2008 年第四季度后，受全球金融危机又经济衰退影响，煤炭价格与石油价格一样大幅下挫，同样对煤化工行业(尤其是煤制油和煤制烯烃)的经济效益带来不确定性。

第五节　特重原油和天然沥青资源

一、概述[2]

对于原油的轻重，通常按照如下指标来定义：

常规原油即“轻质原油”，是指 API 比重指数大于 22、黏度小于 10mPa · s 的原油。

重质原油或称“稠油”，是指高密度(API 比重指数小于 22)、高黏度(黏度大于 10mPa · s)、高含沥青质(高分子非烃化合物，含原油中大部分硫和 90%的重金属)的原油。

特重原油是指 API 比重指数小于 10 的重质原油。

油砂沥青或称“油砂”(oil sand)，是天然沥青和沙子、泥土的混合物。从油砂沥青中抽提出来的天然沥青具有重质原油的特征，但密度、黏度均高于重质原油。天然沥青的黏度大于10000mPa·s。

在论述石油储量及加工问题时，人们常常引用“石油资源三角形”概念。沿着三角形的不同高度代表质量、品位不同的原油。在资源三角形上部的面积代表储量相对较少，容易开采、加工的常规优质、中质油藏。资源三角形底部面积则代表非常规原油资源，或称为重质原油。非常规重质原油有资源蕴藏量较大、勘探和开发较困难、需要采用特殊工艺技术加工、开采和炼制成本高、需要新技术进步予以支持等特点。

在常规石油资源日益短缺、供需矛盾加剧的形势下，开发、应用非常规原油资源就具有非常重要的意义。

天然沥青和特重原油均属石油类物质，但互有区别。天然沥青和特重原油是石油矿藏在特殊的地理、地质条件下，经过若干年的微生物侵蚀、水洗和浓缩发生不同程度降解之后生成的、以重质组分为主的石油类物质。过程中轻组分(尤其是石蜡烃)大量损失，然后是重质分子浓缩，使密度增大、黏度增高。这些重质分子中以沥青质的相对分子质量最大，并含氧、硫、氮等非烃化合物以及钒、镍等重金属。经历这些化学变化之后生成的油砂沥青或特重原油，在勘探、运输、储存和炼制方法方面均不同于常规原油。

天然沥青被砂子吸着便成为油砂沥青，典型的加拿大油砂沥青是沙子、泥土和天然沥青的混合物。其中76%以上为沙子和泥土，水分在4%左右。沥青含量>10%的沥青油砂矿称为富矿；<6%的称为贫矿。

为了界定天然沥青与特重原油和常规石油间的主要差别，常常以API比重指数和构造内黏度10000mPa·s为分界线，但由于构造内黏度数据不易获得，改以“相对密度1.044”(API比重指数=10)为界定数值。

全世界的天然沥青和特重原油资源主要集中存在于南、北美洲地区，尤其是加拿大和委内瑞拉。数据表明：加拿大和委内瑞拉拥有的沥青油砂和重质原油资源约占世界总量的90%左右。

世界已经探明的天然沥青资源量见表1-53[13]，特重原油原始资源量见表1-54[13]。

表1-53　世界天然沥青资源量

国家或地区	原始沥青资源量/亿桶		
	已发现资源量	有望增加资源量	合　计
北美洲总计	17316	7196	24512
其中：加拿大	16938	7032	23970
美国	371	163	534
亚洲合计	4268	—	4268
其中：中国	15.9	—	15.9
印度尼西亚	44.6	—	44.6
哈萨克斯坦	4207	—	4207
欧洲合计	2975	513	3488
其中：意大利	21	—	21
俄罗斯	2954	513	3467
非洲合计	130	326	456
其中：安哥拉	47	—	47
马达加斯加	22	—	22
尼日利亚	57	326	383
世界合计	24689	8034	32723

表 1-54 世界特重原油资源

国家或地区	原始资源量/亿桶		
	已发现资源量	有望增加资源量	合　计
南美洲合计	22582	1895	24477
其中：委内瑞拉	22562	1895	24457
哥伦比亚	3.8	—	3.8
古巴	4.8	—	4.8
厄瓜多尔	9.2	—	9.2
秘鲁	2.5	—	2.5
亚洲合计	177.2	—	177.2
其中：阿塞拜疆	88.4	—	88.4
中国	88.8	—	88.8
乌兹别克斯坦	—	—	—
欧洲合计	151	—	151
其中：阿尔巴尼亚	3.7	—	3.7
意大利	26.9	—	26.9
波兰	0.1	—	0.1
俄罗斯	1.8	—	1.8
英国	118.5	—	118.5

除了加拿大的油砂沥青资源量数据外，表中的天然沥青和特重原油的资源量均为文献的数据而非资源量的精确值。

重质原油的开采既取决于技术进步，更与原油市场价格有关。当油价升至一定价位后，原来认为无开采价值的重质油藏就会变得在经济上有吸引力了。如果原油价格低到一定的低位，油砂沥青的生产、经营将遇到困难。如进入 2008 年四季度，受全球金融危机又经济衰退影响，国际原油价格从 7 月份的 147 美元/桶滑落到低于 50 美元/桶，加拿大的油砂沥青生产矿不得不减产或停产。重质原油资源的可回收率与油价和工艺技术密切相关。例如：以美国西部的重质原油储量为 1000 亿桶计，一份资料显示：经济可采储量与原油价格的对应关系如表 1-55 所示。因此上述表中所列的资源量将随常规原油价格上升而增加。

表 1-55 重质原油价格与经济可采储量的关系

原油价格/(美元/桶)	经济可采储量/亿桶	可采出的比例/%	原油价格/(美元/桶)	经济可采储量/亿桶	可采出的比例/%
20	75~90	8	40	123~187	12~19
30	101~153	10~15			

注：表中美元按 21 世纪初期价格计算，2006 年以来美元已大幅贬值。

二、加拿大油砂沥青资源

加拿大是油砂沥青资源最丰富的国家。油砂沥青资源主要集中在该国西部的阿尔伯特省的冷湖、阿萨巴斯卡、和平河 3 个矿区，埋藏面积共约 140800km^2。加拿大“阿尔伯特能源和公共事务局”估计油砂沥青总可采储量为 3150 亿桶(约折合原油 500 亿 t，按 6.3 桶 = 1t 计)，高于沙特阿拉伯目前的探明原油储量(2005 年沙特阿拉伯的石油探明储量为 2630 亿桶)。在目前技术水平与预期的经济条件下，探明可采储量约为 1740 亿桶(约折合 280 亿

t)。冷湖、阿萨巴斯卡、和平河三个矿区的油砂沥青资源量如表1-56所示[12]。

表1-56 加拿大油砂沥青矿区及资源储量

矿 区	油砂沥青资源量/亿桶(亿t)	矿 区	油砂沥青资源量/亿桶(亿t)
冷湖(ColdLake)矿区	2010(320)	和平河(Peace River)矿区	1200(190)
阿萨巴斯卡(Athabasca)矿区	13010(2070)①	合计	16220(2580)

①其中可就地开采量为11880亿桶；井下可采量为1130亿桶。

另据BP"世界能源统计-2008"数据：加拿大油砂沥青资源的探明可采储量为1522亿桶(240亿t)。

2004年加拿大阿尔伯特省的沥青产量占全国原油产量的67%。加拿大是美国原油需求的主要供应商，约占美国进口原油量的15%。随着加拿大沥青生产量的持续增长，该国的沥青资源将成为北美地区能源安全供应和经济稳定增长的支柱。随着沥青产量的增长，加拿大计划向亚洲等地区出口沥青产品。

三、中国油砂资源

中国油砂资源主要分布在新疆、青海、西藏、四川、贵州、广西、浙江及华北、内蒙古等地。最近在松辽盆地发现了大面积的油砂资源，具有埋藏浅、含油率高和油质好等特点，具有很大的发展潜力。我国中远期石油补充与替代能源战略研究预测的数据表明，至2030年，我国替代常规原油的油砂沥青年产量可能达到500万t。

经过物探部门初步地质调查评估和确认，全国油砂可采资源量为30.1亿t[8]。具体分布见表1-57。

表1-57 全国油砂资源储量 亿t

地 区	资源量	可采资源量	地 区	资源量	可采资源量
准噶尔盆地	10.08	6.42	松辽盆地	4.26	1.77
塔里木盆地	8.46	5.63	二连盆地	1.14	0.27
柴达木盆地	3.36	2.14	南方地区①	27.48	6.90
鄂尔多斯盆地	4.96	3.29	其他地区①	7.0	1.40
四川	3.10	1.77	总计	70.6	30.1
吐哈盆地	0.83	0.54			

①根据类比推算所得。

中国在油砂资源开发上存在以下问题：

(1)全国的油砂资源状况不清，尚未进行系统评价、优选；

(2)只进行了油砂开采技术的实验室研究，现场的研究试验尚未进行；

(3)尚未制定油砂资源评价标准和相关的规范。

为了加快中国油砂资源的开发，应及时解决上述问题，在加快资源评价、优选的同时，应组织技术力量开展试验研究，在引进国外工艺技术的基础上建设油砂沥青生产示范基地。

预期我国将于2020年前建成工业化的、形成一定规模的油砂沥青工厂。

四、委内瑞拉特重原油资源

委内瑞拉是重质原油储量最丰富的国家，约占世界总储量的90%。委内瑞拉的重质原油资源主要集中于该国北部的Orinoco盆地内，称为奥里诺科(Orinoco)油藏。矿区东西长约为430km，南北宽度约为64km。

委内瑞拉从1920年开始在奥里诺科进行勘探，但得到令人失望的结果。由于原油太重，在当时的技术、经济条件下无法实现商业化开采。1930年又重新开始勘探，共打出了45口井，由于相同的原因而再次搁置。当时将这个油区称为“Orinoco油砂带”。

奥里诺科第三次勘探始于1956~1957年，与早期的推测结果不同，勘探结果显示油藏以“重油”为主，油田被重新命名为“Orinoco原油带”，重油的产量达到20000桶/d。

20世纪70年代初期，委内瑞拉重新制订了大规模勘探计划，共钻井116口。委内瑞拉石油工业国有化之后，能源矿产部将“Orinoco原油带”移交给新组建的国家石油公司PDVSA，并开始了更详细的勘探开发工作。PDVSA把54000km^2辖区的资源划分为Cerro Negro、Hamaca、Zuata、Machete四个区段，分别把Cerro Negro区段划归Lagoven公司，Hamaca和Zuata区段划归Meneven公司，Machete区段划归Corpoven公司，由这3家子公司管理和经营。1979~1983年期间共计钻勘探井662口，得出以下几点结论：

• 除了Machete几个地区外，Orinoco原油带的原油在储层中是处于流动状态的，可以用常规方法开采，开采成本与世界和委内瑞拉其他重质油田相近。

• 初步估计：Orinoco原油带的重油储量为1.182万亿桶(约折合1876亿t，按1t=6.3桶计)，其中的22%(2600亿桶)为可回收的重油资源(约折合413亿t)，约与沙特阿拉伯目前的原油探明储量相当。

• 虽然在目前的经济条件和技术水平下，可回收的储量会有所减少，Orinoco原油带的重油资源可保证委内瑞拉在可预见的未来仍然是最重要的石油出口国家。

委内瑞拉是石油资源丰富的产油国，2001年探明的石油储量如表1-58所示。

表1-58　委内瑞拉的石油储量

地　区	储量/亿桶	份额/%
Orinoco产油区		
API≥22中质原油	0.02	0
API≥10重质原油	32.27	8.7
API<10特重原油	337.96	91.3
小计	370.24	100.0
其他产油区		
API≥42凝析油	17.23	4.3
API≥30轻质原油	103.45	25.4
API≥22中质原油	128.89	31.6
API≥10重质原油	140.39	34.4
API<10特重原油	17.62	4.3
小计	407.58	100.0
资源合计		
API≥42凝析油	17.23	2.2
API≥30轻质原油	103.45	13.3
API≥22中质原油	128.91	16.6
API≥10重质原油	172.66	22.2
API<10特重原油	355.58	45.7
全国资源总计	777.83	100.0

五、天然沥青和特重原油的输送

从矿井开采、抽提所得的天然沥青无法用管道运输。必须用天然气田生产的凝析油或合成原油作稀释剂，成为稀释沥青；或是将沥青加工改质为合成原油，然后经管道输送至炼油厂加工为成品油。

特重原油密度大、黏度高，无法直接用管道输送，可用的输送方法有以下几种：

(1) 将原油加热保持流动状态，再经过管道或油轮运输，一般只适合特重原油的短距离输送。

(2) 用凝析油或合成原油为稀释剂，将天然沥青调合成稀释沥青后用管道运输，但凝析油需要返输回到沥青产地，增加了费用。委内瑞拉可供调合油的资源偏少，无法满足稀释特重原油的需要，必须寻求其他解决方法。

(3) 调制成乳化油：20 世纪 80 年代，委内瑞拉开发了重质原油乳化输送法，将特重原油和水(含量约 30%)调合成名为"奥里乳化油 Orimulsion"的一种商品燃料油，便可以远程运输。奥里乳化油使用前需进行破乳化处理。

(4) 将天然沥青或重质原油就地加工改质成为可以管输的合成原油。

第六节　油页岩资源

一、油页岩性质

油页岩是由矿物质和有机质组成的可燃性矿产资源。矿物质的组成十分复杂，主要包括石英、高岭石、蒙脱石和伊利石；还包括外来的黏土、沙子和盐类等。有机质均匀地分散在矿物基质之中，主要包括油母和沥青，以油母为主，沥青含量很少，一般不超过 1%~2%。

油母中的氢含量约为 6%~10%，高于煤炭(3%~6%)；碳氢质量比约为 6.5~10，低于煤炭(10~22)。油页岩低温干馏可以制取质量类似于原油的页岩油。

油母的元素组成除了碳、氢外还有氮、硫、氧等。从分子结构看，油母是三维结构的高分子聚合物的混合物。^{13}C 核磁共振分析结果证实，美国绿河油页岩的油母族组成是：烷基碳=86%~92%，芳碳=6%~11%，羧基碳=2%~3%。

目前只对油母中含氧的杂原子结构有较多的研究。例如：美国绿河油页岩中油母的含氧化合物分布：羧基占 15%，酯类占 25%，羰基和羟基占 6.5%，其余的为醚类。

我国的科研部门曾将抚顺、茂名油页岩用 20%盐酸和 40%氢氟酸处理，得到矿物质含量较低的油母(灰分=3.5%~6.5%)。测定的油母元素分析结果如表 1-59。

表 1-59　抚顺和茂名油页岩的油母元素分析数据

油页岩样品	含油率/%	基准	元素分析/%				
			C	H	N	S	O①
抚顺油页岩	9.8	去水去灰	79.07	9.93	2.12	1.86	7.02
茂名油页岩	8.8	去水去矿物质	79.41	9.64	1.63	1.09	8.23

①含氧量按差值计算。

二、世界油页岩资源

世界的油页岩资源丰富，其页岩油的潜含量远远高于石油资源。关于世界油页岩资源量，缺乏完整的数据，不同的统计数据差异较大。

美国地质调查局早期估计的世界油页岩资源量为 4000 万亿 t，页岩油潜含量为 270 万亿 t。有的学者预测油页岩资源量为 450 万亿 t，约相当于 23 万亿 t 页岩油。较低的预测结果是油页岩资源量为 32 万亿 t，相当于 1.6 万亿 t 页岩油。

尽管上述预测值的差距悬殊，但说明了世界油页岩资源是丰富的。即使按最低预测值(1.6万亿t页岩油)计算，也已经超过了世界石油探明可采储量(2007年为1686亿t)。

世界能源组织(WEC)2007年列出了世界油页岩资源的统计数据[13]，见表1-60。世界油页岩资源丰富的国家为美国、俄罗斯、巴西、澳大利亚、约旦、摩洛哥和中国等国家。

表1-60　一些国家的油页岩资源数据

国家或地区	油页岩资源量/亿t页岩油	%	国家或地区	油页岩资源量/亿t页岩油	%
油页岩资源丰富的国家			按地区分布		
美国	3016	73.8	北美洲	3038	74.4
俄罗斯	354	8.9	南美洲	118	2.9
刚果	143	3.5	非洲	233	5.7
巴西	117	2.9	亚洲	66	1.6
意大利	104	2.5	欧洲	528	12.9
摩洛哥	81.7	2.0	中东	58	1.4
约旦	52	1.3	大洋洲	45	1.1
澳大利亚	45	1.1			
爱沙尼亚	24.9	0.6			
中国	22.9	0.6			
加拿大	21.9	0.5	世界合计	4086	100

应该指出：表中的资源量数据为根据矿区面积估算的资源量。各个国家对油页岩资源的勘探开发的工作深度也不尽相同。

另据Stuart Smith估计，世界油页岩资源量为3.5万亿桶石油当量，可采的油页岩资源量为1600亿桶石油当量(约折合220亿t)。油页岩资源量与表1-60的数据(28300亿桶)接近。

油页岩资源丰富的主要国家是[13]：

(1) 美国

美国油页岩资源丰富，油页岩资源基数为1.5~1.8万亿桶[石油当量，下同](约折合2050~2470亿t)。其中，可采储量约为5000~11000亿桶。按中值计算可达8000亿桶(1100亿t)，相当于沙特阿拉伯探明石油储量(2006年为363亿t)的3倍。

美国西部的绿河(Green River)构造是世界最大的油页岩资源，包括科罗拉多州西北部、犹他州东北部地区和怀俄明州西南的部分地区，总面积约42700km^2。据估计，绿河构造的油页岩资源量为1.5~1.8万亿桶。在科罗拉多西部的Piceance盆地内，面积为3100km^{2}地区内的油页岩储量达1万亿桶(约折合1370亿t)，约相当于世界原油储量的80%，其中的5000亿桶储量为含油率>9%的油页岩。矿区内大部分页岩厚度在150m以上，覆盖层为厚度低于150m的沉积岩。美国东部Devonian Mississpian地区还有“黑页岩”资源，储量约相当于总资源量的9%。

(2) 俄罗斯

俄罗斯油页岩资源丰富，共约有80多个油页岩矿，主要分布于VoLga-Petchyosck州和波罗的海盆地一带。VoLga-Petchyosck地区的油页岩矿厚度为0.8~2.6m，从20世纪30年代开采，主要用作发电燃料。波罗的海盆地的Kukersite油页岩矿已开采多年，2002年的油页岩产量达112万t，主要供应给爱沙尼亚发电厂用作燃料，发出的电力再供应给俄罗斯。

近年来俄罗斯油页岩产量不断萎缩，生产少量的油页岩经过加工后主要用作制药原料。

(3) 巴西

巴西是油页岩资源丰富的国家之一，1999 年巴西矿产和能源部预测巴西的油页岩储量相当于页岩油 4.451 亿 t。巴西从 1884 年就开始在 Bahia 州开采油页岩，1935 年开始在 Paran 州的小型装置上加工油页岩，1953 年巴西 Petrobras 公司开发 Petrosix 油页岩干馏工艺。

(4) 澳大利亚

澳大利亚油页岩储量约为 580 亿 t，折合可回收页岩油量为 240 亿桶(34 亿 t)。主要分布在澳大利亚的东部和南部各州，包括昆士兰、新南华莱士、维多利亚等州。1970~1980 年期间，制订了开发计划，开发适合于露天开采的油页岩资源，计划在昆士兰海岸一带建设油页岩加工厂。

三、中国油页岩资源

我国也是油页岩资源较为丰富的国家，而且有多年的油页岩开采和加工的历史。从 20 世纪 30 年代就开发成功了油页岩炼油工艺技术。由于石油资源勘探和炼油能力不足等原因，1964 年以前，国内需要的石油产品以人造油为主。20 世纪 60 年代合成液体燃料产量曾达 100 万 t/a，其中页岩油占 80%。20 世纪 60 年代初大庆油田发现后，天然油产量迅速增长，页岩油工厂的建设从 60 年代后期逐渐停止，至 1980 年页岩油年产量已经降至仅 30 万 t 左右。

我国的油页岩资源分布很广，主要分布于广东、吉林、辽宁、山东、山西、新疆、甘肃和内蒙古等省区。由于未经过系统的勘探，油页岩资源储量仍不十分清楚。中国石化抚顺石油化工研究院 1984 年的统计如表 1-61 所示。

表 1-61　中国油页岩资源数据

省　区	矿区数	保有储量/亿 t	平均含油率/%	省　区	矿区数	保有储量/亿 t	平均含油率/%
广　东	7	174.5	5.0~6.0	新疆自治区	3	4.6	5.0~6.5
吉　林	5	78.7	5.0~8.4	甘　肃	12	3.1	7.0~7.5
辽　宁	3	36.9	4.7~6.6	内蒙古自治区	3	2.4	5.0~6.5
山　东	4	6.5	9.0~16.0	合　计	43	313	—
陕　西	6	6.4	5.8~9.0				

根据历年的油页岩资源调查数据，我国油页岩远景资源储量数据如表 1-62 所示。

表 1-62　中国油页岩远景资源量

统计年份	远景资源储量/亿 t	报告名称和统计单位
1959	20485	“中国分省煤田预测图”，原煤炭工业部
1962	4521	“中国油页岩资源调查报告”，原抚顺石油研究所
1990	13697	“矿产资源趋势分析”，王慎余等

据侯祥麟主编的《中国油页岩工业》显示，我国油页岩资源预测为 2 万亿 t，相当于 800 亿 t 页岩油。有的估计为 4000 亿 t，相当于 160 亿 t 页岩油。两者相差亦很大。但很多学者认为，我国油页岩储量仅次于美国、巴西和俄罗斯，为世界第四位[14]。

还有报告按含油率不同分类，中国的油页岩查明储量约为 540 亿 t，约折合页岩油 30 多亿 t。参见表 1-63。

表 1-63　中国油页岩探明资源储量

油页岩含油率①/%	3.5~5.0	5.0~10.0	>10.0	储量比例/%	52.8	45.7	1.5
探明储量/亿 t	283.07	245.13	7.94	相当的页岩油量/亿 t	12.0	18.4	0.8

①按平均含油率计算。

综合上述资料，可以初步确定中国的油页岩地质远景资源储量为 13700 亿 t，其中的页岩油的远景资源量约为 600 亿～700 亿 t。若可采油页岩资源量按 300 亿 t、平均含油率按 5.5%计，可采的页岩油的资源量为 16.5 亿 t 左右。

据 2002 年国家信息中心统计，63 个勘察区中，有 49 个区的页岩含油率在 3.5%～5%之间；10 个区的页岩含油率>10%(最高达 26.76%)。查明油页岩资源量为 329.9 亿 t，查明的技术可采油页岩资源量为 186 亿 t，若平均含油率按 6%计算，折合页岩油资源量约为 11 亿 t。

另外，经过对松辽、鄂尔多斯、柴达木、羌塘、四川等盆地潜在的油页岩资源量进行研究，中国油页岩技术可采的潜资源量为 20269 亿 t。若可采系数按 32.2%计算，油页岩的技术可采潜资源量为 6530 亿 t，折合页岩油技术可采潜资源量约 260 亿 t(按每 25t 油页岩采油 1t 估算)。此估计值超过了常规原油的可采资源量(约 200 亿 t)[8]。

中国新疆乌鲁木齐地区的油页岩资源含油率为 6.5%，矿层厚度大，质量稳定，是适宜开发的油页岩资源；其他如甘肃永登、吉林和黑龙江等地的油页岩均可能成为开发的项目。

据国土资源部 2008 年公布新一轮全国油气资源评价数据：中国油页岩资源折合可收页岩油资源量为 120 亿 t。

总之，中国的油页岩资源较为丰富，不同数据来源差别较大。就全国情况而言，茂名地区的油页岩资源的探明可采储量为 41.7 亿 t，平均含油率为 6%～8%；抚顺地区的总储量为 36 亿 t，含油率为 4.7%[14]。其他矿区则均尚未进行系统的普查、勘探。

四、油页岩的开发

油页岩的开发、利用历史悠久，早在 20 世纪 30 年代就已经将页岩油用作照明用油。苏格兰、德国、法国、西班牙和瑞典等均曾建有许多小型页岩油厂。随着天然石油的开发，页岩油工业便陷入了停顿状态。这些长期生产页岩油的国家，由于经济原因陆续把页岩油厂关闭了。

20 世纪 70 年代的石油危机使油页岩研究开发进入了一段兴旺时期。美国和巴西等国在油页岩研究开发方面进行了大量工作，出现了许多新的干馏工艺和炉型，对油页岩中的油母化学结构及其热化学性质也有了新的了解。一些发展中国家如摩洛哥等国都很重视发展页岩油工业。前苏联由于面临天然气的竞争，页岩油工业迅速向石油化学和中间体产品方面转向，既增加了产品品种又降低了成本，同时将油页岩用于电力生产。

油页岩工业技术(包括干馏技术、页岩油加工技术)已经有了中型试验或工业化生产经验，在资源具备的条件下可发展页岩油产业。随着能源需要量的增长和消费结构的变化，油页岩这一丰富的补充能源终将得到广泛的发展和利用。

影响油页岩工业发展的主要约束因素为：

① 建设投资和生产成本较高，无法与天然石油竞争；

② 页岩油生产成本存在不定因素，如油页岩的开采成本、运转成本和维修费用、副产品回收等；

③ 环境保护问题。

还应指出："国际能源展望-2007"[3]对 2004~2030 年替代燃料生产情况预测中，对生物燃料、油砂沥青、特重原油和页岩油等替代燃料产量均作了预测。在基准情况下 2030 年的替代燃料产量为 5.3 亿 t 油当量，其中页岩油的产量为 0，表明在预测期间油页岩工业仍不能形成商业化生产力。

第七节　煤层气资源

一、概述

1. 生成机理

根据煤炭生成机理，在有机物残渣泥炭化的厌氧分解过程中会发生脱羧基、脱水反应，放出二氧化碳、甲烷气体及水分，生成的甲烷气便储集在煤层和岩层中，形成煤层气。矿井中的煤层气有 3 种存在形式：以吸附态赋存于煤基质表面，称为"吸附气"，约占煤层气的 90%以上；储存于煤的孔隙、裂隙中，外界条件变化时可随流体自由移动的称为"游离气"；溶解于煤层的水中，称为"溶解气"。

矿井中的煤层气生成量随地质情况和煤炭品种等因素而异，每开采 1t 煤炭，井下生成的煤层气从十几 m^3 到百余 m^3 不等。

2. 煤层气资源量

据国际能源机构预测，全世界煤层气资源量约为 91~268 万亿 m^3，煤层气丰富的国家是俄罗斯、加拿大、中国、美国和澳大利亚等国。

美国的煤层气资源量为 11.3~19 万亿 m^3。煤层气的开采始于 20 世纪 70 年代，于 80 年代大规模开发，2006 年拥有煤层气井 3 万多口，生产井数量几乎每 5 年增长 1 倍。2007 年煤层气产量达 540 亿 m^3。

近几年，加拿大、澳大利亚等国的煤层气产量也急剧增长。

德国的煤层气利用主要是从关闭矿井中开采煤层气。2005 年有多台发电-供暖机组投产。其他如印度、巴基斯坦、乌克兰、哈萨克斯坦也在积极开展煤层气勘探、开采。

3. 煤层气的温室气体效应

煤层气的主要成分是甲烷，它既是洁净能源，又是温室效应强于 CO_2 的温室气体(其温室效应为 CO_2 的 21 倍)。煤炭开采过程中向大气中排放甲烷气会造成严重的空气污染。推算采煤过程排出的甲烷气体量约占人类生产活动所排出甲烷总量的 10%。

美国政府制定的"气候变化行动纲领"认定煤矿是造成甲烷气排放的主要来源。美国环保局鼓励美国采矿业在煤矿井中安装甲烷气回收设施，使煤矿的甲烷气排放量每年至少降低 50 万 t/a(约 7 亿 m^3)。

4. 煤层气的回收

在煤矿开发前，利用专门竖井和水平井提前回收甲烷浓度高的煤层气是合理的，并早已在美国产业化。但由于煤层的渗透率不同，单井产能差别很大。我国与国外合作，在山西省、安徽省等处陆续开展了一些煤层气项目，争取形成较大规模。

采煤矿井内存在的甲烷气体会对煤炭采掘造成严重的安全危害，因为当空气中的甲烷气浓度达到 5%~15%后，就可能发生爆炸。美国规定地下采煤作业时井下空气中的甲烷浓度不得超过1%。

控制、减少煤矿煤层气包括三种技术：①在矿井中设置足够的通风系统使矿井内空气中的甲烷气含量低于爆炸极限(体积分数小于1%)；②在采煤前，从地上钻垂直的竖井、直接钻至煤层，将煤层气排出地面并回收；③在采煤后在煤层内钻水平井，将煤层气排至地上并回收利用。

开发、利用矿井煤层气对发展洁净能源、保证煤矿安全生产和降低温室气体排放都具有如下重要意义：

① 有助于保障能源供应安全。煤层气是重要的补充能源资源，充分开采、利用煤层气对缓解我国油气资源不足有着重要作用。

② 有利于煤矿生产安全和提高经济效益。煤矿中的煤层气是煤矿安全生产最大的威胁。在采煤之前将煤层气采出可以使煤矿的煤层气涌出量减少50%~70%，不仅能改善煤矿安全条件，还能减少矿井建设费用(可减少1/5~1/4)和生产通风费用，从而提高煤矿的生产效率和经济效益。

③ 有重要的环保意义。据国家煤炭局统计和分析，中国因采煤每年向大气排放的甲烷气体达70~90亿m^3，不仅浪费资源，又污染环境。为了减少温室气体排放问题，中国应加强煤层气的回收和利用。

二、中国的煤层气资源

中国煤层气信息中心的统计数据表明中国的煤层气资源丰富，是世界上第三个煤层气储量大国。据国土资源部新一轮预测结果：我国42个主要含煤层气盆地、埋藏深度在2000m以内的煤层气地质储量为36.8万亿m^3，约占世界主要国家储量的13.7%。

煤层气资源在不同煤阶中的含量不同，我国煤层气资源在高、中、低煤阶中的比例分别为23%、34%和43%。中国的煤层气勘探首先从高煤阶中取得突破。如沁南煤层气藏的含气量为10~20m^3/t，最高可达37m^3/t。

中国的煤层气资源主要分布在沁水盆地、鄂尔多斯盆地、新疆吐哈盆地、山西中南部、淮南和淮北地区、四川南部、贵州西北部和六盘水煤田等地区，其中，34%煤层气储量的深度低于1000m。

中国每年开采煤炭所产生的煤层气量约为194亿m^3，几乎相当于中国每年天然气总产量的30%(据BP统计：2007年中国的天然气产量为693亿m^3)。表1-64为中国按地区分布的煤层气资源储量数据。

表1-64　中国煤层气储量的地区分布

地　区	煤层气储量		地　区	煤层气储量	
	万亿m^3	所占比例/%		万亿m^3	所占比例/%
东北地区	2.480	7.4	南部地去	4.968	14.8
北部地区	21.125	62.8			
西北地区	5.064	15.1	全国合计	32.637	100.0

为了促进我国煤层气产业的发展，国务院发布了《关于加强煤层气(煤矿瓦斯)抽采利用的意见》和《全国煤层气(煤矿瓦斯)开发利用“十一五”规划》。预期我国煤层气产业将可迅速发展。

根据规划，2010年全国煤层气产量将达到100亿m^3，2015年可达到300亿m^3，2020

年将超过 500 亿 m^3。

煤层气开发利用包括井下抽采和地面开发两种：

① 井下抽采利用，2006 年国有煤矿的瓦斯抽放量已达 26.1 亿 m^3；利用量为 6.15 亿 m^3，利用率达 23%。其中：1.41 亿 m^3 用于发电；民用为 4.74 亿 m^3。

② 煤层气的地面开采：在地面钻井回收煤层气方面，我国从 20 世纪 70 年代开始在辽宁抚顺和河南焦作等矿区进行地面煤层气预抽试验。90 年代初开始引进国外煤层气开发技术，现已进入全面的勘探开发阶段。至 2006 年末，煤层气的地上抽采量为 2.4 亿 m^3。

中国目前煤层气利用率为 40%左右，计划在“十一五”期间提高到 50%以上。

我国开发煤层气的有利条件是：通过近十多年对煤层气的开发研究和试验，已施工建设了煤层气井 156 口，基本掌握了适合中国特点的煤层气勘探开发技术。中东部地区埋深小于 2000m 的煤层气资源丰富(约 30 万亿~35 万亿 m^3)，资源的可信度高，可优先开发利用；东部地区常规天然气资源不足，煤层气供作民用和工业发电燃料市场的前景广阔。

新疆煤层气资源丰富，总量约为 9.5 万亿 m^3。以准噶尔、吐哈、塔里木盆地的资源量最大，这三个盆地的煤层气资源量分别为 3.8、2.1 和 1.98 万亿 m^3。20 世纪 80 年代，新疆煤田地质局等单位就开始了煤层气的勘探、评价工作。2002 年以来，中国石油等公司陆续开展了对准噶尔、乌鲁木齐等矿区的勘察，在吐哈、准噶尔盆地打出了钻探井 11 口，取得了地质资料和综合评价结果。

煤层气开发也存在一些障碍和困难。中国的煤田地质特点是低压、低渗透率、构造破坏严重、高阶地质条件复杂，急需开发一套适用于中国地质条件的煤层气地质基础理论和研究、评价方法。还应研究和采用遥感图像地质分析技术、地球有机化学勘探技术、地应力测量技术，解决寻找高渗富集区煤层气的有效方法。应加快煤层气产业配套设施的建设，例如，加强天然气管网、天然气储存设施、天然气利用工程的建设，促进煤层气产业的发展。

中国约有 290 个矿区属于高煤气的矿层，估计的煤层气储量为 2590 亿 m^3，有 156 个矿区已经安装了煤层气抽取设施，但气体回收率仅有 21%，远低于美国的 50%利用水平。随着深层煤田的开采，甲烷的排放量将增加，需要相应增加通风系统的投资以提高煤矿安全水平。

三、中国煤层气开发利用情况

我国煤层气井下抽放始于 20 世纪 50 年代，到 2000 年底全国已有 184 座煤矿建立了井下抽放系统和地输配气系统，当年煤层气抽放量达 8.6 亿 m^3，其中抚顺和阳泉两个矿区的煤层气年抽放量均超过 1 亿 m^3。目前全国高瓦斯矿井共约 9000 多处，占矿井总数 30%左右，已经安装了煤层气抽放系统的只占一小部分；国有矿井的煤层气开发利用率仅为 10%。

与国外相比，我国井下煤层气抽放技术仍有差距，目前国内最多能打 500m 的水平钻孔，而且成功率还很低，而国外已达到 1500m。

1. 煤层气的开发利用

以下是几个矿区的煤层气开发方案：

(1) 沁水盆地的煤层气：是目前国内煤层气的开发热点，已经初步形成了煤层气产业化基地。2007 年已有煤层气开发井 1800 多口，日产煤层气 135 万 m^3。其中：中国石油已钻出了垂直井、多分支水平井，并日产气 20 万 m^3。中联煤层气公司在潘庄区块建设了煤层气示范项目，已钻出了开发井 600 多口，日产煤层气 6 万 m^3。晋煤公司的煤层气井总数已达 930 口，日产气 80 万 m^3 立方米。亚美大陆公司在潘庄区块打出了多分支水平井，单井日产量为 2.5~10 万 m^3。

(2) 阜新煤矿：是煤层气丰富的矿区。刘家区块的煤层气生产已进入商业化生产阶段。辽河石油勘探局等单位已钻井 30 多口，单井日产量最高达 4000m^3，由于煤层气产量稳定，已向市区供应生活用煤气。

阜新煤层气储量高达 116 亿 m^3，拥有非常大的开发利用潜力。阜新矿区煤层气开发第三期工程中，将建设 4 座坑口发电站，总装机容量为 18MW，用矿井抽放的煤层气发电，全部供企业自用。

(3) 淮南煤矿：煤层气资源量达 5928 亿 m^3，开发潜力巨大、利用市场广阔。煤层气田总面积达 2242km^2，煤层气平均密度约 2.64 亿 m^3/km^2。煤层气的甲烷含量为 85%以上。目前的矿井瓦斯年涌出量为 2.59 亿 m^3，居全国第 3 位。为开发淮南矿区的煤层气，提出了 2 个开采方案：①建设 7 对主要矿井的煤层气抽放系统，供作民用燃料。项目总投资为 1.78 亿元，年减排煤层气 0.74 亿 m^3。②在潘三矿建设一座 0.3MW 煤层气发电厂，项目投资为 0.18 亿元，年减排煤层气 0.06 亿 m^3。

(4) 淮北煤矿：深度<2000m 的煤层气资源量约为 3166 亿 m^3，煤层气储层条件好，有利于开发。淮北矿区的煤矿均为高瓦斯或瓦斯突出的矿井，全矿区的甲烷涌出量达 2.1 亿 m^3。2000 年淮北矿区煤层气抽放量为 1790 万 m^3，目前正计划扩建和新建井下煤层气抽放系统，使煤层气抽放量达到 4000 万 m^3，还计划建设煤层气发电项目。

(5) 抚顺煤矿：拥有丰富的煤层气资源。矿区煤层气总量约 89 亿 m^3，煤炭开采实践证实每采 1t 煤的煤层气涌出量可高达 50m^3。矿区煤储层渗透率较高、煤层气含量高，保存条件好和含气饱和度高，这种有利的储层条件将有助于煤层气的商业化开发。矿区现拥有煤层气抽放系统 3 个，年抽放量达 1.2 亿 m^3。

抚顺矿区是我国最早进行矿井煤层气抽放的矿井之一。矿区储气能力 18.8 万 m^3。矿区的煤层气年抽放量自 1983 年以来一直在 1 亿 m^3 以上，2000 年抽放量达 1.26 亿 m^3。老虎台矿是矿区的主要抽放矿井，2000 年其抽放量达 1.1 亿 m^3。

2000 年抚顺矿业集团公司与东北煤田地质局合作开发抚顺矿区煤层气资源。目前已钻 2 口煤层气地面井，其中的一口正在进行排采试验，日产气 2000m^3。

目前抚顺矿业集团公司已开始建设一期工程，以利用老虎台矿井下煤层气为主成立了顺阳煤层气开发公司，公司负责一期工程建设，每年向沈阳市供气 5880 万 m^3，经济效益良好。

抚顺矿区煤层气项目第二期工程是从地面钻井、开采的高浓度煤层气，与井下的煤层气混合后，达到供气的质量要求。混合煤气供气规模为 6100 万 m^3/a(按纯 CH_4 计)。工程服务年限 15 年，项目的总投资为 15560 万元，年销售收入 9498.62 万元，内部收益率为 23%，投资回收期 7 年。

(6) 阳泉煤矿：阳泉矿区的煤炭资源量为 141 亿 t，煤层气资源量为 6874 亿 m^3，可采煤层的平均气体含量达 17.2m^3/t。全矿区 11 对生产井有 8 对矿井建设有煤层气地面抽放泵站，年抽放量近 1.2 亿 m^3。目前，煤层气利用量约 0.4 亿 m^3，仅占抽放量的三分之一。阳泉公司提出了三项煤层气利用项目：①煤层气地面开采，采用地面垂直井开发煤层气，计划建设地面井 184 口，年产量为 2 亿 m^3，为太原市提供民用燃料气；②扩大矿井煤层气抽放规模，年增加煤层气产量6亿m^3；③利用阳泉三矿和新建的新景矿的煤层气抽放量，建设11MW煤层气发电厂；另外还计划建设煤层气甲醇工厂和煤层气发电厂以充分利用煤层气资源。

（7）焦作煤矿：深度低于2000m的煤层气资源量为1733亿m^3。矿区的平均煤层气含量为10~38m^3/t；资源平均丰度为2.3亿m^3/km^2。已建成了7套煤层气井下抽放系统，也在尝试建设煤层气的地面抽放系统。提出了两项煤层气开发项目：①完善煤层气井下抽放设施，新建储气罐和输气管道向市区供应民用燃料气，将煤层气利用量提高至0.2亿m^3/a；②建设煤层气地面垂直井抽放系统，年产量达1亿m^3。

2. *废矿井的煤层气抽放与利用*

中国煤炭开采历史悠久，随着资源枯竭，已关闭或即将关闭的矿井数量越来越多。据统计：截止到1999年，国有重点煤矿中已报废矿井数量达459处，已报废的矿井和老化的生产井采区内遗弃的煤炭储量有300亿t以上，保有的煤层气量在千亿m^3以上。所以，回收废矿井中的煤层气资源具有重要经济意义。

中国的大部分报废矿井均属高瓦斯矿区，不仅煤层气储量丰富，而且多数矿井已建有井下抽放系统和地面煤气输配系统。充分利用这些设施回收废矿井的煤层气既能保证气体的稳定供应又可以节约建设基础设施的投资。

国外有从报废矿井中抽放煤层气及煤层气发电的成功经验。英国从报废矿井中抽放煤层气及煤层气发电技术处于世界先进水平。英国已建成了5个废矿井瓦斯发电项目，均运行良好。借鉴这些经验，我国已完成了废矿井和采空区煤层气储量的全面调查，并进行了估算。最终确定首先从铜川、抚顺、丰城、永荣、天府、南桐、阳泉和水城等10个矿区的废矿井回收煤层气。

3. *中国煤层气技术开发/二氧化碳埋存项目*

加拿大的向煤层中注二氧化碳提高煤层气采收率技术（ECBM）处于世界先进水平。此项技术可以开采传统工艺无法开发的煤层气。中加合作项目即将正式启动，由加拿大提供技术。

第八节　天然气水合物

一、概况[5,10]

天然气水合物或称为“可燃冰”，主要成分为甲烷和水。由气体或挥发性液体与水形成的“笼形包合物”（Clathrate）。1m^3天然气水合物可转化为164m^3天然气和0.8m^3水。由于含有大量甲烷等可燃气体，天然气水合物极易燃烧。在相同条件下，天然气水合物燃烧所产生的能量比煤、石油、天然气要高出数十倍，且燃烧后不产生任何残渣和废气，避免了大气污染问题。各种轻烃（如CH_4、C_2H_6、C_3H_8、C_4H_{10}），CO_2，N_2，H_2，H_2S均可形成单体或多种天然气水合物。甲烷分子含量>99%的天然气水合物称为甲烷水合物（Methane Hydrate）。

已经发现的天然气水合物有3种晶格结构。结构Ⅰ型水合物为立方结构，在自然界中分布最广。按晶格构成分类，结构Ⅰ型水合物是由12个五面体和2个六面体组成的晶格，仅能容纳甲烷、乙烷和N_2、CO_2、H_2S等非烃分子。结构Ⅱ型水合物是由12个五面体和4个六面体组成的菱形结构，除了能包容C_1、C_2等小分子烃外，还能容纳丙烷、异丁烷等烃类。H型结构水合物是由12个五面体和8个六面体组成的六方晶体结构，可以容纳直径为

0.75～0.86nm 的大分子。这几种水合物均已在自然界中发现，Ⅱ型和 H 型结构水合物比Ⅰ型水合物更为稳定。

形成天然气水合物的基本条件包括适宜的温度、足够的压力（>3MPa）和有地下气源。陆上天然气水合物主要存在于高纬度和永久冻土带地区。海底天然气水合物分布于水深 300～500m 的陆坡、岛屿和盆地的表面沉积物或沉积岩中。

20 世纪 60 年代，前苏联最先从地层中发现了天然气水合物。1968 年，随着美国的深海钻探计划、大洋钻探计划的实施和深水海底取样技术的提高，推动了天然气水合物的研究。如今，美国、日本、韩国、印度、加拿大、俄罗斯等许多国家都把天然气水合物的开发研究列为国家的重点课题。

有 30 多个国家和地区进行了天然气水合物的研究和勘探工作。美国、俄罗斯已经进入初期工业开发阶段，加拿大、日本和印度等国也有成功经验和配套技术，特别是深海钻探方面有许多成熟的技术。1960 年，前苏联在西伯利亚发现了第一个天然气水合物气藏，并于 1969 年投入商业性开采。美国已将天然气水合物作为国家战略能源列入长远计划，计划于 2015 年进行商业性试采。日本已基本完成周边海域的天然气水合物调查与评价，并钻探了 7 口探井，圈定了 12 块矿集区，成功取得天然气水合物样本。其他如加拿大、印度、韩国等国也都制订了研究、开发计划。

中国从 1997 年开展天然气水合物的前期研究、1999 年启动了海上天然气水合物的勘查工作。虽然水合物资源勘探工作的开始时间晚于美、日等国，但近年取得的勘查成果却是可喜的。

二、天然气水合物资源量

天然气水合物是近 20 多年在大洋海域和冻土带发现的新型洁净能源资源。根据目前对天然气水合物资源量的初步估计，可以认为天然气水合物是地球上最重要的“储碳库”。目前已在全球 116 个地区发现了“天然气水合物”存在的证据，其中海洋中发现 78 处。科学家们估计，海底“天然气水合物”分布的范围约占海洋总面积的 10%，相当于 4000 万 km^2，是迄今为止海底最具开采价值的矿产资源。

天然气水合物的单位体积热值估计为 6.86GJ/m^3，远高于天然气的热值（33MJ/m^3）。

天然气水合物是新兴的能源。由于尚未进行系统的勘探，储量仍未探明。世界天然气水合物的储量数据均为估计值，不同来源的储量数据差别很大。几项数据实例如下：

- 据 2001 年 Kvenvolden 和 Lorenson 估算：全球天然气水合物中蕴藏的天然气总量为 $(1.8\sim2.1)\times10^{16}m^3$（约折合 16.2 万亿～18.9 万亿 t 石油当量），即世界天然气水合物中的有机碳总量约相当于世界探明的煤炭、石油和天然气含碳总量的 2 倍，或常规天然气资源量的 100 多倍。
- 美国天然气水合物研发计划的数据：世界天然气水合物资源总量估计为 $1.98\times10^{16}m^3$。
- 2004 年 Milkov 估算的世界天然气水合物储量仅相当于 Kvenvolden 的估算结果的十分之一。
- 研究结果表明：世界范围内广泛存在天然气水合物。地球上约 27%的陆地和约 90%的大洋水域均为可形成天然气水合物的潜在地区。已发现的天然气水合物主要存在于北极永久冻土带和世界的海底、陆坡、陆基和海沟中。一项数据：永久冻土带的天然气水合物资源

量为 $1.4\times10^{13}\sim3.4\times10^{16}m^3$，包括海洋天然气水合物的资源总量为 $7.6\times10^{18}m^3$。

• 一种观点认为：天然气水合物的碳储存量约为10万亿t，相当于化石燃料(煤、石油和天然气)探明储量的2倍。气体水合物是非渗透性矿层，是其下层天然气资源的封盖层。所以，包括气体水合物及其下层天然气的资源总量可能是最丰富的能源资源。

三、天然气水合物开发和生产

天然气水合物的开发仍处于初期阶段，尚未实现工业化生产。目前研究的天然气水合物开采方法有热解法、降压法和置换法(将液化的二氧化碳注入“天然气水合物”储层中，将甲烷置换出来)。2002年美、加、日等国合作对加拿大冻土区用“热法”和“减压法”进行了短期的试生产，均取得了成果。

实现天然气水合物的工业生产，需要进行天然气水合物的地球物理、地球化学勘探、确定资源数量、天然气水合物的开采技术的研究。

实现天然气水合物的商业化开发，仍存在一定的技术障碍。

1. 天然气水合物的生产仍处于研发阶段

可采储量尚未完全探明，开采、运输及储存方法均有待实践。天然气水合物开采过程的安全性和对环境的影响、对周围生物的影响等均存在不确定性技术，有待通过技术开发求得解决。

2. 天然气水合物的生产存在安全隐患

必须确保天然气水合物开采过程不造成甲烷气泄漏、不引发温室效应。天然气水合物呈固体状态埋藏于海底的岩层中，勘探、开发十分困难，对钻探技术要求很高。开采过程中如果压力降低，天然气水合物便会迅速分解，如果处理不当，天然气水合物矿藏一旦受到破坏就可能引发地质灾害和造成甲烷气体的泄漏，其温室效应比 CO_2 要大20倍；海底开采不能破坏地壳稳定和平衡，造成的地质灾难包括海啸、海水被毒化等。

天然气水合物是海底沉积物的胶结物。它的形成和分解都可能对沉积物的强度造成影响，因而会导致发生海底滑坡等地质灾害、造成海底生物灭亡。

3. 开采成本上无法与天然气竞争

研究表明，目前的天然气水合物开采成本高达200美元/m^3，按照每 $1m^3$“天然气水合物”释放的能量相当于 $180m^3$ 天然气计算，每 $1m^3$ 天然气的折合成本高于1美元(按：此估算时期的美国天然气价格仅约为0.3美元/m^3 左右)。只有改进开采技术、降低生产成本才能做到在经济上与石油、天然气竞争。

四、中国天然气水合物的研究开发

中国从1997年开始对天然气水合物的前期研究。天然气水合物勘探工作是1999年从海底天然气水合物资源开始的，至2007年已经在南海北部钻探成功，获得了天然气水合物的实物样品。近年来，对陆上冻土带天然气水合物的勘察也已取得成果。这表明我国的天然气水合物的实质性勘探和开发研究工作即将全面开展。

尽管我国对天然气水合物调查的起步时间晚于美、日等国，却较快地取得了基础研究成果。在国土资源部、中科院等部门联合攻关下，已在地震识别技术、地球化学探测技术、资源综合评价和保真取样技术等方面取得了进展。目前，我国已在南海北部陆坡、南沙海槽和东海陆坡等地陆续发现“天然气水合物”存在的证据。预测表明：仅在南海北部的“天然气水合物”估计储量就约相当于中国陆上石油总储量的50%。

中国在南海北部成功地钻采出天然气水合物的实物样品，表明我国已是继美、日、印度之后第四个开采到水合物实物样品的国家。

中国的天然气水合物包括海底和陆上冻土带两种资源。

1）海底的天然气水合物资源

我国南海海域位于西太平洋边缘，蕴藏着丰富的石油、天然气资源。估计油、气资源量可达300亿t石油当量。还拥有巨大的“可燃冰”带，估计储量为700亿t。

南海北部陆坡海域的天然冰水合物钻探工作始于2007年4月。经过对地球物理资料的处理、研究，圈定了8个钻探井位。2007年5月我国在南海北部神狐海域的1号钻探站位首次采样成功，获得海底沉积物岩芯，证实了南海北部蕴藏丰富的天然气水合物资源。样品取自水深约1245m、海底以下183~201m处。对岩芯进行了X射线、红外扫描测试分析，确认有多个层段含薄层状天然气水合物。在第1站位钻探成功的基础上，又在第4站位取得了天然气水合物实物样品，测井分析证实：天然气水合物沉积层厚度达34m，水合物中甲烷含量为99.8%。这表明：水合物丰度、甲烷纯度均超出世界其他地区发现的浸染状水合物。

探测表明：南海北部的天然气水合物储量约达我国陆上石油总储量的一半左右。此外，西沙海槽初步圈出的天然气水合物分布面积为5242km^2，估计的资源量为4.1万亿m^3。

2）陆上冻土带的天然气水合物资源

我国冻土带天然气资源的研究仍处于预测、预查阶段。全国冻土带面积达215万km^2，蕴藏天然气水合物资源潜力很大。中国冻土带地区的水合物估计储量仅次于俄罗斯、加拿大。中国地质调查局于2004年设立了陆域永久冻土带天然气水合物资源调查小组。经过近4年的调查研究证实：青藏高原和东北冻土带具有天然气水合物成矿条件。找矿前景最佳的地区是青藏高原的羌塘盆地、祁连山木里地区、东北冻土区的漠河盆地和风火山-乌丽地区。

羌塘盆地年平均地温最低、冻土层较厚，是青藏高原成油、成气条件最好的地区，有适合的温度条件和充足的气源条件可形成天然气水合物。祁连山木里地区有丰富的煤层气，在冻土层内发现常年溢出的甲烷气，据推测可在适当温度、压力条件下形成天然气水合物。东北地区年平均气温和地温梯度均为最低，冻土层发育良好的漠河盆地有充足的气源可形成天然气水合物。

通过近5年的调查研究，海底资源方面已经在南海北部陆坡、南沙海槽和东海陆坡发现了“可燃冰”存在的证据。对陆上冻土带的天然气水合物调查研究也取得了成果。

总之，我国已在南海和东海海域发现了天然气水合物资源。仅南海海域的估计储量就可达700亿t。于2007年开工的南海第一口钻井进行了天然气水合物的储量勘探。预期将于2020年开始进行天然气水合物的开采。

五、其他国家天然气水合物研究开发情况

俄罗斯在20世纪70年代就在西伯利亚的麦索亚哈气田进行了天然气水合物的商业性开采。近期，国外的天然气水合物合作开发实例说明如下：

（1）2008年6月，美国和日本已就合作开发天然气水合物达成一致，除了进行科学、技术信息交流外，双方将在阿拉斯加等地进行甲烷水合物的试开采。

（2）2002年，美、日、加、德、印五国合作，利用热压法和减压法对加拿大马更些冻土带的天然气水合物进行控制性试生产并获得成功。

（3）加拿大与日本合作，于1998年在加拿大北部麦肯基三角洲冻土层完成了深井勘探，

取得了水合物样品。1990 年在日本南海海槽东部完成了地层钻探，对海洋天然气水合物进行了全面评价。

（4）日本在 1995~2000 年期间对甲烷水合物资源进行了基础研究。对从纪伊半岛到四国的太平洋海域进行了勘测。在南海海沟发现了甲烷水合物并进行了采样，证实了超声波的勘探结果。2000 年，日本通产省宣布：已在南海海槽水深 850m 处钻探、在静冈县近海发现了天然气水合物含量为 20%的砂岩层，证实那里存在丰富的天然气水合物资源。至今，日本已经基本完成了其周边海域的天然气水合物资源调查和评估。圈定了 12 块天然气水合物矿区，计划从 2010 年开始试生产。有关部门制定的“甲烷水合物开发计划”中，要求解决以下技术问题：

- 如何有效地探测水深为 800~3000m 水域的甲烷水合物；
- 甲烷水合物开采方法的研究和试验；
- 研究开采甲烷水合物对环境的负面影响及解决措施；
- 通过试开采和试生产对研究结果进行验证。

目前，国际上对天然气水合物调查研究重点已经从资源调查逐渐朝开发利用方向转变。例如：美国已经调整了研发计划，要求于 2010 年解决水合物开发的技术障碍，2015 年实现商业性开发。

参 考 文 献

1 Claude M. Energy to 2050, Scenarios for a Sustainable Future. IEA, 2003

2 Heavy Oil and Natural Bitumen-Strategic Petroleum Resources. USGS. Fact Sheet FS-070-03, Aug, 2003

3 International Energy Outlook, Apr, 2004; Jun, 2006; May, 2007

4 BP Statistical Review of World Energy, 2005~2008

5 US National Economic Council, Advanced Energy Initiative, Feb, 2006

6 Radler M. Global Reserves, Oil Production Show Small Increases for 2005. OGJ, Dec 19, 2005: 20 ~22

7 中华人民共和国统计局编. 中国统计年鉴, 2005~2007

8 翟光明，周凤起等. 石油资源需求和中远期产能预测//严陆光，陈俊武主编. 中国能源可持续发展若干重大问题研究. 北京：科学出版社，2007：38~55

9 张抗. 1984~2004 年中国石油储量变化分析. 当代石油石化. 2006, 14(8)：7~10

10 Charting the Future of Methane Hydrate Research in the United States. National Academy of Sciences, 2004

11 Hakes J. Long Term World Oil Supply, A Resource Base/Production Path Analysis. 2000 Meeting of American Association of Geologists, New Orleans, Apr 18, 2000

12 TD Securities. Overview of Canada's Oil Sands, Jan, 2004

13 Caille A, Al-Moneef M, Barnés de Castro F, et al. 2007 Survey of Energy Resources. World Energy Council, 2007

14 侯祥麟主编. 中国页岩油工业. 北京：石油工业出版社，1984

第二章　核能、生物质和其他可再生能源资源

第一节　概　　述

可再生能源是指可以持续补充、来自太阳或地球内部热能所产生的能源，通常包括生物质能、太阳能、风能、水力能、地热能和海洋能等资源以及从这些资源进一步衍生出来的各种替代燃料、电力和未来的氢气燃料等能源。

为了应对能源的严重挑战，联合国于 1981 年召开了“联合国新能源和可再生能源会议”，要求各国政府和联合国有关组织在新能源领域进行充分准备、研究技术对策、加强国际合作。会议明确了新能源和可再生能源的含义。新能源定义为“以新技术和新材料为基础，使传统的可再生能源得到现代化的开发与利用，用取之不尽、周而复始的可再生能源不断取代资源有限、对环境有污染的化石能源，重点开发太阳能、风能、生物质能、海洋能、地热能和氢能”[6,7]。

1992 年举行的联合国环境与发展大会提出“要因地制宜地开发和推广太阳能、风能、生物质等新能源”。1994 年，我国国务院通过的“中国 21 世纪议程”中明确强调：“中国要实现国民经济快速发展，就必须把开发利用新能源和可再生能源放到国家能源发展战略的优先地位。”1997 年，在“中国能源政策”中又明确指出：“对可再生能源，如水力发电、风力发电，应加大科研开发和使用的力度。”全国人大常委会于 2005 年通过的“中华人民共和国可再生能源法”指出：促进可再生能源的开发利用可以增加能源供应、改善能源结构、保障能源安全、保护环境和实现经济的可持续发展。2007 年公布的《中国能源状况与政策》白皮书再次明确指出：我国的可再生能源开发利用发展空间很大，以可再生能源替代化石能源是发展替代燃料的主要原则。

实现经济可持续发展的重要条件是保持全世界能源的稳定供应。当前世界能源供应的主要问题是化石类能源资源面临短缺、温室气体排放对全球气候变暖的影响和大气污染气体对人类健康造成的影响，这些已经是人类当前面临和急需解决的问题。壳牌公司早在 20 世纪 90 年代中期就对能源转型问题作了著名的预测：“世界能源需求的增长将逐渐靠可再生能源来满足。到 21 世纪中叶，世界需要的能源将有一半以上靠洁净能源来提供”，“为了完成此次能源的转型，可再生能源就需要在 21 世纪的前 10 年登上世界舞台”。

发展生物质能源是替代传统化石能源的重要途径。生物质能源对于实现能源持久供应有着至关重要的作用。用丰富的生物质资源生产运输燃料有助于克服用石油生产运输燃料所带来的环境问题，解决与日俱增的化石能源短缺和一些国家由于过分依赖进口能源所带来的能源安全问题。用玉米、甜菜、甘蔗等农作物生产燃料乙醇并替代部分汽油已在美国、巴西、中国等国家得到应用，中国正从甜高粱和木薯制造乙醇，取得了节约石油和改善环境的效果。用木质纤维素生产燃料乙醇的技术即将进入工业示范阶段，具有不占用耕地、不与人争粮和可使用贫瘠土地的优点。用植物油和废油等原料生产生物柴油已经在西欧和美国获得应

用。使用木本油料等生物质生产生物柴油和通过藻类光合作用生产生物柴油均为开发中的技术。虽然这些技术目前在经济上尚无法与化石燃料竞争，从已经取得的研究成果可以预见，在一些关键技术取得突破后，就可实现工业化生产，取得替代化石燃料的效应。

太阳能和风能都是取之不尽的可再生能源，具有无须开采、不污染环境和不破坏生态平衡的特点。大量消费化石能源造成了全球性的环境污染和生态危机，几次“石油危机”更直接促进了太阳能和风能技术的发展。近年来，风电技术蓬勃发展，太阳能发电技术在降低成本和扩大生产规模方面均取得了成果和进步。如何利用太阳能、风能生产替代燃料也是本书关注的重点。

可再生能源包括生物质能、太阳能、风能、地热、水力能、海洋能等，不同地区的可再生能源资源量和人均拥有量也不同。据壳牌公司数据，每年人均需要的能源需用量为100~200GJ[折合2.3~4.7t油当量)/(人·a)]，随工业化发展水平而异。按世界人口为100亿计算，潜在的可再生能源可供应量(包括生物质能、太阳能、风能、地热能和水力资源)约为250GJ/(人·a)[约折合5.9t油当量/(人·a)]，但人均可供应量随地区情况而异。俄罗斯和中亚地区约为1000GJ/(人·a)[23t油当量/(人·a)]，中南美洲约为750~800GJ/(人·a)[18~19t油当量/(人·a)]，欧洲和亚洲的人均可再生资源量较低，仅为100GJ/(人·a)[约折合2.3t油当量/(人·a)]。

上述情况说明，世界可再生能源潜含量丰富，充分发展就可替代一定数量的常规能源。但是，可再生能源目前还不能对常规一次能源的供应构成威胁。用生物质原料生产替代燃料的成本仍无法与化石类常规燃料竞争。风能和光伏能源的成本已经比20年前大大降低。从发展前景分析，在研究开发取得成果、工艺技术进步和政府采取补贴、减税等措施后，生物燃料和合成液体燃料的生产成本就可能降至能与常规燃料竞争的水平，就可以减少化石能源的消费量和抑制石油价格上涨。

核能虽不属可再生能源，如能充分利用其潜在能量，就可替代一部分化石能源。1942年12月2日第一座核反应堆的试验成功，人类开始了利用原子能的时代。从1951年建成了第一座试验核反应堆实现核能发电至今，已经经历了半个多世纪，全世界共建成了近500座核电站，核电总装机容量约占世界总电力装机容量的17%。如今，核电技术在安全性、降低建设投资和发电成本以及核废料处理等方面都有了巨大改进和发展，第四代核反应堆技术即将商业化，核电已成为不可或缺的替代能源。2007年，全世界的核能消费量为6.22亿t油当量，在全世界一次能源总消费(110.99亿t油当量)中的比例已经提高到6%，在未来的能源领域中也将发挥越来越重要的作用。在即将到来的氢燃料时代，应用模块式高温气冷核反应堆所产的电力和高温位热能生产氢气具有良好的发展前景。这一愿景的实现主要取决于第四代核反应堆技术和新型制氢技术的产业化。今后快中子反应堆电站的商业应用，将使目前核燃料利用率大幅度提高。

第二节 核 能

一、核能概况

1. 核裂变和核聚变

核能可分为核裂变能和核聚变能两种。由重原子核裂变释放出的能量称为核裂变能；由两个轻原子核结合到一起释放出的能量称为核聚变能。目前，商业化核电站应用的核能是核裂变能。核聚变能因为目前尚不能够做到人为控制核聚变能量的逐步有序释放，只是在军事上应用于核武器，受控热核聚变反应实现工业化应用还有待突破。2006 年 5 月中国和欧盟等 7 国达成科技合作协议，合作开展受控热核反应堆（ITER 项目）的研究，将热核聚变开发成为可商业化应用的核能能源。即将在法国的卡达拉舍建设一座热核反应堆，总投资约为 100 亿美元。

目前国际上运行的核电站大部分属于第二代核技术。已经开始商业化推广应用的第三代核能技术是以提高安全性和经济性为目的。从发展形势看，第三代核反应堆将逐渐成为核电市场的主导堆型。

近年来，国际上提出了第四代核能系统的新概念，要求核电在经济性、安全性、减少核废料和防止核扩散等方面实现更高的目标。第四代核反应堆技术在经济上能够与其他电力生产技术相竞争，初始建设投资不高于 1000 美元/kW 装机容量，降低了反应器堆芯熔化的概率，使安全性更加可靠，即使在事故条件下也不会向厂外释放放射性物质。

2. 核能是清洁能源

核能属于清洁能源的范畴是基于以下两个原因：

（1）温室气体排放量少　从采矿到生产燃料、使用燃料的整个燃料链中，核能的温室气体排放量比使用化石燃料少得多。以发电为例，我国的煤炭燃料链的温室气体排放量为 1302.3g/(kW · h)；水电燃料链 CO_2 的排放量为 107.6g/(kW · h)；核电燃料链 CO_2 排放量仅为 13.7g/(kW · h)。说明核电的温室气体排放效应只有煤电的百分之一。

（2）不会向环境中释放更多的放射性物质　从造成的辐射影响来看，由于煤炭中也含有微量的放射性元素，煤炭燃料链向环境中释放放射性物质也高于核电燃料链。

3. 核燃料

裂变材料和增殖材料统称为核燃料材料，铀、钍和钚都是核燃料。目前，核工业是建立在铀-235 的热中子裂变基础上的工业技术。

只有铀-233、铀-235 和钚-239 的原子核可以由中子引发核裂变，故称之为核裂变材料（或裂变物质）。实际上，铀-235 和钚-239 在自然界中并不存在，只能分别由自然界中的钍-232 和铀-238 吸收中子后衰变生成。所以钍-232 和铀-238 被称为转换材料或增殖材料。天然铀矿由铀-238、铀-235 和铀-234 三种同位素组成，其丰度分别为 99.284%、0.711%和 0.0054%。铀-238、铀-235 均可发生 α 衰变。除了这三种天然同位素外，还有 12 种人工同位素，其质量数在 226~240 之内，其中，最重要的是同位素铀-233。

铀化合物种类繁多，重要的化合物有氧化物、卤化物、氢化物、氮化物和碳化物、铀盐及铀酸盐。主要的铀氧化物为二氧化铀、八氧化三铀、三氧化铀和过氧化铀。重要的卤化物为 UF_4、UF_6、UCl_4。铀的氢化物为 UH_3，铀的主要碳化物为 UC 和 UC_2。

4. 铀资源[11]

国际原子能机构将铀资源分为“合理确定的铀资源”（RAR）和“估算附加铀资源”（EAR）两类。还按开采价格分为<80 美元/kg 和 80~130 美元/kg 两类价格来评估全世界的铀资源总量。世界铀资源储量最丰富的国家有加拿大、澳大利亚、美国、俄罗斯、南非、哈萨克斯坦和尼日尔等国。由表 2-1 可见，世界铀资源量约为 739 万 t。

另据“世界能源调查—2007”数据，在铀价格>130 美元/kg 的条件下，世界探明可采的铀资源量为 329.67 万 t，参见表 2-2。

表 2-1　世界铀资源储量

项　　目	储量/万 t
可确保铀资源量(<80 美元/kg 铀)	234
可确保铀资源量(80~130 美元/kg 铀)	322
预期可回收铀资源(<80 美元/kg 铀)	75
预期可回收铀资源(80~130 美元/kg 铀)	108
合　　计	739

表 2-2　世界探明可采铀资源量(铀价格>130 美元/kg)

项　　目	探明可采量/万 t	项　　目	探明可采量/万 t
非洲	67.14	亚洲	73.72
其中：纳米比亚	18.26	其中：哈萨克斯坦	51.39
尼日尔	18.05	中国	3.80
南非	25.56	印度	4.26
北美洲	70.88	欧洲	23.49
其中：加拿大	34.52	其中：俄罗斯	13.17
美国	34.20	乌克兰	6.67
南美洲	16.66	大洋洲	74.70
其中：巴西	15.77	其中：澳大利亚	74.70
		中东地区	3.08
		其中：约旦	3.04
		世界合计	329.67

2005 年世界铀产量(按 U_3O_8 计)达 4.92 万 t，分布情况见表 2-3。

表 2-3　世界铀产量(按 U_3O_8 计)

项　　目	铀产量(按 U_3O_8 计)		项　　目	铀产量(按 U_3O_8 计)	
	t	%		t	%
澳大利亚	11211	22.8	俄罗斯	4032	8.2
加拿大	13719	27.9	纳米比亚	3688	7.5
尼日尔	3639	7.4	美国	1229	2.5
哈萨克斯坦	5114	10.4	其他	2903	5.9
乌克兰	934	1.9	合计	49173	100.0
乌兹别克斯坦	2704	5.5			

5. 钍燃料

我国目前保有的铀资源无法支持核能工业的发展。除了加强勘察铀矿资源和开辟国际铀资源外，应积极发展钍资源的开发和利用。

钍金属可用作核燃料。先进的高温气冷核反应堆可采用钍-铀燃料循环。核反应堆中 $^{232}Th-^{233}U$ 核燃料循环的转化比(钍-232 转化为铀-233 的分率)可达到 0.9。

钍基核燃料的主要优点是在反应堆中吸收中子生成次锕系核素的量低于铀基核燃料。但是，钍在核反应堆中生成铀-233 的同时，也生成具有强 γ 辐射的铀-232，会给乏燃料处理增加困难。

我国的钍资源丰富，仅次于印度。已查明的钍工业储量为 28.6 万 t(二氧化钍)。内蒙古自治区白云鄂博主东矿是铁、稀土和钍共生的大型矿藏，其中的钍资源占全国钍资源量的73%。目前的开采方式以提取铁和稀土金属为主。钍和其他稀土金属作为尾矿，只是堆弃未利用。已开采出钍约9.5万t，全部随尾矿堆置，造成严重的环境污染。

目前世界钍的年产量约为200t。

6. 核反应堆及其应用

核能应用的实质是核燃料在核反应堆中受控发生核裂变反应，在核裂变反应过程中释放出大量的核能并生成大量中子，利用核能替代传统的化石燃料用于发电、供热或作为船舰动力。核反应堆既产生能源，又产生中子源。利用核反应堆可以生产新的核裂变材料、生产放射性同位素、进行中子活化分析、利用中子进行各种基础研究。

核发电站是目前主要的核能应用技术。核供热的发展前景十分广阔，利用核反应堆技术为制氢过程提供热量和电力是实现"氢经济"的重要途径。

核反应堆是生产核能的装置，其基本构成是由核燃料元件、慢化剂、中子反射层、控制棒、冷却剂和屏蔽层组成的，各组件的基本功能是：

(1) 核燃料元件　由燃料芯块和包壳组成，核反应堆中的燃料元件称为"堆芯"；

(2) 慢化剂　其作用是将核裂变生成的快中子慢化成能量为0.025eV的热中子以便引发链式裂变反应；

(3) 中子反射层　其作用是将从堆芯逃逸出来的中子反射回去，可用作慢化剂的材料均可用作中子反射层的材料；

(4) 控制棒　其作用是在开、停工和生产中调节反应堆的功率，控制棒中装有能强烈吸收中子的元素；

(5) 冷却剂　即载热体，反应堆发生的热量通过热载体循环做功，还具有防止燃料元件升温过高、引发事故的功能。核反应堆可用气体(如CO_2、氦)、液体(如水、重水)或熔融金属(如钠、钠钾合金)作冷却剂；

(6) 屏蔽层　其作用是防止中子和γ射线向周围环境辐射，一般用钢筋混凝土筑成屏蔽层。

二、核电站

1. 世界核电站概况

截至2005年底，全世界建成并在运行的核发电反应堆共计443座，总装机容量约为361GW，约占世界电力总装机容量的17%。

核电如今已经成为许多国家的主要电源。法国是主要依靠核能发电的国家，核电能力约占全国总发电能力的78%。全世界核电能力发达的国家及其核电能力占全国发电能力的比例[9]列于表2-4。

2007年世界核发电量约为28000亿kW·h，较1973年的2030亿kW·h增长了14倍，年均增长率高达7.9%。

2007年世界核能的消费量为6.22亿t油当量，绝大部分(99%)消费量集中于北美洲、欧洲及欧亚大陆和亚太地区，其消费量份额分别为34.7%、44.3%和19.8%。

核反应堆技术已取得了很大的进展。早期的石墨气冷反应堆，由于堆芯体积大、功率密度低、建设周期长、建设投资大，已逐渐被压水反应堆取代。压水式核反应堆技术是20世纪50年代开发的，1954年美国西屋公司建成了第一个发电负荷为60MW的工业规模压水堆核电站并投入运行，1960年美国通用电气又建成了负荷为200MW的沸水堆核电站。目前已建成的工业核电站，采用的反应堆型有压水堆核电站、沸水堆核电站和重水堆核电站等堆型。

表 2-4　世界核电能力发达国家核电占总发电的比例

国家	核电能力占总发电能力的比例/%	国家	核电能力占总发电能力的比例/%
法　国	78	英　国	22
瑞　典	50	美　国	19
乌克兰	45	俄罗斯	16
韩　国	37	加拿大	13
德　国	28	全世界	16
日　本	23		

经历了多年的发展和改进，可将核反应堆类型分为以下几种系列：

- 压水堆核电机组；
- 沸水堆核电机组；
- 天然铀压力管式重水堆核电机组，由加拿大原子能有限公司(AECL)开发；
- 石墨水冷堆核电机组，由前苏联在石墨气冷堆基础上进行开发；
- 石墨气冷堆 MGR、AGR 核电机组，由英国进行开发。

所有这些核反应堆的冷却剂出口温度均在400℃以下，称为低温核反应堆。

2003 年，全世界的核发电能力为 361GW。预计在 2020 年之前，工业化国家将主要进行退役的核电站更新，核电能力不会有新的增长。发展中国家的核电能力将从 2003 年的 57GW 增长至 2015 年的 90GW，即核电增长 33GW；2015～2030 年将再增长 42GW，使核电能力达到 132GW。中国、印度和俄罗斯将是核电能力增长最快的国家。

2. 中国核电站概况

近年来，经济快速增长的中国致力于发展可再生能源，核电是其中的重要一项。中国在“十一五”规划中明确将核电发展战略由“适度发展”调整为“积极发展”。到2020年，中国将新投产核电装机容量约2300万kW，也就是说将有23个百万千瓦级核电机组投入运营，并网发电。

中国发展核电始于 20 世纪 80 年代中期，目前投入商业化运行的有四个核电站，其中秦山核电站由 5 台核电机组组成；大亚湾核电站由 4 台核电机组组成；岭奥核电站由 2 台核电机组组成；田湾核电站由 2 台核电机组组成。核电技术采取引进和自主相结合的策略，目前，中国正在运行的核电机组以压水堆技术为主，其中 3 座国产、2 座从俄罗斯引进、4 座从法国引进，另外还有从加拿大引进的重水堆，这些核电站基本属于第二代核电技术。已建的这些核电站以压水堆核电机组为主，总装机容量为 701.4 万 kW。在建的有浙江三门和广东阳江核电站，计划新建的核电项目还有福建宁德、辽宁红沿河、湖北大畈、山东海洋、广东腰古等核电站。

核能是经济、安全和洁净的能源，发展核能可缓解能源供应的压力、实现经济和社会的可持续发展。展望我国核工业的发展前景，2007 年底国务院批准的《核电中长期发展规划(2005～2020)》预计至 2020 年，我国核电装机容量可达 40GW，最近有可能调整为 60GW。2007 年规划至 21 世纪中叶，我国核电装机容量应提高到 120～240GW，使核能在一次能源中的份额达到 10%。

我国的核能发展应遵循压水堆-快堆-核聚变堆的发展战略。压水堆核电站已经产业化，快堆核电站技术有可能在 30 年内进入市场。

第二代压水堆是成熟的核电技术，应在此基础上建设改进型“第二代”大型压水堆核电站。高温气冷堆可耐 3000℃，可排除堆芯熔化事故。应进行核能制氢技术的研究开发。

快堆核技术及燃料闭合循环技术可充分利用铀资源和减少核废料，是核能发展的主要方向。快堆技术包括快堆技术、乏燃料后处理和燃料制备等一系列技术与工程问题。应及时开展快堆核能系统的研究开发，争取于 2035 年前后达到商用的水平。

高温热化学制氢是核能非电力应用技术，是值得关注的发展方向。应进行高温气冷堆、钠冷快堆联合制氢技术和利用低峰廉价电力的电解制氢技术的研究开发。

三、第四代核反应堆

核能技术和核电的发展是 20 世纪的一项重大科技成果。由于 1979 年和 1986 年美国和前苏联相继发生了两起核电站堆芯熔化的事故，以致 1980 年后一段时期内核电工业暂时处于发展的低潮。例如，美国近 20 年来停止了核电站建设项目。

影响核能产业发展的主要因素是：

(1) 需要提高核反应堆的安全性和经济性　虽然核电燃料链的事故发生率低于煤电燃料链，但核电站一旦发生事故将造成大量放射性物质溢出，使环境遭到灾难性的破坏，所以核电安全受到公众强烈的关注。

(2) 核电成本仍然高于煤电　现有核电技术的核电站建设投资大，发电成本高，仍无法与煤电竞争。

(3) 急需解决核废料处理问题　核燃料的废料放射性强、毒性高、半衰期很长，目前的核废料处理方法仍然不够理想，更先进的最终处理方法仍在开发中。

(4) 防止核扩散　防止核技术扩散到核武装领域的 3 项敏感技术为铀同位素分离技术；核燃料后处理技术；重水生产技术(用于生产氢弹原料——氘)。

21 世纪以来，先进的核反应堆技术为促进核工业发展和改进核安全提供了新的前景，核能工业又出现了复苏的迹象。美国政府颁布了新的核能政策，把扩大核能作为国家能源政策的重要内容。

第四代核能系统是指“在 2020 年之前推向市场、至 2030 年达到实用化”的先进核能系统。这种核能系统能够更好地解决核能的可持续性、经济性、安全及可靠性。可持续性的目标包括：燃料的利用、废料处理及防止核扩散问题；经济性的目标是提高全寿命期的竞争力和降低投资风险；安全和可靠性在于保证核设施的安全、可靠运行，核辐射的防护以及一旦发生事故时无须从厂外应急。

第四代核能系统的几项主要技术经济和安全指标是：

(1) 电力生产成本低于 3 美分/(kW · h)；

(2) 每千瓦装机容量的建设投资低于 1000 美元；

(3) 建设周期小于 3 年；

(4) 堆芯熔化概率低于 10^{-6}/堆年；

(5) 在发生事故情况下，不会向工厂外释放放射性物质；

(6) 公众认可的核电安全性。

美国的核能研究咨询委员会(NERAC)编制了核能的长期研究开发计划，并于 2001 年成立了有美、日、英、法、加、韩、俄、南非、巴西和阿根廷参加的“第四代核反应堆国际论坛”。第四代核反应堆国际论坛选定了以下 6 种核能系统作为第四代先进的核能系统：

(1) 气体冷却快堆系统(GFR);

(2) 铅冷却快堆系统(LFR);

(3) 溶盐反应堆系统(MSR);

(4) 钠冷却快堆系统(SFR);

(5) 超临界水冷反应堆系统(SCWR);

(6) 甚高温(超高温)反应堆系统(VHTR)。

总之，核反应堆的研发目标是提高安全性和改善经济性。在第二代核反应堆的基础上，压水堆、沸水堆和重水堆技术都有发展和改进。高温气冷反应堆则在燃料元件、冷却剂、慢化剂和堆芯结构材料等方面均有发展和改进，是一种先进的堆型。高温气冷反应堆还是发展核供热和发展替代能源的主要核技术。

四、核供热堆

1. 核供热的重要意义

无论核裂变还是核聚变都能释放出大量的热量。因此，核反应堆除了用于发电外，也可用于供热。各个行业要求供应热源的温位不同，例如：煤炭造气、稠油热采、天然气重整等要求供应高温位热源(800~1000℃)；建筑物采暖等只需使用低温位(<200℃)热能。理论上，不同形式的核反应堆均可用于供热，实际上，第二代低温核反应堆只能提供低温位热能。轻水反应堆的冷却剂出口温度仅为320℃，只能提供民用或工业用低温位热能。高温气冷反应堆的氦冷却剂出口温度可达900℃，可为各类工艺过程提供高温热源。高温气冷反应堆是可提供高温位热能的主要的反应堆型。

20世纪70年代以来，许多西方国家都进行了供热用核反应堆的研究开发工作。由于工业需要高温位热能、供热管网不能过长，供热用核反应堆必须具有更好的安全性(不会发生堆芯熔化事故)才能将供热的核反应堆建在城市或生产工厂附近。第四代核反应堆有可能具备上述工艺条件。

2. 变型的高温气冷核反应堆型[1,2]

变型的高温气冷堆的主要技术包括：新型燃料元件的设计和应用、以提高安全性为目的的核反应器技术改进、使用氦气冷却剂等。使用变型的高温气冷堆的氦气轮机发电技术提高了发电效率；模块化设计可降低建设投资和加快施工进度。

模块化设计是核反应堆在设计理念上的一项创新。20世纪80年代的反应堆设计理念是实现容量大型化，反应堆发电量可达880~1300MW的规模。为了实现反应堆的安全性，就需要采用自然循环系统，因此反应堆规模就不应该过大。这一理念是发展模块式设计的因素之一。另外，从安全性考虑，需要在堆芯设计上采取措施，使裂变产物保留在核燃料之中。即使发生事故，全部冷却剂损失后核燃料还能自动冷却，堆芯也不会熔化。

反应堆的正常操作温度为1200℃，发生恶性事故的温度也不超过1600℃。反应堆使用的燃料元件应具有很好的热稳定性，温度达到2000℃仍然不至于发生热分解。所以GT-MHR的安全性很好。

20世纪90年代后的几项技术进步，如燃气轮机技术和磁性轴承等技术的发展，促进了汽轮机-模块式氦反应堆的出现。将气轮机技术应用到核反应堆中，取消了蒸汽发电系统。不仅简化了流程，并且使核发电热效率由38%提升到48%。

1) 几种新型高温气冷反应堆

(1) 模块式高温气冷堆(MHTGR)

1987 年完成的模块式高温气冷堆(MHTGR)的概念设计，其主要特点是：

• 由于氦气出口温度较高，MHTGR 的效率可达 38%，比轻水反应堆高 6%；

• 模块式高温气冷堆的燃料元件设计和材料选择，在安全上可以从根本上排除堆芯熔化的可能性；

• 模块式设计可以工厂标准化生产，在经济上可以降低建设投资、加快施工进度。

(2) 球床模块化高温气冷堆(PBMR，Pebble Bed Modular Reator)

是南非推出的第四代核技术。采用模块化球床高温气冷堆、氦气轮机发电技术。PBMR 的堆芯为德国的高温气冷堆技术，堆芯采用 5%~6%的浓缩二氧化铀为燃料，制成球形燃料元件。PBMR 反应堆的单机功率为 265MW，电功率为 $110MW_e$。据估算：建设由 10 个模块组成的大型核电站，建设投资可低于 1000 美元/kW。

(3) 新型气轮机-模块化氦气反应堆(GT-MHR)[2]

GT-MHR 核反应堆是由美国、俄罗斯等国共同研发的，使用石墨慢化剂、氦气冷却的高温反应堆。每个模块的热功率为 600MW，由 4 组模块组成的 GT-MHR 核电装置的发电量为 $1128MW_e$。核反应堆发生的热量通过氦气直接循环，直接用高温氦气驱动气轮机、发电机生产电力，取消了蒸汽循环系统。

GT-MHR 反应堆具有安全性好、效率高和用途广等优点。这种核反应堆也是良好的高温热源，除了发电外还可以为制氢、煤炭造气、煤液化、稠油采集等工艺过程供应高温位热源。

气轮机-模块化氦气冷却反应堆概念设计目的原来是为了用于处理剩余的核武器燃料钚。开发和设计工作是根据美、俄两国签订的“共同研发处理核武器用燃料钚”的协议在俄罗斯进行的。1997~2001 年期间进行了 GT-MHR 的概念设计审查和初步设计工作。认为 GT-MHR 具有热效率高、安全、经济性等一系列优点，由钚燃料改用铀燃料并解决了发电系统、压力容器等关键技术问题后就可用作工业核发电反应堆。2002 年又分别由美、俄独立地进行了初步设计的审查，一致认为应继续在颗粒燃料的制造及其辐射性能的检查、发电系统的联合及关键部件的制造、反应堆压力容器的材料和石墨选择等方面进行改进。

2) GT-MHR 氦气核反应堆的优点

(1) 安全性能好

GT-MHR 具有无比的安全性，具有“防熔化”的特性，具体表现为：

• 氦冷却剂为惰性、单相流体，无辐射效应；

• 石墨堆芯热容量高、热效应小、在高温下具有良好的结构稳定性；

• 采用耐热的包覆颗粒燃料；

• 反应堆超过正常运行温度时，可以在无须人工操作情况下自动停堆；

• 反应堆的环状堆芯装在无保温的钢制压力容器内，压力容器安装在自然对流的混凝土坑洞中。

(2) 热效率高

GT-MHR 反应堆采用氦气轮机发电，取消了蒸汽系统。氦气轮机进口温度 850℃，按“Brayton”循环运行，发电效率高达 48%。达到了天然气燃气轮机发电的效率水平；比轻水堆核电站的效率(32%)高 50%；比高温气冷堆的发电效率高 10%左右。

(3) 具有抗增殖能力和防核扩散能力

GT-MHR 反应堆的新燃料和乏燃料的抗增殖能力、防扩散能力均好于其他核反应堆。因为核燃料被燃料元件的石墨所稀释，从包覆颗粒燃料中回收核燃料在技术上也十分困难。乏燃料中钚的体积分率和质量均较低，不适用于制造核武器。

（4）环境效应好

GT-MHR 反应堆的热效率高于其他核反应堆，所以对环境的影响也相应减少。由于 GT-MHR 反应堆的热效率比轻水反应堆高 50%，所以，单位发电量排放的余热也只有后者的一半，单位发电量排放的重金属放射性废料也比其他核反应堆少得多。

（5）核废料便于处理

包覆的核燃料元件所产生的乏燃料便于输送和储存。另外，包覆的核燃料元件安装在高强度石墨块中，可防止裂变生成物溢出。

（6）发电成本低

包括投资和维修费用的发电成本为 2.9 美分/(kW · h)；由 4 个模块组成的 GT-MHR 核电站的单位建投投资为 975 美元/kW。

（7）模块化设计

部件可以工厂化制造，运到现场后再焊接拼装，有利于加快施工进度和降低建设投资。GT-MHR 主要操作参数参见表 2-5。

表 2-5　GT-MHR 核反应堆主要操作参数

项　目	数　据	项　目	数　据
反应堆功率/MW_t	600	氦气轮机进出口温度/℃	848/511
净电功率/MW_e	286	氦气轮机进出口压力/MPa	7.01/2.64
堆芯进出口温度/℃	491/850	回流换热器热端进出口温度/℃	511/125
堆芯进出口压力/MPa	7.07/7.02	回流换热器冷端进出口温度/℃	105/491
氦气质量流率/(kg/s)	320	核电站效率/%	48

3）GT-MHR 氦气核反应堆的结构

GT-MHR 是由反应堆系统和氦气轮机的发电系统组成，两个系统分别安装在两个压力容器之中，由中间管路连接到一起。

（1）反应堆系统

反应堆系统压力容器的外形尺寸为：直径 8.5m，高度 24m；发电系统压力容器的外形尺寸为：直径 7.3m，高度 23m。

概念设计中，反应堆系统和发电系统的压力容器均采用 9Cr-1MoV 合金钢材料制作。在初步设计中改用 $2\frac{1}{4}$-1Mo 合金钢。

整个 GT-MHR 系统安装在钢筋混凝土地下室内，地面上的厂房包括起重机、定位装置、核燃料加注机械、输配电系统和反应堆维修间等建筑物。

核反应堆坑洞周围设有“冷却系统”(RCCS，Reactor Cavity Cooling System)。其作用原理是：当反应堆发生事故时，氦气冷却系统无法正常工作，靠辐射和传导作用将热量传输至压力容器的表面上；压力容器不安装保温层，发散的热量通过 RCCS 系统的“冷却板”(cooling-panel)依靠空气的自然对流将热量输送到坑洞之外。

GT-MHR 反应堆采用棱柱形石墨燃料元件。燃料元件由全陶瓷的包覆颗粒燃料组成，颗粒的核芯是 20%浓缩铀和天然铀(UCO)混合物或 ThO 组成，核芯的直径为 200~500μm。核芯外部包覆着多层陶瓷层，形成直径为1mm的燃料颗粒。棱柱状燃料元件是将包覆颗粒弥散到石墨基体中，再压制成当量直径为13mm、高为51mm的压块。然后将压块装进外形呈六角形棱柱状的石墨燃料元件之中，元件的尺寸为360mm×793mm(直径×高度)。

反应堆的堆芯中每层装填六角形棱柱状石墨燃料元件102个，叠置高度为10层。堆芯内部和外部均装有石墨反射层，堆芯和外部反射层中装有开工和操作用控制棒和停工用反向通道。

需要按照工业汽轮机规格确定反应堆和发电系统的能力。优化设计结果表明：由4个模块组成的核电站在经济上具有竞争力。

(2) 发电系统

与其他高温气冷反应堆的发电系统不同，GT-MHR采用氦气Brayton循环发电，取代(按兰金循环运行的)蒸汽发电系统。从反应堆芯排出的冷却用氦气通过同轴连接管线，在7.02MPa压力和850℃温度下进入发电系统的氦气轮机，驱动发电机发生电力。气轮机出口的氦气温度为510℃，压力为2.65MPa。经过一系列的换热过程(用于氦气的再加热和供热)和两级压缩升压(至7.21MPa)后返回至反应堆系统用作堆芯的冷却剂。

发电系统包括氦气轮机、回热器、预冷却器和中间冷却器。其中只有氦气轮机为新技术，工程问题较多，其他设备均属成熟技术。

氦气轮机包括气轮压缩机和发电机两个组合部件。气轮压缩机是需要示范运行的重点设备，需要对气轮压缩机本体、电磁轴承和控制系统、制动轴承、压缩机的定子密封装置等进行材料和运转性能系统的鉴定。例如，要求对气轮机和压缩机的材料进行在850℃氦气介质中运行60000h的寿命试验。其他如电磁轴承、定子密封装置等样机均需进行系统的测试。

总之，GT-MHR反应堆的氦气出口温度高，具有较高的应用灵活性。既可按发电-供热模式运行，也可以按照专门为制氢过程供热模式运行。GT-MHR反应堆以其具有的安全性、经济性、抗增殖性能和改进的核废料处理，可符合“第四代核反应堆”标准。预期将于2015年投入运行。

4) GT-MHR反应堆的几种改进型设计

工艺蒸汽/联产-模块化氦气反应堆(PS/C-MHR)是由General Atomics研究开发的、联产电力和工艺蒸汽的核反应堆，可用于重油回收、煤炭转化、钢铁和炼铝工业。

工艺供热-模块化氦气反应堆(PH-MHR)是发电-供热式核反应堆，利用反应堆的高温氦气回路为工艺过程供热和发电。PH-MHR可用于燃料生产(包括甲烷、合成汽油、氢气和甲醇的生产)，尤其适用于煤炭的加氢气化、甲烷重整和碘硫热循环法生产氢气等过程。

五、核能生产氢燃料[3]

使用氢燃料的燃料电池电动汽车将是21世纪交通运输的发展目标。使用核电和核供热的制氢技术将是重要的制氢路线，也是当前国际上的重点研发课题。一些国家已经提出了许多种核供热制氢方案，例如核供热、供电的电解水制氢；核供热的天然气重整制氢；核供热的煤气化制氢；由高温核反应堆或太阳能集热系统提供高温热源的混合硫热化学制氢等新技术。从替代燃料发展前景观察，核能供热生产运输燃料在技术上是可行的，并将于21世纪中期实现工业化生产。

中国的第一座高温气冷堆是清华大学核研究院设计、建造的HTR-10高温气冷实验堆，可进行多项核供热试验。反应堆的热功率为10MW，使用富集度为17%的UO_2为核燃料。一回路氦气的设计压力为3.0MPa；氦气进、出口温度分别为250~300℃和

700～900℃。

美国、俄罗斯、日本和一些欧洲国家都在积极开发利用核能生产氢气、替代燃料等工艺技术，制订了各种工艺方案。可行的方案是利用高温气冷堆(HTGR)联产电力-蒸汽或高温供热，用于制氢或生产合成燃料。

本书第十章第七节将对核能制氢与辅助制备液体燃料作进一步介绍。

第三节　生物质能源

一、生物质是重要的替代能源资源

生物质资源包括：森林工业生产的燃料木材、速生的能源植物如速生林和草本植物等；可用于生产替代燃料的粮食、油料和糖料作物；各种废料，如林业废料、农作物的秸秆和粪便、城市垃圾等。

生物质能源是可再生能源的重要组成部分，对于能源的持久供应有着至关重要的作用。用丰富的生物质资源生产运输燃料有助于克服用石油生产运输燃料所带来的环境问题，解决与日俱增的化石能源短缺和一些国家由于过分依赖进口能源所带来的能源安全问题。

一些用生物质资源生产燃料的工艺技术，如用粮食、糖类作物生产燃料乙醇和用动植物油脂生产生物柴油的技术，已在一些国家实际应用，取得了一定的节约石油和改善环保的效果。许多以其他生物质为原料生产替代燃料的先进工艺技术，如纤维素生产替代燃料、氢气技术，正处于开发研究阶段。这些工艺技术或是由于经济上的原因尚无法与化石燃料竞争，或因某些技术障碍，目前还未能实现工业化生产。但是，用新技术生产的新型生物质替代燃料必将在未来的能源供应市场中发挥重要的作用。

二、生物质能源使用现状

统计资料显示，2000年全世界一次能源的总供给量为99.58亿t油当量(下同)，其中可再生能源供给量为13.72亿t，占一次能源总供给量的13.8%；我国的相关数字和份额分别为11.58亿t、2.34亿t和20.2%。但是，应该指出，按可再生能源的种类划分，全世界消耗的可再生能源中，以燃烧型可再生资源和废弃物为主(占总量的79.8%)，而且集中用于非洲、拉美和亚洲等经济发展相对落后地区，主要用于一般民用的炊事、取暖等用途，并非本书所述用生物质生产替代燃料的新型能源工业。

2006年，世界利用生物质生产的能源产品总量约为24EJ①(约折合5.35亿t)。生物质能源在工业上的应用包括以下几个方面：

(1) 木材燃料：包括燃料用木材、用木材生产的木炭和造纸工业副产的废液(主要成分为生产纸浆剩余的木质素)。据统计，2005年世界木材燃料的消费量约为22EJ。

(2) 生物质生产燃料乙醇：美国、中国以玉米等粮食为原料生产乙醇，巴西用甘蔗生产乙醇。总产量折合成品能量1.1EJ(0.24亿t)。

(3) 用植物油和动物油脂等原料生产生物柴油，2006年产量为750万t，折合成品能量0.3EJ。

(4) 生物质能源发电：折合成品电力能量为0.65EJ，约折合0.14亿t油当量。

---

① $1EJ = 1\times10^{18}J$。

此外，水力发电也属于可再生能源。2007 年全世界水电量折合 7.09 亿 t 油当量。占当年世界一次能源总消费量的 6.4%。

生物质能源生产运输燃料（包括乙醇或新型燃料，如氢气和甲醇等）有良好的应用前景，将为解决化石能源短缺和减少温室气体排放等方面提供新的途径并发挥重要的作用。预期生物质能源产业将在工艺技术不断进步和经济效益继续提高的基础上发展成为新型能源产业。

人们已经对于生物质资源的生产量作了不同的预测。综合许多研究报告结果认为：在不影响粮食生产和供给的前提下，至 2050 年，通过种植各种生物质能源作物可获得的生物质能源总量约为 310~660EJ，折合 74 亿~158 亿 t 油当量。另据"白皮书"预计，2050 年世界可供应的生物质能源总量为 450EJ，约折合 107 亿 t 油当量[5]。进入 21 世纪以来，全世界一次能源总消费量在 93 亿~108 亿 t 油当量之内（2007 年世界一次能源消费量为 111 亿 t 油当量）。这意味着未来生物质能源作物产量将能够替代一定数量的化石能源需求，这是人们已预见到的前景。种植生物质能源的土地使用面积将占陆地总面积的 4%~10%。据 Hoogwijk 等人的预测，2050 年能源作物的年产量可达 170~290EJ_{HHV}（折合 40 亿~69 亿 t 油当量）。预期能源作物的产地将主要集中于中南美洲、非洲和东欧等地广人稀的广大地区。

三、发展生物质能源的生产[10]

从经济可行性观点出发，未来的生物质能源应以农业秸秆和林业废料为主要来源。现以美国情况为例说明发展生物质能源的方案。

为了发展生物质生产替代燃料工业，美国能源部和农业部合作进行了生物质资源的调查研究。分析了利用土地资源发展生物质原料生产的可行性，能否在不影响粮食供应和满足出口的条件下持久、稳定地供应生物质原料用于发展替代燃料和生物产品的生产。通过计算表明，21 世纪中期实现用生物燃料取代 1/3 以上的石油消费量的目标，约需要从农、林土地资源中每年获得生物质原料 10 亿 t（干基）。为了实现这一目标需要调整农业生产结构，提高秸秆的收获率。分析了可从农业和林业获得的生物质资源数量，结果如下。

1. 来自农业的生物质资源

经过对美国土地面积、林业和农业生产的全面调查、分析后，认为农业和林业是生物质资源的最大的潜在来源。来自林业的生物质资源量为 3.67 亿 t（干）/a；来自农业的生物质资源量为 9.97 亿 t（干）/a。两项合计为 13.66 亿 t（干）。

若林业、农业生物质资源的当量热值分别按 0.38t 和 0.28t 计，则生物质资源的总燃料油当量为 4.19 亿 t，可以满足目前运输燃料需用量的三分之一。

根据设定的几种情景方案估算美国的谷物产量和生物质资源的可获得量。农业生物质资源的可获得量如下：

在目前生产状况下，从农业生产可获得的生物质量（1.94 亿 t）无法满足生产替代燃料的生物质需用量。必须采取改进耕种方法、提高农产品产率、提高秸秆回收率和改种多年生草类等措施来提高农业生物质可获得量。

(1) 情景 1 表示：按美国农业总耕种面积 1.183 亿公顷，生产玉米、小麦、大豆等谷物和饲料等产品为基准情况，包括全部农业秸秆、生产生物燃料用谷物和二次回收的农业废料，生物质资源的可获得总量为 1.937 亿 t；

(2) 情景 2 为耕种面积和生产品种与基准情况相同，在不改变种植方案，中等提高谷物产率和提高秸秆回收率（60%）条件下，生物质资源可获得总量为 4.232 亿 t；

(3) 情景 3 为耕种面积和生产品种与基准情况相同，在进一步提高谷物产率、不改变种植方案和提高秸秆回收率(75%)条件下，生物质资源可获得总量为5.973亿t；

(4) 情景4为耕种面积和生产品种与基准情况相同，在中等提高谷物产率、改变种植方案(种植多年生草类)和提高秸秆回收率(60%)条件下，生物质资源可获得总量为5.813亿t；

(5) 情景5为耕种面积和生产品种与基准情况相同，在进一步提高谷物产率、改变种植方案(增加多年生草类种植面积)和提高秸秆回收率(75%)条件下，总生物质资源量为9.977亿t。

表2-6为5种情景的农业生物质可获得量数据。

表2-6 美国农业生物质资源可获得量

情景	耕地面积/亿公顷	种植方案	提高谷物产率	秸秆回收率/%	生物质资源可获得量	
					亿吨	其中谷物①/亿t
1	1.183	基 准	基 准	40	1.937	0.146
2	1.183	不 变	中 等	60	4.232	0.559
3	1.183	不 变	高	75	5.973	0.970
4	1.183	种草0.142亿公顷②	中 等	60	5.813	0.558
5	1.183	种草0.223亿公顷②	高	75	9.977	0.874

①为生产乙醇和生物柴油用谷物量。

②为用于生产替代燃料的多年生草类作物。

为了提高农业生物质资源的可获得量，需要从几个方面调整农业生产结构：

(1) 提高粮食的产率：1965~2000年期间，美国谷物产品单位面积产量稳步上升，谷物的平均亩产量已达1350kg。在此基础上，预期至2020年可进一步提高至1800kg；2043年达到亩产谷物2150kg的水平。可在不增加耕地面积情况下发展、种植多年生草类[如柳枝稷(switch grass)]。

(2) 改变耕作方法：采用免耕技术(no-tillcultivation)有助于提高土壤中有机物和碳含量、保护土壤和减少流失、提高生物质回收率。

(3) 改进秸秆回收技术：目前采用的秸秆回收技术是在谷物收获后从土地上回收秸秆，回收率仅为40%。改为一次同时回收谷物和秸秆后，秸秆回收率可提高至75%。

(4) 调整种植计划，改种多年生草类和林木：设想将一部分耕地改种多年生草类用作生物质原料。柳枝稷的平均收获量为0.8~1.3t(干)/亩，应用遗传技术改良品种后可提高至亩产1.3~2.5t(干)。若农场价格为40美元/t(干)，耕种面积达到4000万~4500万英亩(2.4亿~2.7亿亩)在经济上就可以和种植谷物竞争。

2. 来自林业的生物质资源

美国目前消费的、来自林业的生物质资源量为1.42亿t。按照上述规划和设定的条件，从林业可持久地获得的生物质资源量为3.67亿t，约为目前实际消费量的2.5倍。来源如下：

(1) 森林采伐产生的废料：0.64亿t；

(2) 燃料处理：0.60亿t；

(3) 城市的废木料：0.47亿t；

(4) 木材加工废料：0.70亿t；

(5) 造纸业的废液：0.74亿t；

(6) 燃料木材：0.52 亿 t。

生物质资源量合计：3.67 亿 t。

四、建立生物质能源市场

推动生物燃料的大规模生产和贸易的动力是来自一些西方国家的气候政策和能源政策。近 20～30 年来，这些工业化国家在生物质能源研究方面投入了大量人力、物力，希望在已取得的研究成果基础上，通过建立生物质能源市场以解决生物质资源的供应、解决生物质转化为液体燃料和联合发电等工艺技术问题，形成一项全新的替代能源产业。

为了生产“绿色”燃料，荷兰、瑞典等国已经在进口生物质原料，从事长距离生物能源运输的贸易。

生物质能源资源包括：种植的生物能源植物；来自林业和工业的生物质废料和残渣。林业废料是指森林砍伐或修剪过程的树头、树桩、枝叉和锯末等；工业残渣包括造纸工业的废料等。生物质残渣资源量有限，只适合用作近期小规模生物炼厂的原料，优点是价格便宜。中远期更大规模生物炼厂的原料应以种植的能源作物为主。预期未来的能源作物产地将以拉丁美洲、南美洲和东欧地区为主，因为这些地区可耕地面积多而且地域相对宽阔。例如，东欧乌克兰等国和地区的土地价格和人工费均较低，可能是未来适宜种植能源作物的地区；拉美、南美洲等地区居民有较为丰富的耕种经验，仅巴西就已经有约 600 万公顷的人造林，生产的木材专门用于烧制焦炭，供高炉炼铁使用。这些地区是西方国家寄希望的、廉价的生物能源供应地。拉美和东欧地区的木质类能源作物价格低，约在 20 美元/t(湿基)左右；而北欧的斯堪的纳维亚地区的林业废料价格约为 10～18 美元/t(湿基)。

可种植的能源作物很多，以速生的木材和草本植物为主。例如，瑞典的一种名为“Salix”的柳树是生长周期短(25 年)的灌木，可以每 4 年收获一次；美洲地区的多年生的柳枝稷、拉丁美洲的速生桉树类灌木作物等都是未来的重要能源作物。美国、英国、荷兰和挪威等国都在致力于能源作物种植的研究，已筛选出了 200 多种可种植的能源作物。

在发展生物质能源产业方面，人们共同关注的问题是：什么是最佳的工艺路线？替代数量多少才是最合理的？如何才能够达到理想的经济效益？我国应采取哪些措施促进生物质替代燃料产业的发展？这是决策者和从事此项事业工作者慎重思考的问题。

五、中国的生物质能源资源

从生产替代运输燃料的意义来说，可再生能源资源是指那些便于集中、运输，有稳定供应来源的可再生资源。中国尚未建成包括种植、收割、收集运输和预处理的生物能源作物生产体系，也还没有建成能源作物生产基地，天然林储量不足。所以，中国现有的生物质资源以农业、林业废料和城市废料为主。一项数据表明[4]：中国的农作物秸杆总量约为 5.5 亿 t/a(不同数据范围为 5 亿～15 亿 t，采用中值)，按可利用率为 60%计，约为 3.3 亿 t；林业废料约为 6.56 亿 t/a；畜禽粪便约为 2 亿 t/a。这些生物质原料来源分散、收集处理困难，可以根据地区的条件发展民用沼气、发电或生产燃料乙醇。一些地区已经利用这些可行技术建设示范性生产装置。

使用纤维素生物质生产运输燃料是主要发展方向。我国已经在农作物秸杆的组分分离、纤维素酶固态发酵和秸杆发酵分离等几项关键技术方面取得突破。用农作物秸杆酶解发酵制乙醇技术，采用了蒸汽爆裂和固态菌种发酵技术，已通过鉴定，并已经在山东省东平县建设了年产 3000t 秸杆发酵生产燃料乙醇示范工程。

在草本作物方面，甜高粱是我国培育的、颇受关注的生物质资源，具有抗旱、耐涝、耐盐碱、生长期短(有的地区可以种两季)的优点，是发酵法生产乙醇的原料，可在适宜种植地区推广。在木本油料植物方面，有30多种油料植物的种子含油率在40%以上，均可能用作生物柴油的原料。近年来在西南地区开发、培育了多年生的麻疯树，是生产生物柴油的原料树种，其种仁含油率达65%。四川省计划于“十一五”期间培育、发展麻疯树资源200万亩。

正如英国壳牌公司分析报告所指出的那样，亚洲地区的生物质资源偏低，发展生物能源工业需要从外部进口原料。种植能源作物不应该对粮食生产和土地品质造成负面影响，因而对我国生物质作物产业的发展造成制约。如何“扬长避短”、结合国情发展生物质资源还是值得思考和需要解决的课题。

中国农业生产的特点是[4]：

• 中国粮食产量。近20年来我国的粮食产量在1983年的3.8728亿t基础上稳定增长。1996~2005年期间，中国粮食产量持续稳定在4.6亿~5.0亿t。粮食产量的年均增长率为0.6%左右。

• 人均粮食拥有量。过去20年间，中国人均粮食消费量稳定在370~380kg左右，低于日、法、德、美等国。目前发达国家人均粮食拥有量为500~600kg，最高的超过了1000kg。

• 中国的耕地面积。不同的统计数据表明：中国的耕地面积为14.25亿~18.51亿亩(0.95亿~1.234亿公顷)，人均占有的耕地面积仅为1.10~1.42亩。

• 人口密度大。表2-7列出了世界主要国家的国土面积和人口密度数据。中国的国土面积为960万km^2，但人口密度却处于较高的水平。发展生物质替代燃料，种植生物质能源作物需要结合中国国情采取相应措施和政策。

表2-7　一些国家的国土面积和人口密度

国家和地区	国土面积/万km^2	人口密度/(人/km^2)	国家和地区	国土面积/万km^2	人口密度/(人/km^2)
中　国	960	133	日　本	38	337
美　国	963	30	加拿大	997	3
巴　西	846	20	亚　洲	3187	117
俄罗斯	1708	8	欧　洲	2299	32
德　国	36	231	南美洲	1787	20

我国广大的荒漠地区地理独特，气候、环境和土地条件适合发展生物能源作物。内蒙古、宁夏、甘肃和新疆的荒漠地区总面积约157万km^2，其中沙漠化土地32.3万km^2，可耕地和后备可耕地各有1230万公顷和1600万公顷，野生耐旱的能源植物种类丰富。这4个省区的野生维管束植物种类有几千种，有的可作为能源利用。由于大部分地区日照丰富，昼夜温差大，有丰富的地下水资源，颇适合于发展能源植物。

发展生物质能源应以北方荒漠地区和南方的边际土地为基地，建设大规模能源产业。

为了调整我国能源结构，建设可持续能源体系。中国科学院于2005~2006年期间开展了“能源可持续发展”课题研究。建议开发的生物质能源利用技术包括：能源植物种植、生物质发电、生物质压缩成型、生物质热解和生物质沼气等项。

第四节　太　阳　能

一、概述

地球上所有生命和生态系统所需的化学能、动力能源都是由太阳提供的。从 20 世纪以来，人类主要依靠煤炭、石油实现了工业化。煤炭和石油也是来自太阳能，是几亿年之前储存在古生物组织中的太阳能、经历了亿万年转化过程生成的。从一定意义上说，消费化石能源是利用了“昨日的阳光”。在化石能源“将被耗尽”和环境问题日益严重的形势下，人类应该积极开发、利用“今日的阳光”——太阳能资源。

太阳能是地球上光和热的来源，也是人类可利用的最丰富的能源资源。太阳发射出来的总辐射能的功率约为 3.75×10^{12}亿 MW。地球接受太阳能的功率为 1730 亿 MW，仅占太阳总辐射能量的 22 亿分之一。每年送到地球上的能量约为 5.4×10^{6}EJ。按热量计相当于 125.6 万亿 t 油当量(1t 油当量=43GJ)。这相对于人类目前每年消费的一次能源数量(2007 年为 111 亿 t 油当量)的 1.14 万倍[8]。太阳能可谓是“取之不尽”的洁净能源!

所以，合理开发、利用太阳能资源，研究开发利用太阳能的技术并降低转化成本是十分必要的。

二、太阳能的利用方式

直接利用太阳能生产替代燃料的技术有以下几种：

1. 太阳能光热利用，如太阳能热化学制氢

太阳能发电，太阳能发电技术包括以下两种技术：

(1) 太阳能光-热-电转换技术：通过光热转换和热电转换过程将太阳能转换为电力的技术。即首先利用太阳集热装置将热能转化为蒸汽工质，然后用汽轮机发生电力。

(2) 太阳能光-电转换技术：利用太阳能电池的光生伏打效应将辐射能转换为电能，然后利用太阳能所得的电力用电解水制氢技术生产燃料氢气。

2. 太阳能光化利用，如太阳能光化学制氢

3. 太阳能光生物能利用

通过植物光合作用将太阳能转化为生物质的过程。除了生产人类赖以生存的粮食作物外，通过太阳能光合作用生产替代燃料是当前重要的技术研发课题。例如：太阳能微藻生产生物柴油技术，藻类制氢技术。可参阅本书的有关章节。

三、中国的太阳能资源

中国土地辽阔，国土面积达 960 万 km^2，是太阳能资源较为丰富的国家。总体说来，太阳能的辐射总量是西部地区高于东部。不计太阳能丰富的西藏、新疆地区，我国南部地区太阳能资源低于北部地区。青藏高原是太阳能高辐射中心地区，四川盆地是低辐射中心地区。

全国各地的太阳能年辐射总量为 3340～8400MJ/m^2，中值约为 5850MJ/m^2。各个地区的分布不均匀。大体说来：①以青藏高原地区最高，达 6000～8000MJ/m^2；②西北、华北和云南、广东、海南等低纬度地区的年辐射总量为>5000MJ/m^2；③长江流域和四川、贵州中东部地区年辐射总量<50000MJ/m^2；④四川盆地的年辐射总量为 3300～4000MJ/m^2。

根据各地接受太阳总辐射量的多少可将全国划分为五类地区，参见表 2-8。

表 2-8　中国太阳能资源的地区分布情况[8]

分类	区　域	太阳能资源情况	日照时数/h	年辐射总量/[MJ/(m^2·a)]
一类地区	宁夏、甘肃北部，青、藏西部，新疆东南部	资源丰富地带	3200~3300	≥6700
二类地区	冀西北部，晋北部，内蒙古、宁夏南部，甘肃中部，青、藏东南部	资源较丰富地带	3000~3200	5400~6700
三类地区	冀、鲁、豫、甘东南部，晋、粤、闽南部，苏、皖北部，京、津西南部	资源中等地带	2200~3000	5000~5400
四类地区	湘、鄂、粤、桂、赣、浙、闽北部，陕、苏南部和黑、台东北部	资源一般地带	1400~2200	4200~5000
五类地区	川、贵和重庆地区	资源缺乏地带	1000~1400	<4200

数据表明：我国的太阳能资源的理论储量为 1.13 万亿 t 油当量。大多数地区的日平均辐射量超过 $4kW/m^2$；西藏地区高达 $7kW/m^2$。

我国拥有广大的荒漠地区，太阳能资源丰富。7 大沙漠区域的总面积约 52 万 km^2，另有沙漠化土地和半沙漠化土地约 33.4 万 km^2。这些荒漠主要集中于内蒙古和新疆地区，也是太阳能资源丰富地区。充分利用荒漠地区建设太阳能发电基地，并且将太阳能开发利用、荒漠建设和地区生态治理等项目紧密地结合就更具有战略意义。

据估算，我国荒漠地区的水平表面每年接受太阳能总辐射量可达 9800EJ(约相当于 228 亿 t 油当量)。荒漠地区土地广阔，是最具发展光伏发电站的潜力地区之一。

我国适宜建设大型光伏发电站的地区包括：

① 甘肃、青海和新疆的广大荒漠地区：日照时间长、土地宽阔、适宜建设 1 亿 kW 容量的光伏发电设施。总占地面积为 3500 平方公里；

② 西藏地区：海拔高、光照好，太阳能辐射充足，土地资源丰富。适合于建成供应本地区电力需求的太阳能光伏发电基地；

③ 内蒙古：距离负荷中心较近，输电线路建设成本低，可满足 10 亿 kW 光伏发电的土地需要，便于布置太阳能发电阵列。

2000 年以来，中国的太阳能光伏发电产业快速的发展。组建了一批公司，从事太阳能光伏发电系统的研究、生产制造和销售。使光伏电池的生产能力迅速提高。一些国内公司已开始多晶硅太阳能电池的试车和生产。也在积极与外国公司合作进行非多晶硅薄膜电池项目的建设、投资。

我国的太阳能发电产业正处于成长、发展时期，发展前景广阔。

第五节　风能资源

一、概述

风是由太阳的辐射热引起的，是地球上的一种自然现象。地球各地表面接受的太阳辐射热均不同，从而产生温差，引起大气的对流运动，便形成了风。风能是空气流动所产生的能量，风能实质上就是将一部分太阳能转化成为动能。

在40km/h的风速下，风力的能量密度为$1000W/m^2$，与强烈日光照射的能量密度相当，表明风力所携带的能量是巨大的。

目前，风能的利用以发电为主。

风能的能量十分可观。据世界气象组织估计，全球的风力资源总量约为2.74×10^9MW，其中可利用的风能资源为2×10^7MW，比水能资源大得多。

发电是风能的主要利用形式。自20世纪90年代以来，世界风力发电的发展十分迅速。世界风力电机的装机容量年均增长率超过了30%，从1993年的2160MW升至2003年的40300MW。风能发电已成为重要的大型并网发电技术。

风电发展具有良好的前景，欧洲风能协会的出版物指出：2020年世界电力的12%将来源于风电。有关的发展数据如表2-9所示。

表2-9 世界风能发电能力预测

年度	风力发电容量/万MW	年均增长率/%	占总发电量/%
2002年	3.2	—	0.4
2012年	17.7	18.6	2
2020年	125.0	22.6	12

风力发电的成本随地区风力资源、风力电场规模和采用的技术不同而有较大的差异。

限制风能资源的大规模商业开发的主要约束因素是风力发电成本较高，仍无法与火力、水力发电相竞争。风力发电的最低成本已降至3~5美分/(kW·h)的水平，最高成本也已降至10~12美分/(kW·h)。预计至2010年这两种风电的成本将分别降至2~4美分/(kW·h)和6~9美分/(kW·h)，有可能达到与化石能源发电相竞争的水平。

根据这种发展态势预计，2020年世界风电的装机容量将有可能达到120万~130万MW，届时，所发的电量约占世界电力消费量的12%。

风能发电是洁净的替代能源，利用风能可带来明显的环境效益。据估算，每MW的发电容量每年可减少CO_2排放2100t。

二、中国风力资源及风力发电状况

1. 中国的风力资源

我国的风力资源丰富，可开发、利用的地区约占全国总面积的76%，主要分布于西北、华北、东北、青藏高原及沿海地区。按照“风能密度”、“风速≥3m/s的年小时数”等标准分类，表2-10将全国风能资源划分为四个等级区，即丰富区、较丰富区、可利用区和贫乏区。

表2-10 我国的风能资源划分

项目	丰富区	较丰富区	可利用区	贫乏区
包括的地区	东南沿海、山东半岛和辽东半岛沿海地区，三北（华北、东北、西北）地区和松花江下游地区	东南沿海内陆、渤海沿海区，三北的南部以及青藏高原	两广沿海，大小兴安岭山区和中部地区	四川、云贵和南岭山区，雅鲁藏布江和塔里木盆地地区

续表

项　　目	丰富区	较丰富区	可利用区	贫乏区
占全国面积/%	8	18	50	24
有效风能密度/（W/m^2）	≥200	200～150	150～50	≤50
风速≥3m/s 的年小时数	≥5000	5000～4000	4000～2000	≤2000

按照“有效风能密度”和“风速≥3m/s 的年小时数”两项指标，整个三北地区的风能资源丰富，是我国最大的风能资源地带。国家计划建设的 GW 级风力发电场均将建在这一地区之内，使之成为风电开发利用的基地。

东南沿海、山东半岛和辽东半岛沿海及其附近岛屿也是我国的风能丰富地区。其中，东南沿海及岛屿地区的有效风能密度在 500W/m^2 以上，是建设风电场的最佳基地。这一地区具有风力资源丰富、风向稳定，温度适宜、距离电网和负荷中心较近等优势。

2. 中国风力发电状况

自 1986 年在山东荣成建成了第一座风力发电场以来，截至 2005 年，全国共建成了风力发电场 61 座，总装机容量达 126 万 kW，风电机组共计 1864 台。风力发电发展较快的省区为新疆、内蒙古和广东。近来发展速度加快，范围扩大到其他沿海各省。2007 年全国风电装机容量增至 588 万 kW，根据中国 2007 年 9 月发布的《可再生能源中长期发展规划》，2015 年和 2020 年将分别增至 1500 万 kW 和 3000 万 kW。从目前发展趋势估计这些指标可能大大超过，2020 年的风电规划目标可能调整为 1 亿 kW。

参　考　文　献

1 LaBar M P, Shenoy A S. Status of the GT-MHR for Electricity Production. World Nuclear Association Annual Symposium, London, Sep 3～5, 2003

2 Wong A. The Fifty Percent Efficiency Nuclear Plant. NE-161 Project Fall, 1994

3 Henderson O. Nuclear Hydrogen Initiative Overview. DOE Hydrogen Program Review, May 24, 2004

4 匡廷云，陈勇等. 发展以生物质为基础的液体燃料//严陆光，陈俊武主编. 中国能源可持续发展若干重大问题研究. 北京：科学出版社，2007：106～110

5 Aitkin D W. Transitioning to Renewable Energy Future. International Solar Energy Society White Paper, 2003

6 Royal Dutch Shell Group. Energy Needs, Choices and Possibilities, Scenarios to 2050. Exploring the Future, 2001

7 Hamelink C. Outlook for Advanced Biofuels, the Netherland: University of Utrecht, 2004

8 严陆光，周孝信等. 大规模太阳能发电的研究//严陆光，陈俊武主编. 中国能源可持续发展若干重大问题研究. 北京：科学出版社，2007：299～301

9 Key World Energy Statistics. IEA, 2005

10 Perlack R D, Stokes B J, Erbach D C, et al. Biomass as Feedstock for a Bioenergy and Bioproducts Industry: The Technical Feasibility of a Billion-Ton Annual Supply. A Joint Study by DOE and USDA, DE-AC05-00OR22725, Apr, 2005

11 Caille A, Al-Moneef B, Barnés de Castro F, et al. 2007 Survey of Energy Resources. World Energy Council, 2007

第三章　石油需求与供给的可持续性

本章内容包括能源需求的预测方法；从不同的石油终端消费估计世界和我国中远期石油需求量以及石油生产、供应和有关的安全、经济问题。

论述重点是世界和我国中远期对石油的需求、影响石油可持续供给的各种因素，讨论常规石油产能出现峰值和非常规石油补充和替代等问题。

第一节　中国经济发展与能源消费

一、经济发展目标

党的十七大明确提出：2020 年人均国内生产总值将比 2000 年翻两番。为确保 2020 年实现全面建成小康社会的奋斗目标，提出了"开发和推广节约、替代、循环利用和治理污染的先进适用技术，发展清洁能源和可再生能源，保护土地和水资源，建设科学合理的能源利用体系，提高能源资源利用效率"的要求。为了实现我国经济的可持续发展战略目标，必须依靠可持续能源供应的支持，这是由于我国能源资源具有以下特点所决定的：

- 中国化石能源资源相对较少，优质能源(石油和天然气)资源短缺；
- 2007 年中国的一次能源消费总量为 18.63 亿 t 油当量，约占世界能源消费量的 16.8%，仅次于美国(21.3%)，居世界的第二位；
- 要使包括 8 亿农民在内的全国人民提高生活质量，享受现代物质文明和精神文明生活，就不可避免地将使能源消费继续增长；
- 能源环境问题较为严重，温室气体减排和大气污染治理压力大；
- 国产石油供应不足，对进口石油的依赖率不断增加，能源安全问题日益迫切。

二、中国的能源需求

1. 影响中国未来能源需求的主要因素

国家发改委能源研究所在回顾、分析了中国社会经济发展及能源环境状况之后，对未来 20 年中国能源发展情景作了系统的分析研究，提出了 2020 年中国能源需求形势和主要影响因素如下：

(1) 人口缓慢增长与老龄化社会将对中国能源需求与能源质量提出更高的要求。

(2) 城市化进程的加快将促使城市基础设施和住宅投资不断增加，必将导致民用能源需求迅速增长，能源消费结构逐步优化。

(3) 经济增长方式的转变与经济结构的调整将有利于能源使用效率的提高。

(4) 以资源、经济和市场一体化为标志的全球化进程的加速为中国未来经济的可持续的、跨越式的发展提供了机会。

(5) 科技的不断创新必将对未来能源生产和消费产生越来越大的影响。

(6) 优化能源结构可以促进中国能源使用效率的逐步提高，减缓温室气体的排放强度和对大气的污染。

2. 优化中国能源消费的措施

中国经济快速发展促使能源需求急剧增长。针对我国化石能源资源相对短缺的国情，需要正确处理好发展和消费的关系，在能源消费方面需要：

(1) 建立一个清洁、高效、可持续的能源系统；

(2) 贯彻、实行“节能优先、结构多元、环境友好”的可持续发展战略；

(3) 贯彻“以人为本”的经济发展观；

(4) 在充分利用国内外化石能源的基础上，还应充分发展、利用可再生能源和替代能源，实现能源多样化。

发展并不等同于增长，发展的真正含义是人类的发展，即以人为本的发展。增长的目标是指以提高人的生活质量为核心的人类发展水平，而不仅仅是提高人均 GDP 水平。因为人均 GDP 指标的概念常常掩盖了居民贫富悬殊的差距、地区发展的不均衡和社会分配的不公平等现象。Amartya Sen 指出“我们的目标应是增强人们的能力、使他们能够通过生产过上充实的、满足的生活”。没有人类相应的发展是片面的发展，经济增长也就不具备公平性、可持续性。经济发展应该与人类的发展齐头并进，互动互利。

第二节　预测方法和情景分析

国内外已有许多能源需求的预测方法和模型，预测结果往往存在较大差异，主要原因包括：表征社会发展水平的输入变量有较大差异；技术进步对能源利用效率影响的估算不确切；政策导向对能源消费和能源发展方向的作用、影响；构建的数学模型未能确切反映实际等。采用能源弹性系数的预测方法只能反映较短的时间跨度，否则就将导致预测结果偏差。

本节能源规划中常用的是能源情景分析方法和能源强度系数分析方法。

一、能源情景分析方法[1]

情景分析不是预测方法，但通过对具体事物的分析能够展示未来的发展、变化趋势，从而可以规划出可能采取的应对措施。

1. 情景分析的含义

人们为了推测未来世界将发生什么，需要根据过去和现在的经验进行判断。通常称这种“探索未来”的方法为“情景分析”。

情景分析方法可以帮助人们了解影响未来能源经济的各种因素，包括经济的增长、技术的发展和进步、政府政策的影响、新技术和新产品的推广以及消费者对此的反应等，此外还包括能源消费对气候变暖和对大气污染的影响。情景分析的目的就是对能源使用与环境的持久性、能源安全供应和能源技术开发等问题的讨论。

推测未来必须在较长时间段的基础上进行。例如，分析能源对世界气候变化的影响需要进行长期的观察。之所以需要对长时期数据进行观察和分析的原因是：能源的基础设施需要长期的建设，设施的使用寿命是几十年或更长；新能源的生产、应用技术需要长时间的研究和开发，需要经过长时间应用才能取得一定的市场份额；人类活动造成温室气体排放量不断增加，所产生的影响将持续很长的时间；为了解决气候变化而实行的各项政策也需要经过相当长时间才能产生效果；为了解决能源和环境问题至少也需要 30~50 年。在较短时间段数据基础上进行的预测方法就未必适用。

为此，开发了“长期能源情景分析”这种科学方法，一些石油公司将其作为业务决策的工具。例如，壳牌公司早在20世纪70年代就开始使用“情景分析”这一科学工具，使得该公司在1973年发生“石油危机”时能有准备地应付市场的突然变化，快速作出反应并获得了高额利润。从此，壳牌公司将“情景分析”作为规划部门标准化工作的一部分。

“情景分析”是用于对高度不确定性的未来进行构想和规划的工具。“情景分析”有别于“预测”，是一种探测性的，说明未来可能出现的各种情况。

“情景分析”的具体功能包括[1]：

(1) 对未来世界发生的状况进行具体描述；

(2) 有效地构想未来，是一种严谨的思考方式；

(3) 正确地界定一些关键性的不确定因素，设计出未来发展的理想框架；

(4) 政策导向对未来的发展起着约束、引导作用，标准化情景分析有助于识别政策的作用。

2. “探索式”情景分析

假设历史趋势会延续到未来，系统可按预定的形式变化，这种情景称为“事业如常情景”。这是一种最简单的“情景分析”，对于中、短期预测是有效的。但是，未来并不是理想的，进行更长期预测就未必是这样，而且是冒险的。于是，出现了“探索式”情景分析，用于预测“可能发生什么情况”，侧重于叙事性的描述。

为了探索今后50年内能源和环境可能的情景，开发、建立了3种探测性情景。工作的目的是探索今后50年的能源与环境关系。这3种情景的主要特点是：

(1) 清洁但并非不排放CO_2的情景　特点是技术发展较慢，公众和决策者高度关注全球环境；

(2) 动态的但顺其自然的情景　特点是技术发展较快，但对全球环境关注程度较低。普遍认为依靠经济持续增长和技术进步就可解决所有问题，无须太多的政策干预；

(3) 晴朗的天空情景　描述的是未来技术发展快，公众和政府对全球环境的关注程度高的前景。

各种探测式情景主要目标是分析能源的供应与安全、环境和气候变化问题；采取的手段包括政策的干预和技术发展、进步情况；结果是预测化石能源的用量和替代能源的发展情况。

探索式情景分析以“故事性”叙述为主，不进行模型化的定量分析。

3. “标准化情景”分析

“标准化情景”是帮助人们确定“应该做什么”，通常采用数学模型进行定量分析。

“标准化情景”是对未来发展目标或拟达到目标作出定量化的描述，并在规定的时间内实现。标准化情景是在对一些情景作出分析的基础上建立的，用定量化目标表示。

标准化情景与探索式情景的区别是：后者的目的是决定未来可能发生什么，而标准化情景分析则是为了达到设定的目标而提出“能够做什么和应该做什么?”，标准化情景分析更侧重于行动。

4. 情景分析实例

以下重点介绍壳牌公司和政府间气候变化小组(IPCC)的全球能源情景分析实例。

1) 壳牌公司情景分析实例[4]

壳牌公司在预测未来30~50年能源发展形势时制订了两个方案，即“动态变化如常”(Dynamics as Usual)方案和“未来时代精神”(The Spirit of the Coming Age)方案。

对未来能源需求模式产生影响主要因素是：技术进步、人均收入水平和社会优先选择权。技术进步对能源需求的重要影响可用19世纪初期蒸汽机效率提高使单位马力-小时的煤耗降低到只有原来的5%的事实来说明。采用最新技术常常能使效率比原来提高1倍，成本降低25%。由于石油燃料使用方便、效率高和洁净性，尽管石油产品价格比煤炭高出近1倍，人们仍然宁愿使用内燃机取代烧煤的蒸汽机。至今，虽然天然气价格高，仍被认为是更好的燃料。能源的供应会继续向“降低含碳”的方向转变，从使用煤炭到石油，然后是天然气，直到不久的将来使用氢气。

人均GDP与人均能源消费量均对能源需求量有着重要影响。世界上约有10亿人口仍在使用非商品的生物质和动物废料为燃料，如果用商品燃料取代这些传统燃料，就会促进商品能源产品需求的激烈增长。

能源消费量与人均收入有关。人均收入达到某一水平之后，能源需求就随着变化。当人均收入达到3000美元后，需求随着工业化步伐的加快和个人流动量的增加，能源消费量迅速增长。当人均收入达到10000美元时，工业化接近完成，能源需求量增速放缓。当人均收入接近15000美元后，经济增长以发展服务业为主，家庭的能源需求得到满足，消费量增长就变得更慢一些。当人均收入增至25000美元后，经济增长需要增加的能源就更少了。

基本能源需求得到满足之后，消费者的需求就会向其他方面转移，例如要求提供更多的低能耗产品和服务，最终达到能源需求的饱和，就像目前OECD国家那样。

以上所述代表了西方经济学者的观点和意见，基本反映了客观规律，值得参考、借鉴。我国正处于蓬勃发展工业化的进程中，还有几亿农村人口需要迅速提高使用能源的质量和数量，仍有少数人口(几千万)尚未脱贫。如何在加快工业化步伐的同时，提高约8亿人口的生活质量，选择和制定我国的能源政策，规划未来是我国面临的重要课题。

1995年Shell公司制订的能源长期方案，主要观点是：能源系统是静止的，正常的市场动力可以通过提高用能效率或是提高替代能源的竞争力来减少温室气体排放量；技术进步是节能的关键，技术的进步可以提高用能效率，例如开发“新型节能轿车”；提供适当的市场就可促进可再生能源的发展，通过积累经验可以降低成本，并最终使可再生能源达到能够与常规的化石能源竞争；开发、利用偏远地区的能源资源就会使大规模依赖煤炭变得不经济了；核能技术的发展会由于成本和公众认可度原因而受到阻碍。

每种能源的发展从来都是由消费者、生产商、政府和社会来决定的。选择的标准包括能源的成本、质量、可靠性、安全性、使用的方便性和对社会的安全性等。人们已经进入了一个特殊的革新时代，即能源的发展有多种可能性，实现可持续发展有多条道路可走。生物技术、材料技术(如碳纳米纤维)、信息和通讯技术的进步等均有助于生物燃料、燃料电池、包括氢气的新能源载体、微电网络和新一代的太阳能技术的发展。关键问题是选择何种能源系统能够在未来50年内控制人类活动造成的CO_2排放带来的温室气体效应，实现大气中碳含量$<550\mu L/L$的稳定浓度和使环境问题不再危及经济的发展。

Shell公司在情景分析中就能源资源的供应、新技术的推动作用及社会和消费者(对未来能源)的选择与能源需求的关系作了如下说明：

(1) 能源资源供应展望

Shell公司的分析认为：从来就没有世界性的能源短缺问题，他们的观点是如果由于能源资源的限制或新的生产能力成本太高的原因而不能满足能源的需求，就必然会激励能源系统发生突变，使其他能源(例如：太阳能、生物质等可再生能源)进入能源市场。

a. 煤炭资源的供应　尽管煤炭资源集中于少数国家，在预期的时间(2050年之前)内不会发生煤炭供应短缺。

b. 石油资源的供应　人们曾经认为原油产量已经达到峰值，情况已经危急。事实上，包括非常规石油和LNG的原油资源，在2025年之前都不太可能发生短缺。持这种观点是基于以下考虑：采取提高汽车效率、关注运输业的燃料需要量等措施之后，石油的供应可以延长到2040年；预期在下一个10年内(按：指2010年之前)，由于技术进步可使新开采的原油价格维持在20美元/桶之内(如果考虑美元贬值和通货膨胀等因素后，当时油价会高些)；20年后，生物燃料和GTL(天然气转化生产的液体燃料)等替代燃料生产成本可降至20美元/桶(汽油当量)以下，从而能够起着约束油价的作用；一些中东新油田的生产成本在5美元/桶之内；偏远的非OPEC的原油成本约为17.5美元/桶；非常规原油成本可降至20.5美元/桶。

实际情况表明：受美元贬值等多种政治、经济因素影响，2006~2008年间的油价上涨幅度远超过上述的预料值。

c. 天然气资源的供应　天然气资源的不确定性是明显的。许多人认为天然气资源比石油更少。天然气短缺最早可能发生于2025年初或2050年之后。关键问题是能否及时建成天然气运输系统，以便经济地从偏远地区运出天然气资源。

d. 核能的发展　新一代核能技术商业化之后核电占总发电量的份额就可以提高；快堆核反应堆系统商业化之后廉价的电力和热能就可用作制氢。

e. 可再生能源的替代　可再生能源包括生物质能、太阳能、风能、地热和水电等，不同地区的可再生能源的人均储量也不同，可参见本书第二章。按世界总人口数为100亿计算，潜在的可再生能源可供量(以太阳能和地热为主)约为250GJ/人(按1t当量石油=42.7GJ，约折合5.9t油当量/人)，欧洲和亚洲的人均资源量较低，仅为100GJ/人(约折合2.3t油当量/人)。

目前，可再生能源还不能对常规一次能源的供应构成影响。用生物质原料生产替代燃料的成本仍无法与化石类常规燃料竞争。

风能发电和光伏发电的成本已经比20年前大大降低。

(2) 技术进步对能源发展的推动作用

新技术将推动能源模式的突变。经历了近200多年工业革命历史，人们认识到新技术可以有效地推动能源模式的变革。19世纪中期，使用煤炭作为燃料的蒸汽机实现了早期的工业化，取代了使用了几千年的木材、风能和畜力的传统；20世纪初期电力的推广又促进了生产工艺和商业组织的变化以及人们生活方式的改变；蒸汽机向内燃机的发展为人们提供了便捷的交通运输工具，增加了石油燃料的消费量；近年出现的联合循环发电(IGCC热电联产)技术提高了能源利用效率和发电效率，增加了对气体燃料的需求；即将实现的太阳能光伏发电和氢气燃料电池则是两项具有“爆炸性”的能源技术。

所以，新技术的开发和推广应用对推动能源使用模式和用能效率变化所起的关键作用是不容忽视的。

(3) 社会和个人的选择对能源的影响

社会和个人的选择是对未来能源系统产生影响的第三个因素。社会的选择是对能源的最终选择。政府和公众最关心的是能源安全和自给问题。例如，政府对可再生能源的支持就是可再生能源技术进步的推动力。个人的选择包括价值观、环境和生活方式等方面。虽然减少碳排放会对能源系统产生影响，因为有许多方法可以减少温室气体排放，因而并不需要对路线作太大的改变。

当利害关系促使需求变化时，更多的是要看能够得到什么技术和有哪些资源可供选择。在采用进化论方法或革命论方法解决气候变化时，存在着时间的差异。

人口、城市化、收入、市场开放和能源需要量都是对能源系统产生影响的重要因素。能源资源供应一旦发生变化，尤其是21世纪中期可能出现的石油短缺，以至于其后的天然气短缺就会使能源系统产生变化。届时，用什么替代石油？是向使用先进内燃机的生物燃料过渡，还是逐步使用新技术和新燃料(使用氢气的燃料电池汽车)？究竟是通过对现有技术的改善和进步使能源使用效率提再提高并满足日益严格的环境保护挑战，还是采用新技术和新燃料、靠优异的能源效率和环保质量迅速占领市场？

综合上述情况，Shell公司在制订中远期能源发展规划时，规划出了两种方案，即常规方案和创新方案。

2025年常规方案和创新方案的世界一次能源总需要量分别为150亿t和176亿t石油当量(下同)，分别比2000年增长了近55亿t和80亿t。2050年的一次能源总需要量分别为200亿t和263亿t，分别比2025年增长了50亿t和87亿t。

在创新发展模式下，能源需求可有两种发展情况。像中国等发展中国家经济快速发展，能源需求急剧增长。像OECD国家，支持经济发展和满足国内消费的能源增长速率相对较低，通讯和材料技术的进步使生产率大大提高，降低了材料和能源的需要量。20世纪80年代初期，美国的人均能源消费量降低，在此期间美国的人均收入却增长了50%，同期的人均汽油消费量只增长了7%。

2025年和2050年世界一次能源需要量和增长率参见本章第三节。

2）气候变化的政府间小组(IPCC)的全球情景分析[1]

“气候变化的政府间小组”(Intergovernmental Panel of Climate Change 简称IPCC)于2000年提出了一组情景分析数据，推测至2100年的一系列气候、能源情况。主要推动力为人口发展趋势、社会和经济发展情况和技术发展速度和方向。这些因素将对能源需求量、温室气体排放量和环境以及土地使用情况等均产生影响。

如前所述，IEA设定了3种探索性情景展望、预测2050年前能源和环境的发展状况。包括4个系列，分别用A、B、1和2表示，4个系列的意义如下：

A：经济和市场是主导因素；

B：更多地关注环境的变化；

1：关注全球的长远发展；

2：关注地区的发展。

基于上述4个基本系列，IPCC构建了40多个独立的情景。选择以下几种情景说明表征的特点和得出的结果：

A1情景：经济和市场是主导因素。主要特征：

(1) 经济高速增长；

(2) 人口于2050年达到峰值，然后逐渐下降；

(3) 不断推出效率更高的新技术；

(4) 全球化趋势持续发展；

(5) 世界各地区发展均衡，收入差距缩小。

A2 情景：更多关注环境变化。主要特征：

(1) 各地区依靠自己的力量发展，经济发展缓慢；

(2) 维持地区的统一性和价值观；

(3) 人口持续增长，人均收入增长缓慢；

(4) 全球化进度放缓，一些地区尤为严重；

(5) 技术更新速度缓慢，且不成体系。

B1 情景：关注全球远景的发展。主要特征：

(1) 人口发展情况同 A1；

(2) 世界经济以平稳速度增长，服务、信息产业发展全球化；

(3) 材料消费量显著减少，不断推出洁净的、效率高的技术；

(4) 全球 GDP 不断增长，人均收入增加，各个地区发展均衡；

(5) 即使没有政策推动，环境情况也可显著改善。

B2 情景：关注地区的发展。主要特征：

强调依靠地区的发展来解决经济、社会和环境的持续发展问题。

(1) 人口继续增长，但速度低于 A2 情景；

(2) 经济增长低于其他情景；

(3) 市场开放程度低，技术发展较慢；

(4) 主要从地区和局部层面上体现对环境和社会平等的关注。

每种情景分别对人口发展趋势、社会和经济的发展、技术发展的速度和方向以及环境变化等进行描述。分析这些因素将对能源需求、温室气体排放及环境、气候变化产生影响。

IPCC 以这 4 个系列为基准构建了 40 个独立情景以涵盖温室气体的不确定范围。其中，将 A1 系列再划分为 3 组情景，分别表示能源技术发展方向的特征：

A1F1：重视发展化石燃料，导致环境恶化；

A1T：发展非化石燃料为特点，环境显著改善，气候变化趋于缓和；

A1B：化石、非化石燃料均衡发展，各种技术发展速率一致，环境适度改善。

A2 等其他系列不再赘述。

5. 可持续发展(SD)情景分析[1]

SD 情景可以用特定的数字对未来的发展进行描述，是用 IIASA(应用系统分析国际机构)开发的 message 模型将 A1T 情景的基础数据量化计算，其中包括政策干预因素，并提出满足的条件和完成目标需要采取哪些行动。SD 情景重点分析以下几个问题：

1) 减缓气候变化

自 19 世纪初期西方国家开始实现工业化以来，人类大量使用化石能源和土地，导致 CO_2 排放量空前增长、气候变暖。人们无法精确地估量平均气温的升高会造成何种危害和危害的程度，但是，当前的情况是 CO_2 排放速度明显高于大气对 CO_2 的吸收速度。全球气候对地球表面能量的流动造成重大影响。联合国的一份报告指出：“由自然灾害造成世界范围内的损失每 10 年增长 1 倍。今后 10 年，气候变化的代价可能达到 1500 亿美元。”气候变化是由于温度的变化引起的，IPCC 估计今后 100 年内温度变化在 1.4~5.8℃之间。

尽管有许多不确定因素，但是已经明确：人类活动所导致的 CO_2 排放速度已经明显地超过了环球生态系统的 CO_2 吸收速度。IEA“世界能源展望 2002”估计：目前世界 CO_2 排放量约为 226 亿 t/a，年均增长速度约为 1.1%。2010 年和 2020 年全球 CO_2 排放量分别为 289

亿 t 和 373 亿 t。如果能使 CO_2 排放量稳定在某一水平(例如：CO_2 平衡浓度保持 450～750μL/L)，就需要使净增的 CO_2 排放量接近于 0。实现这一目标必须改变由于消费能源造成的 CO_2 排放量不断增长的趋势。减低 CO_2 排放量可有以下两个方案：

(1)按照"京都议定书"提出的要求实现减少 CO_2 排放量的目标。由于美国等工业化国家和一些发展中国家不肯接受，此方案无法实现。

(2)减少消费能源中的含碳量，例如，设想 2050 年供应全世界的一次能源全部为"零碳能源"。实际上，只有核能和可再生能源为"零碳能源"，实现"零碳能源"就必须把消费的其他能源所产生的 CO_2 用"CO_2 捕集和埋存"技术来处理。这就需要逐渐减少化石能源的消费量。而且，在氢燃料时代，在使用化石能源制氢过程中采用"CO_2 捕集和埋存"技术减少 CO_2 排放量要比从汽车尾气中回收 CO_2 容易得多。

2）能源安全和多样化

能源安全具有多方面的原因，各个国家需要根据自已的情况采取措施为中间和最终用户供应能源、提供服务。能源多样性是重要的，尤其是运输部门的能源消费一向以石油为主，目前运输部门的燃料油消费量中，石油所占的比例约为 95%(随各个国家而异)。把运输部门需要的石油份额降至 40%，就需要采取能源多样化的措施。使用本国的可再生能源就可减低对进口能源的依赖。

3）提高能源的可获得性

世界上仍有 1/4 的人口(约 16 亿)还没有获得电力供应，足够的电力供应将有助于减少贫困、减少灾害，推动全球经济的发展。目标是至 2050 年使全球 95%的人口获得电力供应。为发展中国家贫困地区的人民提供现代商品能源和服务也是一项艰巨的任务。

根据可持续发展情景计算所得的 2000～2030 年世界能源需求量见本章第三节，其中列出了运输燃料的需要量。

可持续发展情景与标准化情景的不同点在于：适当调低了经济发展速度和能源需求量；强调政府需要有强劲的政策意愿和得到公众的支持。

实现可持续发展情景需要付出经济发展速度略微下降的代价，却可从改善环境获得补偿。

IPCC 曾使用 6 种模型分析、评估了稳定 CO_2 排放量对 GDP 值的影响。较为保守的估计是：SD 情景 2050 年世界的 GDP 约比 A1T 情景降低了 5%。

SD 情景规定：至 2050 年应实现以下 3 项具体目标：

(1) 运输部门燃料总消费量中石油产品量应不高于 40%；

(2) 将无碳排放的能源(包括采用"CO_2 捕集和埋存"技术的化石燃料)供应量提高至占总能源供应量的 60%；

(3) 电力供应量应至少覆盖世界 95%的人口。

计算结果表明，2030 年可持续发展情景的一次能源需求量(180 亿 t 油当量)为 A1T 情景(202.6 亿 t 油当量)的 89%。有关数据参见本章第三节。

二、能源强度系数分析方法[2]

能源强度系数是能源消费量与国民生产总值(GDP)的比值。经验表明，能源强度系数与经济发展水平、产业结构等因素密切相关。在工业化初期和中期，第二产业快速发展，能源需求的增长速度会超过经济增长速度，能源强度系数偏大。进入工业化后期阶段，产业结构由第二产业为主转向以第三产业为主方向发展，物质消耗量降低、高附加值的产业成为主导产业，能源消费速度明显减缓，能源强度系数就将由大转小。历史数据表明，工业化国家的能源强度系数普遍低于世界平均值，能源需求的增长滞后于经济的增长。对于发展中国家，能源强度系数增长一般高于世界平均值，能源需求与经济发展呈同步增长趋势。

预测表明 2010~2025 年期间，工业化国家的能源强度以年率 1.2%下降，意味着能源效率的改进效应略低于 1970~2001 年期间的 1.4%。预期发展中国家同期的能源强度改善率为 1.8%。

前苏联在第二次世界大战后的能源强度系数比工业化国家和发展中国家都高，至 20 世纪 90 年代后期，其能源消费的增长仍快于 GDP 的增长。苏联解体后国民收入和能源消费量均下降了，但 GDP 下降得更快。东欧和前苏联地区的能源强度约相当于发展中国家的 2 倍、工业化国家的 5 倍。

根据"IEO—2004"预测的基准方案，计算出 2001~2025 年期间中国和一些国家、地区的能源强度系数，列于表 3-1。能源强度系数分别按 1 美元 GDP 的一次能源耗量(MJ/美元)和(kg 油当量/美元)计算。可以看出，中国的能源强度系数将由 2001 年的 34.85MJ/美元降低至 2025 年的 19.31MJ/美元，年均降低率为 2.5%；同期中国的经济(GDP)增长率为 6.1%。表明中国在经济快速发展的同时，能源使用效率也将显著提高，但是单位 GDP 所消费的油当量值仍然偏高(高于工业化国家及世界平均值)。

表 3-1 为不同地区和一些国家的能源强度系数。

表 3-1　不同地区和国家的能源强度系数

项　目	能源强度系数/(MJ/美元[kg 油当量/美元])			
	2001 年	2010 年	2020 年	2025 年
世界平均值	13.18 [0.307]	11.81 [0.275]	10.56 [0.246]	10.03 [0.233]
工业化国家	8.90 [0.207]	8.04 [0.18]	7.06 [0.164]	6.67 [0.158]
发展中国家	23.50 [0.547]	19.42 [0.452]	16.44 [0.382]	15.30 [0.356]
东欧和前苏联	55.07 [1.281]	40.96 [0.953]	32.95 [0.766]	29.80 [0.693]
美　国	10.91 [0.254]	9.49 [0.221]	8.18 [0.190]	7.63 [0.177]
日　本	5.24 [0.122]	4.96 [0.115]	4.44 [0.103]	3.80 [0.088]
中　国	34.85 [0.810]	25.88 [0.602]	21.16 [0.492]	19.31 [0.449]
印　度	26.00 [0.605]	20.79 [0.483]	17.74 [0.413]	16.28 [0.379]

资料来源：根据"IEO—2004"(基准方案)数据计算；原油热值(LHV)按 43GJ/t 计。

但是计算能源强度所采用的国民生产总值若以 GDP 汇率美元计算，对于发展中国家导致偏低的数值，与发达国家比较相差悬殊。为此宜采用购买力当量美元(PPP)计算，才便于进行横向比较。

第三节　世界和中国的石油需求量

一、世界石油需求量预测

不同组织和机构依据不同预测方法求得的世界一次能源和石油需求量有所不同，所有的预测结果都是按照一定的设定条件为基础的。分别列举如下：

1. “IEO—2007”的预测[3]

美国能源部能源信息管理局(EIA)利用 SAGEM(System for the Analysis of Global Energy Markets)模型定期预测世界经济增长和能源需求情况，在“IEO—2007(International Energy Outlook)”(国际能源展望)中制订了 3 种预测方案，即“基准方案”、“经济高增长方案”和“经济低增长方案”，分别对 2004~2030 年期间世界一次能源总需用量，油、气、煤和替代能源等需用量，GDP 值，CO_2 总排放量和世界人口增长情况等作了预测。

以下分别对预测结果及其不确定性、各类能源相对需用量变化和能源需用量与宏观经济发展、石油价格变化的关系等问题予以说明。

1) 按基础方案预测的能源消费量

基础方案设定的条件如下：

(1) 化石能源价格较低，其他替代燃料成本还无法在经济上与化石能源竞争；

(2) 在预测的时间段内，可供的能源仍以石油、天然气和煤炭为主；

(3) 假若环境政策(如京都议定书)能获得执行，预测的结果就会有变化，非化石燃料(核能、可再生能源、水电等)就会变得有竞争力；

(4) 在预测期间内假定：2003 年 10 月 1 日之前的政府法律、政策将继续得到实行。

基准方案的预测结果见表 3-2。

表 3-2　基准方案的主要经济指标和世界一次能源需用量

项　　目	2004 年	2010 年	2015 年	2020 年	2025 年	2030 年	2004~2030 年年均/%
GDP/万亿美元①	54.70	72.32	88.27	107.07	128.63	154.31	4.1
人口/亿	63.88	68.41	72.17	75.77	79.06	82.03	1.0
总能源消费量/亿 t②	112.7	128.8	140.9	152.9	164.7	176.8	1.8
其中：石　油	42.4	46.3	49.8	53.1	56.5	60.2	1.4
天然气	26.1	30.4	33.8	37.0	39.9	42.9	1.9
煤　炭	28.9	34.4	38.2	42.1	46.1	50.2	2.2
核　能	6.9	7.5	8.2	9.0	9.6	10.0	1.4
水电及可再生燃料	8.4	10.2	10.9	11.7	12.6	13.5	1.9
CO_2 排放量/亿 t	269.22	308.60	338.89	368.54	397.89	428.80	1.8
能源强度系数③	2.059	1.781	1.597	1.429	1.280	1.146	-2.2
人均能源消费	1.763	1.883	1.954	2.019	2.083	2.146	0.75

① 按 2000 年购买力对等(PPP)美元计；

② 按石油当量计；

③ 相当于每万美元 GDP 的能源消费量(吨油当量)。

不同国家和地区的经济发展、能源结构及使用效率各不相同，所以能源消费量和增长速度也有较大差别，可参见表 3-3。

表 3-3　不同地区的能源消费增长情况

项　目	预测的总能源消费量/亿 t				2004~2030 年增长	
	2004 年	2010 年	2020 年	2030 年	亿 t	年均/%
发展中国家	52.1	64.7	83.7	101.7	49.6	2.6
工业化国家①	60.5	64.1	69.3	75.1	14.6	0.8
世界合计	112.6	128.8	153.0	176.8	64.2	1.8

① 指 OECD 国家。

预测结果表明：

预测期间的总能源消费量主要来自发展中国家消费量的增长，如表 3-3 所示。2004~2030 年期间，发展中国家的能源消费增长量为 49.6 亿 t，占世界总增长量的 77%。2010 年后，发展中国家的能源消费量就将超过工业化国家。至 2030 年，发展中国家的一次能源消费量将占世界总消费量的 57%，比工业化国家高出 35%。

(1) 石油

在预测期间内，石油仍是主要的商品能源，在总能源消费量中仍将保持较高的份额。例如：2004 年的份额为 38%，尽管随油价升高使石油消费量分额将略有降低，2030 年仍将保持在 34%左右。

预计石油年消费量将从 2004 年的 42 亿 t，增长至 2015 年的 50 亿 t，2030 年将增长至 60 亿 t，年均增长率为 1.4%，低于天然气和煤炭。工业化国家增加的石油需求量主要用作运输燃料。发电用燃料油量将下降，由其他燃料(如天然气、煤炭和生物质能源)所替代。发展中国家的所有部门石油需求量均将增长。

(2) 天然气

预测期间内，天然气的年均消费量增长率为 1.9%(高于石油)，从 2004 年的 26.1 亿 t(油当量)增长至 2030 年的 42.9 亿 t。石油价格高涨导致天然气需求量增长，主要用于发电以取代燃料油，以提高发电效率和减少 CO_2 的排放。不同地区的天然气价格差别很大，主要取决于地区的资源拥有量和至消费地区的运输距离。中东和俄罗斯是天然气资源丰富和价格最低的地区。

(3) 煤炭

2003 年以来，世界煤炭消费急剧增长。由于石油和天然气价格上升，预测期内的煤炭消费量比例也将不断攀升。预计煤炭消费量的份额将从 2004 年的 26%升至 2030 的 28%。中国、美国和印度是煤炭消费量最大的国家。这三个国家的煤炭消费增长量将占世界的 86%。煤炭消费量将从 2004 年的 29 亿 t(油当量)增长至 2030 年的 50 亿 t，年均增长率为 2.2%，高于石油和天然气。

2) 宏观经济增长速度对能源消费量的影响

基准方案在预测期间(2004~2030 年)世界经济年均增长率为 4.1%(按 GDP 计)。不同地区的经济增长率也不同。工业化国家为 2.5%；发展中国家为 5.3%；中国为 6.5%。

设定了经济高、低增长两种方案，分析经济增长对能源消费的影响。分别设定了工业化国家、发展中国家和东欧/俄罗斯等不同地区的宏观经济增长速度。

（1）工业化国家高、低经济发展方案的 GDP 增长率分别比基准方案增、减 0.5%；

（2）发展中国家的 GDP 增长率分别比基准方案增、减 1.0%；

（3）东欧国家/俄罗斯的 GDP 增长率分别比基准方案增、减 1.5%。

表 3-4 为经济高增长方案的预测结果；表 3-5 为经济低增长方案的预测结果。表3-6中列出了经济增长与能源消费量的关系。

表 3-4　高增长方案的主要经济指标和世界一次能源需用量

项　目	2004 年	2010 年	2015 年	2020 年	2025 年	2030 年	2004~2030 年年均增长率/%
GDP/万亿美元①	54.70	73.89	92.41	114.69	141.27	173.58	4.5
人口/亿	63.88	68.41	72.17	75.77	79.06	82.03	1.0
总能源消费量/亿 t②	112.7	131.4	145.8	161.3	178.0	194.8	2.1
其中：石　油	42.4	47.2	51.7	56.3	61.4	66.9	1.8
天然气	26.1	30.9	35.1	39.1	43.0	47.6	2.3
煤　炭	28.9	34.8	39.5	44.7	50.5	55.6	2.6
核　能	6.9	7.5	8.3	9.0	9.8	10.3	1.5
水电及可再生燃料	8.4	10.9	11.2	12.2	13.3	14.4	2.1
CO_2 排放量/亿 t	269.22	313.46	351.12	390.31	431.23	457.58	2.2
能源强度系数③	2.059	1.769	1.578	1.406	1.256	1.123	-2.3
人均能源消费	1.763	1.911	2.020	2.127	2.245	2.376	1.1

① 按 2000 年美元计(PPP)；

② 按石油当量计；

③ 相当于每万美元 GDP 的能源消费量(吨油当量)。

表 3-5　低增长方案的主要经济指标和世界一次能源需用量

项　目	2004 年	2010 年	2015 年	2020 年	2025 年	2030 年	2004~2030 年年均增长率/%
GDP/万亿美元①	54.70	70.73	84.14	99.64	116.55	136.25	3.6
人口/亿	63.88	68.41	72.17	75.77	79.06	82.03	1.0
总能源消费量/亿 t②	112.7	126.9	136.2	144.7	152.4	159.7	1.4
其中：石　油	42.4	45.5	47.8	49.9	51.9	53.9	0.9
天然气	26.1	29.9	32.6	34.9	36.7	38.4	1.5
煤　炭	28.9	33.9	36.9	39.7	42.3	44.9	1.7
核　能	6.9	7.5	8.2	8.9	9.5	9.9	1.4
水电及可再生能源	8.4	10.1	10.7	11.3	12.0	12.6	1.6
CO_2 排放量/亿 t	269.22	303.79	326.60	347.34	365.68	384.19	1.4
能源强度系数③	2.059	1.793	1.619	1.452	1.308	1.172	-2.2
人均能源消费	1.763	1.854	1.887	1.910	1.928	1.947	0.4

① 按 2000 年美元计(PPP)；

② 按石油当量计；

③ 相当于每万美元 GDP 的能源消费量(吨油当量)。

表 3-6　经济增长与能源消费量的关系

项　目	2010 年预测值			2020 年预测值			2030 年预测值		
	高增长	基准	低增长	高增长	基准	低增长	高增长	基准	低增长
GDP/万亿美元①	73.89	72.32	70.73	114.69	107.07	99.64	173.58	154.31	136.25
总能源总消费量②/亿 t	131	129	127	161	153	145	195	177	160
石油消费量②/亿 t	47.2	46.3	45.5	56.3	53.1	49.9	66.9	60.2	53.9
能源强度系数	1.769	1.781	1.793	1.406	1.429	1.452	1.123	1.146	1.172

① 按 2000 年美元计算(PPP)。
②按石油当量计。

当社会、经济发展和客观情况偏离设定的条件时，上述预测结果就无法实现。能源需求量、环境状况等也将偏离预测的指标。例如：

① 设定的化石燃料价格低于核能和可再生能源。所以在预测期间(2030 年之前)，石油、天然气和煤炭不虞匮乏；非化石燃料仍然无法与化石燃料竞争。

② 预测期间内，如果石油、天然气价格上涨过多，就会刺激替代能源的发展。例如：2007~2008 年期间，国际原油市场的油价就曾一度飞速增长至 100 美元/桶以上。

③ 政府的政策会对预测的化石燃料需求量产生影响，例如：为了减少温室气体排放量而制定的环保法律，为了刺激可再生能源的发展而制定的不同的经济鼓励政策，化石燃料的消费量就会相应减少。

④ 石油消费增长量主要消费于美国和发展中的亚洲国家，约占总需求增加量的 60%。

⑤ 2004~2030 年期间，实现经济发展高速增长，世界需要增加石油生产能力 25 亿 t/a；而实现经济低速增长仅需增加石油供应量 12 亿 t/a。

3）石油价格对总能源消费量和能源结构组成的影响

国际石油价格是对预测的能源需求量及其结构组成的最大不确定性因素。为了分析油价对预测值的影响设定了高、低两种油价方案。高油价方案设定国际油价将从 2004 年的 43 美元/桶(按 2005 年美元计算，下同)增长至 2030 年的 100 美元/桶；低油价方案设定国际油价于 2010 年缓慢升至 49 美元/桶，然后于 2015 年回落至 34 美元/桶并继续维持低价格水平。

按照以上两种油价方案和基准条件预测能源消费量和能源结构组成。可以分析出油价与能源消费量的关系，参见表 3-7。

表 3-7　油价与能源消费量的关系

项　目	2010 年预测值			2020 年预测值			2030 年预测值		
	高油价	基准	低油价	高油价	基准	低油价	高油价	基准	低油价
一次能源总消费量/亿 t	128	129	130	151	153	157	172	177	181
其中：石　油	44.8	46.3	47.6	46.8	53.1	57.8	52.9	60.2	68.4
天然气	30.3	30.4	30.7	37.7	37.0	38.3	41.6	42.9	43.7
煤　炭	35.0	34.4	33.7	44.9	42.1	40.0	53.3	50.2	46.6
其　他①	10.3	10.2	10.1	12.5	11.7	11.5	13.8	13.5	12.9

① 包括水电和可再生能源。

说明：

(1) 油价对能源消费量的影响不是很大。2030 年，在高、低油价情况下的能源总消费量分别为 172 亿 t 和 181 亿 t，相差只有 9 亿 t。而经济增长速度对能源总消费量的影响更大一些，例如同期高、低经济增长情况的总能源消费量分别为 195 亿 t 和 160 亿 t，差值为 35 亿 t(参见表 3-6)。

(2) 油价的高低对能源消费结构组成有较大的影响。例如，从表 3-7 可以看出，在高油价情况下，2030 年世界能源总消费量约比基准情况低 5 亿 t，而石油消费却比基准情况少了 7.3 亿 t，而煤炭消费量则比基准情况高出了 3.1 亿 t，水电和可再生能源消费量也有增加。同样，在低油价下，2030 年能源总消费量只比基准情况增加 4 亿 t，而石油消费量增长了 8.2 亿 t，煤炭消费量却减少了 3.6 亿 t。

(3) 油价高低对石油消费量的影响十分明显。在高、低油价和基准情况下，2030 年世界石油消费量分别为 53 亿 t、68 亿 t 和 60 亿 t。

(4) 从长远看，高油价对经济增长的影响不是很大。

(5) 从表 3-8 可以看出，在高、低油价两种方案下，虽然 2030 年的油价差为 70 美元/桶，但高、低油价情况的能源总消费量和石油消费量与基准情况的差别均不太大(总能源消费量相差 4 亿~5 亿 t，石油消费量相差 3 亿~8 亿 t)。

根据"IEO—2007"按 3 种情况(基准、经济高增长和经济低增长)预测结果，可以归纳出中远期(2010~2030 年)世界一次能源和油、气、煤消费量的预测值。参见表 3-8。

表 3-8　中远期(2010~2030 年)世界一次能源和油、气、煤消费量的预测值

消费量/亿 t	2010 年	2020 年	2030 年
一次能源合计①	127~131	145~161	160~195
石　油	46~47	50~56	54~67
天然气	30~31	35~39	39~48
煤　炭	34~35	40~45	45~56

①包括核能。

2. 壳牌公司预测[4]

Shell 公司在制定中远期能源发展规划时，规划出了两种方案，即常规方案和创新方案。

1) 常规方案

Shell 公司对中远期世界能源消费预测结果见表 3-9。

表 3-9　常规方案的世界能源需要量

项　目	1975 年	2000 年	2025 年	2050 年	增长率/%		
					1975~2000 年	2000~2025 年	2025~2050 年
人口/亿	40	60	80	90	1.50	1.00	0.60
GDP/万亿美元①	23	49	108	196	3.10	3.20	2.40
一次能源需要量/亿 t②	60	95.3	150	199.5	1.90	1.80	1.20
石　油	27.4	37.2	49.2	53.4	1.2	1.1	0.3
煤　炭	16.4	21.7	30.0	27.5	1.1	1.3	0.3
天然气	11.0	21.7	39.1	41.4	2.7	2.4	0.2
核　能	0.9	6.8	8.2	7.5	8.1	0.8	-0.4
水　电	4.0	7.0	9.6	9.1	2.4	1.3	-0.3
生物质	0	0	1.2	12.2	—	10.2	10.1
煤矿的甲烷氢气	0	0	0.9	3.7	—	—	5.8
其　他	0	0.9	11.7	44.7	8.7	11.2	5.5

续表

项　目	1975 年	2000 年	2025 年	2050 年	增长率/%		
					1975～2000 年	2000～2025 年	2025～2050 年
人均能源占有率/(t/人)	1.5	1.6	1.9	2.2	—	—	—
单位 GDP 的能耗③	2.6	1.9	1.4	1.0	—	—	—

① 按 2000 年美元计(PPP)。
② 按石油当量计。
③ 单位为 t 油当量/万美元。

2) 创新方案

Shell 公司创新方案预测的能源消费情况参见表 3-10。

表 3-10　创新方案的世界能源需要量

项　目	1975 年	2000 年	2025 年	2050 年	增长率/%		
					1975～2000 年	2000～2025 年	2025～2050 年
人口/亿	40	60	80	90	1.50	1.00	0.60
GDP/万亿美元①	23	49	108	196	3.10	3.20	2.40
一次能源需要量/亿 t②	60.0	95.2	175.6	262.6	1.9	1.5	1.6
石　油	27.5	37.1	54.6	43.3	1.2	1.6	-0.9
煤　炭	16.4	21.7	35.2	27.9	1.1	1.9	-0.9
天然气	11.1	21.7	51.6	70.3	2.7	3.5	1.3
核　能	0.9	6.8	10.8	19.7	8.1	1.9	2.4
水　电	4.1	7.0	11.5	15.0	2.4	2.0	1.1
生物质	0	0	1.6	25.3	—	11.8	11.8
煤矿的甲烷氢气	0	0	1.4	22.7	—	—	11.6
其　他	0	0.9	8.9	38.4	8.7	9.9	6.0
人均能源占有率/(t/人)	1.5	1.6	2.2	2.9	—	—	—
单位 GDP 的能耗③	2.6	1.9	1.6	1.3	—	—	—

① 按 2000 年美元计(PPP)；
② 按石油当量计；
③ 单位为 t 油当量/万美元。

对比两种方案的预测结果可以看出，2025 年常规方案和创新方案的世界石油总需要量分别为 49.2 亿 t 和 54.6 亿 t(石油当量，下同)，分别比 2000 年增长了近 12 亿 t 和 17.5 亿 t，期间的年均增长率分别为 1.1%和 1.6%。2050 年两种方案的世界石油总需要量分别增至 53.4 亿 t 和 43.3 亿 t，分别比 2025 年增长了 4.2 亿 t 和-11.3 亿 t，此期间的年均增长率分别为 0.3%和-0.9%。情况表明，在中期(至 2025 年)石油消费量将有较大的增长；远期(至 2050 年)石油消费的增长率将放缓，尤其是创新方案的石油消费量呈负增长。

3. 国际能源署(IEA)的预测[2]

能源情景分析如本章第二节所述，从 IPCC 构建的多种独立情景中，选择以下两种情景预测能源消费量：

A1B 情景：化石燃料/非化石燃料均衡发展，各种技术改进速率一致，环境适度改善；

A1T 情景：发展非化石燃料技术，环境显著改善，气候变化趋于缓和。

在探索性基础上提出了标准化情景[即可持续发展(SD)情景]，可以对能源需求量和环境的发展目标作出定量化的分析。

可持续发展(SD)情景：关注减缓气候变化、能源安全及多样化和能源可获得性。

IEA 预测的能源消费量结果分述如下：

1）SD 情景预测世界一次能源消费量

可持续发展情景预测的世界能源消费量见表 3-11。

表 3-11　SD 情景的世界一次能源需求量

项　　目	2000 年	2010 年	2020 年	2030 年	2050 年
一次能源需求量/亿 t 油当量	99.0	118.2	143.9	180.0	241.9
其中：煤　炭	25.1	28.2	32.3	36.5	23.7
石　油	36.9	39.4	42.5	46.0	43.3
天然气	20.7	29.3	37.4	49.2	63.8
核　能	2.0	2.7	4.3	9.3	27.3
生物质能源	10.8	12.6	16.5	22.0	38.0
其他可再生能源	3.5	6.0	10.9	17.0	45.8
运输部门能源总需求量/亿 t 油当量	21.5	28.5	30.1	51.8	82.3
其中：石油	19.1	23.4	26.5	31.1	31.6
运输部门占总一次能源消费量比例/%	21.8	24.1	25.8	28.8	34.0
运输燃料消费量中石油占的比例/%	88.8	82.2	714	60.0	38.4
运输用石油占石油总消费量的比例/%	51.9	59.4	62.4	67.7	73.0
温室气体排放量/10 亿 t 碳当量	6.90	7.98	9.19	10.68	9.99

资料来源：根据“IEA Energy to 2050”推算。

2）A1T 情景预测世界一次能源消费量

表 3-12 为 A1T 情景的世界一次能源需求量。

表 3-12　A1T 情景的世界一次能源需求量

项　　目	2000 年	2010 年	2020 年	2030 年	2050 年	2000～2030 年年均增长率/%
一次能源需求量/亿 t 油当量	98.5	121.8	154.6	202.6	288.7	2.4
其中：石　油	36.9	40.9	45.9	53.1	59.5	1.2
天然气	37.0	40.9	46.0	53.1	60.0	1.0
煤　炭	25.0	29.7	36.0	42.8	28.3	—
生物质能源	11.2	13.1	17.9	24.8	43.5	2.7
其他可再生能源	3.1	6.0	11.4	17.4	52.8	5.9
2000～2050 年累计石油消费量/亿 t 油当量	—	—	—	—	2700	
运输部门能源总需求量/亿 t 油当量	21.5	29.2	39.3	57.5	98.7	3.3
其中：石油	19.1	24.1	28.2	34.8	36.8	2.0
运输部门占总一次能源消费量的比例/%	21.8	24.0	25.4	28.3	33.9	—
运输燃料消费量中石油占的比例/%	88.83	82.46	71.78	60.47	37.3	—
运输用石油占石油总消费量的比例/%	51.8	58.9	61.4	65.5	61.8	—

资料来源：根据“IEA Energy to 2050”推算。

3）A1B 情景预测的世界一次能源需求量

表 3-13 为 A1B 情景的世界一次能源需求量。

表 3-13 A1B 情景的世界一次能源需求量

项　目	2000 年	2010 年	2020 年	2030 年	2050 年	2000~2030 年年均增长率/%
一次能源需求量/亿 t 油当量	98.5	124.8	164.4	214.6	320	2.6
其中：石　油	36.9	40.9	47.1	53.6	60	1.3
天然气	20.2	30.5	42.3	59.5	90	3.1
煤　炭	25.0	28.6	37.4	46.2	50.0	1.4
生物质能源	11.2	15.0	20.7	28.6	46	3.2
其他可再生能源	1.1	6.9	12.4	18.6	39.8	9.9
2000~2050 年累计石油消费量/亿 t 油当量	—	—	—	—	2710	—
运输燃料消费量中石油占的比例/%	91	81	74	63	52	—

资料来源：根据“IEA Energy to 2050”推算。

4）SD、A1T 和 A1B 情景的预测结果和特征

几种情景的能源消费量数据综合比较见表 3-14。

表 3-14 不同情景的能源消费比较

项　目	A1T	A1B	SD
情景说明	发展非化石燃料，环境显著改善，气候变化缓和	化石/非化石燃料均衡发展，各类技术改进速度一致，环境适度改善	减缓气候变化，能源安全及多样化，解决能源可获得性
一次能源年消费量/亿 t 油当量			
2000 年	99	99	99
2030 年	202	215	180
2050 年	289	320	241
其中：石油/亿 t 油当量			
2000 年	37	37	37
2030 年	53	54	46
2050 年	60	67	43
天然气/亿 t 油当量			
2000 年	20	20	21
2030 年	55	60	49
2050 年	77	90	64
煤炭/亿 t 油当量			
2000 年	25	25	25
2030 年	43	46	37
2050 年	28	50	24
2000~2050 年世界累计消耗量/亿 t 油当量			
石　油	2690	3020	—
天然气	2310	3310	—
煤　炭	1930	2170	—
化石能源合计	6930	8500	—

资料来源：根据“IEA Energy to 2050”推算。

5）对可持续发展情景数据的分析

（1）2000~2030 年期间世界一次能源消费量，从 2000 年的 99 亿 t 油当量增长至 2030 年的 180 亿 t 油当量，年均增长率为 1.9%。其中石油的需要量从 2000 年的 36.9 亿 t 增长至 2030 年的 46 亿 t，年均增长率较低，为 0.7%。

（2）天然气需求的年均增长率最高，为 2.9%，2030 年后消费量将超过石油。世界天然气储量丰富，2006 年末的探明可采资源量为 181.5 万亿 m^3（1630 亿 t）。储产比为 63.3 年。预期发电用天然气量将受价格的约束，不会有过快的增长；民用和用作化工、替代燃料生产原料的消费量将有较快的增长。

（3）2030 年的煤炭消费量为 36.5 亿 t 油当量。2005 年世界煤炭总消费量为 29.30 亿 t 油当量。煤炭储量丰富，将仍是全世界发电的主力能源；1971~2002 年期间，世界煤电在总发电量中的份额一直保持在 40%。

（4）同期生物质能源和其他可再生能源的年均增长率分别为 2.3%和 5.2%，高于总一次能源消费量和石油消费量的增长率。

可再生能源生产替代燃料技术的研发、生物质能源作物的耕种和回收、生物质资源的市场化等是实现现代化可再生能源工业的必要条件。建成在经济上有竞争力的生物炼油厂需要经过示范、运转取得生产经验的历程。不同国家发展替代燃料的进度也不相同，预计至 2020 年后一些工业化国家的替代燃料产量将可能在总能源消费量中占有一定的份额。例如达到 10%。

（5）运输业燃料消费量占总一次能源消费量的分率将缓慢增长，从 2000 年的 21.8%增长至 2030 年的 28.8%。

（6）运输燃料消费量占石油总消费量的比率仍呈逐年增加趋势，从 2000 年的 51.9%增至 2030 年的 67.7%，说明在预测期间，石油仍是运输燃料的主要来源。

（7）在预测期间内，运输燃料中石油消费量占的份额逐年降低，从 2000 年的 88.8%降至 2030 年的 60%，这是由于替代能源获得发展的结果。

6）对 A1T 和 A1B 情景预测结果的分析

世界一次能源总消费量将从 2000 年的 98 亿 t 增长至 2030 年的 200 亿~215 亿 t，消费量高于可持续发展情景（180 亿 t）；年均增长率为 2.4%~2.6%，也略高于 1970~2000 年的平均年增长率 2.1%（1970 年世界一次能源总消费量为 50.2 亿 t）。

（1）预计 2030 年和 2050 年世界石油总消费量将分别达到 54 亿 t 和 60 亿 t，累计石油消耗量（按始自 1990 年计）分别达到 1570 亿 t 和 2700 亿 t。至 2100 年的累积消耗量将达到 5000 亿 t 左右，表明石油资源消耗量偏高。预计至本世纪末石油资源将被耗尽。

（2）A1T 和 A1B 情景设定的一次能源消费年均增长率（2.4%~2.6%）高于可持续发展情景（1.9%）。

7）不同地区能源消费量分析

不同地区的经济发展速度和发展模式均不同，能源消费量和增长速率也各异。为了便于进行比较，以下列举工业化国家（OECD 国家）和亚洲地区（作为经济快速发展的代表）的能源消费和组成数据并进行分析、比较。结果如下：

（1）按照可持续发展情景的 OECD 国家的一次能源需求量和组成的预测结果见表 3-15。

表 3-15　可持续发展情景的 OECD 国家的一次能源需求量

项　目	2000 年	2010 年	2020 年	2030 年	增长率[①]/%
一次能源需求量/亿 t 油当量	44.2	47.4	49.9	53.0	0.6
其中：煤　炭	8.6	8.0	7.1	5.8	-1.3
石　油	19.8	18.7	16.4	14.0	-0.12
天然气	10.7	13.9	16.2	18.3	1.8
核　能	1.6	1.9	2.4	5.2	4.0
生物质能源	2.0	2.5	4.1	4.9	3.0
其他可再生能源	1.5	2.4	3.7	4.8	4.0
运输部门能源总需求量/亿 t 油当量	12.4	15.0	18.1	21.0	1.8
其中：石　油	11.4	13.3	13.4	12.9	0.4
运输部门占总一次能源消费量的比例/%	28.1	31.8	36.3	39.6	—
运输燃料消费量中石油占的比例/%	92.0	88.6	74.0	61.4	—
运输用石油占石油总消费量的比例/%	57.6	71.1	81.7	92.1	—
温室气体排放量/10 亿 t 碳当量	3.14	3.19	3.07	2.88	-0.3

① 为 2000~2030 年的年均增长率。

资料来源："IEA Energy to 2050"。

（2）亚洲地区按照可持续发展情景预测的一次能源需求量参见表 3-16。

表 3-16　可持续发展情景亚洲地区的一次能源需求量

项　目	2000 年	2010 年	2020 年	2030 年	增长率[①]/%
一次能源需求量/亿 t 油当量	25.8	35.9	49.0	65.5	4.5
其中：煤　炭	12.1	16.0	20.2	24.1	3.3
石　油	6.2	8.7	11.6	15.0	4.3
天然气	1.3	3.2	5.9	9.4	9.9
核　能	0.1	0.5	1.0	2.0	15.3
生物质能源	5.4	6.1	7.0	9.1	2.5
其他可再生能源	0.7	1.4	3.3	5.9	10.7
运输部门能源总需求量/亿 t 油当量	3.04	5.33	7.90	14.36	7.7
其中：石油	2.74	4.39	6.29	10.02	6.4
运输部门占总一次能源消费量的比例/%	11.8	14.8	16.1	21.9	—
运输燃料消费量中石油占的比例/%	90.1	82.4	79.6	69.8	—
运输用石油占石油总消费量的比例/%	44.2	50.5	54.2	66.8	—
温室气体排放量/10 亿 t 碳当量	1.88	2.62	3.48	4.38	4.1

① 为 2000~2030 的年均增长率。

资料来源："IEA Energy to 2050"。

从表中可以看出，在预测期间内工业化（OECD）国家的一次能源需求量将发生以下变化：

- 工业化国家的能源消费增长明显低于发展中国家；
- 预测期间的一次能源消费量年均增长率为 0.6%，煤炭、石油消费量不增反降，消费量分别从 8.6 亿 t 和 19.6 亿 t 下降至 5.8 亿 t 和 14.0 亿 t，石油和煤炭消费量降低率分别为 0.12%和 1.3%；

• 至 2030 年全部石油消费量的 92%都被用作运输燃料，不足部分将由氢燃料、替代燃料补充；

• 2030 年，工业化国家近 40%的运输燃料消费量(8.1 亿 t 油当量)需要依靠来自用煤炭、天然气生产的合成燃料油和/或用生物质、可再生能源生产的燃料所替代；

• 天然气消费量急剧增长，核能、生物质和其他可再生能源的需求年增长率均在 3%～4%范围之内。

亚洲地区的燃料消费特点是：

• 2000～2030 年预测期内一次能源消费年均增长率为 4.5%，高于世界和其他地区的增长率；

• 运输燃料消费量年均增长率高达 7.7%，高于世界的增长率。但 2030 年的运输燃料消费量占总一次能源消费量的 21.9%，低于世界(28.8%)和 OECD 国家(39.6%)；

• 预测期间内，石油消费量仍以较高的增长率(4.3%)逐年增加，煤炭消费量的年均增长率为 3.3%；

• 亚洲地区的温室气体排放量仍呈增长的趋势，而且高于世界增长平均值。说明煤炭消费量仍较高，预测期间世界和亚洲地区的煤炭消费年均增长率分别为 1.2%和 3.3%。

从上述中可以看出，在可持续发展情景下，OECD 国家的一次能源和油、气消耗量增长率均低于世界平均值。这一现象还可以从 1995～2006 年的统计数据获得验证。BP 的“2007 年世界能源统计”中分析了 1996～2001 年和 2001～2006 年两个时间段世界能源消耗增长率的变化情况。结果说明：

• 2001～2006 年期间的世界一次能源消费年均增长率为 3%，明显高于 1996～2001 年期间的 1%；

• 非 OECD 国家的一次能源消费年均增长率高于同期的世界平均值，2001～2006 年和 1996～2001 年两个时间段的年均增长率分别为 5.6%和 1.5%；

• OECD 国家的一次能源消费年均增长率则大大低于同期的世界平均值，与非 OECD 国家相比，差距更大。2001～2006 年和 1996～2001 年两个时间段 OECD 国家的能源消费年均增长率分别为<1.0%和 0.8%左右。

人们将这种 OECD 国家能源消费增长率下降和所有其他国家的能源消费加速增长的事实称之为“非 OECD 现象”。工业化国家能耗增长率的降低与能源弹性系数等因素的关系在本书有关章节中论述。

8) 世界不同地区的运输燃料消费量

世界不同地区的经济发展情况各异，运输燃料的消费量也不相同。表 3-17 为不同地区的运输燃料消费情况综合比较结果。

表 3-17　世界和不同地区的运输燃料消费情况综合比较　　亿 t 油当量

项　目	2000 年	2010 年	2020 年	2030 年
世　界				
一次能源消费量	99.0	118.2	143.9	180.0
石油消费量	36.9	39.4	42.5	46.0
运输燃料消费量	21.5	28.5	30.1	51.8
运输燃料中石油消费量	19.1	23.4	26.5	31.1

续表

项　目	2000 年	2010 年	2020 年	2030 年
OECD 国家				
一次能源消费量	44.2	47.4	49.9	53.0
石油消费量	19.8	18.7	16.4	14.0
运输燃料消费量	12.4	15.0	18.1	21.0
运输燃料中石油消费量	11.4	13.3	13.4	12.9
亚洲地区				
一次能源消费量	25.8	35.9	49.0	65.5
石油消费量	6.2	8.7	11.6	15.0
运输燃料消费量	3.04	5.33	7.90	14.36
运输燃料中石油消费量	2.74	4.39	6.29	10.02
东欧和前苏联				
一次能源消费量	12.9	13.2	15.0	18.7
石油消费量	3.5	3.0	3.2	3.2
运输燃料消费量	2.07	2.26	2.86	4.17
运输燃料中石油消费量	1.31	1.24	1.24	1.31
中南美洲、中东、非洲				
一次能源消费量	16.1	21.7	29.8	42.8
石油消费量	7.4	9.0	11.3	13.7
运输燃料消费量	4.00	5.85	8.26	12.33
运输燃料中石油消费量	3.64	4.50	5.59	6.85

资料来源：根据“IEA Energy to 2050”推算。

4. WEC 的预测结果

WEC 于 20 世纪 70 年代开始了“明天的能源情景”研究，1993 年公布了 A、B 和 C 三种情景方案。其后与 IIASA 合作，构建了 6 种情景，表征的特点如下：

A1 情景：高速经济增长，技术进步迅速，大量消耗石油与天然气；

A2 情景：大量使用煤炭；

A3 情景：除天然气之外，强调利用新的可再生能源与核能；

B 情景：介于 A 和 C 之间；

C1 情景：强调提高能源效率，充分利用太阳能，由于安全问题从 2100 年起停用核能；

C2 情景：大力发展核能。

各个情景采用的基本条件是：

- 2050 年世界人口将达到 101 亿；
- 1990~2050 年间 GDP 的年均增长率：A 情景 2.7%；B 情景 2.2%；C 情景 2.2%；
- 1990~2050 年间能量强度系数年均降低率：A 情景 -1.0%；B 情景 -0.7%；C 情景 -1.4%。

各个情景 2050 年一次能源、各类能源消费量和总碳排放量预测结果参见表 3-18。

表 3-18　WEC 预测 2050 年世界一次能源需求与碳排放数据

项　　目	情景 A1	情景 A2	情景 A3	情景 B	情景 C1	情景 C2
一次能源消费量/亿 t	248	248	248	198	142	142
其中：石　油	79	48	43	40	27	26
天然气	47	55	79	45	39	33
煤　炭	38	78	22	41	15	15
核　能	29	11	28	27	5	18
可再生能源	37	38	57	28	38	32
水　电	10	11	11	9	10	10
传统生物质能	8	7	8	8	8	8
不同类型国家一次能源消费量/亿 t						
工业化国家	67	67	67	56	30	30
发展中国家	144	144	144	118	95	95
经济过渡国家	37	37	37	24	17	17
碳排放量/亿 t	117	151	92	100	54	50

二、中国的石油需求量预测

以下将国内外对中国中远期一次能源和石油需求量的预测结果汇总说明如下：

1. EIA 的预测[3]

“EIA 世界能源展望—2007”按照 3 种情景(可选择政策情景、参考情景和经济高增长情景)预测了中国中远期一次能源消费量。结果参见表 3-19、表 3-20 和表 3-21。

1）可选择政策情景预测

表 3-19　可选择政策情景的中国一次能源需求量

项　　目	2005 年/亿 t 油当量	2015 年/亿 t 油当量	2030 年/亿 t 油当量	2005～2030 年年均增长率/%	2030 年与参考情景比较	
					亿 t 油当量	%
煤　炭	10. 94	17. 43	18. 42	2. 1	-5. 56	-23. 2
石　油	3. 27	5. 18	6. 53	2. 8	-1. 55	-19. 2
天然气	0. 42	1. 26	2. 25	6. 9	0. 25	12. 6
核　电	0. 14	0. 44	1. 20	9. 0	0. 53	79. 4
水　电	0. 34	0. 75	1. 09	4. 8	0. 23	26. 4
生物质	2. 27	2. 23	2. 55	0. 5	0. 28	12. 4
其他可再生能源	0. 03	0. 14	0. 52	11. 9	0. 19	57. 4
合　计	17. 42	27. 43	32. 56	2. 5	-5. 63	-14. 7

实现可选择政策情景的条件是政府实行能源新政策和在能源技术上有突破。新政策包括：实现能源多样化、提高能效率、降低高能耗行业在经济结构中的比重等。预测期内，三分之二的石油节约量是由于运输业采用了高燃油效率的机动车和替代燃料的推广应用。

2）参考情景的预测

参考情景预测的中国一次能源消费量将从 2005 年的 17. 42 亿 t 增长至 2030 年的 38. 19 亿 t，年均增长率为 3. 2%。2030 年石油消费量为 8. 08 亿 t，2005～2030 年均增长率为 3. 7%。

石油的进口量将从 2005 年的 1. 6 亿 t 增长至 2030 年的 6. 5 亿 t 左右。预测中国将于

2010 年成为仅次于美国的全球第二大石油进口国。

表 3-20 参考情景的中国一次能源需求量

项　　目	2005 年/亿 t 油当量	2015 年/亿 t 油当量	2030 年/亿 t 油当量	2005~2030 年年均增长率/%
煤　炭	10. 94	18. 69	23. 99	3. 2
石　油	3. 27	5. 43	8. 08	3. 7
天然气	0. 42	1. 09	1. 99	6. 4
核　电	0. 14	0. 32	0. 67	6. 5
水　电	0. 34	0. 62	0. 86	3. 8
生物质	2. 27	2. 25	2. 27	0
其他可再生能源	0. 03	0. 12	0. 33	9. 9
合　计	17. 41	28. 52	38. 19	3. 2

比较表 3-19 和表 3-20 可以看出：可选择政策情景的一次能源、煤和石油消费量均低于参数情景消费量。例如：2030 年可选择政策情景的煤、石油消费量(18. 42 亿 t、6. 53 亿 t)均低于参考情景同期的煤油消费量(23. 99 亿 t、8. 08 亿 t)，分别减少了 23%和 19%。

3) 经济高增长情景的预测

在经济高增长情景下，2030 年中国的石油消费量将增长至 10. 48 亿 t，比参考情景高出 2. 4 亿 t。2030 年一次能源总消费量将达到 46. 91 亿 t(油当量)，参见表 3-21。

表 3-21 中国经济高增长情景的一次能源需求量

项　　目	2005 年/亿 t 油当量	2015 年/亿 t 油当量	2030 年/亿 t 油当量	2005~2030 年年均增长率/%	2030 年与参考情景比较	
					亿 t	%
煤　炭	10. 94	20. 37	29. 10	4. 0	+5. 11	21
石　油	3. 27	6. 26	10. 48	4. 8	+2. 40	30
天然气	0. 42	1. 25	2. 76	7. 8	+0. 77	38
核　电	0. 14	0. 34	0. 82	7. 4	+0. 15	24
水　电	0. 34	0. 65	1. 00	4. 4	+0. 14	15
生物质	2. 27	2. 35	2. 31	0. 1	+0. 04	2
其他可再生能源	0. 03	0. 13	0. 43	11. 1	+0. 10	31
合　计	17. 41	31. 35	46. 90	4. 0	+8. 71	23

2. 亚太经济合作组织预测

亚太经济合作组织的能源研究中心(Asian-Pacific Energy Research Center，APERC)在《能源供需展望，2006》预测中国的一次能源产消数据见表 3-22。

表 3-22 中国中期的一次能源产需量预测 亿 t 油当量

项　　目	2010 年		2020 年		2030 年	
	产量	消费量	产量	消费量	产量	消费量
一次能源总计	16. 61	17. 81	20. 90	23. 46	25. 29	30. 97
其中：煤　炭	11. 67	11. 28	15. 08	14. 58	18. 62	18. 34
石　油	1. 89	3. 35	2. 04	4. 80	1. 99	6. 69
天然气	0. 58	0. 63	0. 99	1. 29	1. 15	2. 41
水　力	0. 33	0. 33	0. 53	0. 53	0. 88	0. 88
可再生能源	1. 95	1. 95	1. 66	1. 66	1. 48	1. 48
核　能	0. 24	0. 24	0. 60	0. 60	1. 17	1. 17

从表中数据可以看出：至2010年后，中国的石油、天然气产量均不能满足消费需求。至2030年，中国的石油和天然气的需求缺口分别达到4.70亿t和1.26亿t(油当量)。

3. 国内机构预测[8]

根据发展规划和三种不同的经济增长方案，对我国中远期交通运输、石油化工及总石油消费量作了预测，结果如表3-23所示。

另外，对比表3-22和3-23中2020年的石油消费量数据可知，国内外估计2020年中国的石油消费量基本相近，在4.5亿~5.0亿t。

表3-23　未来20年中国石油消费量预测

年度		交通运输用油			化工用油		其他用油		石油消费量/亿t
		汽车拥有量/万辆	用油量/亿t	%	用油量/亿t	%	用油量/亿t	%	
2010	低增长	5000	1.38	42	0.50	15	1.42	43	3.3
	中增长	5500	1.48	44	0.53	16	1.39	40	3.4
	高增长	5700	1.50	43	0.56	16	1.44	41	3.5
2020	低增长	7780	1.75	44	0.72	18	1.53	38	4.0
	中增长	10260	2.18	49	0.78	17	1.54	34	4.5
	高增长	13100	2.46	49	0.87	17	1.67	34	5.0

第四节　按应用部门预测能源消费量

一种预测未来能源消费量方法是按照终端用户需用量推算。不同国家的民用、商业和工业的能源消费量和消费品种均各不相同。交通运输部门的能源消费以石油产品为主，石油产品占运输用能源的比例各个国家均不相同。2007年世界石油消费量为39.5亿t，相当于当年化石能源总消费量的40.4%。石油总消费量中约有70%~80%用作运输燃料油。在氢燃料和燃料电池汽车大规模进入市场之前，这种消费形势将不会有太大的变化。

对各个行业、部门能源消费产生影响的主要地区因素包括能源的可得性、经济发展水平、政治、社会因素等。以下将不同国家、地区和我国各个部门的能源消费情况说明如下。

一、运输部门石油需求量

1. 运输部门的燃料消费以石油产品为主

在排除采用新技术(例如氢燃料汽车和替代燃料在2025年前仍不具竞争力)情况下，运输用燃料油的消费仍以石油产品为主。从20世纪70年代至今近40年来，工业化国家的运输燃料中的石油产品消费量约占石油总消费量的三分之二以上。“国际能源展望—2007”的基准方案预测结果为：在2001~2030年期间，工业化国家运输燃料油消费量占石油总消费量的份额将从2004年的58%(约34亿t)增长至2030年的63%(约47亿t)。非工业化国家运输燃料油消费量占石油总消费量的份额将从2004年的42%(约22亿t)迅速增长至2030年的50%(约51亿t)，使其运输燃料消费量超过了工业化国家。不同地区和国家的运输燃料消费增长情况各不相同。以工业化国家为例，各种不同车型的运输燃料的消费比例(不包括航空运输)为：小轿车和轻型汽车占 50%~65%；货运卡车占 25%~40%；铁路、公交和水运<15%。因此，节约道路运输的燃料油消费就更具实际意义。

历史经验证明：经济快速增长(尤其是以制造业为主)的发展中国家，为了给生产设施增加原材料和能源供应，运输服务功能就需要加强。人均收入提高之后就会促进道路和航空运输服务的发展，运输业的燃料消费量就将以较高的速率增长。

1) 中国运输燃料消费

据“IEO—2007”预测：2004~2030 年中国的石油消费年均增长率为 3.5%(世界最高)。2030 年消费量将达 8 亿 t。同期美国的石油消费年均增长率为 1.0%。

2004 年中国的运输燃料消费量为 1.0 亿 t，占石油总消费量(3.2 亿 t)的 32%。2030 年将增长至 3.7 亿 t，占石油总消费量(7.9 亿 t)的 47%。

2004 年中国运输燃料的消费比例：道路用油约 70%；航空用油 14%；铁路用油 12%；海运用油 5%。

2001 年中国汽车数量为 430 万辆；卡车和大客车数量为 1020 万辆(同期美国汽车数为 12870 万辆，卡车和大客车数位 8800 万辆)。近年来，中国机动车保有量急剧增长。2005 年，中国沿海地区和内陆地区的机动车保有量分别为 1810 万辆和 1350 万辆。不同地区的人均机动车保有量差别很大，沿海省市的每千人保有量为 35 辆(北京为 133 辆)；内陆省市为 17 辆。

2006 年乘用车保有量达 1700 万辆。2000~2006 年期间，小轿车销量的年均增长率为 37%。

过去 20 年来，中国人均出行里程数增长了 5 倍。随着汽车数量和交通、运输量的增长，燃料消费量势必逐年增加。必须从采用改进运输工具效率、发展新一代交通运输工具和改善道路交通状况等综合措施节约燃料消费。

目前中国汽车每公里燃料消耗约比工业化国家高 10%~20%，汽车污染气体排放也高于美国和西欧的标准。

铁路运输是中国主要运力，2001~2006 期间中国计划投资 420 亿美元建设铁路 7000 千米。中国的航空运输快速发展，2005 年中国的民航用油量达 930 万 t；预计 2010 年将快速增长至 1500 万~1700 万 t。20 世纪 90 年代中国航空客运量增长了 4 倍。

表 3-24 为 2001 年一些国家的人均燃料油消费量数据，说明中国的人均燃料油消费量仍处于较低的水平。随着生活水平的提高、交通运输的发展和私人汽车拥有量的迅速增加，预期运输燃料油消费量将急剧增长。制定“车用燃料消费标准”和城市交通发展规划是至关重要的。

表 3-24　2001 年一些国家的人均燃料油消费量

国　别	2001 年运输燃料消费量/亿 t	人均燃料消费量/(t/年·人)	国　别	2001 年运输燃料消费量/亿 t	人均燃料消费量/(t/年·人)
美　国	6.7	2.30	韩　国	0.36	0.76
欧盟平均	3.7	1.0	印　度	0.45	0.045
日　本	1.0	0.79	中　国	0.98	0.075

根据“可持续发展”情景分析的数据估计，不同时期世界运输燃料消费量占石油消费量的份额见表 3-25。

表 3-25 世界运输燃料消费量与石油、总能源消费量的关系

项目	2000 年	2010 年	2020 年
运输燃料总量/亿 t	21.5	28.5	37.1①
运输燃料中的石油量/亿 t	19.1	23.4	26.5
石油总消费量/亿 t	36.9	39.4	42.5
总能源消费量/亿 t	99.0	118.2	143.9
运输用石油占石油消费量的比例/%	51.8	59.4	62.4①
运输燃料占总能源消费量的比例/%	21.7	24.1	25.8

① 运输燃料中包括石油产品和替代燃料。

资料来源：根据“IEA Energy to 2050”数据整理。

表中运输用油量中包括来自石油的产品和其他替代燃料，故实际消费的石油燃料约占石油消费量的 40%~50%。

表 3-26 为 2005 年中国各个部门的运输燃料油消费量的统计数据。交通运输用油占 50%左右。

随着交通运输量的快速发展和私家汽车数量的增加，运输燃料的消费量将快速增长，在石油产品总消费量中的份额将不断增长。国家制定适宜的交通运输发展规划和控制私家汽车的发展、节约运输燃料消费是能源发展规划的重要课题。

表 3-26 2005 年中国各个部门的运输燃料油消费量

项目		总消费量/万 t	按部门的消费量/万 t						
			交通运输	工业	农林	建筑	批零餐饮	生活	其他
汽油		4852	2470	462	228	172	299	303	918
煤油		1076	882	58	2	—	3	25	106
柴油		10972	5019	2091	1838	387	486	136	1015
合计	万 t	16900	8371	2611	2068	559	788	464	2039
	%	100.0	49.5	15.5	12.2	3.3	4.7	2.7	12.1

资料来源：根据国家统计局 2006 年数据整理。

2）美国的运输燃料消费

据“IEO—2007”预测：2004~2030 年期间，美国运输燃油消费量将从 7.0 亿 t 增长至 2030 年的 9.9 亿 t；同期美国的石油总消费量将从 10.4 亿 t 增至 13.3 亿 t。美国运输燃料消费量与石油消费量、总能源消费量的关系见表 3-27。

表 3-27 美国运输燃料消费量与石油、总能源消费量的关系

项目	2001 年	2025 年
运输燃料消费量/亿 t	6.70	10.4
石油总消费量/亿 t	9.80	14.2
总能源消费量/亿 t	24.4	34.4
运输燃料占石油消费量的比例/%	68.4	73.2
运输燃料占总能源消费量的比例/%	27.5	30.2

20 世纪 70 年代美国的运输燃料消费量以年均 2.0%的速率增长；至 80 年代，由于油价

上升和执行“联邦燃料油使用效率标准”，使燃料油消费增长率放缓。预测期间美国运输燃料消费量将呈高增长趋势，这是由于：

a）人均出行率增多；

b）由于预测油价会保持稳定和没有采用“燃料效率”新标准，所以燃料油使用效率的提高速度低于前20年。

在2001~2025年期间，轻型汽车的燃料效率有可能提高6%；由于预期油价将走低和人均收入将提高，所以大功率汽车需求量将增加。同时，新材料和先进技术的应用会使汽车性能提高，燃料效率将获得改善。

轻型货车的油耗可从2001年的8.8km/L(相当于百公里油耗量11.4L)，至2007年提高到9.4km/L(百公里油耗降至10.6L)。小汽车的油耗标准将保持目前的水平。预计航空部门油耗将有较大的降低，效率提高22.2%。2001年，美国航空运输用油的年均增长率为1.8%，从2001年的0.71亿t增至2025年的1.02亿t。同期铁路运输的燃料消费从0.12亿t增至0.14亿t。2025年铁路客运的燃料消费量为400万t，城市公交巴士的燃料消费量为620万t。非公路运输的燃料消费量占美国运输燃料总消费量的20%。

预计2025年将有一部分轻型车辆使用替代燃料以满足环境要求和一些州关于节约燃料的立法(例如加州的“汽车排放计划”规定：强制购买低排放、超低排放或零排放汽车)。2025年，采用先进技术(包括使用替代燃料和先进发动机)的汽车年销售量将达390万辆，占轻型汽车年销售量的19%。灵活使用乙醇燃料的汽车销售量可达140万辆。2000年，由本田公司和丰田汽车公司向美国汽车市场推出的“混合电动汽车”(Hybrid)，销售情况良好，预计2010年销量可达75万辆，2025年可增至110万辆。据了解，Hybrid汽车价格高于常规汽车，在油价平稳的情况下，仍有一部分消费者宁愿购买油耗较高的常规汽车。2010年，直接涡轮喷射的柴油汽车销量将达71.6万辆，2025年将增至100万辆。

推动先进技术汽车销售量增长将主要依靠联邦和一些州政府强制实行燃料经济标准、排放标准和其他能源条例。预期未来的混合电动汽车、燃料电池汽车和电动汽车大部分销售量是由于各个州政府制定的标准和条例的执行。

美国的人均运输燃料消费量高于其他国家可以从以下几项宏观指标说明：

a）千人拥有轻型汽车量。发达国家>400辆；俄罗斯及拉美国家>100辆；中国20辆；非洲低于10辆；美国670辆。

b）人均交通量。欧盟各国1.3万km；中国0.2万km；非洲0.17万km；北美洲2.15万km。

c）按2001年美国运输燃料总消费量6.7亿t计，人均运输燃料消费量为2.35t/(人·年)。

3）西欧的运输燃料消费

运输燃料油消费将缓慢增长。总消费量从2001年的3.7亿t增长至2025年的4.0亿t；占能源总消费量的比例从23%减少至21%。人口出生率下降、运输燃料高税率和严格的环保政策使运输燃料消费的年均增长率保持在0.3%左右。

石油仍将是西欧的主要运输能源，大部分石油需求的增长量都是用作运输燃料。运输燃料中以航空燃料增长得最快。柴油需求的增长率将高于汽油，因为多数西欧国家执行了柴油税率低于汽油的政策。

欧盟委员会决定开放欧盟各国的公交系统，包括城市巴士、电车和地铁在区域内开放。还鼓励私营企业参与竞争，从而创造更有效的城市间公共交通系统。

按照2001年欧盟运输燃料消费量为3.7亿t计算，人均运输燃料消费量为1.0t/(人·年)。

4）日本的运输燃料消费

由于日本人口老龄化和出生率低(2001~2025年期间，预计人口数从1.27亿减少至1.23亿)，预计运输燃料消费年均增长率为0.6%，运输燃料消费量从2001年的1.0亿t增至2025年的1.14亿t。

2001年日本小汽车拥有量为5350万辆、商用车1980万辆，平均2.3人拥有一辆汽车。日本向汽车主征收多种赋税，目的是为了减少石油进口和用于道路的建设和维修。为了保护环境，对微型汽车执行优惠税率。

日本的航空、海运、港口和铁路运输均较发达。

日本的替代燃料技术处于领先地位，开发、生产了混合动力(Hybrid)汽车技术。约有30万辆货运卡车和城市出租车使用LPG燃料，还有许多使用液化天然气(LNG)为燃料的汽车。1997年日本丰田公司推出了世界第一台Minivan型混合动力(Hybrid)汽车，计划于2005年向世界销售30万辆Hybrid汽车。

5）韩国运输燃料消费

2001~2025年期间，预计韩国运输燃料需求量将从0.36亿t增长至0.57亿t，年均增长率为2.0%。同期总石油需求量从1.05亿t增至1.45亿t，年均增长率为1.5%。石油总增长量的一半用于运输用油的增长。

韩国政府从2005年开始容许销售柴油汽车。柴油价格为汽油的60%，预期柴油车将迅速普及。2001年韩国小汽车拥有量为900万辆，商务车400万辆；韩国的小汽车拥有率为5.3人/辆。

6）印度运输燃料消费[7]

预计2001~2025年期间，印度运输燃料需求量将从0.45亿t增长至1.26亿t，年均增长率为4.4%。2025年运输用油将占印度总能源消费量的25%。印度的铁路交通发达。2001年小汽车拥有量为490万辆，商务车690万辆，小汽车拥有率为193人/辆。

印度实施发展高速公路计划，第一阶段建成了从德里至主要城市的高速公路网，总里程达5800千米；第二阶段计划建设高速公路网6700千米。

2. 节约运输燃料油消费已经为各国共识

节约能源、保护环境已经成为当今所有国家和公众的共识。由于运输燃料主要来自石油，因此节约运输燃料对于减少石油消费量就更具有重要意义。发达国家在改进发动机效率、节约燃油、改善行车效率和交通运输系统以及调整运输模式等方面采取措施并根据自己的实际情况制定和实施不同的鼓励、约束政策，以推动节约燃油、减轻排放。这些都值得参考、借鉴的。扼要说明如下：

1）改进发动机和汽车技术，提高燃油效率

小汽车的燃料效率及改善措施。分析近20年来小汽车发展形势可以看出几点：

① 1980~2000年的20年间，小汽车的每百千米燃料消耗量变化不大。从9~10L/百km下降至8~9L/百km，即约下降了15%。

② 同一期间，按“单位车身重计算的百千米油耗”的小汽车效率则持续稳定上升，约从0.008[耗油量(L/百km)与车身重量(kg)之比]下降至0.0055，即降低了30%左右。

③ 小汽车功率增大，使得车身重量约增加了 11%~25%。欧洲产小汽车的车重从 1t 左右升至 1.2~1.3t；美国从 1.38t 提高至 1.5t。

④ 小汽车的行驶里程持续增加，导致燃料消费总量增加。

这些情况表明：近 20 年来小汽车的单位功率燃料消费量降低了，但是，有一部分提高的效率被汽车功率的增大所抵消了。预期未来时期内，汽车的行驶里程将持续增长，造成燃料消费量的增长是对减少石油消费和减少温室气体排放的挑战。

依靠现有的发动机和汽车生产技术改善汽车的燃油效率在今后一段时期内仍是改革的重点。包括降低发动机能耗和提高机械传动效率两个方面。降低发动机能耗方面，可采用铝合金、塑料及轻型复合材量降低车身重量，改善车体的流线型、降低阻力系数，使用先进的合成润滑油降低发动机磨耗，采用硬质橡胶和改进花纹降低轮胎的摩擦力等。在提高机械传动效率方面包括提高压缩比改善热动力学效应、设定燃烧速度与负荷的最佳匹配、在零功率时使发动机空转或减速、利用排气热量等。据估计，采取这些措施后节约燃料效率可能达到 10%左右。

使用柴油发动机的节约燃料效果是显著的。先进的涡轮直接喷射(TDI，turbo-direct injection)柴油发动机的每千米燃料消耗量可比常规柴油机减少 10%~15%；比非直接喷射汽油机减少 25%~35%。TDI 柴油车的 CO_2 排放量可比汽油车减少 20%~25%。2000 年西欧的汽车销售总量中，有 25%为柴油车；美国销售的柴油车很少。

在目前的油价下，常规汽车的百公里燃料消耗量可望于 2010 年后实现比目前降低 20%~25%的目标。

除非在政策干预条件下，混合动力汽车和燃料电池汽车将无法在节约燃料和降低温室气体排放量方面发挥效应。

燃料电池汽车正处于需要政策扶持的关键时期，需要从政策上对制造商和消费者给予扶植和奖励才能使燃料电池汽车跨越过技术、经济障碍。预期大量推入市场还需要十几年甚或更长的时间。

日本从 1998 年就实行了对购买混合动力汽车给予 3500 美元的价格奖励。

2) 改善汽车的行车效率

汽车在试验台上的效率不同于在道路上行驶的效率，节约燃料消费必须提高汽车在道路上行驶的效率，因为提高功率的新型汽车实际使用情况与其试验性能相差甚远。改善汽车行驶状况、节约用油可采取的措施包括：

限制行车速度(例如新型汽车在时速为 120km/h 的油耗比 90km/h 的油耗高 30%)；

通过驾驶员培训、改进驾驶技术可达到节约用油 15%~25%的效果。例如汽车加速时降低发动机转数，发动机空转超过一分钟就关闭发动机，轮胎保持正常压力等。

3) 减少小汽车的行驶里程

改善城市公交系统：城市公交系统能否替代私家车取决于国情。数据表明，大多数国家的巴士和铁路的人均公里能耗只有小汽车的一半。但是，美国、法国的数据是汽车的能耗强度与城市巴士、铁路公交能耗强度差别很小。在许多国家中，城市公交系统对私人汽车的优势已经消失。因此，若不能使更多的乘客改乘公交车而扩充公交系统就无法使 CO_2 排放量下降。

应该指出，结合中国的国情发展城市公交系统仍是十分必要的。因为中国人口众多，城市发展快、道路和系统设施不足，不可能走西方的发展道路。“公交车越快速，服务越好，乘客就会越多”。例如美国的洛杉矶市、丹麦的哥本哈根近年来均在积极发展现代化的城市公交系统，吸引私家车主改乘公交巴士。

通过改变征税方式可以实现减少私家车的使用次数或行车里程。例如可以通过"税改费"的方式将燃料税改为征收"道路通行费"。就是每通过道路系统一次，按公里数向驾车人收取的费用。这样车主就可以清楚地知道每次出行的实际成本，从而使车主减少用车或改用其他出行方式(例如 Car-pooling——小汽车共用制度)。

还有其他类似的道路通行费用，可以减少道路的车辆通过流量，达到节约燃料、改善交通的作用。

一些国家为了节约燃料消费、改善城市交通状况采取的措施包括：

(1) 制定更严格的"车用燃料油效率标准"，从而加速汽车能效的提高；

(2) 积极发展城市公交系统，发展轨道交通以期减少私家汽车的发展；

(3) 结合实际制订城市规划方案，尽可能缩小城市规模和发展卫星城市以期减少城市交通量；

(4) 推广 LPG 燃料汽车，进而推广混合动力汽车、燃料电池汽车的发展；

(5) 通过税收政策推动节约运输燃料消费，鼓励非化石燃料产业的发展及其产品的应用。如逐步取消对化石燃料的补贴和税收减免；制订可再生能源的"绿色能源定价"方案，以促进从化石能源向可再生能源的过渡和推动"零碳燃料"的发展。

(6) 制定经济政策，通过市场手段保护环境、减少温室气体和大气污染物的排放；

(7) 结合实际情况，建立"小汽车共用制度"(Car-pooling)，使人们按照需要使用汽车，而不必自己拥有私家车，从而避免城市交通拥挤和堵塞。

以上措施均为具有共同性的一般政策措施，可供参考。

二、工业部门石油需求量[2]

2001 年，工业化国家工业部门的能源消费量约占全世界工业用能源总量的一半，而美国工业部门的能源消费又占工业化国家工业部门能源消费总量的一半。但是，按单位 GDP 产值计的能源消费量，工业化国家却比东欧及俄罗斯、发展中国家低得多。这是因为工业化国家工业部门的能源利用效率高和工业结构中低能耗产业份额较高等原因。例如：过去 20 多年来，美国的工业总产值中制造业的份额稳定下降，而服务业的产值比例则不断攀升(服务业的能耗列入商业部门之中)。此外，美国制造业产值中，高耗能产业(钢铁等)的份额也比较低。预计这种趋势将继续发展。不过，按人均工业能耗计算，工业化国家的人均工业能耗仍高于东欧和俄罗斯以及发展中国家。

随着全球化趋势和国际贸易的增长，其他工业化国家的产业结构也将向低能耗工业发展。例如：许多日本重工业产值正在下降，所需要的高耗能材料则转向从中国等其他亚洲国家进口。从 20 世纪 90 年代开始德国的工业能耗开始下降，主要是由于关闭、改组了前东德的重工业。德国还停产了许多低效率、高耗能的企业。

高能耗工业生产逐渐向外部转移就是工业化国家能源消费下降的原因之一。

东欧和俄罗斯的工业能源强度系数高于工业化和发展中国家。主要原因是：

① 向市场经济过渡比较缓慢；

② GDP 总产值中，工业产值所占的比例较高，服务业相对较弱；

③ 工业产品主要靠前苏联留下来的设施，设备更新较缓慢，能耗高。随着俄罗斯逐渐向市场经济过渡，地区的工业能源强度系数将快速下降。由于具有丰富的天然气资源，俄罗斯工业部门的能源消费有一半是使用天然气。

2001 年，发展中国家工业部门的能源消费占世界工业总能源消费量的 40%，由于预期经济将快速增长，所以2025年这一地区的工业能源消费量将提升至占世界工业总能源消费量的50%。且发展中国家的工业能源强度系数将缓慢下降，逐渐接近于工业化国家的水平。

另据"IEO—2007年"预测，2030年期间世界液体能源消费量将增长至60亿t，其中工业用量约占27%(16亿t)，大部分用作生产石油化工产品的原料。

中国是发展中国家中经济发展最快和工业能源消费量最多的国家。中国将继续发展能耗最多的钢铁、化工行业的生产能力以满足国内需要和供应世界市场。为了满足人民生活水平提高的需要，中国还将发展轻工业，为国民供应更多的消费产品。

据2001年数据：中国工业部门的能源消费量占当年总能源消费量的68.4%，石油消费量占总石油消费量的49.9%。

受产业结构和能源利用水平等因素的影响，中国的能源强度系数仍然较低。

三、商业部门石油需求量

广义的"商业部门"包括商业、服务和社会、教育服务机构，如学校、商店、旅馆、餐馆、医院、展览馆、博物馆等各个行业。

经济发展和人口增长会推动商业的发展和能源消费量增长，人口增长还会导致卫生、教育、商店、银行等服务业的发展。经济发展会使经济、商务和旅游活动增多，促进旅馆和餐饮业的发展。

工业化国家的人口出生率普遍下降，故预期商业部门的能源消费量也将下降。随着家用电器等耗能设备的更新将会导致能源需求量呈中等增长趋势。另外，随着工业化国家经济的强劲增长，会使商务活动和相应的能源消费相应增加，包括零售、批发业务，商务活动，金融及旅游服务等。

发展中国家的的商业能耗一般低于工业化国家和经济转型国家。但是，随着经济增长和商务活动的增多，将会促进服务业能源消费的增长。人口快速增长将导致学校、医疗和社会服务的发展以及能源消费的相应增长。

发展中国家的电力需求将快速增长。中国的服务业和商务活动的增加将使天然气和液化石油气(LPG)需求增加。

统计数据表明，2001年中国批发、零售和餐饮业的一次能源消费量为3160万t(标煤)，占当年能源总消费量的2.4%；煤炭消费量为570万t(原煤)，石油产品消费量为810万t，分别占当年总消费量的0.6%和2.5%。

四、民用燃料需求量

民用能源是指家庭消费的能源(不包括出行、交通用)。民用能源的种类随国家而异，取决于收入水平、可获得的能源品种和能源基础设施情况等因素。发达国家的民用能源消费量一般高于发展中国家，主要是因为使用了更多的耗能设备。

工业化国家的民用能源消费情况基本一致。虽然各个国家取暖、供应热水所使用能源品种不同，近年来的趋势是以天然气为主，而不愿使用煤炭、石油或生物质燃料。北欧各国水电发达，化石燃料的税率较高，电力取暖更为普遍。

不同国家的室内温度调节和供应热水的方式也各不相同，美国以中央空调和集中供应热水为主，故能耗比分散式空调和室内热水器高。西欧国家和日本处于温带地区，夏季气温不高，使用中央空调相对较少。

发达国家普遍使用更多的家用电器设备，这部分耗电量在能源消费量中占较高的比例。

预计发展中国家未来民用能源消费量的增长将快于其他地区。随着中国、印度的人口增长和城市化的加速，将使民用能源消费快速增长。农村电气化和人均收入的提高会促进家用电器的普及，导致用电量的增长。最贫困国家的居民仍使用木材、薪柴和废料作炊事、热水和取暖用燃料。由于土地开发、人口增长的原因，不花钱的木材就会越来越少以致最终被用尽。当人们收入增加后，就会转向使用石油产品或天然气之类的商品能源作为生活用燃料。

中国城市民用能源情况是，在北京、上海等特大城市以天然气和 LPG 为主；在大部分中、小城市和城镇仍以煤炭为主。人均电力消费水平仍较低。据 2001 年数据，中国的人均电力消费为 141kWh，生活用电量占全国总消费量的 12.5%。广大的农村仍使用薪柴、庄稼秸秆作燃料，随着生活水平的不断提高，就会转向使用煤炭、石油产品或天然气等商品能源作为生活燃料。所以预期民用能源的消费将快速增长。

从我国的能源消费情况看，仍然存在着巨大的城乡差别。还有约 7.5 亿农村人民没有使用现代能源。在经济发展和能源消费急剧增长的情况下，全面提高居民标准，让更多人使用现代能源，过上充实、舒适的生活就需要增加民用能源的供应量。

第五节　世界石油的供应

一、石油生产能力

本书第一章第二节已经介绍了世界石油生产能力的预测数据。

据“IEO—2007”预测，为了满足 2030 年世界石油消费量，世界石油生产能力需要在 2004 年产能（42 亿 t/a）的基础上，将常规石油产量扩大至 54 亿 t/a，非常规石油产量达到 5 亿 t 油当量。即需要增加产能 17 亿 t/a（常规石油 12 亿 t，非常规石油 5 亿 t）。常规石油的总产量的 50%预计将靠欧佩克产油国提供，由波斯湾产油国提供的产量将占总供应量的 35%左右。

所需要的非常规石油产量（5 亿 t）中包括油砂沥青和特重原油 2.8 亿 t，其余部分为生物燃料、煤和天然气生产的替代燃料。

1. 欧佩克国家石油生产能力

预计至 2030 年，欧佩克产油国家需要在 2004 年产量（16.5 亿 t）基础上再增加生产能力 11 亿 t/a，使石油生产量达到 27 亿 t 左右，波斯湾地区的产油量应达到 19 亿 t 左右。

波斯湾地区的欧佩克产油国家的石油储采比超过 100 年，单井产油量高，平均生产成本低于 2 美元/桶。油田开发、建设的投资也远低于其他地区。据统计，在波斯湾地区建设油田，每万 t/a 生产能力的投资成本只有 120 万美元。在生产期内，油田的开发、生产成本只相当于毛收入的 28%。这表明，在波斯湾欧佩克产油国扩大生产能力的投资成本最低，生产效益最好。同样，在其他欧佩克产油国建设每万 t/a 生产能力的投资成本一般为 260 万美元左右。在生产期内，油田的开发、生产成本相当于毛收入的 46%。经济效益明显不如波斯湾地区的欧佩克产油国。

波斯湾地区以外的欧佩克产油国也可大大提高生产能力。主要包括尼日利亚的海上油田、阿尔及利亚和委内瑞拉等国的油田。根据石油资源量，委内瑞拉可以扩大生产能力 5000 万 t/a，至 2025 年的产能可达到 2.1 亿 t/a。

表 3-28 为一些国家和地区的油田单井产油量数据。可以看出，中东地区的油田生产能力远远高于其他地区的油田。中国油田的平均单井产油量低于世界平均值，美国油田多为二

次或三次采油，单井产油量最低，经济效益也差。

表 3-28 一些地区和国家油田的单井产油量

国家或地区	单井产油量/（万吨/井·年）	国家或地区	单井产油量/（万吨/井·年）
中东地区	9.43	东欧及前苏联	0.26
其中：沙特阿拉伯	28.8	俄罗斯	0.28
伊　朗	16.7	亚太地区	0.4
科威特	11.7	中国	0.21
伊拉克	6.3	北美洲和南美洲	0.13
非洲	4.2	其中：美　国	0.06
其中：阿尔及利亚	3.4	加拿大	0.20
尼日利亚	5.6	墨西哥	4.24
西欧	4.7	委内瑞拉	1.08
其中：英　国	10.3	世界平均	0.36
挪　威	25.2	OPEC 产油国平均	3.8

注：表中数据根据 OGJ 统计资料计算。

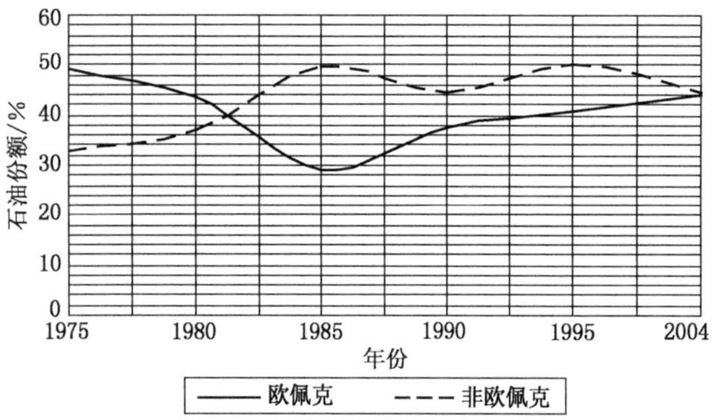

图 3-1 欧佩克和非欧佩克国家历年石油产量份额变化

2. 非欧佩克国家石油生产能力

由图 3-1 可以看出，过去 30 多年来，非欧佩克国家的石油产量持续增长，已占领了一部分欧佩克的石油市场。非欧佩克产油国家从 20 世纪 80 年代中期开始，石油产量逐渐超过了欧佩克国家的产量。70 年代，北美洲成为非欧佩克主要产油地区；80 年代随着北海油田和墨西哥产油量上升，也成为非欧佩克主要产油地区；90 年代新增的非欧佩克石油产量主要来自拉丁美洲、西非洲、中东的阿曼、也门等非欧佩克国家。预计至 2030 年，非欧佩克的石油产量可从 2004 年的 17 亿 t 增长至 28.4 亿 t。俄罗斯和中亚地区是欧佩克产油国之外的主要石油增产地区，中南美洲的石油生产能力也将有一定程度的增长。

二、石油贸易

2006 年的世界石油贸易量和石油进出口流向情况如表 3-29、表 3-30 所示[5]。

表 3-29 2006 年世界石油贸易量

项　目	进口量/亿 t			出口量/亿 t		
	原　油	成品油	合　计	原　油	成品油	合　计
美　国	5.027	1.682	6.709	0.027	0.604	0.631
加拿大	0.423	0.135	0.558	0.888	0.261	1.149
墨西哥	—	0.201	0.201	0.975	0.069	1.044
中南美洲	0.337	0.240	0.577	1.169	0.638	1.807

续表

项　目	进口量/亿 t			出口量/亿 t		
	原　油	成品油	合　计	原　油	成品油	合　计
欧　洲	5.336	1.314	6.65	0.292	0.759	1.051
前苏联	—	0.056	0.056	2.746	0.785	3.531
中东地区	0.101	0.073	0.174	8.846	1.167	10.013
北非州	0.091	0.084	0.175	1.282	0.311	1.593
西非洲	0.029	0.075	0.104	2.265	0.075	2.34
东南非洲	0.256	0.064	0.32	0.111	0.008	0.119
澳大利亚	0.251	0.139	0.39	0.066	0.041	0.107
中　国	1.458	0.459	1.917	0.096	0.135	0.231
日　本	2.086	0.484	2.57	—	0.055	0.055
新加坡	0.528	0.558	1.086	0.009	0.583	0.592
其他亚太地区	3.403	1.015	4.418	0.436	0.720	1.156
其　他	—	—	—	0.117	0.368	0.485
世界合计	19.326	6.578	25.904	19.326	6.578	25.904

表 3-30　2006 年世界石油进出口贸易量

项　目	贸易量/(万桶/d)	%	项　目	贸易量/(万桶/d)	%
进口国家或地区			中南美洲	368	7.0
美　国	1361	25.9	加拿大	233	4.4
西　欧	1346	25.6	墨西哥	210	4.0
日　本	520	9.9	北　非	323	6.1
其　他	2029	38.6	西　非	470	8.9
合　计	5256	100	欧　洲	217	4.1
出口国家或地区			亚太地区	431	8.2
中东地区	2020	38.4	其　他	268	5.1
俄罗斯	716	13.6	合　计	5256	100

从表中数据可以看出，美国、欧洲和日本等工业化国家进口的原油和石油产品量占当年世界石油贸易量的 60%以上；中东、俄罗斯和中亚地区、非洲和中南美洲地区是石油主要出口地区，占当年世界石油总出口量的近 75%。

2006 年中国原油和石油产品的进口量分别为 1.458 亿 t 和 0.459 亿 t，近年来呈逐年递增的趋势。

据“IEO—2006 国际能源展望”预测，2030 年的世界石油贸易量将增长至 38.7 亿 t。其中，出口至工业化国家(OECD)20 亿 t，至非工业化国家 18.7 亿 t，具体参见表 3-31。

表 3-31　2003~2030 年世界石油贸易情况

项　目	出口至工业化国家		出口至发展中国家	
	亿 t	占总贸易量的份额/%	亿 t	占总贸易量的份额/%
2003 年				
总贸易量：26.4 亿 t	16.2	61	10.2	39
其中：OPEC 输出量，15.8 亿 t	8.9	34	6.9	26
非 OPEC 输出量，10.6 亿 t	7.3	27	3.3	13
2030 年(预测值)				
总贸易量：38.7 亿 t	20.0	52	18.7	48
其中：OPEC 输出量，24.2 亿 t	10.5	27	13.7	35
非 OPEC 输出量，14.5 亿 t	9.5	25	5.0	13

从表中数据可以看出，工业化国家的进口石油量虽有所增长，从 2003 年的 16.2 亿 t 增至 2030 年的 20 亿 t。但其在石油总出口量中的份额却缓慢降低，预计将从 2003 年的 61%降低至 2030 年的 52%。这是因为预测期间发展中国家(尤其是亚洲的发展中国家)的经济迅速增长，石油需求量增大，因而导致世界石油出口量迅速向发展中国家(尤其是亚洲地区)转移。预期至 2030 年，向发展中国家输出的石油总量将从 2003 年的 10.2 亿 t 迅速增长至 2030 年的 18.7 亿 t，净增长量达 8.5 亿 t，占石油总贸易量的 48%。

2003~2030 年期间，OPEC 国家的石油出口量份额将从 2003 年的 60%升至 2030 年的 63%，略有增长。

中国自 1993 年成为石油净进口国以来，原油进口量逐年递增。2006 年的石油进口量为 1.917 亿 t。进口情况分布：中东 39%；非洲 23%；俄罗斯 13%；亚太地区 18%；中南美洲 7%。

按照“IEO—2007”的预测，2030 年我国的石油进口量将达 4.3 亿 t，将主要来自波斯湾地区产油国、俄罗斯和中亚地区，非洲和中南美洲也将是进口来源。为了实现石油供应的安全和稳定性，应积极开发石油进口的途径。

第六节　石油产能峰值和补充替代

一、石油供需的矛盾

自 19 世纪中期开始了石油工业化开采以来，经历一百多年的勘探和开采，形成了规模庞大的石油工业。勘探范围从地下浅层构造到深层构造，从大陆到海洋，从浅海到深海，除北极圈和某些海域外，已经基本掌握了世界石油总资源量，探明可采储量超过 3000 亿 t，剩余可采储量约为 1700 亿 t。根据 USGS(美国地质调查局)2000 年的报告，按照不同的概率计算，待发现的可采储量在 700 亿~2200 亿 t 范围之内，探明剩余可采储量约 1300 亿 t。扣除已开采量(980 亿 t)之后，最终石油资源量在 2400 亿~5100 亿 t 范围之内。按平均值计算的最终石油资源量应为 3601 亿 t。详见表 3-32[9]。

其他有关资料见本书第一章第二节。

表 3-32　世界石油最终资源量估计　亿 t

项　目	待发现可采储量	增长储量	探明剩余可采储量	已开采量	合　计	最终石油资源量
按概率 5%计						
原油	1650	1500	1210	970	5330	
凝析油	530	115	103	10	758	
合计	2180	1615	1313	980	6088	5108
按概率 50%计						
原油	936	925	1210	970	4041	
凝析油	268	76	103	10	457	
合计	1204	1001	1313	980	4498	3518
按概率 90%计						
原油	540	350	1210	970	3070	
凝析油	138	36	103	10	287	
合计	678	386	1313	980	3356	2376
按平均值计						
原油	990	930	1210	970	4100	
凝析油	293	75	103	10	481	
合计	1283	1005	1313	980	4581	3601

资料来源：根据 USGS 资料整理。

按照“BP2007 年世界能源统计”报告，2007 年末剩余可采储量为 1686 亿 t 和 USGS 估计的最终石油资源量(按 3600 亿 t 计)，石油产量的峰值有可能于 21 世纪中期出现。

目前常规原油每年产量约 42 亿 t，满足需求后现有产能剩余不多(以 OPEC 产油国家为主)，限产或增产已成为调节原油价格的手段。不同分析数据显示：世界中远期石油需求的年均增长率约在 1.1%~1.4%。2030 年世界石油消费量将维持在 50 亿 t 左右，2050 年有可能达到 60 亿 t 左右(由于常规石油短缺和替代石油的增长，导致年均增长率下降。参见本章第三节)。靠新开发的常规资源、老油田增产显然无法适应，依靠俄罗斯与 OPEC 国家增产也难满足。预期 2030 年后将开始出现石油供需矛盾，严重程度取决于政治、经济和技术进步等多种因素，如不及时未雨绸缪，必然出现全球性的能源危机。

二、石油生产能力的峰值

展望任何化石能源供应的可持续性，一般首先计算其 R/P(储采比)。按照目前的 R/P 值，似乎还可开采 40 年左右。今后每年新探明的储量逐渐下降，而开采量随着世界经济的发展而逐渐增加，可以预见 R/P 值将逐步下降。从另一角度分析，每个油田的产能曲线(以开采时间为横坐标)大体都经历了从低到高，又从高到低的过程，其形状犹如大钟或驼峰，被称为 Hubbert 曲线。这一产能曲线已经得到多个大油田的实践验证。一个理想的模型曲线是由先后陆续发现并开发的 30 个油田组合而成，各油田的发现时间和综合产能曲线见图 3-2。从图上看出油田的发现时间和高峰产能时间大体间隔为 25 年。由于多种因素(构造特性、油气性质、温度压力、生产环境和资金投入等)的影响，实际曲线和理想曲线有出入。以英国油田实际曲线为例，其总体走势见图 3-3[13]，图中马鞍形是外界原因造成的。

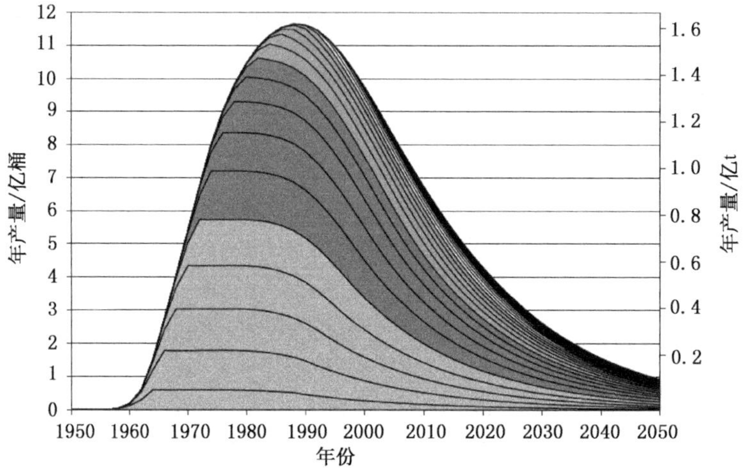

图 3-2 不同油田综合产能 Hubbert 曲线示意

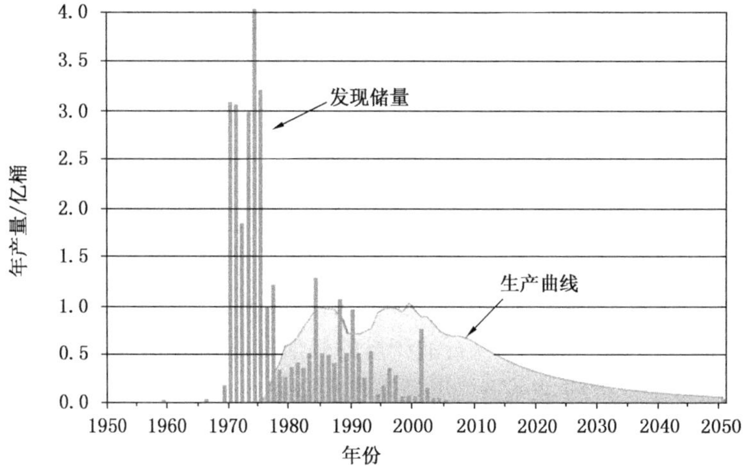

图 3-3 英国油田生产曲线

目前有 63 个产油国处在峰后时期，35 个国家尚未达到峰值。至于全世界石油产量何时达到峰值，EIA 根据 USGS 的数据和设定的 12 种情景（3 种石油资源基数和 4 种产量年均增长率），分析世界石油产量到达峰值的时间是在 2021～2112 年。峰值年的石油产量在 34 亿～106 亿 t。达到峰值年的时间主要取决于石油的资源量和产量的年均增长率等因素。例如：按石油资源量（中值）为 4090 亿 t、石油产量的年增长率按 2%（相当于近年的增长率）计，石油产量将于 2037 年达到峰值年，峰值年的年产量为 72.5 亿 t，详见表 3-33。

另据按 Hubbert 方法预测，在石油资源量为 5030 亿 t 方案下，世界石油产量将于 2030 年达到峰值，峰值年产量为 49 亿 t。

较高的石油资源基数会推迟峰值产量到来的时间。近几十年来，石油资源基数不断攀升，已从 20 世纪 40 年代的 820 亿 t，升至 2000 年 USGS 估算的最高值 5310 亿 t。

以上分析表明，在目前世界经济发展趋势和其他政治因素、技术进步、经济政策等影响下，常规石油产量可持续增长 20 年或更长时间，然后产量将开始下降。

表 3-33　世界石油的峰值产量及峰值年度预测

石油资源量/亿 t	产量年均增长率/%	达到峰值年	峰值年的产量/亿 t
3060	0	2045	33.5
	1	2033	47.5
	2	2026	58.3
	3	2021	66.1
4090	0	2075	33.5
	1	2050	56.2
	2	2037	72.5
	3	2030	66.3
5330	0	2112	33.5
	1	2067	66.5
	2	2047	88.4
	3	2037	106.1

以 Campbell 为代表的一些学者对 USGS 估计的远期储量数据提出疑义，认为所选用的某些数据偏于乐观，例如预测在 1995~2025 年间能够探明 6740 亿桶(923 亿 t)储量，平均每年 250 亿桶(34 亿 t)，但 1995~2001 年间实际平均每年只增长了 100 亿桶(14 亿 t)。Campbell 于 2002 年发表的文章[10]估计已探明剩余可采储量为 9000 亿桶，待探明 1500 亿桶(不包括水深大于 500m 的深海和北极圈的储量)。他判断常规世界原油生产的峰值将在 2010 年到达，预测的 2050 年前各种烃类燃料产量曲线(基准情景)见图 3-4。另一位学者在 2000 年的文章得中出相似的论点，其绘制的 2100 年前世界石油产量 Hubbert 曲线图(附主要产油国剩余储量方框图)见图 3-5。

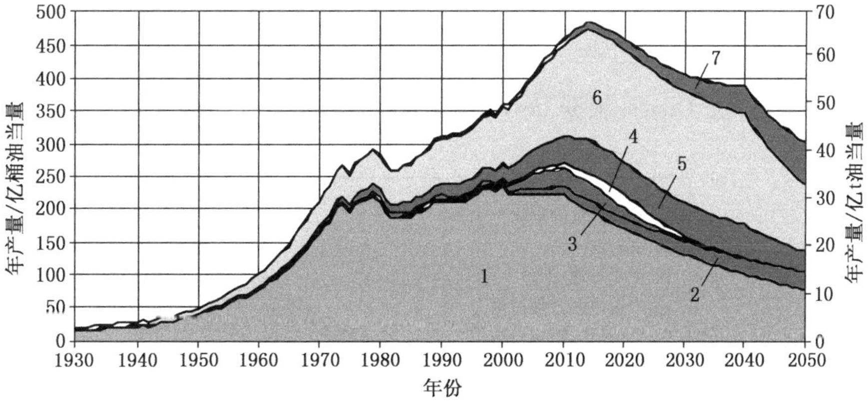

图 3-4　各种烃类燃料产量曲线(基准情景)

1—常规石油；2—重质石油；3—深海石油；4—极地石油；5—凝析油；6—天然气；7—不凝气

在两文发表 6~8 年后的今天审视两图，可以发现被称为悲观派的学者预测的情况并未出现，至少 2010 年世界石油产量不会到达峰值。可见影响石油储量和产能的技术、政治、社会、经济因素过于复杂。既不宜只从单一角度考虑，但也决不该盲目乐观。综合多方面迹象判断，只不过将峰值出现的时间推迟若干年而已。

三、石油的补充和替代

在常规原油生产量未到达峰值之前，供需矛盾虽然不够激化，但通过油价不断上扬已有

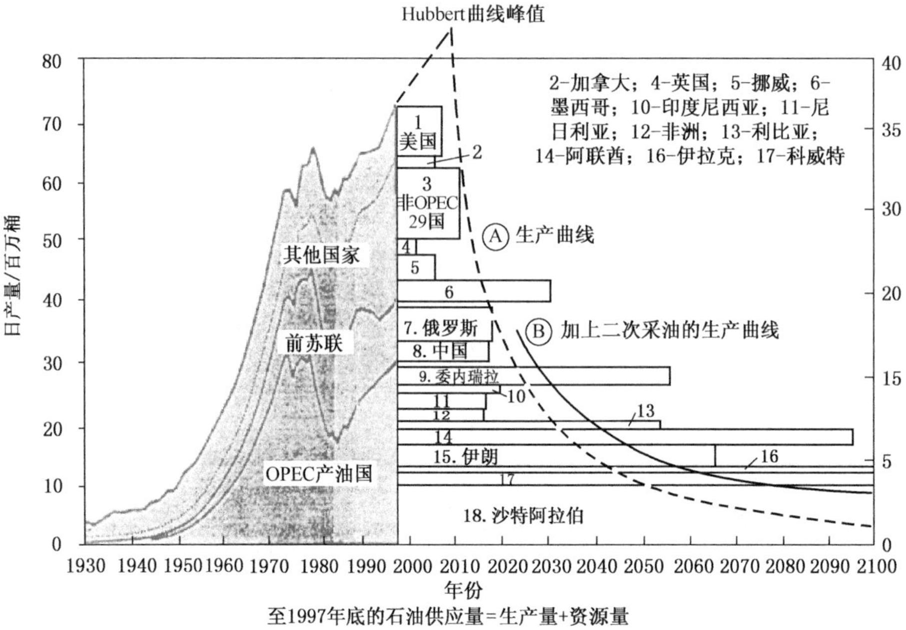

图 3-5　2100 年前世界石油产量预测曲线

所显示。一方面通过提高能效和节能适当地抑制了需求量的上升幅度，另一方面由于发展中国家经济的持续增长，年需求增长率有可能大于 2%。为了避免原油生产越过峰值之后供需矛盾的突然激化，目前必须着手采取各种有效的应对措施。首先考虑的是某些开采和加工成本相对较低、资源较丰富的“非常规石油”(如超重原油与油砂沥青)，当符合价格规律和具备市场条件时逐步增加供给数量，作为常规石油的补充；同时考虑利用富余的生物质资源生产替代石油的运输燃料。

图 3-6 和图 3-7 是 Greene 根据 USGS 储量数据绘制的 2050 年前世界常规石油和非常规

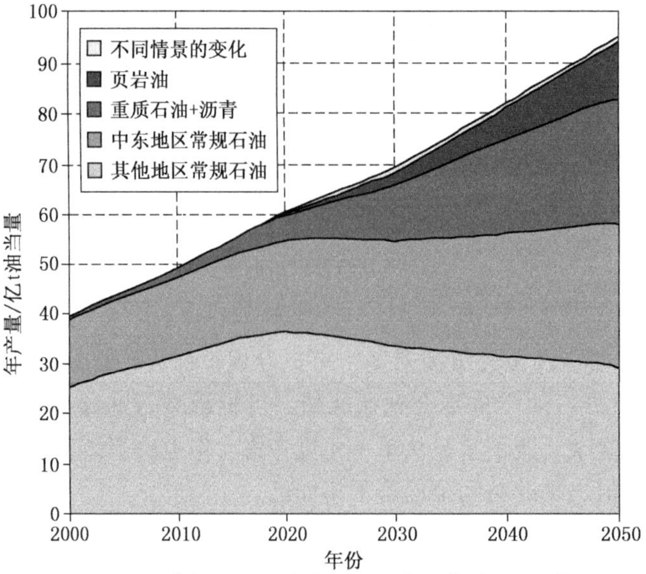

图 3-6　世界常规石油和非常规石油产量曲线(基准情景)

石油产量曲线图[11]。常规石油产量中将中东产油量单独列出，非常规石油包括超重原油、油砂沥青和页岩油。图 3-6 为基准情景的生产量曲线，总产量不断增长。2050 年的非常规石油产量比例将达到总产量的 40%。图 3-7 为低增长情景的产量曲线。2020 年总需求量将达到最大值(49 亿 t)，此后将逐年下降。图 3-8 是 Campbell 于 2003 年发表的世界常规石油和非常规石油产量曲线图[10]。预测常规石油产量将于 2030 年之后大幅度下降。

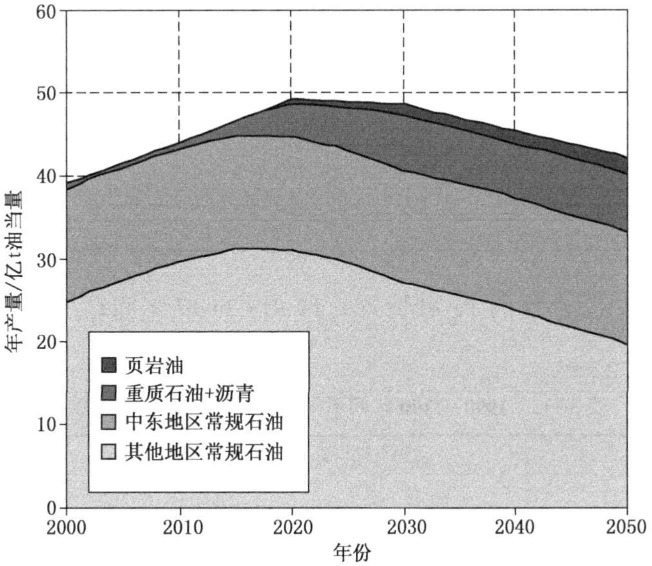

图 3-7　世界常规石油和非常规石油产量曲线(低增长情景)

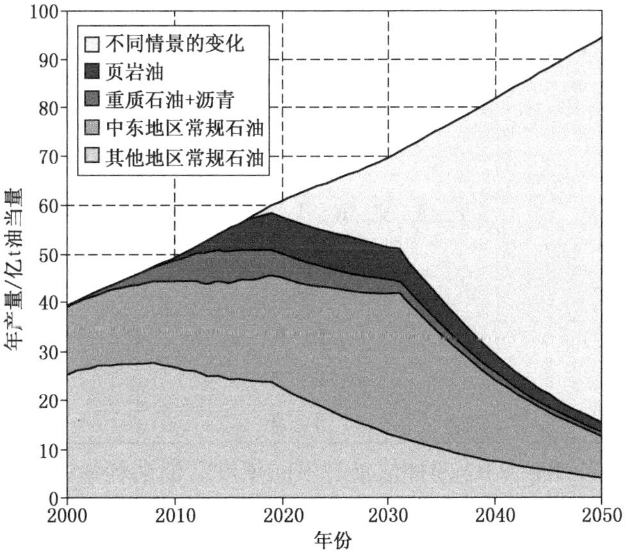

图 3-8　世界常规石油和非常规石油产量曲线(参考情景)

2007 年初，美国能源部和环境保护署联合召开了《世界石油过渡时期的经济与环境因素》讨论会[12]，许多学者发表文章预见 21 世纪世界常规原油资源将逐渐枯竭，为满足社会液体燃料需求而用非常规石油补充和通过其他途径替代的情景。尽管不同学者的数据互有出入，而且推测(含利用模型预测)的结果未必准确，但能够看出总体趋势，对制定技术政策有一定参考价值。现选择其中几篇涉及过渡时期石油补充与替代的具体数据，介绍如下：

IIASA 的 Nakicenovic[15]把常规和非常规石油资源分为 8 类，总资源量见表 3-34。

表 3-34　几种类型石油可采量和预计资源量

类　型	编　号	数量/亿 t
常规石油	Ⅰ、Ⅱ、Ⅲ	2950
常规石油(EOR)	Ⅳ	1380
非常规石油(当前可采)	Ⅴ	450
	Ⅵ	3560
非常规石油及其他(非经济可采)	Ⅶ	5860
	Ⅷ	8380
合　计		22580
已采出		1210

根据 IPCC 和 WEC 合计的 11 种情景，1990~2100 年间动用各类型的石油资源量见表 3-35。

表 3-35　1990~2100 年间不同情景需动用的石油资源量

	动用石油资源类型编号	合计产量/亿 t
SRES(IPCC)情景		
A1B 情景	Ⅰ、Ⅱ、Ⅲ、Ⅳ、Ⅴ、Ⅵ	6070
A1T 情景	Ⅰ、Ⅱ、Ⅲ、Ⅳ、Ⅴ、Ⅵ	4950
A1O&G 情景	Ⅰ、Ⅱ、Ⅲ、Ⅳ、Ⅴ、Ⅵ、Ⅶ	8190
A1C 情景	Ⅰ、Ⅱ、Ⅲ、Ⅳ、Ⅴ	4400
A2 情景	Ⅰ、Ⅱ、Ⅲ、Ⅳ、Ⅴ	4670
B1 情景	Ⅰ、Ⅱ、Ⅲ、Ⅳ、	4100
B2 情景	Ⅰ、Ⅱ、Ⅲ、Ⅳ、Ⅴ	4620
WEC 情景		
A1 情景	Ⅰ、Ⅱ、Ⅲ、Ⅳ、Ⅴ、Ⅵ、Ⅶ、Ⅷ	8100
A2 情景	Ⅰ、Ⅱ、Ⅲ、Ⅳ、Ⅴ	4450
A3 情景	Ⅰ、Ⅱ、Ⅲ、Ⅳ	4140
B 情景	Ⅰ、Ⅱ、Ⅲ、Ⅳ、Ⅴ	4240
C1 情景	Ⅰ、Ⅱ、Ⅲ	2950
C2 情景	Ⅰ、Ⅱ、Ⅲ	2950

选其中 A1B、A1G、B1 和 B2 四种情景时不同年度石油消耗量的曲线示于图 3-9。B1 和 B2 情景最大供应量出现在 2030~2050 年，年产量约 50 亿 t，然后快速下降，2050 年产量只有 10 亿 t/a。A1B 和 A1C 情景动用了Ⅵ、Ⅶ类资源，因而高峰期出现在 2060 年和 2080 年，峰值产量分别超过 80 亿 t/a 和 120 亿 t/a，到 21 世纪末供应量仍分别超过 80 亿 t/a 与 120 亿 t/a。这纯是一种假想，试问获得总量达 14200 亿 t 油当量的Ⅵ、Ⅶ类资源谈何容易！

Grcene[14]用 Monte-carlo 模型模拟常规石油枯竭和市场变化时，并非孤立地考虑常规石油的 Hubbert 曲线，随着非常规石油利用率提高使产量增大，煤制油预计也将增大份额，及时将这两种产品投入市场。按照 IIASA/WEC 的 A1 情景绘成 2000~2050 年基准情况的常规

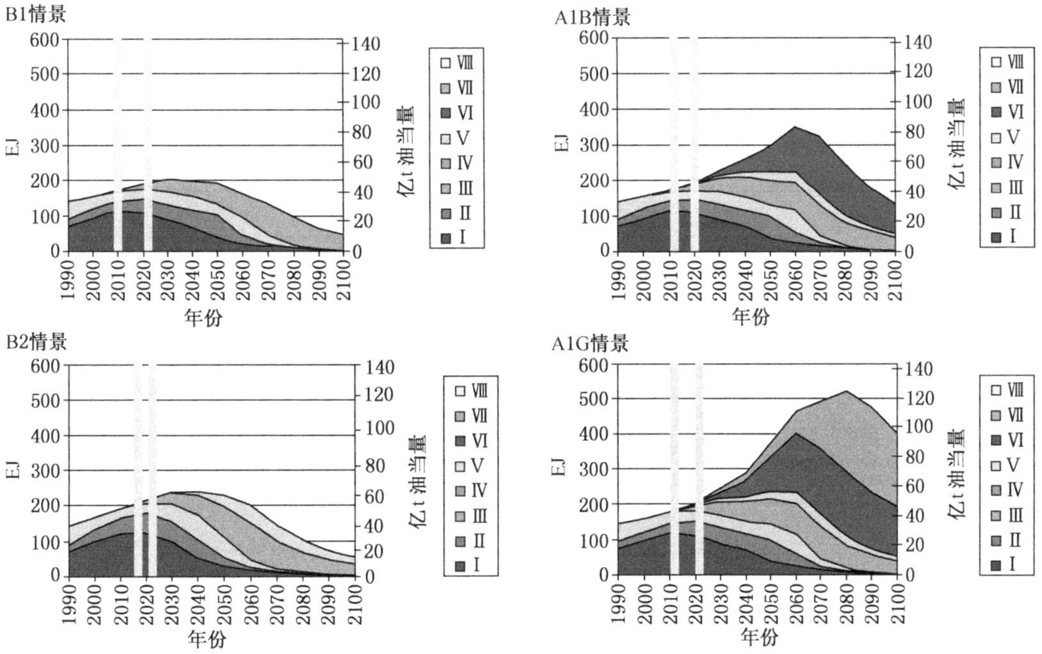

图 3-9　不同情景的石油年产量($1EJ=10^{18}J$)

石油和非常规石油产量曲线，见图 3-10。2020~2050 年期间常规石油产量相对稳定；供需差额主要靠非常规石油及煤制油补充和替代。

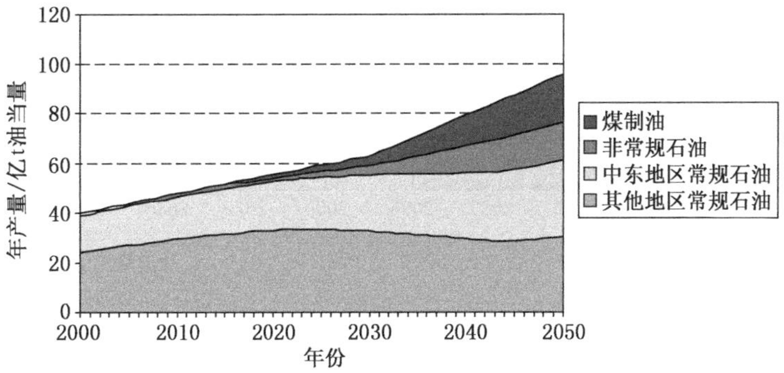

图 3-10　世界常规石油和非常规石油产量(基准情况)

MIT 的 Reilly 教授等[16]依据温室气体排放预测和政策分析建立了 EPPA 模型，提出了 21 世纪前 50 年的石油供应曲线，见图 3-11。2005~2050 年间陆续启动非常规石油(油砂沥青和超重油)、页岩油和生物质运输燃料的规模生产以补充和替代常规石油供应不足。

Clarke[17]使用 Minicam 模型预测世界一次能源和石油消费，参考情景(见图 3-12a)按充分使用既有石油和煤炭资源考虑，当 2065 年后常规石油大量被非常规石油取代，另增加煤制油规模。这样一来为石油补充与替代所产生的温室气体排放量在 2100 年将高达 250 亿 t，大气层二氧化碳浓度升高到 800μL/L，就环境而言显然难以容忍。于是更换为新的可持续发展情景(见图 3-12b)，大量生产生物质液体燃料，减少煤和天然气制油规模，才能保持大气层二氧化碳浓度稳定在 550μL/L。

美国能源部能源信息署(IEA)在 2008 年的《国际能源展望》附件中预测的 2030 年前 3 种

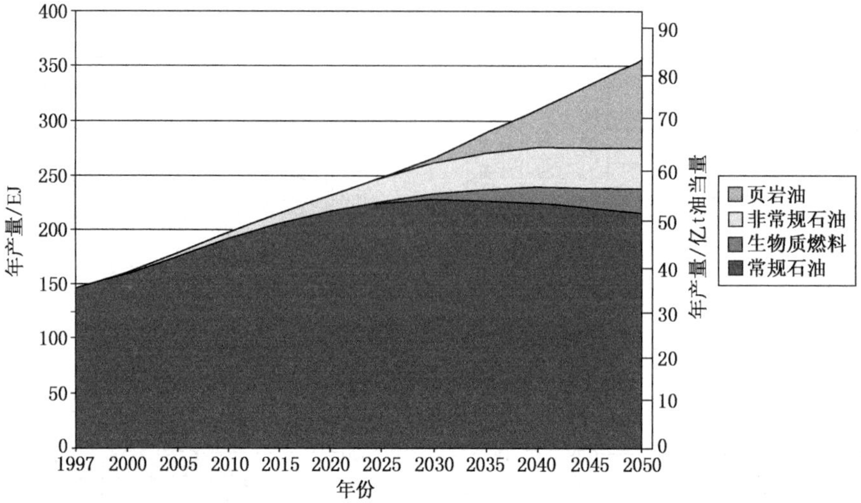

图 3-11　利用非常规石油的一次能源总产量(参考情况)

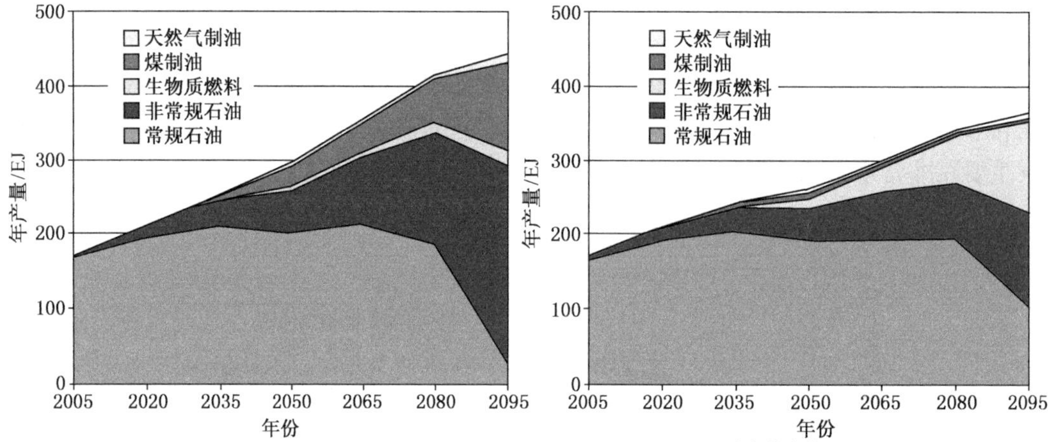

(a)参考情景　　(b)CO_2浓度稳定情景(550μL/L)

图 3-12　世界液体燃料产量

情景下的石油补充和替代数量见表 3-36、表 3-37 和表 3-38(因缺乏密度数据，现在文表数据是将原资料数据按每 200 万桶/d 折合为 1 亿 t/a 的数据)[3]。

表 3-36　世界中长期石油补充和替代数量预测(基准方案)

项　　目	2006 年	2010 年	2020 年	2030 年	2006~2030 年年均增长率/%
非常规燃料产量/亿 t 油当量	1. 30	2. 25	3. 70	4. 85	5. 6
其中：生物质燃料	0. 30	0. 65	1. 05	1. 35	6. 7
油砂沥青	0. 60	0. 95	1. 65	2. 10	5. 5
特重原油	0. 30	0. 45	0. 55	0. 65	3. 2
煤制油	0. 05	0. 10	0. 25	0. 50	8. 2
天然气制油	0. 15	0. 05	0. 15	0. 15	1. 7
页岩油	0	0	0	0	—

表 3-37　世界中长期石油补充和替代数量预测(高油价方案)

项　　目	2006 年	2010 年	2020 年	2030 年	2006~2030 年 年均增长率/%
非常规燃料产量/亿 t 油当量	1. 30	1. 90	6. 15	9. 50	8. 5
其中：生物质燃料	0. 30	0. 65	1. 50	2. 10	8. 6
油砂沥青	0. 60	1. 00	3. 05	4. 35	8. 7
特重原油	0. 30	0. 45	0. 80	1. 15	5. 4
煤制油	0. 05	0. 10	0. 40	1. 35	12. 8
天然气制油	0	0. 05	0. 30	0. 35	13. 6
页岩油		0	0	0. 10	—

表 3-38　世界中长期石油补充和替代数量预测(低油价方案)

项　　目	2006 年	2010 年	2020 年	2030 年	2006~2030 年 年均增长率/%
非常规燃料产量/亿 t 油当量	1. 30	1. 70	2. 15	2. 50	2. 9
其中：生物质燃料	0. 30	0. 60	0. 70	0. 85	4. 8
油砂沥青	0. 80	0. 85	0. 70	0. 70	1. 0
特重原油	0. 30	0. 45	0. 45	0. 55	2. 5
煤制油	0. 05	0. 10	0. 10	0. 15	3. 2
天然气制油	0	0. 05	0. 10	0. 15	0
页岩油	0	0	0	0	—

IEA 报告每年更新一次，长期预测数据随之变动。从新近发布的 AEO(Annual Energy Outlook) 2009 年版得知，2030 年预测数量较 2008 年又有降低。

美国能源部能源信息署同样预测了美国 2030 年前三种情景下的石油补充利替代数量，见各年发布的 AEO。与世界总体对比，美国的补充和替代比重偏低，以致 2030 年按照基准情景和高油价情景预测时，仍需进口约占消费量一半的原油和油品。为此美国能源部 NETL 实验室专家于 2007 年从国家能源安全角度，并充分考虑美国资源和生产研发技术潜力，针对 AEO 2007 提出的长远石油替代指标提出了修改意见，认为 2030 年高油价情景时，除原来已经考虑的每年增加 1. 05 亿 t 的煤制油和页岩油之外，提出还能增加油砂沥青 0. 23 亿 t、页岩油 0. 65 亿 t、CTL 0. 38 亿 t、BTL 0. 5 亿 t、乙醇(汽油当量)0. 24 亿 t；另外通过推广电动车年节约石油 0. 71 亿 t (其中燃料电池年 FCV 可节油 0. 11 亿 t；电源来自煤、太阳能、风能、核能的插电混合动力车 PHEV 可节油 0. 60 亿 t)；通过开采天然气水合物可节油 0. 5 亿 t；通过进一步提高汽车发动机燃油效率可节油 0. 47 亿 t，以上合计 2030 年当年可节油 3. 6 亿 t。加上采用 EOR 技术可年增产石油 0. 6 亿 t，总的效果是 2030 年可减少进口石油 4. 2 亿 t，使该年度进口石油降低到 1. 85 亿 t，占总消费量的 26%，而 AEO 2007 的相应数据却高达 54%。由此可见石油替代的潜力很大，措施很多，关键取决于政府的政策水平。

第七节　石油供应的几个问题

一、安全问题

石油供应安全问题是指能否有效地为用户提供所需的能源和服务。靠石油进口的石油消费国家需要保证能源供应和运输通道的安全。由于石油资源分布不均衡、工业化国家的石油消费量大和资源短缺，是导致供应不确定性的根本原因。

我国经济快速发展，能源消费持续增长。自 1993 年成为石油净进口国家以来，石油需求量和进口量逐年增长，供需矛盾日益突出，供应安全问题日益受到关注。能源供应面临以下挑战：

(1) 供需矛盾日益显现；

(2) 约 80%的石油进口来自中东、非洲地区，需要经过波斯湾的霍尔木斯海峡、亚丁湾和马六甲海峡，这条石油运输通道存在巨大安全风险；

(3) 由于国际政治、经济斗争形势等原因，一旦发生石油供应中断，将给经济发展和人民生活造成重大影响；

(4) 石油价格风险：近年来石油价格大幅度上涨，对国民经济的增长造成不利的影响。

为了应对上述能源供应形势，确保石油供应安全，国家正在积极采取以下有效措施：

(1) 在全球化形势下，开发利用国际石油资源，积极参与国际石油勘探开发、投资和经营以保证原油的稳定供应；

(2) 多渠道进口石油：正在通过多种途径与俄罗斯、中亚地区发展原油贸易、签订贸易合同和铺设原油管道；

(3) 除了勘探、开发陆上、近海油气资源外，积极开发大陆架海上油气资源；

(4) 确保石油通道安全；

(5) 建立石油战略储备：国家已建成镇海、舟山、大连和黄岛 4 个石油储备油库。可形成总计约 10 天消费量的石油战略储备能力，再加上全国企业商用石油储备能力，届时中国的总石油储备能力可超过 30 天。国家将在这 4 个石油储备库建成后，再开工建设锦州等八个战略石油储备基地，使石油储备能力成倍提高。

二、石油价格

西方国家经历了 100 多年的工业化发展，大量消费了煤炭、石油资源。石油不单纯是能源，还是重要的军事战略资源，因此石油价格无法按照市场规则确定。

长期以来，国际市场原油交易形成了 3 种基准价格：①纽约商品交易所价格：以得克萨斯州轻质低硫原油价格为基准。②英国伦敦国际石油交易所价格：以北海布伦特原油期货价格为基准。③阿联酋迪拜原油价格：海湾国家所产原油向亚洲出口时，采用迪拜原油作为基准价格。另外，欧佩克成员国为了监督市场油价也根据其成员国的主要原油品种设定了“原油一揽子平均价”，简称为“欧佩克油价”，也是衡量国际市场油价的重要指标。

从节约资源、发展经济的意义说，石油产品价格是一把双刃剑。高油价有益于新技术的推广和促进节能，油价过低则会导致需求量的过度增长。

纵观石油工业的发展历程就是一部西方石油消费大国与产油国家的油价博弈史。20 世纪 50 年代之前，是西方长期垄断的低油价时期，原油平均价格仅为 2 美元/桶左右(按 2006 年美元计，低于 20 美元/桶，下同)。廉价的石油促进了西方工业化国家的经济发展。图 3-13 为 1860 年以来世界原油价格变化趋势。

油价与国际政治、经济形势密切相关，如 1973 年因阿以战争，使 1974 年石油急升至 47 美元/桶(2006 年价格，下同)。由于 1979 年伊朗的革命，使 1980 年石油价格升至 90.46 美元/桶，成为历史最高价。1990 年后期油价进入低潮期，平均价格跌至 15 美元/桶左右。21 世纪以来，世界经济高速增长导致国际油价一路攀升，2005、2006 年的平均油价分别为

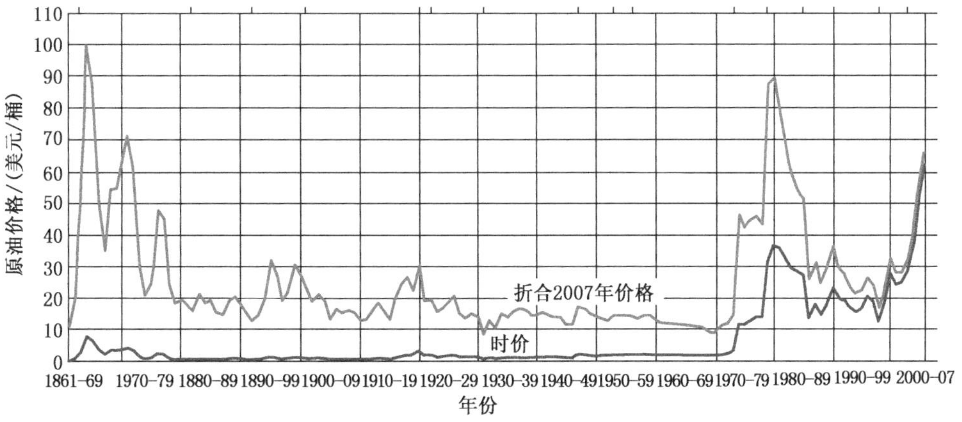

图 3-13　1860~2007 年世界原油价格变化

56.27 美元/桶和 65.14 美元/桶(2006 年价格)。2007 年末进一步升至 100 美元/桶的高位。2008 年 4 月一度升至 145 美元/桶，9 月中回落到 100 美元/桶以下，2008 年 4 季度，受国际经济形势的影响，国际油价回落至 40 美元/桶的低价。

据 IEO 预测的中远期石油消费量数据可知，在基准方案设定油价为 25 美元/桶情况下，2030 年世界石油总消费量为 60.2 亿 t。若油价升高至 35 美元/桶，则 2030 年世界石油消费量将降低至 53 亿 t，约比基准方案减少 12%。在高油价情况下，非 OPEC 国家的常规和非常规石油产量将会大幅提升，使 OPEC 的石油市场份额下降，其累积收入将下降 7%左右，从长远看，高油价不一定会使 OPEC 产油国家受益。

欧佩克组织作为确定国际原油价格的卡特尔，一直受到国际的质疑。其制定的油价已脱离了原油的生产成本。多项资料表明：中东的新油田原油的生产成本为 5 美元/桶。伊拉克的产油成本甚至仅为 2.5 美元/桶。偏远地区非 OPEC 国家的原油成本约为 17 美元/桶。中国的产油成本也在 17 美元/桶以内。而 2005 年下半年国际市场的油价已经升至 60 美元/桶以上。2008 年初的世界油价曾升至历史最高值。

从经济上分析，油价中高于生产成本的部分可称为“租金”。租金包括两部分：

(1)“级差地租”。因地质条件、地理位置等原因所形成的成本差额。若全球原油的最高生产成本为 20 美元/桶，在有竞争的情况下，原油价格就应定为 20 美元/桶。对于中东原油而言，20−5＝15 美元/桶就是中东原油的级差地租。

(2)“经济租”。因资源稀缺而形成的租金，相当于欧佩克国家为了限制原油产量而使油价提升的部分。所谓“资源稀缺”并非是资源的绝对稀缺，只表示需求对供应的一种暂时紧张关系。

“租金”归谁所有是一个政治问题，因为谁也没有付出劳动。分配给谁取决于谈判实力。经过多年的冲突与磨合，有些地方已经形成了“级差地租”的基本分配格局。即所谓级差地租由产油国和石油公司对半平分。“经济租”如何分配是更为复杂的问题。如果经济租归石油公司享有并不公平，因为经济租与企业的投入无关。在客观上，经济租帮助人类更有效地使用石油资源(依靠市场行为无法达成此项目标)。征收石油租是为了实现一项集体行为而采取的行动，要有相应的成本。此项行动是超企业的政府行为。但是，这个世界并没有统一的政府，这笔经济租金应怎样分配就取决于国家的实力和国际政治格局。在西方石油公司主导的低油价时期，大量的经济租被西方政府据为己有。1973 年欧佩克国家动用了石油武器，导致油价高涨。经济租才被转移到 OPEC 国家手里。西方国家把这部分转移到欧佩克的经济租部分称为“OPEC”税。

石油是重要的战略资源，在现实经济生活中有着至关重要的地位。石油经济租如何分配，涉及不同国家以何种成本使用石油，同样涉及该国在国际上的竞争力。市场上的油价含有不同的成本成分，包括生产成本、运输成本、销售成本和“OPEC”税等项。美国等西方国家在世界各地都有巨大的跨国石油公司，经营、控制着大量的油田、输油管道、石油销售网络和炼油厂，所以分享了因油价提升所带来的好处，他们在国际经济竞争中总是处于优势地位。

参 考 文 献

1 Claude M. Energy to 2005, Scenarios for a Sustainable Future. IEA, 2003

2 International Energy Outlook 2004. IEA, Apr, 2004

3 International Energy Outlook 2007. IEA, May, 2007

4 Royal Dutch Shell Group. Energy Needs, Choice and Possibilities, Scenarios to 2050. Exlporing the Future, 2001

5 BP Statistical Review of World Energy, 2005~2008

6 Marilyn R. Worldwide Report, OGJ, Dec 19, 2005

7 中国与印度探索. 世界能源展望—2007. IEA, 2007

8 翟光明，周凤起等. 石油资源需求和中远期产能预测//严陆光，陈俊武主编. 中国能源可持续发展若干重大问题的研究. 北京：科学出版社，2007：38~55

9 Wood J. Long Term World Oil Supply, A Resource Base /Production Path Analysis, Jul 8, 2000. www. eia. doe. gov

10 Campbell C J. Forecasting Global Oil Supply 2000~2050, M King Hubbert Center for Petroleum Supply Studies Newsletter, 2002/2003

11 Greene D L. Hopson J L, Li J. Have We Run Out of Oil Yet? Oil Peak Analysis from an Optimist's Prospective, Energy Policy, 2006: 515~537

12 Modelling the Oil Transition: A Summary of the Proceedings of the DOE/EPA Workshop on the Economic & Environmental Implications of Global Energy Transitions. Ed Greene D L, Feb, 2007

13 Smith M R. Resource Depletion: Modelling and Forecasting Oil Production. Modelling the Oil Transition. DOE/EPA Workshop on the Economic & Environmental Implications of Global Energy Transition, Feb, 2007, Paper 19

14 Greene D L. Monte Carlo Simulation of Depletion and Markets. Modelling the Oil Transition. DOE/EPA Workshop on the Economic & Environmental Implications of Global Energy Transition, Feb, 2007, Paper 20

15 Nakicenovic N. Keynote: Dynamics of Global Energy Transition. Modelling the Oil Transition. DOE/EPA Workshop on the Economic & Environmental Implications of Global Energy Transition, Feb, 2007, Paper 8

16 Reilly J, Paltsev S. Oil Market : Transition or Evolution? The Emissions Prediction and Policy Analysis Model. Modelling the Oil Transition. DOE/EPAWorkshop on the Economic & Environmental Implications of Global Energy Transition, Feb, 2007, Paper 21

17 Clarke L, Energy Sector Evolutions: A Scenario Perspective from MINICAM. Modelling the Oil Transition. DOE/EPAWorkshop on the Economic & Environmental Implications of Global Energy Transition, Feb, 2007, Paper 25

第二篇　生产技术篇

第四章　非常规石油的开采和加工

第一节　补充能源概况

非常规石油资源是指除常规石油、天然气、煤炭之外的其他可燃气、液、固体矿藏。这些资源是常规石油资源的重要补充，故可称之为“补充能源”。

补充能源主要包括油砂沥青、特重质原油、油页岩、煤层气和天然气水合物等。就勘探、开发程度而言，油砂沥青、特重质原油已分别在加拿大和委内瑞拉进行工业化生产。油页岩的开采、加工和页岩油炼制技术均为可投入商业应用的成熟工艺技术。煤层气的开采技术已经处于商业应用阶段。只有天然气水合物仍处于研发阶段。

在我国，除了利用油页岩生产运输燃料和石蜡等产品曾对国民经济发展发挥过重要作用外，其他补充能源生产技术均仍处于研究开发初期阶段。

世界的油砂沥青、重质原油和油页岩等资源情况已经在本书第一章中说明。本章重点论述油页岩、油砂沥青和重质原油的开采、加工技术。

世界重质原油和油砂沥青的技术可采储量接近于常规原油的可采储量，常规原油的技术可采储量占世界原油资源总量的 52%，油砂沥青和特重质原油占世界原油资源总量的 48%[1]。

预计今后 20~30 年间，非常规石油生产将有较大的发展。据 2007 年 EIA 预测，2004~2030 年非常规原油产量年均增长率可达 5.6%(同期常规石油产量的年均增长率为 1.1%)。2030 年世界石油总产量为 58.9 亿 t，其中，非常规原油产量将增长至 5.3 亿 t(2004 年产量仅为 1.3 亿 t)。在高油价情景下的 2030 年非常规原油产量将可达到 7.1 亿 t，年均增长率达 6.8%[8]。

历史上，重油是在寻找轻质原油过程中偶然发现的，在经济上可行的情况下才开采重质原油。只是为了维持油井的生产率，才采取降低油的黏度或注入能量等措施，生产重质原油或特重原油。

向油井中注入过热蒸汽就可以降低油的黏度和升高压力，可以连续注汽形成溢流或交替进行注汽、采油操作。开采的特重原油一般需要注入稀释剂(如凝析油、液化天然气或轻质原油)以便用管道输送。例如：近期开采委内瑞拉 Orinoco 重油时，每使用 1 桶稀释剂约可生产 3~4 桶特重原油。

加拿大油砂沥青的黏度很高，在地下不能流动。对于深度低于 70m 的矿藏，可用开矿法生产油砂沥青。首先将沙子开采出来，然后用热水分离沥青和石头、泥沙，最后就地将油砂沥青转化为合成原油。对于埋藏较深的油砂沥青，黏稠度较低的可通过注入蒸汽使沥青流动后从生产井中产出，然后就地改质生产合成原油或加入稀释剂后送至炼厂再加工。

委内瑞拉 Orinoco 重油的开采方法是沿着最佳位置打出水平井和横向支井，然后用潜水油泵抽出重油。单井日产量可达 2000 桶。近年来，这种水平井的成本已经下降，可用于开采特重原油。但注入稀释剂和特重原油的输送成本仍较高。2005 年 Orinoco 重油产量可达 60 万桶/d，可持续生产 35 年。

毫无疑问，常规石油可采储量将逐渐减少，总体趋势是使油价上升，这就为开采非常规石油资源创造了条件。重质原油资源的充分利用取决于世界经济发展状况、能源市场形势以及新技术的开发和应用等诸多因素。世界经济发展、技术进步和能源需求增长将为重油工业提供发展机遇，丰富的重油资源是发展的先决条件。

非常规石油是指在当前油价和技术条件下无法经济地生产油品的石油资源，随着油价上升和炼油技术的进步，最终就会使非常规石油和常规石油在技术经济上的差异变得很小。据"IEO—2007"估计，至 2030 年，油砂沥青和特重石油在基准情况的产量分别为 1.80 亿 t 和 0.85 亿 t，在高油价情况下将分别增至 2.2 亿 t 和 1.0 亿 t。

在重油处理与储运国际研讨会上，来自中国、美国、加拿大、日本、法国、委内瑞拉等国的重油专家们呼吁应进一步加快重油开发利用步伐。在国际油价达到每桶 100 美元形势下，实现能源供给多元化，推动重油等非常规能源的开发和技术进步是至关重要的。常规石油价格如果太低，则不利于非常规石油资源的开发和生产。应力求解决好工艺技术、建设资金和环境要求三大核心问题，促进能源经济的可持续发展。

世界非常规能源资源丰富，开采、加工技术不断进步，生产成本将逐步降低，发展前景形势大好。

过去 15 年来，非常规能源资源的生产成本降低主要归功于技术进步。例如加拿大的油砂沥青生产成本已从 1976 年的 15~20 美元/桶降至 7~9 美元/桶(按 1991 年美元计)，就是由于采用了水平钻井和 SAGD 技术。

天然沥青、重质原油和页岩油的炼制可以借鉴已有的炼油工艺技术，再辅以必要的技术开发将使补充能源的建设投资和生产成本接近加工常规原油的水平，从而促进替代燃料生产的发展。

第二节 油 页 岩

一、油页岩开采技术

1. 常规开采方法

油页岩的沉积条件和岩石的物理性质与煤炭相似，所以采掘工艺也与煤炭相同，可分为露天开采和井下开采两类方法。

油页岩矿藏应采用何种开采方法主要取决于页岩含油率、埋藏深度、矿藏的储存条件以及技术经济等因素。一般说来，储存倾角较小、覆盖层较薄的油页岩矿适合于露天开采。露天开采的重要经济指标是剥采比。与煤炭共生的油页岩矿区更适合于露天开采。

我国抚顺、茂名两矿区的油页岩均为露天开采，吉林桦甸油页岩矿区则为井下开采。抚顺露天矿以采煤为主，油页岩是副产品，所以页岩的开采成本较低。

油页岩的开采条件取决于矿藏的埋藏深度、厚度、倾角、矿区的地理条件、采掘比、是否伴生其他有用的矿物(煤炭)等因素，除了含油率特高的油页岩适合于井下开采之外，通常以露天开采为首选。表 4-1 列出了几种油页岩矿开采成本数据的比较。

表 4-1 油页岩矿开采成本的相对比较数据

项目	抚顺	桦甸	依兰	龙口	澳大利亚	巴西
开采条件	露天	井下	露天	井下	露天	露天
含油率/%	7	11	11	20	14	9
含水率/%	5	10	7.5	12	25	5
伴生的矿物	煤炭	—	煤炭	—	—	—
开采成本/(美元/t)	2.5	~10	<4	12	5~6	~5

2. 油页岩地下干馏技术[6]

美国于 20 世纪 80 年代开发了电热法油页岩地下干馏技术。所谓就地干馏就是油页岩在原地加热、从地下抽取生成油再送至改质工厂加工的油页岩干馏方法。在 1970~1980 年期间，美国曾研究过许多种就地干馏技术方案，主要方法是在地下燃烧一部分油页岩，将燃烧热量用于干馏剩余页岩。这种方法并未成功，在控制地下燃烧和防止地面污染等方面均存在较大的问题。于是又开发了“改良的”就地干馏法，即先将就地干馏区下部的油页岩开采出来，再用分段爆破方法将需要干馏的页岩炸碎，以便于燃烧用空气的通过，将碎页岩就地干馏。开采出的页岩在地上进行干馏。20 世纪 80 年代初期曾有一些石油公司对“改良的”就地干馏法工业化感兴趣。实际上，并没有一家公司愿意将燃烧页岩的地下干馏技术工业化。

20 世纪 80 年代初期，壳牌石油(Shell Oil)公司开发了就地转化工艺(In-Situ Conversion Process)，或称为“电热法”地下干馏技术。在一定容积的油页岩矿内沿整个矿层厚度(可达 300m)打出立式钻孔，钻孔内装电热器用于加热页岩。为了保证在合理的时间内均匀加热页岩矿层，每公顷矿层面积需钻加热孔 40~60 个。约加热 2~3 年后，页岩矿层内温度可达 340~370℃，在这种慢速、低温加热条件下，足以使油页岩发生物理、化学变化将油分释放出来。按能量基础计算，约 2/3 的产物为液态油，1/3 为组成相当于天然气的气体产品。全部产物经过收集井回收。图 4-1 为电热法地下干馏示意图。

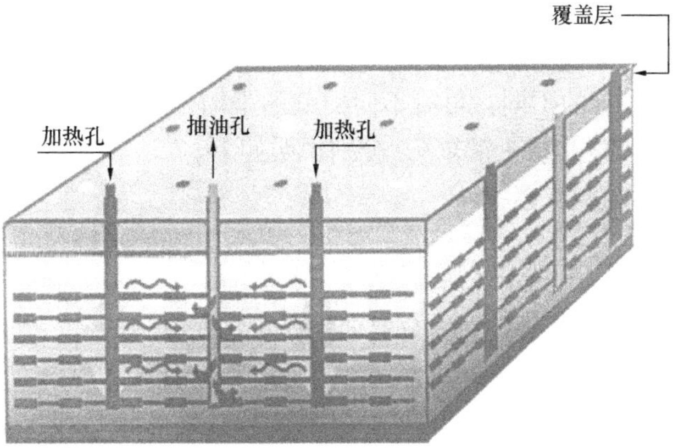

图 4-1 油页岩电热法地下干馏示意

电热法地下干馏需要经过钻孔和场地准备、电加热和生产、油气回收和场地后处理(净化)几个阶段。

作为场地准备的一项工作，Shell 公司采用“地层冷冻技术”在干馏区周围建立一条地下“隔热层”，从干馏区周围的一系列钻孔向地下注入循环致冷剂，形成一条“冷冻层”。除了可以防止地下水进入干馏区外，还可以防止干馏产物在地下加热、油回收和地下冷却阶段从干馏区周围溢出。

在各种矿区建设和矿业生产中，“地层冷冻技术”是控制地下水的成熟技术。

电热法地下干馏技术生产的页岩油不含渣油，不需要经过改质就可直接送到炼油厂加工。

矿区的产后净化工作包括吹蒸汽回收残余的油气、地下冷却、“冷冻层”拆除和场地复原等项。

据预测，电热法地下干馏的加热能耗约为干馏产品热值的六分之一，表明电热法地下干馏技术在经济上是可行的。从环境因素考虑，电热法地下干馏技术适合于加工矿床厚度大和覆盖层在百米以上的页岩矿藏。

电热法地下干馏不需要露天采矿，适合于开采深层的、矿层厚度大的页岩资源。以美国矿层厚度最大的 Piceance 页岩矿为例：在 60 公顷矿区面积内，用电热法地下干馏技术生产页岩油，每日可产页岩油 50 万桶(=7 万 t/d)，年产天然气 140 亿 m^3。

美国能源部的科学家认为：电热法地下干馏技术生产页岩油过程中如何控制地下水和防止地下环境的污染是检验此工艺方法技术是否可行性的两项关键技术问题。拆除“冷冻层”之后，蓄水层性质改变可能发生混杂在油页岩中的无机盐类和微量金属的浸滤和渗出，还可能发生干馏气体从干馏区溢出污染地下水或排入大气中。

电热法地下干馏的耗电量约为 250~300kW · h/桶页岩油。生产能力为 10 万桶/天的电热法地下干馏工厂需配备一座功率为 1. 2GW 电站。

电热法地下干馏的替代方案是以天然气加热替代电加热，加热用天然气量只相当于发电用天然气量的一半。

分析表明：电热法地下干馏的成本有可能低于采矿和地上干馏过程，但目前无法对其经济性作出评估。

二、油页岩干馏技术和干馏炉型

油页岩干馏技术是在隔绝空气条件下，将页岩加热至 450~600℃的页岩热分解过程。按照使用的热载体种类(气体或固体)、气体加热方式(直接或间接加热)、页岩的块度(块页岩或颗粒页岩)及流动方向等的不同，可有不同类型的干馏炉。以下按照大型工业化应用前景分类为“工业化干馏炉”和“其他干馏炉”，分别说明如下。

1. 工业化的页岩干馏炉

1) ATP 干馏炉

ATP(Alberta Taciuk Processor)炉最初是加拿大为加工油砂沥青开发的回转窑技术。已有的 ATP 工业炉处理量为 6000t/d，示范装置回转炉的直径为 8. 2m。炉体长度为 62. 5m。更大规模的 ATP 工业炉为日处理油页岩 12500t，炉的直径为 11m。

ATP 干馏炉为回转窑结构，油页岩在炉内依次通过气体冷却段、页岩预热段、干馏段和半焦燃烧段完成干馏过程。干馏炉的结构见图 4-2。

ATP 页岩干馏炉的主要工艺指标：

加工页岩的粒度为<8mm 颗粒页岩；

采油率约 90%；

油页岩利用率 100%；

半焦固定炭利用率约 70%；

单炉运转时数为 7500h/a。

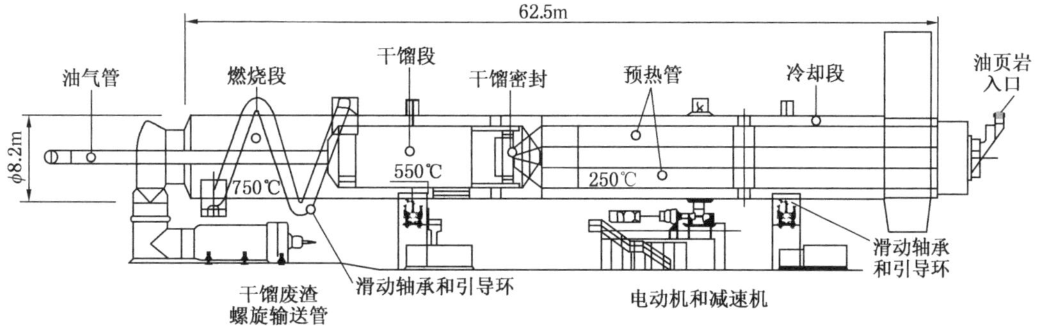

图 4-2　ATP 页岩干馏炉结构

ATP 页岩干馏炉在结构和操作上有以下特点：

- 单炉处理量大；
- 干馏过程能量自给；
- 为干式过程不需设置残渣处理池；
- 结构简单，建设容易；
- 工艺成熟，机械部件少；
- 建设投资和生产费用均较低；
- 工业生产经验较少，对不同页岩的适应性有待证实。

澳大利亚曾于 20 世纪 90 年代中期计划开发的斯图尔特(Stuart)油页岩项目，就选定采用 ATP 回转窑干馏炉技术。

2）抚顺式干馏炉[2]

抚顺式干馏炉为经历了近半个世纪发展、运行经验丰富的页岩干馏炉型。抚顺式干馏炉为内热式页岩干馏炉，由加料设备、炉体和排渣设备组成。

直立圆筒式炉的上部为页岩干馏段，下部为半焦气化段，干馏过程所需的热量靠半焦气化反应发生的热量和从干馏炉中部供入循环煤气的显热来供应。

抚顺式干馏炉可以加工 20~75mm 的块度页岩。经过改进炉子结构及调整工艺条件后，也可加工 8~20mm 的颗粒页岩。

抚顺式干馏炉工业化以来，先后设计了单炉处理能力为 100t/d、200t/d 和 275t/d 的干馏炉。由 20 台左右干馏炉为一个单元，设置一套产品冷凝回收系统。

解放后，我国的油页岩加工能力迅速发展，陆续恢复、新建了抚顺石油一厂、二厂共计 13 个干馏单元。在 20 世纪 60 年代在广东茂名建成了 2 个干馏单元(共计 64 台茂名圆炉)和 2 个气燃式方炉干馏单元(共计 40 台气燃炉)，使我国的油页岩干馏工业的总生产能力达到 17 个干馏单元，拥有各式干馏炉 378 台，页岩油生产能力近 90 万 t/a。图 4-3 是抚顺式干馏炉结构。

抚顺式干馏炉的特点：

- 可处理低品位贫矿油页岩；
- 设有发生炉，能利用页岩中的固定炭，半焦气化段的固定炭利用率达 65%；
- 油收率可达 75%~85%；
- 干馏炉结构简单，维修方便；
- 能适应不同块度的页岩，8~35mm 和 35~75mm 块度页岩均能正常生产；

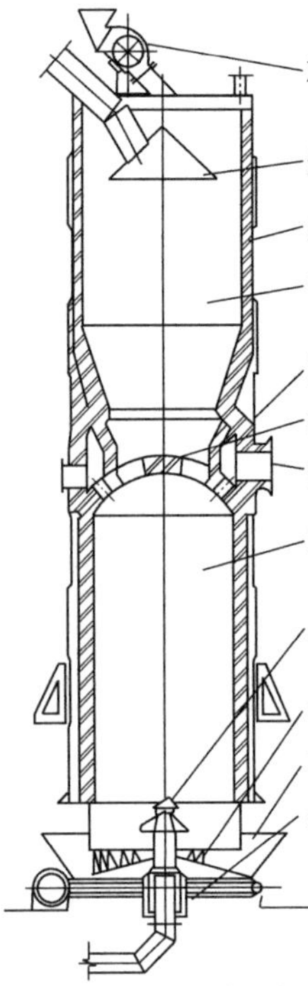

图 4-3　抚顺式干馏炉结构

• 操作简单，运转周期长（单炉周期 6 个月以上；单元生产周期 1 年以上）。

为了适合于加工不同性质、粒径规格的页岩，对抚顺式干馏炉作了许多改进，先后开发了多种新型干馏炉型，主要有：

• 抚顺式颗粒（8~20mm）页岩干馏炉；

• 抚顺式气燃式干馏炉；

• 带页岩预热段的抚顺式三段干馏炉；

• 茂名圆炉：是带有汽化段的内热式干馏炉，改进了炉体结构，在干馏炉中部设置外混合室，适合于加工茂名页岩；

• 气燃式方型干馏炉：1961 年在茂名建成了两个单元（48 台炉），单炉处理量为 200t/d。

抚顺式干馏炉在当时的历史条件下曾为国家的能源供应发挥了重要作用。由于工艺结构的设计缺点，已经不适合使用。主要缺点是：

• 处理量偏小，单炉最大的处理能力 275t/d；

• 环境污染严重，排渣量为 20 多 t/t 页岩油，渣中含硫约 0.86%，含氮约 0.06%，并含微量铅、铍等元素；排放污水中含有油、挥发酚、硫化物和氰化物；排放的油泥也污染环境；生产车间粉尘、噪声污染，有害生产工人健康；

• 能耗高，效率低。以干馏抚顺油页岩为例，包括油页岩开采、运输、破碎、干馏等全过程的能效率仅有 80%，若含油率降低、含水率上升，能效率就更低，甚至降低至 50%左右。

• 人工操作为主，机械化、自动化水平低。

3）Paraho 干馏炉

20 世纪 70~80 年代开发油页岩干馏技术过程中，Paraho 干馏法是值得关注的技术。Paraho 炉最早于 1967 年就成功地用于石灰石煅烧，至 70 年代由发展工程公司（DEI）开发用于油页岩干馏。1973~1974 年期间，完成了小型、中型试验，获得成功。中型试验炉的处理能力为 400t/d，年产页岩油 1.4 万 t。图 4-4 为 Paraho 干馏炉的结构。

Paraho 页岩干馏炉可有直接法和间接法两种操作模式。

（1）直接法是向干馏炉中通入循环气与空气，利用页岩中残炭燃烧为干馏过程提供热量；

（2）间接法是由外部加热的循环气为干馏过程提供热量。

Paraho 干馏炉顶部装有旋转布料器，炉底装有液压操作的条形炉篦卸料机构，炉体上有三层气体分配管，用于向干馏炉内送入燃烧用空气和气体或循环煤气。

Paraho 干馏炉的主要技术指标：

• Paraho 干馏技术适用于块度为 12~76mm，含油率为 9.5%的页岩；小型试验证明：对于含油率>13%的油页岩也可以适用；

• 直接法或间接法的 Paraho 干馏采油率均可达到 97%（Fischer 分析法）。

• 可以长周期连续运转。中试期间的运转率达 90.7%，连续运转日数为 105 天。

Paraho 干馏炉的结构特点是：

（1）Paraho 干馏炉为直立圆筒式炉，外形与旧式气燃炉相似。已建成的中型试验炉内径为 3.2m，高度为 21.34m。计划中的工业化 Paraho 干馏炉处理能力为 9620t/d，炉内径为 11.996m。

（2）油页岩用裤衩式旋转布料器均匀地装入炉内，炉底部设有条形炉篦卸料机构。炉顶布料器和炉底卸料机构的改进是 Paraho 干馏炉操作成功的主要因素。

（3）旋转布料器由恒料位页岩储斗向干馏炉内供应页岩，页岩储斗的料位高度用料位调节器控制，由页岩皮带输送机向页岩储斗输送页岩，以保证储斗充满页岩。

干馏炉底的条形炉篦为液压操作，用炉顶料位调节器控制炉底条形炉篦的卸料机构，用炉篦的卸料速度调节干馏炉的处理量。由于炉底卸料机构可以控制页岩在炉内的停留时间，保证均匀的流率从而可以控制床层的温度，保证火层平稳。

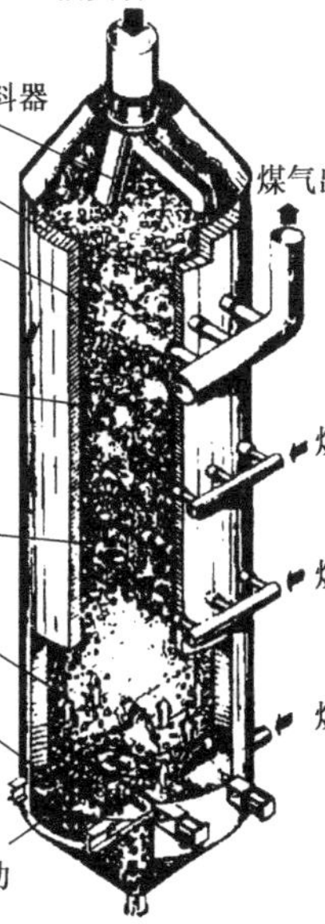

图 4-4　Paraho 干馏炉结构

Paraho 干馏炉较好地解决了气、固分配问题，炉内的页岩质量流率比其他干馏炉提高了约 40%。例如，Paraho 干馏炉的页岩质量流率为 2030～2620kg/(m^2·h)；抚顺式干馏炉的截面干馏强度仅为 1000～1100kg/(m^2·h)。

（4）Paraho 干馏炉体上设有三层气体分配管。下部气体分配管安装在炉篦中，用于通入冷煤气使废页岩冷却，温度降至约 170℃。上部和中部气体分配管是互相分开的，用于送入循环气体或燃料气体以便为干馏过程提供所需热量和控制炉内温度。

间接加热的 Paraho 干馏炉是从上、中部气体分配管向炉内送入热循环气体，为干馏过程提供热量。在两条气体管线之间装有带调节阀的支路管线。

4）Petrosix 干馏炉

巴西是油页岩资源丰富的国家，估计至少有相当于 1400 亿 t 原油的页岩油资源。巴西从 20 世纪 50 年代就开始了“帕拉伊巴”油页岩的开发研究，建成了小型页岩干馏装置。由于这种油页岩的加工性能较差，遂于 1957 年将工作重点转移至对“伊拉提”油页岩的研究。Petrosix 干馏炉主要是解决了“伊拉提”油页岩在干馏炉内发生熔块的问题，可以发生高热值煤气。

Petrosix 干馏炉试验成功表明：任何干馏工艺都必须能适应所加工页岩的特点及其物理-化学性质，除非经过改进，每种干馏炉型均不能直接用于加工其他页岩。

1960 年建成的半工业化 Petrosix 干馏装置，油页岩处理能力为 2200t/(d·炉)。在建成 Petrosix 试验炉基础上，于 1984 年建成了内径为 1.8m 的 Petrosix 示范炉。在这些试验炉的基础上，先后建成了处理能力为 2200t/d 的半工业化 Petrosix 干馏炉(内径 5.48m)和内径 10.98m 的工业化 Petrosix 干馏炉。工业化 Petrosix 干馏炉于 1991 年 12 月投产。两套干馏炉的日处理页岩能力为 7800t，日产页岩油 3870 桶(约 530t)。

Petrosix 干馏炉的特点：

• 将外部加热的循环气作为热载体送入炉中部的干馏段，为干馏提供热量，炉内没有燃烧反应。

• 页岩通过“防偏析”给料器进入干馏炉，可以防止块页岩在炉内发生析集现象。

• 炉底的卸料结构有环形开孔，用分布在炉周围的液压缸使炉篦转动，可保证废页岩的均匀排出。

• Petrosix 干馏炉的采油率较低，仅为 90%，可能是干馏段发生结焦的原因。

• 废页岩的残炭没有利用，故热效率较低。

Petrosix 干馏炉的操作数据没有发表，试验用油页岩的平均含油率为 7.4%，入炉页岩的块径为 6~75mm，炉底废页岩排出温度为 93~149℃，热循环煤气预热温度约为 704℃。

2000t/d 的半工业干馏炉直径为 5.5m，高度约 10m，可年产页岩油 43000t。

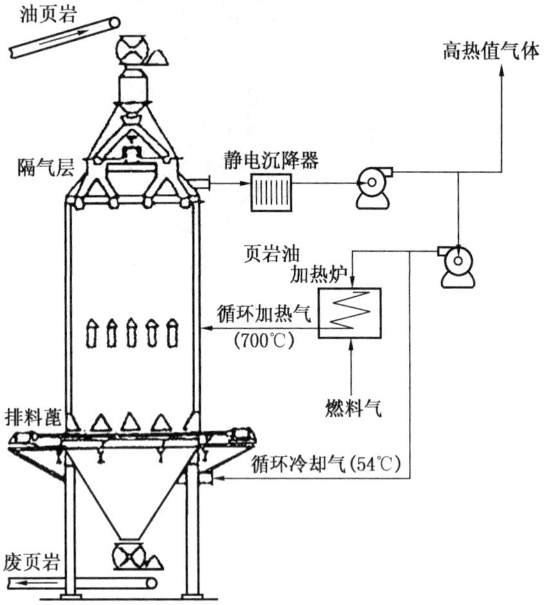

图 4-5　Petrosix 干馏流程

油页岩加工量为 10.8 万 t/d 的油页岩工厂，干馏炉的页岩处理能力为 6800t/(d · 炉)，干馏炉直径为 11m，需设置干馏炉 16 台。

图 4-5 为 Petrosix 干馏流程。

5）Galoter 干馏炉

Galoter 干馏炉是俄罗斯开发的固体热载体页岩干馏炉。1962 建成了 500t/d 的试验炉并运转成功，工业炉设计规模为 3300t/d。使用 0~25mm 的粉末页岩为原料，页岩的采油效率可达 85%。可有高温和低温两种操作模式：

• 最大量生产高热值煤气（热值 = 10000kcal/Nm^3）的高温操作模式，用作电站的燃料，操作温度为 650~780℃。

• 最大量生产液体燃料的低温操作模式，在 470~520℃低温干馏，生产的瓦斯油馏分可用作裂解原料，其他液体产品和气体用作电站的燃料。

1975 年俄罗斯曾向美国的“科罗拉多”项目投标，提出了加工 0~25mm 的科罗拉多粉末页岩加工方案，建议采用的就是设计能力为 3300t/d 的 Galoter 干馏炉。

6）Kiviter 干馏炉

Kiviter 炉是发生炉式气体热载体干馏炉，为俄罗斯（前苏联）开发的油页岩干馏炉，有两种成功运转的炉型。20 世纪 50 年代设计、建成了日处理量 100t 的 Kiviter 干馏炉。气体热载体从炉子的中间通入干馏层，操作上遇到了熔块堵塞和“架桥”现象（主要是因为原料页岩易熔性的原因）。研究中发现：高含油率页岩最适宜的干馏条件是在半焦化区内使气体热载体横向通过页岩层进行干馏。为了改善干馏效果，提高供热量，在炉内加装了烧嘴，燃烧一部分煤气作为热载体，从而形成了称之为热载体横流式的 Kiviter 干馏炉。

Kiviter 干馏炉可加工 25~125mm 的块状页岩。试验装置的规模为 150t/(d · 炉)。曾建造了处理能力为 1000t/d 的 Kiviter 干馏炉，干馏炉直径 11m，总高度约为 35m。

1975 年，苏联曾向美国科罗拉多油页岩加工方案投标，加工含油率为 10.3% 的页岩，有设置单炉处理能力为 1100t/d 的 Kiviter 干馏炉 10 台方案，组成一套冷凝回收系统。日产页岩油 108m^3。经济估算结果：干馏装置总投资（不包括采矿、运输、供水和非页岩舍弃）为

26 万美元，页岩油的生产费用为 15 美元/m^3。

2. 其他干馏炉

以下几种干馏炉为已经完成了中型试验或工业试验的干馏炉，择要说明如下。

1）气燃式干馏炉

气燃式干馏炉为美国于 20 世纪 50～60 年代开发的干馏炉，曾先后建成了处理能力为 6t/d 的立式圆形气燃炉、处理量为 25t/d 的方形气燃炉，最后建成了 150t/d 的气燃式干馏炉，并完成了工业试验。

在工业试验成功的基础上，于 60 年代中期对炉内结构、页岩的流动和空气喷射系统作了改进，使处理能力提高到 360t/d。操作中发现：页岩在炉内的分布和气体流动的沟流现象未得到解决。

气燃式干馏炉的主要操作数据：

- 页岩的块径为 25～63mm；
- 采油率达到了 85%左右；
- 干馏截面强度：2.44t/(m^2·h)；
- 空气流率：134Nm^3/t 页岩；
- 循环气流率：360Nm^3/t 页岩。

2）联合油干馏炉

联合油干馏炉是美国联合油公司开发的油页岩干馏技术。联合油干馏技术有三种流程：

• 内燃式流程　称为联合油“A”法页岩干馏炉。干馏炉为倒置圆锥形立式炉，油页岩进料由下向上流动，空气和干馏气体是向下流动的，空气中的氧气使半焦燃烧，烟气温度可达 1093℃，使页岩分解生成油气。1950 年曾建成了 350t/d 的中型装置，成功地运转之后，曾实现了处理量达到 1200t/d 和连续运转 6 周的成绩。联合油公司认为，此项干馏技术可以扩大为 3000t/d 的干馏炉，工业上可以放大至 10000t/d 的干馏炉。联合油“A”法的采油率较低，仅为 85%。

• 联合油“B”法循环气加热流程　为使用外部加热的循环气加热的页岩干馏炉，由于采用了外部加热的气体循环，干馏的生成油可迅速进入冷却段，防止了结焦和聚合反应，故采油效率接近 100%。由于半焦中的残炭未被利用，热效率比利用残炭的干馏炉低 5%～10%。

• SGR 蒸汽-气体循环流程　是在第 2 种流程中再增加 1 个气化炉，通入氧气和蒸汽使废页岩中的残炭气化，生成气再返回干馏炉。

3）室式干馏炉

室式干馏炉是俄罗斯开发的、高温裂解生产城市煤气和气体汽油的炉型。每个炉室的尺寸为 4.0m×0.4m×10m，23 个室组成一台炉，设一套冷凝回收系统。油页岩在炉室中进行高温裂解生产城市煤气和一小部分高温焦油和轻烃。这些副产的液体产品可进一步加工成油品和化学产品。

每台炉的处理能力为 460t/d，油页岩的块径为 25～125mm，煤气产率为 300Nm^3/t 页岩，煤气热值为 4000kcal/Nm^3。

4）其他干馏炉技术

美国开发了利用磁球作为热载体的 Tosco 环形炉油页岩干馏技术，可用于以加工多种油页岩。德国 20 世纪 70 年代开发的 L-R 干馏技术是能够加工颗粒页岩的页岩干馏技术，已完成了中型试验，但未实现工业化。

三、油页岩工业

1. 中国的油页岩工业[2]

中国是油页岩资源丰富，曾经是油页岩工业发达的国家。由于旧中国的石油资源短缺，石油产品需求主要依靠进口，早在20世纪30年代就建成了生产运输燃料油的页岩加工厂。国家从50年代开始就致力于发展合成液体燃料工业，先后恢复和新建成了抚顺、茂名两个油页岩生产基地，在抚顺有两个页岩油厂共计13套干馏装置，166台干馏炉。在广东茂名建成了4套干馏装置，共378台干馏炉。使我国20世纪60年代的页岩油生产能力达到近90万t/a，合成液体燃料油总产量达到100万t/a，其中，页岩油产品占80%。

20世纪50~60年代是中国油页岩工业的发展鼎盛时期，在研究开发、工业生产等方面均获得显著发展和进步。随着60年代初大庆油田的开发和建成投产，页岩油厂的建设逐渐停止。至80年代后期，页岩油产量已经降低到30万t左右。90年代后，页岩油工业基本全部停产。

随着国际石油价格的不断攀升，因地制宜地采取措施充分利用我国丰富的油页岩资源，利用我国已有一定基础的油页岩工业技术，适度发展油页岩产业重新被提到日程。近年来，已经在辽宁抚顺和吉林桦甸等地相继恢复、重建了一些页岩干馏装置，生产燃料油、电力和建筑材料。2005年，吉林省光正矿业公司与壳牌中国吉林能源控股有限公司和壳牌(中国)有限公司签署了合作协议，组建合营企业对吉林油页岩资源进行勘探、开发。

2. 澳大利亚的油页岩工业

澳大利亚的油页岩资源丰富。据澳大利亚地质调查组织(AGSO)最近统计，远景的油页岩资源量可达350亿t，探明储量为324亿t，其中可回收资源量为17.25亿t。

澳大利亚早在1860~1952年期间，就在东南部地区开采油页岩，其间共加工了油页岩约400万t，其后由于政府不再资助而停止开采。

20世纪80年代初期，由“南太平洋石油”(SPP)和“中太平洋矿业”(CPM)两家公司合作，进行页岩资源的勘探。其目的是在靠近公用设施和深水港口的地区寻找可以露天开采的优质油页岩矿藏，终于成功地在昆士兰沿岸发现了硅基的油页岩矿。昆士兰地区共约有10个油页岩矿。硅基油页岩比常规的碳酸盐油页岩更容易干馏，加工过程的环境效应也比较好。

1995年，SPP/CPM与加拿大Suncor能源公司签订了合资协议，进行斯图尔特(Stuart)油页岩矿的商业开发。Stuart矿区位于Gladstone附近，页岩油资源量约为26亿桶石油当量。首先进行了页岩干馏炉的评选，从10种页岩干馏炉技术中最后选定采用ATP回转窑干馏炉技术加工澳大利亚页岩。

Stuart项目计划分三个阶段实施，准备采用ATP干馏炉技术。第一阶段建设计划已于2001年建成投产，油页岩处理能力为6000t/d，日产页岩油4500桶。经过对项目的技术经济可行性评估后，决定于第二阶段计划中进行工业放大，ATP干馏炉达到25000t/d的规模，日产页岩油14800桶。第三阶段计划设想建成工业化油页岩工厂，达到加工油页岩12.5万t/d，生产页岩油产品65000桶/d，于2009年实现页岩油产品产量为85000桶/d(生产规模约折合430万t/a)。

Stuart矿区的最终开发规模可达到20万桶页岩油/d，完成后，页岩油产量超过了南澳大利亚地区的原油产量。

生产的粗页岩油密度较小(相对密度为0.816)，硫、氮含量分别为0.4%和1.0%。粗页岩油需经过加工才能够生产出符合市场标准低硫石脑油和中质页岩油(MSO)。MSO的质量标准是相对密度为0.893，硫含量为0.4%，用作燃料油的稀释油。粗石脑油需要经过加氢处理使硫、氮含量降至1μg/g，成为生产洁净汽油的理想组分。

2001年5月第一批澳大利亚的MSO油共计40000桶(5800t)已经海运外销至东南亚燃料油市场。

由于油页岩干馏过程排放的气体和废页岩含中有二　英致癌物，排入大气和环境中会造成严重的污染。澳大利亚已停止了Stuart项目计划。有关情况参见“油页岩工业与环境”一节。

3. 爱沙尼亚的油页岩工业

爱沙尼亚的油页岩储量为50亿t，开发、利用油页岩作为能源已有100多年的历史。无论在前苏联时期还是重建共和国后，油页岩都是这个国家的主要能源，用作发电燃料或生产燃料油。Kukersite矿区的页岩质量好，可以直接用作电站燃料或生产燃料油，页岩灰适合于生产水泥或制砖。20世纪50年代中期爱沙尼亚的油页岩生产量已达700万t/a。在1960~1970年期间相继建成了1400MW波罗的海热电站和1600MW的爱沙尼亚热电站之后，爱沙尼亚的油页岩最高年产量增长到3000多万t。

20世纪80年代俄罗斯圣彼得堡核电站投产后，爱沙尼亚的油页岩工业开始萎缩，直到90年代中期才略有恢复。1999年的油页岩产量恢复到1070万t，总消费量为1210万t(进口页岩140万t)，其中发电用油页岩1110万t，生产页岩油15.1万t。

数据表明，爱沙尼亚一次能源的60%和90%的电力能源均来自油页岩。

4. 俄罗斯(前苏联)的油页岩工业

俄罗斯(前苏联)的页岩油工业集中在圣彼得堡(列宁格勒)地区，油页岩的油母含量较高，比美国、巴西油页岩中油母含量高2~3倍，有机质平均含量为35%(范围为20%~60%)，含油率约为17.0%~23.8%。

俄罗斯油页岩在加工方法和产品方案上经历了多次变革。20世纪40年代前油页岩的加工是为了生产液体燃料，其后开始转向生产城市煤气。从50年代开始，油页岩工业向化工产品方向发展，使油页岩加工的经济性获得巨大的改善。统计数据说明，页岩油产品的总成本从1959年的100%降至1977年的74.4%，即降低了25%。副产品收入占总成本的份额从1959年的19.6%提高至1977年的24.4%。

俄罗斯的油页岩开采以地下开采为主(约占80%)。开采的油页岩有一半为粒度<25mm的颗粒页岩，直接用作电站燃料。25~125mm的块页岩用于生产城市煤气、液体燃料和生产化学品的原料。

俄罗斯加工油页岩使用的三种炉型是带发生炉的立式气燃式Kiviter干馏炉、高温裂解生产城市煤气的室式炉和固体热载体的Galoter页岩干馏炉。

为了改善页岩油加工的经济性，俄罗斯注意在页岩油炼制过程中尽可能利用页岩油的固有特性生产石油化学产品，尤其关注酚系化合物的分离和利用。例如用水溶性酚生产黏合剂、油井和气井用固砂树脂、橡胶改性剂等产品。酚系化合物是生产洗涤剂、表面活性剂的原料，也是合成聚合物、油漆、鞣革剂、橡胶软化剂和土壤化学调节剂的原料。

俄罗斯约有70%油页岩用作电站燃料。使用粉末页岩作燃料带来了传热表面结垢、腐蚀，造成传热效率和锅炉出力下降以及严重的大气污染等问题。除了采取相应措施解决外，还研究了用页岩油和煤气作锅炉燃料，采用液相除渣的燃烧粉末页岩等技术。

5. 其他国家的油页岩工业

20世纪80年代期间许多油页岩资源丰富的国家都相继制订了油页岩开发计划，其后均由于资金、技术等原因而使计划被搁置。

摩洛哥是油页岩资源丰富的国家，探明储量为123亿t，其中可采储量为34.2亿t(相当于5亿t油当量)。20世纪80年代初摩洛哥政府决定与Shell公司合作开发塔尔法(Tarfaya)省的油页岩和在Timahdit的页岩矿区建设页岩加工装置，至1986年因故搁置了这两个项目，只进行有限的实验室和小型研究工作。

约旦的油页岩资源丰富(储量为400亿t，可采储量达40亿t)，除含硫量较高(占有机质的9%)外，其他质量指标均好，含油率为8%~12%，灰分和水分低，热值高达7.5MJ/kg。20世纪80年代中期约旦能源和矿产资源部曾经与中国、加拿大Suncor公司接触，洽商合作开发Lajjun矿区油页岩问题。

四、页岩油加工[4]

1. 页岩油的性质

页岩油是热加工过程中油页岩有机质热分解的生成物，除了各种烃类组分外还含有较多的含氮、硫、氧的非烃化合物。页岩油的性质及其组成除了与油页岩种类有关外，还与干馏的加工条件有关。例如：中国抚顺、茂名页岩油中含有较多的含氮化合物，其氮含量分别为1.27%和1.10%；美国科罗拉多页岩油含氮量高达1.93%；俄罗斯波罗的海页岩油则含有较多的含氧化合物(含氧量为5%~6%)。

(1) 含氮化合物　中国抚顺、茂名页岩油的含氮化合物可分为碱性氮、弱碱性氮和中性氮三类。碱性氮化合物为吡啶基喹啉系的衍生物；弱碱性氮化合物为吡咯系的衍生物；中性氮化合物是腈类衍生物。研究表明，氮化合物是影响油品安定性的主要组分。

(2) 含氧化合物　中国页岩油中的含氧化合物以酚类为主，主要集中在柴油馏分中。从中国页岩油中分离出来的其他含氧化合物还有羰基含氧化合物、酮类和醛类化合物。中国抚顺、茂名页岩油的含氧量分别为0.71%和2.20%。

(3) 含硫化合物　中国页岩油的硫含量为0.5%~0.6%。最主要的硫化物是噻吩系化合物，约占总含硫量的70%~85%，其次为硫醚，约占5%~15%。<50℃轻馏分中的含硫以二硫化碳为主，硫醇和二硫化物含量较低。

表4-2为中国油页岩用抚顺式干馏炉所得页岩油的性质数据。

表4-2　中国抚顺、茂名页岩油性质

项　目	抚顺页岩油	茂名页岩油
相对密度(d_4^{20})	0.9023	0.9122
凝点/℃	33	30
含蜡量/%	20.2	13.2
沥青质/%	0.85	1.54
胶质(硫酸法)/%	42	43
残炭值/%	—	2.20
元素组成/%		
C	85.39	84.82
H	12.09	11.40
S	0.54	0.48
N	1.27	1.10
O	0.71	2.20
C/H原子比	1.70	1.61
特性因数	11.52	11.40

2. 页岩油加工流程

1）页岩油的改质

页岩油需要经过加氢处理、改质为"合成原油"才能作为常规炼油厂的原料。沸腾床加氢技术（例如 LC-Fining 工艺）是页岩油改质的适用技术。

采用沸腾床加氢工艺改质页岩油可以解决氮、硫等有害组分对炼制过程造成的危害并提高合成原油的质量。用 LC-Fining 工艺改质页岩油使用钴-钼催化剂，可采用一次通过或>343℃重油全循环两种操作模式。虽然两种操作模式不同，都可以将硫、氮杂质降至较低的水平。表 4-3 列出了粗页岩油性质和不同模式加氢处理过程的产品收率数据。

表 4-3　页岩油性质和加氢处理的产品收率及质量

项　目	数　据	
氧含量/%	1.79	
碳含量/%	84.21	
赛氏通用黏度(50℃)/s	153	
倾点/℃	24	
氢含量/%	11.24	
密度(20℃)/(g/cm³)	0.9408	
硫含量/%	0.8	
兰氏残炭值/%	3.6	
灰分/%	0.04	
氮含量/%	1.92	
产品性质	一次通过流程	>343℃重油全循环流程
密度(20℃)/(g/cm³)	0.8529	0.8212
元素分析/%		
C	86.29	85.75
H	12.75	13.31
O	0.34	0.49
N	0.60	0.43
S	0.02	0.02
收率/%		
$C_1 \sim C_3$	2.9	5.8
$C_4 \sim$204℃	21.9	38.0
204~343℃	53.8	70.5
>343℃	30.3	—
氢耗量/(Nm³/m³ 进料)	235	345

一次通过式改质流程所得合成原油的含氮量仍较高(0.6%)，>343℃重油全循环流程的脱氮率可达 77.6%，合成原油中不含重油，轻组分收率高，氢耗量也较高。若回收氨，每吨页岩油可回收氨 18kg。

页岩油改质的氢耗量与>343℃重油转化率有关。按>343℃重油全循环估算，氢耗量高达 345m³/m³ 进料，一套规模为 50000 桶/d 的页岩油改质工厂用氢量为 13×10^4m³/h，致使改质的成本较高。若以加氢改质所产的轻烃为原料制氢，用氢量仍缺 26%。可设想用一部分页岩干馏的气体作为制氢原料，以实现氢平衡。

2）页岩油生产成品油的工艺流程[4]

页岩油生产成品油的工艺过程与重油加工流程相似，可以采用脱碳工艺、加氢工艺或其联合过程。由于页岩油中含有一定量的氮、氧、硫和重金属杂质，故需要以催化加氢过程为主。因为焦化过程只能脱除一部分重金属，焦化生成油仍须再经过加氢处理。

关于加氢流程，可有不同的模式。最通用的流程是先将页岩油分馏为几种馏分，然后分别进行馏分油加氢；也可采用全页岩油加氢，其优点是高沸点渣油可随馏分油一起加氢以提高成品油收率。

页岩油加工尚未建成工业化生产装置。根据中型试验的研究结果，以下几种页岩油加工联合流程是技术上可行的，参见图 4-6。

页岩油加工中型试验采用的原料为美国科罗拉多绿河油页岩用 Paraho 干馏炉所得的页岩油。

（1）加氢处理-加氢裂化联合流程　全页岩油先进行加氢处理，然后进行常减压蒸馏。

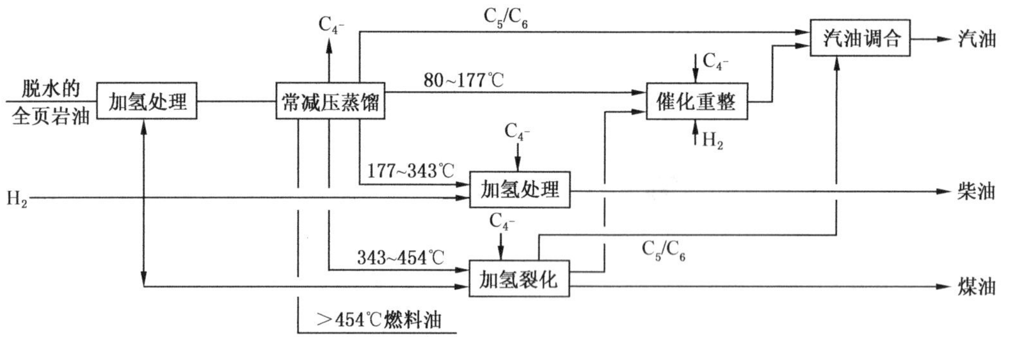

(1) 加氢处理-加氢裂化联合流程

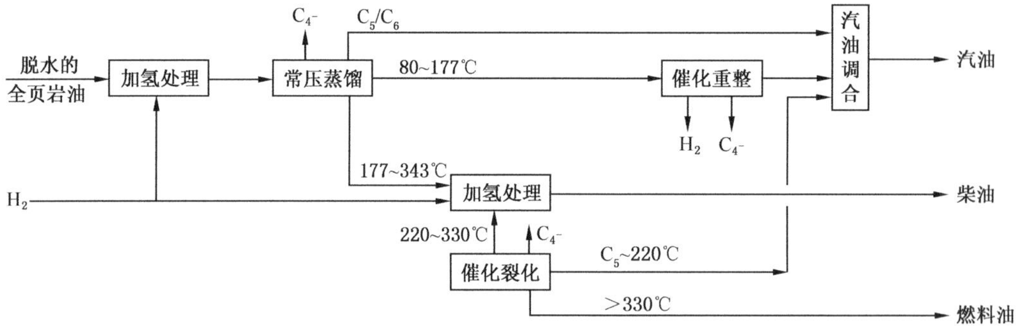

(2) 加氢处理-催化裂化联合流程

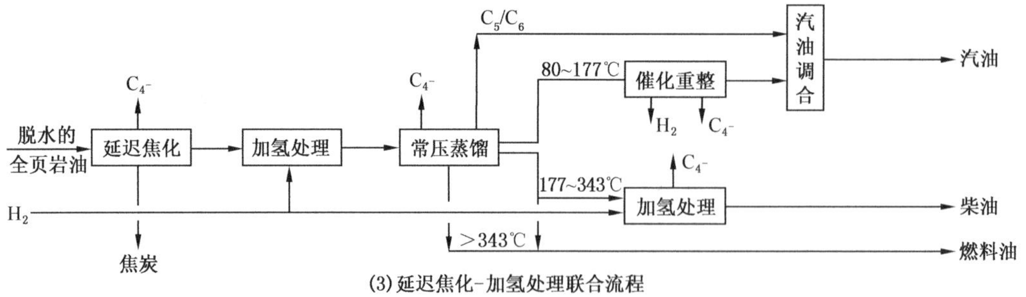

(3) 延迟焦化-加氢处理联合流程

图 4-6　页岩油加工流程

石脑油与加氢裂化的石脑油一起经催化重整生产汽油组分；中馏分油需要再进行加氢处理以生产柴油组分；减压瓦斯油用作加氢裂化原料以生产喷气燃料为主的中馏分油。该流程具有较大的生产灵活性，成品油收率高，产品质量好。

(2) 加氢处理-催化裂化联合流程　全页岩油加氢处理后，采用催化裂化工艺作为主要转化过程，产品以高辛烷值汽油为主。直馏中馏分油和催化裂化循环油一起进行加氢处理生产柴油。

(3) 延迟焦化-加氢处理联合流程　以脱碳过程为主的页岩油加工流程，是最大量生产柴油的加工方案。该方案建设投资最低，但成品油收率也低。

以上三种页岩油加工流程的主要产品及其收率数据见表4-4。

表4-4　三种页岩油加工流程的产品收率比较

项　目	三种联合流程中主要转化工艺		
	加氢裂化	催化裂化	焦　化
主要产品收率[①]/%(体)			
LPG	0	0	2
汽油	17	38	17
喷气燃料	28	0	0
柴油	54	57	59
产品合计/%(体)	99	95	78

①为对全页岩油的产品收率。

3) 三种联合流程中的主要工艺装置特点及操作参数

(1) 全馏分页岩油加氢处理装置

页岩干馏过程所得的页岩油呈乳化状态，水分和颗粒物含量分别约为6%和0.5%，需在75℃温度下进行破乳化、脱水和过滤处理。

全页岩油加氢处理为预处理过程，生成油即为合成原油。在加氢处理反应器之前需串联一台保护反应器，内装表面积中等的氧化铝，用于脱除页岩油中的砷、铁以及微量的锌、硒杂质，以保护催化剂免于中毒。加氢处理过程采用以氧化硅-氧化铝为担体的ICR-106型镍-钨催化剂。用Paraho干馏炉所得的全馏分页岩油为原料的加氢处理中试结果见表4-5。

(2) 全循环式加氢裂化

加氢裂化原料为页岩油加氢处理所得的330～435℃馏分油。加氢裂化采用一段、>280℃馏分全循环流程，最大量生产喷气燃料方案。采用ICR-106催化剂。为了生产低冰点、高烟点的优质喷气燃料，将循环油的切割温度设定为280℃。

由于原料油的沥青质含量较高(正庚烷沥青质含量为336μg/g)，故加氢裂化工艺条件比加工阿拉伯瓦斯油要苛刻一些。试验数据参见表4-6。

(3) 页岩油的减压瓦斯油催化裂化

全馏分页岩油加氢处理的>345℃重油是优质催化裂化原料油，产品性质和使用的催化剂均与加工阿拉伯瓦斯油相近。中型试验结果证实：经过加氢处理的>345℃重油(含氮量为1300μg/g)适合于作催化裂化原料，生焦量和轻烃收率与含氮量相似的石油瓦斯油催化裂化结果相近。表4-7为催化裂化原料油性质和工艺数据。

表 4-5　全页岩油加氢处理的工艺中试数据

项　　目	数　据	项　　目	数　据
全页岩油性质		150~288℃	33.09
相对密度($d_{15℃}$)	0.933	288~345℃	17.65
含硫/(μg/g)	6600	>345℃	38.56
含氮/(μg/g)	21800	C_5^+ 总收率/%	96.4
正庚烷沥青质/(μg/g)	1700	加氢处理生成油性质	
兰氏残炭值/%	1.85	相对密度($d_{15℃}$)	0.842
倾点/℃	32	含硫/(μg/g)	20
平均相对分子质量	326	含氮/(μg/g)	625
加氢处理工艺条件		苯胺点/℃	76
总压力/MPa	16.5	C_7^0 沥青质/(μg/g)	26
平均氢分压/MPa	12.3	兰氏残炭值/%	0.09
反应温度/℃	407	倾点/℃	24
液时空速/h^{-1}	0.6	平均相对分子质量	274
循环氢流率/(Nm^3/m^3 进料)	1320	族组成/%(体)	
产品收率/%		烷烃	33.4
< C_4	2.0	环烷烃	35.9
C_5~82℃	1.31	芳烃	30.7
82~150℃	5.75	化学氢耗量/(Nm^3/m^3 进料)	329

表 4-6　页岩油 330~435℃馏分加氢裂化中试数据

项　　目	数　据	项　　目	数　据
加氢裂化(330~445℃)原料油性质		82~150℃	22.65
相对密度($d_{15℃}$)	0.871	150~280℃	62.36
含硫/(μg/g)	84	C_5^+ 总收率/%	95.1
含氮/(μg/g)	535	82~150℃石脑油性质	
含氧/℃	60	相对密度($d_{15℃}$)	0.842
C_7^0 沥青质/(μg/g)	336	苯胺点/℃	20
兰氏残炭值/%	0.05	族组成/%(体)	
倾点/℃	30	烷烃	33.4
平均相对分子质量	318	环烷烃	35.9
族组成/%(体)		芳烃	30.7
烷烃	41.1	150~280℃喷气燃料性质	
环烷烃	33.8	相对密度($d_{15℃}$)	0.79
芳烃	25.1	含氮量/(μg/g)	0.47*
加氢裂化工艺条件		苯胺点/℃	167
反应压力/MPa	16.3	烟点/℃	34
平均氢分压/MPa	14.7	冰点/℃	-63
反应温度/℃	418	族组成/%(体)	
液时空速/h^{-1}	1.0	烷烃	54.4
循环氢流率/(Nm^3/m^3 进料)	1390	环烷烃	41.1
产品收率/%		芳烃	4.5
<C_2	0.78	化学氢耗量/(Nm^3/m^3 进料)	220
C_3+C_4	4.20		
C_5~82℃	10.09		

注：为中试结果。* 为加氢裂化生成油的含氮量。

表 4-7　催化裂化原料油性质和工艺数据

项　　目	数　据	项　　目	数　据
		催化裂化工艺条件	
>345℃催化裂化原料油性质		反应温度/℃	500
相对密度($d_{15℃}$)	0.885	重时空速/h^{-1}	7.85
含硫/(μg/g)	10	剂油比	6.71
含氮/(μg/g)	1300	转化率/%	70.50
含氧/℃	60	产品收率/%	
C_7^o 沥青质/(μg/g)	309	<C_2	2.32
兰氏残炭值/%	0.17	C_3	5.45
倾点/℃	40	C_4	9.00
平均相对分子质量	384	C_5~120℃轻汽油	27.30
族组成/%(体)		120~220℃重汽油	21.57
烷烃	25.6	220~330℃轻循环油	12.77
环烷烃	46.4	>330℃重循环油	17.98
芳烃	28.0	焦炭	3.61
		C_5^+ 液体产品总收率	94.1

(4) 全页岩油延迟焦化

用焦化工艺处理页岩油的主要优点是可以随焦炭一起除去原料油中的固体物；焦化生成油比全页岩油更容易进行加氢处理。中试结果表明，焦化过程的 C_5^+ 焦化生成油收率为 77.5%(体)，焦炭收率为 18.3%(质量)。焦化生成油的性质及其加氢处理工艺条件见表4-8。

表 4-8　页岩油焦化生成油性质及其加氢处理数据

项　　目	数　据	项　　目	数　据
焦化生成油性质		反应温度/℃	381
相对密度($d_{15℃}$)	0.862	液时空速/h^{-1}	1.0
含硫/%	0.61	循环氢流率/(Nm^3/m^3 进料)	1370
含氮/%	1.75	产品收率/%	
含氧/%	0.94	<C_4	1.50
兰氏残炭值/%	0.17	C_5~82℃	2.0
倾点/℃	-4	82~175℃	15.8
平均相对分子质量	228	>175℃	79.0
加氢处理工艺条件		C_5^+ 总收率	96.8
总压力/MPa	11.8		
平均氢分压/MPa	10.3	化学氢耗量/(Nm^3/m^3 进料)	212

4) 几点结论

3500h 的全页岩油加氢处理中型试验结果表明：

- 全页岩油加氢处理可以达到工业运转要求的周期，保护反应器可以有效地脱除铁、砷等杂质；
- 全循环的加氢裂化过程具有操作灵活性，可生产优质喷气燃料；
- 全页岩油加氢处理的>345℃重油是优质催化裂化原料，产品收率和质量与经过加氢预处理的阿拉伯减压瓦斯油催化裂化结果相似；

- 全页岩油延迟焦化生成油加氢处理的氢耗量较低，由于生成焦炭，故全馏分页岩油延迟焦化-加氢处理的成品油收率也较低。

五、油页岩发电技术

1. 用循环流化床锅炉的发电技术[5]

油页岩循环流化床锅炉的发电技术是固体燃料的清洁燃烧技术，在缺少煤炭和拥有油页岩资源的地区，油页岩循环流化床锅炉发电(或联产蒸汽)是经济可行的技术。用页岩替代煤炭发电具有较好的经济效益。

20世纪60年代初期就开发成功了油页岩流化床锅炉技术，曾在抚顺建设了35t/h油页岩流化床锅炉机发电机组，在此基础上建成了桦甸油页岩示范电厂。应用情况如下：

1）桦甸油页岩示范电厂

20世纪90年代在吉林桦甸建成了3台65t/h的油页岩循环流化床锅炉，发电机组装机容量为18MW。针对油页岩的颗粒特性，锅炉的设计特点如下：

(1) 针对油页岩颗粒呈片状结构，容易导致沟流的问题，采用的热态设计风速为5~6m/s，布风板的小孔气体流速为50~60m/s，保证了油页岩在流化床中良好的流化质量。

(2) 油页岩的固定碳含量低，挥发分含量较高，在密相区的燃烧份额仅为0.5~0.6(低于褐煤和无烟煤)。为保证燃烧完全，采用了降低稀相区流速、延长停留时间措施以提高燃烧效率。为提高热回收量，增大了对流传热面积。

(3) 油页岩含硫量为1%左右，灰分中CaO含量高，自脱硫率达96%以上。通过调节一、二次风量比例，可以减少NO_x的生成。

(4) 防磨损措施。油页岩的灰分含量高、热值低，炉床上燃料藏量比烧煤炭大得多，磨损也较为严重。故锅炉下部燃烧室用刚玉砌筑，水冷壁表面加焊了防磨钉，过热器炉管增加了防磨片。

2）茂名油页岩循环流化床锅炉设计

奥斯龙公司曾为茂名设计了燃烧油页岩的Pyroflow循环流化床锅炉。每台锅炉的设计蒸汽产量为220t/h，压力为0.98MPa。2台循环流化床锅炉，消耗油页岩105.48t/h，锅炉效率达86.8%，灰渣排量为105.48t/h。使用石灰石作为脱硫剂，用量为12.6t/h。但该油页岩循环流化床锅炉未在茂名厂建成。

3）以色列的油页岩循环流化床锅炉

1990年以色列投运了1台产汽量为50t/h的油页岩循环流化床锅炉，为磷酸岩厂供应蒸汽和电力。投产后运行情况良好，锅炉效率达83.7%。使用的页岩质量很差，低发热量为3.155MJ/kg，CaO含量高达43%，由于页岩的钙/硫比高，固硫效果较好，烟气中SO_x较低。

2. 页岩灰渣的利用

循环流化床的页岩灰具有较好的活性，适合于用作水泥掺合料或替代黏土用作水泥生料。每吨水泥中可添加页岩灰渣50%。目前，广东、吉林等地已广泛利用页岩灰渣作水泥掺合料。经过电除尘回收的页岩细灰可用作混凝土掺合料或塑料、橡胶的填料。利用页岩灰压制免烧机砖已经实现商业化生产。

抚顺的页岩废渣是煤矿井的充填料。页岩灰高温烧结制造陶粒已经获得成功。

六、油页岩工业的技术经济

1. 油页岩工业的经济性[6]

油页岩加工工业包括页岩开采、页岩干馏、页岩油改质和炼制以及废页岩处理等全过程。根据已取得研发成果和20多年来的技术进步情况，综合分析油页岩工业的技术经济性。

1) 油页岩开采

有露天开采和井下开采两种方式。一般说来，露天开采油页岩是经济有效的开采方法。对于厚度为几十米的矿层，“房柱式”井下开采的回收率只有60%左右。露天开采的页岩回收率就较高。页岩矿层厚度、顶部覆盖层厚度、有无煤炭和地下水情况等均对开采成本造成影响。美国科罗拉多 Piceance 盆地的油页岩矿区，矿层厚度为150m以上，最大厚度达到600m，覆盖层厚度约为150~300m，开采条件较好。

页岩油厂需用的原料页岩量取决于页岩的含油率，生产能力为5万桶/d的页岩油工厂，需要配置采矿能力不小于2500万t/a的油页岩矿，生产规模超过大型煤矿。

2)油页岩干馏

油页岩加工以采用地上干馏技术为主。1970~1980年美国等国家开发了多种页岩干馏技术，进行了中型试验，但没有建成工业化的页岩油工厂。只是联合油(Union Oil)公司建成了一套9000桶/d的装置，投产后由于操作问题，平均产能只达到设计能力的50%。由于改造成本高，被迫于1991年停止运转。1980年以来，受原油价格等因素的影响，油页岩技术的研发处于停顿状态，没有进展。

从页岩油实现工业化规模生产观点看，已有的干馏炉技术处理能力均偏小；中国、巴西和爱沙尼亚建成的页岩油厂，生产规模均不大。试验炉所得数据不适用于工业放大。页岩油工厂的经济规模应不低于5万桶/d，按照页岩干馏的生产经验：页岩在干馏温度下的停留时间为0.5h左右。按日产页岩油5万桶的规模计算，需要的干馏炉容量为1500~2300t(与页岩含油率有关)。已经开发和使用的各种干馏炉型的处理能力显然都不能满足需要。即使采用万吨级的ATP炉，也需采用8~10台ATP干馏炉。

近20多年来在化学工程和环境科学方面取得的技术进步和发展(包括工艺模拟技术、反应工程、净化和分离等单元操作以及技术检测和仪表控制等)均未能在页岩干馏技术获得应用。而油页岩工业仍然停留在80年代的水平，未获得发展。

Rand公司进行了生产规模页岩油为5万桶/d的油页岩项目的投资和成本估算。此项工作是在20世纪70~80年代规划油页岩项目的数据基础上进行的。包括页岩开采、干馏、页岩油改质及加工的项目总投资约为50亿~70亿美元(按2005年美元价格计算，下同)。生产和维修费用为17~23美元/桶。在投资利润率为10%的条件下，低硫轻质原油价格必须到达每桶70~95美元，页岩油厂才可能作到有利可图。

还需要指出：上述估算结果仍存在诸多的不确定性。导致投资和生产成本偏低的原因包括：工程设计的环保标准偏低；生产工序的仪表、自动化水平不足等。另外，经过20多年的技术进步，采矿机械生产能力的提高、先进爆破技术和自动化、信息管理系统的应用；干馏炉大型化、工艺过程模拟和先进材料的应用等又是使投资、生产费用降低的因素。

如果油页岩工业能够实现低成本生产，美国建成生产规模为日产300万桶页岩油(即年产页岩油1.5亿t)的生产能力，每年的直接经济效益可达200亿美元。联邦、州和地方政府通过土地租金、生产专利费、企业的税收等项，约可得到直接经济效益的一半。发展油页岩工业不仅可降低对进口原油的依赖，还将带来促进就业、消费者从油价降低中受益。如果油品价格下降 3%~5%，可为消费者和商业带来约 150 亿~200 亿美元的效益。

油页岩工业是投资密集的产业，实现工业化生产面临土地及环境、空气质量、温室气体排放、水资源利用以及社会经济等多方面的挑战。这些问题需要有政府的支持，并对以降低成本为目的的研究开发工作予以支持。

石油资源短缺和高油价有利于促进油页岩产业的工业化。由于技术研发工作滞后，实现工业化生产或许需要 10~20 年或更长的时间。

2. 油页岩干馏的技术经济

以下技术经济数据以 Paraho 干馏技术为基准，说明油页岩干馏的经济性。因为是在 20 世纪 80 年代数据基础上得出的，存在很大的不确定性、供作参考。

页岩干馏工厂规模按日产页岩油 100000 桶计(约折合 500 万 t/a)，共设置 Paraho 干馏炉 24 台(其中：直接加热式炉 18 台；间接加热式炉 6 台)，所得的粗页岩油作为成品出售给炼厂。有关的技术经济核算结果见表 4-9。

表 4-9　采用 Paraho 干馏技术的页岩干馏工厂的技术经济核算结果

项　目	数　据	
油页岩处理量/(万 t/d)	15.742	
产品产量：		
粗页岩油/(万桶/日)	9.422	
硫磺/(t/d)	62	
氨/(t/d)	38	
煤气/(万 m^3/h)	1.94	
建设投资/百万美元		%
页岩矿	265	21.8
页岩破碎装置	147	12.1
页岩干馏装置	346	28.5
气体处理及精制	91	7.5
废页岩处理	53	4.4
供水系统	14	1.1
系统设施	97	8.0
场地平整及道路	27	2.2
其他工程费用	176	14.4
总投资	1216	100.0
生产费用/百万美元	163	—
折合的页岩油价格/(美元/桶)	12.70	—

① 价格是按 1976 年美元计算的；

② 页岩油价格是按投资利润率 ROI=15%计算的；

③ 生产费用包括：页岩开采、破碎和干馏费用，供水和燃料费用、管理费用、保险及税金等项；

④ 其他工程费用包括：资源获得费用、工程设计及管理费、专利费、人员培训费、开工费用、环境监测费用、流动资金等项。

3. 页岩油炼厂技术经济核算

基准：

① 设定 3 种页岩油加工流程，即以前述三个工艺方案为基准；

② 生产规模：轻质油品产量为 50000 桶/d。

其技术经济核算指标见表 4-10、表 4-11。

表 4-10　页岩油加工厂的建设投资和生产费用

项　目	加氢处理-加氢裂化方案	加氢处理-催化裂化方案	延迟焦化-加氢处理方案
	1978 年价格	1978 年价格	1978 年价格
工艺装置投资/百万美元	315	285	265
系统工程投资/百万美元	170	170	175
初始催化剂费用/百万美元	15	10	5
流动资金/百万美元	50	50	40
建设总投资/百万美元	550	515	485
加工费用/百万美元			
催化剂及化学药剂	19	11	6
维修费用	10	9	9
税金和保险	12	12	11
人工费用	4	5	4
电力费用	3	2	2
燃料	3	3	4
合　计	51	42	36
折合单位加工费/(美元/桶)	11.80	9.45	9.90
轻质产品收率/%(体)	90.9	94.5	77.8

表 4-11　页岩油加工厂的工艺装置规模和组成

工艺装置	加氢处理-加氢裂化方案		加氢处理-催化裂化方案		延迟焦化-加氢处理方案	
	万桶/d	百万美元	万桶/d	百万美元	万桶/d	百万美元
全页岩油加氢处理装置	6.1	82	5.9	80	5.8	57
全循环加氢裂化装置	1.8	45	0		0	0
催化裂化装置	0	0	2.3	50	0	0
延迟焦化装置	0	0	0	0	7.1	69
制氢装置	2×9.6①	98	2×7.4	73	8.5	45
柴油加氢处理装置	3.3	19	3.3	18	4.2	22
石脑油重整装置	0.8	17	0.7	15	1.1	20
污水处理装置	200t/h	14	200t/h	14	130t/h	12
H_2S 回收装置	65t/d	4	65t/d	4	65t/d	4
硫磺及尾气处理装置	62t/d	6	59t/d	6	61t/d	6
轻烃回收装置	0	0	0	0	0.4	5
预备费	—	30	—	25	—	25
装置部分总投资		315		285		265
公用工程部分总投资②		170		170		175
总投资		485		455		440

①万 m^3/h。

②公用工程包括：给水系统、锅炉房、配电系统、储罐区、工厂管线及调和设施、仓库及火炬安全设施等项。

4. 油页岩干馏的热经济[2]

对于含油率=6.5%，含水率=6%的油页岩而言，页岩油能量=1000万kcal/t页岩油；

煤气能量=600万~700万kcal/t页岩油；

总收入=1600万~1700万kcal/t页岩油；

扣除总能耗=800万~850万kcal/t页岩油，净收益为800万~850万kcal；

净收入=油页岩的热量的80%~85%；

对含油率=5.3%的抚顺页岩，净收益则为400万kcal；

对于含油率=6.1%，含水率=17%的茂名页岩，每产1t页岩油只能净获得500万kcal，即每产1t页岩油只能获得半吨油的热当量。

七、油页岩工业与环境

1. 中国油页岩工业的环境问题

中国在20世纪50~70年代期间，在辽宁抚顺有两座油页岩干馏工厂、一座页岩油加工厂，在广东茂名有1座油页岩干馏工厂在运转。对页岩油生产过程造成环境污染的治理已取得了经验，同时也造成了一定程度的环境污染，这些经验值得在发展油页岩工业中借鉴。

(1) 污水处理　干馏过程用水量大，生产污水中污油和有害杂质含量高。减少污水的排放量、改善污水处理方法、污水中的酚、氨回收仍是重要开发课题；

(2) 废渣处理　每生产1t页岩油需要排出废渣20多t。干馏废渣含有硫、氮、重金属铅，铍等，对环境造成严重影响；

(3) 大气污染　干馏炉、烟囱和凉水塔散发的气体中含有硫化氢、吡啶、芳烃等多种有害成分造成严重大气污染；

(4) 油泥处理　干馏气体中含大量粉尘，在冷凝过程中生成胶泥状“油泥”，造成对环境的污染；

(5) 粉尘和噪声　主要的噪声源来自页岩破碎机、鼓风机、空冷器、加热炉和机泵等，页岩破碎、运输过程产生大量粉尘，使空气中粉尘含量严重超标，危害人身健康。

2. 澳大利亚油页岩工业与环境问题[19]

以澳大利亚新建油页岩工厂项目采取的环保措施为例，说明加工油页岩对环境的影响和采取措施后的效果。

1) 温室气体排放量

开采油页岩、生产成品油过程造成的温室气体排放量。无论按“全生命周期”或是按原油生产、炼制过程计算均高于常规原油。比较结果如表4-12。

表4-12　油页岩加工过程的温室气体排放量比较

项　　目	温室气体排放量/($kgCO_2$/GJ)	
	按全生命周期计	生产和炼制
常规原油生产和炼制	93~109	10~19
页岩油生产和炼制		
常规工艺技术	113~120	41
先进工艺技术	85~95	13

2) 解决温室气体排放的措施

澳大利亚Stuart项目采用了以下技术措施解决温室气体排放问题：

(1) 广泛植树形成永久森林可以达到捕集二氧化碳、促进生物多样性和减少土地盐碱化的作用。

(2) 在建设油页岩加工厂的同时，建设生物乙醇工厂。利用造林所得的木质纤维和制糖工业废料作为生产乙醇的原料。

(3) 投资建设联合发电设施和其他高能效设施以减少页岩炼油的能耗、减少温室气体的排放量。

应该指出：这些均为补充的应对措施。在页岩加工过程还应采用 CO_2 回收和填埋技术解决温室气体排放问题。

3) 二　英的毒害[7]

澳大利亚的油页岩开发项目建设在昆士兰地区，计划分阶段目标是：

第一阶段：生产页岩油 4500 桶/d，已于 2001 年建成并运转；

第二阶段：扩建矿场，建设 2 套放大的页岩干馏装置，使页岩油生产能力达到 19000 桶/d。

第三阶段；进一步扩大矿场，新建 5 套页岩干馏装置使页岩油生产能力达到 85000 桶/d。

页岩加工过程除了从烟囱排放和废页岩释放出来的温室气体外，还生成“持久毒性”的有机物，尤其是具有超毒性的二　英和呋喃类化合物。

在 ATP 页岩干馏过程具有生成二　英的条件包括：适宜的温度(200~1200℃)；页岩干馏过程较长的停留时间(50min)；存在碳氢化合物的有利条件；用氧的燃烧条件；原页岩中含氯高(990~1640μg/g)。

页岩加工过程从烟囱排入大气的烟气和废页岩中的二　英均造成环境污染。

二　英和呋喃类化合物属于“持久性有机污染物”(POP，Persistent Organic Pollutants)，不仅就地对人类和野生动物造成危害，由于其化学稳定性极强，很难发生化学、日光或生物的降解反应，却可以在地球上运动，最终沉积到南、北极地区和深海中；还可以富集到生物的组织内，达到损害人体健康和破坏环境的效应。

除了上述特点外，POP 一般难溶于水、却极易溶于脂肪中，因而会在生物的活组织中形成“生物积累”并最终在食物链中富集到几百万倍 。

二　英——2,3,7,8-TCDD(2,3,7,8-四氯二并苯对二　英)和呋喃化合物的致癌性质也已经从历史经验获得证实。例如，世界卫生组织已经用动物实验证实页岩油、沥青等产品为致癌物质。用苏格兰、美国、爱沙尼亚和中国抚顺等地的页岩油进行白鼠试验，均在皮肤上发现良性或恶性的肿块。在苏格兰、爱沙尼亚页岩油厂和美国实验工厂的操作工人中，患癌症——尤其是皮肤癌的工人明显增多。

页岩油生产过程造成的污染物排放包括两个方面：

• 排入大气中的二　英污染物：根据 Stuart 油页岩项目的第一阶段中试装置实测数据推算：在不设置污染控制设备的情况下，第三期工程建成后排入空气的二　英污染物总量为 18.4~30.01g TEQ/a。在安装污染控制设备的情况下，年排放总量为 7.36~12.0g TEQ。

• 从烟囱排放的含二　英有毒气体；废页岩排弃到矿坑内，日久就会对海洋保护区和环境造成污染，对人体健康产生危害。据估算，油页岩项目全部实施后，即使二　英的总排放量减少 60%，总排放量可达 7~12g TEQ/a，仍然是全澳大利亚 3 个向大气中排放二　英最高的工厂。表 4-13 数据表明：三阶段废页岩总量约 5200 万 t/a；造成的二　英污染物总量为 27.3~36.4kgTEQ。

［按：TEQ 为毒性当量浓度(Toxic Equivalency)，用于表征二　英在水、土壤、食物、动物和人体中的当量浓度］。

表 4-13　澳大利亚页岩项目的二　英排放数据

项　　目	废页岩量/万 t	总二　英排放量/kg (浓度 0.9ng/g)	总二　英排放量/kg (浓度 1.2ng/g)
第一阶段(已建成)	130.3	1.1727	1.5636
第二阶段	555.7	5.0013	6.6684
第三阶段	3034.1	27.3069	36.4092
第三阶段(扩建)	1517.0	13.653	18.204
总　　计	5237.1	47.1339	62.8452

综合上述情况可知：页岩加工过程的环境问题仍是有待深入研究和探讨，结合工程项目建设开发新型环保技术。

第三节　加拿大的油砂沥青

本书的第一章中已对油砂沥青生成机理和世界各国油砂沥青资源量等内容作了说明。

加拿大是世界惟一实现油砂沥青产业化的国家，油砂沥青的生产工序包括开采、抽提、改质(生产合成原油)成品油生产以及输送、销售等许多工序。加拿大自 20 世纪 80 年代开始发展油砂沥青工业以来，在开采方法、加工改质和成品油生产工艺等方面均取成果。本章重点论述加拿大的油砂沥青的生产、加工技术等情况[20]。

一、天然沥青的性质

天然沥青性质与常规原油差异非常大，表 4-14 为加拿大天然沥青性质的数据[10]。

表 4-14　加拿大的天然沥青性质

项　　目	数　据	项　　目	数　据
相对密度	1.029	重金属(镍+钒)/(μg/g)	>1000
元素分析/%		黏度/mPa · s	50000~1000000
C	83.0~85.0	C_7^o 沥青质/%	16
H	10.0~11.0	康氏残炭值/%	11.5
N	0.2~1.0	分馏数据/%	
S	2.0~5.0	<350℃	18
O	0.2~4.5	<538℃	45
氢/碳(原子)比	1.5		

二、天然沥青的生产

1. 油砂沥青开采方法[10]

加拿大的油砂沥青资源十分丰富，可回收率高(>90%)，开采风险小。开采的前期投资大、需要的设施和机械多，能耗和用水量均较大，生产成本高。抽提出的天然沥青只能调入稀释剂成为稀释沥青，以低价销售给炼油厂；或用较高的生产费用改质成为合成原油后再售给炼油厂。

加拿大的油砂开采方法主要有露天开采法和就地开采法，分别说明如下。

1）露天开采法（Open Pit Mining）

加拿大油砂露天开采技术是从20世纪80年代初期开始应用的。GCOS公司和Suncor公司最初使用轮式挖掘机在露天矿场内挖掘油砂沥青，再用皮带运输机送至抽提工厂。Syncrude公司则使用大型拉索铲挖土机（draglines）沿着矿床把油砂堆积到一起，再用轮式装载机装到皮带输送机上运出矿场。这些开采方法均存在着机械设备庞大、维修工作量大和不能按照油砂沥青质量选择开采等缺点。

针对上述不足，近来所有露天矿均改用了液压式单斗挖掘机-重型卡车运输的开采方式。首先应将露天矿场分割为每层高度为12~15m的梯段。挖掘机每一行程可开采油砂90t，燃料油箱容量可以连续运转24h而不需加油。采出的油砂沥青直接装载到重型卡车上运至抽提工厂。这种开采方式的优点是开采成本低、操作安全可靠、可以选择开采不同质量的沥青以保证抽提过程的进料质量的稳定。

从露天矿开采出的油砂送至抽提工厂将沥青分离出来。抽提工厂通常设在露天矿区之内。各个公司采用的抽提工艺基本相同，只是工艺条件和设备略有差别。Suncor公司和Syncrude公司采用热水法从油砂中提取沥青。在水中加入加入氯化钠以提高分离效率，缺点是能效较低、低品位矿的回收率较低，过程中生成分散性污泥。冷湖地区的沥青矿采用常规的浮选技术分离沥青，过程中使用非碱性化学剂，其优点是低品位矿的沥青回收率较高，能效率较高。

图4-7　重型卡车-履带式挖掘机开采油砂

沥青运输和抽提方法曾是最困难的技术问题，沥青对皮带的磨蚀和黏附造成皮带损毁和停产。

油砂的破碎和分离已从最初的滚筒式破碎改为用现在的双轮破碎机，破碎后的块径为5cm左右。

Syncrude公司在20世纪80年代后期开发了“水力输送”技术，先将油砂与热水混合形成浆液，用泵输送至抽提工厂。输送过程的混合、湍流作用可以取代抽提过程的搅拌工序并有助于提高能效。例如Aurora油砂矿的一个系列的水力输送能力为8000t油砂/h，至抽提工厂的输送距离为4km。油砂先在第一分离罐进行调理，然后进行沥青-砂子的分离。浆液中注入搅拌空气有助于沥青与砂子和泥土的分离。

为了改善分离效果，Suncor公司和Syncrude公司在浆液中加碱调节水的化学成分，但这将增加泥土的分散性，使残渣生成量增加。ADSP公司曾使用柠檬酸钠代替碱以解决此困难。另一项革新是降低水温，将抽提用水温度从80℃降至30~50℃。

抽提过程的改进目标是提高沥青的纯度、回收率和减少泥沙含量。例如：为了提高沥青的纯度，Syncrude公司在沥青离心分离过程之前，向沥青中加入石脑油以提高送至改质工厂沥青的洁净度。AOSP则推出了逆流沉降技术，将沥青用轻烃（戊烷-己烷混合物）洗涤。但是，这些技术均存在溶剂回收困难的技术问题。

2）就地开采法(In-Situ Process)

约90%以上的加拿大油砂不适合于露天开采，开采的经济性促进了就地开采法的发展。美国、委内瑞拉是就地回收重质原油技术的开发先驱，美国于1961年在加州科恩河进行了就地热回收重油的小型试验；委内瑞拉从1914年发现了第一个重油资源后，于50年代中期试验了循环注入蒸汽技术(CSS)的回收重油试验。

为了开采丰富的油砂资源，加拿大进一步发展了就地开采技术。就地开采技术一般是采用通入蒸汽(或地下燃烧)法降低矿层中沥青的黏度，使之能够从地下用泵抽出的生产方法。

加拿大对“就地开采法”作了许多改进，形成了以下几种开采方法：

(1) 循环注入蒸汽(CSS, Cyclic Steam Stimulation)开采法

CSS技术适用于开采重质原油或油砂，操作分为注入蒸汽、保温加热和抽油生产三个阶段进行。参见图4-8。

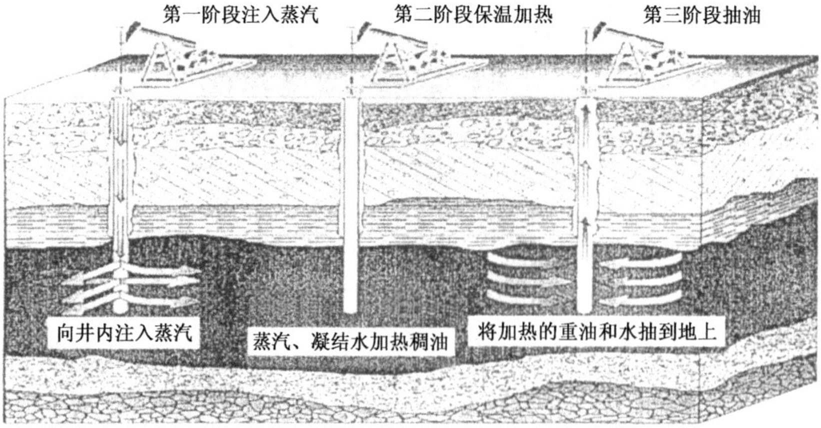

图4-8　循环注入蒸汽开采重油生产顺序

从20世纪60年代以来，好几家公司在加拿大几个油砂沥青矿区进行了CSS技术的中型试验。已经在Clearwater地区地下400~500m丰富的矿层形成了22000m^3/d(约14万桶/d)的油砂沥青生产能力。

加拿大的冷湖、和平河等地的油砂资源埋藏较深，均需要用就地开采技术开采。

CSS开采技术的缺点是资源回收率较低，蒸汽用量大，生产成本较高。

(2) 注入蒸汽-重力排出法(SAGD, Steam Assisted Gravity Dranage)

SAGD为改进的就地开采法，适用于矿层深度为30~60m的油砂矿。

1984年阿尔伯塔油砂技术研究管理局(AOSTRA)在Fort McMurry附近建设了“地下试验设施”(UTF)，以便试验SAGD的技术经济可行性。UTF设施包括许多竖井和巷道，巷道均钻到油砂以下石灰岩地层中，从巷道可以向上钻出两条钻孔，然后水平伸入到沥青矿层中，在沥青层中的长度可达750~1000m，上下钻孔的垂直距离为100~200m。从上面井孔注入蒸汽以便降低沥青的黏度。使沥青靠重力流进下面的井孔中，再用泵抽到地面上。每口井的最佳产量可达1000~1500桶/d。

与CSS技术相比较，SAGD开采法的优点是：

- 沥青回收率可达60%~70%，CSS技术一般仅为25%~30%；
- 汽/油比低，CSS技术使用的汽/油比为3~8，SAGD技术的汽/油比为1.5~3.0；
- 不破坏地表。

SAGD技术仅适用于开采厚度大、洁净、断面垂直的油砂矿层，垂直分布不均匀的沥青矿仍需使用CSS技术开采。

SAGD开采法的适用性随矿区场地条件而定，SAGD法开采油砂沥青的操作示意见图4-9。

Suncor公司用SAGD开采法开采了深层的油砂沥青资源。

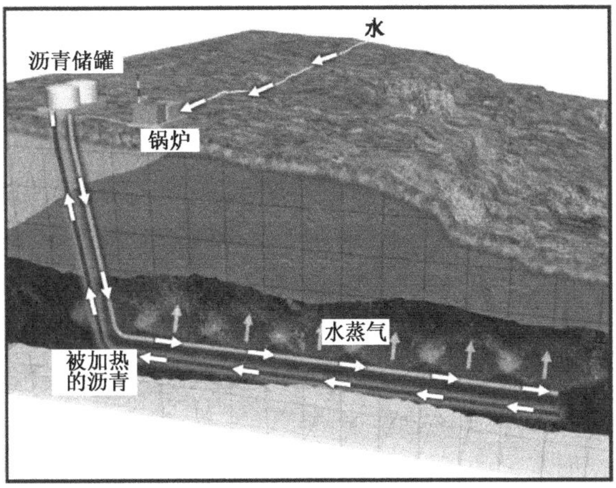

图4-9　SAGD开采法操作示意

SAGD开采法的缺点是消耗大量蒸汽，典型的SAGD开采法需要消耗大量的天然气用于发生蒸汽。该公司正在研究用注入轻烃降低沥青黏度的方法，可以用少量轻烃气体替代大量的蒸汽。这种使用混合轻烃降低黏度、然后靠重力使沥青从矿井中排出的方法称为VAPEI(Vapor-Assisted Petroleum Injection)开采法。

3) ESAGD开采法

在AOSTRA的支持下，壳牌-加拿大公司在和平河(Peace River)矿区附近开发了ESAGD开采技术，可以从地上精确地钻出一对水平井。方法是首先钻出下井，然后在下井中装设一个磁性盒子，作为钻上井时导向定位装置，可以准确地保持上下井间的距离。ESAGD开采的另一特点是采用气体提升法将沥青抽到地面上来。

ESAGD开采法的最大优点是取消了竖井、巷道及相关设施，减少了维修工作量。

ESAGD开采法一旦试验成功后，Shell公司就准备在和平河的1600m^3/d矿场中采用ESAGD开采法取代原来使用的压力循环蒸汽驱动(PCSD，Pressure Cycle Staem Drive)开采法。据估计，ESAGD开采法可比PCSD开采法降低生产成本1~2美元/桶。

4) 其他就地开采方法

除了上述就地开采方法外，以下几种开采方法为已经实施或开发中的技术。

- 冷流动开采法(Cold Flow Production Technology)

工业界普遍认为，比重指数为12~14(相对密度为0.973~0.986)的重油在矿层中不能流动，必须注入蒸汽才能降低重油黏度，提高流动性。Amoco-Canada公司成功地用冷流动开采法在冷湖地区南部的油砂沥青矿中开采出了黏度为20000~30000mPa·s的天然沥青，在不加热情况下用螺旋泵将沥青-砂子混合物抽至地面上。一般认为，这种重油的黏度太高，不注入蒸汽就达不到到经济生产率。

冷流动开采法的原理是油和砂子混合物是通过矿层构造中的孔道和随重油带出砂子所生成的孔道流出的，另外从重油中排出气体所形成的微气泡有降低重油黏度的作用。

- 镗孔开采技术(Borehole Mining)

镗孔开采技术仍处于小型试验阶段。这种开采方法是用射流水切割地下深层、无法用露天开采的油砂沥青。开采方法是先打一个钻孔，然后在钻孔中插入带有水射流机构的吊杆，随着吊杆转动用射流水在孔壁上切割出空洞。其目的是造成顶部地层处于受控制的不稳定状态，由此造成岩壁的间歇性塌陷。塌陷下来的油砂沥青形成浆液或是被用泵抽到地面上来；或是进行抽提，最终将砂子留在钻孔内。这种开采技术已经完成了多次试验。

• 汽/油比是沥青开采的重要经济指标，以下几种沥青开采新技术可以在不损害沥青资源情况下降低汽/油比。包括：

① 低压 SAGD 开采法：降低注汽压力可以更有效地利用冷凝潜热，相应也降低了汽/油比，还可减小水处理、发生蒸汽设施的规模。

② 热溶剂开采法：随蒸汽一起注入溶剂，可以减少蒸汽用量 1/3。

③ 纯溶剂开采法：只使用溶剂，优点是可以降低能耗和减少水处理和发生蒸汽设施的规模。

④ 燃烧开采法则不需使用燃料和供水设施。

上述这些开采方法目前尚未达到工业化应用阶段。

2. 生产操作的改进

加拿大的就地开采法生产油砂沥青技术已经历了多年生产实践。为了降低生产成本、提高产品质量，加拿大的油砂沥青就地开采技术在经历了多年生产实践后，在生产操作上作了多项改进，主要包括：

1）工艺用水的循环使用

油砂沥青生产过程消耗大量蒸汽和水。典型油砂沥青厂中，水处理、工艺水重复利用和发生蒸汽设施的建设投资及其生产成本(不包括燃料成本)均各占建设投资和生产成本的 2/3 左右。每生产 1t 沥青约消费 3t 水，因此有人形象地将油砂沥青厂比喻为“副产石油的水循环处理工厂”，这说明沥青工厂中水处理和水重复利用的重要性。

生产规模为 1500~10000 桶/d 的油砂沥青工厂均设应有不同形式的水重复利用设施，工艺废水经过热石灰软化过程除去硬度和硅化合物后，用作一次通过式锅炉的给水。

对于新建的就地开采油砂沥青工业项目，要求工艺用水的重复利用率不低于 95%。工厂的补充水应主要来自非饮用水源。

以下几种水处理新技术处于中试或应用阶段：

• 气体压缩式蒸发器　是采用蒸馏技术得到洁净水的技术，缺点是投资大，生产成本高，每回收 1t 的水能耗达 1. 9kW；

• 水管式换热器　为高效率的闭路式锅炉系统，采用降膜式换热器发生蒸汽，锅炉用水不需脱硅，可以使水处理费用降低一半，是开发中的新技术；

• 使用自净化的换热器系统发生蒸汽，可以简化水处理系统。

提高水质量可以改进锅炉设计。目前使用的锅炉发生蒸汽量不超过给水量的 80%；其余部分通过排污带出杂质，才能避免炉管结垢。改用釜式锅炉就可以不用天然气作燃料并减少排污量。

2）合理利用天然气

就地开采油砂沥青均使用天然气作燃料。有的项目用天然气作为从井下抽出沥青用的提升气体，然后将提升气体再用作锅炉燃料。从天然气厂来的天然气压力为 7MPa，不需要再加压。由于北美洲的天然气价格高涨，天然气又是生产成本中的最大的支出项目，正在研究采用其他替代燃料，例如用沥青残渣作燃料替代天然气。

3）钻井技术改进

钻井技术在就地开采的沥青矿区已经有了重大改进。无论是钻斜井、水平注汽井和生产井，钻井都能精确定位。SAGD 开采法需要钻一对互相平行的水平井，现代化的定向钻井技术可以做到上、下井绝对平行、垂直距离相等。

4）井筒的牢固性

材料科学、化学工程和机械工程的进步有助于改善井筒的牢固性。CSS（循环注汽）操作的缺点是井筒反复处于压力或蒸汽环境之下，易于产生裂缝。已经采用地震技术检测井筒裂缝，并采取措施保证井筒的牢固性。

三、天然沥青的稀释

天然沥青不是可使用的成品。抽提所得的沥青无法用管道运输，必须用天然气田生产的凝析油或合成原油作稀释剂调制成为“稀释沥青”，然后送至改质工厂生产合成原油；或将稀释沥青售给炼油厂加工为成品油。

按照使用稀释剂的不同，可分为凝析油稀释沥青和合成油稀释沥青。按凝析油：天然沥青＝30：70 调和成的稀释沥青称为“DilBit”；按合成原油：天然沥青＝50：50 比例调合成的稀释沥青称为“SynBit”。典型稀释沥青的性质见表 4-15。

表 4-15　加拿大稀释沥青的性质

项　目	凝析油稀释沥青（DilBit）	合成油稀释沥青（SynBit）
稀释剂/天然沥青（体积比）	30/70	50/50
相对密度（$d_{15.6}$）	0.9210	09356
含硫/%	3.69	2.49
总氮含量/（μg/g）	3375	2372
康氏残炭值/%	11.47	7.56
酸值/（gKOH/g）	1.44	1.49
馏分分布		
LPG 收率/%	0.59	0.68
0～182℃石脑油		
收率/%	17.3	7.7
相对密度	0.6918	0.7285
族组成/%（体）		
烷烃	66.8	59.7
环烷烃	26.9	28.7
芳烃	6.4	11.6
182～254℃煤油		
收率/%	4.3	6.6
相对密度	0.8441	0.8490
烟点/mm	18.5	16.1
含硫/（μg/g）	10099	1397
十六烷值	32.1	31.6
芳烃/%（体）	22.4	32.0
254～343℃柴油		
收率/%	8.6	18.9
相对密度	0.8984	0.8956
含硫/（μg/g）	20053	5852
十六烷值	34.7	35.9

续表

项　目	凝析油稀释沥青(DilBit)	合成油稀释沥青(SynBit)
343~538℃瓦斯油		
收率/%	24.1	36.0
相对密度	0.9582	0.9487
含硫/(μg/g)	33427	16658
碱性氮/(μg/g)	389	428
总氮/(μg/g)	1298	1480
苯胺点/℃	56	63
芳烃系数	36.1	30.5
>538℃减压渣油		
收率/%	45.2	30.0
相对密度	1.0549	1.0644
含硫/%	5.87	5.89
总氮/(μg/g)	6755	6002
康氏残炭值/%	25.2	24.9
镍/(μg/g)	145.5	119.8
钒/(μg/g)	367.3	317.0

调入稀释剂的稀释沥青具有足够的流动性，可以用管道输送至炼油厂进一步加工成成品油。随着油砂沥青产量的增长，稀释用凝析油需求量超过天然气田的供应能力。加上石油化工厂对凝析油原料需求的增长，导致凝析油供应短缺、价格不断上升。在20世纪80~90年代期间，凝析油价格是按照轻质原油价格折价销售、折扣率很低。近年来稀释用凝析油价格已经比轻质原油高出5%~15%，于是在凝析油短缺矿区采用了“稀释油返回”的办法解决，即从炼油厂分离出来的稀释剂加入降低摩擦系数添加剂后送回至油砂沥青矿循环使用。若沥青矿场具有天然沥青部分改质的手段就可减少稀释剂的用量。

油砂沥青的改质工艺技术见本节的第五部分。

四、油砂沥青的生产与环境

油砂沥青开采过程中水和燃料消耗量大，生产、运输、砂石和固体废料处理等过程造成的环境问题包括水源污染、水处理和沥青开采的地表破坏、废渣处理和回填对土地污染、温室气体排放、大气污染物排放等。

开采油砂沥青的用电量和蒸汽消耗量均很大，需建设独立的热电厂为矿区和改质工厂供应蒸汽和电力。北美地区一般使用天然气为发电燃料。

1. 固体物料处理问题

油砂沥青开采造成的地表破坏和大量废渣处理是备受关注的环境问题。目前，沥青生产过程中排出的大量污水、砂子、淤泥和泥土混合物用泥浆泵排送至沉降场。迅速沉降的砂子被挖掘回收用于建设残渣池的围堰，剩下的是污水和泥土。油砂沥青矿的大规模开采积累造成的污泥场沉降面积已达150km^2，各家公司正在为恢复土地而努力。至2025年，只Syncrude公司一家就将产生约10亿m^{3}的污泥残渣，而被破坏的地表仅能恢复20%左右。

残渣综合处理技术是将沉降池中的重质残渣细粉与石膏混合，再添加到新的残渣浆液之中造成泥土凝结、浆液黏度增大，形成逆向自然分离的过程，使粗、细固体物和水聚集到一起形成"粥样"沉积，清水则迅速渗出地面流走，沉积物则变得致密并最终形成固体。排出的水尽可能循环使地面恢复成湿地、草地或稀疏的森林。

油砂沥青现场的恢复可能需要50年或更长的时间，需要制定长远规划以便将矿区建成生态化的森林、草地、湿地和湖泊和保护水源。最终目标是恢复成野生动物栖息地、休闲环境和商品木材生产基地。

2. 水源给水处理问题

油砂沥青的露天开采或就地开采均需要大量用水，所以遇到了极其复杂的水处理和水重复利用问题。早期的沥青项目的全部用水为取自河流或湖泊的新鲜水，水的质量下降和污染成为公众关注点，并且成为批准新建项目最为敏感的问题。于是有关部门制定了节约用水的规定和措施。例如：规定油砂沥青项目的水重复利用率不得低于95%；吸取、借鉴其他行业的节水经验，锅炉和其他用水设备必须采用节约用水（尤其是节约新鲜饮用水）的设计，对循环水要进行处理和使用含盐水等。

3. 大气污染问题

开采油砂沥青的温室气体排放指标为0.1吨/桶沥青，大于常规原油开采的CO_2排放量。排放的其他有害气体还有SO_2、NO_x、H_2S、CO、挥发性有机化合物（VOC）和颗粒粉尘等。自20世纪90年代以来，由于加热炉技术的改进和增加了烟气脱硫措施，温室气体排放量已经减少了25%以上。

Paramount资源公司正在进行将烟道气注入到油砂沥青矿区附近的气层中的小型试验。如果试验成功，证实可以提高气体回收率。Paramount资源公司将向矿区底层中注入烟道气、回收天然气，并控制SAGD开采法的蒸汽损失。此项技术成功后将能缓解SAGD矿区的大气污染。

五、油砂沥青的加工改质

沥青需要经过改质为合成原油才能经管道输送至炼油厂、加工为成品油。油砂沥青或重质原油经过加氢改质所得的、不含渣油的生成油称为合成原油。在加拿大经营油砂沥青的Syncrude、Suncor和Shell公司均采用沥青改质技术生产合成原油。表4-16为典型的油砂沥青和合成原油的性质数据[11]。

表4-16 油砂沥青和合成原油的性质

项目	天然沥青	改质合成原油
相对密度	1.0143	0.8654
硫含量/%	4.8	0.2
氮含量/%	0.4	0.1
黏度(38℃)/mPa·s	500000	10
蒸馏曲线/%		
0℃	0	5
30℃	0	30
220℃	1	60
345℃	17	90
550℃	45	100

1. 改质的工艺路线[16]

油砂沥青改质是生产合成原油的技术，采用的工艺技术与原油的渣油加工过程类似。改质主要目的是提高生成油的氢碳比。从沥青生产合成原油的改质包括原料的轻质化、沥青质处理和降低杂质(包括脱除重金属，残炭和硫、氮等其他杂质等)含量等工艺内容。

按照改质过程的原理划分，油砂沥青改质流程可分为脱碳过程、加氢过程或两者的联合流程。加拿大早期建成的油砂沥青改质装置以采用焦化过程为主。适用于沥青和重质原油的加氢改质技术包括沸腾床技术和浆液床技术。Syncrude 公司于 20 世纪 80 年代建成的生产能力为 40000 桶/d 的 LC-Fining 装置，其目的是扩大一次改质能力和提高合成原油的收率。

加拿大油砂沥青改质技术发展历程可划分为以下三个阶段：

加拿大早期建设的油砂沥青改质装置采用焦化(延迟焦化或流化焦化)-加氢处理流程。全油砂沥青(或>524℃渣油)经过焦化后生产焦化馏分油和焦炭，馏分油经加氢处理后生产合成原油。此流程的优点是技术成熟，建设投资较低；缺点是合成原油质量较差，产率低(约 80%)。

为了提高合成原油收率和质量，20 世纪 80 年代中期 Syncrude 公司在扩建沥青改质工厂规模时，在焦化流程中增加了 LC-Fining 加氢裂化装置，用以实现油砂沥青的轻质化。加氢裂化过程的转化率较低(约 60%)，加氢裂化渣油返回焦化装置作原料以便消除渣油。加氢裂化生成油和焦化生成油一并进行加氢处理。此流程的优点是合成原油质量好、收率高于焦化流程，体积收率可达 100%左右。

第三代油砂沥青改质流程为全加氢流程。采用>524℃渣加氢裂化与在线(或独立配置)加氢处理组成的联合工艺过程。

Redford 将上述 3 种油砂沥青改质的工艺流程归纳为图 4-10。

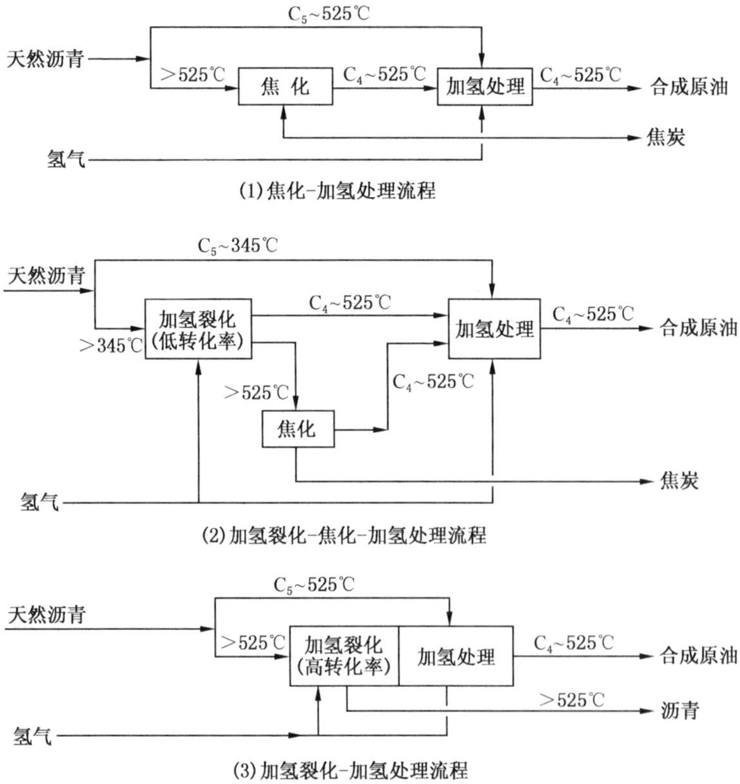

图 4-10　油砂沥青改质流程

2. 工艺技术的选择和优化

过去20多年油砂沥青的生产成本显著下降，主要归功于采用了新技术。例如：由于采用了SAGD技术，天然沥青的生产成本已从20世纪70年代中期的15~20美元/桶(按1991年美元计)降低至7~9美元/桶。但是，天然沥青的产值低，无法在炼油厂中加工，必须改质为合成原油后才能替代常规的低硫轻质原油在炼油厂中加工生产商品燃料。油砂沥青改质的成本比较高，约为天然沥青生产成本的两倍。

沥青生产的合成原油在质量上存在以下主要问题：

• 合成原油中的柴油组分含量高于石脑油组分(高柴/汽比)，生产的运输燃料难以符合日益严格的环保标准。沥青改质流程的改进目标是在不牺牲产品收率和改善馏分组成比例的前提下大大降低改质过程的生产成本。

• 产品的芳烃含量高，生产的柴油十六烷值低，煤油的烟点不合格。需要采用高投资、高加工费用的加氢处理或加氢裂化过程进一步进行处理。

• 合成原油中含一定量的、不适合用作催化裂化原料的重瓦斯油(VGO)。

加拿大早期采用延迟焦化或流化焦化工艺进行沥青的改质。由于技术成熟和投资较低，在焦炭有销售市场的地区采用焦化工艺仍是可行的改质流程。焦化过程的合成原油收率低，加氢工艺有利于提高油砂沥青的转化率从而可取得更好的经济效益。因此，改质流程的发展趋势是从焦化工艺向加氢工艺转过渡。

20世纪90年代初期，Syncrude公司在扩建的沥青改质项目时采用了加氢裂化技术。LC-Fining加氢裂化的转化率较低(60%左右)，加氢裂化渣油再经过焦化过程处理。这种联合流程的总液体收率约100%(体积)。

近年来推出的沥青浆液床加氢裂化技术，包括按高压、高空速操作转化率高的VCC技术和按低压操作、使用一次性的催化剂的CANMET技术。转化率可达95%、总液体收率可达100%(体积)以上。

浆液床加氢裂化技术已经完成了示范性工业试验，但工业生产经验显然不如沸腾床技术和焦化技术。浆液床加氢裂化过程的转化率和产品收率要高于焦化过程，但建设投资较高，需要增加催化剂及氢气的成本。优化催化剂和降低氢耗量将是提高技术经济性的关键。

浆液床加氢技术一般采用廉价的煤粉、半焦粉或矿石粉等为催化剂。

AOSTRA曾于20世纪90年代初对以下三种沥青改质流程作了技术经济评估。主要内容和结果如下：

① 灵活焦化-加氢处理联合流程：沥青经灵活焦化处理，馏分油加氢处理。

② LC-Fining加氢裂化-延迟焦化-加氢处理联合流程：LC-Fining装置使用>343℃重油为原料，按低转化率(55%)操作。加氢渣油用作延迟焦化的原料；生成油经过加氢处理为合成原油。

③ VCC加氢裂化工艺-加氢处理联合流程：VCC装置按高转化率(95%)操作，生成油经加氢处理为合成原油。

改质工厂处理加拿大冷湖的天然沥青，生产规模为60000桶/d。三种改质流程的综合评估结果见表4-17。

评价结果表明，采用高转化率的加氢裂化和在线加氢处理联合流程改质沥青，合成原油收率最高，经济效益明显优于焦化-加氢处理联合流程，也好于低转化率的LC-Fining加氢处理-焦化-加氢处理联合流程。

表 4-17　三种沥青改质流程的技术经济评估数据

工　艺　方　案	VCC 加氢裂化-加氢处理	LC-Fining-延迟焦化-加氢处理	灵活焦化-加氢处理
处理量/(桶/d)	60000	60000	60000
合成原油收率(对进料)/%(体)	106.5	101.5	86.6
产品产量			
合成原油/(万桶/a)	2332	2223	1896
硫磺/(万 t/a)	14.5	14.2	14.45
焦炭/(万 t/a)	—	23.2	—
产品产值/百万加元			
合成原油	583.14	555.83	474.06
硫磺	8.72	8.52	8.67
焦炭	—	5.81	—
低热值煤气	—	—	6.73
合计	591.86	570.16	489.46
沥青成本，按每桶 14 美元计/百万加元	306.6	306.6	306.6
总加工费/百万加元	118.6	130.8	77.8
毛利润/亿加元	1.667	1.328	1.051
静态投资利润率，ROI/%	13.1	9.3	8.3
单位加工费/(加元/桶进料)	5.42	6.00	3.55
建设总投资/亿加元	12.69	14.28	12.64
单位能力投资/[万加元/(万桶/d)]	21150	23800	21070

沸腾床加氢裂化工艺的转化率一般为 60%~70%。浆液床加氢裂化工艺建成的工业装置仍较少，工业实践经验不足。

合成原油馏分的质量及其组成均不同于常规原油，对其市场价值有影响。例如：用目前的转化技术从沥青生产的合成原油、石脑油的辛烷值较低，柴油组分十六烷值低，芳烃含量高。在炼油厂中加工成汽、柴油时，所得的汽/柴比只有 1.0 左右，北美洲市场需要的汽/柴比为 2.0 左右。若采用 VCC 工艺改质油砂沥青时，生成油的汽/柴比只有 0.8 左右。

3. 沥青加氢裂化技术

第三代沥青改质流程为全加氢流程。将沥青的>525℃渣油作为加氢裂化原料，加氢裂化生成油再与沥青的馏分油调合一起经过加氢处理生产合成原油。

至今，加拿大沥青加工仍以采用焦化-加氢处理联合流程为主，只有加拿大阿萨巴斯卡开发公司所属的 Scotford 沥青改质工厂于扩建之后采用全加氢流程生产优质合成原油。此外，20 世纪 90 年代 Syncrude 公司在扩建的沥青改质项目中采用了 LC-Fining 加氢裂化技术。LC-Fining 装置按低转化率(60%左右)模式操作，加氢裂化所得的渣油再经过焦化过程处理。

采用浆液床加氢裂化工艺的油砂沥青改质技术仍处于研究开发阶段，尚未建成工业装置。

1) 沸腾床加氢裂化工艺

20 世纪 60 年代开发沸腾床加氢裂化工艺的目的是用于重质原油和沥青的改质。

在 20 世纪 90 年代初期，ABB Lummus Crest 公司曾在 LC-Fining 小型试验装置上用加拿大油砂沥青和冷湖重质原油作了加氢裂化试验。试验共计运转了 44d，其中的 12d 和 18d 分别使用了加拿大和平河沥青和阿萨巴斯卡天然沥青为进料。结果表明：>524℃渣油转化率达 88%~97%，脱硫率达 89%~97%，表明沸腾床加氢裂化工艺可以在高转化率下操作。

1988 年 Syncrude-Canada 建成的第一套油砂沥青加氢裂化改质装置，就采用了沸腾床 LC-Fining 技术。

沸腾床技术是气、液、固三相流化床反应器。与固定床反应器相比，沸腾床技术除了具有改变原料品种和调节产品方案的灵活性外，在工艺性能方面还有以下特性：

- 良好的返混特性可以控制反应温度，接近于恒温反应；
- 可以保持反应器系统压力恒定；
- 可以在线取出、装入催化剂；
- 运转周期长，可维持 24~36 个月；
- 反应器有足够的自由空间，使进料中的固体物顺利通过催化剂层，不至于造成床层堵塞或“沟流”现象导致压力降增大；
- 在适应原料和产品质量变化方面均具有较大的灵活性。

用沸腾床技术改质沥青有两种操作模式，即加氢减黏模式和加氢处理模式。目前，油砂沥青加工的操作以采用加氢处理模式为主。

加氢减黏的操作压力为 7.0MPa，原料和氢气通过沸腾床反应器，可以不用催化剂，>524℃渣油转化率可达 60%左右。加氢处理模式加工全油砂沥青时，可选择适用的催化剂（例如褐铁矿），脱硫率可从加氢减黏模式的 23%提高至 91%。>524℃渣油转化率可达 75%（体）。工艺过程的苛刻度可以通过调整处理量、反应温度和催化剂的取出量进行调节。两种操作模式的油砂沥青改质试验数据见表 4-18。

表 4-18 油砂沥青改质的产品收率

项　目	加氢减黏模式	加氢处理模式	项　目	加氢减黏模式	加氢处理模式
产品收率/%			C_5~204℃	9.8	12.0
H_2S	1.1	4.3	204~343℃	29.1	37.6
NH_3	0.1	0.1	343~524℃	36.6	29.7
C_1	0.7	1.2	>524℃	21.0	12.8
C_2	0.6	1.0	合　计	100.4	101.9
C_3	0.9	1.9	>524℃转化率/%（体）	60	75
C_4	0.5	1.3	脱硫率/%	23	91
			氢耗量/（Nm^3/m^3 进料）	55	225

Syncrude-Canada 的沥青沸腾床改质装置的设计规模为 4 万桶/d。工艺流程参见图 4-11。装置采用了低压循环氢精制技术。从高压高温分离器分离出来的气体立刻从反应压力（12.0MPa）降至 3.5MPa，并与从低压高温分离器的液体中闪蒸出来的油气依次通过换热和冷却，再经过水洗、胺液洗以除去 NH_3 和 H_2S。循环氢经过除去杂质后、纯度可达 92%~97%。采用常规的高压氢净化流程时，氢纯度仅为 75%~87%。循环氢经过升压、与补充氢

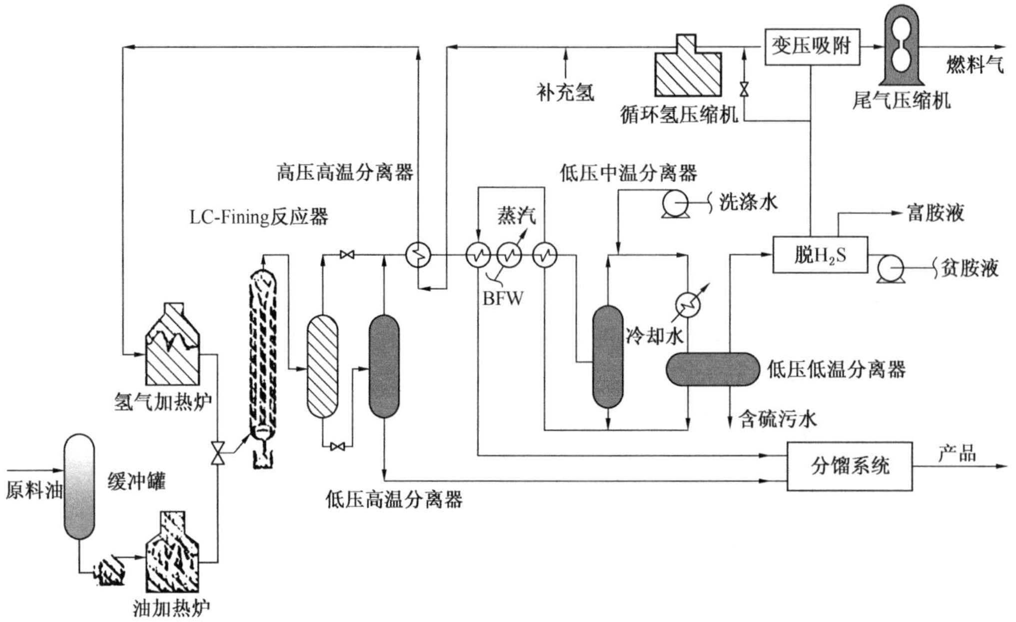

图 4-11　油砂沥青加氢裂化工艺流程

混合，进入反应器的氢纯度可达 94%~98%。

装置的反应系统采用 2 台沸腾床反应器，设计空速较高，反应器切线长度 17m。主要工艺指标如下：

• >524℃渣油转化率 67%；

• 脱硫率 65%，超过了设计值；

• 脱残炭率达 42%，超过了设计值；

• 氢耗量低于设计值。

沥青进料中泥土含量高于 1%，操作中没有困难。

Syncrude 公司在选择扩建沥青改质工艺方案时，曾比较了焦化、加氢减黏和沸腾床加氢裂化三种方案，最后决定采用 LC-Fining 加氢裂化工艺的原因如下：

• LC-Fining 加氢技术是唯一能与焦化联合、在不增加成本情况下能够降低 SO_2 排放的工艺；

• 产品质量优于延迟焦化、流化焦化工艺方案，LC-Fining 加氢裂化方案的总液体产品收率近 100%(体)，延迟焦化、流化焦化工艺则分别为 78%、82%；

• LC-Fining 加氢裂化工艺技术已经具有工业生产经验；

• 与焦化工艺联合的产品收率最佳。

2）浆液床加氢裂化工艺

浆液床加氢裂化工艺是使用均相催化剂(或添加剂)和浆液床反应器的加氢裂化技术，包括 Canmet 加氢裂化和 VCC 联合裂化工艺两种技术。在沥青改质工艺开发过程中又形成了 Canmet 乳化改质工艺、HC3 工艺和浆液床加氢裂化-两段加氢处理联合工艺等技术。此类技术均为使用浆液床反应器的加氢裂化技术。分别说明如下。

(1) Canmet 加氢裂化

Canmet 加氢裂化是加拿大国家石油公司从 20 世纪 80 年代开发的，使用细粉催化剂或均相催化剂的加氢技术。重质原料油在高温(约430℃)、高压(10~20MPa)和临氢条件下进行热裂解反应，重油转化率可达70%~90%。可选用作为均相催化剂的材料有煤粉、半焦、天然矿石和过渡金属等。

浆液床加氢反应器可适用的原料油很广，对原料中的杂质含量几乎没有限制，像沥青、重质原油和劣质减压渣油均可用作浆液床加氢裂化的原料。

Canmet工艺使用固体添加剂抑制生焦。经过工业示范装置7年多运转经验证实：上流式返混反应器的自冷却效应和使用非活性催化剂使反应操作十分稳定，即使不使用急冷氢，也能保证反应器稳定运行。

为减少焦炭产率，Canmet工艺采取了以下三项措施：

- 防止生成中间相，控制极性芳烃的合适浓度

根据控制、防止生成中间相的原理，当系统中的胶质(极性芳烃)含量不足，无法保持沥青质呈悬浮状态时，就会生成中间相，接着就会继续出现沥青质沉淀和结焦现象。因此，控制极性芳烃浓度是防止生成中间相从而抑制生焦的主要手段。

提高转化率的关键是操作上应该在胶质发生选择性裂解，导致沥青质沉淀和结焦之前使转化率达到最高值。

- 控制胶质与沥青质比例的平衡，控制生焦率

渣油中含有的沥青质是含杂原子的极性高分子化合物，在沥青质周围的胶质(即高沸点的极性芳烃)层对悬浮胶体溶液起稳定作用，如果沥青质周围的胶质或胶质层被烷烃稀释后，沥青质就会缔合为较大的分子而从溶液中沉淀出来，使生焦率增加。

渣油加氢裂化过程中需要将沥青质转化为烷烃和芳烃、胶质也同时会转化为轻质油。由于胶质的转化速率高于沥青质转化率，结果导致系统中的胶质/沥青质比例下降。随着反应的进行，烷烃/芳烃比例在增加，终将导致沥青质从溶液中絮凝出来，生成中间相，随着中间相沉淀，最终生成焦炭。

加氢裂化产物中的未转化沥青残炭值高、黏度大。Canmet浆液床加氢裂化工艺需要在保持沥青一定含氢量的前提下提高转化率。试验已经证明：胶质/沥青质之比对沥青质量有显著影响。当沥青的氢含量与一次通过70%转化率的沥青氢含量相当时，>524℃渣油转化率可提高至88.2%。要实现沥青完全转化，就需要在沥青中保持一定的氢含量。

- 保持添加剂的粒径和悬浮状态

Canmet工艺使用的添加剂具有较低的氢转移活性，可以减少生焦。当胶体系统被破坏或发生传质过程才可能生成焦炭。Canmet工艺使反应器中的添加剂保持为悬浮状态，使沥青质能够转化，或是沥青在离开反应器之前保持悬浮状态就不会生焦。控制循环沥青中添加剂的粒径，由于浆液床中固体物的分布是按照反应器高度成对数浓度分布的，减小添加剂的粒径对加氢裂化过程是有益的。

(2) VCC联合裂化工艺

VCC工艺是20世纪90年代之前在煤炭加氢液化技术的基础上开发的，其核心技术是使用液相加氢反应器。按产品是否进行后继加氢处理，分为两种工艺技术：

- VCC联合裂化工艺：液相加氢裂化之后再完成一次产品的气相加氢处理过程；
- Veba-LQ裂化工艺：原料油只进行液相加氢，生产质量稍差的合成原油。

20世纪90年代后期曾在Boottrop示范装置上进行重油改质的研究，试验结果证明VCC工艺是重油改质的可选方案。主要工艺指标为：

- >500℃渣油转化率可达 95%；
- C_5^+ 合成原油收率可达 102%(体)；
- 康氏残炭转化率达 90%；
- 脱硫率达 97%；
- 脱氮率达 97%；
- 脱金属率达 99%。

(3) Canmet 乳化改质工艺[11]

Canmet 乳化改质工艺是 20 世纪 90 年代初期加拿大开发的技术。反应器进料为由重油-水-固体物形成的乳化液体。向反应器中通入组成为 CO、CO_2、H_2O 和 H_2 的合成气。合成气中 CO 和 H_2O 在浆液床反应器内通过变换反应生成具有更高反应活性的 H_2，使重油加氢裂化生成合成原油。

Canmet 乳化改质工艺的主要优点是：

- 可使用有固体物、水含量高的原料油，简化了天然沥青的生产流程；
- 加氢裂化改质过程直接使用合成气中的氢气为加氢气体，取消了常规制氢过程的变换工序。

Canmet 乳化改质工艺的小试结果很好，预计可以降低沥青改质装置的建设投资。

(4) HC3 工艺

AOSTRA(阿尔伯塔油砂技术研究局)和 ARC 共同开发了第三代沥青改质技术，称为 HC3 工艺。HC3 工艺为使用均相催化剂、高转化率的浆液床加氢裂化过程，在流程中可以包括在线固定床加氢处理；或配置单独的加氢处理系统。合成原油性质及物料平衡见表 4-19。

表 4-19　合成原油性质及物料平衡

物料平衡表			
进　料		产　品	
油砂沥青		H_2S、NH_3、H_2O	5.3
C_5~180℃	2.2	C_1~C_3	5.6
180~345℃	14.8	C_4	1.3
345~525℃	28.8	C_5~180℃	14.4
>525℃	54.2	180~345℃	47.3
小　计	100.0	345~525℃	25.4
氢气	3.0	>525℃	3.7
总计	103.0	总计	103.0

合成原油性质	
全合成原油相对密度	0.8460
C_5~180℃馏分	
氮含量/(μg/g)	<1
180~260℃馏分	
芳烃含量/%(体)	<22
烟点/mm	>20
180~345℃馏分	
十六烷值	>40
硫含量/(μg/g)	<60
345~525℃	
氮含量/(μg/g)	<710

HC3 工艺可以在高温、中等氢分压和使用廉价催化剂的工艺条件下实现油砂沥青的加氢裂化改质，并达到高转化率。>524℃渣油转化率可达 97%。重要的技术突破在于所用的催化剂可以将沥青中的沥青质更快地转化为轻组分，以及采用了控制生焦的方法。

3）浆液床加氢裂化-两段加氢处理联合工艺[11]

日本 Kobe 钢铁公司进行沥青改质的实验表明：浆液床加氢裂化-两段加氢处理联合流程适合于加工加拿大的阿萨巴斯卡沥青；可生产低硫、高十六烷值的柴油，所得的石脑油和重瓦斯油可分别用作催化重整和流化催化裂化的原料油。

使用褐铁矿细粉为催化剂，原料油在浆液床反应器中进行加氢裂化反应，反应产物经过气-液分离后，气体产物进入用常规加氢处理催化剂的固定床反应器进一步加氢处理，液体产物则经固-液分离和脱除沥青（甲苯不溶物）后返回至加氢裂化反应器再进行加氢裂化，吸附有重金属、焦炭、灰分等的褐铁矿催化剂及作为残渣排出系统另行处理。试验是在 5L 反应釜中进行的，加氢裂化和加氢处理的产品收率及其性质分别见表 4-20 和表 4-21。主要工艺条件如下：

浆液床反应器加氢裂化工艺参数：

催化剂：褐铁矿细粉，使用量：1%（按 Fe 计）

反应温度：450℃

反应压力：10MPa

停留时间：1h

固定床加氢处理反应器工艺参数：

催化剂：镍-钼小球

反应温度：350℃

反应压力：10MPa

氢油比：1000（体）

液时空速：$1.0h^{-1}$

表 4-20　常压拔顶沥青加氢裂化的产品收率及其性质

项　目	C_5～177℃馏分	177～260℃馏分	260～343℃馏分	343～524℃馏分
进料组成/%	16.27	21.12	24.29	38.32
产品收率/%	14.13	18.35	21.1	33.29
密度（15℃）/（g/cm^3）	0.752	0.835	0.922	1.015
元素分析/%				
S	0.40	1.11	2.12	2.30
N	0.15	0.27	0.37	0.89
C	84.38	85.39	85.59	85.90
H	14.60	12.69	11.16	10.28
H/C 原子比	2.062	1.771	1.554	1.426
芳烃组成/%				
单环	10.0	21.9	20.1	—
双环	0.8	6.1	23.7	—
多环	0.6	1.5	5.9	—
总计	11.4	29.5	49.7	—

表 4-21　第二段加氢处理后的产品收率及其性质

项　目	C_5 ~177℃馏分	177~260℃馏分	260~343℃馏分	177~343℃馏分
进料组成/%	21.67	41.04	37.29	78.33
产品收率/%	20.23	44.41	35.87	80.28
密度(15℃)/(g/cm^3)	0.748	0.817	0.837	0.826
元素分析/%				
S	<1	<1	4	2
N	<1	<1	<1	<1
C	84.72	85.40	86.01	85.67
H	14.96	14.00	13.55	13.80
H/C 原子比	2.104	1.954	1.877	1.920
芳烃组成/%				
单环	6.5	9.0	37.8	21.9
双环	0.1	1.3	0.3	0.9
多环	0.0	0.0	0.0	0.0
总计	6.6	10.3	38.1	22.7
族组成/%				
烷烃	61.3	—	—	—
环烷烃	31.5	—	—	—
芳烃	7.2	—	—	
研究法辛烷值	40	—	—	—
烟点/mm	—	25	—	—
十六烷值	—	—	—	45

试验结果表明：常压拔顶的沥青按“渣油循环”模式操作时，馏分油的收率可达85.6%，>524℃渣油收率为0.4%。催化剂用量在0.5%~1%范围内变化时对产品收率的影响不大。在正常操作范围内，气体产品收率在6.9%~7.9%之内。从表中数据可以看出：经过两段加氢处理之后，C_5~177℃石脑油的硫和芳烃含量大幅度下降，177~343℃柴油馏分十六烷值增加。经过一段加氢处理后的VGO适合用做催化裂化的原料油(H/C原子比=1.640)。

对沥青改质工艺可以归纳以下几点：

• 一次改质的生成油需要经过加氢处理才能降低芳烃和硫、氮杂质含量，才能使VGO适合用作催化裂化的原料；

• 改质过程应以采用加氢裂化或加氢处理为主，也可采用加氢-脱碳联合流程；

• 沸腾床加氢裂化技术和浆液床加氢技术都是可行的沥青改质技术，LC-Fining工艺的转化率较低(60%~70%)，仍有提高转化率的空间；浆液床加氢技术(VCC和Canmet工艺)建成的工业化装置较少，工业生产经验较差。

六、油砂沥青联合加工[12]

为了开发丰富的天然沥青资源、生产成品油和石化产品以提高收益，从2004年以来，加拿大Alberta政府和工业界合作进行了油砂沥青深加工、生产优质产品的技术方案和市场研究，决定进行沥青深加工、生产成品油和增值的石化产品供作出口和国内需要。据估算：沥青改质生产合成原油的投资利润率为10%~15%；合成原油加工生产运输燃料的投资利润率高达20%以上，而深加工生产基础化工原料(乙烯)的投资利润率可达25%。预计2020年加拿大的沥青年产量为1.8亿t，根据市场需求制定了沥青加工方案：1.15亿t沥青进行改质可生产合成原油0.95亿t。除了出口合成原油0.85亿t之外，剩余的0.1亿t合成原油送至炼油厂与常规原油一起加工为成品油。计划于2020年将0.65亿t沥青可进行深度联合加工，可生产运输燃料油、石油化工产品、化肥和氢气等产品。

为此，制定了以下沥青联合加工方案。

1. 方案及特点

此项研究制定方案为建设燃料-化工型炼油工厂，生产优质运输燃料和石油化工产品。要求优化工艺流程，实现最大限度的联合。生产规模为加工 Alberta 沥青30万桶/d(折合1300万t/a)。其中的75%用于生产运输燃料，25%用于生产烯烃。

为了提高经济效益，制定工艺方案时采取以下措施：采用低转化率工艺、高柴-汽比生产方案；利用炼油过程的副产品作为蒸汽裂解的原料；不产低产值石油焦，石油焦用作造气原料生成氢气和合成氨原料气(自产石油焦不够，需外购一部分)。工艺方案充分关注环境保护，考虑将气化过程排放的 CO_2 回收，再用于油田的二次采油；一部分用作合成尿素用 CO_2。

2. 装置组成

沥青联合加工包括炼油、焦炭造气制氢、蒸汽裂解、蒸汽和发电系统。物料流程参见图4-12。

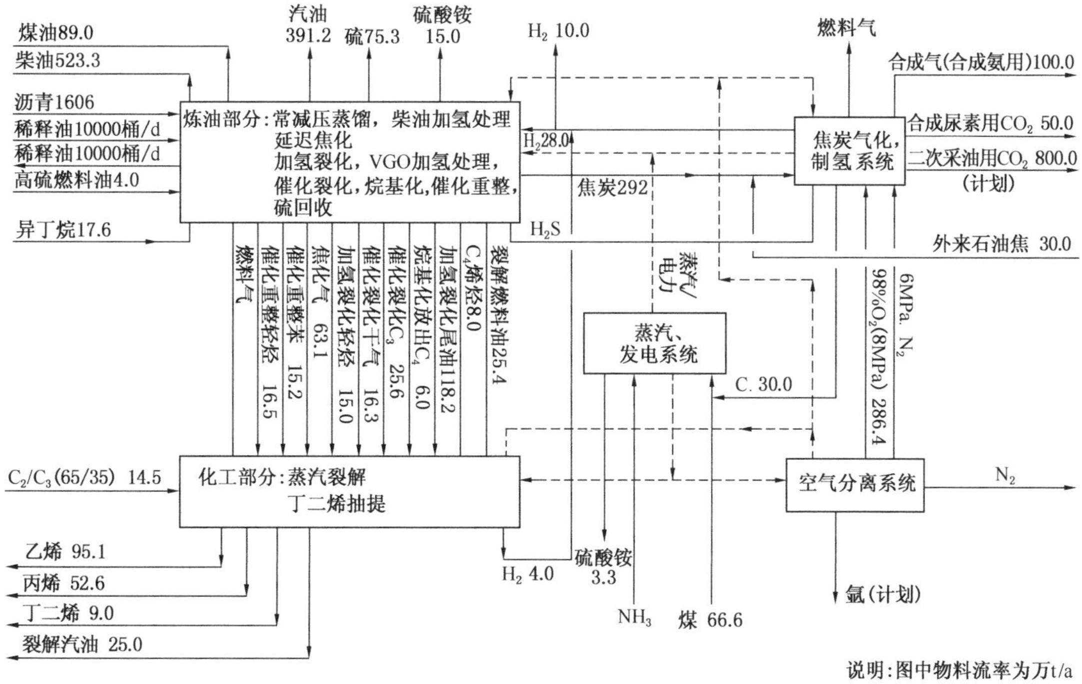

图4-12　油砂沥青联合加工物料流程

工艺装置包括：

常减压蒸馏：常压蒸馏采用两段闪蒸流程，依次分离出石脑油和柴油组分；减压蒸馏为双系列减压塔。

延迟焦化：设置规模为80000桶/d延迟焦化2组。气体组分经脱硫、压缩后直接用作蒸汽裂解原料。焦化柴油去加氢处理，焦化瓦斯油经预处理后用作催化裂化原料。

加氢裂化：直馏轻瓦斯油和焦化瓦斯油采用一段加氢裂化过程生产汽油和柴油组分；加氢尾油用作蒸汽裂解原料油。

柴油加氢处理：直馏柴油、焦化柴油和催化裂化轻循环油经过两段加氢(加氢脱硫及加氢饱和、脱芳烃)后生产优质柴油。

瓦斯油加氢处理和催化裂化：直馏重瓦斯油和焦化瓦斯油一起经加氢处理后用作催化裂化原料油。

烷基化和催化重整为常规工艺技术。

蒸汽裂解：使用的裂解原料为加氢裂化尾油和炼油过程生产的气态轻烃。共设置蒸汽裂解炉9台，其中3台裂解炉用于液体原料，5台用于气体原料，1台备用。

焦炭气化-制氢、空气分离组成独立系统，供应加氢过程所需的氢气。

蒸汽及发电系统：采用流化床煤粉炉发生蒸汽，540MW汽轮发电机。

3. 原料及产品

沥青原料处理量30万桶/d，折合年处理量为1600万t(按年开工333天计算)。需要外供烷基化原料异丁烷17.6万t/a；制氢用补充石油焦30万t/a。燃料用煤66.6万t/a。运输燃料油和石化产品生产量如表4-22。

4. 建设投资

建设投资列于表4-23。

表4-22 运输燃料油和石化产品生产量

产品名称	数量/(万t/a)
运输燃料油	
汽油	391.2
煤油	89.0
柴油	523.3
燃料油	4.0
裂解汽油	25.0
合计	1032.5
化工产品	
乙烯	95.1
丙烯	52.6
丁二烯	9.0
合计	156.7
其他产品	
元素硫	75.3
合成氨原料气	100
合成尿素用 CO_2	50
硫酸铵	18.3

表4-23 油砂沥青联合加工厂的建设投资

项目	金额/亿美元
炼油部分	24.71
气化、制氢	12.48
蒸汽裂解	7.35
系统工程	20.86
小计	65.38
地区差价	7.85
专利费	0.95
土地费	0.10
合计	74.28
所有人费用	2.00
流动资金	7.78
合计	74.28
涨价因素	14.62
总投资	98.68
折合加元	113.30加元①

① 汇率按1加元=0.8709美元计算。

经过方案评估计算，完成了生产规模为日加工油砂沥青30万桶的联合工厂与相同规模独立的沥青改质工厂(生产合成原油)的技术经济比较，主要结果如表4-24。

七、油砂沥青运输和销售

1. 油砂沥青产量

表 4-25 数据表明，加拿大的油砂沥青开发项目逐年增加，产量也将持续增长。根据近年来油砂沥青项目发展计划，预计 2015 年的产量将接近 400 万桶/d(约相当于 2.3 亿 t/a)。

表 4-24　沥青联合加工厂与沥青改质工厂的技术经济比较

项　目	沥青联合加工厂	沥青改质工厂	差值/%
建设投资/亿美元	101	64	58
净收益/亿美元	63	40	57
生产费用/亿美元	37	31	23
毛利润/亿美元	26	10	169
税前投资利润率/%	25.8	15.2	—

表 4-25　加拿大历年的沥青产量及预测　万桶/d

项　目	1995 年	2000 年	2005 年	2010 年	2015 年
露天开采法	32.7	37.3	91.0	150.9	200.3
就地开采法	15.0	28.8	45.7	133.8	159.4
合计产量	47.7	66.1	136.7	284.7	359.7

另据 EIA/DOE 的 2007 年 IEO—2007 报告，预计 2030 年世界油砂沥青产量(基准情况)将达到 1.8 亿 t，在高油价情况下可增至 2.2 亿 t。未来 30 年加拿大在油砂沥青开采方面的投资额将超过 920 亿美元。

2. 销售方式和销售地区

加拿大生产的天然沥青有两种销售方式。即以稀释沥青(DilBit)的方式或以合成原油(SynBit、SynSynBit)方式销售。稀释沥青主要销售至加拿大东部地区和美国的中西部地区。这些地区的沥青和重质原油的销售量超过 100 万桶/d(约折合 5000 万 t/a)。合成原油的市场比沥青更广泛些，因为多数炼油厂均可以炼制合成原油。所以加拿大东部、美国的中西部和东海岸地区是合成原油销售市场。

合成原油可以替代常规原油用作炼油厂的原料，由于合成原油性质不同于常规轻质原油，必须与其他原油混炼，否则就无法生产合格的柴油、喷气燃料和沥青等石油产品。炼油厂炼制原料中的合成原油份额一般不超过 20%。

合成原油中含有较多低质量的 VGO 馏分，这部分馏分不适合用作催化裂化原料，在炼油厂中加工困难，加工费用也较高。

据美国能源部统计数据，加拿大是美国的主要原油和成品油供应商，每年向美国出口的原油(和成品油)量已占其全部进口量(约为 1200 万桶/d)的 15%，其中沥青占很大比例。

根据加拿大的稀释沥青和合成原油新标准，沥青产品种类及性质如表 4-26。

3. 稀释沥青和合成原油的输送

稀释沥青和合成原油通常都是通过管道从阿萨巴斯卡的输油管线输送到加拿大东部地区和美国中西部地区。输往美国西海岸地区合成原油则是用油轮以海运方式输送。

Albian 公司采用了在稀释沥青中添加了一种特殊溶剂，将沥青输往埃特蒙顿改质工厂，改质工厂将分离出的稀释剂和溶剂再返回至矿区循环使用。

还有的公司则采取管道加热-保温法输送沥青。

表 4-26 沥青产品的性质

项 目	沥青	DilBit	SynBit	SynSynBit	SCO
组成					
沥青	100	72	52	36	—
SCO	—	—	48	64	100
凝析油	—	28	—	—	—
比重指数，API 度	8.3	22.6	19.9	24.2	34.8
含硫量/%	4.8	3.4	2.5	1.8	0.1
组成/%(体)					
LPG	0	0.3	1.3	1.8	2.8
石脑油	1.5	23.9	9.3	11.9	17.7
航煤	1.7	12.0	6.7	8.3	12.0
柴油	13.9	7.3	23.4	26.6	33.8
VGO	31.9	17.6	32.6	32.9	33.4
渣油	50.8	38.9	26.4	18.3	0

4. 销售至亚洲地区[17]

亚洲是石油进口地区，加拿大“Alberta 能源研究院(AERI)”对沥青产品的亚洲市场进行了调查研究。预测 2015 年亚洲地区的石油需求量为 14.6 亿 t，扣除本地区原油产量，需要进口石油量约为 10.8 亿 t。另外，亚洲地区的成品油净进口量约为 1.25 亿 t。

分析加拿大沥青产品产量，规划 2015 年的沥青产品总出口量和可能出口至亚洲的数量如表 4-27 所示。

表 4-27 2015 年的沥青产品计划出口量

沥青产品	2015 年总出口量/亿 t	2015 年出口亚洲/亿 t	沥青产品	2015 年总出口量/亿 t	2015 年出口亚洲/亿 t
SynSynBit	1.33	0.60	DilBit	1.17	0.43
SynBit	1.22	0.47	SCO	1.17	0.69

预计中国将是沥青产品的进口国。国内有关部门也进行了沥青合成原油加工方案的初步研究。评估了加工混合原油(大港原油：SCO=7：3)的产品性质。主要结果如下[18]：

a) 混合原油石脑油馏分是优质蒸汽裂解原料，辛烷值不高，不适宜作汽油调和组分；

b) 混合原油煤油馏分酸度较高、烟点略低、闪点低，经过精制可生产 1 号喷气燃料；

c) 混合原油柴油馏分含硫量较高、十六烷值略低，精制后可生产-10 号车用柴油；

d) SCO 的 VGO 的 H/C 原子比和烷基碳含量较低，芳香碳含量较高，所以混合原油的 VGO 裂化性能较差；

e) 混合原油的常压渣油、减压渣油中的胶质、沥青质和重金属(镍)含量均较高，不宜直接用作催化裂化原料油，只可采用大港常压渣油、减压渣油的加工方案加工。

八、沥青生产的技术经济

加拿大的沥青产业已经历了近 40 年的发展、建设，在工艺技术上有了很大进步，在经济性方面也获得了改善。综述如下：

1. 天然沥青的开采成本

天然沥青的开采成本随着开采方法和技术进步呈逐年降低的趋势。一般说来，露天开采的成本高于就地开采法。统计表明，露天开采的沥青生产成本已从 20 世纪 80 年代中期的

30美元/桶，降低到90年代中期18美元/桶，至2003年进一步降至15美元/桶左右。由于就地开采沥青广泛应用了SAGD技术，生产成本已从1985年的20美元/桶降至2003年的10美元/桶左右。从表4-28所列的数据可以看出，加拿大生产沥青的成本比开采原油要低得多。此外，加拿大政府对开采沥青给予经济上优惠，矿区使用费(仅为1%)、税金均低于原油的开采。

表4-28　2002年加拿大原油开采、生产成本与天然沥青比较

项　　目	原油的生产成本①/(美元/桶)	沥青新项目的成本/(美元/桶)
勘探、开发成本	4.78	2.15
矿区使用费和税金	8.75	0.31
生产成本	5.72	7.20
合计	19.25	9.66

① 石油成本为2002年世界平均值；沥青按2002年商品价格及汇率计算。

2. 合成原油的生产成本

沥青改质生产合成原油的成本高于沥青的开采成本，一般约为后者的2倍。

加拿大政府为了鼓励沥青开采事业的发展，制定了一系列优惠政策，例如规定在投资回收前的矿区使用费率为1%，投资后回收为25%；矿区使用费按沥青价格(不是按合成原油)收取；投资回收前不缴纳公司税(Corporate taxes)。

几十年来，加拿大的沥青项目都是在不断扩大装置生产能力和改进工艺技术的基础上降低生产成本的。例如：Suncor公司于1990年代完成改质工厂扩建、消除生产瓶颈后，使生产能力从9300t/d扩大至10800t/d；生产成本降低了1.5美元/桶。通过实行一系列的改进，可将生产成本再降低1美元/桶。最终目标是将生产成本从19美元/桶降低至5~7美元/桶。Syncrude公司也计划将改质能力从1060万t/a扩大至2015年的2700万t/a。

3. 沥青项目的建设投资

沥青项目的特点是资源丰富、开采风险最小。与常规原油油井年减产率一般为20%有所不同，沥青项目维持产量不下降的生产寿命长达30~50年。

沥青建设项目是前期投资很大的项目。项目内容包括沥青矿开发和开采、天然沥青加工等过程。油砂开采以采矿法和SAGD法为主；沥青改质包括生产合成原油或稀释沥青油(DilBit或SynBit)等不同技术。在建设方式上可有采矿和沥青改质分区建设和联合建设2种模式。油砂开采可有采矿法和SAGD等不同的开采方式，因此建设投资各异。

现有沥青工厂的建设投资和生产成本数据较少，采矿法开采沥青的生产规模为日产沥青10万桶，建设投资为35.8亿美元，折合单位沥青生产能力的投资指标为3.58万美元/(桶/d)。生产规模为日产沥青3.5万桶的SAGD开采法的建设投资为3.81亿美元，折合单位投资为1.08万美元/(桶/d)。采用分期建设方式时，第1期建设日产沥青2万桶的SAGD矿，投资为2.9亿美元；第2期扩建至3.5万桶，投资费用为0.91亿美元。

采矿法开采沥青的建设投资高于SAGD开采法。

沥青改质工厂的建设投资与沥青改质流程有关，一般要高于采矿法的矿区建设投资。技术表明：生产规模为日产沥青10万桶的采矿和沥青改质联合工厂总投资为84亿美元(按2003年美元计)，其中矿区建设费用为35.8亿美元，占总投资的42%，改质工厂的投资为48.2亿美元，占58%。

根据沥青项目评估结果，归纳了沥青改质的投资和加工费数据。参见表4-29。

表 4-29　沥青改质项目的经济数据

工艺方案	VCC 加氢裂化-加氢处理	LC-Fining-延迟焦化-加氢处理	灵活焦化-加氢处理
沥青处理量/(桶/d)	60000	60000	60000
建设总投资/亿加元	12.69	14.28	12.64
单位能力投资/[万加元/(万桶/d)]	21150	23800	21070
总加工费/百万加元	118.6	130.8	77.8
单位加工费/(加元/桶进料)	5.42	6.00	3.55

注：加元按 1989 年 4 季度价格计算。

九、加拿大沥青工业化生产

1. 已建成了沥青生产体系

经过近半个世纪的发展，加拿大已经完成了沥青从勘探、采矿、改质到生产成品油全过程的工业化进程。如今，加拿大的沥青产业已经形成了一套从钻井、开采、运输到加工改质的完整工业体系。

加拿大的沥青项目主要由 Syncrude 公司、Suncor 公司、Muskeg River(Albian)公司、Horizon 公司、Kearl Lake 和 Fort Hills 等几家大型沥青公司经营。这些公司在 Athabasca(阿萨巴斯卡)、Cold Lake(冷湖)和 Peace River(和平河)三大矿区内按照租用的地段开采沥青，然后以稀释沥青或改质的合成原油销售给本国或美国的炼油厂。

2. 加拿大沥青开采以露天开采法居多

目前，加拿大的沥青开采以露天开采法居多，从发展情况看就地开采法将逐年增长。数据参见表 4-30。

表 4-30　加拿大沥青的开采方法

产量分布	1995 年		2005 年		2015 年	
	万桶/d	%	万桶/d	%	万桶/d	%
露天开采	32.7	68.6	91.0	66.6	200.3	55.7
就地开采	15.0	31.4	45.7	33.4	159.4	44.3
合计	47.7	100.0	136.7	100.0	359.7	100.0

3. 加拿大近年的沥青项目

1) Syncrude 公司的 21 世纪计划

Syncrude 公司是经营阿萨巴斯卡矿区沥青的合资公司，从事天然沥青采矿、沥青改质生产合成原油。Alberta 的沥青资源相当于沙特阿拉伯的原油储量，可在满负荷生产条件下连续开采 35 年。公司为了扩大生产规模，制订了“Syncrude 21 世纪计划”，计划在 1996~2015 年内分 5 个阶段完成。总的目标是开采阿尔伯塔的沥青，使合成原油的年生产能力达到 2000 万 t。扩建的第 1~2 阶段任务已于 1996~2001 年期间完成。2006 年建成投产第三阶段的建设任务包括将 Aurora 矿区扩建为 2 个系列(投资 7 亿美元，已于 2003 年末完成)、扩建 Midred Lake 的改质工厂，建设内容包括新建的稀释剂回收装置、流化焦化装置、馏分油加氢装置、制氢装置、硫回收装置等，使工厂的生产能力达到 35 万桶/d(约折合 1800 万 t/a)，合成原油质量达到“优质低硫合成原油”新标准，总投资额为 84 亿美元。

2) Suncor 公司的 Voyageur 项目

Suncor 公司自 1967 年从事沥青开采以来，已累计生产了 10 亿桶合成原油。Voyageur 项目的目标是至 2010~2012 年将沥青产量提高至 50 万桶/d(约折合原油 2900 万 t/a)。项目的主要内容为在距现有改质工厂 0.5km 处新建第三改质工厂。工厂组成包括：焦化装置、加氢处理装置，公用工程设施以及 50km 热沥青管线，产品方案为生产轻质原油。第三改质工厂焦化装置采用了 Conoco Philips 的技术，2 台焦炭塔直径是目前世界最大的。

Voyageur 项目计划于 2012 年完成。包括矿区的扩建和新建，改质工厂项目的总投资为 59 亿美元。

Suncor 公司还计划建设一套焦炭气化装置，利用产量 20%的焦炭为造气原料，生产的合成气用于制氢和工厂燃料气以替代天然气。气化装置投资为 6 亿美元。

从沥青生产原油全过程的 CO_2 排放量高于常规原油开采过程。为此，Suncor 公司在 Voyageur 项目内增加了两个“温室气体减排放项目”，作为对开采沥青增加的温室气体排放的补偿：①合资建设两套风力发电机组，每年可抵消 11.5 万 t CO_2 排放量，还计划每 1~1.5 年再建一套新的风能电站；②在 Sunoco 零售站销售乙醇汽油，计划投资 1.2 亿美元建设一座年产 2 亿 L 乙醇的燃料乙醇工厂。

3）Athabasca 沥青项目

阿萨巴斯卡开发公司是由壳牌、谢夫隆等公司参股的合资公司，用沥青生产的合成原油可满足加拿大原油需求的 10%。公司经营位于 Fort McMurray 以北 75km 的 Muskeg River 沥青矿和靠近 Scotford 炼油厂的 Scotford 沥青改质工厂。

2006 年公司计划分两个阶段开发、扩建沥青矿。第一阶段开发储量为 32 亿桶的 Muskeg River 矿区西侧的沥青资源，可提高沥青产量 22 万桶/d，计划于 2005~2010 年开工；第二阶段再开发储量为 39 亿桶的 Jackpine 沥青矿，可提高沥青产量 10 万桶/d。计划于 2010~2015 年开工、投产。

Scotford 沥青改质工厂于 2002 年建成投产，总投资金额为 21 亿美元。这是一座全加氢型的沥青改质工厂，不产焦炭；所产合成原油的硫、芳烃和颗粒物含量均很低。根据操作模式(加氢转化或加氢处理)的不同，可以生产深度加氢的优质低硫合成原油或低度加氢的低黏度合成原油。所产的合成原油主要售给壳牌公司所属的两家炼油厂和谢夫隆公司所属的两家炼油厂。

Scotford 沥青改质工厂位于 Scotford 炼油厂旁边，具有充分利用炼油厂土地、公用工程和工艺热源的优势。

4. 近年油砂沥青工业的经济数据[9]

近年来随着世界原油价格的上涨，加拿大油砂沥青效益明显增加，虽然作为燃料的天然气价格同步增长，但综合效益仍然良好，因此吸引了更多投资者。

2007 年第 4 季 Syncrude Canada 公司用露天法生产每桶油砂沥青成本为 14.37 加元(其中表土开挖 2.14 加元，外购能源 2.33 加元)，同期 Suncor 公司用 SAGD 法就地生产每桶油砂沥青成本为 26.70 加元(其中外购天然气 9.95 加元)，而每吨市场价格 200 加元左右。沥青加工为合成原油(SCO)的加工成本对每桶 SCO 为 9.39 加元(Syncrude Canada 公司)和 8.95 加元(Husky 公司)。两家公司 SCO 的净成本分别为 23.76 加元和 35.65 加元，而售价分别高达 82.07 加元和 65.79 加元，减去运输费用、销售费用和上缴税金外，公司利润分别高达 45.50 加元和 21.56 加元之多[24]。

但是好景不长，一年后全球性经济衰退来临，加拿大油砂沥青产业效益下降，新建项目纷纷下马或缓建。

5. 几点结论

加拿大的沥青生产已经工业化。对上述情况可归纳以下几点：

• 沥青改质采用焦化-加氢处理联合流程在加拿大已经历多年操作实践，在焦炭有销售出路或应用途径情况下是可行的工艺方案。全加氢的改质流程不生产焦炭副产品，可以生产优质低硫合成原油。

• 合成原油的质量取决于改质的流程。不含渣油的低硫合成原油能否在常规炼油厂中加工、是否需要改建均取决于炼油厂的总流程；

• 油砂沥青项目是大型能源项目，包括矿区开发、建设沥青改质工厂和物流输送设施等项，需要前期投入大量资金；

• 开采油砂沥青造成的环境影响包括对地区生态及土壤、水源和大气等多个方面。必须从工程项目开发之初就注意保护生态、环境和水源污染等问题。环境保护是公益事业，“谁污染，谁治理”的负责任精神值得借鉴。

• 油砂沥青的经济效益与原油价格关系重大，在高原油价位(95~100 美元/桶)时油砂沥青的经济效益好。

在 2008 年 4 季度，由于国际原油价格已下挫到低于 50 美元/桶，加拿大的两个大型油砂炼油厂项目已宣布推迟，一个油砂二期扩建项目宣布推迟决策。

第四节　重质原油

世界重质原油资源情况参见第一章。以下重介绍明委内瑞拉特重质原油开采、加工情况。

一、重质原油开采方法

委内瑞拉特重原油有两种开采方法：即竖井蒸汽开采法和水平井冷开采法。

1. 竖井蒸汽开采法

最初，曾用竖井冷法开采特重质原油，单井产量只有 200~400 桶/井 · 天。由于产量低、钻井密度大，经济上不可行。于是改用向垂直的竖井中交替注入蒸汽、加热重油以降低黏度，使其流入井中，然后用泵抽出。这种开采方法的采收率仍然较低(单井产量只有900~1200 桶/井 · 天)，目前已很少采用。

2. 水平井冷开采法(Cold production)

该方法是目前常采用的重质原油开采方法。方法是在油藏内钻水平井，水平长度在 1500m 之内。利用泡沫驱油机理，使分散的气泡滞留在重油中以提高产量。水平井冷开采法开采的单井日产量可达 3000 桶/d。虽然冷开采法工艺简单，生产成本较低，但只适用于开采孔隙度高、渗透性好的油藏。

委内瑞拉特重质原油适合于用冷法开采，主要是该国的地理、气候和油田情况均与加拿大不同：

(1) 委内瑞拉的特重质原油在深度在 600m 以下，温度为 53℃。加拿大油砂沥青矿层的温度仅为 11℃，故特重质原油在地下呈流动状态、油砂沥青在地下为固态物质；

(2) 在井底钻孔处的重质原油黏度在 2000~3000mPa · s 之内，油砂沥青黏度高于 100 万 mPa · s；

(3) 特重质原油用冷法开采，资源回收率<10%，油砂沥青用 SAGD 法开采，资源回收

率可达 20%~50%，差距较大。

无论采用乳化油或生产合成原油流程，烃资源回收率均仅为 5%~10%。

从技术观点看，PDVSA 于 1983 年第一次对 Orinoco 原油带进行了经济可采储量的详细评估，认为 1200 万亿桶总储量中，经济可采储量为 22%，即约 260 万亿桶。特重质原油资源回收率可达到 15%~25%。这需要较高的建设投资，但经济效益却低于目前采用的回收方法。所以，限于经济实力，委内瑞拉宁愿采用回收率较低(5%~10%)的冷法开采流程。

在实行石油工业国有化的 1975~1995 年期间，委内瑞拉决定采取“自力更生”政策开发 Orinoco 的原油资源。这种形势给开发 Orinoco 原油造成负面效应。PDVSA 受到资金的限制，只好决定优先勘探、开发常规原油资源。

建设一套 20 万桶/d 的重质原油改质工厂总投资约为 30 亿美元(按 1997 年美元计，下同)，其中，油田及管线设施投资为 10 亿美元，原油改质和港口设施投资为 20 亿美元，即下游设施占总投资的 2/3。这表明：PDVSA 未能实现其重油联合改质的生产规划是由于资金不足的原因。

从 20 世纪 70 年代中期开始，PDVSA 制定了多次重质原油发展规划；直到 1991~1992 年期间，委内瑞拉才修订了政策，决定向外国投资者开放了几个烃工业开发区，其中包括重油的业务。

PDVSA 和国外石油公司参股组成的 Petrozuata、Sincor、Cerro Negro 和 Ameriven Hamaca 等几家石油公司从事重质原油的开采和加工业务。

2007 年初，委内瑞拉查韦斯政府再将外资石油公司收归国有，西方石油公司纷纷开始撤出。

3. 重质原油的生产流程

Sincor 公司从 1999 年开始在 Zuata 矿区内生产重质原油。现以 Zuata 矿区为例说明生产

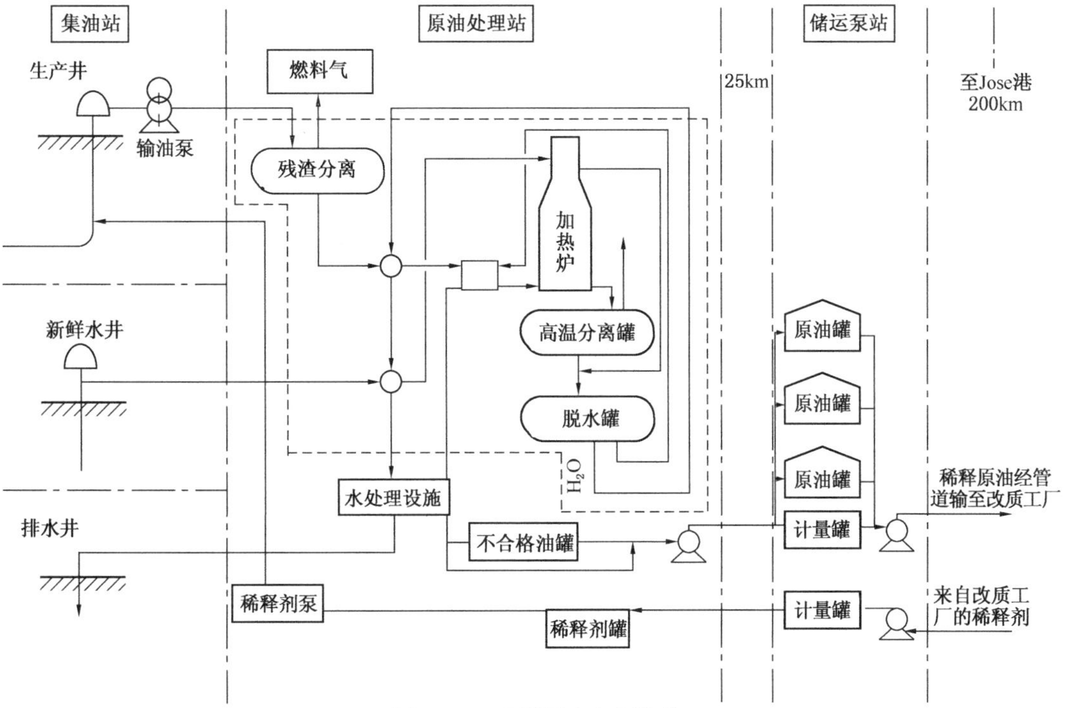

图 4-13　重质原油生产流程

重质原油的地上设施配置情况。重质原油生产流程参见图 4-13。

如图所示：地上设施包括集油站、原油处理站和储运泵站等设施。

从集油站生产井抽出的重油用泵送至原油处理站，经过脱除残渣、加热脱水处理后调入稀释剂生成稀释原油，送至距离为 25km 储运泵站的原油罐中。泵站的任务包括将合成原油经管道输送至位于 Jose 港的改质工厂，将改质工厂回收的稀释剂送回至原油处理站重复利用。

原油处理过程需用的新鲜水来自新鲜水井。生产污水经过处理后排入集油站的排水井中。

原油处理站每一系列的稀释原油处理能力为 15 万桶/d，共设 2 个系列。API 度为 8.5 的重质原油处理量为 21 万桶/d。

原油处理站设有 26MW 燃气发电机组，为生产井和处理站提供动力。使用柴油或燃料气为燃料。

原油处理站输油泵的连续输油能力 2000m^3/h，运输距离 25km。从储运泵站至 Jose 港的稀释原油运输量为 45000m^3/h，运输距离 200km，设有 ϕ900 输油管道。用一条 ϕ500 输油管道将稀释剂从改质工厂送回到原油处理站。

二、重质原油加工技术

1. 早期的加工技术

重质原油的加工机理与油砂沥青基本相同，可以采用脱碳或加氢工艺完成重油轻质化和脱除各种杂质的过程。受技术经济条件的约束，委内瑞拉早期的重质原油改质加工以采用水热加工(Aquaconversion)和焦化过程为主，采用加氢工艺较少，甚至直接以稀释原油方式出口。2001 年从委内瑞拉输往美国墨西哥湾地区的第一批(60 万桶)重质原油就是用 Mesa 原油(API=30)作稀释剂，与 Zuata 重质原油(API=18)调制成 API=16 的稀释原油。

2. 水热转化技术

Intevel 公司在 20 世纪 80 年代末曾与几家美国公司合作，开发研究重质原油的加工技术，称为水热转化工艺。这种工艺的开发理念是把蒸汽转化制氢的原理应用到减黏裂化过程之中。曾在一套 1 桶/d 的中试装置上行了水热转化试验，表 4-31 为水热转化试验结果与常规减黏裂化数据的比较。

表 4-31　水热转化工艺与减黏裂化的数据比较

项　目	进　料	减黏裂化	水热转化	
			试验 1	试验 2
反应温度/℃	—	基准	基准	基准+5℃
<166℃组分转化率/%	—	2.9	5.2	7.5
<500℃组分转化率/%	—	28.2	28.5	36.3
>350℃渣油性质				
相对密度	1.0254	1.0466	1.0374	1.0336
黏度(99℃)/(mm^2/s)	31800	3750	1970	1720
沥青质含量/%	15.0	23.6	15.3	15.1
康氏残炭值/%	21.0	25.7	22.5	22.0
P 值①	2.7	1.15	1.25	1.20
燃料油减少量/%	—	9	13	20

① 为渣油的胶溶值，是表示裂化苛刻度的指标。

为了解决高转化率下的渣油性质不稳定问题，开发了一种油溶性的双催化剂系统，可以在常规减黏裂化条件下使水转化为氢，当发生可生成沥青质的缩合反应时，氢转移机理就可以抑制芳烃的缩合反应，从而生成性质稳定的减黏渣油。催化剂系统包括两种非贵金属催化剂组分：一种为促进水解离为氢、氧自由基的催化剂；另一种为促进芳烃自由基加氢以减少缩合反应的催化剂。总的效应是生成小分子的芳烃、氢自由基和二氧化碳，有效地终止芳烃缩合反应。

在中试取得成果的基础上，在 36000 桶/d 的减黏裂化装置上进行了水热转化法的工业示范。从表 4-32 中的对比试验结果可以看出：当减黏裂化的<166℃产品转化率为 5.6%、<350℃产品转化率为 23%时，减黏渣油的稳定性合格(99℃黏度为 6100mm²/s；P 值=1.20)。

进行水热转化试验时，需使用催化剂和通入蒸汽。水热转化的反应温度提高，轻质产品的收率相应提高。以试验 2 为例，<350℃轻质产品收率为 28%，比常规减黏裂化提高了 20%以上。减黏渣油的稳定性(P 值=1.35)和质量(黏度降低)均比常规的减黏渣油好。由于加热炉管结焦、注汽量减少的原因，试验 3 条件下生成的渣油黏度和密度均增大。

表 4-32　水热转化法的工业化试验数据

项　目	进　料	减黏裂化	水　热　转　化		
			试验 1	试验 2	试验 3①
反应温度/℃	—	基准	基准+1.7	基准+2.8	基准+7.2
<166℃产品收率/%	—	5.6	5.0	6.9	7.8
<350℃产品收率/%	—	23	20	28	31
>350℃渣油质量					
相对密度	1.021	1.054	1.042	1.042	1.045
P 值	2.7	1.2	1.45	1.35	1.30
黏度(99℃)/(mm²/s)	175000	6100	10000	4000	8000

① 由于装置的限制和转化率的提高，试验 3 的蒸汽分压降低了，对产品质量有影响。

水热转化工艺仅仅进行了工业示范试验，尚未取得工业生产的经验。

3. Jobo 重质原油加氢改质中型试验

委内瑞拉重质原油密度大、杂质(尤其是重金属)含量高。Jobo 重质原油的相对密度为 1.006，硫含量为 4.1%，重金属(镍+钒)为 499μg/g，倾点 32.2℃。曾进行了以下两种加氢改质试验：

1) 加氢脱金属改质方案

脱盐后的原油在单段沸腾床反应器中使用一种便宜的接触剂脱除大部分重金属。表 4-33列出了产品收率和性质的数据。该方案仅能完成部分改质，脱金属率和脱硫率分别为 72.9%和 34%。改质后，>525℃渣油含量从 60%(体)减少至 39%(体)。合成原油黏度降低，适合于在气温较高地区和短距离的管道运输。

表 4-33　委内瑞拉重质原油 LC-Fining 加氢脱金属的产品收率及性质

项　目	产品收率	产　品　性　质		
		相对密度	含硫量/%	镍+钒/(μg/g)
H_2S、NH_3、H_2O/%	1.7	—	—	—
燃料气/%	1.3	—	—	—
C_4~343℃/%(体)	24	0.8493	1.3	—
343~525℃/%(体)	39	0.9427	2.5	—
>525℃/%(体)	39	1.0575	3.6	324
C_4^+/%(体)	102	0.9639	2.7	135
氢耗量/(Nm^3/m^3 进料)	71			

2）加氢脱金属、脱硫方案

采用三台 LC-Fining 反应器串联进行加氢脱金属、脱硫试验。前述的加氢脱金属方案只能降低合成原油的黏度和倾点，生成油仍属于重质含硫原油。为提高合成原油质量需要采用 3 台沸腾床加氢反应器。第一反应器主要目的是加氢脱金属，脱金属接触剂与原料一次通过反应器。第二、三台反应器进行加氢脱硫反应。加氢处理后的 343～525℃瓦斯油收率为 39%(体)，可用作催化裂化原料。委内瑞拉 Jobo 重质原油经加氢改质后，合成原油中仍含有一定量的>525℃渣油，343～525℃瓦斯油含量也较高(39%)。产品收率和性质见表 4-34。

表 4-34 委内瑞拉重质原油 LC-Fining 加氢改质的产品收率及性质

项 目	产品收率	产品性质		
		相对密度	含硫量/%	镍+钒/(μg/g)
H_2S、NH_3、H_2O/%	3.9	—	—	—
燃料气/%	2.2	—	—	—
C_4～343℃/%(体)	46	0.8256	0.2	—
343～525℃/%(体)	39	0.9328	0.5	—
>525℃/%(体)	21	1.0427	2.0	155
C_4^+/%(体)	106	0.9082	0.7	35
氢耗量/(Nm^3/m^3 进料)	178			

三、重质原油改质工厂

1. 改质流程

从 20 世纪 90 年代中期以来，由 PDVSA 与北美、欧洲几家公司共同合资组建的大型石油公司开始了重质原油改质工厂的建设。这些新建项目的改质流程可分类为两种，图 4-14 为流程示意。焦化-加氢处理联合流程简单，可生产相对密度(0.922～0.959)高、高硫和高金属的合成原油；焦化-加氢处理-加氢裂化联合流程包括重瓦斯油缓和加氢裂化过程，可生产优质、低硫合成原油。

委内瑞拉几家改质工厂项目详细情况见表 4-35。

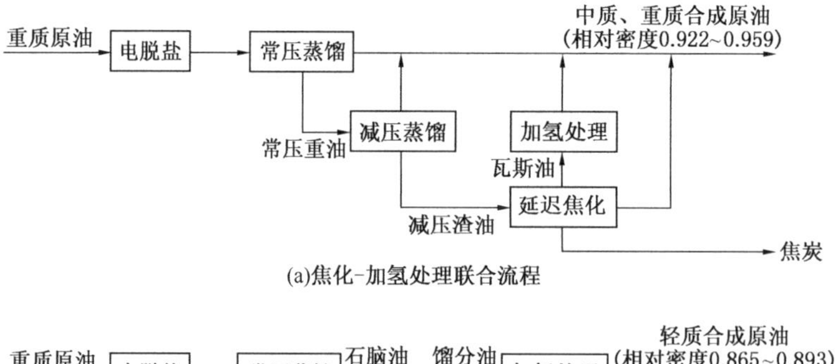

(a)焦化-加氢处理联合流程

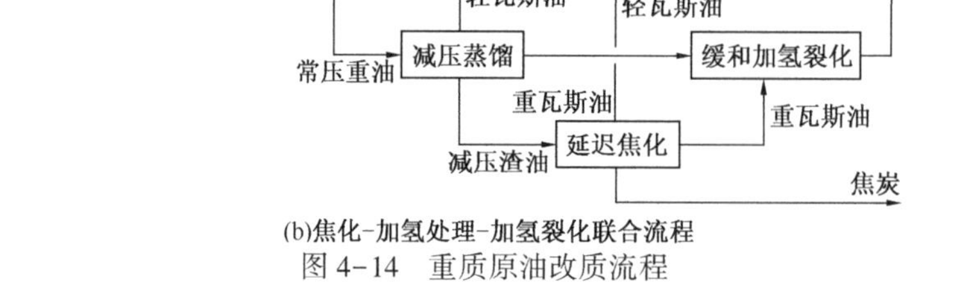

(b)焦化-加氢处理-加氢裂化联合流程

图 4-14 重质原油改质流程

表 4-35　委内瑞拉的重油改质工厂组成和生产能力

项　目	Petrozuata	Cerro Negro	Sincor	Petrolera Hamaca
股份公司及股分比例	PDVSA：49.9% Conoco：50.1%	PDVSA：41.67% Exxon：41.67% Veba Oel：16.67%	PDVSA：38% TotalFina Elf：47% Statoil：15%	PDVSA：30% Philips：20% Texaco：20% ARCO：30%
改质工厂建成日期	2000	2001	2001~2007 §	2002~2007 §
重油进料量/(万桶/d)	12	12	16~20.4	16.5~21.5
重油相对密度	1.005	1.011	1.011	1.007
稀释剂相对密度	0.793	0.793	0.793	0.793
稀释剂用量/(万桶/d)	4.0	3.5	7.0	4.5
改质装置及能力/(万桶/d)				
常压蒸馏装置	17.2	16.0	26.0	21.5
减压蒸馏装置	11.6	无	17.6	14.0
延迟焦化装置	5.2	4.5	8.9	6.3
石脑油加氢处理装置	1.0	0.6	9.3#	6.0#
缓和加氢裂化装置	无	无	6.9	5.5
制氢装置/(万 Nm^3/h)	地方供应	地方供应	18.9	20.0
改质产品产量及性质				
合成原油				
产量/(万桶/d)	10.3	10.5	14.2~16.0	15.0~20.0
相对密度	0.940~0.904	0.956	0.865	0.890~0.904
含硫量/%	2.3	3.3	0.2	1.2
石油焦/(t/d)	3200	2040	4740~6000	3760~4000
硫磺/(t/d)	150	110	735~800	610
LPG/(桶/d)	3900	无	无	无

注：§ 为初期和终期的进料量；#包括石脑油、馏分油、轻瓦斯油和焦化轻瓦斯油。

2. 改质工厂实例[13,14,15]

委内瑞拉的重质原油改质工厂多建设于加勒比海沿岸，南距 Orinoco 重油矿区约 200km。以下择要说明几个实例。

1) Sincor 改质工厂

规模：2000 年，Sincor 公司的重油产量为 4 万桶/d(需调入 2 万桶 Mesa 原油作为稀释剂)；Sincor 公司规划：2007 年的稀释原油产量将达 27.4 万桶/d(其中包括 API=8.5 的重质原油 20.4 万桶；API=47 的循环稀释剂量为 7 万桶/d)。据此，公司于 1998 年开始了重油改质工厂的规划和工程设计。产品方案为生产优质低硫合成原油，供应美国和欧洲市场。副产石油焦和硫磺。改质工厂于 2002 年 2 月正式投产，开始向美国墨西哥湾地区供应合成原油。

生产流程：改质工厂采用焦化-加氢处理-缓和加氢裂化联合流程。

延迟焦化装置采用了 Foster Wheeler 技术，包括焦化和气体回收、焦炭处理和运输、硫回收及处理等工序。共安装直径 8.5m 焦炭塔 6 台。

加氢处理装置和缓和加氢裂化装置均采用了 IFP 技术。

从常压蒸馏装置分离出来的稀释剂组分经过处理后再送回矿区重复使用。

Sincor 改质工厂建于委内瑞拉加勒比海沿岸 Joso 港附近，生产的合成原油直接用油轮运出。

2）Petrolera Hamaca 改质工厂

Petrolera 租借的矿区位于 Orinoco 重油带的中部，重质和超重原油的可采储量估计为 1.3 万亿桶。当国际原油价格超过 50 美元/桶之后，开发重质原油资源就会成为在经济上有吸引力的项目。Hamaca 矿区 2006 年的计划产量可达 21.5 万桶/d。计划在 Jose 港建设重油改质工厂生产 API 度为 25（相对密度=0.904）的合成原油。

重油改质工厂将分两期建设，第一期生产能力为 16.5 万桶/d，计划于 2002 年建成；第二期将再增加生产能力 5 万桶/d，使总能力达到 21.5 万桶/d，计划于 2007 年完成。工厂的装置组成及设计规模见表 4-35 所示。

工厂第一期建成后可生产 API 度为 27.5 的合成原油 15 万桶/d；全部建成后可生产 API 度为 25 的合成原油 20 万桶/d、焦炭 4000t/d、硫磺 610t/d。

改质工厂的建设投资为 11.2 亿美元；包括输油管线、矿井设施、码头及辅助设施等项的总投资约为 40 亿美元。

3）Cerro Negro 改质工厂

Cerro Negro 是 1997 年 10 月经委内瑞拉国会批准成立的合资公司。投产初期的重质原油产量为 6 万桶/d，用调入凝析油的方法生产稀释原油供给炼油厂。由于 2001 年的重质原油产量将达 12 万桶/d，故决定建设一座改质工厂生产合成原油。

进厂原油计划量为 12 万桶/d，包括稀释剂 3.5 万桶/d，故改质工厂的常压蒸馏装置规模按 16 万桶/d 设计。其他装置生产规模见表 4-35。延迟焦化采用 Foster Wheeler 公司的 Sydec 技术。石脑油加氢处理过程需要的氢气由外部供给，故不建制氢装置。工程的详细设计于 1998 年完成，2001 年建成投产。

Cerro Negro 改质工厂没有 VGO 加氢裂化装置，无法生产优质低硫合成原油。

四、乳化油

委内瑞拉 Orinico 地区蕴藏有丰富的超重油资源，各区块的总资源量达 1900 亿 t，技术可采储量为资源量的 20%左右。奥里诺科原油的组成：沥青质 10.0%；胶质 34.2%；芳香烃 41.0%；饱和烃 14.8%。

委内瑞拉 Intevep（PDVSA 下属的一所研究机构）于 20 世纪 80 年代初期与 BP 公司合作，研制成功了乳化油的配方。将特重原油与水按 70∶30 比例混合并加入 1%的表面活性剂形成稳定的乳化液体，称为奥里乳化油（Orimulsion）。开发乳化油的原本目的是为了解决管道输送问题，最后却形成了这种新的锅炉燃料油。

这种燃料的热值高，流动性好，便于储存和运输，可用作锅炉燃料。20 世纪 90 年代初期，乳化油被推向市场，主要销往北美和欧洲市场。中国华东地区电厂曾经进口了奥里乳化油作为发电燃料。

实际上，这种未经过炼制的特重原油作燃料油会生成污染性很大的气体和灰分。经过 Intevep 的努力，终于找到了解决的方法。包括：气体过滤和净化以符合不同国家的环保条例。尽管如此，乳化油还是无法与传统的锅炉燃料油竞争。因为：① 锅炉燃料油为残渣燃料油，是炼油过程中最大限度地回收轻质油品之后剩余的炼油残渣，炼油的成本已分摊到轻质产品中。乳化油的生产成本却较高。② 每吨特重原油可调配成 1.42t 乳化油，体积增大使运输成本相应增加。③由于含硫高，使用乳化油燃料需要配套烟气脱硫设备和造价昂贵的环境保护设施。乳化油在环境效应方面无法与天然气相比，在价格上也不能与煤炭竞争。

奥里乳化油是水包油的非牛顿液体，其中油为分散相，被表面活性剂包围形成亲水界面薄膜，沥青颗粒在 10μm 左右，奥里乳化油与重燃料油的性质如表 4-36 所示。

表 4-36　奥里乳化油性质

项　目	奥里乳化油			重燃料油
	实测值	典型值	范　围	
相对密度(20℃)	1.009	1.010	0.990~1.020	0.995
凝点/℃	-1	3	2~4	—
开口闪点/℃	172	120	120~125	—
颗粒直径/μm	8.58	10.00	8.00~15.00	—
灰分/%	0.22	0.20	0.12~0.20	0.10
含水量/%	28.6	29.3	27.0~30.0	0.2
低热值/(MJ/kg)	27.87	27.60	27.00~29.00	40.10
元素组成/%				
C	62.57	60.0	55.0~62.0	—
H	7.48	7.30	10.0~12.0	10.0
N	0	0.5	0.4~0.55	0.4
S	2.86	2.7	2.7~2.9	2.0~3.0
金属含量/(μg/g)				
Na	25.8	30	15~50	10~50
Mg	266	350	300~450	<10
V	295	300	270~340	50~300
Ni	85.4	70	—	10~60

注：乳化油实测值由中国石油大学和中科院工程热物理所提供。

参 考 文 献

1　USGS. Heavy Oil and Natural Bitumen-Strategic Petroleum Resource. Fact Sheet FS-070-03, Aug, 2003

2　侯祥麟主编. 中国页岩油工业. 北京：石油工业出版社，1984

3　Gary J H. Eleventh Oil Shale Symposium Proceedings. Colorado School of Mines, Nov, 1978

4　Nowacki P. Oil Shale Technical Data Handbook, 1981

5　施国泉. 循环流化床锅炉-油页岩发电的有效途径. 以石油焦/煤为原料的大型 CFB 锅炉优化与环保技术研讨会，2005(7)：14~15

6　Batis J T, Tourrete T L. Oil Shale Development in the US, Prospects and Policy Issues. the RAND Corp, 2005

7　Boone D, RFP3-NEW Technologies in Extraheavy Crude Oil and Bitumen Field Development, World Petroleum Forum 25, 2006

8　International Energy Outlook 2007. DOE/EIA-0484, 2007

9　Pavon T. Oil Sands Industry Status, Oil Sands Crude-Profits and Problems. PTQ(Petroleum Technology Quarterly), 2009, Q1：65~75

10　TD Securities. Overview of Canada's Oil Sands, Jan, 2004

11　Okui T, Yasumuro M. Convert Oil Sand into Distillate Cost-Effectively. HP, Jan, 2006: 79~85

12　Netzer D and Associates. Alberta Bitumen Integration Study. Final Report for the Alberta Energy Research Institute and Others, May, 2006

13　Chang T. Sincor to offer Zuata Sweet Crude in 2002. OGJ, Jul 16, 2001

14　Chang T. Upgrading and Refining Essential Parts of Orinoco Development. OGJ Special, Oct 19, 1998

15　Moritis G. Sincor nears Upgrading, Plateau Phase. OGJ, Oct 29, 2001

16　Neil K E. Prospects for an Expanded Marketplace for Canadian Crude. NPRA Annual Meeting, 2005: AM-05-11

17　Wu N. Marketablity of Oil Sands Products in Asian Countries. Presentation to HUTF. Alberta Energy Research Institute. Jun 20, 2007

18　王　. 加拿大油砂沥青合成原油与大港原油的加工互补性. 炼油技术与工程, 2008, 38(4): 9~13; (5): 13~17

19　Smith S. Focus on Australian Shale Oil. Prepared by Department of Industry, Tourism and Resources of Australia, 2004

20　Mc Ginnis J A. Alberta Energy Supply Solutions. NPRA Annual Meeting, 2007: AM-07-38

第五章　煤炭的直接液化

第一节　概　　述

从19世纪以来，煤炭在满足人类基本能源需求和实现工业化上曾经发挥了重要作用。1800年世界煤炭产量仅为0.15亿t，1900年世界煤炭产量迅速超过了7亿t。20世纪前期，在石油大量开采之前，煤炭消费量曾占能源总消费量的90%。如今，煤炭在世界一次能源总消费量中的份额仍占28.6%(2007年数据)，低于石油(35.6%)而高于天然气(24%)的份额。大量使用煤炭作为一次能源会带来了严重的生态和环境问题，如酸雨的危害、臭氧的减少、全球气候变暖、大气污染物的排放等。因此，“洁净煤技术”、CO_2回收和埋存技术、煤炭用作煤化工原料均为煤炭应用的重要技术课题。

中国煤炭资源相对丰富，煤炭消费量在一次能源消费结构中的比例目前仍为70%左右，这个比例在我国还将持续相当长的时期。

从中国或全世界情况分析，预期至少在本世纪的前50年内煤炭仍将在中国和世界能源结构中占重要地位。

在当前和未来一段时期内，能源发展急需解决的问题之一是煤炭的高效和清洁利用。洁净煤技术的发展重点应是能在较短时间内实现煤炭的高效率利用；有效控制污染物排放；能对当前和未来优化能源结构发挥作用；有助于解决石油供需矛盾、保障能源安全。具体包括以下几个方面内容：

(1) 高效洁净的煤发电技术；

(2) 先进的煤转化技术，包括煤气化技术、煤液化技术(包括煤直接液化和煤间接液化技术)；

(3) 商品煤综合加工技术；

(4) 中小型锅炉、工业窑炉的节能降耗、减少污染物排放的技术。

我国是石油和天然气资源相对较少，煤炭资源较为丰富的国家。积极稳妥地发展煤液化技术对调整产业结构、保障国家能源安全具有积极的意义。主要体现在：

(1) 煤炭液化是洁净煤技术的组成部分；

(2) 发展煤炭直接液化技术是实现“石油资源多样化”、解决石油供需矛盾的重要途径。中国煤炭资源相对丰富，剩余探明保有储量达2040亿t，具有发展煤炭直接液化技术的资源保证；

(3) 煤炭直接液化可以获得汽油、柴油和喷气燃料等运输燃料以及石油化工原料；

(4) 煤炭直接液化工艺技术在20世纪30~40年代德国实现工业化的基础上，在基础研究、工艺技术、产品精制和利用、催化剂和工艺设备制造等方面均有了许多改进；产品收率和质量、工艺过程的技术经济性均有提高。虽然尚未建成煤炭直接液化的大型工厂，但确是一项可工业化应用的液体燃料生产技术。

本章重点论述煤炭直接液化生产运输燃料技术的历史及工艺技术发展、进步和我国煤制油(CTL)技术的开发、工业化建设情况。

第二节　煤炭的组成与结构特征

一、煤炭的组成和特点

1. 煤炭是高分子化合物的混合物

煤炭中的每个高分子都是由不同的基本结构单元组成的、缩合程度不同的聚合物。基本结构单元是由芳香族结构、脂肪族结构和环烷族结构组成，在基本结构单元之间有氧桥存在。其中芳环有苯环、萘环、菲环和蒽环以及四环、五环及以上的缩合环；环烷结构有与芳环缩合到一起的，也有单独存在的；脂肪族结构是指芳环或环烷环上的侧链。

煤炭的基本结构单元中包括两部分：缩合的环结构称为“核”，核的周围是各种侧链和官能团。

氧、氮、硫元素多以官能团形式存在于煤炭中，但各种官能团随地质演变中煤化程度的增高而减少。含氧官能团包括羧基、酚羧基、羰基、醌基和醚键等。煤炭中的硫分为无机硫和有机硫，有时含少量元素硫。无机硫包括硫化物和硫酸盐。有机硫由硫醚、二硫化物、硫醇、硫酮、噻酚类杂环硫化物及硫醌化合物组成，煤炭中的含氮化合物以杂环(如吡咯、咔唑、吡啶和喹啉)、桥键则以胺基、亚胺基等多种形式存在。煤炭分子芳香环或环烷环的烷基侧链包括甲基、乙基、丙基甚至更大分子的基团。

表5-1列出的是煤炭科学研究总院分析和归纳的煤炭、石油和天然气成分的差别。

表5-1　煤炭、石油和天然气的成分　　%

成　分	C	H	O	S	N	H/C原子比
无烟煤	93.7	2.4	2.4	0.9	0.6~1.0	0.31
中挥发分烟煤	88.4	5.4	4.1	1.7	0.8~1.2	0.67
低挥发分烟煤	80.8	5.5	11.1	1.9	0.6~1.0	0.82
褐煤	71.0	5.4	21.0	1.4	0.6~1.0	0.87
石油	83~87	11~14	0.3~0.9	0.2	1.2	1.76
汽油	86~87	14~15	基本没有	约100μg/g	基本没有	2.0
天然气	76~77	24~25	基本没有	差异非常大	基本没有	3.9

2. 煤炭是高分子聚合物

从煤岩的成因判断，煤炭是由纤维素、木质素等聚合物形成，煤炭具有聚合物特征。不同的煤炭均可以部分地溶解到某种溶剂中，形成分子溶液或部分胶体溶液，说明煤炭具有聚合物的特征。

煤炭的氢解研究证实：所有加氢产物的红外吸收光谱非常近似，故可以推断煤炭具有高分子聚合物的结构。

煤炭用氧化剂氧化时可得到芳香族和脂肪族羧酸混合物，这证实煤分子中具有缩合芳环结构。煤的氧化物中还有1，2-二氧化异苯并呋喃及其衍生物存在，说明煤的结构中有含氧的杂环化合物存在。此外，氧化产物中含有吡啶、喹啉和苯、萘、联苯等物质，故可以认定：煤的基本单元是由苯、吡啶等单环，萘、喹啉、菲、蒽醌等缩合环组成的。这些集团在煤的构造中呈联苯型结构，或直链状结构。煤的氧化产物中含酚，表明煤炭结构中有酚羧基或醚键。

煤炭的氧解研究还证实煤炭大分子中有缩合芳环存在，分子周围有许多侧链和官能团。

3. 煤炭的分子结构

严格说来，无法给出煤炭的化学结构式。煤炭的化学结构模型是根据煤的结构参数和必要的假设确定的。从20世纪50年代以来，陆续提出了多种煤炭结构的模型。

煤的分子结构是以带有侧链和官能团的缩合芳环为基本结构单元，结构单元之间通过各种桥键相连接。有的结构单元上有氧、氮、硫等杂原子，形成杂环化合物。各个结构单元之间以C—C、C—O、C—S键等桥键连接到一起。

煤炭的大分子是由许多结构相似而又完全不同的"基本结构单元"组合而成的。煤的聚合物立体结构中还嵌有一定量的低分子化合物。

两种煤炭分子结构模型参见图5-1。这些模型代表了煤炭分子的平均统计概念，而非煤的真实分子形式。

- 威斯化学结构模型是较为全面、合理的结构模型，基本反映了煤炭分子的结构概念，可以用来解释煤液化和其他化学反应的性质。
- 希尔化学结构模型表明煤炭分子是通过三维C—C键连接在一起的、带有脂肪侧链和杂环的核组成，分子中还含有含氧官能团和醚键。

二、煤炭液化与煤炭性质的关系

煤炭加氢液化的工艺特性与煤炭性质、煤的岩相组成以及煤炭中的矿物质含量等多种因素有关。一般说来，直接液化适用的煤炭品种应满足下列条件：

1. 煤炭的H/C(原子比)大于0.8

煤炭和石油的元素组成的主要差别是煤炭中的氢比石油少得多。煤炭和石油的H/C原子比分别在0.2~1.0和1.6~2.0之间。所以，选择H/C(原子比)>0.8的煤炭较容易加氢液化并可以减少过程的氢耗量。褐煤和年轻烟煤的H/C原子比相对较高，适合于用作加氢液化的原料。

2. 硫、氮杂质含量低

煤炭中的氧、硫、氮含量也高于石油，这些杂原子在加氢液化过程中会消耗大量的氢气。此外，煤炭中还含有一定量的无机矿物质，需要在加氢液化过程中除去。

3. 挥发分含量高

挥发分含量高的煤炭易于液化，故通常选用挥发分大于35%(干基)的煤炭作为直接液化的原料煤。

4. 低氧含量

高氧含量的煤炭会增加过程的氢耗量，水产率较高则会使油收率降低；褐煤的氧含量较高，多数褐煤氧含量高于20%。

5. 活性组分高于80%

煤的岩相组成对液化特性也有影响。煤炭岩石学将煤样在显微镜下观察时，将煤的有机组分分类为镜质组、惰质组和壳质组三类。镜质组和壳质组为加氢液化的活性组分，惰质组在液化反应条件下难于加氢液化。所以选择加氢液化原料煤时，煤的活性组分应高于80%，惰质组含量宜低于30%。

6. 灰分不高于10%

煤炭中的矿物质对加氢液化效率也有影响。例如：煤炭中的铁、硫、氯元素和黄铁矿对加氢液化油有催化作用；而煤炭中的碱金属和碱土金属对加氢催化剂有负效应。煤炭中的灰分含量过高会占用一定的反应器容积；灰分还会使工艺设备、管线造成磨损。所以，原料煤的灰分宜不高于10%。

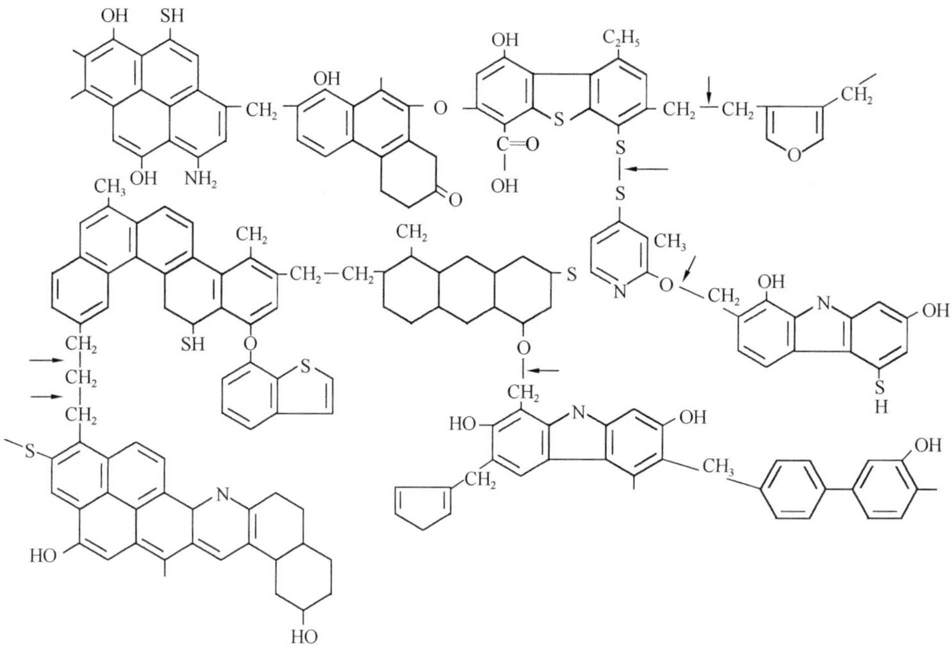

(a)威斯化学结构模型

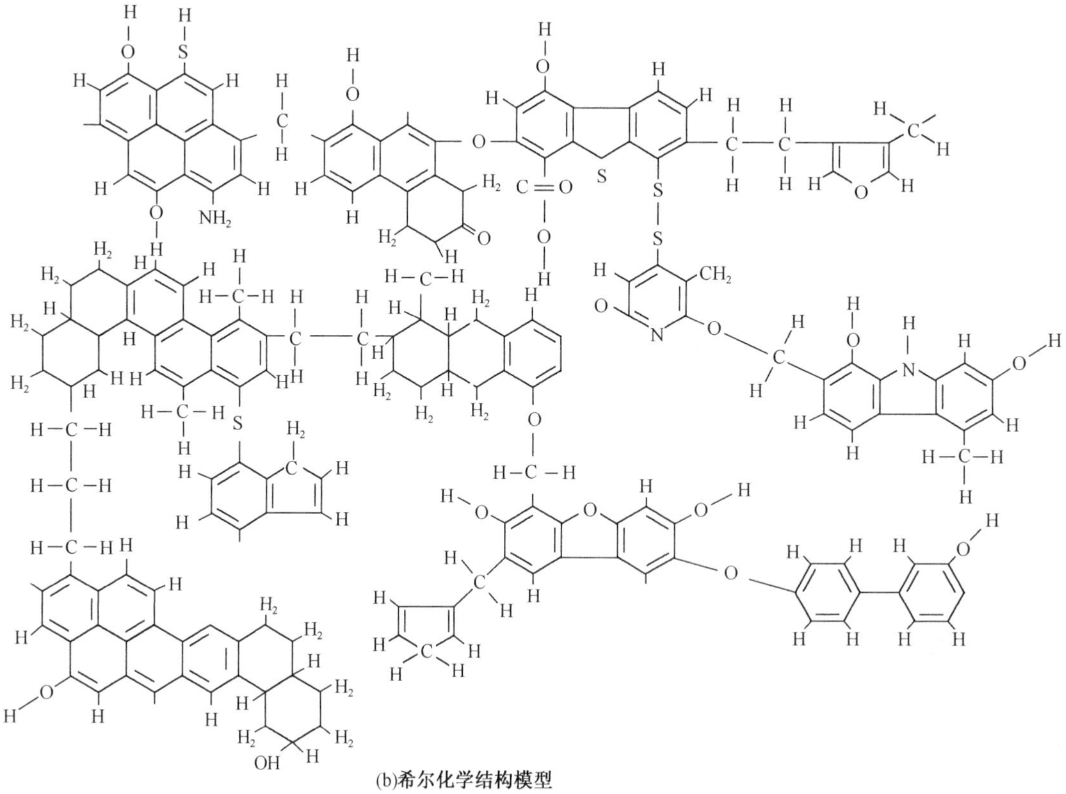

(b)希尔化学结构模型

图5-1　煤的化学结构模型图

烟煤、次烟煤和褐煤是煤炭直接液化常用的原料煤种。几种适用于加氢液化的国产煤炭主要性质见表 5-2，几种煤炭直接液化小型试验的结果见表 5-3。

表 5-2　几种直接液化用煤的性质

项　目	黑龙江依兰煤	云南先锋褐煤	神华上湾煤
工业分析			
水分/%	1.63	2.44	—
灰分/%	9.86	3.83	5.50
挥发分/%	49.00	50.64	38.68
固定碳/%	—	—	61.32
元素分析①/%			
碳	78.23	70.45	81.38
氢	6.04	4.77	5.02
氮	1.44	1.76	1.00
硫	0.22	0.32	0.15
氧	14.06	22.70	12.45
岩相分析			
镜质组/%(体)	96.71	86.37	60.2
壳质组/%(体)	1.79	12.93	2.1
惰质组/%(体)	1.47	0.70	半丝质组：16.3；丝质组：18.1
镜质体反射率 R_{max}/%	0.495	0.239	0.47

① 元素分析以无灰干基为基础。

表 5-3　中国煤直接液化的小型试验结果(无灰干基基础)

项　目	操作条件		产物收率/%			转化率/%	氢耗量/%
	反应温度/℃	反应压力/MPa	油	气体	水		
云南先锋褐煤	440	25	60.44	16.83	19.37	97.62	6.22
黑龙江依兰煤	450	25	62.60	16.90	12.33	94.79	5.90
内蒙元宝山煤	440	25	62.49	16.42	14.91	94.18	5.63

第三节　煤炭直接液化技术

一、工艺目的

煤炭直接液化的工艺目的是采用高压加氢技术改变煤的化学结构和组成，生成化学性质和组成与石油产品相似的油品，进一步加工处理后用作运输燃料或石油化工原料。

煤炭加氢液化的反应机理包括：

(1) 将煤炭的分子结构通过加氢转化为较小的分子；

(2) 通过加氢提高煤炭的 H/C 原子比；

(3) 部分脱除煤炭中的硫、氮、氧杂原子；

(4) 脱除无机矿物质。

煤炭直接液化是高压催化加氢反应过程，除了生成液化油和轻烃外，煤炭中的氧、氮和硫相应地转化为 H_2O、NH_3、H_2S 等气体，过程中还产生液化残留物和矿物质固体物。煤加氢液化是耗氢量较高的工艺过程。就加氢反应过程而言，氧组分的加氢生成H_2O，消耗了一定量的氢气，增加了生产成本。例如：云南先锋褐煤(含氧为22.70%)加氢液化的水收率为19.37%，相应的氢需用量约占加氢液化过程总耗氢量的34.6%(加氢液化过程的氢耗量为6.22%)。

二、反应机理

用粒度<0.15mm的煤粉与溶剂制成的煤浆在高温(约450℃)、高压(>20MPa)会发生一系列复杂的加氢裂解反应。这种煤液化过程包括热溶解、氢转移和加氢三种化学反应。

1. 热溶解反应

煤炭和溶剂组成的煤浆，加热至250℃后便开始发生多种化学键断裂的热解反应，生成带有未配对电子的自由基碎片。

2. 氢转移反应

煤炭分子键断裂生成的自由基碎片可以进一步与氢原子反应，生成不同相对分子质量的包括轻烃、馏分油、沥青烯或前沥青烯等产物。前沥青烯和沥青烯又进一步加氢分别生成沥青烯、馏分油或轻烃。

在特定的条件下，当自由基的浓度很高或得不到氢原子时，自由基碎片就可发生缩合反应，生成更高分子的化合物或半焦。

3. 加氢反应

自由基或中间产物在高压和氢气氛下可以和氢气发生一系列包括芳环加氢饱和、加氢脱硫、加氢脱氧、加氢脱氮和加氢裂化的催化加氢反应。

上述各种加氢反应的深度随所用催化剂的活性和工艺条件而异。在煤液化反应器中只能部分完成此类加氢反应，液化生成油中仍含大量芳烃和含硫、氮、氧的杂原子化合物，需要经过进一步加氢精制才能生产出质量合格的成品油。

三、煤炭直接液化用催化剂

煤炭直接液化采用的催化剂多为含铁系或镍、钼系活性组分的催化剂。按使用情况分类，可有一次性使用催化剂和再生式催化剂两种。

1. 一次性使用催化剂

煤炭浆液床直接液化加氢反应通常使用一次性铁系催化剂。最常用的一次性催化剂为天然硫铁矿(FeS_2)、转炉的飞灰(主要含Fe_2O_3)、赤泥(炼铝工业含Fe_2O_3的排出物)、钼矿冶炼炉的烟道飞灰(主要成分为MoO_3)等，钼矿冶炼炉的烟道飞灰具有较高的加氢转化活性，是适宜煤炭液化的一次性催化剂，但成本较高。

要求一次性催化剂价格便宜。因为这类催化剂使用时是随煤浆一起送入反应系统，从反应系统排出后，经过固液分离后与液化残渣一起排出系统，通常不再重复使用。

常规的一次性使用的铁系催化剂粒度为几十微米，对于基原料煤的催化剂加入量一般为3%左右。国内外已经开发成功了纳米级(粒度为10~100nm)的铁系煤液化催化剂。这种催化剂具有加入量少(0.3%)、活性高的优点，可以提高反应器容积的利用率，减少残渣量和提高液化油收率。

神华煤液化项目开发了863煤炭液化催化剂，具有催化剂加入量少、油收率高和气体收率低的特点。

2. 可再生重复使用催化剂

煤炭加氢液化使用的是一次性催化剂，不能再生和重复使用。

再生式、可重复使用催化剂类似炼油用的镍-钼型加氢催化剂，如使用沸腾床反应器的H-Coal工艺采用的就是镍-钼催化剂。催化剂从反应器顶部加入，可以在线连续置换，也可以停车后整体置换，失活催化剂经过再生后重复使用。

煤炭液化生成油需经过加氢精制，使用的是炼油厂通用的常规加氢精制催化剂，也属于再生式的可重复使用催化剂。

四、煤炭直接液化工艺用溶剂

煤炭液化过程中，首先须使用溶剂将煤炭制成煤浆。选择适宜的溶剂制备煤浆对于保持加氢液化过程的操作稳定性具有重要意义。溶剂在煤炭加氢液化过程中的作用是：

- 形成流动性的煤浆，便于管道输送；
- 防止煤热解生成的自由基碎片缩合：煤浆在反应器中热解生成自由基碎片，溶剂的作用是在溶液中将自由基碎片分离开来减少聚合反应；
- 溶剂的氢溶解作用：使氢原子向煤炭分子和催化剂的表面扩散；
- 溶剂本身也为自由基的加氢提供活性强的氢。

含多核芳烃的溶剂对煤炭热解产生的自由基碎片有较强的溶解能力。所以，除了煤液化反应过程生成的中质油、重质油可用作循环溶剂使用外，催化裂化澄清油、高温煤焦油和一些减压渣油也可用作配制煤浆的溶剂。

配置煤浆使用的溶剂具有可以直接向自由基碎片供应氢的功能。试验结果证实：部分氢化的多环芳烃(包括四氢萘、二氢萘、二氢菲、二氢蒽、四氢蒽)具有很强的供氢性能，是适宜的溶剂。仅有芳环的分子(例如萘)和仅有饱和环的分子(例如十氢萘)则没有供氢能力。用不同供氢能力的溶剂对伊利诺斯6#煤的液化试验结果表明：用萘、十氢萘作溶剂时，煤转化率仅为30%左右；用四氢萘、1，2-二氢萘和1，4-二氢萘作溶剂时，煤转化率则高达70%~80%。可见选择适当的循环溶剂对保持煤炭液化实现高转化率的重要性。

循环溶剂经过在系统中预加氢就可以提高溶剂中的氢化芳烃含量，提高溶剂的供氢能力。试验运行的结果表明：溶剂的芳碳率是表达供氢能力的重要指标。溶剂经过液相加氢反应器的芳碳率(f_a)的变化值(Δf_a)应为0.07~0.10。表5-4为供氢溶剂的性质及经过液相反应器前后的性质变化数据。

煤炭液化工艺在工业上获得成功也归功于A. Pott和H. Broche于1927年开发成功的煤炭溶剂抽提(Pott-Broche)技术。各种煤液化工艺技术采用的溶剂和溶剂分离流程均不相同，对液化过程的转化率和操作稳定性均有着重要影响，有关内容将在第四节中叙述。

五、煤炭直接液化的工艺条件

煤炭液化(DCL)的工艺条件包括反应压力、温度、停留时间、气液比和煤浆浓度等项，分别说明如下：

1. 反应压力

反应压力实质上是系统内氢分压对液化反应速率的影响，提高氢分压有利于煤炭液化反应的进行。提高系统压力或提高循环氢的浓度均可实现提高氢分压的效应。

德国早期的烟煤直接液化工厂，操作压力为70.0MPa；日本开发的Nedol工艺，操作压力为19.0MPa；德国的IGOR工艺，操作压力为30.0MPa；美国的HTI工艺，操作压力为18.0MPa。我国开发的神华煤加氢液化工艺操作压力为19.0MPa。

提高系统的压力等级，将相应增加工艺设备和管线等的建设投资。提高循环氢的浓度可以改善加氢液化反应，提高反应速率。提高循环氢的浓度的措施包括：向系统中补充新氢、脱除循环氢中的杂质（CO_2、轻烃等），这些措施均将相应增加过程的能耗，使生产成本提高。

2. 反应温度

应根据原料煤的性质、使用溶剂的质量、反应压力等因素综合考虑确定。煤炭液化的反应温度一般在450～470℃范围之内。

神华技术的液化反应温度为455℃。

3. 煤浆浓度

理论上，降低煤浆浓度将有利于煤炭热解生成自由基碎片的分散和稳定，提高煤浆浓度则有利于加氢反应器的利用率。选择、决定煤浆浓度还应考虑煤浆输送和煤浆预热问题。煤浆黏度与煤浆浓度直接相关，煤浆黏度需要维持在50～500mPa·s范围内，黏度过大不利于煤浆泵的正常运作。

表5-4　供氢溶剂的性质

项　目	数　据	
	液化反应器出口	液化反应器进口
溶剂的馏程/℃	220～460	
相对密度	0.954	0.965
族组成/%		
链烷烃	7.9	8.1
环烷烃	10.5	5.5
单环芳烃	37.0	27.4
双环芳烃	18.7	19.2
3、4环芳烃	15.6	15.7
多环芳烃	0.9	1.1
噻吩	3.3	2.9
未鉴定芳烃	2.6	2.7
胶质	3.5	14.4
芳碳率(f_a)	0.51	0.41～0.44
元素组成/%		
C	87.1	87.4
H	10.2	9.5
N	0.5	0.4
S	0.06	0.05

煤浆在加热炉中预热至250～300℃后，会发生膨胀、塑化，生成的胶状体使黏度增大（尤其是烟煤），导致炉管壁温增高、管壁结焦，甚至造成炉管堵塞。

4. 气液比

为进入反应器的循环气体在标准状态下的体积流率与煤浆的质量流率之比。煤炭液化反应的气液比应在700～1000Nm^3/t（煤浆）之内。

5. 停留时间

与反应器的结构有关，增加反应的停留时间有利于提高转化率。

六、煤炭直接液化工序

煤炭加氢液化过程通常分为三个工序：即煤浆制备（及溶剂抽提）工序、加氢液化反应工序（根据反应器类型，可分为一段反应和两段反应）、产品精制和分离工序。

1. 煤浆制备工序

包括煤的输送；煤、催化剂和溶剂的混合；煤浆的预硫化和升压等工序。

2. 加氢液化反应工序

包括煤浆加热；加氢液化反应；循环氢的压缩和加热；加氢液化产物的高、低温分离等工序。用烟煤、褐煤生产汽油、喷气燃料的加氢液化工艺一般应包括液相加氢和气相加氢两段加氢过程。

3. 产品精制和分离工序

包括氢回收；液化生成油的分馏以及含硫气体、各种污水的排出等。

七、煤炭直接液化过程的物料平衡

表5-5为煤炭加氢液化装置的物料平衡数据的实例。

表 5-5　煤炭加氢液化装置的物料平衡

项　目	数　据
反应条件	
反应温度/℃	455~460
反应压力/MPa	19.0
液时空速/h^{-1}	0.17
转化率/%	90.42
产品收率/%	
气体	12.33
其中：C_1~C_3	9.13
CO_x	2.58
H_2S	0.26
NH_3	0.36
<220℃生成油	30.36
>220℃生成油	25.68
反应水	10.21
残渣	28.22
化学氢耗量/%	6.80
其中：来自溶剂的氢	5.65
来自氢气	1.15

物料平衡	总　量	其　中					
		C	H	N	S	O	灰分
入方/kg							
原料煤	100.0	76.03	4.60	0.89	0.18	13.39	4.90
863 催化剂	2.01	0	0	0	0	0.54	1.45
氢气	6.48	0	6.48	0	0	0	0
硫	1.14	0	0	0	1.14	0	0
DMDS	1.83	0.47	0.12	0	1.25	0	0
供氢溶剂	122.22	106.69	12.44	0.44	0.06	2.59	0
溶剂	122.22	106.97	11.59	0.61	0.07	2.98	0
合　计	355.91	290.16	35.25	1.95	2.71	19.51	6.35
出方/kg							
H_2S	2.02	0	0.12	0	1.90	0	0
NH_3	0.54	0	0.10	0.458	0	0	0
CO	0.94	0.40	0	0	0	0.54	0
CO_2	1.39	0.38	0	0	0	1.01	0
C_1	3.97	2.98	0.99	0	0	0	0
C_2	2.68	2.15	0.54	0	0	0	0
C_3	3.18	2.60	0.58	0	0	0	0
C_4	1.78	1.47	0.31	0	0	0	0
加氢后溶剂	122.42	106.86	12.46	0.44	0.06	2.60	0
<220℃生成油	24.09	20.05	2.98	0.08	0.01	0.99	0
>220℃生成油	28.54	24.98	3.07	0.14	0.01	0.34	0
未加氢溶剂	122.22	106.97	11.59	0.61	0.07	2.98	0
残渣	29.79	21.32	1.15	0.24	0.65	0.08	6.35
水	12.34	0	1.37	0	0	10.97	0
合　计	355.91	290.16	35.24	1.94	2.70	19.52	6.35

八、煤炭直接液化反应器

目前已经在工业化装置上使用的煤炭直接液化加氢反应器包括浆液床反应器和沸腾床反应器。煤炭液化产品的精制过程多采用固定床反应器。

1. 浆液床反应器

20 世纪 30 年代中期，德国开发的煤炭液相加氢工艺就使用了浆液床加氢反应器，用于生产运输燃料油。70 年代以后，德国、加拿大等国相继进行了煤炭液化和油砂沥青的加工工艺的研究和开发工作，在液相加氢技术的基础上开发成功了浆液床反应技术。IGOR 工艺和 NEDOL 工艺均采用浆液床反应技术。

浆液床反应器是气、液、固三相鼓泡流化反应器。固体颗粒以流化状态在气泡推动下通过液体床层。该技术对原料的杂质含量几乎没有限制，使用的是细粉状、高度分散性的均相催化剂(粒径为几微米或几纳米)，催化剂加入量很少。煤浆原料和氢气进入反应器，在高温(470℃)、高压(30MPa)下进行加氢热解。液化生成油须再经过加氢精制成为成品油。

加氢反应器是高压加氢过程的主要工艺设备，其结构型式已由早期的冷壁式发展成为热壁式。如德国早期设计的反应器为冷壁式结构。铬铸钢的外筒，内衬 V2A 衬里，其间为 64mm 的石棉混凝土保温层。30MPa 的加氢反应器规格为：内径 1.2m，总高度 18m。反应器容积为 $13m^3$，催化剂装填容积为 $9.5m^3$。最大规格的 70MPa 的液相加氢反应器，液相反应容积为 $8m^3$。

国内建设的煤炭直接液化项目，设置液化加氢反应器 3 台。反应器内径 4361mm，壁厚为 310mm，总高度 40~43m。反应器容积为 $606 \sim 648m^3$。单重为 1800~1900t。反应器材质：2.25Cr-1Mo-0.25V 堆焊。工厂制造的反应器筒节运至施工现场，再堆焊、组装和热处理。

2. 沸腾床反应器

H-Coal 煤炭液化工艺采用沸腾床反应器。它是一种由反应物流、气体实现催化剂床膨胀的流化床反应器。用一台循环油泵向反应器中送入循环油使催化剂流态化，在液、固相流化床内完成煤粉的加氢液化过程。沸腾床反应器的主要特点是：

- 适用于高放热反应的加氢过程；
- 可以使整个反应空间保持恒温操作；
- 在操作期内反应物料浓度和产品质量均是恒定的；
- 催化剂在反应器内自由运动，没有氢分布不均匀问题；
- 系统压力降小而且恒定；
- 反应系统的固体物可随产品一起排出，适合于处理高灰分的煤浆。

3. 固定床反应器

液化生成油加氢稳定、加氢改质均采用固定床反应器，工艺和结构特点与石油产品加氢过程的反应器相同。

第四节　煤炭直接液化工业

一、煤炭直接液化工业发展历史及现状

1. 发展历史[6]

1913 年德国柏吉乌斯(Friedrich Bergius)首先研究了煤高压加氢技术，奠定了煤炭直接液化的基础。1927 年，最早在德国莱那建成了第一座煤炭直接液化工厂，称为 IG 工艺。“二战”期间德国和英国均建成了煤炭液化工厂。德国共建成了 11 座煤液化厂，以褐煤、烟煤为原料生产燃料油品。总生产能力达到 400 多万 t，确保了当时军用航空燃料和车用运输

燃料的供应。

20 世纪 30~40 年代期间，德国建成的煤液化工厂是采用破坏加氢(Destructive Hydrogenation)技术，以煤炭或煤焦油为原料生产汽油和/或喷气燃料。至 1945 年，德国生产燃料的加氢工厂总生产能力达到 386.5 万 t/a。另据统计：1939~1945 年期间，德国用煤和煤焦油为原料总计生产了 1800 万 t 液体燃料油。采用破坏加氢工艺从煤炭和煤焦油生产液体燃料的工厂有 7 座，总设计能力为年产石油产品和液化气 140 万 t。其中有 4 座工厂以煤焦油为原料，3 座工厂为用褐煤或烟煤为原料生产汽油或喷气燃料。1939 年实际油品产量达 115 万 t。至"二战"结束之前的 1944 年，德国的煤炭加氢液化工业的生产能力曾达到 360 万 t/a。受战争轰炸原因，1944 年末德国的煤液化工厂生产能力破坏殆尽。

"二战"后德国的煤炭加氢工厂全部停产。一部分设施被前苏联拆迁到西伯利亚等地区，其余部分停产或改为生产民用产品(合成氨、肥皂、人造奶油)。

德国合成燃料技术的工业化成就首先归功于 20 年代开发成功了煤炭加氢使用的催化剂和两段加氢技术(即单独的液相加氢和气相加氢技术)。煤炭转化生产合成燃料技术的生产成本在经济上无法与原油炼制工艺竞争，仅仅是战争期间为纳粹德国提供了唯一的一条"争取石油独立"的道路而已。

以煤炭为原料的破坏加氢技术是采用适宜的催化剂，在高温、高压状态下将高分子有机物加氢分解生产轻质油品的技术，它包括以下一系列复杂的化学反应：

- 需要首先将大部分的氧、氮和硫转化为水、氨和硫化氢；
- 将煤炭分子转化成高沸点的烃类产物；
- 在有催化剂存在和高的氢分压条件下，重质烃可裂化为低分子烃；
- 一次裂化产品的加氢饱和反应，从而减少、防止其再聚合为重质烃，甚至最终生成固体焦炭。

加氢过程应选择适宜的反应温度、反应时间，尤其重要的是选择催化剂使裂化和加氢反应达到恰当的平衡。

以煤炭为原料的加氢液化过程，原料中含有一定量的无机物灰分，必须从加氢过程中排除出去，因此，在排渣过程中会造成一定量的生成油损失。

高芳烃原料加氢液化生成的 240~320℃ 中馏分油含较高的芳烃和环烷烃，不适合用作柴油，高沸点的馏分也不适合于生产润滑油。生产柴油和润滑油需要经过深度加氢处理，建设投资和生产成本均较高。

所有加氢工艺的共同技术特点是必须保持加氢分解和加氢饱和过程的平衡。对于加氢分解反应，原料的相对分子质量越高，达到适宜的反应速率所需的反应温度就越低。为了将分子组成特别复杂的原料转化为汽油，确保达到加氢反应的平衡就更为困难。

早期的煤炭液化工艺条件十分苛刻，反应温度约为 460~480℃，压力高达 70.0MPa。反应过程的液固分离采用过滤方式，滤渣用焦化法回收焦油，焦油用作循环溶剂。过程的油收率可达 59%。

德国 20 世纪 30~40 年代开发、建成的煤加氢液化工厂是成熟的工业化技术。"二战"之后，由于中东廉价石油的大规模开采，煤液化技术在经济上无法与天然石油竞争。原有的煤炭直接液化工厂相继关闭，煤炭液化技术也处于相对停滞阶段。

"二战"之后，俄罗斯(前苏联)在从德国取得了煤加氢液化的技术资料、工艺设备后在西伯利亚地区进行了煤炭液化、煤焦油加氢和石油渣油加氢的生产和实验研究。主要情况如下：

（1）煤加氢液化技术：采用褐煤直接加氢液化或褐煤-煤焦油联合加氢液化，为高压三段加氢技术。工艺条件：压力 22.5～25MPa；反应温度：一段液相加氢约 480℃、预加氢 380～440℃、加氢裂化：360～450℃；总氢耗量（按进料有机物总重量计）为 8.2%～10.2%。产品方案可有生产航空汽油及柴油、车用汽油或航空汽油、车用汽油和柴油等不同方案。燃料总收率在 44%～47.6%范围之内。

（2）煤焦油加氢：采用的加氢流程包括焦油三段加氢生产车用汽油；焦油两段加氢生产车用汽油和柴油；焦油一段加氢生产车用汽油、锭子油和石蜡。表 5-6 为煤焦油三段加氢生产数据。

表 5-6　煤焦油三段加氢生产数据

项目	数据		
	一段加氢	二段加氢	三段加氢
压力/MPa	30.0	30.0	30.0
温度/℃	465～470	360～440	380～450
空速/h^{-1}	1.0	0.8	0.85
新鲜进料：循环重油	0.54：0.46	—	0.60：0.40
进料/kg			
焦油	100.0		
氢气	9.77		
催化剂	0.92		
合计	110.69		
出料/kg			
汽油	64.6		
粗粉	1.59		
反应水	7.6		
H_2S	1.21		
轻烃	30.24		
损失	5.45		
合计	110.69		

（3）俄罗斯低压液化工艺：前苏联于 20 世纪 70～80 年代对煤炭直接液化技术进行了十分广泛的研究，开发了低压（6～10MPa）煤炭直接液化工艺。采用高活性的乳化态钼催化剂，并掌握了 Mo 回收技术，95%～97%的 Mo 可回收、再使用。低压煤炭直接液化的工艺条件为 6～10MPa 和 425～435℃，适合于灰分低于 10%，惰性组分低于 5%的高活性未氧化煤。1987 年曾建成了日处理煤炭 5～10t 的低压液化工艺中试装置。试验工作进行了 7 年，此后，由于苏联解体不再进行试验工作。

2. 新的发展时期

自 20 世纪 70 年代发生石油危机后，德国、美国和日本等工业化国家重新重视和开始发展煤炭液化工艺技术。研究的重点是开发煤炭液化新工艺，目标是降低反应苛刻度、提高油品收率和质量。研究和开发工作是在德国原有的煤炭液化技术和石油炼制工业的重质油、渣油加氢技术的基础上进行的。

在 IG 工艺的基础上，德国于 20 世纪 80 年代开发了 IGOR 工艺。德国矿冶研究院先后建成了 0.2t/d 的试验装置和 200t/d 的工业试验装置。在 1981～1987 年期间，工业试验装置累计运转了2.2万h，加工试验了各种煤炭17万t。1997年曾在规模为0.2t/d的试验装置上进行了我国云南先锋褐煤的煤液化试验，为项目的可行性提供了基础数据。

20世纪70年代中期，在美国能源部的资助下，海湾石油公司开发了溶剂煤精炼(SRC)工艺、埃克森公司开发了供氢溶剂(EDS)工艺，HRI公司在H-Oil工艺的基础上开发了H-Coal工艺。至90年代后期，这些工艺技术相继完成了工业放大试验。

日本从20世纪70年代初期就积极进行煤炭直接液化的基础研究，在1978~1983年期间，日本钢管、三菱重工和住友金属等多家公司均参与了煤炭直接液化工艺的研发，试验装置的规模为0.1~2.4t/d。集中各公司工艺的特点并优化组合形成了日本的NEDOL工艺，液化用煤以次烟煤和低品位烟煤为主。确定了NEDOL工艺之后，在规模为0.1t/d和1.0t/d小型试验装置上完成NEDOL工艺的稳定性试验和综合运转性能考察。1991年又开始建设规模为150t/d的NEDOL工艺示范装置，目的是对工艺设备、装置综合性能进行考察并考察不同煤种的液化性能。1997~1998年期间先后作了3个煤种(印尼煤、美国煤和日本煤)的7种条件试验。

21世纪以来，中国在煤炼油技术不断发展和国民经济飞速发展形势下，积极进行煤炼油工厂的建设。神华项目的第一套煤加氢液化示范工厂已于2008年底建成投产，打通了流程，取得了突破性进展。

3. 煤加氢液化工艺的现状

IGOR工艺和NEDOL工艺是典型的浆液床煤炭直接液化工艺；HTI工艺是在H-Oil工艺基础上开发的沸腾床两段加氢液化工艺。煤炭液化还有两段加氢联合工艺和煤-油联合加工工艺。

“二战”之后，虽然德、美、日等国仍然从事煤炭液化的开发研究工作并达到了较高的开发程度，由于世界石油资源和市场供应相对稳定，除中国神华集团正在内蒙古建设的煤液化工厂外，迄今世界上还没有一个工业化规模并投产的煤直接液化生产装置。

我国是煤炭资源大国，一直重视煤转化技术的研究。原石油工业部抚顺石油研究所于20世纪50年代就开展了煤炭加氢液化研究，抚顺石油三厂曾做过煤焦油加氢生产汽油、柴油的工业试验。70年代后，煤炭科学研究总院一直致力于开展煤炭直接液化工艺技术的研究，完成了上百种国产煤炭的直接液化试验，从90年代中期开始，煤炭科学研究总院陆续完成了3个百万吨级煤炭直接液化项目的可行性研究。

神华项目是我国第一个大型煤炭直接液化项目，自2001年国家批准立项以来，已完成工厂总体设计和装置基础设计。总体规模为年加工原料煤602万t，生产汽油、柴油和芳烃等油品250万t。第一期计划建设一条年产100万t液化油品的煤炭直接液化示范生产线，如果进展顺利，将开始第二期工程建设。

二、早期的煤加氢液化技术[6]

据www.Fischer-Tropsch.org网站公布的煤加氢液化资料，德国在20世纪30年代就建成了煤加氢液化工厂。按使用原料分类，包括煤焦油加氢生产汽油/喷气燃料和用褐煤及烟煤生产汽油/喷气燃料工艺。说明如下：

1. 褐煤加氢液化技术

1) 工艺流程

德国的褐煤加氢液化工厂是1927年在Leuna建成投产的，加氢法生产汽油的物料流程如图5-2所示。

褐煤水含量为54%，灰分为5.5%。使用炼铝所得的氧化铁副产品(赤泥)作催化剂，对无灰干基原料煤加入量为4%。

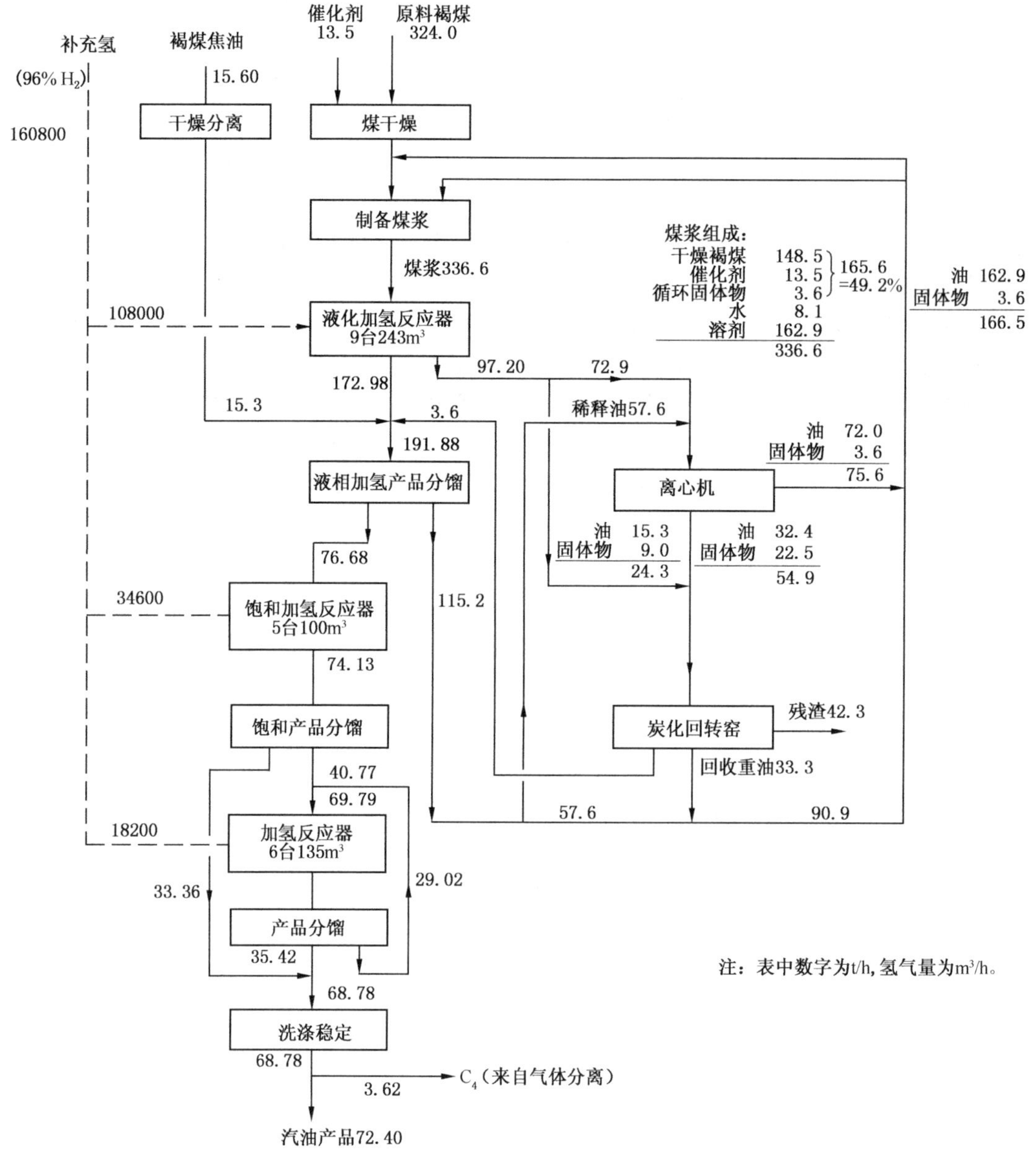

图5-2　褐煤加氢液化生产汽油物料流程

煤炭首先经干燥将水含量降至5%后，进行破碎、研磨，用循环溶剂制成煤浆（煤浆中干燥煤含量为44%、总固体物含量为49%）。煤浆加压至23.0MPa后与循环氢（循环氢加入比率为900～1000m^3/m^3煤浆）一起预热至430℃后，进入四台串联的加氢反应器中。由于放热效应，反应器的温度会升至大于490℃，故需要在反应器的不同位置通入冷循环氢，使前三台反应器的温度控制在490℃，第四台反应器的平均温度控制在475℃左右。控制温度的冷循环氢用量约为1000m^3/m^3煤浆。

需要从第一台反应器底部连续排出少量（约100L/h）的残渣，以防止沙团（沙子周围包覆着焦炭颗粒）的积聚。

从第四台反应器出来的加氢产物进入高温分离器（温度约为440℃），分离出的液体产物为含渣重油，重油中含有从煤炭带进的全部灰分、催化剂和不能转化为液体的重组分。经冷却和降压后，将约70%的含渣重油用一部分常压蒸馏塔底的>325℃重油稀释后去离心分离机脱除残渣，离心机所得的滤出油用作煤浆溶剂，另外约30%含渣重油则与离心机分离出来的残渣混合到一起进入炭化回转窑处理。回收的重质油与另一部分>325℃重油混合，也用作配制煤浆的溶剂。

从高温分离器分离出的油气经过换热、冷却后进入冷高压分离器，所得的生成油进入常压塔分馏为<325℃馏分油和>325℃重油。

<325℃馏分油再经过两段加氢生产汽油成品。如上所述，塔底的>325℃重油则分为两股：一股用作稀释剂进入离心机，另一股与回转窑回收的重质油混合后用作配制煤浆的溶剂。

2）液相加氢反应器

在正常情况下，可以通过调节装置的处理量和反应温度使加氢重油产量满足配制煤浆的需要。根据 Leuna 工厂的经验，褐煤液相加氢反应器需在更为苛刻的条件下操作，加氢重油产量不能满足配制煤浆溶剂的需要，故需从外部补充一部分褐煤焦油。因此 Leuna 煤液化工厂的原料为95%~96%的褐煤和4%~5%的褐煤焦油。

液相加氢反应器每 $1m^3$ 反应器容积处理 $1.2m^3$ 煤浆，即每单位 m^3 反应器容积的无灰干基褐煤处理量为0.61t/h。

改进后的液相加氢反应是控制前三台反应器温度为480~490℃以提高加氢效应和处理量，控制第四台反应器温度在465~475℃范围之内，以防止中间产物聚合成沥青质。改进操作后，可以提高循环溶剂的沥青质和固体物含量。

热分离器结焦是褐煤加氢液化遇到的操作最困难的问题。解决方法是改进分离器设计和自动控制热分离器的液位。

3）产品收率

表5-7列出了 Leuna 煤液化工厂的褐煤(调入煤焦油)液相加氢过程的产品收率数据。

在适当调整原料中的煤焦油添加量后，Leuna 煤液化工厂褐煤加氢液化过程可以按照汽油或喷气燃料的方案生产，表5-8列出了汽油或喷气燃料产率。

表5-7 褐煤液相加氢的产品收率

产品	收率(对无灰干基原料煤)/%
<325℃馏分油	50.0
气体	15.2
CO_x	10.6
未转化煤	1.5
残渣炭化的油损失	8.5
H_2O、NH_3、H_2S	20.9
化学氢耗量	6.7

表5-8 褐煤加氢液化的产品收率

项目	产率(对无灰干基原料煤)/%	
	汽油方案	航煤方案
汽油(或喷气燃料)	46.2	40.2
气体	19.3	25.7
总氢耗量	9.13	9.34

2. 烟煤加氢液化工艺

烟煤加氢液化的工艺条件比褐煤更为苛刻，可通过提高操作压力和/或提高催化剂活性的措施得到解决。德国的几种不同的烟煤加氢液化技术分别说明如下：

1）30.0MPa 烟煤加氢液化

(1) 工艺流程

图5-3为德国 Scholven 烟煤液化加氢工厂生成汽油的物料流程图。

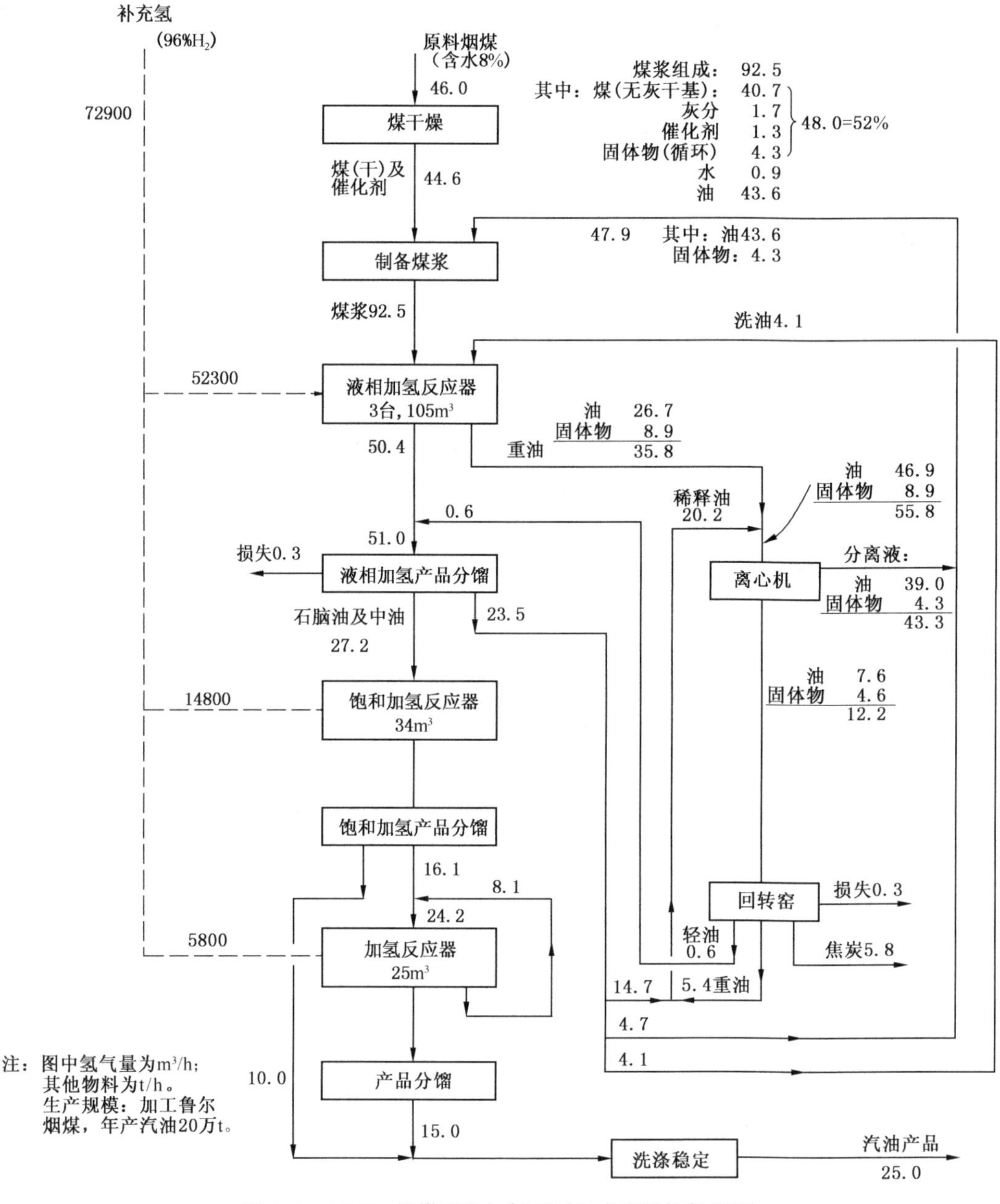

图 5-3　30MPa 烟煤液化加氢工厂生成汽油物料流程

犹如烟煤焦油的加氢比褐煤焦油困难一样，烟煤加氢液化比褐煤更为困难。因为烟煤中含有较多的不易加氢的固体残渣，一次加氢产品中含有较多的沥青质和非反应物质。所以，对于烟煤加氢过程来说，重要的不是重油加氢，而是要适当地将一次反应生成的沥青质分解并防止生成二次沥青质。烟煤加氢过程需要以“含油废渣”形式从系统中排出更多的固体物(包括有机固体物)。这种含油废渣中的沥青质含量很高，呈黏稠的半焦状物质，很容易在炭化过程中结焦、无法操作，但过多地排出含油废渣在经济上又不合理。因此，循环溶剂中容许的沥青质积蓄量有一个极限值。

为了使烟煤中的沥青质能在液相加氢过程中分解，就应使用活性更高的催化剂。Scholven 烟煤液化加氢工厂使用含锡的催化剂(将草酸锡分散到催化剂中)，这种催化剂在酸性条件下的效果最佳。为了达到酸性条件，需要向系统中加入过量的氯化铵。在反应条件下氯化铵会分解生成盐酸，能够中和灰分中的碱性组分。由于加入过量的氯化铵可能造成盐酸对设备腐蚀。操作表明，在30MPa和>350℃条件下，能够保证硫化氢的浓度维持$Fe/H_2S/H_2/HCl$系统的平衡。在高于350℃条件下，设备表面上的硫化铁不至于分解。于是，就可以在通过换热器、冷却器之前用油中所含的碱中和盐酸。

Scholven烟煤液化加氢工厂是在煤浆进入第一台液相加氢反应器之前就注入氯化铵，氯化铵是分散在油溶剂中，浓度为油溶剂量的20%，加入量为煤干基原料量的1%。

为了防止对后部系统的腐蚀，在距离最后一台反应器顶部3m处，注入浓度为20%的碳酸钠油剂进行产物的中和，加入量为干煤干基原料量的1.1%。

烟煤加氢液化反应压力和反应温度分别为30MPa和460℃。除了使用催化剂和防腐蚀措施的差异外，烟煤加氢液化工艺流程与褐煤加氢液化基本相同。

Scholven烟煤液化加氢工厂设置三台液相加氢反应器，反应器容积为$13m^3$。按回收重油量满足循环溶剂油需要量的条件操作，每立方米反应器容积每小时处理无灰干基烟煤处理量为0.264t，低于褐煤加氢液化过程的每立方米反应器容积每小时处理0.61t褐煤的处理量。

（2）产品收率

鲁尔烟煤加氢液化生产汽油和中油的收率数据如表5-9和表5-10所列。

表5-9 鲁尔烟煤加氢液化的产品收率

产品	收率(对无灰干基原料煤)/%
汽油+中油	60~61
气体及水	24~25
未转化煤	8
残渣炭化的油损失	6
氢耗量(包括损失)	9~10

表5-10 烟煤加氢液化的产品收率

项目	产率(对无灰干基原料煤)/%	
	汽油方案	喷气燃料方案
汽油(或喷气燃料)	56~57	47~48
气体(不包括C_4)	29~30	37~38
总氢耗量	14.6	15.0

2）70.0MPa烟煤加氢液化

（1）工艺流程

另一种烟煤加氢液化工艺是反应压力提高至70.0MPa的烟煤加氢液化流程。

德国所有后期新建的煤液化工厂，例如Gelsenberg(加工鲁尔烟煤)，Stettin-Politz，Blchhammer和Wesseling工厂均采用反应压力为70.0MPa的高压操作。Gelsenberg和Stettin-Politz除了提高操作压力和使用不同的催化剂外，其他工艺条件均与加工褐煤工厂相同。原料煤干燥之前先加入1.2%的$FeSO_4 \cdot 7H_2O$催化剂，干燥之后再加入1.5%的Bayermass催化剂(对干基煤，下同)，在制备煤浆阶段再加入亚硫酸钠0.3%。

液相加氢的条件为：反应压力70MPa，温度480℃，均高于加工烟煤的Scholven厂的工艺条件(30MPa、460℃)。

Gelsenberg烟煤加氢液化工厂共设置液相加氢反应器4台，每台反应器容积为$9m^3$。无灰干基原料煤处理量为340t/d，折合每立方米反应器容积的处理量为0.39t无灰干基烟煤/h，比30MPa压力的烟煤加氢液化每立方米反应器容积处理量为0.264t无灰干基烟煤/h要高，因此反应器容积仅相当于30MPa加氢反应器容积的70%。

（2）产品收率

烟煤高压70MPa液化加氢的产品收率见表5-11。

用鲁尔烟煤生产汽油或喷气燃料时，对液相加氢和加氢处理全过程的产品收率和氢耗量见表 5-12。

表 5-11 鲁尔烟煤 70MPa 加氢液化的产品收率 %

项目	收率(对无灰干基煤)
气体	20.5
石脑油+中馏分油	66.8
未转化煤	4.0
离心分离及焦化损失	4.7
氢耗量	10.3

表 5-12 不同方案鲁尔烟煤 70MPa 加氢液化的产品收率 %

项目	产率(对无灰干基原料煤)	
	汽油方案	喷气燃料方案
汽油(或喷气燃料)	61.4	53.5
气体	25.9	35.0
总氢耗量	14.45	14.7~15.0

3) Blechhammer 的 70.0MPa 高压烟煤加氢液化工艺

(1) 工艺流程

Blechhammer 液化加氢工厂加工 Silesian 烟煤，对 70.0MPa 烟煤加氢液化工艺又作了如下的改进：

由于从低温分离器分离出来的>325℃重油量大于配置煤浆需用的重油量，故将剩余的重油与一部分中馏分油调合成海军燃料油出售。

配置煤浆时，使用一部分中馏分油替代重油作溶剂以便降低重油加氢程度，但使用添加中馏分油的溶剂配制煤浆带来的麻烦是换热器和预热炉中会有固体物沉降。解决的办法是配制两种煤浆：一种是含煤量较低、沥青含量较高的煤浆直接进入换热器和预热炉；另一种是高含煤量和含中馏分油的煤浆，送至预热炉的进口。为了防止预热炉管发生沉积，将一部分热分离器分离出的热重油不经降压直接循环回至预热炉入口。

为了防止从系统中排渣造成的中馏分油损失，将离心分离机的排渣送到闪蒸塔中回收排渣中的含油，闪蒸分馏的残渣再送至炭化窑中处理。

为了生产用于配制煤浆用的、不含轻组分的中馏分油，需要调整加氢生成油的蒸馏流程，将冷分离器排出的生成油分馏为四个组分，即：<160℃轻油；用于提取酚类产品160~210℃馏分油；210~325℃的中馏分油；用作煤浆溶剂(一部分用作调制海军燃料油的组分)的>325℃重油。其他工艺流程基本上与 Gelsenberg 厂相同。

由于上述流程的重油加氢分解程度降低，相对就提高了液化加氢反应器的处理量。与 Gelsenberg 工厂相同的四台(总容积为 $4\times9=36m^3$)液相加氢反应器，无灰干基原料烟煤的处理量可达 560t/d，折合每立方米反应器容积的无灰干基烟煤处理量为 0.65t/h。

Blechhammer 液化加氢工厂鲁尔煤 70.0MPa 加氢液化的物料流程参见图 5-4。

(2) 产品性质和收率

Blechhammer 液化加氢工厂液相加氢工序的收率数据见表 5-13。工厂的产品收率如表 5-14所示。

表 5-13 70.0MPa Silesian 烟煤液相加氢工序的产品收率 %

项目	收率(对无灰干基煤)
气体	19~20
石脑油+中馏分油	46.7
>325℃重油	21.5
未转化煤	4
离心分离及焦化损失	5.5~6.0

表 5-14 Blechhammer 烟煤加氢液化工厂的产品收率 %

产品	产率(对无灰干基原料煤)
喷气燃料	31.0
燃料油	32.5
气体	24.0
氢气用量	10.8

长期以来，人们一直认为烟煤加氢液化生产轻油需要采用两段液相加氢，即先将煤转化为不含沥青的重油，第二段再将重油液相加氢(可以采用固定床技术)生成适合气相加氢的油料。实际上，第一段液相加氢采用30MPa反应压力很难实现在适宜反应速率下的沥青转化。Blechhammer工厂采用70MPa反应压力才是可行的工艺条件。

IG公司曾经进行过70MPa的第二段重油加氢试验，没有取得理想的结果，甚至认为固定床加氢技术不可行。Blechhammer工厂的实践表明，Silesian烟煤用两段液相加氢法生产的汽油+中油收率为64%，比Stettin-Politz厂加工Silesian烟煤的收率高7%。

3. 不同原料的液化加氢生产车用汽油的数据总结

表5-15列出了德国早期不同煤种和不同压力下煤加氢液化生产数据。

表5-15　煤加氢液化工艺技术总结

项　　目	中质褐煤	70MPa反应压力(鲁尔烟煤)	30MPa反应压力(鲁尔烟煤)
煤用量(无灰干基)/(t/t汽油)	2.07	1.63	1.73
氢耗量/(t/t汽油)	0.198	0.236	0.258
气体生成量/(t/t汽油)	0.41	0.43	0.52
排渣过程的油损失/(t/t汽油)	0.18	0.08	0.11
未转化固体物/(t/t汽油)	0.03	0.07	0.14
液相加氢反应器容积①/m^3	84	105	168
气相加氢饱和反应器容积①/m^3	35	34	34
气相加氢分解反应器容积①/m^3	46	25	25

注：①为年产汽油20万t的液化加氢工厂。

三、IGOR工艺[6]

IGOR工艺是德国在早期的IG煤炭液化工艺和Pott-Broche煤炭溶剂抽提工艺的基础上开发出来的。20世纪70年代，德国的鲁尔煤炭公司、菲巴石油公司(Veba oil)和德国矿业研究院(DMT)合作开发了IGOR工艺。德国矿冶研究院建有一套0.2t/d的小型试验装置，1981年又建成了200t/d的工业试验装置，1981~1987年期间，这套装置累计运行了2.2万h，共加工试验了各种煤炭达17万t，产出了油品8.5万t。

IGOR工艺的主要特点是：

- 反应条件苛刻，反应温度为470℃，反应压力为30MPa；
- 使用炼铝的废渣(赤泥)作催化剂；
- 用减压蒸馏过程进行固-液分离；
- 流程中包括液化生成油的加氢处理过程，可以生产精制、改质的液化生成油；
- 采用经过加氢的循环溶剂配制煤浆，供氢性能好，液化转化率高。

IGOR工艺是在IG工艺的基础上开发的、借鉴了IG工艺的工业化生产经验，是技术成熟的工艺技术。其液相加氢操作条件和使用的催化剂与IG褐煤加氢液化工艺基本相同，只是固-液分离方法从IG工艺的离心分离-废渣焦化法改为减压蒸馏。

1997年在德国的IGOR工艺小型试验装置上进行了中国云南先锋褐煤的液化试验，试验结果如表5-16所示。

表 5-16　中国云南先锋褐煤 IGOR 工艺液化试验结果　%

项　目	数据值范围	平　均　值	项　目	数据值范围	平　均　值
油收率	50.47~55.65	52.74	水收率	26.87~29.50	28.18
C_1~C_2 收率	10.30~11.17	10.92	残渣收率	9.6~14.6	12.1
C_3~C_4 收率	5.00~6.01	5.41	氢耗量	10.90~11.63	11.17

IGOR 工艺的操作条件苛刻，适用于烟煤液化。转化率可达 90%左右，液体产品收率可达 50%~60%(按无灰干基原料煤计)。IGOR 的原则工艺流程见图 5-5。

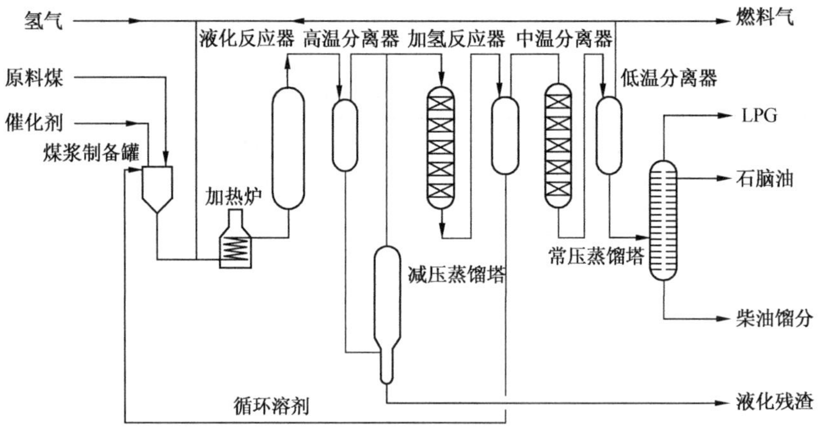

图 5-5　IGOR 煤加氢液化工艺原则流程

IGOR 工艺为两段加氢流程，第一段为煤浆液相加氢反应，第二段为液化生成油的加氢处理。原料煤和溶剂先在煤浆制备罐中制备成煤浆并调入一次性催化剂，用高压煤浆泵升压，与氢气一起送入加热炉中预热，加热后的油气混合物进入液相加氢反应器中。反应器的典型操作温度为 470℃，压力为 30.0MPa。从反应器顶部排出反应产物，进入高压分离器，分离器底部分离出的液化粗油和残渣进入减压塔，进行粗油和残渣的分离。高压分离器顶部的产物与减压塔的粗油一起进行加氢处理。液化生成油经过两段加氢处理，反应温度为 350~420℃，压力为 30.0MPa，使用镍-钼型加氢处理催化剂，空速为 0.5~1.0 h^{-1}。从中温分离器分出的重油作为循环溶剂，用于制备煤浆。从低温分离器底部分出的产物进入常压塔分馏出 LPG、石脑油和柴油馏分。低温分离器顶部分出的气体经过洗涤后作为循环氢返回加热炉，多余部分作为燃料气。

四、HTI 工艺[7]

HTI 煤炭直接加氢液化工艺技术是在 H-Oil 重油/渣油加氢裂化工艺的基础上开发成功的。

20 世纪 50 年代初，HRI(HTI 公司的前身)公司开发了沸腾床渣油加氢裂化技术，称为 H-Oil 工艺。经历了小型和中型试验和多项技术改进之后，于 1968 年建成了第一套规模为 145 万 t/a 的工业化装置。在 70 年代 HRI 与 CISC 公司各自开发了 H-Oil 工艺和 LC-Fining 工艺。

20 世纪 60 年代中期，HRI 开始用 H-Oil 工艺进行煤炭加氢试验，经历了实验室试验和小型试验成功后，定名为 H-Coal 工艺。

HRI 公司在美国能源部的资助下不断改进 H-Coal 工艺，先是将 H-Oil 单段加氢工艺改进为两段催化液化工艺(TSCL，Two-Stage Catalytic Liquefaction)，其后又开发了新型反应器和铁基凝胶催化剂“Gelcat™”，称为 HTI Coal Process™(HTI 工艺)。

图 5-6 为 HTI 两段催化液化工艺(TSCL)原则流程，表 5-17 为 HTI 工艺对不同煤种的试验结果数据。

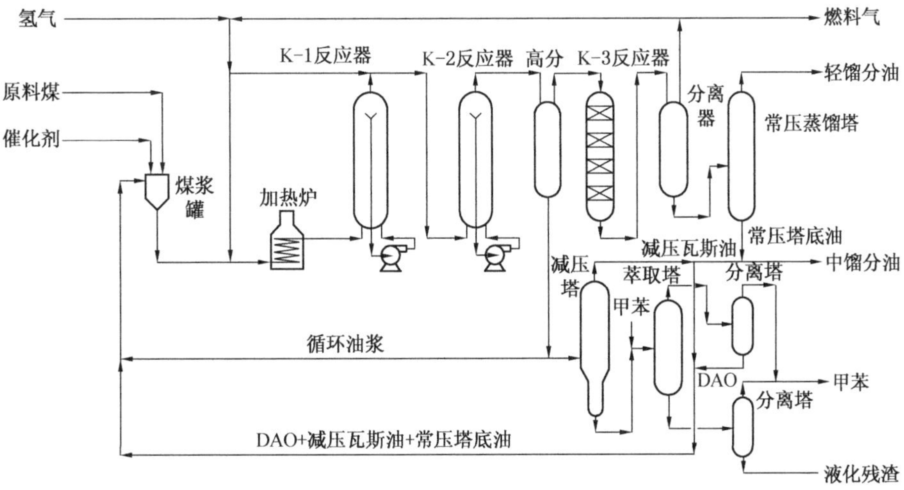

图 5-6　HTI 两段加氢液化工艺原则流程

表 5-17　不同煤种的 HTI 工艺试验结果

项　目	伊利诺斯 6# 煤	次烟煤	澳大利亚褐煤
原料煤元素分析(干基)/%			
C	70.28	68.9	62.3
H	4.89	4.3	4.5
O	9.2	16.5	23.2
N	0.90	1.0	0.5
S	3.13	0.6	1.2
原料煤工业分析(干基)/%			
挥发分	38.11	44.0	49.0
固定碳	50.29	47.3	42.7
灰分	11.6	8.7	8.3
液化产品收率(干基)/%			
H_2O、NH_3、H_2S	14.0	12.9	19.0
CO_x	2.8	6.6	9.5
$C_1 \sim C_3$	10.2	10.8	7.2
$C_4 \sim 524℃$	58.7	45.1	53.3
总转化率/%	89.3	81.4	92.9
氢耗/%	5.9	5.0	5.1

HTI 两段催化液化工艺的主要特点是：

(1) 反应条件缓和　反应温度为 440~450℃，反应压力为 17MPa，液化油的收率与原料煤的品种有关，总转化率可达 90%以上；

(2) 采用沸腾床气、液、固三相流化床反应器　其特点是有良好的返混特性可以控制反应温度、实现接近于恒温反应，运转中可以保持压力恒定，反应器不会发生堵塞和“沟流”现象；

（3）使用铁基凝胶催化剂　催化剂活性高、加入量少；

（4）流程中设置固定床加氢反应器进行液化生成油的加氢精制；

（5）采用溶剂抽提技术进行减压残渣的固-液分离　可以最大限度地回收脱灰油（DAO），脱灰油送回煤液化装置，可以提高液化油收率。

1997~1998年期间，在HTI公司30kg/d小型试验装置上进行了中国神华煤的直接加氢液化试验。2000年又在3t/d的中型试验装置上完成了神华煤的加氢液化试验。结果如表5-18。

表5-18　神华煤HTI工艺的加氢液化中试结果

项　　目	中试结果	项　　目	中试结果
神华3#煤理化性质		产品收率/%	
水分/%	14.0	C_1~C_2	5.29
挥发分/%（干基）	37.43	C_3	2.32
灰分/%（干基）	8.5	C_4	1.84
硫/%（干基）	0.35	C_5~171℃	18.98
热值/（kJ/kg）	28270	171~343℃	36.16
元素分析/%（无灰干基）		343~454℃	8.21
C	79.51	454~524℃	1.40
H	4.71	>524℃	13.26
O	14.47	无机物	8.03
N	0.94	其他	4.51
Cl	0.01	合计	100.00
试验反应条件		氢耗量/%	7.1
反应温度/℃	440~450		
反应压力/MPa	17.0		
催化剂加入量/Fe%（干煤）	0.5		
空速/h^{-1}	0.43		

HTI煤炭液化工艺技术是在重油/渣油沸腾床加氢裂化工艺的基础上发展而来的，HTI工艺存在以下工程技术问题：

（1）用加氢液化重油和溶剂抽提的DAO作溶剂，所配制煤浆的浓度较低，影响液化加氢反应器的处理能力；

（2）由于煤浆的黏度高、流动性差、溶剂中的沥青质含量高，在加氢液化反应器中不能完全转化，造成系统中沥青质积累，无法保证液化加氢装置长期稳定运转；

（3）溶剂脱灰的甲苯抽提中试装置未能正常运转，尚不具备工程设计的条件；

（4）液化加氢工艺的液化油收率指标（66%）偏高。且此收率在中型试验装置也未能达到。

五、NEDOL工艺[1,7]

20世纪80年代初期，日本成立了"日本新能源产业技术综合开发机构"（NEDO），负责一项"阳光计划"的实施。在NEDO的组织下，有十几个大型公司合作，开发了NEDOL工艺，用于烟煤和次烟煤的加氢液化。1983~1988年期间，先后建设了不同规模的（0.1t/d、1t/d）小型试验装置，以验证NEDOL工艺的可靠性和综合运转性能。

在基础研究的基础上，NEDO建成了一套150t/d的中试装置，完成了8个项目的研究，曾连续运转了近2000h。日本的煤加氢液化研究于2000年结束，但仍继续与中国、印尼等国进行国际合作。

NEDOL中型试验装置的加氢液化油收率达58%，试验用煤浆浓度50%，曾完成了工艺设备的示范试验。

NEDOL 工艺由煤浆制备、加氢液化、液化生成油分馏和溶剂加氢四个主要工序组成。NEDOL 工艺的特点是流程中设有溶剂加氢反应器，可以提高配制备煤浆用溶剂的供氢能力。工艺原则流程见图 5-7。

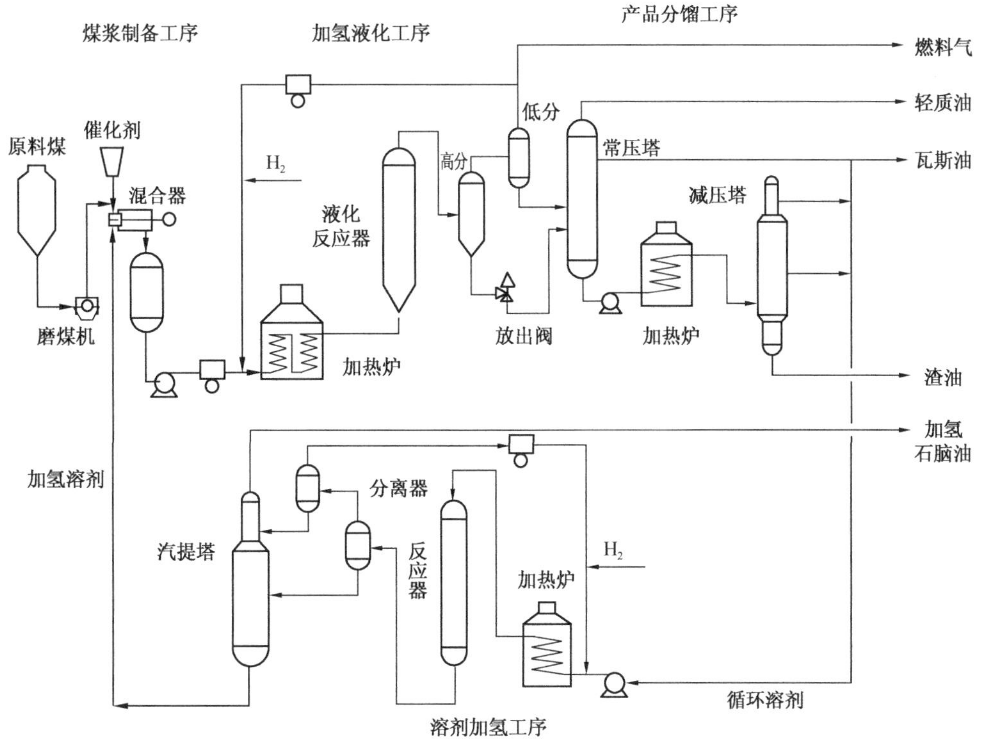

图 5-7　NEDOL 工艺原则流程

NEDOL 工艺的反应温度为 430~465℃，反应压力为 17~19MPa，煤浆的表观平均停留时间为 1h 左右。该工艺生成的液化轻油含有较多的杂原子化合物，需要进一步加氢精制。

1998~1999 年期间，在 NEDOL 工艺 1t/d 小型试验装置上进行了中国依兰煤和神华煤的加氢液化试验，考察了反应压力、煤浆浓度和气-液比对煤液化反应的影响。这两种煤液化均使用硫铁矿作催化剂。表 5-19 为 NEDOL 工艺对神华煤的试验结果。

六、神华工艺[7]

我国在内蒙古自治区建设的神华煤直接液化项目，在工程设计中采用了国内开发的神华煤加氢液化技术，称为“神华工艺”。此项技术是参考、借鉴了德国在“二战”前的煤加氢液化工业生产经验，在近年来德国、美国和日本研究开发的煤直接液化专有技术的基础上，靠国内研究开发成功的煤炭加氢液化技术。

自 2004 年开始，在一套 6t/d 的工艺开发(PDU)试验装置上进行了神华工艺示范试验，验证了主要工艺参数和性能。截至 2007 年，已连续运转了 1400h。

根据 2002 年神华煤直接液化项目可研报告内容，神华工艺的主要技术包括：

1) 煤加氢液化过程采用沸腾床加氢反应器

具有反应温度均匀、工艺条件缓和和充分利用加氢过程的反应热等优点。由于煤浆配制采用了加氢溶剂，提高了煤浆质量和加氢液化反应器的处理能力。

2）液化生成油的加氢稳定采用了 T-Star 工艺

T-Star 工艺是 20 世纪 80 年代末期开发的沸腾床技术，适用于馏分油的加氢处理。其工艺特点是接近于恒温的反应条件、系统压力降较低和反应器中液体呈连续相流动等。与固定床技术相比，具有需用的反应器数量少、催化剂床层不使用急冷氢和投资低等。

3）煤液相加氢过程采用国内开发的 863 铁系合成催化剂

该催化剂具有活性高、制造成本低的特点。煤转化率可达 90%，油收率达 57%（无灰干基）。

4）采用减压蒸馏分离出沥青质和固体物

所得的减压重油经过加氢后用作循环溶剂，可以提高溶剂的供氢性能。

表 5-19　NEDOL 工艺神华上湾煤试验结果

项　　目	试验数据
加氢液化工序	
煤浆浓度/%	40
催化剂加入量/%（对干基原料煤）	3.0
反应压力/MPa	17.0
反应温度/℃	280~360
气液比/（m^3/t）	700
循环氢浓度/%	85
氢耗量/%	5.87①
转化率/%	86.34
产品收率/%（体）	
气体	18.07
生成水	8.61
生成油	46.46
残渣	32.79
合　计	105.87

① 氢耗量包括溶剂加氢的用氢量；产品收率按全系统计。

神华工艺的煤加氢液化工艺原则流程参见图 5-8。

七、各种煤加氢液化工艺的比较

HTI 工艺、IGOR 工艺、NEDOL 和神华工艺都是具备工业化条件的工艺技术。表 5-20 中列出了这几种工艺的特点和主要性能数据。

表 5-20　煤直接加氢液化工艺比较表

项　　目	美国 HTI 工艺	德国 IGOR 工艺	日本 NEDOL 工艺	中国神华工艺
反应器类型	沸腾床	浆液床	浆液床	沸腾床
操作条件				
反应温度/℃	440~450	470	465	455
反应压力/MPa	17.0	30.0	18.0	19.0
空速/[t/（m^3·h）]	0.24	0.6	0.36	0.18
催化剂	GelCat™	赤泥	天然黄铁矿	863 催化剂
固液分离方法	溶剂抽提	减压蒸馏	减压蒸馏	减压蒸馏
在线加氢处理	有或无	有	无	无
循环溶剂加氢	部分	在线	离线	离线
液化试验结果				
煤种	神华煤	鲁尔烟煤	神华煤	神华煤
转化率/%	92①	—	89.7	90.42
氢耗量/%	7~8①	9.0	6.1	6.8
产品收率/%（无灰干基煤）				
气体	14.3	17.0	17.9	12.33
C_4^+ 生成油	67.2	60.5	52.8	56.04
生成水	13.8	10.5	7.3	10.21
残渣	13.4	21.0	28.1	28.22

① 为 PDU 试验数据。

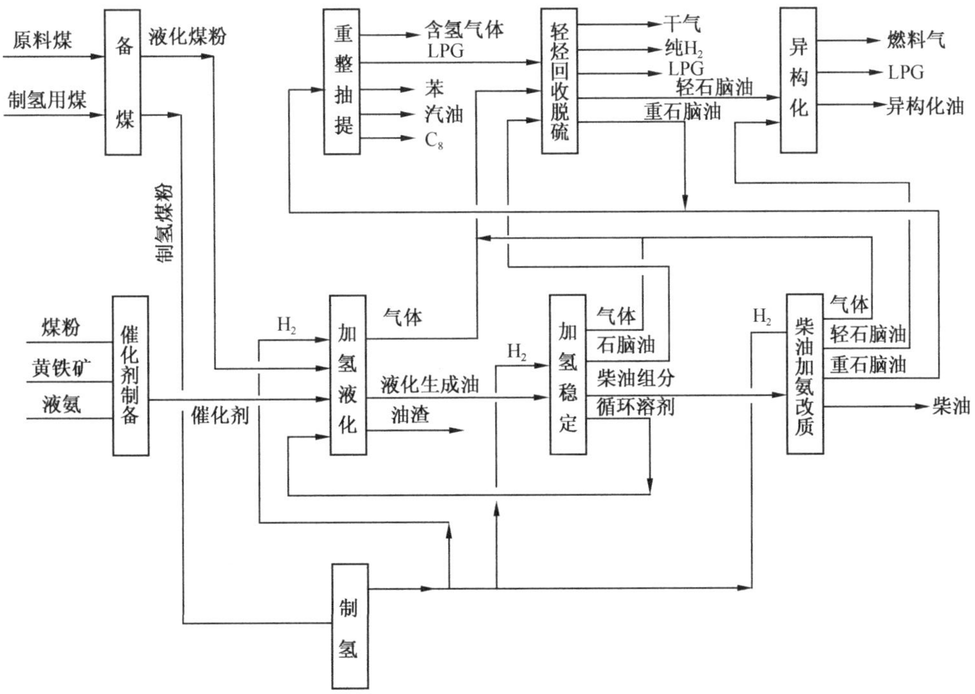

图 5-8　神华煤加氢液化工艺原则流程

从表 5-20 中数据可以看出这几种煤液化工艺均属于技术成熟、具备工业化条件的工艺技术。其主要特点和不足如下：

- IGOR 工艺是在 IG 工艺基础上改进、发展的工艺，工艺条件苛刻(压力 30MPa，温度 470℃)，适用于烟煤的加氢液化；
- HTI 工艺是在 H-Oil 渣油加氢裂化工艺的基础上开发成功的沸腾床加氢工艺，适用于高反应热的煤加氢过程，具有反应温度恒定、压力降小，不会产生固体物沉降等优点；
- HTI 工艺采用铁系凝胶催化剂，具有活性高、加入量少等特点，但生产成本高于赤泥和天然黄铁矿；
- 从液化重油中分离固体物，采用减压蒸馏是可行的，但减压蒸馏的残渣能否用作制氢原料还有待通过试验验证其可行性；
- HTI 工艺采用抽提法将残渣中大部分重油和沥青质分离出来并送回加氢液化反应系统。但是，使用甲苯作抽提溶剂会使 DAO 中的沥青质含量高达 80%，以至于造成沥青质在加氢反应系统中积累，煤浆黏度增大以至于导致加氢液化无法正常运转。
- HTI 工艺和 NEDOL 工艺的反应压力分别为 17.0MPa 和 18.0MPa，均低于 IGOR 工艺，可以降低建设投资和生产费用。
- 神华工艺是在吸收、借鉴了 NOOEL 和 HTI 加氢液化技术的优点，在国内、外完成了多项试验工作的基础上确定的工艺技术。其单元技术的重要特点是采用高效铁系合成催化剂作为煤液化加氢催化剂；使用供氢性能优良的循环溶剂配制煤浆；液相加氢和循环溶剂加氢过程均采用沸腾床反应器；采用减压蒸馏技术分离沥青质和固体物。这些组合工艺具有煤加氢液化的可靠性好，反应器利用率高，催化剂的性价比好和固液分离过程可靠等特点。

八、其他开发中的煤炭直接液化工艺[1,2]

在煤炭直接液化工艺的开发过程中，还成功地开发了许多工艺技术，为煤液化工艺的发展作出了贡献。现将这些工艺技术择要说明如下。

1. SRC 工艺

SRC 工艺是海湾公司于 20 世纪 70 年代开发的，称为"溶剂精制煤"(Solvent Refined Coal)工艺。初期的工艺目的是生产脱除硫和灰分的洁净固体燃料，称为 SRC-1 工艺。其后，在此技术的基础上改进为以生产液体产品为主的工艺，成为 SRC-2 工艺。

SRC-2 工艺已经完成了规模为 200t/d 的工业性示范试验。工艺流程是：原料煤经破碎、干燥后用装置内的循环溶剂制成煤浆，然后用煤浆泵升压至 14MPa，与新氢、循环氢混合后在加热炉内预热至 370~400℃进入加氢反应器，用原料煤中的矿物质为催化剂进行加氢液化反应，用注入冷氢的方式控制反应温度在 438~466℃范围内。

反应器出料在高温分离器内分离出气相和液相产物，气体经过冷却、净化后一部分作为循环氢返回至反应系统，其余部分用作燃料气。液体产品在常压分馏塔中分离出石脑油和重油。从高压分离器底部分离出的含未反应煤的液化粗油，一部分粗油用作循环溶剂，去煤浆制备工序，剩余部分送入减压塔分馏出液化重油，液化重油与常压塔的重油合并送出装置。减压塔底产物为液化残渣，包括未转化的煤炭和灰分，可用作制氢原料。

SRC-2 工艺的主要特点是使用煤炭中的矿物质为催化剂。

不同煤种的矿物质含量和组成各异，所以 SRC-2 工艺在煤种的选择上受到限制，也可能带来操作困难。

2. EDS 工艺

EDS 工艺是 Exxon 公司于 20 世纪 70 年代开发的煤炭直接液化工艺技术，1975 年建成了一套 250t/d 的试验装置。EDS 工艺的特点是溶剂先进行加氢以提高其供氢能力，使煤炭液化生产液体产品。

煤炭首先用经过加氢的溶剂调制成煤浆，与氢气混合、通过加热炉预热后，送入加氢液化反应器。反应压力为 17.5MPa，温度为 425~450℃。液化反应为非催化过程，故液体产品收率较低，对于褐煤、次烟煤的总液体收率分别约为 36% 和 38%(按无灰干基计)。

反应器顶部出料进入分离器，分离出的气体产品作为循环氢和燃料气；液体产品进入常减压蒸馏系统，分离出气体、石脑油、循环溶剂和液化重油等产品。减压塔底的残渣可在灵活焦化装置中生产液体产品、焦粉和燃料气。

从减压塔侧线分出的循环溶剂进入专用的固定床加氢反应器，使循环溶剂加氢后再用于煤浆制备过程。

3. 褐煤液化(BCL)工艺

BCL 工艺是日本 NEDO 20 世纪 80 年代开发的、适用于高水含量褐煤的直接液化技术，称为 BCL 工艺。NEDO 在澳大利亚建成了一套 50t/d 的 BCL 工业试验装置。1981~1990 年期间进行了褐煤加氢液化试验，累计共运转了 1700h。

BCL 工艺的唯一特点是可以处理水含量高达 60% 的褐煤。粗破碎的褐煤原料先配制成煤浆，再在湿式球磨机中粉碎。湿煤浆然后进入换热器热至 140~150℃进行脱水，水分在蒸发器中被分离出去。

脱去水分的煤浆再按照常规的煤炭液化流程进行两段加氢液化、溶剂脱灰和产品分馏等工艺过程。BCL 工艺的反应温度为 430~450℃，反应压力为 15~20MPa。

在 50t/d 的工业试验装置运转成功的基础上，BCL 工艺又作了进一步改进，改进了煤浆制备和加氢反应流程。煤浆制备过程使用了轻质组分和重质组分两种溶剂，称为“双峰溶剂”。增加了煤浆热处理工序，在 300~350℃温度下脱出轻质溶剂组分，煤浆经过浓缩后有利于加氢液化反应的进行。加氢反应改为两段加氢流程，第一段加氢液化的反应条件为：反应温度 430~450℃，压力 15MPa，使用合成的 γ-FeOOH 催化剂。第二段则采用固定床加氢反应器。试验证实，改进后的流程，可提高油收率(达 67%)，称为 NBCL 工艺。图 5-9 为褐煤加氢液化(BCL)工艺原则流程。

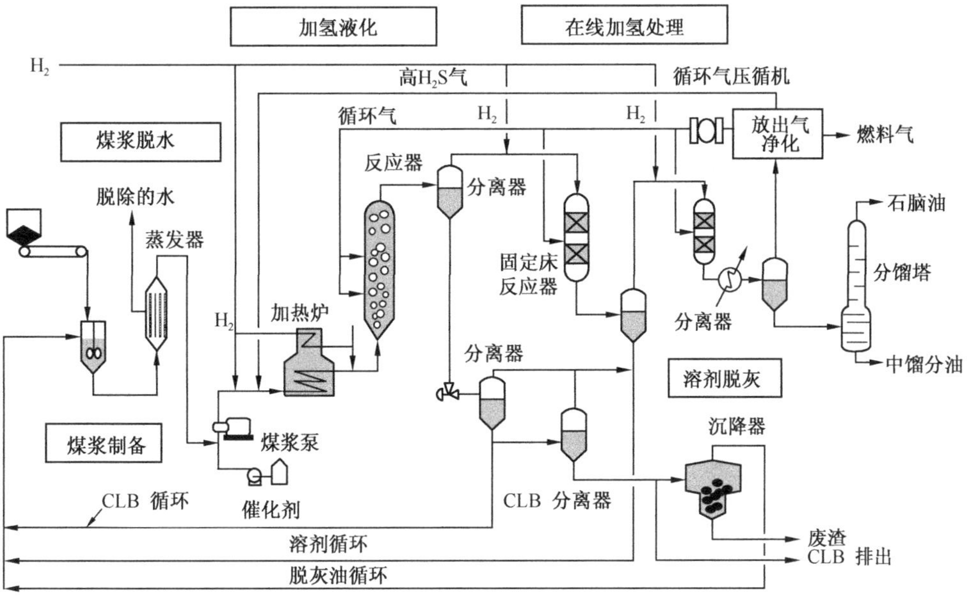

图 5-9　褐煤加氢液化(BCL)工艺原则流程

4. 低压煤液化工艺

前苏联于 20 世纪 70~80 年代研发了煤炭低压液化技术，称为 CT-5 工艺。1987 年建成了日处理煤炭 5~10t 的 CT-5 中试装置。CT-5 工艺的主要特点是使用高活性的乳化态钼催化剂，并可以将 95%~97%的钼回收、重复使用，可以在较低压力(6~10MPa)和较低温度(425~435℃)下实现煤的液化。CT-5 工艺适用于处理高含水的褐煤。CT-5 工艺对煤种的要求较高，催化剂回收的经济性也有待于进一步研究。

5. 煤抽出液加氢技术

与常规的煤直接液化工艺不同，煤抽出液加氢技术是煤间接液化过程。首先进行煤的非催化溶解、脱去灰分和不溶的有机物，然后再进行煤抽出液的加氢处理。

因为 LC-Fining 工艺是最有希望应用的煤炭直接液化技术，美国从 20 世纪 70 年代中期就开始在试验装置上进行 LC-Fining 工艺煤抽出液加氢处理的开发研究工作。已经可以在有效利用氢气的情况下，把不同煤炭原料转化为较高质量的液体产品。

煤抽出液加氢技术包括以下两个工序：

1) 煤炭溶解

该工序是非催化过程。先将煤粉用循环溶剂制成煤浆，在高压状态下与氢一起加热，然后进入溶解罐，从罐中分出气体和轻油。溶解罐下部的液体出料再进行过滤，或溶剂萃取以脱去灰分和不溶解的有机物。有两种煤炭溶解工艺可用：即 SRC-1 工艺和 SCT(Short Contact Time，短接触时间)工艺。在美国华盛顿州路易斯港建有 50t/d 的 SRC-1 试验装置，在阿拉巴马州的 Wilsonvile 建有 6t/d 的 SCT 试验装置。

2）抽出物的加氢

用两段 LC-Fining 工艺进行 SCT 抽出物或 SRC 抽出物的加氢裂化和脱除杂原子化合物，这两个工序组成的联合过程即为煤抽出液加氢技术。例如：将 SCT 抽出物送至 LC-Fining 工序进行加氢处理，再将 LC-Fining 加氢过程的一部分重油循环回至第一工序用作制备煤浆的溶剂。

美国曾于 20 世纪 70 年代在一套 PDU 试验装置上进行了 LC-Fining 的煤抽出液加氢试验，试验用的原料为来自 Fort-Lewis(50d/t)试验装置的 SRC-1(溶剂精制的煤-1)和来自 Wilsonvile(6t/d)试验装置的 SCT(短接触时间)煤抽出液。送到 LC-Fining 试验装置进行改质试验的原料 SRC-1 为经过过滤或减压分馏的已经脱去固体物大于 454℃产物。该产物必须首先进行再溶解，使黏度降低到可以用泵输送。使用的溶剂是外供的 260~454℃馏分油。多次溶剂选择试验表明：用煤制成的柯柏斯(Koppers)重质杂酚油经过加氢至含氢量达 7%的“KC 油”是最合适的溶剂。原料的溶剂比(SRC-1∶溶剂)为 50∶50 和 70∶30。

SCT 煤抽出液的生产方法与 SRC-1 生产法相似，煤浆只通过预热器而不经过溶解器，因而加热的时间缩短了，氢耗量则相应降低。表 5-21 为 LC-Fining 试验装置使用的几种进料的性质。

表 5-21　LC-Fining 试验装置进料的性质

项　目	SRC-1	KC 油	50/50 混合进料①	SCT 煤抽出液
相对密度	1.2219	1.1063	1.1792	1.2177
元素分析/%				
C	86.54	92.17	89.37	80.42
H	5.88	6.70	6.32	6.82
O	4.65	0.59	2.52	7.56
N	2.10	0.41	1.23	1.34
S	0.70	0.09	0.41	1.55
灰分/%	0.19	—	0.11	6.94
钒/(μg/g)	7.3	—	4.5	25
镍/(μg/g)	< 30	—	1	23
铁/(μg/g)	321	—	200	12000
钛/(μg/g)	168	—	120	190
钠/(μg/g)	521	—	19	200
钾/(μg/g)	3.9	—	1	110
钙/(μg/g)	< 44	—	6	1300

① 为 SRC-1∶KC 油=50∶50(体积比)的混合进料。

从表中数据可以看出，煤抽出液体的氢含量均很低(约 6%~7%，比页岩油、油砂沥青的氢含量约低一半)；SRC-1 的硫含量不高，氮含量较高。

采用 LC-Fining 工艺对煤抽出液进行加氢改质的目标是将>454℃的渣油转化为<454℃馏分油和大大降低产品含氮量，使产品含氮不高于 0.3%。

曾使用过 6 种催化剂：即三种钴-钼催化剂、两种镍-钼催化剂和一种镍-钨催化剂进行试验，以壳牌-324 的 0.8mm 挤出型镍-钼催化剂为最好。

对煤抽出液进行加氢处理试验，检测>454℃的转化率、脱氮效果、催化剂活性、空速和反应压力变化以及循环操作的效应等指标。

用 SRC-1 和 KC 油混合进料，在温度 416~432℃、相对压力 $P_{rel}=1.0$、相对空速 $S_{rel}=1.0$ 操作条件下，结果如下：>454℃的转化率为 63.3%，单位氢耗量为 $510Nm^3/m^3$ 进料，C_5~454℃产品的含氮量为 0.17%，含硫量为 0.06%。表 5-22 为 SRC-1 加氢处理产品收率和质量。由于专利技术保密的原因，操作压力和液体空速均为相对值，相对总压力和相对空速的范围分别为 $P_{rel}=1.0\sim1.35$，$S_{rel}=1.0\sim3.0$。

表 5-22　SRC-1 的加氢处理产品收率和质量

项　目	数　据	项　目	数　据
产品相对密度	1.0528	氢耗量/(Nm^3/m^3 进料)	510
产品收率/%		元素分析/%	
$C_1\sim C_4$	6.69	C	91.73
C_5~199℃	8.46	H	8.43
199~260℃	11.05	O	0.39
260~343℃	31.48	N	0.38
343~454℃	22.98	S	<0.06
>454℃	19.21	灰分/%	痕迹
>454℃转化率/%	63.5		

6. 煤炭液化的两段联合过程

煤炭液化两段联合过程是煤炭溶解和催化改质两个工序的联合。

第一工序为煤炭的非催化溶解过程，包括有 SCT 过程和 Lummus 公司专利的 ASDA (Anti-Solvent De-ashing)溶剂脱灰分过程。煤粉首先用过程中的循环溶剂制成 36%煤浆。在高压下加热与氢气制成 SCT 煤抽出液，然后进入 ASDA 除去灰分，>260℃的 SCT 液体在 ASDA 内处理，把循环溶剂分出循环使用，>343℃ SCT 液体在除去灰分后去 LC-Fining 进行加氢处理。

第二工序采用 LC-Fining 工艺进行溶剂-煤抽出物溶液的两段加氢处理过程。加氢产品经过分馏后，>343℃循环回至第一工序。这样，可将>454℃物流在 ASDA 过程中分离出来用作造气原料。

LC-Fining 的工艺目的是加氢裂化和脱除杂原子物质。

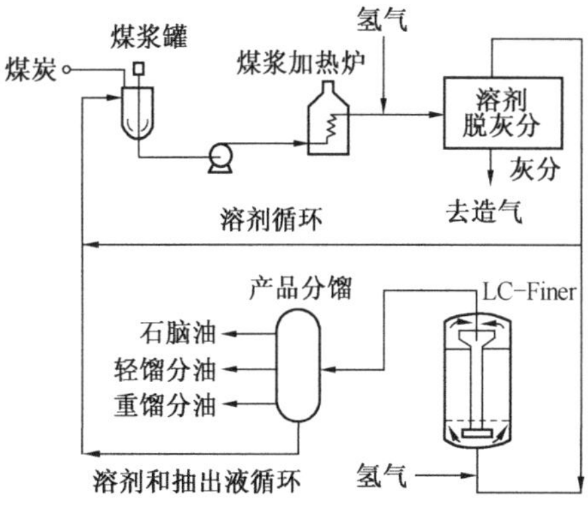

图 5-10　煤炭两段液化联合流程

联合工艺流程如图 5-10，煤炭两段液化的产品收率和产品质量见表 5-23。

从表中的产品收率和产品质量数据可归纳出以下几点：

表 5-23 两段液化联合过程的产品收率和质量

项目	产品收率/%①	含氮/%	含硫/%
产品收率/%			
$C_1 \sim C_4$	4.94	—	—
C_5~199℃	8.16	0.12	0.09
199~260℃	8.99	0.13	0.08
260~343℃	20.49	0.12	0.05
343~454℃	11.15	0.23	0.08
氢耗量/%①	4.27		
C_5~454℃产品收率/[m^3/t煤(干基)]	0.51		

① 为对干基煤的%。

• 联合过程是产品收率最佳的煤炭液化工艺，每吨煤(干基)的液体产品收率为0.51m^3；

• LC-Fining 加氢处理过程的操作温度较低，与其他煤炭液化过程相比，气体收率小、氢耗量低，煤炭(干基)的氢耗量为4.27%；

• C_5~454℃生成油产品收率高，氢气的利用率较好；

• >454℃产品用作造气-制氢的原料，可以实现过程的氢平衡。

九、煤加氢液化的联合工艺

煤炭加氢液化全过程包括煤浆加氢液化、液化生成油加氢稳定和各个馏分油的加氢改质三个主要工序以及制氢、副产品回收和与环保有关的辅助工序。煤加氢液化工厂的工程设计就需要考虑生产规模、区域地理条件等因素，按照布置合理、物流顺畅、有利于生产管理等原则进行安排和规划装置。例如，由于主要工艺设备(反应器、气体压缩机)受制造能力、产品规格的约束，目前单系列煤液化加氢的最大生产规模为4000t(原料煤)/d(约相当于年产成品油量80万~100万t)。大型煤炭液化工厂需要根据生产规模设置几个煤加氢液化系列。这几个系列如何与下游装置匹配优化就成为重要的工程设计问题。规划、设计大型煤液化工厂时还需要按照生产规模确定每个加氢液化系列如何与后继的加氢过程匹配问题。

不同的煤液化工艺采用的加氢流程均不相同。如IGOR工艺是在液化加氢反应器之后串联设置了生成油两段在线加氢反应器。第一段为浅度加氢生产煤液化所需的供氢溶剂；第二段为深度加氢生产质量合格的成品油。这种联合流程的优点是流程简化，缺点是加氢精制反应器进料是来自热高压分离器的闪蒸产物，没有经过分馏，含有较多的H_2S、NH_3和大量的水蒸气，容易造成催化剂中毒和老化，影响催化剂的使用寿命。NEDOL工艺是在液化加氢之后设置了两套液化生成油加氢装置，即液化重油加氢装置为煤炭液化工序提供溶剂，液化轻油加氢装置生产石脑油和柴油。这种联合流程除了流程较为复杂外，还存在柴油质量(十六烷值低)问题和多余的加氢重油无法处理问题。

神华煤加氢液化项目设置的工艺装置组成如表5-24所列。

加氢稳定过程采用T-Star工艺。工艺目的是为配制煤浆提供合格的循环溶剂和进行液化生成油的加氢改质(脱除杂质和加氢稳定)，减压油浆用作锅炉燃料，能否用作制氢原料尚有待通过示范试验。T-Star工艺为沸腾床缓和加氢裂化过程，液化加氢生成油经过加氢稳定后，分离出轻烃、石脑油、柴油和加氢重油几个组分。石脑油经过脱硫后用作催化重整原料；柴油馏分仍含有大量环烷烃和芳烃，需要在装置内进一步加氢处理才能生产合格的成品柴油；加氢重油送回煤加氢液化装置用作配制煤浆的溶剂。

表 5-24　煤加氢液化工厂的装置组成

工艺装置	说　　明
煤加氢液化装置	包括制备煤浆、催化剂制备加氢液化和生成油蒸馏，共三个系列
生成油加氢联合装置	包括生成油加氢稳定和柴油加氢改质两个工序
重整抽提装置	包括催化重整、芳烃抽提和异构化工序
轻烃回收和气体脱硫装置	常规技术
煤制氢装置	包括煤气化、CO 变换和脱酸性气等工序
空气分离装置	常规技术
含硫污水汽提装置	包括硫回收、酚回收

十、技术成果和进步[7]

煤炭直接液化技术自从“二战”期间德国建成工业化生产工厂以来，其后又经历了几十年的研究开发，工艺技术已经取得了很大的发展和进步。如今，煤炭液化的生产成本已经比工业化初期降了50%以上。煤炭直接液化产品经过进一步加氢处理之后，已经能够生产石油化工用石脑油、质量规格与石油产品相近的汽油和柴油产品。

在工艺技术方面的主要改进包括：

(1) 煤液化的反应条件(反应压力 17MPa；反应温度 450℃)已经比早期德国的 IG 工艺(反应压力 70MPa；反应温度 470℃)大大降低，因而可以显著降低建设投资、能耗和生产成本。

(2) 使用沸腾床加氢反应器技术是一项重大进步。沸腾床加氢反应器可以保持等温反应和催化剂的活性恒定，从而实现了化学反应的恒定，达到了提高液化油收率、扩大了单系列生产装置规模的效果。如今，煤炭液化单系列反应系统的最大生产规模可达 4000t(原料煤)/d，反应器外径为 5000mm，高度约 40m。

(3) 催化剂配方和配制工艺的进步提高了反应活性、改善了操作、降低了催化剂用量。

(4) 两段加氢液化流程是煤炭液化技术流程的重大改进。煤加氢液化采用两级反应器串联流程可以使反应过程能在较高的反应速率下完成，在加氢液化反应器之后，串联一台加氢精制反应器可以提高液化生成油的质量。

十一、煤炭直接液化工艺的工程问题

煤炭直接液化为高温、高压工艺过程。从小型、中型试验到工业示范装置试验只能对工艺流程、工艺条件及反应机理等内容作出鉴定、评价，取得工艺设计数据。煤液化过程的一些超大型工艺设备和特殊的机械设备(如加氢反应器、压缩机和特殊的机泵、阀门)的制造和工程技术问题只能在第一套工业示范装置建成投产，通过长期运转考核，才能够不断改进、完善和定型。

表 5-25 列出了一些已经预估到的工程问题及其解决方法。

表 5-25　煤液化工艺的关键技术问题

工艺设备名称	技术问题	解决方法
反应器底部循环油泵	密封问题，磨损问题	电机和泵体整体密封在高压容器之内；泵体和叶轮采用特殊结构和材料以降低磨损
高压煤浆泵	运转可靠性	借鉴钻井“泥浆泵”设计经验，采用柱塞式结构；采用高压油封解决密封问题
煤浆加热炉	结焦问题	采用炉前混氢流程以提高管内流速；控制炉管传热强度，防止结焦；借鉴延迟焦化和渣油加氢处理工艺的加热炉设计经验
高压分离器	结焦问题	采取缩短物流在分离器中的停留时间、向分离器底部注入冷油等措施以防止高温物流结焦
高温高压减压阀	磨损问题	1. 采用多级降压方案； 2. 阀体耐磨件采用烧结金刚石衬里； 3. 增加备用
分馏塔	塔盘上、管道中固体颗粒沉降问题	1. 改进塔盘结构； 2. 控制馏出温度不高于 510℃； 3. 塔底管道设热油夹套保温、防止结焦

十二、中国煤制油工业的发展

1. 神华煤制油项目

中国的石油消费量已居世界第二位、并已成为世界第三大石油进口国。预计 2020 年中国原油进口的依存度将增至 60%~62%，发展煤制油产业可以补充日益增长的石油需求和提高国家的能源安全。

内蒙古自治区拥有比较丰富和廉价的煤炭资源及可靠的黄河水源，适合发展煤制油产业。神华集团的煤炭年产量为 2.2 亿 t，计划通过 3 条工艺路线发展煤制油产业：

(1) 煤炭直接液化(DCL)路线生产运输燃料油：采用神华工艺在内蒙古自治区建设煤加氢液化工厂，最终生产规模为年产成品油 1000 万 t。计划分期建设，第一期工程先建设一个煤加氢液化生产系列。年加工原料煤 662 万 t，生产柴油、石脑油等产品，总产量为 315 万 t。第一期工程又分两步实施，第一条年产 100 万 t 油的生产线已于 2008 年底投产，取得了突破性进展。

(2) 煤炭间接液化(IDCL)路线生产运输燃料油：正在实施 3 个项目计划，第一套 17 万 t/a 的煤间接液化示范项目已经启动，然后分别在山西、宁夏建设费托合成油厂生产柴油、石脑油和化学品。正在与南非 Sasol 公司和 Shell 公司合作，为这两个项目进行可行性研究。计划至 2020 年使合成燃料油的生产能力达到 3000 万 t/a。

(3) 煤制烯烃项目：通过煤气化-合成甲醇-甲醇催化转化工艺路线生产烯烃。甲醇制丙烯(MTP)为鲁奇(Lurgi)技术；甲醇制烯烃(DMTO)为国内开发的技术。宁夏的第一套煤制甲醇项目已经启动，甲醇产量为 180 万 t/a，年耗煤 470 万 t，甲醇制烯烃规模为年产 51 万 t 聚丙烯，项目包括煤气化、甲醇合成和甲醇制烯烃等主要技术。建设在包头的煤制烯烃(DMTO)项目甲醇装置规模为 180 万 t/a，年产聚乙烯和聚丙烯 60 万 t。

实施上述煤制油(CTL)产业发展规划，预计2020年将可从煤炭生产各类油品和化学品5000万t，将原油进口量控制在总需求量的50%以下。

2. 煤制油技术的经济性[7]

煤直接液化(DCL)、煤间接液化(IDCL)和煤制甲醇均为成熟的工业化技术，但各有优缺点，比较如表5-26。

表5-26　煤制油工艺的技术经济数据

项　目	煤直接液化	煤间接液化		煤合成甲醇
		高温合成	低温合成	
技术数据				
热效率/%	59.75	41.56	41.26	45.64
产品收率/%(无灰干基)	55.15	38.09	43.2	100.35
消耗指标				
煤/(t标煤/GJ产品)	0.061	0.075	0.076	0.068
水/(t/GJ产品)	0.16	0.25	0.26	0.31
(t/t产品)	7	11.21	11.96	7.05
经济数据				
建设投资/(元/t产品)	7260	9110	8415	3295
(元/GJ产品)	169.76	200.0	183.0	144
生产成本/(元/t产品)	1771.1	2191	1846	1084
(元/GJ产品)	41.4	48.1	40.2	47.4
投资利润率/%	10.16	14.96	9.64	14.5
排放物				
CO_2/(kgC/GJ产品)	20.1	34.7	35.6	29.22
SO_x(kg/GJ产品)	0.010	0.004	0.004	0.003
NO_x/(kg/GJ产品)	0.09	0.13	0.186	0.17
粉尘/(kg/GJ产品)	0.01	0.01	0.013	0.02
水/(kg/GJ产品)	6.87	6.29	6.46	5.58
废渣/(kg/GJ产品)	3.36	9.92	10.3	8.86

煤直接液化(DCL)的主要优点是过程的能效率较高、产品的能量密度高于费托合成生成油；过程的CO_2排放量比IDCL低40%。DCL的主要缺点是成品油的芳烃含量高，柴油十六烷值低，加氢液化过程的操作费高于费托合成过程。

煤间接液化(IDCL)优点是可生产洁净的成品油，采用联合发电技术可提高系统效率，生产费用比DCL过程低。缺点是与直接液化相比，工艺流程复杂，能效率低。

发展煤制油在技术上面临以下挑战：

(1) 年产5000万t替代燃料的煤制油工业的煤炭年供应量为2亿多t，中国目前的煤产量主要用于发电、工业和民用，做好煤炭生产和利用规划方案十分重要。

(2) 煤制油产业的环境影响。煤制油消耗大量煤炭造成的温室气体排放量约比同等规模石油炼制过程高出 5~7 倍，设置 CO_2 回收和埋存设施是“刻不容缓”的，需要加强 CO_2 回收和埋存方案的研究。

(3) 煤制油工业的用水量大(单位成品油耗水量为 7~12t)和相应的污水处理问题。

3. 煤制油联合流程

煤制油联合流程是煤加氢液化和费托合成的联合流程。将费托合成的尾气用作制氢原料，生产的氢气供煤直接液化和产品改质过程使用。合成油和煤加氢生成油一起进行改质、精制。联合流程的优点是：灵活的产品方案；综合了两种煤制油技术的优点。参见图 5-11。

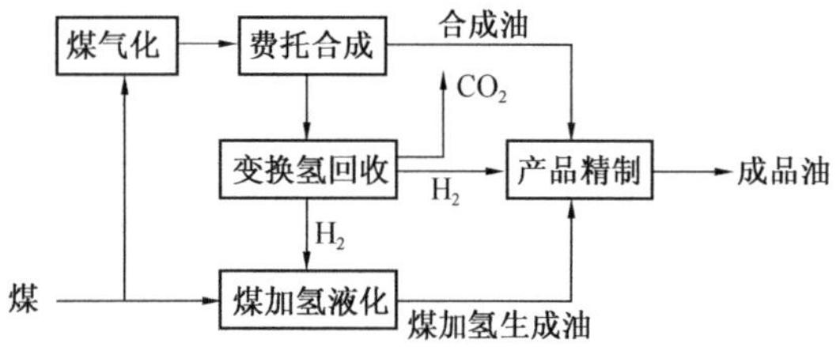

图 5-11 煤制油联合流程

第五节 煤-油联合加工技术[3,4,5]

一、煤-油联合加工技术的特点

在美国能源部和一些大型国际公司的资助下，HRI 公司从 20 世纪 70 年代中期就开始了煤-油两段联合加氢过程的研究，80 年代末又完成了小型试验和 3t/d 的中型试验工作。

联合加工技术是将煤炭首先用石油渣油制成煤浆，在沸腾床反应器内完成煤炭液化和渣油改质过程，生成轻质产品。煤-油联合加工是一项煤炭的“洁净”加工技术，可以有效地脱除硫、氮杂质。该工艺的生成油可直接用作联合循环发电过程的燃料，NO_x 和 SO_2 的排放量可大幅度降低。此外，煤-油联合加工技术也可在常规炼油厂中加工，生产优质运输燃料油，使炼油厂有可能使用廉价的劣质原油。劣质的重质原油中的渣油、硫、重金属和沥青质含量均较高，难以用常规的炼油技术加工。

常规炼油厂经常采用焦化过程加工劣质重质原油的渣油。此方案的缺点是焦炭的收率高、质量差。用加氢转化过程虽然产品质量好、收率高，由于重金属中毒的原因使催化剂消耗量大。用煤-油联合加工过程加工这种渣油时，煤中的固体物为渣油中的金属提供了十分有效的沉积表面，加氢转化催化剂“金属中毒”大为缓解。

煤-油联合加工过程采用 H-Oil 沸腾床加氢工艺是成熟的工业化技术。加工煤浆的 H-Coal工艺已经在小试装置上示范成功，使用的煤浆浓度为 50%。图 5-12 是 HRI 公司的煤-油联合加工技术的原则工艺流程。

原料煤和重渣油在煤浆混合罐中混合配制成煤浆，用泵送至煤浆加热炉中预热。然后与经过预热的氢气一起进入第一段加氢反应器。第一段反应器的生成油与另一部分氢气混和后进入第二段加氢反应器。第二段加氢反应器的产物去常压和减压塔进行分离，回收的循环氢气回至反应器中。液体产品经常减压分馏分割成不同的馏分油，减压塔底的渣油浆中含未转化的煤和灰分；其中的固体物总量约为 50%。

在小型试验的基础上，于 1989 年 5 月完成了煤-油联合加工的中型工艺试验。试验的目的包括：

(1) 对煤-油联合加工技术的小型试验结果进行中试(3t/d)放大；

(2) 取得联合加工技术的产品，以便进行下游试验和评价；

(3) 为确定和修订设计基准取得必要的数据；

(4) 为将煤-油联合加工技术的放大为工业化原型装置提供技术保证。

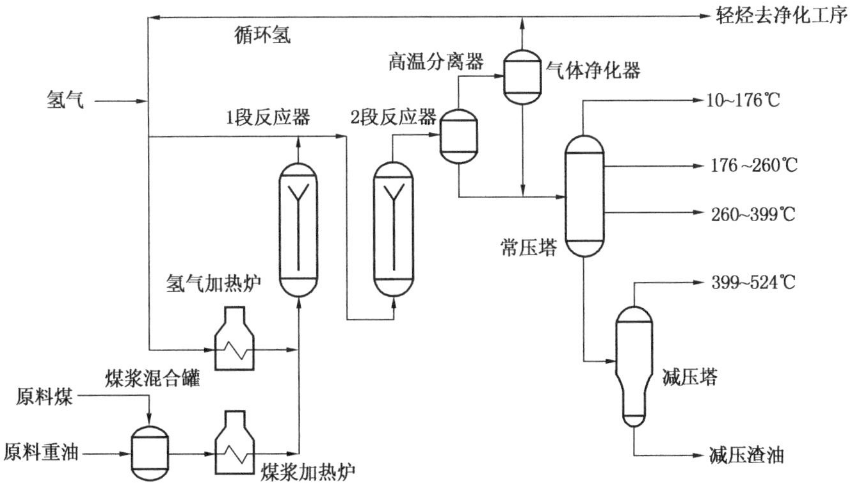

图 5-12　煤-油联合加工的工艺原则流程

二、煤-油联合加工工艺的试验结果

中型试验使用的原料为俄亥俄州 5/6 号煤和冷湖原油的常压重油。中型和小型试验所得的数据比较如表 5-27 所示。

表 5-27　煤-油联合加工工艺的试验数据

项　目	中型试验	小型试验	项　目	中型试验	小型试验
运转天数/d	23~38	25	C_1~C_3	7	8
工艺指标			C_4~524℃生成油	77	74
>524℃转化率/%	88	88	343~524℃ VGO 性质		
煤转化率/%	95	95	含氢/%	10.9	10.7
脱硫率/%	83	78	含硫/%	0.3	0.4
脱氮率/%	78	73	含氮/%	0.30	0.3
产品收率/%(干基)			氢耗量/%(干基)	4.4	4.5

从表 5-27 中的数据对比可知：两项试验的> 524℃转化率和煤转化率相同；中型试验的脱硫率和脱氮率均略高于小型试验。在中型试验中，产品收率、氢耗量和产品质量方面比小型试验也略有改善。

三、煤-油联合加工技术在炼油厂中应用的经济性评价

技术经济评价作了三种方案，分别是炼制轻质原油、增加重质原油炼量和最终采用煤-油联合工艺三种方案。规模均以新建年加工量为 500 万 t(10 万桶/d) 的炼油厂为基准，汽油调合和烷基化过程需用的正、异丁烷需要外购。

方案-1　加工轻质(含硫 0.25%)原油(类似西得克萨斯中质原油)，生产汽油、馏分油和低硫燃料油。该方案炼油厂总流程和工艺装置组成较简单，建设投资为 2.65 亿美元。

方案-2　将一部分轻质原油更换为玛亚原油，>538℃渣油量比加工轻质原油多了 3 倍，硫(3.3%)和其他杂质均增高。该方案炼油厂总流程中需增加加氢处理能力和增建 H-Oil 装

置，建设投资为 7.20 亿美元。

方案-3　是在方案-2 的基础上采用煤-油联合加工过程，使用得克萨斯褐煤为原料，煤炭加工量(干基)为 1584 t/d。除了增加煤炭储运设施外，炼油流程与方案-2 基本相同，炼油装置的工艺条件需要根据联合过程产品进行调整，建设投资为 9.20 亿美元。

方案-1 和方案-2 的油品产率均约为 1.04 桶/桶原油；方案-3 为 1.10 桶/桶原油(见表 5-28)。

表 5-28　三个方案总生产成本计算

项　　目	方案-1	方案-2	方案-3
生产成本①/万美元			
西得克萨斯中质原油，20 美元/桶	66000	33560	33560
玛亚原油，15 美元/桶	—	24330	24330
正丁烷，20.35 美元/桶	2760	2620	2310
异丁烷，22.75 美元/桶	2520	2640	2500
褐煤，20 美元/t	—	—	1360
电力，0.04 美元/kW · h	260	1060	1580
催化剂和化学药剂	120	780	390
人工费	790	2160	2760
维修费用	530	1440	2760
税金和保险费用	530	1440	1840
合计	73510	70030	73390
副产品收入/万美元			
燃料气	750	980	420
硫磺，60 美元/t	—	480	520
氨，150 美元/t	—	80	210
合计	750	1540	1150
净生产成本			
总成本/(万美元/a)	72760	68490	72240
单位成本/(美元/桶进料)	21.16	20.02	19.87
其中：原料成本	19.19	16.92	15.92
炼制成本②	1.97	3.10	3.95
建设投资/亿美元	2.65	7.20	9.20

① 原料和产品价格按 1989 年美国墨西哥湾地区价格计算。

② 炼制成本为可变成本和固定成本之和扣除副产品收入。

从表 5-28 中数据可以看出：炼制轻质原油时，原料成本占单位成本的 90%。若用一部分劣质原油代替轻质原油或采用煤-油联合过程则单位成本、原料成本均可降低，而炼制成本相应提高。例如，方案-2 加工一部分玛亚原油后，原料成本从方案-1 的 19.19 美元/桶降至 16.92 美元/桶；炼制成本则由 1.97 美元/桶提高至 3.10 美元/桶。炼制成本升高和原料成本降低相抵，单位成本仍可降低 1.14 美元/桶。

方案-3 中，煤油联合过程使煤炭液化，提高了产品产量。与方案-2 相比，1584 t 褐煤(干基)可产液体燃料 6533 桶(折合每吨褐煤净产油 4.1 桶)。单位成本为 19.87 美元/桶，在三个方案中最低。

因此，可以认为：

- 在特定条件下，炼油厂加工劣质原油是有利的；

• 煤-油联合加工技术进行煤炭液化在技术经济上是可行的。

进一步分析上述三个前期工艺方案的相对经济性时，还必须考虑投资成本问题。投资成本与贷款、股本的比例、股本利润率、贷款利率、折旧率、税率和通货膨胀率等多项因素有关。投资成本通常可用总建设投资的%表示，并直接用来估算第1年的产品成本。投资成本一般为年投资额的5%~15%。与投资成本相对应的股本DCF利润率约为15%。随着资本费用系数的增加，轻质原油价格上升，联合过程(方案-3)成为成本最低的方案。图5-13表示煤-油联合工艺过程在经济上有利时所需要的轻质原油价格及与投资费用的关系。

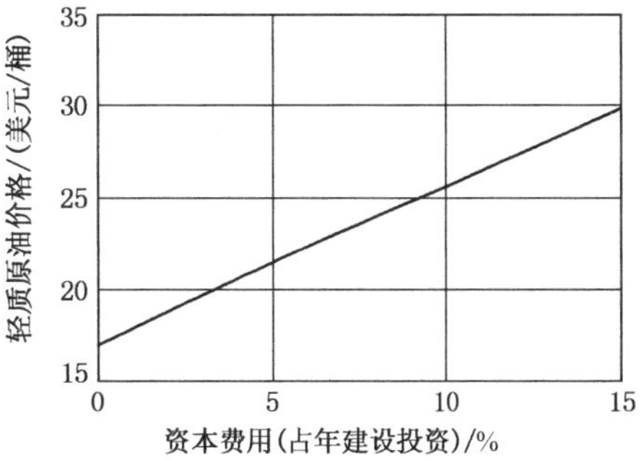

图5-13 煤-油联合工艺过程所需的轻质原油价格及与投资费用关系

第六节 煤炭直接液化产品的性质及其精制

煤炭直接液化的液化生成油收率和性质与原料煤的品种、加氢液化的工艺条件有关。煤液化生成的液化粗油是成分复杂的烃类混合物，仍保留了原料煤的一些杂质。各个液化生成油馏分的共同特点是芳烃含量高，氧、氮、硫等杂原子含量高，储存稳定性差。需要按照目的产品的质量要求经过深度加氢精制和改质后才能生产出合格的成品油。

由于杂质含量高，煤液化油加氢精制的工艺条件要比石油馏分精制苛刻得多。

一、液化生成油

煤液化生成油是指液化生成的全馏分油，或称煤液化粗油。其特点是芳烃含量高，H/C原子比低；硫、氮、氧等杂原子化合物含量高，稳定性极差。除日本于20世纪70年代建设了一套6t/d的液化粗油中试装置，进行了NEDOL液化油的试验外，其他液化工艺均只完成了液化油精制的实验室研究。

液化生成油的氮含量范围为0.2%~2.0%，典型氮含量在0.9%~1.1%之间，远高于常规原油的氮含量(一般为0.1%~0.5%)。氮在液化生成油中是以咔唑、喹啉、氮杂菲、氮蒽、氮杂芘等形式存在，含量随馏分沸点的升高而增加。

液化生成油中的硫含量与原料煤的硫含量直接相关。液化生成油中硫含量范围为0.05%~2.5%，典型值在0.3%~0.7%之内。大部分硫是以苯并噻吩和二苯并噻吩衍生物形式存在于液化粗油中。

液化生成油中的氧含量一般在4%~5%之内，取决于原料煤的品种和所采用的液化工艺。分析数据表明，在170~260℃馏分中氧含量较高，多以苯酚或萘酚及其衍生物形式存在。

液化生成油中的灰分含量取决于流程中采用的固-液分离方法。用减压蒸馏和溶剂抽提过程进行固液分离时，粗油中的灰分含量很少。灰分会对生成油加氢精制的催化剂产生影响。

液化生成油中可能还含有铁、钛、硅、铝等金属杂质，与原料煤的品种和使用的催化剂种类有关。

表5-29为几种煤液化粗油的性质数据，表5-30为中国神华用HTI工艺生成的液化油收率及性质数据，表5-31为云南先锋褐煤加氢液化的产品收率数据。

表5-29　几种煤液化粗油的性质

项　目	Wyodak煤用H-Coal工艺	Illinois煤用H-Coal工艺
密度/(g/cm^3)	0.8493	0.8995
运动黏度/(mm^2/s)	1.225	1.645
残炭值/%	0.23	0.29
C_7不溶物/%	0.068	0.35
灰分/(μg/g)	< 20	90
溴价/(gBr/100g)	26	42
元素分析/%		
C	86.20	86.96
H	12.74	11.39
S	0.041	0.32
O	0.85	1.80
N	0.17	0.46
H/C原子比	1.76	1.56
Fe/(μg/g)	9.0	22
Cl/(μg/g)	3	32
恩氏蒸馏/℃		
初馏点	12	13
10%	78	101
30%	127	167
50%	179	207
70%	221	247
90%	279	309
95%	317	346
99%	418	407

表5-30　神华液化生成油收率及性质

分析项目	数　据	
密度(20℃)/(g/cm^3)	0.9365	0.9654
折光率/(n_D^{20})	1.5331	—
凝点/℃	-2	—
残炭值/%	0.08	—
硫/%	0.2	—
总氮/%	0.62	—
溴价/(gBr/100g)	20.1	—
元素分析/%		
C	87.18	87.33
H	10.27	10.12
O	1.58	2.12
N	—	0.39
S	—	0.044
恩氏蒸馏数据		
< 65℃	1.29%	初馏点：200℃
65~145℃	9.47%	10%：254℃
145~335℃	47.38%	50%：334℃
335~370℃	16.47%	90%：429℃
370~400℃	11.48%	终馏点：463℃(92.7%)
>400℃	13.92%	

注：为采用HTI工艺生成的液化油。

表5-31　云南先锋褐煤加氢液化产品收率　%

项　目	数据(按无灰干基煤基准)		项　目	数据(按无灰干基煤基准)	
	收率范围	平均值		收率范围	平均值
C_1~C_2	8.9~11.4	10.92	生成水	24.0~30.8	28.18
C_3~C_4	4.8~6.7	5.41			
液化生成油，C_5~538℃	48.1~53.9	52.74	液化残渣①	9.6~14.6	12.3

① 残渣中包括>538℃渣油沥青，为IGOR小型试验装置的数据。

各种液化油馏分油的精制要求各有不同。石脑油通常作催化重整的原料，需要脱除所含的硫、氮等杂质，对加氢深度要求不高；柴油馏分需要深度加氢改质，使芳烃饱和、环烷烃开环和裂化才能使柴油十六烷值合格；用作供氢溶剂的370~450℃液化重油则只需经过浅度加氢即可，多余部分可作为加氢裂化原料。

不同工艺技术采用的液化油加氢精制方法也各异。例如，IGOR工艺采用两段在线加氢工艺，反应压力为30MPa。第一段为浅度加氢，提供煤液化需要的溶剂；第二段为深度加氢生产合格的产品。NODEL工艺为了能够提供煤液化溶剂和生产石脑油、柴油产品，分别设置了液化轻油(65~370℃)和液化重油(>370℃)两套加氢装置，65~370℃液化轻油加氢装置生产石脑油和柴油，>370℃液化重油加氢装置生成提供煤液化用的溶剂。HTI

工艺采用了液化轻油加氢稳定流程，<450℃馏分(液化轻油)经过加氢稳定后分馏为65~145℃、145~370℃和370~450℃三个馏分，其中65~145℃作为石脑油去催化重整，一部分370~450℃用作煤液化用溶剂油，多余部分与145~370℃馏分一起用作加氢裂化原料。<450℃液化轻油加氢稳定使用的催化剂为RJW-2镍-钨催化剂，反应条件如表5-32所列。

表5-32　<450℃煤液化轻油加氢稳定的工艺条件

项　　目	数　　据	项　　目	数　　据
氢分压(绝)/MPa	14.0	氢油比(体/体)	1200
反应温度/℃	350		
体积空速/h^{-1}	1.0	氢耗量/%	0.196

神华工艺采用T-Star沸腾床加氢反应工艺进行液化生成油的加氢稳定，工艺目的是为配制煤浆提供合格的供氢溶剂及脱除杂质为后继工序提供合格的原料。加氢稳定的石脑油用作催化重整原料，柴油组分再经过加氢改质生产十六烷值合格的成品柴油。

二、煤炭直接液化的石脑油

石脑油产率约为液化生成油的15%~30%，液化轻油经过加氢稳定后，石脑油组分中以环烷烃为主、链烷烃仅占20%左右，是生产汽油、芳烃(BTX)的优良原料。

煤液化石脑油的馏分切割范围根据目的产品的要求而定，生产芳烃时，用65~150℃石脑油为重整原料。

与石油的直馏石脑油相比，煤液化生成油的石脑油含有较高的芳烃和杂原子化合物，因此需要在苛刻的工艺条件下加氢精制。例如，加氢精制的反应空速仅为直馏石脑油的1/8，加氢反应的温度和压力也比常规原油直馏石脑油要高，要求使用的加氢催化剂应具有较高的抗氮中毒性能，表5-33为几种煤液化石脑油的性质和加氢精制效果数据实例。

表5-33　几种煤液化石脑油的性质

项　　目	H-Coal石脑油		SRC-Ⅱ石脑油	
	加氢前	加氢后	加氢前	加氢后
密度(20℃)/(g/cm^3)	0.8076	0.7963	0.8265	0.7710
馏分/℃	56~202	67~200	42~186	58~198
杂质含量/(μg/g)				
S	1289	—	4400	0.2
N	1930	0.63	5140	0.8
O	5944	34	7814	359
Cl	23	4	195	4
族组成/%				
芳烃	18.6	19.4	16.2	22.0
烯烃	5.5	—	8.4	—
环烷烃	55.5	64.6	37.1	52.8
烷烃	16.2	16.0	31.5	25.2
极性化合物	4.2	—	6.8	—
辛烷值	80.3	66.8	80.8	70.9
加氢精制耗氢量/%	0.95		1.08	

三、煤炭直接液化的中馏分油

1. 液化中馏分油需要深度加氢精制才能生产质量合格的柴油

煤液化中馏分油馏分范围通常为145~370℃，相当于石油中的煤油和柴油馏分。煤液化中馏分油(对全液化生成油)的收率约为50%~60%。煤液化中馏分油中芳烃含量高达70%~80%，H/C原子比低，含有一定量的硫、氮、氧等杂原子，必须经过深度加氢精制才能生产出质量合格的柴油产品。

液化中馏分油的重柴油馏分含大量的芳烃和环烷烃，十六烷值低。在常规的加氢精制条件下难以生产出十六烷值合格的成品柴油。通常需要分两步进行加氢精制，首先在比较苛刻的条件下进行芳烃饱和，然后再进行环烷烃的开环裂化才能使芳烃含量降至10%以下，环烷烃达到75%以上，生产出十六烷值为45~47的柴油。

液化中馏分油能否生产合格的喷气燃料取决于煤的品种和液化加氢工艺条件，需通过实验确定。

2. 我国对液化生成油改质流程的研究[1]

针对液化生成油的性质特点，我国对液化生成油的加氢改质流程作了相应改进，并在小型(2L的加氢反应器)实验装置上进行了验证。加氢改质流程的特点是：

① 为解决加氢改质进料的含氮过高问题，向加氢改质进料中加入加氢裂化生成油以降低进料的氮含量并可提高汽油、柴油产率；

② 在流程中设置预加氢反应器，使用的加氢精制催化剂中含有脱铁组分，可在较低温度(进料温度180℃)下完成预饱和加氢和脱铁反应；

③ 预加氢生成油经过加热至380℃后进入加氢精制反应器，使用精制催化剂进行深度加氢改质；

④ 加氢精制生成油经过分馏得到成品汽油、柴油。分馏的尾油预热至360℃后去加氢裂化反应器。所得的生成油与新鲜进料混合重新进入反应系统以提高汽、柴油收率和产品质量。

已经在小型试验装置上做了黑龙江依兰煤液化生成油的加氢改质试验，可得到辛烷值为70的汽油和十六烷值达50的柴油。

3. 国外煤液化生成油加氢改质数据

借鉴德国的煤焦油加氢生产车用汽油/航空汽油的经验，早期德国建成的褐煤焦油加氢生产汽油采用了重馏分液相加氢-轻馏分气相两段加氢联合技术。

粗煤焦油经过离心分离除去会使换热器、加热炉管结垢的固体物后，分馏为<325℃馏分油和>325℃的残渣油。残渣油在液相加氢反应器中用分散在液相中的催化剂完成加氢反应。加氢过程的主要产物为<325℃馏分油(以180~325℃的中馏分油为主)；少量的渣油可在系统中循环或作为燃料油。

液相加氢生成的<325℃馏分油(包括一部分来自煤焦油中的<325℃馏分)再进行常规的两段气相加氢。第一段为饱和加氢，使用8376催化剂；第二段为加氢裂化，使用6434催化剂。表5-34为几种国外煤液化中馏分油的性质数据。表5-35为德国的液化中馏分油两段加氢生产汽油的收率数据。

四、煤炭直接液化的重油

煤炭液化重油(370~450℃)一般占液化生成油的10%~20%(有的工艺技术重油收率较

低)。液化重油的杂原子化合物和沥青质含量均较高，一般是用作加氢裂化的原料，或直接用作锅炉燃料油。表5-36列举了液化中馏分油和液化重油性质的实例。

表5-34　煤液化中馏分油的性质

项　　目	伊利诺斯煤 H-Coal	匹兹堡煤 SRC-II
沸点范围/℃	177~316	177~288
收率/占液化油%	53.7	63.0
密度(20℃)/(g/cm³)	0.9422	0.9725
平均相对分子质量	190	172
芳烃含量/%	71.2	81.0
元素组成/%		
C	87.63	86.54
H	9.86	8.49
S	0.096	0.18
N	0.49	0.99
O	1.92	3.80
Cl	12 μg/g	2.5 μg/g
馏程/℃		
初馏点	165	149
10%	189	187
30%	217	208
50%	233	225
70%	258	240
90%	289	265
99%	320	337

表5-35　液化中馏分油两段加氢生产汽油的收率

项　　目	产品收率	
	车用汽油方案	航空汽油方案
Leuna 工厂		
汽油收率/%	83.4	72.2
氢耗量/%	6.72	7.1
Bohlen 工厂		
汽油收率/%	75.0	68.6
氢耗量/%	5.8	6.2

表5-36　经加氢稳定的液化生成油性质

项　　目	145~370℃馏分	>370℃
密度(20℃)/(g/cm³)	0.915	0.936
硫/(μg/g)	95	445
氮/(μg/g)	230	1836
FA/%	—	28
恩氏分馏/℃		
10%	200	368
30%	244	377
50%	284	385
70%	305	399
90%	325	434

370~450℃馏分段的液化重油可以经过加氢改质、加氢裂化生产柴油和石脑油馏分。

由于液化中馏分油需要深度加氢精制才能生产十六烷值合格的成品柴油，所以可将液化中馏分油与液化重油的混合油作为加氢裂化原料。原料油先经过加氢精制，然后进行加氢改质裂化。两个过程可分别使用RN-10加氢精制催化剂和RT-5加氢裂化催化剂。

液化中馏分油与液化重油混合油的芳烃含量高，不适合用作催化裂化原料。经过深度加氢精制后作催化裂化原料时，汽油产率仍然低。表5-37列举了神华煤液化重油的加氢裂化工艺条件和产品收率。

表5-37　神华煤液化重油加氢裂化工艺条件和产品收率

项　目	数　　据	项　目	数　　据	
产品收率/%		主要反应条件	加氢精制	加氢裂化
气体	0.71	压力/MPa	15.4	—
65~145℃石脑油	15.5	反应温度/℃	370	369
145~370℃柴油	85.5	氢油比(体)	1020	—
损失	0.52	液时空速/h^{-1}	1.06	2.0
氢耗量/%	2.23			

五、煤炭直接液化残渣的利用

1. 液化残渣油的性质

液化残渣油中含有原料煤中的灰分、未反应的固体物、废催化剂和油分。

煤炭液化残渣油性质取决于原料煤的品种、加氢液化的工艺条件和固液分离方法。表

5-38为神华煤在我国煤炭科研院小型试验装置上取得的减压蒸馏残渣油和伊利诺斯 6#煤在日本 PSU 试验装置上的减压蒸馏残渣油性质数据。

表 5-38　煤液化残渣的性质

项　目	神华煤的加氢液化残渣油	伊利诺斯 6#煤的加氢液化残渣油	项　目	神华煤的加氢液化残渣油	伊利诺斯 6#煤的加氢液化残渣油
密度/(g/cm^3)	1.35	—	元素分析(无灰干基)/%		
软化点/℃	146	>170	C	90.06	88.1
正己烷可溶物/%	34.33	13.5	H	5.90	5.7
沥青质/%	22.01	36.5	N	0.71	1.9
固体物/%	43.66①	50.0①	S	3.20	4.3
灰分/%	18.39	34.7	发热量/(MJ/kg)	30.2	—

① 包括前沥青烯。

数据表明，液化残渣油的性质、组成与原料煤和采用的加氢液化工艺有关。共同的特点是液化残渣的胶质、沥青质、灰分和硫含量均高。灰分来自煤炭中的矿物质和加入的催化剂，残渣中的含硫主要来自催化剂的黄铁矿。液化残渣油的热值较高，可作为燃料使用。作燃料时需要使用专用的燃烧喷嘴，还要解决因为含硫较高带来的烟气脱硫问题。液化残渣能否用作制氢原料尚需通过试验进行验证。用减压蒸馏法所得的残渣可用作灵活焦化的原料，回收焦化馏出油和焦粉。

2. 液化残渣油的液固分离方法[6]

根据 www. Fischer-Tropch. org 网站公布的德国煤加氢液化的相关资料，已开发成功的液化残渣油分离方法有以下几种：

1）减压蒸馏分离法

减压蒸馏是煤加氢液化工艺过程中有效的固-液分离方法。减压蒸馏的主要优点是技术成熟、处理量大。如德国开发的 IGOR 工艺和日本的 NEDOL 工艺均采用减压蒸馏技术进行液化油的固-液分离。控制减压塔的拨出温度就可有效地脱除固体物和沥青质。为了提高液体油的收率并保证使液化残渣能够从减压塔底排出，必须保证液化残渣有一定的流动性和软化点不高于 180℃。一般控制液化残渣中的固体物含量在 50%左右为宜。

表 5-39 为神华煤在试验装置上用减压分馏法所得的液化残渣油的性质数据。

表 5-39　神华煤液化残渣性质

项　目	数　据	项　目	数　据
元素分析(无灰干基)/%		ASTM 灰分分析/%	
C	82.84	喹啉不溶物	67.4
H	2.59	甲苯不溶物	88.8
N	0.39	正戊烷不溶物	100.0
S	3.30	高热值/(MJ/kg)	24.71
TGA 分析/%		软化点/℃	170
>524℃残油	4.16	熔点/℃	230
灰分	29.44		

2）离心分离法

德国早期的 IG 工艺采用离心分离法处理液化残渣油。从液相加氢高压分离器分离出来的液化残渣油先混入一部分重油作稀释剂，进入离心机分离为滤出油和残渣。残渣进入炭化回转窑处理，滤出油用于配制煤浆。

炭化回转窑有两种结构，参见图 5-14。

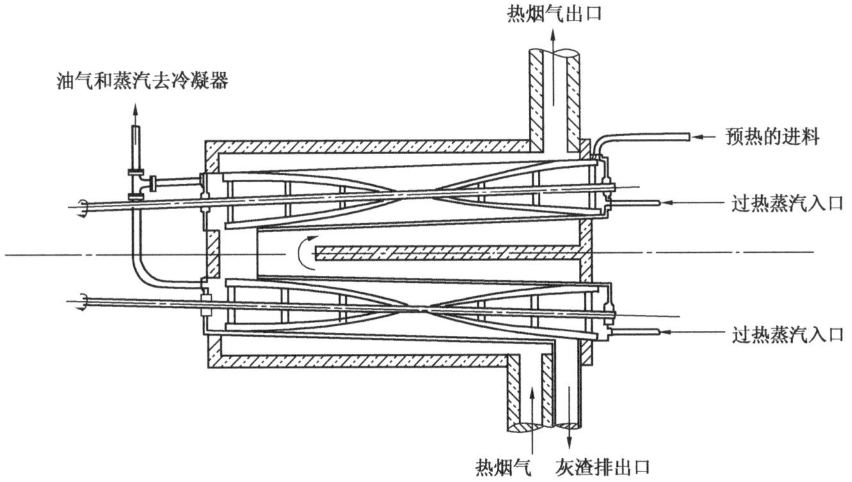

(a)Schneckenofen 回转窑

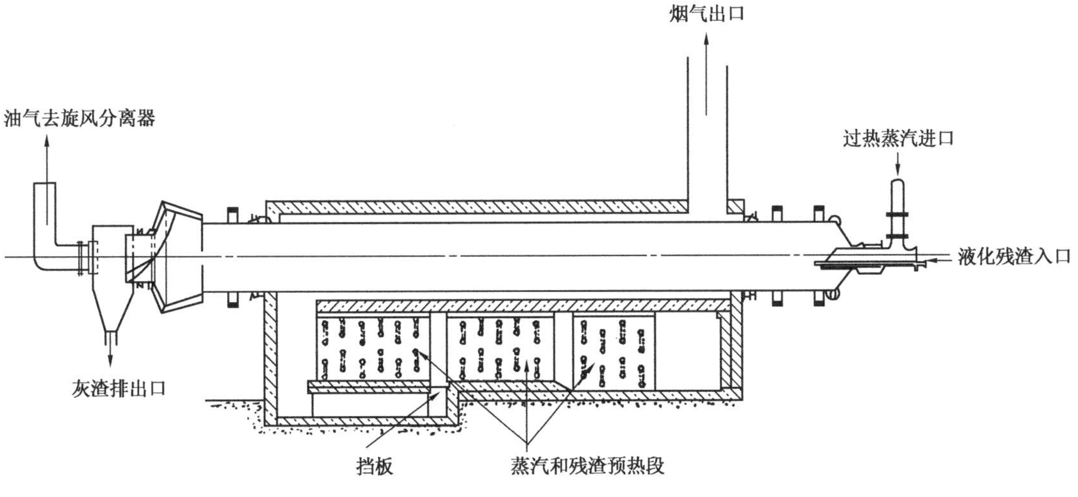

(b)Kugelofen 回转窑

图 5-14　炭化回转窑结构

图 5-14(a)为 Schneckkenofen 加氢液化工厂使用的炭化回转窑。两个上下排列的卧式圆筒，直径为 1m，长度为 16m，安装在耐火砖窑炉之中。筒内中心的旋转轴上安装了浆形叶片用于刮除筒壁上附着的焦炭。用于褐煤加氢液化装置时，窑炉的残渣处理量一般为2.5~3.0m^3/h，当处理量降至 1.8m^3/h 之后就需要停产，清扫除焦。

图 5-14(b)为 Kugelofen 加氢液化工厂使用的炭化回转窑。回转窑内径为 2.2m，长 11m。回转窑转速为 9r/min。液化残渣需先在对流室内预热，然后再混入过热蒸汽后进入回转窑中。回转窑总长的 3/4 段内为结焦区，其中装有总重为 9t 的钢球，每个钢球重 1.8kg。回转窑后面的 1/4 段内装有单重为 10kg 的钢球 24 个。焦粉通过水封从回转窑排出，然后经

过带式输送机运出。

3）溶剂抽提法

HTI 工艺采用临界抽提方法处理液化残渣的目的是最大限度地回收重油，将回收的DAO 用作配置煤浆的溶剂。但是，用甲苯作溶剂的抽提法处理液化残渣油带来的技术问题是：

（1）几乎全部沥青质被抽提到 DAO（抽出油）中，配制煤浆的溶剂中沥青质含量高达48%。高沥青质含量的煤浆在液相加氢反应器中沥青质不能完全转化，导致沥青质在反应系统内不断积累，煤浆黏度增大，最后造成无法正常运转。

（2）HTI 工艺设定的液化残渣油中总固体物含量为 65%。在中试装置上证实，固体物含量过高将造成残渣无法排出。据日本 BCL 褐煤液化工艺的溶剂抽提法试验，为保证液化残渣能够顺利排出，残渣中固体物含量应保持在 50%左右。

（3）HTI 工艺配制煤浆采用的溶剂组成包括来自热高压分离器的液化粗油（RS）、减压塔的重瓦斯油（HVGO）、溶剂抽提的脱沥青油（DAO）和来自加氢稳定单元常压塔的馏出油（AGO）。组成和比例如表 5-40 所列。

表 5-40　HTI 工艺的煤浆溶剂组成

项　　目	对进料（无灰干基）煤的比例/%	组成/%
液化粗油	90. 34	57. 8
减压重瓦斯油（HVGO）	8. 02	5. 1
溶剂抽提抽出油 DAO	28. 05	18. 0
加氢稳定的 AGO	29. 91	19. 1
合计	156. 3	100. 0

从表 5-40 中的溶剂组成数据可以看出有以下缺点：

① 配制煤浆使用溶剂的沥青质含量高达 48%，致使沥青质在液相加氢反应器中不能完全加氢分解，在系统中不断积累，影响装置正常运转；

② 煤浆黏度高，容易结焦；

③ 无法采用管式换热器换热，在加热炉管中也容易结焦，影响热效率；

④ 煤浆浓度低（39%），加氢反应器利用率低（每立方米反应器容积的每处理量仅为0. 177t）。

第七节　煤炭直接液化的技术经济

一、煤炭直接液化的技术经济

在缺乏工业生产数据的情况下，进行煤液化生产合成燃料的经济评价是困难的。根据有限的试验数据，对建设 1 套 30000t/d 的煤炭液化工厂（采用两段液化联合过程）进行了初步估算，几项技术数据如下：

1. 生产成本

一项采用“神华工艺”技术、生产规模为年产汽油、柴油等产品 315 万 t 的煤加氢液化工厂，总投资金额为 180 亿元，建设投资为 165. 45 亿元。按照国内标准和规定计算，汇总的生产成本如表 5-41。

表 5-41 煤加氢液化工厂的生产成本(产品总量 315 万 t/a)

项目	金额/亿元	单位产品成本/(元/t)
总投资	180.00	5714
建设投资	165.45	5250
总成本	52.42	1664
其中:		
A. 可变成本	18.41	584
煤炭成本	9.71	308
催化剂及化学剂	0.44	14
公用工程成本	8.26	262
B. 固定成本	15.67	498
工资	0.81	26
维修费用	3.67	117
管理费用	1.36	43
摊销费用	0.53	17
折旧	9.30	295
C. 各种税金	18.34	582
销售收入	76.38	2425
毛利润	23.96	761
所得税	3.56	113
税后利润	20.40	648
投资利润率(静态)/%	11.3	—

注:① 成本计算中采用的价格、各项费用及税率均按国内标准计。

② 投资和生产成本均按 2003 年价格计算。

2. 产品单耗

1) 煤耗量

以年产成品油 250 万 t(包括汽油、柴油和溶剂油等)的煤炭液化厂计算,折合每吨产品耗煤量为 2.96t。具体分析见表 5-42。

表 5-42 煤加氢液化的单位产品煤耗量

项目	年用量/万 t	单位产品耗用量/t	说明
液化用煤	602.81	2.41	包括锅炉用燃料、制氢用煤
制氢用天然气, 39.28 万 t	64.2①	0.26	
外供电力, 19.84 万 kW · h/h	72.4①	0.29	
合计	739.4	2.96	

① 均为折合标准煤。

按煤的热值为 25.61GJ/t,成品油热值为 41.87 GJ/t 计算,煤炭液化生产成品油的转化效率为 55.2%。

2) 氢耗量

同样规模的煤液化工厂,总氢气用量为 38 万 t/a,折合每吨产品的氢耗量为 150kg。

3) 耗电量

每吨产品的耗电量为 584kW · h。

3. 建设投资

规模为年产汽油、柴油等产品 265 万 t 的煤炭直接液化工厂建设总投资为 149.5 亿元（按 2002 年价格计算，不包括利息及流动资金），折合单位生产能力的投资为 5980 万元/万 t，其中工艺装置和系统工程的投资分别为 97.09 亿元和 21.88 亿元，合计为 118.97 亿元。工艺装置和系统工程所占的份额分别为 81.6%和 18.4%。具体见表 5-43 及表 5-44 所列。

表 5-43　煤加氢液化工厂的建设投资

项　目	金额/亿元	%
建设总投资	149.52	100.0
固定资产	132.85	89.0
工程费用	118.97	80.0
其中：工艺装置	97.09	65
储运工程	7.96	5
公用工程	8.55	6
辅助生产/生活设施	1.23	1
厂外工程	4.14	3
固定资产其他费用	13.88	9
无形资产	3.31	2
递延资产	1.03	1
预备费	12.33	8

表 5-44　煤加氢液化工厂的工艺装置投资

项　目	生产规模	投资额/亿元
备煤装置	原料煤 400 万 t/a	5.88
催化剂制备	催化剂 30 万 t/a	0.70
煤液化装置	原料煤 400 万 t/a	33.64
加氢稳定装置	液化轻油 360 万 t/a	9.25
溶剂脱灰装置	减压残渣 200 万 t/a	1.80
重整抽提装置	50 万 t/a	3.42
加氢裂化装置	240 万 t/a	9.58
煤制氢装置	制氢能力 674t/d	13.99
天然气制氢装置	制氢能力 462t/d	6.48
空分装置	制氧能力 12 万 m^3/h	7.44
氢烃回收及脱硫装置	—	2.20
含硫污水汽提装置	污水量 344t/h	1.50
硫回收装置	100t/d×2 套	0.60
合 计	—	97.09

4. 煤直接液化的技术经济综合分析

煤直接加氢液化工艺技术经济的主要特点如下：

（1）高建设投资

煤炭直接液化工厂是投资密集的建设项目，建设投资额大，建设周期长。按单位油品生产能力计算的建设投资比炼油项目高得多。例如，炼油能力为 500 万～1000 万 t/a 的燃料型炼油厂，单位生产能力的建设投资约在 1400～2000 元/t 范围之内；生产能力为 250 万 t/a 的煤炭加氢液化工厂，单位能力的建设投资高于 10000 元/t。因此，与投资有关的生产成本也就相应增大。由于煤制油项目的建设投资大，故与投资有关的折旧费、维修费用和保险费等项均相应增大。据估算，煤制油项目的固定成本约为炼油项目的 6 倍。

（2）高消耗指标

煤制油项目包括高苛刻度的加氢过程和大处理量的固体物料破碎、研磨过程，所以水电等公用工程消耗量大，生产成本高，不包括原料煤的能耗为 20.1GJ/t 产品。高苛刻工艺条件（见表 5-45）和反复加氢过程（一般包括煤液化加氢、生成油加氢稳定和柴油组分的加氢精制或液化中油及重油加氢裂化过程）带来设备庞大，尤其高压设备数量多，按成品油生产规模为 250 万 t/a 的煤制油工厂计，需要的反应器总容积约为 5000m^3，总重量为 15000t 左右。

表 5-45　煤制油加氢过程的工艺条件

项　目	煤加氢液化	加氢稳定	柴油加氢精制	重油加氢裂化
反应温度/℃	450	350	350	370
反应压力/MPa	18～19	14	8～10	15
空速/h^{-1}	0.18	1.0	—	1.0/2.0①
氢油比（体）	—	1200	—	1020

① 为加氢精制/加氢裂化。

（3）高耗氢量

总需要的氢量高达 38 万 t/a，折合每吨产品加氢量为 150kg（每吨原料煤加氢量为 0.092t），高于所有的石油炼制加氢过程。具体比较如下：

• 氢气的有效利用程度：煤炭液化生产汽油、柴油产品为深度加氢转化和改质过程。氢气消耗量与原料煤性质和组成、选用工艺过程及催化剂种类有关，而氢气的成本约占煤炭液化总加工费的 50%左右。分析氢气在煤炭液化过程中的应用情况，寻找节约氢气的途径是有益的。在煤炭液化全过程中，各个加氢过程的用氢情况及比例如表 5-46 所示。

表 5-46　煤炭液化过程的氢气消耗量

工艺过程	每吨产品的耗氢量/kg	耗氢比例/%
煤加氢液化	116	76.5
液化轻油加氢稳定	17	11.2
加氢裂化	19	12.5
合计	152	100.0

可以看出：煤炭加氢液化过程的氢气消耗量最大，占总氢耗量的 76.5%。

• 煤液化过程的用氢情况分析：

煤直接液化的重要功能是提高煤炭的 H/C 原子比，脱除原料煤中的氧、氮、硫等杂原子，使生成油的 H/C 原子比接近于汽油、柴油的水平。所以煤液化过程的氢耗包括煤组分转化用氢；氧、氮、硫杂原子转化消耗的氢和生成非主要产品轻烃消耗的氢。

优选的中国 15 种直接液化用煤元素组成范围大致是：C 70%～82%；H 4.8%～5.6%；N 0.9%～2.0%；O 12%～21%；S 0.4%～1.4%，煤的 H/C 原子比在 0.7～0.82 范围之内，

而汽油、柴油的氢/碳原子比为1.95左右。由此可以估算出煤液化过程各项反应的氢耗量。表5-47为国产煤炭直接液化过程用氢分析。

表5-47 国产煤炭直接液化过程用氢情况分析

反应过程	占总用氢量/%（对原料煤）	反应过程	占总用氢量/%（对原料煤）
煤液化用氢	55~60	生成轻烃用氢	约25
脱除杂原子（O、N、S）用氢	15~20		

二、煤炭直接液化经济效益探讨

1. 关于建设投资

迄今为止，煤的直接液化技术在国内外尚未形成大型产业，文献上缺乏有关经济效益的数据。

我国神华集团首先进行了煤直接液化产业化的尝试，已进展到建设大型示范工厂阶段，目前取得有代表性的资料为时尚早。表5-41、表5-43和表5-44的数据均选自早期的可行性研究报告披露的数据，此后煤液化的核心技术已由HTI技术变更为“神华技术”，工厂规模扩大到年产油品300万t，装置内容也有较大变化，如增加供氢溶剂的鼓泡床加氢装置（Axens公司专利），催化剂制造改用我国开发的863催化剂，取消渣油溶剂抽提装置，取消天然气制氢装置，扩大煤制氢装置，诸如此类的调整均导致投资额增加。建设期间又遇到建设材料和工艺设备价格上涨，尤以钢材、高压容器价格涨幅更高。加上有的费用估价偏低、项目遗漏、在缺水地区最大限度采用空冷的措施均增加了设备费用。现在第一期工程（100万t/a）折算为单位生产能力投资将超过1万元/t。所以初步判断：建设300万t/a的直接液化工厂，总单位生产能力建设投资（不含流动资金）不会低于1万元/t，会高于表5-43数值的50%左右。

2. 关于生产成本

以下就表5-41反映的按生产每吨产品的加工费用和综合成本分项做初步分析：

（1）可变成本中煤价与当前市场价位相比过低。当然煤业集团可按煤矿-煤液化工厂一体化经营考虑，只计煤的生产成本，等于使煤矿让利，不能正确反映煤液化本身的经济效益。此外神华示范厂煤矿运输距离很近，灰分低无须洗煤，其他厂区未必具备这样的条件。为此考虑需增加可变成本中的煤的成本约为800~1200元。

（2）公用工程费用中电费势必随煤价提升而提高，预计增加成本100~150元。

（3）正常折旧费和维修费与单位投资成正比，因此将增加成本250~300元。

（4）所得税以外的税费将随油品价格变化，预计将增加300~600元。

（5）年开工日的下降是一项不确定因素，但是至关重要。由于市场原因使开工日下降或负荷率下降的影响力远比非计划停工小。非计划停工对煤液化各主要装置将造成大量的中间产品（物料）损失，过多的能量消耗以及额外的备品、配件与材料的消耗，当然还有人工工时的消耗。

鉴于煤液化是技术难度很大的装置，先期建设的若干套装置在取得安、稳、长、满、优的生产操作经验之前是要付出代价的！这些成本问题和生产问题绝不应忽视！初步按成本的5%~10%计算非计划停工的经济损失约为200~400元。

3. 成品油出厂价格

以上 5 项合计可能使单位成本增加 1450~2250 元，每吨成品油的成本达到 3100~3900 元，这就是达到“边际效益(零利润)”时的平均油品出厂价格相当于原油出厂价格为 42~53 美元/桶。

4. 煤制油产业的经济性

经营高资金投入与高技术含量的煤制油企业，高经济回报是目标之一。如果按所得税外内部收益率 12%计算，每吨油品出厂价格应比零利润时至少增加 1400 元，由此得出相当于原油出厂价格为 60~72 美元/桶。

煤直接液化比原油炼制过程排放更多的二氧化碳(每吨产品约增加 5t)，根据国际限制温室气体排放的约定和共识，应尽力做到减排。每吨二氧化碳的捕集和封存费用按 300 元计，成本就要增加 1500 元，达到 6000~6800 元，相当于原油出厂价格为 80~92 美元/桶。

从以上粗略分析中看出当每桶原油市场价格超过 60~72 美元，而且国家未考虑征收二氧化碳的减排费用或强制实施减排任务时，煤直接液化产业有利可图，否则将存在一定程度(或较大程度)的风险。应密切跟踪原油价格的变化趋势做好煤直接液化产业的发展规划，同时努力从示范厂的生产中积累经验，争取今后获得较好的效益！

参 考 文 献

1 舒歌平主编. 煤炭液化技术. 北京：煤炭工业出版社，2003：125~163

2 “十五”国家高科技发展计划能源技术领域专家委员会. 能源发展战略研究. 北京：化学工业出版社，2004

3 Duddy J E, Panvelker S V. Interpec China′91, 1991：280

4 Johns W F, Clausen G, Nongbri G, et al. Texaco T-Star Process for Ebullated Bed Hydrotreating/Hydrocracking. NPRA Annual Meeting, 1993：AM-93-21

5 李春年编著. 渣油加工工艺. 北京：中国石化出版社，2002

6 Ministry of Fuel and Power on the Petroleum and Synthetic Oil Industry of Germany, His Majesty's Stationary Office, 1947

7 International Energy Agency. Coal to Liquids, An Alternative oil Supply? Workshop Report. Paris, Nov 2006

第六章　生物质非气化途径生产运输燃料

第一节　概　　述

本书第二章已对生物质能源的重要性及使用现状、发展前景预期作了简要说明。本章主要阐述用生物质原料生产燃料乙醇、生物柴油及生物油的研究开发、生产工艺及其技术经济性等问题。

如表6-1所示，生物质生产替代燃料并非单一生产过程，而是一项系统工程。以生物质生产燃料乙醇为例，全过程包括原料种植和采集、原料预处理和纤维素的分离、糖类发酵生产乙醇、发酵用微生物的研制、木质素残渣发电等一整套生物炼油厂联合过程。生物质生产替代燃料的研究开发在许多领域已经取得了重大成果，并取得工业化应用的进展（如燃料乙醇、生物柴油领域），在其他生物质替代的领域（如木质素生产化学品）仍存在一些技术障碍。

表6-1　各种生物质转化工艺技术

工艺方法	操作温度/℃	反应时间	介　质	目的产品
需氧微生物腐化	常温	几周~几年	水	堆肥，甲烷
需氧微生物腐化	~40	几天~几周	水—空气	堆肥，CO_2
发酵	~45	72h	水—酵母	乙醇，CO_2
用酶糖化	~45	60h	特制的酶	乙醇，CO_2
酸预处理	~150	10min	酸—水	乙醇，CO_2
高压酸水解（1.5~3.0MPa）	200	20min	酸—水	糠醛，蚁酸，乙酰丙酸
25MPa高压液化	370	10~15min	干燥状态，Na_2CO_3	生物油
超临界水（10MPa）	500	10min	水	透平用燃料气，生物油，炭
高压裂解	650	5~10s	氮	生物油，焦炭
气化	1000	30s	蒸汽，空气	氢气，甲烷
燃烧	1500	<1s	空气，氧气	热量，飞灰，CO_2

综合说来，目前采用的生物质制油路线包括：淀粉和糖类发酵制乙醇、纤维素制乙醇和油脂类原料生产生物柴油。

目前世界上已有近20个国家推广使用乙醇汽油。美国用玉米生产燃料乙醇已近30年，2006年产量已达1460万t。巴西从1975年开始实施燃料乙醇计划，用甘蔗生产燃料乙醇。我国从20世纪80年代后期发展用粮食生产乙醇，推广销售乙醇汽油。今后我国将根据国情开发展燃料乙醇原料资源，薯类、甜高粱等非粮作物将是适宜的生产乙醇原料。

一些生物质替代燃料生产技术（例如纤维素乙醇）要实现工业化生产还需要通过改进工艺、简化流程、提高效率以降低生产成本，才能占领市场。

生物柴油是无毒性、不含硫、可降解的柴油替代燃料。燃烧过程产生的烃类、一氧化碳和颗粒物排放量也最低，使用生物柴油时的柴油发动机无须改装。在常规石油柴油中添加生物柴油可以降低芳烃含量和提高十六烷值，故用生物柴油作为柴油的改性剂具有广阔的市场。

动、植物油脂主要为满足食品和其他行业需要，用作生产生物柴油的可供量有限。按照目前全世界植物油和动物脂肪数量，根本无法满足柴油总消费量中应添加的生物柴油量，生物柴油工业需要寻求其他工艺路线来满足对生物柴油的需求。用植物油或动物油脂可以生产生物柴油，用微藻的类脂化合物同样也可生产生物柴油。从水生生物质生产生物柴油的研究目标是寻找一种微藻培育方法，以便用于制造生物柴油。

第二节　生物质的组成和性质

了解生物质的化学组成及其性质是研究、开发用生物质生产替代燃料的理论基础。

生物质是多种高分子有机化合物组成的复合体，包括纤维素、半纤维素、木质素和可抽出物等组分。在不同的生物质中、或同一生物体的不同部位中，这些高分子组分的含量和分布也不同，甚至有很大差异。

纤维素、半纤维素和木质素存在于植物的细胞壁中，其分子结构参见图 6-1。

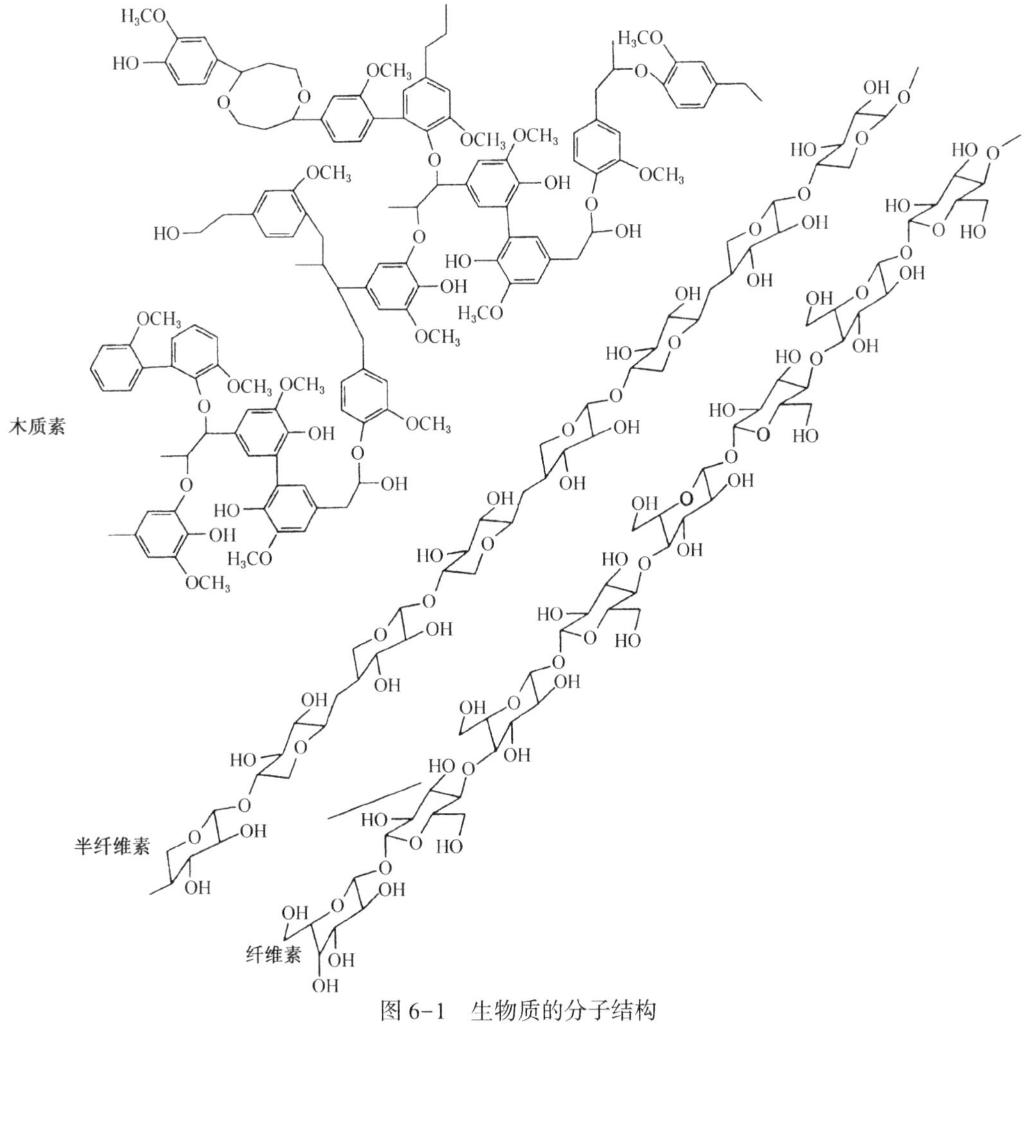

图 6-1　生物质的分子结构

生物质中的可抽出物组分是指可以用有机溶剂、水或蒸汽抽提出来的物质。可抽出物为低分子有机物，包括芳烃类、萜类和醇类物质。重要的组分有树脂、单宁、香精油、色素、木酯素、生物碱、果胶等。其中的某些化合物对生物质发酵制乙醇的微生物有毒性，在预处理过程中会产生沉积物。

除了这些有机物外，生物质中还含有极少量的无机矿物质成分，如钙、钾、镁、铁等元素。在生物质热转化过程中这些无机矿物质可以氧化物形态存在于灰分中。

一、生物质工业分析

按“工业分析”的项目分类，生物质中含有水分、挥发分、固定碳和灰分。表 6-2 列出了几种生物质工业分析数据。

表 6-2　几种生物质的工业分析结果　%

种　类	水　分	挥发分	固定碳	灰　分
杉　木	3. 27	81. 20	14. 79	0. 74
榉　木	5. 90	79. 00	14. 50	0. 60
松　木	6. 00	76. 60	17. 00	0. 40
杨　木	6. 70	80. 30	11. 50	1. 50
柳　木	3. 50	78. 00	16. 90	1. 60
桦　木	11. 10	70. 00	18. 60	0. 30
枫　木	5. 60	74. 20	16. 60	3. 60
玉米秸	6. 10	76. 00	13. 20	4. 70
玉米芯	4. 87	71. 95	17. 25	5. 93
麦　秸	10. 30	69. 70	15. 80	4. 20
稻　草	3. 61	67. 80	16. 39	12. 20
稻　壳	5. 62	62. 61	13. 95	17. 82
花生壳	7. 88	68. 10	22. 42	1. 60
棉　秸	6. 78	68. 54	20. 17	3. 97

1. 水分

按照水分的存在形态划分，生物质中的水分包括游离水分和结晶水。游离水分又可分为外在水分和内在水分。外在水分是生物质表面附着的水分和在生物体大毛细孔（直径>10^{-5}cm）中存留的水分，含量变化很大，最高可达 60%，在常温下自然干燥可将生物质中的大部分外在水分脱除掉。内在水分的含量比较稳定，一般在 5%左右，需在 105～110℃温度下干燥才能脱除。

用生物质为原料生产替代燃料，首先需要进行干燥以脱除生物质的游离水分，这需要消耗较高的能量。

生物质中的化合结晶水含量一般很少，如灰分组分中的 $Al_2O_3 \cdot 2SiO_2 \cdot 2H_2O$，当温度超过 200℃，结晶水才能分解、逸出。

2. 挥发分

生物质在隔绝空气条件下加热到一定温度时，可生成液体和气体的挥发分产物。各类生物质的挥发分含量均较高，远远高于煤炭中挥发分的含量，比较数据参见表 6-3。

表 6-3　生物质的挥发分含量　%

种　类	挥发分含量	种　类	挥发分含量
农作物秸秆	63~80	烟　煤	20~40
木　材	70~78	褐　煤	40~60
无烟煤	≤10		

3. 固定碳

生物质脱除挥发分后的产物为焦渣，其中包括固定碳组分和灰分。固定碳是相对于挥发分中的碳而言的，是以单质形式存在的碳组分，一般指生物质燃烧所得灰渣中残留的“未燃烧碳”。生物质中的固定碳含量远比煤炭少，一般为 14%~25%，煤炭中固定碳含量通常为 50%~90%。

4. 灰分

生物质中的灰分为不可燃的矿物质，包括高岭土（$Al_2O_3 \cdot 2SiO_2 \cdot 2H_2O$）、二氧化硅（$SiO_2$）和其他金属氧化物等。表 6-4 为几种生物质灰分中的矿物质组成数据。

表 6-4　生物质中灰分中的矿物质含量　%

种　类	SiO_2	Al_2O_3	Fe_2O_3	CaO	MgO	Na_2O	K_2O	SO_3
麦　秸	56.8	—	0.50	5.8	2.00	6.0	14.8	7.6
玉米秸	18.60	—	1.50	13.5	2.90	13.3	26.4	8.8
稻　草	78.46	1.38	0.14	2.2	3.03	1.79	9.93	0.34
稻　壳	90~97	—	0.40	0.2~1.5	0.1~2.0	1.75	0.6~1.6	0.1~1.1
木　材	0.09	1.0~75.0	0.5~2.3	10~60	1.4~1.7	≤10.0	1.5~41	—

二、生物质元素组成及热值

生物质元素组成以碳、氢、氧为主，其总和约占生物质的 98%以上。硫、氮元素含量较少，表 6-5 为几种生物质的元素分析和热值数据。

表 6-5　几种生物质的元素组成及热值

种　类	元素分析（无灰干基）/%					热值/（MJ/kg）	
	C	H	O	N	S	HHV	LHV
杉　木	51.40	6.00	42.30	0.06	0.03	20.50	19.19
榉　木	49.70	6.20	43.80	0.28	0.01	19.43	18.08
松　木	51.00	6.00	42.90	0.08	0.00	20.35	19.05
红　木	50.80	6.00	43.00	0.05	0.03	20.80	19.49
杨　木	51.60	6.00	41.70	0.60	0.02	19.24	17.93
柳　木	49.50	5.90	44.10	0.42	0.04	19.92	18.63
桦　木	49.00	6.10	44.80	0.10	0.00	19.74	18.41
枫　木	51.30	6.10	42.30	0.25	0.00	20.23	18.90

续表

种类	元素分析（无灰干基）/%					热值/（MJ/kg）	
	C	H	O	N	S	HHV	LHV
玉米秸	49.30	6.00	43.60	0.70	0.11	19.07	17.75
玉米芯	47.20	6.00	46.10	0.48	0.01	19.03	17.73
麦　秸	49.60	6.20	43.40	0.61	0.07	19.88	18.53
稻　草	48.30	5.30	42.20	0.81	0.09	18.80	17.64
稻　壳	49.40	6.20	43.70	0.30	0.40	17.37	16.02
花生壳	54.90	6.70	36.90	1.37	0.10	22.87	21.42
棉　秸	49.80	5.70	43.10	0.69	0.22	19.33	18.09

三、生物质的有机化合物组分

生物质中的高分子有机化合物组成复合体包括纤维素、半纤维素、木质素和可抽出物等组分。

1. 纤维素

纤维素是高分子碳水化合物，其分子式是（$C_6H_{10}O_5$）$_n$，式中的 n 为聚合度。木材纤维素的聚合度约为10000，不同来源的纤维素相对分子量在5000~250000范围内变化。

从分子结构而言，纤维素是以D-吡喃式葡萄糖基为基环，基环之间以β-糖苷键连接、形成线型大分子。纤维素的大分子葡萄糖基上带有许多羟基，相互之间受分子引力和氢键的作用使分子链之间聚集成束，这种束状结构称为超分子结构。

纤维素的化学性质主要取决于分子中的羰基和醛基（糖苷键）的化学性质。纤维素转化的化学反应包括酯化、氧化、碱性降解和酸水解等。木质纤维素发酵法制乙醇必须经过纤维素的水解过程。

纤维素受热后可使聚合度下降，发生炭化或石墨化反应。按照反应温度范围，全过程可分为4个阶段：

- 在<150℃范围内，纤维素中的吸附水被解吸；
- 在150~240℃之间，纤维素的某些葡萄糖基开始脱水；
- 在240~400℃之间，葡萄糖的糖苷键开始断裂，一些C—H键和C—C键也开始断裂，生成挥发性化合物；
- 在>400℃后，纤维素的残余部分芳环化并逐步形成石墨结构。

通常在隔绝空气加热至275~450℃条件下，纤维素可生成气态、液态化合物和炭。

2. 半纤维素

半纤维素是由不同的糖单元聚合而成的高聚糖，包括多戊糖、多己糖和糖醛酸等组分。其中，戊糖以木糖为主，其次为阿拉伯糖；己糖包括甘露糖、半乳糖和少量的葡萄糖；糖醛酸包括葡萄糖醛酸和半乳糖醛酸。

不同植物中的半纤维素含量和化学结构也各不相同。如阔叶林木材的半纤维素主要由聚木糖和少量的聚葡萄糖、聚甘露糖组成；针叶林木材半纤维素是由半乳糖、葡萄糖、聚甘露糖和相当多的聚木糖组成。

半纤维素高聚糖的平均聚合度均较低，一般都在100~600之间。例如：聚木糖的平均聚合度约为100~300；聚甘露糖的平均聚合度约为100；而聚半乳糖的平均聚合度约为

200~600。

半纤维素基本上为无定形结构，所以比纤维素更容易发生酯化、醚化、氧化和酸水解等化学反应。

与纤维素不同，半纤维素可以在酸性溶液中水解，生成单糖。各种半纤维素的水解速率也不同，一般说来，6碳的已糖糖苷比5碳的戊糖糖苷难以水解，吡喃糖糖苷比相应的呋喃糖糖苷难以水解，酸型糖糖苷比相应的非酸型糖糖苷难以水解。

3. 木质素

木质素是存在于植物细胞壁中的有机聚合物，与纤维素、半纤维素等共同组成植物的结构。木材中的木质素含量一般为20%~40%；禾本科植物（秸秆）中的木质素含量一般为14%~25%。

木质素是大分子的无定形芳香族聚合物。一般认为：木质素是由3种不同的结构单元组成的，即愈创木酚基型、紫丁香酚基型和对丙苯酚基型3种结构单元。不同生物质的木质素中，三种结构单元的比例也不同。针叶林的木质素中，结构单元以愈创木酚为主；阔叶林的木质素中，主要是愈创木酚和紫丁香酚；禾本科草类的木质素由愈创木酚、紫丁香酚和对丙苯酚组成。

木质素高温热解后可以生成木炭、焦油、木醋酸和气体。热解温度为350~450℃。产品收率取决于木质素的化学组成、反应温度和设备结构等因素。

目前，木质素的应用仍以用作燃料发电或发生蒸汽为主，木质素生产乙醇或其他化学品的技术尚不成熟，目前还难以工业化应用。

综合以上所述可知，木质纤维素生物质是由交联的半纤维素、纤维素和木质素聚合物组成的非均质混合物。纤维素是葡萄糖的结晶聚合物；半纤维素是由已糖（包括D-葡萄糖、D-半乳糖和D-甘露糖）和戊糖（包括D-木糖和L-阿拉伯糖）共同组成的非结晶聚合物。纤维素和半纤维素共同组成生物质的碳水化合物成分，约占生物质（干基）总量的的2/3。其余部分为木质素和少量的蛋白质、油类和蜡等组分。木质素是由带烷基的酚单元组成的高能聚合物。

表6-6为一些木质纤维生物质的典型组成。表6-7为几种玉米秸秆和几种草类的组成数据。

表6-6　木质纤维生物质的典型组成　　干基%

原　料	硬　木			软　木	柳枝稷
	刺槐	杂交杨树	桉树	松树	
纤维素	41.61	44.70	49.50	44.55	31.98
glucan 6C 葡萄糖	41.61	44.70	49.50	44.55	31.98
半纤维素	17.66	18.55	13.07	21.90	25.19
聚木糖	13.86	14.56	10.73	6.30	21.09
聚阿拉伯糖	0.94	0.82	0.31	1.60	2.84
聚半乳糖	0.93	0.97	0.76	2.56	0.95
聚甘露糖	1.92	2.20	1.27	11.43	0.30
木质素	26.70	26.44	27.71	27.67	18.13
灰分	2.15	1.71	1.26	0.32	5.95

续表

原　料	硬　木			软　木	柳枝稷
	刺槐	杂交杨树	桉树	松树	
酸类	4. 57	1. 48	4. 19	2. 67	1. 21
可抽出物[①]	7. 31	7. 12	4. 27	2. 88	17. 54
高热值/（GJ_{HHV}/t 干物质）	19. 5	19. 6	19. 5	19. 6	18. 6

① 可抽出物为低分子有机物，包括芳烃类、萜类和醇类物质。

表 6-7　玉米秸秆和几种草类的组成

项　　目	组分/干基%				
	纤维素	半纤维素			
	聚葡萄糖	聚半乳糖	聚木糖	聚阿拉伯糖	聚甘露糖
玉米秆	39～41	1. 0～1. 2	20～23	2. 4～3. 4	0. 5～0. 7
柳枝稷（switchgrass）	36～41	1. 0～1. 1	23～25	3. 0～3. 4	0. 1～0. 8
胡枝子（serica lespedez）[①]	34～42	1. 6～1. 8	10～14	1. 3～1. 6	2. 0～2. 5
短期轮作的硬木	39～44	0. 7～1. 2	13. ～17	0. 4～1. 1	1. 0～1. 3

① 胡枝子：一种豆科草本植物。

第三节　生物质发酵法生产燃料乙醇

一、乙醇汽油的生产和使用现状

1908 年美国设计制造了第一台使用纯乙醇作燃料的汽车。当时，由于性能和价格无法与汽油竞争而未能推广应用。20 世纪 70 年代出现第一次世界石油危机之后，许多国家为了减少对进口石油的依赖，又纷纷开展了推广乙醇汽油用作汽车燃料的研究。巴西、美国等国先后推广使用了不同乙醇含量（10%、22%、85%和 100%）的车用汽油。

乙醇的生产方法包括发酵法和合成法两种。发酵法以玉米或其他生物质为原料，生产的乙醇称为生物乙醇，主要用作运输燃料。合成法以乙烯为原料，生产的产品主要用作工业原材料。燃料乙醇生产绝大部分都采用发酵工艺，原料以粮食或糖类作物（甘蔗、甜菜）为主，其他如薯类、大麦等所有含糖作物均可用作生产乙醇的原料。每生产 1t 乙醇需耗用玉米 3. 4t，副产饲料 1t，是畜牧业的饲料。

表 6-8 列出了 2005 年世界和一些国家乙醇产量数据。2005 年世界乙醇年产量为 3633 万 t，其中绝大部分为燃料乙醇（以美国为例，90%以上的乙醇产量为燃料乙醇）。

表 6-8　世界和一些国家 2005 年乙醇产量　　万 t

国　家	2005 年产量	国　家	2005 年产量
美　国	1275	俄罗斯	59
巴　西	1264	德　国	34
中　国	300	南　非	31
印　度	134	全世界	3633
法　国	72		

巴西用甘蔗生产燃料乙醇。甘蔗制乙醇的最大优点是由于甘蔗是光合效率最高的植物。在最佳的土地条件下，其光合效率约为2.5%。巴西是使用乙醇作车用燃料最多的国家。80年代约有40%经过改装的汽车使用E93（含水乙醇）燃料；其余的汽车使用E-20燃料（汽油中调入20%~24%乙醇），称为gasolina。其后，由于糖和油品市场的变化和政府取消了对乙醇燃料的补贴，导致乙醇价格上涨。90年代，由使用E-20乙醇燃料改为E-10乙醇燃料并调整了E-93的组成，但是仍有约300万辆汽车使用纯乙醇作燃料。

我国从20世纪80年代开始用乙醇作车用汽油组分的研究和行车试验。中国石化从1987年开始在中南地区进行了乙醇调入量为18%~22%和5%的乙醇汽油的应用试验。2001年在河南省的3个城市首先推广使用乙醇汽油，并取得良好效果。2004年国家正式批准在东北、华北、华中和华东的10个省、市、自治区内全面推广使用乙醇汽油。我国生产车用乙醇的原料以粮食为主（有的使用积存的“陈化粮”为原料）。目前全国的乙醇总生产能力已达102万t/a，可调配成车用乙醇汽油1000多万t（按：相当于E-10计）。燃料乙醇生产成本高，要保证车用乙醇汽油的顺利推广，需要有相应的财政补贴和税收优惠的政策给予扶持。

二、乙醇汽油的特性

1. 乙醇的燃料性能

乙醇的高/低热值（HHV/LHV）分别为29.8MJ/kg和26.4MJ/kg，研究法/马达法辛烷值分别为111/91，调合特性好。车用汽油中调入10%（体）乙醇后，RON/MON分别可提高4个和2个单位。所以使用高乙醇含量的汽油时，可以提高发动机的压缩比，提高热效率和改善动力性能。乙醇的热值比汽油（LHV=43.5MJ/kg）低，使用乙醇汽油时，会使油耗增加。乙醇的蒸发潜热高于汽油，会使汽车的动力性能降低，低温下不易启动。乙醇的理论空燃比低于汽油，会使汽车的驱动性能和加速性能降低。

在安全性能方面，甲醇、乙醇的空气-燃料混合物可燃范围均比汽、柴油高。在常温下，醇类容易在油箱中形成可爆炸蒸气。但与汽油相比，因为醇类的蒸发速度低，在空气中的浓度低，故不容易爆炸。甲醇、乙醇的生物降解性能好。

乙醇的能量密度低于汽、柴油，但高于甲醇。

2. 乙醇的环保性能

乙醇汽油对减少污染气体排放具有明显的效果。与常规汽油相比，使用含6%乙醇的新配方汽油可使CO排放量减少10%~27%；NO_x排放量减少7%~16%；烃类排放量减少10%~27%。燃料乙醇和常规汽柴油的主要性质对比见表6-9。

表6-9　乙醇和常规汽油、柴油性质对比

项　目	乙　醇	常规汽油	常规柴油
分子式	C_2H_5OH	C_4~C_{12}烃类	C_8~C_{20}烃类
相对分子质量	46.07	100~105	~200
元素分析/%			
C	52.2	85~88	84~87
H	13.1	12~15	13~16
O	34.7	0	0
相对密度（15.6℃）	0.796	0.72~0.78	0.81~0.89
沸点或馏程/℃	78	27~225	188~343

续表

项　目	乙　醇	常规汽油	常规柴油
蒸气压/kPa	16	56~106	1
RON/MON	108/92	100/90	—
冰点/℃	-114	-4	—
闪点（闭杯）/℃	13	-43	74
自燃点/℃	422	257	约 315
低热值/（MJ/kg）	26.8	43.5	41.9

三、粮食发酵法生产燃料乙醇

甘蔗、谷物生产乙醇和油料作物生产生物柴油都是成熟的工艺技术。但是在土地利用、生产成本、从种植到使用全过程的 CO_2 排放等方面还存在缺点。相比而言，用木质纤维作原料，采用水解-发酵工艺生产乙醇和生物燃料有着更好的发展前景。

1. 甘蔗为原料发酵法生产乙醇

甘蔗是光合效率最高的植物。在最佳的土地条件下，光合效率约为 2.5%。巴西是用乙醇作车用燃料最多的国家。

巴西用甘蔗生产燃料乙醇，每吨甘蔗可产糖 150kg，副产蔗渣 90kg。用蔗渣产汽、发电可满足转化过程所需的能量，工艺先进的乙醇工厂还可以向外供电（130kW · h/t）。

巴西的甘蔗制乙醇生产成本低于以玉米制乙醇。这是由于甘蔗的热量成本为 2.4 美元/GJ_{HHV}，而玉米是 8.3 美元/GJ_{HHV}，甜菜是 14 美元/GJ_{HHV}。甘蔗制乙醇的乙醇转化率为 42.8%；乙醇产率为 85L/t 甘蔗（湿），即相当于 7.4GJ_{HHV}/t 甘蔗（干）。预期未来甘蔗制乙醇的生产成本可从目前的 290 美元/t 降低到 210 美元/t。

非洲一些生产甘蔗的国家（如南非、津巴布韦等）也推广使用乙醇燃料。

2. 粮食发酵法生产乙醇

1）国外粮食发酵法生产乙醇

美国是用玉米为原料生产乙醇的主要国家，生产的乙醇用于调合成 E-10 含醇汽油。在原料有/无补贴情况下，乙醇的生产成本分别约为 480 美元/t 和 800 美元/t。

美国的燃料乙醇主要以玉米为原料。美国的玉米播种面积约为 2850~3250 万公顷（7100~8100 万英亩），2005 年玉米产量约为 3 亿 t，其中近 20%用作生产燃料乙醇的原料。进入 21 世纪后，美国的燃料乙醇产量急剧增长，从 2001 年的年产量 529 万 t 迅速增长至 2005 年的 1166 万 t，即 5 年内燃料乙醇产量翻了一番。2006 年，美国的生物乙醇生产能力为 1460 万 t，其中 92.7%的产能使用玉米为原料。

根据原料的不同，用谷物为原料生产燃料乙醇的谷物消耗指标为 3.4~4.0t/t 乙醇。用玉米发酵法生产乙醇的数据为：玉米成本 9.1 美元/GJ_{HHV}，玉米的转化率为 18%时，乙醇的生产成本为 27.5 美元/GJ_{HHV}，改进生产、提高转化率后约可降至 20.9 美元/GJ_{HHV}。改进前后相应的乙醇生产成本约分别为 820 美元/t 和 620 美元/t（乙醇的高热值为 29.8GJ/t）。

2）中国的乙醇生产情况

我国从 90 年代初期开始发展燃料乙醇的生产，由最初的用“陈化粮”生产乙醇逐渐发展为当今以玉米为原料生产燃料乙醇。

在原油价格偏低时，生产燃料乙醇是没有经济效益的。因为按目前的生产成本和燃料乙醇的价格计算，燃料乙醇的生产成本为 5000 元/t 左右，在原油价格为 60 美元/桶时，每吨燃料乙醇的亏损额为1000多元。国家为了扶植燃料乙醇产业的发展，曾制定了相应的补贴政策，补贴水平在1300~1800元/t之内。随着油品价格的上涨，国家对燃料乙醇补贴已逐年减少。2007年的补贴金额已经由2005年的1883元/t减少至1373元/t。

财政部于2007年底制定了《生物燃料乙醇弹性补贴财政财务管理办法》，国家对定点燃料乙醇生产企业的财政补贴将由过去的定额制改为弹性制。当油价上涨，燃料乙醇销售结算价高于实际生产成本、企业赢利时，国家不再给予亏损补贴。当燃料乙醇销售结算价低于生产成本、企业亏损时，首先由企业用风险基金以盈补亏，风险基金不足以弥补亏损时，国家将启动弹性补贴。

结合我国的国情，发展燃料乙醇应以“非粮”原料为主。国家发布的“可再生能源中长期发展规划”指出，我国发展燃料乙醇的原料应以薯类作物和其他非粮作物为主。我国是薯类生产大国，广西盛产木薯，适合发展燃料乙醇项目。甜高粱适合于盐碱地种植，具有生长期短、耐干旱等优点，茎杆可用于生产乙醇。目前正在推广种植试验和进行生产技术的研发，是适宜用作生产燃料乙醇的原料作物。

3）中国粮食生产燃料乙醇的制约因素

（1）粮食作物的光合作用的效率低

粮食（如玉米）生产燃料乙醇，在原料方面存在缺点。因为种植粮食作物须使用良好耕地，而且粮食作物的生长时间短，光合效率较低。从太阳吸收的能量中有大部分转化为种子和以糖的形式储存在产品中。资料显示：多数一年生作物光合作用的净能量收率为100~200GJ/公顷·年，远低于多年生作物净能量收率（220~550GJ/公顷·年），也低于草类植物的净能量收率（220~260GJ/公顷·年）和甘蔗的净能量收率（400~500GJ/公顷·年）。所以，从单位土地面积收获量来说，用粮食生产替代燃料的竞争力和CO_2的减排效应均不如纤维素生物质原料。另外，一年生粮食作物对土地的风化作用、使用农药量也比多年生草类和木材大得多。因此，木质素生物质（如木材、草类）是生产替代燃料更适宜的原料。

（2）粮食生产乙醇的转化效率低

粮食生产乙醇的转化效率低于用纤维素、甘蔗和甜高粱等原料制乙醇，表6-10为单位耕地面积的乙醇产量和转化率数据[18]。

表6-10　不同原料生产乙醇的产量和转化率

原　料	土地产量/（t/公顷）	乙醇产率/（L/t）	土地乙醇产量/（L/公顷·a）
甘　蔗	70	70	4900
木　薯	40	150	6000
甜高粱	35	80	2800
甜　菜	45	100	4300
玉　米	5	410	2050

（3）中国的可耕地面积少

中国的可耕地面积为14.25~18.51亿亩（折合0.95~1.234亿公顷），人均占有的耕地面积仅为1.096~1.424亩。中国的人口密度达133人/km^2，不仅高于亚洲的平均值（117人/km^2），更高于美国、俄罗斯和加拿大等国（人口密度分别为30人/km^2、8人/km^2和3人/km^2）。

人均占有耕地面积少、人口密度高是发展粮食生产乙醇的主要约束因素。

4）中国的非粮乙醇生产技术研发现状

（1）秸秆制燃料乙醇

农作物秸秆为纤维素生物质资源。纤维素制燃料乙醇是开发中的技术，我国也已建设了示范性试验装置。需要在纤维素原料预处理技术、降低水解用纤维素酶的生产成本、糖发酵过程的优化等关键技术取得突破之后才能实现工业化生产。

我国在秸秆生产燃料乙醇技术的研究开发方面已经在秸秆预处理、纤维素酶的制备和纤维素水解—糖发酵工艺开发 3 个方面取得成果。研究开发课题包括：秸秆原料的预处理采用蒸汽爆裂技术；用气相双动态固体发酵技术制备纤维素酶，采用纤维素用固相酶解—同步液体发酵—吸附分离过程生产乙醇以及纤维素乙醇发酵过程的优化和控制等。在秸秆制乙醇技术的工业生产示范方面，河南省天冠公司已建成了年产乙醇 3000t 的秸秆制乙醇示范装置。运转结果表明：秸秆纤维素的转化率达 70%。约 6t 秸秆可生产 1t 乙醇。另外，山东龙利科技公司、泽生生物科技公司和江苏盐城等地也在建设规模为年产乙醇 3000t 的秸秆制乙醇生产装置。吉林省白城庭峰乙醇公司于 2007 年开始了玉米秸秆制乙醇项目的建设，规模为年产乙醇 3 万 t、副产秸秆饲料 6 万 t。年耗用玉米秸秆 23 万 t。

目前，一些地区积极发展秸秆发电技术，建设小型庄稼秸秆发电厂。需要统一规划、安排秸秆资源的合理应用。

（2）甜高粱生产燃料乙醇

甜高粱适宜在荒地、山地和盐碱地种植，具有不占用耕地和光合效率高、抗旱、耐涝耐盐碱的特性。每亩地可产甜高粱籽粒 200～500kg，收获鲜茎杆产率约为 4～5t。茎杆中的总含糖量约为 60%～70%，以蔗糖、葡萄糖和果糖为主。目前用甜高粱生产乙醇以利用茎杆中的糖分为主。在甜高粱杆生产乙醇技术的研发方面，由中国粮油集团公司与清华大学等单位合作，采用 TSH-1 菌种、转鼓式固态发酵装置生产乙醇的试验已取得成果。计划在内蒙古建设甜高粱制燃料乙醇生产基地。

国内第一套甜高粱茎杆制乙醇的示范装置已于 2008 年在江苏盐城开工建设，生产规模为年产乙醇 3000t，用沿海滩涂种植的甜高粱为原料。

我国的东北、华北、西北 18 个省区共有荒地约 2600 多公顷、盐碱地约 960 万公顷，适宜发展甜高粱生产，成为发展燃料乙醇工业的原料基地。

中国、巴西、美国和欧洲一些国家均将甜高粱列为制造乙醇的主要作物、积极进行耕种试验、开发研究甜高粱生产乙醇的技术。

甜高粱制取乙醇的主要技术障碍是：甜高粱茎杆收获时间集中、可供应时间短；茎杆的储存问题尚未解决。茎杆收获后容易受微生物感染而霉化变质；粉碎的茎杆储存 5～6 天后，糖分损失量达 60%；茎杆压榨的汁液极易酸败，影响乙醇收率。另外，甜高粱茎杆榨汁后的残渣成分为纤维素、半纤维素和木质素。纤维物、半纤维素含量约 70%，可采用预处理和同步发酵工艺生产乙醇。表 6-11 列出了甜高粱茎杆的化学组分。

表 6-11　甜高粱茎杆的化学组分[20]　　%

项　目	全茎杆	髓　芯	皮
纤维素	12.4	8.7	19.2
半纤维素	10.2	6.3	17.5
木质素	4.8	0.6	8.8
蔗　糖	55.0	67.4	32.2
葡萄糖	3.2	3.7	2.4
灰　分	0.3	0.2	0.5

（3）薯类作物用作乙醇原料

我国是盛产薯类作物的国家，目前的甘薯种植面积约 700 万公顷，总产量约 1.5 亿 t。木薯种植面积约 44 万公顷，约可产薯干 800 万 t。按每公顷产薯干 20t 计，折合每公顷耕地可产乙醇 7t 左右。

用木薯生产乙醇除了薯类的前期预处理过程与玉米原料不同外，其他工序均相近。薯类发酵的残渣营养价值较低，通常用作沼气或肥料。加工薯类淀粉的水耗量较大，污水处理难度较大。木薯制乙醇的单耗约 3.05t（淀粉含量按 67%计）。中粮集团计划在北海合浦工业园区建设 20 万 t/a 的乙醇项目，用木薯生产燃料乙醇。

5）美国玉米生产燃料乙醇的几项技术经济指标

（1）净能值和温室气体排放量指标

净能值（Net Energy Value）和温室气体（GHG）排放量是评价谷物生产乙醇经济性和环境效应的重要指标。净能值的定义为乙醇的高热值扣除乙醇生产过程的化石能源消耗量。能源强度为生产单位（按 MJ 计）燃料（汽油或乙醇）所消费的化石能源量（按 MJ 计）。

美国加州 Berkeley 大学的 Alexander 等人建立了生物燃料 BAMM（Biofuel Analysis Meta-Model）模型，在统一基准下，重新计算 6 种乙醇生产过程的净能量研究结果。表 6-12 列出了一次能源强度（生产单位 MJ 的乙醇的化石能源用量）和 GHG 排放量（kgCO_2 当量/MJ 乙醇）数据。

表 6-12　汽油和燃料乙醇的能源强度及温室气体排放量

项　目		能源强度②/（MJ/MJ 产品）	能源强度中化石能源耗用量/（MJ/MJ 产品）				CO_2 净排放量/（kgCO_2 当量/MJ 产品）
			石油	天然气	煤炭	其他	
石油汽油		1.191	1.1	0.03	0.05	0.011	94
乙醇	目前工艺①	0.77	0.04	0.28	0.41	0.04	77
	强化 $CO_2$①	0.94	0.18	0.05	0.66	0.05	91
	纤维素	0.10	0.08	0.02	−0.02③	0.02	11

① 目前工艺为现在用玉米生产乙醇的工业数据；强化 CO_2 为远离玉米产地、以褐煤为燃料的乙醇工厂。

② 能源强度：为已扣除副产品的、每 MJ 乙醇（或汽油）产品的化石能源消耗量（MJ）。

③ 外供电力，使煤炭消费量为负值。

（2）谷物生产燃料乙醇的能量平衡[3]

美国农业部报告指出由于近 10 多年来玉米生产率的提高、化肥和农药使用量降低及其生产能耗的降低、乙醇工艺技术改进使转化效率提高、能耗降低等原因，使乙醇生产的能效率比 10 年前大大提高。玉米乙醇的净能量值（NEV）（包括副产品收益）已降至 7.46MJ/kg 乙醇。

燃料乙醇生产的能效比为乙醇生产全过程（包括玉米耕种、玉米收获、乙醇生产和燃料乙醇分配）的总能耗对乙醇高热值（29.66MJ/kg）的比值。目前乙醇的能效比已达 1：1.34。

美国以玉米为原料生产燃料乙醇的能效比（扣除副产品的能量值）为 1.34。即玉米生产乙醇过程中，每付出单位 MJ 能量即可获得 34%的能量收益。详细分析结果如表6-13数据所列。燃料乙醇的高热值为 29.66MJ/kg 乙醇，故乙醇生产的能效比为 29.66÷22.20=1.34。

玉米生产燃料乙醇的净能量值（NEV）比 70 年代末提高的原因是：

表 6-13 玉米生产乙醇的能耗分析[25]

项 目	能耗量/(Btu/加仑乙醇)	折合 MJ/kg 乙醇
玉米生产的能耗量	21598	7.63
玉米运输的能耗量	2263	0.80
乙醇生产的能耗量	51779①	18.29
乙醇分配的能耗量	1558	0.55
合 计	77228	27.27
副产品的能量收益	14372	5.08
乙醇生产全过程的净能量消耗	62856	22.20
乙醇生产过程的净能量值	21105	7.46

① 表中的乙醇生产能耗数据为干、湿两种乙醇生产工艺的加权平均值。

• 单位耕地面积的玉米产量已从 70 年代的 90 蒲式耳/英亩（约 400kg/亩）提高至 90 年代末期的 125 蒲式耳/英亩（约 560kg/亩），提高了 40%。

• 美国的玉米播种面积为 2850～3250 公顷（不包括青储玉米），年产玉米约 2.8～3.0 亿 t，2007 年美国约 20%用于生产燃料乙醇。

• 玉米转化为燃料乙醇的工艺技术进步，导致产品收率提高、回收高产值的副产品和过程的能耗降低。玉米生产乙醇过程的能耗已经降低到 18.3GJ/t 乙醇；不同工艺的玉米转化率已经提高到 293～296kg 乙醇/t 玉米［2.64～2.68 加仑乙醇/蒲式尔（玉米）］，约折合每 3.4t 玉米生产 1t 燃料乙醇。

(3) 从石油安全性分析谷物生产燃料乙醇的效应

一种观点认为，应从单位乙醇产量的液体燃料消耗率检查乙醇的净能量收益是多少。乙醇生产全过程的能耗中约 17%为使用的液体燃料（包括汽油柴油和燃料油），其中 83%能耗来自美国国内自产的、储量丰富的煤炭、天然气资源。这意味着：消耗了 17%的进口石油获得了 100%的乙醇燃料。因此认为充分利用了国内能源资源，通过谷物生产乙醇的过程减少了对国外进口石油的需求，提高了石油供应的安全性。

(4) 玉米燃料乙醇的价格与建设投资

乙醇价格与工厂规模和原料价格有关。表 6-14 为美国 2007 年的新建乙醇工厂的乙醇价格数据。

表 6-14 美国乙醇工厂的乙醇价格[25]

原料玉米价格/(美元/t)	乙醇的价格①/（美元/t）［美元/桶］	
	工厂规模 18 万 t/a	工厂规模 36 万 t/a
32	441 ［55］	415 ［52］
47	525 ［66］	498 ［63］
63	612 ［79］	585 ［74］
79	696 ［87］	669 ［84］
95	783 ［98］	752 ［95］

① 设定投资利润率=12%。

工厂的生产规模不断扩大，小型厂的规模已从 12 万 t/a 扩大至 18 万 t/a。大型厂的规模为 36 万 t/a。不同规模乙醇工厂的建设投资汇总如下[25]。

2006～2007 年的乙醇工厂的单位建设投资（按 2006 年美元计算）：

① 年生产 18 万 t 的乙醇工厂建设总投资为 11200 万美元；单位投资为 620 美元/t/a；

② 年生产 36 万 t 的乙醇工厂建设总投资为 18000 万美元；单位投资为 500 美元/t/a。

四、纤维素生产燃料乙醇[2]

1. 现状

2005 年世界乙醇的生产能力为 3600 多万 t，主要产、销于巴西、美国等国家，产量的绝大部分用作运输燃料（美国 90%乙醇产量为燃料乙醇）。乙醇产量中，90%以上是用玉米或甘蔗等生物质原料用发酵法生产的，其余是用乙烯以合成法生产的。采用发酵工艺用糖料和谷物（淀粉）生产乙醇是成熟的工艺技术。用粮食作物生产替代燃料有与民争粮的问题，粮食发酵生产燃料乙醇不应该是发展方向。就单位土地面积的产糖率指标而言，单位土地面积生产的粮食糖含量远远低于木质纤维素单位土地面积的产糖量。因此以木质纤维素生物质为原料生产乙醇、以农作物秸秆为原料生产乙醇是当今研究开发的热点[32]。美国的 NREL 已建成了纤维素生产乙醇的工业示范装置，并完成了玉米秸秆生产燃料乙醇的工程设计和技术经济评估，玉米秸秆原料的处理能力为 2000t/d。

我国在纤维素生产乙醇技术的研究、开发也已经起步，在河南、吉林、山东和江苏等地建设了玉米秸秆生产燃料乙醇的工业示范装置。

2. 纤维素生物质的转化原理

纤维素和半纤维素可以用不同的工艺方法水解成各种糖类并最终发酵生成乙醇。

纤维素是葡萄糖的线性聚合物，由于化学键的方向性和存在大量氢键，使聚合物不容易被打开。在水解过程中，多糖聚合物生成游离的 6 碳己糖，即葡萄糖分子。

半纤维素是带许多短支链的各种糖类，主要有 5 碳的木糖、阿拉伯糖（Arabinose）和 6 碳的半乳糖（galactose）、葡萄糖和甘露糖（mannose），还包括少量的非糖物质，如乙酰族化合物。由于半纤维素是带支链的非结晶物质，故容易水解。

所有纤维素生物质均含有约占干物质总量 10%～25%的木质素。木质素不能生产乙醇，生产乙醇过程木质素将转化为残渣。残渣是大分子、苯基丙烷和甲氧族（phenylpropane and methoxy groups）的复杂聚合物。这种非碳水化合物的多元酚物质可在晶胞上形成硬壳，并将晶胞黏结到一起。木质素只能用几种生物质降解，生成价值较高的如有机酸、酚类和香兰素等产品。尽管这些副产品可大大提高乙醇工业的产值，但仍未取得开发、研究成果。目前，木质素仍只能以作燃料用于发电为主。

由于纤维素的结晶构造使其难以进行水解，故必须采用比糖类作物（甘蔗、甜菜）或谷物生产乙醇更为先进的预处理技术才能将纤维素转化为糖。当纤维素和半纤维素糖化之后，生产乙醇的工艺就与用谷物生产乙醇基本相似了，只是所使用的酶与谷物生产乙醇工艺不同而已。

半纤维素预处理（水解）过程中，木糖的转化率随采用的工艺方法而异。例如：采用常规的酸处理技术，木糖的收率为 75%～85%；采用先进的预处理技术就可提高至 88%～98%。在发酵过程中，不同糖类转化为乙醇的产率也与采用的工艺技术和工艺条件密切相关。例如：联合发酵过程葡萄糖的乙醇转化率可达 95%，木糖的乙醇转化率为 85%。提高预处理、发酵过程的效率、控制和减少副反应的生成还有很大的改善空间。

乙醇的生产成本与原料成本和生产规模有关。乙醇生产工艺与生物质的生物化学组成密切相关，因为纤维素、半纤维素和糖的组成直接影响着乙醇的收率。各种木材是生产乙醇的适宜原料，多年生的木质纤维作物（如 switchgrass，学名为“柳枝稷”）具有高产、低成本、对劣质土壤的适应性好和环境友好等特点，是未来生产乙醇的适宜原料。从几种生物质原料的生物化学组成可以看出：松木的糖类含量最高，各种木材的木质素含量在27%左右；柳枝稷的木质素含量最低，所以联产发电量也较低。

农作物秸秆也是生产燃料乙醇的原料。例如：美国能源部的“国家再生能源实验室”（NREL）根据研究结果编制了玉米秸秆生产燃料乙醇项目的概念设计并做了初步技术经济评估，设计方案年产乙醇 24 万 t，玉米秸秆年需用量为 70 万 t，乙醇的售价为 1.07 美元/加仑（约折合 360 美元/t）。

不断提高纤维素水解效率和糖发酵的效率、降低装置的建设投资和降低生物质原料的成本（例如：从 3 美元/GJ 降至 2 美元/GJ）后，就可使乙醇的生产成本从近期的 22 美元/GJ_{HHV}（500 美元/t）降至 13 美元/GJ_{HHV}（300 美元/t），并最终在 20 年之后降至 8.7 美元/GJ_{HHV}（200 美元/t）。按折合汽油热值当量计算，上述乙醇成本分别相当于 135、80 和 54 美元/桶汽油当量。

3. 生物质生产燃料乙醇工艺的开发研究

西方工业化国家在制定本国能源发展战略中，都把发展生物质能源摆在高技术研发的重要地位，并投入了巨大的人力、物力资源开发用生物质生产替代燃料的工艺技术。欧盟的能源发展战略绿皮书制订的“长期能源战略计划”规定：到 2020 年，生物质燃料将替代 20%的化石燃料；日本的“新阳光计划”也制订了相应的生物质能源的研发计划；美国能源部于 2002 年成立了专门的生物质能源项目办公室，统一组织实施生物质能源项目的开发研究工作，于 2003 年制定了“生物质项目技术方案”，其目标是统一实施多项独立、分散的计划项目，其最终目标是建立自己的生物能源工业、大大降低甚至最终结束对进口原油的依赖。美国“生物质项目技术方案”确定了 2004 年以后的总体规划和研究目标，包括以下 5 项内容：

（1）生物质原料的开发研究；

（2）糖类研究平台；

（3）热化学研究平台；

（4）生物质转化产品（包括燃料、化学品、热能和电力）；

（5）联合生物炼油厂的开发研究。

“糖类研究平台”的目标是开发经济有效的生产技术，把木质纤维生物质转化为糖类，再进一步生产燃料乙醇；热化学研究是用化学转化法把生物质转化为糖类，被视为“新兴技术”，可以促进“生物炼油厂”的工业开发，可以从木质纤维生物质生产燃料、化学品和电力；“联合生物炼油厂”就是利用上述研究平台开发成功的、经济有效的工艺技术组成“生物炼油厂”，将生物质转化为所需的各种产品。

美国“生物质项目技术方案”第（1）、（2）、（5）项研究与发展燃料乙醇有关，具体目标如下：

美国的生物质原料的开发研究计划认为：美国现有的农业生产结构和技术不能适应生物能源产业的发展，必须调整、改变现有的农业生产体系。长远的目标为 2050 年实现年产纤维素原料 10 亿 t，在 2010 年实现年产生物质产品 1.5 亿 t，生物质的价格不高于 35 美元/t。

生物炼油厂为改善生物质加工的获利能力创造了条件，并且开辟了一条持久性地从生物质生产燃料产品的途径。按照生物炼油厂工业化的时间表，可将生物炼油厂分为以下三类：

（1）已有的生物炼油厂是指使用已有的工艺技术并进行工业化生产的生物质发电厂、生物质和化石燃料混烧的热电厂、采用生物质快速热解技术的化工厂。

(2) 即将出现的生物炼油厂是指可在5~10年内实现工业化的生物炼油厂，它使用农业废料或能源作物而不用传统的生物质资源作原料，采用正在开发中的新工艺技术。例如：用生物质酶水解技术生产糖类和木质素，再进一步转化为各种燃料和成品。采用热转化技术的生物炼油厂，是已有的煤转化技术的延伸。

(3) 高级的生物炼油厂是在已经工业化的基础上，进一步改进工艺技术提高效率、降低成本，成为先进的生物燃料工厂。

4. 纤维素水解用纤维素酶的研究开发

1) 纤维素酶的研究概况

人们对从木材转化为糖的化学研究已有200多年历史，对生产工艺的研究也已有100多年，对生物质水解用酶的研究却只有50多年。生物质酶水解是生物质制乙醇工艺中的新技术。

研究纤维素酶的最初目的是为了防止霉菌对纤维的破坏，现在工业上研究纤维素酶是为了提高纤维素水解的效率。纤维素酶并非单一菌种，是多种酶的重组体，其中包括：

- 内切葡聚糖酶（endoglucanases）：可任意地侵蚀纤维素的纤维结构、迅速降低其聚合度；
- 外葡聚糖酶（exoglucanases）：可侵蚀纤维素的纤维终端，使高结晶度的纤维素水解为相应的糖；
- β-葡萄糖酶（β-glucosidase）：可将纤维二糖水解为D-葡萄糖和cellodextrins。

有许多种细菌和真菌可自然地生成这些酶，工业上使用的纤维素酶就是一种称为里氏木霉（Trichoderma reesei）的微生物。

重组（recombinant）的絮凝性菌（Z. mobilis bacterium）是一种发酵用微生物，可以使葡萄糖和木糖发酵生成乙醇，也可用于6碳的甘露糖和半乳糖的发酵。木糖发酵的专用酶还在开发中，一些研究单位正在用遗传技术开发类似于絮凝性菌的木糖发酵专用酶，以便适用于其他糖的发酵或找到一种能使5碳糖（半纤维素水解的糖）发酵的天然微生物。

目前，Genencor International公司和Novozymes Biotech公司是两家最大的生物酶生产商，正在研究、开发生产最廉价、有效的纤维素酶。

2) 降低纤维素酶生产成本

是纤维素制乙醇技术实现工业化的关键。

纤维素热化学水解技术是成熟的、工业化的技术。但是，以木质纤维素为原料的酶水解法制乙醇仍不是成熟的技术。因为木质生物质的酶水解技术可以简化生产流程和降低生产成本，木质生物质的酶水解制乙醇技术一直是生物化学领域的研究热点。

通过降低纤维素酶的生产成本和改善酶的性能可以实现将乙醇生产成本降低到1/5~1/10的水平。加上乙醇生产其他技术改进，就可以使纤维素水解法生产燃料乙醇技术在经济上达到能够与谷物制乙醇技术竞争。

美国的“生物质研究计划”已分别与Genencor International公司和Novozymes生物技术公司签订了合同，希望将生物质转化用的纤维素酶的有效生产成本降至0.5美元/加仑乙醇（约折合170美元/t乙醇），并进一步降低至0.1美元/加仑乙醇（约折合34美元/t乙醇）的可实用推广的水平。开发研究的目标是在生物乙醇生产过程中采用高效的生物化学技术降低酶的成本，最终目标是将纤维素酶的成本降至5美分/加仑乙醇（约折合17美元/t乙醇）。近期的目标是把纤维素酶的比活性提高3倍（相对于里氏木霉系统），最终目标是把酶的“比活性”即生成效率提高 10 倍。

目前酶的主要研究方向包括：设计混合的纤维素酶；蛋白质工程和建立先进的纤维素酶性能分析方法等内容。

要制造出能够将木质纤维素转化为糖的、专用的人造纤维素酶系统就需要了解酶对于水解液体转化规律及相互关系，从而设计出混合的纤维素酶。研究人员推测，下列几种酶是生物质水解的主要用酶：

① β-1，4 endogluanases；

② β-1，4 cellobiohydrolases；

③ xylanases；

④ β-glucosidase；

⑤ α-L-Arabinnofuranosidase；

⑥ acetal xylan esterase；

⑦ β-mannanase；

⑧ α-glucuronidase.

3）纤维素酶水解工艺

生产乙醇过程中最初用酶进行木材水解只是单纯地用 cellulase 酶水解过程替代酸水解过程，即单独进行纤维素水解和糖的发酵。生物质酶水解过程的最大改进就是推出了 SSF 流程（Simultaneous Saccharification and Fermentation），同时进行糖化和发酵。SSF 流程可同时进行多种糖的发酵，把水解用的 cellulase 酶和发酵用微生物合并到一起。随着水解过程糖的生成，发酵用微生物就把糖转化为乙醇。cellulase 酶的生产成本过高，是木质纤维素生产燃料乙醇的主要经济障碍。研究人员正与酶生产商合作，目标是将酶的成本在目前基准上降低至 1/50～1/10，使纤维素生产乙醇工艺在经济上能够与谷物乙醇竞争。

5. 生物质发酵用微生物的研究开发

1）开发重组乙醇微生物的必要性

生产乙醇用的发酵微生物称为“乙醇微生物”（Ethanologens）。天然的乙醇微生物只能将生物质中的一部分糖转化为乙醇（只能发酵 6 碳糖）。发酵反应温度也不高，而且其性能会在发酵过程受到一些组分的抑制。与天然微生物相比，重组的乙醇微生物可以提高乙醇收率和生产能力。

用木质纤维素生产燃料乙醇过程中，原料成本很高，约占乙醇总成本的 40%以上。由于木质纤维素中的木质素难以用化学和生物学方法转化，所以必须将木质纤维素中的纤维素和半纤维素中的糖有效地转化为乙醇，以提高乙醇的产率和降低原料成本。虽然有多种生物酶可以将纤维素中的葡萄糖转化为乙醇，却没有适宜的“乙醇微生物”能够将半纤维素中的木糖和阿拉伯糖转化为乙醇。而木糖是硬木半纤维素中的主要组分；阿拉伯糖是秸秆和草类能源作物（如柳枝稷）的糖类成分；玉米秸秆的半纤维素中聚木糖含量比较高（约为干基的20%～23%），聚阿拉伯糖含量为 3%（干基）左右。

为了实现纤维素制乙醇的工业化，需要改进发酵用微生物的性能、提高发酵速率和提高半纤维素中糖的收率。因此采用重组方法改进发酵微生物菌种是重要的开发课题。

2）已经开发的乙醇微生物新菌种[15]

目前，已研发成功、重组的发酵菌种有以下几种，分别说明如下：

（1）酵母菌（Saccharomyces）是大规模工业生产乙醇专用的发酵菌种，可生成 10%～

15%（体）的乙醇液，乙醇产率为4.5g/L·h，发酵温度为38℃，pH值范围：3.5~4.5。

（2）大肠杆菌（rE. Coli）的重组体被广泛用于医药工业上，它的生长速度和生产能力比酵母菌快得多。rE. Coli用在乙醇生产上的缺点是对乙醇的耐受性较差，对温度适应性均较差，在乙醇浓度为7%~8%时不能生长，生存温度为30℃；而酵母在相同温度和乙醇浓度为18%~20%条件下仍能存活。

（3）发酵单胞菌（γ Zymomonas）它可将阿拉伯糖和木糖转化为乙醇，在32℃下可耐受的乙醇浓度为11%，pH值范围为5~6，使用温度不超过35℃。从天然菌种中选出的品种的发酵条件为：38℃、乙醇浓度12%~15%（体），pH值范围：3.6~3.8。

可将戊糖转化为乙醇的天然微生物有P. Stipis、Pochysolen tanophilus和Candida shehayae。

用农、林业副产物生产燃料乙醇是主要发展方向。从木质纤维素生物质用微生物发酵法生产乙醇需要使用适宜的发酵菌种。研究结果表明：Zymomonas mobilis是适宜工业生产燃料乙醇的发酵菌种。Zymomonas mobilis可以将蔗糖、葡萄糖和果糖发酵生成乙醇。其主要优点是乙醇收率高、发酵过程的生物质生成量较少、对高浓度乙醇液的耐受性能好、发酵过程不需控制O_2通入量。Zymomonas mobilis的缺点是：不能将纤维素、半纤维素和淀粉转化为乙醇、发酵过程会生成有抑制作用的副产物（醋酸、甘油等）。

为了实现农业秸秆和木质纤维素生产乙醇的工业化，对Z mobilis生产乙醇的分子生物学和生物化学进行了充分的研究之后，提出了用生物方法达到提高乙醇产率和扩大原料品种的目标。采用DNA重组技术（Recombinant DNA technology）就可以构建一种新的微生物重组体。就可使用廉价的农业废料作底物（substrates）生产乙醇。例如：可以用遗传工程把其他某种微生物中的有效基因复制到Z mobilis中，或是把Z mobilis的乙醇合成基因转移到其他微生物中。已经成功地把Z mobilis的乙醇合成pet基因转移到E. coli中。由于Z mobilis只能利用葡萄糖、果糖等生产乙醇，为了将Z mobilis的发酵能力扩大到其他糖类，可将E. coli重组体中的水解酶和异构酶（isomerase）的基因转移给Z mobilis，使Z mobilis也能够利用木糖、甘露糖、乳糖和阿拉伯糖作为碳源。

Z mobilis的突变体，可以改善发酵性能。经过实验室和小型试验对Z. mobilis和各种酵母菌的性能对比，Z mobilis具有以下特点：乙醇产率高、低pH值发酵和副产物生成量少。

为了将木质纤维素生物质，例如农作物秸秆和草类能源作物，完全转化为乙醇，需要采用联合发酵技术，已经开发成功了可同时将葡萄糖、木糖和阿拉伯糖发酵为乙醇的微生物，称为“发酵单胞菌206C”（Zymomonas mobilis 206C［PZB301］）[15]。为了提高菌种的遗传稳定性，开发出了几种植入基因体DNA的Z mobilis。其方法是将7种能使木糖、阿拉伯糖发酵的基因植入到Zymomonas mobilis的基因体中，再从中选出4种进行稳定性试验，最后根据遗传稳定性试验结果，选出了“AX101”菌种并进一步作出评价。经过一系列的连续发酵试验表明：AX101菌种可同时发酵葡萄糖、木糖和L-阿拉伯糖，联合发酵的收率为84%左右。工艺条件：pH值=4.5~5.5；发酵温度30℃，糖类发酵的优先顺序为：葡萄糖优先，木糖其次，阿拉伯糖最低。发酵过程生成的副产物包括：木糖醇（xylitil）、乳酸盐（lactate）、甘油和醋酸盐。

几种植入基因体DNA的Z mobilis可以同时进行葡萄糖、木糖和阿拉伯糖的发酵。AX101的遗传稳定性良好，在只含葡萄糖的非选择性介质中可保持稳定至160代。AX101菌种连续发酵的乙醇产量会受到醋酸的抑制，是由于醋酸毒性的原因。

AX101 菌种的特点是乙醇产率高，可在低 pH 值条件下发酵，副产物产率低，适合于工业生产使用。

3）改良发酵菌种的目标[17]

国外学者认为需要根据以下菌种性能参数和发酵工艺条件进行发酵菌种的改良。

（1）乙醇产率：按照化学反应式平衡计算，每千克聚戊糖水解可生成戊糖 1.136kg；每千克聚己糖水解可生成己糖 1.111kg。每发酵 1kg 己糖（或戊糖）可生产乙醇 0.511kg；每千克聚戊糖或聚己糖生产乙醇的总转化率分别为 0.581 和 0.568kg，即两者相差 2.3%。实际上，由于为了维持微生物的生长，需消耗一定量的底物。对于 rE. Coli 和酿酒酵母菌（S. cerevisiae），每千克细胞（干重）的葡萄糖消耗量分别为 0.054kg 和 0.018kg。

（2）遗传稳定性：改良的微生物必须经过多代繁殖后仍然保持遗传稳定性才能维持一定的性能。经过重组的菌种，其染色体已经改变，经过繁殖几个月后一般具有良好的遗传稳定性。经过植入“细胞外 DNA”后的改良微生物遗传稳定性不佳。几个月或几周后，工艺性能下降。

（3）发酵抑制剂：对发酵过程产生抑制作用的化合物来源包括：

① 生物质水解过程产生的化合物：有机酸如乙酸、葡萄糖醛酸（glucuronic acid）、半乳糖醛酸（galacturonic acid），来自木质素的酚类化合物；

② 生物质预处理和水解过程产物的降解物质，如木糖生产的糠醛类物质；

③ 其他来源：设备腐蚀产生的金属离子，营养液等物流带来的硫化物、乳酸等。

这些抑制剂会对发酵过程造成影响。

（4）发酵温度：所有重组发酵菌种均为中等嗜温的微生物，最佳发酵温度在 30~38℃范围之内。改善乙醇微生物的耐温性能就可以提高生长速率和使生产能力成倍增长、相应提高发酵罐单位体积的生产能力、减少冷却面积和降低生产费用。

（5）pH 值：发酵罐的 pH 值与使用的发酵菌种有关。

（6）乙醇的容许浓度：多数发酵菌种的乙醇容许浓度为不超过 10%~15%，提高温度会使微生物的容许浓度范围减小。目前使用的发酵菌种，当温度高于 35℃和乙醇浓度达到 10%后，活性降低。

（7）微生物生长速率：与许多参数有关，包括营养剂和抑制剂情况、pH 值和发酵温度。

菌种重组就是根据菌种性能参数和发酵工艺条件进行发酵菌种的改良，目前发酵菌种的改良目标是：

① 近期的目标包括将总产率提高至 90%，使改良的菌种同时具有发酵葡萄糖、木糖和阿拉伯糖的功能，减少副反应和副产品收率。

② 中、远期目标是提高发酵温度，初期将发酵温度提高至 45 ~ 65℃，最终提高至>70℃。提高发酵温度后可以实现同时糖化、发酵流程（SSF 和 SSCF 流程）；在操作上可降低耗电量；减少冷却水用量；提高发酵的生产能力（约可提高 5g/L · h）；当发酵温度提高至>70℃后，还可将乙醇从溶液中汽提出来。

6. 玉米秸秆生产乙醇的工艺流程

玉米秸秆生产乙醇的工艺过程包括原料储存、预处理、纤维素水解、糖发酵、产品回收和精制以及木质素发电等工序，流程如图 6-2 所示。

1）原料储存和处理工序

包括生物质原料的净化、粉碎和运输工序。生物质原料一般是打包后用拖车运至工厂储料场堆放场，进入生产作业的原料拆去包装后的原料经皮带运输机输送至洗涤工序除去杂物。根据原料的不同经两级切碎后成为几厘米或1~3mm碎片，然后送到预处理工序。

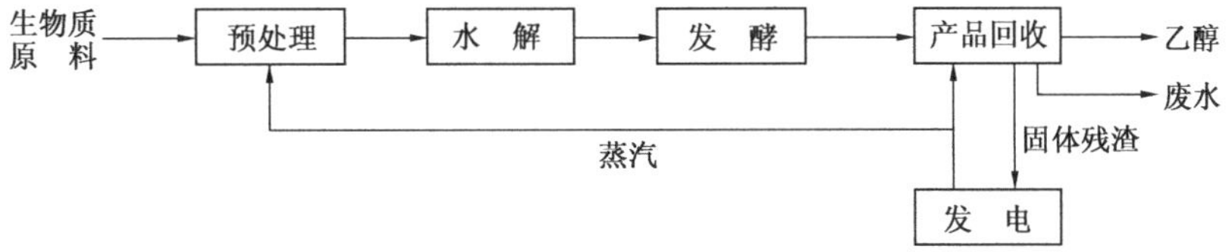

图6-2　生物质原料生产燃料乙醇工艺流程

用玉米秸秆为原料时，使用的运输、洗涤净化和切碎设备与糖厂处理甘蔗的机具类似。原料切片的能耗约占全工艺过程总能耗的1/3，未来的纤维素-乙醇工艺将允许使用较大尺寸的木片以节约用电。表6-15列出了玉米秸秆的化学组成。

表6-15　玉米秸秆的化学组成

项　　目	组成/%（干基）	项　　目	组成/%（干基）
葡聚糖	37.4	可抽出物	4.7
木聚糖	21.1	阿拉伯聚糖	2.9
木质素	18.0	半乳聚糖	2.0
灰分	5.2	甘露聚糖	1.6
醋酸盐	2.9	其他可溶固体物	1.1
蛋白质	3.1		

2）预处理工序

预处理技术的开发研究是纤维素生物质生产乙醇的重要课题。除了酸处理法是成熟的工艺外，还有多种新开发的预处理技术尚未工业化。

（1）工艺流程

经过切碎的生物质原料用螺旋输送机送入浆液罐中进行低压蒸汽处理，然后通过接收罐送入预处理反应罐中，在反应罐内加入稀硫酸（1.1%）和1.3MPa的高压蒸汽，在190℃和高压下完成预处理过程。预处理-半纤维水解过程的工艺条件见表6-16。

表6-16　预处理-半纤维素水解的工艺条件

项　　目	数　据	项　　目	数　据
操作压力/MPa	1.21	硫酸浓度/%	1.1
温度/℃	190	预处理罐中固体物含量/%	30
停留时间/min	2		

预处理反应罐排出的闪蒸气体经过换热、冷凝冷却后送去污水处理，反应罐底部排出的含固体浆液经过压滤机进行固-液分离，所得的固体物为纤维素组分，经过打浆罐处理后送至纤维素水解工序。滤液和洗涤液则用消石灰进行中和处理，中和所得的液体返回至打浆罐，分离出的硫酸钙固体物则送出装置另行处理。

（2）工艺原理

预处理的目的是将原料中的半纤维素转化为可溶性糖（以木糖、甘露糖、阿拉伯糖和半乳糖为主），同时为后继的纤维素糖化过程进行原料调理。过程中也可能有少量的（约

7%~8%）纤维素转化为葡萄糖。

经过脱除木质素和半纤维素水解之后，纤维素就更容易被酶浸渍了，因为经过化学、物理或生物处理后，木质素、全部或一部分半纤维素就被溶液化了，继续加水或通入蒸汽，游离的半纤维素聚合物就被水解为单糖和齐聚糖。所生成的可溶性糖产品主要有木糖、甘露糖（mannose）、阿拉伯糖（arabinnose）和半乳糖（galactose）。少量的（约7%~8%）纤维素也可能在预处理阶段转化为葡萄糖，但大部分纤维素是在下一工序（糖化）中转化为葡萄糖的。

预处理产物经过滤、压榨后，所得的固体物（纤维素和木质素）进入纤维素水解工序，含糖液体则去发酵工序。

水解过程中，半纤维素生成的糖类可能降解为弱酸性化合物（糠醛衍生物和酚类），这些化合物将对其后的发酵过程起抑制作用，使乙醇产率下降。在苛刻的水解条件（较高的温度和较高的酸度）会导致抑制剂生成量的增加。为了提高木糖收率，目前的研发工作重点是深入了解化学、或生物处理过程中木糖的化学变化；了解反应条件对木糖收率的影响；了解木质素与木糖相互转化关系。

表6-17 预处理过程中的主要化学反应

反应物	化学反应	转化率/%
葡聚糖	（葡聚糖）n+$n$$H_2O$——$n$ 葡萄糖	7
葡聚糖	（葡聚糖）m+$m$$H_2O$——$m$ 葡萄糖低聚物	0.7
葡聚糖	（葡聚糖）n+1/2$n$$H_2O$——1/2$n$ 纤维二糖	0.7
木聚糖	（木聚糖）n+$n$$H_2O$——$n$ 木糖	90
木聚糖	（木聚糖）n+$m$$H_2O$——$m$ 木糖低聚物	2.5
木聚糖	（木聚糖）n——n 糠醛+2$n$$H_2O$	5
醋酸盐	醋酸盐—醋酸	100
木质素	（醋酸盐）n——n 可溶性木质素	5

酸催化水解预处理方法是用稀硫酸、盐酸或硝酸进行预处理。所有化学预处理方法中，以使用0.5%~1.5%稀硫酸最为普遍，半纤维素的木糖转化率可达75%~90%。酸处理法的主要缺点是在发酵工序前必须用中和法除酸，因此会生成大量的石膏。

酸处理法预处理的温度为150℃，反应时间为几分钟。向反应罐中通入中压蒸汽来调节预处理温度。要求进料的粒径为1~3mm，每千克原料的稀硫酸用量约为0.3kg。木糖收率为理论收率的80%，半纤维素的水解率接近100%。

（3）其他预处理工艺

其他预处理方法有化学处理、物理处理和生物处理等不同方法，分述如下：

① 化学处理法。常用的其他化学处理法有使用碱、氨、有机溶剂、SO_2、CO_2 或其他化学品的预处理方法。

碱处理法通常使用NaOH或 $Ca(OH)_2$，可除去全部木质素和一部分半纤维素，并可显著提高其后水解工序纤维素的反应性。碱处理法可使大部分木质素溶解，同时使半纤维素呈不溶解的聚合状态。碱处理方法的缺点是由于使用高浓度碱而必需采用碱循环流程，还会造成环境保护问题，增加污水处理和残渣处理成本。

② 物理处理法。物理法为非催化的预处理方法，有蒸汽爆裂法和高温热水法。

蒸汽爆裂处理法是将生物质原料用高压蒸汽（2.0~5.0MPa；210~290℃）处理数分钟，然后快速降至常压。研究结果表明：在不使用催化剂情况下，木糖收率可达45%~65%。蒸汽爆裂处理法的效果和反应时间与原料的粒径有关。经过蒸汽爆裂预处理后，下游的纤维素水解的酶效率可达90%，反应时间需24h。蒸汽爆裂法是开发中的技术，必须提高总收率和降低操作成本，才有可能成为有吸引力的技术。

高温热水处理法使用高压热水（高于饱和蒸汽压）使半纤维素水解，不使用酸或化学催化剂，木糖收率可达88%~98%。高温热水处理法是经济上有吸引力、环境友好的技术，但仍处于实验室研究阶段。

③ 生物处理法。生物处理法是用一种称作真菌“funghi”的微生物使木质素降解的技术。20世纪80年代之前，生物处理法因为反应时间长、水解速率低、收率低、木质素的衍生物会使微生物中毒等原因，被认为是高成本的工艺处理方法。现在，生物处理法由于具有能耗低、反应条件缓和等优点，被认为可与化学处理法联合使用。

④ 联合预处理方法。在蒸汽爆裂法中加入稀酸可以有效地改善酶水解过程，减少抑制化合物的生成和更有效地除去半纤维素，单体木糖的回收率可达70%。这种酸催化的蒸汽爆裂工艺对于处理硬质木材是最有效的工艺，但对于软木的处理效果就较差。

氨纤维爆裂法（Ammonia Fiber Explosion，即AFEX工艺）用液氨和蒸汽爆裂。此工艺可以保留的原料中附加值高的蛋白质。但由于目前的原料均是以低蛋白质原料为主，故目前意义不太大。氨纤维爆裂法对于草类原料的半纤维素水解效果较好，对于含木质素较高的软木、硬木，效果较差。

CO_2爆裂法的作用与蒸汽、氨爆裂法相似，其成本低于氨爆裂法，也不像蒸汽爆裂法会生成抑制剂。

各种预处理工艺均有各自的优、缺点，工艺方法的选择直接对后继的水解、发酵过程产生影响。理想的预处理方法应是：能生成活性纤维素和非降解的5碳糖；对后继的发酵过程无抑制作用；对原料的破碎要求不严格；有比较大的反应器容积（固体物负荷大）。

在这些预处理工艺中，酸水解仍是较为成熟的技术，木糖的收率可达75%~90%（高于蒸汽爆裂预处理工艺仅45%~65%收率的数据）；生成的抑制剂也较少；可以提高后继的纤维素水解收率。但是，酸水解法的缺点是耗酸成本较高、石膏废料排弃和设备需用耐酸材料等问题。几种可行的预处理工艺的比较结果归纳在表6-18中。

表6-18 几种预处理工艺的比较

预处理方法	使用药剂	操作条件	反应时间	木糖收率	对下工序酶的效应①	工业化时间
稀酸水解法	酸	>160℃	2~10min	75%~90%	<85%	现在
碱水解法	碱			60%~75%	55%	现在
非催化蒸汽爆裂法	—	160~260℃	2min	45%~65%	90%	2~5年后
酸催化蒸汽爆裂法	酸	160~220℃			88%（两步）	2~5年后
热水法	无	190~230℃	4s~4min	88%~98%	>90%	5~10年后
氨纤维爆裂法	NH_3	90℃	30min		50%~90%（两步）	
CO_2爆裂法	CO_2	5.62MPa	—		75%（两步）	

① 指下游纤维素酶水解工序，24h由纤维素转化成葡萄糖的效率。

3）纤维素水解和糖发酵工序

纤维素水解和糖发酵为两个工艺过程，在工艺流程上有时划归为一个工序。分别说明如下：

（1）纤维素水解

水解过程又称“糖化过程”。如前所述，预处理过程包括脱除木质素和半纤维素水解过程。水解过程专指纤维素的水解——即将纤维素转化为葡萄糖的过程，过程的反应式如下：

$$(C_6H_{10}O_5)_n + nH_2O \longrightarrow nC_6H_{12}O_6$$

纤维素水解反应可用稀酸、浓酸或纤维素酶（cellulase）作催化剂。在没有预处理情况下，纤维素水解为葡萄糖的产率低于20%，经过预处理后，纤维素水解的葡萄糖产率可达90%以上。

纤维素酸水解有酸水解（又分为稀酸法和浓酸法）和酶水解两种技术。

① 酸水解技术。稀酸法制乙醇是1898年就已经工业化的纤维素转化为乙醇工艺技术。该技术的第一段就是半纤维素水解过程。若水解反应继续进行，糖就可能转化为其他化学品——醛等。糖的降解不仅使糖产率降低，醛和其他副产物还会对发酵过程产生抑制作用。所以，第一段水解是在缓和条件（0.75%硫酸和190℃）下进行，是以回收5碳糖为主的过程；第二段水解应在仅有固体物存在和较苛刻的条件（215℃和0.4%硫酸）下进行，以回收6碳糖。甘露糖（mannose）、半乳糖（galactose）的回收率分别为89%、82%，葡萄糖收率却只有50%。两段所得的水解液体均回收后，进入发酵工序生产乙醇。

浓酸水解工艺的糖产率可高达90%，可处理各种原料。浓酸水解的糖降解率较低，为了减少酸用量，酸的回收和循环使用是十分重要的。20世纪40年代，使用膜分离技术，酸回收率可达80%；现在使用的连续离子交换技术，酸回收率可达97%，过程的糖损失率为2%。工艺设备的造价高于稀酸水解法。

② 酶水解技术。“二战”期间，驻在南太平洋的美军发现了一种叫做“fungus”的霉菌能破坏棉衣和帐篷。这种酶菌称为木霉菌（Trichoderma Reesei），能使纤维素水解，故称作“纤维素酶”（cellulase）。这种cellulase第一次用于木材水解生产乙醇时，只是简单地用cellulase酶水解代替酸水解过程。酶水解过程具有条件缓和、可提高产品收率等优点。与酸、碱水解法相比，无腐蚀，生产成本和维修费用低。虽然酸水解法在技术上是成熟的，而预计酶水解法成本可与酸处理法相比，改进工艺后还可进一步降低成本。

纤维素的结构特性，如结晶度、聚合度和木质素含量对水解过程有负面影响。浆液浓度较低时，转化率和反应速率就较低，如果加大纤维素酶的剂量会使生产成本不成比例地增加。通过加入某种表面活性剂（反应后促进纤维素酶的解吸）、使用由不同微生物生成的混合纤维素酶或加入其他酶（例如果胶酶，pectinase）就可能提高水解效率。

为了改善酶水解法的收率和反应速率，正在研究如何提高酶的活性和把几个工序合并到少数反应器中进行。水解的中间产品和终产品，如纤维二糖（cellobiose）和半乳糖（galacose）对纤维素酶的活性有抑制作用，可以采取向反应器中加入过量的酶、用超滤法分离出产品或是在同一反应器中同时完成发酵工序等方法解决。尽管酶的质量会缓慢下降，为了降低成本，应回收酶并循环使用。

纤维素酶实际上是多种酶的混合物，对纤维素的纤维组织产生作用。虽然人们对纤维素酶（cellulase）的作用已有所了解，但是，如何能调制出高活性酶的配方仍需深入研究。

纤维素酶是由生活在纤维素物流中的微生物生成的。可以用单独的反应器生产纤维素酶，也可向专门的生产商购买。细菌和真菌（fungi）都可以生成纤维素酶。由于 fungi 是在有氧条件下生长，而且生长速度快，故特别引人注意。fungi 真菌的最佳生长温度是 28℃，故不能与水解过程（70℃）合并到一起。

目前，大多数纤维素酶的商业应用（例如布匹的漂白）都是在极低的水解速率下进行的，而生产乙醇要求的水解率接近 100%。这类纤维素酶都是在生产高价值产品中使用，故价格昂贵。从生产商购买纤维素酶时，酶的成本为 3.4~5.6 美元/GJ_{HHV} 乙醇（即酶的成本约折合为 19~32 美元/桶-汽油当量）。

提高纤维素酶的性能和降低纤维素酶的生产成本是使纤维素生产乙醇技术能够工业化应用的关键。目前纤维素酶的性能在不断改善中，通过提高酶的活性中心、改善热稳定性、提高与纤维素的结合能力和降低对木质素的结合能力，2005 年纤维素酶的性能将比 1999 年提高 3 倍；2010 年预计可提高 10 倍。预期酶的价格将随着技术进步不断下降。

目前，采用纤维素酶水解工艺时，葡萄糖的转化率在 75%~85%左右，改进技术后可能将转化率提高至 86%~95%，适宜的水解温度为 70℃。目前，采用的糖发酵温度为不高于 30℃，故发酵过程应在单独的反应器中进行。几种纤维素水解技术的工艺条件如表 6-19 所示。

表 6-19　几种纤维素水解的工艺条件

工艺方法	使用的药剂	水解温度/℃	反应时间	葡萄糖转化率/%
稀酸水解法	<1%稀硫酸	215	3min	50~70
浓酸水解法	30%~70%硫酸	40	2~6h	90
酶水解法	纤维素酶	70	1.5d	75~95

水解生成液的净化预处理过程会发生 5 碳糖和 6 碳糖降解反应，生成糠醛、羧基甲基糠醛（HMF）并释放出酸，加之预处理和水解过程也会生成酸。这些酸组分会对酶水解和其后的发酵过程均有毒性和抑制作用，必须在去发酵之前除去这些酸组分或将其中和，否则会加大发酵用微生物的用量。为此生物质预处理过程所得的浆液先进行固-液分离以分出毒性化合物并将压滤所得的固体物用水洗涤以便使抑制性物质进入液体物流中。液体物流然后进行连续式离子交换，用碱性的氨水置换酸并进行酸回收，残余的酸则用氢氧化钙中和，生成石膏。水解液经过滤脱除石膏后，再与固体物混合（根据流程配置而定）到一起。

③ 玉米秸秆生产燃料乙醇的纤维素水解（糖化）流程。纤维素水解过程需在较高温度（65℃）下进行，以便提高酶的活性、降低糖化反应时间和减少酶的用量。来自预处理工序的水解液（温度为 51℃）先用低压蒸汽预热至 65℃后与纤维素酶一起加入到一系列（5 台）水解反应罐中，经过稀释的水解液中固体物含量为 20%。水解液中酶的加入量可根据水解液中纤维素的含量和要求的水解转化率而定。设定的纤维素酶浓度为每毫升 50FPU 国际单位。水解的操作条件如表 6-20，水解（糖化）过程的化学反应和转化率数据见表 6-21。

表 6-20　玉米秸秆纤维素水解的工艺条件

项　目	数　据	项　目	数　据
反应温度/℃	65	水解反应罐×台数	$3596m^3$×5
初始的固体物含量/%	20	纤维素酶加入量	12FPU/克纤维素①
反应时间/天	1.5		

① FPU 为过滤纸国际单位（Intertional Filter Paper Units）。

表 6-21　糖化过程的化学反应及转化率

反应物	化学反应	转化率/%
葡聚糖	(葡聚糖)$_n$——n 葡萄糖低聚物	4
葡聚糖	(葡聚糖)$_n$+1/2nH_2O——1/2n 纤维二糖	1.2
葡聚糖	(葡聚糖)$_n$+nH_2O——n 葡萄糖	90
纤维二糖	纤维二糖+H_2O——2 葡萄糖	100

水解生成的浆液中含糖率约为 12.6%，其中葡萄糖为 7%，木糖为 4%。另外，还含有醋酸约 1%，糠醛和 HMF 杂质低于 0.5%。

水解的浆液经过冷却至 41℃后分作两部分，一部分送至酶接种系统（占糖化浆液总量的 10%），另一部分送至发酵工序生产乙醇。

（2）糖发酵

① 糖发酵制乙醇原理和生物酶的进展。各种微生物，如微生物、酵母或真菌（fungi）都能在无氧状态下使碳水化合物发酵生成乙醇。发酵过程中，菌类从中获得能量并生长。

按下列发酵反应式，每 100kg 戊糖或己糖的理论乙醇产量均为 51kg，CO_2为 49kg。

$$3C_5H_{10}O_5 \longrightarrow 5C_2H_5OH+5CO_2$$

$$C_6H_{12}O_6 \longrightarrow 2C_2H_5OH+2CO_2$$

人们用谷物中 6 碳糖按发酵法生产酒已经历了几千年历史。19 世纪末实现了从木质纤维中分离出来 6 碳糖之后，又开始了 5 碳糖的转化研究。1980 年，找到了木糖转化为乙醇的酵母之后，使木糖发酵的研究取得了成果。使用微生物（细菌）的发酵速率（几分钟），比使用酵母（几小时）快得多，故受到研究人员的特别关注。

使用各种微生物进行糖的发酵均有一定的限制，例如：不能同时适用于 5 碳糖和 6 碳糖的发酵；发酵过程会生成细胞物质（cell mass）；乙醇的产率低；无氧的发酵条件会导致微生物慢慢地被消灭。所以，早期的技术是用几台串联的反应器进行不同糖类的发酵。技术发展的趋势是把发酵反应合并到较少的几台发酵反应罐中进行。如果把水解和发酵连到一起，就可避免反应抑制物的生成、乙醇收率就可以提高。近期的发展方向是：用遗传工程和新的筛选技术开发能同时进行 5 碳糖和 6 碳糖（包括葡萄糖、木糖、甘露糖、乳糖和阿拉伯糖）发酵的酶；中远期的目标是提高酶的发酵效率（缩短反应时间、提高乙醇收率）和提高酶的抵抗力（减少水解液的解毒剂用量）。

发酵用酶是在一组用氧的菌种（seed）反应罐中繁殖生长的，碳水化合物消耗量约占水解产物量的 9%，还消耗一些蛋白质营养物。

目前，发酵过程使用的微生物是一种称为“Saccharomyces Cerevisiae”的酵母菌。

② 玉米秸秆生产燃料乙醇的糖发酵流程。纤维素水解生成的葡萄糖和半纤维素水解生成的其他糖在联合发酵过程中生成乙醇液。

发酵过程使用絮凝性细菌（Z molibis）进行水解生成液的发酵，可将葡萄糖和木糖等转化为乙醇。发酵温度为 41℃。联合发酵过程是在 5 台发酵罐（每台容积为 3596m^3）中进行的。总发酵时间为 36h。接种液来自接种罐，加入量为发酵液量的 10%，作为营养液的 CSL 加入量为发酵液总量的 0.25%，磷酸二铵加入量为 0.33g/L 发酵液体，共同用作发酵过程的氮源。发酵产物经过冷却后送入乙醇液储罐，由此再送至产品回收和精制工序。粗乙醇液的有效浓度约为 5.7%，少量的乙醇液被排放的 CO_2 带出。糖发酵的工艺条件见表 6-22。

表 6-22　联合发酵过程的工艺条件

项　　目	数　　据
发酵用菌种	絮凝式细菌（Z，mobilis）
发酵温度/℃	41
初始的固体物含量/%	20
反应时间/d	1.5
水解反应罐容积×台数	$3596m^3$×5
接种液加入量，发酵液量的%	10
CSL 加入量，发酵液量的%	0.25
磷酸二铵（DAP）加入量/（g/L 发酵液）	0.33

联合发酵过程包括一系列的生物化学反应：既有主要的糖转化为乙醇的反应，还有对发酵过程产生危害物的副反应（主要是反应生成的酸），也有包括微生物繁殖、生成絮凝性细菌的生物化学反应。表 6-23 为联合发酵过程的主要化学反应、副反应及转化率数据。

表 6-23　发酵过程的主要化学反应及转化率

反应物	化学反应	转化率/%
葡聚糖	葡聚糖——2 乙醇+$2CO_2$	95
葡聚糖	葡聚糖+CSL+0.018DAP——6 絮凝性菌+2.4H_2O+0.3CO_2	2
葡聚糖	葡聚糖+1/2H_2O——2 甘油+O_2	0.4
葡聚糖	葡聚糖+2CO_2——2 琥珀酸+O_2	0.6
葡聚糖	葡聚糖——3 醋酸	1.5
葡聚糖	葡聚糖——2 乳酸	0.2
木　糖	3 木糖——5 乙醇+5CO_2	85
木　糖	木糖+0.835CSL+0.015DAP——5 絮凝式菌+2H_2O+0.25CO_2	1.9
木　糖	3 木糖+5H_2O——5 甘油+2.5O_2	0.3
木　糖	木糖+H_2O——木糖醇+0.5O_2	4.6
木　糖	3 木糖+5CO_2——5 琥珀酸+2.5O_2	0.9
木　糖	2 木糖——5 醋酸	1.4
木　糖	3 木糖——5 乳酸	0.2

注：CSL 和 DAP（磷酸二铵）为絮凝式菌繁殖生长供给所需的氮源。

从表 6-23 中的数据可知：联合发酵过程的葡萄糖转化率较高（可达 95%）；特制的发酵微生物对木糖（包括半纤维素水解生成的其他糖类，如甘露糖、半乳糖等）发酵生成乙醇的转化率均较低。如果木糖转化为乙醇的产率能够提高，酶的成本就可以降低。因此，提高木糖发酵转化率和研究醋酸、乳酸对水解液发酵的抑制作用仍是酶研究的一项重要课题。

发酵过程的副反应造成糖的损失量约为发酵总糖量的 3%。生成污染物的化学反应以葡萄糖、木糖生成乳酸和醋酸为主。

发酵产物经过冷却后送入乙醇液储罐，由此再送至产品回收和精制工序。

4）产品回收和精制工序

发酵产物称为乙醇液，是乙醇、“细胞物质”（cell mass）和水的混合物。液体中乙醇浓度≤5%，低于谷物乙醇的浓度。在30℃温度下，微生物容许的乙醇液最高浓度为10%，随温度升高而降低。为了提高纤维素酶的活性，宁愿在最高温度（37℃）下操作，因为纤维素酶的生产成本对（乙醇成本）的影响要高于产品蒸馏的成本。从工艺上讲，当乙醇液中固体物含量超过15%后，操作上就有困难（相应的乙醇浓度为5%）。

乙醇液先经过初馏，分离出大部分水和固体残渣，得到乙醇浓度为37%的产品再经过精馏得到共沸产品（95%乙醇）。

玉米秸秆生产燃料乙醇的产品回收装置采用了乙醇液初馏—乙醇精馏—乙醇脱水和多效蒸发工艺流程，还包括木质素回收工序。

来自发酵工序的乙醇液经过预热后送入醇液初馏塔进行初馏，从塔顶分离出 CO_2 气体（其中含少量乙醇和水分）送至洗涤塔回收乙醇，从塔底分离出乙醇液中90%的含水，送至蒸发系统。

从醇液初馏塔的中段抽出乙醇蒸汽并直接送进乙醇精馏塔的中段，来自乙醇脱水工序的、含乙醇量较高（72%）的乙醇液作为回流也进入乙醇精馏塔中段。从塔顶分离出92.5%的乙醇，此塔顶产物需经过分子筛吸附才能生产无水乙醇，塔底产物为含乙醇0.05%的水，与木质素压滤的滤液一起进入第二效蒸发器。

分子筛吸附设施用于将乙醇精馏塔顶的含水乙醇生产无水乙醇，脱附过程所得的含水乙醇再返回至乙醇精馏塔。

为回收乙醇液中的木质素和处理各蒸馏塔的含醇废水，设置了三效蒸发系统。第一段蒸发器所得的含木质素浆液经过压滤回收木质素，用作锅炉燃料；第二段蒸发器处理压滤机所得的滤液；经过二级蒸发后所得的含糖浆液也用作锅炉燃料，蒸发液体作为循环水再使用。

为了最大量回收乙醇设有洗涤塔系统，用于回收从发酵罐和乙醇初馏塔顶排出气体中的少量乙醇蒸气。

5）木质素残渣发电工序

发酵法生产乙醇过程产生一定量的固体残渣、液体和气体废料，主要包括：

① 固体残渣：含木质素、未转化的纤维素和半纤维素，称为全纤维素（holocellulose）化合物和细胞质（cell mass）。固体残渣的数量和水含量与使用的原料和工艺技术有关；

② 发酵过程中生成的糖浆；

③ 污水处理厌氧消化过程产生的甲烷气；

④ 用氧消化过程产生的少量生物废渣（biomass sludge）。

这些废料均可用作发电、发生蒸汽的燃料。按照固体残渣的性质和生物质原料处理量可有以下不同的利用方案：

① 木质素残渣蒸汽锅炉发电：对于生物质原料处理量低于50t/h的乙醇工厂，可用锅炉-蒸汽透平发电、供热。

② 固体残渣气化-联合循环发电：对于规模更大、地区条件适宜（如过剩的电力可输送到公用电网）的燃料乙醇工厂，可以采用固体残渣气化-联合循环发电方案。这方案的优点是发电量高于蒸汽透平发电方案，但这种最佳发电方案可能会遇到未来的水解发酵工艺的用电量将减少，需用的蒸汽量增加，导致汽-电不平衡。

为了使木质素残渣更好地用于发电，必须对木质素残渣进行干燥。早期的干燥脱水方案是使用鼓式干燥器，用高温烟气脱除木质素残渣中的水分。改进方案是采用气动过滤机

（pneumapress）可以比离心机更有效地脱除水分，高温烟气可用于燃烧空气预热以提高锅炉热效率。在玉米秸秆生产乙醇的设计方案中，循环流化床锅炉使用的是高水分的残渣燃料，为此开发出了在床层中干燥和分段燃烧技术，在湿燃料中添加干物料或辅助燃料，使燃料的低热值达到2300 kcal/kg，水含量为50%。

6）工艺过程的联合

木质纤维素生产乙醇技术实现工业化生产的关键是如何简化生产工艺、提高纤维素酶的活性及产品收率。采用酶水解技术时，可将水解和发酵过程适当地组合到一起，形成不同的工艺联合方案。

（1）SHF流程

在用木材生产乙醇的工艺中，酶的最初应用仅是简单地用纤维素酶水解过程替代酸水过程。这种工艺称为SHF流程，即单独依次进行半纤维素和纤维素水解。两次水解生成的液体再分别进行5碳糖和6碳糖的发酵。流程参见图6-3。

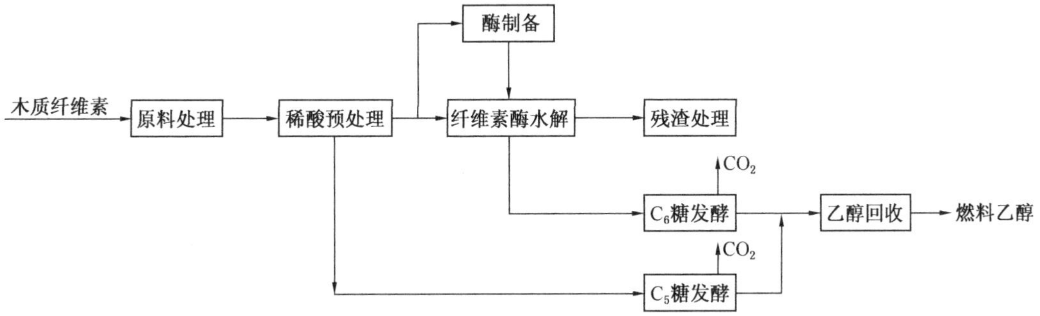

图6-3　纤维素生产乙醇SHF流程

（2）SSF流程

生物质酶水解工艺的重要技术革新是用酶同时进行纤维素糖化和糖的发酵过程，称之为SSF（Simultaneous Saccharification and Fermentation）工艺。在SSF流程中，纤维素酶和发酵微生物是合为一体的，当用酶将纤维素水解为糖之后，发酵微生物就可将糖转化为乙醇。

SSF流程取消了纤维素水解反应罐，使需要的反应罐数量减少了，尤为重要的是避免了一些水解生成物对酶的抑制作用。在有葡萄糖存在情况下，葡萄糖酶（glucosidase）可以抑制纤维二糖（cellobiose，即$C_{12}H_{22}O_{11}$）的水解，而纤维二糖的积聚又可以防止纤维素的降解，避免了由葡萄糖存在而产生对水解的抑制作用。SSF同步流程有一个权衡酶生产与水解-发酵成本的平衡问题，缩短水解的反应时间就意味着提高酶的成本。SSF流程参见图6-4。

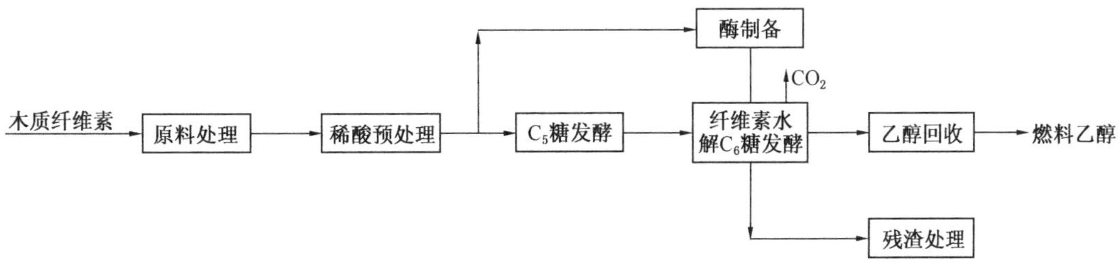

图6-4　纤维素生产乙醇SSF流程

（3）SSCF流程

最近，SSF流程又进一步改进为如图6-5所示的SSCF流程，可以同时进行多种糖的发酵，称为同时糖化-联合发酵（Simultaneous Saccharification and Co-Fermentation）工艺。此流程中，5 碳糖和 6 碳糖在同一发酵反应罐中发酵为乙醇。这是近期的开发重点，仍处于中试阶段。见图 6-5。

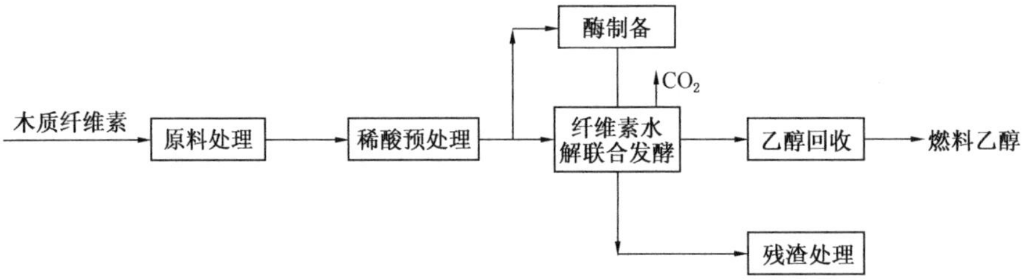

图 6-5　纤维素生产乙醇 SSCF 流程

应该指出：对于上述联合流程的应用仍有不同的观点。例如：Lynd 等人认为联合流程可以降低乙醇的生产成本，在原料成本为 38 美元/t 情况下，采用 SSF 流程时，乙醇的生产成本约为 310 美元/t；而采用 SSCF 流程可以降至 290 美元/t（即约降低 7%）。但是，也有人认为：生产成本的降低主要取决于优化各个反应器的工艺条件，因为水解、酶的生长和糖的发酵需要的工艺条件（包括温度、pH 值、氧含量等）各不相同，而且各个过程使用单独的反应罐也有利于对工艺条件的控制。几种联合流程的预期工艺指标变化如表 6-24 所示。

表 6-24　酶转化技术的比较

流　程	使用微生物	消耗量/损失量①	转化效率/%			
			纤维素②转化为葡萄糖	葡萄糖转化为乙醇	木糖转化为乙醇	半乳糖、甘露糖、阿拉伯糖转化为乙醇
SHF 流程	S. Cerevisiae	纤维素 6%	75	85~90		
SSF 流程	S. Cerevisiae	纤维素 6%	80	92.5	80~92	
SSCF 流程	纤维素酶 絮凝式细菌 (Z. Mobills)	纤维素 5% 糖类 5% 葡萄糖 4% 木糖 3%	88	92	85	90

① 生产纤维素酶耗用纤维素 2%~6%（原料的 6%）；②发酵用微生物耗用少量的糖类和营养物。

7. 联合生物炼油厂

联合生物炼油厂就是加工生物质原料的新型工厂，其配置模式类似于炼油厂。从生产替代能源产品的意义上说，联合生物炼油厂是指将生物质原料转化为替代燃料和化学品并联产电力和蒸汽的工厂。

目前生物质项目的研究开发重点包括糖研究平台和热化学研究平台。糖研究平台的开发方向为将木质纤维素转化为多种糖，再通过发酵法生产燃料乙醇；热化学平台的研究、开发目标是生物质气化生产合成气和生物质热解制取生物油的工艺技术，然后再将合成气或生物油转化为燃料和化学品。因此，近期的联合生物炼油厂发展方向也将沿着这两条工艺路线发展，形成一套完整的生物燃料工业系统。

目前，糖研究平台和热化学平台在单项工艺方法的研究方面均已取得丰硕成果，但尚未建成联合生物炼油厂，仍需要通过国家制定统一发展规划，组织科研部门、工业界和学术界共同努力进行工艺过程优化和整合，通过建设工业示范工厂并检验其技术经济可行性后，才能最终形成工业化规模的生产能力。

为建成自己的“生物能源工业”，美国能源部所属的“生物质计划局”（Office of the Biomass Prigramm）制定了发展生物炼油厂规划，一些项目的内容和目标如下：

（1）提高现有乙醇工厂的经济性，通过提高乙醇收率和开发联产副产品，在2006年将乙醇产量提高10%~20%；

（2）为实现燃料、电力型联合生物炼油厂开工示范，于2007年完成所需的成套技术的开发工作；

（3）2009年实现黑油（black oil）造气的联合热电工厂的示范；

（4）2010年建成第一座大型使用农业废料为原料的糖-生物炼油厂；

（5）开发生物基技术，用碳水化合物发酵法生产的3HP酸制成各种产品，例如丙烯酸和丙烯酸胺；

（6）用谷物秸秆和粮食加工所得的糠、壳通过发酵、糖化生产乳酸和乙醇；

（7）采用新工艺或经过改进的工艺方法生产乙醇、1，3丙二醇、聚乳酸（polylactic acid）、异山梨酸盐（isosorbide）等化学品；

（8）计划建设一种以谷物纤维为原料，从中回收半纤维素、蛋白质和油类组分，并转化为高产值的燃料和化学品。

生物质炼油厂是一门新兴的工业，规划、建设生物炼油厂需要：

（1）借鉴炼油厂和化工厂已有的工艺技术和各项标准、技术规定；

（2）引进粮食加工、造纸等行业的技术和设备，如原料切碎、水洗等处理技术；

（3）开发生物炼油厂专有技术，如工艺过程的联合和优化，公用系统的配置和平衡、环境保护措施等。

8. 生物质乙醇的技术经济评估[1]

目前木质纤维素原料生产燃料乙醇是开发中的工艺技术，仍未建成工业化装置和经过生产实践。因此所有的技术经济数据都是根据实验数据作出规划或概念设计，再按照工艺模型进行模拟计算得出的，并非来自实际生产数据。以下列出两组技术经济评价结果，可供参考。

1）年产燃料乙醇20万t的联合工厂的技术经济

美国NREL（国家可再生能源实验室）于2002年完成了一项年产20万t燃料乙醇工厂的概念设计及其技术经济评估。工厂以玉米秸秆为原料，采用稀酸预处理、纤维素酶糖化-联合发酵工艺流程。根据经济评估结果，这座以玉米秸秆为原料的燃料乙醇联合工厂的生产规模、建设投资和主要技术经济指标数据汇总结果如表6-25所示。

表6-25　年产燃料乙醇20万t的联合工厂的评价数据

项　目	数　据
原料玉米秸秆用量/［万t（干）/a］ 　按含水率15%计/（万t/a）	70 82.35（湿）
乙醇产量/（万t/a）	20.72
年开工天数	350
乙醇产率/［kg/t（干）玉米秸秆］ 　按秸秆含水率15%计/（kg/t）	295 251

续表

项　目	数　据		
建设投资（按 2000 年美元价格计）/万美元			
设备安装总费用	12120		
建设总投资	19740		
总投资指标/［万美元/（万 t 乙醇/a）］	952.7		
装置及系统投资	万美元	%	
原料储存及处理装置	800	6.6	
预处理及水解装置	2850	23.5	
糖化及联合发酵装置	1000	8.3	
产品回收装置	2320	19.1	
污水处理装置	350	2.9	
储存装置	220	1.8	
锅炉及发电系统	4080	33.7	
公用工程	500	4.1	
合计	12120	100.0	
生产成本	美分/kg 乙醇	%	说明
玉米秸秆	11.17	28.8	单价：30 美元/t（干）
其他材料	2.78	7.2	硫酸、石灰等
纤维素酶	3.38	8.7	
废料处理费用	0.97	2.5	石膏、残渣排弃
固定成本	3.65	9.4	工资、维修、管理费等
折旧金	4.78	12.3	
各项税金	3.55	9.2	
投资利润	8.50	21.9	按 ROI=10%计
合计	38.78	100.0	
发电收益	-3.11		
乙醇成本	35.67		
每吨乙醇耗用玉米秸秆量/t（干）	3.4		乙醇：357 美元/t

玉米秸秆生产燃料乙醇的成本分布情况如图 6-6 所示。此项目的主要特点是：

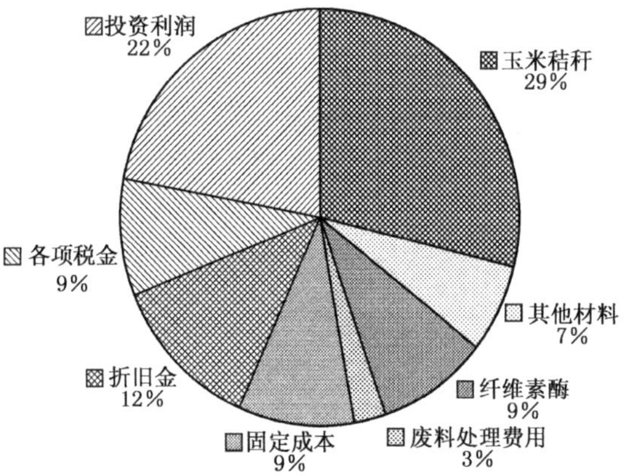

图 6-6　燃料乙醇的成本分布

① 工艺指标较高，如乙醇产率为 295kg/t 玉米秸秆（干），折合每吨乙醇耗用玉米秸秆 3.4t。国内的中型试验装置数据为每 t 乙醇的玉米秸秆用量为 6t。

② 乙醇成本价格为 357 美元/t。按热值换算，折合 67.5 美元/桶汽油当量。

③ 主要工艺指标和经济指标与文献数据接近，参见本节以下部分。

2）木质素生产燃料乙醇项目的技术经济性

Geertje Van Hooijdonk Hooijdonk 和 Andre PC Faaij 对木质素生产燃料乙醇项目的技术经济性作了系统的研究、分析，主要工艺指标结果汇总如表 6-26 所示。基础数据和设定的工艺条件如下：

(1) 采用杨木为原料，热值按 19.5GJ/t（干）计算。

(2) 分为近期、中期和远期 3 种方案，各期的生产规模按每小时加工原料量计算，分别为 74t/h、185t/h 和 370t/h。燃料乙醇的年产量分别为 20.7 万 t、57.7 万 t 和 142 万 t。

(3) 每一阶段采用的工艺技术均不同以表征技术的进步情况。近期方案采用 SSF 流程，设定基础数据和各项费用指标后，按照工艺模型计算生产数据；根据工艺设备规格计算设备投资和建设总投资。

(4) 投资和生产成本均按 2003 年美元价格计算。

为了分析、评估乙醇代替燃料的发展前景，制订了适用于近期（5 年内）、中期（5~10 年内）和远期（20 年后）的三种工艺方案。方案的主要技术内容如下：

① 近期方案

生产规模为 400MW。按木材的高热值为 19.5GJ/t（干）计，生物质进料量相当于 74t 木材（干）/h。

预处理工序采用稀酸处理技术，水解工序采用纤维素酶水解技术，木质素残渣采用锅炉、透平发电方案。

② 中期方案

生产规模为 1000MW，相当于生物质进料量为 185t 木材（干）/h。

预处理工序采用蒸汽爆裂技术，虽然木糖的收率低于稀酸预处理，但是酶水解技术的葡萄糖收率可从 80%提高至 90%。外购 Cellulase 酶（因价格低于自制）。由于酶的活性提高，尽管生产规模提高了，Cellulase 酶用量却下降了。木质素残渣采用第一代生物质造气-联合循环发电技术。

③ 远期方案

生产规模为 2000MW。相当于生物质处理量为 370t 木材（干）/h。

预处理工序采用热水法，提高了木糖收率。处理量增大的 CBP 反应器使用自产的纤维素酶，所以价格比外购便宜。由于酶的活性大大提高，乙醇转化率提高，木质素残渣量减少，没有剩余的电力可以外供。应根据采用最大燃料量生产方案或采用联产电力方案来确定采用锅炉-透平发电技术或采用生物质造气-联合循环发电技术。

用工艺模型预测的使用生物质原料生产燃料乙醇的技术经济指标汇总见表 6-27。

表 6-26　不同的生物质制乙醇方案的工艺指标

项　目	近期（5 年内）	中期（5~10 年）	远期（20 年后）
木材处理量①/（t（干）/h）	74	185	370
预处理方法 半纤维素转化率/%	磨碎、稀酸法 75~90	蒸汽爆裂法 45~65	热水法 88~98
Cellulase 酶的生产方式③	单独的反应器	外购	CBP 反应器
消耗指标	每产乙醇 1kg 消耗： 糖类 63g 纤维素 9.3g	—	每产乙醇 1kg 消耗： 糖类 6.3g 纤维素 9.3g
纤维素水解方法② 纤维素转化率/%	酶水解法 70~80	酶水解法 90~96	酶水解法 97~99

续表

项　目	近期（5 年内）	中期（5~10 年）	远期（20 年后）
发酵的乙醇转化率/%			
木糖	80~92	80~90	92~95
葡萄糖	90~95	90~95	92~95
其他糖类	80~92	90	92~95
工艺流程	SSF	SSCF	CBP
发电方式	锅炉-蒸汽透平	生物质造气-联合循环	锅炉或生物质造气-联合循环
研发状况	工业化/中试阶段	中试/实验室阶段	实验室/规划阶段
电耗量/（kW/MW_{HHV}进料）	92	43	37
其中：原料切片	5	1	1
空气压缩机	31	—	—
反应器	27	13	7
其他	29	29	29
蒸汽耗量			
预处理/（kg/kg 进料）	0.2（0.4MPa） 0.3（1.1MPa）	0.2（0.4MPa） 0.1（2.5MPa）	0.8（0.4MPa） 0.4（2.5MPa）
干燥/（t/t 残渣）	1.01（1.1MPa）	1.01（1.1MPa）	1.01（1.1MPa）
产品蒸馏/（kg/L 乙醇）	2.57（0.4MPa）	1.03（0.4MPa）	1.03（0.4MPa）

① 按木材的高热值为 19.5GJ/t（干）计，近、中、远期方案的原料木材处理量分别为 74、185 和 370t/h。

② 经过稀酸预处理后，SSS、SSCF 和 CBP 流程的葡萄糖收率从 75%提高至 88%和 90%；采用不同的预处理流程的相对收率为：酸处理法 85%；蒸汽爆裂法：90%；热水法：93%。

③ 近期的数据：SSCF 反应器每生产乙醇 17653kg/h 需耗纤维素酶 547kg/h；生产纤维素酶 547kg 需消耗糖 1120kg，纤维素 1636kg；中期的消耗量可降低 3 倍，远期可降低 10 倍。

表 6-27　生物质生产乙醇的技术经济数据汇总

项　目	近期方案	中期方案	远期方案
原料处理量/（t/h）	74	185	370
乙醇产品			
收率（对原料）/%	35	39	48
产率/（t/t 原料）	2.86	2.57	2.09
年产量/万 t	20.7	57.7	142.0
建设投资			
总投资/万美元	29400	46800~62400	86400
单位投资/［美元/（t/a）］	1420	810~1080	610
生产成本			
美元/GJ	22	13	9
美元/t 乙醇	655	387	268
原料价格/（美元/t）	58.5	48.8	39.0

3）美国玉米乙醇的生产数据

2002年美国大型乙醇厂的现金生产成本（包括扣除副产品收益的原料净成本）为0.9207美元/加仑乙醇，折合为307美元/t乙醇。成本组成参见表6-28。

表6-28 美国大型乙醇工厂的生产成本（2002年）

项　目	现金生产成本	
	美元/加仑乙醇	%
原料成本①	0.5405	58.7
燃料、水电	0.1504	16.3
酶和酵母成本	0.0411	4.5
化学药剂	0.0567	6.2
维修、人工和管理费用	0.1320	14.3
总生产成本	0.9207	100.0

① 为扣除副产品收益的原料净成本。

美国汽油的生产成本大大低于用玉米生产的乙醇成本。预计汽油的成本将逐年上涨，乙醇成本将逐年降低。预测结果见表6-29。

表6-29 燃料乙醇和汽油的生产成本预测

项　目	生产成本/［美元/L汽油当量（美元/桶汽油当量）］		
	2002年	2010年	2010年后
汽　油	0.21（33.4）	0.23（36.6）	0.25（39.8）
玉米生产乙醇	0.43（68.4）	0.40（63.6）	0.37（58.8）
纤维素生产乙醇	0.53（84.3）	0.43（68.4）	0.27（42.9）

4）技术经济小结

（1）技术进步前景

在近期（5年内）乙醇生产仍采用稀酸预处理为主，糖的发酵过程采用不同的酶在几台发酵反应罐中进行。

到中期（10~15年）将采用蒸汽爆裂的预处理技术，效果是更有利于后继的纤维素水解效率的提高，可以减少石膏的排弃量，发酵过程可在较少的反应罐中完成。

远期（约20年）将采用更为先进的LHW（液态高压水）预处理技术后，5碳糖收率可提高至90%以上，生物质原料无需经过破碎。小型试验的热水耗量高达60~80L/kg生物质原料。此项工艺技术工业化后，若蒸汽用量减少，就可使联产电力的输出量增加，乙醇的生产成本将降低。如果蒸汽用量与蒸汽爆裂预处理工艺相当，则IGCC联合发电就成为可选的方案（因蒸汽用量大而不宜采用IGCC），提高纤维素和半纤维素的转化效率，在同一发酵反应罐内完成全部发酵过程。

（2）建设总投资将逐步降低

近期采用SSF工艺流程生产乙醇时，单位生产能力的投资指标为1420美元/t/a。随着工艺技术的进步，建设投资可以进一步降低。中期为SSCF流程，建设投资可降至810~1080美元/t/a。远期，最终的单位建设投资可降至610美元/t/a。包括原料预处理、纤维素水解和发酵、乙醇回收部分的投资将占总投资的50%左右。2007年，规模为36万t/a的玉米生产乙醇工厂的单位建设投资已降至500美元/（t/a）。

（3）生产规模将逐步扩大

规划的近期、中期和远期的生产规模分别对木质素原料处理量设定为74t/h、185t/h和370t/h。美国的玉米生产乙醇的工厂规模：至2007年，中型工厂为年产乙醇14~18万t/a；大型工厂为36万t/a。

（4）生产成本逐步降低

乙醇的生产成本取决于采用更为先进的工艺技术、乙醇生产规模的扩大和使用更为便宜的原料。乙醇的成本可从近期的655美元/t逐渐降低到387美元/t，最终达到268美元/t。按汽油当量计算，生产成本分别相当于134美元/桶汽油当量、79.3美元/桶汽油当量和55美元/桶汽油当量。预计在中近期内，生物制乙醇的生产成本将可以降至能够与谷物乙醇相竞争的水平，但在价格上仍无法与化石汽油竞争。

分析成本的构成可知：与投资有关的成本（维修费、折旧金等项）约占总成本的40%。

原料的成本约占总生产成本的35%~40%。随着原料种植的集约化和经营的市场化，木质素原料的成本将呈逐渐降低的趋势。据估算，原料单价每降低10美元/t将可使每吨乙醇生产成本下降62~86美元。随着酶的成本大幅度降低，使用农作物秸秆和林业废料为原料的乙醇生产成本将大幅度降低。当远期的原料成本下降至30~40美元/t时，乙醇的价格将达到240~260美元/t。表6-30为近期和中期的乙醇生产成本计算结果。

表6-30　生物乙醇的生产成本分析

项　目	近　期		中　期	
	美元/kg乙醇	%	美元/kg乙醇	%
投资成本	0.297	45.4	0.163	42.8
固定成本	0.074	11.3	0.039	10.2
可变成本	0.060	9.2	0.060	15.7
原料成本	0.253	38.7	0.178	46.7
合计	0.684	104.6	0.439	115.2
发电收益	-0.03	-4.6	-0.059	-15.2
生产成本	0.654	100.0	0.381	100.0

5）生物质生产乙醇的能量效率

生物质原料转化为乙醇过程中，同时生成固体残渣（含木质素和其他未转化物质）、未转化的糖浆和少量可燃气体。预计乙醇转化率可以随工艺进步而逐渐提高，由初期的35%逐步提高至48%。随着乙醇收率提高，导致用未转化物作燃料的发电量将相应降低，总效率可维持在88%~89%。图6-7和图6-8表示了产物组成的变化情况。

在近期内，纤维素乙醇的成本能够与甘蔗、淀粉制乙醇技术相竞争。纤维素乙醇的产量、市场占有率将随着技术发展和成本的降低而逐步扩大。技术经济评估结果表明，中期和远期的乙醇生产成本将为13和9美元/GJ（相当于79.6美元/桶汽油当量和53.2美元/桶-汽油当量），还无法与石油汽油的价格（25~37美元/桶）竞争。

有待进一步研究解决的几项生物质制乙醇的技术问题是：降低纤维素酶的生产成本；继续开发能有效使用木糖和阿拉伯糖发酵的新微生物酶；降低原料破碎和预处理工序的能耗；减少稀酸预处理时石膏的排放量；开发新的蒸汽爆裂预处理工艺；液态高压热水法（LHW）的预处理工艺；LHW反应器设计等。

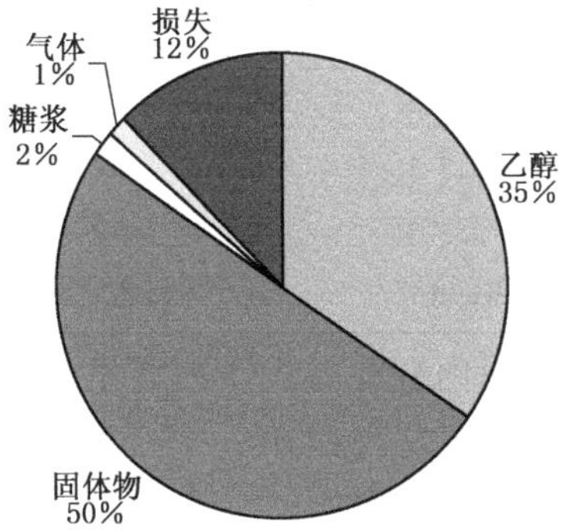

图 6-7　生物质生产乙醇近期的产品分布

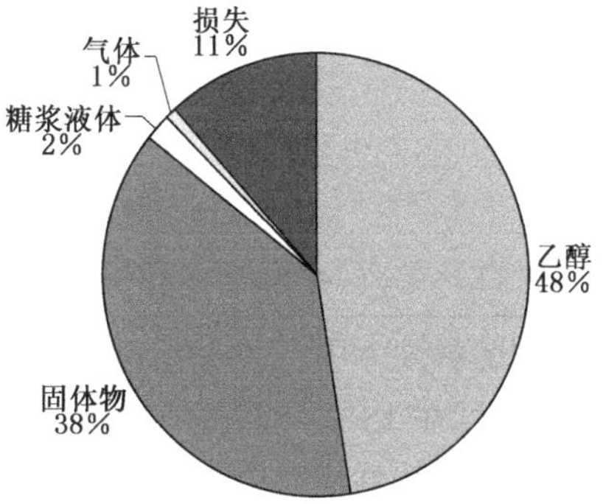

图 6-8　生物质制乙醇技术远期的产品分布

近期、中期和远期生物质制乙醇的生产规模分别为 400MW_{HHV}、1000MW_{HHV} 和 2000MW_{HHV}（相当于生物质原料处理量为 74t（干）/h、185t（干）/h 和 370t（干）/h），建设投资和乙醇成本可参见表 6-31。

表 6-31　不同生产规模工艺方案的经济指标

方　案	生产规模		建设投资		乙醇生产成本	
	MW_{HHV}	原料木材加工量/[t（干）/h]	总投资/万美元	单位投资/[美元/（万 t/a）]	美元/GJ	美元/桶汽油当量
近期方案	400	74	29400	1420	22	134.6
中期方案	1000	185	46800~62400	810~1080	13	79.6
远期方案	2000	370	86400	610	9	55.0

五、P-系列燃料[8]

生物质生产燃料乙醇并不是唯一的工艺路线，还可以用生物质生产其他的燃料。稀酸水解技术已经使用了 100 多年，从“二战”以来就将生物质废料用水解法生成糖，再将糖发酵生成乙醇。由于发酵过程的效率很低，解决的方法是不用发酵技术，将糖直接降解生成糠醛和乙酰丙酸，然后再直接加氢生成一种称之为乙酰丙酸醚的杂环醚。杂环醚再与乙醇、戊烷和正丁烷组分调合成新型车用燃料，称为 P-系列燃料。

P-系列燃料是一种新型车用燃料，适用于多种燃料的车型。美国发展 P-系列燃料的目的是为了用国内丰富的可再生资源生产替代燃料以减少对进口原油的依赖，以提高石油供应的安全性。美国克莱斯勒和福特两家汽车公司已经开始批量生产适宜使用多用燃料的发动机，并作为中型轿车和小型卡车等几种车型的标准发动机。

1. P-系列燃料的组成

P-系列燃料是用乙醇、MTHF（methyltetrahydrofuran）、天然气凝析油和丁烷调合成的汽车燃料油。其中的乙醇和 MTHF 可以用可再生原料如谷物、纤维素生物质、农业和林业废料以及城市废料（废报纸、木质板等）生产。

P-系列燃料有着很好的应用前景，有人预期在美国实现每年用 P-系列燃料替代 300 万 t 普通汽油，减少汽车造成的温室气体和大气污染气体排放量。已经制定了如表 6-32 所列的几种 P-系列燃料配方，以适合于不同的用途。

表 6-32　P-系列燃料的几种配方　　%（体）

组　分	普　通	优　质	寒冷地区用
大于丙烷组分	32.5	27.5	16.0
MTHF	32.5	17.5	26.0
乙醇	35	55.0	47.0
正丁烷	0	0	11.0

P-系列燃料配方中，各个组分的含量可在一定范围内变化：大于丙烷组分可在10%~50%；MTHF 可在 15%~55%；乙醇可在 25%~55%；正丁烷可在 0%~15%范围之内调整。标准还规定：P-系列燃料中来自非石油的组分含量应不低于 60%。

2. P-系列燃料的生产方法

纯净能源公司（Pure Energy Corp）提出了用纤维素为原料生产 MTHF 的热化学工艺路线，并与生产乙醇组成联合系统。

首先将木质纤维素水解生成 5 碳糖和 6 碳糖，然后分为两股，分别用热化学法生产 MTHF 和用发酵法生产燃料乙醇。

热化学法生产 MTHF 的工艺流程是：含水的生物质有机废料与稀酸混合生成浆液，向浆液中注入蒸汽并送入管式反应器中。在反应器的高温条件下，半纤维素转化为糠醛、纤维素转化为 5-羟基-甲基糠醛。生成的浆液再进入第二段低压反应器中，从顶部闪蒸出糠醛，生成的乙酰丙酸经过浓缩后回收。所得的木质素固体炭渣可用作锅炉燃料或气化原料生产氢气。乙酰丙酸经过精制、多段催化加氢后成为甲基四氢呋喃（MTHF）目的产物。图 6-9 为稀酸两段水解反应器工艺流程图。

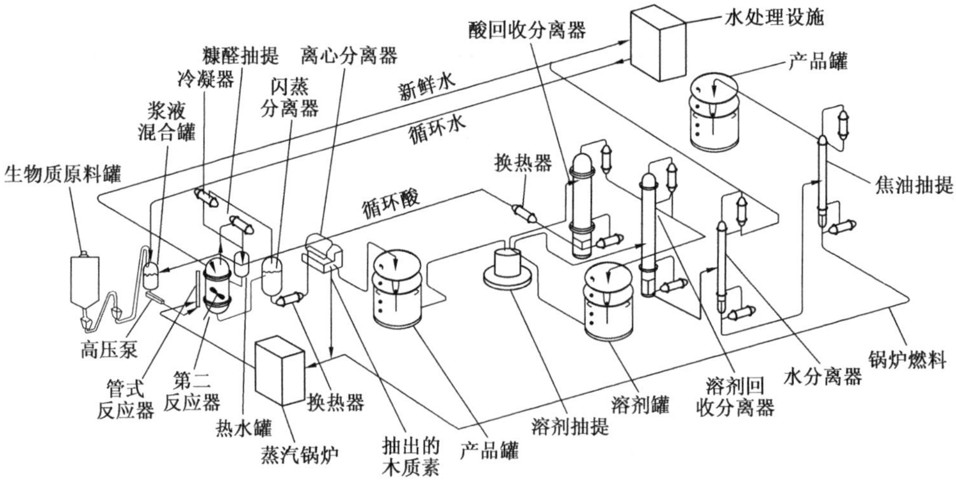

图 6-9　稀酸两段水解反应器工艺流程

不同于其他生产替代燃料的方法，P-系列燃料两个组分的生产方法具有以下特点：

(1) 生产 MTHF 和乙醇均为稀酸水解过程，不用空气，也不产生烟气，无烟囱，不需使用空气污染物处理设备；

(2) 生产 MTHF 的水解反应在水中进行，无须进行原料干燥可降低能耗和建设投资；

(3) 转化过程是在较低温度（200℃）下进行，不会生成毒性化合物二　英；

3. P-系列燃料的经济性

用作汽车燃料时，每加仑 P-系列燃料可以替代 0.88 加仑新配方汽油。每生产 1 加仑当量汽油需要的能量为 14.6MJ（低于生产新配方汽油的能耗）。生产 P-系列燃料的工艺效率（即：产出能量对投入能量比）约为 2.25；谷物生产乙醇的工艺效率较低，约为1.75~1.88。

美国 NREL（国家可再生能源实验室）在评价 P-系列燃料对进口石油的替代作用时认为：生产 MTHF 和乙醇可用国内资源，P-系列燃料对进口石油的替代率取决于戊烷和正丁烷的来源。若戊烷全部来自炼制进口原油的炼油厂，普通级 P-系列燃料对进口石油的替代率为 80%。另据 ANL（Argonne 国家实验室）预测：按生产新配方汽油为基准，P-系列燃料可以减少化石能源使用量 49%~57%。

美国 Paul SF 新做的经济分析表明，生产 MTHF 的建设投资仅为废生物质生产乙醇的一半。

4. P-系列燃料的环境效应

曾经用 7 种汽车用燃料（包括 3 种 P-系列燃料、E-85 乙醇汽油和加州新配方汽油Ⅱ）做了汽车尾气排放试验，结果表明：P-系列燃料的汽车尾气的污染物排放量好于其他汽油。试验结果见表 6-33。

表 6-33　汽车尾气的污染物排放量

燃料种类	排放量/（g/英里）		
	非甲烷烃类	CO	NO_x
普通 P-系列燃料	0.074	1.081	0.064
优质 P-系列燃料	0.064	1.062	0.059
新配方汽油Ⅱ	0.115	1.247	0.039

ANL 评价了 P-系列燃料的“全燃料周期”（包括燃料生产、分配和使用全过程）的温室气体排放效应后认为：P-系列燃料的“全燃料周期”温室气体排放效应比新配方汽油低 45%~50%。

第四节　生　物　柴　油

一、概况

生物柴油是指以植物油、动物油脂等可再生原料生产的脂肪酸甲酯，可替代常规石油柴油作为内燃机燃料。在欧洲和美国，生物柴油的主要原料是菜籽油（欧洲）和大豆油（美国），其他可用作生产生物柴油的原料还有谷物油、棉籽油、棕榈油、动物油脂（如牛油脂）和餐饮业的废油等。一些木本油料作物果实榨制的油脂也是生产生物柴油的原料。

受油价高涨和环保要求日益严格等因素的影响，为以油脂为原料的生物柴油产业的发展创造了条件。如今，欧盟、美国已经推广使用生物柴油。

生物柴油的发展形势是：

(1) 利用陆生植物生产的植物油制取生物柴油是已经工业化的技术。欧盟各国是最早发展生物柴油产业的地区，美国是近年来生物柴油发展最快的国家。2006 年世界总产量已达

750 万 t/a。

（2）常规生物柴油生产技术存在流程复杂、废液排放量大等缺点，近年来不断出现包括“第二代生物柴油”新工艺。副产甘油应用技术的开发已取得成果，将甘油转化为化工原料不仅降低了柴油生产成本，也解决了甘油的出路。

（3）生物柴油的原料来源广泛。许多国家根据自身优势开发各种生物柴油原料，包括各类油脂、木本油料作物以及城市的废油等。在推广种植和生产技术开发等方面均取得成果，扩大了生物柴油的原料来源。

（4）微藻生产柴油是利用水生藻类生产替代燃料的新兴技术，有着良好的发展前景。发展微藻生物柴油需占用大片阳光充沛的土地、充足的水源和 CO_2 来源。另外，在微藻培育、提高产率、类脂物回收等方面仍存在工程、技术障碍有待突破。

二、生产工艺

有许多种生产生物柴油的工艺方法，最常用的工艺是酯交换反应技术。正在开发中的技术有加氢裂化、不用催化剂的超临界工艺、裂解工艺和微乳化（Microemulsion）工艺等。

植物油的主要成分是甘油三酯，脂肪酸含量一般为 1%~2%（餐饮废油的酸值较高）。甘油三酯和脂肪酸均为偶数碳（约 16~22 个碳原子）的直链脂肪烃化合物，碳原子数与柴油相近。表 6-34 为几种植物油的性质数据。

表 6-34　植物油的性质和与柴油的比较

项　目	柴油收率/%（体）	碳原子数	烯烃/%（mol）	参考价格（2005 年）/（美元/桶）
菜籽油	99	16~22	94	89
大豆油	99	16~18	84	75
棕榈油	99	16~18	58	62
麻风果油	99	16~18	77	44
原　油	20	11~22	0	68

由甘油三酯（triglycerides）和甲醇生产脂肪酸甲酯（生物柴油）的化学反应式如下：

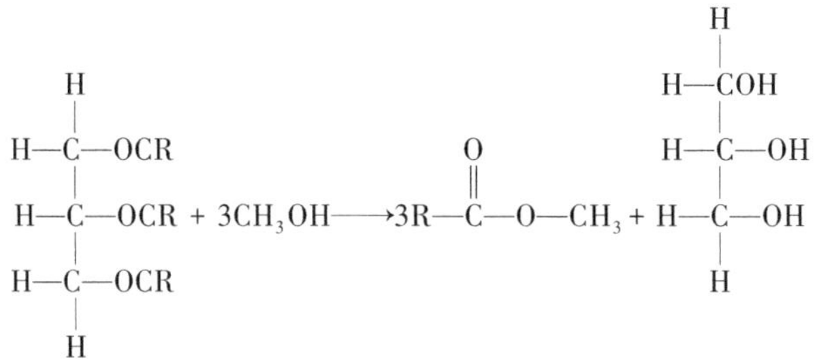

酯交换反应通常使用碱（氢氧化钠或氢氧化钾）作催化剂。生产生物柴油的经验数据：每 100kg 植物油需要 10kg 甲醇，可生产 100kg 生物柴油和近 10kg 甘油副产品。

碱催化剂的用量约为植物油原料量的 1%。甘油三酸酯应不含水，用碱将其中的游离酸中和（游离酸含量<0.5%），使其总酸值<1mgKOH/g。如果游离酸含量高于 0.5%就需要增加碱用量。

当植物油的酸值较高（总酸值>1mgKOH/g）、游离脂肪酸含量>0.5%和水含量高时，酯交换反应过程也可使用酸催化剂。

生物柴油通常是脂肪酸甲酯，但也可用脂肪酸乙酯或其他高级醇的酯。用甲醇生产脂肪酸甲酯的优点是甲醇是不含水的有机醇，氢氧化钠催化剂很容易溶于甲醇中。因为氢氧化钾在乙醇中的溶解度高，当用乙醇生产生物柴油时，可使用氢氧化钾作催化剂。为了使植物油原料能完全转化为酯，应使用过量的醇。正常的醇与油摩尔比应为 6 与 1；乙基酯的最佳醇与油摩尔比应为 12∶1。

酯交换工艺生产生物柴油的主要缺点是副产一定量的粗甘油（纯度为 80%～88%），将粗甘油改质为工业级甘油（纯度 98%）需要较大的投资。

生物柴油的经济性与副产甘油的收益大小有直接关系。生物柴油产量持续增长，必须解决甘油的出路才能避免甘油市场供大于求。如果甘油销售价格下跌，就会使生物柴油生产成本上升。

表 6-35 为麻风油原料和酯交换工艺生产的生物柴油性质数据。

表 6-35　麻风油及其生物柴油的性质

项　　目	麻风油原料	生物柴油
密度（20℃）/（g/cm^3）	0.920	0.879
闪点/℃	236	191
十六烷值	23～41	51～52
运动黏度（30℃）/（mm^2/s）	52	4.84
酸值/（mgKOH/g）	0.92	0.24
总甘油量/%	—	0.088
游离甘油/%	—	0.015
硫含量/（μg/g）	—	0～13
硫酸盐灰分/%	—	0.014
甲醇/%	—	0.06

三、生物柴油的性质和质量标准

1. 生物柴油的性质

生物柴油的性质与常规石油柴油不同，是常规柴油的优良调合组分，生物柴油与常规柴油性质的综合比较见表 6-36。

表 6-36　生物柴油与普通柴油性质的比较

性　质	生物柴油	普通低硫柴油
十六烷值	51～62	44～49
润滑性能	与油类润滑剂相比，优于柴油	低硫柴油的润滑系数很低
生物降解性能	易于降解	难以降解
毒性	无毒性	毒性高
氧含量	游离氧含量达 11%	很低
芳烃	无	18%～22%
硫含量	无	0.05%
浊点	比柴油稍差	—
闪点	149～204℃	≮60℃
腐蚀性	可使天然橡胶或丁烷橡胶降解	对天然或丁烷橡胶无作用
热值（MJ/kg）	37.3	42.6

生物柴油的主要特点如下：

1）高十六烷值

十六烷值是衡量燃料油点火的指标，高十六烷值表示从喷入燃料到点火的时间短，有利于发动机平稳运行和在气温低时发动机容易起动。美国的标准规定：高速公路用柴油的最低十六烷值为 40。用各种不同原料生产的生物柴油十六烷值范围均在 46~62 之间，高于石油柴油的标准。掺用生物柴油对改善石油柴油的点火性能有明显的作用。

2）大气污染物排放低

美国和欧洲对生物柴油的污染物排放做了大量、严格的测试。除了氮氧化物外，生物柴油所有的污染物排放量均低于石油柴油。表 6-37 为 EPA 发表的全生物柴油（B-100）和含生物柴油 20%的调合柴油（B-20）的污染物排放量减少的相对数据。

表 6-37　生物柴油与普通柴油的污染物排放量相对比较

项　目	B-100 生物柴油	B-20 生物柴油
未燃烧烃类	-67	-20
CO	-48	-12
颗粒物	-47	-12
NO_x	+10	+2
硫化物	-100	-20
多核芳烃（PAH）	-80	-13
硝化的多核芳烃	-90	-50
耐臭氧的特殊烃类	-50	-10

注：表中数字为相对于普通柴油降低的%。

3）高闪点

生物柴油的闪点高于常规柴油，故运输、储存、使用均比较安全。几种常规运输燃料油的闪点数据如下：

汽油：-50℃左右；

喷气燃料：100℃左右；

柴油：110~155℃；

船用燃料油：150~240℃；

生物柴油：≥200℃。

4）润滑性能好

对于柴油机喷嘴使用性能来说，柴油的润滑性能是重要的性质指标。检验油品润滑性能最常用的试验方法是使用“高频率往复试验台”检验法，称为“HFRR”法。使用润滑性能差的柴油会加剧柴油机的磨损，使机械过早损坏。柴油的润滑性能与其硫含量有关，新的柴油质量标准 EPA2006 要求将硫含量降至 15μg/g 以下，因此要求提高加氢处理的深度，从而使柴油的润滑性能进一步变差。为了提高柴油的润滑性，炼油厂向柴油中添加改善润滑性的添加剂。

已经证实，生物柴油具有优异的润滑性能，向石油柴油产品中添加少量的生物柴油就能改善其润滑性。表 6-38 为生物柴油加入量与改善柴油润滑性能的数据，其中 1 号柴油和 2 号柴油的硫含量均为 500μg/g。数据表明：柴油中加入 2%生物柴油，即可明显改善润滑性能。

表 6-38 生物柴油的提高润滑性能效应

调入生物柴油的比例/%	HFRR Scar/μm		调入生物柴油的比例/%	HFRR Scar/μm	
	1#柴油	2#柴油		1#柴油	2#柴油
0.0	536	671	2.0	322	355
0.4	481	649	20.0	314	318
1.0	321	500	100.0	314	314

2. 生物柴油的质量标准

1）国外生物柴油质量标准

国外生物柴油质量标准差异较大，主要是水分、酸值和甲醇含量指标有所差异。表6-39列出了欧洲和美国等六个国家的生物柴油质量标准。

表 6-39 生物柴油的质量标准

项 目	奥地利	法国	德国	意大利	瑞典	美国
标准号	On C1191	Journal Official	DIN E51606	UNI 10635	SS155436	ASTM PS121-99
密度（15℃）/（g/cm^3）	0.85~0.89	0.87~0.90	0.875~0.90	0.86~0.90	0.87~0.90	—
运动黏度（40℃）/（mm^2/s）	3.5~5.0	3.5~5.0	3.5~5.0	3.5~5.0	3.5~5.0	1.9~6.0
95%馏出温度/℃	—	—	<360	—	<360	—
闪点/℃	>100	>110	>110	>100	>100	>100
CFPP/℃	0/-15	—	0/-10/-20	—	-5	—
倾点/℃	—	—	<-10	-<0/<-15	—	—
硫含量/%	<0.02	—	<0.01	<0.01	<0.01	<0.05
康氏残炭值/%	<0.05	—	<0.05-	—	—	<0.05
灰分（硫化物）/%	<0.02	—	<0.03	—	—	<0.02
灰分（氧化物）/%	—	—	—	<0.01	<0.01	—
水分/（μg/g）	—	<200	<300	<700	<300	<0.05%
总杂质/%	—	—	<20	—	<20	—
铜片腐蚀（3h，50℃）	—	—	No. 1	—	—	<No. 3
十六烷值	>49	>49	>49	—	>48	>40
酸值/（mgKOH/g）	<0.8	<0.5	<0.5	<0.5	<0.6	<0.8
甲醇含量/%	<0.2	<0.1	<0.3	<0.2	<0.2	—
酯含量/%	—	>96.5	—	>98	>98	—
一元甘油酯/%	—	<0.8	<0.8	<0.8	<0.8	—
二元甘油酯/%	—	<0.2	<0.4	<0.2	<0.1	—
三元甘油酯/%	—	<0.2	<0.4	<0.1	<0.1	—
游离甘油/%	<0.02	<0.02	<0.02	<0.05	<0.02	<0.02
总甘油/%	<0.24	<0.25	<0.25	—	—	<0.02
碘值/（gI/100g）	<120	<115	<115	—	<125	—
高级不饱和酸/%	<15	—	—	—	—	—
磷/（μg/g）	<20	<10	<10	<10	<10	—
碱金属（钾、钠）/（μg/g）	—	<5	<5	—	<10	—
标准适用于	脂肪酸甲酯	植物油甲酯	脂肪酸甲酯	植物油甲酯	植物油甲酯	脂肪酸甲酯

2）中国的生物柴油标准

国家目前正在制定生物柴油的国家标准。此前，一些企业制定了生物柴油的“企业标准”，这些企业标准基本上是参照常规柴油的国家标准（例如GB 252—2000）和西方国家的生物柴油（如美国、德国）标准制定的。由于生物柴油与石油柴油在组成和性质上存在差别，用这些“企业标准”来控制生物柴油质量和管理生产显然是不够的。表6-40为某生物柴油公司“生物柴油企业标准”实例。

表6-40　生物柴油“企业标准”实例

项　目	数　据	实验方法
闪点/℃	≥100	GB/T 261
水分/%（体）	≤0.05	GB/T 260
运动黏度（40℃）/（mm^2/s）	1.9~6.0	GB/T 265
灰分/%	≤0.020	ISO 1616
硫含量/%	≤0.05	GB/T 380
铜片试验	3级	GB/T 378
十六烷值	≥40	GB/T 386
冷凝点/℃	实测	GB/T 0248
残炭值/%	≤0.050	GB/T 17144
酸值/（mgKOH/g）	≤0.80	GB/T 264
游离甘油/%	≤0.02	ISO 1066
总甘油/%	≤0.240	ISO 1066

通过对国内几种生物柴油样品的检测及与国外生物柴油质量标准对比可以看出，我国生物柴油的闪点、残炭值、硫含量、灰分、十六烷值、酸值、铜片试验和总甘油量等指标已经达到欧洲和美国标准，但冷滤点、凝点、运动黏度和脂肪酸甲酯等项指标与国外标准有较大差距，主要原因是由于原料、生产工艺和生产规模的不同而引起的，即我国目前生产生物柴油的原料以高酸值的废油为主，故产品酸值高，质量较差。

四、生物柴油生产现状

进入21世纪以来，许多国家均在积极发展生物柴油的生产。2006年世界生物柴油总产量约为749.5万t，相当于680万t（油当量）。表6-41为世界生物柴油2006年产量数据，表6-42为美国生物柴油年产量数据。

表6-41　世界生物柴油2006年产量

国　家	2006年产量/万t	国　家	2006年产量/万t
德　国	268.1	奥地利	13.4
法　国	77.5	斯洛伐克	8.9
意大利	85.7	西班牙	22.4
马来西亚	60.0	丹　麦	8.1
美　国	82.6	英　国	44.5
捷　克	20.3	其他欧盟国家	43.0
波　兰	15.0	世界合计	749.5

注：此表为世界能源理事会“能源调查—2007”。

由于环保、政策驱动等原因，使欧洲成为生物柴油的主要开发研究和生产地区，德国、法国和意大利是生产生物柴油的主要国家。如今，欧盟已经形成了从原料供应、生产到供应销售完整的生物柴油产业链。欧洲生物柴油的产量分额已经占柴油市场的5%以上。按照规划，2010年欧盟各国的生物柴油产量将可达到800~1000万t。

促进欧洲地区生物柴油生产量增长的主要因素是：

（1）欧洲的农产品市场已经饱和，从20世纪90年代起，欧盟就决定采取措施休耕一部分土地，或将土地用于耕种非食品作物。

（2）欧洲国家政策鼓励生产生物柴油：欧盟国家利用税收和其他政策鼓励人们生产、使用无害环境的产品，鼓励使用可再生原料和具有生物兼容性、可循环的产品，因而使生物柴油产业获得了发展。

除了生物柴油之外，谷物的非食品应用还包括生物润滑剂、表面活性剂、塑料的各种添加剂、油漆、墨水和植物保护剂等。

几个欧盟成员国，如德国、法国、意大利和奥地利等国都采取措施，从政策上鼓励节约燃料，减少石油进口；鼓励减少温室气体排放；鼓励使用生物质替代产品以改善城市空气质量。

为此许多国家专门立法、积极推广使用生物柴油燃料，要求于2010年将生物柴油在燃料市场中的份额提高至5.75%。为了实现此目标，要求成员国对生物燃料油实行降低消费税的政策，这些政策使得近5年来生物柴油年产量提高了1倍。为了实现降低温室气体排放的承诺，2003年10月，欧盟议会一致通过了一项新的指令，要求成员国对欧盟区内销售的所有生物燃料一律实行减、免消费税政策，这对于用植物油生产生物柴油十分有利。

美国生产生物柴油的原料以大豆油为主，小规模的生物柴油厂使用烹调废油、废炸油为原料。近年来生物柴油产量急剧增长。1999年的产量仅约0.2万t，2006年的生物柴油产量跃升至80多万t。据美国生物柴油协会统计，美国共有45家公司从事生物柴油的生产，2015年的规划年产量将达330万t。所产的生物柴油调合成的B-20（生物柴油20%，常规柴油80%）柴油，可符合ASTMD-975标准中的“柴油燃料”规格。100%纯生物柴油因黏度高、挥发性低（残炭值和蒸馏曲线偏高），不符合加州的柴油标准。

表6-42　美国生物柴油年产量

年　度	生物柴油年产量/万t	年　度	生物柴油年产量/万t
2004	8	2007	114
2005	24	2008（预测）	197
2006	80	2009（预测）	205

此外，许多国家均在根据自身特点积极发展生物柴油产业。例如马来西亚和泰国发展用棕榈油生产生物柴油；巴西采用蓖麻油生产生物柴油；由于人口众多、食用油短缺，印度采用木本油料作物如麻风果等为原料发展生物柴油工业。其他国家如加拿大、日本、韩国、澳大利亚等也在加速发展生物柴油产业。

用农产品为原料生产生物柴油将对食物和饲料的可持续供应产生影响，许多国家正在寻找用其他生物质资源以保证生物燃料的持续增长。此外，还需考虑可能对生态环境的影响，例如巴西为了发展蓖麻子的生产而开垦热带雨林就将对生态造成破坏，是不可取的。

中国为了加速生物柴油的发展，从本世纪初就启动了“生物燃料油技术开发项目”。近年来国际油价上涨也加速了生物柴油工业的发展，目前，中国发展生物柴油的原料仍以餐饮业废油、榨油厂下脚料和废弃动物脂肪为主，在许多省区均有已建和在建的生物柴油企业，生产规模均较小（1~5 万 t/a）。美国、意大利和奥地利等国的外资企业计划在国内建设生物柴油工厂，以菜籽油等原料生产生物柴油。

五、生物柴油生产工艺

1. 常规生产工艺

许多种植物油和动物油脂都可用作生产生物柴油的原料。原料的预处理方法可根据原料中游离脂肪酸和其他杂质含量（包括悬浮固体物和异味化合物）决定。植物油中的游离脂肪酸（FFA）含量一般在 4%~10%，会在酯化过程中与碱催化剂反应生成肥皂并使碱消耗量增加，所以必须在酯化之前除去游离脂肪酸。游离脂肪酸含量高的原料油可先用酸催化剂（硫酸）使脂肪酸与甲醇“酯化”生成脂肪酸甲酯，酯化过程的出料再用碱催化剂经过“酯交换反应”过程生成甘油三酸酯。若原料中的游离脂肪酸含量<1. 5%，可以采用碱精制法除去游离脂肪酸。

常规碱催化法的生物柴油生产工艺流程见图 6-10。

已除去胶质的原料油在 70℃温度下进入反应罐（缓冲罐），与 9. 5%的 NaOH 碱液接触，然后用 70℃热水洗。

反应罐中的两相混合物送至离心分离机，分离出的废水送至沉降罐，再从此送至装置外的生化处理厂。离心机分出的碱精制油送往真空干燥塔脱水，脱水后的碱精制油经过干燥后送至中间罐。

精制油依次经过两段酯化反应罐，在碱催化剂作用下与包含有循环甲醇的新鲜甲醇进行酯化反应。催化剂用量按甲醇量的 10%计，精制油与甲醇分子比为 2 : 1。酯化反应罐用蒸汽盘管加热，一段反应的出料在沉降罐中进行酯相产品与水相产品的分离。酯相产品去第二段反应器，水相产品去甘油回收工序。第二级酯化反应器的产品同样经过沉降分离，酯相产品送去洗涤，水相产品经沉降后去甘油回收。

脂肪酸甲酯进入 3 台并联的逆流洗涤塔，用 70℃的热水洗涤。从塔底分出的水去甘油回收工序，塔顶产品进入沉降罐脱水，然后经真空干燥。干燥器顶部的凝结水去污水处理，底部的生物柴油产品送至储罐。生物柴油对原料油的质量收率约为 96%。

从各处收集的粗甘油经过储罐，进入甘油回收塔。从塔顶回收甲醇-水混合物，在甲醇干燥塔中进一步分离出甲醇。所得的甲醇循环回到酯化过程，甲醇干燥塔底的水则送去污水处理场。

甘油回收塔底的物料经冷却后送至储罐，然后去带有搅拌器的酸化罐，用 10%稀盐酸中和碱催化剂和破乳化。酸化罐顶部分出的油相产物含游离脂肪酸，经过沉降后送至储罐。沉降罐和酸化罐底部的产物为 80%的含水甘油，作为半成品送出装置。

使用碱催化剂的“酯交换工艺”的主要缺点是对原料中的游离水分和脂肪酸含量要求苛刻，废碱液排放量大，甘油回收困难、酯化反应不完全和当原料中含游离脂肪酸和水分时会生成“皂化产物”。

2. 生物柴油生产新工艺[30]

在碱催化剂工艺的基础上，开发了下述几种生产生物柴油的新工艺技术[17]，一些技术已建成了示范装置或生产装置。说明如下：

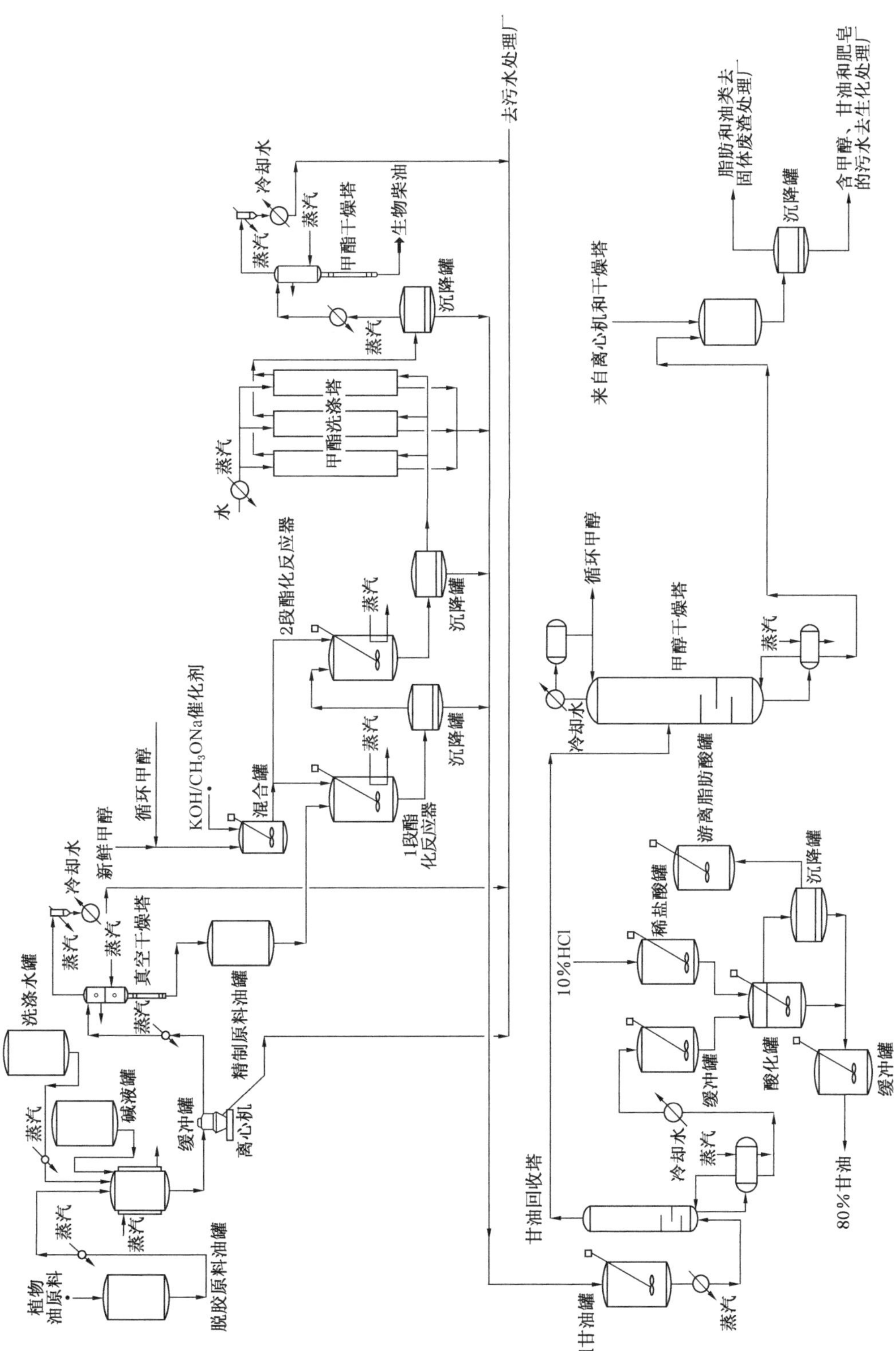

图 6-10　生物柴油生产工艺流程

1）Eaterfip-H 工艺

是法国石油研究院开发的工艺技术。采用固体碱催化剂和两段固定床反应器，生产的柴油纯度高（99%），油脂转化率接近 100%。由于过程中没有酸碱中和及洗涤步骤，废水和废渣排放量少，副产甘油纯度高达 98%（常规工艺仅为 80%）。

已建成示范装置，投产后运转正常，产能超过设计值 20%。瑞典、美国等计划建设规模为 5 万～17 万 t/a 的生产装置。

2）BIOX 工艺

是加拿大多伦多大学开发的生物柴油生产技术。工艺特点是在酯交换过程加入惰性助溶剂使油脂和甲醇形成单相液体，可以提高反应速度。BIOX 工艺包括酸催化和碱催化两个过程，可使用高酸值的动植物油为原料。原料油首先在第一活塞流反应器中进行酸催化反应使脂肪酸转化为甲酯，反应温度为 60℃，反应时间 40min。然后在第二活塞流反应器中进行碱催化反应，生成生物柴油和副产的甘油。已建成中试装置，5 万 t/a 生物柴油厂已于 2005 年建成投产。

3）超临界工艺

这种工艺技术适用于各种植物油原料，并且不受原料中的脂肪酸、水分含量的影响。该工艺不用催化剂，在甲醇与植物油的摩尔比为 42：1 和 350℃、30.6MPa 的工艺条件下，甲醇在超临界条件下完成酯交换反应。反应时间约为 240s。产品不需要精制过程，游离酸的皂化生成物可转化为生物柴油。由于在植物油在超临界条件下与甲醇完成反酯化反应，同时还发生游离脂肪酸与甲醇的酯化反应，故可提高产品收率。

中国石化石油化工科学研究院与石家庄炼油化工股份有限公司合作开发了高压醇解工艺，建成了 2000t/a 中试装置。该工艺区别于国外超临界工艺的主要条件是更低的反应温度（200～280℃）和更低的压力（8～9MPa），具有原料适应性广，不使用液碱催化剂，污水少，副产甘油等级高等优点。

4）酶催化反应工艺

技术特点是甘油三酯的酯交换反应和游离脂肪酸的酯化反应同时进行，可加工高酸值原料；副产品甘油浓度高，催化剂可重复使用，但也容易失活。运用该工艺的年产生物柴油 1～2 万 t 的三套工业试验装置已经在我国建成，利用垃圾油和榨油厂下脚料为原料。

六、生物柴油的原料

生产生物柴油的原料广泛，各国可根据地区条件“因地制宜”地选择原料。可用于生产生物柴油的油脂原料包括植物油和动物油脂，以温带地区的大豆、油菜籽、花生、向日葵等油料作物和热带地区的棕榈和椰子等油料为主。动物油脂主要是猪、牛等的脂肪和鱼油的脂肪。可归纳为以下几类生物质原料：

1. 植物油和动物油脂

植物油主要是由 14～18 个碳原子组成的化合物，与柴油的碳原子数相近。

据统计，2003 年世界油脂总产量约为 1.11 亿 t，其中，从油料作物中提取的植物油量约为 8900 万 t；来自动物的油脂数量为 2100 万 t 左右，海生动物油脂（鱼油）约 100 万 t。世界植物油产量的最大份额是大豆油（32%）和棕榈油（28%），其次是菜籽油（13%），其他油类产物份额均不超过 10%（葵花籽油 9%，花生油 5%，棉籽油 4%，椰子油 3%，橄榄油及其他 6%）。

大豆油仍是近年来最重要的植物油，年产量达 3200 万 t；棕榈油也是近年来产量增长最快的植物油，年产量约2800多万t；菜籽油的年产量约为1300万t。

2005年中国的油料（不包括大豆）总产量为3080万t，以花生和油菜籽为主（占总产量的88%）。

近40年来，世界动物油脂的年产量基本稳定，没有太大的增长。

动、植物油的总消费量中约6%用作油脂化学工业的原料；12%～15%用于生产各种润滑剂、蜡烛、化妆品和肥皂等非食品行业的原料；约80%消费量是用于食品及有关行业的原料。

分析化验表明：动植物油脂主要以甘油三酸酯（由3个混合脂肪酸分子和一个甘油分子组成）形式存在，甘油二酸酯和甘油一酸酯含量在3%～4%之内。还含有少量的磷脂类、蜡、甾醇和萜烯类化合物以及脂肪醇，这些为数较少的杂质可在多次预处理过程中被除去。大多数磷脂类化合物可在水合（hydration）过程中被除去，其中卵磷脂是重要的食品添加剂和保健品；蜡是由脂肪酸酯和脂肪醇组成的，可用冷冻、过滤法回收；甾醇和萜烯类物质则可在油脂的漂白、脱色过程中回收。

油脂中的主要组分为各种脂肪酸（约占90%以上），它们以链长几乎全部为偶数碳的C_6～C_{22}线性脂肪族化合物为主。脂肪酸一般以饱和脂肪酸为主，也含有一定量的不饱和脂肪酸（以链长为14个碳以上为多）。最重要的饱和脂肪酸为C_{12}的月桂酸（lauric）、C_{14}的正十四烷酸（myristic）、C_{16}的棕榈酸（palmitic）和C_{18}的硬脂酸（stearic）。不同品种和不同产地的植物油，所含的饱和脂肪酸种类和含量也各异。例如：椰子油中富含12碳和14碳的脂肪酸；大豆油、棕榈油和动物油脂（猪油脂）中则是富含16碳和18碳的脂肪酸；亚麻油和谷物油则是富含C_{16}和C_{18}的不饱和脂肪酸（如油酸oleic acid、亚油酸linoleic acid和亚麻酸linolenic acid）；对于不同品种菜籽油而言，C_{22}不饱和脂肪酸（euricic acid）含量高低差别很大。

各种植物油均是用油料作物轧制、提取的，耕种、生产油料作物需占用耕地。表6-43列出了各种油料作物的单位面积产量的数据。

表6-43　油料作物的单位面积产油量

油料作物名称	产油量/（kg油/公顷）	油料作物名称	产油量/（kg油/公顷）
粮食	145	向日葵籽	800
棉籽	273	花生	890
大麻籽	305	油菜籽	1000
大豆	375	蓖麻子	1200
油麻籽	400	Jojoba豆	1530
山茶	480	椰子	2260
芥末籽	481	油棕榈籽	5000
红花籽（Safflower）	655		

棕榈油是从油棕果实“棕果”榨出的植物油。油棕是油产率最高的产油植物。单位播种面积的植物油产量约比种植花生高出5倍，比种植大豆高出9倍。棕榈油的饱和脂肪含量高，价格低于菜籽油等其他植物油，是发展生物柴油的适宜原料。

目前世界的棕榈油年产量达3400万t，马来西亚和印度尼西亚盛产棕榈油，产量占世界总产量的80%。

印度尼西亚、马来西亚为发展生物柴油而大力开垦热带雨林土地，用于种植油棕榈树。

又如巴西用蓖麻油生产生物柴油，为扩大蓖麻的种植面积也需开垦热带雨林。这是为发展燃料油生产而破坏生态环境的举措。

2. 非食用油

生产生物柴油可用的原料很多，除了食用植物油外，一些非食用的木本油料作物就具有很好的发展前景。我国木本油料作物以麻风树、黄连木油、文冠果等为主。例如适合于亚热带地区种植的麻风树就是生产生物柴油适宜的原料。

麻风树又称小桐子、膏桐，适合于在海拔 300～1600m 的河谷、荒山、荒坡地区贫瘠土地上种植，对水、肥的要求不高；具有速生、寿命长（生长期 30～50a）、种子可采期长（30～40a）、含油率高（种仁含油率约为 50%）等优点。我国四川省凉山地区以及云南、贵州等地已经在种植麻风树、培育良种和开展生物柴油技术的研发试验。

中国石油集团公司在攀西地区规划建设的 22 万亩麻风树造林已于 2007 年 10 月底结束。这是一项由大型企业和中央财政资助的造林项目。表 6-44 为麻风树果的分析数据。

表 6-44 麻风树种子的组成

项　目	组成/%	项　目	组成/%
水　分	6.2	碳水化合物	17
蛋白质	18	纤　维	15.5
脂　肪	38	灰　分	5.3

发展生物柴油工业应结合国情和地区特点开发、种植适用的油料作物，增产生物柴油就有着广阔的发展前景。

海滨锦葵为多年生植物，天然分布于美国的盐沼海岸带，具有耐盐碱特性。黑色种子的含油率≥17%，粗蛋白质含量为 27%～30%。锦葵是集油料、饲料和医药用的经济作物。我国于 1995 年从美国引进了海滨锦葵种子，在江苏沿海滩涂进行了栽培试种。南京大学盐生植物实验室进行了海滨锦葵聚合育种的研究。国家林产化学研究中心进行了“利用海滨锦葵油生产生物柴油”的研究，初步结果表明：锦葵油可生产十六烷值为 56、硫含量低于 0.003%的优质生物柴油。

江苏省具有发展生物柴油的自然条件，沿海的盐碱滩涂适合种植油料作物海滨锦葵，实验证明：每亩可产锦葵籽 100kg。

3. 废油脂

直接使用植物油为原料生产生物柴油的成本高，利用工业或生活废料为原料可降低生产成本。可用的各类废油包括：植物油渣、餐饮业废油、油炸食品的废油、泔水油、地沟油和废弃的动物脂肪等都是生产生物柴油可用的原料。各种废油的来源、数量随地区而异。例如：东南亚地区的废棕榈油就是生产生物柴油可用的原料。

废油脂的游离脂肪酸含量较高，对生物柴油的质量有影响。

河北省石家庄已建成使用废植物油为原料的生物柴油工厂，年产生物柴油 1 万 t。计划在第二期达到年产生物柴油 5 万 t 的能力。

七、副产品甘油的应用

1. 甘油的性质

甘油是天然油脂的主要成分。工业甘油的典型性质见表 6-45。

表 6-45　工业甘油的性质

物理性质	典型值	物理性质	典型值
相对密度，25℃，100%丙三醇	1.262	沸点（760mmHg）/℃	290
98%丙三醇	1.249	闪点（开杯法）/℃	177
熔点/℃	18.1	点火点/℃	204

2. 甘油的产率

用普通油脂生产甘油的理论产率在 9%～13%范围内。不同油脂原料的甘油产率如表 6-46。表中的收率数据已扣除对游离脂肪酸含量的校正及产品精制的损失。

表 6-46　油脂中甘油含量和预计产率

油脂种类	皂化价	相对分子质量	甘油理论含量/%	甘油馏出率/%
菜籽油	171	984	9.3	8.9
大豆油	192	873	10.5	10.1
精选的牛油脂	195	852	10.2	10.0
鱼　油	196	857	10.7	10.2
椰子油	245	658	13.4	12.7

3. 甘油的用途

甘油是重要的化工产品，主要的用途有：医药工业用溶剂或载体；化妆品和烟草工业用润湿剂；聚合物用增塑剂；防冻剂和传热载体；炸药制品的中间体；生产润滑剂、聚氨酯和一元、二元甘油酯的中间体等。

甘油的来源包括天然甘油和合成甘油。天然产甘油是从甘油三酸酯用皂化、水解或酯交换法制得的。合成甘油主要是从丙烯开始、通过不同工艺路线生产的。

用植物油生产生物柴油的经济性在一定程度上取决于副产品甘油的收益。因为生物柴油大量增产必定造成甘油生产过剩，导致甘油市场价格下跌。不仅破坏了甘油市场的稳定，同时也给生物柴油的生产和经济效益带来损害。

美国 2002 年的甘油产量为 24.8 万 t，主要用于制药和化妆品、烟草工业、食品和酒类等用途。欧洲 2002 年的甘油总消费量为 30 万 t 左右。如果生物柴油产量达到 350 万 t/a，就会约有 40 万 t 副产甘油进入市场。

为了发展生物柴油工业，就必须为增产的甘油开发新的用途。甘油的可能应用新领域包括以下几个方面：

1）甘油用作生物化学的原料

（1）生产环氧氯丙烷[30]

环氧氯丙烷是重要的有机化工原料。其生产方法以丙烯为原料，合成二氯丙醇，再经过环化生成环氧氯丙烷。2006 年，西班牙开发成功了用甘油生产环氧氯丙烷的工艺技术，称为 Epicerol 工艺。第一套 30kt/a、用甘油生产环氧氯丙烷的 Epicerol 装置已于 2006 年在江苏扬州建成投产。在法国建设的 10kt/a 的工业装置于 2007 年建成。

（2）生产 1，3-丙二醇[31]

1，3-丙二醇（1，3-Propandiol，PDO）是 Shell Chemical 公司开发的二元醇。PDO 是合成聚对苯二甲酸丙二醇酯（PTT）的重要单体和化工原料（用作印染、涂料、润滑剂、药物、抗冻剂的溶剂)。PTT 是新型聚酯材料,在服装、地毯和工程热塑料等领域有着广泛的用途。PTT 与尼龙、聚脂纤维组成性能优异的纺织纤维,用于制造运动服或地毯。

由于用化学合成路线生产 1,3-丙二醇的难度较大,影响了 PTT 产业化的发展。以甘油为原料的生物发酵法生产 1,3-丙二醇具有选择性高、操作条件温和等优点。国内已经研发成功了生物发酵法生产 1,3-丙二醇的工艺技术,并实现了与生物柴油生产过程的联合。甘油可在厌氧条件下用微生物发酵转化法生成 1,3-丙二醇。甘油发酵使用专用的大肠杆菌(E. coli)作为发酵微生物。

经济评价表明:发酵法的生产成本低于化学法。生产成本约可降低一半;能耗节约三分之一。

国内已经完成了规模为 $50m^3$ 发酵罐的甘油发酵工业试验。生产的 1,3-丙二醇用作合成 PTT 的单体,产品质量优异。

生物柴油生产过程副产的甘油用生物发酵法生产 1,3-丙二醇既解决了生物柴油副产甘油的出路,又降低了 1,3-丙二醇的生产成本。

(3)其他甘油发酵工艺

除了甘油用发酵法生产 1,3-丙二醇外,正在开发中的其他甘油发酵技术还有:用甘油生产琥珀酸(succinic acid);用甘油生产依康酸(Itaconic acid);用甘油生产 polyhydroxy alkanoates(一种可生物降解的聚酯)等工艺方法。

2)甘油用作其他多元醇的替代物

甘油市场供应过剩、价格下降时,就可以用甘油替代多元醇在个别领域中使用。甘油可替代的几种二元醇、三元醇和多元醇,包括:

① 山梨糖醇(Sorbitol),主要供制药用,如用作合成维生素-C 的中间体、生产聚醚多元醇等;

② 新戊基甘醇(Neopentyl glycol),是生产聚酯漆、合成润滑剂、生产聚合物和增塑剂的原料;

③ 季戊四醇(Pentaerythritol),是生产醇酸漆、合成润滑剂的原料;

④ 三羟甲基丙烷(Trimethylolpropane),是生产聚醚多元醇、醇酸漆和合成润滑剂的原料;

⑤ 乙二醇(Ethlene glycol),用途广泛,如用于生产防冻剂、丙烯醇、聚脂等;

⑥ 亚丙基二醇(Propylene glycol),用途与乙二醇相近;

⑦ 1,3 丁烯甘醇(1.3-Butylene glycol),生产聚醚增塑剂、不饱和聚酯漆和醇酸树脂等。

3)甘油用作化学品的中间体

(1)聚甘油(polyglycerols)和聚甘油酯(polyglycerol esters)是食品、化妆品和制药等工业用乳化剂、纺织用润滑剂等,此类产品都是用甘油作原料生产的。

(2)甘油碳酸盐(glycerol carbonate)和缩水甘油(glycidol):甘油碳酸盐目前仍不是工业产品,可以用甘油与尿素反应制成。甘油碳酸盐加热至 200℃ 即可生成缩水甘油。缩水甘油具有羧基和环氧基两个功能团,利用这两个功能团的反应优势,缩水甘油可用作破乳剂和染料均化剂(dye leveling agent)。

4)用甘油生产燃料

(1)甘油直接用作燃料

甘油的氧含量高（52%），发热值低（16.5MJ/kg，常规燃料油热值为42.4MJ/kg），绝热的火焰温度约为1700℃，约比常规燃料低100～250℃。加上甘油的黏度高，雾化能力和与燃烧空气混合效果均较差，故不适合用作运输燃料。

（2）生产柴油添加组分DBG

甘油为三元醇，可以在有酸性催化剂存在下与异丁烯反应生成一元、二元或三元的甘油醚，此反应类似于用异丁烯生产MTBE的反应。Arco Chemical公司（现属于Lyondell公司）于1994年取得了此项生产技术专利。使用丁氧基甘油醚作为柴油燃料的添加组分可减少颗粒粉尘和其他污染气体的排放量。试验表明：二丁氧基甘油醚（DBG，di-butoxy glycerol）是适宜的添加组分。

Arco专利还建议：用DBG和生物柴油调配成的调合料是常规柴油的适宜添加组分。用豆油甲酯60%～90%与甘油醚10%～40%组成的调合料可以任何比例调入常规柴油中。在柴油中加入1%～30%（体）后，可降低污染物排放量。

许多含氧化合物添加剂都有降低柴油十六烷值的效应。试验证明：在EPA合格的柴油燃料（芳烃含量为31%）中添加5%的DBG混合物后，十六烷值为43～44，与直馏柴油基本一致。用DBG和DBG-豆油甲酯混合料作为添加组分，污染物排放的试验结果如表6-47所示。试验用的4种燃料组成为：

① 基础燃料BF：低硫低芳烃（LSLA）柴油；

② 测试用燃料-1：80%LSLA柴油，20%豆油甲酯，4%DBG；

③ 测试用燃料-2：80%LSLA柴油，20%豆油甲酯；

④ 测试用燃料-3：85%LSLA柴油，15%DBG。

这几种油样的性质见表6-48。

表6-47 DBG对降低柴油粉尘排放的效果

含氧化合物添加剂	氧含量/%	颗粒粉尘排放量/（g/轴马力·h）
基础燃料BF	0	0.182
豆油甲酯，5%	0.59	0.174
DBG，1%	0.56	0.169
DBG，2%	1.12	0.157
DBG，5%	2.80	0.135
豆油甲酯/DBG，5%	1.03	0.151
豆油甲酯/DBG，10%	2.06	0.144

表6-48 测试用燃料的性质

项目	相对密度（15℃）	芳烃含量/%	十六烷值	95%馏出温度/℃	硫含量/（μg/g）	氧含量/%	H/C比	有效的H/C比H/（C-O）
基础燃料	0.8169	9.0	65.5	334	2	0.0	2.005	2.005
测试燃料-1	0.8296	7.2	58.5	337	1	2.70	1.970	2.019
测试燃料-2	—	7.2	—	—	1	2.28	1.968	2.009
测试燃料-3	0.8273	7.7	53.1	—	3.6	3.91	1.973	2.046
测试燃料-4	0.8373	6.4	41.6	328	5.1	7.94	2.011	2.176

注：测试燃料-4的组成：为71%LSLA柴油和29%DBG。

以上试验结果说明：在柴油中添加DBG或DBG-豆油甲酯调合料可降低颗粒粉尘的排

放量。虽然其他含氧化合物同样具有降低排放的效果，但使用 DBG 作添加组分还有以下效应：①当生物柴油大批量生产后，可为副产的甘油提供应用途径；②美国和其他地区禁用 MTBE 之后，闲置的 MTBE 装置经过适当改造后，可用于生产 DBG。

从远期发展情况看，甘油还可用作制氢原料，供作燃料电池燃料；用甘油三醋酸酯（glycerin triacetate）作生物柴油的添加剂以改善其低温性能。

5）甘油的其他燃料用途

正在开发中的甘油其他燃料用途包括以下几种：

甘油制氢用于燃料电池；

用甘油三醋酸酯作为生物柴油的添加剂以改善其低温性能；

用硝化甘油-乙二醇醚作为火箭喷气燃料的柔韧剂。

八、新一代生物柴油[4,21,22]

除了上述酯交换技术生产生物柴油外，新一代柴油生产工艺是用加氢技术通过脱羧基反应和加氢脱氧（hydrodeoxygenation）反应除去植物油（甘油三酸酯）中的氧原子生成号称"绿色柴油"的产品。绿色柴油具有优异的燃料性能。包括：超低的硫含量（<1μg/g）、高十六烷值（70~90）。

绿色柴油质量可与费托合成柴油相比，是优质柴油调合组分。其主要性质和与生物柴油（FAME）的比较见表 6-49。绿色柴油的调合效应好，表 6-50 列举了调合实例，成品柴油质量符合欧盟（EU）柴油标准。

表 6-49　绿色柴油的性质

项　目	超低硫柴油	生物柴油（脂肪酸甲酯）	绿色柴油
相对密度	0.84	0.88	0.78
氧含量/%	0	11	0
硫含量/（μg/g）	<10	<1	<1
热值/（MJ/kg）	43	38	44
浊点/℃	-5	-5~+15	-10~+20
馏程/℃	200~350	340~350	265~320
十六烷值	40	50~65	70~90
稳定性	好	尚可	好

表 6-50　绿色柴油的调合效应

调合组分	调合数量		十六烷指数
	桶	%（体）	
煤油组分	500	4.1	41
加氢处理的直馏柴油	7500	60.7	52
加氢处理的轻循环油	2000	16.2	20
绿色柴油	2346	19.0	74
调合柴油	12346	100.0	50

植物油加氢处理生产绿色柴油过程的氢耗量约为 1.5%~3.8%，取决于原料种类和性质。石脑油组分的收率为 1%~10%（体），柴油收率为 88%~98%（体）。副产少量丙烷可

作为 LPG。植物油原料中的氧转化为 CO、CO_2 和 H_2O。

绿色柴油生产装置可有两种配置方案：建设独立的绿色柴油工厂和在常规炼油厂中建设绿色柴油生产装置。由于绿色柴油生产过程与炼油过程基本相似，需用的氢气和公用工程均可由炼油厂供应，所以在炼油厂中建设绿色柴油装置更为方便和有利于与炼油厂联合。

UOP 公司开发了绿色柴油生产技术，称为 Ecofining 工艺。可将植物油转化为绿色优质柴油组分，十六烷值可达 80。

UOP 公司与意大利 Eni 集团于 2007 年公布了植物油加氢生产柴油的计划，采用 Ecofining 加氢技术从植物油生产柴油。Eni 集团计划在意大利 Livono 市建设一套规模为 6500 桶/天的装置，用植物油生产优质柴油供应欧洲的炼油厂作为调合组分。UOP 公司已完成装置的基础设计，将于 2009 年建成投产。

芬兰 Nesty 石油公司也开发了第二代生物柴油工艺，植物油经过加氢处理生产优质生物柴油（HVOs），或称可再生柴油。Nesty 石油公司在所属的 Porvoo 炼油厂建成了一套工业生产装置，生产规模为年产 HVOs 柴油 17 万 t，已于 2007 年夏开工投产。HVOs 柴油质量优于植物油用酯交换技术生产的脂肪酸甲酯（FAME）柴油。HVOs 柴油不含芳烃、硫，经过使用专用催化剂的后加氢处理可以改善柴油的低温性能。表 6-51 为几种柴油的性质比较[14]。

表 6-51　各种柴油的性质比较

项　　目	HVOs 柴油	EN590 夏用柴油	GTL 柴油	FAME 柴油
相对密度（15℃）	0. 775~0. 785	~0. 835	0. 770~0. 785	~0. 885
黏度（40℃）/（mm^2/s）	2. 9~3. 5	~3. 5	3. 2~4. 5	~4. 5
十六烷值	80~99	~53	73~81	~51
浊点/℃	-5~-25	-5	-0~-25	-5
热值/（MJ/kg）	~44	~42. 7	~43	~37. 5
总芳烃/%	0	~30	0	0
多环芳烃/%	0	~4	0	0
氧含量/%	0	0	0	~11
硫含量/（μg/g）	<10	<10	<10	<10
储存稳定性	好	好	好	有争议

九、生物柴油的环境效应

生物柴油是优质洁净燃料，性质上有以下优点：

（a）硫含量低（硫含量为 0~24μg/g）；

（b）不含芳烃；

（c）十六烷值高（46~70，用加氢裂化法生产的绿色生物柴油可达 100 左右）。

（d）调到石油柴油中使用，无须改动发动机；

（e）生物柴油是长链的脂肪酸酯，对油料喷射系统有很好的润滑性。

在应用上，一般是调入到石油柴油中使用，调入量为 20%。调合柴油质量可符合欧洲 EURO-Ⅳ 级标准。在环境上，对大气污染物的排放具有较好的减排效应。表 6-52 列出了含生物柴油 20%的调合柴油对各种大气污染物的减排效果数据。

由于调合柴油的氧含量增加，NO_x 排放量比石油柴油略增加了 2%。

生物柴油的黏度略高于常规柴油，所以调合柴油的冷滤点、浊点和倾点约高于常规柴油 1.7~2.8℃。冬季使用生物柴油需加入添加剂或采取适当的保温措施。在高温、潮湿地区使用生物柴油需使用抗微生物的添加剂。

表 6-52　调合柴油的大气污染物减排效应

项　目	减排效应	项　目	减排效应
未燃烧的烃类	20%	多核芳烃	13%
一氧化碳	12%	硝化的多核芳烃	50%
可吸入颗粒物	12%	臭氧	10%
硫酸盐	20%		

十、生物柴油的经济性

100 万 t/a 的生物柴油厂的建设投资和生产成本列于表 6-53 和表 6-54。

1. 建设投资

生物柴油厂的生产规模为 10 万 t/a，建设投资见表 6-53。

表 6-53　生物柴油厂的建设投资

项　目	费用金额/万美元	项　目	费用金额/万美元
装置投资	4880	项目的建设总投资	6100
其中：装置内	3480	流动资金	850
装置外	1400	总投资合计	6950
项目其他费用	1220		

另据美国 2006 年数据显示，生产规模为 9.6 万 t/a 的大豆油生物柴油工厂“交钥匙”的建设投资为 4400 万美元，折合单位能力的建设投资指标为 458 万美元/（万 t/a）。生产规模为 19.2 万 t/a 的同样生物柴油工厂，“交钥匙”的建设投资为 6600 万美元，折合单位能力的建设投资指标为 344 万美元/（万 t/a）[23]。

2. 生产费用

生产费用见表 6-54、表 6-55。生产成本计算基准：

规模：生物柴油年产量 10 万 t；

大豆油单价：550 美元/t；

甲醇单价：230 美元/t。

表 6-54　生物柴油厂的生产成本（生产规模为 10 万 t/a）

项　目	年成本/万美元	单位成本/（美元/t 产品）
原料成本		
脱胶质的大豆油	5718	
甲醇	207	
50%碱液	7	
36%盐酸	18	
甲氧基钠	106	
合计	6055	605.5

续表

项　　目	年成本/万美元	单位成本/（美元/t 产品）
副产品收益		
粗甘油	1213	
酸化的肥皂料	1	
合计	1214	121.4
原料成本合计	4841	484.1
公用工程成本合计	161	16.1
可变成本（原料+公用工程）	5003	500.3
直接固定成本①	238	23.8
分摊的固定成本②	192	
现金成本③	5433	543.3
分摊的折旧费	540	54
生产成本合计	5973	597.3
投资利润	695	69.5
生产成本+投资利润	6668	666.8

①直接固定成本包括：工人和管理人员工资、维修材料费和人工费、管理费等项；

② 分摊的固定成本包括分摊的工厂管理费、保险和财产税等项；

③ 现金成本：可变成本+直接固定成本+分摊固定成本。

表 6-55　新建大豆油生产生物柴油生产成本

脱胶大豆油价格/（美元/t）	生产成本/［美元/桶（美元/桶-柴油当量）］①	
	工厂规模 10 万 t/a	工厂规模 20 万 t/a
440	82.7（91.4）	79.4（87.7）
550	98.3（108.6）	94.9（104.9）
660	113.8（125.8）	110.5（122.1）
770	128.9（142.5）	125.6（138.8）

① 生物柴油热值按 38GJ/t 计。

投资利润率按 12%计算，工厂规模为 10 万 t/a，生物柴油的投资成本和加工费合计为 21 美元/桶。工厂规模为 20 万 t/a，生物柴油的投资成本和加工费合计为 17.6 美元/桶。

为了与常规柴油的生产成本进行比较，列出了低硫柴油加氢处理装置的建设投资和生产成本数据如下：

（1）建设一套生产规模为 150 万 t/a 柴油加氢处理装置的总投资为 1.186 亿美元，折合 79.1 万美元/万 t/a。

（2）在生产规模为 150 万 t/a 柴油加氢处理装置上加工瓦斯油，生产质量合格的低硫柴油时，生产成本为 259.8 美元/t（约折合 34.6 美元/桶）（按瓦斯油单价为：31.98 美元/桶；氢气单价为 103 美元/1000Nm^3 为基准计算低硫柴油的生产成本）。

对比以上数据可以看出：生物柴油的生产成本（666.8 美元/t）远高于常规低硫柴油（259.8 美元/t）。

十一、生物柴油生命周期分析[9,10]

生命周期分析（LCA）是一种比较分析方法。对生物柴油和石油柴油进行生命周期分析就是在设定的条件下对这两种燃料油进行全生命周期内的能效率、CO_2 排放量等效应等作出定量的比较和分析，为决策者提供有关信息和答案。

生物柴油对化石柴油的生命周期能量平衡、能效率、温室气体和大气污染物排放量等的几点结论如下：

（1）生物柴油和石油柴油的能效率基本相同，生产生物柴油的能效率为 80.55%，石油柴油为 83.28%。

（2）从有效使用化石能源观点看：每生产 3.2 单位的生物柴油需消费 1 单位的化石能源；而在石油柴油生命周期中，每 0.83 单位的石油柴油就需要消费 1 单位的化石能源。数据说明了生物柴油的可再生性质。

（3）按汽车发动机单位功率计，生物柴油的 CO_2 净排放量比石油柴油减少 78.45%。城市公交巴士用生物柴油替代石油柴油是减少 CO_2 排放量的有效措施。

（4）使用生物柴油造成的汽车尾气管总颗粒物排放量、CO 排放量分别比石油柴油降低 32%和 35%。

（5）生物柴油的 NO_x 排放量约比石油柴油生命周期的 NO_x 排放量高 13%。城市公交巴士使用 B-100 生物柴油的 NO_x 排放量比使用石油柴油高 8.89%。

十二、中国生物柴油技术的开发现状

1. 生物柴油技术的开发研究

我国的生物柴油研究开发仍处于发展阶段，研究内容涉及油料作物的分布、选择、培育、遗传改良及其加工工艺的研究。生物柴油的生产处于初期发展阶段，原料以废油为主，尚未形成生物柴油的产业化。

已取得的成果有：

（1）2003 年“十五”计划发展纲要提出要发展各种石油替代产品，将发展生物液体燃料确定为国家的产业发展方向，生物柴油产业也已列入有关的国家计划。

（2）国内也已经对利用菜籽油、大豆油、米糠油脚料、动物油脂和野生桐籽油等为原料生产生物柴油的研究。

（3）清华大学开发研究了生物酶转化工艺，用油脂为原料生产生物柴油技术，可以在常温下将大豆油、棉籽油和废食用油转化成生物柴油，具有转化率高、酶的使用寿命长等优点。

首家生物酶法生产生物柴油的项目已于 2005 年在河北省秦皇岛启动，预计 2007 年建成投产。

（4）四川省凉山地区的河谷地带生长的麻风树为多年生植物，其种仁含油率高达 60%，可用作生产生物柴油的原料。四川省林业科学研究院、四川大学等正在良种选育、生物柴油生产技术等方面进行开发研究。目前，当地已用麻风树油与柴油、醇混合并加入表面活性剂制成混合燃料用作普通柴油机的燃料。前景应是发展用麻风油为原料生产生物柴油。

2. 中国的油料作物和植物油的生产

中国的油料作物以花生、油菜籽和大豆为主，自 2000 年以来的油料作物产量基本稳定在 3000 万 t 左右。2005 年全国油料作物产量为 3077 万 t（不包括大豆），其中，花生和油菜籽产量分别为 1434 万 t 和 1305 万 t，当年的植物油产量约为 1600 万 t（约占当年世界总产量的 16%）。

情况表明：发展从植物油生产生物柴油产业需要首先发展油料作物的生产，开发多种可用的油料作物；充分利用各种工业、生活废油。

3. 生物柴油的生产

我国生物柴油产业的发展刚刚起步，正在开始建设小型生物柴油生产工厂。为了更好地发展生物柴油产业，需要制定综合发展规划，包括发展原料的生产；研发生产工艺技术、产品应用技术和副产品加工利用技术；制定统一的标准、规范；制定有关的扶植、奖励和税收减免政策等。

十三、发展生物柴油的几点建议

1. 发展油料作物的生产

扩大油料作物的产量才能最大限度地替代石油，需要改进油料作物的生产技术。

2. 发展非食用油料作物的生产以扩大生物柴油的原料来源

国家的“可再生能源中长期发展规划”明确提出：发展可再生能源不得占用耕地，不得消耗大量粮食，不得破坏生态环境。发展木本油料作物以扩大生物柴油的原料来源是十分必要的。

3. 降低油料作物的生产成本

原料油的成本约占生物柴油总成本的80%（扣除副产品收益），原料油的成本对降低生物柴油成本具有重要意义。

4. 改善榨油技术

改进榨油工艺可以提高油的质量和降低榨油成本。超临界CO_2抽提榨油工艺是开发中的技术，其主要优点是：可以降低榨油成本；不使用有毒性的抽提溶剂（如正己烷）可以提高油的质量（油品不需精制就可达到精制油的质量）；适合于小型工厂采用。已建成了50t/d的示范工厂。

5. 降低甘油的精制成本

每生产1t生物柴油可副产甘油104kg。甘油的质量差、精制成本高，大量生产生物柴油后，就需要发展甘油的化工利用途径。例如，生物柴油与1，3-丙二醇联产技术。

6. 开发油料生产新技术

必须扩大油料作物的来源才能最大限度地提高生物柴油产量，于是，有人提出了用生物技术生产替代柴油方案。许多微生物（包括酵母、霉菌 molds、真菌 fungi 和细菌 bacteria）可用遗传工程改良、优化，用于在密闭系统中使用廉价的底物（包括秸秆、木材废料、城市废料等）生产油分。微生物的“非油”组分再循环回到系统中。这种“工厂化”生产替代农业生产植物油将是全新的生产方式。

十四、微藻制取生物柴油

1. 综述

具有光合作用的生物体包括植物、藻类和一些细菌。这类生物体可以利用太阳能将水和二氧化碳合成为生物质。利用陆生植物资源生产的植物油制取生物柴油是已经工业化的技术，用水生藻类生产燃料则是新兴技术。可用的水生生物体包括长藻（macroalgae），微藻（microalgae）和沼泽植物（Emergents）。

长藻可生长在海水或淡水中，生长速度很快，可长到60m。

生物学家按藻的颜色、生命周期、细胞结构将微藻分为以下几种：

(1) 硅藻（diatoms）生物学上属于硅藻纲（Bacillariophyceae）。为海中的浮游植物，在淡水或盐碱水中可以找到，约有10万个品种。细胞壁上含有硅聚合物，硅藻细胞中可以天然油或碳水化合物的聚合物形式储存碳（称为chyrsolaminarin）。

（2）绿藻（green algae）属于绿藻纲（Chlorophyceae）。在淡水中的储量很丰富。绿藻以单体或集群形式存在，是现代植物进化的祖先。绿藻中储存的化合物为淀粉，在某种情况下也生成油分。

（3）蓝绿藻（cyanobacteria）属于兰绿藻纲（Cyanophyceae）。其分子结构和组织接近于细菌，约有2000多个品种。蓝绿藻对于从大气中固定氮气起着重要作用。

（4）金藻属于金藻纲（Chrysophyceae）。这种藻类的颜色和分子化学组成与硅藻相似。在淡水中生长，约有1000多个品种。由于含有复杂的颜色系统，可以显示黄色、橙色或桔红色。金藻可生成油分和碳水化合物并储存在细胞内。

（5）微藻（Microalgae）是最原始的生物。微藻的光合作用机理与高等植物相似。由于细胞结构简单，能更有效地使太阳能转化。由于微藻悬浮在水中生长，故可更有效地吸收水分、二氧化碳和营养物质。单位面积的生成油量约为陆生油料植物的30倍。微藻的这种吸收废弃的CO_2并通过光合作用生成高能量密度油品的功能受到研究可再生能源的人员的高度关注。

为了发展藻类生物质产业、生产微藻柴油，研发过程中已经找到了一些可用的藻类品种：蓝绿藻（Spirulina），杜耐藻（Dunaliella），栅藻（Scenedesmus）和绿藻（Chlorella）。其中绿藻是已经在工业化的大型培育水池（$>1000m^2$）繁殖成功的品种。蓝绿藻和杜耐藻分别可以在高碳酸氢盐或高盐度化学介质中存活的品种。工业化生产绿藻具有不稳定的缺点，需要经常接种培养，增加成本。对此，工业化生产微藻还没有找到更好的解决方法。

大规模的户外生产藻类生物质，需要解决适宜的微藻品种及其来源问题。

2. 新型生物技术[6]

美国于20世纪80年代就确定微藻技术的研发重点和目标是以发展“微藻生物柴油”为主。

因为基本不含硫，燃烧过程生成的烃类、一氧化碳和颗粒物排放量也最低，环境效应好，生物柴油被认为是最有希望的、能满足需求的替代柴油。生物柴油的另一些优点是无毒性、可降解，使用生物柴油时，柴油发动机无须改装。在常规石油柴油中添加生物柴油可以降低芳烃含量和提高十六烷值，就像汽油中添加MTBE或其他含氧化合物一样，用生物柴油作为柴油的改性剂具有广阔的市场。

空气清洁条例已于1993年生效，高速公路重型卡车应使用硫含量低于0.05%的柴油（约相当于将硫含量降低90%）。低硫柴油消费量将占柴油总消费量的80%。炼油业人士估计：全部柴油消费量如果全面执行上述标准，就需要向成品柴油中调入更多的生物柴油。

动、植物油脂应主要以满足食品和其他行业需要为主，用作生产生物柴油的可供量有限。按照目前全世界植物油和动物脂肪数量，根本无法满足柴油总消费量中应添加的生物柴油量。生物柴油工业必须寻找其他工艺路线。

除了用植物油或动物油脂可以生产生物柴油外，实际上，用微藻的类脂化合物同样也可生产生物柴油。从水生生物质生产生物柴油的研究目标是寻找一种微藻培育方法，以便用于制造生物柴油。

微藻是可以大量生产类脂化合物的一种显微镜可见的水生植物，生长速度快，可适应不同生长条件。培育微藻便可以从中提取用于生产生物柴油的类脂化合物（lipids）。

藻类具有适合于工业规模生产生物柴油的优越性。许多藻类具有生长速度快，生产能力大的特点。一些微藻品种可通过光合作用大量积累类脂化合物（lipids），积累量可达生物质量的60%；微藻可在不适合种植庄稼和人畜不能饮用的盐碱水中生长；生长要求的条件也很简单，主要供应物为CO_2和水分；充分曝气和补充营养物就可快速生长。

经过收集了大量的藻类品种并进行了筛选，找到了一些可用的藻类品种，但却没有发现同时具有生长速度快、类脂物含量高和生产能力强的藻类品种。研究发现：一些藻类在营养物缺失条件下可促进类脂物的积累。于是，设想若从生物化学和生理学原理了解积累过程，就可能通过控制培育条件或操纵生物体本身达到提高藻类的类脂物积累量的目标。

生产低成本生物柴油除了需要开发性能最佳（生长速度快、类脂物产率高等）的微藻品种外，还需要优化微藻培育池的设计；充分了解土地、水、CO_2和电力资源情况以及副产品回收技术的开发等。

在拥有无限天然资源的世界中，微藻提供了利用贫瘠土地和盐碱水资源的机会。从生产生物质燃料的意义来说，微藻提供的是“补充”而不是“竞争”。

发展微藻的生产还可以把解决燃煤发电的温室气体排放与微藻生产柴油技术联合起来。使用化石燃料发电是造成CO_2排放的主要来源，而CO_2却是微藻生长的主要营养物。所以，发展微藻生物农业为改善全球气候变暖提供了一条可行的技术路线。从CO_2循环的意义上说，微藻可以形成从发电厂烟囱到生产生物柴油全过程的CO_2循环。尽管在柴油使用过程又将CO_2排入大气中，却可以增产1倍的能量。从减少温室气体的意义上说，用微藻生产生物柴油可以为减少发电、工业用柴油发动机的CO_2排放作出贡献。

微藻繁殖力强大，生物质产能高，因此引起了产业界的兴趣，期待在微藻柴油甚至微藻喷气燃料生产上取得突破。然而微藻燃料的产能极限仍是待探讨的问题[37,38]，它不仅取决于微藻本身的品种，还与培育环境的众多因素有关。除了足够的日照度和温度外，提高二氧化碳的供给速度也是必备条件（因为是靠液流速度与气液接触方式增大液膜传递速率，CO_2的气相浓度应远高于大气层浓度）。学者认为地面接受的太阳能的年有效辐射能量应不低于6.5GJ/（m^2·a），扣除红外区的能量和其他损耗，为微藻接收具有光合作用活性的辐射能（Photosynthetic Active Radiation，PAR）的最大份额约为50%，而光能转化为化学能的份额，按8个光子激发光合反应生产一个CH_2O（碳水化合物基本单元）计算，转化效率为27%，两者乘积为13.5%，再考虑其他因素（如生物的呼吸带来的能量消耗），最大的综合效率也只是10%左右。这样储存在生物质的能量折合为生物质质量为400t/公顷·a），或110g/（m^2·d）。然而当前露天开放式池的单位面积产能均低于40g/（m^2·d），密闭光生物反应器可达到55~98g/（m^2·d）。折合生物柴油产品产量：理论最大值是110t/（公顷·a），而当前露天池产量是35t/（公顷·a），密闭反应器产量是80t/（公顷·a）。虽然与理论值相比还有差距，但与常规生产生物柴油的油料作物比较，已高出一个数量级。

3. 微藻生产柴油的方法

美国的研究人员曾在20世纪50年代提议用微藻生产甲烷气，用污水作介质和CO_2作为藻类生长的营养物，并进行了实验室研究。70年代石油危机期间，美国能源部等部门确定将污水处理和生产能源产品作为联合过程立项、开发。至80年代，美国能源部又决定将研发重点逐渐转向开发一种能够解决大量化石能源消费的工艺技术。

美国提出的发展方案是设想建设“微藻农场”用于生产替代燃料。微藻的培育、繁殖可在露天的“水沟式”水池中进行。水池内水深为0.6m左右，池内装设桨轮用于水的循环。向培育池中注入（例如来自发电厂烟囱排出的）CO_2 和其他营养物质，促进微藻的发育和油分（类脂化合物）的生成。可以根据环境条件（例如，气温、pH 值、营养成分是否枯竭等）控制类脂物的采集量。

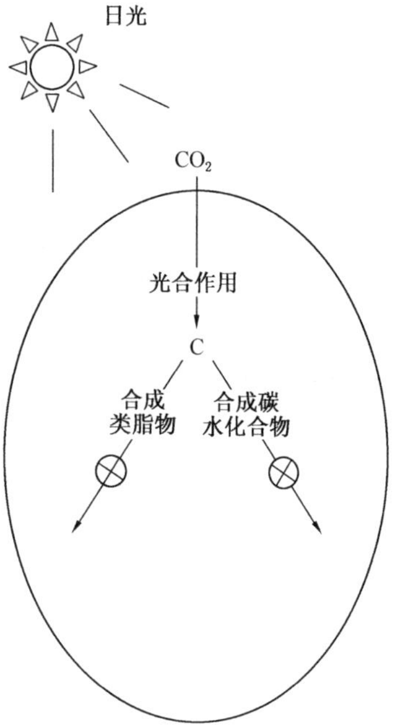

图 6-11　微藻的光合作用

研究人员已经从沙漠和盐碱地区收集了 3000 多种藻类品种，从中找到了多种能够生成类脂物的藻类品种。这些微生物可适应不同盐碱度、类脂物质的产量大、繁殖速率达到每天 3 次，其中一些还可耐受 38℃ 的高温。微藻在水中呈悬浮状态以便吸收阳光完成光合反应。水池为连续操作，从一端向池中送入水和营养物，从另一端收集含水的微藻。使用适宜的收获机械回收含生物油的微藻。由于水池较浅可以透过日光有利于完成光合反应。水池的生产能力按单位有效面积的生物质产量计算。所需的 CO_2 可有多种来源，应以燃煤电站的烟气为主。烟气的 CO_2 含量为 13%左右，电站与微藻农场的联合可以将烟气中的 CO_2 通过微藻再转化为液体燃料油。

微藻的光合作用参见图 6-11，露天式微藻繁殖水池方案参见图 6-12，图 6-13 为“微藻农场”生产生物柴油示意图。

此外，日本、德国和法国等一些国家也在开展微藻生产生物柴油技术的开发研究。采用的方案是用密闭式生物反应器进行微藻的生产，其特点是可以防止微生物进入大气而可能造成污染。日本在探索使用光纤的光生物反应系统以大大减少微藻生长所需的土地面积，但在技术上尚未取得突破。美国在开发微藻技术过程中，也提出过“密闭式光生物反应器”方案。经过评估后，1982 年 Benemann 等的报告中详细介绍了高生产水池“HRP，High Rate Pond”技术，并仍然主张发展成本较低的露天水池繁殖微藻的方案。

藻类中含有碳水化合物、蛋白质和天然油 3 种组分。其中天然油的主体成分为三酰基甘油，最高含量可达藻类重量的 60%。

用微藻中的碳水化合物生产替代燃料可有以下 3 种方案：

（1）用生物法或造气法生产甲烷，可将全部有机碳转化为甲烷；

（2）用发酵法生产乙醇，这只能使碳水化合物转化；

（3）生产生物柴油，只能利用生物质中的天然油（三酰基甘油）组分。

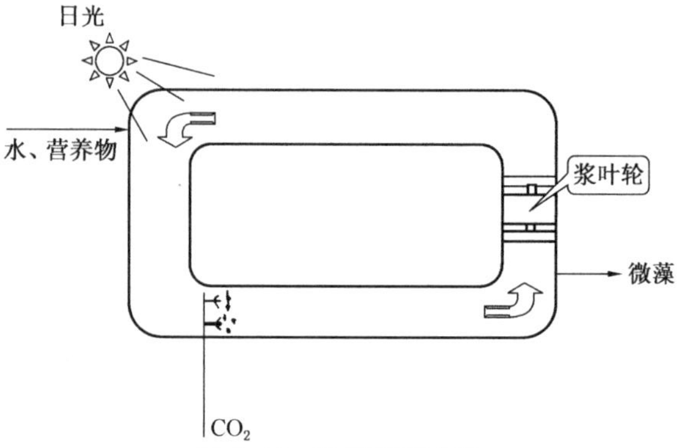

图 6-12　微藻繁殖水池

目前的研发方向以生产生物柴油为主。为了提高微藻生产燃料的经济性，应尽可能全部利用微藻中的生物质组分，用作动物饲料就可将 3 种组分充分利用。还可将微藻生物质直接燃烧用于发电和生产蒸汽。

根据目前的研发情况，微藻技术工业化生产生物柴油应包括以下工艺过程：

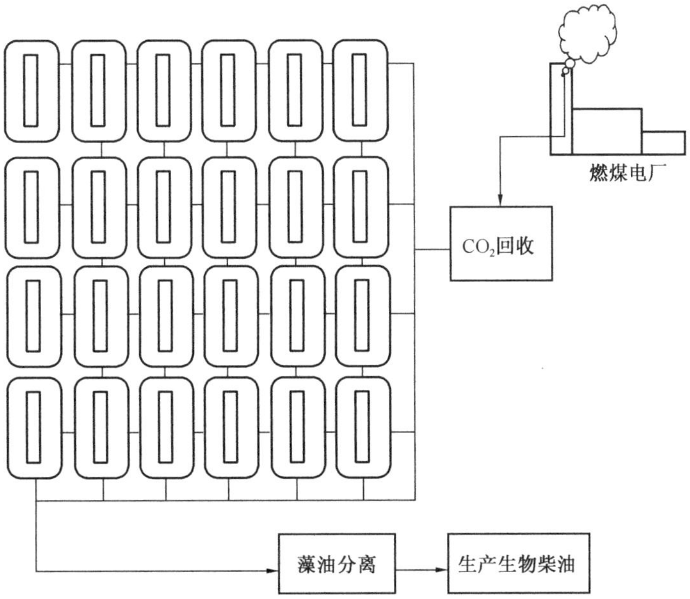

图 6-13　“微藻农场”生产生物柴油示意

(1) 培育和生产微藻生物质，采用露天的水沟式水池培育微藻；

(2) 收获微藻生物质，微藻的第一次回收可用微过滤器（microstrainer）、皮带过滤器或生物絮凝法，再用离心分离脱水，生成饼状物；

(3) 类脂物的抽提，收获的生物质用溶剂抽提法回收类脂物。由于含水量较高，生产成本约为大豆抽提过程的 3 倍；

(4) 残渣生产甲烷，抽出类脂物的生物残渣可在消化反应罐中进行厌氧消化，回收甲烷燃料。消化反应罐回收的营养物再返回至微藻生产水池中；

(5) 生产生物柴油，类脂物经反酯化过程生产生物柴油。

4. 研发重点[7]

1) 实验室研究

实验室研究工作的研发重点是开发可用的微藻品种、研究培育的条件和提高藻类合成生物油的能力。

1980~1987 年期间首先进行了藻类的收集、筛选和特性分析工作，取得了可用于生产生物油的藻类品种及其生产类脂物能力的数据，最终筛选出 3000 多个品种。此后，将研究重点转向对生产类脂化合物的生物化学和生理学研究，目的是为了如何改进已有藻类的性能，提高生物油（类脂物）产量。分子生物学和遗传工程研究的目标是用遗传方法找出控制藻类代谢过程的方法，达到提高类脂物产量的目的。

筛选和特性分析表明：没有一种天然藻类能够完全满足生产生物柴油的需要。于是，将开发目标转向改进已有藻类性能的研究。一项重要发现是：多种藻类在“缺氮”的环境下可以提高生物油（类脂物）产量。观察细胞结构证实：在缺氮期间会造成生物油在细胞中大量积累。

一些研究人员致力于寻找一种“类脂物扳机”（lipid trigger）。研究证实：创造“缺氮”环境可以在不降低生物油产率条件下抑制藻类的细胞分裂，采用减少供应营养物的方法可以促进生物油产量的提高。研究还发现：细胞生长和生物油积累之间存在着微妙的关系。仔细地控制营养物短缺的时间和细胞的生长，就可能造成生物油产量的净增长。

NREL 1986 年的研究报告指出：采用“硅短缺”方法可以提高硅藻的生物油产量，研究还发现：硅是构成细胞壁的成分，当硅耗尽后细胞分裂就会减慢。在硅藻（C. crytica）中，一旦发生硅短缺，细胞生长速率就会下降，而生物油的生产速率却保持恒定。还证实了以下现象：硅藻中的“碳储存”有两种方式：储存为生物油和/或碳水化合物。硅短缺后，细胞吸收的碳便会主要用于生成生物油，只有少量碳用于生成碳水化合物。原因是：

（1）缺硅的细胞直接吸收、消化碳，更多地生成类脂物，较少地生成碳水化合物；

（2）缺硅的细胞慢慢地将非类脂组分转化为类脂物。

研究的目标就是设法“打开生物油的阀门”，提高生物油的产量。

NREL 和其他单位的研究人员终于发现：在机制上，不存在能简单控制类脂物生产的“开关”。却是环境因素，例如“氮缺失”会抑制细胞的分裂，而不会降低类脂物的产量。不可能在以降低细胞生长速率、牺牲总生产量为代价的情况下，找到能够提高生物油（类脂物）产量的简单方法。藻类细胞通过光合作用吸收、消化碳，可有多种消化途径决定碳的去处；并可以按类脂物或碳水化合物两种形式将碳储存于细胞中。这取决于细胞的需要。有一系列的酶对特定的消化反应起着催化作用，通过光合作用可将碳转化为碳水化合物或类脂物。发现上述机理后，便开始寻找能够合成类脂物的酶。

利用遗传工程复制藻类的代谢过程以提高类脂物的产量是一项重要研究成果。

研究表明：在硅短缺的情况下，提高乙酰基-CoA 羧基酶（ACCase 酶，AcetylCoA Carboxylase）的含量与类脂物的积累有很好的关联性。ACCase 酶是一种含有维生素 U（biotin）、对控制多种微生物中类脂物合成速率起重要作用的酶。这种酶能对乙酰基-CoA 的羧化反应起催化作用，生成丙二酰-CoA。丙二酰-CoA 则是生成脂肪酸的重要组分。研究证实：植物中生物合成脂肪酸速率的差异可能是由于 ACCase 的活性不同的原因。

此外，早期的研究证实：ACCase 酶对动物、植物的脂肪酸合成速率具有关键作用。据此，研究人员提出一项计划：从 C. crytica 中分离出 ACCase 酶，以便搞清楚这种酶对于在 Si 饥饿情况下，类脂物积累过程的作用；并将微藻中的 ACCase 酶与从动植物、酵母菌和细菌中分离出的酶进行比较。

得到了净化的 ACCase 蛋白质和克隆出了 ACCase 基因之后，研究人员就可以进行缺 Si 对于 ACCase 基因的表达效应的研究。

这些研究结果支持了以下假设：硅藻可以通过改变酶的类脂物合成活性对 Si 缺失作出反应，把更多的固定碳储存到类脂物中。如果能用突变（mutation）或遗传控制（genetic manipulation）技术提高 ACCase 的活性，就可能生成一种本质上具有高合成类脂物能力的微藻品种。

研究人员正在进行藻类品种特性的研究、用生物化学原理研究类脂物合成过程的新陈代谢途径，用遗传工程技术控制微藻中类脂物的积累。科研人员通过调整培育条件已经可以将天然细胞中的类脂物含量从 5%提高到 20%；在实验室中可提高至 60%；在室外培育可达到 40%以上。最终目标是用遗传方法改良微藻的品种，产出更多的类脂物质。

生物合成类脂化合物的分子生物学，用遗传方法设计出一种具有“积累类脂物”特殊功能的微藻就必须用变换基因的方法改变微藻的 DNA 组成。DNA 能使微藻具有某种特殊功能，基因就是衡量功能的尺度。对于大多数基因来说，DNA 把遗传信息传递给信使 RNA，RNA 在合成蛋白质过程中具有模板作用。在多数情况下，蛋白质是一种能对某种化学反应具有催化作用的酶。

综合说来，研发总目标是低成本地从微藻类脂物生产生物柴油。虽然已经找到了许多藻类品种，却没有一个品种共同具有生长速度快、适应环境能力强和类脂物含量高的特性。尽管一些品种可以在营养物缺乏（缺氮或缺硅）情况下提高类脂物含量，却会使细胞分裂减少和生物质总产量下降。

20世纪90年代初，NREL的研究方向转向于“类脂物合成的生物化学路径”的研究，目标是找到控制遗传的方向。微藻生物柴油的生产特点是在互相排斥的条件下实现两个目标——高生产能力的微藻和高类脂物含量的微藻。这就需用突变（mutagenesis）或遗传方法控制藻类的生物合成路径，生成一种本质上具有类脂物含量高的藻类品种。另一种可能性是制成一种生物体，其中的类脂物合成过程可以用引进或重新获得的基因来控制。

由于对含油藻类的分子生物学和类脂物生物合成的路径的理解仍然不足，为实现微藻生物柴油工业化而加强这方面的开发研究是极其重要的。

对多种藻类品种的生长情况和类脂物产量情况的研究后，找到了绿藻（Chlorphyceae）、硅藻（Bacilliarophyceae）是适合的品种，因其具有在大规模培养条件下高生产能力和在营养物缺乏条件下积累类脂物的能力。其中，硅藻被认为是更好的品种，类脂物的积累量可达40%~60%，限制硅的供给量就能促进类脂物的积累（硅是硅藻细胞壁的主要组分）。“氮饥饿”可促进绿藻中类脂物的积累。氮是许多细胞分子的组分，而且氮缺乏会对光合作用、蛋白质和核酸（Nucleic acid）的合成以及其他化学反应造成影响。与此相反，由于硅不参与多种细胞内的反应过程，故控制硅对于生长的影响就较小。培育硅藻的缺点是为实现最佳生长而补充硅，因而增加成本。某些品种的绿藻，例如M. minutum，大规模培育的优点是在温度波动时仍能存活；而硅藻就可能因此致死。分析上述情况可以看出：生产生物燃料使用的藻类品种应随地区而异，尚无法总结出通用的藻类选择规律。

2）露天培育微藻方法的研究

早在1960年，Oswald等人就提出了用微藻生物质转化为甲烷气的建议。在40公顷的大型水池中繁殖微藻，将藻类用厌氧消化法生产甲烷。甲烷用作发电燃料。再将消化过程的残液和电厂排出的烟气循环回到水池中生产下一批微藻生物质。过程的污水可用作补充水和营养物。1976~1979年期间进行的研究项目包括：大规模生产藻类生物质的品种控制；用污水中生长的微藻实现太阳能转化的联合系统的研究；用新鲜水大规模生产微藻生物质再转化为燃料和肥料的研究。

在室外试验方面，曾经在不同规模的敞开式水池中进行微藻培育试验。包括以下内容：

- 研究了水流动方式、日光强度、氧溶解量、水的pH值对生物油产率的影响；
- 藻类的生产方法的研究；
- 在大型水池中进行了CO_2利用率的研究；
- 进行了在氮短缺和硅短缺条件下的藻类生产生物油的示范试验，最高生物油产率曾达到50g/（m^2·d）的水平。由于气温较低，总平均产率仅为10g/（m^2·d）左右。

美国从1970年代开始了露天培育微藻生产生物柴油项目的研究，早期的露天微藻培育试验是从污水处理池回收藻类生物质，然后进行藻类的厌氧消化生产甲烷气。70年代末期Goldman论述了微藻培养的理论和实践问题：认为微藻培育系统的生产率较低，由于光饱和等原因，微藻生物质的产量将不高于50t/（公顷·a）。尽管此项分析结果正确，但结论却十分保守，因为没有考虑到基础研究的进展必将导致藻类生产率的不断提高。

从 1980 年以来，美国开展了 ARPS、HRP 和 OTF 3 个项目研究微藻露天培育方法。

（1）ARPS 项目

1980~1987 年在夏威夷进行的户外藻类培育试验称为“跑道式微藻生产系统”ARPS（Algal Raceway Production System）项目。ARPS 水池的主要特点是：使用水深<10cm 的“跑道式”水池；水池用空气提升法混合；水池上面用特制的“硫酸铜过滤器”覆盖以防止红外线辐射的伤害；用“泡沫分馏”技术（空气提升过程形成泡沫物）收获生物质。经过 7 年试验，由于成本高、生产能力低（11~30g/m^2·d），最终结论认为：由于缺乏土地，生产成本高，ARPS 技术不适合于在夏威夷生产燃料。

（2）HRP 项目

1981~1986 年期间在美国加州进行了高生产率水池（HRP）培育微藻试验，试验的目的是使用农业灌溉用水为水源和肥料。HRP 水池用浆轮混合（流速 10~20 cm/s），水深为 15~30cm。安装了 2000m^2 水池 4 个，100m^2 水池 3 个。目标是开发高类脂物含量的微藻生产技术。试验结果表明：在 8 个月生长期内，生物质产率达到 15~25 g/（m^2·d）。

HRP 项目的研究成果推动了低成本的微藻生物质生产技术的发展，并为后继的 OTF 试验提供了基础。

（3）OTF 项目

1988 年在新墨西哥进行的微藻户外培育试验，称为“户外试验装置”OTF（Outdoor Test Facility）。建设了 2 个 14m×77m，面积为 1000m^2 的水池（其中 1 个安装了塑料衬里，另一个不装衬里）；6 个 3m^2 小水池（小型试验用）。

几点结论：

- 池内物流混合的用电量较低，约低于 1kW/公顷水池面积；
- 池子深度为 15~25cm，混合速度为 15~25cm/s；
- 大型水池的微藻生物质生产能力有可能达到 70t/（公顷·a）（按无灰、干基计）；
- 生物质的年均产率较低，只能达到预期值的 1/3，温暖季节的生物质最高生产量可达到 50g/（m^2·d）；
- 培育水池可不安装衬里。

微藻露天培育方法研究的主要结果是：

① 大规模生产藻类生物质需要控制藻类的品种：实验室培育出来的、适合于在实验室繁殖的藻类品种不一定适合于户外繁殖。大规模繁殖藻类生物质应采用循环法控制藻类的生成。污水处理池中可繁殖许多品种的藻类，包括单细胞生物体到丝状生物体。采用通用技术回收藻类，例如离心分离法、化学絮凝法，生产成本高。如果采用控制繁殖技术，只繁殖回收容易收获的丝状藻类，就可采用微滤法（microstrainer）回收藻类。控制藻类生长的方法是进行可收获物的选择性循环技术。把一部分收获的丝状微藻循环回到水池中，就可使丝状微藻（生长速度较慢）生长速度高于单细胞藻类。

② 气候的影响：气候对微藻露天培养的产率有很大影响。1988 年在 OTF 项目中，曾用新月菱形藻（C. cryptica）做了培育试验。夏季（8 月份）的生物质生产率达到 30g/（m^2·d），至 9、10 月份，生产率就降低了一半；改用耐寒品种的 M. minutum 之后，生物质产率仍降至 10g/（m^2·d）。至 12 月，在水池不加热情况下的生物质生产率只有 3.5g/（m^2·d）。

③ CO_2 来源和利用：利用电厂的烟气作为藻类培育的碳源是可行的方案。ASP 项目进行了用电厂烟气生产微藻生物柴油的工程研究。认为烟气中的 SO_x 和 NO_x 对微藻的培养没

有太大的影响，而且烟气中 NO_x 的还可能为藻类生长提供需要的氮。1991 年 Negoro 等人的研究认为烟气对培养有抑制作用，可能是由于过量的烟气导致介质的酸化，使 pH 值下降的原因。为了进行烟气的微藻培养示范，NREL 建设了一套试验装置，向微藻培养池供应 CO_2（使用了模拟烟气和不含 SO_x 和 NO_x 的 CO_2）。总的来说：使用烟气培养微藻对细胞的生长没有影响。

④ 生产率：露天水池培养微藻，早期试验结果是生物质产率较低，一般在 5～10 g/（m^2·d）。20 世纪 80 年代美国西南部地区的试验表明：微藻的生长能力随季节而不同，范围是6～18g/（m^2·d）。能源部的计划目标要求达到的每公顷水池面积的藻类生物质产量 90t/a（类脂物含量达 40%）。

⑤ 美国在开发露天微藻培育技术过程中试验过 HRP 水池和 ARPS 水池两种方案。实验证实：ARPS 水池的能耗高、生物质产率较低。在 HRP 水池技术上又进行了 OTF 项目试验，取得了试验数据。综合室外培育研究结果可以认为：敞开的水沟式水池是培育微藻的可行方案，日本等国研发了密闭式“光生物反应器”方案，目标是生产高产值的产品。特点是比室外水池占地少，使用光纤生产效率高；但建设投资高于水池方案，开发研究取得的成果也不如前者。

⑥ 类脂物回收方法：从生物柴油的成本因素考虑，从藻类生物质回收类脂物应采用低成本的工艺技术。HRP 项目仍采用生物絮凝法收获藻类生物质，然后用离心分离法生成饼状物，最后用溶剂抽提工艺回收类脂物。由于藻类生物质的含水率较高，预计生产成本可能比大豆抽油成本高得多，而且高含水的生物质能否直接进行抽提也需通过试验确定。

近年来由于原油价格上涨、全球气候变化和美国国情等因素，利用微藻生产柴油的途径再次受到关注，尤其一些民营科技企业十分积极。针对新的形势，美国能源部正准备重新启动微藻柴油研究和开发，纳入 NREL 的水生物重大专项（Aquatic Species Program），准备在 SNL（Sarnic National Laboratory）协助下在 2009 年编制“微藻生物燃料路线图”，内容有微藻基础生物学、微藻培育、油脂淬取和转化、副产品利用的工艺和工程研究（含过程集成和工程放大）、水土利用、模型和经济分析以及技术标准和政策法规等，这项工作是一项系统工程，需组织多方面多学科人力物力，争取 5～10 年内获得成果。

5. 副产品回收和联合系统

微藻生物柴油生产过程中副产其他燃料或联产高附加值产品是提高经济效益的有效措施。回收类脂物所得的生物质残渣可经过厌氧消化过程生产甲烷气用作发电厂燃料，还可联产颜料、维他命产品或特殊化学品。生产此类高产值产品的要求与生产生物柴油有很大差别，需要完成许多工艺方法的研发工作。

微藻生物柴油过程联产特殊食品和动物饲料可能是可行的路线。例如：美国的两家农场培育螺旋藻（Spirulina）用作食品或动物饲料添加剂即将工业化。螺旋藻是生长于碱性湖水中的一种兰绿藻，我国已从云南的碱性湖泊发现螺旋藻的存在。螺旋藻用作食品添加剂具有降低胆固醇、防癌等功能；用作饲料添加剂对鱼类和陆生动物可提高成长率、饲料转化率等效应。此类产品生产成本已从每千克 20 美元降至 10 美元以下。大规模用作饲料添加剂时，价格需降至每吨 1000 美元。

发展微藻生物柴油的生产需要实现与污水处理系统的联合，与公用电厂的温室气体减排系统的联合。

6. 微藻生产生物柴油的工业化进展

经过了近30年的实验室研究，在藻类品种筛选、微藻培育方法和生物反应器开发方面已经取得试验成果，在微藻生物柴油工业化研发方面仍有待突破。近年来，美国等一些国家的中小型公司正在开展微藻生物柴油工业化技术的开发。在微藻的工业化培育、收获、分离方法的研究，尤其在光生物反应器（即微藻培育水池）及相关的工艺设备研制等方面均取得了进展。

现将一些国家微藻生物柴油工业化研发方面的成果综合归纳、说明如下：

1）微藻生物柴油工业化条件

微藻生产生物柴油的工业化取决于地区拥有的资源条件、微藻生产技术和工艺设备的开发情况。

（1）资源条件主要包括：

• 气候和日照条件；

• CO_2 和营养物的来源；

• 可用的水源：微藻培育过程需要补充水，可使用新鲜水或盐碱水，取决于藻类的品种。

Arizona Power Service 公司利用 GreenFuels 公司技术取得的 $1000m^2$ 中试数据，计划在 Red Hawk 建设一座用地333公顷的微藻工厂，利用750MW煤电厂烟气将 CO_2 转化为生物质，设计微藻产能（干基）98g（m^2 · d），年产114万t，但生物油产量只有12万t，原因不详[39]。

（2）微藻生产技术：

微藻生产生物柴油各个工序主要有：

• 微藻培育：已经研制了多种培育微藻的光生物反应器方案。

• 微藻收获：微藻培育池得到的物料包括液体培养液和含有微藻生物质的固体物。可采用的固-液分离方法有真空过滤法或离心分离法。

• 生物质干燥：可根据地区条件采用日光干燥、真空过滤和热风干燥等方法。

• 提取生物油：干燥后的微藻中含有油分，可用的提取方法有：

压榨法：采用新式压榨技术，微藻的压榨出油率可达70%~75%；

溶剂抽提法：可用已烷作溶剂。也可以采用压榨-抽提联合技术。生物质经过压榨回收生物油，残渣再用环已烷抽提。两段的总生物油收率可提高至95%。

超临界抽提法：使用液化的 CO_2 作回收溶剂。

2）光生物反应器

在藻类生产生物柴油的实验室研究和露天培育方法研究的基础上，美国等国家开发了许多微藻培育的光生物反应器，包括敞开式培育池、跑道式培育池和封闭式培育池等，目标是提高微藻的单位面积产量。尽管这些设备已取得了成果，但尚未实现微藻生物柴油的产业化。一些光生物反应器（微藻培育装置）已经建成了小型示范装置，制定了产品生产系列。以下实例说明近年来的开发成果，但还不能说是工业化的生产装置。

（1）三维矩阵微藻培育系统（3DMS）

绿色燃料技术公司（GreenFuel Technologies）开发微藻培育系统。在实验室试验结果的基础上，建设了1套微藻培育试验装置，称为“三维矩阵系统（3DMS）”。此装置建在位于美国亚利桑那州的一座1060MW天然气IGCC发电厂内，试验装置使用电厂的烟气和工业水。

微藻收获量的实验室数据为80g/（m^2 · d），在此基础上进行工程试验。试验目标是：

确定单位土地面积的微藻收获量。微藻收获率若能达到试验室的结果［80g/（m^2·d）］，就可以大大降低土地成本。有许多种大型微藻生产设施，包括敞开式浅水池、管式培育系统等，由于光利用率低，故生产率也较低。密闭管式系统虽然可提高单位土地面积的生产率，但光利用率较差。

3DMS[24]培育池概念设计的主导思路是提高单位占地面积的微藻生产率，即提高光合作用的有效面积。微藻在低密度光照下，在提高光子辐射通量以达到最大的光利用率。与已有的露天水池和管式培育系统不同，3DMS 微藻培育系统通过改善“单位体积的表面积”（surface to volume ratio，SVR）达到提高单位土地面积生产率的效应。各种微藻培育系统性能比较的数据见表 6-56，3DMS 微藻试验装置的培育参数见表 6-57。

表 6-56　各种微藻培育系统性能比较

项　　目	露天系统	密闭系统	三维矩阵系统
表面积/体积	3~4	70~100	1500~2000
平均产率/（g/m^2·d）	10~20	35~40	80~100
最高产率/（g/m^2·d）	30	70	130

表 6-57　3DMS 微藻试验装置的培育参数

项　　目	数　　据	项　　目	数　　据
烟气的 CO_2 浓度/%	2~4	氮含量（按 NO_3^-）/（μg/g）	700~1400
日平均培育温度/℃	24~35	磷含量（按 PO_3^-）/（μg/g）	300~600
培育的 pH 值	6.5~7.8		

微藻培育试验结果：连续运转 2 周，每隔 2~3 天收获一次，收获前测量微藻生物质的密度（按干基无灰计）。两次收获之间的时间段为微藻生长期。

3DMS 工程试验装置在夏季连续运行了 19 天，单位面积的平均微藻收获量为 98 g/（m^2·d）；最高微藻收获率达 170g/（m^2·d）。由于受到沙尘天气的影响，光照率约降低了 25%。若能提高 CO_2 浓度和改进收获方法，预计单位面积产率还可以再提高。

除了提高单位面积微藻产率外，降低土地成本和操作费用也是发展微藻柴油、实现产业化的主要约束因素。

（2）A2BE 光生物反应器[26,27]

是利用微藻生产生物柴油的装置，需要向反应器中通入 CO_2、水和营养物。通过光合作用可生产的产品包括：生物燃料、用作动物饲料的蛋白质、肥料和甲烷气。

CO_2 的来源：可来自燃煤热电厂的烟气、用淀粉或纤维素为原料的乙醇工厂排放的 CO_2 和/或用煤炭或天然气为原料的费托合成油厂的 CO_2。

每台 A2BE 光生物反应器为由两组透明塑料板材组成的组件。每个反应器组件尺寸为：长×宽=400 英尺×20 英尺，深度为 250mm。反应器的一端为气体、液体产品出口，称为收获机-1；另一端为烟气/CO_2 入口和氧气出口，称为收获机-2。每台 A2BE 光生物反应器的有效采光面积为 $500m^2 \times 2 = 1000m^2$。

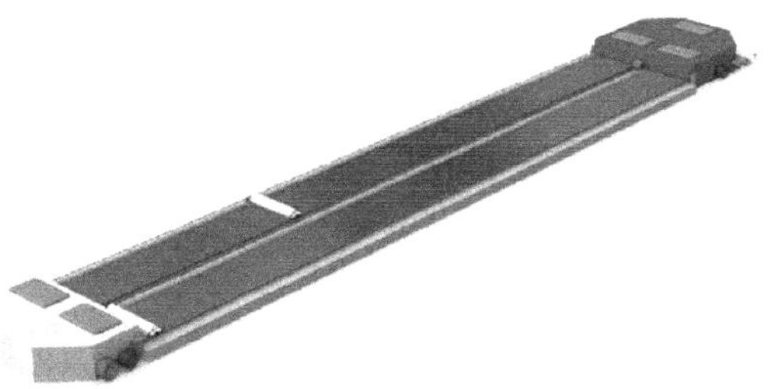
图 6-14　A2BE 光生物反应器单体

A2BE 光生物反应器的生物油产量指标为 55g/（m^2·d），即每台 A2BE 光生物反应器的生物油产量为 20t/a。每台造价为 4 万美元。光生物反应器组装单体图参见图

6-14。

A2BE 光生物反应器组装体用混凝土固定在地面上，由 10 组 A2BE 光生物反应器组成 1 个生产单元。图 6-15 为 A2BE 微藻生物柴油工厂鸟瞰图。

A2BE 光生物反应器为全密闭式，可以防止水分蒸发。反应器装有可双向行动的滚动泵，功能是使藻类保持悬浮状态、脱出气体和清洁反应器的内表面。用管道向反应器内输送烟气（含有 CO_2 和 NO_x）或纯 CO_2 气体。

图 6-15　A2BE 薇藻生物柴油工厂鸟瞰

从水中分离微藻十分困难，于是采用“间接收获法”。即使用海虾、贝类等生物收集反应器中的藻类，当水生动物吃掉微藻之后就可以从水中把它们从水中分离出来。

A2BE 光生物反应器生产生物油过程的主要优点：

① A2BE 光生物反应器为密闭式系统，克服了敞开式系统存在的水分蒸发、易污染和控制温度困难等问题；

② A2BE 光生物反应器带有生物隔离层可以防止生物交叉感染；

③ 可使用 IGCC 电厂的烟气或煤基费托合成油厂生产的 CO_2；

④ 在适宜的日光和营养条件下，微藻的繁殖速度极快，在数小时内生物质量可增长 1 倍；

⑤ 微藻培育需用的营养物很少；

⑥ 不使用新鲜水，可使用经过处理的污水；

⑦ 不占用可耕地，每公顷土地面积的生物质年产量可达 100t。

图 6-16 为 A2BE 光生物反应器生产系统图。

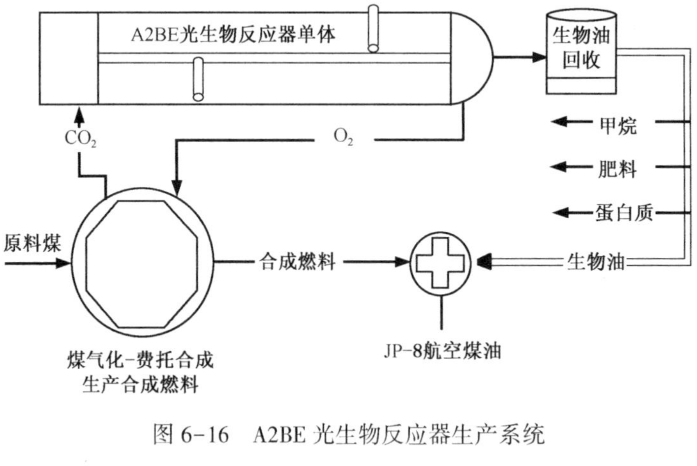

图 6-16　A2BE 光生物反应器生产系统

A2BE 光生物反应器生产生物油过程中具有回收 CO_2 功能。物料平衡估算结果如下：

① 发电厂用煤 300kg 可发电 1.0MW · h，需耗用氧气 700kg，生成 $CO_2$1000kg；

② A2BE 光生物反应器用微藻生产生物油，每产 1t 生物质（干）需耗用 $CO_2$1.85t、营

养物（$NH_4 \cdot NO_3$）113kg、补充水 0.37t，微藻生物质中的生物油含量为 10%；

③ 按 1000kgCO_2，基准的产品数量：微藻物生油：54kg；蛋白质：135kg；

④ 浆液处理：含碳废料经过分离和厌氧发酵后，可生产肥料 474kg、甲烷气 76m^3。

（3）AlgaeLink 光生物反应器[28,29]

AlgaeLink 是一家研制微藻生产生物油技术的荷兰公司。在西班牙建设了一套日产 2t 藻类生物质（干）的工业生产装置，将于2008 年末开工。该公司还与 Jet Fuel Intelligence 公司合作计划建设一套微藻生产装置，并合作开发用微藻生物油生产优质航空燃料（jet fuel）技术。

AlgaeLink 开发了管式光生物反应器和槽式光生物反应器技术，生产生物油的离心分离机、生物油压榨机等工艺设备。设备包括：

① 水槽式光生物反应器（"AlgaeWay" Photobioreactor）。为全密闭式装置，生物质产品不受污染、质量好。光利用效率高；藻类生长速度快，不受气候的影响，可保持稳定生产；蒸发损失小，节约用水；每公顷土地面积可日产生物质（干）1.9t。

反应器全自动化操作，使用计算机监控。可以控制培育温度、CO_2 和营养物的供应量。已经设计了规模为 1t/d、10t/d、25t/d、50t/d、75t/d 和 100t/d 的"AlgaeWay"生产装置。

生产规模为日产生物质（干）10t 的成套设备（"AlgaeWay" Photobioreactor）价格为 91.8 万欧元（约折合 140 万美元），占地面积为 5.36 公顷，折合每公顷占地日产藻类生物质 1.9t（干）。

根据以上数据和干生物质含油率按 20% 计算，估算年产生物油 10 万 t 的"AlgaeWay"光生物反应器需用套数、占地面积和建设投资，结果如下：

年产干生物质 50 万 t，需要安装"AlgaeWay"光生物反应器 150 套，建设投资为 2.1 亿美元，占地面积为 800 公顷。

② 管式光生物反应器（Tubular Photobioreactor）。管式光生物反应器单体由 6 根直径 300mm 水平管组成，反应管总长为 36m，有效容积为 3.5m^3。已经设计了小型管式光生物反应器试验装置。系统包括反应器、进料罐、循环泵、生物质收获泵、底物泵和整套仪表监控系统。装置可日产藻类生物质 3.5~5kg；生物油 1.5~2.5L/d。

管式光生物反应器的主要工艺特点是光利用效率高，提高了微藻生物质生产率；管式反应器的培养密度可比常规袋式（bag culture）反应器提高 10~20 倍；可在室内或室外安装，节约空间；采用全自动化的控制、监测系统。

7. 微藻生物柴油的经济评估

由于尚未建成微藻生物柴油工业示范装置，以下介绍的经济数据均为不同研究阶段预测的结果。

1）ASP 项目的评估结果

ASP 项目于 20 世纪 90 年代取得的一项成果是完成了大规模生产微藻生物燃料的详细设计和成本估算。分析结果只说明了以下观点：

- 微藻培育和收获技术的开发已经取得成果；
- 如果实现研发的目标，"微藻生物燃料"就可能成为一项低成本的替代燃料生产技术；
- 经济评价数据是用系统模型计算的，只能作为参考；
- 由于尚未建成工程示范装置、未取得工业生产经验，工程研究仍有很多不确定性，成本分析也比较肤浅；
- 一些工艺过程（如微藻的收获、营养液循环、燃料油生产等子系统）未经过生产示范，数据是假设的，需要继续试验。

2）几个微藻生物质生产系统的成本报告

1986 年 Neenan 等人提出了微藻生物质生产系统的成本报告。

报告的基准是设定微藻生物质中类脂物含量为 30%，微藻培育池的生产能力为 17 g/（m^2 · d）。折合微藻产量为 62t/［公顷（池面积）· a］。培育系统的建设投资为 43283 美元/公顷（水池面积），微藻生物质的成本为 433 美元/t。

根据 Neenan 的数据估算微藻生产燃料油工厂的经济性，结果见表 6-58。设定两种生产方案：生产拟生物油（类脂物直接用作燃料）和生物柴油。

1982 年 Benemann 的估算结果为：微藻培育池使用纯 CO_2，微藻产量为 67.5t/［公顷（池面积）· a］，微藻生物质中类脂物含量为 40%。培育系统的建设投资为 39850 美元/公顷（水池面积），微藻生物质的成本为 274 美元/t。

1996 年，Benemann 和 Oswald 分析了利用发电厂烟气的微藻生产系统经济性和温室气体减排效应。估算结果见表 6-59。

表 6-58　微藻生物燃料油可达到的生产成本（据 Neenan1986 年数据）

项　目	生产“拟植物油”（PVO）	生产生物柴油
工艺装置建设投资/万美元①	6970	10900
总生产费用/万美元	30290	27210
副产品收入/万美元②	-4370	-9980
净生产成本/万美元	25920	17230
燃料油产量/（百万加仑/a）	107.5	104.8
燃料成本/［美元/加仑（美元/桶）］	2.4（100.8）	1.65（69.3）

① 生产装置包括藻类培养、类脂物抽提、生产生物柴油和甲烷回收。

② 副产品包括甲烷、甘油和 CO_2 回收等。

表 6-59　藻类生产和 CO_2 减排的成本估算

项　目	藻的生产能力/［30g/（m^2 · d）］		藻的生产能力/［60g/（m^2 · d）］	
	使用 CO_2	使用烟气	使用 CO_2	使用烟气
建设总投资/（美元/公顷）	74150	69650	104400	94000
年生产成本/［美元/（公顷 · a）］	26270	21370	32320	29370
生物质的成本/（美元/t）	241	196	148	135
生物油成本/（美元/桶）	69	56	42	39

注：生产规模为微藻生产系统占地 400 公顷；电价按 6.5 美分/（kW · h）计算。

1991～1997 年期间，NREL 进行了用发电厂烟气培养微藻的示范研究，并进行了系统设计和经济分析。

微藻的培育使用来自 500MW 发电站的烟气，用常规的胺洗工艺回收 CO_2。运输距离按 100km 计算，CO_2 的到达价格按 40.5 美元/t 计算。系统模型计算的输入数据和结果见表 6-60。虽然计算结果与以前公布的数据有较大差别，经过改进工艺、提高生产能力后，产品和 CO_2 减排成本将能够与其他技术竞争。

应该指出，微藻生产生物柴油技术的最重要问题是设定的生物学条件，而非工程设计和费用计算的设定条件。例如：过去 20 多年来，微藻培养的生产能力已有很大变化，预期每公顷水池的生物质年生产能力已从初期的50t/（公顷·a）提高了2~5倍，即有可能提高至100~250t/（公顷·a）。光合作用效率大大提高，总日光转化效率从2%提升至接近10%。

表6-60　微藻生产生物柴油及CO_2减排的成本

项　　目	日前的基础工艺	改进工艺1（中期）	改进工艺2（远期）
细胞浓度/（g/L）	0.8	1.0	1.2
类脂物含量/%	30	45	50
停留时间/d	7	5.5	4
运行天数/（d/a）	250	275	300
单位生产能力/［g/（m^2·d）］	17.1	27.3	45
光合效率/%	4.9	8.6	14.6
藻的生产成本/（美元/t）	399.7	282.5	209.5
类脂物生产成本（抽提前）/（美元/桶）	186.3	87.7	58.6
类脂物生产成本（抽提前）/（美元/桶）①	148.6	59.0	31.3
CO_2成本占年生产成本的比例/%	16.4	26.6	37.9
CO_2减排成本②/（美元/t CO_2）	156.8	63.8	20.0

① 包括按50美元/吨CO_2计算的CO_2收益。

② 类脂物、蛋白质和碳水化合物分别按240美元/吨、120美元/吨和120美元/吨计算。

影响微藻生产燃料技术工业化的主要因素是微藻培育技术问题，包括大型户外培育系统的控制、管理，生物质的收获，类脂物的积累等全过程生产能力的提高。研发工作应以生物学问题为重点，以便寻找出能够降低生产成本的技术。

分析研究证实：没有某个单独工艺参数能降低生物燃料的生产成本，多个参数的综合作用才能达到降低成本的目标。提高日光转化效率、将生物质产率提高到50g/（m^2·d）；将微藻培育水池的建设投资降到48000美元/公顷，藻类生物质的生产成本就能降至211美元/t（按无灰、干基计），微藻生物柴油的生产成本就可达到69美元/桶。

分析表明：类脂物产率是影响生物柴油成本的最重要参数。类脂物产率每提高四分之一，约可使生物柴油的成本降低一半。在"藻类生产生物柴油计划"中，曾经做过工程设计和生产成本核算。1995年的成本估算结果：在CO_2成本为50美元/t条件下，生物柴油的生产成本为435~1370美元/t（相当于59~185美元/桶）。

微藻生产的成本仍然较高，影响微藻成本的主要是生物方面的因素，而不是工程的因素，即使光合作用（日光转化为生物质）效率接近理论值，生物柴油的成本仍然为石油柴油的2倍。

使用A2BE反应器的计算结果是：按每消耗1t CO_2可生产生物质（干）540kg计算，每生产1t生物质（干）的产品收益如表6-61。

表6-61　每生产1t生物质（干）的产品收益

产　品	产　量	价值/美元
生物油	100kg	56
蛋白质	250kg	148
甲烷燃料气	152m^3	50
肥料	878kg	52
CO_2收益	1.85t	46
合计	—	352
扣除		
营养物成本	113kg	37
补充水成本	0.37t	9
净收益	—	306

由于原油价格上扬以及美国政府制订了减少进口国外石油的国策，近年来在一些美国民有科技企业和大学教授们的倡议下，微藻柴油产业化工作正在升温。甚至美国空军也打算通过微藻类脂质制造喷汽燃料，和 DOE/NREL 合作召开了讨论会。DOE 已安排重新启动微藻柴油产业化研究开发工作[11]。从其计划编制的路线图看出，这项系统工程从基础研究到工业示范包含很多内容（基础微藻生物学、工艺研究、生产和工艺集成放大、经济分析），需要 5~10 时间才能取得产业化成果（售价从当前每加仑 8 美元降低至大豆油制造的生物柴油每加仑 4 美元。一些学者也告诫人们了解任务的艰巨性，期望值不宜太高。

主要观点是[12]：

（1）关键课题与其说是微藻制柴油的研究，不如说是为了柴油而付出很大努力深入研究微藻。从品种筛选、基因克隆到现场培育耗时费力，而且大规模经营存在着影响生产的不确定因素，它不等同于常规农厂，风险大于一般流程式工厂。

（2）生物油加工为柴油或喷气燃料有一套石油炼制技术可供参考，而大量微藻采集、脱水和油脂提取的低成本技术尚待开发。有些副产品价高，需要回收，存在适用技术问题。

（3）污水处理技术也要开发。

（4）高效的光生物反应器的投资高昂，一般用于专门生产高价的营养品或食品添加剂（虾青素、胡萝卜素等），如用于生产大量的相对售价低的燃料油品，是否优于露天水池式反应设备，还有待深入认真地论证。

8. 小结

总结 20 多年来对微藻培育方法的研究，可得出以下几点结论：

（1）从微藻生产生物柴油的各项工艺（包括藻类繁殖、净能耗、CO_2 等营养物的利用、水资源、藻类生物质的收获以及生物柴油的生产）技术是可行的，在工程技术和经济因素方面都没有障碍。

（2）包括总生物质的生产率，试验结果已经达到较高水平［50g/（m^2·d），超过早期数据和初期的预期值］。

（3）微藻户外培育试验明确地说明：微藻生产生物柴油系统应是低成本、低投入的太阳能转化装置，成本因素使这种生产装置必须采用简单的生产系统。采用带浆轮混合的、跑道式水池和简单的生物质回收方法的建设投资和运行费用比密闭式光生物反应器低得多。但后者的光化学反应效率高，能够获得高的生产率，需要根据可靠数据仔细对比。

（4）NREL 等单位进行的改良微藻品种的研究，对微藻中类脂物积累的环境因素和遗传因素的了解已经取得很大进展，但微藻生产生物柴油在经济上还无法与石油柴油竞争。

第五节　生物质热解生产液体燃料

一、概述

生物质的热化学转化包括燃烧、气化、热解和直接液化等多种技术。此处仅就生物质热解技术及其发展状况予以说明。

生物质热解和气化是工艺条件和目标产品均不同的两种生物质热化学转化工艺技术。按照热转化工艺条件和使用介质的区别分类，开发中的生物质热加工过程包括以下几种：

（1）气化过程是在 650~900℃ 和有空气、氧气、蒸汽、CO_2（或其混合物）存在的情况下使含碳原料转化为气体产品。这种气体可作为燃料使用或用作生产液体燃料、化学品的中间体。

(2) 热解过程是在400~650℃和不使用任何反应化合物或氧化剂的情况下的生物质热化学转化过程，利用热能打破大分子生物质的化学键，生成产品以液态热解油为主。

(3) 蒸汽重整过程是在650~900℃和通入蒸汽（不使用氧气）的生物质热化学转化过程，目的产品以永久气体为主。

(4) 水热加工过程是在中温（300~350℃）、高压（16MPa）下，通入过量蒸汽或溶剂的生物质热化学转化过程，生成的产品为组成复杂的液态烃（包括长链的烷烃，含羧基、少量的羰基、醚键的环状化合物和羰基酸类）。使用含 Ni-Ru 均相催化剂的生物质水热加工过程，生产的产品以甲烷或氢气为主，故又称为“湿式气化过程”。

生物质高压液化是开发中的新技术，研究工作始于20世纪60年代。研究人员用木片、木屑等生物质为原料，放入碳酸钠溶液中，通入 CO 在 28MPa 和 350℃条件下进行高压热转化，液体油收率可达40%~50%。其后，有人尝试用有机溶剂（四氢萘、醇、酮），钴-钼或镍-钼催化剂在高压下加氢液化，生成复杂的烃类产物，再进一步加工生成燃料（或燃料中间体）和化学产品。液体收率可达80%。

生物质快速热解技术处于开发阶段，正在取得工业生产经验。快速热解装置的建设投资较高，生物原油加工改质技术不够完善，仍未制定原料和产品质量标准。这些因素制约了热解技术的发展和推广应用。

本节主要论述生物质热解工艺及其产品的加工、应用。关于生物质气化技术参见第七章。

二、生物质热解工艺[19]

生物质热解是在隔绝氧或缺氧条件下的生物制热分解技术，最终生成物为液体生物油、可燃气体和木炭，三种产物的比例取决于采用的工艺和反应条件。可分为以下几种工艺过程：

• 低温热解工艺：在<500℃下、以较低的升温速度完成热解反应，裂解产物以炭为主，反应时间可达几小时或更长；

• 中温快速热解工艺：在500~600℃和快速加热完成热裂解的工艺技术。裂解产物以液体生物油为主。裂解反应是在较高的升温速率和极短的停留时间（<1s）完成的，生物油产率可达70%（重）以上；

• 高温快速热解工艺：在700~1100℃高温和快速加热条件下完成热解反应，裂解产物以气体产品为主。

生物质热解的工艺条件：

① 反应温度：快速热解的反应温度为500~650℃，生物油的收率可达80%。提高反应温度有利于气体产物的生成。提高反应温度至>700℃和气相产物维持极短的停留时间时，气体产物收率可达80%。

② 停留时间：为了提高液体产物收率、减少二次裂解反应，需要缩短裂解产物在反应区内的停留时间。

③ 反应压力：提高反应压力会导致挥发产物停留时间增加，促进二次裂解反应的进行。

④ 升温速率：以生物原油为目的产品的快速裂解过程需要采用较高的升温速率。

生物质热解液化技术是以生物原油为目的产品的热解过程。工艺要求采用很高的加热速率和传热速率，热解产物的急冷以减少二次裂解反应。生物质热解的产品种类和分布与加热速率密切相关。在高加热速率下快速加热至热解温度，并控制温度不超过600℃的条件下就可以减少热解生成油进一步分解成气体，实现提高液体产品收率目的。

生物质热解液化技术已进行了多项小型试验。可用的裂解反应器技术有流化床技术、涡流反应器技术、真空移动床技术。根据上述工艺特点和要求，以流化床热解反应器的发展前景较好。加拿大的RTI公司已建成了一套流化床快速热解示范装置，适用于加工多种生物质原料。生物原油的产量为50～100kg/h。美国的国家可再生能源实验室（NREL）开发了涡流反应器，进行了小型试验，生物油的收率为67%。表6-62为生物质流化床热解小型试验的数据。

表6-62　流化床热裂解的工艺条件和产品收率

原料种类	操作条件		产品收率/%		
	反应时间/min	反应温度/℃	气体	生物油	炭
红松木屑	15	585	19.66	62.39	17.95
红松木屑	17	500	25.09	57.64	17.27
玉米秸秆	20	450	25.14	40.19	34.67
玉米秸秆	15	475	30.98	53.42	15.60
玉米秸秆	10	500	33.65	50.28	16.07
稻壳	15	500	27.21	39.19	33.60
玉米芯	14	500	30.23	34.27	35.50

生物质快速（或称闪速）热解技术是在无氧条件下将生物质有机物分解为液体生物油、焦炭和气体产品。生物质快速热解温度为500～540℃、停留时间为0.5～2s。反应完成后及时用水急冷，使裂解反应终止，然后进行产物回收。液体产品称为生物原油（biocrude），外观上与燃料油相似，但化学组成差别很大。

生物质快速热解原料的含水应<10%，破碎为小于3mm的颗粒。热解反应在400～500℃温度下进行，国外已经研发出了多种快速热解工艺及热解反应器。包括：

- 鼓泡流化床快速热解反应器；
- 循环流化床-输送床热解反应器；
- 旋转锥裂解反应器；
- 烧蚀裂解反应器；
- 真空裂解炉；
- 螺旋裂解反应器。

其中一些技术仅适用于小规模试验，或不容易放大，只有循环流化床-输送床热解反应器为具有工业化发展意义。图6-17为循环流化床热解反应器-输送床燃烧器流程图。

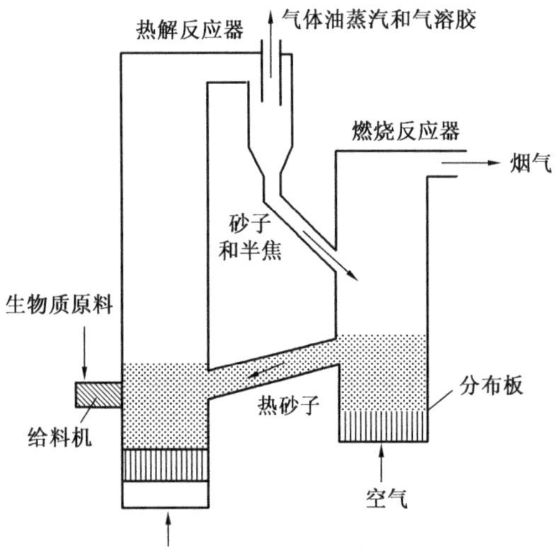

图6-17　循环流化床热解反应器-输送床燃烧器流程图

生物质快速热解的优点是：

(a) 过程可在常压和中温（500℃左右）条件下完成；

(b) 生物油的能量收率可达 70%；若生成的焦炭再用于发生蒸汽或与液体产品混合在浆液床反应器中加工，总能量效率可达 90%以上。

主要缺点是：

(a) 生物油的含氧量和水分含量较高，质量低于常规烃燃料；

(b) 液体油会产生相分离和聚合反应，会腐蚀容器，储存困难。

生物质热解工艺的主要技术问题包括：

(a) 生物质原料需经过干燥、粉碎成 3mm 颗粒，能耗较高；

(b) 生物质热解的生物油收率较低（75%左右），有待提高；

(c) 需要改进工艺提高生物油的稳定性。

生物质热解的产品种类和分布与加热速率密切相关。在高加热速率下快速加热至热解温度，并控制温度不超过 600℃的条件下就可以减少热解生成油进一步分解成气体，实现提高液体产品收率目的。

我国山东工业大学经过多年快速热解技术的研究开发，中试装置已取得成果，生物油收率达到 60%~65%。正在建设万吨级的工业示范装置。

三、生物原油的性质[13,16]

热裂解生成油可称为生物原油（Biocrude oil，BCO），是棕黑色、黏稠性液体。具有高度氧化性，热稳定性较差。加热至 100℃后会有碳析出。在常温下储存也可能缓慢地发生碳析出现象。生物原油的化学稳定性也较差。长时间存放则黏度急剧增高（可达 10000mPa·s）。生物原油含蚁酸、乙酸等有机酸，故 pH 值较低。生物油是氧含量极高的有机化合物混合物，其中苯、酚、萘、蒽、菲和一些有机酸含量较高。含氧化合物包括醚、酯、醛、酮、酚、醇和酸类。至今，生物油的组成分析还属于研究课题，尚未取得完整的数据。生物油的热值较低，仅相当于汽、柴油热值的 40%左右。表 6-63 为木屑热裂解的生物油性质。表 6-64为两种木材原料（白云杉和杨树）的热解生物油性质数据。

表 6-63　木屑热裂解生物原油的性质

项　目	数　据	项　目	数　据
含水率/%	15~30	元素分析/%	
相对密度	1.20	C	56.4
pH 值	2.5	H	6.2
灰分/%	0.1	O	37.3
黏度（40℃）/mPa·s	40~100	N	0.1
固体杂质（炭）/%	1.0	高热值/（MJ/kg）	16~19

表 6-64　热解生物油的化学组成

项　目	数　据	
	白云杉	杨　树
原料性质		
水分/%	7.0	3.3
颗粒直径/μm	1000	590
工艺条件		
热解温度/℃	500	497
表观停留时间/s	0.65	0.48

续表

项　目	数　据	
	白云杉	杨　树
产品收率/%（干基）		
水分	11.6	12.2
气体	7.8	10.8
生物碳	12.2	7.7
生物油	66.5	65.7
生物油组成/%（干基）		
水溶物合计	34.5	34.3
其中：糖类	3.3	2.4
无水糖类	6.5	6.8
醛类	10.1	14.0
呋喃类	0.35	—
酮类	1.24	1.4
醇类	2.0	1.2
羧酸类	11.0	8.5
热解木质素	20.6	16.2
未检测组分	11.4	15.2

四、生物原油的加工

生物原油是高氧含量的有机化合物的混合物，含有机酸、醇、醛、酮、醚等组分。在组成上与石油产品有较大的差别，需要用物理或化学方法精制、改质提高稳定性，才能用作运输燃料油。可用的技术包括加氢裂解、蒸汽催化裂解等工艺。此类技术尚处于开发阶段，工艺条件和性能、改质的效果和产品质量等技术问题均有待解决。择要说明如下：

1. 催化裂解

工艺目的是进行生物油的裂解得到烃类产物和脱除生物油中的含氧（生成 CO、CO_2 和 H_2O）。催化裂解的工艺条件：常压、反应温度 300～600℃，质量空速为 2。采用 HZSM-5沸石催化剂具有较好的脱氧效应。在较高反应温度下的催化裂解可以生成汽油、柴油组分。生物原油催化裂解的主要技术问题是烃类产物收率低、催化剂积炭和失活严重、催化剂再生困难等。技术改进方向是采用活性较低的催化剂、在缓和的反应条件下进行适度改善生物原油的燃料性质。如采用性质较温和的 ZnO 催化剂的裂解过程就可明显改善生物油的安定性。

可以在生物质热解过程中，直接进行气态热解产物（不经过冷凝生成生物原油）的催化裂解，可以减少生物油冷凝和再加热的能耗，也可减少催化剂的积炭。

2. 催化加氢改质[35]

生物原油加工为液体运输燃料的可行工艺是两步加氢过程：第一步通过缓和条件加氢，脱除氧化合物，大部分成为水，少部分脱羧基生成二氧化碳，从而大幅度降低总酸值（TAN）；第二步进行较苛刻条件下的加氢改质，转化为石脑油和柴油馏分。UOP 公司的初步试验表明汽油和柴油馏分收率各为 21%（对 BCO），而水和气体共计为 60%，两段化学氢消耗 3.0%～4.5%，约为产品油的 10%。石脑油馏分组成中烷烃 5.2%～9.5%，异构烷烃 16.7%～24.9%，环烷烃 39.6%～55.0%，芳烃 9.9%～34.6%，辛烷值约有 90，和常规原油产品出入颇大。估计柴油的组成以芳烃和环烷烃为主，十六烷值偏低。

UOP 公司初步判断从木材原料制造的快速热解生物原油加工所得石脑油和柴油馏分的成本为 2.01 美元/加仑，用玉米秸杆原料则为 1.80 美元/加仑（以上按每桶 BCO25 美元计算），当原油市场价格每桶为 70 美元时具有竞争力。油品产率按热值当量折算比目前纤维素制乙醇高出一倍以上，甚至比DOE2012年纤维素制乙醇的攻关目标高出40%~60%。当然这仅仅是乐观估计，有待今后进一步的工作。

五、生物原油的应用

生物原油更广泛的应用方向是充分利用其能源密度（与生物质原料相比）较高的优势，在生物质资源丰富地区生产生物原油，再将其运输到消费地区，采用已有的炼油技术加工为成品燃料油或化学品。

1. 生物油用作燃料

生物原油的化学组成复杂、安定性差、黏度高、有腐蚀性，需经过简单处理后才能作为成品燃料油。用作锅炉燃料时，NO_x 排放量较高。可以与天然气混合用作燃气透平的燃料。

为了改善生物油的燃烧性能和安定性，可在生物油中添加互溶的添加剂。常用的溶剂为甲醇或乙醇。此类添加剂的效应是可以改善着火和燃烧性能、降低黏度、提高热值和提高储存安定性。需要长时间储存的生物油，需要的甲醇添加量应不低于10%。

为了降低生物油燃料的灰分和碱金属含量，NREL和芬兰VTT研究所开发了生物油高温过滤技术。使用由烧结金属或多孔陶瓷材料制造的过滤器在高温下（相当于油气的露点温度）进行生物油的过滤，可将灰分含量降至0.01%；碱金属含量低于10μg/g。由于过滤器的积炭脱除和过滤过程的连续操作等技术问题尚未解决，目前还没有实现工业应用。

生物原油简单处理后用作替代柴油时，可按生物油：柴油调合比例为25/75、50/50、75/25的混合燃料用作固定式柴油机的燃料。由于生物油的低pH值、低十六烷值、高灰分、高黏度等性质可造成喷嘴磨损，油管路腐蚀等困难。

2. 生物油用作生产合成气的原料

生物油的水溶性油经蒸汽重整可生产富氢的合成气，可用作费托合成原料气。与生物质气化生产合成气相比，合成气体中的氢含量较高。

3. 生物原油可用作制造化工产品的原料

生物原油如用作生产合成纤维、香料、添加剂、去污剂的原料，可以从生物油中提取醋酸、蚁酸、乙醇醛、左旋葡萄糖（可用于生产特殊聚合物、树脂和表面活性剂）。

生物质裂解联产燃料和化工产品时，原料应先进性预处理以降低灰分含量和改进左旋葡萄糖的产率。表6-65为经过不同的预处理后的裂解产物收率和有机物组成的数据。

表6-65　不同预处理后的裂解产物收率

项　目	无预处理	酸水解	酸　洗	有催化剂的酸洗
裂解产物收率/%（无灰干基）				
焦炭	15.8	13.2	13.2	15.9
水分	2.57	10.6	10.4	7.96
有机物	59.1	67.2	68.5	67.7
气体	22.6	9.02	7.88	8.44
有机物组成/%				
cellobiosan	微量	4.55	3.34	4.97
左旋葡萄糖	2.75	17.69	20.12	23.10
羰基乙醛	11.57	5.97	3.73	3.93
蚁酸	2.61	微量	微量	0.73
乙酸	3.40	1.51	1.26	0.40
乙酰甲醇	4.53	微量	微量	微量
甲醛	2.75	1.63	微量	0.70
热解木质素	33.40	16.89	17.74	20.08

裂解气体可用作生物质裂解过程的热源，如原料干燥和预热；用作工业或民用燃料。裂解炭具有疏松多孔、容重低、表面活性好和低硫、低灰分等特点，可用于制活性炭，也可用于冶金及化工。

六、生物油重整制氢技术

生物油黏度很高，难以雾化，因此考虑加入甲醇降低其黏度，并设计专门的雾化设施。另外生物油的安定性很差，加热过程和与催化剂接触过程应汉止结炭。催化剂筛选也很重要。因此生物油作为部分氧化制氢的重整原料，远较常规石脑油或轻烃原料困难，需要开展一系列研究。DOE 的分散式生物油重整项目已取得进展。

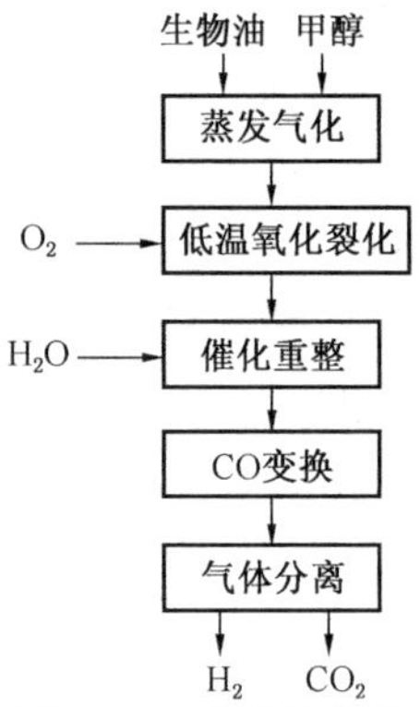

图 6-18　生物油氧化裂化制氢原则流程

生物油制氢技术工艺过程包括以下工序：

- 生物油与甲醇（加入量：10%）混合、400℃下蒸发气化后，在约 650℃下进行重整，生成含 H_2 和 CO 气体；
- 生成气体进行自热式催化重整过程；
- 重整气的净化和分离生产氢气。

全过程的工艺原则流程见图 6-18。

反应条件：非催化部分氧化 O/C（原子比）1.3，H_2O/C（分子比）0.27（入口）和 0.75（出口），催化重整前加入水汽比（对无水基生物油）1∶1，固定床反应温度 600℃。

根据小试初步结果：生物原油中碳有 5%转化为甲烷，0.5%转化为苯，1.4%转化为 Rh 催化剂上沉积碳，需间断再生[33]。

设想目标[34]是：降低甲醇掺入量到 10%，氢收率 11.9%，综合能量效率 70%，氢成本 3.8 美元/kg；目前小试达到的上述前三项指标[33]分别是 30%、10%和 65%。

这一制氢工艺实现产业化为时尚早。

七、生物质热解经济分析

生物质热解当前处于起步阶段，规模小，应用范围有限。将来如主产品成为运输燃料，那么必须扩大生产规模，争取常规原油价位达到某一水平时能够赢利，站稳替代石油的地位。

因此，尽管资料不足，技术水平有待提高，但提前做出经济分析有助于加速发展。

获得大量不同类别生物质的成本与国家和地区密切相关，彼此之间互有出入，加上热解工艺和操作条件的差异，因此众多文献报道的数据难以互比。现按 NREL 发表的文章[36]摘录有关数据，供参考。

工厂规模 550t/d（干基），木屑含水 50%，粒度 3~45mm，破碎成 3mm 以下，干燥到 7%水分。采用鼓泡床热解炉，500℃分解温度。产品收率：BCO 59.9%、气体 13.1%、焦炭和灰分 16.2%、水分 13.1%。

估计的工厂总投资（百万美元）48.39，其中设备及安装 28.41（原料制备 5.57、热解炉 3.92、冷激和热回收 3.08、蒸汽和动力 3.16）。估计的年操作费用（百万美元）9.6，其中原料 5.5，外送电收益 0.21（470 万 kW · h）。从以上数据算出 BCO 出厂售价为 7.62 美元/GJ（LHV）（137 美元/t）。BCO 如用作 IEA6#燃料油，必须经过热气体过滤，才符合闪点和可过滤颗粒物指标，如用作 IEA2#燃料油，必须经再处理，以便符合碱性物、储存时间和其他颗粒物指标。（2#燃料油市场售价比 6#燃料油高一倍以上，按 2000 年价格前者约 10

美元/GJ，后者只 4.8 美元/GJ）。BCO 燃料油热值过低，无法与常规石油抗衡。

第六节　合成气发酵法生产乙醇

一、现状

合成气发酵法生产乙醇是生物质间接转化生产乙醇的工艺技术。目前美国采用合成气路线的发酵法生产乙醇工艺就可以使用更为广泛的生物质原料[5]。例如，难于处理的软木材就适合于用合成气发酵工艺生产燃料乙醇。

预测表明：在生物质造气不使用外供燃料的情况下，每吨生物质原料（干）约可生产 70~105 加仑乙醇燃料（约为 210~310kg）。

生物质合成乙醇的经济性仍有不确定性。一种意见认为：生物质间接转化工艺生产燃料乙醇在经济上可能与谷物生产乙醇、生物质直接发酵法生产乙醇技术相竞争；但据一份报告的估算数据：在生物质原料价格为 25 美元/t 情况下，合成气发酵法的乙醇生产成本约为 3.7 美元/加仑（现金成本约为 0.7 美元/加仑、投资成本约为 3 美元/加仑）；而美国的乙醇销售价格仅为 1.0~1.5 美元/加仑，显然是没有竞争力了。

合成气发酵法生产乙醇工艺曾受到中等程度的支持。目前只有少数学术单位仍在进行此项研究、开发，要使此项技术获得进展，还需要更多的人力、物力和资金支持。

二、工艺技术

生物质间接转化生产燃料乙醇，即合成气发酵生产乙醇的流程见图 6-19。

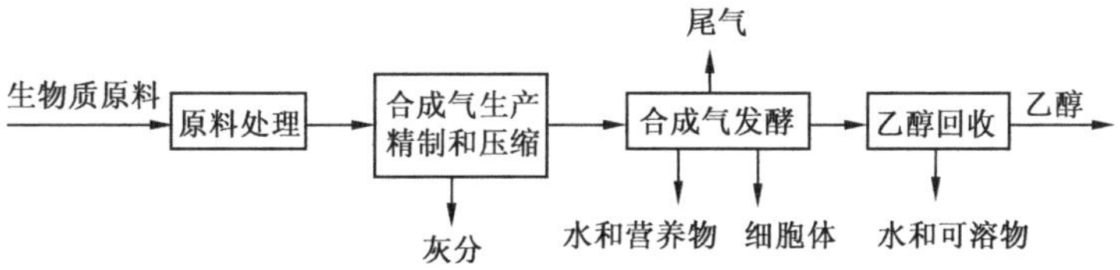

图 6-19　生物质间接转化生产乙醇流程

生产乙醇的合成气中间体来自生物质的气化。可以采用间接加热的 BCL 气化炉生产合成气，工艺条件为气化温度 700~850℃，压力为常压。在此工艺条件下生成的合成气中含有一定量的甲烷、乙烯、轻烃和焦油。这些物料在后继的发酵过程中不能转化为乙醇产品，可以在气体净化过程中分离出来，再转化为合成气；也可以在发酵过程之后随尾气一起用作气化过程的燃料。经过净化的合成气进入发酵罐，用微生物使气体转化为乙醇。发酵过程的生成液中乙醇的浓度很低（<2%）。采用共沸蒸馏和脱水过程生产燃料级乙醇。发酵过程生成的细胞物质（Cell Mass）目前还不能用作饲料，可以送入气化炉用作气化原料。

间接发酵法生产乙醇的唯一特点是包括木质素的全部生物质化学能量，均可转化为乙醇（生物质直接发酵生产乙醇工艺，木质素不能转化为乙醇，只能用作燃料）。乙醇的产量可按以下公式计算：

$$P = \frac{F \cdot HHV_{F}\eta_{Gas+Cond}X_{CO+H_2/EtOH}}{1.5 \times 10^5}$$

式中　P——乙醇的年产量，百万加仑/a；

F——生物质原料量，t（干）/d；

HHV_F——生物质原料的高热值，Btu/lb；

$\eta_{Gas+Cond}$——气化和气体处理过程的冷煤气效率（为小于 1.0 的分数）；

$X_{CO+H_2/EtOH}$——CO 和 H_2 转化为乙醇理论值的分率（对乙醇为 0.7 左右）。

此公式仅适用于合成气发酵生产乙醇装置年生产能力的粗略估算。

据有关资料数据统计，各种燃料乙醇生产工艺的产率数据如下：

（1）谷物直接发酵生产乙醇：约 330kg/t（干）；

（2）生物质直接发酵生产乙醇：270kg/t（干）；

（3）生物质间接发酵生产乙醇：210~310kg/t（干）。

生物质直接发酵和间接发酵的乙醇产率接近，均略低于粮食发酵的乙醇产率。

三、合成气发酵的化学和微生物学

间接发酵法从合成气生产乙醇使用的微生物为专性厌氧微生物（obligate anaerobes），通过“非均一发酵模型”路线生成乙酰基 CoA 中间体；乙酰基 CoA 中间体再转化为“一次新陈代谢产品”醋酸或乙醇。相关的总反应如下（细胞物质产量忽略不计）：

- 生成乙醇

	△G，kcal/mol	$HHV_{产品}/HHV_{原料}$
$6CO+3H_2O \longrightarrow CH_3CH_2OH+4CO_2$	-48.7	0.81
$2CO_2+6H_2 \longrightarrow CH_3CH_2OH+3H_2O$	28.7	0.80

- 生成醋酸

$4CO+2H_2O \longrightarrow CH_3COOH+2CO_2$	-39.2	0.77
$2CO_2+4H_2 \longrightarrow CH_3COOH+2H_2O$	-25.8	0.77

式中的自由能数据是在碱式碳酸盐离子和液态水形式及 pH 值=7.0 条件下，从文献中查到的。实际上，从自由能数据得知，CO 是比［H_2+H_2O］更容易被微生物作用的物料。据文献中的试验数据，CO 的典型转化率约为 90%；H_2 的转化率约为 70%。两种气体在气、液相之间的传质速率也有差别。

从文献中还可以查到原料和产品燃烧热值的比例。发酵过程的“冷煤气效率”设定为 0.7 左右。

可以看出：厌氧发酵过程的上述数值均比较低。例如，“冷煤气效率”仅为 0.7；谷物直接发酵生产乙醇的冷煤气效率为 0.98。

乙醇和醋酸的生成比率取决于使用的微生物菌种和发酵的工艺条件。低 pH 值和醋酸根离子浓度低会对微生物有抑制作用。生成醋酸后，pH 值下降，醋酸根离子浓度上升。微生物的作用向生成乙醇的方向转变以缓解上述抑制作用。按乙醇模式生产时，pH 值一般应为 4.5 左右。

多数微生物菌类为“嗜温细菌”（mesophiles）或“耐温细菌”（thermophlies），故最佳发酵温度为常温至 90℃。在使用较为肥沃营养基液，在较高的温度、低碳水化合物浓度、低 pH 值和较高的 CO 浓度的条件下将可缓解受毒害的风险。

四、工业化前景

装有简单喷气管的间歇式或连续式发酵罐，生产能力低，合成气转化率低，生成的乙醇液浓度极低。工业化的发酵罐应采用带有“细胞循环”的两段发酵流程。第一发酵罐的工艺条件应有利于“细胞”的生长；第二发酵罐的条件应有利于乙醇的生成。“细胞”应在第二发酵罐中循环以提高发酵罐的体积生产率和转化率。

合成气间接发酵法生产燃料乙醇是开发中的工艺技术。其在环保和技术经济层面的情况说明如下：

1）环保方面

为了降低汽车造成的大气污染，20世纪90年代实行的条例中规定在汽油中强制使用乙醇，另一个目的是减少CO_2的排放量。可是，反对强制使用含氧化合物的的人士则认为：目前汽车使用的燃料要比10~15年前好得多，而且为了使CO_2排放量达标，汽油中也无须加入含氧化合物。

应该用“可再生燃料标准”来取代强制添加含氧化合物的规定。此类立法的环境目标是为了降低CO_2的净排放量而提高汽油中可再生燃料的添加比例。若此项立法获得通过，成品汽油中就将大量使用可再生的乙醇作为添加组分。

2）技术经济方面

玉米生产乙醇的成本主要取决于生产规模和原料玉米价格等因素。2006年期间，在玉米价格为32~48美元/t情况下，玉米生产燃料乙醇的价格为420~520美元/t范围之内。

玉米生产燃料乙醇工厂的规模为16~32万t/a。2006年，新建乙醇工厂的单位生产能力的建设投资指标为420~500万美元/（万t/a）。

生物质间接发酵生产乙醇技术尚未建成工业化生产装置。根据初步规划，生产规模为日处理生物质（木材）原料2000t/d的间接发酵乙醇工厂，乙醇产量为14.5万t/a。估计的建设投资为1.54亿美元；折合单位生产能力的建设投资指标为1060万元/（万t/a）。若生物质原料价格为30美元/吨，估算的燃料乙醇生产成本（包括所得税和12%的投资利润率）将不低于600美元/吨。

综合上述情况可知，合成气间接发酵生产燃料乙醇工艺目前在经济上仍不具有竞争力，建设投资和乙醇价格均高于谷物直接发酵工艺。

生物质间接发酵工艺的优点是可以加工任何生物质原料（包括各种纤维素生物质）。目前，工业化的发酵工艺只限于使用淀粉和糖为原料。生物质（例如玉米秸秆）直接发酵法生产乙醇工艺尚未实现工业化生产，使用较难处理的生物质原料就会使生产成本增加。美国一些大学仍在进行合成气发酵生产乙醇的研究，但只是限于实验室规模和基础理论方面的研究。惟有投入更多的人力、物力、和资金支持才能加速进程。因此，合成气发酵法生产乙醇现在还不是工业化成熟的工艺技术。

第七节 生物质发电技术

生物质发电是生物质利用方向之一。受原油价格上涨因素的影响，许多国家积极发展生物质发电工业。

一、发展概况

美国从1973年以来大大地提高了用生物质发电、供热的应用。初期主要是在木材和纸浆工业中用残渣发电、供汽以提高热、电的自给率（曾达到70%自给）。公用电网中生物电的份额从1978年的不足200MW提高到了至21世纪初的7500MW。

巴西是利用生物质发电的先进国家。早前是以用甘蔗渣发电、供热为主。近年来在该国的东北部大面积营造薪炭林，用收获的木材发电。巴西的生物质发电仍采用传统的蒸汽-汽轮机发电技术。虽然具有运行稳定、安全可靠的优点，但建设投资高，热效率低的情况难以改善。

受石油燃料价格不断攀升的影响，近年来北欧一些国家正积极发展生物质发电工业。生物质发电技术也处于较高的水平。

目前，约70%的生物电站为按热-电联产方式运行。在近1000座生物电站中，使用木材作燃料的占88%；以农业废料为燃料的占3%。生产规模在10~25MW范围之内。这些生物质发电厂中仅有三分之一的工厂是向外部销售电力，其余电站为木材和纸浆工业的自有发电厂。

实践证明，采用生物质气化-联合循环（BGCC）发电技术是可行的。气化炉操作与生物质有机组分性质无关，主要取决于矿物质组分的结垢性能和熔渣温度。生物质燃料的平均分子式为$CH_{1.4}O_{0.6}N_{0.1}$，热值为18.6GJ/t（无灰干基），略低于煤炭。

二、生物质发电技术

生物质发电机组的配置有3种类型：一是内燃机-发电机机组；二是汽轮机-发电机机组；三是燃气轮机-发电机机组。由二、三两类机组构成的联合发电系统称为生物质联合循环（BGCC），是主要发展方向。按操作方式的不同，可有以下3种生物质发电技术：

1. 生物质-蒸汽发电

是生物质直接燃烧发生蒸汽-汽轮机发电的技术。如美国用木材加工的废料为燃料，英国以养鸡厂的废弃物（鸡粪和养鸡厂的残留物）为燃料、用锅炉发生蒸汽发电。巴西等国用甘蔗制糖厂的蔗渣、黑液为燃料的热电（CHP）厂。

生物质蒸汽发电厂的热效率较低（25%左右）。建设投资也较低，一般在1200~1800美元/kW范围之内。

2. 生物质-煤炭混烧发电

将燃煤电厂改装为煤炭-生物质混烧（co-firing）的发电技术是生产成本最低的生物质发电方案。煤粉锅炉、流化床锅炉都可改装为混烧锅炉。生物质燃料的用量一般为锅炉进料量的15%。生物质-煤炭混烧的发电效率可达30%~35%。木材燃料的NO_x排放量约比煤炭低20%。生物质硫含量比煤炭低得多，混烧生物质燃料的电厂可减少SO_2排放量。

小型煤粉锅炉改装为混烧锅炉需要对燃料处理、锅炉和控制仪表等部分进行改造。按生物质发电量计算，设备改造费用约在150~200美元/kW之内，取决于锅炉形式和现有设备情况。

3. 生物质气化联合循环（BGCC）发电

生物质气化-燃气发电工艺是生物质发电新技术。气化过程生成中热值（或低热值）煤气，再作为燃气透平的燃料。系统的发电效率可达40%。

20世纪90年代，瑞典就建设了5MWe的BGCC示范发电厂，并试运转成功。英国于2002年建成了10MWe的BGCC发电厂。

生物质气化-发电系统的建设投资在1800~2000美元/kW范围之内，预计2010年可降至1400美元/kW。

开发中的生物质发电技术有生物质气化-燃料电池系统和模块式的生物质气化-斯特林机系统。几种生物质发电厂的技术性能见表6-66。

表6-66　生物质电厂的技术性能

项　目	效率/%	原料量/(t/h)	发电量/MW	产汽量/(t/h)	汽-电比
25MW直接燃烧电厂	30	16.73	25.0	0	—
25MW直接燃烧热电厂	62	16.73	19.8	48.6	1.44

续表

项　目	效率/%	原料量/(t/h)	发电量/MW	产汽量/(t/h)	汽-电比
25MW 蒸汽厂	75	16.73	-2.5	97.3	—
75MW 直接燃烧电厂	30	50.18	75.0	0	—
75MW 直接燃烧热电厂	62	50.18	62.2	146	1.44
75MW 蒸汽厂	75	50.18	-7.5	292	—
150MW 气化-发电厂	36	41.80	150	0	—
150MW 气化-热电厂	82	83.60	118.6	295	1.60

三、生物质发电的环境效应

生物电厂的主要排放物为颗粒物、CO、挥发性有机化合物（VOC）和 NO_x。生物质的硫含量低，故 SO_2 排放量较低。这些大气污染物的排放量与生物燃料的种类、锅炉型式和操作条件有关。

生物质与煤混烧和生物质联合循环发电（BIS-GGC）是发电厂降低温室气体排放的有效方案。

表 6-67 为生物电厂的大气污染物排放量与化石燃料的比较数据。表 6-68 为美国加州和马萨诸塞州的生物电站大气污染物排放极限。

表 6-67　生物发电厂的污染物排放量与化石燃料的比较　kg/MW

排放物	SO_2	NO_x	CO	颗粒物-10
生物质燃料发电				
炉排式锅炉	0.036	0.96	5.55	0.23
流化床锅炉	0.036	0.41	0.077	0.136
杨木气化发电	0.023	0.5~1.0	0.105	0.005
煤炭燃料发电				
烟煤，炉排式锅炉	9.18	2.64	1.23	0.28
煤粉锅炉	6.50	3.13	0.16	0.15
混烧生物质燃料 15%	5.55	2.80	0.16	0.15
流化床锅炉，烧煤	1.68	1.23	4.36	0.14
天然气燃料发电				
燃气透平	0.004	0.78	0.18	0.04
IGCC	0.002	0.41	0.03	0.06

表 6-68　美国生物电站大气污染物排放极限　kg/MW

标准	锅炉型式	SO_2		NO_x		CO		颗粒物	
		容许值	实测值	容许值	实测值	容许值	实测值	容许值	实测值
加州	所有的	0.455	0.036	1.0	0.77	4.4	3.9	0.32	0.18
	炉排式	0.36	0.04	1.18	0.96	6.18	5.55	0.36	0.23
	流化床	0.64	0.04	0.60	0.36	0.77	0.090	0.23	0.14
马萨诸塞州	流化床	0.36	—	0.34	—	0.4	—	0.09	—

四、中国的生物质发电情况

我国初期生物质气化发电所用燃料以稻壳为主，应用较多的生物质发电是 160kW、200kW 内燃机-发电机装置。自《中华人民共和国可再生能源法》实施以来，国内相继建成了一批生物质发电项目。截至 2007 年 9 月，国家电网公司已有 7 个生物质发电项目建成投产，实现并网发电，总装机容量为 175MW，使用的蒸汽锅炉多为从欧洲引进的水冷炉排式锅炉。在生产上存在着燃料入炉困难、达不到额定能力等技术问题。近年建设的生物发电厂以规模为 24MW 秸秆发电装置为主，秸秆处理量为 20 万 t/a。典型 24MW 秸秆发电厂设备规格型号见表 6-69。

表 6-69　24MW 秸秆发电厂设备规格型号

设备名称	型号	主要工艺参数	台　数
水冷振动炉排锅炉	DGJ-55/3. 82-Ⅳ	蒸汽发生量 55t/h	2
冷凝式汽轮机	N12-3. 43/435	额定功率 12000kW	2
发电机	QF-12-2	额定功率 12000kW	2

24MW 秸秆发电厂的工程建设投资（含接入电力网工程）为 25000 万元。折合单位建设投资为 1040 元/kW。

秸秆发电项目的热效率为 30%左右，低于燃煤锅炉发电的热效率。秸秆发电项目的规模取决于秸秆的可供应数量和运输距离。国内建成的生物发电项目的规模以额定功率为 24MW 的电厂为主，受秸秆资源和运输条件的限制国内尚未建设大型秸秆发电厂。对于中小型发电机组，采用热电联产技术可提高热效率、降低成本。

中国科学院广州能源研究所开发成功了 2 项中小型秸秆发电技术，适合于建设中等规模（0. 4~6. 0MW）的生物质发电工厂。技术要点如下：

（1）生物质气化-内燃机发电技术

工艺方案是采用循环流化床气化炉将生物质转化为燃料气；燃料气用内燃机发电。采用特种菌种和好氧、厌氧相结合的方法处理焦油污水。适用的原料有：碾米厂的谷壳，家具厂、人造板厂和造纸厂的木屑、边角料、树皮等。林场及农场的枝桠材、秸杆、稻草、稻壳。经济数据：发电效率达到 16%~20%，单位投资：4000~4500 元/kW，单位原料耗量：1. 35kg/（kW · h），发电运行成本：0. 35~0. 45 元/（kW · h）；

（2）生物质气化及联合循环发电系统

工厂生产规模为 5MW。发电效率达 28%，单位投资为 6500 元/kW，单位原料耗量为 1kg/（kW · h），发电运行成本<0. 35 元/（kW · h）。

这两项技术已经在中国内地、中国台湾和东南亚国家推广。成为广泛应用的中小型生物质气化发电系统。

参　考　文　献

1　Geertje V H, Faaij A P C. Prospects for Ethanol from Lignocellulosic Biomass: Techno-economic Performance as Development Progresses. Outlook for Advanced Biofuels (Paper 5). Netherlands: University of Utrecht, 2004

2　Aden A, Ruth M, Ibsen K, et al. Lignocellulosic Biomass to Ethanol Process Design and Economics Utilizing Co-Current Dilute Acid Prehydrolysis and Enzymatic Hydrolysis for Corn Stover. NREL/TP-510-32438, Jun, 2002

3　Shapouri H, Duffield J A. The Energy Balance of Corn Ethanol: A Update US Department of Agriculture, Agricultural Economic Report No 813, Jul, 2002

4 Pramanik T, Tripathi S. Biodiesel fuel of the future. HP, Feb, 2005: 49

5 Spath P L, Dayton D C. Preliminary Screening—Technical and Economic Assessment of Synthesis Gas to Fuels and Chemicals with Emphasis on the Potential for Biomass-Derived Syngas. Technical Report NREL/TP-510-34929, Prepared under Task No BBB3. 4210, Dec, 2003

6 Brown L M, Sprague S, Dunahay T G, et al. Biodiesel from Aquatic species. Paper prepared by DOE/NREL, NREL/TP-422-5726-UC, Jan, 1994

7 Sheehan J, Dunahay T. A Look Back at the US Department of Energy's Aquatic Species Program: Biodiesel from Algae. Close-Out Report. NREL/TP-580-24190. Prepared for DOE, Jul, 1998

8 Paul S F. Disposing of Wet/Mixed Organic Waster: Filtering the Flow to Landfills and WTE Plants. Paper from Princeton University, 1997

9 Sheehan J, Duffield J. An Overview of Biodiesel and Petroleum Diesel Life Cycles. A Joint Study by USDA/DOE, May, 1998

10 Life Cycle Inventory of Biodiesel and Petroleum Diesel for Use in an Urban Bus. NREL/SR-580-24089-UC. Category 1503, May, 1998

11 Benemann J R, Algae Oil and Biofuels, NREL-AFOSR Workshop—Algal Oil for Jet Fuel, Arlington VA, Feb 19, 2008

12 DOE Biomass Program—Algal Biofuels Fact Sheet, http://www.eere.energy.gov/biomass/pdfs/algalbiofuels.pdf, Oct 14, 2008

13 Tyson K S, Bozell J, Wallace R, et al. Biomass Oil Analysis: Research Needs and Recommendations. NREL/TP-510-34796, Jun, 2004

14 Mikkonen S. Second-generation Renewable Diesel Offers Advantgaes. HP, 2008, 87 (2): 63~66

15 Mohaghehi Ali, Evans K. Cofermentation of Glucose, Xylose and Arabinose by Genomic DNA-Integrated Xylose/Arabinose Fermenting Strain of Zymomonas mobilis AX101. Applied Biochemistry and Biotechnology, 2002, Vol 98~100: 885~899

16 吕鹏梅. 生物柴油标准分析与制定研究. 现代化工, 2006, 26 (12): 8~12

17 Hettenhaus James R. Ethanol Fermentation Strains, DOE/USA Office of Energy Efficiency & Renewable Energy Ethanol Program and NREL, Dec 16 1997

18 庄东萍, 潘伟彬. 发展能源作物应对能源紧张. 闽西职业大学学报, 2005 (4)

19 Brown R C, Holmaren J. Fast Pyrolysis and Bio-Oil Upgrading. UOP Presentation in 2006, Work Supported by DOE, Project DE-FG36-05 GO 15085

20 刘莉, 孙君社. 甜高粱茎秆生产燃料乙醇. 化学进展, 2007, 16 (7/8): 1109~1113

21 Holmgren J, Gosling C, Marinangeli R, et al. New Developments in Renewable Fuels Offer more Choices. HP, Sep, 2007: 67~72

22 Saraf S, Thomas B. Biodiesel: A Feedstock Quandary. HP, Sep 2007: 131~134

23 Ginder R, Paulson N. The Developing Biodiesel Industry. AAEA Annual Meeting, Jul 24, 2006

24 Pulz O. Evaluation of Green Fuel's 3D Matrix Alage Growth Engineering Scale Unit. Performance Summary Report, IGV Institute fur Getrideverabeitung GMBH, Sep, 2007

25 Eidman V R. Commercialization of First Generation Biofuels, Paper from Universityof Minnesota, Aug 21, 2007

26 Sears J. A2BE Carbon Capture, LLC. Strategic Road to Commercialization—Food and Fuel from Algae, Feb 19, 2008. www. Algaeatwork. com

27 Sears J. A2BE Carbon Capture, LLC. Algae's Potential for Driving a Carbon Capture and Recycle Industry, Nov 15, 2007. www. Algaeatwork. com

28 Algae Growing System. Tubular Photobioreactors, from Website of Algaelink NV, www. algaelink, com, Nether-

lands, 2008

29 Algae Growing System. Algae Way Algae Photobioreactors, from Website of Algaelink NV, www. algaelink, com, Nethderlands, 2008

30 闵恩泽，姚志龙. 今年生物柴油产业的发展——特色、困境和对策. 化学进展，2007，19（7/8）：1050~1059

31 刘宏娟，杜伟. 生物柴油及 1，3-丙二醇联产工艺产业化进展. 化学进展，2007，19（7/8）：1085~1089

32 Perlark R D. Biomass as Feedstock for A Bioenergy and Bioproducts Industry: The Technical Feasibility of A Billion-ton Annual Supply. Prepared by DOE and USDA, Apr, 2005

33 Evans B. Distributed Bio-Oil Reforming, DOE Hydrogen Program Merit Review Meeting, Presentation PDP16, Jun, 2008

34 Evans B. Distributed Bio-Oil Reforming, DOE Hydrogen Program Merit Review & Peer Evaluation Report, 2008: 141~144

35 Holmgren J, Marinangeli R, Nair P. Consider Upgrading Pyrolysis Oils into Renewable Fuels. HP, Sep, 2008: 95~103

36 Ringer M, Putsche V, Scahill J. Large-Scale Pyrolysis Oil Production: A Technology Assessment and Economic Analysis. NREL/TP-510-37779, Nov, 2006

37 Dmitrov K. Green Fuel and the Law of Thermodynamics, http: //algae-thermodynamics. Blogspot. com/2007/03/how-can-one-not-like-greenfuel. html, Mar 21, 2007

38 Wood B. Technoeconomic Analysis of Oil Production. NREL-AFOSR Workshop—Algal Oil for Jet Fuel, Arlington VA, Feb 19, 2008

39 Sun S, Hobbs R. Power Plant Emission to Biofuels. NREL - AFOSR Workshop—Algal Oil for Jet Fuel, Arlington VA, Feb 19, 2008

第七章　煤炭、天然气和生物质生产合成气

第一节　概　　述

采用合成工艺生产替代燃料和化学品可有不同的原料路线，即天然气路线（GTL）、煤炭路线（CTL）和生物质路线（BTL），这些工艺技术同属“一碳”化学工业，其第一工序为利用不同原料生产合成气。

以化石能源（煤炭、天然气）和生物质为原料通过合成气路线生产替代燃料（包括合成汽油、柴油，醇醚燃料和氢气）是发展替代能源的一条重要的工艺路线。利用可再生的生物质资源发展替代燃料是一些国家重要的发展战略，研发的重点之一就是发展生物质合成气制造生物燃料的技术。本章的内容是论述用天然气、煤和炼油副产物（石油焦、渣油和炼厂气体）等原料生产合成气的工艺，以及用生物质为原料生产合成气工艺。

我国煤炭资源丰富，年产量居世界之首，煤炭将是生产替代燃料的重要原料。为了利用好煤炭资源，必须发展“洁净煤技术”才能提高煤炭的使用效率和解决使用煤炭造成的环境污染问题。发展煤制合成气就是重要的“洁净煤技术”。

费托合成采用一次通过式流程并与 IGCC 发电技术联合将是可行的、经济效益良好的工艺流程。

煤炭造气技术已经从常压移动床技术发展到用氧的、高压气流床气化炉技术。单炉生产能力有很大的提高，GEE 气化炉和 Shell 气化炉的原料煤处理能力均可达 2000～2500t/d·炉。GSP 气化炉和 E-Gas 气化炉也是工业化的可选炉型。高压气流床技术为高压、高温操作，与固定床气化技术相比，单炉处理能力提高、合成气质量明显改善，不含酚类、焦油等杂质，可以大大简化气体精制流程和减少污水处理量。

天然气是继石油之后的重要能源，工业化国家和天然气资源丰富的国家都在积极发展以天然气为原料的合成燃料和化学品的生产。最简单的天然气利用方式是以 LNG 方式运送到消费地区，这需要较高的投资建设天然气液化装置和终端设施。理论上天然气有直接转化和间接转化两条工艺路线生产运输燃料或化工产品。由于甲烷是最小的、极其稳定的烃分子，只能在极苛刻的反应条件下才能使 C—H 键“活化”，如果要生产出各种燃料和化学品，必须实现甲烷的活化转化、构建成 C—C 键或 C ═O 键。将甲烷的 4 个 C—H 键打开受到热力学的约束，使天然气直接转化未取得工业应用的成果。目前天然气转化工艺普遍采用间接法，即通过合成气路线生产燃料和化学品。

天然气间接转化是用蒸汽重整工艺生产合成气，再将合成气转化为运输燃料或化学品。重整工艺生产合成气比在氧化或非氧化条件下打开 1～2 个 C—H 键更容易一些。重整技术近年来在改进工艺、提高能效等方面有了长足的发展和进步，但降低建设投资，提高能效是当前研究的重点。近年来，以部分氧化为基础的自热式重整、联合重整技术和膜分离技术等使合成气生产有了重大改进，本章将予以重点介绍。

合成气生产技术是非常关键的技术，因为：

- 造气过程的建设投资约占合成工厂建设总投资的 50%～60%；
- 不同的合成工艺要求不同组成的合成气，合成工艺对气体杂质含量有严格的要求；
- 合成气生产过程与合成过程的联合、优化对工厂的经济性（建设投资和生产成本）有很大影响；
- 合成工厂大型化（例如 180 万 t/a 的甲醇合成工厂、50 万 t/a 的费托合成工厂）是发展趋势。大型化的合成工厂要求采用高效、节能和环境友好的合成气生产技术。

用煤和天然气为原料生产合成气过程必然会有碳排放。用煤炭原料通过费托合成路线生产替代燃料并加上燃料油使用过程的总碳排放量将超过用石油炼制过程（包括燃料使用）所产生的碳排放量。表 7-1 为不同燃料油生产、使用全过程的总碳排放数据。

表 7-1　不同燃料生产和使用过程的温室气体排放率

项　目	碳排放率/（kg 碳当量/GJ）	项　目	碳排放率/（kg 碳当量/GJ）
石油汽油	25	煤合成燃料+联产电力，无 CO_2 回收	49
石油柴油	26	煤合成燃料+联产电力，带 CO_2 回收	28

注：表中“碳排放率”为燃料生产和使用过程的总排放量。

表 7-1 数据表明：带 CO_2 回收的煤炼油联产电力方案的碳排放率与炼油相当。由此可知：煤造气过程必须设置 CO_2 回收设施，否则将导致大量温室气体排放，导致煤制油生产和供用过程的 CO_2 总排放量超过使用石油燃料。

内燃机汽车面临重大转型，氢气是未来燃料电池汽车（FCV）的适宜燃料。燃料电池汽车的最大优点是安静、清洁，不排放对空气污染的 SO_x、NO_x、VOS 和粉尘，效率为内燃机汽车（ICEV）的 2-3 倍。如果能够用煤炭、天然气和生物质等原料生产甲醇和氢气，则整个能源链就将成为没有温室气体排放的系统，同时也为全世界运输业提供了一个洁净的化石燃料替代方案。从煤炭和天然气制氢气也需要通过合成气路线来实现。

第二节　合成气的生产现状

一、合成气的用途

从全世界的情况看，生产合成气的主要原料是天然气、煤炭和其他碳氢化合物，用生物质生产合成气尚待工业化。合成气主要用作中间体生产多种化学产品，包括合成氨、甲醇、羰基合成产品或是用作工业用气。从表 7-2 中的数据可看出：当前合成气的主要用途是用作合成氨和生产甲醇的原料，约占 85%，用于生产合成燃料的比例很小。

近年来，一些以合成气为原料的新兴技术的发展必将促进合成气产量的迅速增长。例如：特大型甲醇合成工厂的发展和建设；以甲醇为原料生产烯烃技术（MTO 和 MTP）的工业化应用；在中东、北非、西非、东南亚和澳大利亚积极兴建费托合成工厂项目等都是以合成气为原料生产燃料和化学品。

统计资料和预测表明：2003 年全世界合成气总产量为 3730 亿 m^3；预计到 2015 年将增长至 7080 亿 m^3。不同用途的合成气用量比例及变化的数据见表 7-2。

可以看出：2003 年用于生产合成燃料的原料气仅占合成气总量的 2%。随着近年来一些大型费托合成项目的建成、投产，合成气的需用量将逐年增长。预计至 2015 年，费托合成

表 7-2　2003 年和 2015 年合成气用量情况变化

合成气的用量比率/%	2003 年	2015 年预计
合成氨	65.9	41.0
生产甲醇	19.5	15.6
费托合成生产燃料油	2.0	23.8
羰基合成	0.4	0.4
制氢	11.2	18.5
其他用途	1.0	0.7

的合成气用量将显著增长，其需要份额将从 2003 年的 2.0%迅猛增至 2015 年的 23.8%，合成气的总需用量将达 1700 亿 m^3/a。届时，合成甲醇的产量也将比 2003 年增长约 50%；制氢用的合成气量份额也将从 2003 年的 10.2%增长至 2015 年的 18.5%。

美国国内已确定的气化建设项目（不含待定项目）有 IGCC 发电厂 12 座（能力 250~720MW_e），CTL 合成油厂 20 座（能力 1Mt/a-2Mt/a），SNG 厂 7 座（能力 8.5~18 亿 m^3/d），选用气化工艺多种多样，除 GEE、SCGP 技术外，还有 E Gas、U Gas、KBR、BGL、Siemens 等技术。

预期的“氢燃料”时代将逐步用氢气取代目前的液体运输燃料，煤炭和天然气将是主要的制氢原料，以合成气为基础的制氢工业将有更大的发展。

为了提高能源的利用效率和保护环境，用煤炭、生物质等原料造气，再用合成气发电并联产氢气用作运输燃料也将是发展替代能源的重要方向。

二、合成气生产技术的发展和进步

近几十年来合成气生产技术的进步可从以下几个方面说明：

(1) 天然气重整：天然气生产合成气以采用蒸汽重整和部分氧化技术为主。除了基础技术的发展进步外，还形成了许多专利技术。联合重整技术改善了合成气生产过程的经济性。优化的主要目标是控制合成气的组成、降低原料消耗、提高能效和节约建设投资。采用的方法包括改进重整催化剂的性能、用气体加热流程取代传统的管式重整炉、膜分离技术的应用和紧凑式重整反应器设计等。

(2) 煤气化技术：传统的固定床气化炉生产能力低，合成气质量差，难以适合大型气化装置应用。用氧的气流床气化炉为主要炉型。据 2004 年世界煤气化技术调查数据显示：2005~2010年期间将建设气化工厂 38 座，其中，24 家采用 Shell 气化炉技术，各有 6 家工厂分别采用了 GEE（德士古）技术和 E-Gas 气化炉。新建的 66 台气化炉全部采用气流床气化技术，使世界气化总生产能力从 2004 年的 45001MW · h 增长至 2015 年的 70283MW · h；净增长率高达 56%（年均增长率为 4%）。

(3) 生物质造气：生物质气化生产合成气为开发中的技术，尚未工业化。一些生物质气流床气化等技术正处于示范性试验中，是工业化可选的炉型。生物质性质不同于煤炭，原料的干燥预处理和合成气净化仍有技术障碍，仍需通过研究、开发解决。

三、生产合成气的原料

可用作生产合成气的原料种类很多。化石类原料包括天然气、煤炭、炼厂气、LPG、石脑油、渣油、石油焦等。

生物质原料是正在积极开发的造气原料。可用的生物质能源包括纤维素生物质（如木材等)，专用的能源作物（包括灌木和草类）、庄稼秸秆和林业废料也是重要的生物质资源[8]。

四、合成气的生产成本

采用不同的生产工艺时，合成气的生产成本差异较大。以中东地区天然气价格 0.728 美元/GJ 为基准，估算不同用途的合成气生产成本结果如下：

对于大型甲醇合成工厂，合成气生产成本是：

采用蒸汽重整工艺为 31 美元/1000Nm^3；

采用自热式重整工艺为 27 美元/1000Nm^3；

对于费托合成生产合成燃料工厂，合成气生产成本为 22 美元/1000Nm^3；

对于天然气制氢工厂，合成气的生产成本为 40 美元/1000Nm^3。

表 7-3 为按照中东地区天然气价格为 0.728 美元/GJ（2003 年价铬）、不同用途的合成气生产装置的建设投资和生产成本实例。

表 7-3　合成气生产装置的建设投资和生产成本

合成气用途	大型甲醇工厂	大型甲醇工厂	费托合成工厂	制氢
合成气生产方法	蒸汽重整	自热式重整	自热式重整	蒸汽重整
生产规模/（合成气亿 m^3/a)	41.50	41.50	47.00	8.00
建设投资/亿美元				
工艺装置	2.163	2.044	1.859	0.60
系统工程	0.433	0.417	0.372	0.11
其他工程费用	0.513	0.492	0.446	0.142
总投资	3.115	2.953	2.677	0.852
生产成本/（美元/1000Nm^3）				
原料成本	10	9	8	11
公用工程	1	-0.1	-0.8	-2
直接固定成本	3	3	2	6
分摊固定成本	2	2	2	4
总现金成本	16	13	11	20
折旧金	6	6	5	9
总成本（包括 10%投资利润率）	31	27	22	40

第三节　天然气生产合成气

一、天然气生产合成气的化学

天然气的甲烷含量一般在 90%以上，其余部分为轻烃、CO_2、氮气和硫化物。合成气的主要成分为 CO、H_2 和一定量的 CO_2、水蒸气，这些组分的比例随采用的合成工艺和要求生产的目的产品而异。

生产合成气的主要化学反应如下：

蒸汽重整反应　　$CH_4+H_2O=CO+3H_2$

部分氧化反应　　$CH_4+1/2O_2=CO+2H_2$

$CH_4+3/2O_2=CO+2H_2O$

CO_2 重整反应　　$CH_4+CO_2=2CO+2H_2$

水煤气变换反应　　$CO+H_2O=CO_2+H_2$

Boudouard 反应　　$2CO=2C+O_2$

碳沉积反应　　$H_2+CO=C+H_2O$

全氧化（燃烧）反应　　$CH_4+2O_2=CO_2+2H_2O$

虽然许多反应是同时发生的，合成气的组成主要取决于蒸汽重整（或部分氧化）和水煤气变换反应。

甲烷转化率随操作压力的提高而降低，水煤气变换反应与操作压力无关。

表征合成气特性的两项指标为：

（1）H_2/CO 比；

（2）SN 值（Syngas number），其定义为：$SN=(H_2-CO_2)/(CO+CO_2)$。

不同的合成过程要求的合成气组成（H_2/CO 比）也不同。例如：甲醇合成使用合成气的 H_2/CO 比为 2.0，费托合成的合成气 H_2/CO 比为 1.860。

二、生产合成气的工艺技术

1. 重整化学反应

按照化学反应途径的不同进行合成气生产技术的分类，可有蒸汽重整和部分氧化重整两种工艺过程。以天然气为例，两种重整化学反应的区别如下：

蒸汽重整反应　　$CH_4+H_2O \longrightarrow CO+3H_2$

部分氧化反应　　$CH_4+1/2O_2 \longrightarrow CO+2H_2$

从化学反应式可以看出两种工艺所产合成气（CO 和 H_2）组成的差别很大。

以蒸汽重整反应或部分氧化反应为基础可以组成多种生产合成气的工艺方法。每种工艺方法是在不同的工艺条件下，使用或不使用催化剂实现上述化学反应过程。

许多公司开发了天然气重整工艺技术，形成了专利技术。可提供合成气技术的主要专利商有：Haldor Topsøe 公司、Lurgi 公司、MW Kellogg 公司、Uhde 公司、KTI 公司和 Kvaerner Process Technologies 公司（前 Davy McKee 公司）。

2. 重整工艺的分类

根据上述化学反应，天然气生产合成气可分为以下三类重整工艺技术[11]：

1）蒸汽重整工艺

（1）蒸汽重整工艺

蒸汽重整工艺是成熟的、工业上广泛应用的合成气生产技术。直火加热式重整炉的炉管内装有重整催化剂，这种工艺的重整炉结构复杂，操作条件较为苛刻，建设投资高。

（2）预重整工艺

预重整工艺是绝热式蒸汽重整技术，可与其他重整技术组成联合工艺。

2）部分氧化重整工艺

部分氧化重整工艺主要特点是原料气在缺氧状态下实现部分氧化反应，同时为重整反应提供所需的热量。根据是否使用重整催化剂，部分氧化重整工艺又可分为非催化的部分氧化重整工艺和催化的部分氧化重整工艺。

3）联合重整工艺

联合重整工艺是由上述两种工艺组成的两段重整技术。

3. 重整工艺

1）蒸汽重整工艺

蒸汽重整工艺是生产合成气的主要工艺技术，在工程设计、建设施工和生产运行等方面均已积累了丰富的工业经验。多数已建成的天然气重整装置均采用蒸汽重整技术生产合成气。

蒸汽重整技术是1926年由BASF公司开发成功的，至1930年代才建成了两套工业装置。蒸汽重整工艺使用氧化铝担体的镍催化剂。反应温度一般为600～800℃，操作压力为2.5MPa，生成含CO、H_2、CO_2和甲烷的气体。催化剂装在重整炉管中。提高反应温度有利于反应的完成，例如可将反应温度提高至800～900℃。理论上，最高温度可达1500℃；实际上，受炉管材质的限制，很难达到。

（1）工艺说明

天然气蒸汽重整工艺原则流程如图7-1所示。由于天然气中的硫化物会使重整催化剂中毒，故重整原料需先经过脱硫使硫含量降至1μg/g以下。脱硫过程通常分两段进行，实际的模式取决于原料中的硫含量。为了脱除元素硫、硫醇和其他硫化物，可用加氢法使硫化物转化为H_2S，加氢处理过程通常使用钴-钼或镍-钼催化剂，反应温度一般为350～400℃。可用重整炉烟道气的余热进行原料气进行预热，含硫化氢的气体再通过氧化锌床层发生如下反应，使硫化氢转化为硫化锌和水蒸气。

$$ZnO+H_2S \longrightarrow ZnS+H_2O$$

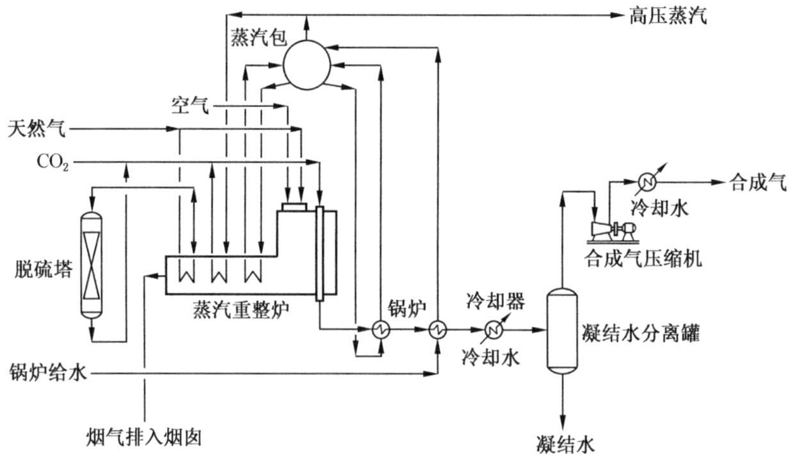

图7-1　蒸汽重整工艺原则流程

使用镍催化剂的天然气重整过程是在高温和压力下进行的，生成气中含CO、CO_2、H_2、CH_4和水蒸气。重整气的组成取决于通过催化剂的蒸汽与烃的比例、出口温度和出口压力。

以天然气为原料采用蒸汽重整流程生产合成甲醇用的合成气时，合成气中的氢气量过剩。需要向重整原料气中补充CO_2以调整合成气的H_2/CO比。表7-4为是否通入CO_2的两种典型天然气蒸汽重整的操作条件数据。

表 7-4　天然气蒸汽重整的典型操作数据

项　目	不通 CO_2	通入 CO_2
甲烷转化率/%	85.40	80.40
重整炉蒸汽用量/（mol/mol CH_4）	2.80	2.80
CO_2 通入量/（mol/mol CH_4）	0	0.26
天然气预热温度/℃	370	370
重整炉出口温度/℃	886	886
重整炉出口压力/MPa	2.4	2.4
气体组成（干基）/%（体）		
CO	16.44	20.08
H_2	73.96	68.30
CO_2	6.16	8.55
CH_4	3.44	3.07
SN 值	3.00	2.09
H_2/CO（摩尔比）	4.50	3.40
接近平衡温度/℃	22.2	22.2

为了提高甲烷转化率和抑制炭沉积，需要提高蒸汽用量（提高蒸汽/碳比）。但是，提高蒸汽比也会提高合成气中 CO_2/CO 的比例。典型装置采用的蒸汽/碳比大于 3.0，为了降低能耗近期设计采用的汽碳比为 2.5。

吸热的重整反应在由外部加热的重整炉管内进行，炉管内装填催化剂，炉管安装在重整炉的辐射段中。“接近平衡温度”是指实际产品温度与理论平衡温度的差值。

重整炉辐射室的烟气进入装有耐火衬里的对流室中，利用烟气的余热先进行重整原料的预热，然后在余热器中发生蒸汽，最后用于燃烧空气的预热。有时，在对流段中加装烧火嘴以补充烟气热量的不足。由于辐射段中传递的热量只有燃烧发生热量的 50%左右，所以优化对流段的热回收设计对提高重整炉的热效率是十分必要的。

重整炉出口的气体进入余热回收系统，然后，在进入压缩机之前用水冷或空冷将剩余的蒸汽冷凝、分离出来。

（2）重整炉的设计

设计重点是烧火嘴的布置、烟气的热回收和重整炉管的布置。重整炉内安装的火嘴为重整反应提供所需的热量，根据炉子的位置和可用的燃料种类进行火嘴的设计。燃烧用空气需经过烟气预热。按照火嘴安装位置的不同可分为“顶烧式”、“底烧式”、“侧烧式”和“梯级烧式”等几种布置形式。工业上以顶烧式和侧烧式重整炉最常用，采用底烧式和梯级烧的重整炉还比较少。参见图 7-2。

顶烧式重整炉采用湍流、敞开喷入式火嘴，可生成稳定的、长度 2m 的火焰，主要通过烟气辐射向从炉顶到炉底的管排提供热量。烟气以强制对流方式通过炉膛，再向下流动进入对流段。这种顶烧式炉的火嘴数量少，布置紧凑，适用于大型重整炉。

侧烧式重整炉的火嘴沿着炉壁从顶到底均匀布置，可以均匀地向安装在炉膛中间的炉管传输热量，主要靠耐火墙的辐射向炉管传输热量。由于炉膛较小，烟气从炉顶排出可能不需要烟气鼓风机，所以这种炉型适用于小型重整炉。其主要缺点是使用的火嘴数量较多，控制

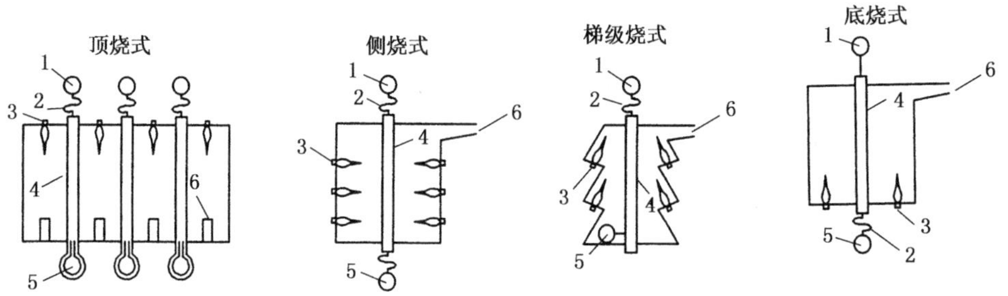

图 7-2　蒸汽重整炉火嘴布置

1—气体总管；2—膨胀节；3—火嘴；4—炉管；5—气体出口总管；6—烟气出口

或维修不当就可能发生火焰舔舐炉管现象。

重整炉的炉管布置和壁厚应根据火嘴布置和预测的炉管温度分布情况决定。影响炉管设计的其他工艺参数为操作条件和热膨胀情况。按照模拟计算求得的管壁温度分布和使用寿命为 10 万 h 设计炉管的厚度。炉管的管心距也是影响传热的重要参数，如果炉管扭曲或分布不匀就会造成每根炉管的传热不均匀，以致会对重整操作造成影响。

常用的重整炉管规格为管径 75～125mm；壁厚 10～20mm；受热段长度 9～15m。炉管可用长 3m 的离心浇铸管焊接而成，焊接管的总长度应比受热段长 3～6m。由于在炉管浇注过程中会生成 2～3mm 的多孔的浇注层，所以管壁厚度应加入这个预留厚度量。

重整炉管的热强度可达 $63000W/m^2$。

(3) 蒸汽重整工艺的改进方向

蒸汽重整是成熟的工艺技术，但下述问题是值得改进的：

- 管式重整炉为高温高压操作，结构复杂、炉管材质要求高，装置建设投资大。例如：生产合成气的蒸汽重整装置建设投资约占合成甲醇厂总投资的 60%左右。
- 蒸汽重整过程所产合成气的 H_2/CO 摩尔比（3.0）高于合成甲醇对 H_2/CO 摩尔比（2.0）的要求。氢气过剩必然导致能耗增大、效率降低，而采取补碳措施会使投资增加。
- 操作中采用的汽/碳比在 3.0 以上，需耗用大量的中压蒸汽，从而使重整炉负荷、换热和冷却负荷均相应增加，最终导致能耗加大、投资增加。
- 蒸汽重整生产合成气的成本高于自热式重整技术。例如：对于大型甲醇合成工厂、在相同的经济基准上，采用蒸汽重整技术时，每 $1000Nm^3$ 合成气的生产成本约比自热式重整高 10%左右。
- 管式重整炉辐射段传热量只有发生热量的 50%左右，对流段回收热量大，总热效率偏低。
- 蒸汽重整的最大规模受重整炉规模等因素的限制，故无法满足特大型甲醇合成工厂的规模要求。

为了解决上述问题，发展了以蒸汽重整为基础的联合重整技术。

(4) 预重整-蒸汽重整联合工艺

预重整是绝热式重整技术，其特点是：

- 在蒸汽重整流程中增加预重整工序可以减轻蒸汽重整的负荷；
- 预重整反应器可将原料气中的重烃转化为甲烷、CO_2 和 H_2。可以避免重质烃在重整炉管中裂化造成催化剂中毒和发生碳沉积；

• 环境效应好，可降低 NO_x 排放量 33%。

预重整技术是在常规蒸汽重整（或其他重整）流程之前增加的预重整过程。天然气和蒸汽混合物首先在重整炉对流室中预热至 500℃，然后进入预重整反应器，通过载体为 $MgAl_2O_4$ 的高活性镍催化剂床层实现绝热重整，使原料中的 C_2^+ 烃类转化为 CO、H_2 和 CH_4。预重整反应器出料再经过预热后进入蒸汽重整炉管完成重整反应。

经过预重整的天然气再进行第二段的常规蒸汽重整，故称为预重整-蒸汽重整联合流程。在建设投资方面，在蒸汽重整流程中增加预重整过程可以降低重整炉的建设投资，但要增加预重整反应器和催化剂的投资。两项增减相抵后，总建设投资仍有所降低。

旧有的蒸汽重整装置改造为带有预重整流程后，约可以提高装置的生产能力15%～20%。

多种甲醇合成工艺专利应用了预重整技术，几项实例说明如下：

• Uhde 公司甲醇工艺是适用于大型合成甲醇工厂的工艺技术，其特点是采用绝热式预重整和蒸汽重整联合流程。其目的是可以把蒸汽重整的一部分热负荷转移到预重整过程中，使蒸汽重整的规模在工业上容许范围之内。按此流程设计重整装置时，合成甲醇工厂的规模可达 5000t/d。

• DPT 公司的改良低压甲醇工艺在合成气生产流程中采用了预重整技术。含天然气和蒸汽的进料首先在重整炉的余热烟道中预热，然后进入预重整反应器，通过催化剂床层使原料中的重质烃转化为轻组分。经过预重整的天然气再经过预热后进入装有催化剂的重整炉管中，发生蒸汽重整反应生成含 CO 和 H_2 的合成气。

• Jacobs 甲醇合成工艺采用高温预重整技术生产合成气。天然气-蒸汽混合物预热至 570～580℃后进入预重整反应器，在不低于 470℃温度下进行绝热重整。然后再加热至 650℃，进行蒸汽重整。在该工艺中，采用高温预重整的目的是为了减小蒸汽重整的规模。

• 鲁奇甲醇合成工艺采用了预重整-自热式重整流程生产合成气。此工艺流程的主要优点是：①合成气质量适合于用作甲醇合成原料；②高压下气体体积小；③能效高；④CO_2 和 NO_x 排放量低。

2）部分氧化重整工艺

部分氧化重整工艺包括非催化部分氧化重整和催化部分氧化重整两种工艺技术。

（1）非催化部分氧化重整工艺

非催化的部分氧化工艺适用的重整原料包括从天然气、炼厂气、LPG、石脑油、瓦斯油、减压渣油直到沥青燃料油、原油。部分氧化重整是在低于完全燃烧的化学耗氧量情况下进行烃类的燃烧，将放出的热量用于未反应的烃类转化为一氧化碳和氢气。

非催化的部分氧化工艺使用纯度>98%的氧气在高压下操作，用氧量约为原料完全氧化需氧量的 35%。反应的时间很短，仅约为 2～5s。高度放热的氧化反应可将通入的氧气全部消耗掉，释放出的热能提供给重整反应所需的热量。为了使整个部分氧化过程仍保持放热状态、反应物料和生成的中间产物充分混合和保证氧化过程释放的热量有效地用于后继的重整反应，必须使用专门设计的进料喷嘴。

用天然气作原料时，甲烷基本上可完全转化，炭沉积量很少。原料中的绝大部分硫可转化为硫化氢和少量的羰基硫化物；原料中的氮化物（NO_x、N_2O 和酰胺、胺类化合物）可均转化为氮气或氨。

合成气的组成主要取决于在反应器出口温度下水煤气变换反应的平衡。

用天然气原料生产合成气的非催化部分氧化生产流程如图 7-3 所示。

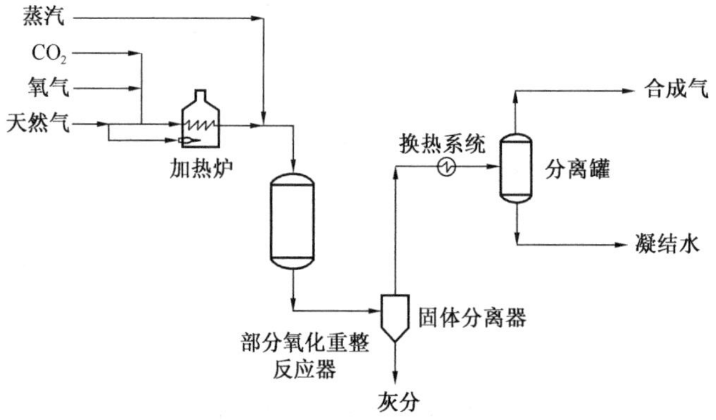

图 7-3　非催化部分氧化生产流程

高压天然气经过预热至 240℃后，和氧气一起经过喷嘴进入反应器，操作条件为 1300℃和 6.0MPa。按照对产品的要求，可通入 CO_2 或蒸汽作为缓冲剂。生产合成甲醇用的合成气时，缓冲蒸汽用量很少，通入反应器的蒸汽量一般可低于 0.5mol 蒸汽/mol 碳。从反应器出来的生成气可以在“急冷室”中用水冷却，或是用于发生蒸汽。用天然气为原料时产生的积炭较少，而用煤炭、渣油为原料时，粗合成气含有少量的积炭（soot），积炭可用水洗法除去。为了避免合成催化剂中毒，需要脱除合成气中的含硫。一般可在变换工序之前脱除合成气中所含的 H_2S 和 CO_2。表 7-5 为天然气部分氧化法生产合成气的工艺数据。

表 7-5　天然气部分氧化法生产合成气的工艺数据

项　　目	数据	项　　目	数据
反应温度/℃	1400	气体组成（干基）/%（体）	
反应压力/MPa	3.0	CO	34.51
原料预热温度/℃	370	H_2	62.42
H_2O/CH_4（摩尔比）	0.5∶1	CO_2	2.80
O_2/CH_4（摩尔比）	0.7∶1	CH_4	0.26
		H_2/CO	1.81
转化率/%	99.3	SN 值	1.60

壳牌公司的专利技术“SMDS 重馏分油合成工艺”的合成气生产工序就是采用了上述非催化的部分氧化技术。

(2) 催化的部分氧化重整工艺

催化的部分氧化重整工艺或称为自热式重整（ATR）工艺是利用原料气部分氧化反应放出的热量为重整过程提供需要的热量。

有的专利商可提供单段使用氧气的自热式重整技术。自热式重整反应器内有催化剂床层，原料气、蒸汽和氧气通过特殊的喷嘴进入重整反应器。在反应器中同时进行部分氧化和蒸汽重整反应。由于所产的合成气达不到理想的 H_2/CO 比，如果工厂设有蒸汽重整装置，可以用多余的氢气补充，以使合成气的 H_2/CO 比达到要求。

自热式重整工艺的主要优点是工艺流程简单，建设投资比联合重整技术低。因为自热式重整工艺可以高压操作，因而有可能省去合成气压缩机。实际上，由于材料性质的约束，不可能按照需要的压力设计，因此只能降低压缩机负荷而不能取消压缩机。

自热式重整的汽碳比可降至0.6，远低于常规的蒸汽重整。虽然自热式重整不需要外供热量，但仍然需要安装开工用原料预热炉。

工业应用中，自热式重整工艺已经发展为联合重整技术。如自热式重整与蒸汽重整组成联合重整过程。LCM甲醇合成技术使用的AGHR重整工艺，第一段为气体加热式（AGHR）重整技术，第二段重整就是自热式重整反应器。

费托合成油厂采用的CPO重整技术生产合成气。CPO重整的工艺流程与ATR重整基本相似。区别是CPO重整不使用火嘴，全部化学反应是在有催化剂床层的反应器或整体式（monolith）反应器中，按照以下放热反应式进行。

$$CO+1/2O_2 \longrightarrow CO+2H_2$$

上述反应表明，可以直接生成需要的、组成符合化学计量式的合成气，且反应可在较低温度下进行。但是，基础研究证实，实际上会伴有蒸汽重整反应、变换反应以及反应物和生成气的燃烧反应。所以，生成气的组成与ATR重整不会有多大差别。

催化部分氧化的安全性值得关注。由于在催化剂之前有高度可燃的混合气体，气体混合物的自燃温度约为250℃（取决于气体的组成），所以CPO反应器进料不应预热。

CPO部分氧化的技术创新是采用短接触时间的催化反应以解决安全问题。Conoco Phillips公司开发的CoPox部分氧化技术采用毫秒接触时间、不预热流程，反应器容积很小，催化剂量也很少，建设投资也较低。已建成了两套CoPox示范装置。

Praxair公司也开发了短接触时间的部分氧化重整反应器，称为CHOR反应器（Catalytic Hot Oxygen Reactor）。气体混合系统的创新是形成一股超声速气流，然后与催化剂接触。此项短接触时间的动力模型已完成了实验室研究，预计将在下一代装置中获得应用。

3）联合重整工艺

如前所述，蒸汽重整工艺在工程上、经济上仍存在一定缺点需要改进。为此开发了联合重整技术。

采用联合重整技术可从以下几个方面获得改进：

（1）提高重整装置的规模

特大型合成甲醇、费托合成工厂需要的合成气量已达50万m^3/h，如表7-6所示。单系列蒸汽重整规模只能适用于规模为2500t/d的甲醇合成装置。特大型甲醇合成工厂（>5000t/d的规模）用蒸汽重整技术生产合成气时，受工艺设备工程设计等因素的限制，就必须设置几个系列。为此，重整装置需要大型化，显然需要改进重整技术提高装置规模。

表7-6 不同用途的合成气生产指标

项 目	生产能力/（万t/a）	合成气的H_2/CO比	单位产品合成气用量/（Nm^3/t产品）	合成气装置生产规模/（万Nm^3/h）	合成气生产方法
合成甲醇	180	2.00	~2400	51.8	蒸汽重整
合成氨	135	3.0	~2600	43.8	催化部分氧化重整
合成油	60	1.86	~8400	58.8	自热式重整
氢气	7.0	—	~11200	10.0	蒸汽重整

（2）降低能耗

蒸汽重整炉为大功率管式炉，烟气温度高，热效率较低。表 7-7 列举了合成甲醇装置规模为 2000t/d 蒸汽重整和联合重整的能耗比较数据。

表 7-7　不同重整工艺的能耗比较

项　　目	蒸汽重整	联合重整
天然气耗量/（Nm^3/t 甲醇）	865.4	801.0
燃料消耗量/（Nm^3/t 甲醇）	36.2	28.0
单位能耗/（MJ/t 甲醇）	32.3	29.0
热效率/%	61.7	67.1

（3）节约建设投资

重整装置的建设投资约占合成工厂建设总投资的 50%～60%，所以改进工艺、提高效率和降低投资具有重大意义。表 7-8 为几种重整技术的经济数据比较。

表 7-8　几种重整技术的经济数据比较[9]

重整流程	蒸汽重整	自热重整	ATR-PGR 并联流程	ATR-PGR 串联流程
汽碳比	0.6	0.4	0.4/1.1	0.4/0.55
当量生产能力，按“桶/d”计	100	165	165	165
氧耗量，按“t/桶产品”计	100	92	82	81
按低热值计的总效率/%	100	105	108	109
合成气装置投资，按“桶/d”计	100	69	81	76
空分装置投资，按“桶/d”计	100	83	76	74
（合成气+空分）投资，按“桶/d”计	100	76	79	75

（4）改善合成气质量

不同的合成工艺过程要求使用不同 CO/H_2 比的合成气，天然气蒸汽重整所产合成气的 CO/H_2 比=3.0 左右。用作合成甲醇的原料时就需要排放过量的氢气。选择适当的重整技术就可调整合成气的质量。

联合重整工艺最重要的创新是采用自热式重整与蒸汽重整组成的联合过程。这些技术解决了重整炉的建设投资高和热效率低的缺点。从表 7-8 可以明显看出联合重整在生产能力、生产指标和建设投资等方面的效益。

制氧工序投资在合成气生产装置总投资中占较高的比例（约占 20%）。降低耗氧量会带来多种效应，提高 ATR 重整的进口温度和降低出口温度可以减少用氧量。降低出口温度将提高合成气的 H_2/CO 比，这就需要提高 CO_2 循环量，相应提高了过程的碳效率。缺点是合成气中的 CO_2 和甲烷含量会增大。气体加热式重整（PGR）技术是将 ATR 出口气体的热量用于蒸汽重整反应和在换热式反应器中预热原料气。蒸汽重整的效果好于预热重整，降低耗氧量本身也可提高合成气的 H_2/CO 比。如上所述，为了生产 H_2/CO 比合格的合成气而必须增加 CO_2 循环量，这些都会提高工厂的总碳效率。

ATR 重整和气体加热重整联合工艺有两种流程[9]：串联流程和并联流程，参见图 7-4。

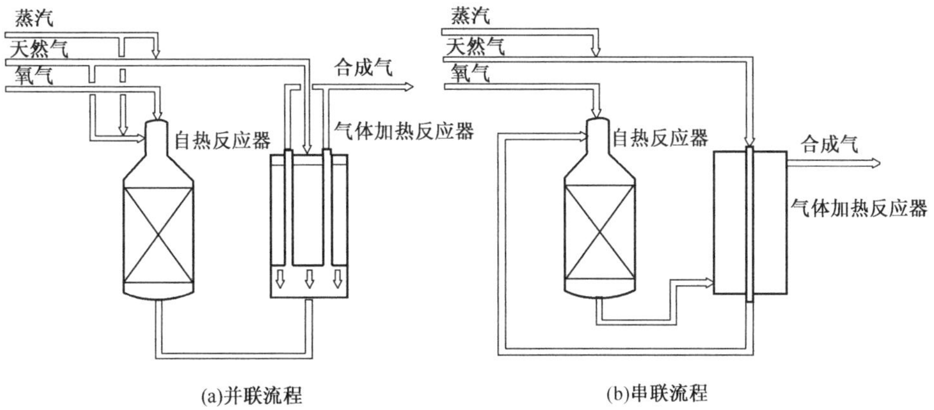

图 7-4 ATR 重整和气体加热重整联合工艺流程

采用并联流程时，2 台重整反应器为单独进料，可以独立地调整汽碳比。但是气体加热重整反应器必须在高于串联流程的温度下操作，以便降低甲烷的泄漏量。采用串联流程时，全部气体先通过气体加热重整反应器，然后再进入 ATR 反应器。这意味着蒸汽重整催化剂需按照汽碳比的低限设定。并联和串联流程的主要困难是“金属粉尘腐蚀”的危险。反应器的机械设计和材质的选择均十分重要。

1 套由 Topsøe 为 Sasol 合成油厂设计的、采用低汽碳比操作和并联流程的联合重整装置已于 2003 年年初建成投产。

联合重整或称两段重整工艺，根据每段重整采用的技术不同，可以组成许多种联合流程。不同的专利技术可有不同的联合重整流程。择要说明如下：

(1) 预重整-蒸汽重整联合流程

在常规蒸汽重整过程之前增加预重整反应器即可组成预重整-蒸汽重整联合流程。脱硫后的原料天然气与蒸汽混合后在重整炉的对流段中预热至 500℃后，进入预重整反应器，使原料中的 C_2^+重质烃转化为 CH_4、CO 和 H_2。预重整反应器为单层、绝热式反应器。从预重整反应器出来的气体再在对流段中加热至 620℃左右，进入重整炉的炉管中完成重整反应。设置预重整过程的工艺目的为：

- 完成重质烃的转化，可减少重整催化剂上的积炭、提高催化剂的活性和使用寿命；
- 可以降低重整过程的汽碳比；
- 已有的重整装置按照预重整-蒸汽重整联合流程改造后，可以提高生产能力15%~20%；
- 预重整-蒸汽重整联合流程的环境效应好，可以降低 NO_x 的排放量。

(2) 预重整-自热式重整联合流程

预重整-自热式重整联合流程就是采用预重整与自热式重整的联合过程生产合成气。

许多公司开发了预重整-自热式重整联合技术，以下以 Lurgi 公司和 Topsøe 公司的预重整-自热式重整联合技术为例说明预重整-自热式重整联合流程应用情况。

① Lurgi 公司的预重整-自热式重整联合技术。Lurgi 公司的大型甲醇合成技术就采用了预重整-自热式重整联合流程。工艺流程如图 7-5 所示。

天然气首先经过脱硫，脱硫的天然气在饱和塔中增加水分含量，脱硫后的混合气体在加热炉的对流段中预热至 500℃后进入预重整反应器。部分原料气转化为 CO、H_2 和

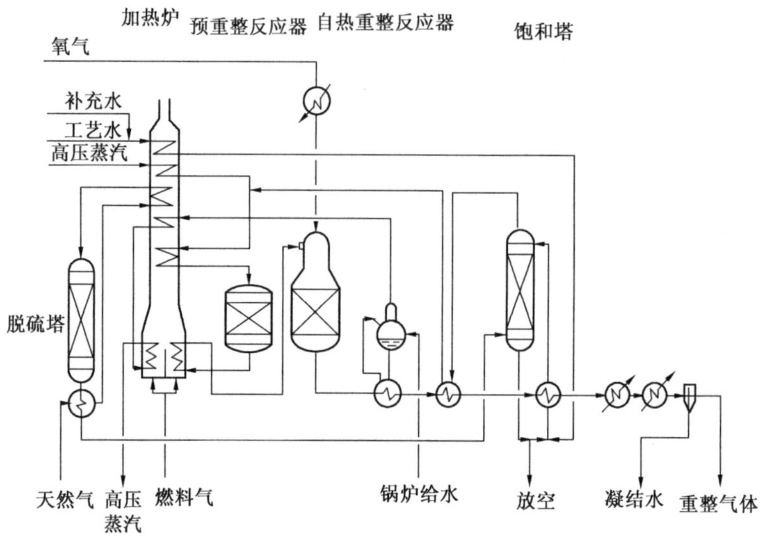

图 7-5　预重整-自热式重整联合流程

CH_4 混合物。混合气体在加热炉的辐射室中加热后进入自热式重整反应器，同时通入氧气，在反应器中完成重整反应。生成的合成气经过换热、冷却和分离出凝结水后，进入合成气压缩机。

在预重整过程中脱除高分子烃类的目的是为了在自热式重整工序中可以预热至较高的温度以节约用氧量。

表 7-9　预重整-自热式重整联合流程的设计数据

项　目	数据
预重整反应器出口温度/℃	400
自热式重整反应器出口温度/℃	1000
自热式重整反应器出口压力/MPa	3.5
水碳比（摩尔比）	
预重整反应器	1.4
全装置	1.7
天然气流率/（kmol/h）	7188
氧流率/（t/h）	131

重整的压力为 4.0MPa，大大超过常规重整工艺。所以合成气压缩工序可以采用一段压缩机，无须设中间冷却段。自热式重整过程所产合成气的 SN 值小于 2.0，需要从甲醇合成回路的放出气中回收氢气，补充到重整气体中以便将合成气的 SN 值调整至 2.05 左右。表7-9为合成甲醇5000t/d的预重整-自热式重整联合流程的设计数据。

预重整-自热式重整联合流程的主要特点：合成气的组成适当；操作压力高，气体体积小；布置紧凑；能效高；CO 和 CO_2 排放量低。

② Topsøe 公司新自热式（ATR）重整工艺[9]。Topsøe 公司开发的预重整-自热式重整联合工艺称为新“自热式（ATR）重整工艺”。包括预重整和 ATR 自热重整（即吹氧的自热式重整）两工序，已实现了工业化。一套建在欧洲的 ATR 重整装置已经工业化运转了 2 年多，采用的汽碳比为 0.6。在卡塔尔和尼日利亚的天然气项目已接近于开工或处于工程设计、建设中。

重整全过程包括脱硫、预重整、ATR 重整和热回收几个工序，参见图 7-6。

预重整过程可将高分子烃类经过蒸汽重整转化为甲烷、蒸汽、H_2 和 CO_2。过程的反应式如下：

$$C_nH_m+nH_2O \longrightarrow nCO+(n+m)H_2$$

$$CO+3H_2 = H_2O+CH_4$$

$$CO+H_2O = CO_2+H_2$$

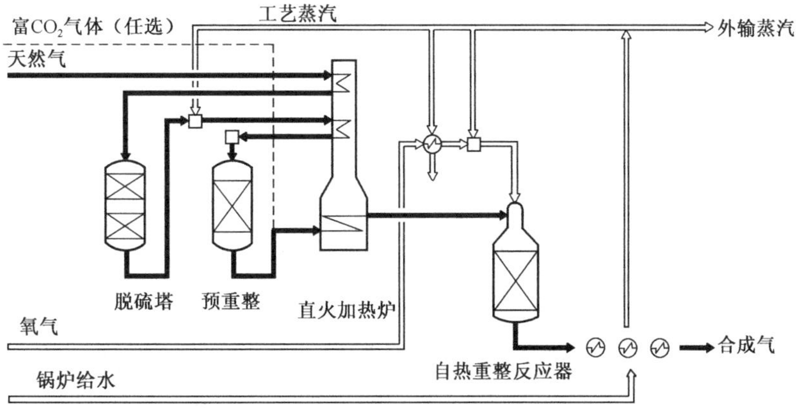

图 7-6　新自热重整流程

在预重整过程中脱除高分子烃类的目的是为了在下一工序中可以预热至较高的温度以节约用氧量。

预重整反应器中使用金属载体（$MgAl_2O_4$）的高活性镍催化剂。

ATR 重整反应器由火嘴、燃烧室和装在耐热衬里容器中的催化剂床层组成。预重整后的反应气体经过在火嘴充分混合后进入反应器，与低于化学计量的氧气、蒸汽在反应器内完成化学反应，将全部氧气消耗干净。反应气体在催化剂床层中达到重整反应和水煤气变换反应的平衡，还可将燃烧室中生成的炭黑前身物（如乙烯、乙炔之类）分解，使合成气中基本不含炭黑和氧气。

除非采用极低的汽碳比，调节预热温度和 ATR 重整出口温度，否则就无法生成费托合成要求的 $H_2/CO=2.0$ 的合成气。或者采用 CO_2 或者其他高含碳气体循环以调整 H_2/CO 比，使 H_2/CO 比达到需要值。

ATR 重整仍有进一步优化的潜力，如将汽碳比进一步降低至 0.4 就可以改进合成气组成和降低 CO_2 循环量，从而提高装置处理能力。表 7-10 为不同汽碳比的操作数据[9]。

表 7-10　不同汽碳比的物流相对流率

项　目	数　据	
	汽碳比=0.6	汽碳比=0.4
（天然气+燃料气）流率	100	101
氧气用量	100	98
CO_2 循环量	100	56
合成气（H_2+CO）产量	100	100
ATR 出口气体流率	100	93

在 ATR 之前增加预重整过程有许多优点。小型试验证实：可以防止反应器中生成碳沉积和重烃聚合物。虽然在 ATR 中用空气取代氧气可以取消制氧装置、改善经济性，但近来的许多研究证实，用空气的 ATR 工艺的缺点仍然超过取消制氧装置节约建设投资的效应。

(3) 蒸汽重整-自热式重整联合流程

图 7-7 为蒸汽重整-自热式重整的联合流程图。

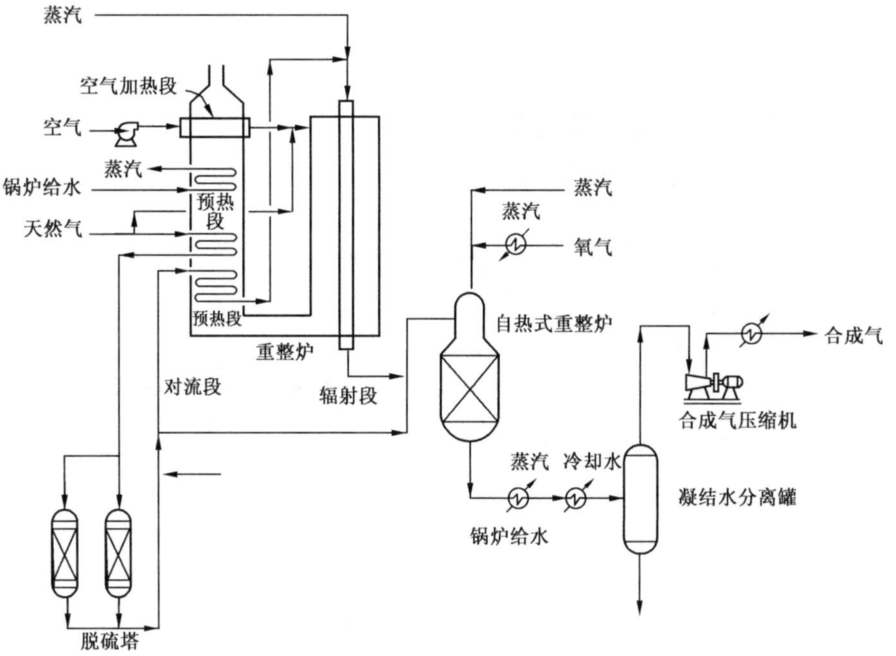

图 7-7 蒸汽重整-自热式重整联合流程

常规蒸汽重整生产高含氢量的合成气（SN 值>2），部分氧化重整可生产高含碳的合成气（SN 值<2）。而自热式重整可以精确地控制合成气的组成，同时还可以提高操作压力，收到提高能效的目的。

经过脱硫后的天然气原料进入蒸汽重整炉完成部分转化，从重整炉出来的富含甲烷的合成气与氧气、蒸汽混合进入自热式重整反应器，催化剂载体为氧化铝的镍催化剂。在自热式重整反应器中，甲烷发生部分氧化反应。由于部分氧化为放热反应，故重整反应不需由外部供应热量。操作中需控制吸热量和放热量的平衡，使放热量略微过剩以便加热通过催化剂床层的气体。生成的合成气经过热回收和冷却后进入压缩机，回收的凝结水则返回至系统中。

操作上也可将一部分天然气原料直接送进第二段自热式重整。重整所需的热量由部分氧化反应产生的热量提供，故可以显著降低第一段蒸汽重整的负荷。

两段重整技术适合于生产甲醇合成使用的合成气。

与常规的蒸汽重整流程相比，此联合重整流程需要增加制氧装置、自热式重整反应器和一些辅助设施，但是第一段蒸汽重整的规模可以减小，合成气压缩机功率可以降低。因此，蒸汽重整和联合重整两种流程的建设总投资和天然气总用量基本上一样。

蒸汽重整-自热式联合重整的主要优点是：

- 通过调节进自热式重整反应器的天然气流量并相应调节氧气量，就可以生产 SN 值=2 的合成气。
- 第一段蒸汽重整的规模可以降低，一般可以使第一段蒸汽重整的能力降低 1/3，一段炉的负荷可以减少，设备尺寸因此也可以减少。

• 由于一段蒸汽重整的温度降低，故操作压力可以相应提高，一段炉的炉管材质亦可以降低；第二段自热式重整可以在更高的压力下操作，因为没有炉管操作压力的限制。二段炉因为使用氧气与一段转化炉出口气反应，产生大量的燃烧热，可以使一段转化气中的 CH_4 在高温高压下燃烧，从而使合成气中的残余 CH_4<0.6%，可以降低合成气压缩机的功耗和负荷，减少合成甲醇时环路的弛放气量。

• 通过调节二段转化炉的供氧量，可以灵活调节合成气的 H_2/CO 比值，使联合重整流程的合成气 SN 值接近 2.0 的最佳值，适合于用作合成甲醇的原料。即不需加入 CO_2 来调节合成气组成，甲醇合成回路的放出气量也可减少。

• 蒸汽重整与自热式重整采用并联或串联流程均可。

• 对于生产甲醇而言，天然气的消耗可降低 8%～10%。

蒸汽重整-自热式联合重整的缺点是：

• 流程较为复杂；

• 生产合成甲醇的原料气时，自热式重整需要使用纯度>98%的氧气。

(4) Uhde 公司的联合自热式重整

联合自热式重整反应器（CAR）为 Uhde 公司的设计专利，将部分氧化反应室和气体加热的重整反应器组成为整体设备。图 7-8 为 Uhde 公司的联合自热式重整反应器简图。

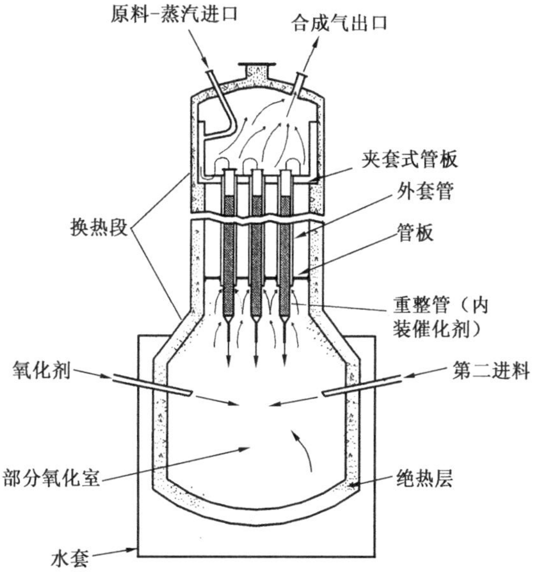

图 7-8　Uhde 公司的联合自热式重整反应器

经过脱硫后的甲烷原料分两股分别进入重整反应器和自热反应器。混入蒸汽的甲烷进料是通过专门设计的、带有夹套的管板进入 CAR 反应器的。进料通过装有重整催化剂的管子转化成合成气，重整反应所需的热量是由甲烷在自热反应器中部氧化所放出的热量提供的。部分氧化段的温度一般为 1300℃，最终的高温合成气经过套管的环隙返回到反应器上段。靠套管间的对流传热作用为重整反应提供热量，冷却后的合成气从反应器的顶部排出。

自热段的反应温度是用氧化剂加入量来控制的，根据第一段重整和第二段重整的进料比例和选定的汽碳比就可以决定自热段的反应温度、合成气的 CO/CO_2 和 H_2/CO 比例。

联合自热重整反应器结构的一大特点是由两块板组成夹套式管板，管板的作用是向重整管中分配原料气和进行重整气与部分氧化生成气体之间的换热。

自热式重整反应器的管子中装填镍催化剂，甲烷在管中完成蒸汽重整反应。套管长度为重整管总长的 2/3，下端的 1/3 为自由端。自热反应生成气体在套管中呈收缩流动，有利于提高对流传热系数。套管由上部带夹套的管板和下部的管板固定。

CAR 反应器下部的“部分氧化反应室”为装有耐火衬里的压力容器，因此反应器外壁为普通钢材。较大的反应空间有助于气体呈湍流流动和实现完全反应。下部装有水夹套以防温度波动。反应室周围安装的供氧喷嘴，靠喷入的氧气形成向上旋转的涡流，通过套管环隙为重整反应提供热量。根据重整管流出的气体流量、氧化剂喷入量和喷嘴的位置通过计算机模拟结果确定部分氧化反应室的容积及气体停留时间。

CAR 反应器所产的合成气组成可从 SN=3（高含氢）到 SN=1（高含 CO）的范围内调整。

(5) 气体加热式重整技术为两段联合重整技术，第一段重整过程即称为气体加热式重整（或换热式重整），第二段自热式重整的高温气体通过对流传热为第一段重整反应提供热量。此项技术是目前国内外竞相开发的重整新工艺。

气体加热式重整最大特点是可以省去蒸汽重整炉，改用吹氧的第二重整炉所生成的高温气体为第一重整提供热量。除了具有联合重整的优点外，吹氧重整炉的热效率也高于使用直火加热的重整炉。

几种气体加热重整技术实例如下：

① 先进的气体加热重整工艺 AGHR（Advanced Gas Heated Reformer）。AGHR 重整技术在第一段重整中采用紧凑的管式重整反应器，适用于规模为 3000t/d 的合成甲醇工厂；第二重整炉为自热式重整反应器。AGHR 重整系统图参见第八章。

由于 AGHR 技术实现了有效的热联合，其公用工程耗量、耗氧量均低于 ATR 技术。

AGHR 流程是天然气经过脱硫后首先进入饱和塔。饱和塔可以提供重整用汽量的 90%~100%，然后再酌情补充一定量的蒸汽以达到需要的汽碳比。天然气和蒸汽混合物进入 AGHR 重整反应器的管程中，通过较小的催化剂床层，约有 25%的天然气发生重整反应。此重整反应所需的热量是由第二重整反应器的出料通过管壁的传热提供的。从 AGHR 反应器排出的气体进入吹氧的第二重整反应器，使未转化的天然气通过催化剂层发生重整反应。第二重整反应器出料的温度约 975℃，甲烷含量约为 0.5%。此气体用于加热进入 AGHR 反应器管程的天然气-蒸汽混合物。从 AGHR 反应器排出的合成气经过换热、冷却和脱除凝结水后进入气体压缩机。

AGHR 重整与其他工艺的区别是利用重整生成气的热量来加热原料气，使甲醇合成流程发生以下变化：

- 热量是以最高温位循环到重整反应中，而不是将天然气“降级”用于发生蒸汽，而且，生产合成气的天然气用量最低，因此提高了工艺过程的热效率。
- 热量是回收到反应过程中，不需烧天然气或其他燃料，也不使用任何工艺物流发生蒸汽。在合成气流程中取消了发生高压蒸汽和使用高压蒸汽的过程。
- AGHR 重整流程中，大部分重整用蒸汽来自饱和塔。饱和塔回路可以将非锅炉用水送入工艺系统之中，例如工艺凝结水、精馏塔底排水等，从而可以免除这些排水的处理费用。所以工厂的污水量可减至最低，且锅炉和饱和塔的排水量很少，无须处理。AGHR 重整-甲醇合成工艺的用水量很小，特别适用于缺水地区建设甲醇工厂。

② KRES 换热型重整工艺。KRES 换热型重整工艺为凯洛格公司开发的天然气重整技术，按照技术含义可称为“凯洛格重整换热器系统”（Kellogg Reforming Exchanger System），即 KRES 工艺。此工艺技术原来是与 KAAP 合成氨技术配套的工艺技术，称为 KRES-KAAP 工艺，也可用于生产合成甲醇用的合成气。KRES 换热型重整为两段并联式重整技术，工艺流程参见图 7-9。

KRES-KAAP 工艺的主要特点是：

- 天然气耗量小、能效高、建设投资低；
- 环境效益好，可大大降低 CO_2 和 NO_x 排放量。

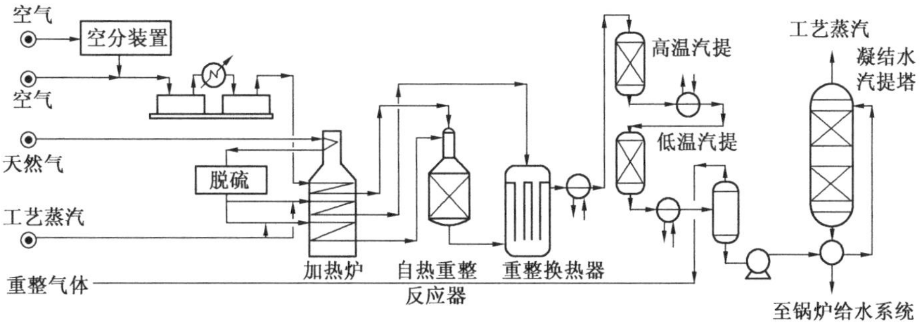

图 7-9　KRES 换热型重整的工艺流程

经过脱硫的天然气原料分为两股，约 70%进入自热式重整反应器，其余部分进入重整换热器。每股原料分别混入中压蒸汽，原料气中混入的蒸汽量达到总汽碳比为 3.6∶1。混合原料经过预热后，自热式重整反应器的进料温度为 600～640℃，重整换热器的进料温度为 500～550℃。自热式重整使用含氧量为 30%的富氧空气，经过预热至 600～640℃后送入自热式重整反应器的混合-燃烧室，用原料气燃烧放出的热量供给重整反应所需的热量。气体向下流过重整用的镍催化剂床层，原料气同时发生放热的部分氧化反应和吸热的重整反应。系统的操作压力维持在出口气体的压力为 4.0MPa。

自热式重整反应器出来的气体温度约为 1000℃，进入重整换热器的壳程。另一股原料气与中压蒸汽混合，使汽碳比达到 3.0∶1 之后从顶部进入重整换热器。混合气体通过重整换热器的管程，管中装有镍催化剂，然后从管下部开口流出与自热式重整的气体混合，向上通过壳程为管内的重整反应提供热量。

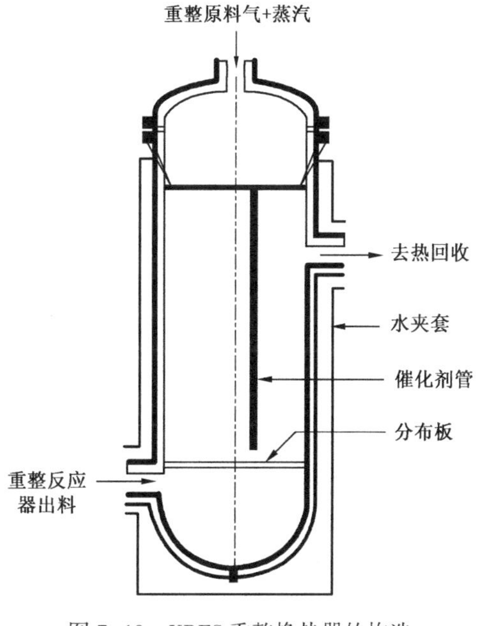

图 7-10　KRES 重整换热器的构造

重整换热器的管程为开口式设计。只在管子的上端装有管板，下端为敞口、游离式，可以自由膨胀。重整换热器的构造见图7-10。

KRES 重整为两段重整技术，换热器重整和自热式重整可以并联操作，大部分重整反应可在第二段自热式重整中完成，可以使用纯氧作氧化剂。

KRES 重整能耗较低，据估算：采用 KRES 重整技术后，与常规的蒸汽重整工艺相比，每吨合成甲醇的能耗可降低 1.59GJ（包括公用工程和空分装置）。

KRES 重整工艺的操作弹性好，操作中，通过调节进料的水碳比、氧烃比、进料温度和两段重整的进料比例等，可以调整合成气的组成以满足不同合成工艺对原料气组成的需要。

③ Tandem 串级式重整工艺[5]。俄罗斯 Tandem 工艺为两段重整串联流程，第一段为气体加热式蒸汽重整，第二段为自热式重整技术。Tandem 串级式重整流程见图 7-11。

经过脱硫后天然气预热到 450～500℃，通入中压蒸汽使 H_2O/C 比达到 2.5～2.9。混合

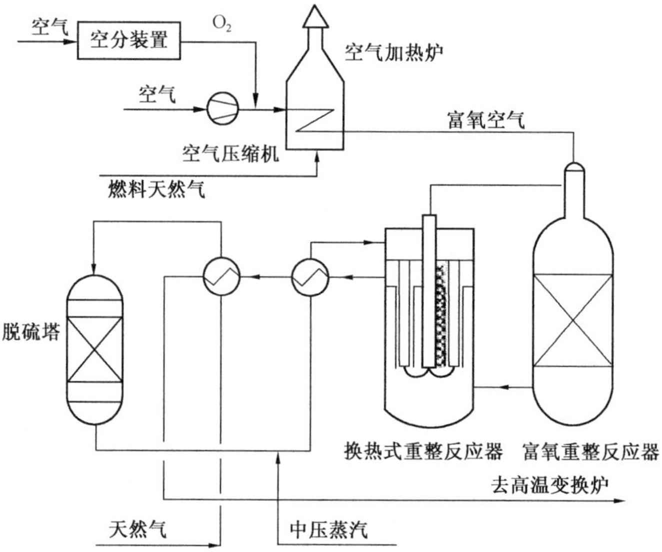

图 7-11　Tandem 串级式重整流程

原料气进入气体换热式重整反应器的管内，管外为来自二段重整的热重整气。部分完成重整反应的一段重整气从管底部经猪尾管进入中心管，在温度为 600~800℃下从顶部出口进入二段自热式重整反应器。从顶部加入预热到 510℃的富氧空气，使一段重整气在二段反应器中进行自热式重整反应。二段重整器的温度约 1000℃，返回至一段重整反应器的壳程为一段重整提供热量。

Tandem 串级式重整工艺的主要特点：

a. 投资相对较低，可在制造厂组装后运到现场；

b. 不用传统的耐高温高压的合金管；

c. 管内外压差 0.1~0.2MPa，转化管操作条件温和；

d. 流程与 ICI 的 LCA 换热转化系统大体相同，均属串联操作；

e. 换热式转化炉中，由 19 根转化炉管组成一竖琴结构，下端用猪尾管连接以解决热应力问题。

④ 热交换器型重整工艺[5]。我国成达化学工程公司也开发了热交换器型重整工艺，并已经在小型合成氨和甲醇装置上运行。

该工艺是利用二段炉出口的高温气体作为一段重整的热源，用结构紧凑的换热式重整炉代替传统的蒸汽重整炉和热回收系统。该工艺可用于以天然气、炼厂气、甲烷富气等为原料，配合空分装置或变压吸附制富氧装置，生产合成氨及甲醇的生产装置，也适用于小氮肥装置的技术改造，其吨氨或吨甲醇天然气耗量可降低 150~200Nm^3。工艺流程框图见图7-12。

原料天然气经压缩后进入天然气加热炉中预热到 380℃，依次通过氧化锰和氧化锌脱硫槽，使天然气硫含量降至小于 0.2μg/g，脱硫后的天然气按一定比例与蒸汽混合后进入天然气加热炉的辐射段，加热至 480~510℃，然后进入换热式一段重整反应器的炉管中，管内装有催化剂，发生重整反应生成 CO 和 H_2，重整过程所需热量由二段重整的高温气体提供。一段重整气的甲烷含量约 30%，温度约 680℃，直接进入二段重整反应器。

氧气与压缩空气按一定的比例混合成富氧空气，进入富氧加热炉预热至 510~530℃，进

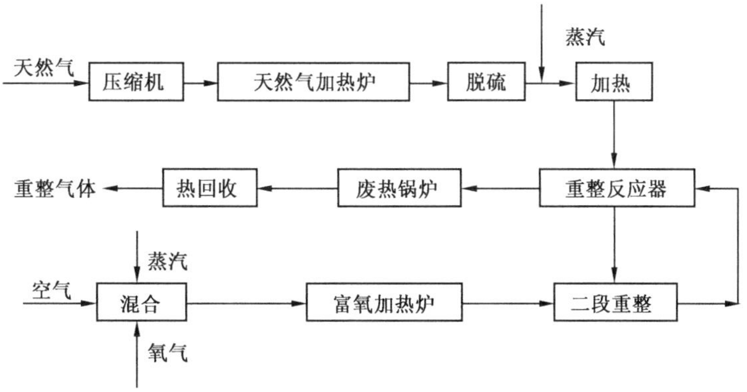

图 7-12 热交换器型重整工艺流程

入二段重整反应器并与一段重整气混合、部分氧化，并通过镍催化剂实现高温重整，使二段重整气中甲烷含量降至 0.5%。温度约 980℃的二段重整气进入一段重整反应器套管的环隙中，为管内的重整反应提供热量。出口温度约 600℃的重整气体依次通过废热锅炉和给水预热器等回收热量后送出装置。

4）其他重整工艺

（1）Exxon 流化床催化重整工艺

Exxon 公司在开发流化床催化裂化工艺技术上有着丰富的经验，在此基础上研究开发了流化床催化部分氧化技术用于从天然气生产合成气，目前已经完成了小型试验。表 7-11 为操作条件和合成气组成数据。

流化床催化部分氧化重整技术生产合成气的工艺流程如图 7-13 所示。

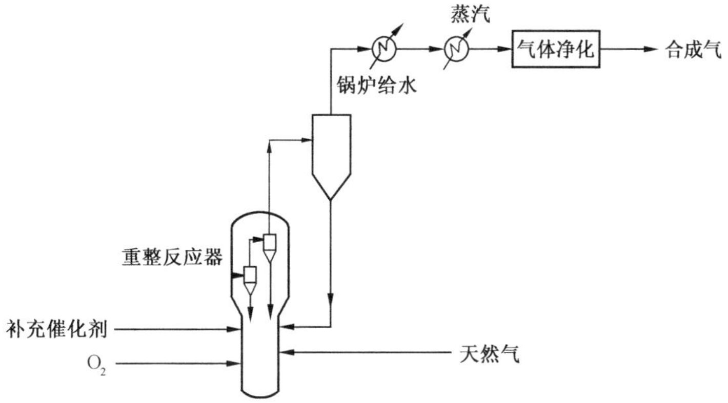

图 7-13 流化床催化部分氧化重整工艺流程

天然气首先用蒸汽预热至 200℃，然后按照水气比为 1.5~25 的比例与蒸汽混合，通过气体分布器进入流化床重整反应器中。从反应器下部送入氧气（每摩尔甲烷的氧用量为 0.4~0.6mol）。流化床重整反应器使用的催化剂为粒径 30~150μm 的 Ni/Al_2O_3 催化剂。在流化床反应器中同时发生部分氧化和重整反应，由部分氧化反应提供重整反应所需的热量。用调节进料组成、氧气送入量和气体出口温度来控制操作。

流化床反应器的操作条件为反应温度 950~1060℃，操作压力 4.0MPa。流化床重整反应器的合成气 SN 值接近于 2，适合于用作费托合成的原料气。

表 7-11　Exxon 流化床催化重整的操作条件

项　目	数　据
流化床反应器出口温度/℃	980
流化床反应器出口压力/MPa	2.4
蒸汽/甲烷（摩尔比）	0.5
氧气/甲烷（摩尔比）	0.5
合成气组成（干基）/%（体）	
H_2	64.94
CO	27.60
CO_2	4.29
CH_4	3.17
SN 值	1.90
H_2/CO 比	2.35

流化床重整反应器的甲烷转化率与出口气体的催化剂带出量和气体的冷却速度有关。为了防止由于催化剂带出引发的重整逆反应和碳沉积，工艺要求气体冷却速率应达到 200℃/s。当气体冷却速率降至 75℃/s，甲烷转化率将急剧下降至 68%；若催化剂带出量增加 1 倍时，甲烷转化率约下降 20%。

流化床重整反应器的主要优点：

① 与固定床反应器相比，流化床反应器可以改善热效率和不存在局部过热、反应不完全的优点；

② 在反应空间同时进行部分氧化和重整反应，下游的热回收、进料预热需要的换热面积最少；生成气冷却可发生高压蒸汽，热效率高；

③ 合成气的 SN 值 = 1.9，适合用作费托合成原料气。

流化床重整反应器的主要缺点：

① 具有流化床反应器的固有缺点：催化剂磨损、造成工艺设备的磨蚀；

② 只完成了中型试验，工业放大试验尚未完成；

③ 需要改进催化剂的磨损和粉尘生成量大等问题。

（2）陶瓷膜重整技术[7,10]

ITM 膜技术是目前气体分离、加工技术的重点研发课题，Air Products 公司、Chevron-Texaco 公司、Ceramatec 公司等在美国能源部支持下正在开发用于生产合成气的离子输送膜（ITM，Ion Transport Membrane）技术。采用无渗透性的、多组分金属氧化物制成的膜，在高温下具有极高的氧通过能力和选择性。使用这种膜分离技术可以用一台陶瓷膜反应器完成空气分离和高温重整反应生产合成气过程，从而取代空气分离制氧过程，可以大大降低合成气生产工序的投资。合成气是多种合成工艺的原料，故 ITM 生产合成气是一项突破性技术、有多种用途的技术平台。适用于生成合成油、合成甲醇、氢气等多种化工产品。

ITM 膜技术生产合成气的概念流程如图 7-14 所示。来自低压空气的氧气以离子形式透过陶瓷膜，并在化学反应中消耗掉。产生的化学推力，使氧离子以高速率通过陶瓷膜。氧气与天然气发生部分氧化反应生成含氢气和 CO 的合成气。

ITM 技术已完成第二阶段的放大试验，将继续进行工艺示范装置（PDU）实验。Air Products 公司正在设计中试装置，预期将于 2010 年完成中试。

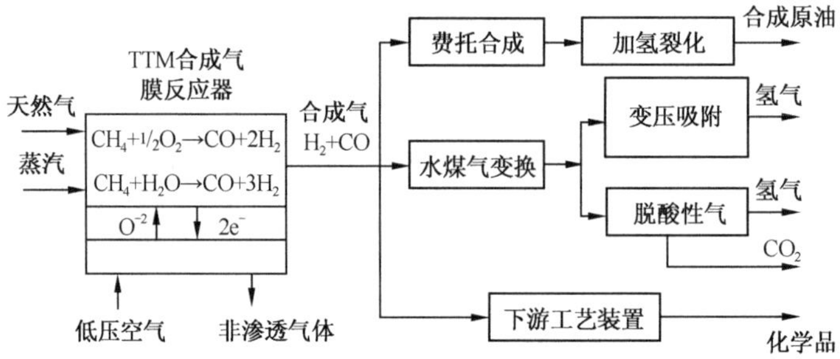

图 7-14　ITM 膜技术生产合成气的概念流程

研究、开发ITM技术的主要课题包括金属膜的制造技术、膜材料的选择和催化剂的开发等项。ITM膜技术中使用的重整催化剂需设在陶瓷膜的渗透层的内孔之中，此种催化剂正在开发中。

(3) CO_2 重整技术

近年来，生产 H_2∶CO=1∶1合成气的 CO_2 重整技术受到工业界和学术界的广泛关注。促成此项技术开发的推动力是：

- 可适用于偏远地区天然气资源的利用；
- 可适用于高 CO_2 含量天然气资源的重整；
- 有助于减少温室气体的排放，尤其是 CO_2 排放问题。

生产 H_2∶CO=1∶1合成气可用于生产醋酸、丙烯酸、二甲醚等石油化工产品；还可与蒸汽重整的合成气（H_2/CO=3∶1）混合，调配成费托合成或甲醇合成需要的原料气。

此项技术的关键是开发适合高浓度 CO_2、不含蒸汽的气体使用的催化剂，因为在此条件下进行重整会生成重质烃，使镍基重整催化剂中毒或失活，并使反应器堵塞。

CO_2 重整技术或称干式重整技术，即不通入蒸汽的重整技术。实际上，工业应用仍须通入一定量的蒸汽。

CO_2 重整可以捕集大量的 CO_2。若采用 CO_2 重整、蒸汽重整和部分氧化重整的联合，即可组成“三重整”技术，适用于 CO_2 含量高的天然气。此技术仍处于实验室研究阶段。

据报道：ABB、BP、ConocoPhillips、Haldor Topsøe、Shell和Sasol等公司均在积极开发 CO_2 重整技术，最可能使用的催化剂为含钯、铂、铑和改良的镍催化剂。

CO_2 重整技术的工业应用还不多，高 CO_2 含量的天然气可用 CO_2 循环和通蒸汽的ATR重整技术。在伊朗建设的100万t/a的合成甲醇工厂和中国海洋石油公司在海南省的工厂采用了 CO_2 重整技术。

4. 重整催化剂的发展

Conoco Phillips公司和Exxon-Mobil研究工程公司都开发了价格比常规催化剂便宜的重整催化剂。这种催化剂含稀土金属和一些贵金属铂、铑。ConocoPhillips公司的重整催化剂是由金属载体的镍和氧化镁组成，在催化剂上覆盖一层金属助剂，例如铑。试验的条件为1.36MPa和900℃，甲烷转化率达93%；CO的选择性达98%以上。虽然转化率低于部分氧化重整的99%，由于催化剂成本低，在经济上还是有活力的。

蒸汽重整催化剂的主要进展是以降低压力降和提高传热性能为目标，研究改进催化剂担体形状和形式。关于工业用催化剂配方改进比较少。

5. 调节合成气组成的技术

合成气的组成（H_2/CO比）根据合成工艺和生产的合成产品而定。为了得到 H_2/CO比一定的合成气，简单的方法是将 H_2/CO比不同的两种合成气按需要的比例调合。

Chevron公司开发了生产费托合成用合成气的专利，方法是采用自热式甲烷重整与干式重整联合。自热式重整可生产 H_2/CO为2.0~2.5的合成气；干式重整用LPG作重整原料、与 CO_2 接触，生产 H_2/CO为0.5~1.0的合成气。将两种合成气按照一定比例调合成费托合成需要的合成气。这种生产模式适用于费托合成工厂，因为LPG是工厂的副产品，CO_2 是不利于环保的温室气体，将这两种气体用于干式重整生产合成气是有经济效益的利用方案。

在重整炉中用 H_2S（通过催化剂的）部分氧化反应替代甲烷燃烧，就可使 H_2S 和碳氢化合物原料通过催化剂就会同时被部分氧化，可以提高合成气产率和生成 CO、H_2 的选择性。H_2S 与含硫的碳氢化合物一起进入重整炉的进料中，含硫的原料就无须经过预处理过程。合成气产品中的单质硫需要在重整炉之后被冷凝成单质硫产品。

三、天然气生产合成气的技术经济

（1）天然气生产合成气的生产成本主要取决于采用的重整技术和天然气的价格

在合成液体燃料或化工产品生产过程中，合成气的生产成本对柴油、甲醇或石油化工中间体（烯烃）的价格有直接影响。相关的技术经济评估参见第八章和第九章有关部分。

（2）天然气价格对合成气生产成本的影响

合成气的生产成本中天然气成本占很大的比例，不同地区的天然气价格相差很大。表7-12中列出了大型合成甲醇工厂采用联合重整工艺生产合成气的成本数据。在天然气价格为 4~7 美元/GJ（折合 24~41 美元/桶油当量）条件下，合成气的成本范围在 63~96 美元/1000Nm^3 之内。其中天然气的成本份额为 68%~79%。合成气成本中的投资利润率（ROI）为 12%。

表 7-12　天然气价格对合成气生产成本的影响

项　目		价　格				说　明
天然气价格	美元/GJ	4.0	5.0	6.0	7.0	按桶油当量=5.9GJ 计算；ROI=12%
	美元/桶油当量	23.6	29.5	35.4	41.3	
1000Nm^3 合成气成本/美元		63.1	73.9	84.7	95.5	
其中，天然气成本/美元		43.1	53.9	64.7	75.4	
天然气成本占比/%		68.3	72.9	76.4	79.0	

表 7-13 为在天然气廉价地区（0.7 美元/GJ；按汇率 1∶7.0 折算约折合 0.18 元/m^3）建设甲醇合成工厂，合成气装置的建设总投资、合成气生产成本和天然气成本（包括重整用燃料）数据。可以看出：天然气的成本仅占合成气总成本的 30%以上（远低于上表中的68%~79%）。

表 7-13　天然气生产合成气（制甲醇）的生产成本和建设投资

项　目	自热式重整	联合重整	说明
合成气总成本/（美元/1000Nm^3）	27.29	26.29	ROI=10%
其中：天然气成本/（美元/1000Nm^3）	8.496	8.457	
天然气成本占比/%	31.1	32.2	
合成气工厂总投资/亿美元	2.953	2.858	2003 年价格

第四节　煤炭生产合成气

一、概述

1. 煤炭气化技术现状

截至 1999 年之前，全世界气化能力约为 42000MWt（指 MW 按产品热量计算，下同）。2004 年和 2007 年美国能源部对世界气化能力的调查结果如下[1]：

• 2004/2007 年的全世界总气化能为 45001/56000MWt；共有气化工厂 117/144 座，385/427 台气化炉。主要集中于南非和亚洲一些国家。

• 生产合成气的原料分布：2004/2007 年，以煤炭为原料的生产能力达 22143/30825MWt；占 49/55%。以石油产品（包括燃料油、渣油和石油焦）为原料的生产能力为 16391/18454MWt，占 37%/33%。有些气化厂采用 E Gas 技术。

• 各种气化炉技术的市场占有率：2004/2007 年，鲁奇式固定床压力气化炉的市场占有率为 41%/34%；德士古气化炉和 Shell 气化炉的市场占有份额分别为 34%/31% 和 19%/28%。

• 根据公布的项目实施计划：预期 2010 年世界合成气生产能力将超过到 70000MWt，增长率较高。

• 2007 年气化炉市场应用。化学品格市场份额 45%，费托合成油市场 28%，IGCC 发电市场 19%（发电能力 4100MW_e，15 座，其中煤原料 7 座），气体燃料市场 8%。

2. 煤气化技术的进步

高分子量的含碳原料如煤炭、渣油和石油焦均可用造气法生产合成气。所用的生产工艺基本相同。

煤炭造气的主要优势是技术成熟、环境友好、经济上有竞争力和生产的灵活性。

煤炭造气是洁净的煤技术，在替代燃料和石油化工产品生产过程中是原料气的生产工序，在为煤炭洁净发电过程提供燃料以及燃料电池、制氢等方面均有广泛的应用。

煤炭气化是历史悠久的技术，自上世纪 60 年代以来，煤炭气化技术最重要的技术成果是制氧工艺的发展和建成了大型工业装置、气流床压力气化炉的开发和应用。这两项技术成果大大促进了煤气化技术的发展和生产能力的扩大。

用氧的高压气流床气化炉的应用不仅提高了煤气的质量、简化了煤气净化流程，而且提高了气化炉的处理量。例如大型的高压气流床气化炉的煤炭处理能力为每炉 2500t/d，合成气产量约为 16 万 Nm^3/h。70 年代建成的鲁奇式固定床压力气化炉的单炉产气量仅4.6 万 Nm^3/h。

由于我国拥有丰富的煤炭资源，以煤炭为原料的合成技术生产运输燃料和石油化工产品均将有良好的发展前景。

3. 煤制合成气的用途

气化炉生产合成气的用途包括：

• 用作生产化学品的原料气，以生产甲醇和合成氨为大宗产品；

• 用作费托合成原料气生产运输燃料；

• 用作联合循环发电系统（IGCC）的燃料，是洁净煤技术的发展方向。

固定床气化炉生产稳定，经历长期运转，是传统的炉型。气流床气化炉技术是 1950 年代开发的气化技术，具有生产能力大、合成气质量好等优点，是大型合成气工厂主要的炉型。这两种炉型是本章论述的重点。

二、煤炭造气的化学

1. 煤气化工艺

煤气化是在高压力下将煤炭等含碳物料进行高温转化生成以 CO 和 H_2 为主要成分的工艺过程，所生成的气体经过净化后用作合成化学品或燃料的原料气，故称为合成气。合成气也可直接用作发电燃料或制氢的原料。

煤炭是典型的气化原料，其他如原油、减压渣油、煤焦油、石油焦、沥青或其他固体废料均可用作气化原料。干燥的煤粉或水煤浆在气化炉中与蒸气和氧气在高温、高压和还原气流中发生气化反应，生成总计约为85%以上的（$CO+H_2$）气体，其余部分为 CO_2 和甲烷等成分。原料中的无机物组分，如灰分和金属等在高温下转化为类似粗砂砾的熔渣，可用作建筑材料的原料。

合成气需经过净化以除去各种杂质，回收的硫化物可转化为单质硫或生产硫酸的原料。

煤气化过程包括一系列化学反应，它们是在5.0~7.0MPa和1400℃的受控工艺条件下完成的。

原料煤在升温过程中会发生脱挥发分和较弱的化学键断裂反应，同时生成焦油、油分、酚类和气态烃。这些产物会进一步反应生成CO、H_2 和少量的 CO_2，脱挥发分剩余的半焦可进一步与氧、水分和 CO_2 反应最终生成合成气。在气化炉内发生的水煤气反应可改变最终气体的组成，但是对合成气体的热值没有太大的影响。随气化炉型的不同，炉出口气体组成也有差别。例如：气流床的特点是从煤炭入炉至生成气出口温度逐级升高，气体出口温度可达1300℃左右，大部分焦油、酚类可在半焦气化过程中裂化、分解，出炉的生成气中几乎不含焦油等杂质，气体净化过程也相应简单一些。移动床气化炉就需要在煤气净化过程中设置脱焦油工序。

煤炭是最适宜的气化原料，生产成本较低，经过多年实践，气化工艺技术已经非常成熟。

2. 煤气化是热化学过程[4]

气化工艺是使用固体燃料和气化剂的热化学转化过程，常用的气化剂为氧气（或富氧、空气）和蒸汽。

实际上，煤炭造气为部分氧化过程，用氧量为完全燃烧理论耗氧量的1/5~1/3（或30%~50%），使原料中的可燃组分发生部分氧化反应。生成的气体以CO和 H_2 为主，还含少量的 CO_2 和 CH_4。如果用空气作气化剂，则合成气中含一定量的氮气。

部分氧化产生的热量主要用于打开原料化学键所需热量、提高气化产品反应温度和推动气化反应的进行。

CO_2 和 CH_4 的生成量随用氧量的减少、反应压力的降低和反应温度的提高而增加。

脱挥发分剩余的固定碳（半焦）可与 O_2、H_2O、CO_2 和 H_2 进一步发生气化反应。水煤气变换反应的目的是改变CO和 H_2 的比例，对合成气的热值没有大的影响，高压和低温有利于甲烷化反应的进行。由于不消耗氧气，放热的甲烷化反应可提高气化效率和合成气的热值。

气化过程一般包括原料煤的干燥、热解、焦炭气化和排渣四个工序。原料煤进入气化炉升温后，所含的水分蒸发。在温度升高至400℃左右以后，挥发分开始蒸发，生成氢气和CO等气体混合物、液体烃、焦油、油和酚类，此过程称为干馏（热解）过程。经过干馏之后，煤炭失重约为30%，而生成的气体和液体产品热值约占进料煤炭热值的50%，即煤炭中剩余的50%热值仍留存在固体半焦中。半焦成分中包括干馏过程中未转化的碳和矿物质成分，以及干馏过程生成的挥发组分再聚合所生成的重质烃。

为了提高整个气化过程的效率，还需要将半焦在700℃左右温度下转化为气体。半焦气化速率比挥发分热解慢得多，是确定气化炉尺寸和气化炉设计的主要控制因素。

整个气化过程的主要化学反应并不复杂，困难的是确定不同物质间的自由基反应和多种元素间化学反应的动力学关系，包括生成酚类和由焦油分解生成烃类的反应机理。

以下为煤炭气化过程的基本化学反应式：

$$C(S) + 1/2O_2 = CO \quad \Delta H = -123.1MJ/mol \quad (1)$$

$$C(S) + O_2 = CO_2 \quad \Delta H = -405.9MJ/mol \quad (2)$$

$$C(S) + H_2O(g) = H_2 + CO \quad \Delta H = 118.9MJ/mol \quad (3)$$

$$C(S) + 2H_2O = 2H_2 + CO_2 \quad \Delta H = 78.0MJ/mol \quad (4)$$

$$C(S) + 2H_2 = CH_4 \quad \Delta H = -87.4MJ/mol \quad (5)$$

$$C(S) + CO_2 = 2CO \quad \Delta H = -78.3MJ/mol \quad (6)$$

$$CO + H_2O(g) = H_2 + CO_2 \quad \Delta H = -40.9MJ/mol \quad (7)$$

$$CO + 3H_2 = CH_4 + H_2O \quad \Delta H = -206.3MJ/mol \quad (8)$$

$$CO_2 + 4H_2 = CH_4 + 2H_2O \quad \Delta H = -165.4MJ/mol \quad (9)$$

一些气化反应是高度吸热反应，所以气化过程需由外部供应热量。基本供热方法是由一部分煤炭燃烧，按照化学反应式（2）提供热量。

煤炭气化须由外部提供氧气，也可使用空气或氧气随蒸汽一起送入气化炉。操作温度和操作压力是决定采用空气或氧气的决定因素。空气中含 79%氮气，故采用空气作氧化剂时就需要燃烧更多的煤炭才能达到使用氧气所能达到的气化温度。用氧气作气化剂的另一优点是有利于气化炉实现高压操作。

煤炭气化的典型气体组成如下［%（体）］：

H_2	25~30
CO	30~60
CO_2	5~15
H_2O	2~30
CH_4	0~5
H_2S	0.2~1
COS	0~0.1
N_2	0.5~4
Ar	0.2~1
NH_3+HCN	0~0.3

气化过程还生成一定量的灰分、熔渣和颗粒物。

3. 煤炭性质对气化过程的影响[6]

煤气化的难易程度与煤炭品种有关，不同品种煤炭的挥发分含量、氧含量、芳环缩合程度、灰熔点和孔隙度等都有差别。煤炭气化的反应活性主要与煤炭品种有关，例如年轻的、低品质褐煤由于孔隙度高，具有更多的活性中心，气化反应活性可能比高品质的烟煤高几倍到几十倍。由于钙、镁和钾的含量高，具有较强的催化作用。

煤炭中的无机物成分和煤岩特性也与气化反应活性有关，有的无机物对反应活性有强化作用，有的则有抑制作用，因此煤炭性质对气化过程有较大的影响，不同的气化炉对煤炭性质的要求也有差别。

因为煤的黏结性是指煤被加热到一定温度后，会受热分解而成塑性状态的性能。在选择煤气化的煤种时，希望使用弱黏结性煤作为气化原料。当烟煤加热到300~350℃后，颗粒就会膨胀、结团，形成硬块，对于固定床和流化床气化炉，不利于气体流动并降低热效率。

煤炭中矿物质含量对炉子的气化性能也有影响，尤其是熔渣型气化炉。因为矿物质熔融后会在炉壁上形成绝热层，降低传热效率，对于移动床气化炉，大块的熔渣会破坏床层的透气性，导致炉箅无法顺利排渣，炉渣还可能包住了未气化的原料，使排渣的含碳量增加；对于流化床气化炉，少量的结渣就会破坏正常的流化状态。

对于熔渣型气化炉来说，熔渣的流动性是重要的操作参数。在正常气化温度下，不同煤的熔渣黏度可能相差好几倍。当使用熔渣黏度高的煤炭作为气化原料时，可在炉料中加入石灰石以改变熔渣的性能。

传热表面结垢是由于气化原料中含氯、钠、钾和钙等组分的原因。煤炭中含硫、含氯则是造成腐蚀的主要原因，这些组分在气化过程中会形成如硫化氢和氯化氢这样的酸性气体，对金属和其他材料造成腐蚀。

三、气化炉技术

按照煤炭在气化炉中的流体力学行为，煤气化技术可以分为移动床（或固定床）气化技术（如Lurgi炉）、流化床气化技术（如Winker炉、HTW炉）、气流床气化技术（如GEE、Shell气化技术）和熔融床气化技术。

煤气化技术的主要技术进步是：

（1）以富氧（或氧气）气化代替空气气化；

（2）以粉煤代替块煤或碎煤；

（3）以气流床和流化床技术代替固定床技术；

（4）从常压气化发展为加压气化技术。

世界上主要的煤气化技术各有优缺点，没有一种气化炉可以通用于各个煤种，往往是特定的煤质需要采用特定的气化技术。按照商品牌号，目前，国外开发的主要炉型有：

（1）Lurgi炉固定床加压气化法，对煤质量的要求高，只能用弱黏质块煤；

（2）GEE公司（即原Texaco公司）水煤浆加压气化技术，采用纯氧气化，技术成熟，适用煤种为低灰、低灰熔点的烟煤或石油焦，适合的煤种比较窄；

（3）Shell粉煤气流床气化技术，是粉煤、氧气、蒸汽在高压下并流进入气化炉，气化温度在1600℃左右。目前主要用于IGCC发电，用于化工较少，国内最近引进几套用于合成氨生产。单炉投煤量达2000t/d，适合的煤种比较宽；

（4）GSP气化炉是德国于70年代开发的高压气流床气化技术，最初的目的是用于处理高灰分的褐煤生产城市煤气；

（5）Dow水煤浆加压气化技术，是在GEE技术基础上的改进炉型。

国内也进行煤气化技术的开发研究，主要技术有：

（1）西安热工研究院开发的两段式干煤粉加压气化技术，已经完成36~40t/d中试试验，正进行工业化装置的工艺包设计；

（2）华东理工大学的多喷嘴对置式水煤浆气化技术，已经在多个企业中推广应用；

（3）西北化工研究院的多元料浆气化技术，已经在浙江两个合成氨厂应用；

（4）中国科学院山西煤化所的灰熔聚流化床气化技术，已经进入工业化推广应用阶段。

这些气化炉技术的生产规模较小，多适用于中小化工厂的生产。

1. 气化炉炉型

1）移动床气化炉

移动床气化炉是结构较简单的气化炉型，或称固定床气化炉。通常使用大块径（5~80mm）的非粘结性煤作原料。煤炭靠重力通过炉膛，自上向下缓慢移动，反应气体向上流动通过床层。炉内温度从炉顶煤气出口的350℃到炉底燃烧段的1450℃呈直线变化。按照气化进行的过程，可分为干燥段、碳化段、气化段和灰渣排出段。入炉煤炭在气化炉顶部被加热、干燥，同时使出炉煤气被冷却。煤炭继续向下通过碳化段脱除挥发分。在气化段中，脱除挥发分的半焦与蒸汽和 CO_2 反应。在高温燃烧过程中，残余的焦炭与氧气燃烧，为气化过程提供热量。在干式除灰的设计中，从炉底通入过量的蒸汽，使温度低于灰分的熔点；在熔渣式除灰设计中，需通入少量蒸汽。

粗煤气出炉温度主要取决于原料煤的水分含量——从高水分含量褐煤的320℃到低水分含量烟煤的540℃左右。出炉煤气用循环水直接冷却并脱除焦油，也可在水洗后采用低温热回收流程。

固定床气化炉可有常压气化炉和高压气化炉两种。常压气化炉的工艺简单，单炉生产能力低，不是生产合成气的主要炉型。Lurgi式高压气化炉是适用于生产合成气的炉型。

所有固定床气化炉都有以下共同特点：

（1）氧化剂用量低；

（2）生产一定量的焦油和油分；

（3）冷煤气热效率（包括液体油的热值）较高；

（4）对粘结性煤需要修改气化炉的设计；

（5）粉尘不好处理。

由于固定床气化炉的冷煤气效率高，与其他气化炉相比，煤炭热值的大部分以化学能形式存在于煤气中，而不是热能。

由于干馏、气化过程排出的挥发物向上流动与入炉煤接触，温度较低，故不会发生焦油和酚类的热裂化反应，而是随生成气从炉顶排出。因此需要在气体净化过程中脱除这部分烃类和非烃化合物。移动床气化炉出炉煤气若用作合成过程的原料时，称为合成气。

2）流化床气化炉

流化床气化炉特别适用于生物质原料的气化的炉型。流化床气化炉的特点是靠进料煤与半焦、灰分的返混作用达到炉内温度分布均匀。进料方式有炉顶进料和从炉底与气化介质一起进料两种方式。粒径<8mm的入炉原料煤与从炉底部进入的蒸汽和氧化剂在反应床层中形成流化床，完成气化反应。流化床可保证良好的传热和传质速率。为了防止灰渣熔融，气化温度应不高于1100℃，否则会导致灰渣聚集，影响流化操作。

粗合成气中夹带的焦炭颗粒可用旋风分离器脱出，再返回到气化炉的流化床层中。流化床下部的灰分与入炉蒸汽和循环气体换热后从炉底排出。

流化床气化炉的主要特点如下：

（1）适用于多种造气原料，包括高灰分煤炭、固体废料和生物质原料（如木材）；

（2）反应温度适中，均匀；

（3）蒸汽和氧气用量适中；

（4）需要有大量的半焦循环。

有的流化床气化炉为了形成适宜的流化区段而需要限制气化炉尺寸。气化炉的设计根据出灰方式（干式出灰或熔渣出灰）和为改善焦炭利用而改变。

由于气化温度较低，流化床气化炉的碳转化率就比高温气化炉低，但是，生成气中的焦油含量低于移动床气化炉。

美国煤气技术研究所开发的 U-GAS 流化床气化炉和 Kellogg 公司开发的 KRW 气化炉是两种新型流化床气化炉，降低了灰渣的碳含量，提高了气化效率。

3）气流床气化炉

气流床气化炉或称带出流（Entrained Flow）气化炉，是 20 世纪 50 年代初开发成功的气化炉型，目前是煤炭生产合成气的主要炉型。

在气流床气化炉中，原料煤与空气/氧气和蒸汽一起进入气化炉，通过特殊设计的喷嘴进入反应室，在高于煤炭熔点的温度下和很短的接触时间内实现碳的转化过程。根据不同的专利炉型可有水煤浆湿式进料和用惰性气携带的干式进料等不同的进料方式。

除了进料方式不同外，不同气流床气化炉型的炉内件和热回收模式也不同。气流床的特点是从煤炭入炉至生成气出口温度逐级升高，气化强度也比前两种炉型高得多，气体的出炉温度可达 1300℃左右，故大部分焦油可在半焦气化过程中裂化，出炉的生成气中几乎不含焦油。

已经工业化的气流床气化炉均为高温、高压操作。高温操作的主要缺点是可能导致灰渣熔融，所以气流床气化炉常常采用熔渣法排灰。

气流床气化炉的主要特点：

（1）原料煤的适用性广，劣质煤、粘结性煤和粉煤均可处理；

（2）炉内温度均衡，需要的气化时间很短；

（3）原料煤需加工成细煤粉；

（4）耗氧量比较高；

（5）粗合成气出口温度较高，干馏产物全部分解，煤气中不含焦油、酚类；

（6）高温出渣；

（7）生成气中含一定量的熔渣。

2. 气化炉的工艺指标

衡量煤气化效果的指标有冷煤气效率、热煤气效率、气化强度和碳转化率等几项工艺指标[4]。

1）冷、热煤气效率

冷、热煤气效率的区别为是否计算粗煤气的显热值。计算公式如下：

$$冷煤气效率（\%）=\frac{粗煤气的热值}{原料煤的热值}$$

$$热煤气效率（\%）=\frac{粗煤气热值+粗煤气的显热}{原料煤的热值}$$

大型 Shell 高压气化炉的冷煤气效率可达 80%～85%；固定床块煤高压气化炉的冷煤气效率在 65%～75%之内。

2）气化强度

气化强度是表征气化炉的生产能力的指标，为单位炉膛截面积每小时气化原料煤的质量。例如：直径为 4500mm 的 Shell 高压气化炉的单炉煤处理量为 2500t/d，相应的气化强度为 6.6t/m^2 · h。

3）碳转化率

碳转化率是合成气中碳含量与原料煤碳含量的比例（%）。Shell 高压气化炉和鲁奇高压气化炉的碳转化率分别为>99%和 88%~95%。

3. 气化炉的技术指标比较

上述三种气化炉内床层温度分布和物料流向情况[4]参见图 7-15。

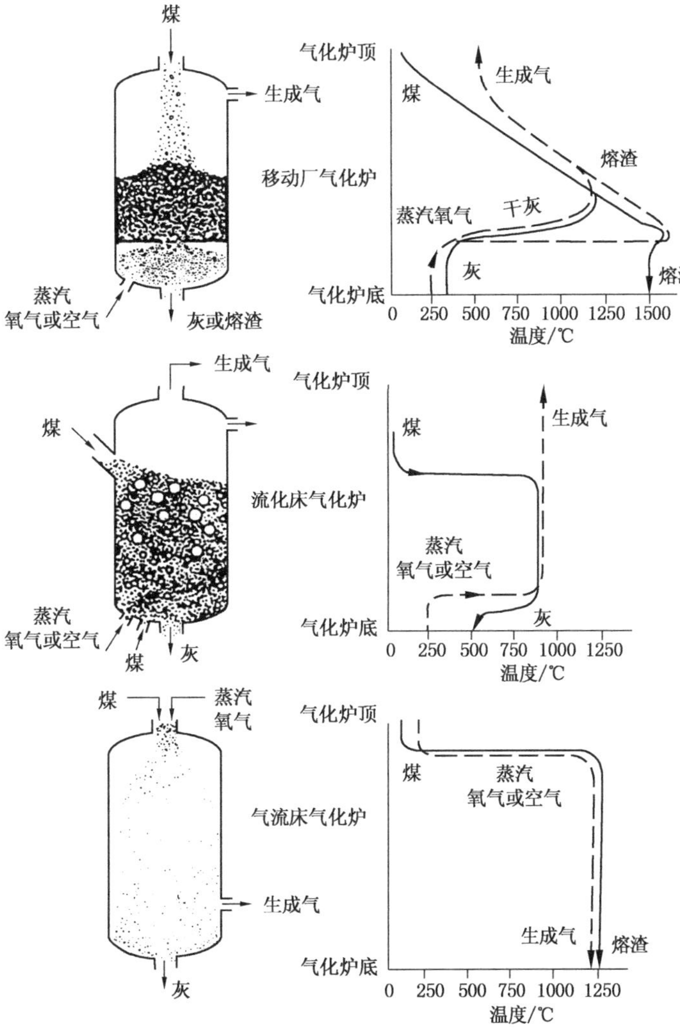

图 7-15　不同气化炉内床层温度分布

高压气化炉使用氧气作气化剂较为有利，因为送入气化炉的气体需要压缩至操作压力。用空气作气化剂就需要提高压缩机的功率，还会导致生成气被氮气稀释。不同的气化炉型的耗氧量和蒸汽用量基本相同，只是合成气中的焦油含量和碳转化率有差别。各种气化炉的主要工艺指标数据见表 7-14。

表 7-14　各种气化炉的主要工艺指标

项　　目	移动床气化炉	流化床气化炉	气流床气化炉
进料方法	干式	干式	干式或湿式（浆液床）
炉出口气体温度/℃	330~540	930	1000~1400

续表

项　　目	移动床气化炉	流化床气化炉	气流床气化炉
压力/MPa	~2.8	~2.5	~2.5~4.2
氧化剂	氧气	氧气	氧气
氧煤比/（kg/kg）	~0.5	~0.47	~0.55~0.78
水煤比/（kg/kg）	~0.3	~0.27	~0~0.43
碳转化率/%	~99	~96	~97~99
冷煤气效率/%	~88	~70~85	~74~81
合成气高热值/（MJ/m^3）	~13	~11.5	~9.8~11.8
合成气组成/%（体）			
H_2	~26	~28	~26-30
CO	~46	~33	~29-63
CO_2	~3	~15	~1.5-14.5
CH_4	~4	~4.6	~0-0.6
C_2	~0.1	—	—
H_2S	~1.0	~0.2	~0.1-1.3
COS	~0.1	—	~0-0.1
N_2	~2.7	~0.6	~0.5-4.3
Ar	~0.6	~0.7	~0.7-1.1
H_2O	~16.3	~16.8	~2.0-25.8
NH_3+HCN	~0.2	~0.1	~0-0.2
焦油含量	高	中	低

四、工业化的气化炉技术

当前生产合成气使用的气化炉型以移动床和气流床气化炉技术为主。工业上已有多种成熟的气化炉型，形成了专利技术。

工业化的气化炉是指已通过了详细技术评估、完成应用试验和建成工业装置，并已取得生产经验的炉型。

目前，生产合成气使用的气化炉型以移动床和气流床气化炉为主，以下介绍的是已经取得工业化生产经验的移动床和气流床气化炉专利技术。

1. GEE（德士古）气流床气化炉[5,6]

该气化炉原是由德士古公司开发的，历经多次公司改组后曾称为谢夫隆-德士古气化技术。此项工艺技术所有权现属于通用电力公司（GEE，General Electric Energy），现称为GEE气化炉。

GEE气化炉为一段、下流进料式压力气化炉，又称水煤浆加压气化炉（TCGP）。20世纪80年代初完成工业示范并实现了工业化，成为第二代煤气化技术。

GEE水煤浆气化技术先后在美国、日本、德国及我国鲁南、上海三联供、渭河等地建成投产多套工业生产装置，2007年共有64台气化炉，总能力15000MW^{TH}，2010年计划建设的还有10台。经多年的运行实践证明，GEE水煤浆气化炉是可靠的气化技术。

1）GEE气化炉工艺流程

GEE水煤浆气化炉技术包括煤浆制备、气化和灰渣排除等工序。

煤浆制备工序：从储煤系统运来的、粒径小于6mm洗粉煤进入料仓。经皮带输送机送入磨煤机，与水、添加剂、石灰石、氨水混合、磨制成浓度为60%~65%的水煤浆。向煤浆中加入添加剂，其作用为改善煤粒表面性能和提高煤的成浆性能。

气化工序：GEE气化炉为立式圆筒炉，分为气化反应室和急冷室两部分。

合格的煤浆进入煤浆槽，经煤浆给料泵送至气化炉。水煤浆和高压氧（纯度98%）经过烧嘴混合充分雾化，喷入气化反应室，在温度为1200~1500℃和约2.0MPa压力下发生放热的气化反应，生成合成气和炉渣。在此高温下不会生成焦油、液态烃和气体轻烃。高温合成气的显热量约为入炉煤化学能的15%~35%。

为防止烧嘴损坏，在烧嘴外侧设置了冷却盘管；在烧嘴头部设有水夹套，由单独的冷却水系统向烧嘴供应冷却水，还设置了复杂的安全联锁系统。

合成气和灰渣经过下降管进入炉体下部的急冷室；合成气用急冷水冷却、熔渣落入急冷室底部。出炉合成气在炭洗塔中进一步冷却。

灰渣排除工序：急冷室底部的熔渣被冷却、固化，经过破渣机破碎后进入锁斗系统。锁斗设有自动控制系统，可以在不中断气化炉运行状态下定时排出灰渣。

2）GEE气化炉的热回收流程

德士古加压水煤浆气化炉可有以下三种热回收流程：

（1）急冷式流程

气化炉由上部的反应室和下部的水冷却室（急冷室）组成。合成气直接进入急冷室，用水冷却并除去一部分未转化炭。合成气和冷却过程发生的蒸汽一起从冷却室排出。当合成气用于制氢、合成氨工艺时必须进行CO变换，这种流程可利用合成气中的蒸汽，采用急冷式流程是最经济的。

（2）合成气冷却式流程

合成气冷却式流程也称余热锅炉式流程。气化炉是由一台带衬里的气化炉和一台合成气冷却器组成。合成气冷却器是一台专门设计的余热锅炉，高压合成气在余热锅炉中进行间接冷却，发生高压蒸汽。从合成气冷却器排出的是干式合成气。此流程的特点是可以发生高压蒸汽，用于驱动机械或其他用途，没有污染物排放。炭黑洗涤塔排出的炭黑水需送入碳回收工序进行处理。缺点是流程较复杂，不易操作。合成气冷却式流程适用于生产羰基合成用的合成气。

（3）混合式流程

混合式流程使用带急冷室的气化炉，同时设有余热锅炉。从气化炉出来的合成气先经过余热锅炉冷却，再进行急冷水直接冷却。此流程的特点是传热效率高、合成气中含有充足的蒸汽，适合于生产甲醇。但同样具有流程复杂、不易操作的缺点。

GEE气化炉结构见图7-16；GEE气化炉的热回收流程见图7-17。

3）影响气化炉操作的主要因素

（1）对煤种和水煤浆的要求

为了提高气化效率和煤气质量，要求水煤浆的浓度为60%~65%，黏度应小于1200mPa·s。要求原料煤的质量有较好的反应活性、较高的热值、低灰分、低熔点、黏温特性好、适宜的可磨性和粒度。

（2）适宜的氧煤比

氧煤比是影响反应温度的主要参数和经济指标，提高氧煤比可提高反应温度，有利于气化反应；过高的氧煤比会导致冷煤气效率降低，生产成本上升。合成气中CO_2含量增加以

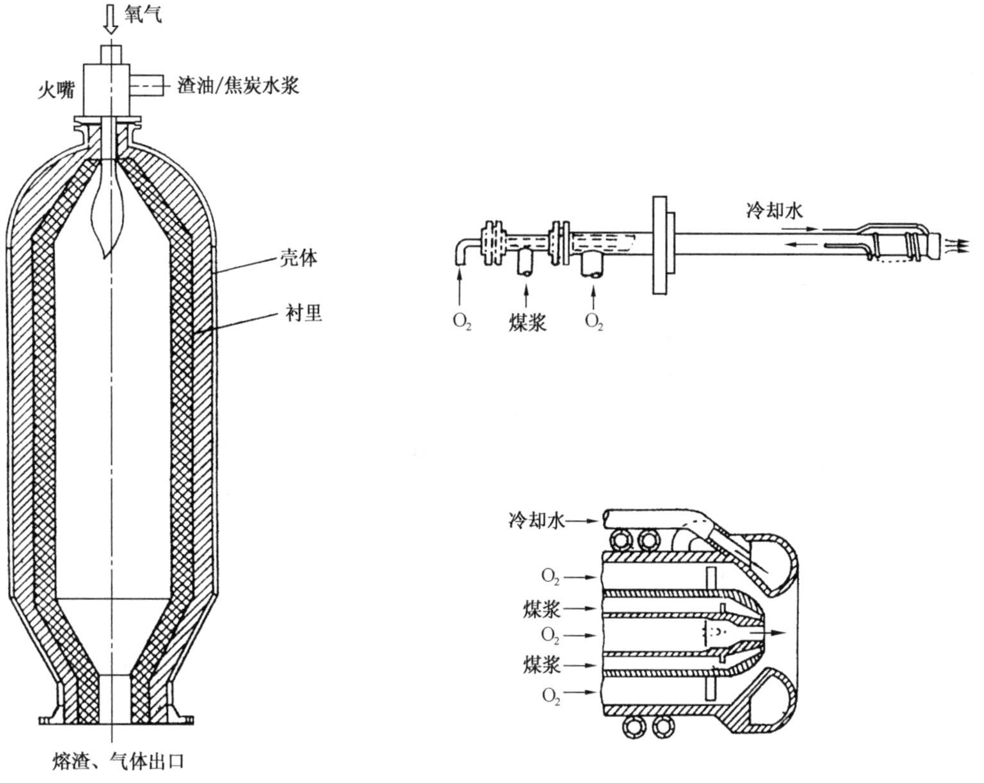

(a) 炉体结构　　(b) 火嘴

图 7-16　GEE 气化炉结构

及缩短耐火衬里的使用寿命。

（3）使用助熔剂：使用高灰熔点的煤炭作气化原料时，为了顺利排渣，应在进料中添加（石灰石）助熔剂。

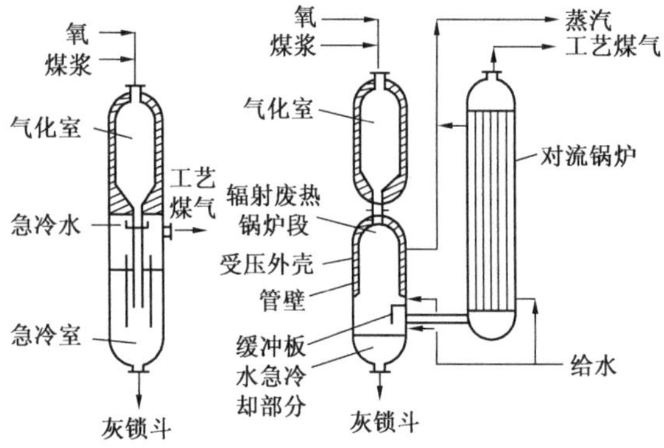

(a) 急冷型　　(b) 废热锅炉型

图 7-17　GEE 气化炉热回收流程

（4）提高反应压力

提高反应压力的效应为：可提高反应速率和气化效率，提高单炉处理能力和减小炉膛容积，降低后续工序压缩机的功率。

4）GEE 气化炉的特点

（1）对煤种的适应性较宽

GEE 气化炉可以使用不同煤种为气化原料，包括高水分、高灰分、高硫和高粘结性的煤。国内的德士古气化炉主要以烟煤为主，对煤的活性没有严格要求，对灰熔点有一定要求。

（2）生产的连续性好

GEE 气化炉为连续进料、液态排渣，而且排渣时也不影响气化炉运行，提高了生产的连续性。

受烧嘴使用周期的限制，国内的 GEE 气化炉实际连续运行时间在 50d 左右，烧嘴处于高温（1300~1400℃）工况下，须定期停炉检查，以确保安全运行。

（3）气体压缩功耗低

GEE 气化炉为加压气化，压力可分为 2.7MPa、4.0MPa、6.5MPa 和 8.5MPa 几个等级。采用的操作压力可以根据后继装置对气体压力的要求确定，故可以取消气体压缩机。

（4）气化强度高

气化炉结构简单，气化强度高，设备体积小，布置紧凑，生产能力大。例如 1 台直径 3500mm 的 GEE 气化炉，在 6.5MPa 压力下运行时，炉子的气化强度可达 8.6t/m^2·h。

（5）热量回收利用比较好

GEE 气化炉为高温（1400℃左右）、高压（2.0~8.5MPa）操作，采用急冷流程或废热锅炉流程回收热量，副产不同压力等级的蒸汽用于联合发电和工艺用汽。

（6）环境效应较好

GEE 气化炉为高温下操作，生成气中不含焦油、酚类和重质烃；废水中主要有害物质为氰化物，易于处理。产生的污水可在系统内循环使用，排放量很少，而且可将难于处理的含酚废水用于配制水煤浆，可以大大减轻对环境的污染。气化废渣可用于生产建筑材料（如水泥熟料）。

（7）建设投资

GEE 气化炉为 GEE（General Electric Energy）公司的专利技术，除了主要设备、阀门、仪表需从国外引进外，设备制造的国产化程度比较高，建设投资可以降低。

5）GEE 气化炉有待改进点

GEE 气化炉的一些工艺技术和设备仍有待改进，包括：

（1）气化炉耐火砖使用寿命短

气化炉的耐火砖受高温（1400℃）气流和熔渣的冲刷，磨蚀严重（尤其是燃烧室的中、下部），约每 1.5 年即需更换。

为了解决 GEE 气化炉耐热衬里磨蚀和使用寿命短的问题，GEE 公司找到了衬里损坏的原因是因为熔渣穿透了耐热材料，从而造成衬里脱落，GEE 公司已经在工业气化炉上进行新型的耐热材料的试验。

（2）烧嘴使用寿命周期短

烧嘴使用寿命一般仅为 50d 左右，是影响装置连续运转的主要因素。

（3）黑水中固体物含量高容易造成管线堵塞

黑水的减压管线在节流、汽蚀作用下磨损严重，需要经常更换。

2. 多喷嘴水煤浆气化炉技术[6]

水煤浆气化是成熟的气化技术。华东理工大学与设计、生产、制造部门合作，在吸收国外先进技术的基础上，开发成功了具有自主知识产权的对置式四喷嘴气流床气化炉技术，已经在国内多套化肥生产装置上应用。此项技术首先在山东滕州凤凰化肥有限公司的年产 24 万 t 合成氨和 24 万 t 甲醇的项目中应用，单台气化炉日投煤能力为 1200t，共设三台气化炉（两用一备）；随后在兖矿集团国泰化工公司也得到应用。现在国内许多煤化工、煤液化项目的气化装置正考虑全部采用国产化的多喷嘴水煤浆气化炉技术，单台气化炉日处理能力将可达到 2000t。

1）技术特点

多喷嘴对置式水煤浆气化炉技术是对 GEE 气化炉技术的改进，改进内容包括：

（1）气化炉应用撞击射流原理，强化了气化炉内的热传递过程，有利于获得良好的工艺与工程效果。由于多喷嘴对称布置在气化炉中上部同一水平位置上，煤浆与氧气一起喷入气化炉内，使水煤浆颗粒在气化炉内有颗粒的湍流弥散、振荡运动、对流加热、辐射加热、煤浆蒸发、挥发物析出、气相反应、煤焦的多相反应、灰渣形成等过程同时发生。

（2）由于多喷嘴的水平布置和炉型结构尺寸的优化，使流场合理。

（3）主要技术参数先进：生成气的有效成分（H_2+CO）含量≥80%；碳转化率高；比氧耗量≤0.38m^3/m^3，比煤耗量≤0.55kg/Nm^3有效气体。

（4）耐火砖使用寿命长。

2）与国外技术的比较

表7-15为华陆工程科技公司GEE气化炉和多喷嘴水煤浆气化炉的技术性能比较。

可以看出，GEE气化炉和多喷嘴水煤浆气化炉的投资相差不多；从技术指标看，多喷嘴水煤浆气化技术有效气体含量高、比氧耗量和比煤耗量均低于GEE气化炉；在设备制造方面，多喷嘴水煤浆气化技术由于气化炉的尺寸大，制造复杂性比GEE气化炉高。由于多喷嘴水煤浆气化是四个烧嘴，对于日处理煤量为2000t的气化炉而言，单个烧嘴的日处理煤能量为500t，因此氧气管线和煤浆管线的设计比较简单和常规，但排渣管线的设计难度较大。

表7-15　两种水煤浆气化炉技术性能比较

项　　目	GEE气化炉	多喷嘴水煤浆气化炉
运行装置的处理量①/（t/d）	1000	1500
国内在建装置数量/套	5	3
在建装置最大处理量/（t/d）	1500	1500
有效气体（CO+H_2）含量（干基）/%（体）	79.77	83.01
比煤耗量/（$kg/1000Nm^3$）	610	581
比氧耗量/（$kg/1000Nm^3$）	398	369
气化压力/MPa	4.0	4.0
气化温度/℃	1300	1300
气化系列	8+2（2套备用）	5+1（1套备用）
气化炉尺寸/mm	Φ3200×6000　Φ3800×9000	Φ3880×25000
预计投资/亿元	1.6	1.5

① GEE气化炉最大处理量为2000t/d，表中“运行装置处理量”为国内数据。

3. SCGP气流床气化炉[5,6]

壳牌（Shell）公司从20世纪50年代就开始了以重油为原料的气化炉开发研究，称为SGP气化技术。在此基础上于70年代又进行了煤炭气化技术的研究，先后建成了规模为6t/d和150t/d的试验装置，进行了多种煤炭的气化试验。运转试验结果证明，壳牌公司的煤气化工艺技术（SCGP）在运行的可靠性、原料的适应性、生产负荷的可调节性以及环境效应等方面均有优越性。商业名称为SCGP气化炉。

1978年建成的第一台SCGP气化炉的处理能力为150t/d。经历不断改进后，1993年建于荷兰 IGCC 装置的 SCGP 气化炉的处理能力达到 2000t/d。

SCGP 气化炉为干式进料压力气化炉，适合于加工煤炭、重油等多种原料。原料煤经过粉碎、干燥（粒度通过 90μm 的筛孔，含水量低于 2%）后，依次进入常压煤仓和高压煤仓。粉煤用合成气或氮气以密相输送方式通过喷嘴送入气化炉。经过预热的氧气（纯度为 95%）和蒸汽混合物也通过喷嘴送入炉中。在温度 1400~1600℃和压力 2.5~4.5MPa 下生成以 CO 和 H_2 为主（含少量的 CO_2）的合成气。煤炭中的灰分转化为熔渣，沿着炉壁耐热衬里上的水冷壁流到水浴中而固化。一部分溶渣在耐火砖内壁上形成固体薄膜保护层。水冷却的熔渣再通过炉下部的锁斗以水浆形式排出。

粗合成气出炉温度约为 1300~1500℃，含有少量的焦炭和熔渣。先用合成气急冷；接着依次在余热锅炉的辐射段、过热段、对流段中冷却，发生蒸汽；最后通过飞灰过滤器和在洗涤塔中脱除粉尘和冷却，然后去脱硫和处理工序。

熔渣沿着炉壁流至气化炉底部、固化成玻璃状炉渣，定时排放至脱水槽，最后通过捞渣机送至储渣场。

SCGP 气化炉流程见图 7-18。

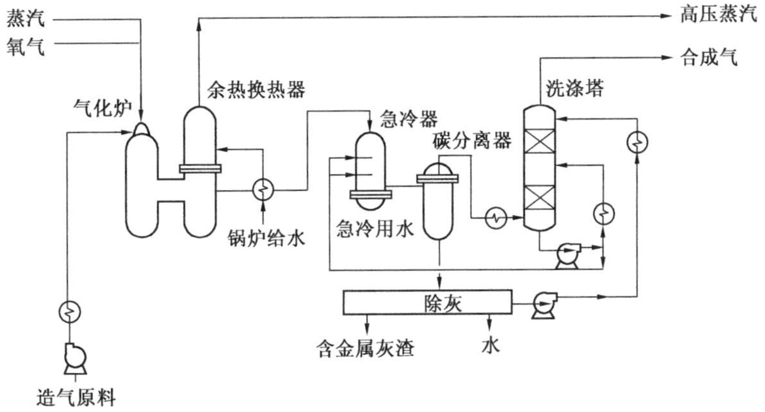

图 7-18　SCGP 气化炉流程

1）SCGP 气化炉的特点

（1）对原料煤的适应性广

可以使用无烟煤、烟煤、褐煤、重油或石油焦为气化原料，对高灰分、高水分、高含硫以及不同熔点的煤炭均能适应；灰分含量 8%~20%，灰熔点应<1500℃。

（2）碳转化率高

气化温度高达 1400~1600℃，碳转化率高达 99%以上；合成气中（$CO+H_2$）浓度可达 90%以上，不含重烃，甲烷含量极低。

（3）总热效率高

总热效率高达 98%左右，煤炭热值约 83%可转化为合成气，约 15%转化为高、中压蒸汽。

（4）单位耗氧量低

每 1000Nm^3 有效气体的耗氧量为 330~360Nm^3，低于同类的气化炉，可以减少空分装置的建设规模和投资。

（5）运转周期长

气化炉采用水冷壁结构，耐热材料涂层维修工作量少，烧嘴使用寿命长达 8000h，因此气化炉的运转周期长，可不设备用炉。

（6）环境效应好

气化炉污水中不含酚类和焦油，仅含少量氰化物，容易处理。排渣为玻璃状颗粒，对环境污染小。

2）SCGP 气化炉主要设备

（1）气化炉体

由内筒和外筒构成。外筒不承受高温；内筒下部为燃烧室、上部为急冷室。内筒采用水冷壁结构，内筒壁设有耐火材料涂层。正常操作时，水冷壁靠挂在其上的熔渣层保护。

（2）余热锅炉

外筒为受压容器，内件由圆筒形水冷壁和许多层盘管式水冷壁组成，各层盘管之间用密封分隔。余热锅炉内设有气动除灰装置，可定期进行振动除灰。

表 7-16　1000t/d 的 Shell 煤气化炉数据

项　　目	数　　据
设计指标	
煤加工量/（t/h）	39.8
石灰石加入量/（t/h）	2.48
氧气（99.6%）需用量/（Nm^3/h）	20400
7.2MPa 高压氮气/（Nm^3/h）	12000
5.2MPa 中压氮气/（Nm^3/h）	8000
0.6MPa 低压氮气/（Nm^3/h）	4500
副产 5.4MPa 中压蒸汽/（t/h）	50
合成气组成（湿基）/%	
CO	55.3
H_2	19.1
N_2	9.0
CO_2	2.2
H_2O	14
H_2S	0.1
主要工艺设备规格	内径×高度，mm
气化炉	3680×22800
输气管/气体返回室	2500/2900×6000
余热锅炉	2900×32650

附注：为合成氨用气化炉。

（3）输气管

气化炉和余热锅炉之间用输气管连接，输气管内也装有水冷壁。

（4）烧嘴

烧嘴为壳牌公司的专利技术。烧嘴安装在气化炉下部，呈对称式布置。气化炉一般安装烧嘴 4~8 个。烧嘴的维修工作量少，使用寿命可达 8000h。

国外建成的壳牌气化炉以用于 IGCC 发电为主。

至 2004 年，我国已经引进了一批 SCGP 气化炉，单炉煤炭处理量在 1000~2000t/d 范围之内。使用的煤种以烟煤为主，生产的合成气主要用于合成氨、合成甲醇，联产氢气或发电。

表 7-16 为我国引进的 1000t/d 壳牌煤炭气化炉的主要生产指标数据[6]。

神华煤炭直接液化工厂的制氢装置采用了 2 台 SCGP 气化炉，原料煤处理量 2700t/（d · 台）。气化炉的规格：$\phi4500\times H_T18200$mm。余热锅炉的规格：$\phi3400\times H_T58000$mm。气化炉的操作温度为 1400~1600℃；操作压力为 4.4MPa。

中国石化实施的合成氨“煤代油”技改工程中，引进了 Shell 公司的 2000t/d 的 SCGP 煤气化炉，用于巴陵、安庆、湖北化肥等企业尿素装置的合成气生产，于 2007 年陆续建成投产。但目前仍未能长周期运行，国外最长连运时间为 142d，国内目前仅达到 111d，仍有待完善和改进。

SCGP 气化炉是先进的煤气化技术，设备的工艺条件苛刻，制造标准高。引进气化炉技术的关键工艺设备需要进口，另一些大型设备的制造、施工建设和生产运行等均须在实践中总结经验。

荷兰 Pernis 炼油厂建设的 SCGP 气化炉使用减压渣油制氢-合成气联合发电，于 1997 年开工，日处理渣油 1650t。

据 2004 年对几种主要气化炉技术的市场占有率统计数据显示：壳牌 SCGP 气化炉的份额为 19%，在 2005~2010 年期间，将新建的 38 家气化工厂，总产能为 25282MW，其中有 24 家将采用壳牌气化炉技术，使其市场占有率升高至 43%。在中国建设的多家煤基化工厂，总产能达 8477MW，占同期世界总产能的 33.5%。

在卡塔尔建设的、以天然气为原料生产合成燃料工厂，造气能力为 11000MWTH，是产能最大的合成气装置。

4. GSP 气化炉[5,6]

GSP 炉又称 Noell 气流床气化炉，是前东德于 20 世纪 70 年代开发的。最初是以生产民用煤气为目的，使用高灰分褐煤的粉煤气化炉。1979 年建成了 GSP 炉中试装置，完成了基础研究和工艺验证试验，1984 年又建设了 130MW 的 GSP 炉商业化示范装置，原料煤处理能力为 30t/h。在这套装置上试验了许多煤种，运行十多年来，烧嘴和水冷壁从未更换过，气化炉的运转情况良好。

从 1989 年起，GSP 技术开发的重点转向了以工业废物和生物质等为气化原料，并先后使用过约 60 种气化原料，包括各种变质程度和灰分含量的煤炭、城市污泥、工业废渣、石油焦以及一些固体废物的干馏产物等。

经历了多次机构变迁后，GSP 炉技术现属于西门子（Siemens）公司。

GSP 炉为加压气流床气化技术，适合于处理各种煤炭（褐煤、无烟煤）、重油、石油焦、生物质木材和生活废料。表 7-17 为几种典型气化原料性质和煤气组成的实验数据。

表 7-17　几种典型气化原料性质和煤气组成

项目	无烟煤	褐煤	石油焦	重油	木材	生活废料
气化原料						
元素分析/%						
C	92	66.5	87.0	85.5	51.4	35.4
H	3.5	5.2	3.9	12.5	6.1	4.4
N	1.0	0.5	2.0	—	0.9	1.5
O	2.5	27.5	2	1.0	41.5	30.5
S	1.0	0.5	5.3	1.0	0.1	1.5
水分/%	2.0	10	2.0	<0.1	20.0	10.0
灰分（干基）/%	5~15	5~15	1~5	0.5	0.5~1.5	15~25
热值（干基）/（MJ/kg）	25~32	18~25	34~36	39~42	17~19	12~15
煤气组成/%（体）						
H_2	27	31	22	45	27	32
CO	64	55	65	48	50	49
CO_2	3	8	5	4	14	12
CH_4	0.1	0.1	0.1	0.1	0.1	0.1
N_2	5.5	4.3	6.5	2.9	6.3	6.7
H_2S	0.46	0.2	1.3	0.1	0.12	0.28
COS	0.04	0.02	0.16	0.01	0.1	0.02
热值/（MJ/Nm^3）	11.1	10.3	10.9	11.2	9.3	9.7

GSP 气化炉系统包括给料、气化炉和煤气净化系统。原料煤经过粉碎、研磨至粒径小于 0.5mm 后，用密相输送至烧嘴，要求使用含水率为 2%的干粉煤（褐煤含水<8%），灰分熔点<1500℃。使用液体或污泥状燃料时，可用泥浆泵输送。

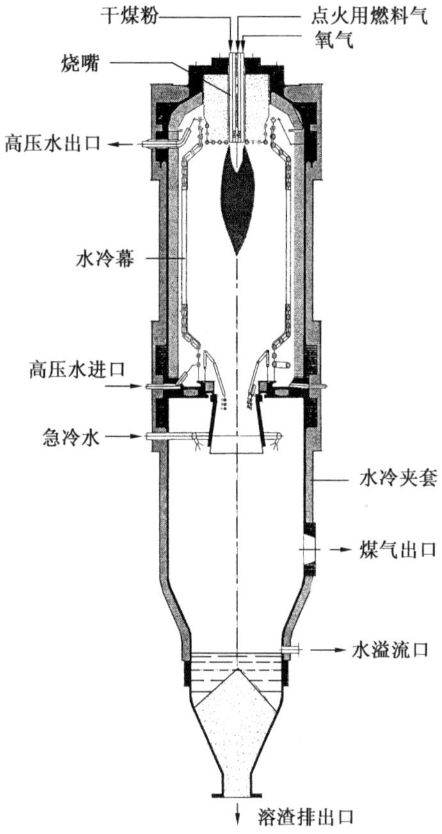

图 7-19　GSP 气化炉结构

原料煤粉和氧气、水蒸气分别经过烧嘴喷入气化炉内。气化反应条件为：1400～1600℃，2.5～4.0MPa。气化反应生成的主要成分为 CO 和 H_2，煤粉中的矿物质形成熔渣。高温煤气和熔渣一起进入气化炉下部的急冷室，冷却后的饱和煤气从急冷室中部排出，然后去煤气洗涤系统；玻璃状熔渣从急冷室底部的排渣口排出。

1）GSP 炉的结构[6]

GSP 炉由带水冷壁的气化室、急冷室和烧嘴组成，其结构参见图 7-19。

（1）带水冷壁的气化室

GSP 气化炉体由多层体组成，包括液态熔渣、固态熔渣、屏壁、填充物、齿形蛇管和高压冷却水管。气化炉体安装在压力容器中，为气密膜墙结构，内衬耐火材料。气化反应过程产生的熔渣以小渣滴形式被甩到水冷壁上，形成固态熔渣层。熔渣层厚度取决于气化炉内火焰温度和熔渣的黏温特性。通过固态熔渣层厚度调节气化炉的运行工况，当固态熔渣层厚度增大时，传至水冷壁的热量减小，从而使得排出反应室的熔渣量增多。如果气化反应室热负荷增大，传输到水冷壁的热量也会随之增大，而使水冷壁上的部分固态熔渣融化。随着通过水冷壁输出热量的增多，水冷壁上固态熔渣又会逐渐加厚。这种自动调节气化过程的机理，可保证气化过程的操作稳定。

圆柱形气化反应室周围是水冷壁。烧嘴装在气化室顶部，气化室底部为熔渣排出口。

气化炉内反应温度高于 1400℃，通过厚度 5.5mm 的液态熔渣和固态熔渣层后，温度可降至 500℃左右，再通过 13mm 的屏蔽层和填充物，温度降至 270℃左右，高压冷却水温度为 250℃。

水冷壁气化炉体的优点是外层壳体壁温低于 250℃，故不易损坏。运转情况表明：齿形蛇管在使用十年后，仍无严重的损坏。

图 7-20 为 GSP 气化炉水冷壁的结构[6]。

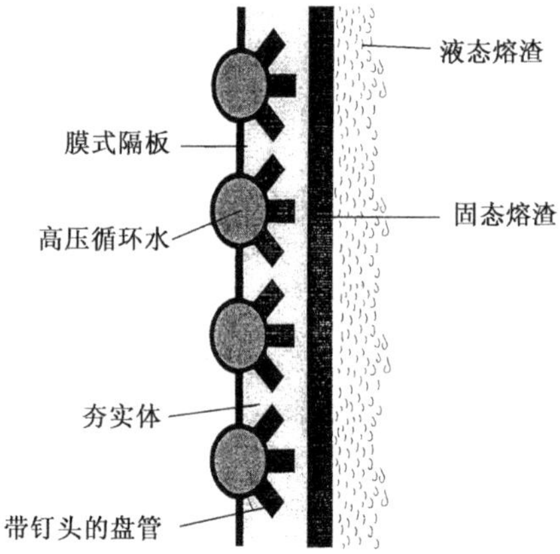

图 7-20　GSP 气化炉水冷壁结构

（2）烧嘴

GSP 气化炉使用的烧嘴为内冷式多通道烧嘴，共有 6 层通道。参见图 7-21。

烧嘴分为内、中、外三层。外层为燃料煤粉进口，共计有 3 个进口；中层为氧气和高压蒸汽进口；

内层为点火用燃料气进口。烧嘴内配有循环水冷却系统，循环冷却水系统的压力高于气化炉操作压力以保证安全操作。循环冷却水共有三层，分别布置在内层、中层和外层之间。这种冷却方式可以使烧嘴在较低温度下运行。尤其是保证烧嘴头部温度不至于过高，以防烧坏。GSP气化炉烧嘴的使用寿命不低于10年。对烧嘴头部金属材质的要求高，且应每年定期维修。

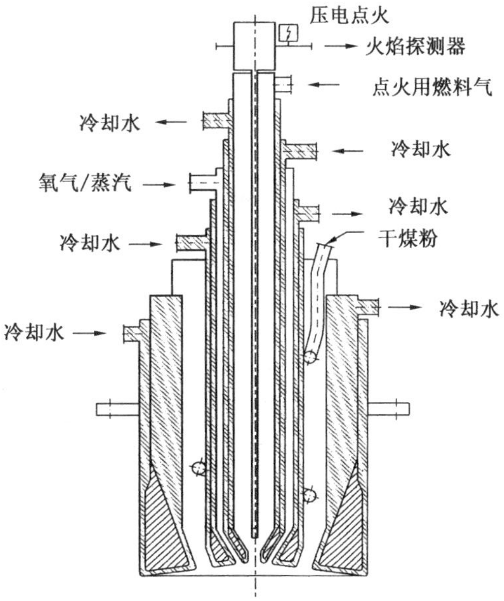

图7-21　GSP气化炉烧嘴

(3) 急冷室

GSP炉的急冷室为圆形筒体。从气化室排出的热煤气和熔渣，经过喇叭形的排渣口进入急冷室。喇叭口周围设有环行急冷水盘管，热煤气经过用急冷水冷却至接近饱和状态后，从急冷室中部排出。煤气冷却温度与操作压力有关（例如：$P=3\text{MPa}$，$T=211℃$），然后进入“气化后工艺系统”（包括文丘里管、急冷洗涤塔等）。冷却后的熔渣固化成玻璃状的渣粒，与急冷水一起从急冷室底部排出。为保证粗合成气的均匀冷却，需向急冷室内喷入过量的急冷水，并在急冷室底部形成水浴。可以采用的GSP气化炉有三种规格[6]，见表7-18。

表7-18　GSP气化炉规格

项　　目	中　型	大　型	特大型
气化室规格			
内径/mm	2000	2900	3650
高度/mm	3500	5250	6700
功率/MW	130	400	800
粗煤气产量/（Nm^3/h）	50000	160000	320000
煤处理量/（t/d）	720	2200	4400

2) GSP气化炉的工艺特点

(1) 气化效率和碳转化率

GSP气化炉的气化效率和碳转化率均比较高，实际测试结果如下：

在气化条件为反应温度1500℃，气化压力3.0MPa，氧耗量为600Nm^3/t煤，蒸汽耗量为112.5kg/t煤时，煤气的H_2+CO含量（干基）为95.42%，CO_2为4.06%，碳转化率为99.6%。

上述结果与Shell气化炉相近。GSP气化炉的工艺H_2O/C比和O_2/C比也均与Shell气化炉相近。

(2) 水冷壁结构和燃煤烧嘴

GSP气化炉特殊设计的水冷壁结构和燃煤烧嘴均具有使用寿命长、维修率低等特点。在多台气化炉并联情况下，可以在无须全线停车情况下，维修气化炉烧嘴。而且气化炉的开停工灵活、方便，开工时间短，是实现稳定生产的基础。

(3) 生产负荷弹性

GSP 工艺的生产负荷弹性大，据称可以半负荷生产。

(4) 对原料的适应性

可以适用不同煤种和不同灰分含量的煤炭，其他如石油焦、工业废渣、生物质木材等均可用作气化原料。这种灵活性主要取决于燃料喷嘴的性能。

5. 鲁奇（Lurgi）移动床压力气化炉[5,6]

鲁奇式压力气化炉是最成熟的移动床压力气化炉型。自20世纪40年代工业化以来，已经历了多次发展、改进。于80年代投产的鲁奇-V型压力气化炉的单炉粗煤气产量为 $95000m^3/h$。

鲁奇气化炉为干式出灰，使用块煤进料，用氧气、蒸汽作气化剂，操作压力为3.0MPa。为了防止灰分熔融，需采用较高的汽氧气比。由于操作温度较低，故适合于加工高活性煤。原料煤经过炉顶的煤箱进入炉中，炉顶部装有原料煤分布器和搅拌器。炉底部装有旋转的炉箅，气化剂通过炉箅进入炉内。炉灰从炉底排入装在炉下部的灰箱中。

鲁奇炉的操作温度较低，炉顶气体温度约为540℃，炉底温度为980℃左右。

鲁奇炉体装有水冷夹套，发生的蒸汽通入炉中。

鲁奇式压力气化炉的生成气中含焦油、酚类、氨、水溶性碳氢化合物和碳黑等杂质，所以合成气净化过程较复杂，环境效应较差。

南非 Sasol 合成油厂均采用了鲁奇式气化炉。Sasol-I 采用了9台鲁奇 III 型气化炉，处理量较低（单炉的设计产量为 $23000m^3/h$）；Sosal-II 和 Sasol-III 采用的是鲁奇 IV 型气化炉，单炉煤气产量为 $46200Nm^3/h$。

鲁奇式 V 型气化炉的规格为内径3850mm，总高12500mm。气化炉的操作已大大改善，单炉煤气产量为 $95000Nm^3/h$，利用率达到85%。

鲁奇式气化炉的主要缺点是：

- 不适用于粘结性煤的气化；
- 单炉生产能力较小，需要配置备用炉；
- 炉内有转动部件，耐火砖需要定期更换，维修工作量大；
- 环境效应差，污水处理流程复杂。

6. 几种气化工艺技术的比较

综合世界煤制气工业的生产状况可知，以使用气流床气化炉为最多，GEE 气化炉、SCGP 压力气化炉是较为成熟的气化炉型，已经在生产合成气和联合循环发电工业中广泛应用。GSP 气化炉也是成功的炉型，具有喷嘴、水冷壁使用寿命长的特点，发展前景良好。鲁奇式压力气化炉是 Sasol 合成油厂使用的气化炉型，已有50年成功运转经验。这几种气化炉的比较数据见表7-19。

表7-19　几种气化炉比较

项　目	SCGP 气化炉	GEE 气化炉	GSP 气化炉	Lurgi 气化炉
炉型	气流床	气流床	气流床	固定床
进料特点	粉煤进料	水煤浆进料	粉煤进料	块煤进料
适用煤种	烟煤、褐煤、无烟煤、渣油	烟煤、渣油、石油焦	无烟煤、褐煤、石油焦、废料	烟煤、褐煤、无烟煤、

续表

项　　目	SCGP 气化炉	GEE 气化炉	GSP 气化炉	Lurgi 气化炉
单炉煤处理量/（t/d）	2000~2500	800~2000	720~4400	1000~1300
操作条件				
压力/MPa	2.0~4.0	4.0~6.5	2.5~4.0	2.1~3.0
温度/℃	1400~1600	1300~1400	1400~1600	900~1050
耗氧量/（Nm^3/1000m^3 合成气）	330~360	380~430	340~360	160~270
$CO+H_2$ 含量/%	90~94	~80	>90	~65
碳转化率/%	>99	96~98	99	88~95
冷煤气效率/%	80~85	70~76	80~85	65~75
总热效率/%	98	90~95	>95	88~92

五、其他气化炉

以下介绍其他气流床气化炉、流化床气化炉、开发中的输送床气化炉和生物质气化技术等内容。

1. E-Gas 气化炉

E-Gas 气化炉原称 Destec 气化炉，是在德士古气化炉的基础上开发的。此项专利技术于 2003 年 6 月改属于 Conoco Phillips 公司。

E-Gas 为水煤浆进料、上流式两段压力气化炉。约 75%的煤浆进入气化炉的第一段，通过喷嘴送入 95%的氧气。第一段气化室呈水平圆筒形、内衬耐火材料。操作温度为 1430℃，压力约 2.8MPa。由于为高温放热的气化、部分氧化反应，生成气中不含轻烃组分。一段炉底部有排放孔，熔渣由此排入下部的急冷区。

生成气从一段炉的顶部直接进入上部的第二段炉。二段炉为内衬耐火材料的直立式圆筒炉。从炉体下部送入其余的 25%煤浆。煤浆利用一段煤气的显热完成吸热的气化及脱挥发分的反应，因此生成气中含少量的烃类和焦炭。二段炉的反应温度约 1030℃，出炉气体在 1000℃左右进入火管式冷却器，发生饱和蒸汽，同时使气体被冷却至 600℃左右。然后，气体在水洗塔中冷却并除去粉尘和氯化物，回收的焦粉返回到气化炉中。

液态排渣进入炉下部的急冷室，经过冷却、固化后，从炉底部排渣。

曾建成了日处理烟煤 1440t/d 的 E-Gas 气化炉，日产煤气 314 万 m^3，用作联合循环发电的燃料气。于 1995 年在美国 Indiana 州 Wabash River 建成的 262MW 联合循环发电厂采用了 E-Gas 气化炉。在示范运转中使用煤和石油焦为原料，成功运转了 15000h，已投入商业运行。

目前新建的气化炉规模为日处理原料煤 2500t。

美国为了发展洁净煤技术制定了“FutureGen”（“未来发电”）研究项目，计划建设一套以煤炭为原料的 275MW 样板电站，包括煤制气、联合循环发电、联产氢气，计划采用 E-Gas 气化炉生产燃料煤气。

E-Gas 气化炉具有适用的煤种广、处理能力大、碳转化率高等特点。E-Gas 气化炉简图如图 7-22 所示。

2. BGL 气化炉[14]

BGL 气化炉是在鲁奇移动床压力气化炉的基础上开发的炉型。由 British Gas 公司和Lurgi

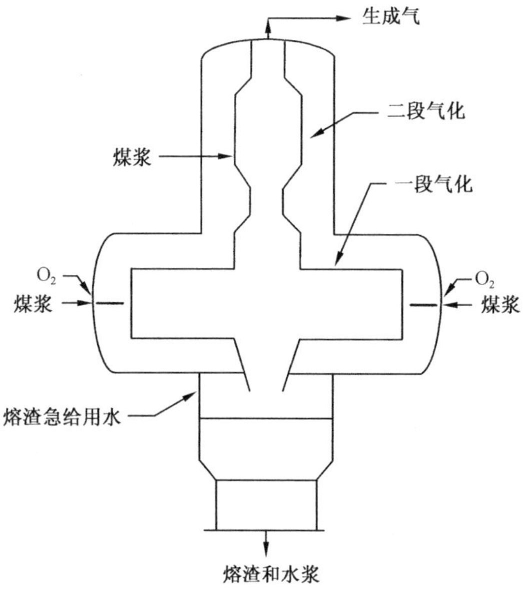

图 7-22　E-Gas 两段气化炉简图

公司 16 年共同合作开发、形成了 BGL（British Gas Lurgi）气化炉技术。BGL 气化炉为干式给料、灰渣熔融和固体排渣的移动床气化炉。

BGL 气化炉可用的原料十分广泛，包括煤炭、石油焦、生物质和工业废料等。适用的煤种包括烟煤、次烟煤、褐煤；对灰的熔融性没有限制。进料煤的块径为 6~50mm，粉煤容许含量可达 40%。可处理高水分的褐煤。

BGL 气化炉生产的合成气经过净化后可用作生产合成油、甲醇等产品的原料，经过水煤气变换和变压吸附后生产氢气，合成气经过甲烷化后可生产代用天然气（SNG）；合成气或 SNG 可用作 IGCC 发电的燃料。

1）BGL 气化炉的改进

BGL 气化炉是在鲁奇移动床压力气化炉的基础上做了以下改进：

① 取消了鲁奇炉干式出渣的回转炉箅；

② 增加了蒸汽和氧气注入喷嘴、循环焦油的注入喷嘴；

③ 改进了炉膛的耐火衬里以提高操作温度；

④ 用充水的熔渣急冷罐替代鲁奇炉使用的出灰锁斗；

⑤ 在炉顶部安装搅拌器以防进料煤结块。

图 7-23 为 BGL 气化炉结构。

2）BGL 气化炉的工艺特点

① 原料煤不需经过干燥和其他预处理过程；

② 在各种气化炉中，BGL 气化炉的氧煤比（0.5~0.6）；汽煤比（0.3~0.4）均属最低，故可以提高能效率、降低建设投资和生产费用；

③ 冷煤气效率可达 88%~92%；

④ 合成气出口温度<540℃，可直接用水急冷，并在冷却塔中脱除焦油、颗粒物等杂质；

⑤ 炉膛温度低，有利于提高耐火层使用寿命；

⑥ 气化的焦油、油分均返回至气化炉中，可提高转化率和合成气热值；

⑦ 直接使用块煤造气，用水量少，

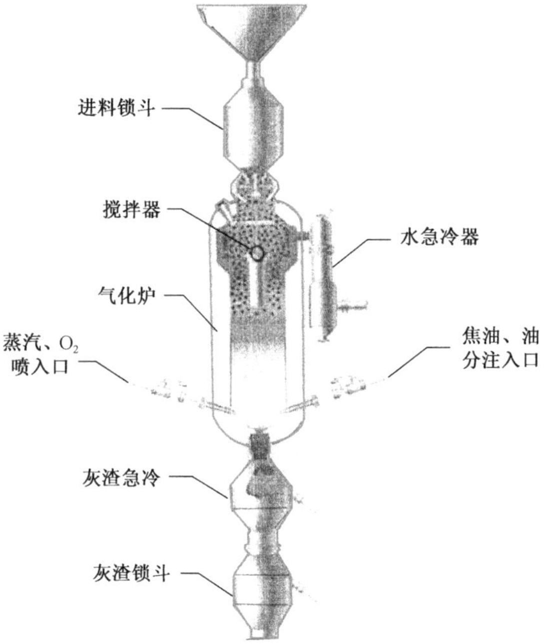

图 7-23　BGL 气化炉结构

可降低水电消耗。

据国内建成的中型试验 BGL 气化炉（20t/h）的中试数据可知：BGL 气化炉的几项工艺性能均好于鲁奇炉，例如：①相同内径（Φ=2300mm）的 BGL 气化炉的合成气产量（23000Nm^3/h）比鲁奇炉提高 1 倍（鲁奇炉 = 11000Nm^3/h）；②BGL 气化炉的灰渣含碳量（0.5%）低于鲁奇炉（<20%）；③BGL 气化炉的碳转化率（99.5%）高于鲁奇炉（60%~65%）。

与气流床气化炉（如 GEE 气化炉和 Shell 气化炉）相比，BGL 气化炉的单炉处理量低，合成气中含焦油，生成含有酚、氨的污水导致合成气净化和污水处理过程均较为复杂。

3）BGL 气化炉的概念设计内容

BGL 气化炉在北美市场的专利商是 Allied Syngas 公司，编制了 BGL-1000 气化炉的概念设计。BGL-1000 气化炉的完整“工艺包”包括以下工艺设备：

① 气化炉；

② 进料煤锁斗；

③ 氧气、蒸汽喷嘴，焦油和油分喷嘴；

④ 熔渣急冷罐；

⑤ 合成气洗涤冷却塔；

⑥ 余热锅炉；

⑦ 合成气管式冷却器；

⑧ 油水分离设备。

BGL-1000 气化炉的内径为 3.66m。按吹氧操作、加工烟煤的单炉日处理量为 1000t 左右，所产中热值合成气的热值 HHV = 14.6MJ/kg。合成气的公称产能为 1056GJ/h（合成气产量约为 81000Nm^3/h）。

概念设计包括多种生产方案，现以加工 6#烟煤生产合成气方案为例说明 BGL-1000 气化炉的技术经济评估结果。方案采用 BGL-1000 气化炉 2 台（1 用 1 备），共设一套气体净化系统、硫回收系统及相应的水处理、供电设施。煤气化所需的 99.5%氧气和高压氮气由外部供应。

图 7-24 为 BGL-100 气化炉部分的工艺物料流程。

4）BGL 气化炉的工艺指标

BGL-100 气化炉的主要工艺指标：

- 煤加工量：6#烟煤 1041t/d，折合原料煤的热量为 1180GJ/h；
- 石灰石助熔剂用量 = 1.095t/h；
- 气化用氧量 = 22.1t/h，氧煤比 = 0.5∶1；
- 气化用蒸汽量 = 13.3t/h；汽煤比 = 0.3∶1；
- 气化炉排渣量 = 6.27t/h；
- 余热锅炉低压蒸汽发生量 = 8.15t/h。

5）BGL-1000 气化炉的经济数据

根据 BGL-1000 型气化炉的概念设计数据，得出的主要工艺指标和技术经济指标如下：

(1) 工艺指标

如表 7-20 所示。

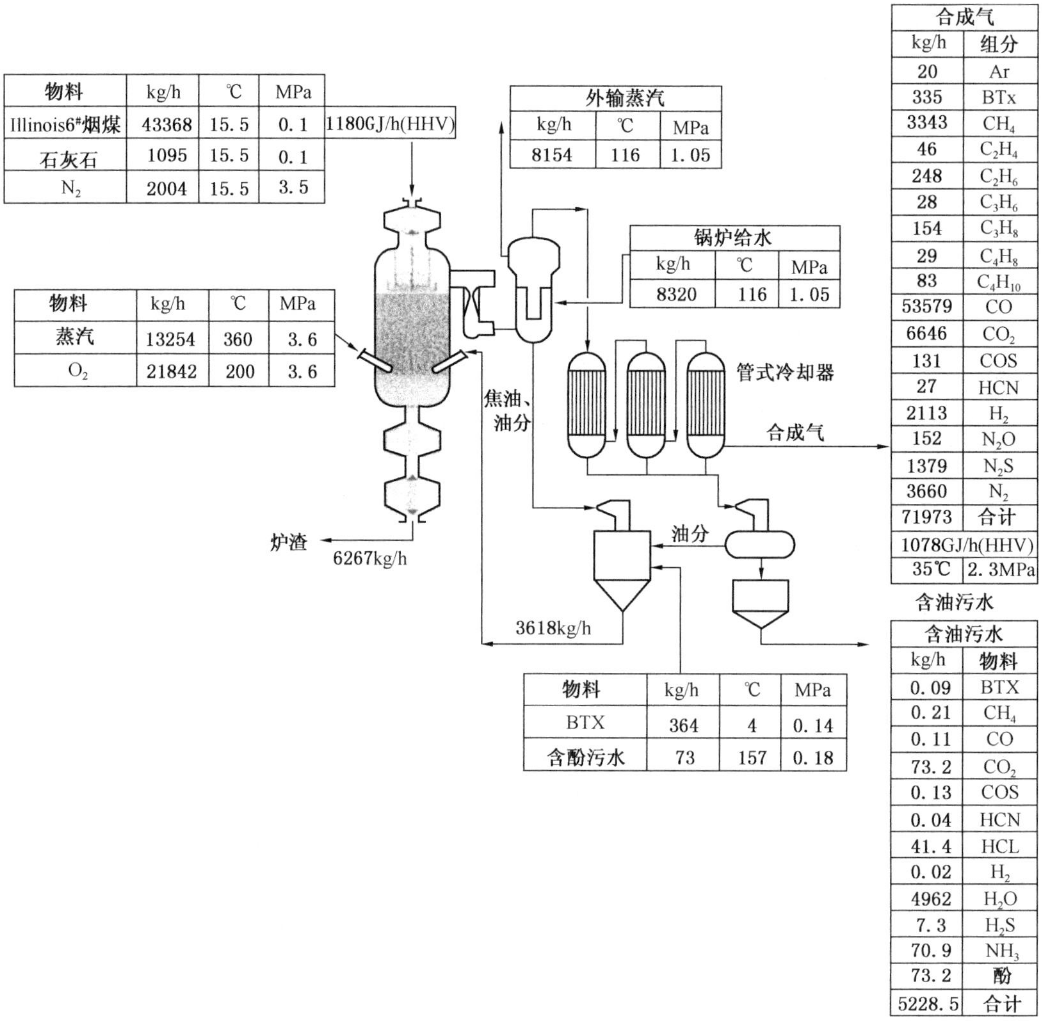

图 7-24　BGL-100 气化炉工艺物料流程

表 7-20　BGL-100 气化炉的工艺数据

项　　目	单　　位	数　　据	项　　目	单　　位	数　　据
产品			氧消耗量（包括 Claus 用）	t/h	22.1
合成气总产量	t/h	72.14	气化炉用蒸汽	t/h	13.3
合成气热值（HHV）	MJ/kg	14.63	高压氮气	t/h	2
合成气热值（LHV）	MJ/kg	13.71	工艺用水	t/h	53.2
外输合成气总量	t/h	68.82	气化炉系统用电量	kWe	5140
外输合成气总热量（HHV）	GJ/h	1005	空分系统用电量	kWe	9700
元素硫产量	t/h	1.36	空分系统用水量	t/h	12.3
炉渣产量	t/h	6.27			
物料消耗			系统热效率		
原料煤消耗量	t/h	43.37	原料煤和电力总输入能量	GJ/h	1346
原料煤总热量（HHV）	GJ/h	1180	合成气产品总能量	GJ/h	1005
石灰石助熔剂	t/h	1.10	工厂净热效率	%	74.7

(2) 建设投资和生产费用

如表 7-21 所示。

表 7-21　BGL-100 气化炉的技术经济指标

项　　目	单位	数据
工程费用	万美元	84800
其中：煤和助熔剂系统		380
气化炉和净化系统		6410
建筑物、构筑物		270
其他工程		1420
施工费用	万美元	1320
不可预见费用	万美元	2070
总投资	万美元	11870
生产成本	万美元/a	
固定成本		596
可变成本		1230
原料煤成本		1310
总成本		3136
合成气生产成本①	美元/GJ 合成气	3.90

① 合成气产量=1005GJ/h。

6) BGL 气化炉的中型试验

云南煤化工集团公司与英国 Advantica 公司合作于 2004 年开始建设了碎煤熔渣压力（BGL）气化炉中试装置。加工含水量 38%的云南褐煤，煤处理量为 1300t/d，合成气产量为 23000Nm³/h。试验数据表明：气化炉的碳转化率达 99%；冷煤气效率为 85%；合成气中有效组分（$CO+H_2$）达 73.63%；灰渣中碳含量为 0.5%。

3. Prenflo 气流床气化炉

为德国 Uhde 公司开发的干式给料、气流床压力气化炉。煤炭先经干燥、粉碎至粒度为 100μm 的煤粉，与氧气和蒸汽一起、用气动输送，从气化炉下部送入炉中。在约 1600℃ 下生成合成气，操作压力 3.0MPa，气体在整体式余热锅炉中经过急冷和冷却后，炉出口气体温度约为 370℃。Prenflo炉采用熔渣法排出灰渣，气化炉中的耐热衬里附上一层熔渣后增强了保护作用，可以起到防止气体扩散和绝热作用。

1992 年在西班牙建成的 Prenflo 气化炉，进料煤处理量为 2600t/d，每小时煤气产量为 18 万 m³，用作 IGCC 发电装置的燃料，发电量达 300GW。

生产数据表明，Prenflo 气化炉的碳转化率可达 99%，按煤气化学能计算的热效率为 82.5%，按煤气化学能和蒸汽热焓计算的热效率可达 97%（均为高热值基准）。

4. 高温 Winkler 流化床气化炉

高温 Winkler 炉为干式给料、干式出灰的流化床压力气化炉。主要的特点是适合于加工不同品种的煤和各类生物质的气化，例如用高活性的褐煤和非粘结性硬煤生产合成气。由于炉出口温度高，合成气中不含焦油和酚类等物质。

经过磨碎的进料用螺旋输送机送进气化炉中，用氧气（或空气）和蒸汽进行流化，完成部分气化反应。携带固体物的生成气体进入到气化炉上部，还需要补充氧气和蒸汽以便完成气化反应。出炉的合成气仍含有一部分固体物，需经过旋风分离器脱除，分离出的固体返回流化床中。灰分用螺旋输送机从炉底排出。

炉底温度不高于 900℃以防灰渣熔融，流化床层温度约为 1100℃。气化压力可根据合成气的用途确定，一般为 1.0~3.0MPa。

高温 Winkler 炉是在常压 Winkler 气化炉基础上开发成功的炉型。在此基础上又开发成功了 KRW 和 U-Gas 等流化床气化炉。

5. KRW 流化床气化炉

KRW 流化床气化炉是干式给料、熔渣排灰的高压流化床气化炉，可用于加工不同品种的煤炭、生物质原料或各种废料。曾在 30t/d 的中试装置运转了 15 年，成功地使用各种烟煤、次烟煤、褐煤和石油焦进行了试验。曾建设了一套冷模装置，用于对气化炉进行工业放大。气化炉冷模装置的直径为 3m，是工业气化炉可能的最大直径。

KRW 高压流化床气化工艺最初是 1972～1984 年期间由能源系统公司和煤气研究院（GRI）合作开发的。1984 年这项技术转让给了 Kellogg 公司并继续进行中型试验，目标是开发一种能够生产用作燃气轮机燃料的低热值煤气和生产可以替代天然气的中热值合成气的气化技术。

KRW 流化床气化炉使用石灰石/白云石作脱硫吸附剂，有吹空气式或吹氧式两种操作模式。吹空气式气化炉可生产脱硫的低热值煤气，此煤气可用作联合循环发电的燃气轮机燃料。吹氧式气化炉所产的煤气（主要组分为 H_2、CO、CO_2、少量 CH_4 和 H_2O）适用于制氢、生产合成气或中热值煤气。

流化床气化炉的特点是可以充分利用床层内气固两相的高强度传热和传质效应，使床层温度分布均匀，混合效果良好，有利于气化反应的进行。利用流化床的低温燃烧，靠加入的石灰石（或白云石）脱硫剂脱除大部分 SO_2 和 H_2S。由于流化床气化炉的反应温度为 850～1000℃，进料中所有的大分子有机物均裂解为双原子或三原子气体，CH_4 含量一般少于 2%。

KRW 流化床气化炉生产流程如图 7-25 所示。

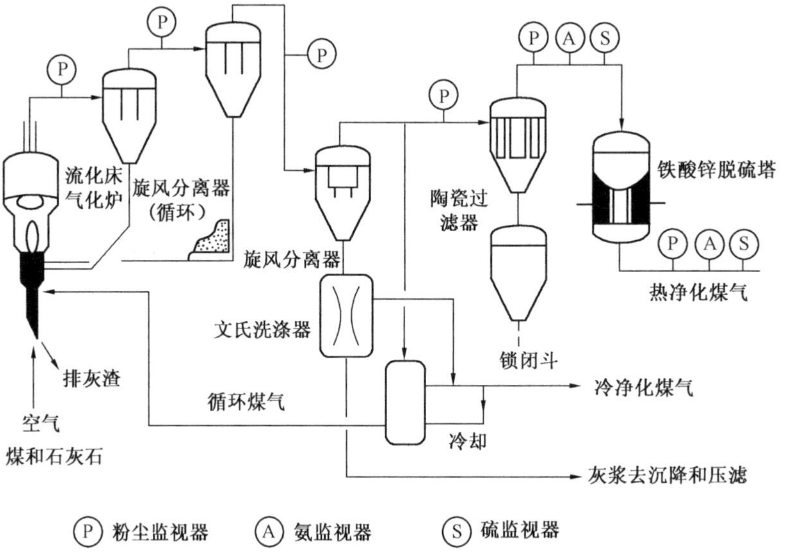

图 7-25　KRW 流化床气化炉生产流程

煤或石油焦进料需预先粉碎至 3mm 颗粒，然后在储料仓内加压，经过旋转伐用空气输送至气化炉底部的中央喷嘴中。用空气作氧化剂时，原料在进炉前需预热至 565℃。过热蒸汽与空气混合后通过喷嘴周围的环隙进入气化炉，煤粉在炉内被迅速地脱除挥发分。靠燃烧挥发分、循环煤气和一部分焦粉供给气化反应所需的热量。高速的气流和迅速燃烧使焦粉在床层中激烈地混合和分散，即使粘结性煤也可以气化。高温的燃烧气流使脱出的焦油、轻烃裂化为甲烷、一氧化炭和氢气。

气化炉独特的流体动力学设计使灰分颗粒被气流加热并结块，然后再被发生气化反应的流化床层所冷却。含矿物质的灰分形成共熔体（熔点为 540～1090℃）。低熔点化合物熔化并润湿了灰分颗粒的表面使之有黏稠性并且结成块。结块的灰分重于流化床中的焦炭颗粒，故可以沉降到气化炉的底部，经过回转排料机连续从炉底排出。烧结灰渣和废吸附剂通过炉底部的旋转阀排入减压储仓。旋转阀之前装有破碎机，用于破碎偶尔在炉内生成的烧结大块。

出炉煤气经过三级旋风分离器分离出煤气中的粉尘。前两级旋风分离器分出的固体物经过料腿送回至气化炉的燃烧段。三级分离器分出的固体物不再循环，煤气在文氏洗涤器内用水冷却。洗涤污水用压滤机回收炉渣。从三级分离器出来的热煤气使用来自雾化喷嘴的水进行增湿并冷却至约650℃，然后进入挡板式陶瓷过滤器，除去残余的固体物。煤气最后进入铁酸锌脱硫塔除去残余的 H_2S 和 COS。脱硫塔的吸附剂需定期用蒸汽-空气再生。若气化炉使用钙基吸附剂，可将吸附剂再生时排出的气体送回至气化炉以便再回收 SO_2。

使用吸附剂的气化炉，煤气的硫含量（H_2S 和 COS）约为 300~600μg/g。对于吹空气式气化炉，每1%进料硫含量形成的煤气硫含量约为2000μg/g；对于吹氧式气化炉，每1%进料硫含量使煤气的硫含量约为5000μg/g。

流化床气化炉的炭转化率根据气化炉的操作温度、床层容积和焦炭的活性而定。流化床气化炉的极限操作温度根据气化原料的灰分熔点确定。

KRW 流化床气化炉在 IGCC 电站中有着成功的应用实例。

吹氧式 KRW 气化炉的煤气分析数据见表 7-22。

表 7-22 吹氧式 KRW 气化炉的煤气组成

项 目	数 据	项 目	数 据
煤气组成/%（体）		N_2	0.4~0.7
H_2	13.5~16.8	水分	8.7~13.9
CO	34.3~45.6	H_2S	0.3~0.6
CO_2	27.3~36.4	煤气热值/（MJ/Nm^3）	15.9~20.1
CH_4	0.1~0.9		

气化炉下部的环隙用于冷却排出的灰分颗粒。一股冷却用气体向上流动，通过排出的灰分并将轻质焦炭颗粒携带回至到流化床之中。煤和焦炭灰分的熔点差别很大，对每种原料均有一个最佳操作温度范围。钙基硫吸附剂对灰分熔点也有影响。

气化炉排出的煤气经过多级旋风分离器脱除粉尘，未转化焦炭颗粒直接送回至气化炉下段再气化。从旋风分离器循环至气化炉的粉尘量随进料种类而异。气化系统中的粉尘包括进料中所含的、气化过程磨擦及反应生成的粉尘。粉尘循环过程积累的平衡量取决于进料的易碎性、操作温度和气化炉中的固体物藏量。

从旋风分离器出来的粗煤气仍含有少量特细颗粒，经过用换热器冷却（发生蒸汽）后进入挡板过滤器最后除去全部粉尘。

煤气经过固定床脱硫后，硫含量可降至10~20μg/g，煤气中可能含微量的 NH_3 和 HCN。脱硫塔内装填可再生的铁酸锌吸附剂。

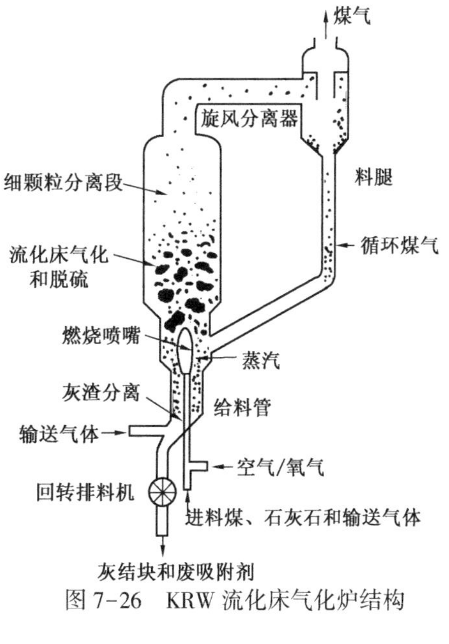

图 7-26 KRW 流化床气化炉结构

KRW 流化床气化炉的结构如图 7-26。

KRW 流化床气化炉体是由三段直径不同的壳体组成的，内衬保温层和耐火材料层。

气化炉是在压力下运行，给料系统和排灰系统均设有上、下料斗和上、下灰斗。加料时，首先将原料送入上料斗，然后用阀门将储料仓与上料斗隔断。用煤气为上料斗加压，当上、下料斗压力达到平衡时，可打开上、下料斗之间的隔断阀，使原料进入下料斗内，并将之充满。然后再关闭上、下料斗之间的隔断阀，使上料斗减压，煤气则排入煤气系统中。通过给料机用输送煤气把进料从下料斗送进炉膛的中心立管内。气化炉的排灰过程与加料相似，炉底倾斜段的灰粒经过螺旋排灰机送入上灰斗，然后用同样的泄压方法经下灰斗把灰渣排出炉外。气化炉内流态化的环流颗粒形成高速循环运动，形成强烈的传质、传热过程。

6. 输送床气化炉技术（Transport Reactor Gasification）

炼油厂催化裂化装置的提升管技术已经成功地使用了几十年，KBR 公司在此基础上开发了空气提升粉煤的气化工艺，使用这种技术开发了吹空气的气化工艺，称为输送床（提升管）气化炉技术（Transport Reactor Gasification），具有功率大、热效率较高、便于 CO_2 的回收等特点。这项新气化技术的发展是为适应替代燃料和电力工业发展的需要，可与燃气透平联合组成 IGCC 发电系统。

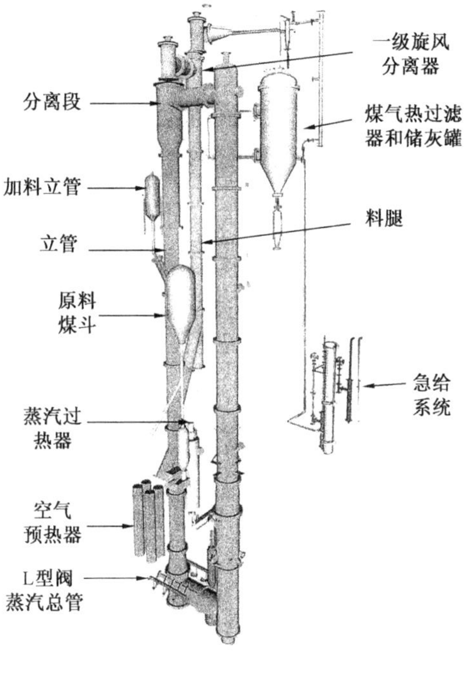

图 7-27　输送床反应器开发试验装置

美国北达科他大学在 DOE 的支持下，利用 KBR 公司的一套输送床反应器中试装置进行了输送床气化炉的气化试验，目的是验证输送床反应器对不同燃料的气化和流体力学性能。共计使用了烟煤、褐煤和石油焦等 9 种燃料完成了 2000 多小时的中型试验。输送反应器开发试验装置（TRDU，Transoport Reactor Development Unit）构造参见图 7-27。

为了提高混合段的固体循环流率和固体密度，以便使混合段保持适宜的含碳量。试验前对 TRDU 装置作了以下修改：

- 提高了输送床反应器的混合段长度；
- 改用 L 型阀作为密封替代原有的 J 型密封。

上述修改同时提高了混合段的返混量，相应提高了固体的停留时间和气化的性能。试验中曾达到的最高碳转化率为 95%，与氧碳比密切相关。可能对合成气质量造成影响因素包括：循环流率、煤的品种、反应温度、空气煤比和汽煤比。

曾进行了吹氧和吹空气两种操作模式的试验，研究分析了氧碳比与碳转化率、煤气热值的关系。烟煤气化采用的氧碳比应高于褐煤气化的氧碳比。吹氧气化应使用过量的蒸汽以防止灰渣的熔融、团聚。吹氧气化的碳转化率高于吹空气的气化；吹氧的煤气热值（7.1～8.4MJ/Nm^3）也高于吹空气气化（煤气热值 = 3.4～4.5MJ/Nm^3）。表 7-23 为输送床反应器的设计和操作数据。

为了进行输送床气化炉的工业示范，南方电力服务公司计划在佛罗里达建设一套发电量

285MW 的 IGCC 发电厂。日处理次烟煤 3300t，采用吹空气的输送床气化炉。图 7-28 为工厂系统生产流程图。

表 7-23　输送床反应器的设计和操作数据

项　目	数　据		项　目	数　据	
	设计值	操作值		设计值	操作值
原料煤含水率/%	5	8.5	蒸汽预热温度/℃	537	350
原料煤流率/（kg/h）	537	350	最高汽化温度/℃	1010	950
操作压力/MPa	0.93	0.93	最高温差（Δt）/℃	17	60~100
汽煤比	0.34	0.34	碳转化率/%	>80	76.5
空气煤比	4.0	2.3	提升管流速/（m/s）	9.5	7.6
钙/硫比（摩尔）	1.5	2.0	立管的表观流速/（m/s）	0.031	0.12
空气进口温度/℃	427	180	燃料气高热值/（MJ/Nm^3）	3.72	4.09

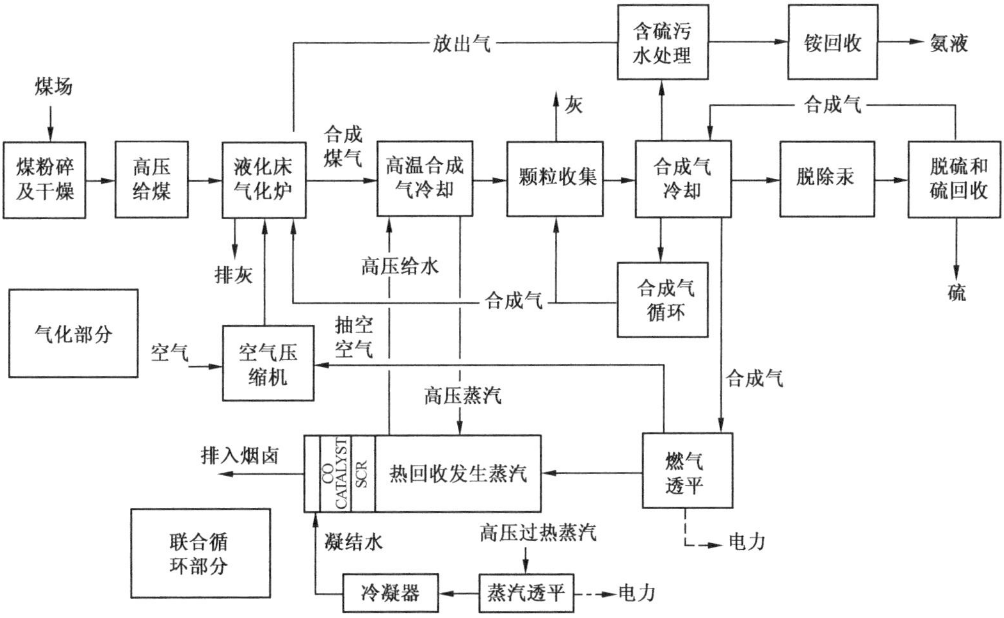

图 7-28　285MW IGCC 发电厂系统生产流程

285MW 的输送床气化炉-IGCC 示范发电厂计划于 2008 年前完成详细工程设计，2011~2015年运转[13]。此项目的主要技术特点：

- 在联合循环发电系统中应用了炼油工业的输送床反应器技术；
- 为吹空气的煤造气技术，不需设置空气分离设施，比传统的吹氧气化炉节约投资；
- 具有适应不同原料煤种的灵活性；
- 单炉处理量大，发电成本低，热效率较高（40%）；
- 可以在系统中增加 CO_2 回收和填埋设施，解决温室气体排放问题。

为了取得工业放大数据，1996~1999 年期间曾在一套 PSDF 试验装置进行了输送床气化试验。使用了 3 种燃料（2 种烟煤和 1 种石油焦），按照吹氧/吹空气模式操作，气化温度为

910～1000℃、压力1.0～1.7MPa。空气煤比2.5～3.5；汽煤比0～1.0。提升管物料流率为730～3420kg/m^2·s。燃料平均处理量为1.4～2.3t/h。

六、气化炉技术进步展望

最近美国NETL实验室学者[18]结合今后煤电技术的发展，在原有IGCC技术的基础上展望了今后的发展趋势，对气化炉的改进有：①不采用原先建议的水煤浆进料，改为干煤粉进料，以提高气化过程热效率。提出采用干煤粉进料泵技术。②气化炉在苛刻条件下耐火材料的抗腐蚀、抗磨蚀性能的改进，将使其寿命延长到3年以上，辅之以在线维修和新的测试仪表，从而增加单炉生产周期，使年开工率从80%延长到85%甚至90%，产品成本随之降低4%～7%。③离子传递膜（ITM）空气分离制氧技术的应用比传统的深冷分离节约投资三分之一，与合成气压缩机组合可节约动力，产品成本降低4%。

七、合成气净化技术

1. 概述

以合成气为原料生产燃料或化学品生产过程中，合成气净化工序的目的是为了保证合成催化剂的性能，防止催化剂中毒和失活。

以费托合成为例，造成费托合成催化剂失活的原因有：

（1）金属活性中心转化为非活性氧化中心；

（2）催化剂结块；

（3）碳沉积导致活性面积损失；

（4）催化剂化学中毒。

上述原因有的是无法避免的，有的可以通过原料气净化降低杂质含量来预防，控制合成气的硫含量就可减少或消除含硫化合物使催化剂活性中心中毒所造成失活。天然气和煤炭中均含一定量的硫，在重整或气化过程中会转化为H_2S和其他有机硫化合物。硫化物使铁剂和钴剂迅速失活的可能原因是在金属表面生成没有合成活性的硫化物。合成气不含硫是理想的，毕竟会有少量的硫通过催化剂。合成气的净化程度由经济因素确定，即催化剂保持活性的寿命与气体净化费用的关系。

早期费托合成气体最高硫含量要求为4μL/L，此后标准逐渐提高。20世纪80年代，根据Sasol合成油厂的经验推荐的最高硫含量为0.2μL/L。钴催化剂对硫的毒性比铁催化剂更为敏感，考虑钴催化剂的相对成本高于铁催化剂，使用钴剂的费托合成应更有效地脱硫。Boerrigter等建议费托合成的合成气含硫应低于1μL/L，Turk等要求合成气的硫含量应为60nL/L。其他对费托催化剂有毒害杂质和容许含量参见表7-24。

表7-24　费托合成催化剂的杂质容许含量

杂质种类	容许含量	杂质种类	容许含量
硫	0.2μL/L	氮	
	1μL/L	NH_3	10μL/L
	60nL/L	NO_x	0.2μL/L
卤化物	10nL/L	HCN	10nL/L

2. 合成气净化

已经工业化的许多种气体净化工艺技术都可以满足上述严格的气体净化要求。低温甲醇洗涤 Rectisol 工艺可以除去气体中的 H_2S、NH_3、焦油和 CO_2。热碳酸钾、乙醇胺（一乙醇胺和二乙醇胺）化学吸收法也是常用的气体净化工艺。固定床的 ZnO 吸附是最后的脱硫工序。合成气净化应采用何种工艺技术，是否经济合理取决于费托合成装置的规模。

合成气净化流程主要取决于生产合成气的原料和使用的工艺方法。用天然气生产的合成气几乎不需要再精制。用煤炭气化生产的合成气，就需要更为复杂的净化过程，因为气化过程中煤炭中所含的硫、氮、氯和微量的汞、砷等均会生成 H_2S、COS、NH_3、HCl 等成分存留在气体中。在合成工序之前必须除去这些杂质。

合成气净化要求与造气过程采用的气化炉型有关，不同的煤气化技术所产合成气中的杂质组成也各异，例如：移动床气化炉生产的合成气就含有较多的焦油、油分、酚、氨等杂质，所以需采用较为复杂的净化过程。以 Sasol 合成油厂的气体净化流程为例，合成气净化流程包括煤气液回收、含酚水回收、合成气低温甲醇洗涤和硫回收等工序。

天然气中的杂质有较大分子的烃类、N_2、CO_2 和氦等，此类杂质对重整催化剂没有毒害。但是，重整催化剂对硫化合物、卤素和重金属的毒性十分敏感。用天然气为原料生产合成气时，原料气应先进行脱硫，将硫含量降至<0.4μg/g 以下。通常采用 ZnO 固定床脱硫，如果有机硫化合物（硫醇）含量较高，就需要采用加氢处理工艺，然后再用固定床进行最后脱硫。

1）预处理技术

COS 水解技术：有的脱酸性气（AGR）工艺所用的溶剂不能脱除合成气中的 COS，就需要设置 COS 水解设施将合成气中的 COS 加氢水解生成 H_2S，然后再脱除 H_2S。加氢水解的反应温度为 200℃左右，Sud Chemie 公司可提供加氢水解用催化剂。

2）脱酸性气技术[14]

合成气的脱除酸性气技术有很多种，综合说来，可有低温溶剂吸收、高温固体吸附、膜分离法等工艺技术。

低温溶剂吸收法是目前工业上普遍应用的合成气净化技术。按照使用溶剂分类，可有化学吸收工艺、物理吸收工艺和物理-化学混合（hybrid）吸收工艺。溶剂吸收法合成气净化包括多种专利技术，主要由吸收塔、再生塔和相应的换热、冷却设备组成，基本流程大同小异。合成气中的酸性气在吸收塔中被溶剂回收成为富液，然后在汽提塔内再生、分离为回收酸性气和可循环使用的溶剂。由于吸收、再生的工艺条件不同，需要设置相应的换热、预热和热回收系统。

ZnO 固定床吸附脱硫属于高温固体吸附技术，是合成气精细脱硫应用的技术；膜分离气体精制是开发中的技术。

以下重点介绍几种工业上广泛应用的合成气脱酸性气技术。

（1）Rectisol 工艺

是 Lurgi 公司和 Linde AG 公司开发的、现属于 Dakota Gasification Plant 和 Environtherm GmbH 的专利技术，或称为"低温甲醇洗涤技术"。Rectisol 工艺已经广泛用于各种煤气化、天然气重整工厂合成气的精制，可以脱除合成气中的 CO_2、H_2S、COS 以及微量的硫醇、噻吩、HCN、NH_3 和烃类等物质。净化合成气中的硫含量可<1μg/g；CO_2 含量可<2μg/g。一项数据表明：全世界已有 59 家（用煤炭、渣油和工业废料的）造气工厂采用了 Rectisol 工艺进行气体精制，约占合成气总生产能力的 75%。适用的炉型包括鲁奇炉、GE 气化炉、Shell 气化炉和 BGL 炉等。

Rectisol 工艺为物理吸收技术，使用低温甲醇为溶剂。操作温度在-5～-75℃，压力在 1～4MPa 之内。根据脱除组分数量和组分的浓度可设置为 1 段吸收或多段吸收流程。

Rectisol 气体精制工艺具有以下操作特性：

• 合成气首先在“预洗塔”中脱除合成气中的 HCN、NH_3 和 BTX 等组分，循环溶剂可再重复使用。

• Rectisol 的第二步是在 H_2S 吸收塔中用含溶解 CO_2 的甲醇溶剂回收合成气中的 COS 和 H_2S。可同时回收气体中的轻烃（烷烃和烯烃）。Rectisol 的脱硫效率高，合成气的硫含量可降至 1μg/g 以下，可符合“甲烷化”催化剂要求的含硫标准。

• Rectisol 的第三步是将脱硫的（或变换后的）合成气进行两段低温甲醇洗涤脱除 CO_2。溶解 CO_2 的甲醇在汽提塔中再生，回收的 CO_2 可用作合成尿素原料或填埋。

Rectisol 技术是脱酸性气的效率高、技术成熟的气体精制技术，已建成的工业装置近 90 套。对 CO_2、H_2S 等酸性气的吸收能力强，溶剂循环量小，公用工程用量少。

主要缺点：低温（-38℃）操作，需要设置深冷系统、耗电量较高；用几组再生过程进行溶剂再生，生产流程较复杂。建设投资较高。

（2）Selexol 工艺

为 UOP 公司开发的物理吸收法合成气脱酸性气技术。使用聚乙二醇二甲醚（商业名 Selexol）作溶剂，可脱除合成气中的 CO_2、H_2S、COS、硫醇等组分。回收的 H_2S 可用作 Claus 装置的原料气生产元素硫产品，回收的 CO_2 可用于生产尿素、强化采油（ROR）或埋存。

Selexol 溶剂对 CO_2 和 H_2S 等酸性气体的吸收能力较强。与传统的醇胺吸收技术相比，Selexol 工艺的主要优点是可以降低建设投资和直接生产费用。对同等规模的煤基的合成气净化，采用 Selexol 工艺的建设投资和直接生产费用约比常规醇胺吸收技术节约 15%～20%。如果合成气中的 COS 含量高于 700μL/L，就需要在 Selexol 脱酸性气过程之前，设置 COS 加氢水解工序使 COS 转化为 H_2S。

（3）MDEA 工艺

最早是 BASF 公司开发的物理化学吸收技术。使用甲基二乙醇胺（MDEA）为吸收剂，适用于脱除 H_2S，也可以脱 CO_2，对有机硫的脱除效果较差。

MDEA 工艺的脱酸性气效果较好，净化气体中的 H_2S 含量 ≤ 5μg/g；CO_2 含量≤20μg/g。MDEA 脱酸性气过程的溶剂循环量低于其他常规醇胺吸收工艺，优化设计的蒸汽消耗量可降低 35%～40%。

MDEA 工艺的经济性好于 Selexol 工艺，建设投资和生产费用较少。

（4）Ucarsol Amine 工艺

是 Dow 化学公司开发的合成气脱硫技术。也使用 MDEA 作脱硫吸收剂，但不能脱除合成气中的 COS。净化合成气中的 H_2S 可降至 5μg/g。从溶液中脱出的 H_2S 浓度约为 40%，适合用作硫回收装置的进料。

Ucarsol Amine 技术可以替代 Rectisol 技术用于合成气的脱酸性气，但需要在流程中加装 COS 加氢水解工序。

（5）FLEXSORB SE 混合工艺

为 Exxon-Mobil 公司开发的技术。使用组织胺作溶剂的物理/化学吸收过程。FLEXSORB SE 混合工艺不能回收气体中的 COS，必须在脱酸性气体之前设置 COS 加氢水解工序。

FLEXSORB SE 技术的净化效率较低，合成气中 H_2S 为 20μg/g，不符合替代天然气

（SNG）的含硫标准。回收的 H_2S 气体浓度可达50%，可用作 Claus 硫回收装置的进料。

3）合成气调理技术

为了使合成气组成和质量标准符合合成原料气的要求或能够生产特定产品（如氢气、SNG)，需要调整气体的组成。合成气调理技术包括：水煤气变换技术、甲烷化技术。

（1）CO 变换技术

按照使用催化剂的不同、反应温度和采用的变换段数，可有以下几种 CO 变换技术：

① 高温变换工艺：操作温度 320~500℃，采用 Fe-Cr 系催化剂。水碳比较高，为 1.0 左右。对高 CO 的原料气，需要设 4~5 段变换，流程较复杂。脱硫要求较高，需设置脱硫系统。变换后脱硫脱碳，流程复杂。

② 耐硫宽温变换工艺：适用于高 CO 含量的合成气，使用 Co-Mo 系催化剂。宽温操作(240~480℃)，变换气 CO 含量 1.0%；低温变换 180~240℃，变换气 CO 含量 0.3%。水碳比较低（0.5 左右)。变换之前不需设置脱硫工序，简化流程。

③ 低温变换工艺：采用 Cu-Zn 系催化剂。操作温度较窄，(190~280℃)，催化剂抗硫能力差（气体总硫含量低于 0.1μg/g)。

（2）甲烷化技术

用合成气生产高热值的替代天然气（SNG）时，需要将 CO 和 H_2 转化的 CH_4 和 H_2O 以提高气体的热值。已经有多种工业化的甲烷化工艺技术。

甲烷化的工艺流程：经过水煤气变换的合成气，经过增湿、补充蒸汽之后进入 ZnO 硫保护器脱除微量的 H_2S。经换热升温后依次进入两段甲烷转化器，使 CO 和 H_2 转化为 CH_4 和 H_2O。甲烷化反应生产的气体经过一系列发生蒸汽、换热和冷却过程之后生成SNG，再经过 TEG 脱水工序即为质量符合管道天然气规格的 SNG 产品。

4）煤气的高温净化

如前所述，传统的净化技术均在常温下进行，利用专门的溶剂脱除硫、氮化合物和其他杂质，从而带来很大的能耗。如果采用开发中的热脱技术[18]（Warm Gas Clean-up Unit)，产品成本降低4%，用固体吸附剂在 482℃吸附硫化物和氯化物，吸附后的剂氧化再生，燃烧热可以利用。脱硫后气体去一氧化碳变换，然后脱除氨、汞和其他微量杂质。此时的气体如用来制氢，则换热到 371℃去钯金属膜分离氢。高温净化比常温净化节约投资 25%，产品成本降低 10%。

5）合成气脱汞[16]

（1）汞是大气污染物

大量消费化石能源造成了严重的大气污染，给人类生活、健康带来严重的损害。除了氮氧化物、二氧化硫、挥发性有机化合物、颗粒物、铅等之外，汞也是工业生产造成的大气污染物。上述这些污染物是产生臭氧、烟雾、酸雨的根源，直接影响人们的身体健康。汞的排放主要来源是烧煤锅炉、城市废料和医院废弃物的焚烧以及使用汞作原料的工厂，其中烧煤锅炉是汞的主要排放源。

汞对人类健康的危害是由于金属汞进入水体后通过生物过程转化为毒性的“甲基汞”，对健康和环境的影响是大气中的汞可沉积到地表或进入河流、湖泊、海洋中，经过富集到鱼类或其他有机物中，人食用含有甲基汞的海鲜后就会使神经和发育受到损害。

由于人类活动造成的汞排放量数据和焚烧城市废料的尾气中汞含量数据可见表 7-25 和表 7-26。

表 7-25　人类活动造成的汞排放量　t/a

地区	来源					合计
	化石燃料固定燃烧	非铁金属生产	钢铁生产	水泥生产	废料处理	
亚　洲	860	87	12	82	33	1074
欧　洲	186	15	10	26	12	248
北美洲	105	25	5	13	66	214
非　洲	197	8	1	5	—	211
大洋洲	100	4	0	1	0	106
北美洲	27	25	1	6	—	59
合　计	1475	166	29	132	111	1913

附注：为 1995 年数据。

表 7-26　城市废料焚烧尾气的汞含量极限

国家	焚烧方法和条件	尾气中最高汞浓度/（mg/m^3）
加拿大	在氧浓度 11%（平均）下焚烧	0.02
中　国	焚烧（平均值）	0.2
克罗地亚	在气体流率为 10g/h 条件下焚烧	1
欧　盟	在平均氧浓度 11%下焚烧，最低 30min，最高 8h	0.05
德　国	在 11%氧浓度下焚烧（日最高平均值）	0.03
	在 11%氧浓度下焚烧半小时	0.05
挪　威	焚烧（平均值）	0.03
韩　国	焚烧（平均值）	5①
美　国	在 7%氧浓度下焚烧（日最高值）	0.08

① 计划提高至 0.1mg/m^3。

目前，从工业排放气体中回收金属汞还没有统一的规定。加强工业生产汞排放的管理实属必要。

美国环保局于 2004 年确定发电厂排放大气毒物中的汞属于有害物质，决定对燃煤电厂的汞排放进行管理。

（2）煤炭中的汞含量

不同煤炭中的金属汞含量差别很大。高硫烟煤中的汞含量约为 100ng/g，相当于煤炭气化生产合成气中的汞含量约为 52ng/g。

表 7-27 中列举了不同煤炭中金属汞含量及范围的数据。

表 7-27　煤炭中的汞含量

项目	汞含量（干基）/（ng/g）		项目	汞含量（干基）/（ng/g）	
	平均值	范围		平均值	范围
硬　煤	113	60~230	褐　煤	106	20~750
高硫烟煤	99	10~557	次烟煤	71	8~900
低硫烟煤	89	10~912	石油焦	50	0.9~500

（3）烟气脱汞技术

目前还没有成熟的、能够在经济可行的条件下实现汞脱除率达到 90%的发电厂烟气脱汞技术。从发电厂烟气中回收汞工艺技术，由于采用发电流程、锅炉形式的不同，可用的汞回收技术也各异。分析表明：从 IGCC 发电厂的合成气中用炭吸附技术回收汞是技术经济可行的工艺路线。这种汞回收方式的建设投资和生产费用均比从燃烧粉煤锅炉发电厂烟气中回收汞低得多。

Parsons 公司开发了炭吸附床回收汞技术，并完成了合成气回收汞的概念设计。此项技术适用于从 IGCC 发电厂回收气体中的汞。

1983 年 Eastman 化学公司采用德士古煤炭造气-有机合成路线生产乙酰基化学品，为了使乙酰基化学品不受汞的污染，采用了固定床炭吸附技术脱除合成气中的金属汞。在 30℃ 和 6MPa 条件下汞脱除率为 90%~95%。吸附剂的使用寿命为 18~24 个月。

Calgon Carbon 公司开发了 HGR 型活性碳吸附剂是浸渍了 10%~15%硫的活性炭，适用于在低压力降下从天然气中回收汞。气体中的汞与活性炭中的硫反应生成 HgS。含 HgS 的废活性炭可排弃至化学品堆积场，HgS 稳定性好，不会造成环境危害。也可进行废活性炭焚烧，再从焚烧尾气中回收汞。

已经使用 HGR 型活性碳吸附剂进行管道高压天然气的脱汞试验，天然气的汞含量为 50ng/g，脱汞后天然气的汞含量为 0.001ng/g，汞脱除率达 99.99%。

但是，从含汞量更高的合成气中高效率脱汞的技术尚未得到证实。

(4) 合成气脱汞的工艺流程

① 合成气脱汞采用固定床炭吸附流程。

汞回收要求的工艺条件包括：

a) 在常温（低于 40℃）下，脱汞效率可达 90% 以上、合成气中的汞含量可降至<0.01μg/Nm^3（<1ng/g）。

b) 合成气中的水分也会被炭吸附，所以合成气中的水分对汞的吸附会产生负面影响；

c) 合成气中的其他微量杂质也可被炭吸附，从而使活性炭的汞吸附能力受到显著损害；

d) 合成气的压力对脱汞的吸附速率和吸附量的影响不大；炭吸附高压管道天然气中的金属汞的实验证明：汞脱除率可达 99.99%。

e) 在体积流率低的状态下有助于减少压缩机功率和使用较少的吸附剂；

f) 在气体脱硫装置之前回收汞和其他杂质有利于改善脱酸性气体过程的性能和提高溶剂的使用寿命，所以，汞回收过程应设置在脱酸性气过程之前为宜。

按照上述要求可以看出：IGCC 发电流程中的汞回收设施应配置在合成气经过洗涤塔冷却（脱除了大部分水分）之后。以发电量 250MW 的 IGCC 发电示范工厂为例，合成气进汞吸附塔的工艺条件如下：

合成气温度：39℃；

合成气压力：2.7MPa；

汞含量：52ng/g；

合成气的水含量（按摩尔分率计）：0.0027（洗涤塔前为 0.1438）。

250MW 的 IGCC 发电厂，煤炭气化过程生产高压合成气，经过洗涤冷却后的质量流率为 180t/h。合成气用燃气透平联合循环发电，最后生成的烟气流率为 1340t/h。两者的质量比率为 1∶9.7，是由于燃气过程中耗用氧气和混入了氮气所致。说明从合成气中回收汞比从烟道气中回收汞更具有经济可行性。

② 汞吸附剂和吸附塔。

根据国外 IGCC 发电厂气体脱汞装置 2002 年所做的概念设计数据，气体脱汞设施的主要工艺数据如下：

汞吸附剂：使用制成粒状、浸硫的吸附炭可回收合成气中的汞，汞回收率可达 90%。若采用 2 台吸附塔串联吸附，汞回收率可提高至 99%。

吸附塔：原料煤处理量 95t/h 的 IGCC 发电厂（合成气量 = 180t/h），需要设置 2 台串联的吸附塔，规格为 Φ2250mm×6160mm，一次装入吸附剂量为 25t，置换量为 16.9t/a，置换时间为 1.5a。

(5) 气体脱汞的经济性

按照 Parsons 公司的规划数据，规模为 250MW 的 IGCC 燃煤发电厂的合成气脱汞的经济数据如下：

燃料煤用量 = 2280t/d；

合成气产量 = 180t/h；

合成气中的汞含量：52ng/g；

净化后合成气的汞含量：5ng/g；

汞回收率 = 90%，汞回收量：59.5kg/a；

合成气脱汞设施的建设投资（包括设备费、安装费及间接费）：83.4 万美元；

年生产费用：44.58 万美元/年（包括人工费，维修及材料、吸附剂、公用工程及排污费用，管理费、税金及投资利润［15%］等项）；

折合回收成本为 7490 美元/kgHg，或 0.31 美元/t 合成气。

单位发电量的汞回收费用：0.254 美元/MWh，约占发电总成本的 5%~10%。

八、煤制合成气的技术经济分析

以下煤制合成气生产成本及煤炭价格与合成气成本的关联分析结果是洛阳石化工程公司参照国内建设规模为 180 万 t/a 的甲醇项目数据，并作出适当调整、补充得出的。

1. 煤制合成气成本分析

煤制合成气过程包括备煤、空分、煤气化、CO 变换、硫回收以及 H_2 回收等单元。180 万 t/a 煤基甲醇项目的煤制合成气生产规模为年产合成气 41.5668 亿 Nm^3，煤制合成气界区内工程投资约 30 亿元，在煤价为 150 元/t 情况下，合成气生产成本为 392 元/千 Nm^3，在财务内部收益率为 12%的条件下，每千 Nm^3 合成气销售成本为 534 元。参见表 7-28。

表 7-28　煤制甲醇的合成气生产成本

名　　称	单　位	单　价	$1000Nm^3$ 合成气	
			单位耗量	单位费用
可变成本	元			252.9
原料煤	t	150	0.7515	112.7
公用工程及辅助材料费	元			140.2
与人工相关的成本	150 人	6 万元/人·年		2.22
与投资相关的成本	元			137.2
合成气生产成本	元			392.2
利润税金①	元			141.4
合成气税前销售成本	元			533.6

① 满足财务内部收益率按 12% 计算。

2. 不同煤价下的煤制合成气成本分析

不同煤价下煤制合成气的成本分析见表7-29。

从表7-29中的数据可以看出，煤价对合成气成本有较大的影响，原料煤的成本在合成气销售成本中的份额随煤价上升而逐步增高。当煤价为200元/t时，原料煤成本占合成气成本的28%；煤价为400元/t时，上升至39%；煤价为600元/t时，原料煤成本则占到总成本的45%。煤价是影响合成气成本的主要因素。

表7-29 不同煤价下的煤制合成气成本分析

原料煤价铬/（元/t）	200		300		400		500		600	
	元	%	元	%	元	%	元	%	元	%
合成气成本/1000m³	534	100	649	100	767	100	885	100	1004	100
其中：原料煤	150	28.1	225	34.7	301	39.2	376	42.5	451	44.9
加工费	292	54.7	321	49.4	349	45.5	379	42.8	409	40.7
12%ROI	92	17.2	103	15.9	117	15.3	130	14.7	144	14.4

九、煤制替代天然气

替代天然气不属于本书的范围，但替代天然气可以间接地替代内燃机燃料，故简要介绍如下：

1）技术的成熟性

煤制替代天然气SNG（Substitute natural gas）已经有40年的发展经历，20世纪70年代Lurgi公司和南非合作在南非的煤制油工厂建设了一套半工业化的试验装置。1984年美国在北达科他州Beulah建设了389万m^3/d能力的褐煤合成天然气工厂，产品含甲烷96%，副产品有焦油化工产品和二氧化碳（输往加拿大油田作驱气增产原油），该厂迄今运行20多年，是目前世界上唯一的大型煤制替代天然气工厂。

SNG技术的工艺流程比制甲醇省去了许多步骤，只需要煤气化、粗煤气变换、脱硫净化、甲烷合成等步骤，甲烷含量可达95%以上。故与煤制甲醇、煤制合成油相比，投资省，消耗低。

SNG虽然技术成熟，过去天然气价格偏低，所以一直没有建设新厂。最近天然气价格持续上升，丹麦托普索公司为美国做了一个420万m^3/d煤制替代天然气工厂方案。中国大唐集团、北京燃气集团、新天域资本顾问有限公司合作组成内蒙古克旗煤制气公司，也考虑在内蒙古建设40亿m^3/a的煤基替代天然气工厂，用440km的管道输送至北京，总投资187.8亿元。

2）煤制替代天然气的经济性

在煤矿和与消费市场运输距离短的情况下，煤制替代天然气具有发展前景。建设SNG需要考虑以下几点：

（1）原料煤价格不宜过高，国外已有的和新建议的工厂均考虑使用廉价褐煤；

（2）工厂规模适当，过小（200万m^3/d）不经济，过大（1000万m^3/d）则并列气化炉和空分装置过多，由众多系列组成，也不符合经济要求；

（3）与市场距离过远时必须用长距离管道输送，这种情况下规模又不宜小，否则高昂的输送费用将抵消廉价煤的优势；

（4）如将煤制天然气和煤发电结合成为一体化工厂，将给两方面带来较多效益；

（5）二氧化碳数量大，单纯排放会增加温室气体效应。国外的方案均考虑将其捕集利用

(给油田作驱油使用时每吨售价约 10~12 美元)。

煤制替代天然气的技术经济指标由于缺乏代表性生产和投资数据，将根据国内外有限的资料估算结果汇总于表 7-30。

表 7-30　国内外煤制替代天然气的投资和成本

	单　位	捕集二氧化碳	不捕集二氧化碳	国内内蒙古项目（不捕集二氧化碳）
单位产能投资额	美元/（1000Nm^3·a）	800	760	671（按 1：7 汇率）
单位成本	美元/1000Nm^3			
原料和燃料		81	81	
操作和维修		67	50	
投资固定费用		113	106	
合计		265	237	
单位成本	美元/GJ	7.1	6.3	

需要注意的是，中国的成本构成以至产品出厂价格的计算和国外有差别。在国内投资发生的固定费用在成本内还有折旧费，在考虑盈利时出厂价还包括投资回报（一般为 12%），此外税费项目的增值税、燃油税、盈利所得税等，也应逐一纳入。

3）对发展煤制替代天然气产业的初步看法

（1）在中国煤炭资源丰富、接近天然气消费市场的地区，具有发展煤制天然气的资源优势。

（2）当煤价为 150 元/吨时，中国的煤制替代天然气出厂价应在 2 元/Nm^3 左右（7.7 美元/GJ），如果运输距离长（如新疆地区发展 SNG，且目标市场是内地东部地区），则管输成本高，需要认真核算考虑管输成本后的竞争力。

（3）将煤制替代天然气和煤发电结合成为一体化工厂，技术经济指标会更好。

（4）每生产 1Nm^3 替代天然气将排放 3.0~3.5t CO_2，要考虑 CO_2的捕集和处理。

第五节　生物质生产合成气

一、概述[3]

从生物质能源资源生产替代运输燃料需要首先将生物质转化为质量合格的合成气。用生物质生产合成气和气体精制过程的工艺条件和生产流程均与用煤炭和天然气为原料基本相似。由于生物质的性质和组成与煤炭和天然气有很大差别，所以生物质生产合成气的工艺又不同于用煤炭和天然气。从生物质生产替代运输燃料的研究开发重点也以造气过程的研发为主。

用生物质原料生产甲醇、氢气、费托合成柴油和乙醇等替代燃料的工艺技术均已经或接近开发成功，但目前尚未建成工业化装置。按照已取得的开发研究成果进行技术经济评估，这几种替代燃料在生产成本上均无法与常规运输燃料相竞争。以生物质为原料的生物炼油厂建设投资也高于常规炼油厂。所以，此类替代燃料的生产工艺仍需要进一步改善工艺技术，降低生产成本，提高能效才能使生物燃料具有竞争力并占有市场。

综合许多研究报告结果，全世界有丰富的生物质资源，认为在不影响粮食生产和供给的前提下，至2050年，通过种植各种生物质能源作物可获得的生物质能源总量约为310~660EJ，折合74~158亿吨油当量（按1吨油当量=41.9GJ计），而近几年全世界一次能源总供给量均接近100亿t油当量。这意味着未来生物质能源作物产量将可满足人类对一次能源的需求，或至少能够用生物燃料替代一定数量的化石能源需求、缓解化石能源资源不足和温室气体排放问题。这是人们已经预见到的前景。预计种植生物质能源的土地使用面积将会占陆地总面积的4%~10%。

本节将重点论述生物质造气技术的现状和研发的前景。生物质合成甲醇、合成燃料和制氢技术将分别在第八、第九和第十章中叙述。

二、生物质生产合成气[2]

气化工艺是用热化学转化法将生物质或煤炭等固体燃料转化为中（或低）热值气体。使用吹空气的气化炉进行生物质气化时，所得气体热值仅为5MJ/m^3；使用吹氧气化炉，气体热值约为15MJ/m^3；均低于天然气的热值（35MJ/m^3）。

生物质气化过程是一系列复杂的热化学反应，气化炉中的反应包括干燥、热解、气化和燃烧四个阶段。由于生物质的特殊性质，在气化前还需要经过干燥、破碎和切片等预处理过程。经过预处理的生物质在气化炉中，约于600℃温度下发生热解反应，生成气体中包括解离气体、气化的挥发分、H_2、CO、CO_2、焦油和水蒸气。由于生物质中的挥发分含量(70%~86%,干基）高于煤炭（30%），所以生物质气化的热解反应比煤炭更为重要。挥发分在气相中的热裂化反应可降低焦油量，热解反应的副产物是生成不挥发的焦炭（半焦）和灰分。在气化炉中的第二反应为焦炭与氧气、蒸汽和氢气反应，生成H_2、CO、CO_2等气体，未转化的焦炭燃烧产生的热量为热解反应提供所需的热量。

生物质气化再配上水煤气变换、脱酸性气等过程就是最广泛使用的制氢技术。

1. 生物质的特点

生物质原料包括专用的能源作物和农业、林业废料和草类植物等。

生物质的化学组成与煤炭不同，其气化技术也不同于煤炭气化。Milne报告中给出了生物质和煤炭的工业分析和组成数据，参见表7-31和表7-32。

表7-31　几种生物质和煤炭的组成分析[12]

项目	杂交杨木	松木	柳枝稷	神华制氢用煤
元素分析/%（干基）				
C	50.88	51.27	44.58	80.25
H	6.04	6.19	5.35	4.41
N	0.17	0.13	1.21	0.87
S	0.09	0.13	0.01	0.52
O	41.90	42.13	39.18	13.9
灰分	0.92	0.13	8.65	8.75
H/C（原子比）	1.43	1.45	1.44	0.65
热值/（MJ/kg）				
HHV	18.1	20.30	17.39	—
LHV	16.8	—	—	25.61

表 7-32　几种生物质和煤炭的工业分析数据[12]

项　目	工业分析/%（干基）		
	挥发分	固定碳	灰　分
杂交杨木	84.81	12.49	2.70
松木	87.0	12.8	0.2
铁杉木	84.8	15.0	0.2
柳枝稷	82.94	14.37	2.69
稻草	65.47	15.86	18.67
神华制氢用煤	33.2	58.0	8.8

从上述代表性数据可以看出生物质与煤炭的差别：

• 生物质中的碳含量低于煤炭，而生物质的 H/C（原子）比一般为 1.5 左右，比煤炭（H/C（原子）比≤1.0）高得多。

• 生物质的挥发分含量为 80%左右，比煤炭高得多。

• 氢气收率与制氢原料的氧含量有关。生物质的氧含量为 40%左右，制氢的收率只有 20%（质量）左右，而烃类的制氢收率为 42%左右。

• 生物质中纤维素、半纤维素和木质素中均含有醚、酸和醇等含氧基团，所以，生物质中氧含量约为 40%左右。

• 按收到基的含水量计算，生物质的含水率为 30%~50%，也高于煤炭。

煤炭是古植物经过复杂的生物化学、物理化学和地球化学作用生成的有机可燃物质。生物质是农作物产品或生物废料，其主要成分为可抽出物组分、细胞壁组分和灰分。可抽出物为由植物活细胞衍生的物质，约占生物质总量的 4%~20%；细胞壁组分是木材的主要成分，包括全纤维素（纤维素、半纤维素）和木质素。其中，木质素是复杂的苯基丙烷聚合物，是纤维组织的结合剂；纤维素是各类葡萄糖的聚合物；半纤维素则是其他 5 碳糖和 6 碳糖的聚合物。表 7-33 为几种代表性木材的化学组成数据。

表 7-33　几种木材的化学分析数据　　%（干基）

项　目	可抽出物	木质素	全纤维素	灰分
软木（指针叶树）				
白松	13.65	26.44	59.71	0.20
杉木	14.39	31.32	53.86	0.43
红木	17.13	34.21	48.45	0.21
硬木（指落叶树）				
橡木	16.29	24.85	58.03	0.83
胡桃木	19.65	23.44	56.22	0.69

2. 生物质生产合成气

生物质气化过程包括原料预处理和干燥、生物质气化、合成气净化和合成气转化和调制四个工序。分别说明如下：

1）生物质原料预处理和干燥

生物质原料的预处理过程一般包括过筛、粉碎、磁分离、储存、干燥等工序。到货的木

材水分含量可达30%~50%，需要经过干燥才能用作气化原料，因为使用干燥后的木材造气有利于提高气化过程的冷煤气效率。经过干燥的生物质的水分含量可降至10%~15%。若木材原料干燥过度可能使合成气的氢含量降低和干燥的成本上升。

生物质原料干燥的能耗很高，约相当于生物质所含能量的8%~10%。

费托合成过程产生的低压蒸汽、热烟气，都是适合于用作原料干燥的热源。为了防止生物质切片在进气化炉之前发生自燃和粉尘爆炸，需要用CO_2或氮气保护。

一个生物质制氢项目的干燥工序设计参数是：生物质原料为木材碎片，水含量约50%。原料用卡车运来，进厂经过称重后送至储场。原料木片从储场用皮带输送机（经过磁选分离和筛分）和螺旋输送机送进回转干燥器。使用气化炉半焦燃烧的烟气作为干燥的热源，烟气温度为120℃。干燥后，木片水含量降至12%。从干燥器排出的烟气用旋风分离器和袋式过滤器除去粉尘后排入大气，经过干燥的原料木片送至气化炉。

2）生物质气化炉

近30多年来，关于用生物质气化工艺制氢的开发研究有了很大进展，主要的方向是改善操作和开发新的造气工艺，目标是提高反应速率和提高合成气收率。尽管近年来各国在生物质制氢的开发研究工作方兴未艾，但是距离实现生物质制取替代燃料的工业化生产还有很大距离。

生物质气化使用的气化炉也多是以煤炭气化所用炉型的进一步改进，循环流化床气化炉是适合于大规模生产合成气的炉型。为了避免合成气被氮气稀释，导致下游工艺设备过大和生产成本增高，不推荐使用吹空气的气化炉。直接吹氧的高压IGT气化炉和间接点火的常压BCL气化炉是生物质费托合成首选的炉型。

生物质制合成气常用的气化炉型有BCL（Battelle Columbus）气化炉和IGT（Institute of Gas Technology）气化炉。BCL炉是常压气化炉，IGT炉是压力气化炉，两者都是适合于生物质造气的炉型。这两种气化炉的工艺特点是可生产中热值合成气，气体的H_2/CO比例范围广。

处理量为300MW的常压BCL气化炉是经济可行的规模。由于可供的原料量是确定生物炼油厂规模的控制因素，所以300MW又不是气化炉规模的上限。操作压力为2.5MPa的IGT气化炉的经济优势是，单位处理能力所需的炉子容积较小，故可以设计成更大的规模。由于不需装设气体压缩机，后继的气体净化、处理过程可采用高压操作。操作压力>2.5MPa气化炉的建设投资可能增加，给料装置的建设费用也需增加。

吹氧式气化炉对于减小气体净化设备规格、节约压缩机能耗和提高合成气在反应器中的分压都是有利的。

Spath P等的报告对不同类型气化炉的技术指标作出了相对比较，将其要点归纳于表7-34中。

表7-34　不同气化炉技术参数相对比较[17]

气化压力	
压力气化 大处理量的炉子较为经济； 保持炉内质量流率均衡较困难	常压气化 低处理量较为经济； 运转经验较为丰富
气化介质	
气化介质：吹氧 需要设制氧装置，投资较高； 合成气不含氮，质量好	气化介质：空气 经济性好 设备规格加大； 合成气被氮稀释，对C_5^+选择性有负面影响

续表

加热方式	
直接加热 合成气焦油含量低；	间接加热 无氮气稀释问题； 焦油问题

(1) BCL 气化炉

BCL 气化炉是常压、间接加热的循环流化床气化炉，气化反应仍以深度热解为主，为双流化床气化炉。包括 1 台流化床气化反应器和 1 台流化床半焦燃烧器。经过干燥的生物质原料从气化反应器下部进入，从底部通入蒸汽作气化介质，蒸汽与木材比（质量比）为 0.4kg 蒸汽/kg 干木材。使用合成橄榄石（Olivine）作为流化介质和热载体，在气化反应器和半焦燃烧器之间循环。

生物质进料在气化反应器中完成热解和气化反应，气化温度为 870℃。合成气经过旋风分离器分离出的半焦和热载体，通过导管送入半焦燃烧器中。旋风分离器分出的合成气体去净化工序。半焦在燃烧器中燃烧放出热量并加热橄榄石，半焦燃烧器的温度为 980℃。烟气和带出的橄榄石热载体在燃烧器顶部的旋风分离器中进行气-固分离，橄榄石热载体返回至气化反应器。烟气经回收热量后排入大气中。

曾在 9t/d 的 BCL 气化炉试验炉中作了各种软、硬木材（包括红橡木、桦木、枫木和松木）、锯末等气化试验。表 7-35 为以木材为原料的气化模拟计算数据。

表 7-35　BCL 气化炉的操作参数和气体组成

项目		数据	
气化炉型		BCL	
操作温度/℃		870	
操作压力/MPa		0.23	
蒸汽量/［kg/kg 进料（干）］		0.4	
“橄榄石”热载体放出量，循环流率的%		0.1	
气体产率/［kmol/kg 进料（干）］		0.04	
半焦产率/［kg/kg 进料（干）］		0.22	
气体的 H_2/CO（mol 比）		0.57	
气体组成（摩尔比）/%		湿基	干基
	H_2	12.91	23.85
	CO_2	6.93	12.79
	CO	22.84	42.18
	H_2O	45.87	—
	CH_4	8.32	15.36
	C_2H_2	0.22	0.41
	C_2H_4	2.35	4.35
	C_2H_6	0.16	0.29
	C_6H_6	0.07	0.13
	焦油（$C_{10}H_8$）	0.13	0.23
	NH_3	0.18	0.32
	H_2S	0.04	0.07
气化效率（低热值基准）/%		71.8	

(2) IGT 气化炉

GTI（旧称 IGT）气化炉为吹氧式、高压循环流化床气化炉。因反应气体中含氧，氧化反应使生成气被 CO_2 所稀释，故不需另外加入能量。如果改用空气送氧，生成气中还含一定量的氮气。GIT 压力气化炉在提高蒸汽用量后，可按“最大氢气量”模式操作。表 7-36 为几种气化炉的工艺指标。

表 7-36　气化炉的工艺指标

项　　目	IGT 气化炉	IGT 气化炉，最大氢气操作	BCL 气化炉
炉型	鼓泡流化床	鼓泡流化床	间接加热，快速流化床
生物质水含量			
干燥前/%	30	30	30
干燥后/%	15	15	10
蒸汽用量/［kg/kg 进料（干）］	0.3	0.8	0.019
氧气用量/［kg/kg 进料（干）］	0.3	0.38	0
空气用量/［kg/kg 进料（干）］	0	0	2.06
反应温度/℃	982	920	863
炉出口压力/MPa	3.45	2.5	0.12
气体产率/［kmol/t 进料（干）］	82.0	121	45.8
气体组成，湿基（干基），摩尔分率			
H_2O	0.318（—）	0.48（—）	0.199（—）
H_2	0.208（0.305）	0.24（0.462）	0.167（0.208）
CO	0.15（0.22）	0.115（0.221）	0.371（0.463）
CO_2	0.239（0.35）	0.16（0.30）	0.089（0.111）
CH_4	0.0819（0.12）	0.005（0.009）	0.126（0.157）
C_2H_4	0.0031（0.005）	0	0.042（0.052）
C_2H_6	0	0	0.006（0.0074）
O_2	0	0	0
N_2	0	0	0
合成气低热值（湿基）/（MJ/Nm^3）	6.7	3.90	12.7
煤气效率/%	HHV=82.2 LHV=78.1	HHV=72.1 LHV=60.9	HHV=80.5 LHV=82.5

从表中数据可以看出：IGT 气化炉生产富 CO_2 气体（CO_2=30%~35%［干基］），生成气中的甲烷组分可经过重整生成氢气，也可直接用作透平燃料。生成气的 $H_2/CO \approx 1.4:1$，适合于作合成甲醇的原料。

(3) Carbo-V 两段气化炉[15]

Matthias 介绍的生物质 Carbo-V 气化为两段气化工艺，工艺流程参见图7-29。经过破碎、干燥后的生物质原料首先在回转式气化炉中进行低温气化，生成可燃气和焦炭组分。含焦油的可燃气体经过烧嘴进入 Carbo-V 高温气化炉，从炉顶送入预热的空气/氧气。低温气化生成的焦炭也送入 Carbo-V 高温气化炉的中部，最终生成不含焦油的合成气。合成气经过换热、除尘和水洗后，用作费托合成的原料气，生产合成柴油。

未公布 Carbo-V 工艺操作条件。

Carbo-V 气化工艺的主要优点：

① 可用生物质原料生产不含焦油的合成气，故无须采用催化净化过程；

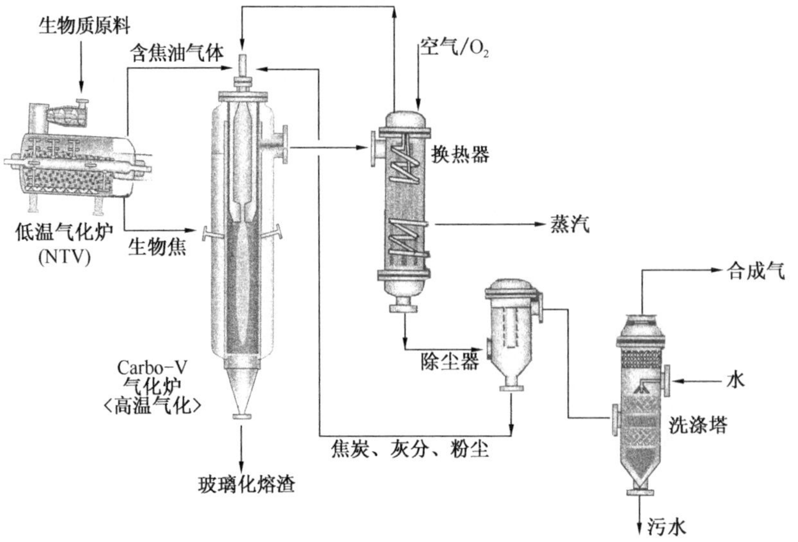

图 7-29　Carbo-V 生物质两段气化流程

② 两段气化的效果好，能量转化效率可达 80%以上；

③ 合成气用作发电燃料，发电效率可达 40%；

④ 适应各种生物质原料的灵活性，可加工各种干燥后的含碳原料；

⑤ Carbo-V 气化炉可将灰分转化为适合用作建筑材料的熔渣颗粒；

⑥ 合成气的氢含量较高，氢产率约为 1.2m^3/kg 原料；

⑦ Carbo-V 气化炉已成功运行 1.2 万小时。

3）合成气净化

生物质合成气中的有害杂质组成与含量与以天然气和煤炭为原料制备的合成气不同，生物质粗合成气既不能满足下游合成过程催化剂（对原料气）的质量要求，也无法达到发电技术（包括未来的燃料电池/燃料电池-燃气透平混合发电机）的燃料气质量标准。所以，生物质合成气的净化过程要比用天然气、煤炭的合成气复杂得多。

以生物质为原料用不同的气化炉生成的粗合成气均含有一定数量的焦油、粉尘、碱性化合物和卤族化合物。这些杂质会造成合成催化剂堵塞和中毒，燃气透平磨蚀，故必须经过净化。

生物质气化过程生成的大分子烃类称为焦油，冷凝后会造成设备结垢、堵塞过滤器和吸附剂的孔径。所以合成气中焦油的容许浓度应低于合成反应器压力下的凝点。流化床气化炉的焦油产量约为生物质进料量的 1%～5%（合成气中焦油浓度约为 10g/Nm^3）。焦油是潜在的 H_2 和 CO，应进一步裂化生产 H_2 和 CO。气体中芳烃（BTX）含量约为 0.5%（体），必须在气体进入过滤器之前除去 BTX，否则会全部被活性炭吸附，迅速生成的胶状物，导致活性炭被完全堵塞。

生物质合成气中的焦油处理是净化过程的重要问题，但目前仍然没有成熟的脱除焦油技术，认为可用的焦油脱除法有以下几种：

(1) 热裂化法

是在 1000～1300℃、不使用催化剂情况下可使焦油裂化。一般应通入蒸汽和氧气作为选择性氧化剂；热裂化法的主要缺点是热效率低和生成油烟。

(2) 催化裂化法

用白云石或镍基催化剂的催化裂化法可以克服热裂化法的缺点。但一些技术问题，如催化剂耗量、最佳的工艺条件和生产成本等仍未完全解决。

(3) 油洗法

气体先经过换热后，在400℃温度下用油洗涤可使焦油含量降至符合费托合成反应器要求的标准。在0.6MPa压力下可除去全部的BTX（常压下只能除去一部分）。回收的焦油可用汽提法回收，然后送回到气化炉中。

(4) 焦油重整（tar reformer）

焦油重整技术是将从气化炉出口旋风分离器分离出的粗合成气在870℃下进入鼓泡流化床重整反应器，可将合成气中的CH_4、C_2H_6、C_2H_4、C_6H_6和C_{10}^+转化为CO和H_2，NH_3分解为N_2和H_2。焦油重整反应器气体出口温度为750℃。气体经过换热后温度降至150℃。重整过程可将大部分焦油和芳烃（BTX）转化为合成气组分。表7-37和表7-38为重整过程气体的转化率和气体组成的数据。

表7-37 焦油重整过程的转化率

化合物	转化为CO和H_2的分率/%	化合物	转化为CO和H_2的分率/%
CH_4	20	焦油（$C_{10}H_8$）	95
C_2H_6	90	C_6H_6	70
C_2H_4	50	$NH_3$①	70

① NH_3转化为N_2和H_2。

脱除焦油和BTX之后的粗合成气仍须继续脱除颗粒物、碱性化合物、NH_3、HCN、H_2S、COS、HCl、挥发性金属等其他杂质。这些杂质的净化方法主要有2种，即常规的湿式净化法和先进的干式净化法。

表7-38 焦油重整反应器出口的气体组成

项目	数据		项目	数据	
焦油重整反应器温度/℃	870		C_2H_4	1.07	1.46
重整反应器出口温度/℃	750		C_2H_6	0.01	0.02
重整反应器出口气体组成/mol%	湿基	干基	C_6H_6	0.02	0.03
H_2	33.44	45.52	焦油（$C_{10}H_8$）	0.01	0.01
CO_2	16.10	21.92	NH_3	0.05	0.07
CO	16.51	22.47	H_2S	0.04	0.05
H_2O	26.54	—	H_2	0.06	0.08
CH_4	6.06	8.25	合成气热值/（MJ/kg（干基））	14.0（HHV）	
C_2H_2	0.10	0.14	H_2/CO（摩尔比）	2.03	

常规的湿式净化是在100~250℃温度下进行过滤和水洗涤。新开发的高温干式净化则是在350~800℃下进行陶瓷过滤、脱除碱性化合物、卤族化合物和硫化物等过程。为了脱除气体中的甲烷等轻烃和（或）调节CO/H_2的比例，还应根据工艺需要采用重整、变换等工艺进行气体处理。重整过程可采用蒸汽重整或自热式重整。对于蒸汽重整是否适用于高CO、高轻烃含量的生物质合成气，是否可能发生结焦或碳沉积目前仍有不同看法，有人认为自热

式重整是唯一能够防止结焦的重整工艺。

开发中的干式净化法（Warm Gas Clean-up）是在480℃温度下在输送床吸附器内用吸附剂（ZnO）脱除硫化合物（H_2S 和 COS）到 1μg/g 以下，同时把 HCl 和 NH_3 去除。然后经过固定床吸附器将痕量的 Hg、As、Se 等脱除，确保合成气能满足后续加工要求。吸附剂经过空气燃烧再生（593℃）后循环使用，排气去硫回收。中间试验已做了3000h以上，吸附剂磨损很少，循环稳定。

干式净化具有节能优势，与传统的 Selectol 法比较，前者使 IGCC 效率（HHV）从35.8%提高到39.9%，单位投资从2036美元/kW降低到1775美元/kW（以上为 Nexant 公司估算），IGCC 电价降低4%（NREL 估算）。

在净化之前进行气体压缩可使净化设备规格减小，但是，在压缩过程会造成硫化物和氯化物在压缩机中凝结，造成对压缩机的腐蚀。合理的压缩流程是在脱除大部分杂质后先进行中间压缩，将压力提高到0.6MPa，然后在进入保护床之前再压缩至6.0MPa。图7-30为生物质合成气净化工艺流程。常规湿式净化和高温干式净化两种流程的净化效果和工艺现状参见表7-39。

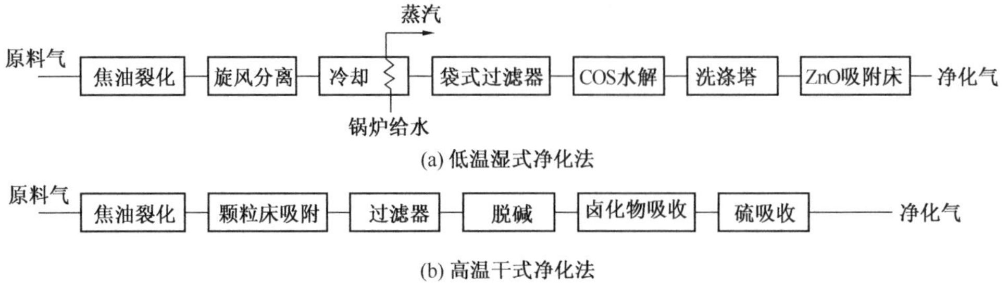

图7-30　生物质合成气净化工艺流程

表7-39　钴剂费托合成原料气的杂质含量标准和净化流程

杂质种类	质量标准	净化方法和现状	
		湿式净化法	干式净化法
油烟（灰尘、灰分）	要求为：0ng/g	旋风分离器、金属过滤器、移动床、袋式过滤器、油烟洗涤塔；可符合标准	
碱金属（卤化物）	<10ng/g	活性炭吸附床；可符合标准	吸附剂吸附，在开发中
焦油	低于合成反应器压力下的凝点 催化剂毒性物<1μL/L	脱除全部焦油和BTX；用焦油热裂化塔、油洗涤塔；可符合标准	脱除全部焦油和BTX；焦油催化裂化塔或其他催化方法，在开发中
BTX	低于合成反应器压力下的凝点		
HCl（HBr、HF）	<10ng/g	用水洗涤塔脱除；活性炭吸附可合格；（可能时）在焦油裂化塔中用白云石吸附	床层吸附<1μg/g；必要时加保护床

续表

杂质种类	质量标准	净化方法和现状	
		湿式净化法	干式净化法
氮化物	总氮<20ng/g	—	催化分解法可同时脱除全部氮、NH_3 和 H_2S； 选择性氧化法，开发中
NH_3	—	水洗法，可合格	
HCN	—	活性炭吸附，可先水解为 NH_3	
硫化物	总硫<10ng/g	—	完全脱硫； 钙吸附床； 金属氧化物吸附剂<20μg/g
H_2S		ZnO 保护床吸附，高含硫情况可采用 Claus 工艺	
COS		活性炭吸附，COS 水解成 H_2S 较好	

4）合成气的转化和调制

脱除杂质的合成气仍需按照合成反应对气体中 CO/H_2 比的要求进行转化和调制。

生物质气化生成的合成气中含 H_2、CO、CO_2 和一定量 CH_4 和轻烃，可用重整工艺把这些烃类转化为 H_2 和 CO。可用的重整工艺有蒸汽重整和自热式重整。蒸汽重整过程是成熟的工艺技术，正在开发的自热式重整流程较为简单，也比较经济。两种重整技术对 H_2/CO 比例差别的影响不大。

流化床常压气化炉所产合成气体的 H_2/CO 比较低。尽管低 H_2/CO 比对费托合成的选择性有利，但是，H_2/CO 比达到 2 才可实现高转化率。所以需要根据合成气的组成确定是否采用水煤气变换工艺来调节 H_2/CO 比，利用氢分离技术提高合成气的氢含量。气体中的水分在合成反应器中起着惰性气的作用，可降低氢和一氧化碳的分压。所以应在进合成反应器之前进行合成气冷却使水分凝结并用分离罐脱去气体中的水分。

BCL 气化炉、IGT 气化炉生成的合成气，H_2/CO 比值较低，若气体组成不适合于生产甲醇，可用变换工艺调整合成气的 H_2/CO 比。应按照工艺需要确定是否采用 Selexol 或其他工艺技术脱除合成气中的 CO_2。

来自气化炉的合成气含大量 CO_2，经过重整和变换后 CO_2 含量将继续增加。CO_2 含量对 C_5^+ 选择性有负面效应。可用 Selexol 或其他工艺脱除 CO_2，脱 CO_2 的成本很高。

重整、变换和脱除酸性气均为常规的气体加工技术。

参考文献

1　A Current Prospective on the Gasification Industry, Sep, 2005. www.gasification.org

2　Kwant K W. Status of Biomass Gasification in Countries Participating in the IEA Bioenergy Task 33, Biomass Gasification and EU Gasnet, Oct, 2004

3　Tijmenson M J A, Faaij A P C. Fischer-Tropsch Liquids and Power from Biomass via Gasification: Exploration of the Possibilities. Outlook for Advanced Biofuel (Paper 2), Netherland: University of Utrecht, 2004

4　Longwell J P, Rubin E S. Coal: Energy for the Future. Prog Energy Comb Sci, Aug, 1995, 21: 269~360

5　唐宏青．碳一化工新技术概论．氮肥与甲醇，2006-12（专刊）：16~105

6　沙兴中，杨南星．煤的气化与应用．上海：华东理工大学出版社，1995

7 Chen C M, Bennett D L. ITM Syngas Ceramic Membrane Technology for Synthesis Gas Production, Paper Presented by Air Products and Chemicals Inc, Chevron-Texaco Energy Research and Technology Co and Ceramatec Inc, 2003

8 Hamelink C. Outlook for Advanced Biofuel. Netherland: University of Utrecht, 2004

9 Bakkerud P K, Gol J N. Preferred Synthesis Gas Production Route for GTL. pkb@ topsoe, dk

10 Schwartz J. Integrated Ceramic Membrane System for Hydrogen Production. 2003 DOE Hydrogen Program Merit Review Meeting, May 19, 2003

11 Jens R. Syngas in Prospective. Catalysis Today, 2002, 71: 243~247

12 Milne T A, Elam C C, Evans R J. Hydrogen from Biomass-State of Art and Research Challenges, Report to IEA HIA Task 16B, 2004

13 Maricel Jr K E. Demonstration of a 285MWCoal-based Transport Gasifier. DOE/NERLProject Fact Sheet, May, 2005

14 Industrial Size Gasification for Syngas, Substitute Natural Gas and Power Production. DOE/NETL-401/040607, Apr, 2007

15 Matthias R. Biomass to Liquids (BTL) from the Carbo-V Process: Technology and the Latest Development. 2nd World Conference and Exhibition, Rome, Italy, May, 2004

16 Gary J S, James R L. The Cost of Mercury Removal in an IGCC Plant. Final Report, Prepared for DOE/NETL by Parsons Infrastructure and Technology Group Inc, Sep, 2002

17 Spath P. Biomass to Hydrogen Detailed Design anEconomics Utilizing the Indirectly Heated Gasifier. DOE/NREL Technical Report NREL/TP-510-37408, May, 2005

18 Current and Future IGCC Technologies, Preliminary Results: The Potential of Advanced Power Systems R&D to Reduce Cost of Carbon Capture for Gasification-Based Plants. DOE/NETL-2008/1340, Oct 21, 2008

第八章　合成气生产醇醚燃料

第一节　概　　述

合成甲醇从20世纪20年代工业化以来，生产技术和用途经历了多次发展和变化。60年代中期相继开发成功了低压和中压甲醇合成技术，使生产成本降低，消费市场迅速扩大。甲醇的消费市场也经历了从化工原料逐渐向燃料方向转变。20世纪80年代之前甲醇的主要用途是用作生产甲醛、醋酸、酯类等化工产品的原料。90年代以后，燃料用甲醇的生产有了很大发展，甲醇还成为生产MTBE的重要原料，用作提高汽油辛烷值的添加剂和新配方汽油的含氧化合物添加组分。从中、远期替代燃料的发展趋势估计，用作运输燃料和发电燃料的甲醇需要量将会逐步增长。甲醇将来还可能是安全的“氢载体”，有可能成为燃料电池燃料。随着合成甲醇工艺技术的发展、改进，合成甲醇工厂的经济规模迅速扩大，以天然气为原料的特大型甲醇合成工厂已发展到7500t/d的生产规模。建设大型化甲醇工厂的目的是将偏远地区廉价的天然气或煤炭资源转化为甲醇，供作燃料电池的燃料或发电燃料，以及作为极具有工业化应用前景的低碳烯烃生产工艺（MTO或MTP）的原料。

二甲醚可以用作民用燃料、柴油的替代或补充燃料或发电燃料。具有减少污染气体排放的效果。二甲醚的生产工艺已经开发成功，工业装置还不多。综合已有的资料数据显示：在相同的天然气价格下，二甲醚的生产成本仍然高于大型甲醇合成工厂的甲醇生产成本以及费托合成工厂合成油燃料的生产成本。

本章论述以下内容：

(1) 以天然气、煤炭为原料的甲醇生产工艺、甲醇的应用及相关的技术经济问题；

(2) 二甲醚的研发现状和生产技术，二甲醚的应用。

第二节　合 成 甲 醇

一、现状

1. 合成工艺技术

合成工艺技术包括从合成气生产甲醇技术、合成氨技术、羰基合成技术等多种工艺，可生产出多种化工产品。

随着20世纪40年代石油化工工业的迅速发展，原有的一些化工合成技术由于经济性较差，逐步被以石油为原料的生产技术所取代，只有甲醇合成和合成氨技术仍在继续发展并被广泛应用。

通过生产合成气制造不同的石油化工产品可有多种不同的工艺路线，可归纳为图8-1。其中，合成甲醇、合成氨和费托合成是最重要的合成技术路线[1]。

2. 甲醇合成是重要的合成技术

自从1923年在德国Leuna建成了世界上第一套年产3000t甲醇的高压法合成甲醇装置

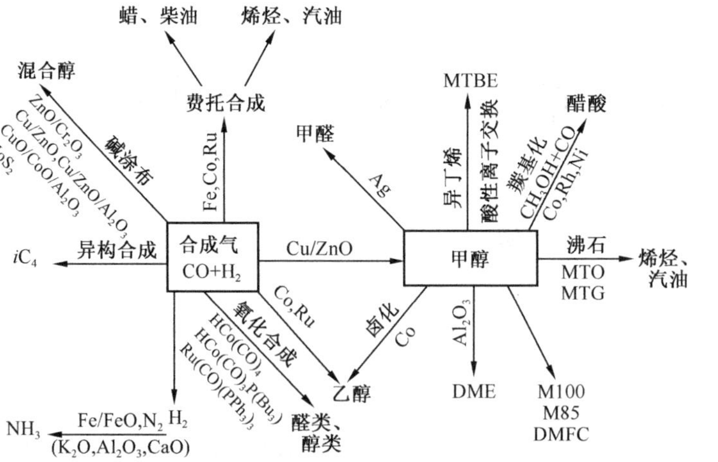

图 8-1 合成气转化工艺路线

后，受到了世界各国的广泛重视，纷纷开展合成甲醇的实验研究和工业生产技术的开发。1966 年，ICI 公司使用 Cu-Zn-Al 氧化物催化剂，成功地实现了 5MPa 低压合成甲醇工艺，该工艺称为 ICI 低压甲醇合成技术。1972 年，ICI 公司又成功地实现了 10MPa 中压甲醇合成工业生产。1970 年，德国 Lurgi 采用 Cu-Zn-Mn 或 Cu-Zn-Mn-V，Cu-Zn-Al-V氧化物铜基催化剂，成功地建成了年产 4000t 甲醇的低压生产装置，称为 Lurgi 低压法。与此同时，世界其他化学公司也竞相开发自己的中、低压甲醇合成工艺，建设甲醇合成装置。

甲醇合成是重要的合成技术，有多种不同的专利技术，其中有的技术仍处于开发阶段。

生产甲醇的原料包括天然气、石脑油、重油等各种碳氢化合物。煤炭、生物质都是制造合成气并进一步生产甲醇的原料。从资源量和经济性看，国外生产甲醇的原料目前仍然是以天然气为主。中国由于天然气资源相对短缺，煤炭资源丰富，生产甲醇的原料约 75% 是煤炭，天然气和焦炉气的份额分别为 23% 和 2%。

合成甲醇是成熟的工艺技术，近年来在工厂特大型化和生产技术方面，主要改进是围绕合成气生产技术和甲醇合成技术进行的。在天然气重整技术方面，除了传统的蒸汽重整外，还有部分氧化自热式重整、两段式联合重整和气体加热式重整技术等。甲醇合成技术方面，为了适用于特大型合成甲醇工厂，开发了不同形式的反应器。在各个工序之间优化了换热流程、不同压力等级的蒸汽实现了合理应用，提高了全厂的热效率、降低了甲醇的生产成本。

以天然气为原料的常规合成甲醇工艺技术为例，工艺装置组成一般包括天然气重整和气体冷却、合成气压缩、甲醇合成和甲醇蒸馏 4 套工艺装置。各个部分的建设投资分布大致如表 8-1 所示。

表 8-1 合成甲醇装置的投资分布

项　　目	投资/%	项　　目	投资/%
天然气重整和气体冷却	48	甲醇合成	24
合成气压缩	22	甲醇蒸馏	6

从表 8-1 可以看出，合成气生产部分的投资约占工艺装置建设总投资额的一半左右，如果包括合成气压缩，约占总投资额的近 70%。因此，甲醇合成工艺的研发工作重点集中

于工艺流程的前半段工艺技术，主要改进目标是降低天然气的消耗和降低建设投资。

3. 甲醇合成工厂向大型化发展

合成甲醇工厂的大型化是近年来的发展趋势，已建设了生产规模为180万t甲醇/a的特大型合成甲醇工厂。此类工厂的甲醇年产量约相当于目前世界甲醇年产量的5%~6%。20世纪90年代，甲醇工厂的最大生产规模为2000~2700t/d（70万~90万t/a）左右，如今，已建成的特大型（Mega）甲醇合成工厂规模为180万t/a，一般规模为50万~100万t/a左右。90年代以来已建设了3套大型甲醇合成工厂。在特立尼达和多巴哥，由Methanex公司和BP公司合资建设的180万t/a级（5000t/d）甲醇合成工厂就是第一个采用鲁奇公司技术的特大型甲醇工厂，于2004年试运转。第二套大型化的5000t/d甲醇装置则建在伊朗。

另一座大型合成甲醇项目的生产规模为5400t/d（约相当于年产甲醇195万t），也建于特立尼达和多巴哥，工厂合成气的规模为配套5000t/d的甲醇生产能力，另从外部供应一部分合成气，从而使总的甲醇生产规模达5400t/d。

尼日利亚正在建设世界最大的合成甲醇装置。以天然气为原料，生产规模为7500t/d甲醇。此项目由Viva甲醇公司负责建设，采用丹麦Topsøe公司的技术。

甲醇合成工厂的合成气装置通常采用联合重整流程，10%原料气进蒸汽重整（重整炉安装180根炉管），其余部分进高压自热式重整炉。

合成甲醇工厂的规模主要取决于蒸汽重整装置和甲醇合成反应器的能力极限。传统的蒸汽重整技术受重整炉规模的约束，合成甲醇工厂的规模只能达到2500~2700t/d。

生产能力为9000t/d的甲醇工厂需设置3个合成系列，合成气装置采用自热式重整和蒸汽重整串联的流程。

目前已建成或在建的主要大型化甲醇生产装置参见表8-2。

表8-2　国际上目前已建成或在建的主要大型化甲醇装置

国家或地区	公司名称	产能/（万t/a）	规划投产时间
澳大利亚	GTL资源公司	100	2008
澳大利亚	澳大利亚甲醇公司	165	2007
阿　曼	阿曼甲醇公司	100	2007
伊　朗	石油化学公司	165	2006
伊　朗	国家石油公司	260	2010
也　门	也门石油公司	165	—
卡塔尔	世界石油公司	495	2008
卡塔尔	燃料添加剂公司	220	—
沙特阿拉伯	拉齐公司	165	—
沙特阿拉伯	沙特甲醇公司	170	2008
埃　及	Echem公司	170	2008
埃　及	EATCO	198	—
尼日利亚	Viva	248	2006
尼日利亚	Silicon石油与天然气公司	165	—
马来西亚	国家石油公司	170	2007~2008
挪　威	挪威石油集团	120	2008
合　计		3076	

资料来源：CMAI、中金公司研究部。

中国在建或规划建设的甲醇生产装置，生产规模大部分是20万~60万t/a，大部分以煤炭为原料，以天然气为原料的不多。在国外尤其是中东地区的多家低廉成本的大型化甲醇工厂建成后，将对国内的甲醇生产行业造成冲击。

随着国民经济的发展，国内也规划、建设规模为百万吨级以上的甲醇项目，参见表8-3。

表8-3 国内规划建设的大型化甲醇项目

公司名称	生产规模/（万t/a）	原　料	规划阶段
陕西榆横煤化工业区	240	煤	建成一部分
陕西榆神煤化工业园区	200	煤	建成一部分
山东久泰化工科技股份公司	150	煤	预可研
陕西彬长煤化工业区	150	煤	建成一部分
中国石油大庆化工分公司	165	天然气	预可研
达拉特煤化工二期	170	煤	预可研
黑龙江鹤岗煤制甲醇项目	120	煤	可行性研究
中海油股份有限公司	100	天然气	建成一部分
山西省高平化工有限公司	100	煤	预可研
安徽淮化集团有限公司	90	煤	预可研
兖矿集团鲁南化肥厂	80~100	焦炉气	建成一部分
云南煤化工基地	170	焦炉气	正在建设
神华集团	180×2	煤	正在建设

4. 甲醇是重要的化工原料

甲醇的用途可分为化工原料用和燃料用两大类。据统计：2003年全世界的甲醇产量为3240万t。化工方面主要用于生产甲醛、醋酸和对苯二甲酸酯等产品；燃料方面主要用于生产MTBE、TAME等燃料汽油组分。全球37.0%的甲醇用于生产甲醛、10.9%用于生产醋酸、5.3%用于生产DMT（对苯二甲酸二甲酯）和MMA（甲基丙烯酸甲酯），用于生产燃料组分MTBE的甲醇量为22.9%，直接作燃料为3.6%，随着MTBE在美国被禁用，这部分甲醇用量将会逐渐减少。通过MTO、MTP技术生产低碳烯烃的甲醇用量将有可能逐步增加。

中国甲醇主要是用作化工原料，生产甲醛（29%）、醋酸（12%）、MMA（10%）、甲胺（5%）。其他用途包括医药用（7%）、溶剂（5%）、农药（9%）和燃料（7%）等。

2005年全世界合成甲醇生产能力达4720万t/a，各地区甲醇生产能力的分布见表8-4。预计2010年全球甲醇产量将增长至5099万t，需求量将达到4226万t。美国石化咨询公司化学市场联合公司（CMAI）预计未来5年全球甲醇需求增长速率约为4.0%左右。

表8-4 2005年合成甲醇生产能力分布情况

地　　区	甲醇生产能力/（万t/a）	甲醇需要量①/（万t/a）
北美洲	390	940
中、南美洲和加勒比地区	1100	130
亚洲和大洋洲地区	1060	1070
非洲	176	30
西欧	370	650
中欧和东欧地区	610	190
中东地区	1010	230
世界合计	4720	3240

① 为2003年的甲醇需要量。

可以看出，世界各地的甲醇产销情况并不平衡，中、南美州和中东地区由于天然气资源丰富，甲醇生产能力远远大于本地区所需，大部分甲醇用于出口；北美洲和西欧地区的甲醇产量不能自给，需要由外部供应；亚洲和大洋洲地区的甲醇产销两旺，仍然需要大量进口甲醇。

5. 甲醇是重要的替代燃料

目前全球用作生产汽油组分 MTBE 的甲醇需用量已接近甲醇产量的 1/4。随着甲醇生产成本降低、环保意识的增强和氢经济时代的来临，将使 MTBE 的使用量下降，甲醇作为燃料的消费量仍然会不断增加。甲醇作为燃料并非只有直接替代汽油和柴油作为内燃机燃料一个途径，随着内燃机车辆的进一步改进，未来燃料电池汽车将可能使用甲醇作燃料。另外，当甲醇的生产成本降低到一定值（例如 100 美元/t）后，甲醇还有可能用作发电燃料。

二、甲醇合成的化学

理想的甲醇合成路线应该是按照以下化学反应式由甲烷直接氧化生成甲醇。

$$CH_4+1/2O_2 \longrightarrow CH_3OH \qquad \Delta H=-126.4\text{MJ/kmol} \tag{8-1}$$

按照甲烷的低热值为 19.90GJ/t 甲醇计算，每生产 1t 甲醇的理论能耗约为 25.05GJ，故甲烷直接转化为甲醇的理论热效率应为约 80%。

实现上述化学反应需要使用一种甲烷转化率适宜、选择性合理的催化剂。目前在工业上还没有这种能使甲烷有效地转化为甲醇的催化剂。所以，目前的甲醇生产技术仍然只能采用效率较低的两步法，即首先用天然气、或其他碳氢化合物如石脑油、重油或煤炭生产合成气，然后再将合成气合成为甲醇。

可用部分氧化法或蒸汽重整法从天然气生产合成气，其化学反应式为式（8-2）和式(8-3)。

部分氧化法　$$CH_4+1/2O_2 \longrightarrow CO+2H_2 \tag{8-2}$$

蒸汽重整法　$$CH_4+H_2O \longrightarrow CO+3H_2 \tag{8-3}$$

目前工业上采用的甲烷重整工艺有以下几种：

① 非催化的部分氧化工艺；

② 催化部分氧化工艺；

③ 蒸汽重整工艺；

④ 联合重整工艺。

蒸汽重整是高度吸热反应，反应是在装有镍催化剂的重整炉管中进行的。重整炉使用天然气作燃料。在发生蒸汽重整反应的同时，还发生以下水煤气变换反应：

$$CO+H_2O \longrightarrow CO_2+H_2 \tag{8-4}$$

蒸汽重整反应需要在较高的汽碳比条件下进行，以免在催化剂上发生下述碳沉积反应，从而降低催化剂活性。

$$2CO \longrightarrow CO_2+C \tag{8-5}$$

高汽碳比意味着发生蒸汽所需的高能耗；同时还由于水煤气反应所导致氢气产率的提高。

也可按照反应式（8-2）采用催化或非催化的甲烷部分氧化工艺生产合成气。反应式(8-2)为放热反应，故不需要从外部供应热量。隐性能耗是空气分离制氧所消耗的电力。

甲醇合成是在有催化剂存在情况下进行的强放热反应，化学反应式如下：

$$CO+2H_2 \longrightarrow CH_3OH \tag{8-6}$$

$$CO_2+3H_2 \longrightarrow CH_3OH+H_2O \tag{8-7}$$

工艺目标是实现较高的碳转化率从而减少合成气的加工量，也即是减少天然气或其他原料的用量。提高合成气的碳效率与下列因素有关：

① 提高合成压力（特大型甲醇合成工厂采用压力为8.0~10.0MPa）；

② 降低气体产率以减少放出气体量；

③ 提高 CO/CO_2 的比例；

④ 降低单程转化率。

实际上，这些因素必须结合工程因素综合考虑。例如，为了提高碳效率就应该提高合成压力，这就需要增加合成气压缩机的功率、提高工艺设备的壁厚和管线的压力等级。同样，虽然降低单程转化率有利于提高碳转化率，这就需要提高气体循环量，从而相应地增加压缩机负荷和建设投资。

天然气合成甲醇的总反应可用以下反应式表示：

$$CH_4+1/2O_2 \longrightarrow CO+2H_2 \longrightarrow CH_3OH \tag{8-8}$$

$$CH_4+H_2O \longrightarrow CO+3H_2 \longrightarrow CH_3OH+H_2 \tag{8-9}$$

从上述综合反应式可知：水煤气变换反应和其后的 CO_2 合成甲醇反应均可在总反应中忽略不计。这是因为：每生成1mol CO_2 就会同时生成1mol的氢气；而每当有1mol的 CO_2 转化为甲醇，就会多消耗1mol的氢气。

反应式（8-9）表明，水煤气变换为净生产氢气的化学反应。这部分氢气一般是最后从合成系统中放出，与天然气一起用作燃料在重整炉中烧掉。如果另有其他 CO_2 来源时，就可以和氢一起送进合成系统生产甲醇。

工业上实际应用的合成气理想组成应为氢气和CO的分子比正好等于2。可按下式计算：

$$合成气中的\ H_2/CO\ 比=(H_2-CO_2)/(CO+CO_2)$$

如上所述，向系统中通入 CO_2 是调整气体比例的一种方法。此外，可以修订重整工艺的设计。

三、甲醇质量标准

1. 甲醇质量标准

美国的工业甲醇标准分为AA级和A级两个标准，燃料级甲醇目前还没有通用标准，只要求水分含量合格，也不要求除去高级醇和醚类。传统上生产A级甲醇需采用两级蒸馏工艺，生产AA级甲醇需采用三级蒸馏工艺。一些专利商可提供两级蒸馏工艺生产AA级甲醇。由于设备规格、提高热效率和产品纯度等原因，一般趋向于采用三级蒸馏技术。采用一级蒸馏可生产燃料级甲醇。美国的工业甲醇产品规格标准见表8-5。

表8-5 美国工业的甲醇产品规格标准

序号	项　目	AA级甲醇	A级甲醇	燃料级甲醇①
1	甲醇最低含量/%	99.85	99.85	99.50
2	丙酮和醛类，最高值/%	0.003	0.003	0.003
3	丙酮最高值/%	0.001	—	—
4	乙醇最高值/%	0.001	—	—

续表

序号	项　目	AA 级甲醇	A 级甲醇	燃料级甲醇①
5	酸度，按 HAC 计/%	0.003	0.003	0.003
6	外观	不呈乳白色、不含悬浮物、无沉积物		
7	可碳化物	不应低于 ASTM D1209 Pt/Co 标度的第 30 号颜色		
8	颜色	不应低于 ASTM D1209 Pt/Co 标度的第 5 号颜色		
9	馏程	101.3kPa 下馏出温度为 64.6±0.1℃，不低于 1℃		
10	相对密度（20℃）	≤0.7928	≤0.7928	≤0.7928
11	不挥发物/（mg/100mL）	1.0	1.0	1.0
12	臭味			
13	高锰酸钾褪色试验/min	≮30	≮30	≮30
14	水分/%　最高值	0.10	0.15	0.5
15	乙醛/（μg/g）	—	—	0.50
16	正辛烷/（μg/g）	—	—	10~15
17	正壬烷/（μg/g）	—	—	10~15

① 无燃料级甲醇工业标准，表中数值为典型值。

“国际甲醇产销者协会”于 1999 年 4 月公布了 IMPCA 甲醇的参考标准，参见表 8-6。

表 8-6　国际甲醇供销协会（IMPCA）的甲醇参考标准

序号	项　目	数　据	检验方法
1	外观	透明，无悬浮物	IMPCA 003-98
2	纯度（干基）/%	不低于 99.85	IMPCA 001-98
3	颜色，Pt/Co 刻度	不高于 5	ASTM D1209-93
4	水分/%	不高于 0.1	ASTM E 1064-92
5	馏程（101.3kPa）	馏出温度为 64.6℃±0.1℃	ASTM D 1078-97
6	相对密度（20℃）	0.791~0.793	ASTM D891-95
7	高锰酸钾退色试验（15℃）/min	不小于 60	ASTM1363-94
8	可碳化物（硫酸水洗法），Pt/Co 刻度	不高于 30	ASTM E346-94
9	乙醇含量/（mg/kg）	不高于 50	IMPCA 001-98
10	氯化物（按 Cl^- 计）/（mg/kg）	不高于 0.5	IMPCA 002-98
11	含硫/（mg/kg）	不高于 0.5	ASTM D 3961-89
12	碳氢化合物	合格	ASTM D 1722-90
13	按丙酮计的 carbonilic 化合物	不高于 30	ASTM E 346-94
14	酸度，按醋酸计/（mg/kg）	不高于 30	ASTM D 1613-96
15	总铁/（mg/kg）	不高于 0.1	ASTM E394-94
16	不挥发物/（mg/100mL）	不高于 10	ASTM D 1353-96

中国从 2005 年 5 月 1 日起执行新的工业甲醇质量标准，代替原有的 GB 338—1994 标准，修改内容包括：增设了硫酸洗涤试验和乙醇含量的规定；高锰酸钾退色试验、羰基化合

物含量试验方法均采用新的国家标准试验方法；修订了检验规则、标志、包装、运输和储存的内容。

中国工业甲醇质量标准 GB 338—2004 见表 8-7。

表 8-7 中国工业甲醇质量标准（GB 338—2004）

项目		指标		
		优等品	一等品	合格品
色度（铂-钴色号）	≤	5		10
密度（20℃）/（g/cm^3）		0.791~0.792	0.791~0.793	
温度范围（0℃，101325Pa）/℃		64.0~65.5		
沸程（包括 64.6±0.1℃）/℃	≤	0.8	1.0	1.5
高锰酸钾退色试验/min	≥	50	30	20
水混溶性试验		通过实验（1+3）	通过实验（1+9）	—
水分/%	≤	0.01	0.15	—
酸度（以 HCOOH 计）/%	≤	0.0015	0.0030	0.0050
或碱度（以 NH_3 计）/%	≤	0.0002	0.0008	0.00015
羰基化合物含量（以 CH_2O 计）/%	≤	0.002	0.005	0.010
蒸发残渣含量/%	≤	0.001	0.003	0.005
硫酸洗涤实验/Hazen 单位（铂-钴色号）		50	50	
乙醇质量分数/%		供需双方协商		

2. 燃料甲醇标准

中国的甲醇燃料国家标准（M15、M85）已报国家标准化委员会待批，目前还没有发布。国内有些省市，如山西省结合煤炭资源丰富的实际情况，对车用甲醇燃料做了大量的试验研究工作，并在省内局部推广应用，于 2002 年 9 月颁布实施 DB14/T 93—2002《车用燃料甲醇》和 DB14/T 92—2002《M5、M15 甲醇汽油》2 项地方标准，正在制定 M90、M93、M95、N97 甲醇汽油和储运标准。山西省为试验燃料甲醇，也制定了燃料甲醇和燃料甲醇添加剂的地方标准。

四、甲醇合成专利技术

合成甲醇的原料以天然气和煤炭为主，主要的差别在于生产合成气的技术不同。将按原料种类分别对合成甲醇技术进行说明。

甲醇合成技术包括许多种专有技术。多数专利商提供的技术包括天然气转化生产合成气和甲醇合成两项技术，也有的专利商仅提供重整生产合成气技术。

煤制合成气属于气化炉专有技术，参见本书的第七章。

1. 合成气生产技术

1）天然气生产合成气

天然气重整生产合成气的工艺技术以蒸汽重整和/或自热式重整为主。不同组合的天然气重整流程见图 8-2。

本书第七章第三节“天然气生产合成气”已对重整技术作了论述。

2）煤炭生产合成气

以煤炭为原料生产甲醇需经过煤炭造气过程生产合成气。煤炭造气技术参见第七章第四

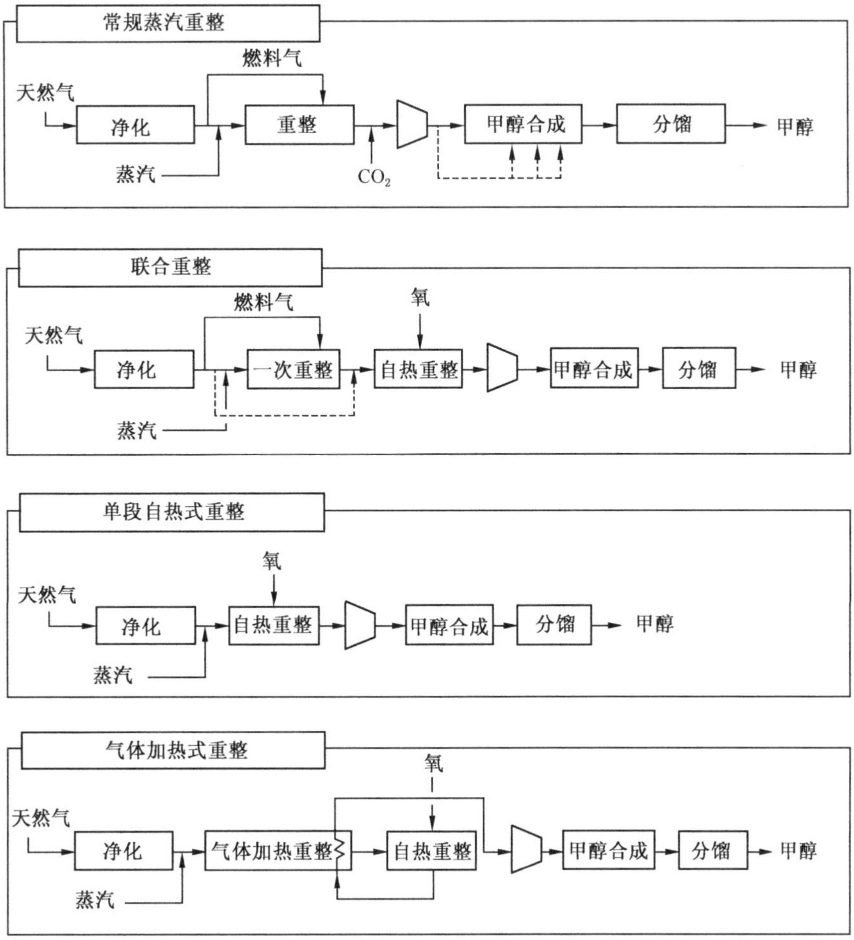

图 8-2　不同的天然气重整方案

节的有关部分。

2. 天然气原料的甲醇合成专利技术

甲醇合成专利技术包括合成工艺专利和合成反应器等方面的专利。

为了突出重点，此处主要论述甲醇合成工艺专利，关于甲醇合成反应器部分在本节后面作详细说明。

自 1920 年代德国开发成功了高压甲醇合成工艺技术以来，受到广泛重视。相继有许多公司开发甲醇合成技术。1966 年，ICI 公司使用 Cu-Zn-Al 氧化物催化剂、实现了操作压力为 5MPa 的甲醇合成工艺，称为 ICI 低压甲醇合成工艺。1970 年代，ICI 公司又成功地实现了 10MPa 中压甲醇合成生产技术；德国 Lurgi 公司采用 Cu-Zn-Mn 或 Cu-Zn-Mn-V，Cu-Zn-Al-V 氧化物铜基催化剂，建成了年产 4000t 的低压甲醇合成装置，称为 Lurgi 低压甲醇合成工艺。同时，其他一些化学公司也竞相开发了中低压甲醇合成工艺。

两段合成技术是大型甲醇合成装置为了降低合成反应器规格所经常采用的流程。例如 Lurgi 专利就采用了两段合成技术，第一段合成反应器在高空速下操作发生蒸汽，第二段合成采用气体间接冷却技术以控制最佳反应温度。高转化率的两段合成反应器系统可以大大降低循环气体量。JM Catalysts 公司提供的两段合成技术，第一段采用气体冷却的合成反应器，第二段为水冷式发生蒸汽的合成反应器。

甲醇合成反应器或称为转化器、转化炉，是甲醇专利的主要工艺设备。工业上使用的甲醇合成反应器有许多种形式。主要的区别是合成反应热量的取出方式。一种技术是“急冷法”取热，向反应器的不同部位喷入合成气。另一种技术是发生蒸汽取热，多采用管壳式结构。合成反应器发生的蒸汽可用作重整过程的工艺蒸汽。

在低压甲醇合成工艺中，合成反应器一般为绝热操作（有时使用循环气体冷却，也仍然是绝热的）。由于合成反应热是用饱和塔系统的高压循环水回收的，故可以在合成反应温度下回收反应热，并再转化成可供重整过程使用的蒸汽。

两段合成工艺采用气体冷却式反应器作为主反应器，水冷式反应器为补充反应器。反应器中使用高压饱和水为冷却剂，这样可将全部反应热量转化为相当于 5.0MPa 蒸汽，但反应器出口温度仍不高于 240℃。

不同专利的合成反应器，合成气流动方式也不同。JM Catalysts 公司的 ARC 合成反应器催化剂床层分隔为若干段以改善气体分配。Toyo 公司的 MRF-Z 型反应器是径流式、发生蒸汽的甲醇合成反应器。这种反应器的特点是可以增加反应器高度来放大反应器的生产能力。

甲醇合成反应器发生的蒸汽可用作重整过程的工艺用汽、驱动合成气压缩机或循环气压缩机或是外供，随专利技术而异。

可以提供合成甲醇工艺专利的主要公司有 JM Synetix 公司、Lurgi 公司、MGC（Mitsubishi Gas Chemical）公司和 Haldor Topsøe 公司等。这些甲醇专利商中以 JM Synetix 公司和 Lurgi 公司甲醇技术专利的市场占有率最高，它们分别占有世界甲醇专利市场份额的 60%和 26%。JM Synetix 公司属下有 7 个专利分包商，即 Davy Process Technology、Uhde、Jacobs、Toyo、Linde、Chiyoda 和 Technip 公司。这些公司都具有低压甲醇合成技术，其中以 Davy 公司的市场份额占有率最高。

JM Synetix 公司的前身是 ICI 公司，ICI 于 1966 年首次推出低压甲醇工艺，实现了低压甲醇工业化生产的一次革命，使世界级大型甲醇合成工厂的产能迅速增长。ICI 公司经过多次重组，1994 年称为 ICI Katalco 公司，1994 年 ICI Katalco 推出了新的甲醇合成技术，定名为 Leading Concept Methanol（LCM）工艺技术。1999 年 ICI Katalco 公司改称为 Synetix 公司，2002 年 Synetix 再改称为 Johnson Matthey（JM）Synetix 公司，最后，于 2003 年 7 月称为 JM Catalysts 公司。于是原来的 ICI-LPM 工艺和 ICI-LCM 工艺就分别改称为 JM Catalysts LPM 工艺和 JM Catalysts LCM 工艺。

甲醇合成工艺包括合成气生产、甲醇合成和甲醇蒸馏 3 个工序，甲醇专利技术一般指后 2 项技术。投资建设方可以根据自己的意愿选择不同的重整技术。采用的重整工艺也包括在项目的“工艺包”之内。

以下是几种以天然气为原料的甲醇合成技术。

1）JM Catalysts 公司的低压甲醇（LPM）工艺

JM Catalysts 的低压甲醇工艺包括合成气生产、甲醇合成和甲醇精制三个工序。实际上，这几个工序并不是独立的，各工序之间有密切的物流循环和大量的热量回收、换热过程。JM Catalysts 低压甲醇合成工艺流程见图 8-3。

（1）合成气生产

天然气经过净化后进入饱和塔，工艺凝结水经过预热后进入饱和塔发生蒸汽，再另外加入从锅炉发生的蒸汽。原料气在重整炉中通过镍催化剂发生重整反应，生成的合成气为 H_2、

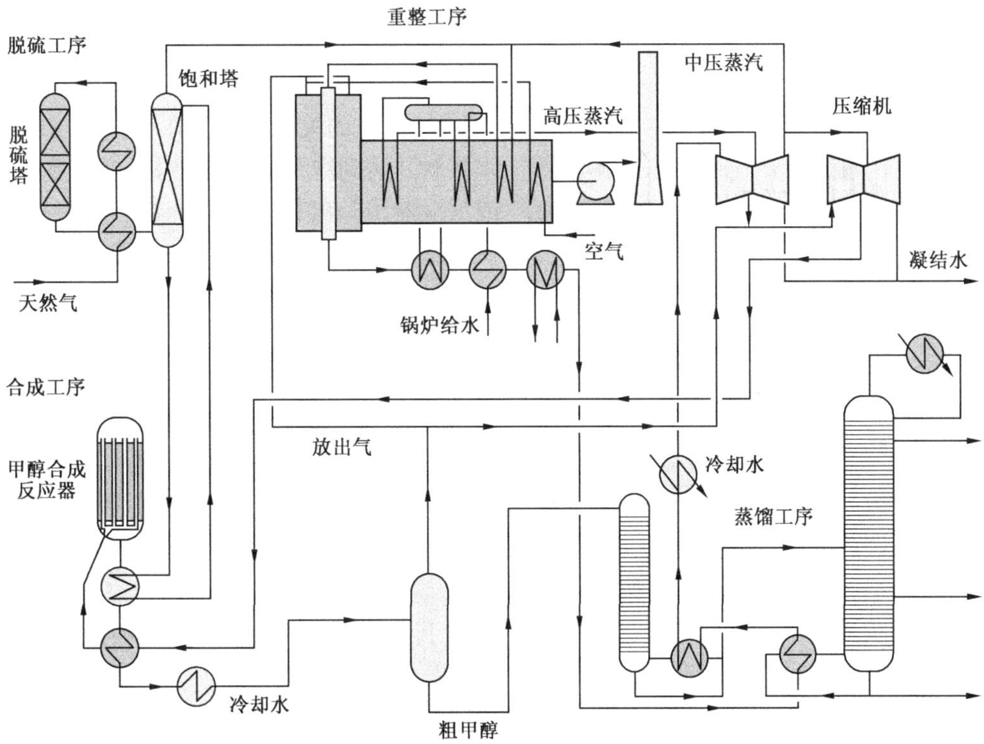

图 8-3　JM Catalysts 低压甲醇合成工艺流程

CO、蒸汽和残余甲烷的混合物。出重整炉气体温度 880℃，压力 2.0MPa，经过冷却后进入压缩机升压至合成压力。传统的合成气压缩机与循环气压缩机是单独的，最新设计是两机联合以提高效率和节约建设投资，缺点是灵活性稍差。如果有来自合成氨的 CO_2，可以送入压缩机入口或天然气进料口。

（2）甲醇合成

合成系统包括合成反应器、循环气压缩机、进料-出料换热器、分离器（个别情况需要）和热回收换热器。合成反应的最佳操作压力为 8.0MPa；生产规模低于 600t/d 的甲醇装置，采用 5.0MPa 的压力等级是比较经济的选择。合成气与循环气混合后在进料-出料换热器中预热，然后进入合成反应器中。可有不同型式的专利反应器供选择。

反应器出料在进料-出料换热器中被冷却，然后根据反应器型式确定是否设置热回收换热器。在进热分离罐之前，气体被冷却至约 40℃ 使甲醇产品冷凝。从系统中放出的惰性气体（N_2、CH_4、Ar_2）和剩余的 H_2、CO_2，可通过膨胀透平回收动能、降压至燃料系统的压力后用作重整炉的燃料。回收的甲醇经过水洗后去分馏系统。

（3）甲醇净化

粗甲醇经过分馏后生产甲醇成品。

2）JM Catalysts 公司的 LCM 新型甲醇工艺

此项甲醇合成工艺包括 JM Catalysts 的气体加热式重整（AGHR）技术和两段甲醇合成技术，分别说明如下。

（1）AGHR（Advanced Gas Heated Reformer）气体加热式重整技术

加热式重整（AGHR）技术特别适用于生产能力大于 3000t/d 的甲醇合成工厂。工艺流

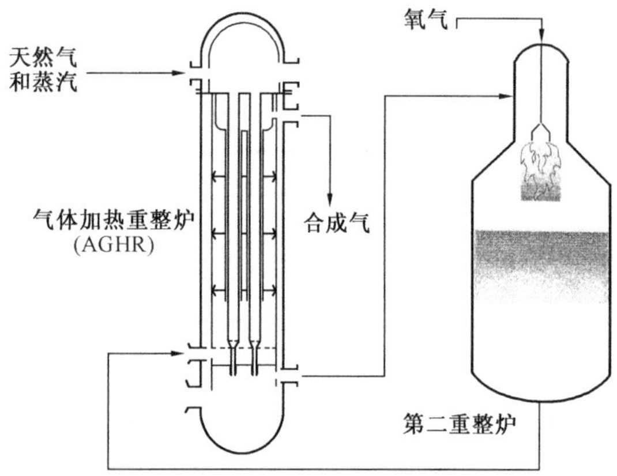

图 8-4 JM Catalysts AGHR 重整系统

程如图 8-4 所示。

与 JM Catalysts 的 LPM 工艺相同，天然气经过脱硫后进入饱和塔。饱和塔流程是 LCM 工艺的关键技术。在塔内，气体与水接触并达到饱和，进塔的水是用重整气、或反应器出口气体预热的。饱和塔可以提供重整用汽量的 90%～100%，然后再补充一定量的蒸汽以达到需要的汽碳比。

天然气和蒸汽混合物经过再加热后进入 AGHR 重整反应器。用第二重整反应器的出料加热并通过较小的催化剂床层，约有 25%的天然气发生重整反应。从 AGHR 反应器排出的气体进入吹氧的第二重整反应器，使未转化的天然气通过催化剂层发生重整反应。第二重整反应器出料的温度约 975℃，甲烷含量约为 0.5%。如上所述，此气体用于加热进入 AGHR 反应器管程的天然气-蒸汽混合物。

从 AGHR 反应器排出的合成气经过两组换热器用于预热饱和塔的循环水和向蒸馏系统供热。合成气经过冷却、脱除凝结水后进入气体压缩机。

AGHR 为气体加热式重整反应器，与蒸汽重整、自热式重整的区别可用以下化学计量反应式说明：

① 蒸汽重整的合成甲醇总反应式：

$$CH_4+H_2O \longrightarrow CH_3OH+H_2$$

过程中生成过量的氢气，这些氢气一般被作为燃料在重整炉中烧掉了。

② 如果有其他 CO_2 来源，可以将 CO_2 通入天然气中，此时的合成甲醇反应式为：

$$\frac{1}{2}CH_4+\frac{1}{2}CO_2+H_2 \longrightarrow CH_3OH$$

若天然气中 CO_2 含量达到 25%，就是采用蒸汽重整的甲醇合成工厂的理想原料。如果采用部分氧化重整技术，就需要除去大量的 CO_2。

③ 使用氧气的重整工艺路线，可有以下甲醇合成总反应式：

$$CH_4+\frac{1}{2}O_2 \longrightarrow CH_3OH$$

气体加热式重整比较简单，前提是蒸汽重整能力有一定的极限，以选择自热式重整路线为基础。自热式重整消耗大量的氧气，生成气中的氢含量较低。化学计量式显示，自热式重整的氧耗量约为 0.5t/t 甲醇。AGHR 重整技术是将自热式重整的高温生成气送进 AGHR 反应器，用于加热装有重整催化剂的反应管，使一部分原料气进料（约 30%）发生重整反应。剩余的重整反应任务由自热式重整反应器来完成，此过程称为“用氧的”工艺路线。

AGHR 重整与其他工艺的区别是利用重整生成气的热量来加热原料气，使甲醇合成流程发生了以下变化。

① 热量是以最高温位循环到重整反应中，而不是将天然气“降级”使用于发生蒸汽。而且，作为合成原料的天然气用量最低，提高了工艺过程的热效率；

② 热量是回收到反应过程中，不需烧天然气或其他燃料。也不使用任何工艺物流发生

蒸汽。在合成气流程中取消了发生高压蒸汽和使用高压蒸汽的过程；

③ 蒸汽重整需要使用蒸汽，多数常规流程（例如 LPM 工艺）都是主要从甲醇合成过程中回收热量发生蒸汽，再直接把蒸汽送入天然气原料中。在 AGHR 重整流程中，大部分重整用蒸汽来自饱和塔。饱和塔回路的特点是可以将非锅炉用水送入工艺系统之中，例如工艺凝结水、精馏塔底排水等；从而可以免除这些排水的处理费用。这样，工厂的污水排放量就可减至最低；锅炉和饱和塔的排水量很少，无须处理。

AGHR 重整-甲醇合成工艺的用水量很小，特别适用于在缺水地区建设甲醇工厂。

(2) 两段甲醇合成技术

特大型甲醇合成工厂的工程设计不能简单地采用两个反应系列来扩大生产规模，因为这将从经济上失去扩大规模可以降低合成工序投资和生产成本的意义。而且，气体流量大还会在工程设计上遇到气体管径过大和通过反应器的压力降过大的麻烦。为此，需要在合成工序设计上采取措施达到保持高转化率和降低气体循环量。甲醇合成反应是受化学平衡限制的，为了达到高转化率，需要降低反应器出口气体中的甲醇含量和 CO 含量，就必须降低出口的平衡温度。

JM Catalysts 的两段合成技术采用气体冷却式反应器作为主反应器，水冷式反应器作为补充反应器。冷却水是来自饱和塔的高压水，可以有效地将反应热转化为相当于 5.0MPa 的蒸汽，同时使合成反应器出口温度不超过 240℃。

3) DPT 公司改进的低压甲醇工艺

改进低压甲醇工艺（Davy Process Technology（DPT）Improved Low Pressure Methanol Process）工艺流程图见图 8-5，包括以下工序：

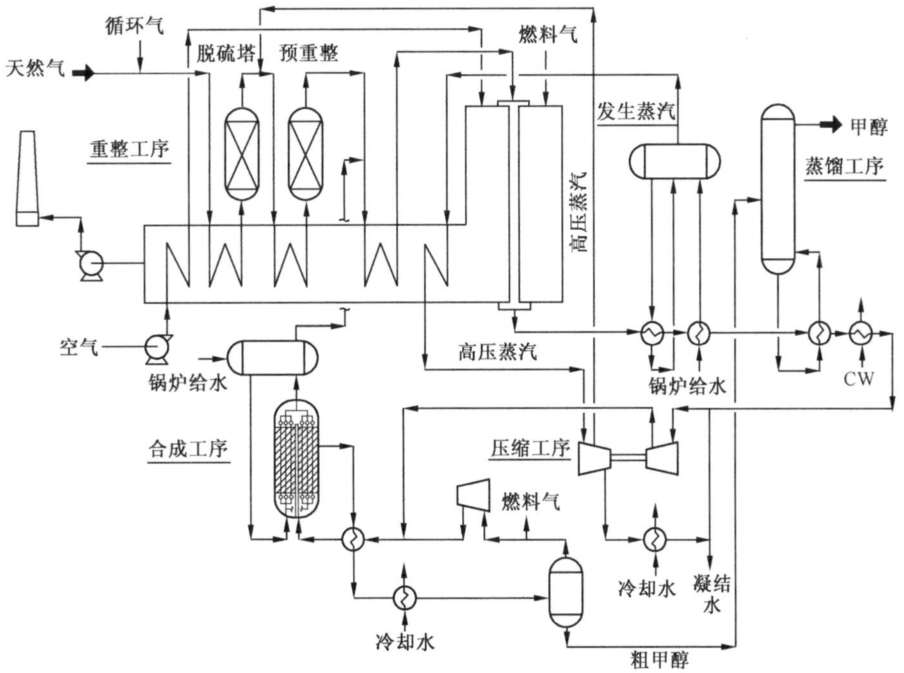

图 8-5 DPT 公司的改进低压甲醇工艺流程

(1) 原料气脱硫

天然气原料与来自放空气体的氢气混合，在脱硫预热器中用重整炉烟道的余热加热至反应温度。然后通过加氢反应器将有机硫化合物转化为 H_2S。最后在（1台或2台串联的）固定床 ZnO 脱硫塔中脱除硫化氢。

（2）合成气生产

含天然气和蒸汽的进料首先在重整炉的余热烟道中预热，然后进入预重整反应器，通过催化剂层使重质烃转化为轻组分。经过预重整的天然气再经过烟道预热后进入装有催化剂的重整炉管，发生重整反应生成含 CO 和 H_2 的合成气。气体中还包括未转化的甲烷和蒸汽。重整炉为带保温层的方形炉结构，炉内安装立式炉管。炉顶装有燃烧火嘴。合成气中的热量用于发生高压蒸汽、用作甲醇蒸馏塔再沸器的热源；气体经过冷却后进入分离器，分离出凝结水。

（3）合成甲醇

合成气进入蒸汽驱动的2级离心式压缩机升压后，与循环气混合。经过换热升温后进入合成反应器。合成气通过中心管以径向流动进入催化剂床层。床层温度是靠控制蒸汽压力来调节的。发生的中压蒸汽用作重整炉的进料。从反应器出来的气体经过换热、冷却后依次进入冷凝器和粗甲醇分离器。分出甲醇-水混合物的未转化气体通过循环压缩机循环回至合成反应器。

（4）甲醇蒸馏

为两级蒸馏系统。从拔顶分馏塔塔顶分出轻质副产物用作重整炉的燃料气，从甲醇精馏塔顶分出甲醇成品。水从精馏塔底分出。从靠近塔底的侧线抽出少量的乙醇-丁醇作为燃料。

甲醇合成的各个工序实现了最佳的热联合。合成气回收热量和重整炉烟道发生的蒸汽可用于驱动透平；高压过热蒸汽可用于驱动合成气压缩机的透平；小型蒸汽透平用于驱动锅炉给水泵、燃烧用空气和烟气鼓风机和各种泵。各种透平均为背压式，从中压蒸汽系统抽汽、排汽送入低压系统。重整炉使用中压蒸汽。如果合成气压缩机的透平停运，可用高压蒸汽降压或由备用锅炉供给中压蒸汽。

开工、停工的用汽需由外部供给。

4）Uhde 公司甲醇工艺

Uhde 公司甲醇工艺（Uhde Methnol Process）是适用于大型合成甲醇工厂的工艺技术，其特点是前端采用绝热式预重整和蒸汽重整联合流程。其目的是可以把蒸汽重整的一部分热负荷转移到绝热式预重整过程中，使蒸汽重整的规模在工业容许范围之内。从热通量、重整炉管数和炉管长度等因素考虑，此流程的重整设计容许规模可达日产甲醇5000~6000t。

对于更大的规模，如15000t/d 的甲醇合成工厂，Uhde 认为可在前面采用两套重整并联。对重整过程的基本要求是生产 *SN* 值适合于甲醇合成的合成气。这可采取蒸汽重整与自热式重整并联流程，两套重整的操作压力不同。天然气原料分为两股，一股进入蒸汽重整；另一股进入自热式重整。大型甲醇合成工厂的合成操作压力一般为9.0~10.0MPa，由于操作压力不同，生成气体需分为两股分别进行冷却。上述两种流程的工艺数据见表8-8。

表8-8 Uhde 公司甲醇工艺的重整工序数据

项　目	预重整+蒸汽重整	蒸汽重整和自热重整并联流程
蒸汽重整出口压力/MPa	2.0	2.0
自热重整出口压力/MPa	—	4.0

续表

项　目	预重整+蒸汽重整	蒸汽重整和自热重整并联流程
预重整进口温度/℃	600	—
蒸汽重整进、出口温度/℃	600/800	600/880
自热重整进、出口温度/℃	—	600/1000
合成气质量	氢气过剩	符合合成甲醇需要

Uhde 公司可提供多种合成反应器的专利技术，包括：ARC 合成反应器、发生蒸汽的合成反应器（直管式或盘管式）、或管式冷却合成反应器。产能为 5000t/d 的甲醇合成厂，至少需安装两台并联或串联的合成反应器。串联流程的反应器出口甲醇浓度高于并联流程，故可以在循环比低于 2.0 的条件下运转。设备的投资、气体循环系统耗电量均较低；但是甲醇合成的总碳效率也降低。

反应器并联流程由于循环流量的增加使循环系统的投资增大。但是与串联流程相比，可以提高在固定补充气流量下的甲醇产率。在提高循环气流量下，由于反应器进料的反应能力下降，可以减少副产物生成量。

规模为 5000t/d 以上甲醇工厂甲醇蒸馏装置的流程与要求的甲醇规格、前部工序的换热流程等因素有关。Uhde 公司可提供单塔到 4 塔的蒸馏流程。其中 2 塔流程为低投资的蒸馏流程；3 塔流程的特点是能耗较低；4 塔流程的第 4 分馏塔用于从甲醇中分离出燃料油（乙醇等），仅适用于特大型装置。

5）Jacobs 甲醇工艺

Jacobs（Jacobs Methanol Process）甲醇工艺是以蒸汽重整为基础的设计，做了几项改进以减小蒸汽重整、合成气循环系统和甲醇蒸馏工序的规模。

为了降低蒸汽重整的规模，采用了高温预重整技术。天然气-蒸汽混合物预热至 570～580℃，此温度是避免原料气中重质烃裂化的安全温度。然后进入预重整并在约 470℃离开。此后再加热至 650℃进行蒸汽重整。

气体再加热炉管安装在重整炉的对流段中，故可降低燃料消耗量。重整炉内共安装 16 排炉管，总计 1024 根。

计划在合成气压缩机的中间段增设一台一次通过式、发生蒸汽的合成反应器。此项改进可以减小合成管线规格，5000t/d 的合成工厂可使合成压缩机功率约减少 7MW。

甲醇蒸馏采用三级蒸馏流程，不仅可以降低再沸器热量，还可减小塔径，有利于运输和安装。

6）鲁奇公司大型甲醇工艺

鲁奇大型甲醇工艺（Lurgi Mega Methanol Process）的主要工艺特点是采用催化预重整和用氧自热式重整流程生产合成气，单系列两段甲醇合成系统的规模可达到日产甲醇 5000t。鲁奇大型甲醇工厂的方块流程见图 8-6；天然气重整工艺流程、甲醇合成反应系统流程和甲醇合成和蒸馏工艺流程分别见图 8-7 至图 8-9。

鲁奇重整炉的压力为 4.0MPa，超过常规蒸汽重整的压力，可以采用单段压缩机，不需要中间冷却。从自热式重整生产的合成气，其 *SN* 值 [$(H_2-CO_2)/(CO+CO_2)$] 低于 2.0，故需要补充一部分从合成过程的放出气分离出来的氢气，才能将 *SN* 值调整到最佳值（*SN*=2.05）。为了取得足够的氢气，氢分离过程需采用特殊的工艺参数。理论上，自热式催化重整过程应在合成压力下操作，无须安装合成气压缩机。但是，操作压力高于 4.0MPa

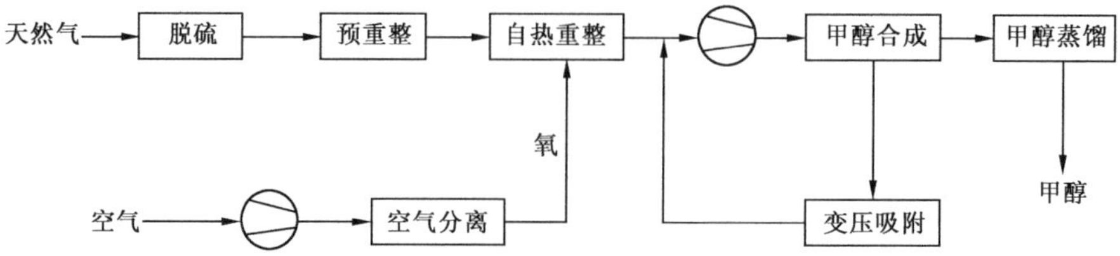

图 8-6　鲁奇大型甲醇工厂的方块流程

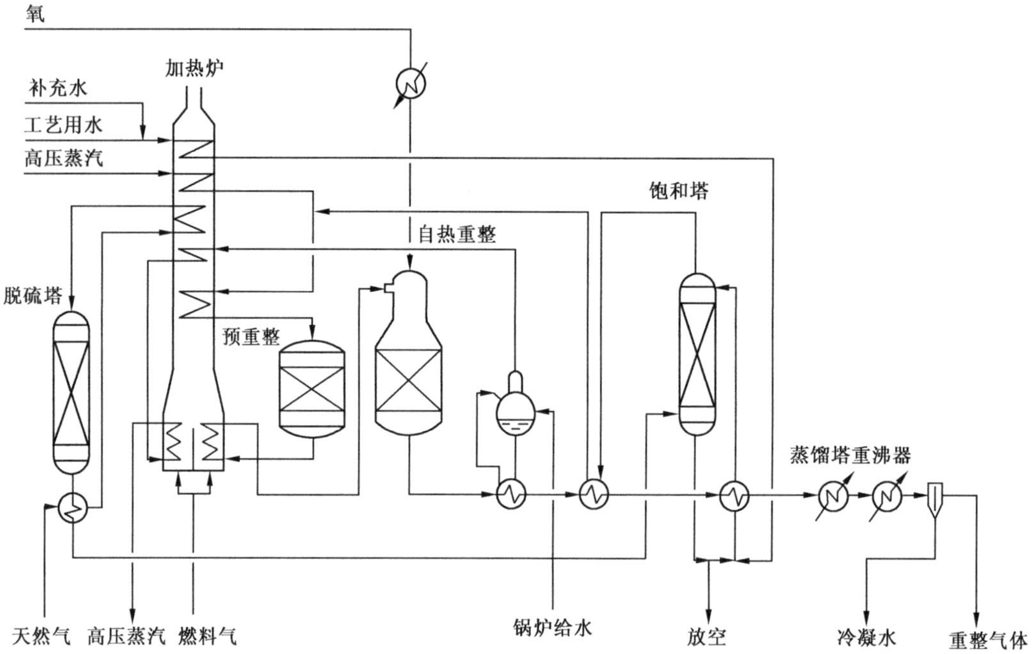

图 8-7　鲁奇天然气重整工艺流程

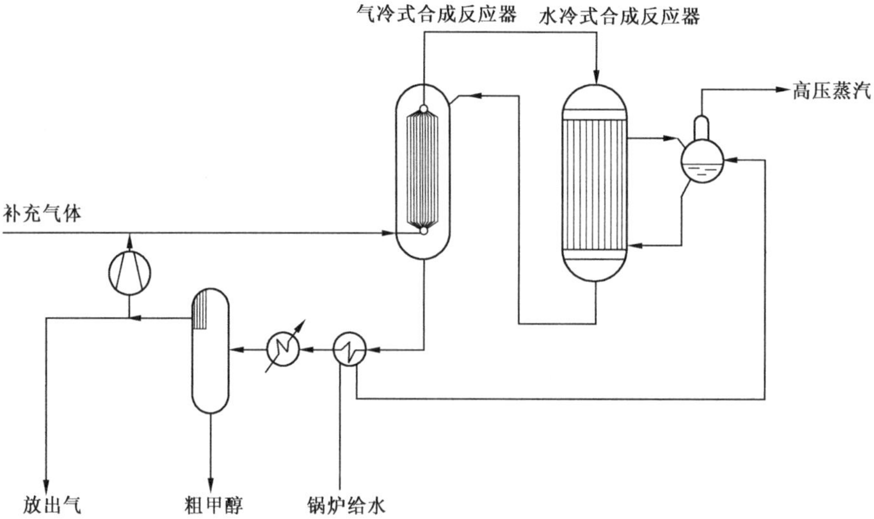

图 8-8　鲁奇甲醇合成反应系统流程

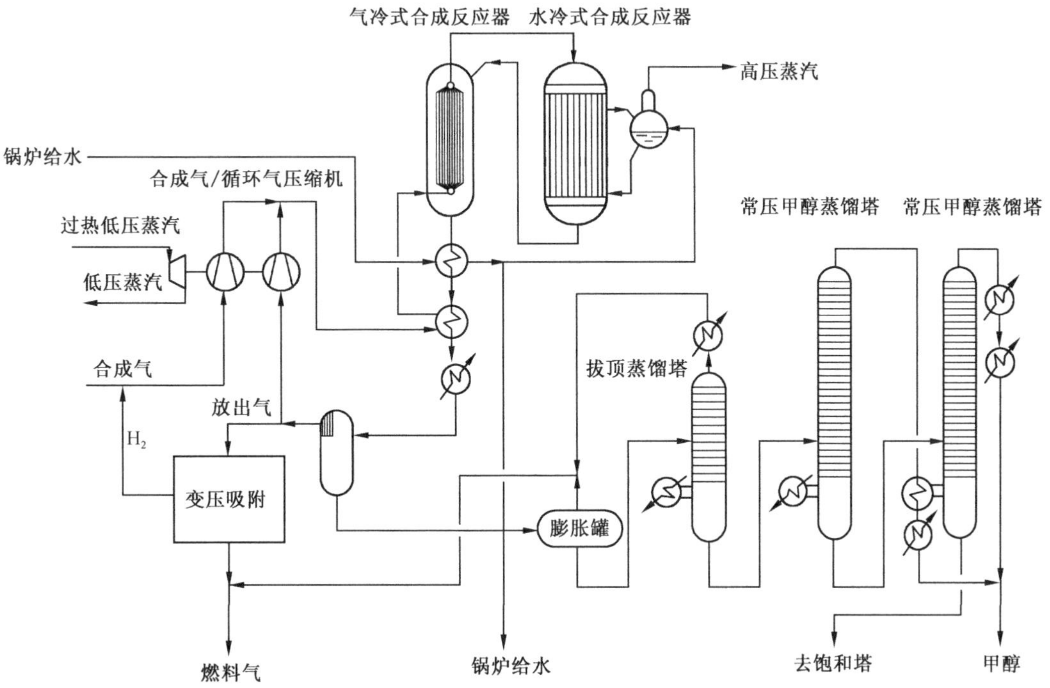

图 8-9　鲁奇甲醇合成和蒸馏工艺流程

的自热式重整，在工业上还没有操作经验。

自热式催化重整的优点：

① 原料的适应性广，操作灵活；

② 低汽/碳比；

③ 高压下的甲醇降低率（slip）低；

④ 开工时间短，易于调整产量；

⑤ 取消了直火加热的重整炉。

预重整和自热式重整的操作参数：

① 预重整炉出口温度：440℃；

② 自热重整炉出口温度：1000℃；

③ 自热重整炉出口压力：3.5MPa；

④ 预重整的汽/碳比（分子）：1.4；

⑤ 总蒸汽：碳分子比：1.7；

⑥ 天然气流率：7188kmol/h；

⑦ 氧气流率：131t/h；

⑧ 重整气流率（重整炉出口温度、压力下）：105000m^3/h。

采用预重整-自热重整联合流程的优点：

① 合成气的 *SN* 值适宜；

② 高压下的合成气体积小；

③ 布置紧凑；

④ 能效率高；

⑤ CO_2 和 NO_x 的排放量低。

鲁奇大型甲醇工艺的合成工序采用两段合成以提高大型甲醇厂的经济性。第一段合成采用水冷式发生蒸汽型的鲁奇反应器，一部分合成气转化为甲醇。反应器是在特高的产率和高于常规温度下操作以发生更高压力的蒸汽，其目的是为了提高工厂的能效率；第二段反应器的反应速率大大低于常规反应器，因此，单位反应空间的甲醇产率和发生热量也均较低，剩余的反应热量用于一段反应器进料的预热。由于反应温度和冷却气体的温度差高于常规换热器进出口的温度差，所以反应器中需要的换热面积较少，可装填催化剂的容积就比较大。

甲醇合成反应器的工艺条件如下：

① 重整气的 *SN* 值：1.81

② 氢循环量：1750kmol/h；

③ 合成气的 *SN* 值：2.06；

④ 合成气压缩机吸入压力：3.2MPa

⑤ 合成气压缩机出口压力：7.1MPa

⑥ 循环比：1.9；

⑦ 反应器出口的甲醇含量：11.5%（mol）。

7）福斯特惠勒甲醇工艺

福斯特惠勒甲醇工艺（Foster Wheeler Starchem Methanol Process）包括生产富氧空气、催化部分氧化重整、甲醇合成和放出气的氢分离几项工艺的联合。是采用工业上成熟的技术按照特殊的配置组成大型的甲醇合成工厂。正在设计中、采用 Starchem 工艺的甲醇合成工厂规模为9000t/d（甲醇产量约为3.0Mt/a）。甲醇合成的方块流程见图8-10。

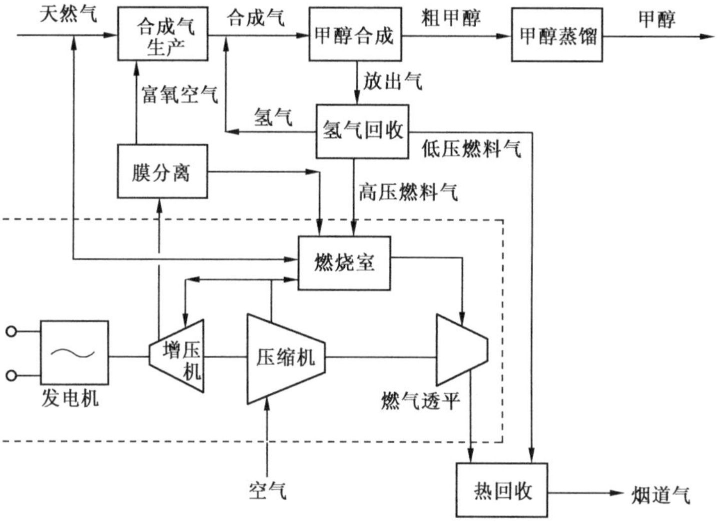

图8-10　福斯特惠勒公司 Starchem 甲醇合成流程

各个工序的物料流程说明如下：

① 空气进入燃气透平系统的压缩机；

② 压缩机排出空气的大部分经过增压机进入空气膜分离装置，其余的空气进入燃气透平的燃烧器。燃气透平使用合成系统的放空气作为主燃料，其操作条件与常规 IGCC 相似；

③ 空气膜分离装置利用空气透过膜的扩散速率高于氮气的原理，将空气分离为富氧空

气和贫氧空气两个组分；

④ 贫氧空气经过用压缩机排出的空气加热后，进入燃气轮机系统作为燃烧器的二次空气。

⑤ 富氧空气经过加热后送入催化部分氧化重整工序；

⑥ 天然气经过加热、脱硫、通入蒸汽和进一步加热之后去重整工序。重整过程可根据情况选择采用高压催化部分氧化、高压非催化部分氧化、中压催化部分氧化或气体加热式重整工艺。福斯特-惠勒公司认为中压催化部分氧化重整工艺是较好的选择，因为此项技术具有转化率较高、氧气利用率高、流程简单等优势，而且已经通过了示范操作；

⑦ 合成气经过有效的换热后，经压缩机增压至合成需要的操作压力；

⑧ 甲醇合成过程采用串级式反应器流程，包括 3 台恒温式、1 台管式和 2 台绝热式合成反应器。全部反应器都是工业上成熟的技术。生成的粗甲醇经过分馏工序生产含水合格的甲醇产品；

⑨ 甲醇合成工序的放出气体经过回收氢气后用作燃气透平的燃料，氢气循环至合成系统中。

8）TEC 甲醇合成技术

TEC（甲醇合成技术）是日本东洋（Toyo）公司和三井化学公司联合开发的甲醇技术，采用了多段直接冷却径向流动合成反应器，称为 MFR 反应器。在特立尼达和多巴哥的一套甲醇装置改造工程中安装了 TEC 的甲醇合成反应器。投入运行后，达到了预期效果。

目前，许多公司拥有大型甲醇合成专利技术。据美国斯坦福咨询公司（SRI）对各种合成甲醇专利技术的市场占有份额的统计结果为：ICI 公司的市场占有率为 61%，Lurgi 公司占 27%，日本三菱瓦斯化学占 8%，Kellogg 公司占 3%，其他公司占 1%。

ICI/Synetix、Lurgi 和 Topsøe 三家公司的重整和甲醇合成反应器工艺数据汇总见表 8-9。

表 8-9 三家甲醇专利商的工艺设计参数比较（生产规模 2500t/d）

项目	Lurgi 技术	ICI/Synetix 技术	Topsøe 技术
主重整反应器			
类型	常规 SMR	AGHR	常规 SMR
催化剂	镍基	镍基	镍基
汽/碳（摩尔）	2.8∶1.0	1.5∶1.0	1.5∶1.0
出口温度/℃	788	627	691
压力/MPa	3.7	3.8	3.7
甲烷含量/%（体）	12.4	36.0	36.51
二级重整反应器			
类型	吹氧自热重整	吹氧自热重整	吹氧自热重整
催化剂	镍基	镍基	镍基
氧/甲醇（质量比）	0.48∶1.0	0.47∶1.0	0.47∶1.0
氧纯度/%（体）	99.5	99.5	99.5
出口温度/℃	960	971	998
压力/MPa	3.5	3.7	3.5
甲烷含量/%	2.2	1.5	1.0
合成气当量比（SR）	2.3	2.02	2.02

续表

项目	Lurgi 技术	ICI/Synetix 技术	Topsøe 技术
甲醇合成反应器			
类型	两段，铜基催化剂	一段急冷、铜催化剂	三段绝热、铜催化剂
一段	水冷，管内催化剂	—	—
二段	气冷，管外催化剂	—	—
产率/（kg/L·h）	1.9	0.74	0.77
进口压力/MPa	9.1	7.8	7.8
操作温度/℃	一段 250~271	182~250	一段 182~270
	二段 225~267	-	二段 241~271
CO 单程转化率/%（mol）	63	47	52
CO 选择性/%（mol）			
甲醇	99.56	99.56	99.56
二甲醚	0.08	0.08	0.08
高级醇	0.34	0.34	0.34
其他	0.02	0.02	0.02

3. 煤炭原料的甲醇合成技术[2,4]

以煤炭为原料生产甲醇需使用煤炭气化技术生产合成气。大型甲醇合成工厂应采用气流床技术的气化炉生产合成气以提高产量。有关煤气化工艺可参见本书第七章。

1）常规气相合成甲醇技术是按一次通过流程操作，因为单程转化率低、大部分合成气未转化，因此不经济。对工艺流程研究之后，开发出了煤制合成气的一次通过式 LPMEOH™ 液相甲醇合成工艺。

LPMEOH™ 工艺是由 Air Products and Chemicals 公司于 20 世纪 80 年代在美国能源部资助下开发成功的。1989 年进行了工业化示范。LPMEOH™ 工艺特别适合于用（高 CO 含量的）煤制合成气为原料。一般说来，使用高 CO 含量的合成气时，转化率受气体的氢含量限制。如果需要提高转化率，可以利用甲醇催化剂的变换活性，向反应器进料中通入蒸汽，使一部分 CO_2 转化为氢气。使生成的氢气与 CO 合成为甲醇。变换反应是受反应平衡限制的。

2）IGCC 发电-联产甲醇工艺方案

液相甲醇合成工艺（LPMEOH™）为充分利用煤炭资源生产甲醇提供了一条可行的工艺路线。图 8-11 为配置最简单的 LPMEOH™ 工艺流程图。全部或部分合成气在最高压力下进入 LPMEOH™ 合成反应器。未反应的合成气用作 IGCC 燃气透平的燃料，驱动发电机发生电力。

3）LPMEOH™ 甲醇合成反应器

LPMEOH™（是 Air Product and Chemicals 公司注册的商标）甲醇合成反应器是浆液鼓泡塔式反应器，是 20 世纪 70 年代末开发的。20 世纪 80 年代进一步研发并完成了工业示范。与常规的气相甲醇合成技术不同，使用一种无活性的矿物油作为反应介质和吸热剂，可以把在催化剂表面生成的反应热经过反应器内置的管式换热器传输给沸水并发生蒸汽。由于这种传热方式的取热能力强、可以保持整个反应器内的温度均匀，故可以达到较高的单程转化率。反应气体通过气泡层溶解到液相中，并扩散到催化剂表面上、完成合成反应。然后，反应生成物再扩散回到气相中。对于常规的气相合成反应器。合成气的 CO 容许浓度为 16%，单程转化率受反应器取热能力的限制。而 LPMEOH™ 反应器可以使用 CO 浓度超过 50% 的合

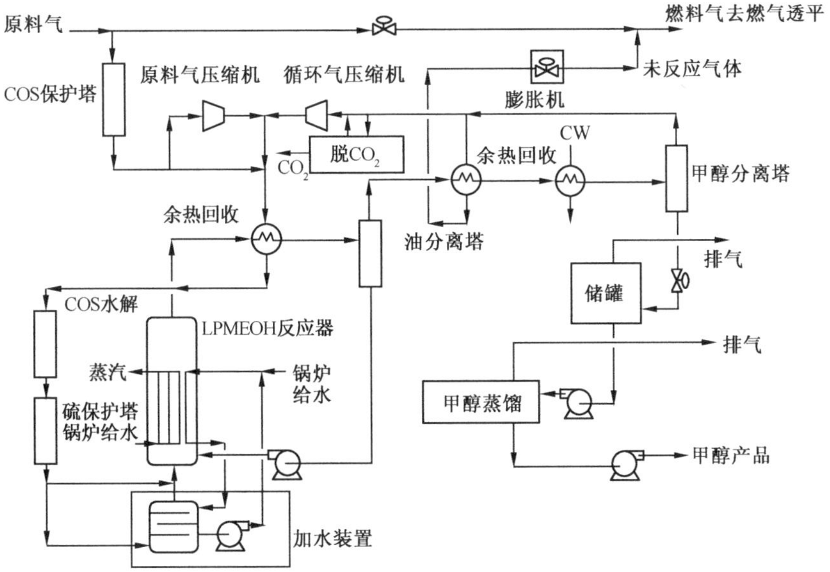

图 8-11　LPMEOH™甲醇合成工艺流程

成气，催化剂也不会受到热损害。图 8-12 为 LPMEOH™合成反应器和反应过程示意图。

单程转化率根据反应条件、催化剂和溶剂种类和空速决定。试验数据表明：使用富 CO 的合成气，转化率为 15%～40%；富氢合成气的转化率可达 40%～70%。计算模型预测：未来的 CO 转化率可提高至 90%，最高可达 97%。正在开发的一种低温（100℃）催化剂，CO 的单程转化率为 90%。在通入蒸汽的情况下，气体的组成可用水煤气变换反应来调节，H_2 : CO比例可在 0.4～5.6 范围内调节，不会有负面效应。

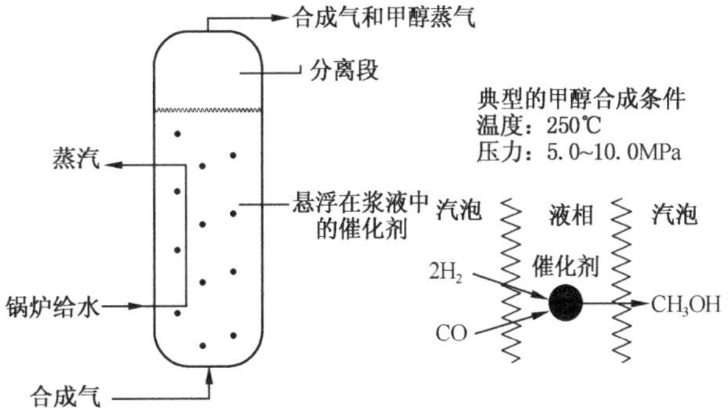

图 8-12　LPMEOH™合成反应器

LPMEOH™合成反应器的另一特点是对变更反应条件的适应能力。由于在反应器中装有缓冲热量用的液体油，可以快速地提高处理量或空载运行。

LPMEOH™是适合于使用以煤为原料生产甲醇的工艺技术。因为浆液鼓泡塔式合成反应器的第三个特点是可以用高 CO 含量合成气直接生产优质甲醇。LPMEOH™所产甲醇的含水量一般只有 1%，不需要精制就可以直接用作各种用途。使用富氢合成气用气相法生产的粗甲醇，含水量在 4%～20%之间，必须经过精馏才能成为成品甲醇。

4）联产甲醇和电力的洁净煤技术

在用煤、渣油或石油焦为燃料的 IGCC 电站中，采用 LPMEOH™工艺将一部分 CO/H_2 联产甲醇是有经济效益的生产方案。此项技术称为联产甲醇和电力的洁净煤技术（IMPPCCT, Integrated Methanol and Power Production from Clean Coal Technologies）。整体式联合循环（IGCC）和 LPMEOH™甲醇合成工艺都是工业化的、成熟的技术。图 8-13 为 IGCC 公用电

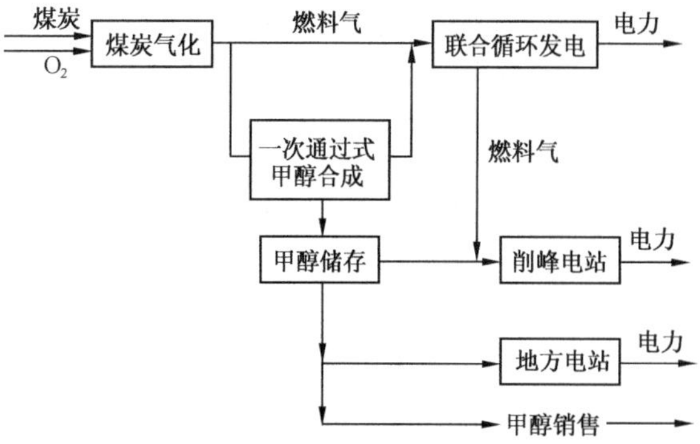

图 8-13　一次通过式联产甲醇的工艺流程

站采用一次通过式流程联产甲醇的工艺流程。

在此联合流程中，甲醇装置的产量可有很大的灵活性。可以将一部分或全部合成气进 LPMEOH™装置按一次通过操作生产甲醇。未反应气体用作燃气透平的燃料。或者，按照气化炉超负荷生产状态（或使用备用气化炉）的合成气产量作为生产甲醇的设计基准。还可以按照非高峰电力负荷情况生产甲醇以便使造气装置维持满负荷运转。

甲醇产品可以出售。如果需要，所产的甲醇还可直接用作削峰电站和/或地方小型电站的发电燃料。

如果需要将更多的合成气用于生产甲醇，在不需调整气化炉的 CO/H_2 比例（和脱除 CO_2）的情况下，可有几种一次通过式流程。可以处理高 CO_2 的合成气是 LPMEOH™工艺的主要特点。

采用不同配置的工艺设计可以调节发电量和甲醇产量的相对比例。例如，可以按以下任何一种模式操作：

① 带合成气循环的一次通过式流程：从反应器出料中将甲醇冷凝出来，未反应合成气循环量可按相当于进料量确定（即循环比=1.0）。当循环比大于 1.0 时，因为大多数氢气已经转化为甲醇，故效果较差；

② 原料气压缩的一次通过式流程：当合成气进料压力低于 5.0MPa 时，原料合成气再压缩就可以提高反应压力、从而可以提高反应器的产能、合成气转化率和甲醇产量；

③ 合成气加水的一次通过式流程：向合成气中加水就可以利用甲醇合成催化剂固有的变换活性生成更多的氢气。这将使甲醇产品的水含量和反应器出口气体的 CO_2 含量均稍稍增加；

④ 合成气中加水和脱除 CO_2 的一次通过式流程：综合效应是使合成气转化率达到 50%以上；

⑤ 2 台液相合成反应器串联流程；具有多种操作灵活性和催化剂处理的灵活性。

一次通过式合成的原料气中 CO 含量越高，甲醇产量受可用氢气量的影响也越大。最经济的甲醇生产方案是尽量将氢气转化为甲醇而不采用原料气压缩、未反应气体循环等措施。如果原料气的压力低于 5.0MPa，将原料气压缩升压至 8.8MPa 和采用 1∶1 的气体循环可能是最佳流程。如果需要再提高转化率就需要采用原料气中加水和是否脱 CO_2 的联合措施。

上述 IGCC 发电联产甲醇生产方案中，所产甲醇的用途十分广泛。可以单独用作车用汽油的替代燃料，也可调合到汽油中作为甲醇汽油使用；还可用作燃料电池的燃料；当公用电站需要削峰时，可以使用甲醇作为快速启动燃气透平的燃料；还可以采用 Exxon-Mobil 的 MTG 工艺把甲醇转化为汽油。

五、甲醇合成反应器专利技术

合成反应器（或称转化器）是甲醇合成过程最重要的工艺设备。甲醇合成反应为高度放热的化学反应，所以所有的甲醇合成反应器的重要任务是控制反应温度。工业上广泛使用的甲醇合成反应器可大致分为气相技术和液相技术两大类，以采用气相技术的反应器居多。

按照催化剂床层的布置形式分类，气相技术的合成反应器可有多床层和单床层反应器两大类。多床层反应器是按照甲醇合成反应达到平衡的条件分配催化剂床层的，采用直接换热或注入冷合成气以控制床层温度。单床层反应器设计是用取热介质连续地从床层中取出热量，反应器的运转与换热器相似。

甲醇合成是化学平衡限制的放热反应，在低温和高压条件下更有利于反应的进行。可以根据合成气组成和工厂规模，选择不同型式的专利合成反应器。

1. ARC 甲醇合成反应器

ARC 反应器是 JM Catalysts 公司与 Methanol Casale 公司联合开发的急冷型甲醇合成反应器，参见图 8-14。

ARC 甲醇合成反应器中，合成过程的反应热是用向各个床层通入的一股冷合成气所吸收。冷却用合成气是从安装在反应器中的一排横向喷射管送进反应器的，管子上有喷射孔。ARC 反应器的催化剂床层是连续的，其特点是每个催化剂床层是用单独的隔板分隔开的，冷却气体是通过环形结构喷入反应器中。

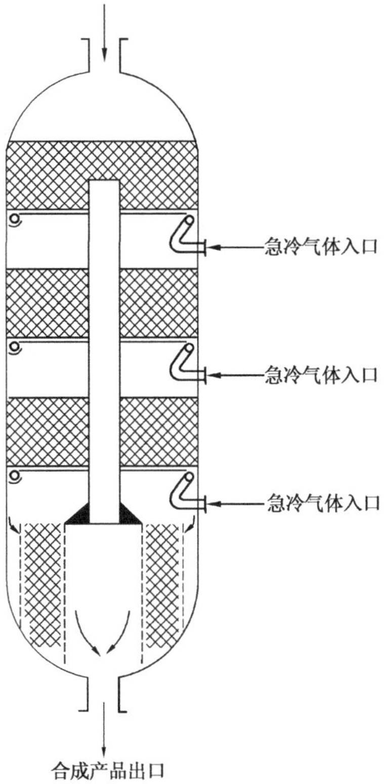

图 8-14　ARC 甲醇合成反应器

由于每一催化剂床层都是隔开的，床层之间有错流混合作用，所以不会造成整个反应器的分布不均匀，催化剂床层径向温差不超过 1～2℃，每一个床层的轴向温差不超过 5～10℃。不同床层的操作温度取决于进料的温度。ARC 反应器中很少发生气体分布不均现象。可在催化剂最佳状态下运转，所以催化剂的使用寿命长、活性高，副产物产率低。单台 ARC 反应器的甲醇产能约为 3000t/d 左右。对于规模为 5000t/d 的甲醇合成工厂，可考虑安装 2 台 ARC 反应器并联操作，或考虑采用发生蒸汽型甲醇合成反应器。

ARC 反应器的主要缺点是增加了催化剂的装入时间，因为每次装填催化剂之后还需要安装隔板。在取出催化剂时，因催化剂被氧化而可能发生自燃，故需要有 2～3 天的停工时间。

新西兰的 Methanex 工厂采用了 ARC 反应器并开车顺利。

2. Toyo MRF-Z 型甲醇合成反应器

多段内冷型径向流动（Multi-Stage Inner Direct-Cooling Type Radial Flow，MRF）甲醇合成反应器是日本东洋工程公司（TEC）与三井东亚化学公司共同开发的反应器[6]，1980 年在日本大阪建立了一套 50t/d 示范装置，1990 年投用了一台 260t/d 的工业级反应器，示意图见图8-15。在此基础上，Toyo 公司又开发了 MRF-Z 型甲醇合成反应器。MRF-Z 型反应器是径流式、发生蒸汽的甲醇合成反应器。在插口式管子中发生蒸汽，蒸汽集中到中心管中排出。合成气从反应器顶部进入，通过在反应器内壁的扇形分配器沿器壁周围分布到反应器中。然后，气体通过装有环形套管的催化剂床层进行合成反应。环形套管内通入锅炉给水，

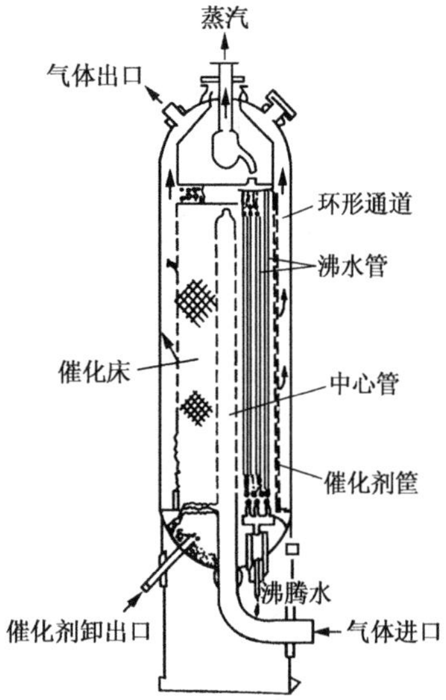

图 8-15 Toyo MRF 型甲醇合成反应器

吸收合成反应热发生中压蒸汽。蒸汽向上流过中心管，然后再向下流动从插口式出口管排出。合成气此种流程设计的缺点是反应器结构较复杂。

采用插口式接管是为了消除热应力和可以完全放空，在维修时也便于检查和从反应器中抽出内管。径流式反应器的特点是通过床层的压力降较低，缺点是不能采用自然循环方式向反应器给水，需要增设循环水泵。

这种反应器的缺点是反应器结构较复杂，由于床层内安装了立式冷却管，故催化剂装填容积减小。Toyo 工程公司认为，这种反应器结构由于增加了发生蒸汽量的额外收益，天然气耗量约比常规急冷型反应器少 7%~8%。

与气体轴流型、管内装填催化剂的（Lurgi 合成）反应器相比，MRF-Z 型合成反应器的特点是生产能力大，特大型甲醇合成工厂只需安装一台反应器。Toyo 公司认为，MRF-Z 型甲醇合成反应器可用增加反应器高度办法将单台生产能力放大至 10000t/d。

表 8-10 为 2000t/d 的 MRF-Z 型合成反应器与传统的急冷型合成反应器的工艺数据比较表。

表 8-10 MRF-Z 型合成反应器与急冷型合成反应器比较

项　目	急冷型甲醇合成反应器	MRF-Z 型甲醇合成反应器
催化剂相对体积	1.0	0.68
需要的反应器台数	1	1
反应器相对质量	1.00	1.25
安装管数/根	—	950
相对的换热器面积	1.00	0.91
安装费用（包括催化剂费用）	1.00	0.95

已有两套低压合成甲醇装置采用了 MRF-Z 型合成反应器，包括在特立尼达和多巴哥的一套 1500t/d 的甲醇装置和在我国的一套 315t/d 的甲醇合成装置。

3. JM Catalysts 管式冷却甲醇合成反应器

JM Catalysts 的 TCC（tube cooled convertor）合成反应器为气体管式冷却甲醇合成反应器。合成气和循环气从反应器底部进入，通过分配主管进入到内置换热器的管子中。进口气体温度约为 140℃，经过与管外的合成反应热换热后，到达管顶部时温度可达 240℃，然后进入催化剂床层、完成合成反应。图 8-16 为 JM Catalysts 管式冷却甲醇合成反应器图。

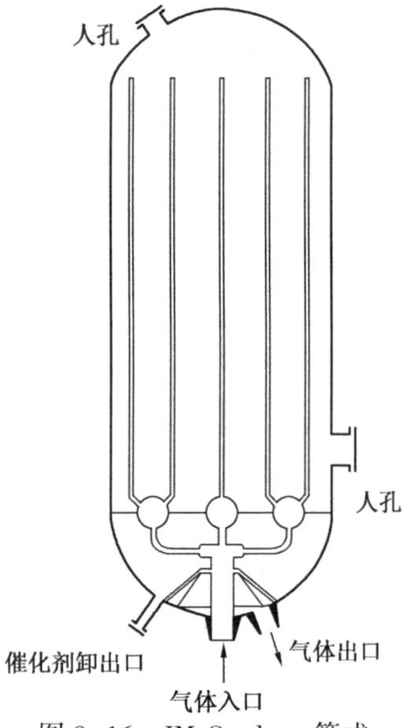

图 8-16 JM Catalysts 管式冷却甲醇合成反应器

管式冷却甲醇合成反应器的主要设计问题是催化剂床层的混合效果不佳，催化剂床层中存在着某些明显冷的和热的部位，会导致催化剂迅速失活和副产物产量增加。这些问题已经在新设计和改造设计中做了改进。

与传统的合成反应器比较，管式冷却反应器的催化剂床层是连续的、容易装填。由于内装换热管，反应器的重量较大。与管内装填催化剂的管式反应器需要有管板不同，管式冷却反应器没有管板，因此不易进行管子检查和维修。

TCC 反应器的建设投资比 ARC 反应器低，操作也简单。单台 TCC 反应器的生产能力达 2000t/d。

4. Linde 发生蒸汽的甲醇合成反应器

Linde 公司是 JM Catalysts 公司的专利承包商，于 1984 年开发了发生蒸汽的合成反应器，自称为“恒温反应器”（Isothermal reactor）。至 20 世纪 90 年代末期已有 4 台以上的 Linde 合成反应器投入工业化运转。反应器的催化剂层中装有螺旋形换热器，其中通入锅炉给水，利用合成反应热发生 2.5~3.5MPa 的蒸汽。沸水从反应器底部进入换热管中，发生的蒸汽集中于反应器顶部的蒸汽包中。

螺旋形管束的换热面积与反应器容积的比例可以根据工艺要求作较大的调整，例如调节管径或管心距，管子长度也没有限制。Linde 合成反应器的传热系数高于立管式反应器，需要的管子数也较少。

Linde 合成反应器的催化剂装填在反应器底部的钢套中，催化剂床层是连续的。换热器管间距较大，所以催化剂装填和卸出均较容易，装、卸难度不比急冷式反应器差。

Linde 公司的恒温合成反应器的单台生产能力达 2000t/d，实际上，工业上应用的合成反应器名牌生产能力仅为 520t/d。图 8-17 为 Linde 发生蒸汽的甲醇合成反应器。

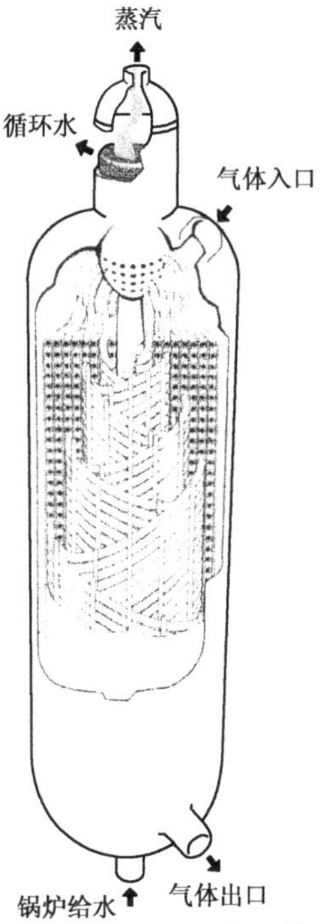

图 8-17　Linde 发生蒸汽的甲醇合成反应器

5. Davy 甲醇合成反应器

Davy 工艺技术公司的合成反应器是径向流动、发生蒸汽的反应器。这种专利反应器的详细资料尚未公开。

6. 其他型式的专利甲醇合成反应器

除了上述适用于特大型甲醇合成工厂使用的反应器外，其他型式的专利甲醇合成反应器还有下列几种：

1) ICI 急冷型甲醇合成反应器

ICI 公司开发的急冷型甲醇合成反应器是应用最广的反应器，使用一股冷却用气体保持床层温度以便在适宜的反应速率和选择性情况下运行。反应器的最佳操作温度范围为 225~275℃。冷却用气体从不同位置，通过带金属网的菱形通道进入床层中，以保证在催化剂床层中均匀分布。表 8-11 为装有 4 层催化剂的急冷型反应器床层温度分布情况。

表 8-11　急冷型合成反应器的床层温度分布

催化剂层	催化剂装入量/%	进口温度/℃	出口温度/℃
1	15	225	273
2	21	233	282
3	28	238	271
4	36	233	252

急冷型反应器的催化剂装入量高于其他形式的反应器，单台反应器的甲醇生产能力为

2000t/d。ICI 公司已完成了生产能力为 3000t/d 的急冷型甲醇合成反应器的工程设计。表 8-12为急冷型反应器的工艺数据。

表 8-12　急冷型反应器的工艺数据

项　　目	数据	项　　目	数据
反应器直径/m	4.7	反应器压力降①/MPa	0.3
切线高度/m	10.85	换热器面积②/m^2	7460
催化剂容积/m^3	169	碳效率/%	90
单程转化率/%	41	反应器总重/t	220
催化剂最高温度/℃	290	单台反应器的总安装费用/万美元	250
操作压力/MPa	8.0	单系列反应系统设备总安装费用/万美元	750

① 反应系统的压力按 0.55MPa 计。

②不包括反应器内的换热面积。

2）Lurgi 管装催化剂的合成反应器

Lurgi 式合成反应器中的圆粒状催化剂装在直径为 50mm 的立管中，管子固定于管壳式结构管板上，合成反应热量通过管壁传递给在管外循环的沸水，因此这种甲醇合成反应器可以直接利用反应温度下的反应热发生中压蒸汽，故热效率最好。

发生蒸汽式合成反应器的气体流向可有轴流式和径流式两种，后者的压力降较小（例如 MRF-Z 型合成反应器）。催化剂的装填方式有装在管内和装在壳程中两种方式，后者称为恒温式反应器（Linde 式合成反应器）。

从操作观点看，管装催化剂的优点是：

① 通过管壁的温度差较小（约为 10~12℃），便于控制反应温度；

② 这种设计不会有大的温度波动，避免催化剂迅速失活；

③ 与急冷型合成反应器相比，操作稳定，需要的催化剂量较少；

④ 蒸汽最高压力约为 4.0MPa；

⑤ 对于进料温度不敏感，控制壳程压力就可以直接调节床层温度。

Lurgi 式合成反应器的缺点是反应器建设投资较高。直径为 6m 的 Lurgi 合成反应器的甲醇生产能力只有 1250t/d 左右，仅相当于上述急冷型合成反应器生产能力的一半。对于生产能力为 3000t/d 的甲醇装置，在一台反应器中可设置两段催化剂层。对于生产规模更大的装置，则需要安装两台合成反应器。

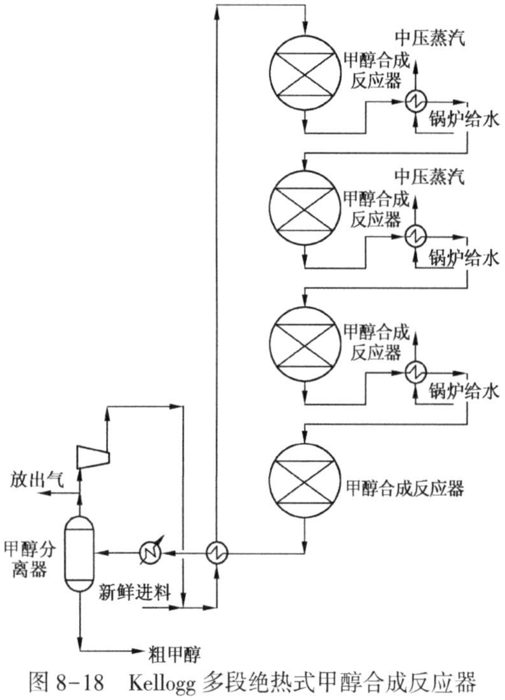

图 8-18　Kellogg 多段绝热式甲醇合成反应器

3）Kellogg 多段绝热式合成反应器

M. W. Kellogg 公司在为智利 Cape Horn 甲醇合成厂设计中使用了这种多台串联的绝热床合成反应器，反应器流程见图8-18。

Kellogg 多段绝热式合成反应器为球形结构，其优点是反应器的壁比相同容积的圆柱形结构薄，造价低。设在前两台反应器之间的换热器用于发生 3.0MPa 的高压蒸汽，最后一台反应器前的换热器则用于预热锅炉给水。

多段绝热式反应器的主要优点是可以在任何时间单独更换一台反应器的催化剂，由于前两个床层的催化剂最容易失活，可以在计划停产时更换催化剂，剩下后两台反应器在下次计划停产时再陆续更换。此外，反应器中用于流量分布和传热的内件均较简单，这也提高了设备的可靠性。

多台相同的反应器，可降低建设投资。但是，增加了连接管线使建设投资增加。单系列的绝热式反应器的甲醇生产能力可超过 3000t/d，压缩机等其他工艺设备的能力极限约为 3500t/d。

4）三菱重工超级合成反应器

这种甲醇合成反应器是由日本三菱重工和三菱气体化学公司（Mitsubishi Heavy Industries，Ltd. And Mitsubishi Gas Chemical Co. Inc）开发的。实质上，它是管式气体冷却反应器和发生蒸汽反应器的联合。超级合成反应器简图见图 8-19。

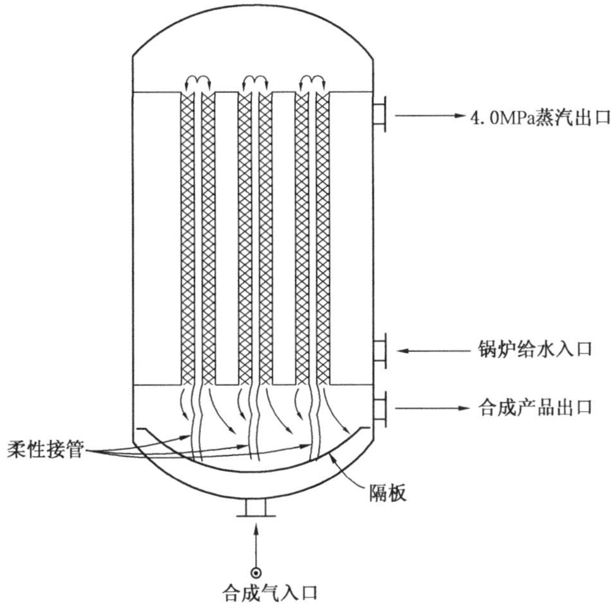

图 8-19　三菱重工超级甲醇合成反应器

据三菱气体化学公司介绍，与典型的急冷式反应器相比，超级合成反应器的发生蒸汽量可增加 1 倍、气体循环量可减少一半、冷却用水量也可相对降低。主要工艺参数见表 8-13。

表 8-13　超级合成反应器与急冷式反应器的比较

项　　目	急冷式合成反应器	超级合成反应器
发生蒸汽量/（t/t 甲醇）	0.6	1.1
相对循环气体量	1.0	0.5
相对冷却水用量	1.0	0.8

由于单程转化率和反应热回收效率高，超级合成反应器的气体循环比（循环气体量与补充气体量之比）可由急冷式反应器正常操作的 5.0 降至 2.4。因循环气体压缩机的投资额较高，所以降低循环比所产生的降低投资效应显著。此外，换热器面积的减少可以对超级反

应器建设投资高于急冷式反应器予以一定的补偿。据三菱气体化学公司介绍，采用超级合成反应器后，甲醇合成工厂的总投资约可降低 5%~10%。

超级合成反应器内的外套管直径大于其他恒温反应器，环隙面积的增大使得催化剂更容易装填。表 8-14 为超级合成反应器与急冷型反应器的原料用量和公用工程消耗量的比较，天然气用量减少 10%，降低了甲醇的生产成本。单位甲醇产量的能耗约为 25.3GJ/t 甲醇。

1993 年，三菱气体化学公司为一家日本工厂设计了 520t/d 的超级合成反应器，直径为 2.4m，内装套管 462 根，反应器总重为 180t，催化剂床层高度约 15m。

表 8-14　原料气和公用工程消耗量比较

项　目	急冷式合成反应器	超级合成反应器
天然气用量	1.00	0.90
用电量	1.00	0.65
冷却水用量	1.00	0.80
锅炉给水用量	1.00	0.95

5）Topsøe CMD 合成反应器

气体分布不均匀往往是由于压力降分布不均匀造成，不能充分引发合成反应和转化率下降的床层会发生床层过冷现象，而在局部过热的床层上则会使副反应增多，使催化剂床层的温度差可高达 30℃，导致第一段催化剂成为无效的床层。CMD 合成反应器的设计概念是在急冷式反应器中充分解决由于催化剂床层装填不当和气体未能充分混合所导致的床层温度差过高问题。改进目标是原料气与循环气充分混合，使混合气体能均匀地分布到催化剂床层之上。

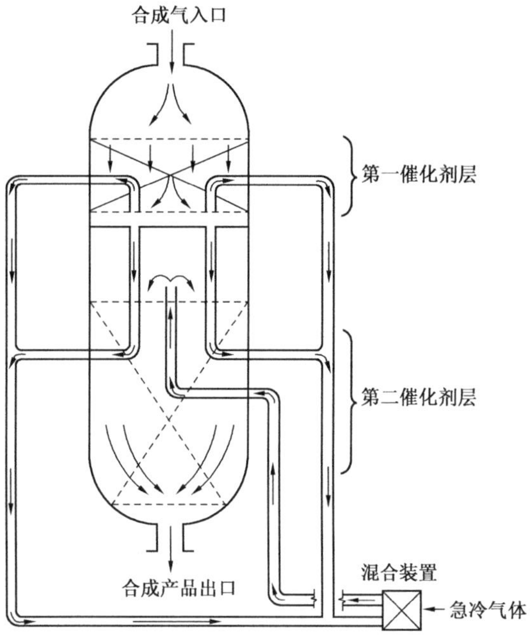

图 8-20　Topsøe CMD 合成反应器

Topsøe 公司按照图 8-20 的流程将急冷式反应器改装为 CMD（Collect，Mix，Distribute）合成反应器。从第一段催化剂床层抽出气体，在反应器外部与急冷气体充分混合后返回至下一段催化剂床层。在新鲜原料流量不变情况下，循环气量可减少 4%，转化率得以提高，副产物生成量下降。1992 年秋，Topsøe 公司在正常停工下改造了两家合成甲醇工厂的合成反应器。

7. 不同甲醇合成反应器的技术经济比较

表 8-15 为甲醇生产能力为 2000t/d 的几种传统甲醇合成反应器的工艺参数和经济数据比较结果。管内装填催化剂的合成反应器，需要的催化剂容积最少，仅为急冷型反应器的 2/3，总安装费用却比急冷型反应器增多 25%，这主要是由于管内装填催化剂的合成反应器尺寸和重量较大、导致制造费用增加。

表 8-15　几种甲醇合成反应器比较（甲醇生产能力 2000t/d）

项　　目	急冷型反应器	绝热型反应器	管式冷却反应器	管装催化剂反应器④
催化剂相对体积	1.00	0.90	0.75	0.64
反应器数量	1	4	1	2
相对质量	1.00	0.73	0.95	2.70
反应器直径/mm	4700	4750	4850	5800
管子总数/根	—	—	1840③	11600③
换热器相对面积	1.00	1.594	1.012	1.156
相对成本				
反应器本身	0.19	0.14	0.16	0.49
设备总计①	0.47	0.58	1.44	0.82
安装费用②	1.00	1.18	0.92	1.25

① 包括合成回路的设备。

② 包括催化剂。

③ 不包括反应器内的换热面积。

④ 催化剂装于管内。

管式冷却合成反应器的催化剂装填量略多于“管装催化剂反应器”，居第二位。因为需要的外部换热器面积略多于急冷型合成反应器，总安装费用最少。

多段绝热型合成反应器装填的催化剂容积比急冷型反应器少 10%，反应器的相对投资也低于后者（球形容器造价低于桶形容器），但是增加的辅助设备和换热面积使总安装费用居第二高的位置。

六、粗甲醇蒸馏技术

粗甲醇蒸馏流程应根据甲醇的规格确定，按照美国的甲醇质量标准可分为 AA 级、A 级和燃料级等不同规格。生产 AA 级甲醇需采用 3 级蒸馏流程，生产 A 级甲醇可采用 2 级蒸馏，燃料级甲醇只需要 1 级蒸馏流程即可。

粗甲醇中含水和少量的副产物，需要用蒸馏法除去才能成为合格的成品甲醇。采用图 8-21中的 2 级蒸馏流程可生产符合美国 AA 级的甲醇。从 1 级分馏塔中可以脱出醚类、酯类、酮类和轻烃杂质和溶解气体；从 2 级分馏塔中可以脱除水分、高级醇类和烃类杂质。

七、甲醇燃料的应用

甲醇除了是生产汽油添加组分 MTBE、TAME 和二甲醚的原料外，在燃料方面新的用途包括：用作运输燃料和发电燃料。在即将到来的氢燃料时代，甲醇将是重要的燃料电池燃料。

以下分别就甲醇汽油、甲醇用作燃料电池燃料和甲醇用作发电燃料三方面的应用情况进行说明。

1. 甲醇可直接作内燃机燃料

甲醇用作运输燃料的历史很久，20 世纪初，甲醇就用作汽车燃料和航空燃料的防冻剂。70 年代的石油危机，使甲醇成为车用替代汽油的首选。

20 世纪 80 年代，美国根据环保要求开始推行新配方汽油的时候，甲醇汽油以其多方面不逊于石油汽油的性能和特点，而在加州进入市场。高峰时的甲醇汽车保有量接近万辆。但为时不久，20 世纪末就悄悄退出历史舞台。究其原因说法不一，可能从环境保护和美国提高燃料自给率出发，燃料甲醇不如后来兴起的燃料乙醇。从大规模社会供应角度看，甲醇消耗量约比汽油大 50%，从而增加了油品运输、储存和调合的设备与费用。由于甲醇的腐蚀

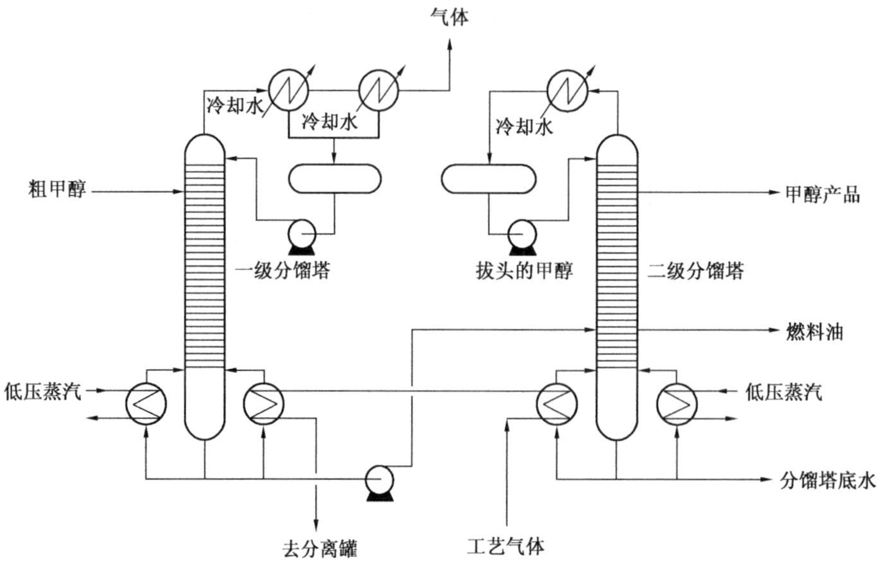

图 8-21 甲醇蒸馏流程

性，部分材料要更换，发动机要略加改造，每辆轿车售价约增加 300～500 美元。当甲醇市场价格较低时，或能抵消上述费用，但总体上不具备明显优势[12]。

甲醇燃料具有以下优点：

- 甲醇的化学组成单一，氧含量高。甲醇分子中含有 50%的氧，完全燃烧时所需的空气量减少，相对减少了尾气的排放量，热量损失也相应地减少，从而可提高甲醇发动机的总热效率，约比汽油提高 20%。
- 甲醇燃料是富氧燃料，和汽油相比，尾气中排放的 CO 和 CH 化合物较低，但含有少量甲醇和不完全氧化产物甲醛，可通过尾气净化器净化。
- 甲醇燃料辛烷值高，具有较好的调合性。纯甲醇辛烷值 RON 为 112，MON 为 91，（RON+MON）/2 为 101.5。汽油中添加甲醇可以提高汽油的辛烷值，添加 10%（体）甲醇可以提高（RON+MON）/2 约 1.5~2.5 个单位。
- 甲醇在环境温度下为液体，和汽油一样，有利于储存和运输。甲醇的引火温度和自燃温度比汽油高，可以减少发生火灾的概率。
- 甲醇燃料水溶性强，生物降解快，对生态环境的影响较小。
- 甲醇的辛烷值很高，调合辛烷值［（RON+MON）/2］=101。在汽油机中应用时压缩比可以从 9 提高到 12～14，从而提高发动机的热效率。甲醇和汽油的低热值（LHV）分别为 19.8MJ/kg 和 43.2MJ/kg。即甲醇低热值是汽油的 46%。由于热效率的提高，甲醇替代汽油实际热值比是 1∶1.6 左右。

甲醇用作内燃机的替代燃料，仍存在一些技术问题。如人体接触甲醇蒸气的毒害、使用甲醇燃料对环境的影响、甲醇燃料的热值和冷启动性能、对汽车零部件的腐蚀问题等方面，均存在争议。美国和欧洲曾一直将甲醇替代石油汽油作为研究热点，最近已经几乎放弃而转为推广乙醇汽油和生物柴油。我国目前是局部省份进行试验，对大范围推广甲醇汽油采取审慎的态度。

甲醇燃料汽油的应用形式有以下几种：

（1）甲醇-汽油双燃料系统

甲醇-汽油混合燃料的互溶性和防水性能均较差、易分层，所以在汽车上另加装甲醇供应系统使之成为双燃料系统。甲醇、汽油分别储存，分别送到化油器中混合，并通过阀门控制甲醇和汽油的比例，以实现任意比例的甲醇-汽油混合燃烧。汽车可先用汽油启动，启动后再切换为不同比例的甲醇-汽油混合燃料。

（2）M-3 甲醇汽油

使用调入 3%～5%甲醇的混合汽油，燃料的理化性能与纯汽油相当，无须改动发动机，汽车的动力性能也与使用汽油燃料相当。在低速、中等负荷运行时具有一定的节油潜力。

（3）M-15 甲醇汽油

汽油中调入 15%以上的甲醇可增加燃料的含氧量、提高汽油的辛烷值和减少尾气的污染物排放量。但是，甲醇加入量高于 15%时，需要使用助溶剂以解决燃料分层问题，同时需要对发动机作相应的调整。为了解决 M-15 甲醇汽油的分层问题，可使用 MTBE、异丁醇或叔丁醇等作为助溶剂。

（4）M-85 甲醇汽油

相当于汽油溶解于甲醇中，不存在相分离问题。汽油的存在改善了甲醇的燃烧性能，所以，M-85 甲醇汽油是近年来广泛研究的甲醇燃料。国内在经过改装的 EQ-6100 发动机上使用 M-85 甲醇汽油进行了行车试验。试验结果表明：发动机的机械性能好于原汽油发动机，热矩和功率均有所提高，污染物的排放量也比汽油发动机低。

（5）M-100 甲醇汽油

山西省曾在中巴公交汽车上进行了 M-100 甲醇汽油的运行试验。计划制定 M-100 燃料甲醇标准。

2. 甲醇用作燃料电池的燃料

氢能将是未来汽车的主要能源，燃料电池将是汽车的主要动力机。由于氢能的储存和运输仍存在安全和技术问题，所以甲醇作为储氢介质正受到重视。

甲醇用作燃料电池的燃料可有直接式和间接式两种使用方式。

间接法甲醇燃料电池曾被汽车生产商用于长途行车试验，取得实效。作为车载产氢装置，甲醇水蒸气转化制氢工艺确比一度看好的汽油部分氧化制氢工艺简单易行，20 世纪初美国甲醇研究会在放弃甲醇用为内燃机燃料之后，曾大力推荐甲醇替代汽油用于燃料电池[13]。然而直接车载高压氢储存取得成果后，车载产氢装置就让位给车载储氢设备，克服了前者冷启动时间过长问题（MFEV 半负荷起动时间约 20s，全负荷 50s），局面已有所改变。今后除非大功率 DMFC 取得突破性进展，面对 HFCV 的竞争中，MFCV 恐难取胜。

直接式甲醇燃料电池是甲醇直接用作质子交换膜的燃料电池（PEMFC），具有体积小、重量轻和能量利用效率高的特点。目前存在贵金属用量大，不适合在大功率条件下使用的问题。从长远看，直接式甲醇燃料电池有待改进。

3. 甲醇用作发电燃料

特大型甲醇合成工厂生产低成本的燃料甲醇可以直接输送到 IGCC 发电厂供作燃气轮机的发电燃料。以削峰电站使用为主。

甲醇还可以用作分散式（decentralized）电站燃料和建筑物采暖系统（build heating systems）等用途。

据 Foster Wheeler 估计，与常规甲醇合成技术相比，采用新技术和甲醇工厂大型化之后，建设投资约可降低 40%（与工厂规模有关），甲醇生产成本约可降低 25～50 美元/t。才能从经济上为合成甲醇用作燃料创造条件。

八、催化剂及其研究开发现状

1. 气相合成甲醇催化剂

早期的甲醇合成为高压（25.0~35.0MPa）、高温（350℃）技术，使用 ZnO/Cr_2O_3 催化剂。这种催化剂具有高活性和选择性，抗硫的毒性也较强。随着合成气净化技术的改进，出现了使用铜催化剂的甲醇合成技术。1966 年，ICI 公司推出了新一代的 $Cu/ZnO/Al_2O_3$ 甲醇合成催化剂，形成了低温（220~275℃）、低压（5.0~10.0MPa.）合成甲醇技术。至今，几乎所有的甲醇合成工厂均使用铜基催化剂。甲醇合成工厂采用优化的合成工艺之后，每升催化剂容积、每小时可产甲醇 1kg，甲醇的选择性高于 99.5%。在正常操作情况下，工业用催化剂的使用寿命可达 3~5 年[1]。

虽然对于铜的活性中心状态（是氧化物、金属等）仍在讨论中，已经证实甲醇合成催化剂中的铜结晶是催化剂的活性中心。催化剂中的铜结晶极限含量约为 60%，需要含足够的耐热氧化物以防止铜结晶烧结成块。催化剂配方中的 ZnO 是为了形成较高的铜金属表面积和防止铜颗粒的团聚。ZnO 能与 Al_2O_3 反应生成尖晶石结构、形成坚固的载体。酸性氧化铝是甲醇脱水反应的催化剂，可生成二甲醚（DME）。由于 ZnO 与氧化铝载体的反应可以抑制生成 DME 的可能性，故可显著改善甲醇的选择性。

铜系合成催化剂对还原硫的毒性极其敏感。实验证明：使用铜系合成催化剂时，气相中的硫含量应维持在 1μL/L 以下（<0.1μL/L 最好）。若未能适当控制反应温度，高放热反应的甲醇合成过程就将导致铜结晶的烧结、造成催化剂的失活。

甲醇催化剂一般用金属盐类（硝酸盐或硫酸盐）沉淀法制备，过程中使用不同的沉淀剂。在制备过程中必须防止有费托合成活性的金属（铁或镍）混入到甲醇催化剂中。在催化剂配方中还须防止加入碱金属，因为碱金属对生成高级醇有催化作用。

几种工业用甲醇合成催化剂的配方见表 8-16。

表 8-16　甲醇合成用催化剂配方

生　产　商	Cu 原子/%	Zn 原子/%	Al 原子/%	其他
IFP	45~70	15~35	4~20	Zr：2~18
Syntix	20~35	15~50	4~20	Mg
BASF	38.5	48.8	12.9	
Shell	71	24	—	稀土氧化物~5
Sud Chemie	65	22	12	
Dupont	50	19	31	
United Catalysts	62	21	17	
Haldor TopsΦe MK-121	>55	21~25	8~10	

根据加入助剂的不同，铜锌催化剂可以分为 3 个系列：

（1）$CuO/ZnO/Al_2O_3$ 体系；

（2）$CuO/ZnO/Cr_2O_3$ 体系；

（3）其他铜锌系列催化剂，如 $CuO/ZnO/SiO_2$、$CuO/ZnO/ZrO_2$ 等。

其中以铜锌铝系和铜锌铬系应用的最多，由于铬对人体有害，实际上 $CuO/ZnO/Cr_2O_3$ 系催化剂已逐渐被淘汰。

低压甲醇合成工艺使用高活性的铜-锌基催化剂，反应温度低于 250℃；合成系统压力有可能降至 6.0~8.0MPa。新一代的低压甲醇合成催化剂由于铜的结晶小、表面积大、分散性好，初始的碳效率可达99%；终期仍有98%。Sud-Chemie公司认为；催化剂寿命为5~6年，每立方米催化剂的甲醇累计产量可达3.5万t。许多甲醇技术供应商研制的催化剂都具有较高活性、选择性和使用寿命；反应器中需要的催化剂容积较小，以便可以提高单系列甲醇装置的生产能力。

近年来，Synetix推出了最新一代的51-7甲醇合成催化剂，在$ZnO-Al_2O_3$担体材料中加入了镁作稳定剂以防止催化剂的烧结。铜表面积比其他催化剂高30%。研究证实：使用Synetix的51-7和51-3催化剂可以防止高CO_2含量的合成气对催化剂性能的影响。1997年Synetix公司获得了BASF公司3-86型甲醇催化剂制造、销售权。美国联碳催化剂公司的Sud-Chemie公司认为：随着甲醇合成生产中使用不同的合成反应器、不同的合成原料气和各异的操作条件，故有必要研制与之相适应的催化剂。

最近开发出了两种新的甲醇催化剂，对碳氧化物（CO和CO_2）有较高的适应性，并可在活性、选择性和使用寿命之间达到最佳的平衡。C79-4甲醇催化剂对于恒温合成反应器、使用馏分油或煤炭造气的合成气具有很好的选择性。C79-5 GL和C79-6 GL型甲醇催化剂具有不同的基质结构，稳定的铜结晶分布。其中，C79-5 GL使用寿命长达4年；特别适用于恒温型、绝热型甲醇合成反应器，用蒸汽重整工艺生产的合成气。C79-6 GL是为高烯烃含量合成气研制成的甲醇催化剂[5]。

表8-17为国内外几种常用的催化剂成分组成和规格数据[6]。

表8-17 几种典型低压甲醇合成催化剂成分组成和规格

国家或公司	型号	组成/%					规格尺寸/mm	操作压力/MPa	温度/℃
		CuO	ZnO	Al_2O_3	Cr_2O_3	V_2O_5			
英国ICI	51-1	48.75	24.0	8.42	—	—	5.4×3.6	5.0	210~270
	51-2	45.41	24.94	8.72	—	—	5.4×3.6	5.0~10.0	210~270
德国BASF	S3-85	35.44	4.25	2.68	—	—	5×5	5.0	220~280
	S3-86	70.0			—			4.0~10.0	200~300
德国Lurgi	GL104	57.19	28.6	31.73	—	5.04	5×5	5.0	210~270
丹麦TopsΦe	LMK-2	36.0	37.0	—	20.0	—	4.5×4.5	5.0~15.0	210~290
美国UCI	C79-2	—	—	—			6.4×3.2	5.0~15.0	210~290
原苏联	CHM-1	52~54	26~28	5~6	—	—	5×5	5.0	210~280
	CHM-2	38.0	18.7	3.8	22.8	—	5×59×9	25~32	250~280
中国	CNJ202	>50	>25	~4		~3	5×5	5.0×10.0	210~280
	C301						5×5	5.0	210~270

2. 液相合成甲醇催化剂

甲醇气相合成技术的主要缺点是：

- 单程转化率低（一般7%~8%左右）；
- 合成气净化成本高，原料气体的H_2/CO比一般为（5~10）：1，而不是理论量的2：1；
- 高循环比大（一般为>5）容易导致惰性组分的积累；
- 新鲜原料气中的N_2含量不能过高。

为了克服上述缺点，20世纪70年代开发成功了液相合成甲醇新工艺。

甲醇液相合成工艺使用液相溶剂来解决反应热的吸收和取出问题，使甲醇的合成反应在恒温条件下进行，由于分散在液相介质中的催化剂的比表面积非常大，故可加速反应过程和降低反应温度和操作压力。

甲醇合成为放热反应，从热力学上讲，降低温度有利于反应的进行，若能研制出一种低温活性高的催化剂，并及时取出反应热，就能大幅度提高 CO 的单程转化率。

20 世纪 80 年代中期，中国和美、日、意等国的一些公司先后成功地研制出了低温、低压液相甲醇合成催化剂。这种催化剂体系是由过渡金属盐（或配合物）、碱金属（或碱土金属）的醇盐（如 NaOMe、KOBu）及溶剂或稀释剂组成。液相合成的反应温度和压力均低于使用传统的铜锌铝催化剂。在 330K（57℃）时，液相合成催化剂就有较高的活性；在低于 2MPa 压力下仍有较高的转化率。甲醇的选择性也很高。其中金属盐对合成甲酸甲酯有催化作用，而醇盐对甲酸甲酯氢解为甲醇的反应有催化作用。

使用低温低压催化剂的合成甲醇反应分两步进行。

第一步：在催化剂金属醇盐的催化作用下甲醇与 CO 进行羰基化反应生成甲酸甲酯；

第二步：甲酸甲酯在催化剂金属盐的催化作用下氢化分解生成两个分子甲醇。

化学反应式如下：

$$CH_3OH + CO \longrightarrow HCOOCH_3$$

$$HCOOCH_3 + 2H_2 \longrightarrow 2CH_3OH$$

以上反应过程不应有 CO_2 和 H_2O 的存在，否则会使催化剂中毒，生成惰性的 CH_3OCOO^- 和 $HCOO^-$，化学反应如下：

$$CH_3O^- + H_2O \longrightarrow HCOO^-$$

$$CH_3O^- + CO_2 \longrightarrow CH_3OCOO^-$$

因此，低温低压液相反应催化剂对反应气要求与铜基催化剂等不同，需要从原料气中脱除 CO_2 和 H_2O。

催化剂中的金属盐可为乙酸镍、乙酸钯、乙酸钴以及钌铼等，分别称为镍系、钯系、钴系和钌铼系催化剂。以镍系催化剂的活性、转化率最高，但乙酸镍易挥发、且毒性大。于是，NBL 开发了铜系催化剂，由亚铜盐与醇盐组成，催化活性和选择性与镍系催化剂相似，但在产物甲醇生成的情况下，会变为非均相体系。

低温低压催化剂中的醇盐应用最多的是醇钠、醇钾，包括 1～6 碳醇的盐。大孔树脂 A26、阴离子交换树脂 IRA958 和 IRA400 的羰基化反应活性均高于甲醇钠，以大孔树脂 A26 的羰基化活性最佳，其在 47℃（320K）的活性约为甲醇钠的 7 倍。

催化剂的溶剂有四氢呋喃、甲苯、苯甲醚、三甘醇二甲醚等；以四氢呋喃和三甘醇二甲醚的性能最好。

1993 年日本学者 S Ohyama 对液相合成催化剂的活性作了对比，结果表明，最高转化率可达 90%，甲醇的选择性大于 99%，副产物为甲酸甲酯和二甲醚。

低温合成甲醇工艺的主要优点：

① 单程转化率高。合成甲醇是强放热反应，CO 的转化率对温度变化极为敏感，温度越低，达到相同转化率所需压力越小。铜、镍低温催化体系的单程转化率均高于 90%。单程转化率如此之高，甚至可以使甲醇产物分离后的尾气直接用作燃料，而不再循环。

② 允许合成气中可以含有大量惰性气体，特别对于空气中最大量的 N_2，允许使用 N_2 含量为 40%甚至更高的原料气。

③ 不要求原料气中含有 CO_2，因此可以省却醇/水分离过程。

④ 反应中产生的大量热能容易移去。液相反应中的溶剂同时可以充当冷却剂，蒸发时带走热量，并将热能转变成电能，冷凝后循环使用，这样可以大大节约冷却水的用量。

⑤ 镍系催化剂耐硫中毒性能好。

表 8-18 为低温液相合成甲醇法与气相合成法的实验数据比较，可以看出：低温液相合成的操作压力和温度均低于气相技术，而转化率却明显高于气相合成。据估计，用合成气生产甲醇，液相合成甲醇路线可比气相合成甲醇路线在经济上有较大的节约空间（例如：20%）。

表 8-18 低温液相合成甲醇法与气相合成甲醇法的实验数据比较

项　　目	低温液相合成法	气相合成法
反应温度/℃	110	265
操作压力/MPa	1.0	5.1
CO 平衡转化率/%	94	61
CO 实际转化率/%	90	16
每摩尔产物，未反应 CO/mol	0.11	5.25
每摩尔产物，需加 CO/mol	1.11	6.25
回收 95%产品时分离器温度/℃	73	25

九、甲醇合成工厂大型化

甲醇合成工厂的生产规模大型化是近年来的重要发展趋势。已建成的大型甲醇工厂的规模已达 180 万 t/a，规划中的工厂规模为 9000t/d。在天然气资源丰富地区建设超大型甲醇合成工厂可以有效地利用天然气资源，提高工厂的经济效益。

1. 甲醇工厂大型化的经济性

(1) 有利于降低甲醇工厂的建设投资

甲醇合成工厂规模向大型化发展以来，单位生产能力的建设投资已从 20 世纪 90 年代的 350~400 美元/（t/a）降至特大型甲醇工厂的 220~250 美元/（t/a）。

合成甲醇工厂建设投资估算的经验式：

$$Y = 0.0419X^{0.6472}$$

式中 Y——甲醇合成工厂的建设投资，10^6 美元；

X——甲醇合成工厂的生产规模，t/a。

影响投资数据的因素包括地区不同、美元价值的差异、采用不同的专利技术等。

(2) 有利于降低甲醇生产成本

特大型甲醇工厂可以降低甲醇的生产成本，在天然气价格为 0.71 美元/GJ（0.75 美元/10^6BTU）情况下，甲醇的出厂价为 100 美元/t 左右。表 8-19 为 5000t/d 典型甲醇合成厂的经济数据实例。

表 8-19 日产 5000t 甲醇合成厂的典型经济数据

项　　目	数　　据	附　　注
规模	5000t/d（165 万 t/a）	
建设投资/亿美元	3.88	
生产成本/（美元/t 甲醇）		
原料气和催化剂	26.25	天然气 0.71 美元/GJ
公用工程	1.82	
可变成本合计	28.07	
人工费和管理费	3.10	
维修和保险费	11.75	年投资额的 5%
现金成本	42.92	
折旧金	23.50	年投资额的 10%
投资费用	35.25	年投资额的 15%
生产成本合计/（美元/t）	101.67	

表 8-19 的甲醇生产成本数据是以廉价的天然气价格为基准的。2005 年以来国际能源价格高涨。2007 年国际市场的天然气已上涨到 6~9 美元/GJ（加拿大、英国为 6 美元/GJ 左右）。天然气原料价格高涨带动其他成本相应上升。天然气价格按 4.0 美元/GJ 计算（约折合人民币 1 元/m^3），预测甲醇的生产成本约为 400 美元/t，估计约折合人民币 3000 元/t左右。

2. 甲醇合成工厂大型化的工艺技术

要实现甲醇合成工厂的大型化，必须采用新工艺技术和设备。以 Starchem 甲醇合成技术为例说明采用新技术、新工艺说明大型化甲醇工厂的技术经济特点。

Starchem 的甲醇合成技术的工艺特点

① 采用燃气透平发电，为空气分离技术提供廉价的电力。

② 采用膜分离技术提浓空气，不再采用传统的深冷分离技术。

③ 取消了气体循环回路以免惰性气体与新鲜合成气混合、进入反应器系统。合成气进入串级的合成反应器，每台反应器的气体组成不同，达到优化操作。

④ 合成气组成为低 H_2/CO 比，氢气循环；合成尾气用作燃气透平的燃料。

采用 Starchem 技术的规模为 9000t/d 的合成甲醇工厂的生产低成本，与相同规模的“3 套蒸汽重整”的甲醇工厂的生产成本相比较，每吨甲醇成本降低了 30 多美元，结果见表 8-20所示。

表 8-20 不同重整技术甲醇合成工厂的投资与生产成本比较

项目	“3 套蒸汽重整”流程	Starchem 流程
生产规模	甲醇：9000t/d（297 万 t/a）	甲醇：9000t/d（297 万 t/a）
建设投资/亿美元	9.05	5.66
生产成本/（美元/t 甲醇）		
天然气和催化剂费用①	26.56	29.75
公用工程费用	2.28	1.25
人工和管理费	2.89	1.72
维修和保险费	15.24	9.53
折旧金	30.47	19.06
投资利润	45.71	28.59
生产成本	123.15	89.89

① 天然气价格按 0.71 美元/GJ 计。

据 Foster Wheeler 估计：与常规甲醇合成技术相比，采用新技术和甲醇工厂大型化之后，建设投资约可降低 40%（与工厂规模有关），甲醇生产成本约可降低 25~50 美元/t，这将从经济上为合成甲醇用作替代燃料创造了条件。

十、甲醇合成的技术经济

分别对天然气和煤炭合成甲醇工艺的技术经济性说明如下：

1. 天然气合成甲醇的技术经济

评价甲醇合成工艺技术经济性，必须首先分析工厂的建设投资分布和生产费用组成分析数据。

在本章中“甲醇合成工厂大型化”和“甲醇合成新技术”两段中也论述了与甲醇合成相关的技术经济问题。这些内容也可供参考。此处重点说明大型甲醇工厂的以下技术经济评价内容：

- 不同工艺技术（工厂总流程）对建设投资及生产成本的影响；
- 不同地区的建设投资和生产成本比较；
- 天然气价格对甲醇合成工厂经济性的影响。

各项技术经济指标均按以下基准进行比较：

- 生产规模：合成甲醇 182 万 t/a；
- 天然气价格按美元/GJ 计算；美国墨西哥湾地区 = 5.71 美元/GJ（约折合 0.217 美元/m^3）；中东地区 = 0.71 美元/GJ（约折合 0.027 美元/m^3）；
- 以 2004 年第二季度美元为基准；
- 建设地区分别设定为美国墨西哥湾地区和中东地区；
- 建设投资计算内容包括工程费用（工艺装置和系统工程两部分）、项目的其他费用和流动资金几个部分，得出项目总投资和工程总投资。
- 生产成本计算的分项内容包括：可变成本、直接固定成本、分摊固定成本和财务成本。其中，可变成本为原料成本、副产品收益和公用工程成本之和；直接固定成本为工人工资、维修费用和管理费用之和；分摊固定成本包括工厂管理费用、保险、财产税和环保费用等项；财务成本包括工厂的折旧金和投资利润，投资利润率按 10% 计算。从这些数据可分别求得总现金成本、总生产成本。

（1）不同工艺技术（生产总流程）对甲醇工厂经济性的影响

可从建设投资和生产成本两方面说明。

① 工厂总流程对工厂建设投资的影响。表 8-21 为不同总流程的甲醇工厂建设投资数据。

表 8-21　不同工艺甲醇工厂的建设投资比较（建设地区：中东地区）

项　　目	常规重整+合成甲醇	联合重整+合成甲醇	F. W. Starchem 工艺	LCM 工艺
1. 工程总投资/亿美元	4.380	4.340	3.570	4.350
其中：工艺装置	3.130	2.720	2.460	2.550
系统工程	1.250	1.620	1.110	1.800
2. 其他费用/亿美元	1.250	1.200	1.330	1.250
3. 流动资金/亿美元	0.253	0.240	0.221	0.252
4. 建设总投资/亿美元	5.883	5.789	5.121	5.852
单位生产能力投资/［美元/（t/a）］	322	317	281	321
建设总投资比值	115	113	100	114

可以看出：采用先进技术的大型甲醇合成工厂建设投资可比相同规模的常规工艺降低 15% 左右。如前所述，尽管 LCM 工艺的建设投资较高，但天然气消耗量最低（855m^3/t 甲醇），参见表 8-22。

② 不同重整技术对甲醇合成工艺建设投资的影响。以天然气为原料的甲醇合成工厂，重整装置采用的技术对工厂投资有较大影响，可参见“甲醇合成新技术”一节。

③ 不同总流程对甲醇生产成本的影响。表 8-22 为不同生产流程的甲醇生产成本数据，成本数据是以天然气价格 = 0.71 美元/GJ 为基准的。

表 8-22　不同工艺技术的甲醇生产成本比较（天然气价格 0.71 美元/GJ）

项　目	常规重整+合成甲醇		联合重整+合成甲醇		F. W. Starchem 工艺		LCM 工艺	
	美元/t 甲醇	%	美元/t 甲醇	%	美元/t 甲醇	%	美元/t 甲醇	%
1. 可变成本	29.4	30.4	25.7	28.4	29.2	33.5	25.3	28.1
其中：天然气	26.2	27.1	23.7	26.2	24.4	28.0	23.1	25.7
2. 固定成本	7.7	8.0	7.1	7.9	6.2	7.1	6.8	7.6
3. 现金成本（①+②）	37.1	38.4	32.8	36.3	35.4	40.6	32.1	35.7
4. 折旧（装置投资的 5%）	27.4	28.3	25.9	28.7	23.8	27.2	25.8	28.7
5. 投资利润（ROI=10%）	32.2	33.3	31.7	35.0	28.1	32.2	32.1	35.6
6. 总成本（③+④+⑤）	96.7	100	90.4	100.0	87.3	100.0	90.0	100.0
7. 总成本的相对比值	111	—	104	—	100	—	103	—

（2）在不同地区建设甲醇合成工厂的经济比较

表 8-23 列出了两种采用先进工艺技术的甲醇工厂的投资和生产成本数据。这些数据表明：两地的建设投资差别不大（正负偏差约在 5%以内）。生产成本的差别较大，主要是由于不同地区天然气价格差异造成的。美国和中东地区的天然气价格分别按 5.71 美元/GJ 和 0.71 美元/GJ 计算。2005 年冬季美国民用天然气价格曾升至 14 美元/GJ。

表 8-23　不同合成技术的甲醇工厂技术经济比较

项　目	采用 F. W. Starchem 工艺		采用 LCM 工艺	
	美国建厂	中东建厂	美国建厂	中东建厂
建设总投资①/亿美元	4.877	5.121	5.573	5.852
其中：项目总投资	4.667	4.900	5.333	5.600
流动资金	0.210	0.221	0.240	0.252
建设总投资比值（美国建厂=100）	100	105	100	105
生产成本/（美元/t 甲醇）	261.6	87.3	255.3	90.0

① 建设总投资=项目总投资+流动资金。

比较结果：在不同地区建设甲醇工厂的投资差别较小，差值在±5%之内；由于天然气价格差价，导致生产成本差别十分显著。

（3）天然气价格对甲醇成本的影响

表 8-24 为不同天然气价格、采用 F. W. Starchem 工艺的合成甲醇生产成本数据。可以看出：天然气价格对于甲醇生产成本和成本组成均有较大的影响。天然气成本占总成本的份额可从<30%增长至 75%。

表 8-24　天然气价格对甲醇成本的影响

项　目	天然气价格：0.71 美元/GJ		天然气价格：5.71 美元/GJ	
	成本/（美元/t 甲醇）	份额/%	成本/（美元/t 甲醇）	份额/%
1. 可变成本	29.4	33.5	202.0	76.7
其中：天然气	24.4	27.8	197.6	75.1
2. 固定成本	6.4	7.2	11.7	4.4

续表

项目	天然气价格：0.71 美元/GJ		天然气价格：5.71 美元/GJ	
	成本/（美元/t 甲醇）	份额/%	成本/（美元/t 甲醇）	份额/%
3. 现金成本（①+②）	35.8	40.7	213.7	81.2
4. 折旧（工艺装置投资的 5%）	24.1	27.4	22.7	8.6
5. 投资利润（ROI=10%）	28.1	31.9	26.8	10.2
6. 总成本	88.0	100.0	263.2	100.0

（4）合成气的生产成本

用天然气为原料合成甲醇需采用重整工艺生产合成气，不同的重整技术所产合成气的 H_2：CO 比例也不同。天然气原料的甲醇合成可采用蒸汽重整、联合重整或自热式重整技术生产合成气。

不同重整技术生产合成气装置的建设投资参见表 8-25。天然气生产合成气的生产成本见表 8-26。

表 8-25 催化重整装置的建设投资（按 2003 年美元平均价）

项目	建设投资，年产合成气 41.5 亿 Nm^3		
	蒸汽重整（SN=3）	自热式重整（SN=2）	联合重整（SN=2）
1. 建设总投资/亿美元	3.465	3.277	3.180
其中：项目总投资	3.115	2.953	2.858
流动资金	0.35	0.324	0.322
2. 单位投资/［美元/（万 m^3 合成气/h）］	673	631	613
3. 总投资相对比值	109	103	100

表 8-26 天然气生产合成气的生产成本（天然气价格 0.728 美元/GJ）

项目	蒸汽重整（SN=3）		自热式重整（SN=2）		联合重整（SN=2）	
	美元/1000Nm^3 合成气	份额/%	美元/1000Nm^3 合成气	份额/%	美元/1000Nm^3 合成气	份额/%
1. 可变成本	11.18	36.2	8.60	31.5	8.12	30.9
其中：天然气	9.37	30.3	8.50	31.1	8.46	32.2
2. 固定成本	5.02	16.2	4.78	17.5	4.67	17.8
3. 现金成本（①+②）	16.2	52.4	13.37	49.0	12.79	48.7
4. 折旧	6.36	20.6	6.02	22.1	5.84	22.2
5. 投资利润（ROI=10%）	8.35	27.0	7.90	28.9	7.66	29.1
6. 总成本	30.91	100.0	27.29	100.0	26.29	100.0

从以上数据可以看出：

① 不同工艺技术的催化重整装置建设投资差别不大，相对差别在 10%之内；

② 天然气成本在合成气成本中的份额约 1/3 左右；在天然气价格偏高地区，天然气原料的成本份额可高达 70%以上；

③ 天然气生产合成气的生产费用约占甲醇合成总费用的 60%~70%；甲醇合成部分成本约仅占 30%~40%。

（5）天然气制合成气技术经济总结

根据以上表中的数据可以对天然气生产甲醇归纳为以下几点：

① 在有廉价天然气资源地区建设甲醇合成工厂，产品运到经济发达地区用作石油化工原料、燃料或在当地把甲醇转化为化工中间体可以获得最大经济效益，目前在中东、非洲等地正在大规模建设天然气转化工厂，形成热点。

② 天然气价格的差距：技术经济比较中采用的美国海湾地区和中东地区的天然气价格分别为5.71美元/GJ和0.71美元/GJ，相差有8倍之多。分析表中的数据可知，两地甲醇生产成本的差异主要是由于原料天然气价格差异造成的。实际上2005年美国天然气价格已升至14美元/GJ左右。

在可比条件下分析天然气价格对生产成本的影响表明：当天然气价格从5.71美元/GJ降至2.9美元/GJ（下降50%）时，甲醇生产成本也相应从222.4美元/t降至117.2美元/t。即天然气价格每升高（或降低）1美元/GJ，每吨甲醇成本也相应增加约35美元左右。

③ 不同工艺技术对甲醇合成工厂建设投资、生产成本均具有影响。

2. 煤制甲醇的技术经济

（1）国内180万t/a煤制甲醇的几项工艺指标

合成气煤耗：0.7515t/1000m^3合成气。

单位甲醇耗合成气：2225Nm^3/t甲醇，折合甲醇耗煤量=1.672t煤/t甲醇。

合成气量：41.50亿m^3/a，折合煤耗量：311.87万t/a。

（2）30万t/a煤制甲醇工厂的建设投资

甲醇装置大型化是当前的主要发展趋势。国内也在进行大型煤基甲醇项目的规划。生产规模为30万t/a的煤制甲醇装置采用粉煤气化技术。建设投资约为11.3亿元，折合单位生产能力的投资为3800元/（t/a）。

（3）煤制甲醇的生产成本

表8-27为我国煤制甲醇的合成气生产成本数据，表8-28为甲醇的生产成本数据。

表8-27 煤制合成气的生产成本①

项目	每1000Nm^3合成气成本	
	单位成本/元	份额/%
可变成本	252.9	47.4
原料煤	112.7	21.1
辅助材料	1.32	0.3
燃料动力	138.8	26.0
人工费用	2.22	0.42
与投资有关的费用	137.2	25.7
利润及税金	141.4	26.5
合成气成本	533.6	100.0

① 煤价150元/t，ROI=12%；耗煤指标=0.7515t煤/1000Nm^3合成气。

表8-28 合成气生产甲醇的成本①

项目	每吨合成甲醇成本	
	单位成本/元	份额/%
可变成本	1233	90.7
其中：合成气	1187	87.3
辅助材料	22	1.6
燃料动力	24	1.8
人工费用	3	0.2
与投资有关的费用	61	4.5
投资利润	63	4.6
合成甲醇成本	1360	100.0

① 合成气单价按534元/1000Nm^3计算。

（4）煤价因素

原料煤炭成本在甲醇生产成本中份额随煤炭价格上涨而迅速增长，表8-29列举了煤价对合成气成本及合成甲醇价格的影响。

表 8-29　煤价对合成气成本的影响①

项　　目	原料煤价格/（元/t）			
	150	300	500	600
合成气成本/（元/1000Nm^3）	534	709	945	1064
合成气成本中原料煤的成本/元	113	225	376	451
合成气成本中煤成本/%	21.1	31.8	39.7	42.4
合成甲醇成本/（元/t）	1360	1782	2352	2638

① ROI 按 12%计算；煤耗：0.7515t/1000Nm^3；合成气单耗：2225m^3/t 甲醇。

十一、甲醇合成新技术

近年来，在中东、非洲等地区新建了一些大型合成甲醇工厂，还有一些大型甲醇项目将陆续实施。这些合成甲醇厂共同的特点是，建在沿海港口地区以降低物流成本，有丰富和廉价的天然气供应来源，生产的甲醇直接运至消费地区用作化工原料或燃料等用途。经济上的重要前提是所产的产品必须能够与石油产品竞争，运到消费地区的市场价格应大大低于液化天然气（LNG）。

建设大型甲醇合成工厂共同的设计要求是：①降低天然气消耗量；②降低建设投资。在这种设计观念的指导下，对合成甲醇工厂建设投资进行了全面分析后，得出了合成气生产工序和气体压缩工序两者的投资约占工艺装置部分总投资的 70%左右；因此，研究开发工作也就集中于前半段工艺技术的创新和改进，以便提高工艺技术水平，达到降低消耗、提高效益的目标。为此，以下介绍以改进重整技术为主的甲醇合成新技术及其技术经济性。

1. 大型甲醇合成工厂采用的重整新工艺

（1）Kvaerner 紧凑式重整-甲醇合成工艺

英国石油（BP）开发成功了适用于天然气生产合成气的紧凑式重整（Compact Reformer）新技术，并与 Kvaerner 公司合作开发使此项技术适用于费托合成和甲醇合成等工艺。

甲醇合成工厂的工程设计应符合以下要求：

① 重整反应器应在工厂制造、尽量减轻重量以降低工厂和现场的制造成本。

② 重整的操作压力应与合成系统一致，虽然需要设天然气压缩机，但可以省去合成压缩机。

③ 没有高压蒸汽系统。

④ 重整使用空气作氧化剂，取消空分制氧装置，合成气采用膜分离技术脱除氮气。

图 8-22 为紧凑式重整-甲醇合成的工艺流程。

天然气原料经过压缩、脱硫后进入饱和塔，然后进行第一段重整。紧凑式重整反应器使用同轴式双层套管，在套管的环隙中装入蒸汽重整催化剂。从套管顶部排出的气体在反应器顶部与空气混合、完成部分氧化反应。然后气体进入装填有第二段重整用催化剂套管的内管。部分氧化和二次重整过程放出的热量供给外套管中蒸汽重整过程使用。

由于第二段重整使用空气作氧化剂，故合成气中含大量氮气。在进入合成工序之前需用膜分离技术脱除氮气，否则会降低转化率和从放出气中排出大量合成气。膜分离装置在合成压力下操作，脱去氮气的合成气直接进入常规的急冷型（也可采用其他先进形式的）合成反应器中。

Kvaerner 公司认为采用该工艺技术生产的甲醇质量好于常规甲醇工厂的产品，采用单塔蒸馏就可生产 AA 级甲醇。紧凑式重整-甲醇合成的工艺流程比常规蒸汽重整流程简单。

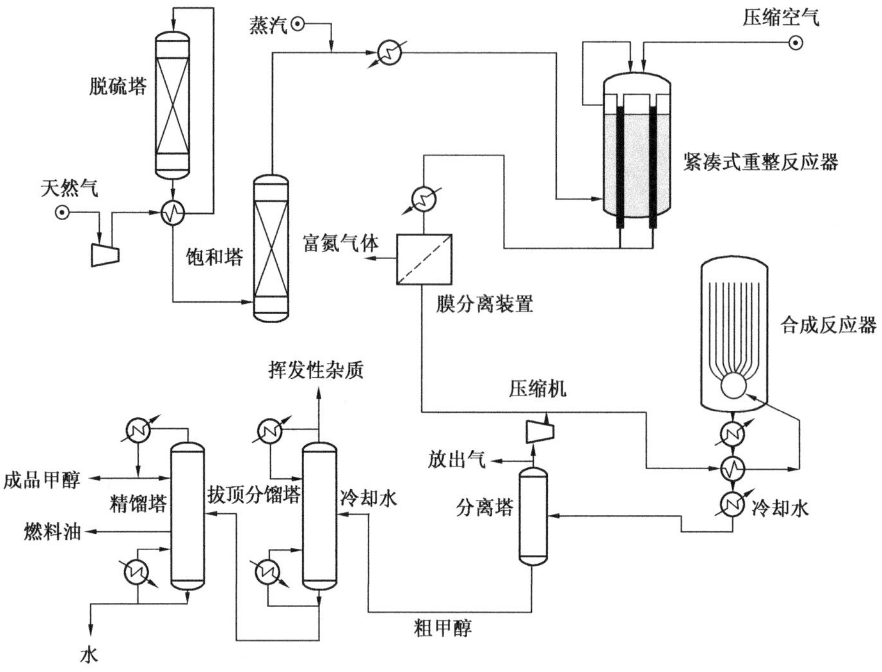

图 8-22　Kvaerner 紧凑式重整-甲醇合成工艺流程

1997 年建设在美国墨西哥湾地区，生产规模为甲醇产量 85 万 t/a Kvaerner/BP 甲醇合成工厂经济评价计算结果参见表 8-30。

表 8-30　Kvaerner/BP 甲醇合成工厂的技术经济数据

项　目	金　额	项　目	金　额
工艺装置费用/万美元	11610	可变成本小计①	92. 96
系统工程费用/万美元	4390	直接固定成本②	5. 50
其他工程费用/万美元	4000	摊销的固定成本③	3. 02
建设总投资/万美元	20000	现金成本合计	101. 48
生产成本/（美元/t 甲醇）		折旧金④	23. 53
原料成本	82. 21	生产成本总计	125. 01
公用工程成本	10. 75	生产成本+投资利润率 10%	148. 54

① 为原料和公用工程成本之和。

② 包括工人工资、直接管理费和流动资金利息等项。

③ 包括工厂管理费、保险及税金、环保费用等项。

④ 折旧费按建设总投资金额的 10%计。

可以看出：生产规模为 85 万 t/a，采用 Kvaerner/BP 技术的甲醇合成工厂，在美国墨西哥湾地区的建设总投资为 2. 0 亿美元；相同基准、相同规模，常规技术甲醇工厂的建设总投资为 2. 75 亿美元。即采用 Kvaerner/BP 技术的甲醇合成工厂约可降低建设投资 37. 5%。

Kvaerner/BP 技术的单位甲醇的能耗也低于常规技术的甲醇工厂。据比较，Kvaerner/BP 技术的单位甲醇能耗为 27. 2GJ/t 甲醇，常规技术高达 32. 0GJ/t 甲醇。

（2）JM Catalysts 公司的新型甲醇工艺

此项工艺的技术特点是采用 AGHR 重整和两段甲醇合成工艺，工艺流程见图 8-23。

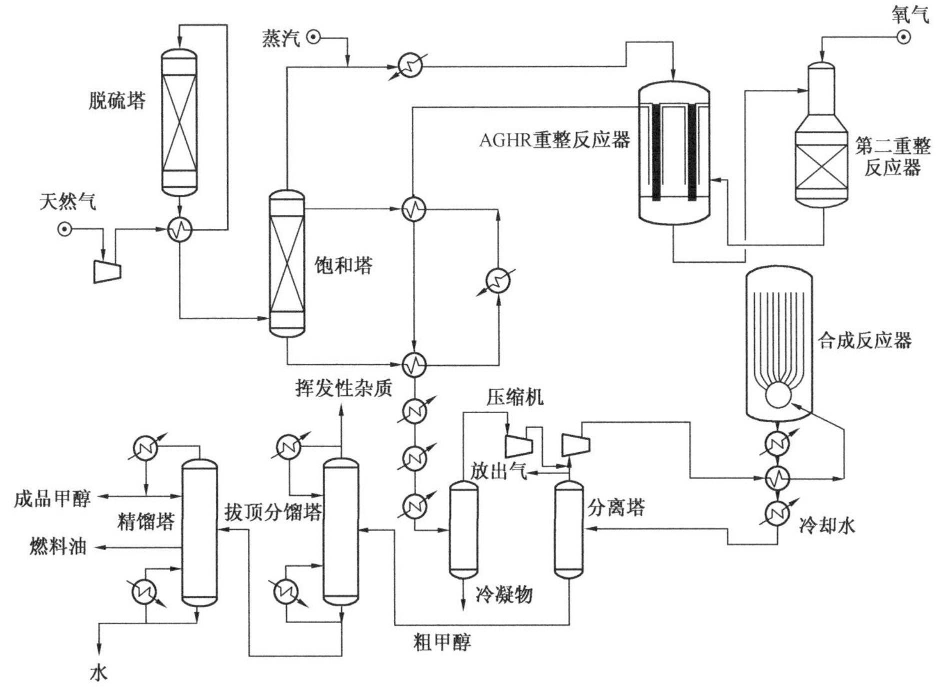

图 8-23　JM Catalysts 公司 AGHR 重整-甲醇合成工艺流程

生产规模为 85 万 t/a 的新型甲醇工艺的甲醇合成工厂，建设投资为 2.47 亿美元（按 1997 年 4 季度美国墨西哥湾地区价格计算），低于相同规模常规流程（蒸汽重整，急冷式合成反应器）甲醇工厂的 2.75 亿美元。AGHR 重整的甲醇工厂的能耗为 31.8GJ/t 甲醇，低于常规工厂的 35.7GJ/t 甲醇。技术经济数据参见表 8-31。

表 8-31　AGHR 重整-甲醇合成工厂的技术经济数据

项　目	金　额	项　目	金　额
工艺装置费用/万美元	10500	可变成本小计①	102.71
系统工程费用/万美元	9250	直接固定成本②	5.31
其他工程费用/万美元	4940	摊销的固定成本③	3.34
建设总投资/万美元	24690	现金成本合计	111.37
生产成本/（美元/t 甲醇）		折旧金④	29.04
原料成本	99.39	生产成本总计	140.41
公用工程成本	3.32	生产成本+投资利润率 10%	169.46

①为原料和公用工程成本之和。

②包括工人工资、直接管理费和流动资金利息等项。

③包括工厂管理费、保险及税金、环保费用等项。

④折旧费按建设总投资金额的 10%计。

表 8-32 列出了工厂基准规模均为甲醇 85 万 t/a，天然气价格均为 2.85 美元/MBTU，采用不同的两种常规甲醇合成流程（ICI 工艺和 Lurgi 工艺）与上述两种新工艺的生产经济性比较。

可以看出：Kvaerner/BP 工艺和 AGHR 工艺的建设投资均低于常规流程，分别约为常规流程的 70%~90%。在生产总成本方面，AGHR 工艺和两种常规流程基本相同；Kvaerner/BP 工艺的生产总成本比常规流程低 9%~12%左右。

表 8-32 不同的甲醇合成技术的经济比较

项目	常规 ICI 工艺	Lurgi 工艺	Kvaerner/BP 工艺	AGHR 工艺
建设总投资/亿美元	2.75	2.75	2.00	2.47
生产成本/（美元/t）				
天然气	96.3	88.0	81.7	86.0
氧气	—	9.3	0	12.9
公用工程	4.3	3.7	10.6	3.3
其他可变成本	0.7	0.7	0.7	0.7
可变成本小计	100.3	101.7	93.0	102.9
直接固定成本	6.6	6.3	5.6	5.3
摊销固定成本	4.0	4.0	3.0	3.3
总现金成本	111.7	112.0	101.6	111.5
折旧金	32.2	33.2	23.6	28.9
总生产成本	143.9	145.2	125.2	140.4
总生产成本+10%资金利润率	176.3	178.6	148.4	169.3

2. Haldor Topsϕe 公司的甲醇合成新工艺

Haldor Topsϕe 公司推荐特大型甲醇合成工厂采用此流程可以简化工艺流程和降低投资。自热式重整技术生产合成气，冷凝式甲醇合成工艺生产甲醇。

（1）自热式重整技术

天然气生产合成气有自热式重整、蒸汽重整、蒸汽重整-部分氧化重整联合技术等三种工艺技术可供选择。

对于自热式重整技术，还可有脱除 CO_2 的 3a 方案和氢气完全回收并循环的 3b 两个工艺方案。

这几种重整方案各有优缺点，其中，蒸汽重整技术只适用于小型甲醇合成厂，才是经济可行的；蒸汽重整-部分氧化重整联合技术适用于规模为 1500t/d 以上的甲醇合成工厂。自热式重整技术适用于 5000t/d 以上的特大型甲醇合成工厂。这几种生产合成气的工艺方案的主要工艺数据见表 8-33，可作为 10000t/d 特大型甲醇合成工厂选择合成气生产流程的参考。

表 8-33 不同重整方案的工艺数据

项目	工艺方案 1 蒸汽重整技术	工艺方案 2 联合重整技术	工艺方案 3a 自热重整（脱除 CO_2）	工艺方案 3b 自热重整（氢气循环）
操作参数				
汽碳比	2.5	1.9	0.6	0.6
重整炉出口温度/℃	925	1000	1050	1050
工艺数据				
天然气量/（t/d）	6800	5800	6400	5700
氧气用量/（t/d）	0	4600	6500	5800
重整气流量/（t/d）	25700	22700	17200	15200
压缩机耗电量①/MW	82	64	60	62

续表

项　　目	工艺方案1 蒸汽重整技术	工艺方案2 联合重整技术	工艺方案3a 自热重整（脱除 CO_2）	工艺方案3b 自热重整（氢气循环）
合成气性质				
合成甲醇的甲烷损失	4.87	1.13	1.95	1.67
CO/CO_2	2.51	2.58	15.64	5.12
转化气露点①/℃	191	198	211	202

① 操作压力为11.0MPa。

表8-33数据充分说明：尽管氧气用量高是自热式重整固有的缺点，但自热式重整是特大型甲醇工厂的最佳方案，自热式重整是生产高 CO/CO_2 比合成气的最佳技术。

脱除 CO_2 的自热式重整流程简图见图8-24。表8-33中的数据没有表明氢气回收（方案3b）和脱除 CO_2（方案3a）的优越性。

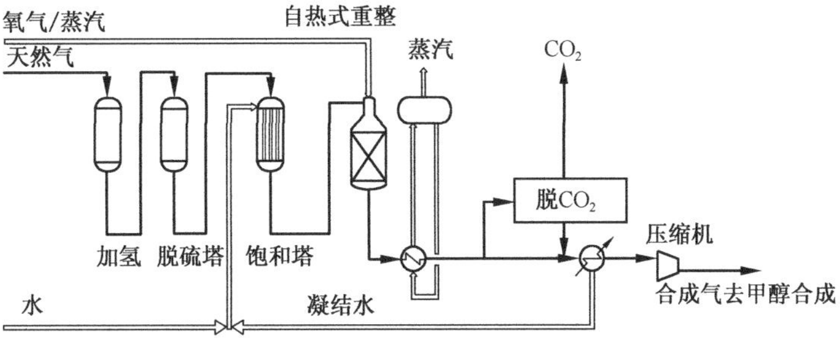

图8-24　带脱除 CO_2 的自热式重整流程

（2）冷凝式甲醇合成（CMSC）工艺[3]

大多数甲醇合成均采用循环式流程，合成反应器在较高的温度（大于230℃）下操作，其目的是为了达到高反应速率。从图8-25可以看出操作温度对甲醇平衡浓度的负面影响，只有采用未转化合成气循环的流程才能达到较好的碳效率。

冷凝式甲醇合成流程（Combined Methanol Synthesis and Condensation）是采用两台合成反应器的一次通过式甲醇合成流程。

试验证明：改进工艺流程可以克服气相平衡造成的热力学极限。在两相条件下，采用一次通过流程可以使甲醇合成反应器的碳效率达到92%以上。这就为合成气不循环找到了解决途径。

图8-25和图8-26为一次通过式合成流程的碳效率与反应温度的关系。它说明采用CMSC合成反应器不用合成气循环流程的优点。从图中可以看出，当反应温度较低时，碳效率迅速增高。计算机模拟CMSC合成流程显示；当温度达到甲醇的露点时，甲醇开始冷凝、碳效率增长得更快。为了说明问题，在图

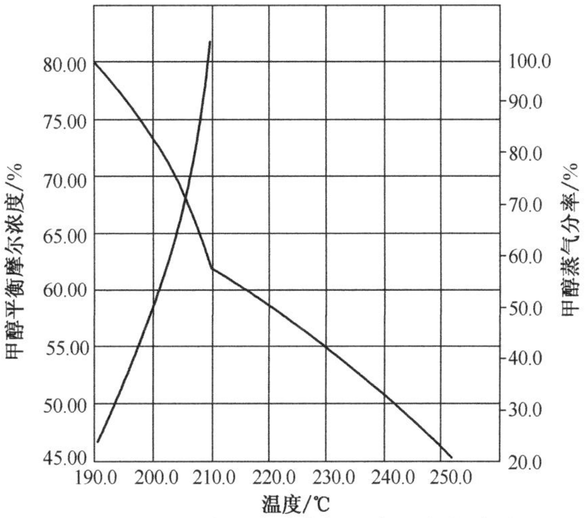

图8-25　甲醇平衡浓度与反应温度的关系

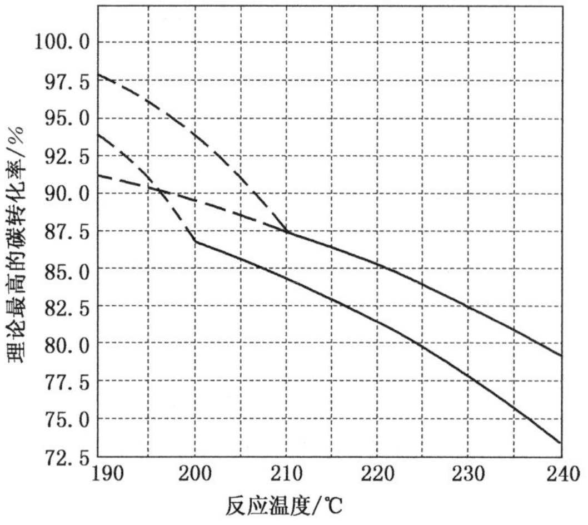

图 8-26　一次通过转化率与反应温度的关系

中用虚线表明甲醇不冷凝的碳效率。还可以看出：在 200℃反应温度下，由于甲醇冷凝，转化率可从 89%升高至 94%。

Sorensen 等分析了 CMSC 流程工艺参数的影响。认为反应速率受接近化学平衡的影响，因此甲醇冷凝不仅可以提高碳效率，还有助于反应速率的提高。新鲜合成气距离露点很远，初期的转化是在传统流程的反应温度下进行的。随着甲醇的生成，露点不断升高，就可以利用露点的优势。在 CMSC 合成流程中，将催化剂分别装进两台操作温度不同的合成反应器中。表 8-34 列出了两个传统流程和 CMSC 合成流程的主要数据，甲醇合成工厂规模为 10000t/d。

表 8-34　传统流程和 CMSC 合成流程的工艺数据

项　　目	合成气循环流程	合成气循环流程	CMSC 流程
合成压力/MPa	8.5	11.0	11.0
反应器流率/（t/d）	22200	18300	11900
反应器出口温度/（℃）	255	236	244/201
粗甲醇含水量/%	1.5	1.3	0.5
压缩机功率/MW	47	62	63
循环压缩机功率/MW	2.2	1.0	—

CMSC 技术是提高单系列装置的生产能力最佳选择，CMSC 技术必须使用高 CO/CO_2 比的合成气，自热式重整是生产高 CO/CO_2 比合成气的最佳技术。CMSC 合成流程的主要特点是：降低了合成装置的气体流率；取消了气体循环流程，简化了工艺流程；改善了甲醇的质量；合成反应器的质量流率只有常规流程的 50%左右；就可以将单系列合成甲醇工厂的生产能力提高 1 倍。

3. CO_2 重整技术

近年来，CO_2 重整技术受到工业界和学术界的广泛关注，因为 CO_2 重整技术可以生产 $H_2:CO=1:1$ 的合成气。CO_2 重整技术：

① 适用于偏远地区天然气资源的利用；

② 适用于高 CO_2 含量天然气资源的利用；

③ 有助于减少温室气体的排放。

生产 $H_2:CO=1:1$ 合成气可用于生产醋酸、丙烯酸、二甲醚等石油化工产品，还可与蒸汽重整的合成气（$H_2/CO=3:1$）混合，调配成费托合成或甲醇合成需要的原料气。

此项技术的关键是开发适合高 CO_2 浓度、不含氢的气体使用的催化剂。因为在此条件下进行重整会生成重质烃，从而使镍基重整催化剂中毒或失活，并造成反应器堵塞。

据报道：ABB、BP、ConocoPhillips、Haldor Topsφe、Shell 和 Sasol 等公司均在积极开发 CO_2 重整技术，最可能使用的催化剂为含钯、铂、铑和改良的镍催化剂。

十二、生物质生产甲醇

国外从20世纪90年代就进行了用生物质生产甲醇技术的研究。不过，所用的原料主要以农、林业废料和城市垃圾为主。例如；美国加州曾于1995年建设一套用城市垃圾生产甲醇的装置、生产规模为50t甲醇/d。但是，工业化的、以生物质为原料、大规模生产甲醇工厂必须以使用人工种植的生物能源作物（速生的木材和草类）为主。使用农作物废料（秸秆）或林业废料生产甲醇需要有可靠的原料供应来源。

美国的一些科研机构进行生物质生产甲醇研究，重点课题是开发高效的生物质气化技术和生物质合成气的高温净化处理技术。使用的原料以林业废料（如树皮、锯末）为主。

木质生物质生产甲醇的效率初期是每吨木材（干）可生产甲醇约450kg，碳利用效率37%、总热效率为51%；其后可提高至每吨木材（干）生产甲醇约560kg、碳利用效率46%、总热效率为62%。

生物质生产甲醇装置的规模目前为200~500t/d，还无法与天然气生产甲醇（一般规模为2000~5000t/d）竞争。

2006年11月，生物甲醇化工股份公司（BioMethanol Chemie Holding）收购了荷兰一家甲醇制造厂，准备将其改造成世界第一家生物甲醇制造厂，预计年产10亿L“绿色汽油”。他们从阿克苏诺贝尔（Akzo Nobel）、帝斯曼（DSM）及太尔公司（Dynea）手中买下了位于荷兰东北部德尔福斯港的这家甲醇制造厂。目前还没有投产的报道。

十三、甲醇生产汽油（MTG）技术

甲醇生产汽油（Methanol to Gasoline简称MTG）工艺是Mobil公司（现属于Exxon-Mobil公司）于1970年开发的技术。最初在美国建设并运转了一套4桶/d的小型试验装置。1982~1985年期间在德国Uhde运转了流化床MTG技术（生产汽油）和MTO技术（生产烯烃）。

1979年在新西兰的Motunui市建成了第一套NTG工业装置。生产规模为14.5万桶/d，用甲醇生产汽油。NTG装置于1985年投产，成功运转了近10年之后，改为转产甲醇。

一座年产汽油100万t的煤制汽油（CTG）工厂的用煤量为302万t/a。副产LPG和元素硫，回收的CO_2可用于油田的强化采油（EOR），工厂的物料流程简图见图8-27。

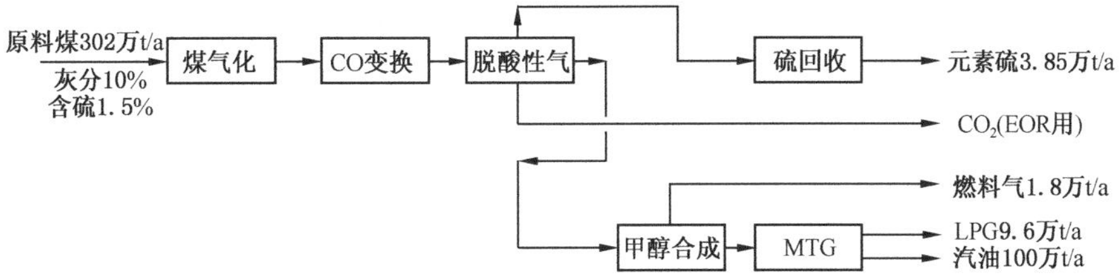

图8-27　煤制汽油（CTG）工厂物料流程

1. 流化床MTG技术

Exxon-Mobil公司开发了流化床MTG技术，由JV MRDC公司和Uhde公司设计了规模为100桶/d的试验装置。甲醇可基本实现完全转化，汽油收率近92%。流化床反应器的取热系统包括循环催化剂的外取热器和在密相反应床内安装的内取热管。此试验装置曾于20世纪80年代运行，此后未见建设工业装置的报道。MTG技术的产品收率，产品质量，与费托合成汽油的比较列于表8-35。

表 8-35　费托合成和 MTG 的产品分布

项　目	费托合成技术		MTG 技术
	230℃低温钴剂	340℃高温铁剂	
轻烃			
甲烷	5	8	0.7
乙烯	0	4	—
乙烷	1	3	0.4
丙烯	2	11	0.2
丙烷	1	2	4.3
丁二烯	2	9	1.1
丁烷	1	1	10.9
C_5~160℃汽油组分	19	36	82.3
瓦斯油组分	22	16	—
重油/石蜡	46	5	—
含氧化合物	1	5	0.1
合计	100	100	100

2. 中国的煤制汽油工业

高油价为 CTL 技术的发展提供了机遇。除了开发合成油技术外，中国科学院煤炭化学研究所也研究 MTG 技术。在煤炭资源丰富的山西、云南建设以甲醇为原料的 MTG 工厂。煤化所与云南省合作，于 2007 年建设了 3500t/a 的 MTG 示范装置。并于年末试车成功。示范装置使用 ZSM-5 分子筛催化剂。

试验结果：

原料甲醇消耗指标：2.48t/t 汽油；

- 产品收率：粗汽油收率：37%；LPG：3%，粗汽油的轻油/重油比例为 76：24；
- 轻油组分的 RON=90，除了诱导期（~160min）较低外，质量基本符合 90 号汽油；
- 重油组分中均四甲苯含量偏高（~30%），需要加氢处理；
- 为初步试验结果，尚未取得工程设计数据。

第三节　合成二甲醚

一、二甲醚的性质[10]

二甲醚的分子式为 $CH_3—O—CH_3$，相对分子质量为 46.07，在常温常压下是无色气体，有轻微臭味，无腐蚀性，毒性较低。二甲醚是醚类产品，又是重要的甲醇下游产品。人通过呼吸或皮肤吸收过量的二甲醚，会引起麻醉、失去知觉和损伤呼吸器官等症状。表 8-36 为二甲醚的燃烧特性。

表 8-36　二甲醚的燃料特性

项　目	数　据	项　目	数　据
密度/（kg/L）	0.75	蒸发潜热/（kJ/kg）	467
沸点/℃	-24.9	爆炸极限/%	3.4~27
饱和蒸气压（25℃）/MPa	0.6	十六烷值	55~60
闪点（开杯法）/℃	-41.4	低发热量/（MJ/kg）	28.9

二甲醚在常温常压下呈气态，加压到5~6个大气压可以变为液体，物理性质类似于液化石油气，是理想的民用燃料。二甲醚理论热值约为汽、柴油的64%，应用热值相当于汽柴油的80%左右，十六烷值大于55~56，高于柴油，有望作为柴油替代品。二甲醚低毒、低腐蚀性，燃烧时常规有害气体排放量低于汽柴油，有利于环境保护。

在同等的温度条件下，二甲醚的饱和蒸气压低于液化石油气，其储存、运输等均比液化石油气安全。二甲醚在空气中的爆炸下限比液化石油气高一倍，因此在使用过程中，二甲醚作为燃料比液化石油气安全。虽然二甲醚的热值比石油柴油和液化石油气低，但由于二甲醚本身含氧，在燃烧过程中所需的理论空气量远低于液化石油气，从而使得二甲醚的预混气热值与理论燃烧温度高于液化石油气。

二甲醚目前的主要用途是用作制冷剂、溶剂、气雾剂等。二甲醚具有良好的混溶性、易溶于汽油、四氯化碳、丙酮、氯苯等多种有机溶剂中；加入少量助剂后可以以任何比例与水互溶；故可以作为溶剂和抽提剂。二甲醚可用作许多精细化学品的合成原料，在制药、燃料和农药等工业中也有着多种用途。自从世界禁止使用氟氯烃作气雾剂以来，二甲醚以其良好的抛射性能和安全性，已经取代了氟氯烃成为第四代气雾剂。

在氧气存在的情况下，二甲醚会发生燃烧反应，放出大量的热量。二甲醚作为燃料使用时的完全氧化反应如下：

$$CH_3—O—CH_3 + 3O_2 —— 2CO_2 + 3H_2O$$

二甲醚用作柴油替代燃料时，具有以下优点：

① 较高的十六烷值和优异的压缩性能；

② 发动机的热效率可提高5%；

③ 环境效应好，显著降低NO_x排放量、颗粒物排放量大大降低、无烟碳排放，是“21世纪的清洁能源”；

④ 二甲醚用作替代柴油时，燃油系统（储油设备以外）的改造量很少。

二甲醚作为替代民用燃料，可以取代传统的液化天然气（LNG）和液化石油气（LPG），在储运、燃烧的安全性和污染气体排放（只生成CO_2和水）等方面均有优越性。

二、二甲醚的生产工艺

二甲醚的生产技术经历了多次发展和进步，从初期使用硫酸的甲醇液相脱水工艺、改进为甲醇气相催化脱水工艺，发展到合成气直接合成二甲醚工艺三个阶段。目前二甲醚的生产技术仍以二步法甲醇脱水为主，生产成本较高。合成气生产二甲醚工艺是开发中的技术，还不成熟。在二步法中，甲醇液相脱水技术已逐渐被甲醇气相催化脱水和合成气直接合成技术所取代。表8-37为三种二甲醚生产方法的操作条件对比。

一步法二甲醚合成工艺是技术发展方向，工艺特点是合成气进入甲醇合成反应器、生成甲醇。甲醇合成催化剂中含有甲醇脱水组分，使甲醇转化为二甲醚。含有二甲醚和甲醇的生成物经过精馏得到二甲醚，未反应的甲醇再返回至合成反应器。一步合成二甲醚技术的工艺流程简单、设备少、投资小，生产成本低于二步法。

有代表性的一步法二甲醚生产工艺有：美国Air Products公司开发的LPDMETH工艺[2]、丹麦的TopsΦe工艺和日本NKK开发的二甲醚工艺。

LPDMETH工艺的甲醇单程转化率约为70%~85%，二甲醚的选择性大于98%。

二步法生产二甲醚技术仍然是目前的主要工艺路线。使用精甲醇为原料进行脱水反应。

特点是副产品少，二甲醚纯度可达 99.9%。这种工艺技术已经非常成熟。其主要的缺点是工艺过程太长；要经过合成甲醇、甲醇精馏生产出甲醇；然后再进行甲醇脱水、二甲醚精馏等过程。因而能耗、物耗均高于一步法。

表 8-37　三种二甲醚生产方法的操作条件对比

方　　法	硫酸法液相脱水工艺	气相转化工艺	一步合成工艺
催化剂	硫酸	固体酸催化剂	多功能催化剂
反应温度/℃	130~160	200~400	250~300
反应压力/MPa	常压	0.1~1.5	3.5~6.0
转化率/%	约 90	75~85	90
二甲醚选择性/%	>99	>99	>65
二甲醚纯度/%	≤99.6	≤99.9	约 99

1. 甲醇液相脱水工艺

传统的甲醇硫酸脱水法生产二甲醚按以下化学反应式进行：

$$CH_3OH + H_2SO_4 \longrightarrow CH_3HSO_4 + H_2O$$

$$CH_3HSO_4 + CH_3OH \longrightarrow CH_3—O—CH_3 + H_2SO_4$$

甲醇硫酸脱水法具有反应温度低（<100℃），转化率达 80%以上，二甲醚的选择性>98%等优点。由于生产规模小、生产成本高、设备腐蚀、废酸排放污染环境、过程中生成有毒性的硫酸氢甲酯和操作条件差等原因，该工艺已逐渐被淘汰。

2. 甲醇气相脱水工艺

自 20 世纪 70 年代石油危机以来，西方工业化国家从积极研发由合成气经过二甲醚合成汽油的技术和使用粗二甲醚用作民用燃料的技术。并形成了许多合成二甲醚用催化剂专利技术。由于 CO 转化率低（不高于 50%）、二甲醚选择性差，成效不大。

80 年代中期，为了解决氟氯烃破坏大气臭氧层问题，出现了用二甲醚取代氟氯烃用作气雾剂、制冷剂等产品的需求，需要扩大二甲醚的生产规模、提高产量。于是，发展了气相甲醇脱水生产二甲醚的技术。

气相甲醇催化脱水法生产二甲醚的基本原理是将甲醇蒸气通过固体酸催化剂发生非均相催化反应脱去甲醇中的水分生成二甲醚的工艺过程。

气相甲醇脱水生产二甲醚工艺，以其产品纯度高、易操作等特点迅速成为二甲醚的主要生产工艺。Mobil 公司开发的二甲醚技术使用 HZSM-5 催化剂，产品 DME 的纯度可达 99.9%。操作条件为常压、反应温度 200℃，甲醇转化率可达 80%；二甲醚的选择性>98%。

近年来，国内外均在积极研发此项工艺技术，已取得工业化成果、建成了一批二甲醚工业生产装置。

日本东洋化学公司于 1991 年开发的甲醇脱水用催化剂为 γ-Al_2O_3 催化剂，具有特殊的比表面积和孔体积，使用寿命达半年以上。甲醇转化率为 74.2%；DME 选择性约为 99%左右。

我国许多科研单位也开发了甲醇气相脱水工艺技术，使用的催化剂包括沸石、氧化铝、SiO_2/Al_2O_3 和阳离子交换树脂等。

西南化工研究院开发了 CM-3 甲醇脱水用催化剂和节能的工艺流程，建成了规模为 2500t/a 的二甲醚生产装置，并顺利投产，二甲醚的纯度达 99.99%。

中科院山西煤化所开发了甲醇脱水用催化剂和产品分离技术，工艺的灵活性大，可以生产燃料级二甲醚（95%~98%），直接用作民用燃料，也可生产气雾剂级的二甲醚（99%）。

上海石油化工研究院开发了D-4型氧化铝催化剂，建成了2000t/a的工业装置并顺利投产，甲醇的转化率>60%，二甲醚的选择性达99%。

目前国内外已建成的二甲醚装置均采用“气相脱水工艺”，使用酸性催化剂，生产规模较小，成本仍较高，不适用于大规模地生产替代燃料。已建成的二甲醚装置有：Dopont公司的15000t/a的二甲醚装置；德国莱茵褐煤公司的60000t/a装置；汉堡DMA公司的10000t/a装置；荷兰阿克苏公司的10000t/a装置；此外，日本和中国台湾也均建成了万吨级的二甲醚工艺装置。

日本东洋（TEC）公司曾进行了规模为250万t/a的二甲醚装置可行性研究，用天然气为原料、用合成甲醇-甲醇脱水的两步法生产二甲醚。其中：甲醇合成装置采用MFR-Z工艺，规模为10000t/d；甲醇脱水装置采用铝基催化剂脱水新工艺。工厂建设总投资为6.6亿美元（总投资比单独的甲醇合成工厂高10%），所产的二甲醚成本为90~100美元/t。

3. 直接合成二甲醚工艺[7]

用合成气直接合成二甲醚是一条有吸引力的工艺路线，适用于煤炭间接液化、天然气生产合成燃料和化工产品。直接合成法也称合成气一步法生产二甲醚工艺，以下分别就直接合成二甲醚工艺的基础实验情况和合成二甲醚工艺技术说明如下：

1）研究开发现状

合成气直接合成二甲醚技术是经过两个阶段研究开发成功的。首先根据合成气组成优化DME合成反应器，然后在工艺流程上采用合成气生产与合成反应器进料联合流程。已经证实：原料气的组成（H_2：CO比）对DME合成反应器的性能至关重要。采用含50%H_2和50%CO的合成气可以达到二甲醚的最佳产量和原料气的最佳利用率。

一步法合成气生产二甲醚就是在同一合成反应器中使合成气转化为甲醇、甲醇再进一步转化为二甲醚的工艺过程。必须使合成气转化全过程的化学平衡不受由于甲醇合成热力学所造成的约束。一步法生产二甲醚过程还需用水煤气变换反应降低系统中水含量以便加速甲醇脱水的反应，提高系统的反应动力学。实现甲醇合成、甲醇脱水和水煤气变换反应的协同效应就可以提高合成气的单程转化率。

合成气一步法生产二甲醚的成本低于工业上已有的两步法工艺（依次在甲醇合成反应器和甲醇脱水反应器中完成合成甲醇和甲醇脱水两工序）。两步法的生产成本高于一步法，原因是甲醇合成反应器的生产能力受化学平衡的约束；两步法的生产还需要增加甲醇脱水反应器。

虽然一步法的合成反应器中3种化学反应的协同作用可以提高转化率，但会导致下游产品分离工序的生产成本增加。只要一步法合成反应器的MEP值（称为“甲醇当量生产能力”，MEP值=甲醇生产能力+2×二甲醚生产能力）达到一定值，一步法的生产成本就低于两步法的生产成本。

所以，为了优化一步法生产二甲醚的工艺，就必须制定适宜的合成气生产流程、生产H_2：CO=1：1的合成气；实现合成气生产与二甲醚合成两个工序的最佳联合。

根据不同的造气原料可有以下不同的联合流程。通用的二甲醚合成联合流程如图8-28所示。

联合流程包括天然气重整、煤制气和二甲醚合成三个工序：天然气重整可酌情选用CO_2重整、蒸汽重整、部分氧化重整或任何两种工艺的联合；重整装置的进料为甲烷和CO_2、

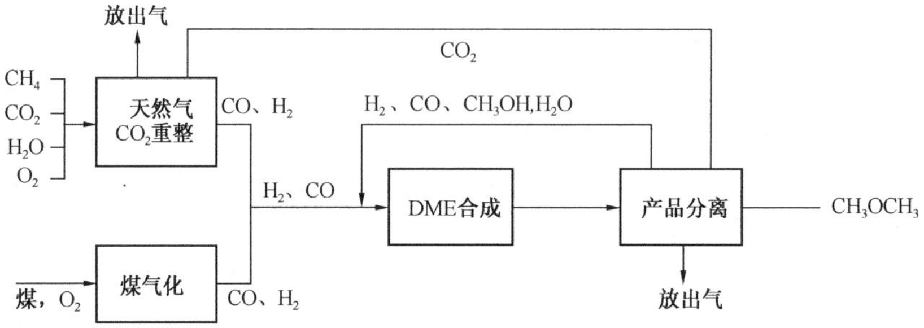

图 8-28　通用的二甲醚合成联合流程

H_2O 和 O_2 中的一种或几种。只有需要“补碳”时才考虑设置煤制气过程，因为煤炭气化可生产富含 CO 的合成气。二甲醚合成过程的出料在产品分离过程中分离出二甲醚、CO_2、和放出气（含 H_2、CO_2、CH_3OH 和 H_2O）。联合流程可将 CO_2 循环回到重整装置中，即没有副产品。

从合成气生产二甲醚可用以下通用化学式表示：

$$3H_2 + 3CO = CH_3OCH_3 + CO_2$$

反应过程生成 CO_2 既不利于环境保护，又降低经济效益。除了 CO_2 重整技术外，多数工业生产的合成气均不是生产二甲醚所需的最佳气体组成（H_2 : CO = 1 : 1）。

对于煤制气，可以采用气化炉注水技术生产高含氢的合成气。天然气重整工艺生产合成气的 H_2/CO 比一般≥2。可以将二甲醚合成过程生成的 CO_2 循环回至重整过程中。由于重整过程具有水煤气变换的活性和为富氢环境，可将 CO_2 转化为 CO 从而达到调节合成气 H_2/C 比的目的。

根据不同的组合，可以组成下列四种适用的模拟流程。

（1）天然气 CO_2 重整-二甲醚合成联合流程

理论上，天然气 CO_2 重整过程可生产 H_2/CO 比 = 1 的合成气，但是需要有 CO_2 来源。获得 CO_2 也要增加生产成本。

$$CH_4+CO_2 = 2CO+2H_2$$

联合流程中，将二甲醚装置的 CO_2 循环回到 CO_2 重整装置，就可以使 CO_2 需要量减少到每 3 个甲烷分子只需要 1 个 CO_2 分子。生产二甲醚的总化学反应式如下：

$$3CH_4+CO_2 = 2CH_3OCH_3$$

CO_2 重整装置的操作条件为：反应温度 782～927℃，压力为 13.6MPa，新鲜重整进料的 CO_2 : CH_4 比为 0.4（略高于流程图 8-28 中的 0.33），以提高甲烷转化率和减少碳沉积。重整装置内设有内循环系统将未转化的 CO_2 和生成的水返回到重整装置之内。内循环量对新鲜进料的比例为 1.5 : 1。合成气中的未转化甲烷最后随放出气排出，造成一定量的甲烷损失。二甲醚反应器出料中的 CO_2 在分离工序中回收，并送回到重整装置中。

重整装置的甲烷和 CO_2 单程转化率分别为 94%和 52%。汽-甲烷比和 CO_2-甲烷比分别为 1.2 和 1.8。合成气的组成：H_2 48.4%、CO 49.6%、CH_4 1.5%、N_2 0.3%。

总碳利用率为 82.1%，联合流程没有 CO_2 排放，有利于环保。碳损失归因于重整过程的未转化甲烷和二甲醚反应器排放的 CO。

总氢利用率为 87%，损失为二甲醚反应器排放的蒸汽。

天然气 CO_2 重整-二甲醚合成联合流程见图 8-29，物料数据见表 8-38。

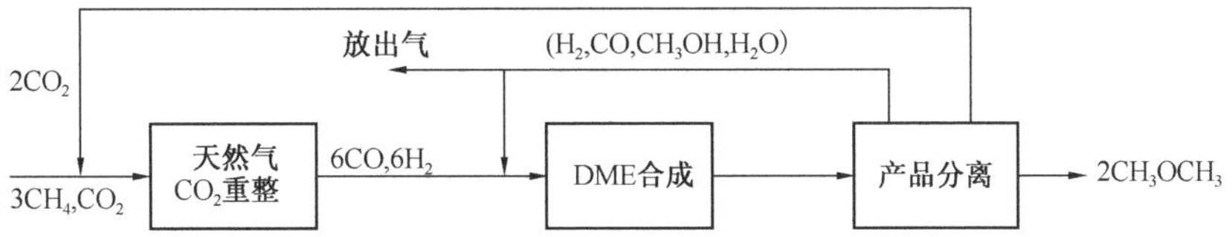

图 8-29　天然气 CO_2 重整-二甲醚合成联合流程

表 8-38　天然气 CO_2 重整-二甲醚合成联合流程　　mol

物料编号	H_2	CO	CO_2	N_2	MeOH	DME	H_2O	CH_4
重整新鲜进料	0	0	40	1	0	0	0	100
重整出料	186	190	0	1	0	0	0	5.9
去重整的循环气体	0	0	57	0	0	0	0	0
重整放出气体	0	0	1.2	0	0	0	1.8	0
DME 反应器进料	186	190	0	1	0	0	0	5.9
DME 反应器出料	60	86	57	5	2.4	58	0.6	30
DME 反应器循环气	48	68	0	4	1.9	0	0	24
DME 反应器放出气体	12	17	0	1	0.5	0	0	6.0

（2）天然气 CO_2 重整/煤炭气化-二甲醚合成联合流程

天然气 CO_2 重整/煤炭气化-二甲醚合成联合流程见图 8-30。联合流程中增设煤制气装置可以具有“补碳”和减少 CO_2 循环量的作用。

以“煤制气-二甲醚合成联合流程”为例，流程特点是：进二甲醚反应器的合成气为富 CO 的合成气，除 H_2 和 CO 外不含其他气体成分；二甲醚反应器中注水以便生成更多的氢气；全部合成气在二甲醚反应器中转化；未转化的甲醇、水和合成气均循环回至反应器中。该联合流程反应过程只生成 DME 和 CO_2，而且 CO_2 的实际生成量多于化学反应计量式。为了生产更多的二甲醚须向反应器中注水（提供氢气），并使注水所带进的氧也生成 CO_2，参见图 8-30。

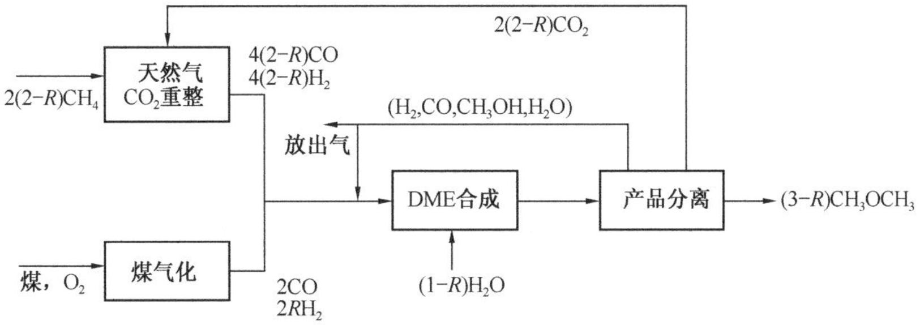

图 8-30　天然气 CO_2 重整/煤炭气化-二甲醚合成联合流程

发生的化学反应式是：

$$6CO+6RH_2+3(1-R)H_2O=(1+R)CH_3OCH_3+2(2-R)CO_2$$

式中　R——煤制合成气的 H_2/CO 比（范围为 0~1）。

可以看出，煤制气可生成 CO_2、而 CO_2 重整又需用 CO_2。这两个过程有效地联合，组合为以下化学反应式：

$$2(2-R)CH_4+2CO+2RH_2+(1-R)H_2O=(3-R)CH_3OCH_3$$

联合流程的进料为煤炭、天然气（CH_4）、氧气和水。二甲醚是唯一的产品，无污染物排放。此联合流程需要同时建设重整和煤制气装置，因而建设投资较高，只适用于兼有天然气和煤炭资源的地区（例如，富含煤层气的煤矿）。该联合流程模拟计算的物料数据见表8-39。

表 8-39 天然气 CO_2 重整/煤炭气化-二甲醚合成模拟流程的计算结果 mol

物料编号	H_2	CO	CO_2	N_2	MeOH	DME	H_2O	CH_4
重整新鲜进料	0	0	0	1	0	0	25	102
重整出料	210	167	0	0	0	0	0	7.5
去重整的循环气体	0	0	75	0	0	0	0	0
重整放出气体	0	0	1.8	0	0	0	3.2	0
煤制气	30	66	3	1	0	0	0	0
DME 反应器进料	240	233	0	2	0	0	0	7.5
DME 反应器出料	96	76	75	10	4.6	73	1.3	38
DME 反应器循环气	77	61	0	8	3.7	0	0	30
DME 反应器放出气体	19.2	15.2	0	2	0.92	0	0	7.5

甲烷和 CO_2 的转化率分别为 93%和 51%；总进料的汽/CH_4 比和 CO_2/CH_4 比均为 1.5；合成气的总转化率为 93%；二甲醚的生产率为 9.8mol/（kg · h）；总碳利用率为 86%；CO_2 排放量为 0。原料损失包括未转化的 CH_4 和放出气中的合成气。

合成气的组成：H_2 49.7%，CO 48%，H_2/CO 接近于 1.1。

（3）天然气蒸汽重整-制氢-二甲醚合成联合流程

带有 CO_2 内部循环的蒸汽重整所产合成气的最低 H_2/CO 比为 3 : 1。按照全内循环模式从二甲醚装置向重整装置循环 CO_2，重整生成气仍富含氢气（H_2 : CO = 5 : 3）。为了调节合成气的组成，可用氢气分离方法分出多余的氢气，调配成 H_2 : CO = 1 : 1 的合成气、用作合成二甲醚的原料气。此联合流程的总化学反应式如下：

$$2CH_4+H_2O=CH_3OCH_3+2H_2$$

工艺条件与前述的（1）例和（2）例相同。天然气蒸汽重整-制氢-二甲醚合成联合流程见图 8-31，模拟计算结果见表 8-40。

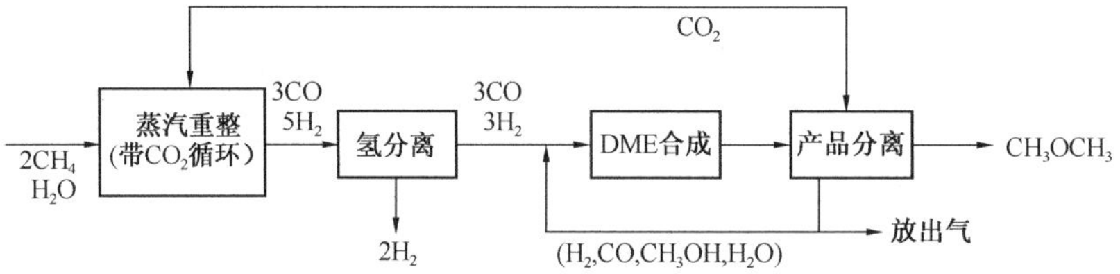

图 8-31 天然气蒸汽重整-制氢-二甲醚合成联合流程

工艺数据：

重整装置进料：汽 : CH_4 = 2.4；CO_2 : CH_4 = 1 : 1；CH_4 转化率 = 94.5%；CO_2 转化率 = 36%；

DME 反应器的合成气转化率 = 93%；DME 生产率 = 9.7gmol/（kg · h）；总碳利用率 = 84%，CO_2 排放量 = 0。

表 8-40　天然气蒸汽重整-制氢-二甲醚合成模拟流程计算结果　mol

物料编号	H_2	CO	CO_2	N_2	MeOH	DME	H_2O	CH_4
重整新鲜进料	0	0	0	1	0	0	60	100
重整出料	139	135	0	1	0	0	0	0
去重整的循环气体	0	0	41	0	0	0	0	0
重整放出气体	105①	0	0.9	0	0	0	6.6	0
DME 反应器进料	139	135	0	1	0	0	0	5.5
DME 反应器出料	54	46	41	5	2.5	42	0.7	28
DME 反应器循环气	44	37	0	4	2.0	0	0	22
DME 反应器放出气体	11	9.1	0	1	0.5	0	0	6

①为产品氢气。

(4) 天然气部分氧化重整-二甲醚合成联合流程

天然气部分氧化重整所产合成气的 H_2/CO 比接近于 2∶1。若将二甲醚反应器的 CO_2 送入部分氧化重整反应器中就可以提高水煤气变换的逆反应，联合流程的总化学反应式如下：

$$2CH_4+O_2=CH_3OCH_3+H_2O$$

从上述反应式可以看出：联合流程中合成气原料与二甲醚反应器达到物料平衡，甲烷中只有 1/4 的氢气转化为水，可从部分氧化反应器排出。

部分氧化重整的反应条件为：反应温度 1316℃、反应压力为 2.4MPa。重整气的 H_2/CO 比为 1∶1，CO_2 摩尔含量为 5.5%。这些 CO_2 随合成气一起进入二甲醚合成反应器，然后与在二甲醚反应器中生成的 CO_2 一起返回到部分氧化反应器中。

在合成气进入二甲醚反应器之前需将重整过程生成的水（来自天然气中的氢）脱除。使进入二甲醚反应器的新鲜合成气组成为：H_2 48.2%；CO 44.4%；CO_2 6.2%；N_2 0.3%。合成气的总转化率为 89%；总碳利用率为 91%，CO_2 排放量为 0。物料损失为从二甲醚反应器放出未转化合成气。

天然气部分氧化重整-二甲醚合成联合流程见图 8-32，模拟计算的物流量数据见表 8-41。

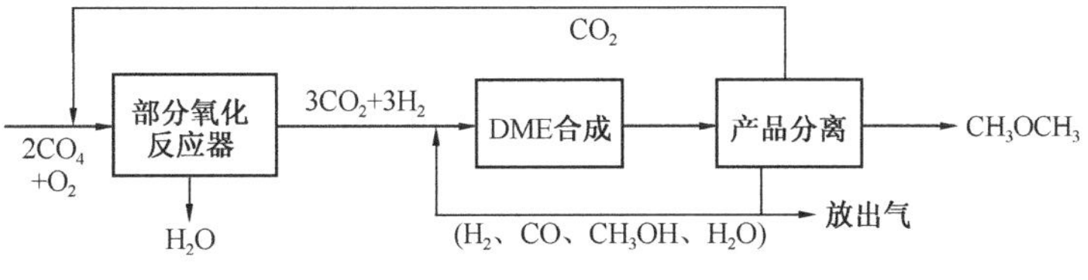

图 8-32　天然气部分氧化重整-二甲醚合成联合流程

表 8-41　天然气部分氧化重整-二甲醚合成流程计算结果　mol

物料编号	H_2	CO	CO_2	N_2	MeOH	DME	H_2O	CH_4
重整新鲜进料	0	0	0	1	0	0	50 (O_2)	101.5
重整出料	156	144	20	1	0	0	0	1.5
去重整的循环气体	0	0	64	0	0	0	0	0
重整放出气体	0	0	0	0	0	0	44	0
DME 反应器进料	156	144	20	1	0	0	0	1.5
DME 反应器出料	77	38	64	5	4.9	46	1.8	7.7
DME 反应器循环气	61	31	0	4	3.9	0	0	6.2
DME 反应器放出气体	15	7.7	0	1	1.0	0	0	1.5

2）合成二甲醚工艺技术

直接从合成气合成二甲醚的工艺技术正处于开发阶段。按照合成反应器的工艺性能划分，合成二甲醚的工艺技术包括气相法和液相法两种技术。

（1）气相合成二甲醚技术

在国内，兰化集团化肥厂与中国科学院兰州化学物理研究所合作进行的气相法合成二甲醚小型试验已通过了技术鉴定。CO 转化率>85%；二甲醚的选择性>99%。中国科学院大连化学物理研究所采用复合催化剂对二甲醚合成技术进行了系统研究，筛选出了 3 种型号的 SD 型催化剂，CO 转化率可达 90%；浙江大学开发的二甲醚合成技术，已建成了规模为 1500t/a 的工业装置。

气相法合成二甲醚技术的开发已经成功，但尚未建成大型工业装置。

（2）液相合成二甲醚技术[8]

美国空气产品和化学品公司在美国能源部的支持下从事液相合成工艺技术开发已有近 20 年历史，主要用于煤炭或天然气生产的合成气生产运输燃料。液相合成技术，即三相浆液床鼓泡塔式反应器，特别适用于高度放热的合成反应过程。液相甲醇合成技术已经完成大型工业示范，称为 LPMEOH™工艺。液相法二甲醚合成技术是在 LPMEOH™工艺的基础上的进一步发展，称为 LPDME™工艺，即液相二甲醚合成技术。

液相法合成气制二甲醚工艺使用双功能催化剂在浆液床反应器完成反应过程。使用 140 目以上的粉状催化剂，配方与气相法所用的催化剂相同。所用的惰性溶剂为热容量大、沸点高的有机溶剂，一般为 Witco-40 或 Witco-70 矿物油、液体石蜡等。

空气产品和化学品公司的 LPDME™工艺示范装置（生产规模为 10t/d）已完成了示范试验，试验目的是评价 LPDME™工艺的工业应用有效性。试验结果表明：LPDME™工艺的转化率高、有效传热面积大、适用于不同组成的合成气原料。使用由甲醇催化剂和脱水催化调配而成的催化剂。调配的比例为：甲醇合成催化剂：脱水催化剂=95：5（质量比）。

合成气一步法转化为二甲醚的转化率高于天然气甲醇合成过程，这是由于同时发生三种反应的协同作用。这三种反应为：

甲醇合成反应　$$CO + 2H_2 = CH_3OH \quad (1)$$

水煤气变换反应　$$CO + H_2O = CO_2 + H_2 \quad (2)$$

甲醇脱水反应　$$2CH_3OH = CH_3OCH_3 + H_2O \quad (3)$$

反应式（1）和反应式（2）使用了标准甲醇合成用催化剂；反应式（3）使用脱水催化剂。三种化学反应构成最佳的协同系统，使合成气的单程转化率较高。与合成甲醇过程相比，生产能力更高一些。

上述三种化学反应的协同作用可按照下述规律进行：

反应式（1）为甲醇合成的反应式，达到或接近平衡值的甲醇产量均按照反应式（3）被消耗掉。反应式（3）生成的水可按照反应式（2）消耗，这就不会影响反应式（3）的完成。反应式（2）生成的氢气可以提高反应式（1）的反应速率。

从合成气生成二甲醚的化学反应性能取决于过程的动力学而非热力学。反应系统的协同作用决定于脱水反应的速率。但总生产能力则与协同功能和甲醇合成速率有关。由于甲醇合成的化学计量式为 H_2：CO=2：1，所以在富氢环境下更有利于甲醇的合成。与此相反，在富 CO 和少 H_2O 的环境下更有利于甲醇脱水。因此，水煤气变换反应的除去水分、生成氢气的作用可同时起到有利于甲醇脱水反应和生成甲醇反应。

表 8-42　天然气制二甲醚工厂的建设投资比较　10^6 美元

项　　目	数　　据	
建设地点	美国墨西哥湾地区	
工艺技术方案	甲醇合成+气相脱水	LPDME™工艺
总投资	1131.2	938.7
工厂总投资	844.2	698.1
工艺装置投资	645.1	537.0
其中：制氧		225.0
合成气		145
甲醇合成	584.5	-
二甲醚	60.6	167.0
系统工程投资	199.1	161.1
其他工程费用	211.1	175.4
流动资金	75.9	65.2

4. 一步法和二步法建设投资比较

对于生产规模同为 250 万 t/a 的一步法和二步法建设投资比较见表8-42。

三、二甲醚的燃料应用

1. 二甲醚用作民用燃料

20 世纪 70 年代国外就提出了用二甲醚替代液化石油气作为民用燃料。二甲醚是洁净的民用燃料，具有燃烧性能良好、热效率高、安全和环境效应良好等特点。目前，二甲醚作为民用燃料已得到消费者认可，有关部门正在制定二甲醚作为民用燃料的使用标准。表 8-43 为几种燃料的性质数据，表 8-44 列出了二甲醚与 LPG 性质比较。

表 8-43　几种燃料的性质对比

项　　目	二甲醚	LPG	LNG	甲醇	柴油
相对密度（20℃）	0.67	0.49	0.42	0.79	0.84
相对分子质量	46	56.6	16	32	—
元素组成/%					
C	52.2	82	75	37.5	87
H	13	18	25	12.5	13
O	34.8	0	0	50	—
沸点/℃	-25	-42	-162	65	180~370
饱和蒸汽压（38℃）/kPa	800	900	—	35	0.69
点火温度/℃	235	470	650	450	250
十六烷值	55~60	5	—	5	40~55
理论空气比/（kg/kg）	9.0		16	6.5	14.6
低热值/（MJ/kg）	28.8	46	49	20	42.5

表 8-44　二甲醚与 LPG 的性质比较

项　　目	LPG	二甲醚	项　　目	LPG	二甲醚
相对分子质量	56.6	46	预混气体热值/（kJ/m³）	3909	4219
蒸汽压（60℃）/MPa	1.92	1.35	理论燃烧温度/℃	2055	2250
热值/（MJ/kg）	45.8	28.8	爆炸下限/%	1.7	3.5
理论空气用量/（m³/kg）	11.32	6.96			

可以看出：

① 在相同温度条件下，二甲醚的饱和蒸气压低于液化石油气，所以在储存、运输和使用上的安全性均好于 LPG。

② 虽然二甲醚的热值低于 LPG，由于其氧含量高达 34.8%，故燃烧的理论空气用量低于 LPG，二甲醚的预混气体热值和理论燃烧温度均高于液化石油气。

③ 二甲醚燃料的燃烧性能好、热效率高。

④ 燃烧过程无残液、无黑烟，环境效应好。

⑤ 由二甲醚与 LPG 调制的混合燃料具有比 LPG 更好的燃烧性能，与单独使用 LPG 燃料相比，可以减少烟碳的生成、降低 CO 和烃类的排放量。

⑥ 二甲醚还可按一定比例调合到城市煤气或天然气管网中以改善煤气质量、提高热值和解决高峰供气量不足的问题。

2. 二甲醚替代柴油

欧盟一些国家、日本和我国上海交大、西安交大等院校已经开发出了二甲醚汽车，上海市和山东临沂市正在组织二甲醚汽车示范性使用试验。上海计划 2008 年底建成首条二甲醚公交示范线路，期望在 2010 年世博会前形成 1000 辆以上的使用规模。目前上海交大研制的国内第一台二甲醚城市客车已通过国家级鉴定。

与普通柴油、甲醇和液化天然气等替代柴油相比，二甲醚作为替代柴油具有下列优点；

① 二甲醚的十六烷值（55~60）高于常规柴油，点火温度低，压缩性优异。表明二甲醚是压燃式柴油机的适用燃料，其燃烧性能优于柴油和其他替代柴油。与使用柴油相比，发动机功率可提高 16%，热效率可提高 2%~3%。

② 二甲醚的分子结构（碳原子直接与氧结合）确定了其环境效应好的优越性。燃烧过程不生成烟碳、NO_x 和颗粒物排放量均低。

③ 西安交通大学代替柴油的发动机试验表明，二甲醚的氧含量高，有助于实现完全燃烧，可降低汽车尾气的污染物排放量。与使用柴油燃料相比，NO_x、烃类和 CO 排放量可分别降低 50%~70%、30%和 20%；柴油汽车使用二甲醚为替代柴油时，尾气无须催化转化处理，发动机排放标准不仅满足欧Ⅱ和欧Ⅲ标准。经过进一步优化还可以达到欧Ⅳ的排放标准。

④ 二甲醚可与柴油按任何比例调合为车用替代柴油，二甲醚：柴油 = 20：80 的混合柴油，可降低烟碳排放量 50%、HC 减少 40%。

⑤ 二甲醚的燃烧噪声低于柴油。

尽管用二甲醚替代柴油具有上述明显的优点，仍有以下问题有待进一步解决[9]：

① 二甲醚沸点低，常压下为气态，需要加压才能液化，增加了油箱及系统的复杂性。

② 二甲醚的黏度低、(只有柴油的三十分之一)，润滑性能差，燃油喷射系统零件易造成磨损和油箱泄漏；二甲醚的单位体积热值低于柴油，相同体积的油箱，持续行驶里程降低。

③ 二甲醚对金属无腐蚀性，但会使橡胶老化，应改善供油系统设计。

二甲醚作为车用燃料，在应用上也存在着明显的缺点。主要包括：二甲醚沸点太低(-24.5℃)、闪点为-41℃、爆炸范围为 3.4%~17%。20℃时的蒸气压为 0.51MPa。这些性能均与柴、汽油有较大的差别。所以，对储存、运输和加油站等设施的安全、防火要求更为严格，必须建设独立完整的系统设施才能在安全、防火上符合要求。另外，使用二甲醚燃料的汽车必须进行发动机的改造，解决好由于汽化潜热大、冷启动性能差、蒸气压过高易发生气阻等运行问题。上述因素就使二甲醚用作汽车替代燃料将导致社会成本明显增高的效应。

为了解决二甲醚作为柴油调合组分的缺点和不足，BP 公司开发了催化精馏技术。将甲醇和二甲醚在 100℃条件下、使用酸性催化剂的催化精馏反应生成一种称为 $DMM_{3\sim8}$ 的化合物，即 $CH_3 \leftarrow O—CH_2 \rightarrow_x CH_3$，$x = 3\sim8$。$DMM_{3\sim8}$ 的十六烷值与二甲醚相等，沸点和蒸汽压高于二甲醚，从而解决了二甲醚的应用缺点。

虽然已经研制出使用二甲醚燃料的样车，实现发动机和整车的批量生产和达到实际应用还有待时日。

表 8-45 醇醚燃料和醇-醚-烃燃料的组成

项 目	醇醚燃料	醇-醚-烃燃料
组成/%		
甲醇	55~75	40~70
二甲醚	20~30	15~30
轻烃	0	10~20
水分	0~5	5~10
热值/（MJ/kg）	5.2	6.0

3. 醇醚混合替代燃料

二甲醚与甲醇、水可完全互溶，由二甲醚与甲醇按一定比例调合即成为性能稳定的醇醚燃料。这种醇醚混合燃料不仅可以克服单一燃料的某些缺点，还可改善燃料的性能。

醇醚燃料具有安全、清洁和使用方便的优点，表 8-45 为两种醇醚燃料的组成实例。

四、二甲醚的消费与市场前景

目前，二甲醚用作民用或车用替代燃料以及实现天然气生产二甲醚的工业化仍处于发展和初期阶段。

1. 二甲醚在燃料方面的应用前景

① 用作发电的燃料可以减少二氧化碳和有害气体的排放。

② 取代或补充液化石油气用作民用燃料，亚洲地区 LPG 短缺。

③ 替代或补充柴油燃料。

④ 用作燃料电池的燃料。

2. 二甲醚在燃料方面的推广应用与工艺技术和生产成本相关

所有上述领域的应用与二甲醚的生产工艺有关，还取决于合成气生产成本和甲醇合成的生产情况。目前，二甲醚的生产仍然以甲醇脱水法为主。此外，Haldor TopsΦe 和其他公司推荐采用联合工艺技术生产甲醇和 DME，即在常规的甲醇合成装置中，将合成气一次通过两台串联的合成反应器，第一反应器生产甲醇，第二反应器进行甲醇脱水生产 DME。甲醇-DME 混合物中二甲醚含量为 30%~80%。

直接法生产二甲醚在近期内还不能成为主要工艺技术。

3. 二甲醚生产成本偏高

不同的数据显示，在天然气价格为 0.7 美元/GJ 基础上，大型甲醇合成工厂的甲醇生产成本约为 110 美元/t，用甲醇生产二甲醚的生产成本约为 200 美元/t 左右。

二甲醚用作替代燃料主要取决于其生产成本，二甲醚的生产成本与原料（煤或天然气）价格、采用的生产工艺等多种因素相关。目前，原油价格大幅攀升，据估算：在原油价格为 90 美元/桶情况下，柴油和液化气的销售价格分别约为 6800 元/t 和 6200 元/t。

按照前述煤基合成甲醇经济分析数据：当原料煤价格按 500 元/t 计算。则合成甲醇的生产成本约为 2500~2700 元/t。如果二甲醚价格能维持在 4500~4800 元/t 之内，则按当量热值计算的二甲醚价格就相当于柴油了。

Lurgi 公司曾在 GE-400MW 燃气透平的 IGCC 发电装置上比较了用柴油、LNG 和二甲醚发电的经济性。从表 8-46 中可知，在 IGCC 发电装置上用 LNG 为燃料的经济性最好。使用目前工艺条件下生产的二甲醚为燃料，其发电成本接近于 LNG 价格的上限。应该指出：通过分析比较可知，表中的二甲醚价格是以很低的天然气原料成本（<0.5 美元/GJ）为基

准的。

表 8-46　二甲醚与柴油、LNG 用作发电燃料的比较

项目	价格/（美元/t）	按热值计的价格/（美元/GJ）	发电成本/（美元/MW·h）
柴油燃料			
硫含量 0%	280	6.63①	47.30
硫含量 1.0%	230	5.35	38.80
硫含量 2.5%	190	4.50	32.10
液化天然气（LNG）	约 120	2.50②	15.20
硫含量 0%	约 210	4.50	27.40
二甲醚			
硫含量 0%	110	3.9	25.20
	120	4.30	27.50
	130	4.60	29.80

①柴油低热值按 42GJ/t 计。
②LNG 低热值按 47GJ/t 计。

4. 中国的二甲醚产能迅速发展

在国际油价迅速攀升的形势下，中国在煤炭资源丰富的地区发展二甲醚生产具有较强的价格优势，从而导致近年来中国二甲醚的生产能力迅速发展。例如：山东久泰公司与内蒙古鄂尔多斯市合作建设的 100 万 t/a 二甲醚装置（与 150 万 t/a 甲醇装置配套）已经投产，生产成本远低于液化石油气。另外，山东久泰公司与江苏张家港市合作建设的一期（30 万 t/a）二甲醚装置（总产能 100 万 t/a）工程也已投产。其他在建和规划的二甲醚项目包括：中天合创能源公司（由中国中煤能源集团公司、中国石油化工股份有限公司、申能（集团）有限公司、中国银泰投资有限公司和内蒙古满世煤炭集团有限公司联合组建）在鄂尔多斯市乌审旗建设 300 万 t/a 二甲醚装置；河北新奥集团在内蒙古自治区建设 60 万 t/a 二甲醚装置、在张家港的 80 万 t/a 二期二甲醚项目已经开始建设；神华宁煤集团在宁东的 83 万 t/a 二甲醚装置计划 2009 年投产。

据中国化工网的数据，2006 年国内二甲醚的年产能仅为 44.5 万 t，2007 年暴增为 220 万 t，预计 2008 年将达到 436 万 t，2010 年更有可能飙升到 1484 万 t。这种二甲醚产能迅速扩充与高油价形势密切相关。当 2000 年布伦特原油价格为 28.63 美元/桶时，LPG 完税价格为 3124 元/t，当时二甲醚市价却达 3200 元/t，竞争力并不突出。当国际油价 2008 年 4 月上升到 110 美元/桶之时，对应的 LPG 进口价为 7000 元/t。这种情况下，二甲醚的价格优势就越来越显著。因而形成了国内兴建二甲醚装置的热潮。但这些项目投产后所产二甲醚能否取代液化石油气和柴油的部分市场，尚属疑问。另外，在市场国际化的大环境下，以天然气为原料的超大型甲醇、二甲醚工厂可以提供低成本的产品。国内以煤炭（或天然气）为原料生产甲醇或二甲醚的价格竞争能力是值得商榷的。发展二甲醚生产用作燃料必须从国际市场的大环境考虑其竞争力和使用二甲醚的社会运行成本[11]。近年国内煤炭价格迅速上升，甲醇、二甲醚的生产成本势必相应增加。在国际化市场情况下，国产二甲醚生产成本将面对与使用廉价天然气为原料的进口产品竞争。

参 考 文 献

1　SpathPL, DaytonDC. Preliminary Screening-Technical and Economic Assessment of Synthesis Gas to Fuel and

Chemicals with Emphasis on the Potential for Biomass-Derived Syngas. Technical Report NREL/TP510-34929, Prepared under Task No. BBB3. 4210, Dec, 2003

2 Commercial-Scale Demonstration of the Liquid Phase Methanol (LPMEOH™) Process. NETL Project Topical Report 11, DOE/NETL-2004/1199, Dec, 2003

3 Sorensen E L, Perrgaard J. Condensing Methanol Synthesis and ATR-the Technology Choice for Large Scale Methanol Production. Stud Surf Sci Cat, 2004: 147

4 Heydorn E C, Diamond B W, Lilly R D. Commercial-Scale Demonstration of the Liquid Phase Methanol (LPMEOH™) Process. Final Report, Vol 2 Project Performance and Economics. Prepared for DOE/NETL Agreement No DE-FC22-92PC 90543, Jun, 2003

5 Tijm P J. Methanol Technology Developments New Millenium. Applied Catalysis. A General, 2001, 221: 275~282

6 唐宏青. 碳一化工新技术概论. 氮肥与甲醇, 2006-12 (专刊): 113~116

7 Peng X D. Single-Step Syngas-to-Dimethyl Ether Process for Optimal Productivity, Minimal Emissions, and Natural Gas-Derived Syngas. Ind Eng Chem Res, 1999, 38: 4381~4388

8 Peng X D. Kinetic Understanding of the Chemical Synergy under LPDME™ Conditions-Once-through Applications. Chemical Engineering Sciences, 1999, 54: 2287~2792

9 Sardesai A, Lee S. Liquid Phase Dimethyl Ether (DME) Synthesis: A Review. Reviews in Process. Chem & Eng, 1998, 1 (2): 141~178

10 谢克昌等. 甲醇及其衍生物. 北京: 化学工业出版社, 2002

11 曹湘洪. 谨慎对待甲醇、二甲醚作车用燃料、加快 GTL 技术开发. 化工进展, 2004, 23 (10): 1035~1042

12 Clean Alternative Fuel: One in A Series of Fact Sheets, US Environmental Protection Administration, EPA 420-F-00-040, Mar, 2002

13 Beyond the Internal Combustion Engine, The Promise of Methanol Fuel Cell Vehicles, Report Prepared for The American Methanol Institute by Breakthrough Technologies Institute, 2000. www. methanol, org

第九章　合成气生产油品与联产电力、化工产品

第一节　概　　述

本章论述以天然气、煤炭为原料用“间接法”生产运输燃料，即用合成气生产合成油的工艺技术。包括用天然气、煤、炼厂气以及生物质为原料生产的合成气，再通过费托合成技术生产汽、柴油等产品。

合成工艺生产液体燃料和化学品可有不同的原料路线，即天然气路线(GTL)、煤炭路线(CTL)和生物质路线(BTL)。目前正在中东、非洲建设的合成油厂都是用天然气为原料。用煤炭造气生产运输燃料也是成熟的技术，而用生物质为原料生产合成气的合成技术正处于开发阶段。

无论就环保或是经济性而言，天然气是最洁净和廉价的能源，近30年来，关于GTL工艺(或称“气变油”)的研究开发工作十分活跃。

偏远地区的天然气资源可有不同的利用方案。包括：以液化天然气(LNG)方式用管道运至消费地区；把天然气转化为化学中间体，例如合成氨或甲醇；用费托合成工艺将天然气转化为液体燃料，包括合成原油、石脑油或柴油；通过甲醇生产氢气或二甲醚等产品等。这些工艺绝大部分都是成熟的，但仍需要根据地区的条件、产品的市场和技术经济因素作出选择。

真正的天然气制油(GTL)项目是20世纪90年代Sasol公司在南非建设的Mossgas项目和Shell公司在马来西亚建设的Bintulu费托合成项目。这两个项目于1992~1993年陆续开工。与炼油相比，在低油价年代发展煤间接液化的合成技术，曾在经济上受到质疑。在高油价情况下，在天然气资源丰富、价格低廉的地区(如中东、俄罗斯等地)，GTL(天然气生产合成油)的经济优势是明显的。而在美国、欧洲等天然气消费地区，天然气价格随原油价格波动(按热值计算天然气价格约相当于原油的60%~70%)，发展GTL工业的经济效益将有很大的不确定性。

目前，天然气转化液体燃料的投资环境是50年来最好的时期，从多方面为GTL产业的发展提供了推动力，包括经济上的、战略的、市场的和环境保护等方面的推动力。近十多年来，以天然气为原料的费托合成工业获得了发展，在中东和非洲等地区正在兴建大型费托合成工厂，生产运输燃料油和甲醇等化学产品。甲醇等化学产品除了用作车用燃料外，还可用作基本化工原料、生产烯烃等石油化工产品。

用天然气生产替代燃料产品，原料成本在生产成本中占很大的比例。所以，大部分在建的GTL项目都是建在中东、非洲等天然气资源丰富、廉价的地区。在高油价的消费地区建设以天然气为原料的合成油厂在经济上未必可行。

世界煤炭资源丰富，2006年的探明储量为9090亿t，超过石油和天然气的储量。充分利用煤炭资源发展液体燃料生产是可行的。[3]

费托合成技术的发展是从以煤炭为原料开始的。第二次世界大战之后，南非Sasol是世

界上已建成的、惟一以煤炭为原料生产费托合成液体燃料的工厂。

我国的煤炭资源相对丰富。以煤炭为原料生产替代燃料将是我国发展能源产业的主要技术路线。费托合成采用一次通过式流程或与IGCC发电技术联合都将是可行的、经济效益良好的工艺流程。

煤、油价格的相对比例(比价)对煤基合成油厂的经济性具有决定性影响。2008年四季度以前的几年，原油价格持续高涨、煤炭价格相对稳定。对中国、美国等煤炭资源丰富，按热值计算的油/煤价格比=7：1范围之内，使发展煤基费托合成工业在经济上将具有优势。2008年后，国际市场煤炭价格上升，导致油/煤价格比回降至4：1左右。

不同费托合成工艺的产品分布数据参见表9-1。

表9-1　费托合成产品的产品分布

项　　目	Sasol	Shell	Conoco	ExxonMobil	Rentech	Syntroleum
产品分布/%						
石脑油	15	20	8	30	14	20
中馏分油	25	15	-	20	18	30
柴油	60	65	-	50	68	50
反应器	浆液床	管式	未公布	浆液床	浆液床	管式
催化剂	钴或铁剂	Zr激活的Co	钴剂	钴剂	铁剂	K激活的Co

从化石能源通过合成技术生产运输燃料油造成的温室气体排放量超过原油炼油过程。以煤炭生产合成油为例，煤制油过程中，煤炭中约70%碳将转化为CO_2排入大气中，造成温室气体效应。即使采取CO_2回收或深埋技术后也仍有约10%碳未能回收而排入大气中。大规模发展费托合成技术、生产运输燃料油需要在生产流程中考虑CO_2回收和利用，以解决温室气体排放问题。

费托合成在技术上是成熟的工艺，在经济上总的来说仍无法与石油产品竞争，利用产品质量的优势和发展高附加值的石油化工产品是发展方向。

费托合成技术的发展趋势是将一次通过式合成流程与联合循环发电流程相结合的联产技术。从工艺技术而言，常规费托合成的单程转化率低，需采用循环流程以提高转化率。这将导致流程复杂、低温位气体的能量利用效率降低，故采用一次通过式合成流程与联合循环发电技术相结合的联产流程是生产运输燃料油的最佳路线。

费托合成技术的另一发展趋势是开发高附加值产品。为了提高经济效益，合成油厂应发展高附加值的产品。除了生产运输燃料外，费托合成还可生产多种优质非燃料产品，如生产高性能的汽车用润滑油；符合VI级环保标准的低黏度、低挥发性基础油。

第二节　费托合成的化学

一、费托合成的基本化学过程

费托合成技术是合成气在专用的合成催化剂表面上进行的聚合反应过程，全过程包括以下几项基本反应步骤：

① CO被吸附在催化剂表面上；

② CO在催化剂表面上解离导致“链引发”，然后被加氢；

③ 由于插入另一个 CO 分子而使链增长，然后再被加氢；

④ 链增长终止；

⑤ 合成产品从催化剂表面上脱附下来。

被吸附到催化剂表面上的 CO 分子解离并被逐步加入氢分子而生成“化学吸收的甲基物”(chemisorbed methyl species)。这种甲基物可进一步被加氢生成甲烷或作为链增长的引发剂。当烷基链仍被化学吸收在催化剂的金属表面上时，通过一系列 CH_2—基的加合而发生链增长。在链增长过程中的某一时间会发生链增长的终止，当产物从催化剂表面上脱附下来后便生成 α 烯烃或正构烷烃。

费托合成气的反应可归纳为如下反应：

$$CO + 2H_2 \longrightarrow (—CH_2—) + H_2O \quad \Delta H_T(227℃) = -165kJ/mol \tag{1}$$

使用铁催化剂时，很容易发生下列水煤气变换反应，称为二次反应。

$$CO + H_2O \longrightarrow H_2 + CO_2 \tag{2}$$

使用钴催化剂时，合成气的 H_2 : CO 比应为 2.15；由于铁催化剂有水煤气变换反应，合成气的 H_2 : CO 比可降低至 1.7。

合并反应式(1)与反应式(2)即为如下的费托合成的总反应：

$$2CO + H_2 \longrightarrow (—CH_2—) + CO_2 \tag{3}$$

费托合成过程按照以下反应式生成不同产品：

甲烷化反应：$$CO + 3H_2 \longrightarrow CH_4 + H_2O \tag{4}$$

生成烷烃：$$nCO + (2n+1)H_2 \longrightarrow C_nH_{2n+2} + nH_2O \tag{5}$$

生成烯烃：$$nCO + 2nH_2 \longrightarrow C_nH_{2n} + nH_2O \tag{6}$$

生成醇类：$$nCO + 2nH_2 \longrightarrow C_nH_{2n+1}OH + (n-1)H_2O \tag{7}$$

Boudouard 反应：$$2CO \longrightarrow C + CO_2 \tag{8}$$

Boudouard 反应造成催化剂表面发生碳沉积，使催化剂失活。

费托合成反应是动力学控制，其本征动力学是逐步地进行链增长，即在催化剂表面上进行—CH_2—基的聚合。合成产品的选择性是根据所用的催化剂对于链增长反应和链终止反应的相对的催化作用而定。而聚合速率，即其动力学则与生成的产品无关。链增长和链终止的几率与链的长度无关。所以，不同烃类产物的选择性可以根据碳原子数和链增长几率用简单的统计分布法计算。链聚合的动力学模型，即 ASF(Anderson Shulz Flory)模型的方程式如下：

$$W_n = n(1-\alpha)^2\alpha^{n-1}$$

式中　W_n——合成产品中含 n 个碳原子产品的比例，%；

α——链成长几率。

ASF 方程式的合成产品分布如图 9-1 所示，从中可以预测出不同的合成产品分布情况。

费托合成反应会生成各种烷烃、烯烃和含氧化合物(包括醇类、醛类、酸类和酮类)，与操作条件无关。不论产品的种类，合成产品以高烯烃度的线性产品为主。实际上，产品的烷—烯比要低于热动力学的预测值，烯烃键的位置以 α 位置为主。随着链长的增长会生成一定数量的一甲基侧链。理论上，只有甲烷的选择性为 100%，其他合成产品以重质石蜡烃的选择性最高，汽油馏分的最高选择性达 48%，柴油馏分的最高选择性接近 40%，随馏分的碳原子数范围而异。影响产品分布的参数包括反应温度、压力、原料气的组成、使用的催化剂品种及其助剂。

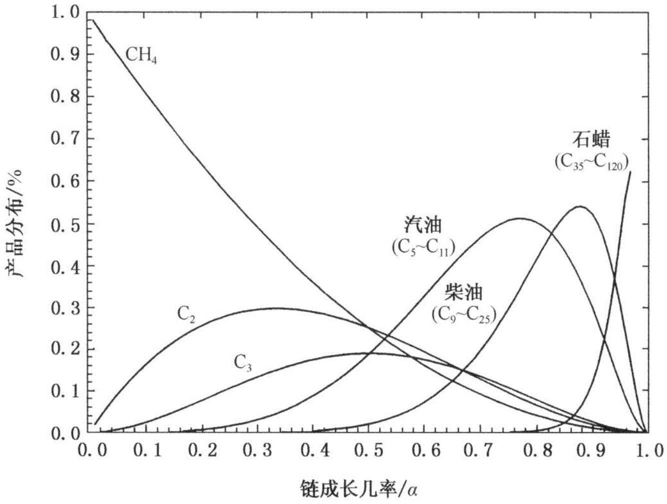

图 9-1　费托合成产品分布

二、合成气组成和操作压力对选择性和产率的影响

在操作压力为 0.1~0.7MPa 下、使用 Co-ThO_2-MgO-硅藻土催化剂的选择性数据表明：产品的平均相对分子质量和产品收率随操作压力增高而增长。其中，>C_{18}蜡的收率增加得最多，汽油(C_5~C_{11})和轻烃的收率下降，C_{12}~C_{16}柴油收率保持恒定。

早期的费托合成数据表明，钴剂费托合成的适宜操作压力为 0.5~2.0MPa，合成产品的选择性和气、液产品的产率数据见表 9-2。

表 9-2　不同操作压力下的合成产品收率(Co-ThO_2-MgO-硅藻土催化剂)　　g/Nm^3 合成气

压力/MPa	产品收率			<200℃石脑油	>200℃柴油	合成蜡
	总收率	C_1~C_4	液+固			
0.0	155	38	117	69	38	10
0.15	181	50	131	73	43	15
0.5	183	33	150	39	51	60
1.5	178	33	145	39	36	70
5.0	159	21	138	47	37	54
15.0	144	31	104	43	34	27

实际上，在反应器中与催化剂接触的合成气组分分压比操作压力更有意义。在规定压力下，使用钴催化剂时，降低 H_2/CO 比将提高产品中的烯烃含量。一般说来，当将 H_2/CO 比从 1∶1 提高至 2∶1 后，会提高大分子烃的产率。

在固定床反应器中使用铁催化剂，H_2/CO 比与硬蜡选择性的关联性很好。提高 H_2/CO 比将会导致硬蜡的选择性下降。使用液相合成反应器和铁催化剂的工艺过程会得到相反的效应。例如：当 H_2/CO 比从 0.67∶1 提高至 0.84∶1 后，硬蜡的收率将提高。

三、温度对合成反应的影响

催化剂的活性会随反应温度而提高。Gulf 公司的研究证实，当反应温度提高 15℃后，反应速率可提高 1 倍；提高合成温度将使产品选择性向低分子产品方向转变；提高反应温度还可以降低含氧化合物的产率。

对于钴催化剂，在反应温度为200~210℃的范围内，反应速率与温度呈指数关系增长，超过此温度范围后，反应速率增长缓慢。

反应温度对水煤气变换反应速率的效应十分重要。对于铁剂，变换反应速率的增长与一次合成反应速率相当；对于钴剂，变换反应速率的增长就较为缓慢。当反应温度从190℃增至210℃后，CO_2 的生成率由4%提高至12%（对CO总消耗量，使用Co-ThO_2-硅藻土催化剂）。

四、合成催化剂及产品分布

工业化的费托合成工艺使用钴催化剂和铁催化剂为主，催化剂品种对合成产品的分布有着重要影响。

按使用的催化剂品种和工艺条件，Sasol工艺可分为低温钴剂合成、低温铁剂合成和高温铁剂合成3种技术。图9-2为使用不同催化剂的费托合成产品分布图[17]。

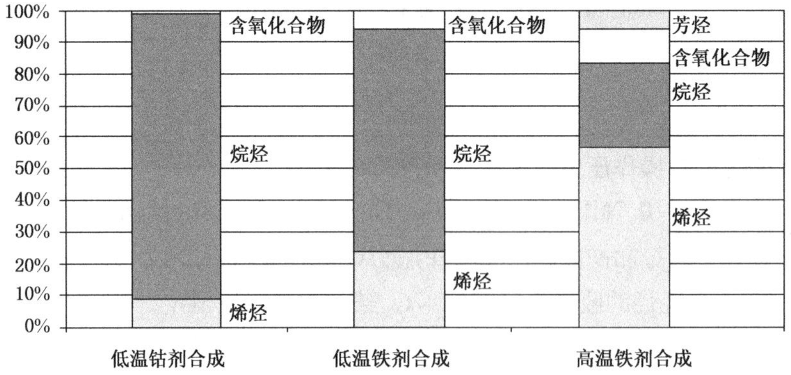

图9-2 使用不同催化剂的费托合成产品分布

五、费托合成产品及其应用

费托合成的产品种类与采用的合成工艺技术有关，主要合成产品的特点介绍如下。

1. 合成柴油

与常规石油柴油相比，合成柴油的密度小、芳烃含量低、含硫极低和十六烷值高，是优质柴油调合组分。典型的合成柴油性质参见表9-3，与一些国家的柴油标准比较见表9-4。

表9-3 合成柴油与常规柴油的性质比较

项目	合成柴油	常规柴油	项目	合成柴油	常规柴油
密度(15℃)/(kg/m^3)	777	849	芳烃/%	0.47	—
ASTM分馏/℃			单环芳烃	0.44	—
IBP	189	221	双环芳烃	0.03	—
10%	209	—	多环芳烃	<0.01	—
50%	256	—	元素分析/%		
90%	331	—	H	15.2	
FBP	356	399	C	84.8	
闪点/℃	71	—	C/H(质量比)	5.58	6.35
运动黏度(40℃)/(mm^2/s)	2.43	—	凝点/℃	-37	—
十六烷值	>73	—	浊点/℃	-29	—
硫含量/%	0.001	1.22	低温冷滤点/℃	-32	—

从表9-4数据可以看出，合成柴油的这几项质量均远高于一些国家的柴油质量标准。但是合成柴油没有价格优势，如果直接作为成品销售，就需要得到价格优惠或补贴。例如美国加州地区的柴油质量标准高于其他各州，价格就高出2.5~3.4美元/桶。合成柴油是优质柴油调合组分，按需要调入成品柴油中就可充分发挥其质量和价格优势。

表9-4　合成柴油几项主要指标和一些国家的柴油标准比较

国家或地区	柴油质量标准			
	相对密度	硫含量	芳烃含量	十六烷值
费托合成柴油	0.780	<1μg/g	<1.%(体)	>70
美国加州地区①	0.8299~0.8602	350μg/g	10%(最高)	不低于48
西欧①	—	0.05%	—	—
瑞典③	0.800-0.820	0.001%	5%(最高)	50
日本②	—	0.05%	—	45④
新加坡②	—	0.05%	—	47④
韩国②	—	0.05%	—	45④
印度②	—	0.25%	—	48
中国香港②	—	0.05%	—	48④
中国②	—	0.2%	—	45

注：①为高速公路柴油标准；②为2000~2005年标准；③为1级柴油标准；④为十六烷指数。

费托合成柴油的环境效应良好。据Syntroleum公司使用S-2合成柴油的实验数据：烃类、CO、NO_x和颗粒物的排放量均低于美国加州、瑞典等国家优质柴油的排放量。其中，烃排放量可降低25%~40%；CO排放约可降低30%~40%；NO_x可降低10%~20%。

费托合成柴油的化工用途是：9~17碳的正构烷烃是生产线性烷基苯磺酸盐的主要原料，产品是生物降解洗涤剂的组分。费托合成柴油用作抽提正构烷烃的原料时，其价格一般应为高硫柴油的两倍。合成柴油窄馏分抽提所得的C_{15}~C_{17}正构烷烃，是生产海上油井用优质合成钻井液的原料。

费托合成柴油不含硫、氮，可用作燃料电池汽车燃料。

2. 合成石脑油

1) 合成石脑油是优质的裂解原料

合成石脑油的族组成以烷烃为主，含一定量的烯烃和含氧化合物(与合成工艺有关)，不含芳烃、环烷烃和硫、氮杂质。合成石脑油辛烷值较低(RON=53)不适合用作夏用汽油的调合组分，也不适于用作重整原料。合成石脑油的烷烃含量>99%(体)，所以是优质的裂解原料(用作裂解原料的常规石油原料的石脑油，烷烃含量仅为65%左右)。合成石脑油与常规石脑油性质比较参见表9-5。

费托合成石脑油，硫含量极低，烷烃含量远高于传统石油基石脑油。用合成石脑油作裂解原料时，可以在更高的苛刻度下操作。费托全馏分石脑油的乙烯收率在25.5%(最高丙烯产率)至30.8%(最高乙烯产率)范围内，费托常压瓦斯油的乙烯收率约为26.5%。表9-6和表9-7分别为费托合成石脑油和瓦斯油的裂解产物的相对收率数据。可以看出：费托石脑油对乙烯有较高的选择性；对重质产品(C_4和裂解汽油)的选择性较低。

表 9-5　合成石脑油与常规石脑油的质量比较

项　目	合成石脑油①	常规石脑油	项　目	合成石脑油①	常规石脑油
相对密度	0.71	0.7063	族组成/%(体)		
ASTM 分馏/℃			烯烃	<1	—
IBP	21	37	烷烃	>99	77.9
10%	74	62	环烷烃	<1	14.4
30%	112	83	芳烃	<0.1	7.7
50%	127	103	异构烷烃(占烷烃总量的百分比)	16	—
90%	—	143	总硫/%	<1	—
95%	174	—	雷德蒸气压/kPa	<68.0	—
FBP	—	167			

① 为经过加氢处理的石脑油。

表 9-6　费托合成石脑油和常规石脑油的总裂解收率比较①

裂解产物	低苛刻度		高苛刻度		特高苛刻度	
	合成石脑油	常规石脑油	合成石脑油	常规石脑油	合成石脑油	常规石脑油
H_2	0.033	0.033	0.025	0.036	0.028	0.045
甲烷	0.439	0.448	0.311	0.638	0.310	0.057
乙烯	1.0	1.0	1.0	1.0	1.0	1.0
丙烯	0.572	0.585	0.456	0.423	0.358	0.359
丁二烯	0.128	0.152	0.150	0.131	0.134	0.086
其他 C_4	0.197	0.247	0.134	0.123	0.072	0.105
C_5^+	0.464	0.894	0.294	0.710	0.253	0.579

① 为有 C_2/C_3 循环时的产品相对收率，kg/kg 乙烯。

表 9-7　费托合成瓦斯油和常规瓦斯油的总裂解收率比较①

裂解产物	低苛刻度		高苛刻度		特高苛刻度	
	合成瓦斯油	常规瓦斯油	合成瓦斯油	常规瓦斯油	合成瓦斯油	常规瓦斯油
H_2	0.020	0.002	0.025	0.029	0.023	0.026
甲烷	0.312	0.385	0.342	0.364	0.354	0.302
乙烯	1.0	1.0	1.0	1.0	1.0	1.0
丙烯	0.623	0.632	0.468	0.464	0.325	0.348
丁二烯	0.156	0.159	0.183	0.133	0.136	0.136
其他 C_4	0.296	0.219	0.088	0.163	0.046	0.166
C_5^+	1.041	1.685	0.518	1.151	0.576	0.502

① 为有 C_2/C_3 循环时的产品相对收率，kg/kg 乙烯。

2）费托石脑油用作裂解原料的经济性

表 9-8 为按 2001 年第四季度价格计算的乙烯生产规模为 98.9 万 t/a，建设在美国墨西哥湾地区不同原料的乙烯装置的建设投资和生产成本，可以看出，用合成石脑油作裂解原料油生产烯烃在建设总投资、原料单耗和总生产成本等方面均比使用常规石脑油有明显的优势。

表 9-8　不同原料的乙烯装置的建设投资和生产成本

项　　目	特高苛刻度		高苛刻度		低苛刻度	
	合成石脑油为原料	常规石脑油为原料	合成石脑油为原料	常规石脑油为原料	合成石脑油为原料	常规石脑油为原料
建设总投资/亿美元	12.85	13.52	12.85	13.52	12.80	13.52
原料消耗指标/(t/t 乙烯)	2.15	2.77	2.36	2.88	2.82	3.35
总生产成本/(美元/t 乙烯)	449.1	534.2	420.9	458.2	413.7	422.6

合成石脑油特点是低杂质、无硫，将是带重整器燃料电池汽车的重要燃料。合成石脑油的化工用途为食品工业用溶剂、塑料工业用吹塑剂、橡胶黏合、油漆和墨水用干燥剂。

3. 合成蜡

合成蜡也是费托合成的主要产品。精制的合成蜡包括低熔点蜡、中熔点蜡和高熔点蜡三种产品，均为油含量低于 0.5%的石蜡烃组分。熔点为 54℃的合成蜡为低熔点蜡，用于制造蜡烛、纸杯；熔点为 60～66℃的合成蜡为中熔点蜡，用于制造蜡烛、黏合剂、PVC 润滑剂和食品工业；熔点为 71～77℃的合成蜡为高熔点蜡，用作其他蜡制品的调合组分、黏合剂、PVC 润滑剂和合成橡胶。

合成蜡可用作催化裂化的原料油，但产值较低。

第三节　费托合成催化剂

一、概述

早期的费托合成催化剂均为钴剂或铁剂。从催化剂的观点看，钴催化剂明显优于铁催化剂和钌催化剂。目前催化剂开发的重点主要集中于助剂、添加剂和单体方面的研究。最常用的还原助剂为铂、钌、钯、铼和铜；最常用的活性和选择性助剂为钾、锆、铼等金属；较好的担体为二氧化铝、二氧化硅和二氧化钛。

大多数第Ⅷ族金属都具有费托合成的催化活性，此类金属的费托合成活性可用对甲烷化反应的相对反应性，即交叉频率(turnover frequency)来表征，活性比较见表 9-9。

表 9-9　第Ⅷ族金属的费托合成反应活性比较

金属种类	交叉频率/$10^3 s^{-1}$	金属种类	交叉频率/$10^3 s^{-1}$
钴	200	铂	0.70
钌	70	铱	0.25
铁	35	钯	0.10
镍	10	铜	0.001

镍是甲烷化的催化剂，不具备其他费托合成催化剂具有的选择性；钌(Ru)具有很高的催化活性和在低温下对高相对分子质量产品的特高选择性；铁的活性好，还具有水煤气变换的活性，铁促进碳生成的倾向要比钴、镍强得多；钴剂的使用寿命比铁剂长，但没有水煤气变换活性，由于不生成 CO_2，故有助于碳转化成为产品；钴作为合成催化剂，以生成直链烷烃为主，不像铁剂会生成含氧化合物。

就催化剂所用金属的成本而言，铁剂是最便宜的催化剂。虽然 Ru 的活性最高，其价格为铁的 30 万倍。钴催化剂约比铁催化剂贵 230 倍，由于可在较低操作压力下显示活性，故可从较低的操作成本获得对催化剂成本的补偿。

二、费托合成催化剂的性质

1. 催化剂的性质和特点

费托合成催化剂的关键性质是使用寿命、活性和对产品的选择性。在工业化应用中优化这三种性质是费托合成催化剂开发研究工作的重点。改变这三种性能常用的方法有：

① 使用助催化剂；

② 改进催化剂的制备方法和配方；

③ 预处理和还原；

④ 选择性中毒；

⑤ 用分子筛择形。

1）金属助剂种类对催化剂的影响

钴催化剂的性能对于添加助剂不太敏感，加入 ThO_2 作助剂后，在常压下可以改善蜡的产量，但高压下的效应就较小。

对于铁催化剂，助剂和载体是主要的组分。用钾作铁催化剂的助剂以提高催化剂表面的碱度，目的是由提供电子供体来提高金属表面对 CO 的吸附作用。在铁剂中加入氧化钾有助于降低所吸附碳的加氢作用以促进链的增长。钾助剂还有助于提高水煤气变换的活性，由于会提高催化剂表面的碳沉积速率，所以会加速催化剂的失活。

铜也曾成功地用作铁催化剂的助剂，提高费托合成反应速率的功能比钾强，但可降低水煤气变换的反应速率。

2）催化剂制备方法对催化剂性能的影响

催化剂的制备方法对铁和钴催化剂的性能都有影响。费托合成催化剂的制备方法有沉淀法，熔融法和浸渍法。由于制造成本低、省时和催化剂性能好，固定床催化剂常常使用浸渍法制造。Shell 公司用浸渍法或捏和法制造的 Co/SiO_2 催化剂，用锆作助催化剂。合成产品为不带支链的烃类。

铁催化剂可以用沉淀法或熔融法制备，使用 SiO_2 或 Al_2O_3 作担体。钴的价格比铁高得多，将金属钴的理想浓度沉淀到担体上有助于降低催化剂的成本并提高活性和耐久性。铁与过渡金属氧化物（如 MnO）一起使用可以提高费托合成对轻质烯烃的选择性。已经证实：Fe/Mn/K 催化剂对 $C_2 \sim C_4$ 的选择性高达 85%～90%。在钴剂中加入贵金属可以提高费托合成的活性，而不是选择性。

从成本考虑，几家费托合成催化剂公司均选择钴为第一金属，催化剂的组成见表9-10。可以看出，费托合成催化剂的组成包括第一金属钴、第二金属为贵金属、氧化物助剂和具有高表面积的载体。

表 9-10　典型费托合成催化剂组成

公　司	第一金属	第二金属-1	第二金属-2	载　体
Gulf 公司	Co	Ru	氧化物	氧化铝
Exxon 公司	Co	Re/Ru	氧化物	二氧化钛
Shell 公司	Co	W，W/O 贵金属	ZrO_2	二氧化硅
Statoil 公司	Co	Re	氧化物	氧化铝

助催化剂可分为结构性助剂和化学性助剂。结构性助剂的主要功能为形成稳定的表面积结构；化学性助剂可在不显著改变表面积的情况下形成不同的活性和/或选择性。

只含钴或铁的催化剂是不适宜的，因为这只能生成以轻烃为主的合成产品。催化剂中添加助剂是为了向生成高分子烃类的方向转变。在碱金属催化剂中添加少量的贵金属是因为碱金属组分需要降低还原温度。所以第二金属的作用是通过改善还原能力或除去碳沉积以便降低还原温度和改善催化剂的再生能力。

氧化物助剂可以是第ⅠA，ⅡA，ⅢA，Ⅳ和ⅤA 族的氧化物，加入此类助剂可以改善生成高分子烃类的选择性。使用 K_2O 助催化剂是有效的。催化剂中存在的 SiO_2 会生成 K_2SiO_3，其碱性低于 K_2O，所以催化剂性能与 K_2O 含量低的催化剂相似。对于含 Al_2O_3 和 TiO_2 的酸性催化剂也是如此。

2. 铁催化剂和钴催化剂的比较

1）铁催化剂特性

① 适用于低"H_2/CO 比"的煤基合成气；

② 铁剂具有水煤气变换活性；

③ 典型铁催化剂的助剂为铜，可以改善铁的还原速率；

④ 铁催化剂的稳定性比钴催化剂差，容易失活；

⑤ 铁剂不能再生，需要经常更换；

⑥ 铁催化剂对于合成气的组成、硫和氨的含量均有较强的耐受性。

2）钴催化剂的特性

① 钴剂的使用寿命比铁剂长、但生产成本高；

② 低分子烷烃的产率高于铁剂；

③ 钴催化剂适用于 $H_2/CO=2:1$ 的合成气，适用于以天然气为原料的合成气；

④ 钴催化剂的水煤气变换活性较低，碳转化为 CO_2 的损失较少；

⑤ 钴催化剂对硫化物毒性的耐受能力不如铁催化剂，而且失活后不能恢复。

3. 几种费托合成催化剂的制造

1）Sasol 公司的低温铁催化剂

首先将金属铁溶解到硝酸中，再用碱沉淀，然后与助剂一起制成浆液后过滤。如制备用于固定床的催化剂，则需要经过挤压、锻烧；如果用于浆液床反应器的催化剂，则可用喷雾干燥法制造。催化剂在装入到反应器之前，氧化物需经过还原。

沉淀法制备的铁催化剂物理强度较差是其缺点。因为催化剂物理强度对于防止催化剂破碎十分重要。催化剂破碎会造成液/固分离的困难。

2）Exxon 公司的钴—二氧化钛催化剂

该催化剂用于鼓泡塔反应器，由钴和二氧化钛载体组成。钴的浓度为 10%~30%。制备方法是将钴或钴和助剂一起分散到二氧化钛或者二氧化钛和 20% 的无机氧化物载体之上。氧化铝是最好的黏合材料，用量为 0.5%~10%。催化剂中还可以含有另一种对费托合成具有活性的金属，例如第Ⅷ族的非贵金属钌，或是铑(Rh)、铪(Hf)、锆(Zr)、铈(Ce)、钍(Tu)或铀(U)，其中，铼是较好的助剂。金属助剂对钴的配比范围为(0.1~1)：1。

可将催化剂中的活性金属分散到二氧化钛或分散到二氧化钛与黏合剂的载体上。较好的办法是将活性的金属钴组分分散到二氧化钛—黏合剂颗粒的外表面之上，形成有催化活性的薄层，其厚度为 2~10μm，以便作为催化剂用于鼓泡塔反应器中。

在鼓泡塔反应器的实际操作中，CO 的转化率不低于 50%；C_5^+ 的选择性不低于 85%。

Exxon 公司的这种鼓泡塔合成反应器仍未建成工业化装置，预计单系列合成反应器的生产规模可达 25000 桶/d(约折合 110 万 t/a)。

3) BP 公司改进的费托合成催化剂

主要改进为催化剂活化和再生方面。钴基催化剂分两段(230~260℃和 380~600℃)在含氧气流中预热，生成氧化钴。然后将氧化钴冷却、在约 200~250℃下在不含氢气的 CO 气流中还原为金属钴。

较早的专利中证实，钴和锌可以复合成 $Co_aM_bZn_cO_x$，其中钴的含量为 0~70%；M_b 为以铁、镍、钼、钨、锆、钍、钯、镧、铈、钌、铑或铂等金属中的一种或几种，其含量为 0~15%；其余的金属组分为锌。

4) Shell 公司的 SMDS 催化剂

Shell 公司已经多次革新了 SMDS 催化剂，改进的 SMDS 催化剂对提高合成反应器生产能力具有明显效果，采用第二代 SMDS-2 催化剂后可以提高生产能力 30%。3 台反应器(每台生产能力为 10000 桶/d) 的一个反应系列改换第二代催化剂后，生产能力可提高至 37500 桶/d(约折合 170 万 t/a)。又如 Sasol 公司已经开发了活性比第一代提高 3 倍的第二代合成催化剂，正在开发的第三代合成催化剂，其活性将比第二代提高 1~2 倍；产品收率可从 60%提高至 62%。这种催化剂将在卡塔尔的 Ras Laffan 合成油厂开工时使用。预计将于 2008 年开发成功、2010 年推出的第四代合成催化剂，目标是将产品收率从 62%再提高至 68%。第五代催化剂的目标是在改进转化率和选择性的基础上，将收率再提高 25%。这种催化剂将于 2012 年投产。

催化剂发展的另一项改进是开发耐硫的费托合成催化剂。这种催化剂的应用将可能使合成气处理的生产成本降低几个百分点。

第四节　费托合成反应器

尽管费托合成工艺从 20 世纪 30 年代在德国开发成功、实现工业化生产至今已经近 80 年了，合成工艺和反应器技术仍处于开发、创新的发展进程中。

费托合成反应器必须适应如下的工艺特点：

① 费托合成是高度放热的化学反应。

$$CO+2H_2 \longrightarrow (—CH_2—)+H_2O \quad \Delta H_T(227℃) = -165kJ/mol$$

按单位质量原料计算，合成过程所放出的热量要比一些炼油过程高出一个数量级。合成气完全转化产生热量，若包括反应条件下生成轻烃气化的热量，则反应过程的理论绝热温度可升高至 1600K(1327℃)。为了在最佳反应温度完成合成化学反应，必须有效地从系统中取出多余的热量。

② 费托合成反应是在气、液、固三相系统中进行的。在气、液相间的质量传递数量(即合成气和产品的分子数量)均很高，约比炼油加氢过程传输的氢分子数量高出一个数量级以上。因此，合成反应器设计就必须解决好传热和传质问题。

合成反应器工艺设计的主要问题是如何取出合成过程生成大量多余的热量。否则反应器会发生局部过热导致积碳增多使催化剂失活。温度过高还会使甲烷生成量增多、目的产品的产量降低。因此，大型合成反应器的取热和温度控制是工程设计的重点。

一、早期的费托合成反应器

德国在实现费托合成工业化过程的早期，开发了以下多种型式的合成反应器，主要是：

（1）带中间冷却器的固定床反应器

为20世纪30年代使用的常压钴剂合成反应器，按一次通过操作。钴催化剂装填在方形合成反应器中，内装带有冷却板的水冷管，冷却板间距很小。在冷却板之间装填钴催化剂。

（2）多管式反应器

用于一次通过式中压合成的反应器。反应器中装有多组同心套管，在环隙空间装填催化剂，周围为取热用循环热水。

（3）其他反应器

如绝热式固定床反应器、绝热式多段固定床反应器、浆液床合成反应器等。

这些早期反应器共同的缺点是：

① 以较低的气体流率按一次通过操作，从催化剂床层至冷却面的传热速率低，需要很大的传热面积。

② 为了从反应器取热需要大量的物流（合成气或油）循环，导致能耗增大、系统压力降增加。

③ 反应器的生产能力很小，反应器的合成油产量只有2t/（d·台）左右。受结构和工艺性能的约束，难以放大。

第二次世界大战后，又相继研究开发了以下几种工业用合成反应器：

（1）多管式固定床反应器

在Sasol建成的Arge反应器，是按中等循环比下的操作。由于在较高的温度、压力下操作，提高了沿反应器高度的反应速率，提高了气体流速，改进了取热效率。生产能力比早期的反应器提高了25倍，可达50t/d。

（2）浆液床合成反应器

合成气在鼓泡塔中与由催化剂细粉与液体油组成的浆液接触，完成合成反应。用安装在浆液中水冷却管取出反应热。半工业试验用的浆液床反应器有效容积为$10m^3$（直径1.3m、高度7.5m），生产能力达10t/d。按一次通过操作，气体表面流速为0.1m/s，CO转化率可达90%。

（3）三相流化床反应器（即沸腾床反应器）

反应器内装填粒径为8~16目的催化剂，靠向上流动的油和合成气混合物使床层膨胀。仅在小型试验装置上进行了试验，未工业化。

（4）流化床反应器

在鼓泡区操作，靠安装在反应器内立式冷却水管取出反应热。用天然气生产汽油的Hydrocol工艺曾建成了流化床反应器工业装置，反应器直径4m，总高18m，公称生产能力为18万t/a。建成后，由于技术和经济问题而停产。

（5）循环流化床反应器

使用40~150μm的粉状催化剂，用气流（流速1~2m/s）在提升管内形成流化床。反应器出料中的催化剂在旋风分离器中被分离出来，再返回到提升管中。提升管上端设有2段取热段。这种由Kellogg开发的、称为Synthol反应器在Sosal工厂实现工业化应用。反应器内径2.3m、总高46m；生产能力为1500桶/d。20世纪80年代初期Sosal-Ⅱ和Sosal-Ⅲ扩建，采用Synthol反应器，生产能力扩大至6500桶/d（约折合30万t/a）。

二、近期开发的费托合成反应器

最近 20 年来，费托合成技术以发展天然气生产柴油产品为主，合成反应器的开发研究在反应工程、动力学、反应器模型及其优化等方面均取得丰硕成果。上述合成反应器中，有的得到了发展，还出现了几种新型工业化合成反应器，生产能力大大提高。以下重点介绍几种工业化的大型合成反应器的工艺特点及应用。

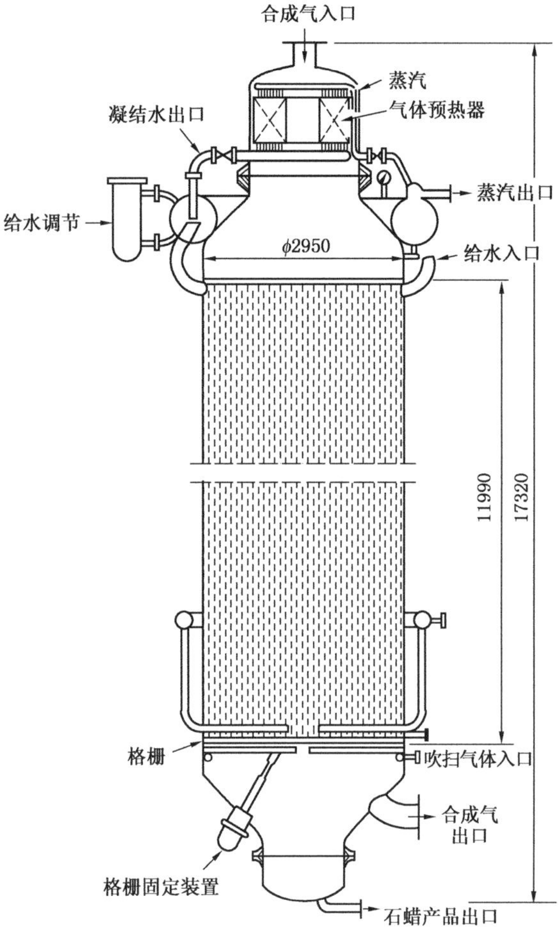

图 9-3　ARGE 合成反应器结构

1. 固定床管式合成反应器[6]

或称多管式固定床合成反应器。为第一套 Sasol-Ⅰ合成装置中使用的反应器。建成后又经过了改进，称为 ARGE 反应器。铁催化剂装填在反应管中，管外为取热用的热水。控制水浴上部的蒸汽压力以保持反应温度稳定。合成气从反应器顶部进入，通过管中的催化剂层。合成产物由反应器底部排出。

反应器的操作压力为 2.0～3.0MPa，反应温度为 220～250℃。提高气体流速和提高循环比也可调节温度，循环比(循环气量与新鲜合成气量之比)一般为 2 左右。

催化剂的使用寿命为 70～100d，催化剂的取出、置换十分困难。

最早的 ARGE 反应器直径为 2.95m，高 12.8m；内装管径 50mm 的钢管 2000 根，管长 12m。图 9-3 为 ARGE 反应器结构图。

为提高高分子产品(蜡和柴油)的产率，Sasol 曾将 ARGE 反应器操作压力提高至 4.5MPa，蜡的产率约可达到 50%。

2. 循环流化床反应器

该反应器最初是由 Kellogg 公司开发的，又称 Synthol 合成反应器，是用于生产汽油和轻烯烃，操作温度为 350℃，压力为 2.5MPa，反应器的构造如图 9-4 所示。

包括新鲜原料和循环气的联合进料在约 160℃温度下通过一条水平管道与从竖管落下的催化剂混合，然后进入提升管反应器中，在温度为 300～315℃下开始合成反应。提升管上部为直径扩大的取热段，通过发生(1.2MPa)蒸汽取出合成反应热。控制提升管顶部温度为 340℃。合成产物与催化剂一起进入沉降段的旋风分离器，进行合成产物与催化剂的分离。合成产物从沉降器顶部排出，分离出的催化剂经过竖管回到反应系统中循环使用。

Sasol-Ⅰ工厂的一半合成气产量使用 Synthol 反应器。由于最初设计的反应器取热段为管壳式结构，投产后曾发生催化剂堵塞，无法正常生产。其后，便改用了盘管式取热器解决了堵塞问题。建设 Sasol-Ⅱ过程中，在选择合成反应器形式时，考虑到反应器的放大问题和要求生产轻质产品，最终确定仍采用Synthol反应器。Sasol-Ⅱ共安装了8台Synthol反应器，（最大）直径为3.6m，总高度为50m。单台处理能力为合成气30~35万m^3/h，年产合成油25万t。1983年建成的Sasol-Ⅲ共安装了8台Synthol反应器，规模与Sasol-Ⅱ相同。

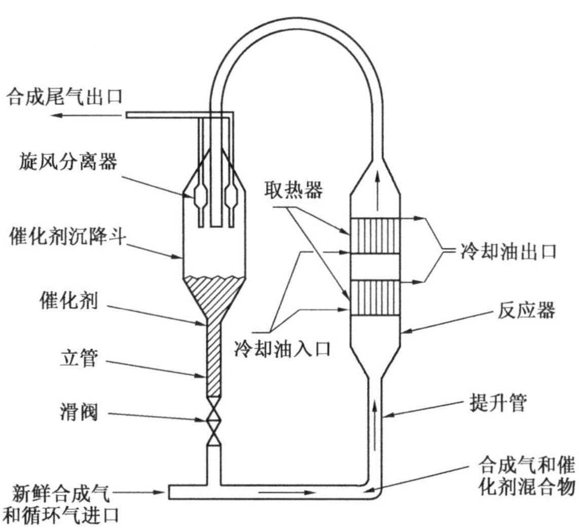

图9-4　Synthol合成反应器

Synthol反应器已成功地使用了多年，产量达到了设计能力。存在的主要问题是由于大量的催化剂循环，导致反应器一些部位的严重磨蚀。

合成产品中的重质蜡沉积到催化剂上是造成催化剂结块和流化状态失效的原因。只有当合成产品沉积到催化剂微孔中发生毛细管凝结、催化剂仍保持“干燥”状态时，就不会发生上述现象。当产品在多孔的催化剂外表面开始凝结、催化剂开始被“湿润”，就会导致流化状态失效。所以，这种非再生式流化床合成反应器不适用于生产特重的产品。

总的说来，Synthol反应器只适用于生产汽油，产品中烯烃含量也较高。

3. 固定流化床反应器

或称鼓泡流化床反应器，是Sasol公司在循环流化床合成反应器的基础上开发的(图9-5)。为了区别于Kellogg公司的Synthol反应器，故称为先进型Synthol反应器(Advanced Synthol Reacter)。合成气从反应器底部进入，以鼓泡形式通过催化剂层。反应热是用安装在催化剂层内的取热器取出的。固定流化床的主要特点是换热效率较高、床层温度梯度小和通过反应器的压力降小。先进型Synthol反应器的操作条件与Kellogg的Synthol(循环流化床)反应器相似，具有以下优点：

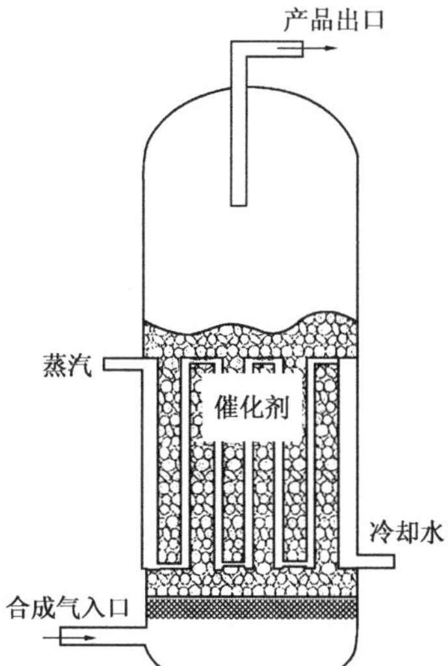

图9-5　Sasol固定流化床合成反应器

① 同等规模的鼓泡流化床反应器体积比循环流化床小得多(尤其是总高度)；

② 气体循环量小，能耗降低；

③ 催化剂磨损减少；

④ 便于操作和维修；

⑤ 建设投资和生产费用降低。

与同等规模的旧式Synthol反应器相比，先进型Synthol反应器建设投资和反应器容积均可降低1倍，运行成本也低很多。先进型Synthol反应器对产品分布也有较好的灵活性，单台反应器生产能力可放大到20000桶/d(约折合90万t/a)。

费托合成为反应速率较慢的化学反应。从反应工程观点看来，因为提升管反应器中的催化剂密度较低，气-固流化床合成反应器并非最佳的反应器型式。

费托合成为高度放热的化学反应。气-固流化床优异的传热性能和温度的均匀性是明显的优点，使用粒径为 100μm 催化剂，不存在粒径内部扩散的限制。但是，生成的重质烃可能沉积到催化剂上，造成催化剂颗粒凝聚，对流化状态造成影响。所以工业化的气-固流化床反应器均为中压、高温操作，产品以 α 值小于 0.71 的轻质产品为主。因而排除了使用气-固流化床反应器生产重质产品的可行性。即使在较低压力和较高温度的工艺条件下，也难免少部分尾油(α 值>0.71)会凝聚到催化剂颗粒上。

4. 多管式固定床合成反应器

为解决气-固流化床反应器的上述操作困难，只能采用有液相物流存在的多管式滴流床反应器或鼓泡塔式浆液床反应器。

Shell 公司 SMDS(Shell Middle Distillate Synthesis)工艺采用的合成反应器为多管式固定床反应器。在马来西亚建成的 Bintulu 合成油厂使用了这种合成反应器，取得了生产经验。在继续进行合成工艺、反应器技术开发的基础上，形成了第二代的合成技术和反应器技术。第二代合成反应器称为多管式固定床(MTFB，Multi-tubular fixed bed)反应器，设计生产能力达到 19000 桶/d(约折合 85 万 t/a)，反应器内径 8m、总高 21m。内装管壳式取热器，取热量达 300~350MW。

MTFB 反应器的主要技术特点是：

① 反应器的生产能力比 Bintulu 合成油厂的反应器提高了 1 倍；

② C_5^+ 液体产品的选择性(按 C_1^+ 质量产率计)达 90%~92%；

③ CO_2 产率低，仅为 CO 转化率(%)的 1%；

④ 催化剂消耗量低，19000 桶/d 的反应器催化剂耗用量为 $50m^3$，使用寿命为 5a。

对于固定床反应器而言，为了防止系统压力降过大，一般应采用颗粒直径>1mm 的催化剂。使用这种粒径的催化剂和提高气体流速也有利于取热。但是，大颗粒催化剂的内扩散速率便成为对总反应速率的限制因素。曾用多孔的铁催化剂和钴催化剂进行研究证实了扩散极限的存在，排除了颗粒外部的传质效应。所以认为反应气体和产品分子通过被液体充满的孔径时，颗粒内的传质速率是影响合成反应的决定因素。还认为使用常规活性的合成催化剂时，当颗粒直径>0.5mm 后，颗粒内的扩散速率就会对合成反应产生影响。所以，在选定催化剂粒径时，除了考虑系统压力降和传热问题外，催化剂颗粒内的扩散也是必须考虑的工艺因素。

多管式反应器的催化剂装填在管内，外面包围着冷却剂(热循环水)，从工艺概念上讲，属于绝热式反应器，主要靠通过管壁的径向传热从系统中取出反应热。由于热传导和向管壁的传热效应较差而可能造成径向温度差，故必须防止床层温度升高所造成的催化剂选择性和活性下降。除了根据机械强度和投资因素选择管径外，还应考虑催化剂粒径、气流速度对径向传热效果和床层温度均匀的影响。提高流体雷诺数有助于径向传热系数的提高。采用大粒径催化剂和提高气体流速有利于取热，而加大催化剂粒径和气体流速却会改变催化剂的使用效果和增大系统压力降。

多管式反应器的轴向混合和轴向传热效应均较差，尤其是按高转化率的一次通过式操作时，就可能发生轴向浓度梯度和温度梯度。由于合成气进口处合成气的分压高、合成反应速率快，就可能产生较大的径向温度梯度。反应器下部管内合成气浓度降低、反应速率降低，管内径向温度差就较低。由于反应器的管子和催化剂规格是按最高温度条件下设计的，反应器设计就应有较大的余裕量。

若将单程转化率限定在20%~30%范围之内(而非采用传统的70%以上)，就可使反应器中反应物轴向浓度梯度、局部反应速率和管内轴向温度更为均匀。因为未转化气体循环量和反应气线速的提高均有助于取热效率的提高。上述 Arge 合成反应器，正是由于采用了低转化率和高温、较高压力的操作，才使得反应器生产能力、需要的冷却面积、催化剂用量以及降低钢材和投资均成倍地提高。这是合成反应器设计的一项重大改进。

5. 浆液床反应器[7,8]

Sasol 公司和 Exxon 公司相继开发了鼓泡塔式浆液床反应器技术。

Sasol 公司的浆液床工业合成反应器内径 5m、高度 22m，生产能力为 2500 桶/d，用于替代 Arge 合成反应器，已于 1993 年投产。计划建设的浆液床反应器生产规模为 19000 桶/d。

这种气-液-固三相反应器由固体相的催化剂、液相的合成产物(蜡)和气相的合成气组成。催化剂悬浮、分散到高热容量的液体蜡中，合成气以鼓泡形式通过液相以实现与催化剂密切接触并使催化剂颗粒呈分散状态。

1) 浆液床反应器的优点

浆液床合成反应器结构简单、制造容易，造价也较低。合成气通过分布板进入反应器中，向上通过液体产品(以蜡为主)的浆液床层。铁基催化剂悬浮在液体中。合成气体通过液体扩散到悬浮在液体中的催化剂上，完成合成反应生成碳氢化合物和水。重质烃形成浆液相，气态轻质产品和水从液相中扩散出来。最后，气态产品和未反应的尾气一起经过床层顶部的自由空间进行气液分离，气体产物最后从反应器顶部出口排出。

由于浆液与鼓泡间相互的搅拌作用造成浆液相充分混合、温度接近恒温，从而可以灵活地调节反应温度。反应器的平均温度可以比管式反应器高很多，却没有催化剂积炭的风险和催化剂破碎问题。通过浆液床的压力降相当于水力静压头，也比固定床反应器低很多，故可降低压缩机功率和节约生产费用。浆液床反应器的操作条件为：压力 2.0MPa 和温度 240℃。由于能够在较高的转化率下更有效地控制产品选择性，故可以使用高活性催化剂却又不至于发生反应器轴向和径向的温度梯度过大。使用铁催化剂时产品收率变化与催化剂的使用寿命有关，因为蜡的选择性随使用时间而下降。

浆液床反应器适合于生产重质石蜡烃、甲烷产率低。

与流化床反应器相比，其主要优点是：

① 便于控制反应温度。

② 催化剂藏量低。

③ 催化剂磨损率很低。

由于浆液床反应器接近恒温操作，可以在较高温度下实现更高的产品转化率。浆液床反应器的投资要比结构复杂的管式固定床反应器低 75%。由于必须有效地解决催化剂与合成蜡分离的技术问题，浆液床反应器在最近几年才实现工业化。

南非 Sosal 合成油厂在 20 世纪 90 年代就该厂使用浆液床合成反应器的经济可行性作了论述。认为浆液床技术有以下优点：

① 甲烷、乙烷产率低：分别比 Synthol 反应器和固定流化床反应器低 4.6%和 14%。

② 具有使用低 H_2/CO 比合成气的灵活性，多数气化炉均生产低 H_2/CO 比合成气。若不经过调整 H_2/CO 比就无法适用于 Synthol 反应器和固定流化床反应器。

③ 产品的灵活性：Synthol 反应器和固定流化床反应器的产品组成受重质石蜡烃凝结危

害的限制。浆液床反应器可生产的产品中柴油-汽油比高达 3 以上(包括烯烃聚合所产柴油),重质产品裂化就可以进一步提高汽油产量。

④ 适合于使用低 H_2/CO 比的原料气;合成气的使用比例能够与原料气的 H_2/CO 比相配合,未利用的氢气量较少。

⑤ 单程转化率提高,循环气体量减少。

⑥ 浆液床反应器的传热效率高;结构简单。

2) 浆液床反应器的工程放大

浆液床反应器具有可放大的特点,虽然管式固定床反应器也可能放大,只能采用加大壳体直径和增加管子数量的方法。管式固定床反应器的最大设计能力约为 1500 桶/d;浆液床反应器可以同时放大反应器直径和高度,单系列反应器的最大产能约可达 50 万~70 万 t/a。

鼓泡塔式浆液床反应器是适合于大型化的反应器技术,是生产中馏分油产品合成反应器的最佳选择。每台浆液床反应器的中馏分油年生产能力可达 50 万 t(折合 1600t/d)。按合成油生产规模为 5000t/d 计算,如果采用安装多管式滴流床反应器,则需要 10 台反应器;而采用鼓泡塔式浆液床反应器时,只需安装 4 台反应器。

关于合成反应器的放大问题,一般认为固定床反应器的放大较为简单、安全。鼓泡塔反应器则需要经过严格的工业示范阶段、得到数据。经过近 20 多年的开发研究,在浆液床技术的流体动力学、传热及传质过程和构建反应模型等方面均取得了进展,已经能够通过小型热模装置、较大型的冷模实验装置的数据,应用反应器模拟技术设计出工业化的大型浆液床反应器。

浆液床技术是合成气进入鼓泡塔式反应器,与浆液相中的催化剂细分接触完成放热的合成反应。向充满液体的塔中喷入气体时,液体床层膨胀。在气体流速达到"过渡流速"(Utran)之前,床层高度随气体流速呈直线关系增长。气泡大小在 1~7mm 之内。此区域称为均相鼓泡流动区(homogeneous bubbly flow regime)。当气体流速 U 接近 Utran 后,气泡开始聚合、形成"大泡"(直径可扩大至 20~70mm)并以较高速度(1~2m/s)通过床层。"大泡"对液相起着"翻腾"作用,此流动区称为非均相流动区或"翻腾湍流区"(churn-turbulent flow regime)。

非均相流动区是浆液床反应器的最佳操作区,De Swart 对处于均相流动区和非均相流动区两种反应器作了比较。生产能力为 5000t/d 的合成油厂,采用均相操作的浆液床反应器需要设置反应器 17 台,采用非均相操作的反应器只需同等规模反应器 4 台。

在开发浆液床反应器过程中,通过不同的实验研究了颗粒浓度、塔径和压力对气体滞留量的影响、浆液床反应器的传热和传质问题、气体表面速度和反应器的操作等。

根据已发表的大量试验数据和对模拟计算模型作了分析比较之后,认为按照 Yates 和 Satterfield 动力学模型计算 CO 的反应速率较为可靠。从费托合成化学反应式可知,合成反应的热焓 $\Delta H=-170\text{kJ/mol}$。根据浆液床反应器模型,设定气体表面速度为 0.12~0.4m/s,催化剂浓度在 0.20~0.35 之间。由此可以绘制一套计算合成气转化率、反应器生产能力和需要冷却管数量的关系曲线图,参见图 9-6。

工业化的鼓泡塔式浆液床反应器设计内径为 7m,高度 30m,操作温度 240℃,压力 3.0MPa,采用直径 50mm 的冷却管,管间距为 0.12~0.19m(不至于对气泡大小、滞留量和浆液相反混造成影响)。

设定的工艺、技术条件:液相物料为 $C_{16}H_{34}$ 石蜡烃,催化剂分散到液相中,充分混合达到恒温。沿反应器高度不存在固体物浓度梯度，催化剂性质和操作条件如表 9-11，进反应器的合成气 $H_2/CO=2$。

表 9-11　工业化浆液床合成反应器的操作条件和系统性质

项　　目	数　据
操作条件	
反应温度/℃	240
压力/MPa	3.0
浆液床高度/m	30
冷却管长度(m)×管径(mm)	30×50
冷却剂(蒸汽)温度/℃	230
催化剂性质	
粒径/μm	50
颗粒密度/(kg/m³)	647
孔隙体积/(m³/kg)	0.00105
Skeleton 密度/(kg/m³)	2030
热传导率/(W/m·K)	1.7
热容量/(J/kg·K)	992

以生产中馏分油(按 C_{10}^+产量计)规模为 5000t/d 的费托合成油工厂为例：设定气体表面速度为 0.3m/s，浆液床催化剂浓度为 0.35。从图表求得：需要上述规格的合成反应器 3 台，并联连接，反应器内装立式取热管 6000 根，管距为 0.15m。

改变相间传质系数对反应器性能的影响可忽略不计。但是，若将 Yates-Satterfield 动力参数(kinetic parameter)α 提高 1 倍，反应器生产能力可提高 60%，由此可知：费托合成反应器属于动力学控制，若催化剂活性提高一倍，则反应器数量可减为 2 台。

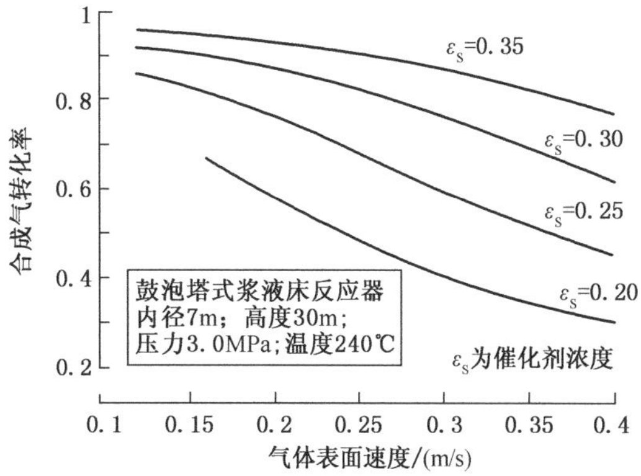

(a)合成气转化率计算图

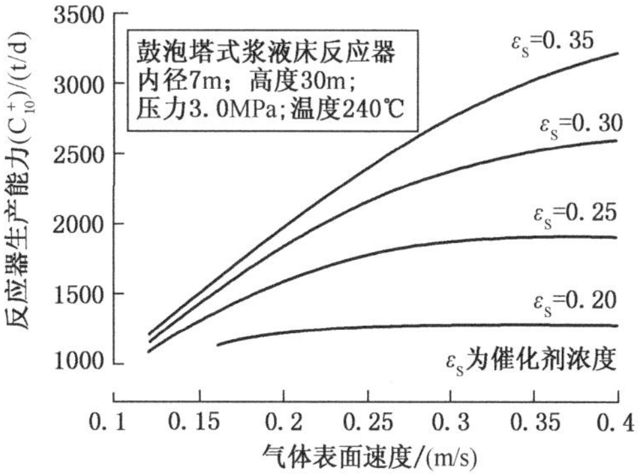

(b)反应器生产能力计算图

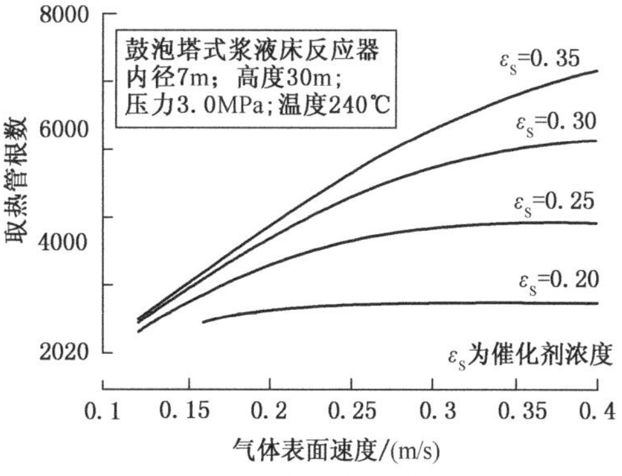

(c)取热管计算图

图 9-6　浆液床合成反应器计算

3) 浆液床反应器工艺参数

浆液床合成反应器与工艺参数关系可归纳为以下几点：

① 提高进口气体表面流速将导致气相转化率降低，同时可提高反应器生产能力和增加需要的换热面积(取热管数量)。

② 浆液相催化剂浓度与转化率的关系：当催化剂浓度 = 0.30 时，合成气转化率在 96%~63%范围内变化，与气体表面速度呈反比例关系；反应器生产能力可从 1200t/d 提高至 2640t/d(均按 C_1^+ 的百分含量计算)；需要的取热管根数由 2700 根提高至 5900 根。

③ 在最高生产能力下操作的反应器，合成气转化率降低，需要采用气体循环流程。实

际上，一次通过式的转化率应保持在90%左右。合成气的表面流速应低于0.3m/s。

④ 提高浆液相中催化剂浓度有助于提高转化率和提高反应器的生产能力，但也需相应增加取热管的根数。提高催化剂浓度会降低总气体滞留量。从反应器性能观点看，在便于催化剂处理条件下，采用最高催化剂浓度是合理的。工业生产中推荐采用浆液中催化剂最高浓度为0.40。

⑤ 传热效率高和床层温度均衡是浆液床反应器的特点。尤其是在非均相区操作浆液床反应器，传热系数可达1000W/(m^2·K)，即采用较高的气体表面速度和提高催化剂浓度的条件下才能实现。

4) 浆液床反应器的缺点

浆液床反应器存在的主要问题是催化剂磨损和蜡产品与均相催化剂的分离问题。为解决这些问题，Sasol公司要求新一代合成催化剂的稳定性应好于旧一代催化剂；要求催化剂可以在线取出和装填。催化剂的及时更换和催化剂与液体产品的分离对于浆液床反应器的成功应用是十分必要的。此外，Sasol公司还在研究开发在浆液床中的过滤(催化剂)的方法。

美国进行的EECP项目，在第二阶段的试验研究中，进行了合成蜡与催化剂分离试验。

5)浆液床反应器的技术经济

Sasol公司就多管式固定床反应器和浆液床反应器的建设投资作了比较，在使用铁催化剂和开发中的高活性钴催化剂两种情况下，大型浆液床反应器的建设投资约比相同规模固定床反应器低40%。Sasol的操作表明：浆液床的产品分布与固定床反应器十分相似。只是浆液床的烯烃产品收率高于固定床，而且浆液床生产的轻质烯烃是潜在的α烯烃来源，不同反应器的产品分布情况参见表9-12。

表9-12　不同型式合成反应器的产品分布

项　目	管式固定床反应器		浆液床反应器		Synthol(流化床)反应器	
	C_5~C_{12}	C_{13}~C_{18}	C_5~C_{12}	C_{13}~C_{18}	C_5~C_{10}	C_{11}~C_{14}
烷烃/%	53	65	29	44	13	15
烯烃/%	40	28	64	50	70	60
芳烃/%	0	0	0	0	5	15
含氧化合物/%	7	7	7	6	12	10
正构烷烃/%	95	93	96	95	55	60

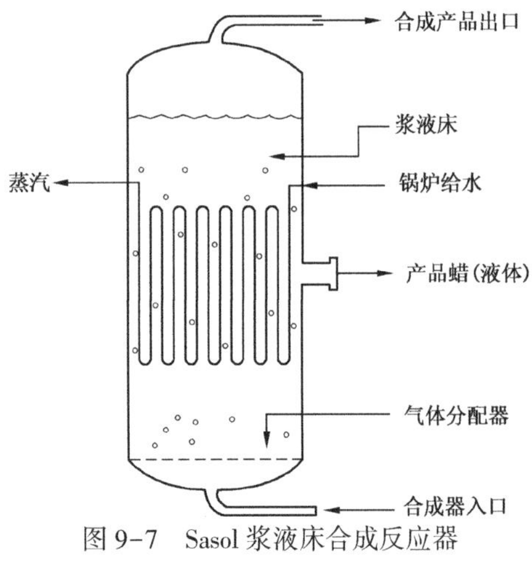

图9-7　Sasol浆液床合成反应器

Sasol操作数据表明：浆液床反应器的运转状况良好。第一次运行了7个月，按工厂计划停工，反应器中催化剂用量只有固定床的1/3左右。

Sasol浆液床合成反应器的恒温特性对于使用高活性催化剂是十分理想的。而固定床反应器使用高活性催化剂就会导致温度梯度过大和产生高温，故反应器中只能使用直径较小的管子。水的生成对使用铁催化剂的单程转化率有抑制反应的负作用；使用钴催化剂则没有这种约束，单程转化率接近理论值。钴催化剂的产品烯烃度比铁剂低得多。此外，使用钴催化剂时，产品选择性受

H_2/CO 比的影响要比铁剂大得多。

浆液床反应器的结构见图 9-7。

Sasol 公司、ExxonMobil 公司和 Statoil 公司等都在开发浆液床合成反应器技术。Sasol 公司进行试验时对高温流化床、低温固定床和低温浆液床三种合成反应器作出评价。在工业条件下的试验结果如表 9-13。

表 9-13　几种 Sasol 合成反应器的试验结果

产品收率/%	高温流化床反应器①	低温固定床反应器	低温浆液床反应器
CH_4	7.0	2.0	3.3
C_2H_4	4.0	0.2	1.9
C_2H_6	3.0	0.6	1.2
C_3H_6	10.7	0.9	3.2
C_3H_8	1.7	0.9	0.8
C_4H_8	9.4	1.0	3.1
C_4H_{10}	1.1	1.4	1.9
C_5+C_6	16.5	4.8	6.1
C_7~160℃	20.0	6.2	7.6
160~350℃	15.5	18.3	17.0
>350℃	6.0	62.3	49.5
含氧化合物	5.1	1.4	4.4

① 包括循环流化床和固定流化床反应器。

ExxonMobil 公司在一套直径为 4 英寸的三相浆液床反应器示范装置上进行试验。在鼓泡塔反应器中使用一种惰性固体物帮助催化剂的流化，借助气泡上升运动使催化剂形呈悬浮状态。由于容易取出反应热和反应气体便于与催化剂接触，所以浆液床反应器性能好于固定床反应器。ExxonMobil 公司的研究发现，向反应器中加入固体颗粒会显著改善反应器的上述性能。

6. 几种合成反应器的综合比较

① 上述几种合成反应器性能和特征的综合比较见表 9-14。

表 9-14　几种费托合成反应器的特征比较

工艺特征	固定床	循环流化床	固定流化床	浆液床
传热速度或通过传热表面取热速率	慢	中到快	快	快
系统的实际导热率	不好	好	好	好
最大直径(按取热极限计)	8cm①	无限制	无限制	无限制
高气流速度下压力降	小	中等	高	中到高
气相停留时间	短	短	长	短到中等
气体的轴向混合	小	小	大	小到中
催化剂的轴向混合	无	小	大	大
催化剂浓度②$(1-\varepsilon)^2$	0.55~0.7	0.01~0.1	0.3~0.6	最大值为 0.6
固体物的粒径范围/mm	1~5	0.01~0.5	0.03~1	0.01~1
固体振动或摩擦的机械应力	无	大	大	小
生产中再生或置换催化剂	影响生产	连续放出和补充均不影响生产		

① 若提高气体流速可以稍稍提高传热速度。

② ε=相对自由空隙度。

② 固定床和流化床费托合成反应器均已工业化应用，但仍存在一定的缺点。流化床需要在较高温度下操作以防止产品凝聚和颗粒物聚集，所以产品以汽油和气体为主。固定床的温度较低，产品的分子范围广；由于反应器管子直径小(约 8cm)，必须采用高循环比操作，主要的不足是传热效果差、控制温度较为困难。三种反应器的主要工艺和工程特征比较见表 9-15。

表 9-15　三种合成反应器的主要工艺和工程特征比较

项　　目	固定床	流化床	浆液床
温度控制	差	好	好
换热面积/(m^2/1000m^3 合成气)	240	15~30	50
反应器直径	8cm(管径)	大	大
甲烷生成量	低	高	相当于固定床
灵活性	中等	差	高
产品特性	全馏分	小分子产品	全馏分
空-时收率，C_2^+ 产品/(kg/m^3·d)	1000	400~12000	1000
催化剂的使用效果	最低	最好	中等
返混情况	小	中等	高
原料气的 H_2/CO 比	≥浆液床	最大	最小

③ 经历了近半个世纪的发展，费托合成的反应器技术有了长足的进步，表 9-16 为Sasol 工艺的几种反应器的生产能力增长变化数据[17]。

表 9-16　各种 Sasol 合成反应器的生产能力　　桶/d·台

Sysnsol 反应器	先进型 Sysnsol 反应器	Arge 反应器	浆液床合成反应器
1955 年，2000	1983 年，100	1955 年，500	1993 年，2500
1988 年，6500	1989 年，3500	1987 年，700	2005 年，17000
1993 年，7500	1998 年，11000		

第五节　费托合成技术

在对费托合成工艺及其化学做了大量的开发研究工作的基础上，形成了多项费托合成工艺技术。近年来，随着中东、非洲地区天然气资源的开发，正在规划和建设大型天然气合成油厂，使合成燃料油工业有了新的发展。

按照技术发展现状分类，费托合成技术可分为已经工业化的工艺技术和正在开发中的工艺技术两大类。

一、工业化的费托合成技术

20 世纪 40 年代，第二次世界大战时期德国已经发展了费托合成工艺，实现了工业化，为进行中的战争服务。虽然当时正属于技术发展初期，设备产能不高，工厂规模不大，但作为一段历史值得回顾。

“二战”后实现工业化的费托合成技术只有南非 Sasol 费托合成工艺和 Shell 公司开发的 SMDS 技术，建成了工业化的生产合成产品的大型装置，取得了生产经验。尤其用煤炭为原料的 Sasol 工厂，生产的煤基合成油品和化学品能满足国内需求。

1. 早期德国的煤基费托合成工业[18]

1)合成油工厂

德国从1935年建成第一座合成油工厂后，至1939年陆续建成了9座煤基合成油厂。除了2家工厂用煤作为造气原料外，其他厂均使用焦炭制造合成气。经过多次改进后，常压合成和中压合成工厂均使用组成为Co：ThO：MgO：硅藻土=100：5：8：200的钴催化剂。由于催化剂的用量大，共建成了3家催化剂生产厂，向9家合成油厂供应催化剂，最大的"鲁尔化学"催化剂厂为6家合成油厂供应催化剂，年产催化剂3000t。

常压钴剂合成为两段操作，约2/3的合成炉为一段合成用，单炉处理量为$1000m^3/h$；其余为二段合成用炉，单炉处理量为$650m^3/h$。催化剂的使用寿命为4～8个月。一段合成操作温度为180～185℃，二段合成操作温度约为195℃。1943～1944年期间，德国一些合成油工厂曾改按三段中压(0.9～1.1MPa)钴剂合成操作。表9-17列出了常压、中压钴剂合成的典型产品收率，表9-18列出了常压钴剂合成的热平衡和效率，表9-19列出了每吨合成产品的原材料消耗量数据，表9-20为德国历年的合成油产量数据。

表9-17　常压、中压钴剂合成的典型产品收率

项目	常压钴剂合成		中压钴剂合成	
	收率/%	其中烯烃/%(体)	收率/%	其中烯烃/%(体)
C_3～C_4	14	45	10	40
15～165℃轻油	47	37	26	24
165～230℃	17	18	37	9
230～320℃重油	11	8		
320～460℃	8	—	17	—
>460℃硬蜡	3	—	10	—

表9-18　常压钴剂合成的热平衡和效率

项目	数据	
工厂名称	Essener Steinkohle AG	
工艺流程	常压钴剂合成	
一次产品产量/(t/d)	2.28	
合成产品产率/[$g/m^3(H_2+CO)$]	160.3	
系统热平衡	kcal/g产品	%
投入热量		
焦炭	24078	63.2
焦炉气	11578	30.4
电力	1037	2.7
蒸汽	1370	3.7
合计	38063	100.0
产出热量		
合成产品	11260	29.6
合成尾气	7627	20.2
发生蒸汽	2210	5.8
损失	16966	44.4
合计	38063	100.0
合成产品热值占原料热值比例/%	31.6	
从总输入热量回收有效热量的比例/%	55.6	

表 9-19 每吨合成产品的原材料消耗量

项目	每吨合成产品消耗量
焦炭/t	3.72
焦炉气/m^3	2600
电力/(kW · h)	598
蒸汽/t 0.3MPa	9.65
1.0MPa	3.44
2.3MPa	5.02
钴催化剂/kg	6.3
活性炭/kg	20

表 9-20 1938~1944 年德国的合成油产量

年度	合成油产量/万 t
1938	18.66
1939	35.54
1940	45.51
1941	50.54
1942	54.22
1943	56.18
1944	57.67
合计	318.32

2）合成产品的应用

（1）初级产品的加工和应用

① 轻油

经过稳定的 25~165℃轻油不需经过任何再处理、直接送至调合站作为车用汽油组分。常压合成轻油的马达法辛烷值为 53（中压轻油为 45），与 20%的苯调合、再加入 0.02%~0.04%的四乙基铅后生产辛烷值为 72~78 的军用发动机燃料油。

② 中油

165~230℃的中油作为优质柴油的调合组分送至调合站，与等量的石油馏分调合生产优质柴油。

③ 重油

最初，全部 170~320℃合成重油用作柴油燃料组分，由于战争缺乏肥皂，将 230~320℃重油用作生产洗涤剂的原料。

④ 170~320℃合成重油

含烯烃 5%~12%，用硫化镍-钨催化剂在 20~23MPa 压力下加氢处理。然后再经过 Cl_2 和 SO_2 处理后生成“Mersol”，用作制肥皂的原料。

⑤ 合成蜡

设有“蜡精制”装置的合成油厂将>320℃蜡油进行减压蒸馏，分馏出两种蜡油组分，分别经过发汗、精制生产不同熔点的石蜡产品。>460℃的减压蜡油为高熔点（90℃熔点）硬蜡，经过脱色处理后，调入不同数量的软蜡生产成品蜡。

有的工厂将 320~425℃的粗软蜡采用间歇式氧化罐在 110~125℃下空气氧化，再经过中和、皂化、减压分馏等过程。所得的 120~270℃氧化蜡可用于生产肥皂。还曾用 C_8~C_{20}脂肪酸组分经过脂化、洗涤、活性炭及白土处理、乳化等多项措施，试制食用脂肪酸。

⑥ 脂肪酸和醇类

合成过程的水相产品中含一定量的醇类和有机酸。中压合成油厂的总酸含量约为总产品量的 0.5%~1%，其中约一半为 C_{11}~C_{18}有机酸。德国 Holten 合成油厂每年可从合成水相产品中回收低级脂肪酸 36t，用作制肥皂的原料。Hoesch-Benzin 厂还从凝结水中回收丙、丁醇。轻烃中的 C_3~C_4 烯烃用硫酸酯化法生产丙醇、丁醇。

（2）合成产品的二次开发利用

① 生产高级润滑油技术

C_9~C_{18}烯烃用 $AlCl_3$ 为催化剂的叠合工艺生产优质润滑油。

② 甲苯生产技术

用费托合成一次产品中的 C_5 ~ C_6 烯烃为原料，通过催化环化法生产甲苯。曾计划建设24000t/a 的甲苯工厂。

③ 航空燃料生产技术

鲁尔化学公司开发了用 C_3、C_4、C_5 烯烃为原料，用催化聚合工艺生产航空燃料油技术。将 170~350℃合成油馏分在 500℃、常压下使用"Gransil"(经过酸处理的白土)裂化生产 C_3、C_4、C_5 烯烃，然后进行烯烃叠合生产出 60~165℃轻油，经过加氢后即为航空汽油。

2. 南非的费托合成油工业

Sasol 费托合成油厂是继第二次世界大战前德国发展合成燃料工业之后，最早建成用煤炭为原料生产燃料油和化学产品的工厂，自 1955 年开始规划建设第一套 Sasol-Ⅰ并顺利投产以来，陆续于 1980 年、1982 年又建设了 Sasol-Ⅱ和 Sasol-Ⅲ。液体燃料油的设计年产量为 400 多万 t。投产以来共生产了 200 多种燃料和化学品，供应南非国内消费和出口世界各地。分期建成的 3 座工厂情况如下。

1) Sasol-Ⅰ合成油厂

造气装置建设了 16 台鲁奇式高压气化炉，用于处理南非的低品位(灰分高达 35%)褐煤。使用氧气/蒸汽作气化剂。生成气中含焦油、含酚的液体。生成气经过脱除焦油和用低温甲醇(Rectisol)工艺脱除 H_2S 和 CO_2 后，用作合成原料气。含酚污水采用醋酸丁酯萃取工艺回收酚；焦油经过加工获得芳烃、杂酚油和煤焦油产品。鲁奇气化炉的煤气化热效率>75%。

合成装置包括两个系统：第一套合成系统共安装 5 台 ARGE 固定床合成反应器，以生产柴油、石蜡产品为主。反应器的操作温度为 220℃，操作压力为 2.5MPa。第二套合成系统安装了 3 台由 Kellogg 公司开发、设计的循环流化床合成(Synthol)反应器，以汽油、轻烃为主产品。单台反应器的生产能力为 7 万 t/a。操作条件为 300~320℃和 2.55MPa。Synthol 反应器建成投产以来一直不能正常生产，主要原因是由于管壳式取热器堵塞。经过不断改进，改用蛇形盘管式取热器后才解决问题。合成尾气经过脱除 CO_2 后，用低温分离法分离出 C_2、C_3、富氢气体和甲烷富气 4 个组分。富氢气体循环回合成反应器，甲烷富气经过重整后也返回至合成反应器。Sasol-Ⅰ早期的生产数据如表 9-21。

表 9-21　Sasol-Ⅰ合成油厂的生产数据

项　目	固定床 ARGE 反应	流化床 Synthol 反应器	项　目	固定床 ARGE 反应	流化床 Synthol 反应器
操作条件			C_3H_8	2.8	2.0
反应温度/℃	232	330	C_4H_8	3.0	8.0
压力/MPa	2.55	2.20	C_4H_{10}	2.2	1.0
H_2/CO	1.9	2.10	汽油(C_5~C_{12})	22.5	39.0
转化率/%(新鲜进料)	65	85	柴油(C_{13}~C_{18})	15.0	5.0
循环比(循环气/新鲜原料)	0.53	0.33	石蜡　C_{19}~C_{21}	6.0	1.0
产品收率/%			C_{22}~C_{30}	17.0	3.0
CH_4	5.0	10.0	C_{31}^+	18.0	2.0
C_2H_4	0.2	4.0	非酸化合物	3.5	6.0
C_2H_6	2.4	6.0	酸类	0.4	1.0
C_3H_6	2.0	12.0	合计	100	100

两种合成反应器的汽、柴油组分的性质见表9-22。

表9-22 Sasol合成产品的组成

项目	固定床ARGE反应		流化床Synthol反应器	
	$C_5\sim C_{12}$	$C_{13}\sim C_{18}$	$C_5\sim C_{10}$	$C_{11}\sim C_{14}$
烷烃	53	65	13	15
烯烃	40	28	70	60
芳烃	0	0	5	15
醇类	6	6	6	5
羰基化合物	1	1	6	5
正构烷烃	95	93	55	60

从表9-21中数据可以看出，Synthol反应器的转化率(85%)高于ARGE反应器(65%)。合成原料气的H_2/CO比分别为2.1和1.9；ARGE反应器的重质蜡产率很高(41%)，可以根据市场的需求，将合成蜡通过加氢裂化过程转化为优质柴油产品、或生产优质石蜡产品。

2）Synthol-Ⅱ合成油厂

在Sasol-Ⅰ生产成功的基础上，1980年开始规划建设Synthol-Ⅱ厂。规划的主导思想是采用成熟的技术，产品方案以生产轻质油为主。最终确定：

① 气化炉采用鲁奇Ⅳ型气化炉，单炉产气能力为46200Nm^3/h，共安装气化炉36台。

② 目的产品为运输燃料油，选择采用Synthol反应器，Synthol-Ⅱ将反应器生产能力比Sasol-Ⅰ放大了3.6倍。反应器直径从2.3m放大至3.63m，高度由36m增高至为50m。单台反应器的合成油生产能力为25万t/a。

3）Synthol-Ⅲ合成油厂

1983年又建成了相同规模的Synthol-Ⅲ厂，共安装了8台Synthol反应器，仍以汽油为主要产品。

4）浆液床(SSPD)合成技术

Sasol公司经历了半个多世纪的发展，不仅形成了当今世界上最大的以煤炭为原料的合成燃料油厂，并且在生产技术的改进、催化剂和合成反应器的研究开发都取得了成就。以浆液床合成反应器为基础的SSPD(Sasol Slurry Phase Distillates)工艺是Sasol公司参与国际市场竞争的重要工艺技术。

以天然气为原料的SSPD工艺包括天然气自热式重整、费托合成和产品加工三个工序。其中，SPD(Slurry Phase Distillate)合成反应器是Sosal公司开发的技术，为了使这项技术形成完整的“工艺包”，Sosal选择了托普索(Haldor TopsoeA/S)和谢夫隆公司两家作为技术合作伙伴，由它们分别提供自热式重整技术——用于生产合成气和加氢异构裂化技术——用于从合成蜡油生产柴油和石脑油产品。

1990年Sasol公司推出的先进的Synthol反应器技术(即“SAS”，Sasol Advanced Synthol)，是常规的流化床技术。其后又开发成功了SPD反应器技术。直径为5m、高22m的SPD浆液床反应器于1993年5月建成投产。单台反应器的生产能力为2500桶/d(合成油产量约折合11万t/a)。

此外，Sosal还与Englehard合作进行合成催化剂的开发。由Sasol负责钴催化剂的开发，Englehard负责催化剂的放大工作。

表9-23为基准条件是1997年第二季度建设在美国墨西哥湾地区，工厂规模：

225 万 t/a，采用 SPD 工艺的工厂建设投资。按天然气价格为 2.06 美元/GJ 计算，合成柴油的现金生产成本为 222 美元/t(30.2 美元/桶)，销售成本(包括折旧金和 10%投资利润率)为 344 美元/t(46.8 美元/桶，均按 1t=7.35 桶计算)。

表 9-23　Sasol 公司 SPD 工艺的工厂建设投资

项　　目	金额/亿美元	比例/%
工艺装置部分	8.939	77.7
系统工程部分	2.562	22.3
建设投资	11.501	100
其他工程费用	2.875	25.0
总投资	14.376	125.0
单位生产能力的投资/[万美元/(万 t/a)]	639	—

3. Shell 公司的天然气合成油工厂

Shell 公司从 20 世纪 40 年代末就开始了天然气、煤炭转化合成燃料油技术的开发研究。开发成功了中馏分油合成(Shell Middle Distillate Synthesis)技术称为 SMDS 合成技术。

与其他费托合成工艺的技术路线不同，SMDS 工艺的目标是为那些拥有丰富的天然气、煤炭资源、却远离世界市场的国家用于生产替代燃料。在产品方案上，不再以生产汽油为主，而是以生产 160~400℃ 中馏分油，即煤油、柴油为主。

在取得生产经验和开发研究的基础上，形成了 shell-1 和 shell-2 合成技术。除国内作者的介绍外，美国 Nexant Inc1 Chem Systems 在 2002 年对费托合成技术也作了详细介绍。

1) Shell-1 费托合成技术

在马来西亚东部 Sarawak 建成的第一套 SMDS 天然气合成油厂，规模为年产合成油产品 50 万 t。工厂的生产过程包括以下三个工序。

(1) 合成气生产工序

采用非催化的部分氧化技术生产 $H_2/CO=2$ 的合成气，天然气部分氧化的操作数据如表 9-24 所示。

表 9-24　Shell 公司的合成气生产数据

项　　目	数　　据	项　　目	数　　据
反应温度/℃	1400	接近平衡温度/℃	
压力/MPa	3.0	CO 变换	0
H_2/CO(摩尔比)	2 : 1	蒸汽重整	150
		CO_2/CH_4	0.109
O_2/CH_4	0.663 : 1	预热温度/℃	480

(2) 合成工序

SMDS 工艺为两段转化工艺，第一段为重质烷烃合成(HPS)过程，采用费托合成技术用合成气(CO 和 H_2)生产链长为 $C_9 \sim C_{25}$ 的烷烃；第二段为液体产品的加氢异构化和加氢裂化过程，生成中馏分油产品。

HPS 合成工艺以生产重质石蜡烃为目的产品。虽然浆液床反应器也适用于重馏分油和石蜡的合成，但工业放大仍具有不确定性；采用流化床反应器可能造成催化剂表面的焦炭沉积而影响流化效果。为了简化工艺放大问题，Shell 集团公司最终还是决定采用管式反应器的设计。

马来西亚的 SMDS 合成油厂日加工合成气 283 万 m^3，年产合成油约 50 万 t。共设置 SMDS 合成反应器 5 台(反应器处理能力约折合 30000m^3/h，单台反应器的合成油产量约为 10 万 t/a)。

Shell 公司开发了用锆作助剂的钴催化剂，钴/二氧化硅催化剂是用浸渍法或捏合法制成的，以提高对重质产品的选择性。这种催化剂的链成长几率，即 α 值高达 0.94。催化剂中助剂的主要作用是使选择性向生成高相对分子质量的烃类方向转变。

Shell 公司的报告中还提到使用过含锆、含钛或含铬的助催化剂。

合成工序的生产流程见图 9-8。

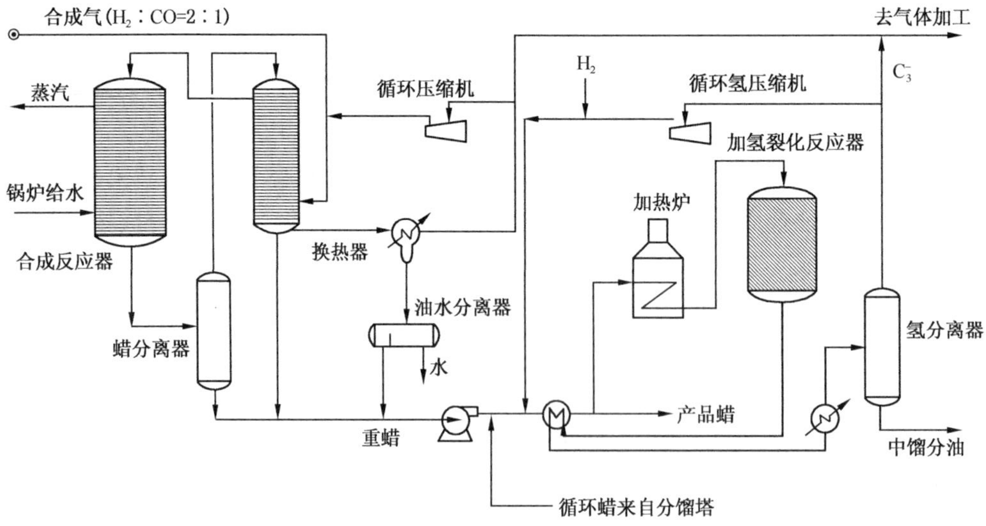

图 9-8 SMDS 工艺合成流程

合成气和循环气一起与反应器出口气体换热后进入合成反应器。反应器壳体中通入高压水吸收合成反应热。调节蒸汽压力控制反应温度保持恒定。合成产品与未转化气一起从反应器底部排出。从汽液分离器中分出高熔点石蜡产品。在产品冷却过程中分离出冷凝油和水。尽管钴催化剂对 CO_2 的选择性低，由于转化率高，还是有水煤气变换反应消耗了一定量的 CO。为了使合成系统中保持适宜的 CO 浓度，循环气与新鲜原料气的比例(摩尔比)应为0.4 : 1。

为了降低含氧化合物的生成和提高重质石蜡烃产率，保持合成气的转化率高于 80%。C_1^+ 的单程收率约为 120g/m^3($CO+H_2$)，略低于浆液床反应器系统。较高的 H_2/CO 比，有利于重质石蜡烃的生成。

每一合成系列每年可产 C_{10}^+ 合成油产品 90000t。合成气量为 283 万 m^3/d，需要安装 SMDS 合成反应器 5 个系列。

(3) 合成油加氢处理工序

为了提高中馏分油的产率，合成所得的重质烷烃经过加氢异构化和加氢裂化生产优质煤油或柴油。使用 Shell 公司开发的催化剂可以在接近加氢脱硫的工艺条件下操作，过程的氢耗量约为 68Nm^3/t 进料，远低于加氢裂化的氢耗量(一般为 110～300Nm^3/t)。加氢处理的工艺目标是在<C_4 轻质产品收率最低情况下生产中馏分油。加氢处理过程采用滴流床反应器，工艺条件为：压力 2.0～3.0MPa 和温度 300～350℃。SMDS 合成和合成产物加氢处理的工艺条件见表 9-25。

表 9-25　SMDS 合成和 SMDS 合成产品加氢处理的工艺条件

项　　目	数　　据	项　　目	数　　据
SMDS 合成的工艺条件		SMDS 合成产品加氢处理的工艺条件	
合成气的 H_2/CO	2.00	操作压力/MPa	3.0
合成反应器进料的 H_2/CO	2.37	操作温度/℃	300
循环比	0.389	氢耗量/(m^3/t)	62
操作压力/MPa	2.8		
操作温度/℃	230	重质烃(C_{19}^+)转化率/%	66
CO 总转化率/%	97.5		
CO 转化为 CO_2 分率/%	6.2	轻烃($C_1 \sim C_4$)产率/(kg/100kgC_5^+)	1.9
C_{10}^+总产率(对新鲜进料)/%	69.6	中馏分油($C_5 \sim C_{18}$)产率/%	98.1

SMDS 工艺生产的煤油、柴油的燃烧性能(烟点和十六烷值)和冷流动性能都很好，适合于用作航空煤油和车用柴油。加氢产品的质量见表 9-26。

表 9-26　SMDS 工艺的产品质量

项　　目	产品质量	项　　目	产品质量
轻馏分/石脑油	与直馏产品相似		
煤油		柴油	
相对密度	0.75	相对密度	0.78
馏程/℃	150~250	馏程/℃	250~360
烟点/℃	<100	倾点/℃	-10
冰点/℃	-47	十六烷值	75

SMDS 工艺有较好的生产灵活性，可按不同的生产模式调整产品的品种，表 9-27 为按照不同模式生产的数据。

表 9-27　不同生产模式的 SMDS 工艺产品收率

产品收率/%	柴油生产模式	煤油生产模式
轻石脑油	15	25
煤油	25	50
柴油	60	25

2）Shell-2 费托合成技术

Hoek A 对 Shell-2 费托合成工艺要点作了归纳。

（1）技术改进要点[9]

在 Bintulu 合成油厂取得生产经验和继续进行开发研究的基础上，SMDS 工艺技术有了进一步的发展。形成了第二代 SMDS 工艺。主要技术改进如下：

① 合成气生产工序：采用了 Shell 气化技术(SGP)，天然气以非催化的部分氧化法生产合成气。另将少量天然气原料以蒸汽重整法生产氢气，以调整合成气的 H_2/CO 比。此项改进可以提高合成气装置产能，便于放大、CO_2 产率降低、火嘴使用寿命长，开工率高。

② 合成工序：由于催化剂研发的成就和反应器技术的改进，使合成装置生产能力比 Bintulu 合成油厂提高了 1 倍。主要工艺改进包括：适合于生产链成长几率(α 值)为 0.96 的合成产品，C_5^+ 收率提高，CO_2 产率降低，催化剂使用寿命延长到 5 年。表 9-28 为 SMDS 工艺的 MTFB 反应器(多管式固定床反应器)性能，催化剂性能与浆液床反应器的比较。

合成油加工部分：根据合成产品的收率、性质进行了产品加工工艺条件和催化剂的优化。例如：降低了加氢裂化和加氢异构化的操作压力，改善了中馏分油的冷流动性，降低了蜡含量，降低气体产率，提高了产品灵活性。

表 9-28　MTFB 反应器和催化剂性能

项　　目	MTFB 反应器	浆液床反应器
催化剂性能		
C_5^+ 选择性，C_1^+ 含量/%	90~92	88~90
CO_2 选择性，CO 转化/%	1	2~3
C_5^+ 效率/%	89~91	85~88
催化剂用量/(m^3/a)	50	100~250
合成反应器		
生产能力/(桶/a)	19000	19000
内径/m	8	8~10
总高度/m	21	40
重量/t	1400~1700	1800~2000
取热管布置	管壳式	浸没式
冷却系统	蒸汽包，热水循环	蒸汽包，热水循环
反应热量/MW	300~350	300~350

(2)Shell-2 工艺的技术经济

表 9-29 中列出了建在美国墨西哥湾地区、工厂规模为 234 万 t/aSMDS 工艺合成油工厂的技术经济指标。

表 9-29　Shell-2 工艺合成油工厂建设投资(1997 年美元价格)

项　　目	金额/亿美元	比例/%
工艺装置部分	9.549	59.3
系统工程部分	3.324	20.7
建设投资	12.873	80.0
其他工程费用	3.218	20.0
总投资	16.091	100
单位生产能力的总投资/[万美元/(万 t/a)]	688	—

按照天然气价格 2.0 美元/GJ 计算，Shell-2 工艺的柴油总现金成本为 243 美元/t，包括折旧金和 10%的资金利润率的销售价格为 363 美元/t(约折合 49.4 美元/桶)，此价格约相当于 20 世纪 90 年代中期美国墨西哥湾地区的价格。

4. 产品方案和合成工艺选择

Hoek A 对 Shell 公司的 SMDS 合成工艺方案作了介绍。

工艺方案的选择与要求的产品方案密切相关。以天然气为原料生产各种燃料油，采用钴剂费托合成技术较好。如果以生产化学品为主、燃料油为副产品，宜采用成熟的铁剂合成技术。高温费托合成技术是以生产烯烃为主的技术；如果希望生产润滑油基础油和线性烷基苯等高附加值的产品，则可以采用 Sosal 的 SPD(Slurry Phase Distillate)工艺，或采用与其他工艺联合的铁剂低温费托合成(LTFT)技术。

Shell 的 SMDS 合成工艺是采用钴催化剂的高温合成技术，除了以生产运输燃料油为主之外，也可用于乙烯、丙烯和润滑油基础油等高产值化学品。由此可知，无论采用高温或低温费托合成技术均可配置不同的产品加工流程，生产燃料油和各种化学品。图 9-9 列出四种不同的生产方案。

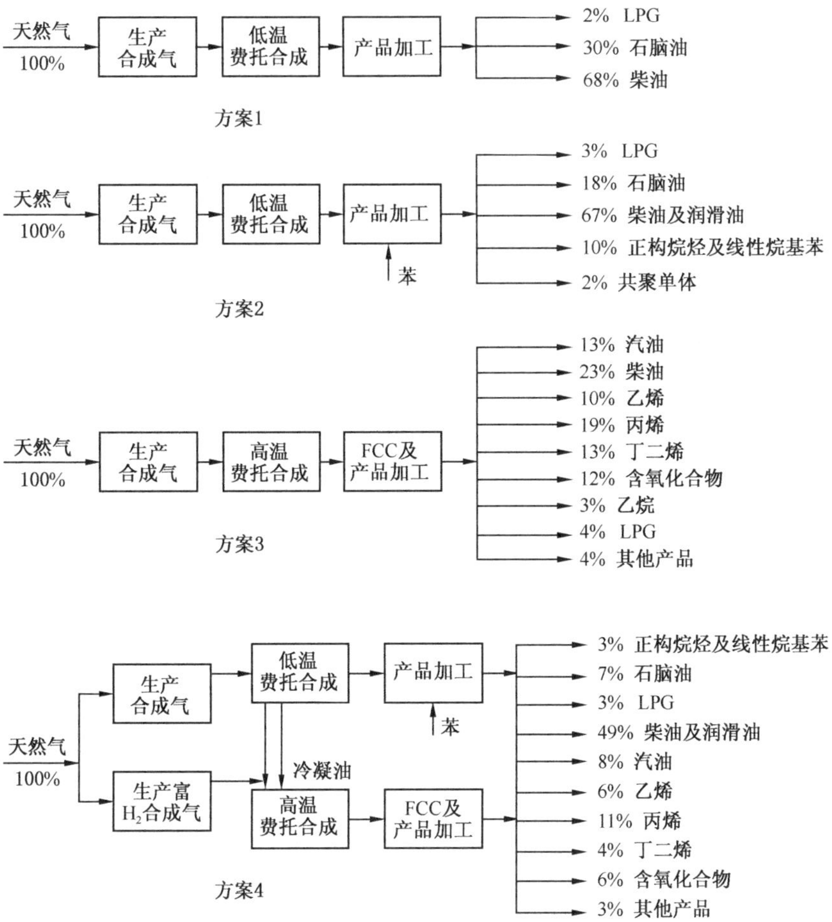

图 9-9　不同产品方案的费托合成生产流程

方案 1：采用 Sasol SPD 技术生产运输燃料油方案，是使用铁剂的低温费托合成(LTFT)技术，柴油和石脑油为主产品，设定本方案总产品产值为 100。

方案 2：采用 Sasol SPD 技术、联产化学品生产方案，修改了合成产品加工流程，增加烷基苯生产技术，生成正构烷烃和线性烷基苯(LAB)以提高产值。由于用 Sasol SPD 技术所得直馏产品中的烯烃含量高于一般烷烃脱氢所产的烯烃量，所以用合成油生产 LAB 是经济可行方案。

用费托合成的直馏石脑油生产 LAB 可有两种流程：一种流程是只将合成石脑油中的烯烃用作烷基化原料；另一种是将一次烯烃转化后剩余的烷烃再脱氢，然后返回烷基化装置就可以扩大 LAB 产量。按第一流程生产 LAB 的工厂总产品产值为 130，即比方案一的产值提高 30%。

用 Sosal SPD 合成石脑油作为裂解原料需要经过加氢处理，在低苛刻度下的烯烃产率约比用石油石脑油高 8%。

方案 3：联产烯烃的生产方案，采用优化的钴催化剂、高温费托合成技术可提高烯烃产率。若在油加工过程中增加催化裂化(或其他增产烯烃的 DCC、MIO)过程则可进一步提高轻质烯烃产率。这种两步法的丙烯、乙烯产率(对天然气原料)分别约可达到 15%～30% 和 10%～20%。图中的第三方案，乙烯、丙烯产率分别为 10% 和 19%。该方案的工厂总产品产值可达150，柴油产品产量降至23%。

方案4：高温合成及低温和厂联合流程，使用铁剂的低温费托合成除了烯烃产率高于钴剂合成外，合成蜡的产率也较高。所以适合于生产润滑油基础油和各种化学品(包括用烯烃生产洗涤剂)。采用铁剂低温合成-钴基高温合成联合流程可以同时生产润滑油基础油、轻烯烃、含氧化合物(乙醇及甲醇)以及洗涤剂产品。第一段铁剂低温合成用于生产润滑油基础油、LAB和轻烯烃；第二段高温钴剂合成用剩余的合成气为原料，并消耗第一段生成的CO_2。在产品加工装置中配置催化裂化过程扩大轻烯烃产率，此方案的工厂总产品产值为150，产品以化学品为主。

二、开发中的费托合成技术

许多石油公司，例如Conoco公司、ExxonMobil公司和Rentech公司等，都在积极从事费托合成技术的研究开发。这些开发中的费托合成技术，主要从合成气生产、费托合成工艺和反应器、合成催化剂配方等方面作出改进，有的技术已接近实现工业化。

Nexant Inc/Chem Systems公司对开发中的费托合成技术归纳为下：

1. Conoco合成技术

Conoco公司技术开发的主要领域是合成气生产工艺、费托合成专利催化剂和专利反应器的设计。

Conoco公司的合成气生产技术采用部分氧化工艺，具有转化率高、生产成本低、CO_2产率低等优点。费托合成过程使用钴催化剂，以柴油为目的产品。合成产品经过加氢后可产石脑油、喷气燃料和柴油产品。工艺流程如图9-10。

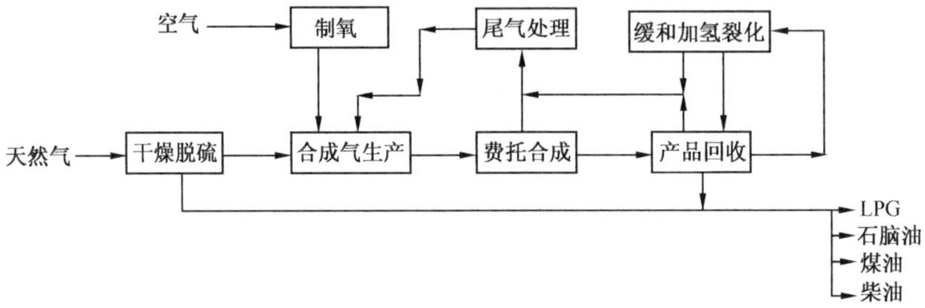

图9-10　Conoco合成工艺流程

合成气生产采用经过干燥的天然气。天然气与氧气在短接触时间的部分氧化反应器中生成合成气。合成气冷却所发生的蒸汽用于发电。合成反应的产品以正构烷烃为主，甲烷和未反应的合成气循环回至合成反应器中。从循环气中排出少量驰放气用作燃料。合成产品经过分馏后，重质产品进行加氢裂化，生产以柴油和石脑油为主的产品，也可按照市场需要生产航空煤油或煤油。加氢裂化所需要的氢气可用合成气或循环气为原料制得，氢气还用于调节合成原料气的组成(H_2：CO)。

目前还没有建设Conoco合成工艺的生产装置。Conoco公司现称为ConocoPhillips公司，设计、建设了一套400桶/a的天然气生产液体燃料的示范厂，用于为实现工业化进行放大试验。公司还完成了加工规模为1400万m^3/d的天然气合成油厂的设计，日产合成油约8000t。工厂所需的电力可以自给，如果市场需要，也可外供电力100~200MW。

2. ExxonMobil合成技术

ExxonMobil公司也集中致力于从天然气生产合成气和费托合成反应系统的开发研究工作。目标是将浆液床合成反应器及专利催化剂技术工业化，能够实现高产率、高选择性，使整个系统在经济上有吸引力。ExxonMobil 费托合成工艺称为 AGC-21 工艺，工艺流程图见图 9-11。

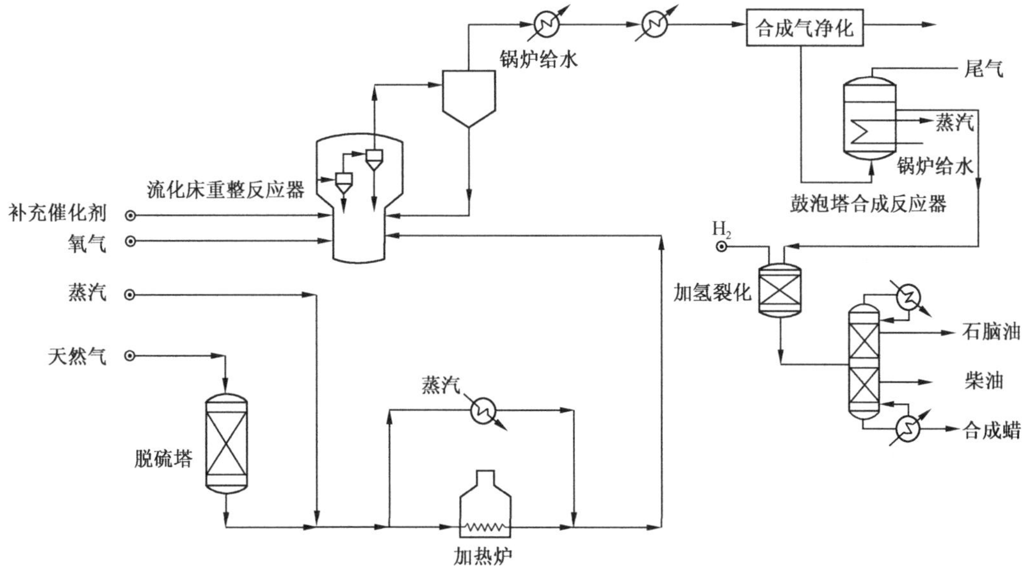

图 9-11　AGC-21 合成工艺流程

ExxonMobil 公司拥有三项工艺技术：

① 流化床部分氧化工艺生产合成气；

② 浆液床费托合成反应器；

③ 合成产品的固定床加氢异构化工艺。

以下将对 ExxonMobil 公司的流化床重整反应器(FBSG 反应器)及浆液床合成反应器进行说明。

1) FBSG 重整反应器

天然气首先用预热炉预热至 200℃。原料气与蒸汽[蒸汽：甲烷混合比=(1.5~2.5)：1]，通过喷嘴进入 FBSG 反应器底部。氧气从另一喷嘴送进反应器[氧气与甲烷的摩尔比为(0.4~0.6)：1]。原料气和氧气在反应器中形成流化床，在床层内同时完成部分氧化和重整反应，由部分氧化反应提供重整反应所需的热量。全部反应由进料组成、氧气流率和出口温度来控制。反应条件为 950~1060℃ 和 4.0MPa。生成气的 SN 值为 2，适合于用作费托合成和甲醇合成的原料气。

流化床重整反应器生成的气体进入旋风分离器，脱除携带的催化剂并返回至重整反应器中。在正常情况下催化剂不需要再生。使用的催化剂为耐磨的以 α-氧化铝为担体的镍催化剂，镍含量为 0.5%~2.5%。根据反应器的联合转化率(90%~96%)和磨损、带出造成的镍损失量来决定最佳催化剂装入量。当催化剂中镍含量在 0.1%~0.5%时，对于促进重整反应是适宜的。镍含量高于 2.5%也不能提高催化剂活性，因为传质过程已经达到极限。催化剂的粒径为 30~150μm。为了使氧化铝达到稳定，催化剂中硅的加入量为 1.5%。当蒸汽分压较高时，硅可能蒸发，会使催化剂的稳定性降低。为了降低催化剂的磨损，催化剂的颗粒密度应为 $2.4 \sim 3.9 g/cm^3$。

由于没有解决好催化剂的磨损和旋风分离器设计等问题，试验结果未能达到流化床理想的混合效果；催化剂对设备衬里磨蚀，催化剂粉末造成的逆反应和碳沉积使甲烷转化率只有90%~95%左右，低于蒸汽重整过程的98%以上。因此ExxonMobil的FBSG反应器尚未实现工业化。

2）ExxonMobil浆液床合成反应器

ExxonMobil的AGC-21合成工艺的反应器为气泡塔式浆液床反应器，使用惰性固体物辅助催化剂的流化。由于液体流率低无法克服重力效应。需要用从塔底进入的气体产生的分散力以消除催化剂的沉降效应，既避免反应器内的催化剂床层塌陷，又不会发生催化剂从床层中被带出。该工艺已经在200桶/d的原型装置上成功地完成了示范，正与卡塔尔的国有石油总公司就合资建设80000桶/d的天然气合成油厂进行谈判。

ExxonMobil合成技术可有不同的操作模式，表9-30列出了两种操作模式的产品收率。

表9-30　ExxonMobil合成工艺的产品收率

产品收率/%	按最大重油操作	按最大喷气燃料/柴油操作
石脑油	15	30
喷气燃料-柴油	50	70
重油(可作催化裂化原料)	35	—

3. Rentech合成技术

Rentech合成技术包括部分氧化法生产合成气、费托合成和生成油加工三个工序。考虑到未来的柴油市场需求，工艺方案是按生产柴油模式设计的。根据费托合成的反应原理，无法单独生产柴油产品，只能选择适当的合成催化剂和操作条件、确定各个组分的相对产率。Rentech公司决定开发一种最大量生产重质石蜡烃的催化剂——改良的铁催化剂。所产的合成蜡经过加氢后可作为食品蜡优价出售，或经过加氢异构化后生产润滑油的基础油，也可经过加氢裂化后生产柴油组分。

在示范装置上的试验结果表明，使用专利的铁催化剂，合成产品以重质石蜡产品为主。CO的单程转化率可达90%以上，链成长几率(α值)达0.94，说明合成产品组成中以重质石蜡为主。

Rentech合成技术使用铁催化剂，除了具有将合成气转化为烷烃的功能外，还促进水煤气变换反应：

$$CO+H_2O \longrightarrow CO_2+H_2$$

正是由于专利铁催化剂的这一特点，Rentech技术可以使用$H_2/CO<1.4$的合成气。而其他使用钴催化剂的合成工艺就无法加工这种“低H_2/CO比”的合成气。

另外，使用CO_2含量高于50%的天然气，所产的合成气组成$H_2/CO<2$。这种高CO含量的合成气就适合于采用Rentech合成技术。此外，由于Rentech合成的单程转化率高，含N_2量高的天然气也就适合于用作Rentech合成的原料。

Rentech合成反应器使用浆液床气泡反应器，可以在线加入或取出催化剂。合成过程的反应温度为260℃，压力为2.5MPa。

Rentech公司于2000年公布了规模为10000桶/dRentech合成油工厂的总投资估算数据为2.52亿美元(包括工艺装置和全厂辅助工程，不包括生产基础润滑油部分)，折合单位建设投资指标为25200美元/桶/d加工能力。Rentech合成技术除了在美国科罗拉多建有工业示范装置外，尚未建成工业生产厂。2001~2002年期间Rentech公司为印度尼西亚一家公司编制了规模为 16500 桶/d 的天然气合成油厂可行性研究报告。

4. Syntroleum 合成技术

Syntroleum 公司开发了 Syntroleum 合成技术，工艺流程见图 9-12。主要工艺特点是：

① 合成气生产使用空气替代氧气以降低建设投资；

② 因合成气中的氮含量增多，采用合成反应器串联流程可达到需要的转化率；

③ 气体中氮含量增多，成为有效的传热介质，有利于从系统中取出热量；

④ 提高部分氧化工序和费托合成工序的能量回收，剩余热量发生蒸汽、电力以降低生产成本。

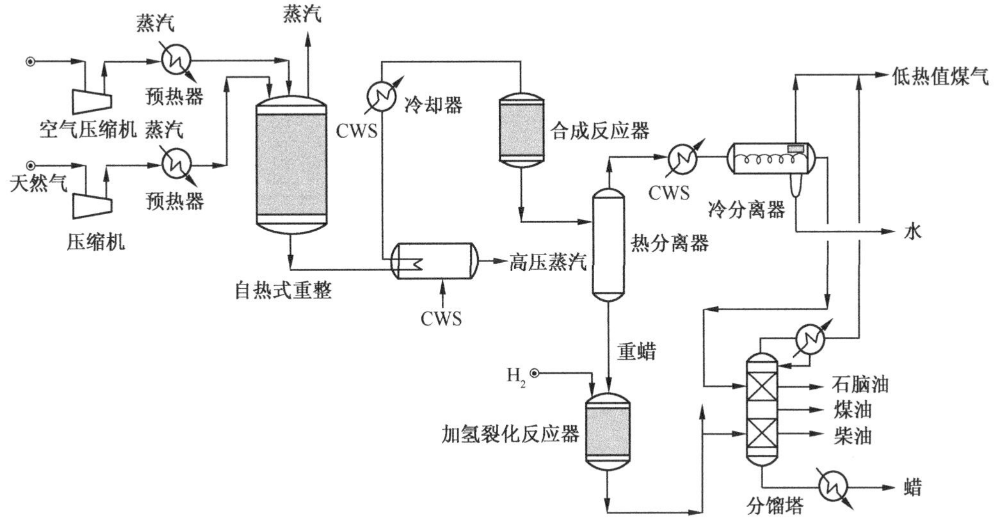

图 9-12　Syntroleum 合成工艺流程

Syntroleum 合成技术的天然气生产合成气工序采用自热式重整技术、使用 Syntroleum 的专利催化剂。反应压力为 3.5MPa，炉出口温度为 1090℃。高氮含量的合成气经过换热、发生蒸汽后进入合成反应器。固定床管式合成反应器的操作压力为 3.5MPa，使用 Syntroleum 专利的高 α 值钴催化剂，第一代催化剂中含 0.5%～0.1%钾激活剂(助剂)，用氧化硅或氧化铝(或两者共用)作担体。合成产品经过热分离后，分离出的重质石蜡烃去缓和加氢裂化。加氢裂化生成油与轻质合成油合并到一起再进行分馏。

Syntroleum 合成工艺的合成气中含大量 N_2，对合成反应和产品分离是否有负面影响还有待证实。Syntroleum 合成工艺只建成了 2 桶/d 的小型试验装置，还未建成工业化装置。

5. 几种开发中的费托合成技术的比较

综合上述情况可知，这些合成技术是在费托合成几十年工业生产基础上发展的。生产流程大同小异，工艺条件也基本相似。这几种技术的发展趋势及工艺流程特点可归纳为以下几点，工艺数据比较列于表 9-31。

① 蒸汽重整生产合成气是改进重点，以采用自热式重整为主；

② 合成工艺以使用铁催化剂为主，发展专利催化剂；着重改进催化剂的配方及性能；

③ 合成反应器以使用浆液床反应器居多；

④ 产品方案以生产中馏分油为主，配合使用重质蜡油加氢裂化技术，提高煤油、柴油产率；

⑤ 生产流程上注意各工序之间的热联合，发生蒸汽、电力以提高热效率。

表 9-31　几种费托合成技术的工艺数据

项　目	Sasol	Shell	Conoco	ExxonMobil	Rentech	Syntroleum
合成反应器	浆液床	管式反应器	未公布	浆液床	浆液床	管式反应器
催化剂						
催化金属	钴或铁	钴	钴	钴	铁	钴
助催化剂		Zr 助剂	—	铑、钌和金属氧化物	—	K 助剂
担体		SiO_2 或 $SiO_2-Al_2O_3$	—	—	—	—
产品收率/%						
石脑油	15	20	8	30	14	20
中馏分油	25	15	—	20	18	30
柴油	60	65	—	50	68	50

6. 带合成尾气化学回路的技术[2]

合成尾气化学回路(Chemical-Looping)流程可提高费托合成油产率。常规费托合成工艺的单程转化率低(<50%)，需采用气体循环流程以提高转化率。这需要增大反应器容积和使用大功率的循环气压缩机，导致工艺流程复杂化。另外，放出尾气的热值低，只能低温位利用，能效率降低。以常压钴剂合成工艺为例，按总回收有效热量占总输入热量的比例计算的热效率仅为55%左右。

煤炭气化生产的粗合成气为低 H_2/CO 比的气体，需要用变换技术调整为 H_2/CO 比合格的合成原料气。例如：气化炉出口粗合成气的 H_2/CO(摩尔比)约为 0.63，需要将 60%的粗合成气经过变换之后调理成为 H_2/CO(摩尔比)为 2.0 的合成原料气。

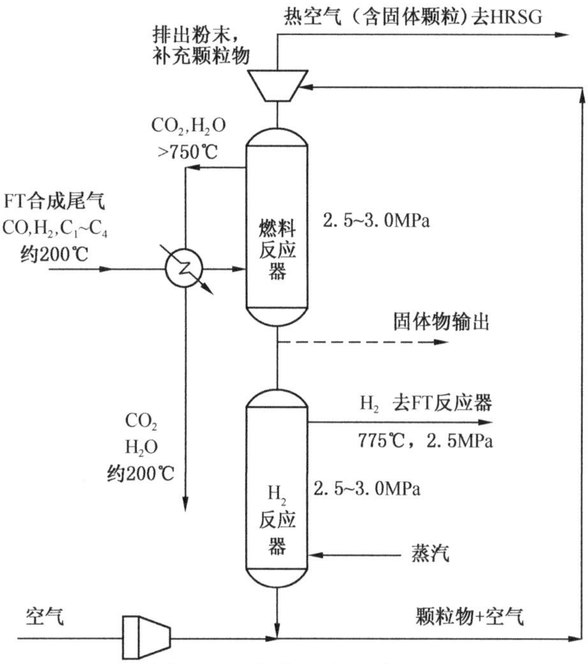

图 9-13　化学回路原则流程

煤制气过程的 CO_2 排放量高(气化过程的碳排放量约为煤含碳量的 70%)，故煤炼油过程必须解决 CO_2 回收问题。

针对以上技术问题，提出了改进的费托合成流程。此改进方案可提高费托合成的效率。

美国俄亥俄州立大学(OSU)开发了化学回路(Chemical Looping)流程，适用于煤基费托合成工艺。可在钴剂费托合成中增加一条处理尾气的化学回路，实现提高合成油产量和热效率以及回收 CO_2、减少 CO_2 排放的目标。化学回路的原则流程参见图9-13。

1) 化学回路的原理

化学回路的原理是在“燃料反应器”中使用三氧化二铁(Fe_2O_3)与合成尾气中的 H_2、CO 和轻烃发生化学反应，生

成 CO_2、H_2O 和还原 Fe。燃料反应器中的化学反应式如下：

$$3CO + Fe_2O_3 = 3CO_2 + 2Fe \qquad \Delta H = -40.43MJ/kmol$$

$$3H_2 + Fe_2O_3 = 3H_2O + 2Fe \qquad \Delta H = 63.40MJ/kmol$$

$$C_2H_4 + 2Fe_2O_3 = 4Fe + 2CO_2 + 2H_2O \qquad \Delta H = 194.45MJ/kmol$$

然后，将生成的还原 Fe 送至“氢反应器”中，与水蒸气反应生成 H_2 和 Fe_2O_3。氢气则补充到新鲜合成气中以达到调节合成气 H_2/CO 比的目的。氢反应器中的化学反应式如下：

$$3Fe + 4H_2O = Fe_3O_4 + 4H_2 \qquad \Delta H = -98.36MJ/kmol$$

生成的 Fe_3O_4 再用空气气动输送法送回到“燃料反应器”之中。在输送过程中，Fe_3O_4 被重新氧化成 Fe_2O_3。Fe_3O_4 氧化过程为放热反应，发生的热量用于加热固体物，生成的 Fe_3O_4 固体物用空气输送至燃料反应器中。热固体传输的热量可在燃料反应器中用于将 Fe_2O_3 还原为 Fe。化学反应式如下：

$$4Fe_3O_4 + O_2 = 6Fe_2O_3 \qquad \Delta H = -482.72MJ/kmol$$

固体输送过程使用的空气被加热至 1050℃ 高温，经过滤(脱出颗粒物)后送至 HRSG 系统。

2）费托合成技术中采用化学回路流程的主要优点

① 煤炭气化生产的合成原料气中加进化学回路所产的氢气、可以在不设置变换工序的情况下生成 H_2/CO 比合格的合成原料气。

② 燃料反应器中用 CO 和轻烃使氧化铁还原为 Fe，过程中生成的高压 CO_2 可以直接回收，不需要再压缩。

③ 化学回路过程发生的高温位余热，可直接用于发生蒸汽。

④ 常规费托合成系统与带化学回路的合成流程相比，建设投资相当；但可提高产品收率和系统总热效率。

图 9-14 为带化学回路的费托合成工厂生产流程图，图 9-15 为常规煤基费托合成工厂生产流程图。

3）带化学回路费托合成工艺流程的几项技术改进

① 增设尾气处理的化学回路，将一部分合成气与尾气一起送入“燃料反应器”生成氢气，就可提高合成气的 H_2/CO 比。

② 取消变换工序。通过对化学回路流程的模拟试验证实：可以通过化学回路向合成反应器补充氢气，故可以取消水煤气变换工序。

③ 气化炉出口的 CO_2 浓度对“燃料反应器”没有影响。故不需要从合成气中脱除 CO_2，就可将合成气净化流程从 Selexol 技术改为生产费用较低的 MDEA 技术(只脱除 H_2S、不脱除 CO_2)。

④ 为防止钴催化剂中毒设置吸附脱硫塔。

通过对“化学回路”和常规合成两种生产流程的模拟计算，可得出以下结果：

① 原料煤处理量相同的情况下，化学回路流程的合成油(按石脑油和柴油计)产量为 12008 桶/d，比常规合成流程(产量 11002 桶/d)提高了 10%；

② 按高热值计算的总热效率：可从常规流程的 46%提高至“化学回路”流程的 49%；

③ 两种流程的建设投资和生产费用相近，由于产量提高，“化学回路”方案的产品价格

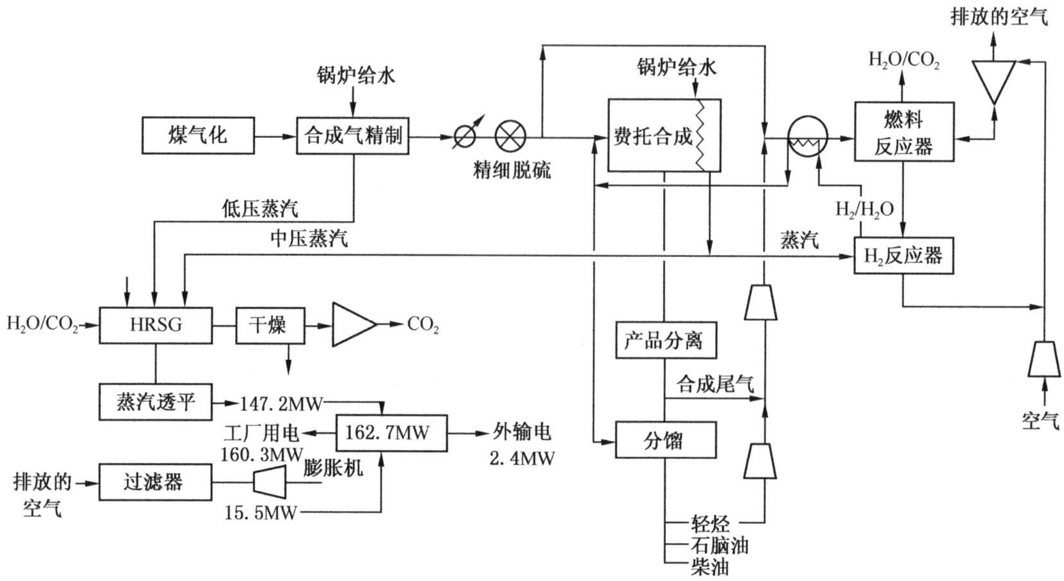

图 9-14　带化学回路的费托合成工厂生产流程

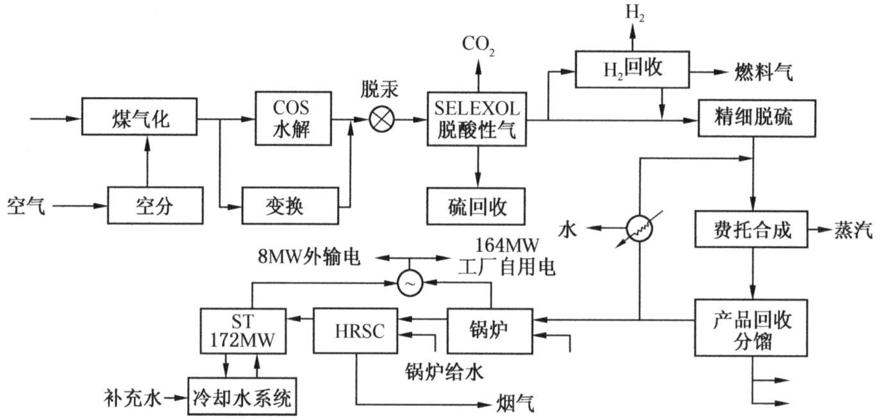

图 9-15　常规煤基费托合成工厂生产流程

约可比常规流程降低10%左右。

4）“化学回路”的经济性评估

① 建设投资：尚未对带化学回路的费托合成工厂进行详细的建设投资评估，只对两种生产流程设置情况作了比较，可以判定带化学回路的合成系统投资与常规流程相近。表9-32为带化学回路的费托合成工厂与常规合成流程的投资变化比较。

表 9-32　不同费托合成流程的投资比较

项　　目	建设投资增减情况/万美元	项　　目	建设投资增减情况/万美元
增加“化学回路”设施	+4000	取消 FT 合成循环系统	-800
取消“气体变换”系统	-1500	CO_2 压缩机减少投资	-800
取消两段“Selexol”工序	-6500	换热器提高材质规格	+1000
增加“MDEA”和精细脱硫工序	+4000	总投资差价	-100
FT 合成反应器增大尺寸	+500		

② 生产费用：两种生产流程的生产费用相当。

5）结论

实验证实："化学回路"流程可以改善煤制油（CTL）的经济性。工艺方案在技术上是可行的。但仍需要在生产示范和工程放大方面开展工作。

与常规流程相比，化学回路流程可提高产品收率约 10%，提高系统的热效率，降低碳排放量约 19%。

待开发的研究工作包括：对化学回路流程更为详细的经济评估，进行深入的工程模拟以确定各个反应的不完全性，探讨工艺过程的热联合方案。

第六节　费托合成技术的产业化

费托合成生产液体燃料油技术已经历了近 80 年的发展。从第二次世界大战之前在德国实现了工业化以来，除了 20 世纪 50 年代在南非建成了以煤炭为原料的 Sasol 合成油厂，生产燃料和化学产品之外，半世纪以来一直再没有新的项目建设投产。费托合成技术在研究开发上却取得了不少成果，近年来在中东、马来西亚等地建设以天然气为原料的合成油厂。但是，也有一些工程技术问题仍有待解决、改进。因此，新一代费托合成技术仍有待开发、完善。

一、美国进行的工作

（一）产业化前期工作

为了验证科研成果、发展以煤原料的费托合成技术，美国能源部制定了系统的发展计划，为建设工业化的合成燃料油工厂奠定技术基础。以下重点介绍 EECP（Early Entrance Coproduction Plant）项目的实施情况，从中可以了解到合成燃料油工业化发展前景和技术路线。

1. EECP 项目内容[19]

美国能源部于 1999 年与德士古能源系统公司签订了协议，为 EECP 项目编制初步工程设计。项目的目的是将煤炭/石油焦转化为电力，同时联产运输燃料、化学品和蒸汽。

项目的主要分包商有：

① GE 公司提供低热值煤气的燃气轮机技术；

② Praxair 公司提供空气分离技术；

③ Kellogg Brown & Root 公司为联合过程提供总体设计；

④ Texaco 公司提供气化技术；

⑤ Rentech 公司提供费托合成技术。

项目的全部工作计划分 3 个阶段完成。第一阶段的概念设计已经完成并于 2001 年 5 月经美国能源部批准。第二阶段工作为进行研究开发和测试工作以期减少技术风险，第二阶段所得的技术数据已经能够（并不完整）开展第三阶段——初步工程设计的工作，项目所得的结果已经能够为工业界提供所需要的技术、经济和环保数据以便将 EECP 项目推向详细设计、建设施工和开工运行阶段。第三阶段的决策重点是寻找新的厂址和有利的工业、经济因素。

EECP 项目的概念设计是几家公司合作完成的，EECP 项目概念设计方块工艺流程见图 9-16。主要内容为：原料煤炭和石油焦的处理量为 1200t/d；电力和蒸汽产品为 55MW；费托合成产品 540 桶/d（约 70t/d）。

EECP 项目采用的工艺技术是：

① IGCC 采用德士古气化炉，GE 公司的 6FA 燃气轮机，热回收系统为 2 级蒸汽发生器和非凝汽式蒸汽轮机发电系统。

② 燃料油合成采用 Rentech 公司的费托合成技术，使用鼓泡塔反应器和沉淀铁催化剂。

③ 合成产品改质采用 Bechtel 公司的 Hy-Fining[SM] 技术。

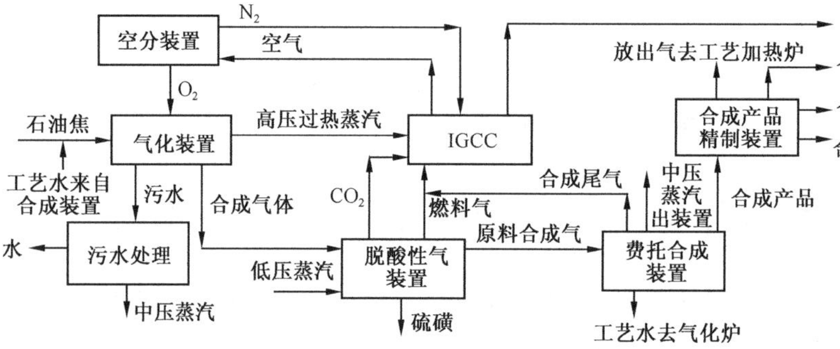

图 9-16　EECP 项目工艺方块流程

2. EECP 项目第二阶段研究开发和测试工作的内容和成果[19]

1) 费托合成中试装置的确认

此项任务包括：

① Rentech 的鼓泡塔反应器(BCR)在设计条件下长时间运转以便确认预期的转化率和产品收率。

② 研究催化剂复原(rejuvenation)和再生的可行性。

③ 修改 BCR 反应器的设计达到可以在运转中取出和添加催化剂。

④ 确定催化剂的置换率达到能够补偿催化剂的失活。

⑤ 根据水力学和传质的研究结果进行合成反应器的设计。

第二阶段研究开发和试验工作中找到的合成反应工序的技术问题有：

① 废催化剂处理问题。若铁催化剂按一次通过式使用，费托合成厂的生产成本将大大增加；若催化剂能够循环使用，生产成本就可降低。由于沉淀铁剂在使用中可能发生沉积、组成改变和磨蚀，会导致催化剂的性能下降，所以考虑采用催化剂再生的方法。Rentech 公司等曾研究了用氮气气提、氢气气提、氧化和再活化等方法处理催化剂。结果证实：用"复原"法处理失活的催化剂确实有效。但是，"就地"再生不能显著改善失活催化剂的性能。催化剂再生是将用过的催化剂恢复至原有的活性和选择性，而不需经过活化过程。而催化剂的"复原"过程是指将催化剂恢复至原来的氧化状态，故催化剂就需要进行"再活化"。

② 取消催化剂的"活化"过程可以简化操作，问题是向合成反应器中加入未经活化的催化剂能否在操作条件下使其达到充分"活化"。进行了向反应器中加入未活化催化剂的试验，结果表明：催化剂的活化反应较慢。反应器中加入的未活化的催化剂，可在 24h 后可以达到活化状态。

③ 为了向反应系统中补充由于产品蜡造成的催化剂损失和维持反应器的生产能力，工业化的浆液床合成反应器需要定期在线取出和加入催化剂，第二阶段研究开发阶段成功地设计了催化剂取出和补充系统并运转成功，实现了反应器中的催化剂活性与催化剂取出、加入量成比例。

④ 通过一些试验确认设计基准，包括按照设计条件实现 Rentech 的合成反应器的长期运转，预测的转化率和产品收率是可以实现的。第一阶段建议的设计基准是可行的，只需稍作修订即可。

2）费托合成数学模型和反应器放大

3）合成催化剂-合成蜡的分离

铁剂合成生产中的关键技术问题是合成重蜡与催化剂的分离，第一阶段概念设计的催化剂-重蜡分离采用了两段分离过程，使重蜡中的催化剂含量达到10μg/g。第一段分离的目的是将催化剂的浓度从反应器中的浓度降至<0.1%，Rentech公司采用了“动态沉降”技术，另一家公司建议采用磁分离技术。第二段分离过程的目标是将蜡中催化剂的浓度降低至10μg/g。费托合成蜡的熔点约为120℃，高熔点蜡的分离需要在>180℃下操作才能保证较低的流体黏度以免过滤的压力降过大。

EECP项目最终推荐的分离流程是：第一段分离采用Rentech的“动态沉降”技术；第二段过滤采用LCI的Scepter“微滤系统”(Micro-filtration system)，可以达到蜡中固体物含量低于10μg/g标准。其他分离技术，如磁分离、静电分离技术等，要达到10μg/g标准，仍需要进一步开发研究。

(1) 第一段分离：采用“动态沉降”技术

图9-17为与浆液床合成反应器连接的Rentech动态沉降罐管线图。

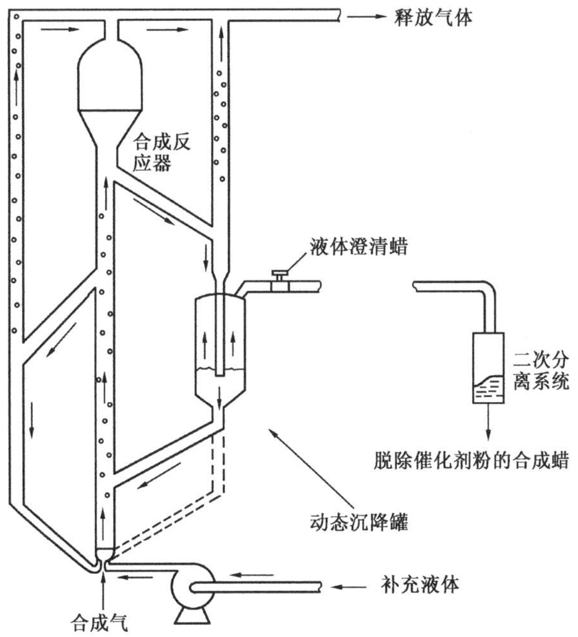

图9-17 Rentech动态沉降罐管线

从合成反应器排出的蜡油-催化剂混合物经过立管进入沉降罐。立式、密封的沉降罐顶部装有立式进料管，在沉降罐内壁与进料管之间形成环隙。沉降罐底部有浆液排出管。来自反应器的浆液通过环隙进入沉降罐底部，将重质催化剂颗粒沉降出来，以浆液态流体送回至反应器。脱除大部分催化剂的蜡油则通过环隙上升，最后从沉降罐顶部排出进入第二分离系统。图中所示的二次分离系统为简单的过滤系统。

“动态沉降”技术的主要优点是：

① 不用小孔径的过滤元件，所以不会发生炭或催化剂粉末堵塞问题。

② 可连续操作。

③ 设备费用和运转费用低。

④ 不需要复杂的反冲洗系统。

(2) 第二段分离技术的选定

第一段分离的滤出物中固体物含量<0.1%，要求第二段分离后蜡产品中固体物含量降至10μg/g。经过评估后，选定磁分离、静电分离和微滤(Micro Filtration)技术进行筛选试验。首先对3种技术使用催化剂/油和催化剂/烷烃蜡的浆液进行初步试验，成功后再用真正的FT催化剂/蜡浆液做试验。所有试验均要求最后生成的洁净浆液中固体物含量<10μg/g。

三种技术的试验结果如下：

① 磁分离技术试验结果：用FT催化剂/矿物油浆液时，固体物含量可从4000μg/g降至10μg/g；用FT催化剂/烷烃蜡或FT催化剂/FT蜡时，分离效果不好。产物中的固体物含量只能达到120μg/g。

② 静电分技术试验结果：专利的GULFTRONIC分离系统在催化裂化装置上使用时，可将催化裂化油浆中的催化剂颗粒含量降到<1μg/g。用GULFTRONIC分离系统分离FT催化剂/烷烃蜡时，固体物含量可降至10μg/g以下。分离FT催化剂/FT蜡时，生成液体中固体物含量≮5000μg/g，试验不成功。

③ 微滤装置试验结果：在多孔的不锈钢管子内径中烧结上一层光洁的TiO_2过滤表面，组成为换热器式装置，包括泵、管线、阀门系统。使用两种原料(催化剂/蜡，和FT催化剂/FT蜡)评估微滤装置的效率和生产能力。试验结果：两种试样的生成蜡中固体物含量均<10μg/g。

④ 结论：采用Rentech的动态沉降技术作为第一段催化剂/蜡分离技术，分离效果可达到0.1%要求。第二段分离可采用微滤系统，可生产食品级蜡。

4) 低热值燃料气的燃烧实验

EECP项目燃烧实验的目的是检验GE 6FA燃气轮机的燃烧嘴能否适用于不同情况下的燃料气组成。因为合成气的典型热值为11.2MJ/Nm^3；合成尾气的热值仅为2.8MJ/Nm^{3}左右。IGCC的燃气轮机使用的燃料气热值随合成工厂操作方案的不同而异，可以使用全合成气、合成气和尾气混合气或使用全合成尾气。由于使用燃料的低热值可能低于6FA燃气机组烧嘴的设计值，所以需要进行燃烧试验以便确定GE 6FA燃气轮机能否使用低热值燃料气和能否适应燃料组成的变化。另外，为了降低NO_x排放，将空分装置副产的氮气作为稀释剂注入到燃气轮机中，其效应如何也需作出评估。所以燃烧试验有3个目的：

① 考察GE燃气轮机燃烧器对EECP项目燃料气的适用性；

② 评估燃料组成对GE燃气轮机性能的影响；

③ 注入N_2稀释剂对减少NO_x排放的效应。

选用热值最高和最低的两种燃料气进行试验的结果表明：热值最低的合成尾气可以用作GE 6FA燃气轮机的燃料。

3. 费托合成产品的改质、精制

费托合成产品的改质包括费托石脑油加氢处理、加氢处理石脑油的蒸汽裂解、柴油加氢处理、蜡精制生产食品蜡和医药用蜡、石蜡加氢裂化生产石脑油和柴油等。各个试验项目的主要结果如下：

1) 费托合成蜡的加氢裂化小型试验

为了生产高十六烷值的柴油(用作运输燃料的调合组分)和石脑油(用作裂解原料生产乙烯、丙烯和用作燃料电池的重整料生产燃料氢气)，进行了合成蜡的加氢裂化试验。试验过程中使用的催化剂和操作条件均未发表。加氢裂化小型试验使用两种原料：费托合成的软蜡-重蜡混合料和柴油-石脑油混合油。加氢裂化(HCK)的产品为：初馏~193℃的HCK F-T石脑油和193~370℃的HCK F-T柴油。

193~370℃的HCK F-T柴油性质是：相对密度0.78，浊点(冷流点)10℃，闪点>50℃，十六烷值>70，运动黏度(40℃)>2.0mm^2/s，总碱度<0.05mgKOH/g。

0~193℃的HCK F-T石脑油不适合于用作生产燃料氢气的燃料电池重整原料。

2）合成蜡精制小型试验

经过加工的合成蜡为高熔点蜡，其化学组成与石油基石蜡相似。由于相对分子质量大，熔点和硬度高于石油蜡，这种硬质石蜡适合于用作热黏合剂、硬度添加剂、封装，防潮剂、制打印墨水、塑料润滑剂和各种涂层。精制的高硬度合成蜡可用作食品和医药用蜡。

合成蜡精制的小型试验证实，合成石脑油、柴油和蜡不能一起加工，也不能用常压分馏过程分离。因为分馏石脑油和柴油的常压塔底温度高，将导致成品蜡的颜色不合格。工业装置需采用高真空的减压蒸馏工艺分离合成蜡，使分离温度不高于163℃(减压塔真空应为133Pa)。

费托合成蜡的精制加工是将软/硬蜡混合原料，采用Hy-Finish^{SM}技术在反应温度329℃和13.9MPa压力下加氢精制，空速(LHSV)为0.5h^{-1}，氢气循环量为674Nm^3/m^3，使用镍-氧化铝催化剂。

全馏分的合成产品不能用Hy-Finish^{SM}过程加氢精制，用常压蒸馏从精制合成蜡中分馏出石脑油和柴油产品会因塔底再沸器温度偏高，导致合成蜡的颜色不合格。

3）柴油调合试验

分别用F-T柴油、HCK F-T柴油与参考柴油调合成试样，进行十六烷值、倾点、浊点、润滑性能、黏度和储存稳定性试验，并与参考柴油比较。试样中F-T柴油或HCK F-T柴油的调入比例均分别为25%、50%和75%(体)。试验结果表明；F-T柴油和HCK F-T柴油以及用这两种合成柴油调配成各种比例的调合柴油性能(十六烷值、倾点、浊点、润滑性能、黏度和储存稳定性)均十分良好，性能均优于参考柴油。

与参考柴油相比，几种F-T柴油降低污染物排放的效果如表9-33所示。

表9-33 合成柴油降低污染物排放的效果

降低污染物排放效果/%	纯F-T柴油	HCK F-T柴油	F-T和HCKF-T混合柴油
NO_x	-4.5	-13	-13
总颗粒物	-31	-16	-17
烃类	-50	-38	-63
CO	-29	-17	-21
可溶解有机物组分(SOF)	-35	-21	-39

4）F-T石脑油应用试验

已经证实，费托合成石脑油馏分中含烯烃、含氧化合物和酸类，辛烷值低，不适合作为调合组分直接调入成品汽油中。经过加氢处理的合成石脑油(HT F-T石脑油)可以脱除烯烃、含氧化合物和酸类，但辛烷值将进一步降低。EECP项目第一阶段经过多方研究、论证，认为HT F-T石脑油可用作燃料电池重整原料生产燃料氢气。加氢处理的目的是为了除去石脑油中的生焦先兆物。

使用4种原料在自热式重整试验小型装置上进行了重整试验。原料的H/C比是燃料电池重整原料的重要性质参数。在工艺条件相同的情况下，各类原料的性质和试验结果见表 9-34。

表 9-34 不同石脑油原料的重整试验结果

重整原料油	相对密度	H/C 比	重整气体中的 H_2/%
HT F-T 石脑油	0.719	2.09	42.5
HCK F-T 石脑油	0.703	2.13	40.0
石油基石脑油	0.747	2.03	39.95
石油基煤油	0.760	2.17	41.5

HT F-T 石脑油具有低硫、低芳烃、低烯烃和高 H/C 比的特点，可以减少对催化剂的毒害和减少积炭，是生产氢气的优质重整原料。在实验条件下，HCK F-T 石脑油有积炭倾向。从表中可以看出：4 种试验原料中，以 HT F-T 石脑油的氢气产率最高。

5）裂解乙烯试验

进行了 F-T 石脑油的分馏试验，获得了最高收率和最佳质量的初馏～193℃石脑油。再进行加氢处理除去所含的烯烃、含氧化合物和酸类以避免裂解过程生成焦炭。用 HT F-T 石脑油和对比用的石油基 α-7 石脑油为原料在 KBR 小试装置上进行了裂解试验。裂解原料性质见表 9-35。

表 9-35 各种裂解原料油性质

项目	HT F-T 石脑油	HCK F-T 石脑油①	石油基 α-7 石脑油
馏程/℃	初馏～190	轻石脑油	初馏～190
密度(20℃)/(g/cm^3)	0.7168	0.687	0.7406
族组成/%			
正烷烃	78.7	49.9	28.7
异烷烃	13.2	42.9	43.7
烯烃	0.4	0	0.4
环烷烃	2.3	7.2	21.3
芳烃	4.1	0	1.0
其他	1.3	0	5.0
ASTMD-86 分馏试验/℃			
10%	117	54	92
50%	148	75	128
90%	180	104	188
氢含量/%	15.6	16.0	15.2

① 为轻石脑油。

裂解试验的几点结论：

① 裂解原料的族组成对乙烯产率有着重要影响。F-T 石脑油是正构烷烃、直链 α 烯烃、异构烷烃等的混合物，经过加氢处理后，直链 α 烯烃可转化为正构烷烃，还可除去所含的含氧化合物和酸类。在裂解过程中，正烷烃可以生成更多的乙烯；异构烷烃转化为更多的丙烯。含环烷烃较多的原料有利于 C_4 产品(包括丁二烯)的生成。在高苛刻度下操作时，高环烷烃含量的原料会生成更多的芳烃产品。

② 裂解原料的氢含量对乙烯产率有关。表 9-35 中的 HT F-T 石脑油和石油基 α-7 石脑油的氢含量分别为 15.6%和 15.2%，差值为 0.4%。据关联式推算：乙烯产率的差值为 4%。

③ 预测丙烯产品的收率：用“乙烯产率与丙烯/乙烯比”的关联图可以估算两种原料的丙烯产率。产率随裂解苛刻度的提高而下降的产品有丙烯、异丁烯、异戊烯和裂解汽油等。由于 HT F-T 石脑油的正烷烃、氢含量高于石油基 α-7 石脑油，其丙烯产率也高于石油基α-7 石脑油。

④ 从表中的族组成数据可知，HT F-T 石脑油的烷烃含量为 91.9%，正构烷烃/异构烷烃比为 6，而石油基 α-7 石脑油的相应值分别为 72.4%和 0.66。

6）石油焦分析

对费托合成工厂气化炉设计基准产生影响的石油焦性质为氢/碳比和硫含量。高氢/碳比的原料可以提高合成产品的收率；硫含量会对硫回收装置的处理规模产生影响。石油焦来自附近的炼油厂，故需要根据选定的厂址修订气化炉的工艺设计基准。

4. 工艺过程的联合

工艺过程联合对降低 EECP 项目的生产成本、提高效率至关重要。分析研究了费托合成的生成水用作调配石油焦水浆用水和将费托合成废催化剂送入气化炉两项联合方案。

5. 环境问题

分析、研究了两项环境问题：

1）废合成催化剂处理可有几种处理方法

① 催化剂的再生、复原和重复使用均不是经济、可行的方案。

② 废催化剂的回填处理方案存在催化剂会发生“自燃”、造成产品损失和污染环境问题。但实验证实，废催化剂回填可以符合美国相关的“无害回填”条例。

③ 废催化剂送进气化炉处理。

2）燃气轮机排放 CO_2 的捕集

使用“碳纤维复合分子筛”（CFCMS）技术捕集高温、低压的燃气轮机排放的 CO_2 还需进行进一步的开发研究。

6. 设计基准的修订

第一阶段概念设计采用的一些数据是假设的。通过第二阶段的开发研究和试验结果，有条件和必要进行基础设计数据的修订。由于选定厂址变化，一些与厂址有关的数据也需要修改。

第二阶段任务的第四项工作就是对一阶段概念设计的基础作出修订。主要修订内容是费托合成和产品精制的基础数据。根据第二阶段的试验结果修改了合成产品收率，证实了 3 种合成产品不能混到一起在一台反应器中加工、精制。

根据第二阶段进行的小型试验，进入精制装置的重蜡油组成如表 9-36 所示。其他基础数据，如厂址条件、公用工程参数、开工系数等从略。

表 9-36　费托合成重蜡油组成

项　目	收率/%	第一阶段概念设计假定值/%	项　目	收率/%	第一阶段概念设计假定值/%
H_2S	0	0	C_4	0.15	0.23
H_2O	1.66	0.920	C_5	0.11	0.50
NH_3	0	0	C_6^+	0.43	24.09
C_1	4.63	0	合成蜡	93.93	74.33
C_2	0.09	0.25	合计	97.53	100.43
C_3	0.16	0.11			

（二）示范工厂的建设和工程项目评估

EECP 项目中进行的研究开发工作结束后，DOE 着手在美国资助建设一座示范工厂，该项目名为 Gilberton Coal-to-Clean Fuels and Power Project，厂址在宾夕法尼亚州，占地 30 公顷。由 WMPI PTY LLC 公司投资经营。利用当地无烟煤为原料和燃料(132 万 t/a)，采用 Shell 气化炉、低温甲醇洗涤净化、浆液床费托合成(Sasol 技术)和产品加工(加氢处理和加氢裂化)，每天生产 3700 桶柴油和产 1300 桶石脑油。反应器排出燃料气通过联合循环发电 133MW，厂内自用电 92MW，多余焦外售。这项工程计划于 2009 年 9 月底竣工。总投资估算 6.13 亿美元。

DOE 安排 NETL 对大型和小型 CTL 工厂做了基准条件下的技术经济评估工作，已提交了报告。本章第八节将介绍其要点。

基于 2020 年前将空军喷气燃料(目前年消耗约 800 万 t)较同等石油基燃料降低排放温室气体数量 20%的要求，美国国防部和能源部决定联合开发 CBTL 技术，先就 80/20 的掺混比规划若干项目，已初步做了技术经济分析，证明可行(见本章第八节)。下一步要研究 50/50 掺混比的难点和如何降低投资问题，选择 3~5 个项目，考虑前期工程设计。2013~2016 年建设 3~5 个示范工厂[20]

（三）近期建设的合成油项目

近年由于原油价格上涨，美国已有 4 个工厂正在建设。除了上述的 Gilberton 厂外，还有 DRKW/GE/ExxonMobil 在 Medicine Bow 建设的 20000 桶/d，用烟煤原料的工厂，投资 14 亿美元，预计 2013 年竣工；Rentech/Adams Co. 在 Natchez 建设的 20000 桶/d，用烟煤/石油焦/生物质原料的工厂，投资 14 亿美元，一期工程预计 2011 年竣工；Baard/Shell/AMEC 在 Wellsville 建设的 50000 桶/d，用烟煤/生物质原料的工厂，投资 50 亿美元，预计 2012 年竣工。正在规划中的 CTL 项目有 10 个，最终规模 13000~70000 桶/d[22]。

代表性的 CTL 项目数据：规模 50000 桶/d(柴油 28000，石脑油 22000)，投资 36.5 亿美元(2006 年中价格)，煤耗 22000t/d 或每年 680 万 t，占地 200 公顷，CO 捕集量 13000t/d。预计原油价格每桶 61 美元以上时可以赢利[20]。

二、中国费托合成工业的情况

中国石油资源不能满足国内需求，为了降低对进口石油的过分依赖，中国正在积极开展替代石油的工作。中国煤资源相对丰富，发展煤制油工业是可选择的途径。除了煤直接液化技术外，煤制合成气-费托合成生产油品路线(又称煤间接液化技术)也是可行的发展路线。为此，中国科研部门和产业集团正在积极推动煤基费托合成技术的产业化，并取得了实效。

我国最早的煤基合成油厂为辽宁锦州石油六厂(现发展为中型炼油厂)是 20 世纪 40 年代日本采用德国技术建设的常压钴催化剂合成油厂，规模为 3 万 t/a，使用 Didier 气化炉和箱式固定床合成反应器。20 世纪 50 年代，中国科学院大连化学物理研究所开展了流化床的中压铁催化剂合成油研究，建设了中试装置，因产品质量问题未能持续进行，但基础研究未曾中断(由于机构调整，后转入中国科学院太原煤炭化学研究所进行)。前后近 40 年和几代人的努力，一度利用小型化肥厂的尾气做过合成汽油的试验，但始终未能实现产业化。21 世纪以来，在深入基础研究与制备新的铁催化剂基础上，在有关部门和企业的支持下，建成了百吨级中间试验装置，目前已将研究成果应用到首批三套 16 万 t/a 示范工厂的工程项目中。20 世纪 90 年代开始，兖州煤矿业集团将煤间接液化制合成油的研究成果在鲁南化肥厂建设了 4000t/a 的中间试验装置，并将进一步用于 300 万 t/a 的煤间接液化厂的建设(先期准备建设 100 万 t/a 的工业示范装置)。

以上研究成果充分体现了自主创新的精神，在催化剂制造、在线还原、补充与分离技术，浆液床合成反应器的气体分布器、内部取热设备、气固和液固分离设施等方面各具特色。

目前达到的主要技术指标：H_2+CO 转化率 70%（大型装置还可提高），总烃选择性 90%，C_5^+ 烃选择性≥83%，CH_4 选择性≯4%；油相产品中氧化合物含量≯5%，水相产品中氧化合物≯4%；油中铁含量≯4μg/g，蜡中铁含量≯4μg/g；催化剂产油能力为 400t 合成油/t 催化剂。

合成初级产品油和蜡的精制与改质加工研究同步进行，最终产品石脑油、柴油的质量与国外文献报道相近。

在催化剂的性能改进方面，国内研究的催化剂活性和选择性均有提高，甲烷和含氧化合物产率降低，合成气 H_2/CO 比值增加，合成温度提高，合成反应器内反应热减少，使取热相对容易，并副产较高压力等级的中压蒸汽。

第七节　费托合成与联产电力化工产品

一、概述

从 20 世纪 80 年代开始，在石油危机和全球气候变暖及环境污染等问题的激励下，许多工业化国家从能源发展的长远利益出发相继开展了“洁净煤技术”的开发研究工作。

“洁净煤技术”是从煤炭开采到加工、利用全过程中，为提高利用效率、减少环境污染的一整套煤加工、燃烧和控制污染等新技术的总称。“洁净煤技术”主要的目标是：

① 改善和提高能源的转换和利用效率。

② 减少大气污染物和温室气体排放，使燃煤发电变成更为洁净的技术。

③ 通过提高效率减少煤炭的消费量。

为了实现上述目标，西方工业化国家在世纪之初纷纷制定了各自长期的“洁净煤技术”计划。例如美国的“21 世纪愿景”（Vision 21）和“未来发电”（Future Gen）计划、欧盟的“兆卡”计划（Thermic Program）以及日本在新能源综合开发（NEDO）机构中成立了“洁净煤技术中心”等。[6]

美国能源部“21 世纪愿景”计划的目的是促进 21 世纪化石能源的高效和清洁生产。将高效率、能控制污染的 IGCC 发电技术与生产运输燃料及化学品的各类工艺技术联合起来，组成以煤炭为原料，联产电力、供热、运输燃料和/或化工产品的联合工厂。“21 愿景世纪”的具体目标是[13,14]：

① 燃煤发电效率达到 60%以上（目前为 33%～35%）；天然气燃料发电效率达到 75%以上（目前为 45%～55%）。

② 热电联合工厂的总热效率达到 85%～90%。

③ 在环境效应方面，传统大气污染物接近零排放，包括生成酸雨和烟雾的污染物。

④ 降低温室气体排放量，将 CO_2 排放量降低 40%～50%，若使用 CO_2 捕集技术甚至可降至零排放。

⑤ 联产的清洁运输燃料价格应相当于 1998 年的 20 美元/桶。

中国在 21 世纪发展经济中面临的三项挑战是：①国民经济和工业生产的持续发展需要能源的相应增长；②大量消费化石能源（尤其是煤炭）会导致日益严重的环境问题；③要同步发展常规能源和替代能源，生产环境友好的能源产品以满足经济发展和人民生活的需求。

经济发展需要采用高效率、环境友好的生产技术。我国目前常规的发电效率只有35%，燃煤锅炉电站既不能满足经济发展和节能的要求，还对城市造成严重的大气污染。联合循环发电技术是主要发展方向，整体式联产技术又是煤炭综合利用的重要工艺路线。

"整体式联产技术"的优点：

① 效率高　煤炭的气化转化过程效率高于直接燃烧，燃气轮机的发电效率也高于煤粉锅炉蒸汽发电。IGCC电站有较高的效率，用天然气燃料的燃气轮机效率可以达到58%，商业化的大型IGCC电站的效率目前已达到42%~46%，随着一些技术问题的解决和新技术的应用，预期燃煤IGCC电站的效率可达到或超过50%。

② 环境效应好　IGCC电站克服了煤直接燃烧产生的环境污染，煤气化的脱硫率和脱氮率分别可达98%和90%，粉尘的排放率极低。气化过程中煤炭中的硫、氮转化为H_2S和NH_3，最终以硫磺和铵的形式回收，而不是以SO_2和NO_x形式排入大气。

③ 适应不同的气化原料　已经工业化的气流床气化炉可以加工煤炭、石油焦、渣油和石油沥青等多种原料；生物质气化炉虽然是开发中的技术，有的炉型已进入工业示范阶段；其他工农业废料、城市生活废料均可用作生产合成气的原料。

④ 节约用水　IGCC电站的耗水量约比常规的汽轮机电站减少30%~50%。

⑤ 排出的废料少，IGCC电站全过程排放的(气体、固体)废料大大少于常规燃煤电站锅炉，气化过程可将煤炭中的硫、氮杂质转化为元素硫和铵产品予以回收，气化炉渣可还用于生产建筑材料。

二、IGCC发电-联产技术

1. 联合循环(IGCC)发电技术[4]

IGCC是包括固体化石燃料气化、用合成气为燃料的燃气轮机发电、余热发生蒸汽和蒸汽轮机发电的整套燃气-蒸汽联合循环发电过程。IGCC技术的主要优点是发电效率高于常规煤发电技术，可显著减少大气污染物的排放量，可使用廉价的劣质燃料。

IGCC发电的建设投资较高。1985年建成的第一套IGCC"Coldwater"工业示范装置，单位建设投资为2000美元/kW；2003年建设的300MW装置的单位投资虽然降至1400美元/kW以下仍然太高。美国能源部制定的目标是：将IGCC发电单位投资降至1000美元/kW以下，使现有规格的气化炉和燃气机组形成"经济规模"，达到较好的经济效益，有利于IGCC发电技术的推广。

为了降低IGCC的建设投资，需要对工艺单元过程和组合流程进行改进和完善，主要目标是：

① 简化工艺流程：包括单元设备大型化、改进和简化合成气净化流程、改进和简化空分制氧流程等。

② 实现"经济规模"："经济规模"的联产合成油的IGCC电厂可降低建设投资18%。

③ 提高全过程的热效率。

"洁净煤技术"计划中，重点发展目标之一就是开发联产燃料和化学品的整体式燃煤发电技术。这种"整体式联产技术"是由三个过程组合为一体，即将煤炭(或其他碳质燃料)气化生产合成气、合成气转化为液体燃料(或甲醇、氢气化学品)、合成气(或合成尾气)的燃气透平及汽轮机发电过程组合为一个生产整体。

2. IGFC技术

由燃料气化与燃料电池发电组成的联合循环系统称为IGFC系统。燃料电池是电化学能量转化装置，可不经过直接燃烧将燃料中的化学能转化为电力。燃料电池可在常温下发电。由于与热机发电系统不同，可以不受卡诺循环效率极限的限制，所以燃料电池发电系统的热效率高于热机发电系统。IGFC 系统的电化学过程不包括直接燃烧，故没有 NO_x 排放。

由煤气化与燃料电池组成的 IGFC 系统将是效率最高、环境效应最好的煤发电技术。用天然气燃料的 IGFC 系统已于 20 世纪 90 年代末期实现了工业示范。表 9-37 列出了几种 IGFC系统的技术指标。

表 9-37 气化-燃料电池联合系统的技术指标

项 目	磷酸燃料电池	熔融碳酸盐燃料电池	固体氧化物燃料电池
设计功率/MW	150	440	300
系统效率(HHV 基准)/%	33.5	51.3	46.6
NO_x、SO_x 及 VOC 总排放量/(kg/MW·h)	<0.5	<0.5	<0.5
单位投资指标/(美元/kW)	2210	1896	2107

3. IGCC 发电-联产液体燃料技术

为联合循环发电与费托合成生产运输燃料的联合系统，可以使用煤炭、石油焦或其他炼油残渣为造气燃料，将全部(或一部分)合成气生产运输燃料和/或化工产品，合成尾气(或混入一部分合成气)用作联合循环发电燃料，所产的电力和蒸汽用作合成系统的动力，多余部分输送至公用电网和热力系统。这种联合系统可以达到扩大生产规模、提高效率的目的。

4. 联产的洁净煤技术需要采用的新技术

需要采用的新技术包括：

① 膜技术：例如深冷分离制氧采用“氧分离膜”，气体净化采用氢气膜技术替代胺洗涤塔；

② 气体净化采用“耐硫”的水煤气变换技术；

③ 采用氢气燃气透平技术；

④ 用“笼形”化合物回收 CO_2 技术；

⑤ 回收的 CO_2 用于油田二次采油(EOR)，提高采油效率；

⑥ 发展大处理能力的气化炉和开发先进的流化床气化技术；

⑦ 采用先进的监测、控制技术提高管理水平。

三、费托合成燃料与电力的联产[13,14]

1. 流程说明

以联合循环为基础的联产工厂是由原料气化(包括原料制备、气化和气体净化)、联合循环发电和联产燃料或化学品的生产技术(如费托合成油品、合成甲醇或制氢)等基本“模块”组成。可以根据工厂规模、产品方案将这些“模块”配置到一起，组成不同产品方案的联产工厂。

为了说明燃料气化-联产合成燃料的 IGCC 电厂的经济性，按照三个生产方案进行技术经济评估。

1) 煤气化-IGCC 发电方案(S1-6 方案)

图 9-18 方块流程图所示的公称能力为 1000MW 的燃煤 IGCC 发电厂由气化部分和发电部分组成。

气化部分由 4 台气流床高压气化炉和 3 套空分制氧装置组成 4 个气化炉系列，配套 2 组气体净化和硫回收系统，原料煤的处理能力为 9852t/d。

发电部分由 4 台 GE7FA+e 燃气轮机发电机组和 2 台蒸汽轮机发电机组组成，组成 2 个联合循环系列，发电量为 1455MW。

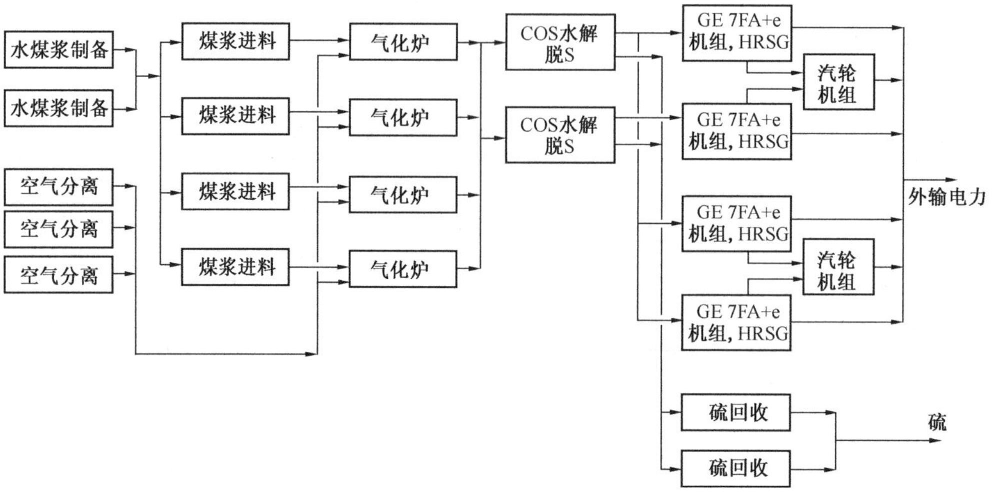

图 9-18　1000MW 煤气化-IGCC 发电厂方块流程

2）石油焦气化-发电-联产合成油方案（S2-2 方案）

该联合装置日处理石油焦 4925t（干），生产合成油 10450 桶/d，生产硫磺 373t/d，外输电力 367MW。按高热值计算的工厂热效率为 53.8%（不包括硫磺产品）。

石油焦气化-联产合成油-IGCC 发电厂方块流程图见图 9-19，工厂包括石油焦气化、费托合成和联合循环发电三个系统。气化炉系统设置气流床气化炉 3 台（2 用 1 备），合成系统设置铁剂合成 1 个系列，发电系统设置一套 GE-7FA+e 燃气透平机组（包括热回收发生蒸汽系统，HRSG）和一套蒸汽发电机组。

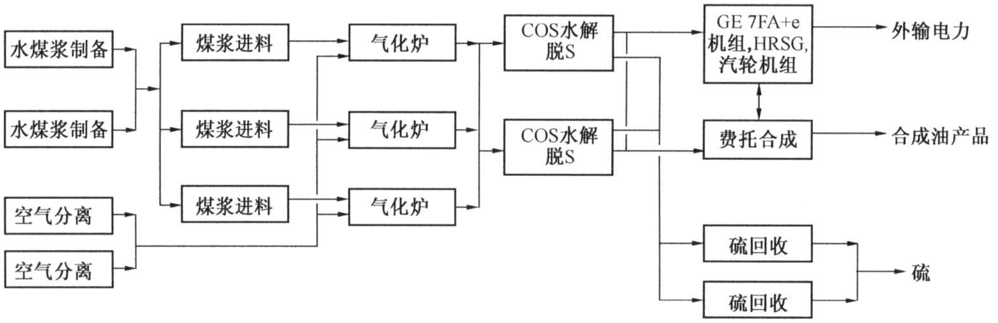

图 9-19　石油焦气化-联产合成油 IGCC 发电厂优化的方块流程

合成系统设置合成气最终净化和费托合成、产品回收两个工序。合成气净化塔采用浸渍的活性炭床吸附、脱除气体中的 H_2S、COS 和微量的 CS_2。净化后的合成气硫含量低于 0.5μL/L。活性炭床层用中压蒸汽和少量空气再生，排出的气体排至污水汽提装置。失活的活性炭送入气化炉中转化为合成气。

净化后的合成气分为两股，92%的合成气送至合成装置的浆液床合成反应器中，8%的合成气与合成装置驰放的“合成尾气”一起经预热后用作燃气轮机的燃料，燃料的热值约为 6.1MJ/Nm^3。

3）煤气化-发电-联产合成油方案（S2-3 方案）

此方案为经过优化的煤炭气化-联产合成油-IGCC 发电工厂。原料煤处理量为 8424t（干基）/d，日产合成油 12377 桶、元素硫 237t 和熔渣 1423t，净发电量 675.9MW。

工厂的方块流程图参见图 9-20，由煤气化、费托合成和发电三部分组成。工厂的工艺流程与上述 1000MW IGCC 发电厂相同，只是将 1 个联合循环系列改为 2 个费托合成系列，形成煤气化-联产合成油 IGCC 发电厂。

气化部分由 4 台气流床高压气化炉、3 套空分制氧装置组成 4 个气化炉系列，配套设置 2 组气体净化和硫回收系统。

费托合成部分包括 2 个铁剂浆液床合成和产品回收系列。

发电部分由 2 台 GE7FA+e 燃气轮机发电机组（包括 HRSG）、1 台蒸汽透平发电机组成 1 套联合循环系统。

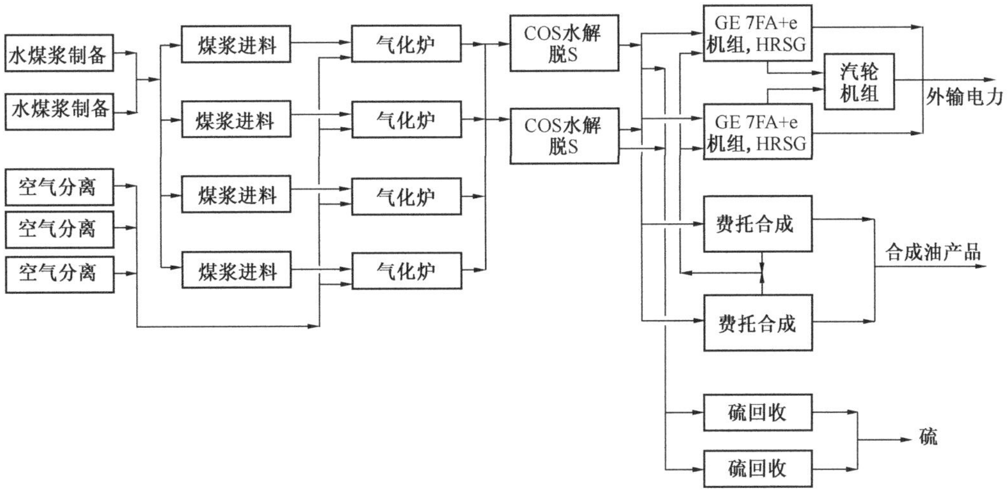

图 9-20　煤气化联产合成油 IGCC 发电厂优化的方块流程

2. 技术经济比较

1）工艺技术和经济比较

在低电价和高油价形势下，联产合成油的 IGCC 电站较为有利；在高电价、低油价形势下，独立的 IGCC 电站就较为有利。

比较 S2-2 石油焦气化-发电联产合成油方案和 S2-3 煤气化-发电联产合成油方案可以看出，煤炭的挥发分高于石油焦，煤制合成气的甲烷含量约为石油焦气化所产合成气的 2.6 倍。表 9-38 列出了几种 IGCC 技术的工艺性能比较，表 9-39 为联产合成油的 IGCC 发电厂投资数据，从中可以看出各个工序的投资比例。

表 9-38　几种 IGCC 技术的工艺性能比较

项　　目	联产合成油的 IGCC 煤发电方案	联产合成油的 IGCC 石油焦发电方案	单独发电的 IGCC 方案
使用的造气原料	烟煤	石油焦	烟煤
原料用量/（t/d）	9852	5167	9852
t/d（干基）	8424	4925	8424
耗氧量/（t/d）	7199	5342	7281
折合：t 氧气/t 煤（干）	0.855	1.081	0.864

续表

项目	联产合成油的IGCC煤发电方案	联产合成油的IGCC石油焦发电方案	单独发电的IGCC方案
产品产量			
发电量/MW	675.9	366.9	1154.6
合成油产量/(桶/d)	12377	10450	0
硫磺/(t/d)	237	373	237
熔渣/(t/d)	1423	195	1423
热效率/%[按高热值基准]	53.4	54.9	40.8
建设总投资①/亿美元	11.59	7.35	12.31
单位能力投资②/(美元/kW)	776	695	1066
电价③/(美元/MW·h)	48.1	19.5	44.4

① 建设总投资按2003年美元计算。

② 单位建设投资包括合成油部分，按折合兆瓦计。

③ 按 *ROI*=12%，原油价为30美元/桶确定电价。

表9-39 联产合成油的IGCC发电厂投资数据

项目	联产合成油的IGCC煤发电方案		联产合成油的IGCC石油焦发电方案		单独煤发电的IGCC方案	
	亿美元	%	亿美元	%	亿美元	%
原料处理/亿美元	0.2832	2.5	0.0801	1.1	0.2832	2.3
空气分离/亿美元	1.4979	12.9	1.0725	14.6	1.5150	12.3
气化炉/亿美元	4.3409	37.4	3.0029	40.8	4.4330	36.0
费托合成/亿美元	0.9428	8.1	0.7237	9.8	0	0
发电系统/亿美元	3.4879	30.1	1.7863	24.3	4.9380	40.1
公用工程/亿美元	1.0379	9.0	0.6875	9.4	1.1442	9.3
总投资/亿美元	11.5906	100	7.3530	100	12.3133	100
单位投资/(美元/kW·h)	778		695		1066	

从表9-38中可以看出单独发电的IGCC系统热效率较低，仅为40.8%；煤气化联产合成油的IGCC系统热效率高达53.4%；石油焦气化-联产合成油的IGCC发电的热效率达54.9%。

2）技术经济比较的结论[5]

① 经过优化后的IGCC电站(包括独立的和联产合成产品的)可以大大降低建设投资和生产费用。

② 在高油价经济形势下，石油焦气化的发电-联产燃料油工厂具有经济竞争力。

③ 煤气化IGCC发电厂目前尚无法与燃煤电厂竞争，但两者差距日益缩小；改进技术的IGCC发电厂将在经济上具有竞争性。

④ 石油焦气化和煤气化的IGCC电厂基本相似，建设投资的差别不大。

⑤ 由于天然气价格呈上涨趋势，燃煤的IGCC电厂的经济效益将好于天然气的IGCC电厂。对于以天然气为原料的联产合成油的IGCC电厂，当合成气供应不足需要补充天然气时，就会使工厂的投资利润率(ROI)降低。

⑥ 当原油价格上涨和电价较低时，联产合成油的IGCC电厂的经济效益就可以改善。

⑦ 发电量与合成油产量的平衡可以实现IGCC电厂的操作最佳化。这取决于用作透平燃料的合成气组成、合成尾气组成以及燃气机组规格对燃料气热值要求等因素。

四、温室气体零排放的联产方案[12]

1. 替代能源生产和CO_2减排

煤制油(CTL)是生产替代燃料主要工艺路线，但必须解决煤转化过程的温室气体排放问题。CO_2 减排措施包括：提高转化过程的能效率、使用可再生能源为原料和采用 CO_2 捕集和深埋技术。

美国计划采取多种措施，目标是至2056年实现减少温室气体排放20亿t。减排措施内容如表9-40所示。可以看出，通过提高能源使用效率的减排效果可达65%，CO_2 捕集和深埋的减排效应只有15%，使用生物质原料的减排效应为20%。

表9-40　美国温室气体减排措施及效果预测

项　　目	温室气体减排量/亿t	减排效应/%	项　　目	温室气体减排量/亿t	减排效应/%
提高用电效率	5.3	26.5	使用可再生能源	4.0	20.0
其他用户提高效率	2.7	13.5	CO_2 捕集和深埋	3.0	15.0
小汽车提高效率	2.7	13.5	合计	20.0	100.0
其他运输车辆提高效率	2.3	13.5			

2. 生物质/煤炭联合生产燃料的 CO_2 减排技术

除 CO_2 捕集和深埋等目前公认的储碳、减排技术外，还必须同时采取其他措施才可彻底解决温室气体减排问题。普林斯顿大学环境学院的R. H. Williams分析了煤气化的温室气体排放情况后，提出了用煤和生物质为原料的联产合成燃料路线，可以在燃料油生产、使用全过程中达到减少温室气体排放的效果。

种植草类生物质可以通过光合作用将 CO_2 以碳的形式储存到植物的根部或土壤中，从而收到减排效果。发展常规生物质能源具有"碳"中性和可再生性的优越性。但也存在"与粮争地"和种植单一能源作物会破坏"生物多样性"的缺点。于是，D. Tilman于2006年在"科学"(Science)杂志上提出了种植、使用"负排放"效应的生物质和发展生物质/煤炭联合加工生产能源产品的技术路线。其主要内容如下：

① 采用两种储碳机制解决温室气体问题：即一方面用 CO_2 捕集和埋存方法将生物质原料中90%碳储存到地质构造中，形成 CO_2 负效应。另一方面在贫瘠、缺乏有机质(缺碳)的土壤中种植一种草原型能源作物(MPG草类，Mixed PRAIRIE grasses)，可以通过土壤中储碳和根部积碳造成 CO_2 负排放效应。

② 用煤炭气化-发电-联产合成油技术生产运输燃料，用生物质气化生产氢气补充煤制合成气生产合成油过程的氢不足。

③ 一般生物质能源作物(如柳枝稷)不具有根部和土壤中储碳的效应，MPG草类是种植在荒漠草原上的草原型草类作物，具有在根部和土壤中储碳的作用。其在土壤和根部中的储碳率约为MPG收获量中含碳的60%，即每收获1t生物质可在土壤和根部中积存0.6t碳。

表9-41列出了燃料油生产、使用过程的温室气体排放率。数据表明：常规煤制油(CTL)过程无论是否回收 CO_2，产生的温室气体效应均高于使用石油燃料。常规的煤-生物质制油(CBTL1)可以降低温室气体排放。而用MPG草和煤炭的炼油(CBTL2)，就可以实现温室气体零排放。

表9-41　燃料油生产、使用过程的温室气体排放率

项　　目	温室气体排放率/(kg碳当量/$GJ_{(LHV)}$)
石油汽油	25
石油柴油	26
煤制油(CTL)，不回收 CO_2	49
煤制油(CTL)，回收 CO_2	28
煤-生物质(开关草)炼油(CBTL1)，回收 CO_2	~6
煤-生物质(MPG)炼油(CBTL2)，回收 CO_2，根部储碳	负值

实现温室气体零排放的联产合成燃料油生产流程图参见图 9-21。

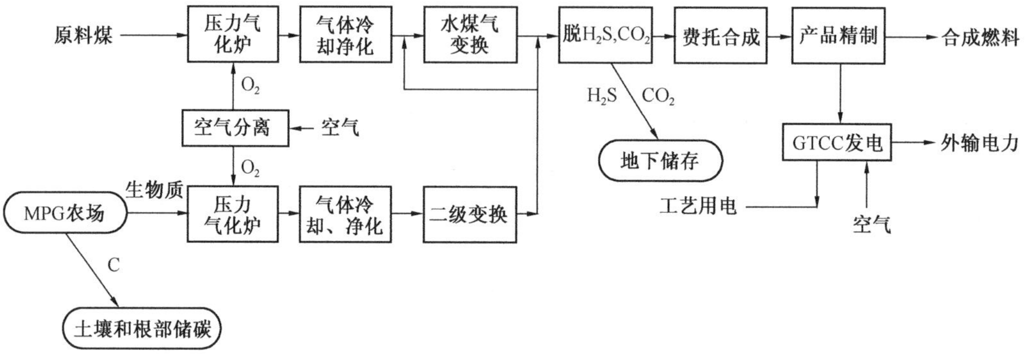

图 9-21　煤/生物质气化-联产合成油工艺流程

以 MPG 草为造气原料生产富氢合成气，然后与煤气化生产的合成气调制成 H_2/CO 比合格的合成气，经过脱除酸性气(CO_2 和 H_2S)后可用于生产合成油并联产电力。将回收的 CO_2 进行深埋处理。此项生产技术加上种植 MPG 草的储碳效应可实现温室气体零排放的效应。

3. 煤制油过程的能效率

表 9-42 列出了两种煤制油过程的原料耗用量和效率。

表 9-42　煤制油过程的原料耗用量和效率①

项　　目		生产 1GJ 的原料耗用量(GJ)	
		GJ 原料/GJ 燃料油	能效率/%
煤制油(煤 79%；生物质 21%，回收 CO_2)	煤耗量	1.18	54
	生物质(MPG)耗量	0.67	
煤制油(煤 62%；生物质 38%，回收 CO_2)	煤耗量	0.67	54
	生物质(柳枝稷)耗量	1.18	
粮食发酵制乙醇(2000 年)		2.6	38.5
粮食发酵制乙醇(2030 年)		1.8	56

① 表中的能耗已扣除了发电用能耗，即：炼油用煤量=总耗煤量-发电用煤当量。

4. 煤-生物质联合生产合成燃料油的经济效益及社会环境效益

发展煤-生物质联合生产合成燃料油可从农业和工业两个方面分析其经济效益。

1) 评估的基准

碳储存价格：100 美元/t；

煤制油的原油平衡价格：49 美元/t；

合成油价格：1.62 美元/加仑当量汽油，折合 68 美元/桶。

MPG 草产量(按劣质土地种植牧草产量的 1.5 倍计算)：10.4t(干)/公顷。

2) 农场的经济效益

合成油厂的 MPG 草收购价：95 美元/t(干)；

MPG 草的物流成本：-39 美元/t；

农场主收入：56 美元/t(干)；

按 2001~2004 年谷物平均产量和平均价格计算，种植粮食收入为 601 美元/公顷；

改种 MPG 草的收入为 56×10.4=579 美元/公顷。

由于种植草类为高投入产出比的行业，而且可充分利用劣质土地，故经济上是可行的。

3）合成油厂的经济效益

按下述基准计算工厂的效益：

工厂规模：当量汽油产量=17900 桶/d，净发电量=430MWe；

原料煤为高硫烟煤，煤价按 21 美元/t 计，温室气体排放价按 100 美元/t 碳计算；CO_2 排入距工厂 160km 里碱性蓄水层地下 2000m 深处。

在上述条件下，原油的平衡价为 49 美元/桶；合成油售价为 1.62 美元/加仑（汽油当量）；电价=65 美元/MW·h（带 CO_2 捕集的 IGCC 发电成本）。

4）社会效益及环境效益

以美国为例，根据表 9-43 的生物质原料的可供应量、综合考虑汽车提高行车效率、降低油耗等情况，分析了 2050 年运输燃料消费和温室气体排放效应，结果如表 9-44 所示。

表 9-43　生物质原料可供应量

项　　目	可供应量		
	亿 t/a	EJ_{LHV}/a	油当量/（亿 t/a）
残渣生物质	7.61	13.6	3.24
其中：林业废料	3.34	6.1	1.45
农作物残渣	4.27	7.5	1.79
MPG 草类	2.92	5.1	1.21
合　计	10.53	18.7	4.45

注：种植草原型草类 2900 万公顷，其中 700 万公顷为从种植谷物改为种植 MPG 草类；单位面产量为 10t/公顷/a。

表 9-44　2050 年北美地区运输燃料消费及温室气体排放预测

项　　目	2000 年	2050 年	
小汽车拥有量/百万辆	250	406	
小汽车耗油量/（L/百 km）	11.6	10	4.0
运输燃料消费量/亿 t 油当量			
运输燃料油耗量总计	6.81	11.02	7.41
其中：小汽车	4.21	5.95	2.33
温室气体排放量/亿 t	6.40	10.32	6.93
2050 年生物质可供应量（用于联产合成油）/亿 t 油当量			
残渣生物质			4.38
MPG 草类			1.67
联产合成油的碳排放量/（亿 t 碳/a）			1.24
2050 年联产合成油的煤炭用量/亿 t 油当量			6.17
2050 年 CO_2 埋存量/（亿 t 碳/a）			5.51
2050 年土壤和根部储碳量/（亿 t 碳/a）			1.18
CO_2 埋存量与土壤及根部储碳量合计/（亿 t 碳/a）			6.69

表 9-44 中数据说明以下几点：

① 通过提高行车效率，降低油耗，2050 年运输燃料总消耗量及温室气体排放均约比 2000 年提高 10%～15%。

② 2050 年，通过采用煤-生物质联合炼油技术可减少温室气体排放量 6.7 亿 t，相当于运输燃料消费所排放的温室气体量（6.9 亿 t）；

③ 一部分种植粮食耕地需改种 MPG 草类，可提供 1.2 亿 t 的储碳能力，减少温室气体效应。

5. 发展温室气体零排放的联产合成燃料油技术展望

以煤炭-生物质联合原料联产合成燃料油并达到温室气体零排放是一项新技术，不仅涉及工业、农业生产领域，也将会遇到技术、经济和生态系统等多方面的挑战。这一巨大的、涉及国内和国际的复杂工程，不经过深入的开发研究、示范试验，很难实现产业化和实现温室气体零排放的效应。

我国的煤炭、生物质资源丰富，尽管人口众多、人均耕地面积偏低，但却拥有大量荒漠土地，如何根据土地、水和日光资源情况、因地制宜地发展具有储碳功能的生物质能源作物、发展温室气体低排放的运输燃料油生产技术是发展替代燃料的重要课题之一。

五、煤基费托合成油工业的发展前景

1）煤、油价格及比价关系

南非 Sasol 工厂发展煤基费托合成油工业的有利因素是拥有丰富和廉价的煤炭资源和较为廉价的加工费用。南非的平均煤价为 10 美元/t，约折合 0.4 美元/GJ(2.4 美元/桶油当量)。

根据 2003 年 Bechtel 公司对联产电力的煤基费托合成油厂技术经济评估结果：在以下情况下，煤基的费托合成油厂的经济性能够与天然气合成油、进口原油炼制成品油相竞争，在经济上是有吸引力的。

- 进口原油价为 24.2 美元/桶。
- 天然气价格为 3.8 美元/GJ。
- 原料煤价格为 24.4 美元/t。
- 合成油成品价格为 30 美元/桶。

以上数据表明：按单位热量(美元/GJ)计算，煤、气、油价格分别为 1.15 美元/GJ、3.8 美元/GJ 和 4.2 美元/GJ，即煤、气、油比价为 1∶3.3∶3.7。

2007～2008 年以来，国际原油价格急剧上升，2008 年初已增至 100 美元/桶。以下为近 3 年来世界油、气、煤的平均价格和比价关系，从中可以看出油、气、煤三类化石能源价格及比价变化关系。

表 9-45　2005～2007 年化石燃料的价格变化趋势

年　度	原油		天然气		煤炭		油、气、煤的比价
	美元/桶	美元/GJ	美元/GJ	美元/m^3	美元/t	美元/GJ	
2005	38	6.44	5.0	0.18	30	1.2	5.37∶4.17∶1
2006	61	10.3	6.6	0.24	40	1.6	6.43∶4.13∶1
2007	85	14.4	8.0	0.29	45	1.8	8.00∶4.44∶1

油、煤的比价变化和 Bechtel 的评估结果说明：在高油价形势下，联产电力的煤基的费托合成油厂将可大大提高经济效益。从煤气油的比价变化就可以预测煤制油户业的经济性。

2）联产合成油和电力的费托合成油厂的技术优势[16]

美国在实施向氢燃料时代过渡进程中，提出了发展煤基费托合成-联产电力的工艺方案以期达到减少石油消费量和降低碳排放量的目的。与常规流程的合成工厂相比，一次通过流程的主要优点是提高能效率，降低建设投资。

Bechtel 公司曾制定了联产电力的煤基费托合成油厂工艺方案，生产流程见图 9-22。图中包括 3 个工厂方案。方案 1 中，18%的合成气量直接用作发电燃料。方案 2 是全部合成气用作合成原料，只用合成尾气作发电燃料(低热值的透平燃料)，所以合成油产量比方案 1 提高了 22%。方案 3 是在方案 2 基础上增加了合成尾气碳回收设施。3 个方案的技术经济评

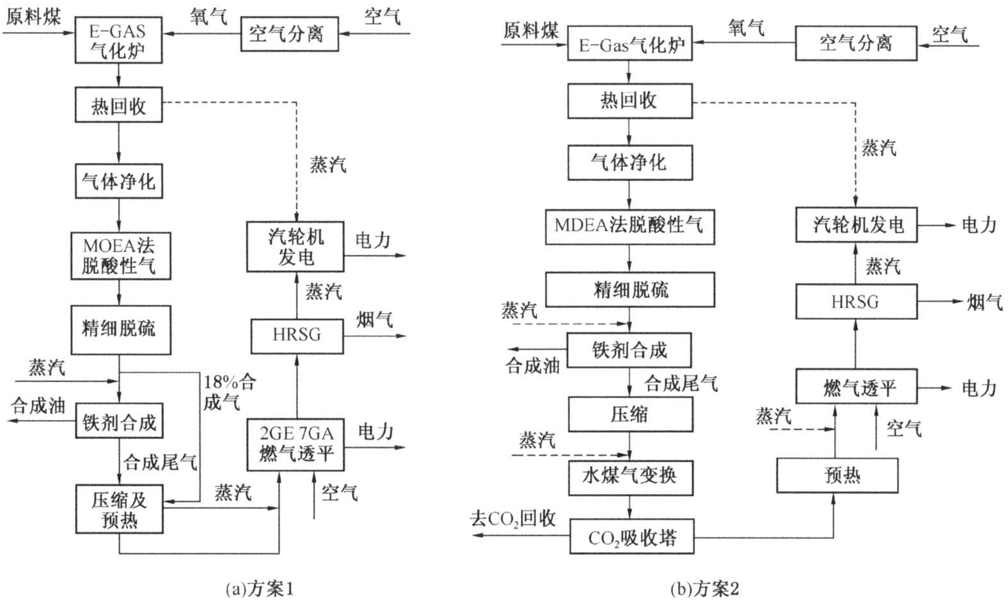

图 9-22　联产电力的费托合成油厂生产流程

(a)方案 1 为 18%合成气用于发电；(b)方案 2 全部合成气用于发电；方案 3 为带 CO_2 回收的方案

估结果参见表 9-46。

表 9-46　联产电力的煤基费托合成油厂技术经济评估

项　　目	方案 1(基准)	方案 2	方案 3
原料煤量/(t/d)	9264	9264	9264
合成气产量/(t/h)	667	667	667
合成油产量/(t/h)	66.4	81.0	81.0
发电量/MW			
总发电量	819.6	688.5	500
净发电量	675.9	540.7	310.9
透平燃料热值③/(MJ/Nm^3)	7.82	6.85	14.4
CO_2 捕集量/(t/h)	0	0	524
碳分布/%			
合成油	23	28	28
CO_2 回收量	0	0	53
烟囱排放	77	72	19
能效率①/%	57	58	0.49
建设投资②/亿美元	12.39	10.18	12.51

① 为按热力学第一定律计算的能效率：(电力+合成油/煤炭)。

② 按 2003 年美元价格计算。

③ 为低热值。

不同方案的煤耗指标参见表 9-47；方案 1 的建设投资数据参见表 9-48。

表 9-47　不同方案的煤耗指标

项　　目	耗煤量/(万 t/a)		年产量		单位煤耗量	
	合成油耗煤	发电耗煤	油/万 t	电/(TW·h)	t 煤/t 合成油①	kg 煤/kW·h
方案 1	170	138	53.0	54.1	3.2	0.255
方案 2	201	107	64.8	43.3	3.1	0.247
方案 3	236	72	64.8	24.9	3.6	0.289

①合成油耗煤量中未包括生产用电所耗用的煤炭量。

3) 发展合成油工厂的几个技术问题：

① 由大型煤气化炉、先进费托合成技术和 IGCC 发电系统组成的联合工厂在工程建设和生产运行上目前均缺乏经验。

② 联合工厂耗水量大(用水指标约为 8~12t/t 合成油)，污水处理和对地下水源污染问题值得关注。

表 9-48　方案 1 的建设投资分析数据

项　　目	联产合成油-发电厂	1000MW IGCC 发电厂
总投资/亿美元	11.59	12.31
其中：原料煤处理	0.26	—
空气分离	1.50	—
气化炉	4.34	—
费托合成	0.94	—
发电系统	3.49	—
其他设施	1.04	—

③ 煤矿规模应与费托合成工厂配套，生产规模为年产合成油 50 万 t 费托合成油厂的年耗煤量 300 万~320 万 t(包括发电和燃料用)，需要配置大型煤矿基地。

④ GHG 排放问题：每吨合成油的碳排放量 2~2.4t。联产电力的合成油厂，碳排放量约相当于进料碳含量的 72%~77%。CO_2 回收系统的碳捕集量约相当于原料煤碳含量的 70%。

4)煤制油(CTL)技术的比较

有直接转化(DCL)和间接转化(IDCL)两种工艺路线，即煤加氢液化工艺和煤气化-费托合成工艺，综合比较如表9-49。

表 9-49　煤制油(CTL)技术比较表

煤加氢液化工艺(DCL)		煤气化-费托合成工艺(IDCL)	
优点	缺点	优点	缺点
1. 工艺流程较短 2. 汽油质量较好 3. 能效率好于间接转化 4. 产品热值较高	1. 柴油十六烷值低 2. 水和空气污染问题 3. 生产费用高于 IDCL 4 大量使用高压高温设备	1. 洁净的成品油 2. 适合于回收 CO_2 3. 生产费用低	1. 工艺流程较长 2. 能效率较差 3. 汽油质量问题

5) 煤炭联合转化流程[17]

为了发挥两种煤制油技术优势、克服缺点，有学者提出了由煤炭加氢液化和煤基费托合成组成的煤炭联合转化流程。用费托合成的尾气为制氢原料，生产的氢气用于煤炭加氢液化和生成油的加氢处理。

第八节　费托合成的技术经济

费托合成包括以天然气、煤炭或生物质等不同原料生产合成油技术。天然气、煤炭生产合成油技术已经建成工业化装置，生物质生产合成油是开发中的技术。综合国外公司的相关咨询资料后，分别进行了天然气生产合成油(GTL)和煤炭生产合成油(CTL)的经济性论述。关于生物质生产合成燃料油(BTL)的经济性，则以德国 CHOREN 实验数据和美国的 CBTL 技术为例进行一般性评估。

一、天然气生产合成油的技术经济[11]

天然气生产合成油是成熟的工艺技术、也是替代燃料的主要发展路线，以下论述不同工艺技术的 GTL 工厂的经济性。

1. 示范工厂的投资分析

表 9-50 列举了生产规模为 30000 桶/d、75000 桶/d，使用不同催化剂的天然气费托合成油厂建设投资数据。从中可以看出：

1）GTL 合成油厂使用新型催化剂有助于提高生产效率、降低建设投资；

2）合成油厂的单位生产能力投资额随生产规模的增大而减少，生产能力指数为 0.6 左右。

表 9-50　不同示范工厂的投资分析

项　　目	工厂规模：30000 桶/d		工厂规模：75000 桶/d	
	使用第一代催化剂	使用第二代催化剂	使用第一代催化剂	使用第二代催化剂
产品数量/(万 t/a)	184.07	191.81	460.57	479.48
建设投资/(万美元)	115800	99900	200700	176900
单位投资/[万美元/(万 t/a)]	629	521	436	369
单位投资比值	1.0	0.828	0.693	0.597

2. 不同工艺方案天然气合成油厂的技术经济

1）不同工艺方案的费托合成油厂建设投资

根据示范工厂的试验结果，制定了五种方案以便说明不同工艺流程、不同产品方案和使用不同催化剂对工厂经济性的影响。五种方案的技术经济和物料平衡结果见表 9-51 和表9-52。

五种不同的工艺方案如下[1]：

方案 D：生产规模为 70000 桶/d(按合成柴油产量计，下同)，使用第一代合成催化剂，采用部分氧化流程生产合成气，合成柴油直接用作柴油调合组分；

方案 D-1：生产规模为 70000 桶/d，使用第二代合成催化剂，采用部分氧化流程生产合成气，合成柴油直接用作柴油调合组分；

方案 E：生产规模为 70000 桶/d，使用第三代合成催化剂，采用自热式重整流程生产合成气，合成柴油直接用作柴油调合组分；

方案 E-1：生产规模为 70000 桶/d，使用第三代合成催化剂，采用自热式重整流程生产合成气，合成柴油进行异构加氢裂化处理；

方案 E-2：生产规模为 70000 桶/d，使用第三代合成催化剂，采用自热式重整流程生产合成气，合成柴油进行异构化处理，合成蜡油异构加氢裂化。

表 9-51　不同工艺方案的技术经济数据计算结果

工艺方案	D	D-1	E	E-1	E-2
工厂规模(按中馏分油计)/(桶/d)	70000	70000	70000	70000	70000
合成气生产工艺	部分氧化	部分氧化	自热式重整	自热式重整	自热式重整
使用的催化剂	第一代	第二代	第三代	第三代	第三代
原料气用量/(万 t/a)	620.4837	612.1187	498.2346	573.2974	508.3615
液体产品产量/(万桶/d)	10.468	10.9445	10.3987	11.7709	10.4704
建设总投资/亿美元	24.241	21.913	17.674	19.619	18.255
单位建设投资/[万美元/(万 t/a)]	564	490	417	413	428
碳效率/%	75.77	78.02	81.44	78.71	80.02
氢气耗量/(万 t/a)	4.3951	3.4802	3.3075	7.1958	5.1221

续表

工艺方案	D	D-1	E	E-1	E-2
合成气产量/(万 t/a)	1273.70	1253.06	1036.42	1192.56	1057.48
费托合成用气量/(万 t/a)	1228.21	1217.04	1002.19	1118.09	1004.45
C/CO_2 质量比	0.2729	0.2729	0.2729	0.2729	0.2729
O_2/CO_2 质量比	0.7271	0.7271	0.7271	0.7271	0.7271
合成气(H_2+C+O_2)/(万 t/a)	1273.70	1253.06	1036.42	1192.60	1057.48
其中：O_2	707.31	689.71	558.82	641.56	569.43
H_2	120.85	122.28	107.58	124.58	110.18
C	445.53	441.06	370.02	426.44	577.88
碳损失量/合成气含碳量	0.2423	0.2198	0.1856	0.2129	0.1998

表 9-52　不同工艺方案的物料平衡数据

工　艺　方　案	D	D-1	E	E-1	E-2
工厂规模(按中馏分油计)/(桶/d)	70000	70000	70000	70000	70000
原料气用量/(万 t/a)	620.4837	612.1187	498.2346	573.2974	508.3615
合成气产量/(万 t/a)	1273.70	1253.06	1036.42	1192.56	1057.48
费托合成用气量/(万 t/a)	1228.21	1217.04	1002.19	1118.09	1004.45
液体产品产量/(t/d)	13015	13561	12858	14382	12933
其中：LPG	267	269	255	413	282
石脑油	3627	4171	2563	4929	3611
中馏分油	9121	9121	9040	9040	9041
液体产品年产量/(万 t/a)	429.5	447.5	424.3	474.6	426.8
原料天然气单耗/(t/t 液体产品)	1.445	1.368	1.174	1.208	1.192

以上计算结果可以看出，采用先进的重整技术和新一代的费托合成催化剂可提高生产效率、碳效率和降低天然气耗量，使用第三代催化剂的碳效率(81.44%)比使用第一代催化剂的碳效率(75.77%)高，碳效率与生产规模无关。

表 9-53 列出了不同生产规模的合成油厂的单位生产能力的投资数据，其中 30000 桶/d 工厂是根据示范厂的计算结果经过修正、调整得出的。可以看出：

① 扩大生产规模可以降低建设投资；

② 以方案 E 的建设总投资额最低，参见表 9-51，为 17.7 亿美元；

③ 改进生产工艺对降低工厂建设投资的效应是明显的；

④ 建设投资额对降低合成油生产成本有较大的影响。

表 9-53　不同方案单位生产能力建设投资比较①　　万美元/(万 t/a)

生产规模(按中馏分油产量计)(桶/d)	30000	70000
方案 D	790	564
方案 D-1	685	490
方案 E	582	417

① 单位投资是按照液体产品总产量为基准的。

2）产品质量

方案 D、D-1 和 E 生产的中馏分油均含一定量的烯烃，可用作柴油调合组分。方案E-1

和 E-2 的中馏分油均经过加氢裂化，质量提高。

3) 生产成本

近年来，许多石油公司和工程公司均对费托合成工艺的(包括投资和生产成本)经济性作了前瞻性的预测和估算。Sasol 公司曾对在卡塔尔建设的 Las Raffin 的 34000 桶/d 费托合成工厂的生产成本作了估算，并以此项目作为示范性工厂估算的生产成本，参见表 9-54。

表 9-54　示范工厂的生产成本估算

项　目	数　据		
生产规模/(桶/d)	34000		
建设投资/亿美元	8.00		
生产成本计算	单价	每桶产品用量	美元/桶产品
天然气原料	0.50 美元/GJ	10GJ/桶	5.0
公用工程	—	—	0.25
维修和保险	5%	年投资额的 5%	3.57
人工费	—	—	1.25
现金成本	—	—	10.07
折旧金/投资额的 10%/年	—	—	7.13
资金利润率/投资额的 15%/年	—	—	10.70
产品销售价	—	—	27.90

以 Sasol 数据为基准，在采用新技术的基础上建设规模为 50000 桶/d 的费托合成油厂，至 2008 年，估计合成产品的销售价可降至 22.98 美元/桶；2010 年前后可进一步降至 18.97 美元/桶。采用的新技术包括改进合成反应器的设计、使用第三、四代合成催化剂(催化剂的密度增大)就可提高装置生产力。

Sasol 的浆液床合成反应器的直径为 7m，高度为 30m。受流体力学的约束，极限生产能力为 15000 桶/d(约折合 70 万 t/a)。卡塔尔 Las Raffan 35000 桶/d 合成工厂为双系列合成反应器，表明实际上已经超过了极限生产能力。若改用第三代催化剂，全厂总生产能力有可能增加至 45000 桶/d。

3. 改进天然气合成油工厂的经济性

为了提高费托合成油厂的经济效益(包括降低投资和生产成本)需从以下几个方面改进。

1) 改进天然气重整工艺技术

合成气生产装置的投资在总投资额中所占份额最大，生产能力为 50000 桶/d 的合成油工厂，总投资约为 13 亿美元，各个工序的投资比例如表 9-55 所列。

表 9-55　50000 桶/d 合成油工厂各工序的投资比例

生产工序	投资/%	生产工序	投资/%
原料气处理	9	费托合成	17
合成气生产	14	油品加工	15
空气分离	18	系统工程	27

为了降低工厂建设投资就必须优化和改善生产合成气的工艺技术，Shell 公司和Conoco-Phillips 公司采用了部分氧化技术、ExxonMobil 采用了 AGC-21 流化床联合重整技术、Sasol 第二套采用了 Haldor Topse 的自热式重整技术。ConocoPhillips 的目标是将碳效率和热效率分

别从目前的77%和60%~61%提高至85%~90%和73%(仍有改进的空间)。按此计算，约可降低生产成本15%~20%；每桶产品的生产现金成本约可降低1美元。典型合成油工厂的合成油生产成本约为10美元/桶，包括折旧和投资利润率后的销售价约为27美元(相当于原油价格为15~18美元/桶)。

合成气成本约占GTL总成本的60%左右。据测算：采用BP公司的紧凑式重整技术或Synetix的AHHR重整技术，约可将建设投资和生产费用降低10%~15%，采用Shell和Conoco的催化部分氧化重整技术也可将投资和生产成本降低10%~20%。

2）开发新型合成催化剂

合成催化剂对改善生产的效果和提高合成工艺的经济效益是明显的。Shell公司在马来西亚的费托合成油厂使用第二代SMDS催化剂后，合成反应器产能约可提高30%。一套3台反应器系列的合成装置，原设计生产能力为10000桶/(d·台)，更换催化剂后，装置的生产能力可增至37500桶/d。

Shell正在开发第三代SMDS催化剂。

Sasol公司开发的第三代合成催化剂，催化活性可提高20%，合成产品收率将由60%提高至62%。第三代合成催化剂将于2008年开发成功，将可用于Ras Laffan天然气项目的开工。2010年推出的第四代催化剂可将生产效率进一步提高25%。

4. 天然气合成油工厂经济性的前景展望

许多石油公司、咨询公司和工程公司均对天然气合成工厂技术经济性前景作了评估和展望，可归纳为以下几点结论：

1）降低建设投资的预期

20世纪80年代中期，GTL工厂的单位建设投资为7万美元/(桶/d)，随着工艺技术的改进和生产能力的扩大，预期2000~2010年期间可降至2~2.5万美元/(桶/d)。据Ras Laffan天然气项目的数据，单位生产能力的建设投资已经降至25000美元/(桶/d)。Sasol-Chevron公司的目标是于2008年后将投资指标降至2万美元/(桶/d)。

2）降低合成油的生产成本

以卡塔尔Ras Laffan的34000桶/d GTL工厂的数据为基准，2005年合成产品的生产成本为27.90美元/桶。通过改进合成反应器和使用第三、四代合成催化剂，该厂的生产能力可以扩大至40000~45000桶/d，预期至2008年和2010年之后，产品的生产成本可分别降至23美元/桶和19美元/桶。

3）天然气价格对生产成本的影响

合成燃料油的生产成本中，天然气的成本占很大的比重。不同地区的天然气价格差别很大，俄罗斯、中东是天然气储量最丰富的地区；北美州、西欧和亚洲是天然气的重要消费市场。合成油工厂建在廉价的天然气地区可以获得最大的经济效益。表9-56为按照不同地区1997年第二季度两种差别较大的天然气价格(高价格为2.05美元/GJ，低价格为0.47美元/GJ)，三种不同的工艺技术，生产规模均为50000桶/d(约折合223万t/a)，产品方案均是柴油(或中馏分油)的合成油工厂建设投资和生产成本比较。

从表9-56中数据可以看出：在高天然气价格地区(例如美国墨西哥湾地区，天然气价格为2.05美元/GJ，生产合成柴油时，天然气成本约占成品油销售成本的50%；在天然气价格便宜的地区(价格为0.47美元/GJ)生产合成柴油时，原料气的成本仅占销售成本的18%左右。

表 9-56　天然气价格对合成产品生产成本的影响

项　　目	Sasol(柴油)		Shell(中馏分油)		Exxon(柴油)	
	高价格	低价格	高价格	低价格	高价格	低价格
建设投资/亿元						
工艺装置	8.939	11.621	9.549	12.414	8.400	10.92
系统工程	2.652	3.331	3.324	4.321	3.600	4.680
小计	11.501	14.951	12.873	16.735	12.000	15.600
其他工程费用	2.875	3.738	3.218	4.184	3.000	3.900
总投资	14.376	18.689	16.091	20.919	15.000	19.500
单位生产能力投资/[万美元/(万 t/a)]	645	838	722	938	673	874
生产成本/(美元/t 产品)						
原料成本	160	46	177	50	180	51
公用工程成本	28	5	19	20	27	25
可变成本	188	53	196	70	207	76
直接固定成本	17	21	17	22	16	21
摊销固定成本	18	24	18	25	18	24
总现金成本	223	98	231	116	241	121
折旧金	58	76	62	80	60	78
10%资金利润率	64	83	69	90	68	88
销售成本	345	257	362	286	369	287
折合每桶价格①/(美元/桶)	49.3	36.7	51.7	40.9	52.7	41.0

① 按每吨柴油=7 桶计算。

近年来，随着原油价格的攀升，天然气价格也呈直线上升的趋势。2005 年末美国冬季民用天然气价格已升至 14 美元/GJ。

分析表中数据可知：在天然气价格为~2.0 美元/GJ，折合原油当量价格仅为 2×6.12GJ/桶=12.25 美元/桶 时，合成油的价格在 50 美元/桶范围之内。若天然气价格再升高，则生产合成油就显然没有竞争力了。按表中数据推算，当天然气价格升至 4.0 美元/GJ 后，合成油的价格约为 72 美元/桶。

二、煤基费托合成油厂的技术经济

煤炭气化生产合成气 H_2/CO 比例低，如果采用尾气循环的合成流程会增大反应器容积和需要大功率的循环气压缩机，流程复杂，能耗高、驰放气只能用作燃料，降低了系统热效率。"一次通过式"合成气生产燃料油并联产电力是发展煤制油(CTL)工业的经济可行方案。

煤制气的 CO_2 排放量高(气化过程的碳排放量约为煤含碳量的 70%)，故煤制油过程必须解决 CO_2 回收问题。

为此，按照上述联产方案进行煤炭生产合成油的经济评估，并论述温室气体的减排问题。

1. 大型煤基合成油工厂的技术经济评估

1) 工厂规模

以中硫烟煤为原料，通过造气生产合成气、中压铁剂合成生产柴油和石脑油产品。生产能力为 50000 桶/d。用联合循环技术联产电力，除了工厂自用电外，可外供 124MW 电力。

2) 生产流程

合成油工厂生产流程包括以下生产工序：

(1) 气化工序

采用E-Gas[TM]两段高压吹氧气化炉。共设置气化炉4组，每组气化炉2台，共计8台。将煤粉调制成63%的水煤浆，按78/22比例分别送入第一、二段气化炉中。全部氧气送入第一段炉内，在1200℃和3.4MPa压力下完成部分氧化-气化反应。其余的22%水煤浆经过预热后进入第二段气化炉内，靠第一段热气体提供的热量完成煤浆雾化和气化反应。生成气出炉温度约1000℃，经过急冷、发生蒸汽后，温度降至370℃左右。过滤脱除颗粒物后进入合成气净化工序。

(2) 空分制氧装置

(3) 合成气净化工序

合成气经过洗涤脱出微量的颗粒物和微量的可溶性杂质(包括NH_3、HCN和卤族化合物)，然后，在装有浸硫的活性炭床层的吸收塔中脱除气体中的汞和砷。在气体停留时间为20s条件下，可脱除95%的汞含量。

设置两段Selexol技术，分别从合成气中脱除H_2S和CO_2，CO_2回收率可达96%，从再吸收塔和富液中分3个压力等级回收的CO_2再逐级压缩至15MPa至超临界状态，并在-40℃下脱去水分，以便用管道输出、再填埋处理。

(4) 合成和产品加工序

合成过程采用铁剂浆液床合成反应器技术，为提高液体产品产率，反应器的放出气体经脱CO_2后，循环回至反应器中。轻质合成产品经加氢稳定，重质合成产品加氢裂化生产柴油。合成过程生产的C_4以下轻烃用作燃气轮机燃料。合成液体产品中，44%为石脑油，55%为柴油产品。

(5) 发电工序

包括燃气透平发电、热回收和发生蒸汽、汽轮机发电。燃气透平发电部分共设置GE MS600IFA燃气机组3台，铭牌功率为85MW，总发电量250MW。工厂的总发电量为652MW，扣除自用电量528MW(其中空分制氧压缩机耗电为276MW)，净外供电量124MW。

3) 产品方案

原料煤处理量为22303t(干)/d。日产石脑油22173桶，送至炼油厂进一步改质生产汽油或作为化工原料出售；日产合成柴油27819桶，加入添加剂后作为成品柴油出售；副产元素硫612t/d；合成气净化过程中CO_2回收量为29528t/d，经过压缩后送去填埋处理。联产电力652MW，扣除工厂自用电量为528MW后，净输出电量为124MW。表9-57为合成油厂原料和产品分布数据。

表9-57　合成油厂原料和产品

项　目	数　据
原料	
煤处理量/(t/d)	24533
产品	
石脑油/(桶/d)	22173
柴油/(桶/d)	27819
硫磺/(t/d)	612
CO_2回收量/(t/d)	32481
净发电量/MW	124.3

4) 投资估算

投资估算的基准是：合成油工厂规模为50000桶/d，净发电量124MW。包括有CO_2回收(CO_2压缩至15MPa后送出工厂，不进行填埋)。

财务价格按2006年7月美元计算，汇总的投资计算结果如表9-58所示。

表 9-58　大型煤制油厂的投资估算结果

项　目	投资金额		项　目	投资金额	
	亿美元	%		亿美元	%
建设总投资	45.2795	100.0	工程费用合计	36.4996	80.6
一、工程费用			二、各项费用		
1. 储煤、水煤浆制备等设施	3.461		流动资金	0.8302	
2. 气化炉及附属设施	14.858		开工费用	0.5614	
3. 合成气净化系统	4.9248		业主费用	2.8072	
4. 费托合成系统	7.047		小　计	4.1988	9.3
5. 燃气透平发电系统	0.9861		三、其他费用		
6. 热回收发生蒸汽系统	0.3723		建设期利息	3.8461	
7. 蒸汽透平发电系统	1.0078		财务费用	0.7350	
			小　计	4.5811	10.1
8. 其他(包括冷却水、灰渣处理等设施)	3.8426		四、单位生产能力的建设投资/[万美元/(桶/d)]	9.06	—

5）煤制油技术经济的结论

（1）基准情况估算结果：

在煤价为 40 美元/t，柴油和石脑油售价分别为 82 美元/桶和 63 美元/桶情况下，工厂的投资利润率(ROI)= 19.8%，财务净现值大于 15 亿美元，工厂投资偿还期为 5 年。

合成油厂建设总投资金额(按 2006 年 7 月美元价格计算)为 45.28 亿美元。其中工程费用为 36.50 亿美元，占 80.6%。各项费用和财务费用分别为 4.20 亿和 4.58 亿美元，分别占总投资的 9.3%和 10.1%。

（2）灵敏度分析表明：

原油价格对工厂的投资利润率的影响最大，例如若原油价格升至 61 美元/桶(2005～2006 年平均价)，则 ROI 可达 18%左右；原油价格为 38 美元/桶(2000～2005 年平均价)，ROI 就只有 10%左右了。

（3）工厂建设总投资额对投资利润率的影响：

当建设总投资增加 25%后，ROI 从 25%降至 17%左右。

（4）此项大型煤制油工厂的可行性研究是根据概念设计进行的，尽管此煤制油方案尚未建成工业化工厂，但所用的工艺设备均已通过工业化生产示范，经济估算应具有一定的精确性。

（5）煤制油工厂的投资估算是根据美国国家能源技术实验室(NETL)电力系统财务模型计算的，总投资金额高于前述天然气生产合成油厂的结果。分析投资超高的因素包括：

① 与天然气生产合成油技术不同，煤气化系统的投资费用高；

② 两个方案是按照不同年份的美元价格计算的；

③ 工厂总流程中增加二氧化碳回收设施；

④ 计算中预留了较高的不可预见费用，包括了项目不可预见费 26%，合成工艺技术的不可预见费 25%。

2. 中型煤基合成油工厂的技术经济评估[15]

据美国能源部提出的“中型费托合成工厂技术经济评估报告”，生产规模为 35 万 t/a 的煤基合成油厂投资数据如表 9-59。

表 9-59　中型煤基费托合成油厂的技术经济评估

项　目	联合工厂方案	独立工厂方案	项　目	联合工厂方案	独立工厂方案
1. 工厂规模/(万 t/a)	34	39	气化和煤气精制	32800	46600
2. 原料煤处理量/(t/h)	98	161	费托合成系统	11700	13100
3. 产品产量			发电系统	4100	5000
石脑油/(t/d)	439	507	其　他	7100	9100
柴油/(t/d)	586	677	建设总投资	59800	79800
净发电量/MW	29.7	39.5	5. 投资利润率/%	11.9	14.3
4. 建设投资/万美元(2006 年美元)			6. 净现值(折现率 12%)/万美元	-184	8480
煤处理及煤浆制备	4100	6000	7. 投资偿还期/a	9	7

3. 煤制油联产电力工艺的效率和环境效应[10]

1) 经济和环境效应评估

以煤炭为原料(或煤炭/生物质联合原料)联产合成油、电力是可行的替代燃料生产方案。以下根据全过程碳平衡及能量平衡计算结果评估几种工艺方案的效率和环境效应。

制定了以下四种工艺方案，分别进行碳平衡、功率平衡计算，然后进行经济和环境效应评估。

① C-FT-V　煤炭-联产合成油，CO_2 排放、不回收方案；

② C-FT-C　煤炭-联产合成油，CO_2 回收方案；

③ C-FT-CoC　煤炭-联产合成油，CO_2 及 H_2S 回收方案；

④ C/B-FT-CoC　煤炭/生物质-联产合成油，CO_2 及 H_2S 回收方案。

工厂的生产规模相当于年产合成油 70 万 t。设定两种温室气体排放价格：即 0 美元/t 碳当量和 100 美元/t 碳当量。

四个方案的技术经济和环境评估结果见表 9-60。

表 9-60　联产合成油的碳平衡和环境评估

工艺方案	C-FT-V	C-FT-C	C-FT-CoC	C/B-FT-CoC
碳平衡(功率平衡)				
原料煤/(kg C/s)(MW)	74.2(2946)	77.7(3085)	77.7(3085)	56.4(2241)
生物质/(kg C/s)(MW)	—	—	—	24.7(886.8)
合成油产量/(kg C/s)(MW)	21.1(1035)	21.0(1032)	21.0(1033)	20.93(1032)
GJ/h(t/h)	3726(82.8)	3715(82.6)	3715(82.6)	3715(82.6)
电力/(MW)	461.3	429.9	428.3	459.5
未转化的半焦/(kg C/s)	0.74	0.78	0.78.	0.56
煤的 CO_2 排放/(kg C/s)	52.5	8.27	6.94	6.64
煤的 CO_2 捕集回收量/(kg C/s)	—	47.6	49.0	28.3
煤的 CO_2 捕集率/(t CO_2/GJ_{FTL})	—	0.169	0.174	0.101
生物质 CO_2 捕集回收量，CO_2 捕集率/(kg C/s)(t CO_2/GJ_{FTL})				22.3(0.0791)

续表

工艺方案	C-FT-V		C-FT-C		C-FT-CoC		C/B-FT-CoC	
燃料循环的 GHG 排放率/(kg C/GJ_{LHV})	46.73		27.98		26.68		5.53	
相对于石油燃料，比值	1.80		1.08		1.03		0.21	
燃料循环的 GHG 排放率/(g C/kW·h)	219.4		28.8		28.8		28.8	
GHG 排放价格/(美元/t C 当量)	0	100	0	100	0	100	0	100
联产电价/(美分/kW·h)	4.75	6.94	4.75	6.94	4.75	6.94	4.75	6.94
建设总投资/亿美元	16.47		17.97		16.39		16.78	
碳储存费用/(美元/t CO_2)	—		6.59		6.47		6.50	
合成油成本计算								
原料、投资、运转和维修成本合计/(美元/GJ_{LHV})	17.16		18.60		17.32		19.37	
扣除发电成本/(美元/GJ_{LHV})	-5.88	-8.59	-5.49	-8.03	-5.47	-7.99	-5.87	-8.58
GHG 排放成本/(美元/GJ_{LHV})	—	7.38	—	3.14	—	3.00	—	3.07
CO_2 运输储存费用/(美元/GJ_{LHV})	—		1.11		1.12		1.17	
扣除生物 CO_2 收益/(美元/GJ_{LHV})							-2.16	
合成油生产成本①/(美元/GJ_{LHV})	11.28	15.96	14.22	14.82	12.97	13.46	14.67	12.87
合成油当量汽油价/(美元/桶汽油当量)	56.4	79.8	71.1	74.1	64.9	67.3	73.3	64.2
原油平衡价/(美元/桶)	50.4	61.7	66.2	55.6	59.6	48.2	68.6	44.9

① 合成油生产成本=生产总成本-发电成本+GHG 排放成本，GHG 为温室气体。

2）几点结论

（1）温室气体排放效应

方案①为 CO_2 排放、不回收方案，与从石油生产运输燃料(炼油)相比，温室气体(GHG)排放率为石油炼油的 1.8 倍；方案②、③的 GHG 排放率略高于原油炼制过程(1.03~1.08：1)；方案④为煤—生物质联合方案，GHG 排放率仅相当于原油炼制过程的 20%。

（2）煤制油过程的热效率

煤气化—费托合成—联产电力过程的总热效率约为 50%，费托合成生产燃料的效率为 34%~35%，发电效率为 15%。

（3）煤制油过程的碳分布

煤制油过程中，原料煤中的碳只有少部分转化为合成油，约 70%转化为 CO_2。采取 CO_2 回收技术后，仍有约 10%排入大气中，参见图 9-23。

（4）煤炭/生物质—联产合成油方案

该方案每生产 1GJ 合成油需用生物质原料量为 0.86GJ，大大低于生产生物燃料油的生物质用量。对于生物质资源短缺地区具有重要意义，且此方案的 GHG 排放率接近于零排放。

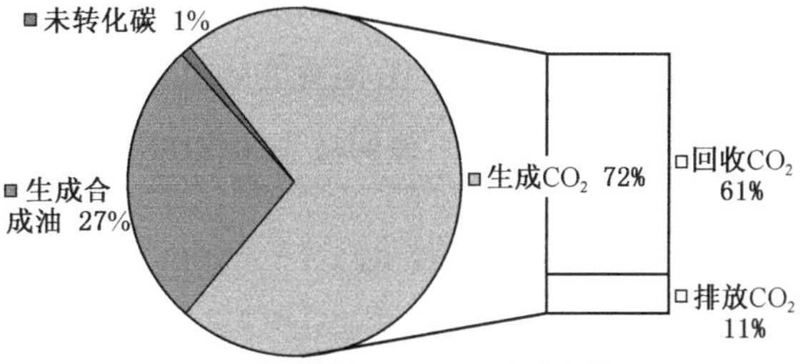

图 9-23　煤制油过程的碳分布情况

（5）合成油的生产成本与碳排放成

本有关

在原油价格为50美元/桶情况下，C-FT-V方案才有竞争力，采用带CO_2回收的联产合成油方案，就需要在更高原油价格下才具有竞争力。例如：对于带CO_2、H_2S回收的煤炭/生物质-联产合成油方案(碳回收成本按100美元/t碳计算)，原油平衡价格为45美元/桶，合成油当量价格为64.2美元/桶。

(6) 在高油价情况下，煤制油生产合成油是有竞争力的技术

若采用CO_2回收技术后，煤制油(CTL)的GHG排放量可降至炼油生产燃料油的水平。否则，GHG排放量将比从原油生产燃料油增高很多。

(7) 包括CO_2回收技术的煤-生物质联合加工CTL，可使GHG排放量进一步下降，达到GHG接近于零排放的效果。

(8) 回收的CO_2用于油田的强化二次采油(EOR)，每生产1桶合成油所回收的CO_2约可使油田增产原油4桶，并可进一步降低合成油的成本，降低原油平衡价格、提高合成油的竞争能力。

三、生物质生产合成燃料油的经济性

BTL技术尚处于开发阶段，未实现大型工业化生产。仍有一些关键技术问题待解决，如生物质原料的破碎、干燥技术；合成气净化和焦油处理技术；生物质气化炉型的选择和工业示范等。发表的一些经济核算数据仍具有局限性。

生物质生产合成燃料油工厂的建设投资的2/3为生物质原料的生产、集输、预处理和气化等工序的投资。据统计，总投资约高于天然气制油过程的60%。

归纳实验数据：5t生物质可生产1t燃料，某些地区每公顷土地能生产4t燃料，BTL小型工厂需要种植园土地面积约3000公顷。预测欧洲地区的BTL生产成本：3.35美元/加仑(2007年)，2.43美元/加仑(2020年)，相当于每桶原油80美元，100万t/a的BTL工厂投资约35亿美元(2004年)。

德国CHOREN公司致力于生物质制油(BTL)技术(主要是“太阳柴油")的开发。在Freiberg建设产量1.8t/h中试装置(β装置)的基础上，2008年建成500t/d的示范工厂并顺利投产。β装置的物料和能量平衡数据见表9-61。

表9-61　CHOREN公司中试装置物料和能量平衡

项　目	木材原料	粗煤气	合成气	合成柴油	合成石脑油(内部循环)	副产电力(自用)
物料流量/(t/h)	10.5			1.8		
能量/MW	43	36.4	35.2	21.8	3.1	3.3
百分比/%	100	84.7	81.9	50.7	77.2	7.7

该公司发表的大型BTL装置的能量平衡数据见表9-62。

表9-62　CHOREN公司大型BTL装置能量平衡

项　目	木材原料(干)	柴　油	石脑油	副　产电　力	冷却水携带热	残　渣携带热	废　水携带热	干燥废气携带热
比例/%	102.6	39.0	14.3	6.4	41.0	0.6	0.2	3.1

该公司预测的 BTL 生产成本将随着技术进步而下降，如表 9-63 所示。

表 9-63　CHOREN 公司大型装置油品成本

项　目	生物质原料	气化过程	合成/加工过程	成本合计
2007 年成本/(欧元/L)	0.28	0.19	0.22	0.69
2020 年成本	0.22	0.13	0.15	0.50
主要措施	每公顷产量从 15t 提高到 30t 以上，改进储存和预处理技术	提高效率，积累经验，装置规模达到百万吨级	提高效率，积累经验，装置规模达到百万吨级	

单位面积的生物质产能较低，运输距离不宜过长(否则运费太高)，加工的规模一般约 30 万 t(干基)/a。只能建设 6 万 t/a 的 BTL 厂，不符合规模经营的要求。详见表9-64。因此国外趋向于采用生物质和煤混合加工，从气化炉进混合料，估计掺混 10%~15%生物质(干)时对气化条件影响不大，并且有利于生物质的充分分解，降低焦油和甲烷产率。只是进料方式有待研究试验。

表 9-64　生物质经济运输距离(美国情况)

原　料	年供应量/万 t(干)	单产/(t/hm^2)	产地面积/km^2	产地集中度/%	供应区面积/km^2	平均运距/km	收购价(含运费)/(美元/t)(干)
柳枝稷	32.5	13.5	241	8	3000	45	40
杨木	32.5	11.3	288	8	3600	45	45
玉米秸秆	32.5	4.5	722	31	2330	35	30

掺混少量生物质的煤制油工艺称为 CBTL 工艺，其技术经济指标与纯 CTL 工艺出入不大。近来美国有关机构曾做了掺混 10%、12%和 15%木材类和草类生物质的技术分析[21]，认为是可行的方案。按日产柴油 7500 桶、石脑油 3509 桶的规模计算，物料需要量见表9-65。

表 9-65　年产油品 40 万吨的 CTL 与 CBTL 工厂物料对比

项　目	CTL	CBTL(12%柳枝稷)	CBTL(15%杨木)
煤用量(其中碳)/(t/d)	4431(2825)	4153(2647)	4013(2558)
生物质用量(其中碳)/(t/d)	0	566(205)	709(311)
柴油产量(其中碳)/(t/d)	945(806)	945(806)	945(806)
石脑油产量(其中碳)/(t/d)	333(287)	333(287)	333(287)
副产电力(其中自用)/MW	145.1(135.4)	150.4(140)	150(140)
气化炉渣中含碳/(t/d)	28	28	28
副产燃料气中含碳/(t/d)	10	12	12
锅炉烟气中含碳/(t/d)	202	197	198
捕集 CO_2 中含碳/(t/d)	1491	1521	1537

以上 CBTL 工厂的总投资只比 CTL 工厂增加 3%~4%(10.5 亿比 10.1 亿美元)，其中设备投资分别为 7.25 亿和 6.94 亿美元。生产成本：由于生物质费用(700~900 万美元/a)高于

减少用煤的费用(300 万美元/a)，加上其他因素使 CBTL 每桶柴油出厂价格达 75 美元以上，而纯 CTL 为 71 美元，换算为原油价格分别 58 美元和 55 美元(成本中只计算 CO_2 压缩费用，不含封存费用)。

美国空军委托能源部研究军用燃料 CO_2 减排 20%方案，美国能源部认为 CBTL 能够满足减排要求，表 9-66 是 CBTL 全生命周期(LCA)的碳收支平衡。

表 9-66　CBTL 全生命周期的碳收支平衡

项　　目	年碳量/(t/a)	项　　目	年碳量/(t/a)
原料总碳	928091	生物质碳	66021
生物质生产过程	1107	外送电力折合碳	7216
生物质运输过程	335	碳捕集	499480
煤生产和运输过程	9593	产品有效碳/(t/a)	366877
柴油运输过程	468	其中柴油分摊/(t/a)	254979

从表内数据可计算出分摊到柴油的全生命周期净排放碳为 818kg/t，而来自天然石油的柴油生产和燃烧过程总排碳 1022kg/t(其中生产过程 172kg/t)，因此 CBTL 比石油原料可减少排碳 20%。然后计算为减排付出的代价是每吨柴油成本增加约 25 美元，折合每吨减排碳 125 美元(对每吨 CO_2 为 34 美元)。

参　考　文　献

1　Gas to Liquids. A Strategic Assessmet of the Technologies, Markets and Landscape. Paper Prepared by the Catalyst Group Resources Inc, Oct, 2004

2　Tomlinson G, Gray D, White C. Chemical Looping Process in a Coal to Liquids Configuration. DOE/NETL-2008/1307, Dec, 2007

3　Longwell J P, Rubin E S. Coal: Energy for the Future. Prog Energy Combs Sci, Aug, 1995, 22: 269~360

4　Clean Coal Technology: Coproduction of Power, Fuels and Chemicals. NETL/DOE Topical Report No 21. Conducted by Waste Management and Processor, PTY, LLC; Gasification Engineering Corp/Global Energy Inc and Texaco Energy System Inc, Sep, 2001

5　Piel W. Does Coproduction Power and FT Liquid Make Coal IGCC Completive Today? PPT Presentation by TEIR Associates, Aug, 2004

6　Eastman M. CCPI Round 2 and Future Gen Update. CURC Technical Subcommittee Meeting, Atlanta, Apr 14, 2004

7　Akgerman A. Slurry Reactor Design Studies// Fox J M. Slurry Reactor Design Studies: Reactor Selection Criteria. Appendix A, DOE DE91005752, 1990

8　Krishna R, Sie S T. Design and Scale-up of the Fischer-Tropsch Column Slurry Reactor. Fuel Processing Technology, 2000, 64: 73~105

9　Hoeka A, Kerstenb L B J M. The Shell Middle Distillate Synthesis Process: Products and Perspective. Paper Prepared by Shell Research and Technology, Netherland, 2004

10　Willams R H. Synthetic Fuels in a World with High Oil and Carbon Prices. For 8th International Conference on Greenhouse Gas Control Technologies, Trondheim, Norway, Jun19~22, 2006

11　Bibber L V, Shuster E, Hasbbeck J. Baseline Technical and Economic Assessment of a Commercial Scale Fischer-Tropsch Liquids Facility. DOE/NETL-2007/1260, Final Report for Subtask 41817. 401. 01. 08. 001, Aug, 2007

12 Robert H W, Toward S. Zero Emissions from Coal and Sustainable Biomass. LERDWG meeting, Washington DC, Apr 18, 2007

13 Gasification Plant Cost and Performance Optimization. Task 2 Topical Report, Coke/Coal Gasification with Liquids Coproduction . Vol 1. NETL/DOE AC-26-99FT 40342, Sep, 2003

14 Gasification Plant Cost and Performance Optimization. Final Report, NETL/DOEAC - 26 - 99FT40342, Sep, 2003

15 Bibber L V, Shuster E. Technical and Assessment of Small-Scale F-T Liquids facilities. DOE/NETL, 2007/1253, Final Report for Subtask 41817. 401. 01. 08. 003, Feb 27, 2007

16 Ruether J, Keairns D, Newby R, et al. Coal-to-Power and Coal-to-Liquid Fuels Technologies Used in a Technoeconomic Study of Hydrogen Economy. Presented for 8th Electric Utility Environmental Conference by NETL/DOE, Tucson AZ, Jan 24~26, 2005

17 Coal Industry Advisory Board, Coal - to - Liquids. An Alternative Oil Supply? IEA Coal Industry Board Workshop, Mar 10, 2008

18 StrangesAN. Germany′ s Synthetic Fuel Industry 1927~1945. AIChE 2003 Spring Meeting, 2003

19 Early Entrance Coproduction Plant Phase Ⅱ. Final Report, DOE Cooperate Agreement No DE-FC26-99FT 40658, Jan, 2004

20 Early Entrance Coproduction Plant Phase Ⅱ. Topical Report, DOE Cooperate Agreement NO DE - FC26 - 99FT40658, Jan, 2004

21 White C, Gray D, Tomlinson G. Co-Conversion of Coal and Biomass to Produce Fischer-Tropsch Transportation Fuels. 2007 Gasification Technologies Conference, San Francisco, 2007

22 Cicero D C. Coal-to-Liquids in the United States: Status and Roadmap. CTLtec Americus 2008 (Conference by NETL), Jun 23~24, 2008

第十章　化石能源、可再生能源和核能制氢

第一节　概　述

分子氢是能源载体而非一次能源资源，所以需用其他能源从不同原料中的氢原子制取氢气。制氢可用的能源很多，按能源种类划分包括一次能源，如化石能源、生物质、核能和太阳能以及水力、风能、地热等；二次能源，如电力和一些化学能(如金属键、化学键的键能)。可用的氢源也很多。按来源划分，包括所有化石能源(煤、油、天然气以及油砂、油页岩、天然气水合物等)中的烃类、生物质、水、合成产品(甲醇及合成油)以及一些有机、无机化学品(如金属氢化物、肼、氨、硫化氢等)都是可用的氢源。

从一定意义上讲，氢能是最终的燃料。氢燃料是不含碳和硫的载能体。氢既可单独或与天然气一起用作火花式发动机的燃料，同时也是燃料电池的理想燃料。

用氢作运输燃料是一项长远的发展计划，全面实现氢燃料市场化也许需要几十年的时间，所以，发展使用石油基运输燃料的新技术仍十分需要。例如：氢和天然气混合燃料技术就是可以大量减少石油消费、减轻环境污染和温室效应排放的技术。美国在实施“自由汽车合作计划”(Freedom CAR program)中，考虑到燃料电池必须大大降低成本后才能逐步占领市场，所以将使用氢气-天然气混合燃料的 HCCI 发动机的新型汽车作为近期发展战略，以降低排放和推动“氢燃料”的尽早实现。

能源应用的总发展趋势是减少碳基燃料使用量和提高燃料的氢含量。过去 150 年来，燃料品种变化趋势是朝着逐渐提高燃料的 H/C 比的方向发展。从使用木材、煤炭、石油到天然气，最后过渡到“氢燃料”时代。

构建以氢燃料为基础的能源系统是一项需要较长时间才能完成的系统工程。包括许多工程技术课题的研发，如原料开发、制氢方法、氢气分离、氢储运技术、氢能利用以及燃料电池、氢能安全和氢能系统设施等技术。

对发展“氢经济”有不同的观点：发展氢能燃料有助于解决石油资源短缺、提高发动机效率和解决环境问题，但在发展氢能、使用燃料电池汽车问题上也存在着分歧和激烈争论[1,2]。

支持发展氢燃料的理由如下：

(1)应该接受氢能，因为不存在其他有竞争力的运输燃料替代方案

氢燃料的前景与汽车制造商是否接受燃料电池技术，是否承诺把燃料电池汽车从实验室推向市场密切相关。大石油公司和主要汽车制造商的决策层均认识到燃料电池是未来的希望，最终会进入市场。它不仅可解决环境问题，还可为汽车主提供许多利益，诸如燃料电池汽车具有加速快、安静行车、维修量小等。对于汽车制造商的吸引力是由于汽车结构简单，简化了许多机械、液压转动系统，简化了汽车生产工艺。

发展氢燃料的支持人士还认为：电力、生物质和化石基的合成油替代方案都不可行。因为：

① 蓄电池和其他储电设施需要大大降低材料成本才能与内燃机竞争，蓄电池汽车的行驶里程不符合标准，为运输系统供电而扩大供电网络容量需要大量投资。因此，许多大汽车制造商已经放弃了“蓄电池汽车计划”；

② 发展燃料乙醇、甲醇工业需要大规模种植木材、草类，大量占用土地，是否会影响生态也还有争议；

③ 用石油基原料生产合成燃料或将合成油转化为氢气，回收整个燃料链排放的 CO_2 的难度要远远大于从大型煤炭制氢装置中回收 CO_2。

(2) 燃料电池技术有很大降低成本的空间

目前，燃料电池的价格约为汽油发动机价格的 10 倍。许多大型汽车公司和研究机构都在为降低燃料成本、提高性能投入大笔资金。

(3) 降低氢气生产成本和供氢系统设施技术问题可望解决

已经可以用天然气或石油生产出成本与汽油相当的氢。

氢的储存、运输分配和加注的成本在总成本中占很大比例。在初期阶段，应根据情况采用创新的氢气系统设施。例如，可采用储罐卡车从制氢工厂同时向加氢站供应氢气；也可在加氢站就地用天然气制氢。在人口稠密的大型城市中，当氢燃料汽车占较大比例时，用管道供氢可能是成本最低的方案。

(4) 联产电力和化工产品的制氢技术有助于改善氢气的经济性

联产氢燃料、电力和化工产品的工厂将成为生产能源产业的主要模式，应根据地区资源状况和条件朝这一方向过渡。

氢能反对派认为“氢能是黑色的”，因为它主要来自煤炭和核能，发展氢经济就是“搭错车”。实现氢燃料仍有许多技术经济障碍没有解决[2]，具体意见包括：

① 发展氢能并不是快速解决能源、环境污染和温室气体排放的方案。利用氢能需要几十年时间才能解决温室气体排放问题；

② 强制执行“燃料效率”标准、加快发展混合动力汽车和各种固定式电站就可望于短期内大大降低温室气体的排放量；

③ 发展汽车用燃料电池和氢气的系统设施还面临许多技术、经济的障碍；

④ 只有使用低碳或零碳的可再生能源为制氢原料或采用带 CO_2 捕集技术的化石燃料制氢方法才能够使氢气成为环境友好的运输燃料。

个别学者主张“甲醇经济”来代替“氢经济”。

Dlah[3]认为氢气易挥发、有爆炸性，需要使用高压容器和特殊的材料。氢气的生产成本高，目前又没有现成的分配体系。所以发展“氢经济”在各个方面都具有一定的实际困难。认为甲醇是“直接甲醇燃料电池”(DMFC)的适宜燃料，通过甲醇转化为 CO_2 和水，发生电力。生产甲醇可以使用核能和其他可再生能源——包括太阳能、风能和水力等为动力，故建议用“甲醇经济”来代替“氢经济”。这实质上是用甲醇作为安全的载能体。

美国总统布什 2003 年提出了发展“氢经济”的倡议，期望于 20 年内将燃料电池汽车推向市场，遭到了科技界的质疑。2006 年 2 月，布什在“能源之旅”讲话中认为：发展氢燃料电池汽车是一项长期开发研究项目，是“子孙后代”使用的车辆，并非中近期就可实现的目标。

第二节 用水制氢

一、电解水制氢

电解水制氢的效率和生产成本均不如化石燃料的蒸汽重整法和部分氧化法制氢。惟一的优点是电解水过程可使用可再生能源产生的电力或使用核电站供应的电力。

1. 工业化的电解水制氢技术

1）碱性电解水制氢装置[4]

这是目前广泛使用的电解水制氢技术。工业使用的电解制氢操作温度为70~80℃，使用25%氢氧化钾水溶液作电解液，故又称为碱性电解装置。

碱性水电解槽根据电极的连接方式和电解室结构的不同，可有单极性和双极性两种配置。单极性电解器的电极为并联连接，在阳极和阴极之间设置气体隔膜。在阴极和阳极上分别产生氢气和氧气。单极性电解槽由一个或几个电解池组成。

双极性电解槽和压滤机类似，由许多并列的电解池组成，两端用端扳压紧，特点是效率高，可在压力下运行。

电解过程中，2个水分子在阴极上被还原为1个氢分子和2个氢氧离子。OH^-受电场作用通过隔板向阳极移动并生成1/2个氧分子和1个水分子。水电解需要的理论电压为1.229V。由于不可逆反应和需要提供热量，实际需要的电解电压应为1.85~2.05V，转化效率相当于72%~80%。有效电耗量应为4.5kW·h/Nm^3 氢气。工业装置实际电耗量一般为有效耗电量的1.1~1.2倍。

表10-1为几种碱性电解工业装置的数据。

表10-1 水电解工业装置的技术数据

型号	技术	产氢量/(kg/h)	耗电量/(kW·h/kg)	功率/kW	氢纯度/%
AvalnceHydrofiller 50	单极性、碱性	0.1	59.2	7	99.7
AvalnceHydrofiller175	单极性、碱性	0.4	60.5	25	99.7
Norsk Atomspheric No. 5020	双极性、碱性	13.5	53.4	720	99.9
Norsk Atomspheric No. 5030	双极性、碱性	27.0	53.4	1440	99.9
Norsk Atomspheric No. 5040	双极性、碱性	33.9	53.4	1810	99.9
Norsk Atomspheric No. 5040	双极性、碱性	43.6	53.4	2328	99.9
Norsk HPE 10	双极性、碱性	0.9	53.4	48	99.8
Norsk HPE 30	双极性、碱性	2.7	53.4	144	99.8
Norsk HPE 50	双极性、碱性	4.5	53.4	240	99.8
Proton HOGEN 40	PEM	0.1	62.3	6	99.999
Proton HOGEN 380	PEM	0.9	70.1	63	99.999
Stuart IMET 1000 1室	双极性、碱性	0.4	53.4	24	99.997
Stuart IMET 1000 3室	双极性、碱性	4.0	53.4	216	99.997
Stuart IMET 1000 6室	双极性、碱性	8.1	53.4	360	99.997
Teledyne EC-600	双极性、碱性	3.0	62.3	188	99.9998
Teledyne EC-750	双极性、碱性	3.8	62.3	235	99.9998
Teledyne HM-125	双极性、碱性	0.6	63.4	40	99.9998
Teledyne HM-200	双极性、碱性	1.0	59.0	59	99.9998

上述工业化的水电解制氢装置的单位耗电量为4.8~5.6kW·h/Nm^3氢气，碱性水电解装置的氢纯度为99.5%~99.8%。

2）固体电解质水电解槽

使用固体聚合物（SPE）电解质，电极是模压到SPE两侧的多孔催化剂阳极和阴极。开发成功的一种称为"Nafion"的电解质，是磺酸型阳离子可通过的膜，具有优良的离子导电能力，可允许氢离子通过，而阻止气体通过。

固体电解质水电解槽最初是在80℃温度下运行，改进了膜材料性能后可以在200~400℃操作以提高过程的动力学性能。

SPE水电解槽的体积小、无腐蚀性、电流密度高，是一种性能好、效率高的水电解装置。膜的制造成本高，使用贵金属作电极材料。

SPE水电解技术已经用作空间生命维持系统、核潜艇供氧系统等用途。

固体电解质高温水蒸气电解槽是由多孔的阳极、阴极和固体电解质组成。固体电解质是掺有氧化锆的氧化钇陶瓷膜。高温水蒸气通过阴极板被解离为氢气和氧离子。氧离子通过阴极板、固体电解质到达阳极，失去电子后生成氧气。在1000℃高温下，水的理论分解电压为0.9V，是由于克服了电极间氧分压差所造成的反电动势。

高温水蒸气电解的耗电量约为3kW·h/Nm^3氢气，比常温电解低30%。如果由高温气冷堆核电站或太阳能发电系统提供高温热能和蒸汽，则固体电解质高温水蒸气电解技术的耗电量就可以大大降低。

2. 电解水制氢的效率及经济性有待提高

制氢效率的定义是氢气的高热值除以电解水装置每生产1kg氢气需要的能耗。已有工业制氢装置的效率为56%~73%。其中双极性水电解工业装置的效率可达73%。Proton公司的固体电解质装置效率仅为56%。改进目标是将系统的能耗降低至50kW·h/kg氢气（包括压缩至40MPa的能耗），即将目前工业制氢装置用电量再降低10%~20%，使系统效率提高至78%。

水电解制氢装置的建设投资仍比较高。一套生产能力为20kg/h的制氢装置可为120辆汽车加注氢燃料，使用功率为700kW。此类水电解制氢装置的单位投资约为1000美元/kW左右。预期15~20年后，按燃料电池逆向操作的高温电解技术的单位投资指标可降至125美元/kW范围内。

电解水制氢的成本取决于电价、系统的效率和投资成本，但电价和效率又是互有关联的。目前，提高系统效率对降低成本效应不大，对于氢加注站的制氢系统（Forecourt Systems），若使用电价较低的工业用电，氢气的价格可降低31%。

从生产运输燃料用氢考虑，目前的电解水制氢装置的生产规模仍然太小，需要扩大（10~100倍）生产规模才可能使用大容量的廉价电力，如未来廉价的核电和风电。

为了降低氢气成本，制氢装置应考虑使用"低谷"电价的可行性。

水电解制氢装置可有三种不同的生产规模：大型（制氢能力为1000kg/d）、小型（制氢能力为100kg/d）以及家用型（制氢能力为20kg/d）制氢加注装置。分析不同规模装置的氢生产成本可知，在成本构成中，以电费、投资成本和维修成本三项为主（占99%）。对于不同规模的制氢装置，电费和投资成本的比例也不同。大型制氢装置的电费成本占58%，投资成本为32%；小型制氢装置的电费成本占35%，投资成本为55%；家用制氢装置电费占17%，投资成本占73%。

3. 其他电解水制氢技术[31]

1) 高温蒸汽电解技术

高温蒸汽电解技术是在1000℃和高压(2MPa)下操作的固体电解质电解装置，是固体氧化物燃料电池的逆向应用。

固体电解质高温水蒸气电解槽是由多孔的阳极、阴极、固体电解质和连接材料组成。高温蒸汽通过阴极板解离为氢气和氧离子，氧离子经过固体电解质到达阳极、失去电子生成氧气。水在高温下的理论分解电压为0.9V，克服了电极间氧分压所产生的反电动势。

向阳极通入CO，与O_2反应生成CO_2，可以降低氧的分压从而达到降低反电动势、降低电耗的目的(电耗可从4.06kW·h/Nm^3降至1.66kW·h/Nm^3)，但需相应增加CO的费用。

2) 煤水电解制氢技术

普通水电解制氢的耗电量为4.5~5.5kW·h/Nm^3。20世纪70年代美国开发了煤水浆电解制氢技术。这实质上是一种电化学催化氧化制氢技术，即在电解槽的阳极区加入煤粉作为去极化剂。阳极的产物为二氧化碳；阴极生产纯氢。

煤水浆电解制氢可降低电解的电压，故可以降低电耗。但是，煤水浆电解制氢技术是以排放CO_2为代价取得降低电耗效应的。

二、热化学循环水分解制氢

热化学循环水分解制氢是有发展前途的制氢技术。它是在特定温度下经过一系列化学反应，将水分解为氢和氧的工艺过程。整个反应过程为封闭系统，除了水消耗外，参与制氢过程的化合物均没有消耗。

高温热化学循环水分解法制氢过程的主要优点是取消了高投资、高能耗的发电过程。目前的研发目标是将分解温度降低至1000℃以下以扩大高温位热源的来源，将热化学循环制氢的效率提高至50%以上，以降低氢成本。

已经开发出了许多种热化学循环制氢系统，只有硫-碘循环系统是最可能实现的工艺技术。硫-碘循环制氢系统可使用高温气冷核反应堆提供的950℃热源。可参见本章第七节。

三、高温热解水制氢

高温热解水的化学反应式为：

$$H_2O(g) \longrightarrow H_2(g)+1/2O_2(g) \qquad \Delta H=241.82\text{kJ/mol}$$

实际上，完成上述化学反应需要将水加热至3000℃以上才有实际应用的可能。高温水热解温度太高，要实现工业化生产必须解决高温位热源、耐高温材料和高温下的氢、氧分离等技术问题。工业上有可能使用的高温位热源包括：高聚焦的太阳能集热装置、核反应堆提供的高温位热源。

第三节 化石能源制氢

一、煤制氢

1. 煤制氢需要大型化和降低生产成本

煤制氢有以下特点：

① 工艺技术成熟、氢气成本比较低；

② 在煤炭资源丰富的国家，如中国、美国更适合于发展煤制氢工艺生产氢燃料；

③ 煤制氢过程中可分离出高浓度 CO_2，有利于二氧化碳捕集和回收；

④ 煤制氢的建设投资高，必须达到经济规模才能在经济上可行。目前的气流床加压气化炉的煤炭日处理量为 3000t 左右；单系列煤气化炉制氢系统产氢气量约 15 万 Nm^3/h；

⑤ 采用联产电力和/或化学品的大型 IGCC 制氢工厂是煤制氢工艺的发展方向，但需要日投煤量在 6000t 以上才是经济可行的规模；

⑥ 已有的煤气化-制氢工艺所产的氢燃料在生产成本上无法满足要求，需要开发新技术、降低氢气生产成本才能达到运输用氢燃料的要求。

2. 常规煤气化制氢系统[5]

原料煤经过预处理后采用气流床加压气化技术生产煤气，使用由空分制氧装置生产的纯氧气作为氧化介质。1040℃高温的出炉气体在经过急冷发生蒸汽后温度可降至约 330℃。用陶瓷冷却过滤器脱除颗粒物后，通入蒸汽、用耐硫变换催化剂将 CO 转化为氢气和 CO_2，最后用两段 Selexol 工艺脱除 CO_2 和 H_2S。所得的 H_2S 可送至硫酸装置生产硫酸或送去硫回收装置。氢气则经变压吸附工序生产纯度>99.5%的氢气。PSA 尾气用作热回收-发生蒸汽(HRSG)工序的燃料，发生外供的蒸汽。如果需要进行 CO_2 捕集和回收，可在 HRSG 工序中改用氧气使 PSA 尾气燃烧，生成高浓度的 CO_2，CO_2 进一步进行捕集和回收处理。

常规煤气化制氢流程参见图 10-1，日处理煤炭 3000t 的气化制氢工厂的技术经济数据见表 10-2。

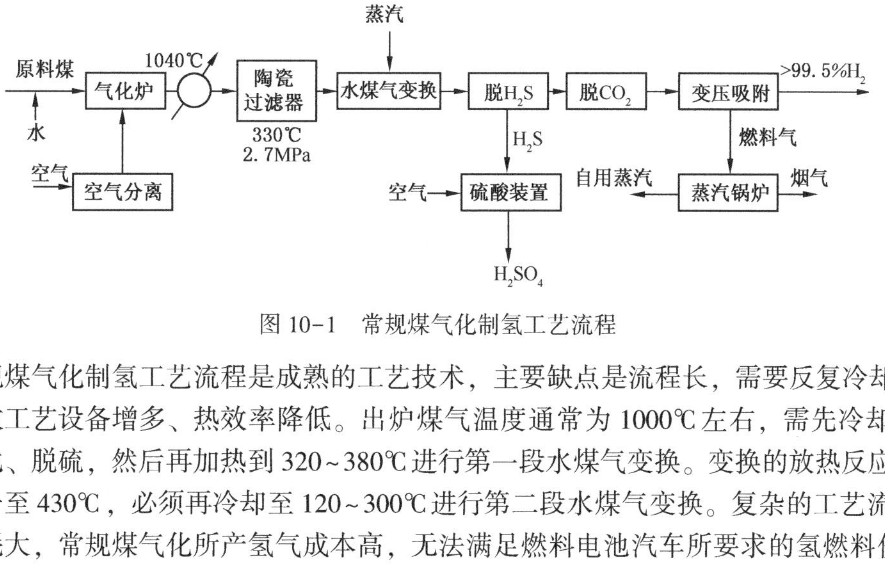

图 10-1 常规煤气化制氢工艺流程

常规煤气化制氢工艺流程是成熟的工艺技术，主要缺点是流程长，需要反复冷却、加热过程导致工艺设备增多、热效率降低。出炉煤气温度通常为 1000℃左右，需先冷却至常温以便净化、脱硫，然后再加热到 320~380℃进行第一段水煤气变换。变换的放热反应又使气体温度升至 430℃，必须再冷却至 120~300℃进行第二段水煤气变换。复杂的工艺流程必然导致能耗大，常规煤气化所产氢气成本高，无法满足燃料电池汽车所要求的氢燃料价格(例如：美国能源部要求氢气的出厂价不高于 1.50 美元/kg)。

表 10-2 常规煤炭制氢的技术经济数据

项　目	数　据	项　目	数　据
原料煤处理量/(t/d)	3000	当量热效率(按高热值计)/%	59
氢气产量(2.4MPa)/(t/d)	312.6	净发电量/MW	26.9
CO_2 回收率/%	87	总投资(2000 年美元)/亿美元	4.17
冷煤气效率/%	57.7	氢气生产成本/(美元/kg 氢气)	1.10

3. 先进的煤制氢技术[6]

先进的煤制氢技术预计将于2015年实现工业化，工艺流程参见图10-2。工艺流程的特点是采用高温脱硫、陶瓷膜分离技术同时完成水煤气变换和氢分离过程。

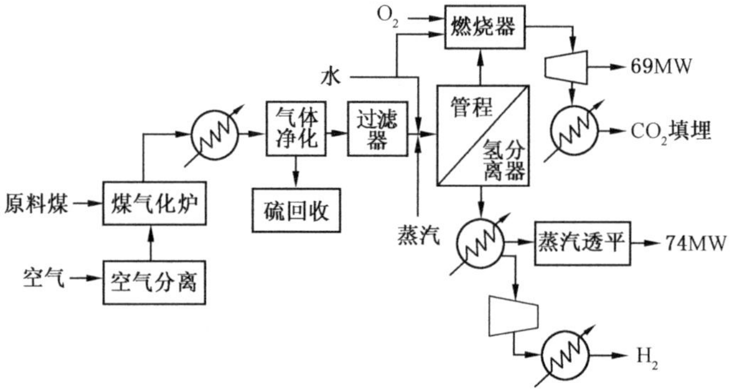

图10-2　先进的煤制氢工厂工艺流程

膜技术是美国“橡树岭国家实验室”(ORNL)开发的无机膜技术，氢回收率可达90%。由于简化了工艺流程，避免了合成气反复冷却、加热过程，可提高系统的热效率。

先进的煤制氢流程采用了以下新技术，可以降低氢气生产成本。

1）采用“E-Gas”高压两段气化炉

先进煤制氢技术概念设计的流程是将原料煤配制成浓度为65%的水煤浆，煤浆流量按78/22比例分别送入第1、2气化段中，单炉的煤炭日处理量为1250t(干)，出炉气体温度为1040℃，经过内旋风分离器脱除其中的颗粒物。

2）煤气高温脱硫采用流化床技术

流程类似于重油催化裂化过程，包括吸收提升管、吸收剂再生提升管(再生器)和相应的立管。含硫的煤气在吸收提升管中用吸收剂脱除硫化物，净化后经旋风分离器去氢分离器。吸收剂则经过立管进入再生器，用空气再生。生成的SO_2经旋风分离器排出用作生产硫酸的原料气，再生后的吸收剂返回吸收提升管重复使用。由于使用空气再生，产生的再生热量不会造成吸收系统的升温。

3）采用新型的HSD氢分离器[8]

美国橡树岭国家实验室(ORNL)开发的高温膜分离技术使用一种无机材料制造的膜。设计的HSD氢分离器(Hydrogen Seperation Device)为管壳式设备，和换热器的结构相似。可以有效地完成水煤气变换反应和氢气、CO_2分离。HSD氢分离器的管程是用无机膜制造的高压管。管子材料为有一定孔径的Al_2O_3或其他陶瓷材料。膜材料对于气体组成和工艺条件均有很大的灵活性。具有“分子筛”的作用，用陶瓷膜材料制造的管子可有效地分离氢气、而不容许大分子气体通过。

脱除了硫和脱除了颗粒物的煤气，在510℃温度下通入过量的蒸汽后进入HSD的管程。管壁对水煤气变换反应具有催化作用(可在管内壁涂一层催化材料)。由于氢气穿过管壁而造成管内呈“缺氢”和蒸汽过剩状态，故可以使变换反应朝着CO转化为CO_2和H_2的方向进行，最终达到在系统温度下的化学反应平衡。通过HSD膜的氢气传输量与氢分压差成比例。

$$H_2\text{传输量}=P_1(1-p_2/p_1)\times\text{氢通量}$$

式中　P_1——上游的煤气压力；

p_1——上游的氢分压$=P_1\times$氢的体积分数；

p_2——出口的氢压力。

在制定 HSD 氢分离器工艺方案过程中，多次修订了 HSD 氢分离器的工艺条件。主要改动包括降低合成气的出炉温度，从 761℃ 降低到 600℃ 或 300℃；缩小了管子的直径，从 ϕ60mm（外径）降低至 ϕ16mm；煤气从原来的走壳程改为走管程；管子数从 4096 根增加至 11800 根。

陶瓷膜材料最初是按照可耐 600℃ 高温设计的，而 HSD 氢分离器的管板与管子的连接是用耐温 300℃ 的玻璃材料密封的，因此，在概念设计中，分别按 600℃ 和 300℃ 两种工艺条件设计了 HSD 氢分离器。经过修改后的氢分离器（HSD）设计参数见表 10-3，氢分离器流程见图 10-3。

表 10-3　氢分离器（HSD）设计参数

项　目	600℃方案	300℃方案	项　目	600℃方案	300℃方案
氢气产量/（t/h）	16.3	16.6	直径×长度/mm	ϕ2140×8840	ϕ2140×8840
合成气进口　温度/℃	318	207	管子内径/外径/mm	ϕ12.8/ϕ16	ϕ12.8/ϕ16
压力/MPa	6.9	6.9	管子长度/mm	8840	8840
流量/（t/h）	311	311	需要的分离器台数/台	3	3
需要的膜表面积/m^2	4180	4180	气体的管内流速/（m/s）	3.3	2.1
氢分离器规格			停留时间/s	2.7	4.1

膜制造和膜分离设备的研制是煤制氢工艺的重要研发课题。制氢过程中使用膜分离技术进行 H_2-CO_2 的分离是开发中的新技术，具有简化流程、提高效率和降低生产成本的效应。上述膜分离器属于微孔膜，为可能实现工业化的方案。除了这种陶瓷膜技术外，还在开发钯型金属膜、密相陶瓷膜等技术[10]。

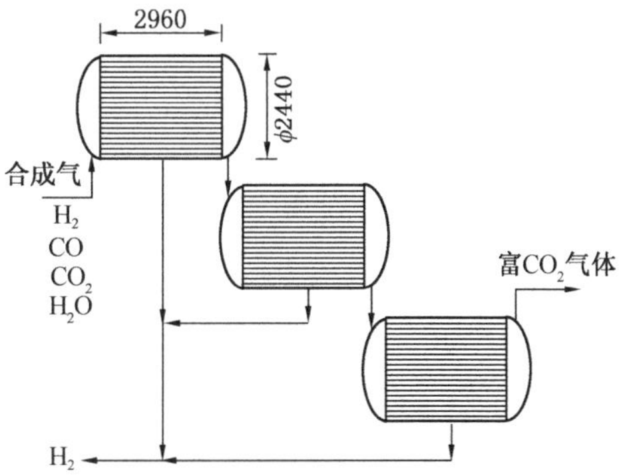

图 10-3　氢分离器流程

衡量膜性能的指标为：在氢分压差为 0.7MPa 条件下，要求氢通量（hydrogenflux）为 300m^3/h · m^2、耐高温性能要求达到 300～600℃、耐硫性能高、使用寿命为 5～10 年和制造成本低（目前约为 1500～2000 美元/m^2）等指标。

据目前研发形势估计，膜分离技术开发约还需 10 年时间才能实现工业化应用。

4）新型的中/低温多段变换反应

煤气化生产的煤气组成（干基）范围大约是：H_2 30%～45%，CO 35%～55%，CO_2 5%～20%。需要用水煤气变换工艺将 CO 和 H_2O 转化为 H_2 和 CO_2。水煤气变换为放热的可逆反应，低温条件下有利于反应的进行；高反应温度有利于提高反应速率。为实现高收率和高反应速率，需要采用多段绝热反应器串联流程，在段间设中间冷却器。使用过量蒸汽或脱除氢气会使化学反应朝生成氢气方向进行，蒸汽还有抑制副反应的作用。

各种燃料(煤、石油焦和渣油)气化的煤气可用耐硫的钴-钼催化剂的中/低温多段变换流程。中/低温多段变换流程的主要优点是：水煤气变换的平衡有利于提高氢产率，可减少副反应。

在膜反应器中完成的水煤气变换反应条件完全不同于常规流程，变换转化率高、水蒸气分压低。但在膜反应器中能否使用常规变换催化剂也需经过试验确定。

总之，先进的煤气化制氢需要采用与常规工艺不同的新技术。核心概念是采用"强化工艺"简化流程，尽可能将煤气脱硫、水煤气变换和氢净化分离过程合并，达到降低能耗、降低建设投资和生产成本的目标。

应该指出：这些新技术仍然在工艺条件，材料性能、价格等方面存在技术障碍，需要通过进一步研究开发才能达到实用。以膜分离技术为例：膜材料的最佳操作温度仍需改进；膜材料的价格仍然较高(1500~2000美元/m^2)，预期2015年可降至低于1000美元/m^2；膜的使用寿命较短，使用寿命应提高至10年以上；膜材料的氢气通量为100，预期2015年可提高至300；分离氢气纯度目前为90%~98%，要求提高至99.99%。

4. 联产电力的煤制氢技术[7]

联产电力的大型煤制氢工厂可有以下两种联产方案：即氢燃气透平发电方案和燃料电池发电方案。

1) 煤制氢-联产电力方案

图10-4为先进的煤制氢-联产电力的工艺方案，可望于2015年实现商业化生产。此工艺流程与美国"未来发电计划"(Future-Gen)中规划的化石燃料发电厂的流程基本相同，方案中包括CO_2捕集和回收。

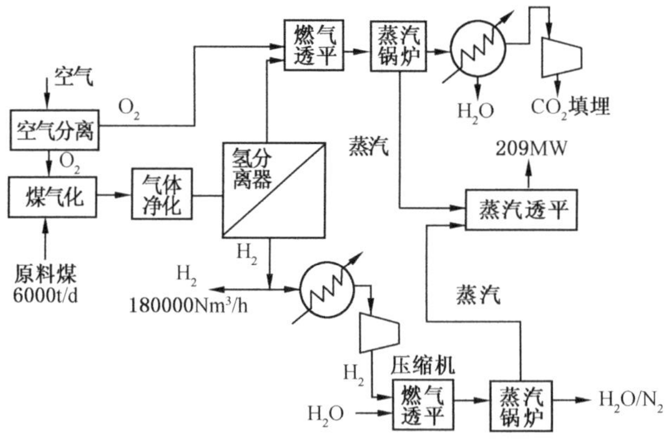

图10-4　煤制氢-联产电力工厂生产流程

煤制氢-联产电力工厂的生产流程与上述先进的煤制氢流程基本相同，只是增加了一台气化炉、扩大了煤气产量。

工艺流程：原料煤的日处理量为6000t，设置2台压力气化炉；煤气采用高温脱硫净化、在600℃高温下进行变换和氢气净化、分离。所生产的氢气分为2股，一股为氢燃料，产量为18万Nm^3/h；另一股为发电用氢，用氢燃气透平发电，发电量为150MW。分离过程氢的尾气(含CO、CO_2和H_2)用氧气燃气透平发电，发电量为260MW。2组燃气透平的余热分别进行热回收(HRGS)用于发生蒸汽，产生的蒸汽用于蒸汽透平发电，发电量为209MW。因此工厂的总发电量为619MW，扣除202MW自用电量后的净发电量为417MW。尾气燃烧产生的CO_2经过余热回收后压缩送出装置进行地下封存处理。

氢-电联产流程的重要特点是：由于改进了气化炉的设计、采用了煤气高温脱硫净化工艺和高效的水煤气变换-氢分离联合技术，简化了全过程的流程(避免了气体冷却和再加热)、提高了热效率。包括CO_2回收系统的整体热效率(高热值计)为59%[15]。

煤制氢联产电力工厂的建设总投资为9.50亿美元(2000年价格)，按电价为0.0536美元/kW·h计算，氢燃料的成本价为0.533美元/kg氢气。

2）煤制气-燃料电池发电方案[7]

图10-5为煤制气-燃料电池发电工厂的生产流程图。煤炭处理量为6000t/d，采用2台高压气流床气化炉。出炉煤气采用高温脱硫和高温陶瓷膜分离技术生产氢气。分离出的590℃氢气经过热回收(HRSG)系统发生蒸汽，再经压缩后生产2.2MPa的氢燃料。膜分离的尾气(含CO、H_2和CO_2)用作固体氧化物燃料电池(SOFC)的燃料进入电池的阳极，发电量为404MW。从燃料电池阳极排出的气体进入燃气透平燃烧器，发电量为222MW。燃气透平的排气经过热回收系统(HRSG)发生蒸汽，HRSG排出的烟气组成为CO_2和水蒸气，富含CO_2的烟气压缩至1.4MP后可送出装置进行深埋处理。

向燃料电池的阴极送入压缩空气，排放的热烟气先在烟气透平中发电，发电量为151MW，透平排出的烟气进一步到热回收系统(HRSG)内发生蒸汽，产生的蒸汽送到两组蒸汽轮机发电，两组机组的发电量为101MW。

因此，全系统的总发电量为878MW，扣除工厂自用电量360MW后的净发电量为518MW，参见表10-4。

对于气化-高温脱硫-膜分离-SOFC发电的方案，工厂的总热效率(高热值基准)为65.2%，建设总投资(2000年价格)为10.19亿美元。若联产电力的售价能达到0.0536美元/kW·h，氢燃料的成本为0.536美元/kg氢气。如果按SOFC发电的电价为0.041美元/kW·h计算时，氢燃料的需要售价(RSP)应为0.75美元/kg氢气；若按照先进IGCC电厂的电价为0.0463美元/kW·h计算时，氢燃料的需要售价(RSP)应为0.57美元/kg氢气，参见表10-5。

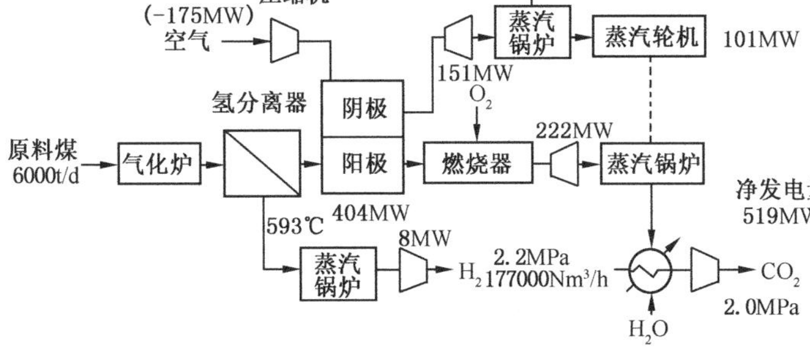

图10-5　煤制氢-燃料电池发电工厂生产流程

表 10-4　煤制氢-燃料电池发电工厂的电量平衡　MW

项　目	数　据	项　目	数　据
工厂总发电量	878	工厂自用电量	360
其中：燃料电池阳极	404	其中：空分装置	108
燃料电池阴极	151	空气压缩机	175
阳极 HRSG 系统	222	CO_2 压缩机	68
阴极 HRSG 系统	101	氢压缩机	8
		工厂净发电量	518

几种煤制氢流程工艺指标的综合比较结果见表 10-5。

表 10-5　几种煤制氢流程的综合比较

项　目	常规流程	先进流程	氢电联产流程-1	氢电联产流程-2
工艺流程	气化-变换-脱硫-脱 CO_2-PSA	气化-高温脱硫-膜分离	气化-高温脱硫-膜分离-汽轮机发电	气化-高温脱硫-膜分离-SOFC 发电
煤处理量/(t/d)	3000	3000	6000	6000
氢产量/(万 m^3/d)	337	448	433	423
CO_2 回收	有(87%)	有(100%)	有(100%)	有(95%)
净发电量/MW	27	25	417	519
热效率(HHV)/%	59.0	75.5	59	65.2
总投资/亿美元	4.17	4.25	9.50	10.19
电价/(美元/kW · h)	0.0536	0.0536	0.0536	0.0536
氢燃料成本/(美元/kg)	1.096	0.789	0.533	0.536

5. 煤气化制氢新技术

现有的煤制氢技术，很难再进一步提高效率、降低成本。根据对氢气生产成本的要求，应于 2015 年将煤制氢成本在现有基础上降低 25%。为此，必须开发新技术才可实现降低生产成本的目标。这些新技术是：

1) IGCC-氢气联合系统[34]

IGCC 是一种低 CO_2 排放的煤发电技术。欧盟的 IE(Institute of Energy)提出一种用煤炭为原料的制氢-联产电力方案，可在气体处理过程中回收 CO_2。这种生产工艺是灵活的生产方案，可以从完全生产氢气模式迅速转换为全部发电模式。此项技术可望于 2012 年建成工业生产装置。

这种制氢-联产电力工艺的主要特点：

① 为制氢-发电联合流程，并具有单独制氢或独立发电的灵活性；

② 采用水煤浆进料的气流床气化炉适合于生产氢气；

③ 采用氢燃气透平发电系统；

④ 设置辅助发电系统，在单独生产氢气时可以为空气分离、脱酸性气和煤炭研磨过程供电；

⑤ 脱酸性气体采用两段流程同时脱除 H_2S 并回收 CO_2；

⑥ 300~350℃高温变换，将 CO 转换至微量(10^{-6})级。同时脱除 N_2、Ar、CH_4 气体。

IGCC-氢气系统可保证煤气化和气体精制过程始终保持满负荷运行。当不需向电网供电时，IGCC 系统可停运，但 HSRG 系统仍维持低负荷运行，从 HSRG 系统抽出少量蒸汽供应给气化炉系统。当需要发电时，可以使 IGCC 系统迅速再启动。

需要开发和改进技术课题有：离心式氢气压缩机；实现氢气的高压、长距离输送；氢燃气透平采用 1400～1500℃的催化燃烧技术，以维持透平的高效率等。

图 10-6 为 IGCC-氢气系统流程。

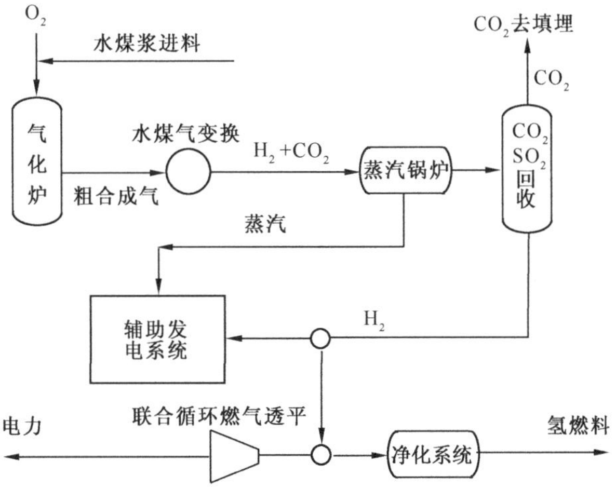

图 10-6　IGCC-氢气系统流程

2）AGC 煤制氢技术[36]

未来的制氢技术应具有的 3 项技术特点是：生产高纯度氢燃料、高效率、GHG 减排效应。

“21 世纪愿景”希望能够将煤炭(生物质或其他废料)有效地转化为氢气、高温稀氧气体和可填埋的 CO_2。为此，GEE(通用电气-能源)公司开发了煤制氢的新技术——称为“AGC”(Advanced Gasification-Combustion)先进的气化-燃烧技术。AGC 技术将燃料煤炭转化为氢气和适于用作燃气轮机燃料的高温高压稀氧气体，同时生成可填埋的 CO_2。稀氧气体可用于驱动气轮机发电。AGC 技术的工艺原理和原则流程参见图10-7。

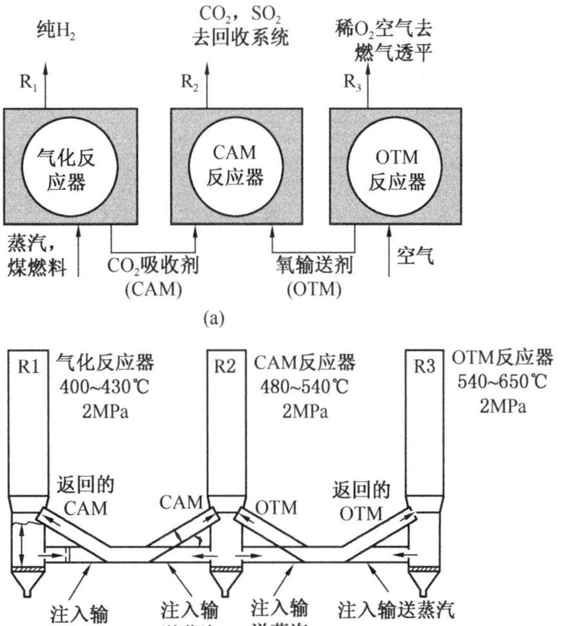

图 10-7　AGC 技术的工艺原理和原则流程

(a)工艺原理；(b)工艺原则流程

AGC 技术使用 3 台流化床反应器，系统内有 CO_2 吸收剂(CAM)和氧输送剂(OTM)两种固体物料在 3 台反应器之间循环。向第一反应器内送入煤炭和一种补充燃料(加入量相当于输入热量的 5%～10%)和蒸汽，使煤炭部分

气化生成 H_2、CO 和 CO_2。气相中的 CO 通过水煤气变换反应生成氢；CO_2 被 CAM 吸收，CAM 吸收剂通过反应器下部的输送管进入第 2 反应器。生成的纯氢作为产品从反应器顶部排出。第 2 反应器进料包括来自第 1 反应器的半焦和 CAM 吸收剂；来自第 3 反应器的氧输送剂 OTM。CAM 在第二反应器的高温条件下再生，半焦气化反应由 OTM 提供 O_2 使 CO 氧化生成 CO_2、含 H_2 生成 H_2O。OTM 被还原后返回第 3 反应器。向第 3 反应器中通入空气，使 OTM 在高温(540~650℃)下发生高度放热的再氧化反应，耗用了空气中的含氧，生成不含氧(富含氮气)的高温气体，可用于驱动气轮机发电。

CAM 和 OTM 两种固体物流在 3 台反应器之间循环，实现了 CAM 和 OTM 的再生过程。定期从系统中排放出灰分和床层中的物料。

表 10-6 为 IGCC 和 AGC 的发电成本比较结果。可见 AGC 技术具有热效率高、碳回收率高、生产成本低等优点。

表 10-6　IGCC 和 AGC 的发电成本比较

项　　目	IGCC 不带 CO_2 回收①	IGCC 带 CO_2 回收①	AGC 技术
生产规模/MW	400	400	400
热效率(低热值)/%	42.2	36.1	57.4
单位投资/(美元/kW·h)	1401	1909	1605
CO_2 回收率/%	0	90	99
发电总成本/(美元/kW·h)	0.050	0.067	0.053

① 两种 IGCC 发电技术为多项研究结果的平均值。

AGC 技术尚未工业化，仅仅在动力学研究取得成果的基础上，建成了小型试验装置。后继开发的主要课题包括：煤气化、CAM 吸附-脱附和 OTM 氧化-还原过程的工艺条件对氢气产率和氢纯度影响、CAM 和 OTM 材料的开发等。

3) 膜分离与气化炉联合技术[8]

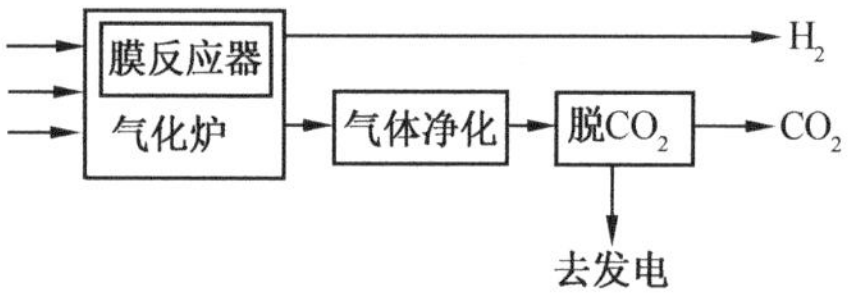

图 10-8　膜分离-气化炉制氢工艺原则流程

膜气化反应器可将氢分离、重整、变换过程合并到气化炉之中，工艺原则流程参见图 10-8。

膜分离与气化炉联合流程的特点是：

- 与现有的气化技术相比，用膜技术-煤气化时，氢气生成效率可提高 40%；
- 大大简化了下游气体加工过程；
- 可简化 CO_2 捕集、深埋流程；
- 分离出的合成气可用于联产发电。

目前该技术的进展是：已经筛选出了一种钙钛矿膜新材料，它在气化温度下具有较高的氢通量，在 1000℃ 和纯氢条件下可使用 200h；还设计了膜分离设备并进行了高温、高压(1000℃、7.0MPa)条件下的试验；完成了膜气化炉的概念设计；进行了膜分离与气化炉联合制氢技术的经济评估。

4) CO 增浓气化技术[8]

此项技术又称为 COEG 技术(CO Enriched Gasification)。

常规的煤气化技术为高温操作，在高温下的热利用效率(发生蒸汽)较低，所以增加吸热的化学反应有益于提高气化过程的经济性。

COEG 气化技术就是将回收的 CO_2 循环回到气化炉中，工艺流程参见图 10-9。气化过程的综合反应式如下：

$$C+H_2O \longrightarrow CO+H_2$$
$$C+CO_2 \longrightarrow 2CO$$
$$C+0.5O_2 \longrightarrow CO$$
$$C+O_2 \longrightarrow CO_2$$
$$CO+H_2O \longrightarrow CO_2+H_2$$
$$4C+2H_2O+1.5O_2 \longrightarrow 3CO+CO_2+2H_2$$

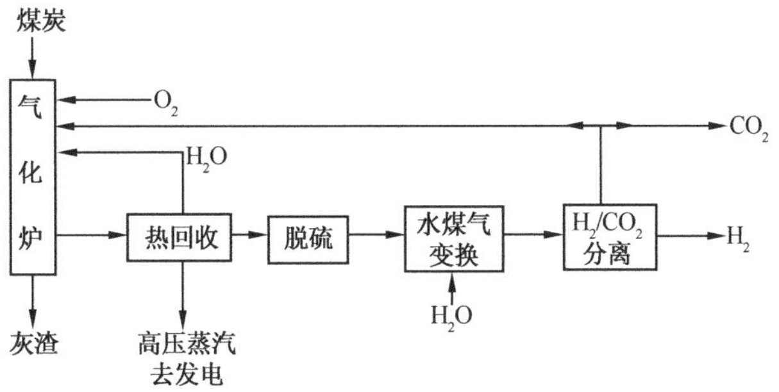

图 10-9 CO 增浓气化技术工艺流程

与常规煤气化流程相比，CO 增浓气化技术更适合于生产氢气。因每个 CO 可通过水煤气变换反应增产一个分子氢气。

5）其他煤制氢工艺

① Hydrocarb 工艺（Hydrocarb Process）

煤裂解制氢工艺是正在开发中的不生成 CO_2 的煤裂解技术。烟煤原料在裂解炉内的化学反应如下：

$$CH_{0.8}S_{0.016}N_{0.016}+\text{灰分}+CaCO_3 \longrightarrow C+0.32H_2+0.08H_2O+0.008N_2+\text{灰分}+0.016CaS$$

原料煤在反应炉中分解为炭黑和氢气，均为洁净燃料。

② 煤加氢气化（Hydro-Gasification Process）工艺

煤加氢气化工艺是在 800℃温度下生成合成天然气的流化床技术，过程中同时发生蒸汽重整和水煤气变换反应。

$$C+2H_2 \longrightarrow CH_4+86\text{kJ/mol}$$

所需的氢气可来自生成气的蒸汽重整，在反应时间为 9~80min 范围内，气化转化率较高，生成的甲烷气产品可用于制氢，可从产品氢气中抽出一部分用于煤加氢过程。

③ 熔融铁制氢工艺（Molten-Iron Process）

熔融铁制氢工艺在 1400℃高温下操作，适用于煤炭和其他含碳物质的裂化。产品气体以 CO 和 H_2 为主。原料煤中的其他组分均保留在灰渣之中。反应过程所需热量由 C 部分氧化生成 CO 的放热反应来提供。

6）将来与 IGCC 发电结合的制氢技术

最近美国 NETL 实验室学者提出了集成若干先进的技术。其中关于气化炉的有干煤粉进料泵技术、延长年开工率技术和离子传递膜制氧技术三项，关于煤气净化有高温净化和钯金属膜分离氢两项，已在本书第七章介绍。预计可以显著提高热效率、节省投资和降低成本。其对单纯发电厂提出了具体数据，但关于联产氢的发电厂未提及，有待今后研究。因此本书中介绍的有关煤制氢的技术经济指标只是当前情况，将来会进一步改善，更趋先进。

6. CO_2 捕集和填埋技术

以煤炭、天然气等化石能源为原料的制氢过程均排放一定量的 CO_2。用煤制氢时，每生产 1t 氢气的 CO_2 排放量约为 16t。为了实现煤制氢零排放效应、生产洁净氢燃料，煤制氢工厂就必须设置 CO_2 回收系统。

1）CO_2 回收技术[28]

常规 CO_2 回收技术有化学、物理和混合（物理-化学）吸收法。工艺流程基本相同，气体在吸收塔中回收 CO_2，然后在溶剂再生塔内放出 CO_2。

正在开发中的 CO_2 回收技术有膜分离技术、CO_2 水合物技术和改进的溶剂吸收技术。

有人提出了一种概念性的"分子筐"（molecular basket）CO_2 回收技术，使用的是一种称为 MCM-41-PEI型中孔分子筛，可以有效地进行氢气和 CO_2、H_2O 的分离。使用模拟的烟气试验时，CO_2 分离效果很好。当有水蒸气存在时，可进一步提高 CO_2 的回收率。化学反应式如下：

$$H_2+CO_2+H_2O+(\text{MCM-41-PEI})=\!=\!=H_2+(\text{MCM-41-PEI})(CO_2+H_2O)$$

回收的 CO_2 用于各种用途或进行填埋处理。

2）CO_2 埋存技术

（1）CO_2 埋存技术方案

目前已经有碳酸化处理、埋存到地质构造中、埋存到深海海底、埋存到含水层中、埋存到森林中等各种不同的埋存方案。另外，将富含 CO_2 的气体用于二次采油（EOR）也是极有吸引力的方案，可提高油田产量。

实施上述 CO_2 埋存技术需要研究解决 CO_2 与煤矿中各种物质的反应性、CO_2 对地质构造的影响，尤其是 CO_2 流过可渗透的地质构造时是否会使 CO_2 再返回至大气层中等技术问题。

（2）大型煤制氢工厂增设 CO_2 回收系统的效果

化石燃料燃烧过程生成 CO_2 排入大气中，造成温室效应。以美国为例，2000 年的一次能源总消费量为 104EJ，相当于 22.9 亿 t 石油当量，当年的碳总排放量为 15.47 亿 t。预计 2050 年美国的一次能源总消费量将达 200EJ，相当于 44.1 亿 t 石油当量，碳总排放量还会增加。预计能源发展方向是石油消费量减少，生物质和可再生能源消费将增长，煤炭的消费量也将增加。

大型煤制氢工厂增设 CO_2 回收系统后，将使工厂的热效率略有下降，表 10-7 为相同规模的煤制氢工厂，有无 CO_2 回收系统的比较结果。表 10-8 是化石原料制氢工厂增加 CO_2 回收设施后对减轻温室气体排放的效应，会使系统热效率略有下降，建设投资和氢气生产成本有所增加。

表 10-7　有无 CO_2 回收系统的煤制氢工厂比较

项　目	数　据		项　目	数　据	
	有 CO_2 回收系统	无 CO_2 回收系统		有 CO_2 回收系统	无 CO_2 回收系统
原料煤处理量/(t/d)	2500	2500	CO_2 回收量/(t/d)	6233	—
氢气产量/(t/d)	317.8	312.6	净发电量/MW	12	38
冷煤气效率/%	58.6	57.7	建设总投资/亿美元(2000 年)	3.749	3.218
当量热效率/%	60.1	62.3	氢燃料成本价/(美元/kg 氢气)	0.93	0.77

表 10-8　CO_2 回收设施对减轻温室气体排放的效应

项　目	CO_2 排放量/氢产量比值	
	有 CO_2 回收	无 CO_2 回收
煤气化制氢	0.60	4.56
天然气重整制氢	0.35	2.39

7. 煤制氢的工艺路线[7]

1）美国能源部发展目标

煤制氢过程包括氢的生产、配送、储存和使用 4 个部分。各个部分的发展目标和要求如下：

（1）煤制氢生产方面

- 2015 年，煤制氢联产电力工厂的效率应达到 60%；
- 接近“零排放”的环境效应；
- 应在目前的基础上将氢气生产成本降低 25%。

（2）氢气运输方面

- 2010 年确定氢气输送的材料要求；
- 制定利用现有天然气管线系统输送氢气或氢-天然气混合物的修改方案。

（3）氢储存方面

- 2010 年确定氢气的储存技术方案。

（4）氢燃料使用方面

- 2010 年制定氢气或氢气-天然气混合燃料利用方案；
- 为实现最佳性能和最低排放的发动机修改方案。

2）发展煤制氢的工艺路线

为了实现上述目标和适应不同的情况，在煤制氢发展方案上可有以下 2 条工艺路线：

（1）集中生产氢燃料路线

建设大型中央煤制氢（可联产电力和/或其他产品）工厂，并带有 CO_2 回收设施，达到能够埋存。所产的氢燃料用适宜的运输方式运至分散的加氢站，为燃料电池汽车供应氢燃料。

（2）氢燃料的替代生产路线

从使用汽油燃料的内燃机汽车到使用氢燃料和燃料电池的汽车需要经过一个过渡期。目前，氢燃料在生产、储存、输送和灌注等方面也存在若干技术障碍有待解决。于是，提出了发展氢燃料的替代路线。其目的是克服“氢燃料替代”发展过程中的障碍和充分利用已有的燃料油供应系统设施。图 10-10 为煤制氢的工艺路线图。

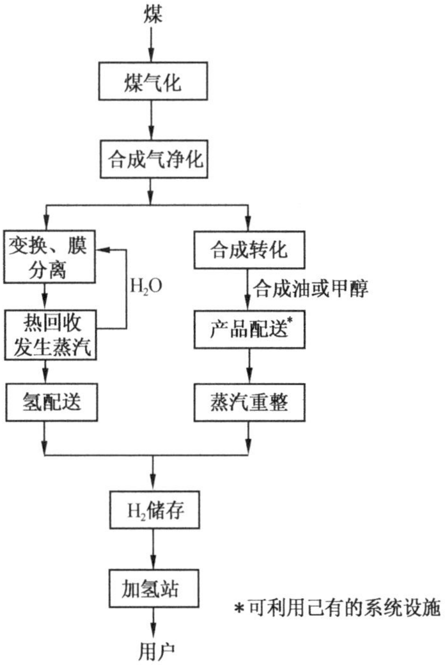

图 10-10　煤制氢的工艺路线图

以煤制氢为例，设想未来氢燃料由两级生产、分配系统构成，即由中央煤转化工厂和建在加氢站内的二级制氢站构成。中央煤转化工厂用煤炭生产合成气、并转化为无硫、富氢的液体燃料（如费托合成油或甲醇）。利用现有的燃料油系统设施将液体燃料输送至二级制氢站。二级制氢站用先进的重整工艺将合成油转化为燃料电池使用的氢燃料。氢燃料生产规模为25～50t/d，然后用管式拖车将氢燃料运至各个加氢站。为燃料电池汽车加注氢燃料。

也可在加氢站建设规模更小的制氢站，或建设“车装重整转化器”(on-board Reformers)生产氢燃料。

实行这种煤制氢的替代路线的主要优点是：

- 可利用现有的系统设施(或略加改造)输送制氢燃料；
- 先进的蒸汽重整技术是用富氢燃料生产氢燃料最适宜的工艺技术；
- 降低氢燃料的运输成本；
- 有利于解决 CO_2 的捕集。

替代路线的发展目标[9]：

- 煤制合成气生产合成油的成本应从目前(2004 年，下同)的 40 美元/桶降低至 2015 年的 30 美元/桶(原料煤价格按 29 美元/t 计算)；
- 利用先进的蒸汽重整技术，使合成油制氢的成本从目前(2004 年)的 1.93 美元/kg 氢气降低至 2015 年的 1.44 美元/kg 氢气；
- 同期，管式拖车运输氢燃料的成本从 0.64 美元/kg 氢气降低至 0.32 美元/kg 氢气；
- 实现上述目标后，氢燃料的价格可从 2.57 美元/kg 氢气降低至 2015 年的 1.76 美元/kg氢气。接近于 DOE 设定的目标，即氢燃料价格为 1.50 美元/kg(相当的车用汽油价格为 63 美元/桶)。

待解决的工艺技术问题：

- 用煤生产合成油技术还没有工业生产的实践；
- 现有的费托合成技术的生产效率低，需要在催化剂、反应器和用煤制的高 CO 含量合成气为原料的工艺技术作出改进；
- 在车装重整器上用合成油重整制氢尚无实践；
- 目前，小规模的分散式重整制氢技术的运行和维修费用大，生产成本太高，在流程、设备方面仍有许多待解决的技术问题；
- 必须减小车装重整器的尺寸、体积和重量才能符合燃料电池汽车的要求。

二、天然气制氢

1. 常规天然气重整制氢工艺[6]

以天然气为原料用蒸汽重整工艺生产氢气是主要的制氢路线，也是成熟的、具有工业化生产经验的技术。目前，美国的天然气制氢的产量为 900 万 t/a。主要用于合成氨、生产甲醇和炼油等用途。

常规天然气重整制氢工艺包括原料气预处理、蒸汽重整、水煤气变换和氢气净化 4 个工序。天然气预处理是为了脱除硫化物、卤族化合物和重金属等对重整催化剂有毒性的杂质，一般采用固定床 ZnO 脱硫技术。在 350℃温度下，硫醇分解为烃类和硫化氢，后者被吸附剂吸附、使原料气硫含量不高于 0.5μL/L。已经开发出了脱除氯化物、汞等非常规杂质的吸收剂。蒸汽重整采用以氧化铝为担体的 Ni 催化剂，工艺条件为反应压力 1.5~3.0MPa，反应温度 850℃。重整气体在 300~450℃高温下需经过水煤气变换工序将 CO 转化为氢气，高温变换催化剂通常使用 Fe-Cr 系催化剂；在 240~450℃温度下的耐硫宽温变换则使用 Co-Mo 系催化剂；在 180~270℃温度下的低温变换则使用 Cu-Zn 系催化剂。根据重整生成气的压力、CO 含量、硫含量确定变换流程。变换气中含一定量的 CO_2、CO，经过脱除酸性气后再用变压吸附工艺回收成品氢气。变压吸附的尾气(含未转化的 CH_4、CO 和 CO_2)可用作重整炉的燃料或发电燃料。变压吸附的氢回收率可达85%，取决于吸附塔个数和尾气的压力。

图10-11为天然气蒸汽重整制氢流程，表10-9为天然气蒸汽重整制氢工厂的工艺数据。

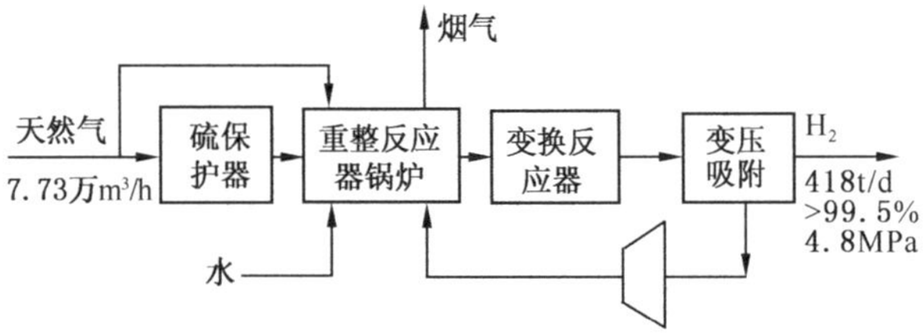

图10-11　天然气蒸汽重整制氢工艺流程

表10-9　天然气蒸汽重整制氢的工艺数据

项　　目	数　　据	项　　目	数　　据
天然气处理量/(万 m^3/h)	7.73	蒸汽输出量/(t/h)	100
氢燃料产量(2.4MPa)/(t/d)	417.8	CO_2 回收量/(t/d)	—
冷煤气效率/%	74.2	建设总投资/亿美元(2000年价格)	1.310
当量热效率(高热值)/%	83.9	氢燃料成本/(美元/kg)	0.74

2. 带 CO_2 回收的天然气制氢工艺[6]

用化石燃料制氢必须解决温室气体排放问题，需要在制氢过程中回收 CO_2，再集中填埋。图10-12为带 CO_2 回收的天然气制氢工艺流程，表10-10为带 CO_2 回收的天然气制氢工艺数据。

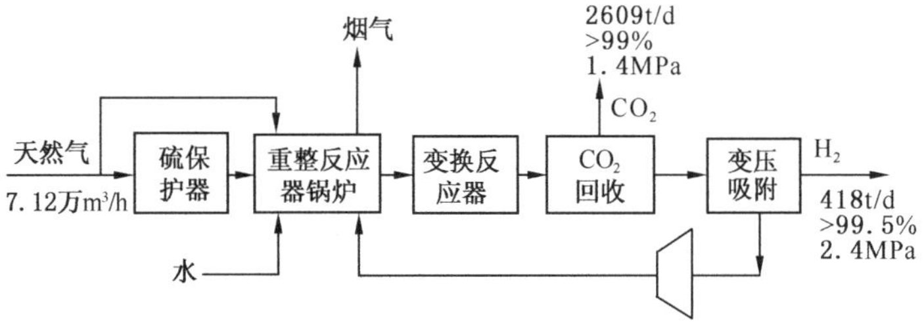

图10-12　带 CO_2 回收的天然气重整制氢工艺流程

表10-10　天然气蒸汽重整制氢工厂(带 CO_2 回收)工艺数据

项　　目	数　　据	项　　目	数　　据
天然气处理量/(万 m^3/h)	7.12	CO_2 回收量/(t/d)	2609
氢燃料产量(2.4MPa)/(t/d)	417.8	建设总投资/亿美元(2000年价格)	1.424
冷煤气效率/%	80.6	氢燃料成本/(美元/kg)	0.80
当量热效率(高热值)/%	78.6		

CO_2 回收系统采用高选择性胺吸收流程，CO_2 回收率可达99%。由于胺液再生汽提塔需用蒸汽，所以不能外供蒸汽，使高热值当量热效率(78.6%)略低于常规流程(83.9%)。

天然气蒸汽重整装置的规模可大可小，小型装置的制氢能力可为100Nm^3/h，特大型装置规模为14万Nm^3/h，适合于为100MW的燃料电池供应燃料。

3. 部分氧化制氢工艺(天然气和/或轻油)

天然气、石脑油、重油(包括渣油、煤炭)均可用部分氧化法(包括催化法和非催化法)制氢。催化的部分氧化使用石脑油或天然气为原料；非催化的部分氧化采用的原料为从甲烷到重质渣油，反应温度为1100~1500℃，压力为2~6MPa。部分氧化制氢需使用氧气以免导致氢-氮分离的困难，生成气体应立刻用水急冷以防止副反应。

向燃料和氧化剂中通入蒸汽，可以使放热的部分氧化反应与吸热的重整反应达到平衡。这种工艺技术成为“自热式”部分氧化技术，可提高过程的效率。

图10-13为采用吹氧的部分氧化-600℃高温膜分离技术的天然气制氢工艺流程，表10-11列出了工艺数据。由于建设投资和天然气成本高的原因，氢气的成本在经济上无法与煤制氢竞争。

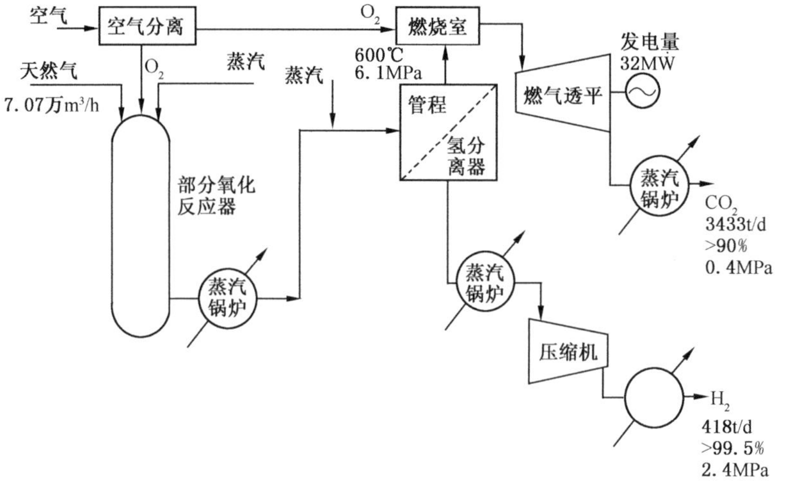

图10-13　天然气部分氧化制氢工艺流程

表10-11　天然气部分氧化制氢工厂的工艺数据

项　目	数　据	项　目	数　据
天然气处理量/(万 m^3/h)	7.07	当量热效率(高热值)/%	87.4
氢燃料产量(2.4MPa)/(t/d)	417.8	外输蒸汽量/(t/h)	100
冷煤气效率/%	81.2	CO_2 回收量/(t/d)	3433

4. 甲烷/轻烃热裂化制氢工艺(Thermal Cracking)

天然气蒸汽重整制氢，每转化1t天然气约可排放二氧化碳4t。甲烷热裂化制氢的主要特点是过程中无 CO_2 排放，生产工业用固定碳。

在无空气存在和700~980℃温度条件下，甲烷或其他轻烃可热裂化生成氢气：

$$CH_4 \longrightarrow 2H_2+C-75kJ/mol$$

甲烷热裂化生产橡胶和印刷工业用炭黑已有多年实践经验，使用催化剂的热裂化技术也在开发中。生成气(CH_4-H_2 混合物)中的氢含量为30%~98%(体)。

甲烷热裂化工业装置使用2台并联的热烈化炉，甲烷-空气混合物在一台炉中燃烧使炉内耐火砖层被加热至1400℃左右，然后关闭空气阀门。甲烷在炉内热解生成氢气，至炉温降至800℃；富氢气体用于加热第二台热裂化炉。如此交替操作生产氢气和炭黑。

5. 其他天然气制氢工艺

1）单段反应器制氢技术[11]

美国俄亥俄州立大学化学和生物分子工程系提出了单段反应器制氢技术，可以同时完成 CO_2 分离过程。此项技术自 2003 年开发，至今尚处于试验阶段。试验的工艺流程见图10-14。

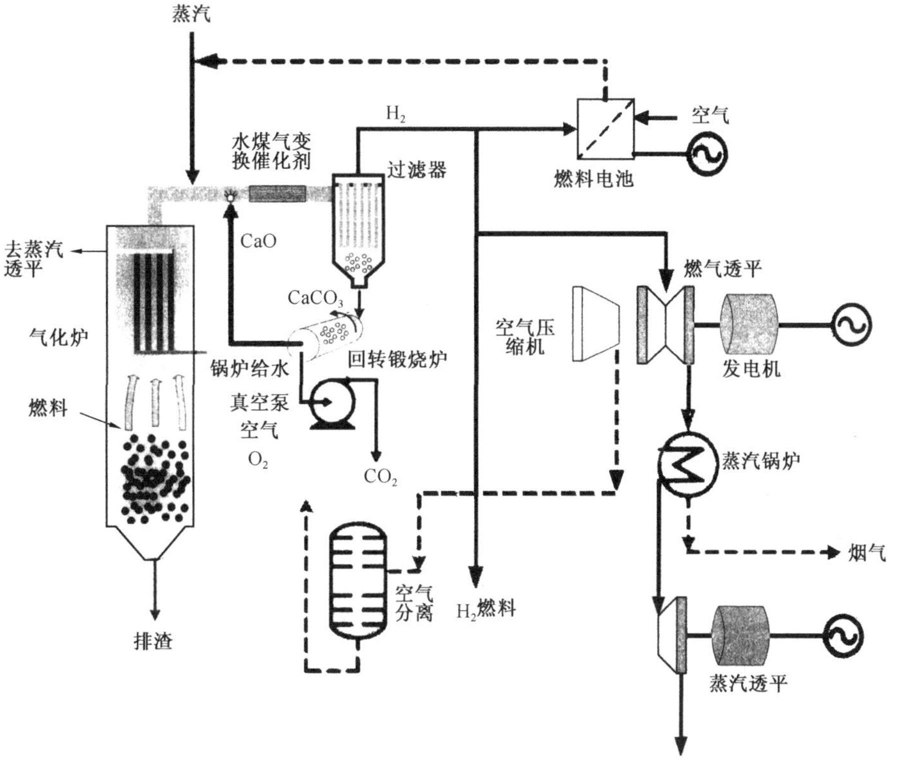

图 10-14　单段反应器制氢工艺流程

此项技术使用化石燃料为制氢原料，生成气在高温、高压下实现氢产量最大化。通过强化水煤气变换反应提高氢纯度，过程中可形成可填埋的 CO_2 物流。

试验的工艺目标：

- 从水煤气中就地脱除 CO_2；
- 通过脱除 CO_2 推动水煤气变换反应达到平衡；
- 可减少水蒸气用量；
- 生产高温、高压和高纯度的氢气，使 CO_2 和 CO 含量达到 10^{-6}级；
- 可在过程中分离出可填埋的 CO_2。

工艺方法是：首先将制氢原料气化生成煤气，然后向水煤气变换反应系统内通入 CaO，与变换反应生成的 CO_2 化合(碳酸化)生成 $CaCO_3$。

$CaCO_3$ 再生过程是将生成的 $CaCO_3$ 进入煅烧窑在减压条件下煅烧，生成的 CaO 循环使用，CO_2 集中回收。

过程中的副反应是 CaO 水合反应生成氢氧化钙，CaO 硫化生成硫化钙。

试验过程中进行了碳酸化反应和煅烧反应的热力学分析，研究了 CO_2 平衡分压与其平衡温度的关系，H_2O 平衡分压与其平衡温度的关系。试验表明，气化炉中的 CO_2 分压在 0.4~4.3 大气压范围之内，CO_2 的平衡温度为 830~1000℃。说明在 CaO 碳酸化过程中，操作温度应低于平衡温度(即应<830℃)。

气化炉中的水蒸气分压一般为 1.2~2.0MPa，平衡温度为 550~575℃。表明碳酸钙的煅烧温度应高于水蒸气的平衡温度(即应高于 575℃)。

2) 非催化的天然气热分解制氢工艺(Kvaerner Process)

正在研究开发非催化的天然气(也适用于其他烃类)热分解制氢工艺技术 Kvaerner 工艺是使用电加热的"等离子火嘴"将原料分解为氢气和炭黑。过程中不生成 CO_2。每立方米氢气的用电量为 1.01kW·h(仅相当于先进电解水工艺用电量的四分之一)。快速的动力学反应速率可以使重整反应容积大大降低。加拿大正在规划建设一套天然气热分解制氢装置，年产氢气 0.5 亿 Nm^3、炭黑 2000t，最终扩大至年产氢气 2.25 亿 Nm^3、炭黑 9 万 t。

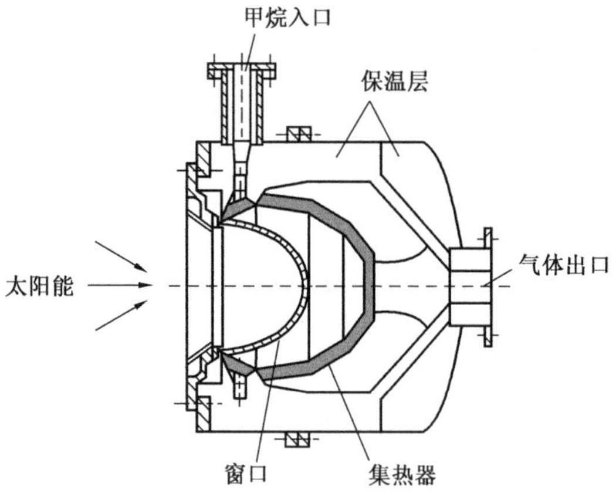

图 10-15　CAESAR 太阳能集热-甲烷重整装置

3) 太阳能-蒸汽重整制氢装置

一些国家正在开发先进的"太阳能-蒸汽重整"一体化装置，例如：由德国和西班牙联合开发的 ASTERIX(Advanced Reforming in Heat Exchange)装置。一次能源为太阳能集热，温度达 1000℃，对流传热的换热器功率为 80~170kW，生成气量为 115 Nm^3/h。德国开发了一种太阳能集热-甲烷重整装置，称为 CAESAR(Catalytically enhanced Solar Absorption Receiver)，为用太阳能的 CO_2 重整装置；以色列开发了 SCR(Solar Chemical Reactor)装置，可以直接吸收太阳能用于气体重整。转化效率可达 80%，生成气用作燃气透平的燃料。

4) 天然气催化制氢工艺

日本钢铁公司开发成功了天然气催化制氢工艺，使用沸石-钼催化剂将天然气"环化"生成苯和氢气，不排出 CO_2。每千克催化剂可产氢 $12m^3$，苯 8kg。

5) 金属氧化物还原法制氢

用甲烷在 900~1100℃温度下使氧化镓(或氧化钨)还原为金属镓，并生成氢气。化学反应式如下：

$$3CH_4+Ga_2O_3 \longrightarrow 2Ga+3CO+6H_2$$

生成的金属镓在富氧环境中氧化后循环使用。

此工艺存在着金属镓反复地进行氧化、还原反应将导致活性降低的问题。

三、轻油和炼厂气制氢

1. 石脑油催化重整制氢

石脑油催化重整的工艺流程与天然气基本相同，主要区别如下：

- 要求石脑油的干点不高于 250℃，烯烃含量低于 15%，以防止发生积炭；
- 高硫石脑油需经加氢处理以脱除含硫化合物并使烯烃、二烯烃加氢饱和后才可以作制氢原料；
- 要求石脑油原料不应含氯化物、铅、铜、钒、砷等对催化剂有毒性的杂质；

- 石脑油与空气接触后生成聚合物会导致换热器结垢，换热器机械清扫次数高于天然气；
- 石脑油重整炉比天然气重整炉更容易结焦。

2. 炼厂气部分氧化法制氢

催化裂化干气或焦化干气是廉价的制氢原料，可用 HyTEX 工艺制氢，过程包括原料气化、CO 变换和变压吸附工序，工艺流程参见图 10-16。

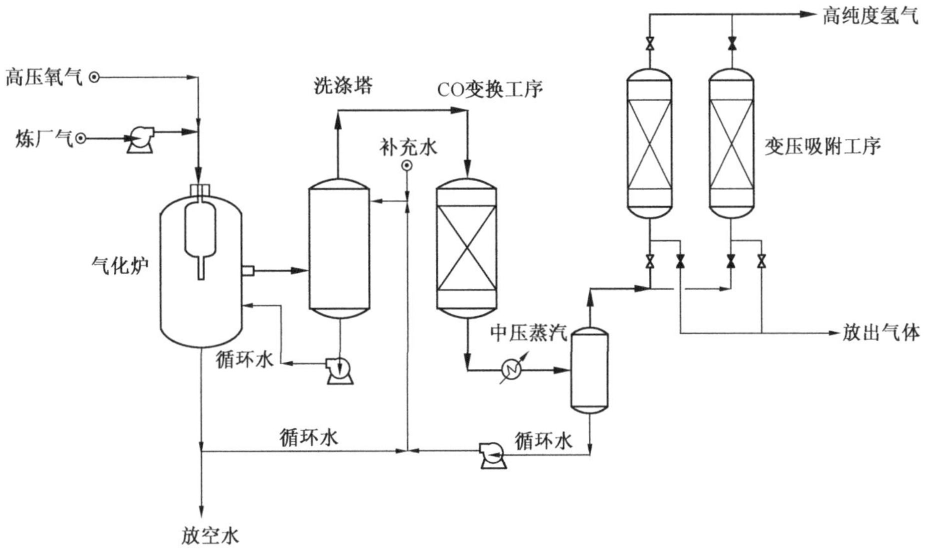

图 10-16 HyTEX 工艺制氢流程

原料气和氧气通过特殊设计的喷嘴进入气化反应器。气化反应器为带耐火衬里的压力容器。在高温(1200~1400℃)下完成以下吸热反应：

$$C_xH_y+x/2O_2 \longrightarrow xCO+y/2H_2$$

气化压力为 1.5~8.0MPa，取决于下游工艺过程的压力要求和经济因素。气化过程的碳转化率约为 98%~99.5%，高于甲烷蒸汽重整的 84%~86%。生成气的组成为：H_2 61%、CO 35%及少量的 CO_2 和水蒸气。在气化炉的还原条件下，原料中的含氮化合物可转化为 N_2 或 NH_3，硫醇等含硫化合物转化为 H_2S 和少量的 COS。

生成气在气化反应器下部的急冷段中用水直接冷却后，再在洗涤塔中除去未转化炭颗粒。用蒸汽饱和的生成气经过 CO 变换后，最后用变压吸附工艺生产纯度为 99.9%的氢气。弛放气可以在系统内循环或用作燃料气。

四、重油制氢

1. 重油部分氧化制氢工艺

各种重油、重燃料油和减压渣油均可用部分氧化工艺制氢。重油部分气化制氢项目的投资高，应根据生产规模和原料考虑采用 IGCC 制氢-发电联合过程以提高经济性。

重油部分氧化制氢是广泛应用的技术，生产规模可达 8.0 万 Nm^3/h。重油制氢的工艺条件为：反应温度 1150~1300℃、气化压力 1~10MPa。部分氧化过程的化学反应式如下：

$$C_nH_m+n/2O_2 \longrightarrow nCO+m/2H_2$$

$$C_nH_m + nH_2O \longrightarrow nCO + (n + m/2)H_2$$

$$CO + H_2O \longrightarrow CO_2 + H_2$$

对于渣油：$n=1$；$m=1.3$；对于煤：$n=1$；$m=0.8$。

部分氧化过程产生的热量用于蒸汽的热分解。典型的合成气组成为：H_2 46%，CO46%，CO_2 6%，CH_4 1%，N_2+Ar 1%。

2. 重油加氢裂化制氢工艺

炼油厂的重质馏分油可经过加氢处理脱除硫、氮和重金属后，在 10MPa 压力和 320～400℃温度下经过几段加氢裂化生产氢气，综合化学反应式如下：

重馏分油	+	H_2 ⟶	H_2	+	H_2S	+	重油	$\Delta H=23.7$MJ
1kg		0.494Nm³	4.22Nm³		0.041kg		0.104kg	

反应式表明：每公斤重馏分油可净产氢气 3.7Nm³，副产重油约 0.1kg。

五、其他化学品制氢

1. 甲醇裂解制氢工艺(Methanol Dissociation Process)

甲醇在有催化剂存在条件下发生吸热的裂化反应，生成氢、CO 和微量的甲烷、醚类。甲醇蒸汽重整生成氢气和 CO_2。主要化学反应式：

$$CH_3OH \longrightarrow CO + 2H_2 \quad -91\text{kJ/mol}$$

$$CH_3OH + H_2O \longrightarrow CO_2 + 3H_2 \quad -50\text{kJ/mol}$$

反应生成气经过换热后，在 2 段膜分离器中分离出纯度>99%氢气后，剩余的富 CO 气体用作裂解转化炉的燃料。

2. 硫化氢分解制氢

天然气中含一定量的硫化氢，石油化工的生产过程也产生一定量硫化氢副产品。硫化氢是制取氢气的原料，硫化氢分解生产氢气和硫是无废料的工艺过程。硫化氢分解制氢工艺目前仍处于研究开发阶段。

硫化氢分解是吸热的化学反应，需要在高温条件下进行，分解反应式为：

$$H_2S \longrightarrow H_2 + 1/2S \quad -92\text{kJ/mol}$$

在 1100℃温度下，平衡转化率为 24%。对于工业应用来讲，热分解法的转化率仍然较低。在研发硫化氢分解制氢工艺中，曾采用了以下技术以提高过程的硫化氢转化率：

（1）电场法

电场为一种能量形式，可用来分解硫化氢。电弧法分解硫化氢试验中，在能量消耗为 3.0kW·h/m³ 情况下，硫化氢转化率可达 90%。在转化率为 50%时，能耗为 1.5kW·h/m³。

电场法适用于 H_2S 含量低的气体，效果较好。

（2）微波法

美国能源部 ANL 实验室用特制的微波反应器将天然气(或炼油废气)分解为氢气和硫，H_2S 转化率可达 98%；

（3）等离子法

美国和俄罗斯合作研究利用微波的能量产生等离子体分解硫化氢。用功率为 2kW 的微波发生器进行了硫化氢分解试验，H_2S 分解率可达 65%～80%。

（4）使用催化剂提高反应速率

曾对不同金属硫化物的催化剂进行筛选，用氧化铝作载体的镍-钼催化剂和钴-钼催化剂性能较好。

硫化氢分解制氢工艺仍处于研究开发阶段。

六、化石能源制氢小结

1. 化石能源制氢以天然气蒸汽重整和煤炭气化两种技术为主[16,17]

无论从资源量、生产成本和技术成熟情况看，在向“氢燃料”过渡全过程中，煤和天然气制氢都将是主要的制氢路线。

2. 煤气化制氢是最经济的生产路线

与电解水制氢相比，美国普林斯顿大学环境学院的 Robert Williams 研究表明，乐观情况下生物质发电成本为 2.5 美分/kW · h，电解水的电解效率为 88%。建设成本下降 40%后，从可再生能源发电-电解水制氢的生产成本仍然为煤制氢(包括二氧化碳填埋)成本的 2 倍。

3. 煤制氢需要提高技术以提高热效率和降低建设投资、成本

表 10-12 列出的不同煤制氢技术的经济性数据。

表 10-12　不同煤制氢技术的经济性

项　目	常规技术	先进技术	联产电力
气化炉	GEE 气化炉	E-Gas 气化炉	E-Gas 气化炉
原料煤处理量/(t/d)	3000	3000	6000
CO_2 回收	有(87%)	有(100%)	有(100%)
氢产量/(万 m^3/h)	14.0	18.6	18.1
热效率/%(高热值基准)	59	75.5	59
外输电量/MW	26.9	25	417
建设投资/亿美元	4.17	4.25	9.50
氢气成本/(美元/kg)	1.10	0.79	0.54

至 2015 年后，中央煤制氢工厂应达到的技术指标是：热效率达到 60%，实现温室气体零排放，联产电力的制氢工厂建设投资比现行技术降低 25%。

4. 必须解决温室气体排放问题

化石能源制氢过程造成温室气体排放，需要解决碳捕集问题。碳捕集技术的经济可行性已经获得证实和公众认可。

5. 化石燃料制氢的工艺指标

对不同化石燃料制氢过程进行比较时，应考虑过程的效率、建设及生产费用和副产品的价值。分析化学反应式可知：大部分氢产量是来自水，例如：包括 CO 变换的天然气蒸汽重整制氢过程，近 50%的氢产量是来自水的分解；原料中的碳最终均转化为 CO_2 并排入大气中。就制氢过程生成的 CO_2/H_2 比而言，蒸汽重整制氢的 $CO_2/H_2=0.25$；煤气化制氢过程的 $CO_2/H_2=1.0$。因为需要将大量的含碳物料和水加热至反应温度，故用重质原料制氢还会导致效率降低。另外，从化学反应方程式也可看出：水分解过程所需的能量取决于化石原料中最终转化为 CO_2 的碳量。

目前，天然气重整和重油部分氧化制氢过程是较为经济和广为应用的工艺技术，表 10-13为化石燃料制氢的几项指标。为了进行比较，表中还列出了电解水的数据。

表 10-13 化石燃料制氢的工艺指标

项　目	制氢能耗/(kW · h/Nm^3 氢气)		热效率/%	相对成本	制氢能力份额/%
	理论值	实际值			
天然气重整	0.78	2~2.5	70~80	1.0	48
重油部分氧化	0.94	4.9	70	1.8	30
煤气化	1.01	8.6	60	1.5~2.5	18
电解水	3.54	4.9	27①	5~10	4

① 按煤发电效率=40%计。

第四节　生物质制氢

一、概述

1. 生物质制氢的技术路线[12]

尽管生物质制氢技术尚未工业化，生物质制氢目前在经济上仍不能与化石能源制氢竞争。生物质制氢技术的技术开发仍然在许多国家中受到普遍的关注，因为发展生物质制氢将加速“氢经济”时代的实现。

以可再生资源为基础的制氢方法包括：用太阳能或风能发电-电解水制氢，光生物法的水裂解制氢；生物质直接制氢等不同的工艺路线。在中、近期，从生物质制氢仍将是现实可行的技术路线，并且可以做到减少碳排放。

如图 10-17 所示，生物质制氢包括 2 条工艺路线。即生物技术路线和热化学技术路线。每条工艺路线均包括直接法和间接法两种生产流程。间接法是经过“可储存的中间体”生产氢气的过程。

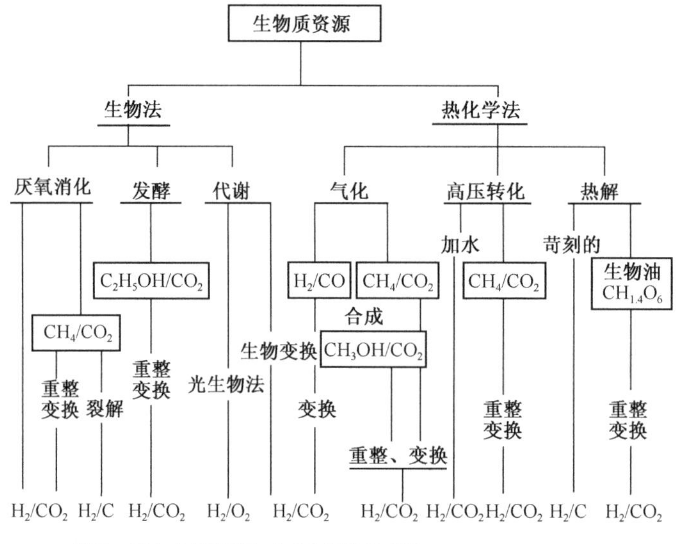

图 10-17 生物质制氢路线

直接法具有工艺简单的优点，间接法有所产的中间体便于运输的优点。因为间接法是首先将生物质原料转化成“中间体”，再用中间体生产氢气的生产过程，因而可将中间体配送到各个加氢站，在加氢站就地向电池汽车供应氢燃料，避免了氢的运输环节。

光生物法水裂解制氢工艺可参见本章第六节。本节将重点介绍生物质气化制氢技术和生物油裂化-重整制氢技术。前者适合于建设大型生物质制氢工厂，后者是适合于建设分散式制氢系统的技术。

1）生物质直接制氢

生物质直接制氢包括以下工艺技术：

（1）生物质造气制氢[13]

固体燃料气化(包括煤炭和生物质)是成熟的技术。固体燃料通过高温热化学转化过程生成中、低热值的合成气。吹空气的生物质气化可生产热值为5MJ/m^3 的低热值合成气，吹氧的生物质气化可生产热值为15MJ/m^3 的中热值合成气。生物质的挥发分含量[70%～86%(干基)]高于煤炭(30%)，故气化过程中的挥发分裂解具有重要作用。合成气再经过水煤气变换和净化分离就可生产氢气。

生物质气化广泛采用的BCL气化炉为间接加热的循环流化床技术，气化过程为通蒸汽的高温裂解过程。化学反应式为：

$$\text{生物质}+\text{热能}\longrightarrow CO+H_2+CH_4+\text{焦油}$$

GTI高压吹氧气化炉不需要从外部供应热量，但生成的合成气中含一定量的CO_2，化学反应式为：

$$\text{生物质}+O_2\longrightarrow CO+H_2+CO_2+\text{热能}$$

（2）生物质超临界转化制氢

近年来，许多研究人员进行了生物质在低温(300～400℃)和超临界条件下的转化制氢技术。使用的原料包括锯末、纤维素和半纤维素原料、城市废料以及含淀粉的残渣等。此项技术的开发目前仅限于实验室小型试验或过程模拟试验，未见有中型试验或工业试验的报道。

（3）生物质裂解制氢

20世纪90年代开发的高温热解转化技术(high-temperature pyrolytic conversion)受到积极的关注。它是将生物质、煤炭转化为氢、碳、甲醇或轻烃。

两步法“Hydrocarb”工艺技术则是先将生物质加氢生成甲烷，甲烷然后进行热裂解生成氢和碳。总化学反应式为：

$$CH_{1.44}O_{0.66}\longrightarrow C+0.06H_2+0.66H_2O$$

“Carnol”工艺是将生物质和甲烷转化为甲醇和碳的技术，甲醇再进一步转化为氢气。主要特点是生产元素碳，避免生成排入大气的CO_2，反应式为：

$$CH_{1.44}O_{0.66}+0.30CH_4\longrightarrow 0.64C+0.66CH_3OH$$

2）生物质间接制氢

生物质间接制氢主要包括以下技术：

（1）生物油制氢

见本节第三段“生物油裂化-重整制氢工艺”部分。

(2)生物甲醇制氢

见本章第九节。

（3）生物乙醇制氢

乙醇制氢与甲醇制氢过程类似，乙醇的毒性比甲醇低。通过乙醇重整-变换过程可生产氢气，但目前仅限于实验室的热力学理论研究，如乙醇蒸汽重整工艺条件的研究、乙醇蒸汽重整用催化剂的开发研究。

使用40%~70%的乙醇水溶液，在氧/乙醇(分子比)为0~0.5的条件下进入重整反应器(装有含第VII族金属催化剂或过渡金属氧化物的催化剂)进行重整反应，生产氢气，用作燃料电池的燃料。

2. 生物质制氢技术的特点

- 生物质具有可再生性质，制氢过程的 CO_2 净排放量低于化石燃料制氢；
- 生物质的热值低，如杂交杨木碎片(干基)的热值仅为18GJ/t，比烟煤/硬煤的热值为27~30GJ/t低许多；
- 生物质的氢含量(约6%左右)低于化石燃料(甲烷为25%)；
- 生物质氧含量高(达40%)，使产氢率低；
- 生物质制氢过程约有50%以上的氢产量来自蒸汽重整反应的水分解；
- 生物质生长、收获和运输、处理过程的费用均较高，故生物质制氢过程的经济性在目前尚无法与天然气制氢相比。

图10-18为制氢原料的氧含量与氢产率的关系图。

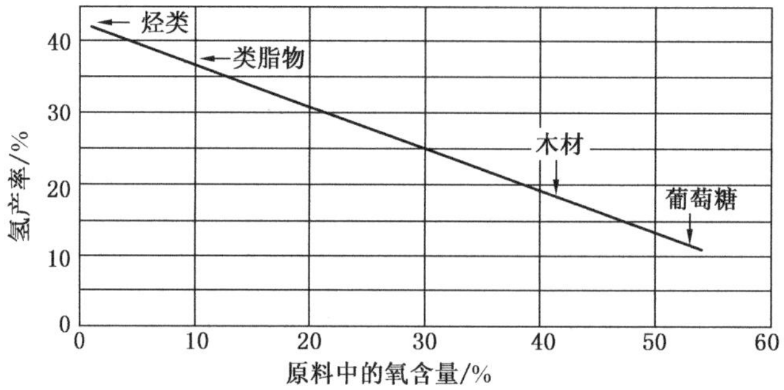

图10-18　制氢原料的氧含量与氢产率的关系

二、生物质气化制氢

生物质气化制氢是适用于大型制氢工厂的工艺技术。为了确定、评估生物质气化制氢的技术经济可行性，NREL于2003年编制了使用间接加热式气化炉的生物质制氢工厂的设计方案。

1. 原料组成

制氢原料杂交杨木，原料的化学组成见表10-14。

表10-14　杂交杨木的化学组成

项　目	数　据
元素分析/%(干基)	
C	50.88
H	6.04
N	0.17
S	0.09
O	40.92
高热值(HHV)/(MJ/kg)	18.1

2. 工艺流程

生物质气化制氢包括原料干燥、气化、生成气催化重整、脱硫、水煤气变换和氢压缩等工序。工艺流程及评估结果综述如下：

1) 生产规模

使用杂交杨木片为制氢原料，原料日处理量为2000t(干)，满负荷生产时的氢燃料产量为61000t/a(折合84000Nm^3/h)。

2) 生产过程

(1) 原料预处理和干燥

木片进厂经过筛选后进入双系列的回转干燥机，用烧焦的烟气对原料进行干燥，使原料的水分从50%降至12%。该工序是整个生产过程消耗能量最大的工序。

（2）木片气化和焦油重整工序

使用间接加热的BCL气化炉。由焦炭燃烧产生的热量将热载体加热，用合成橄榄石为热载体提供气化所需的热量。合成橄榄石热载体在气化炉和焦炭燃烧器之间循环。气化炉操作条件为出炉气体温度870℃、操作压力0.16MPa。出炉气体和含焦炭的热载体在第一旋风分离器中分离开。生成气进入焦油重整器，热载体则在焦炭燃烧器中烧焦并被加热。烟气和热载体一起进入装在燃烧器出口的第二旋风分离器，进行热载体与烟气的分离。热载体返回气化炉，热烟气用于木材干燥。

合成橄榄石热载体的化学组成为煅烧硅酸镁（$MgSiO_3$）、镁橄榄石（Mg_2SiO_3）和低磷生铁（Fe_2O_3）砂状混合物。

第一旋风分离器排出的生成气进入焦油重整器。焦油重整器为鼓泡流化床反应器、向重整器中补充催化剂，可在870℃温度下将气体中的焦油、轻烃和轻芳烃转化为CO和H_2。从生成气中分离出的催化剂在再生器中进行烧焦再生，用变压吸附的尾气作为再生燃料（补充一部分天然气）。

焦油重整器中各种气体转化率数据见表10-15，焦油重整器出口的生成气组成见表10-16。

表10-15 焦油重整器中气体转化率

项　目	CO和H_2转化率/%
甲烷（CH_4）	>80
乙烷（C_2H_6）	>99
乙烯（C_2H_4）	>90
焦油（C_{10}^+）	>99
苯（C_6H_6）	>99
NH_3（转化为N_2和H_2）	>90

表10-16 焦油重整器出口的合成气组成

项　目	摩尔分数/%（干基）	项　目	摩尔分数/%（干基）
H_2	53.18	C_6H_6	0.0007
CO_2	13.29	焦油	0.0001
CO	31.4	NH_3	0.02
CH_4	1.73	H_2S	0.04
C_2H_2	0.02	N_2	0.08
C_2H_4	0.24	生成气高热值（HHV）/（GJ/kg）	16.2
C_2H_6	0.002		

（3）生成气净化、变换工序

生成气经冷却、水洗后，温度降低至150℃，进一步脱除颗粒粉尘、氨和残余的焦油后硫含量约400μL/L。经液相氧化脱硫和ZnO吸附床脱硫后，生成气依次用铁-铬催化剂进行高温变换，用铜-锌催化剂进行低温变换，将CO转化为H_2和H_2O。

（4）变压吸附和氢压缩工序

经变换后的气体中氢的摩尔浓度约为60%~65%。由于要求变压吸附进料的氢浓度应高于70%，故需要将一部分产品氢循环以提高进料气的氢含量。变压吸附的氢回收率为85%，产品氢纯度为99.9%（体）。吸附器内装填活性炭和分子筛吸附剂，为防止对吸附剂的损害，进变压吸附器的气体温度应低于40℃，而且气体需冷却至低于露点温度，并用雾沫分离器脱除气体中的含水和冷凝的轻烃。

变压吸附的氢回收率与进气压力和进气/排气的压力比有关。当排气压力为0.12~0.14MPa时，氢回收率可达85%~90%；当排气压力为0.4~0.6MPa时，氢回收率降至60%~80%。

产品氢经过压缩至2.4~7.0MPa后，经由管道输出，吸附尾气用作焦油重整系统的燃料。

(5) 公用工程系统

包括全厂热物流的热回收蒸汽发生系统；抽汽式蒸汽透平发电系统和循环冷却水系统。蒸汽透平抽出的蒸汽供气化炉和焦油重整使用。

3) 主要生产指标

生物质原料：杂交杨木碎片，额定日处理量2000t(干基)。

生产流程：BCL气化炉-焦油重整-气体脱硫-高温和低温变换-变压吸附-蒸汽发电系统。

氢燃料产量：58400t/a。

产氢指标：75.7kg氢气/t原料(干)。

气化炉的热效率(高热值基准)：72.14%。

工厂总效率(高热值基准)：53.3%。

建设总投资：1.444亿美元(按2002年价格计)。

氢气最低销售价：1.24美元/kg氢气。

4) 投资和生产成本

表10-17为生物质气化制氢工厂的建设投资分析，表10-18为生物质气化制氢生产成本分析。

表10-17　生物质气化制氢工厂的建设投资分析

项　目	金额/万美元	比例/%
原料预处理及干燥	1890	13.1
气化工序	2380	16.5
气体压缩及脱硫	1610	11.1
变压吸附	1650	11.4
氢气压缩	280	1.9
蒸汽及发电系统	1420	9.8
冷却水系统	340	2.4
小　计	9570	66.2
间接费用	4880	33.8
建设投资	14450	100

表10-18　生物质气化制氢生产成本分析

项　目	成本/(美分/kg氢气)	比例/%
生物质原料	39.7	31.9
其他原料	0.9	0.7
天然气(补充燃料)	5.9	4.7
催化剂费用	0.7	0.6
热载体费用	6.6	5.3
废料处理	1.2	1.0
电　费	7.1	5.7
固定成本	16.8	13.5
折旧及税金	22.2	17.9
投资利润	23.3	18.7
合　计	124.4	100.0

三、生物油裂化-重整制氢[14]

1. 目标

氢经济时代的生物质制氢过程可分两级建设。集中建设大型生物油工厂，用高温闪速热解工艺生产热解的“生物油”。生物油作为中间产品，具有能量密度大，宜储存、便于运输的特点。通过储运系统将生物油分送到各个“分散式制氢装置”制成氢燃料。分散式制氢装置建在加氢站内，可就地生产氢燃料，为燃料电池汽车加注氢燃料。

美国NREL开发的生物油裂化-重整制氢技术是适合建设小型“分散式制氢装置”的

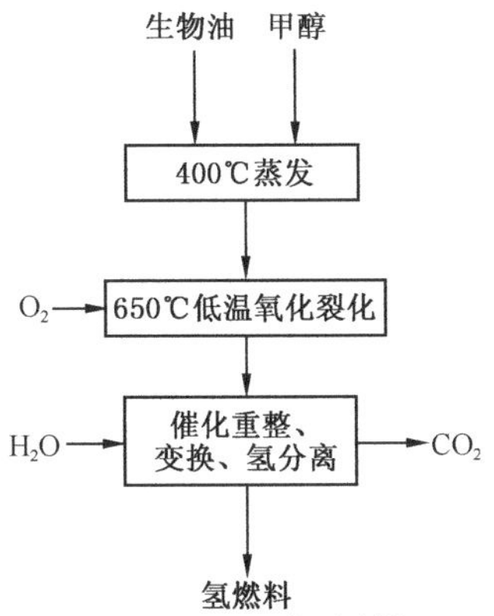

图 10-19　生物油制氢工艺流程

技术。

1）工艺方法

生物油裂化-重整技术包括生物油低温氧化裂化和催化重整、变换两个工艺过程，工艺流程示意图参见图 10-19。

生物油全馏分中加入 10%甲醇，在 400℃温度下使用超声波喷嘴进行蒸发、气化，然后进入流化床反应器中，在 650℃温度下通入氧气完成氧化裂化反应。生成含 H_2、CO 和 CO_2 气体。采用生物油喷射技术和控制氧和水蒸气加入量可以减少碳转化为 CO、芳烃和积炭。氧化裂化的停留时间为 0.5s。

2）试验条件

生物油氧化裂化小型试验是在 2 英寸的流化床反应器中完成的，已经用生物油全馏分连续运转了 16h。氧化裂化的工艺条件为 650℃，停留时间 0.5s。

2. 研究开发现状

生物油氧化裂化-重整制氢是开发中的技术。实验室小型试验已完成下述内容：

① 氧化裂化方法的工艺验证：包括在 2 英寸流化床反应器的氧化裂化试验；

② 催化剂试验：包括使用性能，失活、中毒情况的试验；

③ 氧化裂化热力学、动力学研究：找出了不发生炭沉积的热力学、动力学区域；

④ 反应工程的研究：完成了包括工艺动力学模型、工艺过程优化及反应工程的研究；

⑤ 系统放大设计：计划于 2010 年前完成工艺技术的样板设计、系统放大、实现工艺过程的长期运转。

3. 研发计划的目标

NREL 计划在未来计划中继续进行以下课题的研究：

① 生物油原料变化对过程的影响；

② 催化氧化裂化的动力学及反应机理；

③ 催化剂的开发。

经济上的目标是通过流程优化使生物油氧化裂化-重整制氢的氢气生产成本达到 3.6 美元/GJ 汽油当量的目标。相当于氢气生产成本为 0.52 美元/kg。折合汽油价格为 20.2 美元/桶。

第五节　太阳能和风能制氢系统

本节重点论述太阳能集热和发电技术、风能发电技术以及将这些能源用于生产氢燃料的技术。

一、太阳能制氢

1. 综述

太阳能是地球上光能和热能的来源，也是人类可利用的最丰富的能源资源。太阳能的优点是洁净、廉价和“取之不尽”。主要缺点是能量密度低、有时间和地域性限制，不能及时和稳定地提供能量。通过不同的工艺方法将太阳能转化为氢能载体是实现未来“太阳能-氢燃料-用户”氢能源链的关键[18]。

太阳能的利用方式包括：

① 太阳能光热利用技术：将太阳能转化为热能加以利用；

② 太阳能发电技术；

③ 太阳能光化利用技术：通过光-化学转化过程生产能源载体；

④ 太阳能光-生物利用技术：利用植物的光合作用将太阳能转化为生物质再加以利用。

本节论述的太阳能制氢技术是指由太阳能提供电力或热源的制氢技术，利用光合作用的生物质光生物法制氢技术可参见本章第六节。

太阳能制氢的主要优点是 GHG 排放量低、环境效应好，原料成本低。

发展太阳能制氢的技术障碍：太阳能集热生产高温热能技术，太阳能集热与制氢过程的匹配等工程问题仍需通过研发解决，太阳能发电的电价是约束太阳能制氢技术发展的因素。

2. 太阳能集热技术

目前，太阳能集热技术主要用于太阳能热发电，目前尚处于商业化前夕，预计将于2020 年前后在发达国家实现商业化，并逐步向发展中国家因地制宜地推广、应用。

太阳能集热技术是使用集热器聚集太阳能，将工质加热至一定温度作为热源使用的技术。在氢燃料时代的中远期，各种使用太阳供热的制氢技术将实现工业化。

太阳能热发电系统是由集热系统、热传输系统、蓄热与热交换系统和发电系统组成。集热器应采用聚光集热装置以提高集热温度和系统的效率。根据不同的聚光倍率和工作温度可有不同形式的集热器。接收器的主要部件是吸收体，具有很高的太阳光吸收率和很低的辐射率，故可以最大限度地吸收太阳辐射能并将之转化为热能。跟踪机构的作用是根据太阳入射光的方向调整反射镜的方向以使聚光器和接收器发挥最佳效应。太阳能发电系统的组成与火力发电系统基本相同，由热机和发电机组成。

不同形式的太阳能集热器的聚光率和工作温度也不同。适合于供应高温热源的集热器有塔式聚光集热器和碟式反射镜点聚焦集热器，工作温度可达 500～2000℃，适合为各种制氢过程提供高温位热源。

1）塔式集中型集热系统

该系统是 20 世纪 80 年代开发的太阳能热发电技术，需要在很大的场地上安装许多台大型定日镜（反射镜），利用跟踪机构准确地将太阳辐射光集中到安装在高塔顶部的接收器上。接收器的聚光率可达 1000 倍以上，将吸收的太阳能转换为热能。工作温度可达 500～2000℃。用于发电时，可通过蓄热器将热能输送至蒸汽发生器。最后用蒸汽轮机发电。

2）碟式太阳能集热系统

该系统是采用抛物面镜聚光集热器，聚光比可达几百甚至几千倍，故可产生很高的温度，可将传热工质加热到 750℃高温。碟式热发电系统的聚光镜直径为 10～15m，可组成独立系统，适用于边远地区作为小型电源，功率为 10～25kW。也可多台并联组成电站，或用于为不同类型的制氢装置供热。

塔式或碟式太阳能集热系统均可与不同的制氢工艺组成联合过程生产燃料氢气。

3. 太阳能发电技术

可以利用太阳能发电为各类制氢装置提供电力组成太阳能制氢体系。

太阳能发电包括太阳能热发电技术和太阳能光伏发电技术。

1）太阳能热发电技术

按照集热方法的不同，可有槽式线聚焦、塔式和碟式热发电三种发电系统。

① 槽式热发电系统：采用抛物面反射镜将太阳辐射光聚集到集热器上，利用传热工质发生蒸汽，再用蒸汽驱动汽轮机发生电力。

② 塔式集中型热发电系统：在很大的场地上安装许多台大型反射镜，利用跟踪机构将太阳辐射光聚集到高塔顶部的接收器上。接收器的聚光率可达 1000～3000 倍，将太阳能转换为热能后通过蓄热器将热能输送至蒸汽发生器。最后用蒸汽轮机发电。

③ 碟式太阳能热发电系统：采用抛物面镜聚光集热器，最高聚光率可达 3000 倍，故可产生很高的温度，可将传热工质加热到 750℃ 高温。碟式热发电系统的聚光镜直径为 10～15m，可组成独立系统，适用于边远地区作为小型电源，功率为 10～25kW。也可多台并联组成电站。

2）太阳能光伏发电技术

利用光生伏打效应将太阳能转换为电能的技术，称为太阳能光伏发电系统，是太阳能利用技术中最有可能大规模发展的替代能源技术。

太阳能光伏发电技术的主要特点：利用太阳能，不消耗燃料；安装简便、运行和维修费用均很低；无污染，环境效益最好。主要技术问题是生产工艺复杂、制造成本高。

利用太阳能光伏系统发生的电力制氢，将是氢燃料时代生产运输燃料的最洁净生产技术，尽管仍存在着经济障碍，却是重要的发展方向。

（1）太阳能光伏发电系统的构成

太阳能光伏发电系统是由太阳能电池方阵、蓄电池组、逆变器和必要的控制器等设备组成。

（2）太阳能光伏发电系统研发重点

影响太阳能光伏发电技术发展的主要限制因素是晶体硅电池的生产成本不可能大幅度降低。所以当前太阳能光伏发电技术的研发重点是开发新型的薄膜电池技术，使之具有成本低（半导体材料使用量减少）、效率高和稳定性好等优点。

（3）应用前景

太阳能电池最早用于空间技术，如宇宙飞船、人造卫星等航天飞行器的电源。从 20 世纪 70 年代以来，开始在工农业生产和生活中获得了应用。例如：偏远地区的生活照明、邮电通讯、广播电视、军事国防以及气象等领域都有应用。

光伏发电系统将在生产替代燃料方面得到应用，例如：光电制氢生产运输燃料、电动汽车充电等。其他领域如海水淡化、太阳能建筑、光伏发电-建筑集成技术和光伏并网发电技术是光伏发电应用的主要方向。

发展分布式太阳能光伏电站生产氢燃料是值得关注的重点。

4. 太阳能制氢技术

以下是具有工业化发展前景的太阳能制氢技术：

1）太阳能电解制氢技术

太阳能发电-电解水制氢系统参见图 10-20。系统是以氢作为能源载体，在太阳能和用户之间形成能源链。使用光伏发电装置将太阳能转化为电力，供电解水和氢压缩机的电源。生成的氢气用作燃料电池的燃料，为负载提供电力。

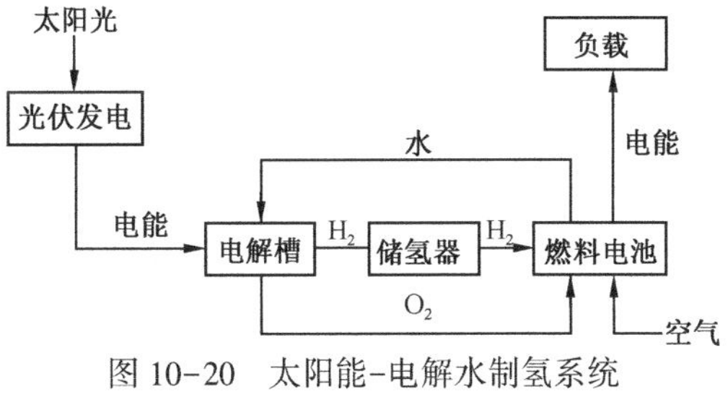

图 10-20　太阳能-电解水制氢系统

太阳能发电-电解水制氢系统的最大优点是避免了化石能源发电造成的温室气体排放效应，形成了洁净的制氢系统。

太阳能发电-电解水制氢尚未建成工业化工厂，只是在美国加州建成了9.2kW光伏发电-双极碱性电解槽系统。制氢量为150NL/h。系统的平均净效率为6.1%。另外，在德国建成了一套500kW的太阳能制氢试验工厂；在沙特阿拉伯建成了350kW的太阳能制氢系统。

需要通过后继开发优化太阳能-电解水制氢过程、提高系统的能效率。

2)太阳能热解水制氢技术

高温热解水制氢的化学反应式如下：

$$H_2O(g) \longrightarrow H_2(g) + 1/2O_2(g),\ \Delta H = 241.82\text{kJ/mol}$$

在温度为2000K(1727℃)下水直接热分解为氢、氧的化学反应的氢平衡摩尔比为0.036；在3000K(2727℃)时也仅为0.1。因此必须将水加热至3000℃以上的高温才在工程上具有实用意义。最有希望达到这样高温位的热源为太阳能和核聚变热能。

与电解水制氢技术相比，直接利用太阳能(或核能)的高温热分解水制氢技术的最大优点是可以取消高投资、高能耗的发电过程。高温热解水制氢的技术障碍是操作温度高达2500℃。

研究的目标是将热分解温度降至1000℃以内。可用的技术包括：热化学循环技术、热分解-电解混合技术、使用陶瓷膜的直接催化分解技术和带CO_2循环的等离子-化学分解技术等。

除了降低分解温度外，还需要将能效率提高至50%以上，以便大大降低制氢成本。需要解决的技术问题还有：高温腐蚀问题、陶瓷膜等高温工程材料问题。

如果上述这些工程技术问题能获得解决并取得廉价的(太阳能或核能)高温位热源，热解水制氢技术就变得有吸引力了。

利用高反射、高聚焦的太阳炉可获得3000℃高温热源。目前此类装置造价高、效率低，尚不具有实用意义。

3)太阳能热化学制氢技术[37~39]

20世纪60年代以来，西方国家相继开展了热化学制氢技术的研究、提出了许多热化学循环系统。

热化学循环系统是通过一组在不同高温下的化学反应、间接地将水分解为H_2和O_2的工艺过程。过程中仅消耗水和高温热量，参与化学反应的添加元素或化合物均不消耗。全部反应过程构成封闭循环系统。已发现的化学循环体系约有350多种，其中的12种体系值得进一步研究、开发。以下为有可能工业应用的几种循环系统。其化学反应和试验情况说明如下：

热化学循环的水分解制氢技术所需的高温位热量可由太阳能集热系统(或高温核反应堆)提供，形成一套完整的水分解制氢装置。这种技术是洁净的、环境友好的制氢技术。

以下以“ZnO循环系统”、“Cobalt Ferrite循环系统”和“混合硫热化学制氢”等太阳能热化学制氢技术为例说明太阳能热化学制氢技术的开发现状。

① ZnO循环系统，或称挥发金属氧化物系统

化学反应如下：

$ZnO \longrightarrow Zn+1/2O_2$　反应温度 1600~1900℃

$Zn+H_2O \longrightarrow ZnO+H_2$　反应温度 300~400℃

研究 ZnO 热分解过程取得的结果：实验室研究采用了气悬分解（Aerosol Dissociation）技术，图 10-21 为实验室的气悬式 ZnO 装置图。采用内径 90mm，长度 1.17m 的 Al_2O_3 管子。ZnO 的净转化率达 40%。气悬式反应器的分解速率约比固定式提高了 3~4 个数量级；ZnO 分解反应为传质控制，故采用粒径>50nm 的颗粒可提高反应速率；ZnO 分解过程采用快速冷却可减缓逆反应的进行。

图 10-21　气悬式 ZnO 分解试验装置

试验结果证明：气旋式反应装置的分解速率高，适用于多种高温循环系统。

图 10-22 为太阳能集热-热化学制氢系统示意图，太阳能集热系统提供的高温热能使 ZnO 颗粒完成热化学循环。

太阳能集热装置的概念设计数据：

太阳能镜场内安装定日镜，总面积为 7881m²（镜场占地面积为 2.1 公顷），集热量为 4.9~5.9MW，镜场的光学效率为 62%~74%。塔式太阳能接收器的高温热能输出量为 3.9~5.2MW，光-热转换效率为 79%~88%。

热化学循环-集热系统的联合：热化学制氢过程使用固体颗粒太阳能接收器（Solid particle Solar receiver）时，热源温度可达 950℃。下流式的颗粒流直接接收太阳辐射能。需设置两台铁氧钴储罐和相应的换热器。

已经设计了太阳能集热的气悬体反应器（Aerosol reactor），制成了样机。参见图 10-23。

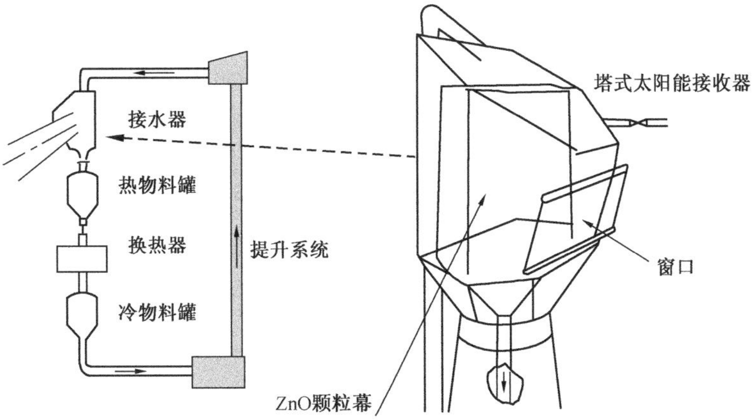

图 10-22　太阳能集热-热化学制氢系统示意图

② 铁氧钴（Cobalt Ferrite）循环系统

$Co_{0.67}Fe_{2.33}O_4 \longrightarrow Co_{0.67}Fe_{2.33}O_{4-\delta}+\delta/2O_2$　反应温度 1400℃

$Co_{0.67}Fe_{2.33}O_{4-\delta}+\delta H_2O \longrightarrow Co_{0.67}Fe_{2.33}O_4+\delta H_2$　反应温度 1000℃

$Co_{0.67}Fe_{2.33}O_4$ 可在太阳能集热的 1550℃ 高温下还原，放出 O_2。在 1000℃ 温度下，$Co_{0.67}$

$Fe_{2.33}O_{4-\delta}$与水反应生成氢气。经过稳定的铁氧体具有较好的稳定性和重复使用性。

已经研制成 CR5 型铁氧体反应器(ferrite reactor)。内装 14 组逆向旋转的铁氧体组件，每个组件中铁氧体装入量为 1.5kg。氢气产量约为 100L/h。参见图 10-24。

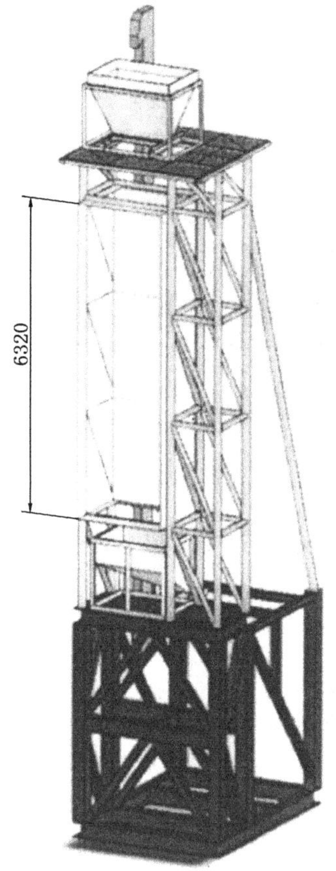

图 10-23　太阳能集热的气悬体反应器样机

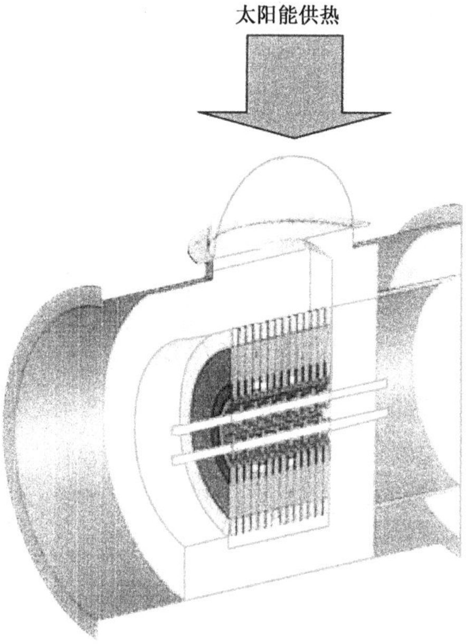

图 10-24　CR5 型铁氧体反应器

③ 混合硫热化学制氢工艺(Hybrid Sulfur Thermochemical Process)[40]

美国 SRNL(Savannah River 国家实验室)开发的混合硫热化学制氢工艺，可用太阳作为高温热能。需要输入的电力和>900℃高温位热量也可由核反应堆供应。

实验室示范的混合硫热化学循环系统包括 3 个工序，化学反应如下：

- 硫酸浓缩和分解过程：为 800~900℃下的热化学反应：

$$H_2SO_4 \longrightarrow H_2O+SO_2+1/2O_2$$

- SO_2 和 O_2 分离工序；
- SO_2去极化电解工序：为 80~120℃的电解过程。

$$SO_2+2H_2O \longrightarrow H_2SO_4+H_2$$

全过程的化学反应：$H_2O \longrightarrow H_2+1/2O_2$

全过程只有原料水的消耗，需要的热力、电力由太阳能(或核能)提供，成为无温室气体的氢燃料生产过程。混合硫热化学制氢流程参见图 10-25。

混合硫电解装置(HyS Electrolyzer, SDE)为质子交换膜燃料电池。二氧化硫气体在电解池的阳极氧化成为硫酸，从电池的阴极排出氢气。电池的电压为 0.5~0.6V，比直接电解电压低 75%。混合硫电解装置的操作条件：温度 80~120℃；压力 20kPa。硫酸浓度 50%~60%。

SDE 的化学反应式

阳极：$SO_2+2H_2O \longrightarrow H_2SO_4+2H^++2e^-$　$E_0=-0.158V$

阴极：$2H^++2e^- \longrightarrow H_2$　$E_0=-0.158V$

净化学反应式：$SO_2+2H_2O \longrightarrow H_2SO_4+H_2$　$E_0=-0.158V$

SRNL 于 2005 年完成了 SDE 的概念设计，进行了不同材料的膜材料和催化剂试验。2007 年对 SDE 燃料电池堆的质子交换膜作了改进。

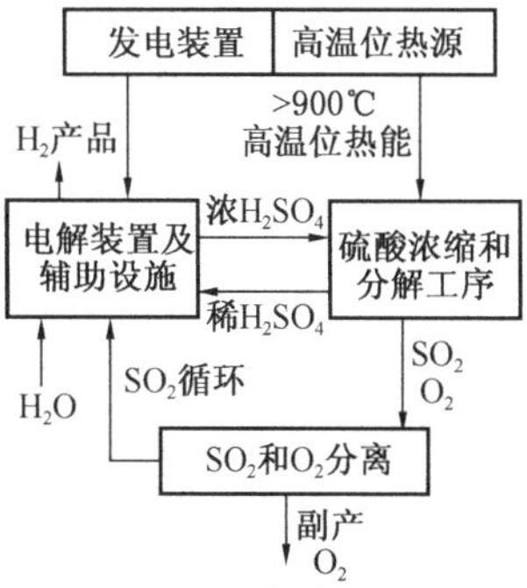

图 10-25　混合硫热化学制氢流程

用质子交换膜燃料电池试制成功了小型 SDE 电解装置。氢气生产能力为 100lb/h。混合硫电解技术最终开发成功之后，就可用核能或太阳能供热，实现热化学转化制氢的工业化。

美国通用原子能(GA)公司 20 世纪 70 年代提出的碘-硫循环制氢技术，也具有实际应用意义。有关的说明参见本章第七节。

工业化的太阳能热化学制氢过程包括化学循环系统和太阳能集热系统。系统流程的配置和优化、工艺设备设计、高温耐腐蚀材料的选择以及太阳能集热装置的设计等技术课题均有待进一步开发解决。

4）太阳能光化学制氢技术

该技术利用太阳能直接使水中的乙醇分解为氢气。

目前，太阳能光化学制氢以太阳光分解乙醇制成氢气为主。化学反应式如下：

$$C_2H_5OH \longrightarrow CH_3CHO+H_2 \quad \Delta H=+41.2kJ/mol$$

乙醇是透明的，不能直接吸收光能，必须向系统中加入光敏剂。二苯甲酮可吸收可见光，并通过胶状铂使乙醇分解生成氢气。研究人员正在开发可提高二苯甲酮吸光率的催化剂。

5）光电化学制氢技术[41]

水分解为氢气和氧气是能量增加的非自发反应过程。在标准状态下将 1mol 的水分解为氢、氧需要的能量为 237kJ。自 20 世纪 70 年代发现了用金属氧化物电极在日光照射下可使水分解产氢的反应以来，美国等国家都进行了光电化学制氢技术的研究。目标是利用太阳能通过光电化学转化过程使水分解生成氢气。

最新的光电化学制氢技术的研发结果是使用低温三氧化钨(WO_3)薄膜材料制造光电转化电极，可产生密度为 1.6mA/cm² 的光电流。后继的研发工作包括：光电极薄膜材料的研制和优化、用 WO_3 和无定形硅的活性薄膜研制出“混合光电极装置”(Hybrid Photoelectrode Device，HPD)、完成光电化学水分解制氢装置的概念设计及放大研究。目标是将水分解制氢的 STH(日光-氢气，solar to hydrogen)效率达到 2%~4%。

美国夏威夷大学的光电化学水分解制氢技术已取得阶段性成果。通过对光电转化材料的优化和制造技术的研究，用低温喷镀技术制造出了 WO_3 薄膜，将薄膜复合到一起制造出了整体式 HPE(Hybrid Photo-Electrode)装置，实现光电流密度达到 3.2 mA/cm²(接近理论最高值)，STH 效率达到 3.1%。使用寿命最终达到 5000h(目前低于 1000h)。

光电化学制氢技术的 STH 效率需达到 8%~10%才能实现工业化。HPE 装置的制造技术也需要改进。

6）光合作用制氢技术

参见本章第六节“绿藻光生物法制氢”。

7）我国发展太阳能制氢技术的前景

国内科技界在“能源可持续发展问题”的研究中，就发展太阳能技术提出以下建议：

① 发展生物质能源应以北方荒漠地区和南方的边际土地为基地，建设大规模能源产业。

我国广大的荒漠地区地理独特，气候、环境和土地条件适合发展生物能源作物。内蒙古、宁夏、甘肃和新疆的荒漠地区总面积约157万km^2。其中沙漠化土地32.3万km^2，可耕地和后备可耕地各有1230万公顷和1600万公顷，野生耐旱的能源植物种类丰富，这4个省区的野生维管束植物种类有几千种，可作为能源利用。由于大部分地区日照丰富、昼夜温差大，有丰富的地下水资源，适合于发展能源植物。

② 荒漠地区适合建设荒漠太阳能光伏发电能源基地。

荒漠地区太阳能资源丰富，日照百分率(日照时数与可照时数的比率)为60%~80%，平均总辐射量约为6.3GJ/m^2·a(5.4~7.0GJ/m^2·a)。据估算：我国荒漠地区的水平表面每年接受太阳能总辐射量可达9800EJ(约相当于228亿t油当量)。荒漠地区土地广阔，是最具发展光伏发电站的潜力地区之一。

③ 适宜建设大型光伏发电站的地区。

下列地区适合发展光伏发电站：

• 甘肃、青海和新疆的广大荒漠地区：日照时间长、土地宽阔、适宜建设1亿kW容量的光伏发电设施，总占地面积为3500km^2。

• 西藏地区：海拔高、光照好，太阳能辐射充足，土地资源丰富，适合于建成供应本地区电力需求的太阳能光伏发电基地。

• 内蒙古：距离负荷中心较近，输电线路建设成本低，可满足10亿kW光伏发电的土地需要，便于布置太阳能发电阵列。

④ 根据太阳能发电场的规模和配置情况，发展不同规模的太阳能-制氢系统。

二、风能制氢

风是由于受太阳辐射热引起的大气对流运动，风能实质上就是一部分太阳能转化而来的动能。

在40km/h的风速下，风力的能量密度为1000W/m^2。此能量密度的风能相当于强烈照射的太阳能，因此风能是有巨大利用潜力的可再生能源。目前，风能的利用以发电为主，风电是可再生能源中发展速度最快、最具有大规模开发潜力和商业化的产业。到2007年底，全世界累计风电装机容量为9403万kW。风电装机容量前五位的国家是德国(2228万kW)、西班牙(1471万kW)、美国(1690万kW)、印度(785万kW)和中国(588万kW)。

预期中国的风电产业将加速发展，2020年将突破原先规划的3000万kW装机容量，可能要提高至1亿kW装机容量。

风力发电具有良好的环境效应，据估算：每兆瓦的风力发电量可比煤电减少CO_2排放2100t、减少SO_2排放2.5t。

据世界气象组织估计：全球的风力资源总量约为2.74万亿kW，比水能资源大得多。

风能资源的大规模商业开发的主要障碍是风力发电成本还较高。目前，风电价格尚无法与火电/水电竞争。风力发电的最高成本已降至10美分/kW·h以内，若能降至6~9美分/kW·h，就可能与化石能源发电持平。

风能制氢技术就是利用风电生产氢燃料，将带来明显的环境效益。

1. 风力发电

风力发电是技术成熟、最具大规模商业开发优势的可再生能源产业。面临的发展障碍是风电成本尚无法与化石能源发电竞争。风能发电的成本随地区风力资源的不同、风力电场规模和采用的技术不同而有较大的差异。

目前，风能技术的开发方向是与后继应用联合的应用技术研究。例如：风电制氢技术、风电-反渗透海水淡化和利用风电的水利灌溉等方面的应用研究。

1）风能发电形式

风能发电形式可有小型风力发电和并网风力发电两种形式。

① 小型风力发电

我国风力发电技术的发展始于 20 世纪 70 年代，离网的小型风力发电机组利用成效显著，已经批量生产的机组有 100W～10kW 的共 10 个型号产品。已开始与国外厂商合作生产功率为兆瓦级风力发电机组。

② 并网风力发电

我国从 20 世纪 80 年代开始，至 2002 年底已经建成了 32 个风电场，总装机容量为 46.6 万 kW；至 2005 年底在 15 个省、区、市建设了 61 个风电场，并网的总装机容量达 126 万 kW。风电技术进入了新的发展时期。较大的风电场有：新疆达坂城风电场，总容量为 8.28 万 kW，是我国目前最大的风力发电场；广东南澳风力发电场，总容量达 5.7 万 kW，最终规模将达到 20 万 kW，将成为亚洲最大的海岛风电场；内蒙古辉腾锡勒风力发电场，规划装机 120 万 kW，至 2002 年已装机 72 台，容量为 4.27 万 kW。

2）风电技术的发展形势

① 单机容量不断扩大

安装大容量风电机组可降低风电成本、减少维修工作量，制造商已开发出了兆瓦级（1～2MW）的涡轮风电机组，桨叶的叶片长度已可做到 50m（小型 8～16m，中型 16～45m，大型 45m 以上）。2MW 风机的叶轮直径达 72m，桨叶的制造材料为强度高、质量轻的碳纤维。美国开发了新型叶片，桨叶的捕风能力可以增大 20%。丹麦、德国均在致力于新型叶片从理论到应用的开发研究。风机塔架高度上升：提高塔架高度可以加大捕风能力，50m 高度的捕风能力约比 30m 高处增加 20%。德国已经生产了 5MW。叶轮直径为 124m，塔架高度 120m。设计的额定风速达 13m/s。预计将于 2010 年开发出 10MW 风电机组。

② 开发低风速风力发电技术

为了克服风电生产成本太高的障碍，美国提出了发展低风速风能发电规划。美国目前开发的大部分风电场建在第六类地区（指 10m 高处的风速在 6.8m/s）内。为了降低风电成本，必须开发低风速（高 10m 处的风速为 5.8m/s）风电技术。据统计，美国低风速风能资源的地区面积约为高风速风能地区面积的的 20 倍，且大部分靠近电力负荷中心。

在美国能源部主导和资助下，许多研究机构开展了低风速风能发电工艺、风机部件和低风速风力发电机样机的研发、设计工作。例如开展低风速风力透平的概念设计及放大研究（包括中电压变速驱动技术、钢-混凝土混合结构的支架、半浸没式平台及其锚固系统、2MW 直接联动的永磁式发电机、先进的电力转化器、2MW 风力透平）、风机部件的研究和试制（28m 后掠式螺旋叶轮）低风速风力透平的样机。

2005 年建成、安装了一套 2.0MW 的风力透平样机并完成了测试。风电机组采用高能量密度、直接连接的永磁发电机和先进的电力转化器，于2008年建成。

③ 采用变速风力发电机

新开发的变速风力发电机可与风机直接连接。发电机的转子随风速而变化，发出频率不定的电流，并可提高发电能力。经过安装在地面上的“电力电子变换器”将频率不定的交流电整流为直流电，然后再逆变为与电网频率相同的交流电输出。

这种变速风电机的捕风能力约比常规风机提高15%。由于简化转动机构、机舱重量减轻，可以降低建设投资和维修费用。

④ 大型海上风力发电场是风电发展的新方向

许多高耗电量的城市居住区集中于沿海地区，一项研究表明：距海岸线5~50海里海湾地区常常是风能资源丰富地区，适合于建设海上风力电场。目前，世界共有海上风电场18座，安装总容量达804MW，均位于水深低于18m的浅海地区。规划于2010年前建设的海上风电场总容量为11GW，其中约600MW为美国的海上风电项目。

建设海上风电平台需要开发风力透平技术和借鉴海上油气平台技术。应根据海上风力和海浪特性进行海上风电平台的概念设计，确定电场的负荷条件。已经完成了水深50~200m，支撑功率为5MW风力透平的浮动平台概念设计，包括平台支架和锚固基础的工程方案。

⑤ 联合聚风风电机组[45]

新研制的联合聚风风电机组是风能转化效率最高的机组，有立式和卧式两种机型，后者由横向设置的分风机舱、双桨轮风轮配合构成。对于拥有“定向风力”的山口或山间地区最为适合。它的优点是：a. 能形成巨大的采风面积，采风强度和出力转换能力；b. 桨轮风轮的采风面积与风轮重量比值最小，结构简单，调控方便，成本低；c. 结构稳定，故障率低，更换方便。

2. 风能发电-制氢系统[46]

风电制氢是可行的技术。当风电成本降低至市场可接受的水平，风能发电-制氢系统就可实现产业化。

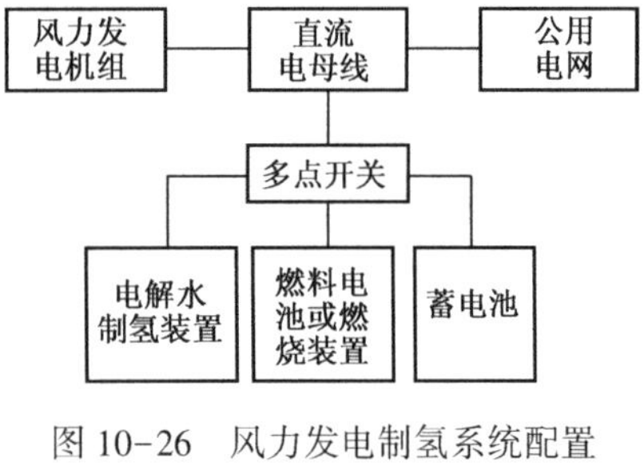

图10-26　风力发电制氢系统配置

完整的风力发电制氢系统包括风力发电机组、电解水制氢装置、蓄电池组和燃料电池(或燃烧装置)。风力发电机输出的直流电除了输送至公用电网外，其余电力通过直流电母线向电解装置、蓄电池组等处供应电力[35]，参见图10-26。

风电机组、公用电网和电解水装置需要优化匹配。如水电解制氢装置使用低压直流电，要求电压恒定，需通过一套控制系统与高压交流电源连接。由于风力发电透平也通过控制系统与公用电网相连接，故可将风力透平的电力控制系统同时兼作电解装置的控制器。这样除了可降低电解装置建设投资30%~50%外，还避免了从直流变交流和再从交流变直流的两次变电过程，可以提高电力系统的效率。

还可充分利用风机的支架下部的空间安装储氢罐等设施。功率为1.5MW风机的塔架高度约为65~85m，塔架底部的空间约为650~860m^3，适合安装储氢罐等设施。电解水制氢按每产1kg氢气耗电49kW·h计算，塔架底部的储氢能力约相当于风机13~17h的发电量。

风力透平的发电量与风机的额定功率和风速有关。输送至公用电网的风电量与电网的额定输电能力和电解制氢装置开工率(用电量)有关，还可用蓄电池组和/或燃料电池进行用电量的调节。

第六节　生物质光生物法制氢

一、概述

光合作用制氢的原理就是通过细菌的光合作用利用太阳能的过程，通过光合作用产生特定的氮化酶或氢化酶，然后再利用特定的酶分解水生产氢气。所以，光生物法制氢就是通过微生物的生理代谢产生分子氢的过程，是将太阳能转化、储存为可再生氢燃料的工艺技术。生产氢气使用的“催化剂”包括绿藻、蓝细菌(cyanobacteria)、光合成细菌以及一些厌氧的发酵暗细菌。

用单细胞生物通过光生物法制氢生产氢燃料可有不同的工艺路线，主要的有：

① 绿藻光生物法制氢工艺；

② 蓝细菌(cyanobacteria)光生物法制氢工艺；

③ 光合成细菌(利用红外光)光生物法制氢工艺；

④ 厌氧发酵菌的发酵法制氢工艺。

蓝细菌光生物法制氢效率很低(产氢能力约是绿藻的 1/1000)，目前光生物法制氢技术研究开发重点是绿藻光生物法制氢工艺。

光生物法制氢的成本仍然高于化石燃料制氢技术。原因是还有一些工艺技术、生物技术和工程问题需要解决，以降低生产成本实现工业化生产。

实现光生物法制氢工业化的必要条件包括：

① 改良和优化单细胞绿藻、光合成细菌的菌种以提高光能的利用效率和氢燃料的产率；

② 研究将不同的光合成制氢和发酵法制氢实现工艺联合的可行性，实现太阳能的分光谱利用，生物质和发酵产物的有效利用，达到改善过程的经济性；

③ 开发新型光生物反应器及其组件，研制低成本的光生物反应器材料。将光生物反应器的制造成本从 10 美元/m^2 降低至 1.0 美元/m^2。

光生物法制氢技术也仍需要占用一定土地面积。尽管作为洁净能源的太阳能是“取之不尽”的，除了日光散射作用外，地面上的平均日照率约为 4.2kW · h/m^2 · d。若光合作用制氢的转化效率按 10%计，以美国为例，采用光生物法制氢气替代其目前的汽油消费量，则制氢所需的土地面积为 1.43 万平方千米，约相当于美国国土面积的 0.15%。

二、微生物转化制氢[21]

微生物转化制氢是通过微生物的生理代谢产生分子氢的过程。按微生物的种群分类可以分为利用具有光合作用功能的微生物生产氢气和利用非光合微生物生产氢气的两种技术。

1. 利用具有光合作用功能的微生物进行物质和能量转换生产氢气

光合作用制氢是通过细菌的光合作用产生特定的氮化酶或氢化酶，然后用酶分解水生产氢气。如绿藻制氢就是利用[Fe]氢酶生产氢气；红螺菌(Rhodosprillum rubrum)制氢是利用固氮酶生产氢气。

此项技术的主要障碍是微生物产生氢化酶或氮化酶的效率不高，酶的热稳定性差和使用寿命短。

2. 利用非光合微生物将高分子有机物降解生产氢气

绿藻、蓝细菌和光合细菌的产氢机理各不相同，与使用酶的种类有关。以下仅就绿藻的氢酶产氢和光合细菌的固氮酶产氢进行说明。

1）氢酶产氢

绿藻在光照和厌氧条件下产生氢气是通过[Fe]-氢酶(Hydrogenase)起作用的。通过除去莱茵绿藻(Chlamydomonas reinhardtii)培养液中的硫，可使藻类的固定 CO_2 和放氧过程与碳消耗和产氢过程分离开来，就可使细胞呼吸耗氧形成厌氧环境，使氢酶产氢过程顺利进行。在光照条件下，氢酶所需的还原力为水和有机物(淀粉)。

绿藻的产氢量只有理论值的 10%左右。

2）固氮酶产氢

红螺菌(Rhodospririllum rubrum)是使用固氮酶(nitrogenase)产氢。固氮酶遇氧会失活，产氢会同时放出氧。固氮细菌含有营养细胞和异形细胞。营养细胞具有 PS-I 和 PS-II 两个光系统，可以进行水的光解和 CO_2 的还原，产生 O_2 和还原物质。可以通过厚壁孔道将还原物质输送到异形细胞内。还原物质作为供氢体，使只有 PS-I 光系统的异形细胞固定氮和产生氢气。异形细胞为厚壁细胞，形成了局部厌氧环境和氧分压低的环境，使固定氮和产氢过程能够顺利进行。

红螺菌的产氢量只有理论值的 6%左右。

三、绿藻制氢

绿藻生物光合成技术生产氢燃料仍是开发中的技术。

1. 生产原理

1999 年，NREL 与加州 Berkrley 大学合作进行了莱茵绿藻在无硫、缺氧条件下生产氢气的研究。实验室方法是在正常的含硫营养介质中，在日光下繁殖绿藻。然后，用离心分离和洗涤法将细胞从生长介质中分离出来，并送入无硫的生长介质中。经过 24~48h 过渡期后就能开始产生氢气。4 天后，产氢量开始下降并最终停止产氢。

在过渡期之初，由于“硫饥饿”(sulfur deprivation)效应，使绿藻的氧生产量下降。直到细胞耗氧量超过了氧生产量后，将试验容器封口，细胞靠剩余的氧气在缺氧状态下维持生命。为了使过渡期加快，可向生长介质中加入醋酸盐以便为细胞提供氧化反应所需的“碳源”。进入缺氧状态后，需要有一段细胞合成“氢酶”的时间才能生产氢气。一旦溶液形成缺氧状态、并产出氢酶之后，细胞就开始产氢。产氢期间，氧的生产也未完全停止。“硫饥饿”是为了减缓第一光合阶段[PS-I]的效应，从水中提取电子以生成氧。试验过程中还发现：完全脱除硫会对产氢有反效应，因为 PS-II 阶段吸收光子完全停止后就不能向氢酶输送电子，也不能使氢酶生成氢气。即 PS-II 的光合成速度应该能使所产的氧只能满足细胞呼吸之用而不使系统中氧气过量。“硫饥饿”还会使细胞在营养液中的生长中止。图 10-27 表明如何从水中取出电子和在 PS-II 阶段吸收光子而使电子跃升至更高的能级。当细胞获取一部分能量用于新陈代谢时，电子又降至较低的能级。绿藻在 PS-I 光合成

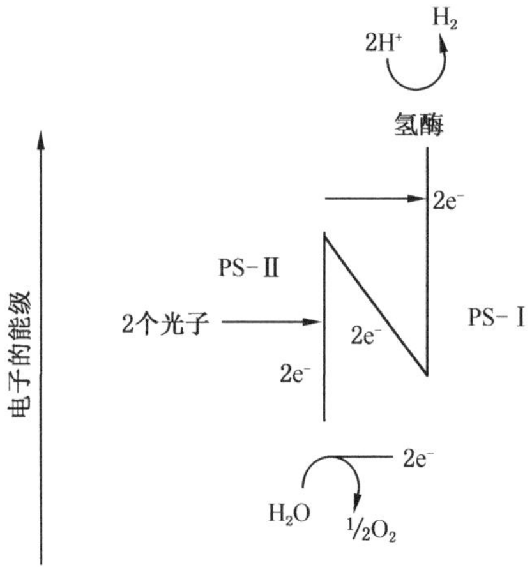

图 10-27　通过 PS-Ⅱ和 PS-Ⅰ生产氢的电子路径图

阶段吸收光子完成再一次的能量跃升。

高能量电子可有几种去向：返回至 PS-I 阶段为细胞产生 ATP(三磷酸腺苷)能量，用于细胞的生长；生成淀粉；供给氢酶生产氢气。细胞生长和储存淀粉均受到“硫饥饿”条件的抑制。因此，在缺氧状态下从微生物中放出电子生成氢气是主要的途径。

2. 绿藻连续制氢工艺的开发

1) 实验室研究现状

光生物法连续制氢技术是美国可再生能源国家实验室(NREL)于 2002 年开发的。连续制氢法无须将绿藻细胞送入“缺硫”介质中。采用两台装有搅拌器、连续流动的生物反应器就可持续生产氢气几个星期，流程参见图 10-28。

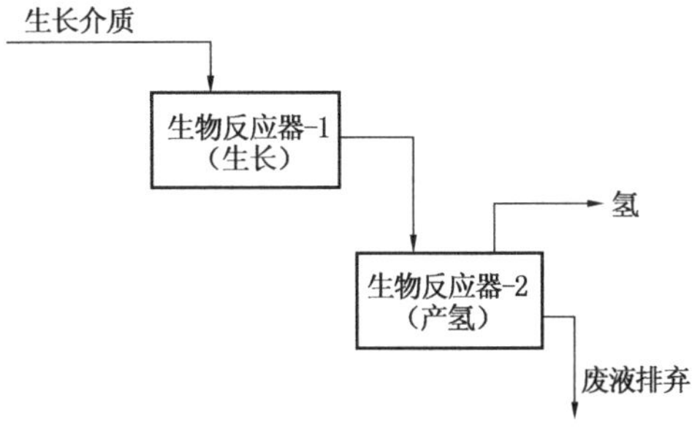

图 10-28　光生物法生产氢气流程

生物反应器-1 用于在低含硫介质中培养绿藻细胞。氧的生产量低于细胞呼吸的耗氧量。向生物反应器中鼓泡送入 CO_2 和少量氧气。细胞可以在反应器-1 中通过光合作用和在醋酸盐溶液中获得一定的能量。连续地从反应器-1向反应器-2 中输送细胞液体。生物反应器-2 呈缺氧状态。由于进入反应器-2 的细胞处于被抑制状态，故不会使反应器-2 呈有氧状态，残余的氧会很快地被藻类细胞消耗掉。处于缺氧状态的细胞便开始生成氢酶，并生产氢气。同时，从生物反应器-2 中连续抽出一定量的细胞液体，使藻细胞在反应器-2 中的平均停留时间保持为 2d，氢气平均产率低于间歇生产的初期产率，高于其末期产率。从反应器-2 抽出的细胞液体可以再生，从系统中排弃一部分液体以防惰性物质在反应器中积聚。

绿藻光生物法制氢在经济上能否有竞争力和能否实现工业化取决于如下限制因素，包括：①生物因素，即微生物从日光吸收、转化光子的速度；②太阳因素，即射入培养液中光的平均强度；③工程因素，即生物反应器的设备、材料等因素；④人为因素，即人们对遗传工程的知识水平。

2）理想的绿藻制氢系统应满足的工艺条件

理想的绿藻制氢系统应满足如下的工艺条件：

① 过程中藻细胞的充分利用。细胞保持正常的“密度”，即细胞质量没有“净增长”。新生细胞从死亡细胞中获得营养物质。

② 生物反应器深度恰好满足最大量地吸收日光，不宜过深。光饱和是藻类制氢的限制因素之一。生产氢气时，在低阳光密度下气体产量与光的密度呈直线关系，但很快达到最大值，却远未达到全日光的强度。藻类吸收的光子量远远大于传输给第一阶段(PS-I)的光子量。若能够截短藻类细胞“天线”(antennae)的尺寸，达到与细胞接受光子的能力相匹配，就不会对藻类细胞的健康产生负面影响。研究人员已经找到了减小天线尺寸的“突变体”，通过对突变体的筛选、找到了改良的 DNA 系列。并计划找出控制天线尺寸的基因。于是，就可利用这些信息来改良莱茵绿藻以及其他光合成微生物的“天线”尺寸。这是研究、发展藻类光合成法制氢的关键课题。

③ 藻细胞应有较短的“天线”长度以便只能吸收用于生产氢所需的光子，而不能过多地吸收光子。

④ 通过 PS-II 光合成的全部电子均用于生产氢，无副反应。

⑤ 藻细胞能以最高速率生产氢气。

⑥ 要求生物反应器材料全透明，可透过不同波长的光线，氢穿透率低，内壁不至于被藻细胞封堵而隔绝日光。

3）光生物法制氢的技术发展需要解决的技术问题

光生物法制氢技术目前仍处于开发阶段，工业化应用需要解决以下技术课题：

（1）截短天线的突变体研究

使生物反应器达到更深的光透过率以提高氢气的生产率。

（2）研究、开发耐氧的氢酶

提高氢生产率后，氧的产量将超过藻类的耗氧量，要研究、开发耐氧的氢酶。

（3）提高氢的生产率

用遗传工程技术提高电子传输速率以便进一步提高氢产率。

（4）研究和确定生物反应器制造材料

光生物反应器的制造费用对藻类制氢有着决定性的影响，目前仍未能确定生物反应器的制造材料。反应器制造成本对氢的成本有很大影响，若生物反应器的制造费用从目前估计的 10 美元/m^2 降至 1.0 美元/m^2 后，氢燃料价格就可接近 DOE 规定的价格目标。

（5）解决氢气的储存和压缩问题

独立的藻类制氢装置只能间歇地生产氢气，如何确定氢的储存、压缩方案也是影响氢气成本的主要因素。

4）光生物法制氢课题研究的进展[20,22~25]

（1）截短“叶绿素天线”光系统尺寸提高氢产率

光生物法制氢过程的日光利用率较低的原因是由于“叶绿素天线”（Chlorphull Antenna）光系统的尺寸较长，导致日光利用率太低。如野生绿藻的“叶绿素天线”尺寸为 470Chl 分子，吸入日光能的利用率只有 3%～5%。于是研究人员开展了“截短叶绿素天线以提高绿藻的光转化效率”的研究。方法是利用遗传工程找出控制叶绿素天线尺寸的基因，并把这类基因“插入”到其他绿藻上，用分子干扰的方法调整叶绿素天线的尺寸。经过筛选、分离出带有“较小叶绿素天线标志”的绿藻。研究中，分离出了一种称为“Chlamydomonas”的突变体，其叶绿素天线具有较短尺寸。

研究结果综合如下：

① 获得了不同基因的藻类突变体，研究了 tlal 基因的突变体的生物化学特性和 tla1 基因的分子分析；

② 发现辅酶 Q（ubiquityous）-tlal 基因可用于调整微藻中叶绿素天线的尺寸；

③ 示范研究表明：“剪短”微藻叶绿素天线后，光合成效率可以提高；

④ 野生天然绿藻的“天线尺寸”为 470Chl 分子（按 100%计），其中 PS-II＝230，PS-I＝240。这种绿藻光合成过程的光子利用效率只有 6%～10%；吸收日光能的利用率为 3%～5%；

⑤ 利用基因工程截短天线尺寸，分离出了带 tlal 基因的突变体，其“天线尺寸”为 275Chl 分子（按控制率 59%计），其中 PS-II＝115，PS-I＝160。光合成过程的光子利用效率为 20%左右；tlal 突变体的吸收日光能的利用率可提高至 10%。

⑥ 2005 年，又分离出了带 tlaX 基因的突变体，其“天线尺寸”为 195Chl 分子（按控制率 42%计），其中 PS-II＝80，PS-I＝115。光合成过程的光子利用效率为 30%左右，tlaX 突变体的吸收光能利用率可提高至 15%[19]；

⑦ 中期的研发目标是分离出 Chl 分子为 132(28%)的突变体，其中 PS-II=37，PS-I=95，光合成过程的光子利用效率可提高至 60%左右；

⑧ 射入太阳能的理论最高利用效率为 30%，目前(2005 年)太阳能的利用效率是 10%左右，预期 2015 年将可提高至 15%~20%。

(2)莱茵绿藻光合成制氢技术进展

质子在通过类囊体膜"algal thylakoids membranes"时产生质子积累而限制了氢气产量。用遗传技术在类囊体膜内部植入"质子通道"就可以提高光生物过程的氢产量。

莱茵绿藻光合成制氢过程必须解决以下技术问题才有可能实现工业化生产：

① 光合成制氢过程受到质子积累形成质子梯度的限制；

② CO_2 的存在对光合制氢过程的抑制作用；

③ 为保持光合活性，在 PS-II 阶段需要生成碳酸盐；

④ 藻类生产氢气需要将生成 O_2 时所放出的电子排放出来。

上述与微生物生理有关的问题可以用生物工程方法"设计"出一种专用的藻类来解决，就是用遗传工程在叶绿体的类囊体膜内植入多肽的质子通道，使这种"超级"藻类能够在有氧条件下(例如在敞开的反应池中)使用空气中的 CO_2 进行光合作用生成氢气和维持生长。由于在叶绿体的类囊体膜内植入多肽的质子通道就可以消除在类囊体膜内形成的质子积聚，故可不再生成三磷腺苷(ATP)，而可以提高氢产量。

(3)耐氧的[NiFe]氢酶的研究进展

藻类光生物制氢过程中，O_2 为过程的副产品。氧的存在会使藻类的光合成反应终止，因为氧对绿藻中[FeFe]-氢酶的功能是有效的抑制剂。[Fe]-氢酶的催化中心是由独特的 2Fe2S 中心组成。氧的抑制作用是可以直接与催化活性中心的 Fe 分子结合，使光合成制氢过程突然在几分钟内终止。可通过如下技术措施解决提高氢酶的耐氧性。

① 用分子工程技术消除氧对氢酶的敏感性。采用不同的基因重组技术生成一种耐氧的氢酶。2005 年，NREL 开发出了一种耐氧的[Fe-Fe]氢酶，可在产氢系统中使用。

② 已经从光合成细菌(Rubrivivax gelatinous 和 Thiocapsa rosepersicina)中找到了耐氧的[NiFe]氢酶，用遗传工程的方法将[NiFe]氢酶植入到蓝细菌(cyanobacterium)中，实现连续的水制氢过程。

③ 用基因重组方法设计气体通道以便阻止 O_2 到达催化剂中心，但又不致于对氢气从蛋白质向外扩散造成影响。

④ 交替进行缺硫、增硫两种条件的转换，使绿藻营养物能够交替进行产氢过程和正常的光合成反应的转换。

⑤ 克服光生物制氢过程中氧对氢酶的抑制作用。

⑥ 使用"生理开关"(physiological switch)将产氧和产氢过程分隔开。NREL 改用了 2 台生物反应器串联流程，用"硫饥饿"法将制氧和制氢过程分离开，从而使产氢过程持续 2 周(第 3 周产量下降)，制氢成本约比间歇法降低四分之一。

3. 光生物法制氢建设投资和生产成本预测

光生物法目前远未达到产业化阶段，预测结果是建立在不同的假设条件下完成的，只能供初步参考。现列举 1998 年 IEA 专家为两段间接光生物分解制氢法预测的数据[44]如下：

工厂规模：氢气 280000Nm^3/d 或 3600GJ/d；

日照条件：平均 21000kJ/(m^2·d)；

光能利用效率：露天池生产醣类 10%，培养池 7%，生物反应器生产氢 100%；

生产率：生产醣类 120g/(m^2 · d)，培养池生物质 60g/(m^2 · d)，光生物反应器产氢 180g/(m^2 · d)或平均 2Nm³/(m^2 · d)；

占地面积：200 公顷，露天池 14 座共 120 公顷；培养池 2 座大、其余小共 14 公顷；沉降池 14 座共 14 公顷；产氢光生物反应器 14 公顷；

投资额(百万美元)：露天池、培养池、沉降池等 16.2，光生物反应器 14.0，CO_2 循环和氢压缩 5.7，CO_2 分配 1.3，厌氧发酵 0.6，供营养物 0.2，供水 1.0，建筑、机械、电工、道路、排水 1.2，以上工程费用小计 32.1，另加工程设计费、不可预见费、流动资金和建设期利息等合计 43.0；

生产成本(百万美元/a)：主要是投资产生的固定费用 10.5，动力、营养物、工资和其他 1.5，合计 12.0；

以上折合单位产品：投资 5200 美元/t 氢；成本 10 美元/GJ 氢或 1.4 美元/kg 氢。

四、发酵法制氢

从 20 世纪 60 年代以来，许多研究部门用不同的厌氧细菌，用各种碳水化合物(如糖蜜酒精废液、葡萄糖等)为原料进行了发酵制氢技术的研究，取得了一定进展，但仍处于初期开发阶段。许多人认为，发酵法制氢技术比光生物制氢技术更具优越性而且容易实现工业化生产。持这种观点的人认为：

① 发酵制氢菌种的制氢能力和生长速度均高于光生物制氢的菌种；

② 发酵制氢过程不需要光源，故生物反应器的设计、操作均比光生物反应器简单；

③ 使用的原料来源广、成本低廉。

目前，由于生物性限制，发酵法制氢过程的氢分子收率(按 mol 氢/mol 底物计)仍很低。微生物发酵过程的产氢率常常因固定化细胞颗粒被破坏或副产物有机酸的积累而降低。

发酵法制氢的化学反应式可归纳为以下通式：

化学反应的最高值：葡萄糖 $+6H_2O \longrightarrow 6CO_2+12H_2$

生物发酵最高值：葡萄糖 $+2H_2O \longrightarrow$ 2 醋酸盐 $+2CO_2+4H_2$

生物发酵最低值：葡萄糖 $\longrightarrow$ 丁酸酯 $+2CO_2+2H_2$

从以上反应式可知：按每个葡萄糖分子中的能量计，化学反应最高可产 12 个分子 H_2，而生物法制氢的最高的分子氢产量只有 4 个分子。多数试验数据只能生产 2 个分子的氢。由于同时生产有机酸盐和溶剂，使氢分子产率降低。提高氢产率的有效措施是采用新陈代谢工程方法使微生物的路径优先向产氢方向进行，找出控制全部能量储存在底物(糖类)中的路径。

葡萄糖发酵法制氢的原料成本太高，而木质纤维素生物质资源十分丰富。因此开发研究的方向是使用富含葡萄糖的纤维素或半纤维素为原料，寻找能够发酵此类原料的微生物菌种，这样的研究尚处于实验室的研究阶段。

五、生物制氢联合工艺

生物联合制氢是将光生物制氢过程与厌氧发酵制氢过程联合到一起的工艺技术。联合的效应是可以最佳地利用不同波长的太阳能，实现细胞生物质和发酵有机物的有效循环。这种联合生物制氢工艺正在开发中，工艺流程图参见图 10-29。

为了扩展对不同波长日光的利用，可以在厌氧条件下的光反应器中联合培育出绿藻、蓝菌(cyanobacteria)和光合成细菌，分别完成光合成制氢和发酵制氢，达到将绿藻光合成过程与厌氧光合细菌的制氢过程串联到一起的目的，组成联合生物制氢流程。

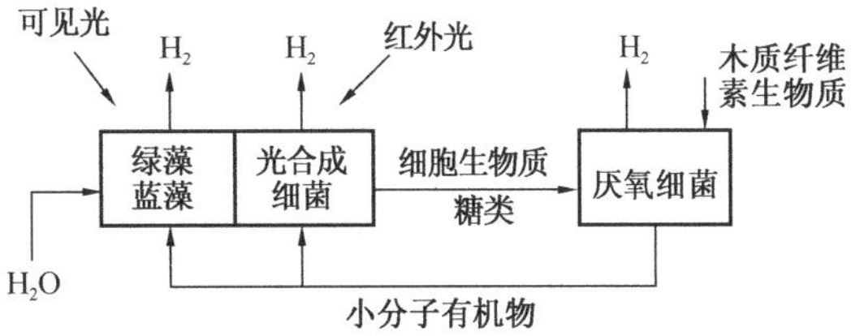

图 10-29 联合生物制氢工艺生产流程

厌氧暗细菌发酵制氢的原料是绿藻、蓝菌和光合成细菌的细胞生物质、糖类，以及来自木质纤维素生物质的补充原料。厌氧暗细菌发酵过程副产的小分子有机物则用作绿藻、蓝菌和光合成细菌的制氢原料。

几乎所有的紫色非硫细菌均属厌氧光合细菌，均可以通过光合作用生产氢气。厌氧光合细菌可以吸收、利用日光中的近红外光(波长 700~900nm)生产分子氢。过程中只产氢，不生成氧，工艺流程简单，产氢的纯度和产氢率也较高。

生物制氢联合工艺有以下的优点：

① 绿藻和光合成细菌可分别利用不同波长的太阳光能，提高光能利用率；

② 光生物制氢过程的细胞生物质和发酵制氢过程的有机物均获得有效的利用。

已有的化学法和生物法制氢技术均具有氢产率低和反应条件苛刻的缺点。美国的 Oak Ridge 国家实验室等单位开发淀粉制氢技术[47]。使用 13 种酶将淀粉和水在 30℃和常压下转化为氢和 CO_2。

化学反应式如下：

$$C_6H_{12}O_5+7H_2O \longrightarrow 13H_2+6CO_2$$

淀粉制氢的主要特点是反应条件缓和(常压、30℃)、氢产率高[为厌氧发酵法的理论极限值($4H_2$/葡萄糖)的 3 倍]，生产成本低(约为 2 美元/kg 氢)。淀粉制氢最大的技术障碍是反应速率极低[47]。

六、生物质光生物制氢法前景展望

尽管生物制氢目前在经济上不具有竞争性，从解决能源短缺和保护环境的意义上说，发展生物制氢具有重要意义，其发展前景是不容置疑的。生物制氢技术工业化后必将带来显著的经济的、社会和环境的效益。因为：

① 太阳能是“取之不尽”的，能长久地为人类提供所需的能量。如果太阳能-氢能系统的转化效率能够提高到 15%，大规模地应用就可以提供足够的能源；

② 太阳能制氢就是从水中获得氢气。燃料电池使用氢燃料产生动力或发电，再重新生成水，是环境友好的能源系统。对解决气候变化、大气污染产生积极的正面影响；

③ 随着工艺技术和材料工程的进步，太阳能大规模地生产氢燃料和氢燃料的长距离输送将是和平的能源利用方式，会避免国际间发生能源矛盾和竞争；

光生物法制氢尽管在开发研究方面已取得了巨大的进展，但在工艺技术、经济性方面仍然面临着巨大的挑战。美国在光生物法制氢的研究开发计划中就明确提出以下目标：

① 通过对单细胞绿藻、蓝细菌、光合成用细菌、发酵用菌等菌种的开发和优化达到提高氢气产率的目的；

② 研究各种光生物制氢方法与发酵制氢法联合的可行性以便提高日光的利用率，从而

有效地进行生物质和发酵产品的循环，改善过程的经济性；

③ 寻找、开发廉价的光生物反应器部件，例如透明、耐用和不透氢的材料；

④ 于 2015 年之前确认光生物制氢技术的可行性和在中远期的竞争性。

我国对生物制氢工艺的研究开发也有很大进展。在国家对研究项目的支持下，中国科学院、厦门大学等单位均开展了相关的研究，哈尔滨工业大学开展了生物发酵制氢的中型试验。

第七节　核能制氢

核能既是重要的电源，也将成为工业用的高温热源。本节重点论述用核电的制氢技术和以先进核反应堆为高温热源的制氢技术发展状况。

一、核反应堆发电技术

目前，核反应堆技术主要用于发电。截至 2005 年底，全世界建成并在运行的核发电机组的总装机容量约为 361GW，占世界电力总装机容量的 17%。

中国发展核电工业始于 20 世纪 80 年代。已建成的核电站总装机容量约为 7.0GW，以采用压水堆核电机组为主。中国核电将有更大发展。预计至 2020 年，中国核电站的装机容量将达到 40GW(新近目标将调整到 60GW)。届时，核发电量将占总发电量的 4%左右。

现有核电厂使用的核反应堆技术以压水堆、沸水堆核电机组为主，用压力水或沸腾水作冷却剂。冷却剂出口温度均在 400℃以下，故称之为低温核反应堆。

压水堆核电装置由 2 个回路组成，第 1 回路为反应堆冷却剂系统，第 2 回路为发生蒸汽系统。压水堆核电站的热效率为 35%左右。沸水堆核电站的堆芯冷却剂只有 1 个回路。冷却剂直接汽化生成发电用蒸汽。

采用现有核技术的核电站建设投资大、核电生产成本高；经济上仍无法与煤电竞争。另外，此类低温核反应堆也无法提供制氢用的高温位热源。

二、核供热技术[32]

核反应堆以热能形式释放出能量，以用于发电为主。专门用作供热的核反应堆还较少。

低温核反应堆的余热只能用于建筑物采暖或作为<200℃的低温热源、供化工或造纸等工业使用。

各种制氢工艺、煤炭气化、稠油开采等过程需要使用>800℃的高温位热源。

第二代压水堆核电站是成熟的核能技术。为提高核发电的能效率、提高安全性和节约核燃料，核工业的技术发展方向依次是：发展大型先进压水堆技术，开发高温气冷快中子反应堆、钠冷快增殖堆核技术和与其相匹配的高温热化学制氢技术，探讨利用低负荷期间廉价电力的高效电解制氢技术。加强包括燃料闭合循环的快中子反应堆等核技术的开发研究，争取于 2050 年成为核电产业的主力堆型。

核反应堆的研发目标是提高安全性和改善经济性。对第四代核能系统的经济和安全性能的要求包括：电力生产成本低于 3 美分/kW · h；千瓦装机容量的建设投资低于 1000 美元；堆芯熔化概率低于 10^{-6}/堆年；在发生事故情况下也不得向厂外释放放射性物质。已经选定高温气冷快中子堆系统(GFR)、铅冷却快堆系统(LFR)、钠冷却快堆系统(SFR)和超高温反应堆系统(VHTR)等作为第四代核能系统的开发重点。

高温气冷快中子核反应堆(GFR)是采用耐高温的全陶瓷型燃料元件，用氦气为冷却剂，用石墨材料作慢化剂和核堆芯结构材料。超高温核反应堆(VHTR)使用球形燃料元件、石墨作慢化剂、氦气为冷却剂的反应堆。此类核反应堆用中间换热器传输热量，可提供的热工质温度为850~1000℃。输出的热量可用作氢燃料生产过程所需的热源。

GFR 和 VHTR 反应堆系统是适合于为制氢提供高温热源的核技术。

中国核技术发展目标是进行快中子堆核系统和燃料闭合循环技术的开发，争取于2035年后达到商业使用的水平。

氦气冷却的核反应堆技术均只有1个氦气冷却回路，简化了系统流程，有利于提高供热温度和热效率。VHTR 的净热效率可达48%，高于各种低温核反应堆。

高温核反应堆的运行温度高，对工程材料、核燃料及生产安全性有更高的要求，在工程上仍有一些关键技术问题有待解决。

核能的热-电联合(Combined Heat and Power)应用可以大大提高能源转换效率。以高温气冷核反应堆(HTGR)为例，氦冷却剂出口温度可达950℃以上。采用蒸汽透平发电时，系统的能效率为40%~43%；采用气体涡轮技术的发电效率可增至48%。联合循环发电技术的能效率可达50%。若采用热-电联产技术同时供应高、低温位热能和电力，系统的总效率就可提高至80%以上。

三、核能和氢气生产[33]

1. 核能制氢工艺

由先进的第四代核反应堆技术与制氢技术组成的联合过程可称为核能制氢工艺。按照核反应堆提供的能源品种分类可有使用核电的制氢技术和核供热(同时供电)的制氢技术。按照制氢技术分类，可有核供热的化石能源制氢技术和开发中的热化学循环制氢技术。

发展核能制氢技术的工艺目的是为了提高制氢效率和减少制氢过程的温室气体排放。

核能制氢技术目前尚未达到商业化应用阶段，主要原因是由于第四代高温核反应堆技术和热化学循环制氢技术均尚未实现工业应用。美国的“核能制氢倡议”目标是在2017年进行核能制氢装置的商业化示范运行。所以，核供热制氢技术需要与核反应堆技术同步发展。

应该指出：核供热和太阳能供热的制氢技术具有共同性。在特定条件下，本章第五节中所述的太阳能制氢技术也适合改用核反应堆供热。

2. 使用核电的制氢技术

主要用在电解水制氢方面。目标是通过提高核发电效率降低制氢成本；减少温室气体排放，形成洁净的制氢技术。

1) 常规电解水制氢技术

煤炭发电的热效率按40%计算，常规电解水制氢的热效率仅约为27%。第四代核反应堆技术发电效率提高至50%。预期使用核电的电解水制氢技术将可以提高能效率，降低氢燃料的生产成本。

2)高温蒸汽电解技术

高温蒸汽电解是固体氧化物燃料电池的逆向应用，由于高温下有利于水的电解，故电解池的操作电压较低。试验装置的电流密度为0.4A/cm^2，平均电解池电压为1.3V。固体电解质高温蒸汽电解的操作温度900℃，压力2MPa。

高温蒸汽电解装置是开发中的技术，其主要优点是能量转化效率高、全固体结构操作方便、不使用贵金属催化剂。

高温蒸汽电解水技术的热效率可达40%~50%，高于常规电解水装置(25%~28%)。制氢成本仍然偏高。在相同的价格基准下，估计氢气的生产成本约相当于天然气重整制氢的2倍。

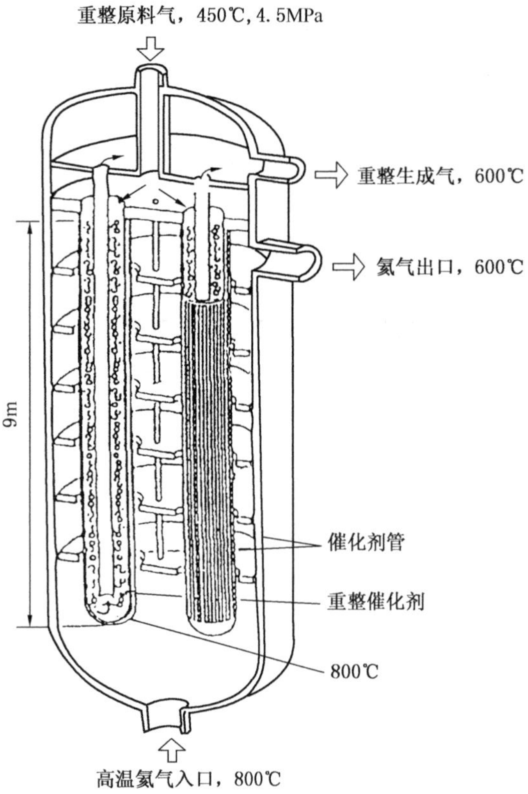

图10-30　核供热的重整反应器

日本核能研究院进行了高温蒸汽电解法制氢技术的开发研究，并在小型试验的基础上提出了用核能为高温蒸汽电解提供热力和电力的建议。计划的方案是用350MWt的高温气冷核反应堆(HTGR)为制氢装置发电、供热。制氢装置由38组高温蒸汽电解单元组成。总用电量为139MW，每小时可产氢气3.9万Nm^3。

3）核供热的化石能源制氢技术

常规的化石燃料(煤炭或天然气)制氢可采用核反应堆供热技术。

(1) 核供热的天然气重整制氢技术

在一定时期内，化石能源仍将是主要的制氢原料。天然气蒸汽重整和煤炭气化是重要的制氢技术。

常规的天然气蒸汽重整制氢使用辐射式重整炉，核供热的蒸汽重整反应器为对流传热的换热器结构。早期德国设计的PNP重整反应器存在传热效率低、催化剂置换困难等缺点。日本设计了HTTR核重整反应器，参见图10-30。

来自气冷快中子核反应堆的800℃氦气用作重整反应器的热源。高温氦气进入重整反应器的壳程，用锐孔挡板和金属网提高传热效率，最高传热率可达40kW/m^2。重整原料气在450℃、4.5MPa下进入重整反应器的管程，套管内装填重整催化剂。重整反应器供热量为10MW，氢气产量约为3800Nm^3/h。氦气出口温度为600℃，热能利用率可达78%。

为了防止重整炉管破裂造成水和重整气体进入核反应器堆芯和防止氢气进入氦气冷却回路中，需要在重整反应器之后设置氦气-氦气中间换热器。

美、日等国在核反应堆技术研发过程中，提出了生产氢气或化工产品的核供热方案。这些均为开发中的技术，尚未建成工业生产装置，举例如下：

日本核能研究院提出了核供热的天然气制氢或天然气联产氢气-甲醇工艺方案。生产流程参见图10-31。

设置30MWt高温气冷反应堆，采用10MW的中间换热器(IHX)由氦气回路为重整过程提供热量。总需要热量为4.8MW，其中的3.6MW由氦气回路供给；1.2MW由生成气-原料气换热供给。物料和热量平衡计算表明：输入热量为10MW，天然气原料950kg/h，可生产氢气3800Nm^3/h，或联产氢气1390Nm^3/h、甲醇1930kg/h。

美国开发的MHR反应堆(又称PS/C-MHR反应堆)也具有供工艺蒸汽或联产甲醇和氢气的流程方案。可用于重油回收、煤炭造气、合成甲醇和制氢等工艺过程。美国还研究了用模块式高温气冷反应堆(MHTGR)供热技术，可在不排放 CO_2 条件下以煤为原料生产甲醇的方法。

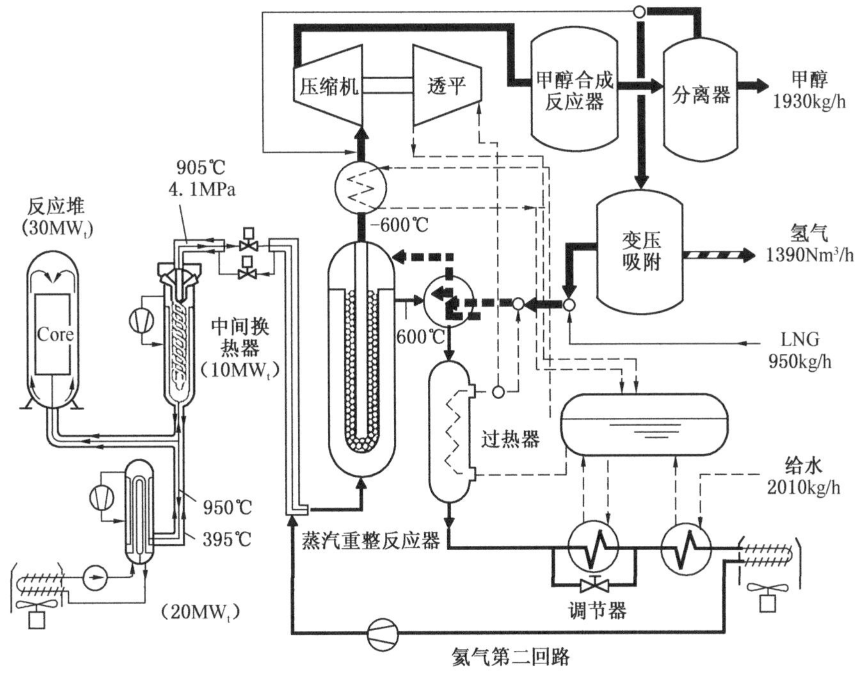

图 10-31　核供热的天然气联产氢气-甲醇工艺流程

德国提出了用“甲烷-甲醇-甲醛循环”的制氢工艺，建议用核反应堆为重整过程提供高温位热源和发生蒸汽的低温位热源。

使用高温气冷核反应堆(HTGR)换热回路的氦气为甲烷重整过程提供热量，余热再用于发生蒸汽。重整过程的一部分合成气经过变换后作为产品氢气，剩余的合成气为合成甲醇的原料。第三工序为甲醇脱氢反应生成甲醛和氢气，所需的反应热可由蒸汽或甲醇合成过程放出的热量来供应。甲醛电解过程所得的甲烷循环回到系统中，副产一定量的氧气。每小时可生产氢气 30 万 Nm^3，需要由 HTGR 反应堆提供 2.6GW 热量。

(2) 核供热的煤炭气化制氢技术

核供热的煤炭气化技术仍处于研发阶段。德、美、日等国在开发核能技术期间均提出了核供热的煤炭气化工艺方案。德国在 20 世纪 80 年代进行过煤气化的试验，DMT 公司在一套 1.2MW_t 的装置上使用电加热的 950℃氦气供热，进行了硬煤气化试验。在气化的工艺条件下运行了 13000h。另外，“德国鲁尔褐煤公司”也在一套 HKV 实验装置上进行了褐煤加氢气化试验。褐煤处理量为 320kg/h，最长连续运转时间为 748h，碳气化率达 82%，合成气产量约为 8000Nm^3/h，粗煤气中甲烷含量达 48%(干)。其后，又进行了小型试验。试验用气化炉内径 1m，褐煤处理量为 9.6t/h，合成气产量达 8000Nm^3/h。氦气热源温度为 850～950℃；压力 6～12MPa。

3. 热化学循环制氢技术

1) 工艺说明[31]

热化学循环制氢实质上是间接的水分解技术。水直接分解需要在>2500℃高温下进行。由于生产费用高、热效率低，不具有实用意义。

热化学循环制氢技术是当前的研发热点，其实用意义是可将水分解过程分解为由几个互有关联的化学反应组成的循环系统。全过程只消耗原料水和需要供应热量，供热温度为800~900℃。

许多新开发的热化学制氢工艺多半是按核供热为基准开发的，此类核供热制氢技术实质上也包括使用核电。

高温气冷核反应堆可提供900℃的热源。所以，核供热-热化学循环联合制氢技术是有发展前景的新型制氢技术。

已经发现的化学循环系统约300多种，具有实用意义、值得深入研究的约只有十几种。按物料种类划分，可有氧化物系统、卤化物系统、硫化物系统和杂化系统等。杂化系统是指热化学水分解与电解反应的联合过程。

热化学循环受“卡诺循环”限制，提高反应温度有利于改善转化率。

由热化学循环反应与电解水反应组成的联合工艺称为混合热化学工艺(Hybrid Thermochemical Process)。这种联合工艺是将系统中低温反应改为电解法。并非所有的循环系统均可按混合工艺运行，主要取决于电解法是否为低电压操作、能否提高热效率。

热化学循环制氢技术仍存在一些技术问题需要解决，包括：系统的物流量大、可能生成有毒和对环境有害的反应生成物、过程的能效率有待提高(约40%)、工艺设备设计和高温耐腐蚀材料的研发、工艺流程的配置和优化以及降低生产成本等技术经济问题。

热化学循环技术的研究开发已经在反应动力学、热力学、反应生成物的分离、高温和防腐材料的研制、催化剂的开发以及工艺流程的筛选等方面均取得成果。

初步筛选出了几种可行的核供热-高温热解水制氢技术，提出了工业化的概念设计。列举以下实例说明热化学循环制氢技术的研发现状。

2）硫-碘热化学循环制氢技术[42]

硫-碘热化学循环制氢法是最具工业化前景的制氢技术，可使用高温核反应堆提供的热源。以下将研究开发状况、相关的技术问题及改进方向说明如下。

硫-碘热化学循环制氢是通过碘-硫循环过程间接分解水的制氢技术。化学原理参见图10-32。

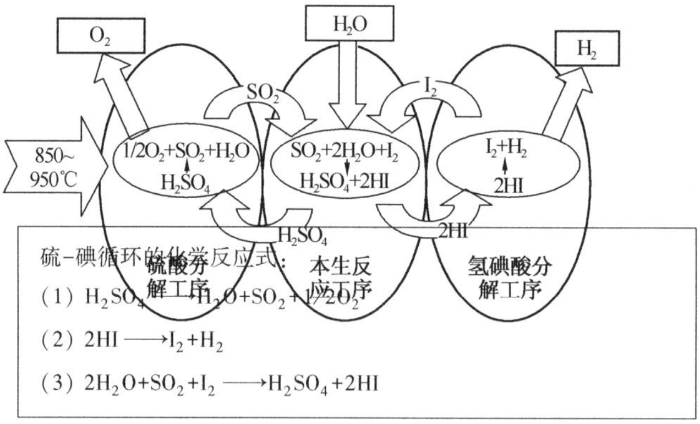

图10-32　硫-碘热化学循环制氢化学原理图

① 硫酸分解工序

工艺过程包括：将硫酸汽化、分解为SO_3和H_2O；在850~875℃、1.1MPa压力下，使用ZrO_2-Pt催化剂将硫酸分解为SO_2和O_2；生成的SO_2、H_2O送至本生反应工序。

化学反应式：$H_2SO_4 \longrightarrow H_2O+SO_3$　　反应温度约 500℃

$SO_3 \longrightarrow SO_2+1/2O_2$　　反应温度约 850℃

主要设备：硫酸分解反应采用耐腐蚀 SiC 材料制作的整体式硫酸分解器。

技术问题：

• 催化剂降解损失，由于烧结和挥发造成催化剂失活，在 10d 试验期内铂损失量达 30%。

• 换热设备高温耐腐蚀材料的选择。

• 硫酸工序的水分离过程（150~200℃）可采用膜分离技术，已对膜的性能做了评估。

• 需要提供 900℃高温的热源。

② 氢碘酸（HI）分解工序

工艺目的包括：从 HI 液体中分离出 I_2 和水，将 HI 分解为氢气和 I_2；将 I_2 和水送回至本生反应工序。

来自本生反应工序的 HI 液体中含 I_2、HI 和水。试验中，氢碘酸液体的分离采用磷酸抽提技术分离 I_2，共沸蒸馏技术分离 HI 和水。试验工艺流程参见图 10-33。

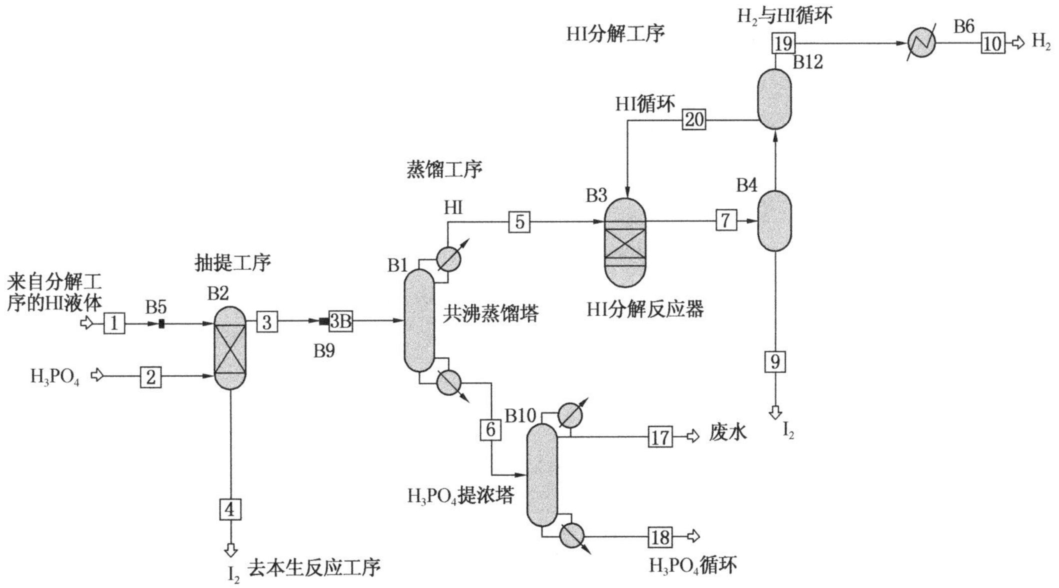

图 10-33　氢碘酸分解工序试验流程

化学反应式：$2HI(g) \longrightarrow I_2(l)+H_2(g)$　　反应温度约 400℃

技术问题：

试验流程的循环水量大。若改用膜分离流程将可取消共沸蒸馏过程，减少循环水量。已经找到了从 HI 和 I_2 中分离氢气的膜材料。

氢碘酸分解采用液相分解技术，有利于降低反应温度、提高效率和减轻设备腐蚀。

高温下的 HI 和 I_2、沸腾的磷酸均有强腐蚀性，已经试验了 Ta-2.5W 合金、HastelloyB-2 和 SiC 等材料。

③ 本生反应工序

化学反应为生成 H_2SO_4 和 HI，再将分离出的碘化合物 HI_x（含 HI、I_2 和 H_2O）送回至碘氢酸分解工序，生成的硫酸送回硫酸分解工序。化学反应式如下：

$2H_2O+SO_2+I_2 \longrightarrow H_2SO_4+2HI$　　反应温度约 120℃

试验流程采用并流式本生反应器以减少 I_2 和 H_2O 循环量。

美国“Sandia 国家实验室”进行的硫-碘法的试验研究已取得成果。但工业生产流程的开发和许多工程上的技术课题仍有待解决，如硫酸高温分解的腐蚀及设备材料选择，硫酸分解用催化剂的研制、液相碘氢酸分解流程和膜材料的开发、HI 高温分解反应器技术等。

硫-碘热化学循环制氢流程与核供热流程的配置也需通过工业示范试验。

日本的第一核电工业小组(FAPIG)研究了高温气冷反应堆热量利用问题，提出了用 HTGR 核电站为碘-硫法生产氢气的供热方案，对系统流程、布置等技术问题作了分析研究。设置 350MW_t 的模块化 HTGR 反应堆，氦冷却剂出口温度 1050℃。氢气产量为 37090Nm^3/h。另外，美国通用原子能公司也开发了碘硫热化学法制氢技术，提出了用模块式氦反应堆供热方案。

3) Ca-Br 循环制氢技术[43]

美国 Argonne 国家实验室进行了 Ca-Br 热化学循环制氢技术开发研究。Raichard D 的研究结果表明：Ca-Br 热化学循环制氢是可行的技术。在工艺流程上，提出了用等离子法或电解法生产氢气，取代早期开发的 UT-3 循环法($FeBr_2-Fe_3O_4$)制氢。

① UT-3 循环制氢

日本较早期开发的 Ca-Br 循环由 4 步化学反应组成：

a) 水分解生成 HBr：$CaBr_2+H_2O \longrightarrow CaO+2HBr$　温度为 730℃的气-固反应。

b) 生成 O_2：　$CaO+Br_2 \longrightarrow CaBr_2+1/2O_2$　温度为 550℃的气-固反应。

c) 生成 Br_2：　$Fe_3O_4+8HBr \longrightarrow 3FeBr_2+4H_2O+Br_2$

d) 生成 H_2：　$3FeBr_2+4H_2O \longrightarrow Fe_3O_4+6HBr+H_2$

UT-3 循环的特点是 a、b 反应为气-固反应，简化了产物分离过程。系统的热效率约 35%~40%。

② Ca-Br 循环制氢技术

该技术是美国开发的技术，化学原理参见图 10-34。

Ca-Br 循环化学反应式：

$CaBr_2$ 分解并生成 HBr　$CaBr_2+H_2O \longrightarrow CaO+2HBr$　反应温度 1000K

氧回收　$CaO+Br_2 \longrightarrow CaBr_2+0.5O_2$　反应温度 823K

生成氢气和溴　$2HBr \longrightarrow H_2+Br_2$　反应温度 338K

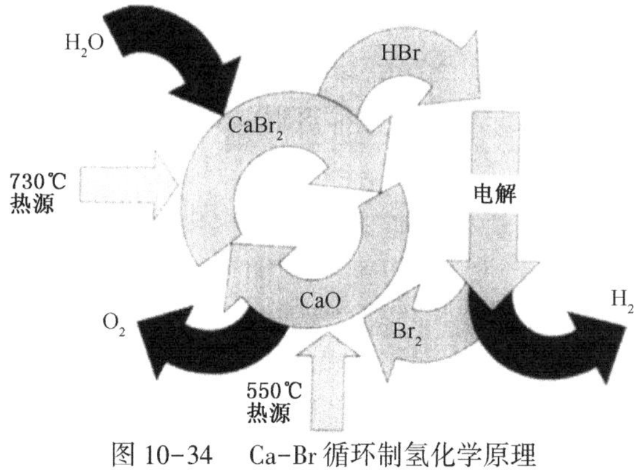

图 10-34　Ca-Br 循环制氢化学原理

研究表明：$CaBr_2$ 水解为吸热反应，$\Delta H=181.4kJ/g \cdot mol$(早期的实验数据为 $\Delta H=53.1kJ/g \cdot mol$，需要修正)。

开发目标：水分解过程采用核供热技术。核供应热源的应用方式：利用核反应堆的 770℃高温热源发生 750℃高温蒸汽，蒸汽用于 $CaBr_2$ 的水解；一部分蒸汽发电用作等离子管的电源。

连续式 Ca-Br 循环制氢工艺流程参见图 10-35。

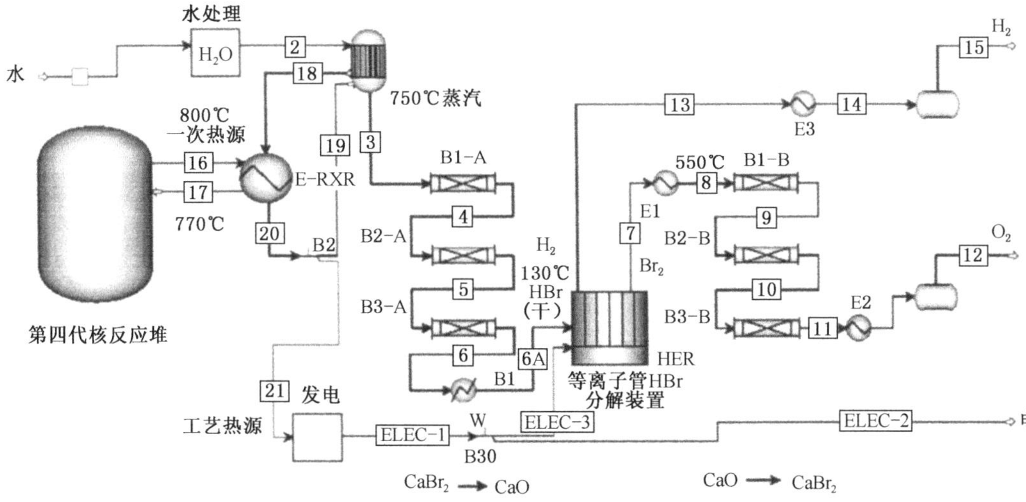

图 10-35 核供热的连续式 Ca-Br 循环制氢工艺流程

连续式 Ca-Br 循环制氢工艺的最大优点是简化了生产流程，可实现连续生产。HBr 分解制氢过程可以采用电解法或等离子法，用于替代早前开发的 UT-3 循环技术。

开发 Ca-Br 循环连续流程可提高氢产率和转化效率。用等离子管或电解法将 HBr 分解生成氢气，取代 UT-3 循环中的"两步"流程。

等离子管法制氢技术是利用微波能产生的等离子体将 HBr 分解为 Br_2 和 H_2。生成物经过分离后，气体经过变压吸附后生产纯度 99.99%的氢气。Br_2 返回至循环系统。等离子管法制氢为常温、低压技术。已经在理论研究成果的基础上完成了 HBr 等离子管法制氢的实验室小型试验。

HBr 电解制氢可采用质子交换膜(PEM)电解装置。

HBr 分解过程(生成氢气和 Br_2)可采用等离子管技术或电解法完成。这两项技术均为连续生产过程，已经完成了实验室试验。

Ca-Br 循环水分解制氢技术的热效率(按低热值基准计算)可达 45%。

4. 核供热制氢的技术问题

核供热制氢是开发中的技术，生产流程的配置和优化、化学反应的热力学性质和工艺参数、工艺设备设计和材料选择等方面均存在不确定性，需要通过研究开发解决。主要研发课题包括：

① 生产流程的配置和优化。

② 研究开发耐高温、耐腐蚀材料。要求材料适用于 400~950℃和有碱性化学物质的环境条件，以保证工艺设备的使用安全性和经济性。

③ 研发、设计高温、高压和有苛刻化学物介质的换热器。该换热器可用于中间热回路和工艺流体间的换热。

④ 确定化学反应参数。确定基本化学反应平衡常数、反应速率等，以便确定热化学反应系统的操作参数。

⑤ 系统设计和工程技术。分析研究制氢装置与核反应堆的关系，包括配置方案、操作条件、系统的隔离问题和中间换热回路的设计等。

核能技术经过了近 60 年的发展，形成了"第四代核能系统"，有望于 2030 年实现工业化生产，这将为氢燃料的生产提供了新热源。

第八节　分散式制氢装置

一、分散式制氢装置

分散式制氢装置是建在加氢站内的固定式制氢系统。既可利用天然气或其他液体燃料(如甲醇、轻油)为原料制氢或用水电解制氢，也可由中央工厂供应中间体(如甲醇、费托合成油或生物油)为原料，采用相应的技术生产氢燃料。这种装置就地建在加氢站之内，直接为燃料电池汽车加注氢燃料。

在中、近期，这种小规模重整器制氢是有吸引力的，尤其是在天然气价格便宜或有制氢用中间体来源的地区。这可以无需建设氢气运输的基础设施。

目前正在开发各种小型重整炉系统，例如：天然气重整炉与磷酸燃料电池(PAFC)联合系统；天然气重整炉与阳离子膜燃料电池(PEMFC)联合系统以及车装的甲醇或汽油重整系统。已有一些制造厂商在出售这种工业化的小型重整制氢系统。

此类分散式制氢系统采用的工艺技术与大型工厂基本相同，但是在设备尺寸(体积)、工艺条件、生产成本和开停工时间要求等方面均有不同要求。所以不能完全按照现有技术复制成小规模的装置。

一些公司还在开发、试制整体式制氢系统，其中包括制氢、压缩、储存和加注全过程。

二、分散式制氢的工艺技术[30]

安装在加氢站的分散式制氢装置可采用多种重整技术，分别说明如下：

1. 蒸汽重整技术

1) 工艺说明

甲烷蒸汽重整技术是成熟的制氢技术。包括蒸汽重整、水煤气变换、氢净化和氢压缩工序。重整过程需要的热量可用氢净化的放出气体为燃料，在装填有催化剂的炉管中完成以下化学反应：

$$CH_4+H_2O \longrightarrow CO+3H_2 \quad \Delta H=+206.16\text{kJ/molCH}_4$$

水煤气变换有高温(350~475℃)和低温(200~250℃)两段变换技术。

氢净化可采用变压吸附或钯膜分离技术，生产纯度为99.999%氢燃料。

阳离子膜燃料电池(PEMFC)要求使用CO含量低于10μL/L的氢燃料，所以需要采用“优先氧化”技术脱除CO。氢气通过催化剂床层，在通入空气条件下完成以下脱CO反应：

$$CO+1/2O_2 \longrightarrow CO_2$$

优先氧化可将氢气中的CO降低到合格，而没有额外的氢损耗。优先氧化技术已经开发成功并在燃料电池发电系统的重整炉和车装重整器上使用。

2) 甲烷蒸汽重整炉的开发

炼油厂、化工厂的大型甲烷蒸汽重整制氢装置生产规模通常为70~280万Nm^3/d，可供22.5万~90万辆氢燃料电池汽车(按每车年均行驶1.8万km计)的用氢需要。建在加氢站的制氢重整器生产规模则小得多，一般为3000~30000Nm^3/d，可供0.1万~1.0万辆氢燃料电池汽车用氢需要。

近年来，许多公司都相继开发了为燃料电池供应氢燃料使用的小型重整器，有的已经在一些城市示范应用或投入市场。小型分散式制氢系统不能照搬工业化的大型重整装置设计，需要满足小型重整器的特点要求，包括体积小、布置紧凑、采用低压和较低温度、造价低等。由于结构的不同，小型重整器的单位建设投资指标远高于大型重整装置的建设投资。不同规模重整装置的建设投资指标如表 10-19。

表 10-19　各种蒸汽重整装置的规模和投资指标

项　目	装置生产能力/（万 Nm^3/d）	建设投资指标/（美元/kW 氢输出量）	项　目	装置生产能力/（万 Nm^3/d）	建设投资指标/（美元/kW 氢输出量）
炼油厂用重整制氢装置	56	200	加氢站用小型重整器	0.28	4000
	570	80		2.8	750

（1）小型甲烷蒸汽重整炉[30]

小型甲烷蒸汽重整炉（或称重整器）的生产规模是按加氢站需要设计的，氢燃料供应量为 0.28 万~2.8 万 Nm^3/d，重整炉管长 12m，为高温、高压操作。氢净化过程采用 PSA 技术生产高纯度的 H_2。主要问题是造价高、尺寸较大、开工启动时间长、要求连续运转。

生产此类甲烷蒸汽重整炉的公司包括 Haldor-Topsoe、Howe-Baker、Hydrochem 等公司。重整炉的结构示意图参见图 10-36。

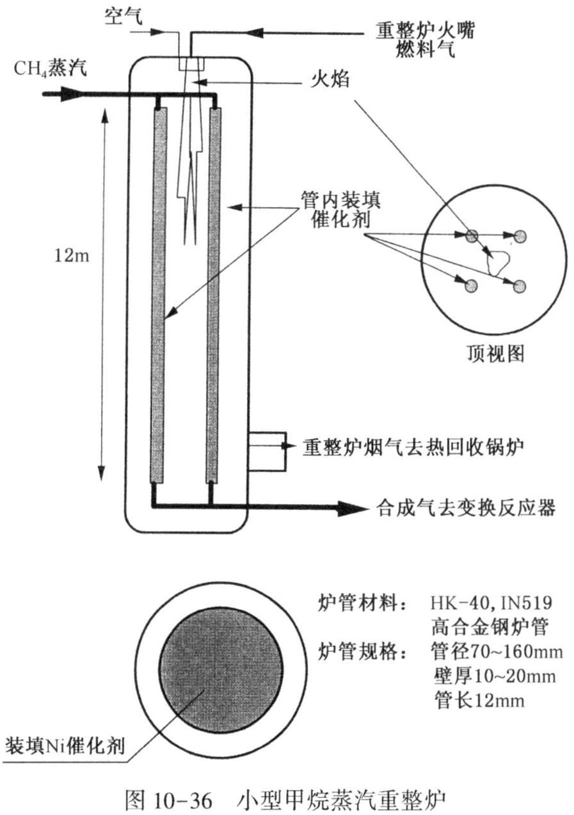

图 10-36　小型甲烷蒸汽重整炉

（2）紧凑式小型甲烷蒸汽重整炉[30]

这种重整炉是在上述小型甲烷蒸汽重整炉基础上开发成功的，主要特点是体积小、采用低压（0.3MPa）和低温操作（700℃），故造价较低。重整炉的生产规模 60~3500Nm^3/d，可配合燃料电池使用，也可形成独立的制氢装置。紧凑式甲烷蒸汽重整炉的结构简图见图 10-37。

紧凑式重整炉适用于燃料电池系统，也适用于成套式重整制氢装置。该技术采用环形催化剂床层布置有利于提高床层间换热效果。

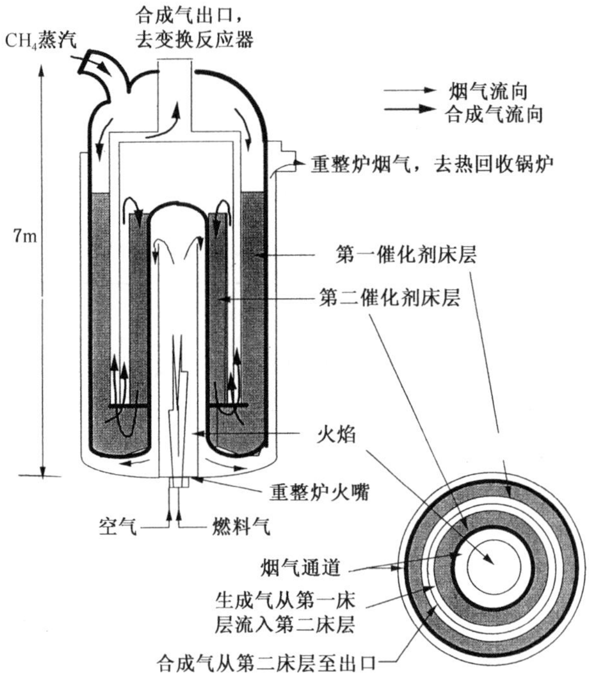

图 10-37　紧凑式小型甲烷蒸汽重整炉

据估算，紧凑式甲烷蒸汽重整炉批量生产时可显著降低造价。生产规模为 2800～28000Nm^3/d 的重整装置，批量生产达到 1000 套后，单位投资指标可降低到 150～180 美元/kW 氢输出量(不包括氢压缩、储存和配送)。

目前开发、研制这种小型制氢装置的公司包括 Haldor-Topsoe、Ballard Power Systems、Sanyo Electric 和 Praxair 等多家公司。有的公司还按照这种重整炉结构设计出了成套的制氢装置并实现商业化生产。

(3) 板式甲烷蒸汽重整器

板式甲烷蒸汽重整器是一种创新的设计，与上述两种重整器相比，板式甲烷蒸汽重整器的体积更小，制造成本低于管壳换热器型重整器。这种重整器启动快，适合于加氢站使用。存在的问题是催化剂使用寿命短和密封问题。一些公司已经开发出了不同型号的板式甲烷蒸汽重整器样机，例如 GASTEC 公司开发了一种板式重整器，在多层金属板涂布了陶瓷支撑的催化剂层，并已制成了 20kW 的样机。

大阪煤气公司还开发了适合于 PEMFC 燃料电池使用的板式蒸汽重整器，甲烷重整系统中的各种反应器(包括脱硫器、蒸汽重整器、水煤气变换反应器和 CO 净化器)都是用标准尺寸的板组装在一起，这种结构便于各反应工序间的换热、实现热联合并可降低生产成本。已经建成了 1kW 板式重整器并做了测试。商业化生产前的目标是通过降低热损失将能量转化效率从 70%提高至 77%，使用寿命从 5 年提高至 10 年。

空气产品公司等多家公司均取得了板式重整器的专利许可证。

燃料电池使用的板式蒸汽重整器目前尚未工业化，预期在简化系统设计后将可以降低制造成本。

(4) 蒸汽重整膜反应器

蒸汽重整膜反应器是开发中的新技术，目前仍处于实验室研究阶段。它是将蒸汽重整、水煤气变换和氢净化过程集中于一台反应器内完成。

甲烷、蒸汽一起送入装填催化剂的高压反应器中。反应器一侧为高选择性的含钯的膜材料制造。随着重整反应的进行，靠压力差将氢气分离出来。根据反应器的长度、温度、压力，可实现甲烷完全转化、生产高纯度氢气。

Praxair 公司等公布了一项新的研究计划，计划开发紧凑式、低成本的陶瓷膜制氢技术。天然气、氧和蒸汽在自热式催化反应器中完成重整反应。氧气是在 800～1000℃ 下用输氧的陶瓷膜(OTM)分离法生产的，氢气则是在相同温度下用高选择性氢输送膜分离出来的。

日本、欧洲多家公司也在进行小型膜反应器的基础研究。

2. 部分氧化重整技术

1) 工艺说明

部分氧化重整工艺是用甲烷或其他油品为原料的工业化的制氢技术。化学反应式如下：

$$CH_4+1/2O_2 \longrightarrow CO+2H_2 \quad \Delta H^0=-36MJ/kmolCH_4$$

该过程为放热的部分氧化反应，反应器的容积比蒸汽重整炉小，也不需要使用间接换热器。高温转化反应可不使用催化剂，但使用催化剂有利于提高系统效率(每摩尔甲烷的氢产量)。

炼油厂的大型部分氧化制氢装置均使用重质渣油为原料，部分氧化过程使用氧气以减小反应器尺寸和降低投资。

小型部分氧化制氢系统可使用多种制氢原料(包括甲烷、乙醇、甲醇和汽油等)并已经开始工业化应用。它的最大优点是可以迅速调整生产负荷，但仍然有一些技术问题有待解决。

虽然小型部分氧化制氢系统反应系统的设备费用较低，但后继的变换、氢净化系统的费用要高于蒸汽重整系统。若使用氧气，则需要增加制氧设备的投资。应用新开发的离子膜(ITM)分离系统可以降低氧的成本。

2) 部分氧化(POX)重整技术开发和商业化

小型 POX 重整系统是目前氢燃料-燃料电池领域的重点技术研发课题。由许多家公司参与研发的小型 POX 重整制氢系统包括：

① 开发汽油-燃料电池汽车使用的 POX 重整-PEM 电池系统，并推动其商业化；

② 开发多种 POX 重整制氢系统生产高纯度氢燃料用于建筑物发电；

③ 开发天然气 POX 重整制氢系统用于为燃料电池公交巴士供应氢燃料；

④ 由汽车生产商开发的车装汽油燃料重整器；

⑤ 用于 1kW 燃料电池发电系统的 POX 重整制氢系统示范；

⑥ 适合于 PEMFC 和 SOFC 使用的 POX 重整系统，可用汽油或海军柴油为制氢原料。

3. 自热式重整技术

1) 工艺说明

自热式重整兼具蒸汽重整和部分氧化重整的特点，在大型天然气生产甲醇工厂中已有应用。有好多家公司开发了使用液体燃料制氢、为燃料电池系统供应氢燃料的小型自热式重整炉技术。

在自热式重整过程中，甲烷或轻油与蒸汽和空气反应生成富氢气体。由放热的部分氧化反应为蒸汽催化重整过程提供热量，故不需由外部供热，也不需要使用间接换热器。与蒸汽重整过程相比，具有简化流程、布置紧凑的效果。由于部分氧化重整回收多余热量较为困难，所以自热式重整的热效率高于部分氧化重整。

自热式重整制氢过程同样需要设水煤气变换和氢净化过程。

2）自热式重整开发现状

目前尚未建成小型自热重整制氢装置和工业示范装置。国际上许多公司在开展自热式重整技术的研发，研发重点多集中于用汽、柴油等燃料制氢；用天然气为原料为 PEMFC 发电系统提供氢燃料等方面。另外还进行了自热重整催化剂、使用甲醇或甲烷为原料的自热重整技术和加氢站使用的 10kW 自热式重整系统的研发。

GE 公司开发了天然气制氢-分配系统，氢气生产能力为 60kg/d。它是一套供加氢站使用的小型制氢-加注装置，全部设备组装到一起，为整体式撬装结构。系统内设有气体传感器等安全防爆设备、氢压缩机设通风系统防止氢气集聚。包括以下部分：

① 自热式循环重整过程，用天然气生产氢气；

② 水煤气变换和变压吸附；

③ 氢气压缩和储存设施；

④ 氢加注机。

4. 甲醇蒸汽重整技术

甲醇是重要的化工原料和燃料，比氢气容易储存和运输。故有的公司在开发用甲醇作为汽车燃料电池的燃料。戴姆勒-克莱斯勒、丰田和尼桑等汽车制造公司均开发了车装甲醇重整器的燃料电池汽车并进行了示范试验。还发展了固定式甲醇蒸汽重整系统，以便在加氢站为燃料电池汽车加注氢燃料。

1）工艺说明

甲醇蒸汽重整制氢包括甲醇重整和水煤气变换反应：

甲醇重整： $CH_3OH \longrightarrow CO+2H_2$ $\Delta H=90.1kJ/mol$

水煤气变换： $CO+H_2O \longrightarrow CO_2+H_2$ $\Delta H=-41.2kJ/mol$

综合化学反应式：$CH_3OH+H_2O \longrightarrow CO_2+3H_2$

甲醇蒸汽重整制氢采用铜-锌催化剂，适宜的反应温度 250～350℃，汽碳比为 1.5。可以采用变压吸附或膜分离技术进行氢气净化。甲醇蒸汽重整过程的能转化效率可达 75%。

由于操作温度较低，甲醇蒸汽重整制氢系统的投资低于甲烷重整系统。但甲醇重整的原料成本高于甲烷重整过程，因为甲醇价格高于甲烷。

2）开发现状

已经设计了多种甲醇蒸汽重整制氢系统。早期的设计是将催化剂装填在炉管中，用甲醇作燃料的间接加热流程。近来设计了板式甲醇蒸汽重整器，具有布置紧凑、热效率高和容易启动等优点。使用膜反应器的甲醇蒸汽重整也在设计中。

工业、研究部门和多家汽车制造商均参与了车装燃料处理器和固定式甲醇蒸汽重整制氢系统的研发工作。

5. 氨裂化制氢技术

氨是价格便宜，比氢气容易储存、运输的化工产品，适合于用作燃料电池的“载氢体”。以氨为原料用裂化法生产氢燃料，是可行的技术。

氨裂化生成氢和氮为吸热的化学反应。氨通过间接加热的、内装催化剂的反应管即可生成氢气和氮气。氨裂化的速率及操作温度、压力与使用的催化剂有关。如果操作温度>700℃可显著提高氨裂化的反应速率。一项研究建议：氨裂化的反应温度应为900℃。

氨裂化制氢系统的最大优点是过程简单，不需要通入蒸汽，不需要水煤气变换过程。氨裂化制氢系统与燃料电池一起使用时，不需采用氢的净化过程，因为氮气对燃料电池为惰性气体，不参与过程的化学反应。

用氨裂化制氢系统生产高纯度氢气时，需要采用高成本的变压吸附或膜分离技术。

研究报告表明：氨裂化制氢系统的总效率约85%，氨裂化过程的最高效率约为60%左右。一套用于为PEMFC供应燃料的小型氨裂化制氢系统，40%氢气用作燃料为裂化反应过程提供热量和补充热损失。

生成气中的主要杂质为未反应的氨和氮氧化物，用作PEMFC的燃料时，氢气中的氨浓度应降至10^{-6}级。氨对碱性燃料电池的敏感性较差。

6. 甲烷催化裂化制氢技术

甲烷在使用催化剂和850~1200℃温度下完成以下反应生成氢气：

$$CH_4 \longrightarrow C+2H_2 \qquad \Delta H^0 = 74.5\text{kJ/mol}CH_4$$

上述吸热反应所需的热量约相当于天然气原料量的10%。德国一所大学曾进行了烃类催化裂化制氢的研究。

此项技术尚未实现工业化，存在的技术问题是转化率低、催化剂积炭需要经常再生。

国内开发了天然气蓄热式间歇制氢技术。天然气和空气按完全燃烧比例混合，在蓄热式炉膛内燃烧，温度升高至1300℃后切断空气，天然气在高温下裂化生成氢气和炭黑。当炉膛温度降低至1000℃后，再切换为燃烧蓄热。国内已有采用此种工艺生产炭黑和氢气的装置。

7. 几种分散式重整制氢新技术[30]

1）吸收剂强化重整技术

20世纪90年代以来，有研究人员提出了“甲烷吸收剂强化蒸汽重整技术”的可行性。方法原理是在重整催化剂中加入一种吸收剂（如氧化钙），吸收剂可在重整反应进行中除去CO和CO_2，以提高合成气中的氢含量。试验报告中给出此项技术的合成气组成为：H_2 90%，CH_4 10%，CO_2 0.5%，CO<50μL/L。优点是可以减小后继处理、净化过程的处理量。用吸收剂脱除CO_2后，还可降低重整过程的反应温度（从800~1000℃降至400~500℃）；降低热损失和生产费用。此项重整技术的缺点是吸收剂的使用寿命短。

吸收剂强化重整技术仍处于研究、示范阶段。

2）离子输送膜（ITM）重整技术

20世纪90年代后期，Air Products公司就与许多单位合作，开发陶瓷离子输送膜技术生产氢气和合成气。使用的是一种无孔、多金属氧化物的离子输送膜（ITM）材料，可以在>700℃高温下分离氧气，具有很高的氧通量和选择性。已经完成了适用于加氢站的120~1200Nm^3/h制氢规模装置的概念设计，离子输送膜重整技术的氢气成本可比用卡车输送液氢低27%。

制氢和空气分离用的膜反应管和膜材料仍在开发中。近期的一系列试验证明：钯合金材料的氢通量和耐硫性能均可；廉价的基底材料具有较好的热膨胀性，可制成多孔的反应管并在其上面涂以钯合金；控制基底材料的孔径和孔隙度十分重要。

3）等离子重整技术

可以用甲烷和/或各种液体燃料通过热等离子技术生产氢气或富氢气体。热等离子体可在3000~10000℃高温及不用催化剂的条件下，提高重整反应速率。可在等离子体管内用高压电弧发生等离子体，将混合的反应物(如甲烷和蒸汽或柴油燃料、空气和水)送入反应器中，便可生成产品氢气和其他烃产品。曾在等离子体反应器中进行过柴油部分氧化和甲烷蒸汽重整的试验。甲烷蒸汽重整的最佳试验结果：甲烷转化率为95%；过程的比能耗为14MJ/kg氢(约相当于氢气高热值的10%)。预期生成等离子体的电耗有可能降低一半。一些研究部门对小型制氢系统使用等离子重整技术的可行性作了评估。

4) 生物油重整制氢技术

该技术仍然处于方案阶段，是在生物质资源集中的地区建设大型生物质热解工厂，生产生物油。然后通过系统设施将生物油配送到各个加氢站。在加氢站就地将生物油用蒸汽重整技术生产氢。开发中的生物油重整制氢技术参见本章第四节。

5) 微通道(microchannel)重整技术

研究开发微通道重整技术的目标是降低车装汽油蒸汽重整器的尺寸。

8. 几点结论

经历了十多年的发展，已经开发出了多种小型燃料处理器和制氢系统。

① 发展趋势是要求生产体积更小、布置更紧凑、流程简单和造价低的燃料处理器和成套的制氢系统；

② 小型制氢系统的重整器已从"炼油型"的长炉管式重整器发展为更紧凑的"换热器型"重整器；

③ 板式重整器的每块板具有双重功能(一侧为重整反应区，另一侧为催化加热促进反应区)，正朝着布置紧凑、简化结构方向发展，将获得广泛的应用；

④ 部分氧化重整器和自热式重整的重整反应均比蒸汽重整简单，但气体净化流程复杂；

⑤ 正在大力开发的离子输送膜和氧气输送膜技术将在大型合成气生产厂及化工厂中获得应用，这些技术也将在制氢工厂推广使用；

⑥ 大型石油公司(如BP Amoco，Shell，Exxon/Mobil)都参与了燃料处理器(Fuel Processors)和氢燃料系统设施的开发、示范(例如，带甲烷重整器的加氢站的开发)，以便将来成为氢运输燃料的供应商。

三、整体式制氢系统[27]

整体式制氢系统目前仍然是开发中的技术，需要通过应用示范才能商业化。

Satish T在2005年的报告中指出，在加氢站设置的整体式制氢系统除了应包括原料气重整、变换、氢净化外，还需包括氢压缩和氢加注过程的全部设施。为生产质量合格、成本满足燃料电池汽车要求的氢燃料，系统应高度集成以便于操作、管理，还需要有完整的安全设施。以下介绍的整体式制氢系统均采用了性能不同的制氢反应器和氢压缩机。

1. BOC集团公司提出的"整体式制氢系统"

这种整体式制氢系统的核心技术为天然气重整-膜分离反应器和金属氢化物热压缩机两项技术。在一套整体装置内同时完成制氢和氢压缩过程。整体式装置适合于建在氢加注站内。整体式制氢系统流程参见图10-38。

1) 重整-膜分离反应器技术[27]

图10-39为流化床重整-膜分离反应器简图。这项技术的主要特点是：

① 在整体式流化床反应器-分离器膜系统中完成催化重整-变换-氢分离全过程；

② 流化床重整反应器内的催化剂充分混合、反应温度均匀；

③ 重整和变换反应可实现热力学平衡；

④ 加入氧化剂为重整反应提供部分或全部所需热量；

⑤ 用选择性分离氢的膜组件回收高纯度氢气；

⑥ 在负压下抽出氢气以提高氢产量。

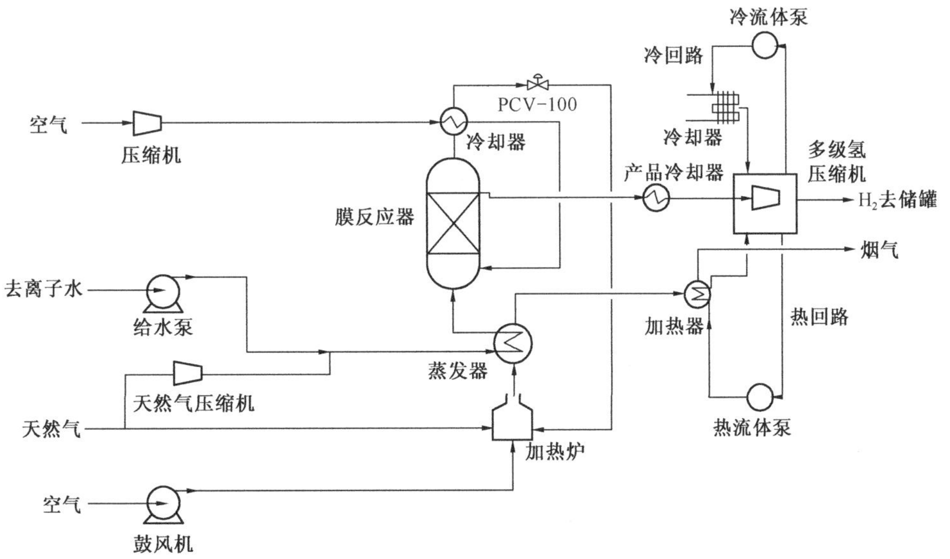

图 10-38　整体式制氢系统流程

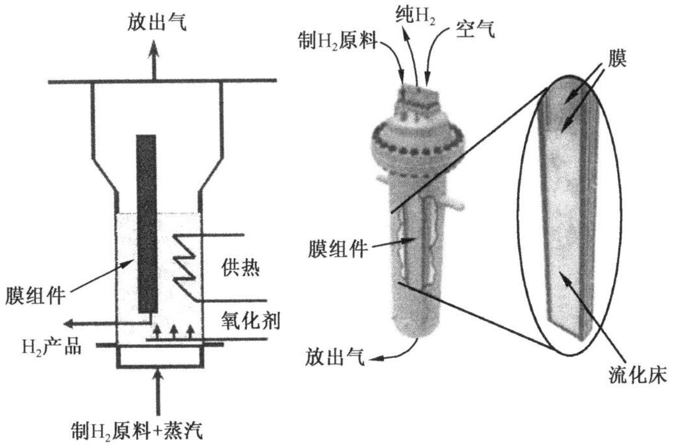

图 10-39　流化床重整-膜分离反应器简图

2）金属氢化物压缩机技术[27]

利用金属氢化物在不同温度下储氢量的差别实现氢的压缩，采用多段串联流程可达到更高的压力。氢气热压缩过程工作原理参见图 10-40，金属氢化物热压缩机结构示意图参见图 10-41。

此项技术是 1999~2004 年期间由 HERA 开发，已经进行了氢气流量为 $12Nm^3/h$、输出压力为 55MPa 的氢化物压缩机的示范。

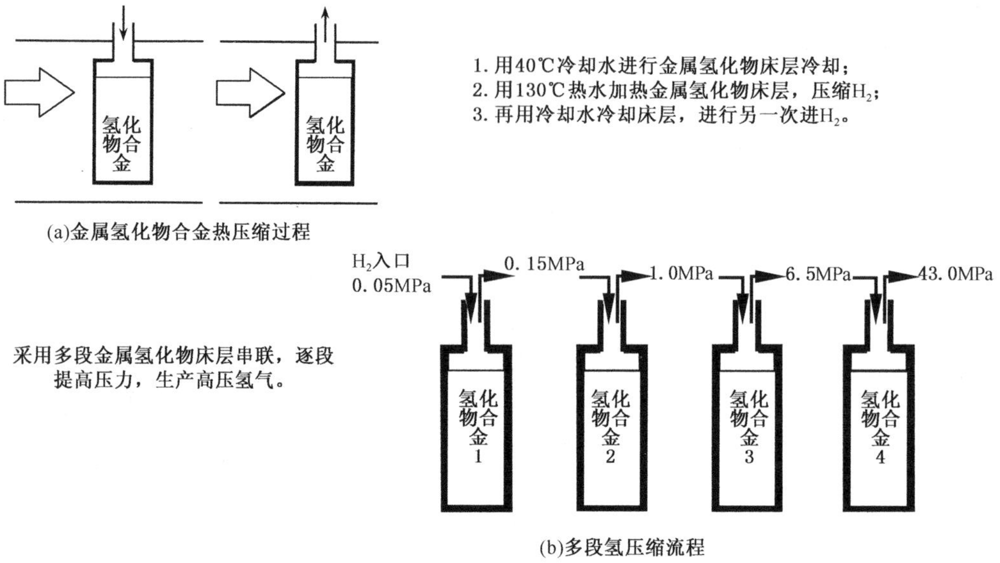

图 10-40　金属氢化物合金氢气热压缩过程工作原理图

2. GE 公司的“整体式制氢系统”[26]

GE 公司开发了撬装式整体结构的制氢系统，包括自热式循环重整制氢、氢压缩、氢储存和氢加注全过程。开发的目标是使制氢成本符合美国能源部规定的每千克氢气为 0.36 美元的(3.0 美元/加仑汽油当量)要求。

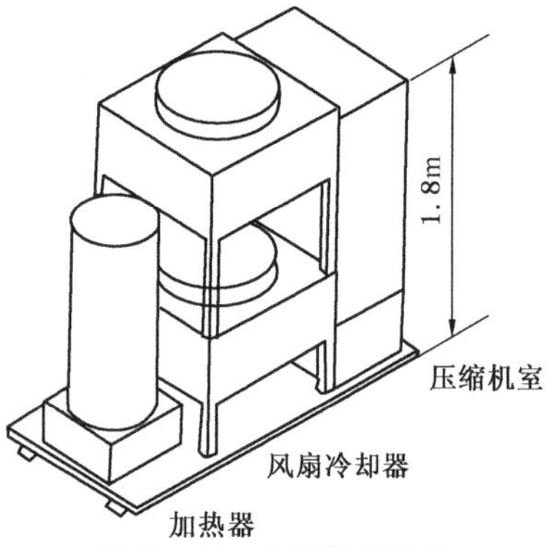

图 10-41　金属氢化物热压缩机结构示意图

该系统的高压重整、变压吸附部分已完成了工程设计、制造和安装。氢压缩、储存和加注系统也已完成设计。将建成并运行一套氢气生产能力为 60kg/d 的示范装置。图 10-42 为自热式循环重整的反应流程示意图，图 10-43 为已经在加州欧文大学建成的新一代自热式重整器和氢净化设备图。

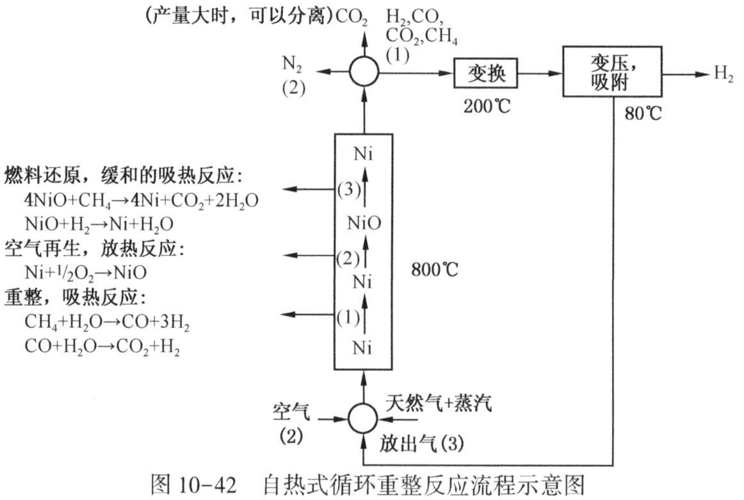

图 10-42　自热式循环重整反应流程示意图

该系统的氢压缩、储存和加注系统由Praxair公司设计，氢气经两级压缩至44MPa后即可为燃料电池汽车加注氢燃料，图10-44为氢压缩及加注系统流程图。

整个制氢系统为撬装式设计，设有完整的通风系统以防止发生氢积聚，发生安全事故。图10-45为撬装式氢压缩机及通风系统图。

图10-43　高压式自热式重整器和氢净化设备

四、车载制氢系统

燃料电池汽车的氢燃料供应系统有车装制氢系统和车载氢燃料两大类。

车装制氢系统是使用燃料处理器/车装重整器用制氢原料生成氢气。可用的燃料有醇类(如甲醇、乙醇、二甲醚等)、烃类(包括汽油、柴油、LPG和甲烷)等。甲醇是车装制氢系统最适宜的燃料。

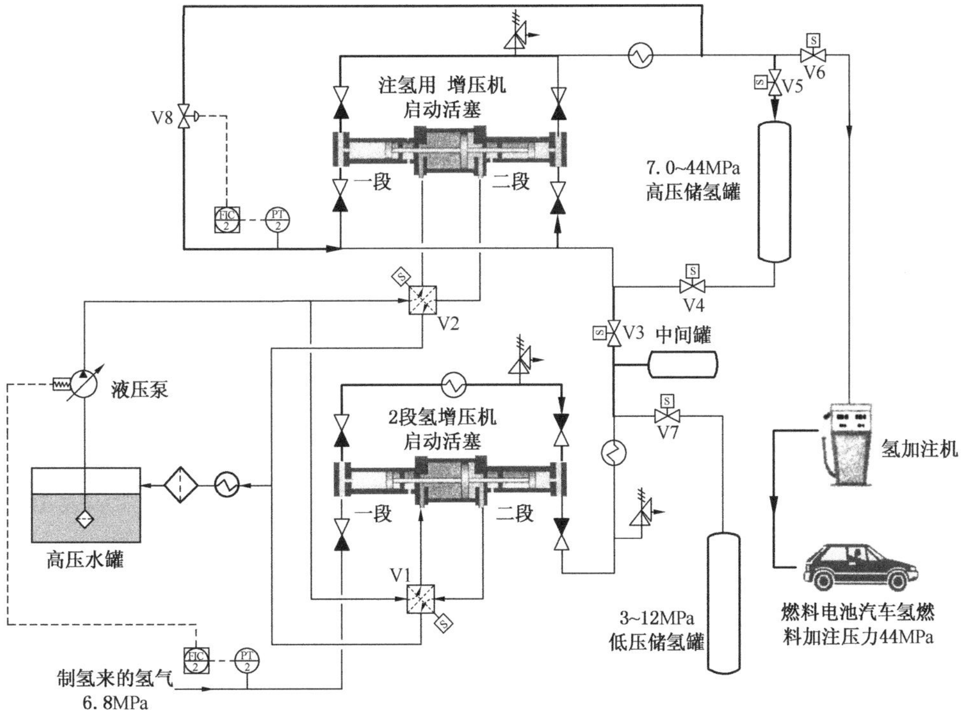

图10-44　氢压缩及加注系统流程

烃类燃料制氢的重整温度较高，燃料必须脱硫以防重整催化剂中毒。

车装制氢系统除了要求体积小、布置紧凑、价格低廉和启动快等要求外，对氢燃料的硫含量与CO含量有严格要求。

燃料电池汽车行驶时，要求车装重整器应有良好的动态响应性能，即能够在汽车启动、加速或刹车减速时迅速开停并增减氢燃料的供应量。

根据上述情况和国外燃料电池汽车样车展示、试验情况看，开发中的车装制氢系统在目前还难以全面满足上述质量和性能要求。因此许多汽车公司认为车装制氢系统不是发展方向。

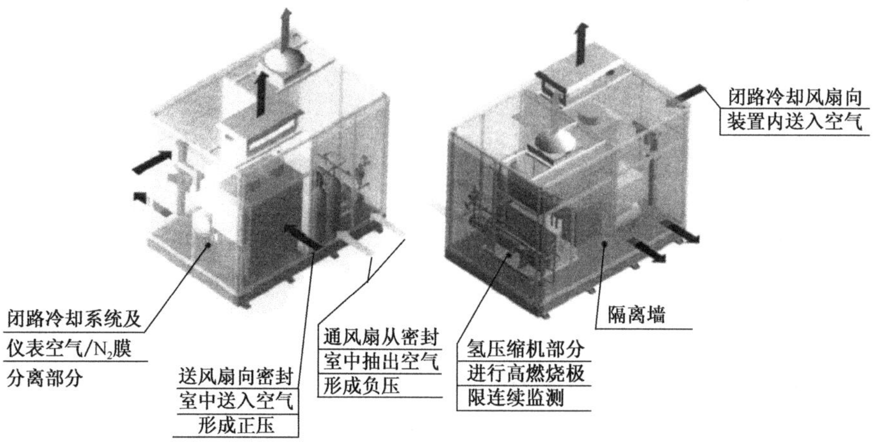

图 10-45　撬装式氢压缩机及通风系统图

第九节　氢燃料生产的技术经济

一、可采用的制氢技术及经济指标预测

美国能源部于 2008 年就实现“氢燃料”计划的制氢技术及其经济性状况作了分析、研究。并向国会提出了研究报告[29]。

在制氢技术方面，认为天然气重整制氢、煤气化制氢、生物质气化制氢和风电-电解水制氢技术均可望于 2015 年实现工业化生产；核供热热-化学分解水制氢和核供热-电解水制氢为开发中的制氢技术，需待第四代高温气冷核反应堆、热化学循环制氢技术实现工业化生产(约 2025 年)后才能投入工业生产。

可用的制氢原料包括天然气、煤炭、生物质和水。前三种用原料本身的能量可为制氢过程的吸热反应提供所需的燃料，用水制氢则需要从外部提供电源，最可行的发电技术是使用核电或风能发电。

将预计 2050 年可开发的大型化制氢工艺技术及其经济指标预测结果归纳如表 10-20 和表 10-21。

表 10-20　预计 2025 年前可开发的大型化制氢技术

工艺方法	工艺说明	约束条件	生产能力	实现工业化的时间
天然气蒸汽重整制氢(带 CO_2 回收)	天然气原料 205t/h，与蒸汽混合在 760～930℃ 条件下使用镍基催化剂生成 H_2 和 CO。经过热回收、水煤气变换和氢净化过程生产氢气	需使用管道输送的工业天然气；需要供水	燃料氢气产量：380t/d；开工系数：90%	2015 年
煤气化制氢(带 CO_2 回收)	煤气化采用先进的气流床气化炉技术，生成气经过高温脱硫(生产元素硫)、膜技术分离和水煤气变换的氢气为氢燃料，尾气用先进的燃气轮机系统和固体氧化物电池技术发电(171MW)。气化炉用氧由采用离子输送膜制氧装置提供。生成的 CO_2 压缩至 15.5MPa 后埋存	外供蒸汽；原料煤炭；运输能力；需要供水	燃料氢气产量：246t/d；开工系数：90%	2015 年

续表

工艺方法	工艺说明	约束条件	生产能力	实现工业化的时间
中型生物质气化制氢(不带 CO_2 回收)	用木质生物质(如杂交杨木)为气化原料，采用间接加热式气化炉。生成气用催化-蒸汽重整，高、低温水煤气变换和变压吸附技术生产氢气	生产木质生物质的耕地；运输能力；需要供水	燃料氢气产量：164t/d；开工系数：90%	2015 年
中型风电场-电解水制氢	总功率为 276MW 风电场安装 1.5MW 风力透平 185 台，为 119 座水电解装置供应电力，平均制氢能力为 50000kg/d 风电场可出售的副产电量为 324 $\times10^6$kW·h	占用土地；工艺用水；设置变电站	燃料氢气产量：86t/d；开工系数：58%	2015 年
核供热的热化学循环水分解制氢	用 4×600MW 的先进高温气冷核反应堆(HTGR)供热，用硫-碘热化学法水分解制氢	使用脱盐水；如无增殖反应堆，需使用铀燃料	燃料氢气产量：768t/d；开工系数：90%	2025 年
大型核电-电解水制氢	高温气冷核反应堆(HTGR)发电，一部分电力用于电解水；一部分输入至公用电网，电解水副产的氧气外销	使用脱盐水；如无增殖反应堆，需使用铀燃料；设置变电站	燃料氢气产量：719t/d；开工系数：90%	2025 年

表 10-21　2050 年美国集中生产氢气装置的经济指标预测

制氢工艺	天然气水蒸气转化	煤气化及 CO_2 捕集输送	生物质气化	核电分解水	核能热化学分解水	风电分解水
装置公称能力 /(t/d)	380	247	164	719	768	86
年负荷率 /%	90	90	90	90	90	58
年产氢量 /万 t	12.5	8.1	5.4	23.6	25.2	1.85
单套装置投资 /百万美元	419	737	132	2144	1859	288
每年单位产氢能力投资/美元	1670	9235	2444	9085	7377	1557
单套年销售价 /百万美元	297	210	101	585	588	49
其中：固定费用（含税金）	100	182	80	497	476	47
可变费用（含税金）	197	28	21	88	112	2
氢出厂售价 /(美元/kg)	2.38	2.59	2.04	2.48	2.33	2.65
生产装置数量①(套)						
2035 年（H）	4	224	156	14	9	159
2035 年（L）	1	30	21	2	2	243
2050 年（H）	4	363	251	13	14	22
2050 年（L）	2	170	118	7	7	114

①H 为快速发展情景，L 为稳步发展情景。

二、不同制氢方法的成本指标

发展“氢燃料”的目标是为了充分利用国内化石及可再生能源资源生产氢燃料，取代用常规石油生产的运输燃料。

发展氢燃料生产的重要经济条件是氢燃料价格必须能够与石油燃料竞争，才有可能实现氢燃料普遍应用的目标，氢燃料市场价格的衡量标准应该按照汽油当量价格计算。

原油价格高时，用天然气、煤炭为原料生产的氢气成本较低，采用先进煤制氢技术的大型制氢工厂，成本可进一步降低。有可能达到“价格上能够与石油燃料竞争”的水平。一些开发中的制氢技术目前在经济上尚不具竞争力。

1. DOE 制定的 2010 年价格目标

大型天然气制氢工厂生产的氢气成本 0. 7 美元/kg 氢气；

用天然气或液体燃料为原料的分散式制氢的税前到货价格为 1. 0 美元/kg 氢气(折合 42 美元/桶汽油当量)；

采用先进技术的大型煤制氢工厂的氢气成本 0. 5~0. 7 美元/kg 氢气；

分散式或大型中央制氢工厂电解法制氢的价格达到 2. 85 美元/kg 氢气(折合 120 美元/桶汽油当量)；

生物质热解法制氢的出厂价格为 2. 90 美元/kg 氢气(折合 122 美元/桶汽油当量)；

太阳能热化学水分解法制氢的出厂价格为 4 美元/kg 氢气(折合 168 美元/桶汽油当量)。

2. 2015 年实现的价格目标

生物技术制氢：工程设计的目标为商业化工厂的出厂价格为 10 美元/kg 氢气；

直接光电法水分解法制氢：商业化生产时，氢燃料出厂价格为 5 美元/kg 氢气；

2015 年实现氢燃料的总配送成本降低至不高于 1. 0 美元/kg 氢气(折合 42 美元/桶汽油当量)。

三、大型制氢工厂建设投资和制氢成本

1. 评估基准

大型制氢工厂可用天然气、煤炭、石油焦和渣油、生物质为原料制氢或用电解水生产氢气。评估的基础数据如下：

天然气价格：3. 3 美元/GJ，折合 158 美元/t；

煤价格：25 美元/t；

电价：工业用 4. 5 美分/kW · h；商业用 7. 0 美分/kW · h。

2. 天然气制氢的投资和生产成本

制氢工厂生产能力 150t/d，年开工率 90%。

供应能力：可为 411 个加氢站(329kg 氢气/d · 站)供应燃料氢气，约可为 22 万辆燃料电池汽车供应氢燃料。

天然气重整制氢工厂的建设投资按 2002 年美元价格估算，生产的氢气用不同方法运输、加注，结果如表 10-22。

表 10-22　天然气制氢工厂建设投资(2002 年美元价格)

项　目	输送液氢		管线输送		管式拖车输送	
	百万美元	%	百万美元	%	百万美元	%
制氢部分	230. 1	44. 1	79	8. 8	133	27. 4
其中：重整部分	41. 3		41. 3			
氢液化部分	94. 9		—			
液氢储存	1. 2		—			
液氢加注	0. 2		—			
氢气压缩	—		6. 0			
公用设施	27. 5		9. 5			
设计费及开工	20. 6		7. 1			
流动资金	9. 6		3. 3			
预备费及其他	34. 8		11. 8			
氢配送	13	2. 5	603	67. 5	141	29. 0
氢加注	279	53. 4	212	23. 7	212	43. 6
合　计	522. 1	100	894	100	486	100

氢燃料的总生产成本和单位成本见表10-23，按两种天然气价格估算的氢成本见表10-24。

表10-23　天然气制氢工厂的生产成本(2002年美元价格)

项　目	输送液氢	管线输送	管式拖车输送
总成本/亿美元			
制氢部分	1.09	0.49	0.64
氢配送	0.09	1.45	1.03
氢加注	0.63	0.53	0.49
合　计	1.80	2.46	2.16
单位成本/(美元/kg氢气)			
制氢部分	2.21	1.00	1.30
氢配送	0.18	2.94	2.09
氢加注	1.27	1.07	1.00
合　计	3.66	5.00	4.39

表10-24　天然气价格对制氢成本的影响

美元/kg氢气

项目	天然气价格/(美元/GJ)	
	3.3	9.5
氢生产成本	1.0	2.10
氢单位成本(包括运输、加注)	5.0	6.1

3. 煤制氢的投资和生产成本

煤气化制氢大型工厂的建设投资和生产成本估算结果见表10-25和表10-26。

制氢工厂生产能力150t/d，年开工率90%。

供应能力：可为411个加氢站(329kg氢气/d·站)供应燃料氢气，约可为22万辆燃料电池汽车供应氢燃料。

表10-25　大型煤制氢工厂建设投资(2002年美元价格)

项目	输送液氢		管线输送		管式拖车输送	
	百万美元	%	百万美元	%	百万美元	%
制氢部分	448	60.5	259	24.1	339	49.0
其中：煤制备	18.7		18.7			
气化炉	48.7		48.7			
制氧	28.8		26.2			
变换及净化	51.5		51.5			
硫回收	7.6		7.6			
氢液化	94.9		—			
液氢储存	1.2		—			
液氢加注	0.2		—			
公用设施	75.5		43.5			
设计费及开工	37.7		21.8			
流动资金	17.6		10.2			
预备费及其他	65.6		30.8			
氢配送部分	13	1.8	603	56.1	141	20.4
氢加注部分	279	37.7	212	19.7	212	30.6
合　计	740	100	1074	100	692	100

表 10-26　煤制氢工厂的生产成本(2002 年美元价格)

项　　目	输送液氢	管线输送	管式拖车输送
总成本/亿美元			
制氢部分	1.51	0.80	1.03
氢配送	0.09	1.45	1.03
氢加注	0.63	0.53	0.49
合　计	2.22	2.27	2.55
单位成本/(美元/kg 氢气)			
制氢部分	3.06	1.62	2.09
氢配送	0.18	2.94	2.09
氢加注	1.27	1.07	1.00
合　计	4.51	5.62	5.18

表 10-26 中氢加注部分的建设投资为制氢工厂所属的加氢站(411 个)的建设费用。不同运输方案的这部分投资差别不大，约折合每个加氢站建设费为 12 万~15 万美元。

表 10-26 中的液氢输送的建设投资为按需要设置的运输卡车、储氢罐及支架等费用，管道输送的建设投资为建设输氢管道 600km 及相应设施的投资，管式拖车输送氢气的建设投资为管式储氢器和运输卡车的投资费用。

4. 其他原料制氢的投资和生产成本

用其他原料制氢，不同运输方法的建设总投资数据见表 10-27。

制氢工厂生产能力 150t/d，年开工率：90%。

供应能力：可为 411 个加氢站(329kg 氢气/d · 站)供应燃料氢气，可为 22 万辆燃料电池汽车供应氢燃料。

按 2002 年美元价格计算，不同制氢方案的氢气的单位成本见表 10-28。

表 10-27　不同制氢、运输方法的建设投资估算汇总　　亿美元

项　　目	输送液氢	管线输送	管式拖车输送
天然气制氢	5.22	8.94	4.86
煤制氢	7.40	10.74	6.92
生物质制氢	7.44	11.10	7.19
电解水制氢	9.80	13.82	9.56
石油焦制氢	—	10.53	—
渣油制氢	—	10.00	—

表 10-28　不同制氢方案的氢气单位成本　　美元/kg 氢气

项　　目	输送液氢	管线输送	管式拖车输送
天然气制氢	3.66	5.00	4.39
制氢成本	2.21	1.00	1.30
配送成本	0.18	2.94	2.09
加注成本	1.27	1.07	1.00
煤制氢	4.51	5.62	5.18
制氢成本	3.06	1.62	2.09
配送成本	0.18	2.94	2.09
加注成本	1.27	1.07	1.00

续表

项　　目	输送液氢	管线输送	管式拖车输送
生物质制氢	4.98	6.29	5.77
制氢成本	3.53	2.29	2.69
配送成本	0.18	2.94	2.09
加注成本	1.27	1.07	1.00
电解水制氢	7.62	9.13	8.39
制氢成本	6.17	5.13	5.30
配送成本	0.18	2.94	2.09
加注成本	1.27	1.07	1.00
石油焦制氢	—	5.35	—
制氢成本	—	1.35	—
配送成本	—	2.94	—
加注成本	—	1.07	—
渣油制氢	—	5.27	—
制氢成本	—	1.27	—
配送成本	—	2.94	—
加注成本	—	1.07	—

5. 大型制氢工厂的经济分析

1）建设投资分析

① 不同制氢方法的大型制氢工厂建设投资各异，以天然气制氢的投资最低，煤制氢的投资略高于天然气制氢，电解水制氢的投资最高。

制氢规模为150t/d的制氢工厂建设投资范围(2002年美元价格)大约是：天然气制氢5亿~9亿美元；煤制氢7亿~11亿美元；电解水制氢10亿~13亿美元。

② 制氢工厂建设投资的项目内容包括制氢、氢配送和氢加注三部分，每部分的投资额和各个部分的比例随氢气输送方法的不同而有较大的差别。氢气输送方法包括液氢输送、管线输送和管式拖车输送三种方法。从表10-27中可以看出各个部分的投资比例。以煤制氢为例，按液氢输送方案计：制氢部分的投资占总投资的60%(氢液化的投资额较高)；氢配送部分的投资仅占1.8%；氢加注部分占38%。管道运送氢气时，管道建设的投资大，所占的投资份额高达50%以上；而制氢部分的投资占总投资的24%。氢输送方法不同，氢加注部分的投资差别较小，投资比例在20%~38%范围之内。

2）燃料氢气成本分析

三项成本中液化成本较高，管线输送的管道建设投资大(每公里氢气管道的建设投资按62万美元为基准)。

① 氢燃料的成本包括制氢、配送运输和加注三部分。运输方式不同，氢的成本就有差别。从表10-28中数据可知：液氢输送的成本约比管式拖车的输送成本低10%~15%，比管道输送的成本低15%~30%。

② 按每公斤氢燃料热值等于1加仑汽油当量计算，表10-28中所列氢气成本仍然大大

高于汽油价格。例如：煤制氢的成本为 4.5～5.6 美元/kg，约折合汽油价格为 189～235 美元/桶；相应的原油价格约为 135～168 美元/桶(汽油对原油的比价按 1.4∶1 计算)。从经济上衡量，氢燃料价格就显然没有竞争力了。

上述成本分析数据是按照较低的能源基准价格(天然气为 3.3 美元/GJ，煤为 25 美元/t)分析的。管道输送的天然气制氢成本为 1.0 美元/kg，总成本为 5.0 美元/kg；若天然气价格按 9.5 美元/GJ 计，制氢成本和总成本将分别升至 2.10 美元/kg 氢气和 6.11 美元/kg 氢气。

3）降低制氢生产成本的前景

① 用目前的造气技术从煤制氢的热效率(按高热值计)为 60%，氢的生产成本约为 0.9～1.0 美元/kg 氢气。一套 3000t/d 规模的单系列造气装置的投资约为 3.67 亿美元，产氢量为 15.5 万 m^3/h。若包括 CO_2 捕集，则氢气的生产成本将增 1.1～1.2 美元/kg 氢气，热效率降至约 59%。

② 若采用先进的造气技术(包括：E-Gas 气化炉、煤气热净化技术和 600℃ 陶瓷膜分离技术)和联产发电，制氢成本与出售的电价有关。若按天然气 IGCC 过程，发电成本为 35.6 美元/(MW·h)计算，制氢成本为 5.5 美元/10^6Btu(0.68 美元/kg 氢气)。若包括 CO_2 捕集，其成本将稍稍增加。若采用 NGCC 和 CO_2 捕集，应用先进的膜分离技术，联产电价按 53.6 美元/(MW·h)计算，可将制氢成本降至 0.54 美元/kg 氢气。

③ 最大限度降低煤制氢成本的可行方案是采用“固体氧化物燃料电池”(SOFC)的联合循环发电技术、先进的膜分离技术联产电力和氢气，可将氢气的生产成本降至 0.35～0.45 美元/kg 氢气。

④ 用传统的天然气蒸汽重整工艺生产氢气的成本取决于天然气的成本。若天然气价格为 2.8 美元/GJ，制氢成本为 0.65 美元/kg 氢气，优化工艺流程还有降低生产成本的空间。

⑤ 用可再生能源生产氢气，如太阳能光伏发电、水电解制氢是未来的发展目标。需要持续进行光伏系统的研究开发，大大降低光伏发电系统的成本，有可能将制氢成本降至煤制氢的水平。需要将光伏发电成本降至 300 美元/kW(峰)以下，就能使氢气成本达到 1.0～1.2 美元/kg 氢气的范围之内。

四、分散式制氢站的经济评估

分散式制氢装置(前庭式制氢)是建在加氢站内的模块式小型制氢装置。

分散式制氢只能采用甲醇、天然气、生物油、汽油为原料或电解水生产氢气，经压缩后为燃料电池汽车供应氢燃料。

在氢燃料和燃料电池汽车尚未普及、加氢站数量仍较少的情况下，建设分散式制氢装置可以防止大型制氢装置开工率低和减少建设系统设施需要投入的建设资金。

分散式制氢装置的规模是按照加氢站的能力设计的。制氢规模在 100～10000kg 氢气/d 的范围之内，相当的汽油当量为 0.28～28.3t/d(按每千克氢气相当于 1 加仑汽油计)。

以下按 470kg 氢气/d 的分散式制氢站为基准，估算建设投资和生产成本；制氢站利用率为 70%；可使用天然气、甲醇、汽油或生物油为制氢原料；有廉价电力的地区可采用电解水法生产氢。

净化后的氢气压缩升压至 40MPa，直接为燃料电池汽车加注氢燃料，汽车的储氢罐压力为 34MPa。

分散式制氢装置的建设投资和生产成本估算结果见表 10-29。

表 10-29 分散式制氢的投资和生产成本

项目	建设投资		生产成本/(万美元/a)	单位成本/(美元/kg 氢气)
	万美元	美元/(kgH_2/d)		
甲醇制氢	157	3340	54.4	4.53
天然气制氢	163	3468	52.8	4.40
汽油制氢	178	3787	60.0	5.00
电解水制氢	415	8830	145.6	12.12

参考文献

1 Sperling D, Ogden J. The Hope for Hydrogen, Issue in Science and Technology 20, H W Wilson Company. WN 0410802639021, No 3, 82 ~86, Spring, 2004

2 Joseph J R. Is There Hope for Hydrogen. Chem & Eng. News, Oct, 2004, 82: 48 ~49

3 Olah G A. The Methanol Economy, Sep, 2003, 81(38)

4 Ivy J. Summary of Electrolytic Hydrogen Production. Milestone Completion Report, NREL/MP-560-36734, Sep, 2004

5 Hydrogen from Coal Program, Research, Development and Demonstration Plan for the Period 2004 through 2015. DOE/US, Jun 10, 2004

6 Hydrogen Production Facilities Plant Performance and Cost Comparison. Final Report, Prepared for DOE/NETL under Contract No DE-AM 26-99FT 40465, May, 2002

7 Gary D, Tomlinson G. Hydrogen from Coal. Mitretek Technical Paper, Nov, 2001

8 Doong S J, Lau F, Ong E A. A Novel Membrane Reactor for Hydrogen Production from Coal, 2005 DOE Hydrogen Program Merit Review Meeting, Presentation PDP24, May, 2005

9 Ewan B C R, Allen R W K. A Figure of Merit Assessment of the Routes to Hydrogen. International Journal of Hydrogen Energy, 2005, 30: 809 ~819

10 Schwartz J, Apte P, Drnevich R. Integrated Ceramic Membrane System for Hydrogen Production. 2003 DOE Hydrogen Program Merit Review Meeting, May 19, 2003

11 Fan L-s, Himanshu G. Enhanced Hydrogen Production Integrated with CO_2 Separation in a Single Stage Reactor, 2005 DOE Hydrogen Program Merit Review Meeting, Presentation PDP1, May 20, 2005

12 Spath P, Aden A, Eggeman T, et al. Biomass to Hydrogen Production Detail Design and Economics Utilizing the Battelle Columbus Laboratory Indirectly-Heated Gasifier. Technical Report NREL/TP-510-37408, May, 2005

13 Hanssen J E, Hagen E F. Prospects for Hydrogen from Biomass. Final Report to lEA Hydrogen Implementing Agreement Task16B, Jun, 2006

14 Evans R J, Czernik S, French R, et al. Distributed Bio-oil Reforming. 2006 DOE Hydrogen Program Merit Review Meeting, Presentation PDS, May 16, 2006

15 Schment E, Miler L. Hydrogen Production from Coal. 2005 DOE Hydrogen Program Review Merit Review Meeting, May 23, 2005

16 Devlin P. Hydrogen Production and Delivery. 2004 DOE Hydrogen Program Merit Review Meeting, May 24, 2004

17 Smith R. The Hydrogen Future. Southwest Renewable Energy Conference, Flagstaff AZ, Aug 7, 2003
18 Mallouk T E, Basic Research Needs for Hydrogen Production. 2005 DOE Hydrogen Program Merit Review Meeting, Presentation PD37, May 23, 2005
19 Melis T. Maximizing Light Utilization Efficiency and Hydrogen Production in Microalgae Cultures. 2006 DOE Hydrogen Program Merit Review Meeting, Presentation PDP11, May 16, 2006
20 Ghirardi M L, King P. Biological Systems for Hydrogen Photoproduction. 2006 DOE Hydrogen Program Merit Review Meeting, Presentation PDP4, May 16, 2006.
21 Amos W A. Updated Cost Analysis of Photobiological Hydrogen Production from Chlamydomonas Reinhardtii Green Algae. NREL/MP-563-35593. NREL/DOE Milestone Report, Jan, 2004
22 Ghirardi M L, Kim K, King P. Biological Systems for Hydrogen Photoproduction. 2005 DOE Hydrogen Program Merit Review Meeting, Presentation PD17, May 23, 2005
23 Lee J W, Xu D, Zhao B, Gao W. Photobiological H_2 Production Systems: Creation of Designer Algae for Efficient and Robust Production of H_2 from Water. 2005 DOE Hydrogen Program Merit Review Meeting, Presentation PD16, May 23, 2005
24 Ghirardi M L, Maness P C, Seibert M. Biological Systems for Hydrogen Photoproduction, 2004 DOE Hydrogen Program Merit Review Meeting, Presentation HPD17, 2004
25 Melts T. Maximizing Photosynthetic Efficiencies and Hydrogen Production in Microalgae Cultures. 2004 DOE Hydrogen Program Merit Review Meeting, Presentation HPB9, 2004
26 Kumar R. Autothermal Cyclic Reforming Based Hydrogen Generating and Dispensing System. 2005 DOE Hydrogen Program Merit Review Meeting, Presentation PD3, May 23, 2005
27 Tamhankar S. Integrated Hydrogen Production, Purification and Compression system. 2005 DOE Hydrogen Program Merit Review Meeting, Presentation PD8, May 24, 2005
28 Song C. Overview of Production Options for Hydrogen Energy Development, Fuel-Cell Fuel Processing and Mitigation of CO_2 Emissions. 20th International Pittsburgh Coal Conference, Paper No 40 - 3 (Hydrogen from Coal), Sop 15~19, 2003
29 Simbeck D R, Chang E. Hydrogen Supply Cost Estimate for Hydrogen Pathway-ScopingAnalysis. Subcontractor Report, NREL/SR-540-32526, Jul, 2002
30 Hanson AM. Small-Scale Reforming for Stationary Hydrogen Production with Minimum CO_2Emission. Final Report to lEA Hydrogen Implementing Agreement Task16C, Jul, 2005
31 Bernard F. Nuclear Production of Hydrogen. IEA/IPHE Workshop on Building the Hydrogen Economy, 2007
32 Henderson A D. Nuclear Hydrogen Initiative Overview. 2004 DOE Hydrogen ProgramMerit Review Meeting, May 24, 2004
33 Henderson A D. Hydrogen Production Using Nuclear Energy. 2005 DOE Hydrogen Program Merit Review Meeting, Presentation PD36, May, 2005
34 Starr F, Tzimas V, Cormos C, et al. IGCC: Coal-based Processing Technology for the Future. Gasification (A Supplement to HP), 2007: 27
35 Fingersh L J. Optimized Hydrogen and Electricity Generation fromWind. NREL/TP-500-34364, Jun, 2003
36 George R. Fuel-Flexible Gasification-Combustion Technology for Production of H_2 and Sequestration -Ready CO_2. Annual Technical Progress Report, DOE DE-FC2600-FT40974, 2002
37 Perkins C. Development of Solar - Powered Thermochemical Production of Hydrogen from Water. 2007 DOE Hydrogen Program Merit Review Meeting, Presentation PDll, May 16, 2007
38 Weimer A. Development of Solar - Powered Thermochemical Production of Hydrogen from Water. 2006 DOE Hydrogen Program Merit Review Meeting, Presentation PDIO, May 17, 2006

39 Weimer A. Development of Solar- Powered Thermochemical Production of Hydrogen from Water. 2005 DOE Hydrogen Program Merit Review Meeting, Presentation PD28, May 25, 2005

40 William A. Hybrid Sulfur Thermochemical Process Development. 2007 DOE Hydrogen Program Merit Review Meeting, Presentation PD21, May 16, 2007

41 Miller E. Photoelectrochemical Hydrogen Production. 2006 DOE Hydrogen Program Merit Review Meeting, presentation PD6, May 16, 2006

42 Pickard P. Sulfur-Iodine Thermochemical Cycle. 2006 DOE Hydrogen Program Merit Review Meeting, Presentation PD15, May 17, 2006

43 Doctor R. Evaluation of a Continuous Calcium-Bromine Thermochemical Cycle. 2006 DOE Hydrogen Program Merit Review Meeting, Presentation PD16, May 16, 2006

44 Benemann J R, Process Analysis and Economics of Biophotolysis of Water. Paper Prepared from I EA, I EA/H2/10/TR2-98

45 陈晓通．联合聚风力发电机组．科学时报新能源周刊，No17，2008-09-08

46 Fingersh L d. Optimized Hydrogen and Electrify Generation from Wind. Technical Report, Prepared under Task No WER3 3250, Jun, 2003

47 Zhang Y, Evans B, Mielenz J, et al. High Yield Production of Hydrogen from Starch and Water by a Systemat i c Enzymat ic Pathway. P los ONE, 2 (5) e: 456, May 23, 2007

第十一章 非石油原料生产低碳烯烃和芳烃

第一节 概述

轻质烯烃(乙烯、丙烯、丁二烯)和轻质芳烃(苯、甲苯、二甲苯)是石油化工的基本原料，乙烯的生产能力和技术水平是一个国家的石油化学工业发展水平的重要标志。规划到“十一五”期末，我国乙烯装置生产能力虽然显著提高，但仍仅能满足国内乙烯当量需求的55%左右，虽然到2020年乙烯装置生产能力还将会进一步提高，也仅能满足国内乙烯当量需求的60%左右。随着乙烯工业的发展，化工用油短缺的矛盾将日益突出。据预测，如果国内乙烯当量满足率达到约60%，则2010年乙烯装置生产能力将达到1500万t/a，2020年则要达到2300万t/a。

2007年中国的乙烯生产量是1024.8万t，按照生产1t乙烯需要3t化工轻油的平均值计算，需要3074.7万t生产乙烯的化工轻油。化工轻油的通常占原油消费总量的8%~9%，如果按8.5%计算，则需要配套加工原油3.62亿t(与我国2007年原油加工量32 679万t基本吻合)。实际上我国石化企业每年需要进口大量石脑油作乙烯裂解原料，加之石化企业的化工轻油除用于石脑油裂解制烯烃外，还要用于重整生产芳烃和高辛烷值汽油组分。我国的原油加工不仅在2010~2020年难以满足化工轻油的需求，目前化工轻油不足已经成为制约石油化工烯烃和芳烃生产的“瓶颈”。扩大石脑油来源的同时，开发更丰富、更广泛的多元化的乙烯生产原料路线已是当务之急。

过去由于石油价格相对不高，MTO及MTP工艺的技术经济指标不如以石脑油为原料的管式炉裂解工艺。目前石油的价格已经上升到100美元/桶以上，估计以后也很难回落到低于80美元/桶的形势下，MTO及MTP工艺显现出了有比较好的经济效益。我国煤炭资源相对而言比较丰富，在未来相当长的时期内煤炭仍然将占我国总能源消费的主体(不会低于65%~70%的水平)。因此在原油价格居高不下形势下，有可能在我国煤炭资源丰富的地区，适度建设煤基甲醇制低碳烯烃的MTO或MTP大型化工业装置。

MTO工艺所用的催化剂是经金属改性的SAPO系列含磷硅铝氧化物的分子筛催化剂，非常适合甲醇、二甲醚等含氧有机化合物分子进入分子筛的笼子内部与活性中心接触发生生成乙烯、丙烯等目的产品的催化转化反应，对甲醇进料的乙烯加丙烯的产率可达到约33%~35%。德国Lurgi公司的MTP工艺所用的催化剂是改性的ZSM系列催化剂，具有非常高的丙烯选择性，副产少量的燃料气、C_3~C_4液化气及C_5^+汽油组分，对甲醇进料的丙烯产率可达到约30%~31%。目前MTO和MTP工艺技术均进入了工业化示范应用的阶段。

MTO和MTP工艺均是煤炭或天然气经制成合成气后，由合成气先制成甲醇，再由甲醇在SAPO分子筛催化剂或ZSM类型分子筛催化剂上催化转化为以乙烯和丙烯为主的低碳烯烃。如果开发成功将甲烷或甲醇直接转化为烯烃和芳烃的工艺，天然气生产烯烃和芳烃的生产流程将大为缩短，生产成本将下降。因此，甲烷氧化耦联制烯烃(OCM)技术、甲烷有氧氧化芳构化技术、甲烷无氧氧化芳构化技术、甲醇芳构化技术已经成为国内外的研究重点。由于甲烷的化学性质惰性，打开 C—H 键的能量要非常高，大多数的目的产物在反应条件下都比甲烷更容易进一步反应，因此很难在较高的甲烷转化率下获得理想的目的产物选择性。目前只有甲烷制氢氰酸(通过氨氧化或氨交换步骤)、甲烷氯化制甲烷氯化物、甲烷与硫磺反应制 CS_2 等少数工艺过程实现了商业化生产，其他甲烷直接转化方法如甲烷氧化制甲醇和甲醛、甲烷氧化耦联制乙烯、甲烷脱氢芳构化制芳烃仍然面临巨大的技术经济挑战[1]，离工业化应用还有相当的路程。

由于石油资源的短缺，用生物质生产油品和化学品正受到国内外的极大关注并投入一定的研究力量，但离真正的工厂化的产业生产及实质性地替代石油化工产品尚有许多困难有待克服，本章对其研究进展也作了简单介绍。

第二节　甲醇制低碳烯烃工艺

用以甲醇为代表的含氧有机物为原料生产以乙烯和丙烯为主的低碳烯烃工艺有国外的 MTO(Methane to Olefins)和 MTP(Methane to Propylene)工艺技术以及国内中国科学院大连化学物理研究所、中国石化洛阳石化工程公司、陕西新兴煤化工公司合作开发的 DMTO 工艺。国内不少大学和科研院所也在从事相应的技术开发，但尚未达到工程放大阶段。

早期的 MTO 研究多以中孔沸石 ZSM-5 为催化剂，虽然 ZSM-5 的水热稳定性好，但生成乙烯和丙烯的选择性差，乙烯+丙烯的选择性低于 20% 。进一步研究发现，孔径在 0.45nm 左右的八元环结构的小孔沸石，如菱沸石、毛沸石、T 沸石、ZK-5、SAPO-17、SAPO-34 等，由于孔径的限制，只能吸附支链烃、伯醇等，不吸附带支链的异构烃、环烷烃和芳烃组分，因此在这些小孔沸石上甲醇容易转化为 $C_2^=$ ~ $C_4^=$ 烯烃，很少生成 C_5^+的化合物，低碳烯烃的选择性好。MTO 及 DMTO 工艺中所用催化剂的催化材料均是 SAPO 系列分子筛，仅仅是生产工艺不同，所使用的模板剂不同。美国 UOP 公司 MTO-100 和大连化物所 DO-123 两种催化剂的性能相当，$C_2^=$+$C_3^=$ 烯烃的选择性均在 80%左右。

中国科学院大连化学物理研究所于 20 世纪 90 年代首先将 SAPO-34 分子筛用于甲醇制低碳烯烃工艺，研制出了具有我国特色和廉价的新一代微球小孔径的磷硅酸铝(SAPO)分子筛催化剂(DO123)。在常压，反应温度 500~550°C 及二甲醚(或甲醇)质量空速为 $6h^{-1}$的条件下，达到了二甲醚(或甲醇)转化率接近 100%，$C_2^=$ ~ $C_4^=$ 低碳烯烃选择性 85%~90%，乙烯选择性 50%~60%和 $C_2^=$ ~ $C_3^=$ 烯烃选择性约 80%优良结果。在对小孔 SAPO-34 分子筛进行了放大制备试验后，在直径为 100mm 的反应器上进行了中间扩大试验，在反应温度530~550℃，反应接触时间 1s 的反应条件下，取得了二甲醚的转化率大于 98%，$C_2^=$ ~ $C_4^=$ 烯烃选择性接近 90%，乙烯选择性 50%左右、乙烯+丙烯选择性大于 80%的结果。

2006 年累计进行了近 1200 多小时的工业化试验，甲醇进料规模为 50t/d，通过现场 72h 考核标定与专家鉴定。现在 DMTO 已经进入工业化示范装置的建设阶段，神华集团公司决定建设甲醇进料规模为 180 万 t/a，乙烯生产能力 30 万 t/a，丙烯生产能力 30 万 t/a 大型化的工业装置，预计 2010 年中左右投产。

一、工艺的原理

中国科学院大连化物所的基础研究表明，甲醇转化为烃类反应是包含转化为二甲醚反应在内的一系列非常复杂的反应，包括催化剂表面的甲氧基团进一步形成 C—C 键的反应和一系列进一步形成烯烃的反应。到目前为止，甲醇转化为二甲醚的反应已经得到证实，但第一个 C—C 键的形成机理仍不十分清楚。一致的看法是，在酸性分子筛催化剂上甲氧基通过与分子筛内预先形成的“碳池”中间物作用，同时形成乙烯、丙烯、丁烯等烯烃，如图 11-1 所示，“碳池”具有芳烃的特征，而且反应是并行进行的。通常新鲜催化剂中不含有芳烃类物质，而以富含氢和氧的甲醇原料在分子筛微孔内形成芳烃类也并非易事，“碳池”一旦形成，后续的形成烯烃的反应则是快速反应(快于 0.01s)。

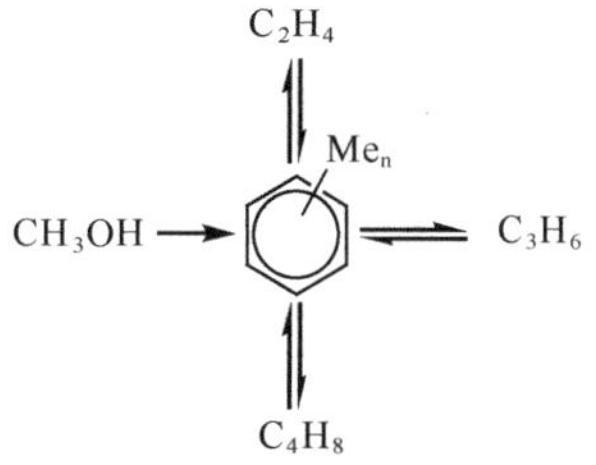

图 11-1　甲醇制低碳烯烃的“碳池”反应机理

采用小孔分子筛可以有效地扩大乙烯、丙烯和丁烯分子在分子筛孔道中扩散时的差别，提高低碳烯烃的选择性。甲醇转化的产物乙烯、丙烯、丁烯等均是非常活泼的分子，在分子筛的酸性中心催化作用下，可以进一步通过环化、脱氢、氢转移、缩合、烷基化等反应步骤生成分子量大小不同的饱和烃、C_6^+ 烯烃及焦炭。根据大连化物所的研究结果，甲醇、二甲醚分子也可以与产物烯烃分子进一步发生耦合转化反应，这些耦合反应将比烯烃单独的反应更容易发生。因此，甲醇转化为烯烃的反应是复杂的网络反应体系。

在对 MTO 工艺的反应历程作了深入研究后，认为主要是以下主反应和副反应：

主要主反应：

$$CH_3OH \longrightarrow CH_3OCH_3+H_2O \tag{1}$$

$$CH_3OH \longrightarrow C_2H_4+C_3H_6+C_4H_8 \tag{2}$$

$$CH_3OCH_3 \longrightarrow C_2H_4+C_3H_6+C_4H_8 \tag{3}$$

主要副反应：

$$CH_3OH \longrightarrow CO+H_2 \tag{4}$$

$$CH_3OH \longrightarrow CH_2O+H_2 \tag{5}$$

$$CH_3OCH_3 \longrightarrow CH_4+CO+H_2 \tag{6}$$

$$CO+H_2O \longrightarrow CO_2+H_2 \tag{7}$$

$$CO \longrightarrow CO_2+C \tag{8}$$

烯烃低聚副反应：

$$C_2H_4 \longrightarrow C_4H_8 \longrightarrow \cdots \longrightarrow C_nH_{2n}\quad (C_nH_{2n}\text{为低聚合物}) \tag{9}$$

$$C_3H_6 \longrightarrow \cdots \longrightarrow C_nH_{2n+2} \tag{10}$$

$$C_4H_8 \longrightarrow \cdots \longrightarrow C_nH_{2n+2} \tag{11}$$

烯烃双分子氢转移反应(形成二烯烃、炔烃、环烷烃、芳烃)

$$C_nH_{2n}+C_mH_{2m} \longrightarrow C_2H_{2n+2}+C_mH_{2m-2} \tag{12}$$

$$C_2H_{2n}+C_mH_{2m-2} \longrightarrow C_nH_{2n+2}+C_mH_{2m-4} \tag{13}$$

(C_mH_{2m-2}表示炔烃、二烯烃)

$$C_2H_{2n-2}+C_mH_{2m-2} \longrightarrow C_nH_{2n}+C_mH_{2m-4} \tag{14}$$

$$C_2H_{2n}+C_mH_{2m-4} \longrightarrow C_nH_{2n+2}+C_mH_{2m-6}$$

$$(m>6,\ C_mH_{2m-6}\text{表示芳烃}) \tag{15}$$

Stoker M 经过研究认为 MTO 的反应机理与甲醇制汽油(MTG)有相似的反应途径[2]，是甲醇首先脱水生成二甲醚，然后 DME 与甲醇的平衡混合物继续转化为以 $C_2^=$、$C_3^=$ 为主的低碳烯烃，少量低碳烯烃进一步通过缩聚、环化、脱氢、烷基化、氢转移等反应生成饱和烃、芳烃以及高级烯烃，同时生成微量的焦炭。

实验室测得的 MTO 反应反应热是[3]：

$$2CH_3OH \longrightarrow C_2H_4 + 2H_2O \quad (\Delta H = -11.72kJ/mol，427℃)$$

$$3CH_3OH \longrightarrow C_3H_6 + 3H_2O \quad (\Delta H = -30.98kJ/mol，427℃)$$

二、SAPO-34 分子筛的特性

目前以美国 UOP 公司、中国科学院大连化学物理研究所为代表专利商提供的 MTO 、DMTO 工艺所用的催化剂均是经金属改性的 SAPO 系列含磷硅铝氧化物分子筛催化剂，最终产品均是[SiO_2]、[PO_2]、[AlO_2]四面体构成的 8 元环笼型状的网架结构。SAPO-34 分子筛催化剂的笼子环形口直径约为 0.40~0.45nm，为中等酸性的分子筛，与目的产物乙烯、丙烯的动力学直径非常匹配，适合甲醇、二甲醚等含氧有机化合物分子进入笼子内部与酸性活性中心接触。SAPO-34 分子筛的分子结构示意图如图 11-2 所示。

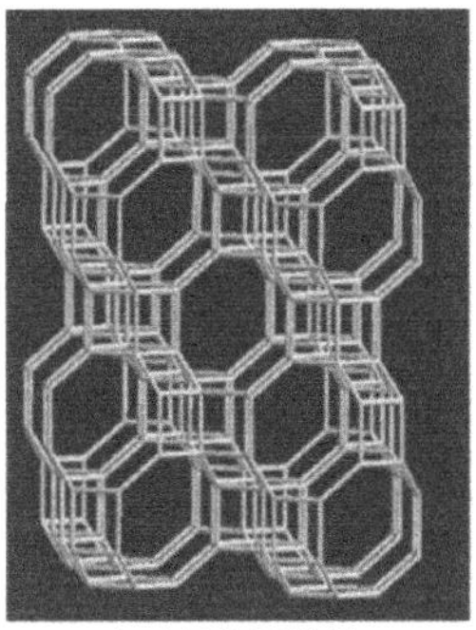

八元环分子结构

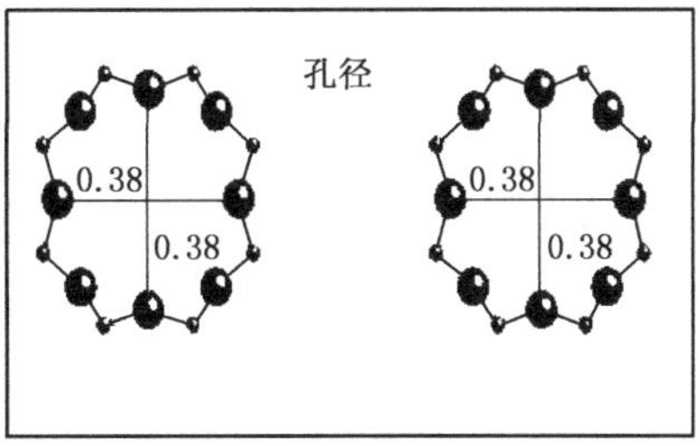

八元环孔径尺寸(nm)

图 11-2　SAPO-34 分子筛的分子结构和孔径示意

1. SAPO-34 分子筛催化剂特性

大连化物所 DMTO 工业化试验专用催化剂(D803C-II01)综合考虑了催化剂的催化性能、流化性能、水热稳定性和磨损性能。该催化剂是以 SAPO 分子筛为活性基质，经过分子筛改性，添加粘结剂，喷雾干燥成型及适当温度焙烧后而制成的。因为流化床工艺不可避免地有一定程度的催化剂磨损和跑损，合成廉价的 SAPO-34 分子筛是采用流化床工艺的基础，国外专利方法（如 USP 4440871)是采用四乙基氢氧化铵为模板剂，因为模板剂的价格高，分子筛生产周期长(为 19d)，因此生产成本高。大连化物所开发了新的分子筛合成方法，用三乙胺、二乙胺等常见有机胺为模板剂，分子筛晶化的周期缩短，使分子筛的生产成本下降。

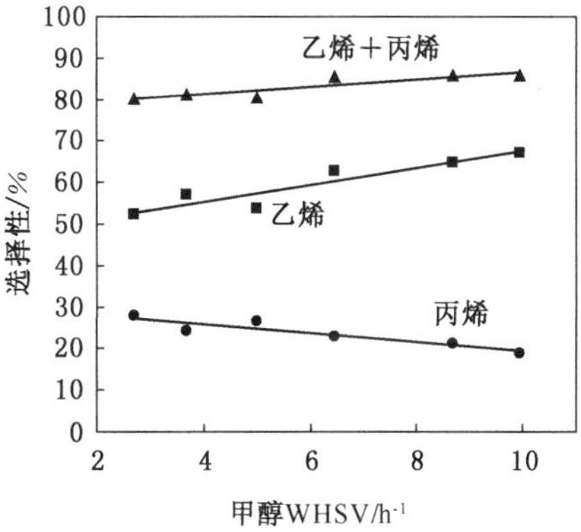

图 11-3　空速对选择性的影响

DMTO 催化剂具有如下特点：

(1) 适用于大空速操作

催化剂除具有乙、丙烯选择性高的特点外，还特别适于大空速操作。由图 11-3 空速对产物烯烃选择性的影响可以看出，在维持原料甲醇转化率为 100%的前提下，随着甲醇空速的增加，乙烯+丙烯选择性逐渐增大，特别是乙烯的选择性的增加非常明显。在甲醇空速为 10 h^{-1}时，乙烯+丙烯选择性仍大于 60%。

（2）有良好的再生性能

对于 SAPO-34 型催化剂，因分子筛结构中有小孔径“笼子”的存在使失活相对较快。采用流化床反应器就是为了满足频繁地对催化剂进行再生的需求。因此催化剂必须要有良好的再生性能。图 11-4 表明 DMTO 专用催化剂有良好的再生性能。

（3）有良好的热及水热稳定性

甲醇分子经过 MTO 反应会生成 56%的化学水，催化剂又需要在 600～700℃的高温下频繁地再生烧焦，因此要求催化剂具有良好的水热稳定性。这一性能将是影响催化剂寿命的决定因素。图 11-5 试验结果表明，在温度为 800℃条件下经长时间的连续焙烧和 100%水蒸气处理，催化剂的活性只有稍微下降，$C_2^=$～$C_4^=$ 选择性基本维持不变，活性组分 SAPO-34 分子筛的结晶度也仅稍微下降，预示着催化剂有较长的使用寿命。

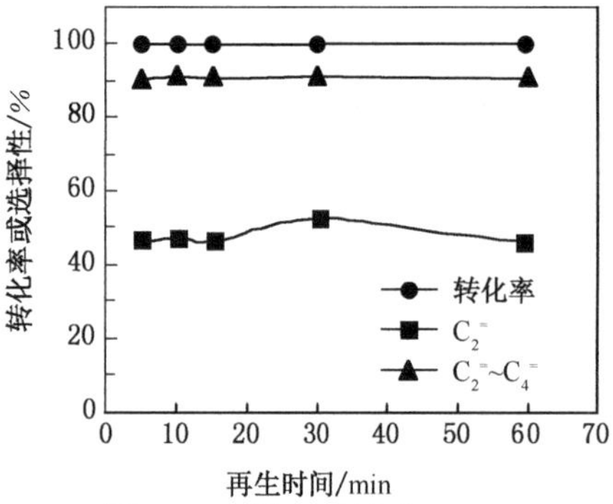

图 11-4　再生时间对 DMTO 催化剂性能的影响

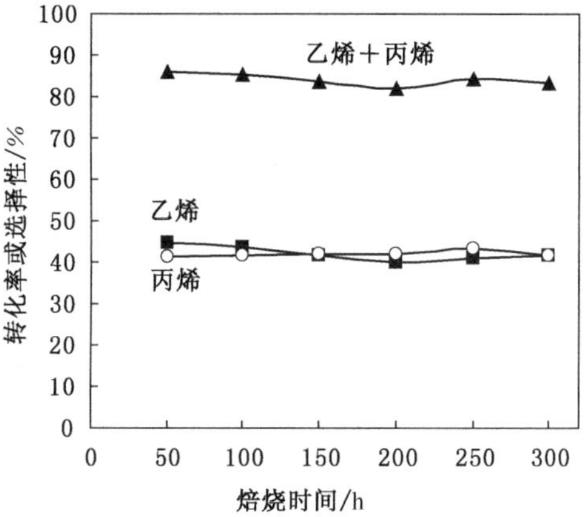

图 11-5　800℃焙烧处理对催化剂性能的影响

（4）有良好的流态化物理性能

为了适应连续反应-再生的流化床工艺型式要求，凡是涉及催化剂流态化性能的物理性质，如表观堆积密度、孔体积、比表面积、筛分粒度分布、耐磨损强度等指标均借鉴成熟的流化催化裂化技术标准，基本上与催化裂化催化剂物性指标相当或相近。图 11-6 是工业化试验用 DMTO 催化剂的粒度分布，基本与流化催化裂化催化剂相同。表 11-1 是工业化试验所用 DMTO 专用催化剂与流态化性能指标相关的物性数据。

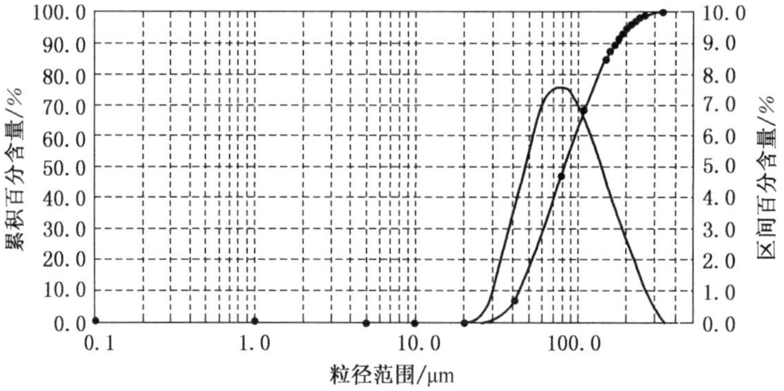

图 11-6　DMTO 工业性试验专用催化剂((D803C- II01)的粒度分布

表 11-1　DMTO 专用催化剂主要性质指标

项　目	指标
堆积密度/(g/mL)	0.85
孔体积/(mL/g)	0.21
磨损指数/%	<2
筛分组成/%	
0~20μm	0
20~40μm	7.03
40~80μm	41.34
80~110μm	21.43
110~149μm	15.53
>149μm	14.67

2. SAPO-34 分子筛催化剂的制备

国内许多科研院所均成功地合成了 SAPO-34 分子筛。通常是采用水热法合成分子筛，硅的来源通常为硅溶胶、铝的来源通常为拟薄水铝石、磷的来源通常为磷酸，常用模板剂为四乙基氢氧化铵(TEAOH)、吗啉(C_4H_9NO)、异丙基胺(iPrNH_2)、三乙胺(TEA)及二乙胺(DEA)等。

SAPO-34 分子筛合成过程大致为：将硅源、铝源、磷源、模板剂与水按一定的比例计量，在搅拌的同时将准确计量的原料按一定顺序混合并搅拌成凝胶，在一定的温度和压力条件下晶化一定的时间，待晶化完全后将固体产物过滤、洗涤、干燥得 SAPO-34 分子筛原粉。

SAPO-34 分子筛合成的主要影响因素可归纳如下[3]：

(1) 模板剂的影响

模板剂在分子筛合成过程中起着引导分子筛晶格形成的作用。在 SAPO-34 分子筛的合成中，模板剂对晶核的生成、晶粒的生长及合成产物的组成、酸性等都有很大影响[4]。不同模板剂对 SAPO-34 分子筛合成过程中分子筛晶体的形成速度有不同的影响，TEA 体系模板剂的晶化速度远快于 TEAOH 体系[5]；TEA 比 TEAOH 更有利于强酸中心的生成，使用 TEAOH 和 TEA 的混和模板剂可减少了强酸中心，增多弱酸中心[4]；Briend 的研究表明，吗啉与 TEAOH 比较，以 TEAOH 为模板剂趋于形成硅岛，以吗啉为模板剂趋于生成大块的硅区。

使用 TEA 模板剂有利于合成大晶粒的 SAPO-34，TEAOH 有利于合成微晶 SAPO-34，将 TEAOH 和 TEA 联合使用，则能合成中间粒度的 SAPO-34 分子筛。改变 TEAOH 和 TEA 双模板剂中两者的比例，能够调节 SAPO-34 分子筛的晶粒尺寸[5]。TEA 合成的 SAPO-34 分子筛比用 DEA 合成的稳定[7]。用 TEAOH 合成的 SAPO-34 分子筛比用吗啉合成的稳定。

(2) 物料配比的影响

SAPO-34 分子筛的合成过程中，不同物料配比比例对合成分子筛的类型有决定性的影响。在特定的水和有机胺含量的情况下，当 P/Al 比>1(质量比，下同)时，主要产品为致密相 $AlPO_4$；当 P/Al 比≤1 时，可合成一系列不同组成的 SAPO-34。增加 TEAOH/(Al+P+Si) 比例对合成 SAPO-34 有利。当 TEAOH/P_2O_5为 20~30 时，产物为纯 SAPO-34[8,9]。

(3) 不同原材料的影响

不同的铝源和硅源合成的 SAPO-34 分子筛结晶度明显不同。其中，无机铝源和无机硅源合成的 SAPO-34 分子筛结晶度最大；由有机硅源和有机铝源合成的 SAPO-34 分子筛结晶度最小。无机铝源有利于合成 SAPO-34 分子筛，而且铝源对产品结晶度的影响比硅源大[10]。

(4) 晶化条件的影响

① Inui 的研究表明，晶化温度越高，晶核的生成速度越快。为此出现了 SAPO-34 分子筛的快速合成法，即先将凝胶快速加热到 160℃，再快速升温至 200℃，恒温晶化 4h，即可制备成 SAPO-34 分子筛。

② 在晶化过程中进行搅拌能显著提高分子筛的结晶度[10]。

③ 预晶化有利于提高产品的结晶度，在反应溶胶中加入 SAPO-34 分子筛晶种，结晶度提高较少[10]。

(5) 金属离子引入的影响

近年来，人们已成功地将各种金属元素引入 SAPO-34 分子筛骨架上，得到称为 MeSAPO 的分子筛[12]。MeSAPO-34 中引入的改性金属为 Co、Cr、Mn，金属离子的引入降低了强酸中心的强度，同时使分子筛的孔径变窄，使 MTO 反应的生焦率降低。

(6) 水热处理对 SAPO-34 的影响

将 SAPO-34 分子筛在温度大于 700℃ 条件下进行水热处理可以破坏其大部分的强酸中心，从而改善目的烯烃产品的选择性。在 775℃ 下处理 10h 或更长，强酸性中心可减少 60%，而微孔体积仅下降 10%，烯烃选择性显著提高，催化剂使用寿命延长 1 倍[13]。

3. 国外典型的 SAPO-34 催化剂合成方法

美国环球油品公司(UOP)专利[14]是用(85%)正磷酸和水混和，加入硅溶胶和 35% 四乙基氢氧化胺模板剂(TEAOH)水溶液，最后加入拟薄水铝石和水，并加入 SAPO-34 晶种材料，得到如表 11-2 氧化物组成的混合物。混合物在 6h 内搅拌并加热到 100℃，在 100℃ 下保持 6h 后，3h 内加热到 175℃ 并在此温度下保持反应 24h、36h 或 48h。最后反应混合物被冷却到室温，离心分离除去固体产物并水洗，得到 SAPO-34 分子筛产品。

表 11-2 $SAPO_S$ 分子筛浆液反应混合物氧化物组成 mol%

样品	反应时间/h	TEAOH	SiO_2	Al_2O_3	P_2O_5	H_2O
A	48	1.0	0.10	1.0	1.0	35
B	48	1.0	0.10	1.0	1.0	35
C	48	1.0	0.10	1.0	1.0	35
D	24	1.0	0.10	1.0	1.0	45
E	36	1.0	0.15	1.0	1.0	40
F	48	1.0	0.20	1.0	1.0	45

分子筛的晶体尺寸对 MTO 反应产物的乙烯/丙烯比的影响非常大，结果如表 11-3 所示。使用放大倍数为 30000 的扫描电子显微镜测量的晶体平均最小尺寸，表明最小晶体尺寸大于 0.1μm 时，晶体的结构是片状，这时会产生较多量的乙烯；当晶体的结构是立方体和最小晶体尺寸大于 0.2μm 时，可以得到最高的乙烯产量；当晶体最小尺寸小于 0.1μm 时，即使晶体的结构是片状，丙烯产率也比较高，乙烯/丙烯比值下降。

表 11-3 分子筛的晶体尺寸对 MTO 反应产物乙烯/丙烯比的影响

样品	平均最小尺寸/μm	晶体结构	$C_2^=+C_3^=$ 的选择性/%	$C_2^=/C_3^=$
A	0.07	薄片	82.4	1.17
B	0.08	片	79.2	1.18
C	0.09	薄片	82.2	1.25
D	0.13	片	80.8	1.40
E	0.17	片	81.2	1.41
F	0.58	立方体	78.7	1.48

三、工艺流程

DMTO 工艺流程视目的产物要求的精度的不同可有深冷和中冷分离的不同方案，可有顺序分离、前脱乙烷、前脱丙烷、前加氢脱炔烃、后加氢脱炔烃的不同流程。图 11-7 为前加氢脱炔烃的典型顺序流程图，UOP/Hydro MTO 工艺流程图如图 11-8 所示。如果是以生产聚乙烯和聚丙烯为目的，工艺流程基本相同。流程的前部分是使甲醇转化为低碳烯烃，反应-再生部分物料流向与主要设备和催化裂化装置大致相似，包括反应—再生、急冷分离、气体压缩、烟气能量利用和回收、反应取热、再生取热等部分。后部系统为烯烃的精制分离部分，与轻油管式裂解炉工艺的精制分离部分大致相似，包括碱洗、干燥、压缩、制冷、脱 C_2 塔、炔烃加氢、脱 C_1 塔、C_2 分馏塔、脱 C_3 塔、C_3 分馏塔、脱 C_4 塔等。根据对目的低碳烯烃产品是化学品级还是聚合级的不同，流程会有适当改变。

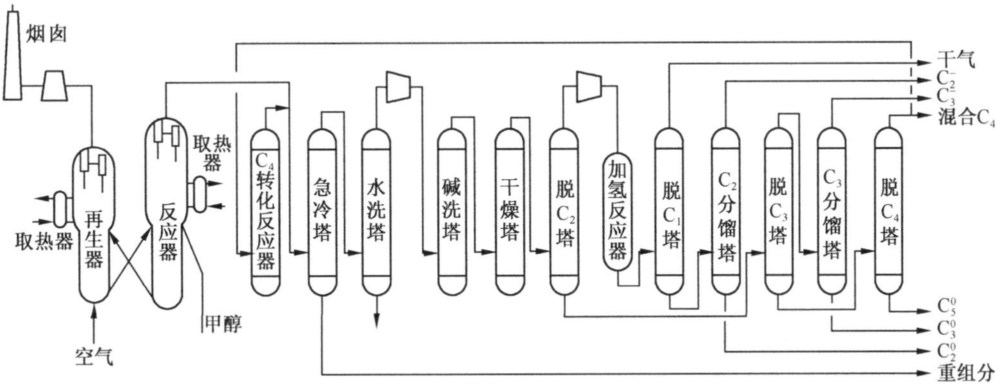

图 11-7　DMTO 工艺流程示意

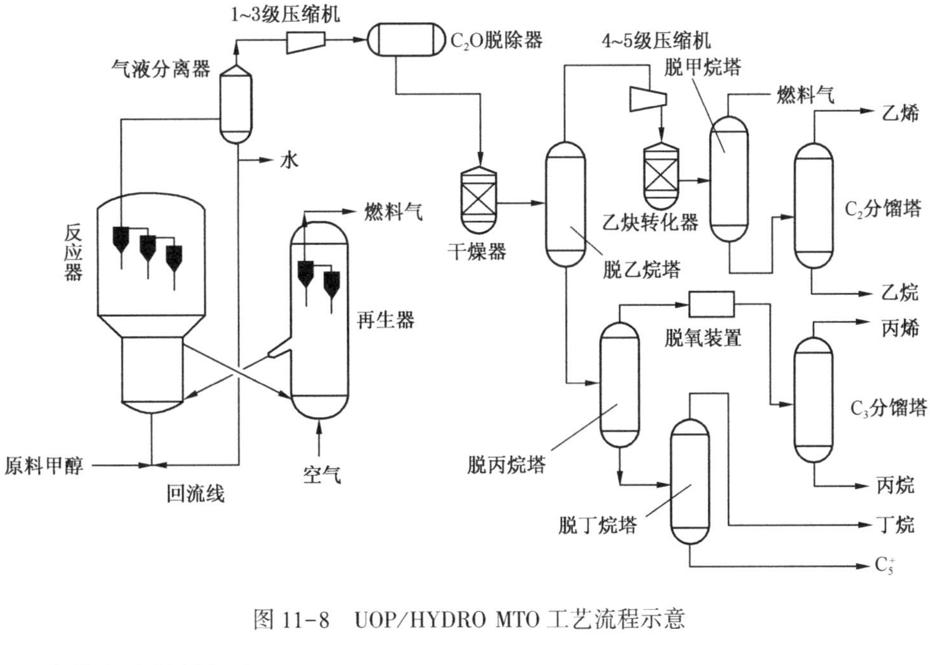

图 11-8　UOP/HYDRO MTO 工艺流程示意

1. 甲醇转化为烯烃部分

MTO 是将甲醇转化为轻烯烃(主要是乙烯和丙烯)的气相流化床催化反应工艺。MTO 单元主要由进料汽化、反应—再生、产品急冷、物流换热、再生主风机和烟气处理几部分组成。

1）进料汽化和产品急冷

进料汽化和产品急冷区由甲醇进料缓冲罐、洗涤水汽提塔、急冷塔、水洗塔等组成。在急冷塔用水直接急冷经过换热后的反应物料，同时也洗涤和除去反应产物中携带的催化剂细粉颗粒和杂质。水是 MTO 反应的产物之一，甲醇进料中的大部分氧转化为水。MTO 反应产物中会含有极少量的醋酸，冷凝后回流到急冷塔。为了中和这些酸，在回流中注入少量的碱(氢氧化钠)。为了控制回流中的固体含量，由急冷塔底和水洗塔底抽出的水需要进行处理。

2）流化催化反应和再生

MTO 的反应器型式是流化床。甲醇和催化剂接触转化为低碳烯烃的反应实际是在反应器下部发生，此部分包括进料分布器，催化剂密相流化床。反应器的上部主要是气相与催化剂的分离区。催化剂和反应生成的烃类气体在反应器内经过一级和二级旋风分离器预分离之后，进入反应器外的三级甚至四级旋风分离器来完成整个分离。分离出来的催化剂自反应器上部或循环一部分回反应器下部，以保证反应器下部的催化剂层密度，来自反应器下部的催化剂经过汽提分离出携带的烃类气体后去再生器烧焦再生。

经过反应后的催化剂由于积炭需要去再生器通过烧焦再生以保持活性。MTO 的再生器是鼓泡床型，由导入再生器空气的分布器、催化剂流化床和多级旋风分离器组成。催化剂的再生是放热的。催化剂上焦炭燃烧产生的部分热量在再生催化剂冷却器(取热器)中产生蒸汽，使部分焦炭的燃烧热得以回收。

2. 轻烯烃精制分离部分

轻烯烃精制分离单元基本上与目前轻油管式裂解炉制乙烯工艺的精制分离部分相同，其原料是来自 MTO 单元的经气体压缩机压缩增压后的反应气。轻烯烃回收单元的目的是压缩、冷凝、分离和净化有价值的以乙烯和丙烯为代表的轻烯烃产品。轻烯烃回收单元大致由二甲醚回收、水洗、碱洗、干燥、乙炔加氢、乙烯和丙烯分馏和氧化物回收单元组成。可以根据目的产物要求不同有深冷和中冷分离方案，流程又可有顺序分离、前脱乙烷流程、前脱丙烷等不同的流程。

四、工艺技术特点

1. 反应特征

1）酸性催化特征

MTO 的反应路径实际包含甲醇转化为二甲醚和甲醇或二甲醚混合物进一步转化为烯烃及其副产物两个反应部分。前一个反应在较低的温度(200~350℃)即可发生，生成低碳烯烃的反应则需要在较高的反应温度(>350℃)下进行。两个转化反应均需要在酸性催化剂上进行。常规的无定形硅酸铝催化剂可作为甲醇转化的催化剂，它很容易使甲醇转化为二甲醚，但生成低碳烯烃的选择性低，采用 SAPO-34 分子筛催化剂则有利于将甲醇和二甲醚的混合物进一步完全转化为以低碳烯烃为主的目的产物。

2）高转化率

采用 SAPO-34 分子筛催化剂时，在高于 400℃ 的温度条件下，甲醇或二甲醚就可达到 100%转化。

3）低压反应

MTO 反应是分子数量增加的反应，因此低反应压力有利于化学平衡向生成低碳烯烃的方向进行，提高低碳烯烃尤其是乙烯和丙烯的选择性。但压力太低在工程方面的副效应是使反应器设备尺寸增加，故反应压力不宜太低，反应压力的大小还需要考虑整个系统压力平衡的需要，故通常是仍然采用炼油工艺催化裂化工艺的反应压力。

4）强放热反应

甲醇转化为二甲醚和二甲醚进一步转化为低碳烯烃的反应均是强放热反应。这就是采用固定床反应器型式时，MTO 工艺中甲醇原料必须大量稀释的原因之一，也是 MTP 工艺中催化剂要分段多级装填、分段急冷的原因。

5）快速反应

MTO 的反应速度非常快。实验室的研究表明，在反应接触时间短至 0.04s 便可以达到 100%的转化。在工程设计时，选择尽量短的反应时间，可以有效地避免烯烃进一步发生二次反应，提高目的产物低碳烯烃的选择性。

6）催化剂结焦快

低碳烯烃的高选择性在原理上是通过合适的分子筛的酸性催化作用，合适的分子筛骨架结构形成的孔口直径和合适的催化剂比表面积来共同实现的。对于具有快速反应特征的甲醇转化反应，由于不可避免的同时发生大分子产物的脱氢和缩合反应，生成的焦炭迅速沉积在分子筛催化剂小孔孔道内外表面，从而使催化剂活性迅速降低，催化剂活性的降低同时又反过来对目的产物的选择性产生负面影响。

在对 MTO 工艺进行工程技术开发时必须充分考虑上述 MTO 反应的特征。

2. MTO 工艺和反应器特点

1）工艺特点

（1）使用连续反应-再生的循环流化床反应器型式

研究认为甲醇转化的总一级反应速率为 $250m^3/(m^3$ 催化剂·s)，属于快速反应的类型。决定催化剂选择性的重要因素之一是催化剂上的积炭量，为了调节（$C_2^=/C_3^=$）比值，除了改变工艺条件，还要适当调节催化剂上积炭量。小孔 SAPO 类型沸石催化剂由于孔径结构的限制，非常适合催化含氧有机化合物转化为低碳烯烃的反应，容易在催化剂上积炭，满足待生催化剂对生焦率的要求。而中孔沸石，如十元环孔道的 HZSM-5 分子筛，由于独特的孔结构不利于缩合芳烃的生成和积累，生焦率和催化剂的失活率低于类似 SAPO-34 的小孔沸石，由于孔道直径大，ZSM 类型的分子筛催化剂对生成乙烯和丙烯类低碳烯烃的选择性低，不适宜作 MTO 工艺催化剂。

实验室研究表明在反应温度 450℃和空速 $2h^{-1}$ 的条件下，SAPO 类型分子筛催化剂的单程寿命只能维持数小时。因此催化剂的反应机理决定了催化剂的反应周期非常短，需要频繁地再生，从而决定了 MTO 工艺不宜选择固定床反应器型式而只能选择连续反应—再生的流化床反应器型式。

（2）乙烯/丙烯比例可在适当的范围内调节

试验表明，在不改变催化剂的情况下，通过改变反应和再生条件，可以适当地调节乙烯/丙烯的产品比例。工业化试验表明，乙烯/丙烯的产品比例调节比例不是很大，很难达到实验室中试试验所得到的乙烯和丙烯比可在 0.75~1.53 之间调节的幅度。因为实验装置的各个工艺参数通常不像工业装置那样彼此联动，可以分别实现最大乙烯和最大丙烯产率所需要的温度、剂醇比、催化剂循环量、催化剂碳含量条件。在大型化的工业装置上，由于最大乙烯和最大丙烯产率方案时的温度、剂醇比、催化剂循环量、催化剂碳含量条件差异较大，很难在一个装置上同时满足实验室得到的最大乙烯和最大丙烯方案时的条件，在保持高甲醇转化率条件下，C_4^+ 不回炼时乙烯和丙烯的比值通常能在 0.9~1.2 之间变化。

（3）MTO 工艺对原料和工艺设备有特殊要求

为了保证催化剂性能的长期稳定，对原料甲醇中的杂质含量有相应的要求，以防止催化剂中毒。由于反应油气中存在醋酸等腐蚀介质，工程设计时相应部位应选取抗醋酸腐蚀的材质；由于在高温条件下金属镍组分对甲醇有催化生成氢气和甲烷的副反应，还应避免与甲醇接触的高温部位使用含镍材质。

2）MTO 工艺工程技术的特点

与 FCC 工艺相比，MTO 工艺有其独有的特性，工程技术开发就是针对这些特点进行设计和方案比选，MTO 工艺有如下工程技术特点：

（1）MTO 工艺的原料比 FCC 工艺轻，且为气相进料。因此 MTO 工艺的进料是采用分布板的进料方式，而 FCC 工艺一般采用进料喷嘴的方式。

（2）催化剂与甲醇接触时间短，为 0.5～3.5s；催化剂在反应器内的停留时间长，为 60～120min。这两个时间要求差异非常大，在工程设计时要综合匹配，不能采用 FCC 工艺的提升管反应器型式。

（3）剂醇比小。MTO 工艺要求的剂醇比为 0.1～0.5，需要特殊解决催化剂输送问题。

（4）尽量低的低反应压力。MTO 要求尽可能低的反应压力，这有利于提高反应深度和目的产品产率。要特殊考虑低反应压力设计的工程技术问题。

（5）杂质气体的脱除和处理。MTO 工艺采用类似 FCC 的反应-再生系统，尽管设计有再生催化剂汽提段，再生催化剂仍然会携带少量的烟气组分进入反应系统，与轻烃水蒸气管式炉裂解工艺相比，裂解气中杂质气体含量较多（主要有 CO_2、CO、N_2、O_2 和 NO_x 等）。为此在工程设计中两器均设计了高效汽提设施，最大程度地脱除烟气带到油气中的杂质，尤其是通过再生催化剂带到反应油气中 O_2 和 NO_x 杂质含量要尽量低，从而使后续的精制分离部分流程尽量简化，降低生产成本。

（6）反应系统也需要取热。FCC 工艺仅仅考虑在再生器设置取热器，MTO 工艺由于反应为放热反应，因此 MTO 工艺反应在系统存在热量过剩的问题，工程设计时需要在反应器考虑取热设施。

（7）MTO 工艺的开停工步骤与 FCC 工艺有极大差异，其换热流程比较特殊，开停工步骤比较复杂。

3. 有关 MTO 催化剂和工艺技术研究方面的进展

1）对 SAPO-34 分子筛积炭机理的研究

研究[15]表明，SAPO-34 分子筛应用于 MTO 工艺能够表现出优异的性能主要原因是 SAPO-34 分子筛是属于以 B 酸为主的酸性催化剂，具有八元氧环构成的椭圆球形笼体和三维孔道结构，可以高选择性地生产乙烯和丙烯，在生成目的产物乙烯和丙烯的同时，在分子筛的笼内同时产生的某些高碳中间体、高碳烃或多支链烃产物由于无法从笼内扩散出来，聚集在笼内进一步发生脱氢和缩合反应而成为积炭。积炭不仅使催化剂失活，而且影响反应产物分布。在固定床中进行的研究表明，积炭量（质量分数）在反应初期的 1～2min 内便急剧增加到 4%左右，温度越高，积炭量越大。

2）新型催化剂研究方面的进展

新近报道了 RHO 结构的 SAPO 类型分子筛 SRM-2 及其合成方法[16]，并对其在 MTO 反应过程中的催化性能进行研究，探索了在成胶步骤中硅铝投料比、晶化条件与晶化方式、晶种、模板剂等参数对 SRM-2 的结构和物化性质的影响。SRM-2 与 SAPO-35、SAPO-34 比较，三者均表现出很高的 MTO 催化反应活性，乙烯与丙烯收率之和分别为：SAPO-35 为 79.88%；SAPO-34 为 71.94%；SRM-2 为 69.89%。虽然 SRM-2 的选择性还低于SAPO-34 和 SAPO-35，但 C_4、C_5 的选择性也相对较低。经过对 SRM-2 的进一步改性，其 $C_2^=+C_3^=$ 的选择性可能会进一步提高。因此 SRM-2 分子筛催化剂有望取得突破成为拥有自主知识产权的 MTO 催化剂。另外，从固定床微反试验的实验结果看，SAPO-35 的乙烯、丙烯选择性比 SAPO-34 还要高，如果在制备技术上能有所突破，将会有很好的发展前景。

一种新的从固体含磷、铝的物质出发制备 SAPO 系列分子筛的方法要点是将含硅的活性前体、水和模板剂配置成溶液，填充于多孔的固体含磷、铝的物质孔中，然后在水热条件下进行晶化处理，得到 SAPO 系列分子筛[17,18]。该方法使用的模板剂数量少，并可用价格便宜的胺化合物代替传统的价格昂贵的四乙基氢氧化铵，由于水的用量少，使液体在多孔物质中接触充分，分子筛结晶生长快且不用搅拌，所以合成效率高。得到的分子筛粒径小，一般为 200~1000nm(传统方法的粒径为 500~3000nm)，有利于提高乙烯和丙烯的选择性。

控制分子筛的粒径是合成分子筛的重要因素，小粒径的分子筛由于孔道短，内扩散行程短，有利于提高分子筛催化剂的表观活性和乙烯、丙烯的选择性。Machteld 发明了制备小粒径 SAPO 分子筛的方法[19]，该专利采用传统水热法合成分子筛，得到的 SAPO 分子筛产品中，50%的粒子粒径小于 700nm，只有 10%粒子的粒径大于 1200nm，是近年来合成小粒径分子筛方面取得的最好结果。

3）在提高催化剂耐磨强度方面的技术进展

在 MTO 工艺中使用的催化剂需要不断地在反应器和再生器中循环，由于气流线速比较高，加上有催化剂冷却器、旋风分离器、汽提器、原料分配器等内构件设备，容易造成催化剂磨损，因此要求分子筛催化剂有比较好的粒径分布、形状和耐磨强度，以减少使用过程中催化剂的自然损耗。Chang 等[20]通过控制干燥速率不大于 0.2kg/(kg·h)、干燥机的进口温度不高于 300℃、进出口温差不大于 150℃的喷雾干燥条件，制备的 SAPO-34 分子筛催化剂耐磨指数在 0.5%/h 以下。如果用工业水合氯化铝为氢氧化铝溶胶的前体，加入黏土作为载体，利用专利技术[21]制备的 SAPO-34 含量为 40%、氧化铝含量为 10.6%、黏土含量为 49.4%的 MTO 分子筛催化剂的耐磨强度指数可以达到 0.44%/h。

UOP 公司一项专利[22]的要点是将催化剂中的分子筛含量保持在 40%以下，甚至更低，使催化剂的耐磨性能提高。表 11-4 数据表明，当催化剂中分子筛的含量从 40%降低到 20%后，耐磨强度可以提高 4 倍，耐磨强度指数可由 0.9%/h 提高到 0.2%/h。

表 11-4　通过调节分子筛的含量改变催化剂的强度的试验数据

实施例	催化剂组合物/%			胺交换介质和温度		磨损指数/(%/h)
	SAPO-34/%	高岭土/%	无机氧化物黏合剂/%	溶液	温度/℃	
1	40	40	20	硫酸胺	7.2	0.9
2	20	60	20	硫酸胺	7.2	0.2
3	40	40	20	硫酸胺	35	0.7
4	40	40	20	硫酸胺	7.2	0.7
5	20	60	20	硫酸胺	7.2	0.2
6	40	40	20	硫酸胺	35	0.7

ExxonMobil 公司一项专利[23]提出将一定量的干燥催化剂和 SAPO 分子筛、液体、粘结剂一起打浆、混合，然后对浆液进行洗涤、过滤，最后喷雾成型、干燥。分子筛的磨耗率指数 ARI(类似于 Davison 指数方法)指标不大于 0.6%/h，最优指标不大于 0.4%/h。

4）SAPO-34 催化剂的储存和保护技术进展

许多学者认为，目前 SAPO-34 分子筛催化剂的研究已基本定型，在实验室中试试验采用 SAPO-34 催化剂时乙烯+丙烯的选择性已经达到 80%以上，再进一步发展和提高的空间已经不太大。研究的热点近期已经转向在使用时如何更加有效地使用分子筛催化剂，这方面的专利申请日逐增加。Janssen 报道[24]表明，暴露于空气中的 SAPO 分子筛活性会逐步降低(甚至仅仅几个小时内)，认为超过一定的时间后催化剂活性的下降将是不可逆的，因此需要在催化剂的制备和储运过程中都对催化剂进行保护。Martens L R 采用的方法[25]是用一定的物质覆盖于活性中心上以保护催化剂，方法包括：将分子筛合成过程使用的模板剂留在分子筛的孔中不脱除，试验表明不脱除模板剂，以湿滤饼形式或仅仅脱除一定水分的干滤饼形式保存的分子筛催化剂，在自然环境下可保存 132d，催化剂活性没有明显变化；还可以将模板剂部分炭化形成一层炭膜留在分子筛孔中，以保持催化剂活性不降低；还可以将完全脱除模板剂的分子筛保存在干燥的气氛中(例如无水的气体中)，也可起到保护催化剂的作用。

ExxonMobil 公司专利(ZL200480020080.1)提出了防止催化剂失活的方法。要点是：

(1)为防止 SAPO 分子筛失活，分两步加热除去分子筛晶化阶段加入的模板剂，第一步先在 150℃左右加热脱除部分模板剂，加热介质是空气，介质中含有 1%的水蒸气，烘干后储存一定时间；第二步在 225℃的温度下继续烘干分子筛，烘干介质是空气、氮气、烟气或它们的混合物，使分子筛中水分小于 1.25%；

(2)制备的分子筛必须在无水的环境中储存，催化剂储罐要处于干燥和无水汽的环境中。

5) SAPO-34 分子筛催化剂的预处理技术

新鲜 SAPO-34 催化剂或再生后的催化剂与反应物料接触后会出现诱导期，约为 1h 左右[17]，在诱导期内，催化剂的活性较高，甲醇的转化率也很高，乙烯和丙烯的选择性逐步提高，乙烷和丙烷等烷烃的选择性逐步减少，同时催化剂结焦量不断增加。诱导期过后，催化剂在一定时间内保持较高的催化剂活性，但随着时间的延长，催化剂的活性逐步下降。试验发现，具有一定焦炭(或烃类物质)含量的分子筛催化剂表现出对乙烯和丙烯的高选择性。可以利用这一特性对催化剂进行预处理，即在孔道中先生成一定量焦炭或烃类物质，然后再催化甲醇转化，这是提高 MTO 工艺乙烯和丙烯的选择性的有效方法。预处理方法有：

用低碳醛对新鲜或再生的 SAPO-34 分子筛催化剂进行预处理，乙烯和丙烯的选择性最高可达 84%左右，用 $C_{2\sim7}$烯烃对新鲜或再生的 SAPO-34 分子筛催化剂进行预处理也得到了较好的结果[26,27]。

用 MTO 工艺中分离出来的 C_4^+ 组分对新鲜 SAPO-34 催化剂或再生后的催化剂进行预处理，预先将至少一个单环芳烃的烃类植入 SAPO-34 催化剂的孔道中，对催化剂进行预处理，也使催化剂对乙烯和丙烯的选择性提高[28,29,30]。

ExxonMobil 公司及 UOP 公司专利还涉及有用单环芳烃化合物对催化剂进行预处理提高选择性的技术，认为烷基芳烃起了助催化剂的作用。专利(ZL02814574.7)对可提高乙烯、丙烯选择性的机理解释是因为单环芳烃的分子直径大于 SAPO 分子筛内孔孔径(0.4～0.45nm)，进入不到内孔表面，只能在外表面结焦，覆盖了外表面的比较强的酸性表面，因而对提高选择性有利。

6) 控制与甲醇原料接触的催化剂上焦炭含量

实验室的试验数据和工业化试验数据均表明，对于 MTO 工艺，控制与甲醇原料接触的催化剂上焦炭含量在一个合适的水平非常关键，新鲜的 SAPO-34 分子筛催化剂或再生后含碳量非常低的催化剂活性、选择性并不好，需要在催化剂上保持一定的焦炭含量才能够使催化剂保持比较好活性和选择性。研究学者对预结焦理论有着不同的解释，一种观点认为需要在催化剂的孔道外进行结焦预处理，使焦炭覆盖在 SAPO-34 小口径孔道外基质表面的酸性活性中心上，有利于甲醇原料在 SAPO-34 分子筛孔道内进行生成乙烯和丙烯的反应，因此预处理的物质一定要是分子直径比 SAPO-34 分子筛笼口孔径大的物质，例如 C_4^+ 产物、甲苯或二甲苯等；还有一种观点[17]认为甲醇首先是在分子筛上脱水形成碳氢物质，然后环化脱氢反应形成芳烃，甲醇先与这种先形成的芳烃进行烷基化反应，形成甲苯和二甲苯，并进一步形成乙基苯等较长链烷基苯，最后在孔道内侧链断裂形成乙烯和丙烯。催化剂的诱导期就是在催化剂的孔中逐渐形成芳烃的过程，催化剂的预处理过程(用烯烃和醛等物质预处理、直接引入芳烃、保持一定的结焦量)实质是在催化剂孔道中预先形成或保留一定的芳烃，使乙烯和丙烯的选择性得以提高。由此提出了不同的保持催化剂在与甲醇接触前先形成一定焦炭含量的预处理方法。

7) MTO 工艺副产品的处理

MTO 工艺的副产品通常包括两部分：反应本身所产生的 C_4^+ 烃类；未反应完的甲醇、二甲醚和其他含氧化合物(如低碳的醇、醛、酸、酯等)。有的专利是将这些副产物一起送回反应器进一步转化为乙烯和丙烯[31]；有的专利则认为将 C_4^+ 烃类直接送回反应器会对催化剂的性能造成一定的负面影响(如使结焦速率加快)，故采用副产物先加氢处理然后再返回反应器的方案，加氢催化剂含有 Ni、Cu、Mo、W 等活性组分，这样可将副产物中的烯烃转化为烷烃，将醛、酮等含氧化合物转化为烃类物质或醇类，从而减少副产物返回反应器对催化剂造成的负面影响[32]；有的是将副产物经过多次分离，只将高浓度的含氧化合物返回反应器，从而减少反应器的负荷，同时返回反应器物料中的烯烃含量低，有利于延长催化剂的寿命[33]。

五、与炼油 FCC 工艺的比较

大型化的连续反应-再生流化床反应器型式用得最多和最成熟的是炼油行业的催化裂化工艺技术。表 11-5 表明了 DMTO 工艺与催化裂化技术在反应-再生方式上的主要不同点和相同点[34]。表 11-6 表明以甲醇为原料的 MTO 工艺和以轻烃为原料的管式裂解炉工艺所生成的油气主要组分的区别。

表 11-5　DMTO 技术与 FCC 技术在工程技术方面的主要不同点和相同点

序号	内　容	DMTO 技术	FCC 技术	备　注
1	反应原料	甲醇或二甲醚	蜡油、常渣或减渣等	前者进料轻且纯净
2	原料进料温度	185~320℃	180~250℃	相当
3	原料进料状态	气相	液相	前者进料条件好
4	反应热	放热反应	吸热反应	相差非常大
5	剂油比或剂醇比	0.1~0.5	6~8	差别大
6	反应温度	400~550℃	500~520	相当
7	反应压力	0.15~2.5MPa	0.2~0.3MPa	相当
8	再生温度	550~650℃	600~700℃	前者略低
9	生焦量	约 1%~2%	5%~9%	差别大
10	热平衡	自平衡，取热	自平衡，取热	差别大
11	两器型式	高低并列式	同轴或高低并列式	相近
12	反应器型式	床层反应器	提升管反应器	不同
13	进料分布方式	分布板	喷嘴，分布板	不同

续表

序号	内　　容	DMTO 技术	FCC 技术	备　　注
14	催化剂输送方式	立管，斜管，滑阀	立管，斜管，滑阀	相同
15	主风机出口压力	约 0.22MPa	0.3~0.4MPa	相近
16	主风风量	小	大	有差别
17	催化剂颗粒特点	A 类粒子	A 类粒子	差别不大
18	流化介质	甲醇和低碳烯烃的黏度稍小	油气黏度稍大	稍有差别

表 11-6　DMTO 工艺与管式裂解炉工艺裂解气主要组分对比（摩尔分数）

组　成	管式裂解炉裂解气/%	MTO 工艺裂解气/%	组　成	管式裂解炉裂解气/%	MTO 工艺裂解气/%
氢　气	14.13	2.06	丙　烷	0.23	1.6
氮　气	0		丙　烯	9.44	24.83
氧　气	0	0.45	环丙烷		0.0023
一氧化碳	0.18	0.3	正丁烷	0.09	0.21
二氧化碳	0.05	0.077	异丁烷	0	0.01
硫化氢	0.03	0	正丁烯	1.20	0.21
甲　烷	23.68	3.01	异丁烯	1.03	1.35
乙　炔	0.45	0.002	顺 2-丁烯	0.5	1.45
乙　烷	6.41	0.67	反 2-丁烯	0.5	1.99
乙　烯	31.69	38.1	1,3-丁二烯	1.65	0.118

1. DMTO 工艺与 FCC 工艺的相同点

由于 MTO 工艺的流化床反应型式是在借鉴炼油领域流化催化裂化工艺技术的基础上开发的，两种工艺同属连续反应-再生的流化床技术，均具有微球催化剂固体颗粒流态化的共同特征：

① 均有反应、再生循环系统；

② 催化剂的物理性能相近，流态化性能相近；

③ 反应-再生系统的操作调节原理及事故处理方案基本相似；

④ 反应再生系统的催化剂回收系统、取热系统等与 FCC 基本相同。

2. DMTO 工艺与 FCC 工艺的不同点

（1）反应机理不同

MTO 工艺的反应机理是甲醇先脱水生成二甲醚，然后二甲醚与原料甲醇的平衡混合物进一步脱水继续转化为以乙烯、丙烯为主的低碳烯烃，少量 $C_2^=$ ~ $C_5^=$ 的低碳烯烃由于环化、脱氢、氢转移、缩合、烷基化等反应进一步生成分子量不同的饱和烃、芳烃、C_6^+ 烯烃及焦炭，而 FCC 工艺的反应主要为在催化剂作用下发生的催化反应，为正碳离子机理的酸性催化反应。

（2）操作条件不同

与催化裂化操作条件相比，MTO 工艺的操作条件具有以下特点：

① 反-再系统温度比 FCC 稍低。MTO 工艺反应温度为 400 ~ 550℃，再生温度为 600~700℃；

② DMTO 工艺剂醇比小，为 0.1~0.5；

③ 反应接触时间短，为1.0~3.5s；

④ 催化剂在反应器内的停留时间长，为60~120min；

⑤ 对再生剂和待生剂的碳含量要求与FCC工艺相比有很大的差异；

⑥ DMTO操作压力(主风机出口压力)一般比FCC低。

(3) 催化剂不同

活性组分不同。尽管二者都以分子筛为主，但分子筛结构及成分不同。

(4) 进料状态不同

MTO工艺为气相进料，而FCC为液相进料。

(5) 反应热不同

MTO为放热反应，而FCC为吸热反应。

(6) 生焦率差别大

MTO为1.0%~3.5%，而FCC为5%~9%。

(7) 产品性质不同

MTO工艺与FCC工艺产品相比，有很大差别。主要体现在MTO产气量大，基本为以乙烯和丙烯为主的气体。

(8) 杂质要求不同

由于后部精制分离部分对杂质要求高，因此MTO工艺需严格控制裂解气杂质含量，而FCC工艺一般无需对杂质进行特别控制。

(9) 热平衡系统不同

由于MTO反应为放热反应，因此MTO工艺反应系统存在热量过剩问题，需要在反应器中考虑取热措施。

(10) 预分离方式不同

MTO工艺产生的反应气需要用急冷、水洗塔进行预分离，而FCC工艺是采用常规分馏塔进行预分离。

(11) 产品精制分离流程不同

MTO工艺采用的分离流程与FCC工艺的流程有很大的差别，与轻烃管式炉蒸汽裂解工艺基本相近。

六、国内外应用现状

1. 美国UOP公司MTO工艺应用发展现状

美国环球油品公司(UOP)和挪威海德罗公司(Norsk Hydro)两家公司合作在规模为0.75t/d甲醇进料的流化床中试装置上进行了MTO工艺和MTO-100催化剂性能试验，中试装置提升管的长度为6m，内径为0.1m，沉降段直径为0.4m，沉降器内有两个旋风分离器，沉降器外还有一个旋风分离器，反应器的催化剂藏量为快速床时为5kg(鼓泡床时为6kg)，再生器为鼓泡床，藏量为5~6kg。MTO工艺最大量生产乙烯方案的物料平衡数据见表11-7。MTO工艺可通过调节反应参数而调整产物中乙烯/丙烯(质量比)在0.75~1.53之间(数据见表11-8)，从而为用户提供了调整产品结构的灵活性。MTO工艺所产乙烯和丙烯的纯度均可达99.6%以上，可直接满足聚合级乙烯和丙烯的要求。

UOP公司计划的MTO工业化应用的项目是在西非尼日利亚项目。250万t/a的天然气制甲醇部分已经启动，但甲醇制烯烃部分(MTO)进展不大。UOP公司和Total公司新近(2008年1月31日)宣布，采用UOP和Norsk Hydro合作开发的MTO工艺以及法国道达尔

(Total)和UOP公司合作开发的烯烃裂解(OCP)工艺的新装置将于2012年投产，装置规模是年产130万t乙烯和丙烯。

表11-7 UOP公司MTO中试示范装置的物料平衡和产率[35]

组 分	产率(对进料)/%	产率(对碳基)/%
乙 烯	21.10	48.0
丙 烯	14.56	33.0
丁 烯	4.22	9.6
C_5^+	1.06	2.4
$H_2+C_1\sim C_4$饱和烃	1.56	3.6
CO_x+焦炭	1.48	3.4
生成水	56.02	—

表11-8 UOP/Hydro MTO工艺生产弹性[35] %

产品分布	最大乙烯产量方案	最大丙烯产量方案
乙 烯	46	34
丙 烯	30	45
丁 烯	9	12
副产品	15	9

2. ExxonMobil公司MTO工艺应用发展现状

ExxonMobil公司持有的有关MTO工艺、催化剂方面的专利数量远远超过UOP公司。ExxonMobil公司虽然拥有大量MTO工艺、催化剂方面的专利，却从来没有向用户积极推介和转让MTO工艺技术，也没有任何有关ExxonMobil公司将建设大型化MTO工业化装置的报道和信息。对比ExxonMobil公司的低调，从一个方面也可以看出MTO工艺目前还不是成熟的工业化技术。还可认为ExxonMobil公司投入大量人力和物力开发MTO工艺技术是为了拥有自己在MTO领域的知识产权和技术储备战略考虑。

3. 国内MTO项目进展情况

国内启动MTO工业化项目比较早的是神华集团公司180万t/a煤基甲醇规模制低碳烯烃项目，采用国内的DMTO工艺技术，年产30万t聚乙烯、30万t聚丙烯、9.4万t丁烯和3.7万t C_5^+。计划年耗345万t气化原料煤，128万t燃料煤，预计2010年投产。该项目全流程示意图见图11-9。

国内除了神华集团公司外，有丰富煤炭资源的省份和企业也启动了各自的MTO或MTP

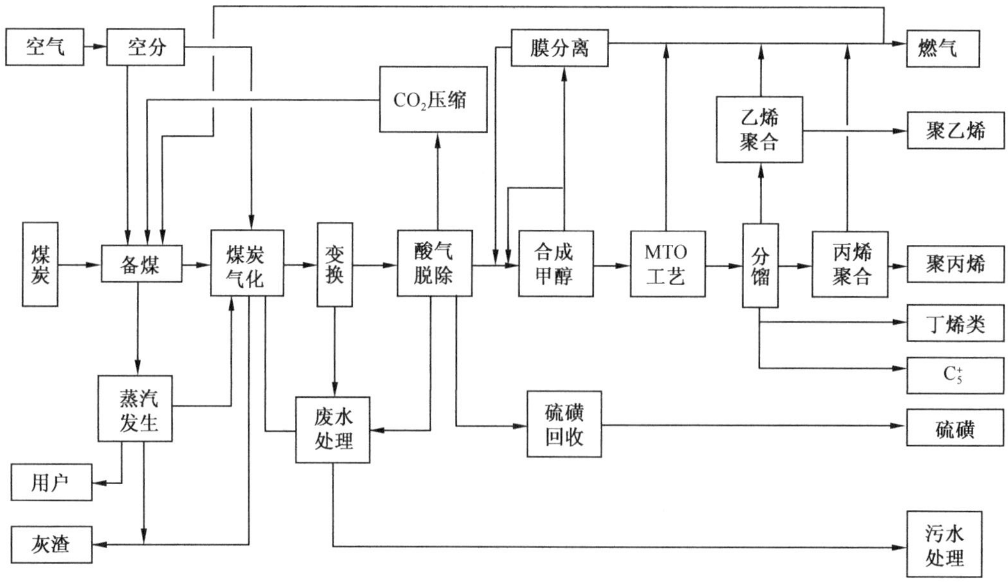

图11-9 煤基甲醇制低碳烯烃全流程示意

项目的前期准备工作。中国石化集团公司于2006年10月宣布启动了工艺和催化剂的试验，由上海石油化工研究院(SRIPP)和中国石化工程建设公司(SEI)合作开发。第一阶段先在北京的燕山石化公司建设一个甲醇进料规模为100t/d的工业化试验装置，装置于2007年建成后进行了一系列工业化试验，试验结果未见报道。

4. 大连化学物理研究所DMTO研究和开发进展

国内中国科学院大连化学物理研究所等单位合作开发的DMTO工艺和UOP公司MTO工艺的中试结果和工业化试验结果对比如表11-9所示[34]，专用催化剂已经能够工业化生产，价格比国外公司的报价便宜。

表11-9　大连化物所与UOP公司的中试装置评价结果比较

<table>
<tr><th colspan="2" rowspan="2">项　目</th><th colspan="2">实验室中试技术水平</th><th colspan="2">工业化装置技术水平</th></tr>
<tr><th>UOP公司</th><th>大连化物所</th><th>UOP公司</th><th>大连化物所</th></tr>
<tr><td colspan="2">原料</td><td>甲醇</td><td>二甲醚</td><td>甲醇</td><td>甲醇</td></tr>
<tr><td colspan="2">规模</td><td>0.75t/d</td><td>相当0.10t/d</td><td rowspan="8">拟在尼日利亚建设7500t/d的甲醇工业化装置2012年建成</td><td>50t/d工业试验装置</td></tr>
<tr><td colspan="2">分子筛类型</td><td>SAPO-34</td><td>SAPO-34</td><td>SAPO-34</td></tr>
<tr><td colspan="2">反应器类型</td><td>流化床</td><td>流化床</td><td>流化床</td></tr>
<tr><td colspan="2">甲醇单程转化率</td><td>大于99%</td><td>大于99%</td><td>大于99%</td></tr>
<tr><td rowspan="2">烯烃选择性</td><td>乙烯+丙烯</td><td>76%~79%</td><td>大于80%</td><td>78.7%~79.1%</td></tr>
<tr><td>乙烯+丙烯+丁烯</td><td>85%~90%</td><td>大于90%</td><td>89.15%~90.21%</td></tr>
<tr><td colspan="2">原料消耗/(t甲醇/t烯烃)</td><td>2.659</td><td>相当2.567</td><td>2.630</td></tr>
<tr><td colspan="2">已经运行的反应-再生次数</td><td>大于450次</td><td>约1500次</td><td>1200多小时运行</td></tr>
<tr><td colspan="2">催化剂价格</td><td>高</td><td>低</td><td>—</td><td>低</td></tr>
<tr><td colspan="2">催化剂牌号</td><td>MTO-100</td><td>DO-123</td><td>MTO-100</td><td>DMTO专用催化剂</td></tr>
</table>

七、C_4^+裂解技术

对于MTO工艺，C_4^+烯烃产率约为甲醇进料的6%~7%，180万t/a甲醇进料规模的装置约生产10万~12万t混合碳四烯烃，如果将这部分混合碳四烯烃进一步精制分离为不同丁烯种类的产品，在技术上虽然是成熟并可行的，但由于C_4^+烯烃总量偏小，在经济上不是经济规模。最好的办法是将混合C_4^+烯烃在MTO装置进一步裂解为以$C_3^=$及$C_2^=$为主的低碳烯烃或另建装置将这部分C_4^+烯烃转化为低碳烯烃。

1. C_4^+裂解的OCP技术(Olefin Cracking Process)

OCP技术是比利时ATOFINA公司1990年中期开发的技术，ATOFINA公司现已将该技术转让给法国Total石化公司。1998年ATOFINA公司依托工业化装置建设了一套中试装置并进行了工业级验证试验，试验使用工业装置的C_4^+原料，整个中试装置包括有原料预处理、固定床反应器、内部循环系统等单元。

1) C_4^+裂解的OCP技术的特点

为固定床工艺，催化剂失活后定期再生。主要工艺特点是：高空速；低反应压力(0.1~5MPa)。反应器入口温度为500~600℃，用专用的UOP公司分子筛催化剂。在获得的C_3产品中，丙烯选择性非常高。

2) C_4^+裂解的OCP技术与MTO工艺相结合的优点

结合国内外的研究数据，C_4^+回炼的转化率通常为70%~80%，其中丙烯的选择性如果达到70%~80%，对甲醇进料而言，$C_2^=$+$C_3^=$低碳烯烃约增加5%，丙烯约增加4%；C_4^+副产品可以减少 80%；$C_3^=$ 碳基收率可由 43%提高到 54%，$C_2^=$ 碳基收率可由 32%提高到 36%。丙烯/乙烯的碳基选择性比率可以提高到 1.75。因此，C_4^+ 回炼的 OCP 技术与 MTO 工艺性组合有非常好的潜在优势。

2. C_4^+ 裂解的 OCP 工艺与 MTO 工艺组合技术新进展

目前，法国 Total 石化公司与 UOP 公司正计划在比利时费鲁(Feluy)的 Total 石化公司的工厂内合作建设一座中试装置来验证 OCP 工艺和 MTO 工艺的组合效果。将 MTO 工艺的 C_4^+ 烯烃作为 OCP 装置的进料，在 500~600℃和 0.1~0.5MPa 条件下将 C_4^+ 烯烃主要裂化为丙烯产品。UOP 公司估计，年产 100 万 t 乙烯和丙烯的 MTO-OCP 组合工艺工业化装置，投资约为 6 亿美元，如果天然气价格低廉到使甲醇价格为 120 美元/t，乙烯和丙烯的现金成本将低于 400 美元/t，年投资利润率在 28%左右。可使 MTO 工艺生产的乙烯和丙烯产率基本接近，OCP 工艺和 MTO 工艺组合后，丙烯产率将大大提高，使组合工艺的竞争力进一步提高。

3. C_4^+ 裂解技术优缺点

C_4^+ 烯烃转化技术并非仅只有 OCP 工艺技术，C_4^+ 轻烃可以另设装置进行 C_4^+ 裂解；也可以将一部分 C_4^+ 轻烃就地在 MTO 装置进行裂解；也可以将 C_4^+ 轻烃分为轻重两部分分别处理和裂解；也可通过国外和国内已经成熟的丁烯和乙烯歧化技术将 C_4^+ 轻烃通过歧化反应生成以丙烯为主的产品。OCP 工艺技术的优点是另建装置对 C_4^+ 轻烃进行转化，可以用专门的催化剂最大化地将 C_4^+ 轻烃转化为以丙烯为主的低碳烯烃，缺点是专门建设装置的投资大。

八、技术经济分析

1. 煤基甲醇制混合烯烃技术经济分析

中国石化洛阳石化工程公司根据相关资料初步核定 180 万 t/a 甲醇进料规模的制烯烃项目(DMTO)部分界区内装置工程费用约为 30 亿元人民币(2007 年价格)。

1) 甲醇价格是影响混合烯烃生产成本和销售价值的关键

从表 11-10 可见，当甲醇价格为 1250 元/t，混合烯烃销售成本为 5210 元/t 时，甲醇原料费用在其中所占比重为 71.5%；当甲醇价格为 2150 元/t 时，甲醇原料费用在其中所占比重为 80.6%；当甲醇价格为 2550 元/t 时，甲醇原料费用在其中所占比重为 83.4%。因此甲醇价格是影响混合烯烃(乙烯加丙烯)销售成本的关键。表 11-10 中计算的不同甲醇原料价格时的混合烯烃税前销售成本已经考虑了由于煤炭等基础燃料价格的上涨而导致投资增加的因素。根据近几年国家统计局公布的固定资产投资价格指数、煤炭出厂价格指数、购进燃料动力指数以及国内生产总值指数所反映的关系，取固定资产投资的上涨的幅度为煤炭价格上涨幅度的 15%，由此测算与投资相关的成本和销售价格。

表 11-10 不同甲醇价格下考虑投资变动的混合烯烃税前销售成本

甲醇价/(元/t)		1250	1500	1750	2000	2400	2700
甲醇费用		3725	4470	5215	5960	7152	8046
混合乙烯、丙烯生产成本		4527	5244	5936	6603	7616	8448
混合烯烃销售成本	内部收益率 10%	5037	5819	6563	7297	8390	9276
	内部收益率 12%	5210	6020	6782	7529	8650	9553
甲醇占混合烯烃成本比例/%	内部收益率 10%	74.0	76.8	79.5	81.7	85.2	86.7
	内部收益率 12%	71.5	74.2	76.9	79.2	82.7	84.2

2）煤炭价格是影响甲醇生产成本和销售价值的关键

综合分析了国内外工程公司和咨询公司所作的煤基合成气及合成气制甲醇的技术经济数据，并考虑煤炭价格上涨后对燃料动力、设备制造成本、人工成本、安装成本的影响后，在表 11-11 中列出了 180 万 t /a 甲醇进料规模的项目中煤炭原料价格对甲醇生产成本和销售价值的影响。

表 11-11　不同煤价时甲醇的生产成本和税前销售成本　　元/t 甲醇

煤价/(元/t)		100	150	200	250	300	350	400	450	500	550	600
原料煤费用		167	250	333	417	500	583	667	750	834	917	1000
甲醇生产成本		755	859	965	1074	1185	1293	1405	1515	1628	1738	1851
加工费		588	609	632	657	685	710	738	765	795	821	851
甲醇销售成本	内部收益率 10%时	1033	1146	1267	1389	1515	1638	1764	1888	2016	2140	2268
	内部收益率 12%时	1123	1239	1364	1491	1622	1749	1880	2009	2141	2270	2402
原料煤占甲醇成本的比例/%	仅为甲醇生产成本	22.1	29.1	34.5	38.8	42.2	45.1	47.5	49.5	51.2	52.8	54.0
	加内部收益率 10%时	16.1	21.8	26.3	30.0	33.0	35.6	37.8	39.7	41.4	42.8	44.1
	加内部收益率 12%时	14.8	20.2	24.4	27.9	30.8	33.4	35.5	37.3	38.9	40.4	41.6

2. 石脑油制烯烃成本分析

根据中国石化经济技术研究院公布的《世界石油与石油化工数据手册，2005》中相关数据作出了不同石脑油价格对应的混合烯烃销售成本的影响（见表 11-12）。随着石脑油价格的上升，原料石脑油费用在混合烯烃销售成本中的比重也逐步上升。扣除可变成本中副产品回收价值后，石脑油原料的费用在混合烯烃销售成本中的比重也稳步上升。在财务内部收益率的目标值同为 12%时，当石脑油价格为 2400 元/t，混合烯烃销售成本为 5835 元/t 时，可变成本中原料石脑油费用在其中所占比重为 56.5%；当石脑油价为 3600 元/t 时，可变成本中原料石脑油费用 66.8%；当石脑油价为 4400 元/t 时，可变成本中原料石脑油费用 70.1%。所以，石脑油价格对混合烯烃销售成本的影响非常大。

表 11-12　不同石脑油价格下的混合烯烃税前销售成本　　元/t

石脑油价格		1800	2100	2400	2800	3200	3600	4000	4400	4800	5200	5500	5800	6100
扣除副产品后石脑油在成本中费用		2431	2883	3295	3897	4496	5246	5758	6141	6735	7314	7678	8044	8410
混合烯烃生产成本		3792	4250	4667	5288	5903	6662	7179	7572	8181	8770	9144	9520	9896
混合烯烃销售成本	满足内部收益 10%	4899	5357	5774	6395	7009	7554	8070	8463	9072	9661	10035	10411	10787
	满足内部收益率 12%	4960	5418	5835	6456	7097	7857	8373	8766	9375	9986	10360	10736	11112
扣除副产品后石脑油费用占成本的比例/%	占生产成本/%	64.1	67.8	70.6	73.7	76.2	78.7	80.2	81.1	82.3	83.4	84.0	87.0	85.0
	收益 10%时	49.6	53.8	57.1	60.9	64.1	69.4	71.4	72.6	74.2	75.7	76.5	77.3	78.0
	收益 12%时	49.0	53.2	56.5	60.4	63.4	66.8	68.8	70.1	72.0	73.2	74.1	75.0	75.7

在综合考虑了煤、天然气、电力等燃料动力价格与投资的影响后，将煤基甲醇制混合烯烃、天然气基甲醇制混合烯烃、石脑油管式裂解炉制混和烯烃的原料价格与销售成本对应数据绘成图 11-10 的三组曲线，以便于比较不同原料路线的烯烃销售成本。从图 11-11 中可以看出：

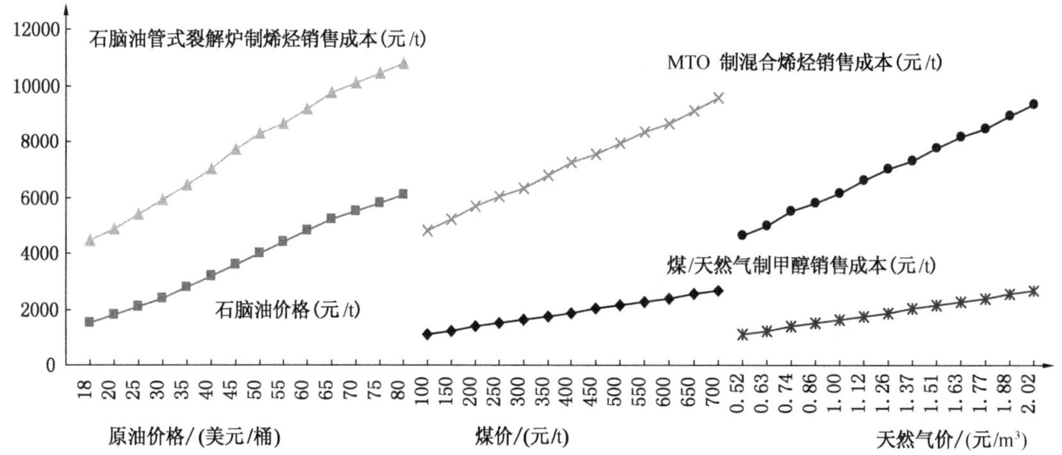

图 11-10　不同原料制低碳烯烃的销售成本组合图

① 原油处于低油价时，以石脑油为原料的管式裂解炉制烯烃的成本优势比较明显；

② 从目前的技术经济计算可以看出，在国际原油高于 50 美元/桶（FOB 离岸油价）时，对应的石脑油不含税价格在 4000 元/t 以上，导致石脑油管式裂解炉制混合烯烃的税前销售成本可在 8300 元/t 以上。与此对应的 MTO 工艺制混合烯烃的原料甲醇不含税价是在 2300 元/t 左右，对应的由煤制甲醇的原料煤价格是 550 元/t 左右，对应的由天然气制甲醇的原料天然气价格是 1.68 元/m^3。即原料价格低于此价位的煤基和天然气基 MTO 工艺比以石脑油为原料的管式裂解炉制烯烃有技术经济优势。

③ 原料价格的确定还考虑了煤炭价格上涨后引起的其他加工费用变化，考虑了 MTO 工艺工业化应用中还会出现某些迄今尚未确定的因素，考虑到石脑油管式裂解炉工艺的烯烃生产成本随着乙烯装置的大型化、炼化一体化技术的进步和裂解制乙烯技术的发展还有可能进一步降低 5%~10%，而 MTO 工艺的混合烯烃生产成本和煤基甲醇生产成本则是有可能进一步提高。两个不同的工艺，一个成本可能降低，另一个则可能提高。为慎重起见，故将 MTO 工艺所用原料煤价格定在不大于 400 元/t 界线比较合理，这时煤制甲醇的税前销售成本可保持在 1900 元/t 以下，由 MTO 制混合烯烃的税前销售成本可在 7300 元/t 以下，可确保与石脑油制烯烃相比有相对明显成本优势。

3. 适应建设 MTO 工业化装置的条件

建设大型化 MTO 项目必须具备煤炭资源丰富、水资源丰富、生产装置大型化、运输方便、下游产品有市场保证和巨额投资资金有保证的条件。

MTO 工艺受制于甲醇工厂的规模，其原因有二：一是 MTO 工厂需要世界级的大型化甲醇生产装置(5000~7500t/d)与之匹配；二是只有大型化甲醇工厂的才能够降低甲醇的生产成本，用于作 MTO 工艺的原料时才有技术经济优势。大型化的 MTO 装置可以建设在甲醇工厂附近或与甲醇装置实现一体化；也可以单独建设在大型的天然气田附近或建设在烯烃市场附近或烯烃衍生物工厂附近。无论哪一种方案，甲醇工厂都要能够得到低廉的天然气(一般要求天然气价格低于1美元/10^6Btu)，如果甲醇生产地区对烯烃或烯烃衍生物有市场需求，就应该将MTO工厂与甲醇工厂建设在同一个地点，如果烯烃或烯烃衍生物市场不在甲醇生产地区，则将全部甲醇运到烯烃或烯烃衍生物消费地区建MTO工厂也是适宜的[36]。这条原则也应该适合我们中国选择煤基MTO装置建设地点，煤基MTO装置必须要建设在煤炭资源丰富且价格低廉的地区，聚合物后的下游装置则应该尽量建设在接近消费市场的地区。

建设MTO工厂除了考虑煤炭和天然气的原料价格外，还有一个重要因素就是要有足够的资源供应量，至少要保证20~30年的资源供应量。对于180万t/a甲醇进料规模(烯烃产能60万t/a)的天然气基MTO工厂，年消耗天然气约14亿Nm^3。对煤基MTO项目，年消耗煤炭(包括动力煤炭)约420万~450万t。

煤基MTO项目是水资源消耗非常大的项目，对于从备煤开始，经煤气化和甲醇合成，再经MTO或MTP工艺的聚烯烃产能为60万t/a的大型化煤化工项目，每年需要消耗2500万t左右新鲜水，如果考虑到水的回用，一年至少也要消耗1300万~1500万t新鲜水。我国水资源恰恰与煤炭资源逆向分布，是制约大型化煤化工项目规划和建设的重要因素之一。

第三节　甲醇制丙烯的MTP工艺

国内从事MTP技术开发的科研院所主要有清华大学、中国科学院大连化物所和中国石化上海石油化工研究院等单位[37]。

清华大学的MTP工艺采用的是流化床型式，从而避免了目前固定床MTP反应器内ZSM类型催化剂因为结焦快而需要每月切换反应器频繁进行再生的缺点。上海石油化工研究院、中科院大连化学物理研究所的研究均处于实验室阶段。

国外具有代表性MTP工艺[39~43]是由德国Lurgi公司开发的，该工艺采用南方化学公司开发的改性ZSM分子筛催化剂，在第一反应器中甲醇和循环回来的二甲醚或其混合物与硅酸铝催化剂接触生成含有丙烯的第一股反应物料，该物料然后进入第二反应器，在第二反应器中与改性的专用ZSM类型分子筛催化剂接触反应生成含有丙烯的产物，该研究解决了较早技术中操作温度高、目的产品选择性低、收率低的技术问题。Lurgi公司的MTP工艺注册了MTP®商标并在挪威国家石油公司的甲醇生产厂完成了中试试验，具备了建设工业化示范装置的条件，处于世界领先水平。目前已经注册商标为MTP®的工艺技术已经进入大型化工业装置的应用阶段，中国和伊朗均与Lurgi公司签订了相关的技术许可和技术合作协议。

一、工艺原理

1. MTP工艺的原理

MTP工艺的简化历程模型如图11-11所示，甲醇先脱水转化为二甲醚，二甲醚和未转化的甲醇混合物进一步转化为小分子烯烃，再进一步转化为芳烃、烷烃等，当反应温度高时，烷烃、环烷烃及大分子烯烃会进一步发生裂解反应产生部分小分子烯烃[44]。

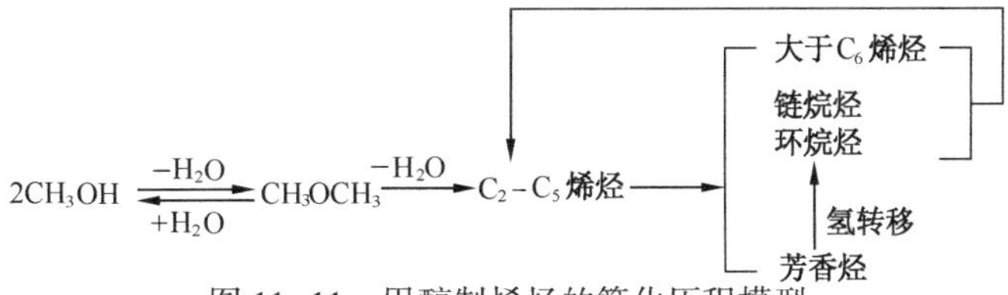

图11-11　甲醇制烯烃的简化历程模型

甲醇或二甲醚分子内只有C—H键和C—O键，要形成烃类分子必须要先形成C—C键，还必须要有合适的分子筛孔道结构和酸性中心及酸强度分布。为了形成C—C键，许多学者提出了不同的反应机理模型，主要有碳烯(Carbenes)聚合机理模型，认为甲醇是通过α消去反应形成碳烯(：CH_2)后进一步聚合形成烯烃；另外还有碳烯插入机理模型和甲基碳离子($CH_3^{\delta+}$)机理模型[44]。按照图11-20的反应历程，低分子量烯烃只是中间产物，为了抑制小分子烯烃进一步反应生成大分子的链烷烃、环烷烃和芳香烃，需要选择有很好择形效应的分子筛催化剂。ZSM-5、SAPO-34分子筛催化剂就是具有很好选择性择形效应的分子筛催化剂。

ZSM-5分子筛是具有a、b、c三维方向结构，包含两种孔道互相交叉的分子筛。沿轴向的孔道是椭圆形的，其直径为0.51nm×0.56nm；沿a轴向的孔道是Z字形的，近似圆形，其直径为0.5nm×0.56nm。ZSM-5分子筛的孔道是由10元氧环所构成，介于A型和八面沸石之间[45]，属于中孔分子筛的范围。

ZSM-5和SAPO-34分子筛非常适合甲醇催化转化为低碳烯烃的催化转化工艺，表11-13所示的用ZSM-5和HSAPO-34分子筛催化剂在实验室做的评价数据[44]表明，甲醇转化率几乎为100%，$C_2^=$~$C_4^=$的选择性好。目前MTO工艺工业化推广应用的SAPO-34分子筛的孔道直径是0.4~0.45nm，为了提高反应生成物分子的扩散速度、提高反应速度，采用了小晶粒尺寸分子筛，采用流化床的反应器型式。对于以多产丙烯为目的的MTP工艺来说，表11-13的产品分布显然不理想，丙烯产率并不高，乙烯、丁烯的产率则偏高。德国Sud-Chemie公司对ZSM-5催化剂作了进一步的改性，开发了甲醇转化制丙烯MTP工艺的专用催化剂，使丙烯对甲醇的碳基收率可达到70%以上，丁烯的产率降低。由于仍然是中孔分子筛，催化剂结焦速率比MTO工艺采用的SAPO-34分子筛催化剂要慢得多。由于结焦仍然导致催化剂比较快地失活，大约需要一个月(800h)再生一次，为此不得不采用固定床反应器的工程技术。目前有研究单位在开展流化床和移动床MTP工艺技术的研究，详细技术资料尚未披露。

表11-13　ZSM-5ᵃ型和HSAPO-34催化剂上甲醇转化结果

分子筛	ZSM-5ᵃ型分子筛		HSAPO-34型分子筛	
反应温度/℃	570	600	400	450
$WHSV$/h^{-1}	1.11	1.11	7.0	4.7
甲醇转化率/%	100	100	100	100
烃类选择性/%				
CH_4	0.72	1.5	1.5	2.9
C_2H_4	16.4	21.0	42.2	54.6
C_2H_6			1.9	2.2
C_3H_6	46.8	47.3	34.9	28.7
C_3H_8			8.8	4.5
C_4H_8	22.5	19.9	9.6	6.8
C_5^+			0.9	0.3
$C_2^=$~$H_3^=$	62.2	98.3	77.3	83.3
$C_2^=$~$H_4^=$	85.7	88.2	96.9	90.0

2. 清华大学的流化床催化裂解制丙烯工艺

与德国Lurgi公司的MTP®工艺采用固定床型式有所不同，清华大学的MTP工艺采用的是流化床型式，经过催化剂的催化作用，生成以丙烯为主的反应生产物，从而避免了目前固定床 MTP 反应器内 ZSM 类型催化剂因为结焦快而需要每月切换反应器频繁进行再生的缺点。2007 年在国家科技部等 6 部门的推动下，由中国化学工程集团、清华大学、天津大学、大连理工大学、华东理工大学、兖矿集团、安徽淮北集团、内蒙古博源投资公司、河南煤气公司、锦西化工机械公司等 10 家单位组成了“新一代煤(能源)化工产业技术创新战略联盟”，组织了“流化床甲醇制丙烯”技术联合攻关，开始在安徽淮北建设具有我国自主知识产权的年生产万吨级丙烯的工业化试验装置，预计 2009 年投料试车。

清华大学专利[69]的技术要点是：

① 将含氧有机化合物(如甲醇、乙醇、二甲醚)原料送入流化床反应装置的主反应区，与催化剂接触生成包括目的产物丙烯在内的低碳烃。

② 主反应区出口的气体经过一个气体分离器，被分离为 C_2 及 C_2 以下组分、丙烷、C_4 及 C_4 以上组分、水和未反应原料，未反应的原料返回主反应区。

③ C_2 及 C_2 以下组分和 C_4 及 C_4 以上组分返回流化床反应装置的烯烃转化反应器，这两股轻、重组分可以是共同进一个烯烃转化反应器在转化，也可以是设两个烯烃转化反应区，分别对 C_2 及 C_2 以下组分和 C_4 及 C_4 以上组分进行转化。分别转化的优点是该两股组分所要求的反应温度和空速是不同的。C_2 及 C_2 以下组分和 C_4 及 C_4 以上组分在烯烃转化反应器与催化剂接触进行反应生成的反应产物进入气体分离系统。

④ 在主反应区和烯烃转化反应器中因为生焦失活的催化剂进入再生器烧焦，再生后的催化剂又循环返回所述的两个反应区中继续与原料或回炼组分进行催化转化反应。

⑤ 对于催化剂而言，主反应区和烯烃转化反应区之间、各烯烃反应区之间催化剂既可以是串联连接，也可以是并联连接。

⑥ 主反应区和烯烃转化反应区所用的催化剂种类相同，催化剂的适用的活性组分是 ZSM-5、SAPO-34，活性组分的适宜含量是 20%~50%。

⑦ 以甲醇为原料、催化剂中 SAPO-34 含量为 30%的实施例中，主反应区的反应温度为 400℃，压力 0.1MPa，进料(包括循环原料)质量空速 $10h^{-1}$；烯烃转化反应区反应温度为 600℃，压力 0.1MPa，进料质量空速 $100h^{-1}$，单程烯烃转化率 10%；再生器催化剂再生温度 650℃，再生压力 0.11MPa。

二、MTP 工艺技术现状

1. 中试试验数据

德国 Lurgi 公司用 Sud- Chemie 公司改性的ZSM-5 专用催化剂，开发了甲醇转化制丙烯的 MTP 工艺，甲醇原料首先在固定床预反应器与酸性催化剂进行反应，生成二甲醚、甲醇和水蒸气的平衡化合物。该混合物然后在固定床反应器中于 450~500℃温度条件下进行进一步的催化转化反应，生成以丙烯为主的低碳烯烃混合物，甲醇和二甲醚的转化率大于 99%。将含有不同烯烃的物流进行分离，非丙烯类产物返回反应系统进一步反应，可得到基于甲醇的碳基 71%的丙烯收率。其选择性数据见表 11-14。

表 11-14　Lurgi 公司 MTP®工艺中试产品分布数据

组　成		选择性/%(mol)
烯　烃	$C_2^=$	4.6
	$C_3^=$	46.6
	$C_4^=$	21.1
	$C_5^=$	8.9
	$C_6^=$	4.9
	$C_7^=$	0.6
	$C_8^=$	0.3
饱和烃		7.9
环烷烃		1.7
芳烃		2.8

Lurgi 公司在实验室小试的基础上于 2001 年在挪威 Statoil 的 Tjeldbergodden 甲醇联合企业建造了一个 MTP 中试示范装置。与目前 MTO 工艺一样，尚没有建成工业化生产装置。

最近 Lurgi 公司报出的产品收率数据是，对于大型化的 MTP 装置(甲醇进料规模为 5000t/d，167 万 t /a)可产出聚合级丙烯 47.4 万 t /a(28.38%)、汽油 18.5 万 t /a(11.08%)、液化气 4.1 万 t /a(2.46%)、乙烯 2 万 t /a(1.20%)及少量自用燃料气、水 93.5 万 t /a(56.00%)。

2. MTP 工艺流程和数据

Lurgi 公司推介的 MTP 工艺流程见图 11-12，从煤气化到烯烃聚合全流程见图11-13。

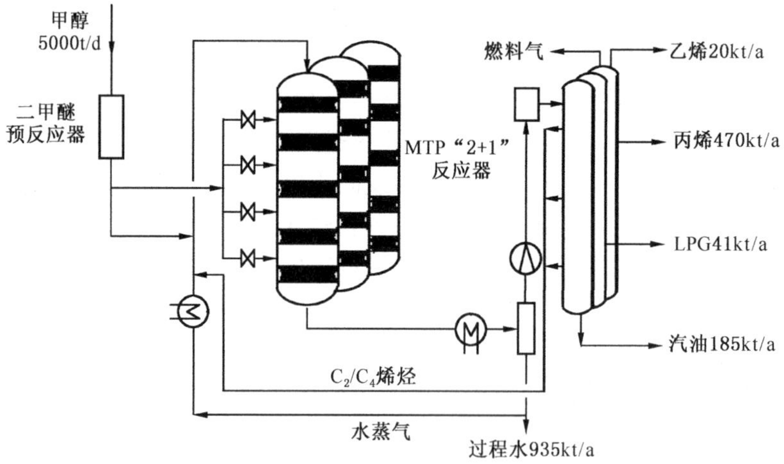

图 11-12　Lurgi 公司推荐的 MTP®工艺流程

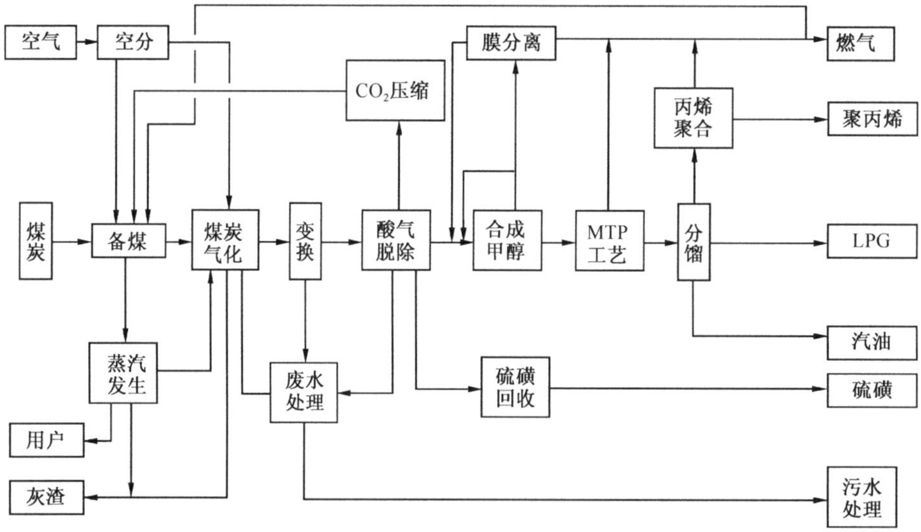

图 11-13　从煤气化经过 MTP®到烯烃聚合全流程示意

MTP 工艺过程包括原料反应和产品分离两部分。

(1) 原料反应部分

大部分甲醇经过气化、加热、进入到二甲醚预反应器，少部分甲醇作为溶剂用于产品分离的二甲醚回收工序。二甲醚预反应器为固定床绝热反应器，在该工序，新鲜甲醇蒸气和来自甲醇回收塔的循环物流(包括甲醇、二甲醚、水等)在一个装有硅铝比至少为 10 的五元高硅沸石(pentasil)的结晶硅酸铝催化剂上在 260~300℃、0.13MPa 条件下，部分转化为二甲醚，转化率为 80%。

从二甲醚预反应器出来的反应气被分为两股，分别混合了产品分离阶段循环回用的 C_2、C_4 烃类化合物和定量的新鲜水蒸气[水蒸气与甲醇/二甲醚蒸气之比为(1：(0.5~1.0)]加热后分别进入两个 MTP 反应器。在温度 420~490℃，压力 0.13~0.16MPa、水和甲醇质量比为 0.3~0.8 的条件下，甲醇和二甲醚的混合物被转化为以丙烯为主的低碳烯烃，该反应单程转化率、烯烃选择性均比较高，分别为 99%和 85%。

在 MTP®反应器的催化剂再生周期一般为 1 个月左右(大约 800h)。失活后的催化剂用氮气和空气的混合气进行再生烧焦以恢复催化剂的活性，催化剂使用寿命大于 12 个月。

MTP®反应为放热反应，反应器为绝热反应器，为了保证比较高的主产物选择性，床层温度应该相对恒定，床层温度通过调节原料气入反应器床层的量来控制。

在 MTP®预反应器出来的反应气中添加定量新鲜水蒸气(0.5kg/kg 新鲜甲醇)的目的是为了避免产物中重质烃类化合物覆盖催化剂的活性部位，水蒸气在该处起到了稀释剂的作用。另外，水蒸气加入也有利于 MTP 反应器床层温度的控制。

当二甲醚和甲醇原料的转化率低于 95%时，催化剂需要再生。因此反应系统设三台反应器，两开一备，一台进行再生。

粗产物主要成分包括烯烃、水、环烷烃、链烷烃蜡、芳香烃化合物及轻端产物(H_2、CO、CO_2 等)。粗产物出 MTP®反应器后进入冷却塔分离出大部分反应水。由于粗产物中含有乙酸、丙酸等，反应水呈酸性(pH 值 3~4)，需要向冷却塔中加入适量的碱进行中和。分离出的反应水被分成三部分：大部分入甲醇回收塔，回收二甲醚和甲醇后作为过程水(含 3500μg/g 甲醇)排出系统，送至废水处理装置；少部分作为稀释剂入 MTP 反应器；另外的一少部分进入二甲醚回收塔，用作溶剂。

(2) 产品分离部分

MTP 工艺的精制分离部分流程与 MTO 工艺基本相同，只是 MTP 工艺所生成的低碳烯烃中绝大部分是丙烯，乙烯产率很少，另外 MTP 工艺所生成的 C_5^+组分比 MTO 工艺多，这部分汽油组分的芳烃和烯烃含量较多，需要经过浅度的处理才可做汽油的调和组分。

分离流程按照目的产物的不同和聚烯烃的精制深度不同可以有许多不同的方案。

三、反应器结构

MTP 工艺在 1991~1998 年处于实验室阶段时，专利 EP0448000A1 公开的工艺流程如图 11-14所示。反应器是单管反应器，用熔盐加热；2002 年公布的反应流程(图 11-15)中反应器是多根单管向下流动的反应器；2002~2004 年专利 DE10233975A1 公布的反应器可能是考虑大型化的需要，已经由单管组合的反应器型

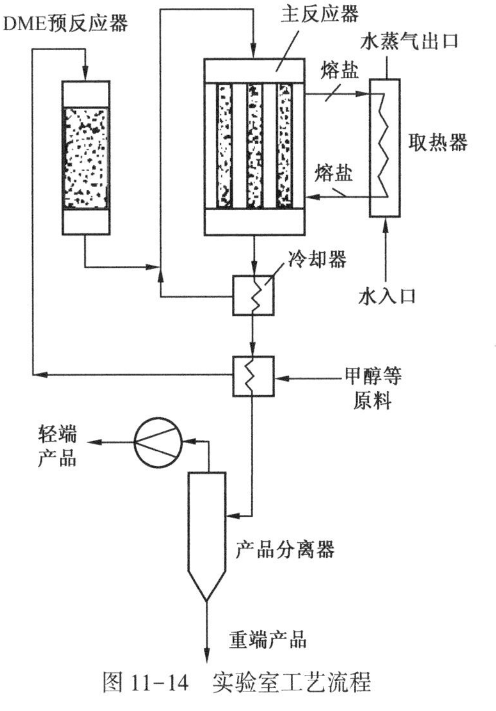

图 11-14　实验室工艺流程

式改为多床层催化剂水平分布的反应器(图 11-16)，已经接近于工业化装置的布置。

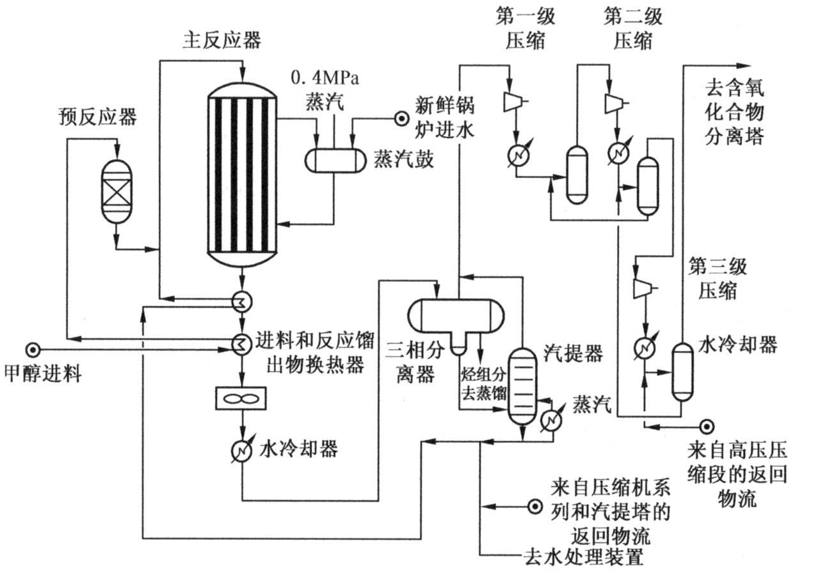

图 11-15　2002 年公布的 MTP®工艺流程

Lurgi 公司在法兰克福的中试试验装置进料规模为 1.2kg/h，反应器单管直径为 ϕ3.1mm；在挪威的试验装置(2001 年 1 月至 2004 月 4 月)进料规模是 15kg/h，反应器高度 3000mm，催化剂 29~30d 再生一次，寿命为 1a。

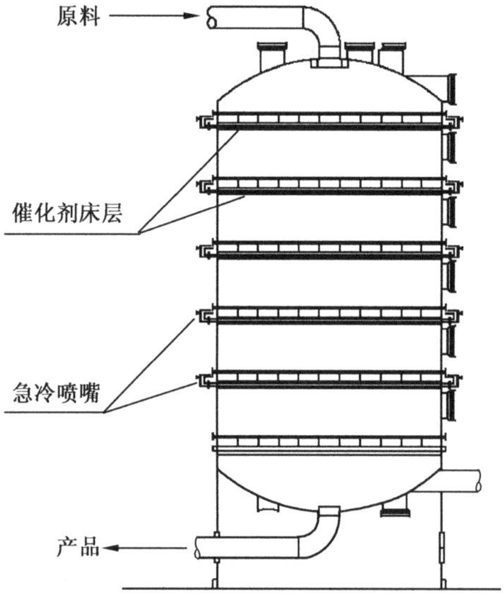

图 11-16　MTP 反应器示意图

Lurgi 公司介绍的大型 MTP 反应装置主要由 3 个绝热固定床反应器组成，其中 2 个在线生产，1 个在线再生，这样可保证生产的连续性和催化剂活性。每个反应器内分布 6 个催化剂床层，各床层布置若干急冷喷嘴，定量注入冷的甲醇、水和二甲醚物流来控制床层温度，达到稳定反应条件、获得最大丙烯收率的目的。MTP 反应压力接近常压，反应温度 450~470℃。图11-16是反应器的示意图。

Lurgi 公司专利(DE10233975A1)说明书介绍的工业装置反应器床层为水平布置，专利说明书公布的催化剂是分 5~6 层布置，每层高 500~1000mm。对于规模为 5000t/d 甲醇进料的 MTP 反应器直径大约为 10m，催化剂在反应器中分六层布置，每层催化剂床层净高度约为 0.3m，床层距离约 2m，每一个催化剂床层又分为许多蜂窝状的单元，每个单元大小与挪威的中试装置相同，每一层催化剂床层上部均有原料的分配器将原料分配到每一个单元，每一个催化剂床层下部一一对应着一个急冷喷嘴，经由一个环行分布器将急冷介质均匀分布到急冷喷嘴，由急冷喷嘴喷出急冷介质将反应热吸收，使之在离上一个催化剂床层 0.5m 后就可以达到第二个催化剂床层入口所需要的均衡反应温度。因此，从单管式反应器放大到直径约为 10m

的多单元组合式的固定床反应器，有许多工程技术有待验证和确认。

四、技术经济分析

Lurgi 公司的预测，建设一套 167 万 t /a 甲醇装置、一套 47.1 万 t /a 丙烯的 MTP 装置和一套 46.3 万 t /a 聚丙烯装置的总投资费用是 11.5 亿美元，每吨聚丙烯的生产成本是 322 美元(按照中东地区天然气价格为 0.5 美元/10^6Btu；汇率为 1 欧元 = 1.3 美元；债权比为 70∶30，借债 10a，利息 8%；开工时间 8000h/a；折旧 15a 条件)，如果到中国的聚丙烯到岸价是 800 美元，投资内部收益率是 18%。详见表 11-15。

表 11-15　年产 46.3 万 t 聚丙烯 MTP®装置的经济性①

生产规模/(kt/a)	463	生产规模/(kt/a)	463
总投资/10^6 美元	1150	产品生产成本/(美元/t)	322
业主费用(包括投资利息)/10^6 美元	284	产品生产成本+10%投资回报率/(美元/t)	632
现金成本②+折旧/(美元/t)	261	IRR，总投资内部收益率/%	18
副产品回收③/(美元/t)	146	IRRE，30%自有资金收益率/%	27

① 包括选用共聚物生产的乙烯回收。

② 包括可变成本和规定成本。

③ 原油按 30 美元/桶计，液化气出厂价格 290 美元/t，汽油出厂价格 300 美元/t；现金成本+折旧为总投资的 6.7%。

表 11-16 为甲醇进料规模为 167 万 t/a 的 MTP®装置的技术经济评价的原材料单耗[48]，表 11-17 为 Lurgi 公司所做的不同规模 MTP®装置的丙烯生产成本分析，表明了甲醇价格对丙烯制造成本的影响，再次表明低的甲醇原料成本是 MTP 工艺最具有影响力的关键指标。

表 11-16　MTP®工艺技术经济评价原材料单耗

序　号	名　称	每吨单耗	序　号	名　称	每吨单耗
一	原材料		三	公用工程	
1	甲醇/t	3.189			
二	副产品		1	循环水/m^3	337
1	燃料气/GJ	1.54	2	电/kW·h	80
2	液化气/t	0.13			
3	汽油/t	0.24	3	蒸汽/t	3.8

表 11-17　甲醇价格对丙烯制造成本的影响

MTP 装置丙烯生产能力		35 万 t/a				52 万 t/a			
投资/10^6 美元		196				258			
甲醇价格/(美元/t)		98	93	88	84	98	93	88	84
生产成本	原材料/(美元/t)	315	299	283	270	315	299	283	270
	公用工程/(美元/t)	5.6	5.6	5.6	5.6	5.6	5.6	5.6	5.6
	操作维修/(美元/t)	12.7	12.7	12.7	12.7	11.3	11.3	11.3	11.3
	管理和保险/(美元/t)	13.44	13.44	13.44	13.44	12.1	12.1	12.1	12.1
	折旧/(美元/t)	35	35	35	35	31	31	31	31
	副产品回收/(美元/t)	-108	-108	-108	-108	-108	-108	-108	-108
	税前成本/(美元/t)	273	258	242	229	267	251	235	222
	税后制造成本/(美元/t)	320	302	283	268	312	294	275	260

当前国内正在建设的MTP工业装置有中国大唐国际发电股份公司以褐煤为原料，采用壳牌粉煤气化、气体变换、低温甲醇洗、Lurgi低压甲醇合成、MTP®丙烯生产工艺、Spheripol聚丙烯生产工艺等技术，年产原料甲醇167万t，聚丙烯46万t及其他副产品的煤制烯烃项目；还有中国神华宁煤集团建设的年产167万t/a甲醇和47.4万t/a聚丙烯的MTP项目。

另悉，伊朗Fanavaran公司在Bandar Imam的MTP项目原规划是10万t丙烯，据称现在已经将规模扩大为47.1万t/a丙烯，但未见有启动的报道。

第四节　天然气(甲烷)制芳烃技术

多年以来，科技界一直期盼天然气能直接转化为烯烃和芳烃，始终未停止在这方面的研究。由于甲烷的的化学稳定性，大多数目的产物在反应条件下都比甲烷更容易进一步转化和反应，故很难在较高的甲烷转化率下获得理想的产物选择性。目前直接转化只是在甲烷制氢氰酸(氨氧化或氨交换法)、甲烷氯化制甲烷氯化物、甲烷与硫磺反应制CS_2等少数过程实现了商业化生产。其他甲烷直接转化为化学品的方法，如甲烷氧化制甲醛和甲醇、甲烷氧化耦联制乙烯、甲烷脱氢芳构化制芳烃等领域仍然面临重大的挑战。甲烷直接转化制烯烃和芳烃的研究在20世纪90年代最为活跃，进入21世纪后除甲烷脱氢芳构化的研究外，甲烷氧化制乙烯、甲醛和甲醇的研究报道已经不多[1]。

甲烷直接催化转化制芳烃分为两种方法，即有氧条件下的芳构化技术和无氧条件下的芳构化技术。目前的研究表明，在有氧的条件下，甲烷合成芳烃的反应难以控制，不仅甲烷的转化率低，芳烃的选择性及收率也难以达到商业化推广应用的前景。甲烷的无氧芳构化可以通过高温裂解来实现，但甲烷热裂解转化成苯的最低反应温度为1171K，如果苯的收率要达到6%~8%，则反应温度需要达到1477~1575K，因而高温热裂解制芳烃的技术难度非常大，加之目的产物收率低，技术经济也不合算，因而不具备工业应用的前景。前苏联的Bragin用脉冲反应器在载有贵金属及Zn和Ga的高硅沸石催化剂上分别实现了甲烷向苯的转化，在以$Pt-Cr_2O_3$/HZSM-5为催化剂，反应温度为1023K时，实现了甲烷转化率为18%，苯收率为14%的突破，从而引发了通过催化剂降低反应温度的甲烷无氧芳构化技术研究[50]。1993年，王林胜等人报道了在无氧条件下，以Mo/HZSM-5分子筛催化剂，在固定床连续进料的情况下，甲烷可高选择性地转化为芳烃[50]。研究认为从热力学观点甲烷直接转化为芳烃要比转化为乙烷和乙烯更为有利，而且在无氧条件下也不会生成CO和CO_2，故一直对甲烷直接转化制芳烃尤其是无氧芳构化技术进行了比较全面的基础研究，开发出的Mo/HZSM-5为催化剂，在连续进料的固定床反应器上，在常压、反应温度为973K，空速1500mL/(g·h)时，芳烃产率可达到热力学平衡产率的70%~80%左右，使之具有潜在的工业化应用前景[62]。

一、甲烷有氧芳构化技术

1. 早期的研究

1983年Shepelev等首次报道了CH_4、O_2和NO的混合物在ZSM-5沸石催化剂的存在下反应产物中有痕量的苯，其他大量的产物是CO、CO_2和H_2O。随后Anderson等用NO作氧化剂，在HZSM-5催化剂上，734K反应温度下得到了0.18%的芳烃，产物选择性为6.7%。

Otsuka 等用两段催化剂对甲烷氧化制芳烃技术进行了研究，第一段催化剂是 NaCl/Mn/氧化物，第二段催化剂是 Ga/ZSM-5/C，床层温度分别为 1023K 和 973K，芳烃的最高收率为 5.6%。表明在氧化条件下，甲烷合成芳烃难以控制，不但甲烷的转化率低，芳烃的选择性和收率也低[50]。

2. 目前有氧气氛或氧化剂存在下的甲烷芳构化研究[51]

在有氧气氛或氧化剂存在下的甲烷芳构化研究目前仍然处于实验室的探索阶段。Anderson J R 用 HZSM-5 催化剂，用 N_2O 氧化甲烷[CH_4 与 N_2O 摩尔比为(98∶2)~(94∶6)]，在反应温度为 630K 时，总的芳烃选择性可达 20%，但甲烷的转化率仅仅为 0.1%。Clarid、Abasov 等学者研究表明芳烃的选择性和收率在较低流速时较高，在较高流速时较低，表明芳烃不是初级产物，而是由中间产物乙烯在 Mo/HZSM-5 分子筛催化剂上聚合而成。当用 K/$BaCO_3$ 和 NaCl/MnO_2 作甲烷耦联催化剂时，发现在增加反应压力时有利于芳烃的合成。用 0.3%Ni/γAl_2O_3 催化剂，在常压，空速 8000h^{-1}，温度为 870~900K 条件下，用不同摩尔比的甲烷和空气混合物(用氮气稀释，使摩尔比为(CH_4+O_2)∶N_2= 1∶4)进行了试验，在 923K，CH_4/O_2=36 时，苯的选择性达到了 75%，但 CH_4 的转化率仅仅为 7%。上述研究表明，在有氧气氛或氧化剂存在下从热力学上看甲烷芳构化似乎容易实现，但由于甲烷与氧生成 CO_2 和 H_2O 的反应更容易进行，因而苯的选择性很低，最大收率也只有 5%，甲烷的转化率也很低，因而不具备工业化推广应用的条件。甲烷有氧芳构化的研究目前没有太大的进展，目前科研工作者主要转为无氧气氛下的芳构化研究。

二、无氧气氛下甲烷芳构化研究及进展

1. 机理

根据甲烷和苯的 H_{298}、G_{298}、C_p 等参数进行计算，甲烷在不同反应温度下转化为苯的平衡转化率为：973K 时为 11.2%，1023K 时为 16.2%，1073K 时为 21.6%。甲烷在无氧条件下直接合成苯，由于甲烷分子高度对称，碳氢键的键能高达 435kJ/mol，因而所需的反应温度很高，热力学达到 $\Delta G_T^0=0$ 时所需要的反应温度为 1348℃，非常难以在工业上实现，但只要选择合适的催化剂体系，甲烷在较低的反应温度下(500~700℃)就可能转化，转化率随催化剂的不同而不同。

王林的研究证明，在 Mo/HZSM-5 催化剂上甲烷的脱氢是通过载于分子筛上高价金属离子产生的静电力场使甲烷分子受到极化而发生 C—H 键异裂。甲烷在无氧条件下氧化脱氢芳构化关键的第一步(脱氢活化)过程是经由 B 酸促进的 C—H 键异裂，B 酸促进的 C—H 键异裂要比 L 酸促进的 C—H 键异裂容易发生，有利于芳烃的生成。研究还表明，在 HZSM-5 催化剂上，在 973K 反应温度和无氧条件下甲烷芳构化反应活性很低，负载在 Al_2O_3 和 SiO_2 上的 MoO_3 的活性也不高，只有在 MoO_3/HZSM-5 催化剂上才显示出高的甲烷转化率，说明无论是 HZSM-5 分子筛的酸性中心，还是 MoO_3 氧化物的活性组分，均不能单独对甲烷进行有效的活化，认为甲烷的活化和芳构化主要发生在金属氧化物和分子筛载体的结合界面上[56]。

目前提出比较有效的催化剂为 Mo(Ⅴ)/HZSM-5，其活性的实现是由合适价态的钼离子、适中的分子筛酸性以及合理的孔道结构共同构成的。HZSM-5、HZSM-8、HZSM-11、Hβ 分子筛是具有二维孔道体系的氢型沸石，与苯分子动态直径(约 0.6nm)相当，有着良好的择形作用，是甲烷无氧芳构化的良好活性组分。孔径比苯分子动态直径小得多的沸石(如

SAPO-34 和 M 沸石)，其孔道直径比苯分子小，反应活性只能靠沸石的外表面提供，在孔道的内表面只有乙烯(反应中间生成物)生成，芳烃的选择性必然很低甚至没有芳烃生成，不能作为甲烷芳构化催化剂的活性组分，适合作 MTO 工艺的催化剂。新开发的 MCM-41 分子筛其孔径很大，且具有一维的椭圆形直通道体系，生成的积炭不仅不堵塞孔道，反而对孔道起到调节作用，随着反应的进行，更有利于芳构化反应的进行，是甲烷芳构化反应的良好活性组分[60]。

作为一种脱氢-酸催化双功能催化剂，Mo/HZSM-5 的催化行为是由分子筛的酸性位及所载的 Mo 组分协同完成的。甲烷的 C—H 键活化以及最初的 C—C 键形成均发生在碳化钼物种上，而进一步的聚合和环化则发生在 HZSM-5 分子筛的 B 酸性位上。HZSM-5 分子筛独特的孔道结构对反应产物分布也起到重要的择形作用。研究还证明，沉积在催化剂上以稠环芳烃为主的积炭物种是导致催化剂失活的主要原因，B 酸性位在甲烷无氧芳构化反应中表现出双重的作用，既起催化作用，又起促进生焦的作用，确定合适 B 酸位数对于开发既具有优良活性又有很好稳定性的催化剂显得尤为重要。通过添加第二金属组分，例如 W、Pt、Fe、Co，可以提高催化剂的活性，抑止积炭的生成，增加催化剂的稳定性[63]。

2. 研究进展

迄今已经报道的甲烷无氧芳构化催化剂主要有 Mo/HZSM-5、MoO_3/HZSM-5 或 MO_3/SiO_2、Mo-W/HZSM-5、Mo_2C/HZSM-5，Pt-Mo/HZSM-5 和 Mo-Zn-H_2SO_4/ HZSM-5，其中以改进型的 Mo/HZSM-5 基准催化剂效果最佳，目前研究现状如下[57]：

① Mo/HZSM-5 在 973K 下，转化率为 7.2%，芳烃选择性为 100%。

② Ni 改性的 Mo /ZSM-5 催化剂，Ni/Mo 质量比为 0.05，在 973K 温度下，甲烷转化率为 11.3%，芳烃选择性达 96%，在 1023K 温度下，甲烷转化率为 15.9%，芳烃选择性达 97.5%。

③ Y、Eu 改性的 Mo/HZSM-5，Y、Eu/Mo 的质量比为 0.04，在 1023K 温度下甲烷转化率为 19.6%和 19.3%。此时甲烷芳构化转化率较在 Mo/ZSM-5 催化剂上的芳构化转化率分别提高了 5.9%和 5.6%，提高幅度达 43%，苯的选择性由 95%分别提高到 96.5%和 97.5%。除元素 Y、Eu 外，其他一些元素如 La、Er、Yb 改性后均明显促进甲烷的转化，过渡金属 Zn 和稀土元素 Ce 对催化剂的促进作用非常小，见表 11-18[58]。

④ W-Zn(La ，Nb)- H_2SO_4/ HZSM-5 催化剂在 1123K 温度下，甲烷的转化率可达到 23%，苯的选择性为 97%[59]。

表 11-18　甲烷在改性催化剂下芳构化反应结果

催化剂	甲烷转化率/%	产物选择性/%	
		C_6H_6	$C_6H_5-CH_3$
Mo/HZSM-5	13.7	95.0	5.0
Zn-Mo/HZSM-5	14.3	96.0	4.0
Y-Mo/HZSM-5	19.6	96.5	3.5
La-Mo/HZSM-5	19.0	95.5	4.5
Ce-Mo/HZSM-5	15.4	98.0	2.0
Eu-Mo/HZSM-5	19.3	97.5	2.5
Er-Mo/HZSM-5	18.0	96.5	3.5
Yb-Mo/HZSM-5	18.4	97.8	2.2

甲烷无氧芳构化催化目前尚未达到工业化应用的阶段，关键是催化剂容易结焦失活。为此国内外的研究工作者在催化剂分子筛载体酸性中心的强度和分布、B 酸中心的强弱对生焦的影响、过渡金属的引入及其对活性的影响、活性金属助剂的改性、分子筛酸性位和金属组分的协同作用、制备过程中不同硅源和铝源对合成的分子筛的影响、芳构化过程中加入气相含氧添加物（如 CO、CO_2、H_2O、H_2、O_2）对抑止积炭的生成、提高催化剂稳定性的影响、分子筛孔结构的影响、分子筛晶粒大小的影响、分子筛的预处理等方面做了大量的研究工作。人们期待甲烷无氧芳构化工作取得突破并工业化应用。

大连化学物理研究所研究了 Mo/HZSM-5 催化剂的双功能特性和结焦特性，证明定位于分子筛孔道中的 Mo 物种在甲烷无氧芳构化中起着主要作用；证明结焦主要发生在分子筛的 B 酸中心上；提出了用水蒸气处理分子筛和 Mo/HZSM-5 催化剂，可以明显提高反应的稳定性；证明 B 酸中心不能太强，只要少量的的 B 酸中心即可完成芳构化反应。大连化物所在此研究基础上研究出了一种新型的 Mo/MCM-22 催化剂，使反应产物中苯的选择性进一步提高[61]。目前，甲烷的转化率已经达到 12%，芳烃收率已大于 12%。总结他们在甲烷直接催化脱氢转化为芳烃和氢研究上的新成果是[62]：

（1）Mo/HZSM-5 催化剂在甲烷无氧芳构化中的双功能特性

研究证明乙烯是反应的中间产物，表明 Mo/HZSM-5 催化剂的双功能特性，即甲烷主要是在 Mo 中心上活化，乙烯是反应中间产物，苯和其他芳烃是乙烯进一步在分子筛酸性中心聚合、环化、脱氢的产物。研究结论是 Mo 物种的价态和落位，HZSM-5 分子筛中酸性的分布和孔道结构是甲烷在无氧条件下在 Mo/HZSM-5 催化剂上催化转化为芳烃和氢的关键。

（2）Mo 物种的落位及对催化剂的影响

研究证实在制备和焙烧过程中，Mo 物种迁移进入分子筛的孔道中并与 Brönsted 酸中心发生相互作用，导致 Brönsted 酸中心的减少。在高温下扩散进入分子筛孔道并与 Brönsted 酸中心相互作用形成稳定的 Mo-O-Al 物种。Mo-O-Al 物种是活化甲烷分子的活性中心的前身。在甲烷芳构化的反应诱导期，迁移进入孔道中的 Mo 物种被甲烷还原成 Mo_2C 或 MoO_xC_y 物种，并与剩余的 Brönsted 酸中心构成了甲烷无氧芳构化反应的双功能催化中心。

（3）证实了 HZSM-5 分子筛的 Brönsted 酸中心在反应过程中的动态变化信息

他们在自行设计的原位固体核磁反应试验系统中，第一次在接近真实反应条件下，获得了有关 Brönsted 酸中心在反应过程中动态变化的信息以及亚甲基离子芳烃前躯体等中间体存在的直接证明。

在确定了分子筛的二维结构与苯分子的动力学直径的互相匹配是 Mo 基分子筛催化剂对甲烷无氧芳构化反应具有高选择性的重要原因的基础上，大连化物所首先开发了一种新型的 Mo/MCM-22 催化剂，使反应产物中苯的选择性大大提高。用 6Mo/MCM-22 催化剂上，在反应温度 973K 和甲烷空速为 1500mL/(g·h)的条件下，甲烷的转化率提高到 10%，苯的选择性提高到 80%，萘的产率明显下降，催化剂的抗结炭性能也明显提高。

3. 甲烷的直接转化制芳烃的前景

甲烷的直接转化制芳烃目前还处于实验室的研究阶段，大量工作是在研究适用该工艺过程的分子筛和催化剂，研究分子筛的改性及其反应机理，离工业化运用还有一定的距离，经济评估认为，只有达到甲烷单程转化率大于 10%、甲烷转化率与甲醇选择性之和大于 90%的水平，才有工业化应用的可能[1]。

第五节　甲烷氧化耦联(OCM)制乙烯技术

甲烷氧化耦联（OCM，Oxidative Coupling of Methane）制乙烯技术从1982年美国联碳(UCC)公司发表第一篇报告起至今，国内外对甲烷氧化耦联制乙烯技术进行了大量研究工作，世界上有40多个国家的实验室对2000多种催化剂进行了筛选，公开的专利有200多篇，使用了除元素周期表零族以外的所有主副族的50多种元素，确定以碱金属、碱土金属和稀有金属的氧化物的催化活性较好。目前甲烷转化率在20%~40%之间，C_2选择性在50%~80%之间，C_2收率在14%~25%之间。只有极少数催化剂达到了甲烷转化率和C_2选择性之和等于或大于100%的水平，中国科学院兰州化学物理研究所开发的Na_2WO_4-Mn/SiO_2催化剂仍然是迄今报道过的最好催化剂，该催化剂在常压、800℃、CH_4：O_2(体积比)= 3.2：1、空速254 L/(g·h)的条件下，甲烷的转化率为29.5%，乙烯的选择性为42.6%，乙烷的选择性23.8%，三者之和为95.9%[62]。他们研究的5%Na_2WO_4-1.9%Mn/SiO_2催化剂不仅具有良好的甲烷活化能力和C_2选择性，而且适合流化床操作并具有较好的稳定性，在加压条件下仍然可以保持良好的反应性能[11]。

目前国内外的研究机构虽然没有像20世纪90年代那样作为热点课题对甲烷氧化耦联(OCM)制乙烯进行研究，仍然有不少研究机构还在继续进行研究，期望取得突破。国外的研究公司主要是美国Arco公司、UCC公司、澳大利亚联邦科学与工业组织(CRISO)和BHP公司，我国也有不少研究单位如兰州化学物理研究所、天津大学、兰州大学、厦门大学、东北师范大学、大连化学物理研究所等仍在从事该领域的研究工作。

技术经济评估指出，只有甲烷的单程转化率大于30%，C_2^+选择性大于80%时，甲烷氧化耦联制乙烯才具有工业化应用的可能[1]。所以目前甲烷氧化耦联制乙烯技术仍然处于实验室的的研究阶段。寻找高活性、高选择性、高稳定性的催化剂仍然是目前研究的重点和难点。

一、反应机理

通常认为OCM反应机理是甲烷在催化剂的表面氧化脱氢先形成甲基自由基，甲基再耦联形成乙烷，乙烷进一步氧化脱氢或热脱氢形成乙烯。

深入研究后发现，甲烷的OCM反应随着反应温度提高而逐步增大。在780℃的反应温度下，甲烷的转化率只有9.6%，这时甲烷的氧化耦联反应还没有被启动。当温度升至800℃时，甲烷的转化率迅速增加到接近38%，催化剂的床层温度迅速升高并产生明显的放热反应热点。当反应温度达到820℃时，获得了最佳的结果：甲烷的转化率为38.2%，C_2烃类的选择性为62.1%。再继续升高温度，甲烷的转化率和C_2烃类的选择性均有所下降，但催化剂床层的温升强度并没有明显降低的现象[64]。从而说明在反应体系中除了有甲烷的氧化反应外还有其他的放热反应产生。研究认为随着温度升高，生成的C_2H_4/ C_2H_6比例逐渐增大，表明C_2H_4是C_2H_6二次脱氢的反应产物。C_2H_4既可以是来源于以下的C_2H_6的热脱氢反应(1)，又可以来源于C_2H_6的氧化脱氢反应(2)：

$$C_2H_6 \longrightarrow C_2H_4 + H_2 \quad \Delta H^0_{923} = +141\text{kJ/mol} \tag{1}$$

$$C_2H_6 + 1/2\ O_2 \longrightarrow C_2H_4 + H_2O \quad \Delta H^0_{923} = -149\text{kJ/mol} \tag{2}$$

因为甲烷氧化耦联过程是放热反应，可以判定C_2H_6氧化脱氢过程是生成C_2H_4的主要途径。

二、催化剂研究进展

由于 OCM 反应是均多相性质，催化剂的组成和载体的组成及其结构对反应步骤和反应结果有重要影响[65]。对于大比表面和小孔径的载体，由于甲烷及其产物不能够在孔道中及时扩散出去而导致非选择性的高温气相燃烧。当载体为小比表面大孔径的 α 方英石时，非选择性的气相燃烧大幅下降，催化剂表面的选择性氧化加强，C_2 烃类的选择性有很大提高。

经过筛选，甲烷氧化耦联制乙烯催化剂大致分为以下三类[6]：

① 碱金属和碱土金属的氧化物和氯化物掺合催化剂，如 Li_2CO_3/MgO、Li_2CO_3/CaO、$MgCl_2/CaO$ 等。

② 过渡金属元素负载型催化剂，如将 Mn、In、Ge、Sb、Sn、Bi、Pb 等金属的氧化物负载于 SiO_2 或 Al_2O_3 载体上。

③ 含稀土元素的金属氧化物掺合催化剂，如 CeO_2/Yb_2O_3、$Sr/CeO_2/Yb_2O_3$、Li_2O/La_2O_3、$BaPrO_3$ 等。

在上述各类催化剂中，尤其以过渡金属元素为助催化剂比较突出。在反应温度为 750℃时，甲烷转化率可达 30%，C_2 烯烃选择性稳定在 80%以上。

中国科学院兰州化学物理研究所开发的 Na_2WO_4-Mn/SiO_2 可以使天然气中的甲烷和乙烷同时在该催化剂上转化为烯烃，在原料甲烷转化率为 20%时，氧化耦联反应生成 C_2 烯烃选择性为 80%，原料乙烷反应转化率为 85%，选择性为 70%。从而显示出该工艺比将甲烷和乙烷先经过分离再分别氧化耦联和脱氢反应更加优越。

表 11-19 列出了甲烷氧化耦联制烯烃主要催化剂的组成和活性[6]。

表 11-19　甲烷氧化耦联制烯烃主要催化剂的组成和活性

催化剂	温度/℃	压力/kPa	CH_4/O_2（稀释剂）	转化率/%	选择性/%	C_2 收率/%
Li-Mn-Ti	800		2.5	43.9	78	34.1
Li-Na-Mn	800	101.3	3.0	38.3	68	26.2
Na-W-Mn/SiO_2	800	101.3	2.6	38.1		22.2
Li-Na-Sn	800	101.3	2.0	41.2		21.5
Na-Mn-B	740	101.3		36.4		27.8
La_2O_3-BaO	800	101.3	8.0~8.3	18	80	18.0
Na_2WO_4-Mn/SiO_2	800	101.3	2.5	20	80	

总的来看，目前研究阶段较好的催化剂是中国科学院兰州化物所的 Na_2WO_4-Mn/SiO_2 催化剂、美国 Texas A&M University 的 $Mn/Na_2WO_4/SiO_2$ 催化剂、法国 IFP 的 La_2O_3-BaO 催化剂。这些催化剂一般在甲烷转化率为 20%时，C_2^+ 的选择性可达 80%。中国科学院兰州化物所的 Na_2WO_4-Mn/SiO_2 催化剂在反应温度 800℃，进料中 O_2 的比率为 11.8%，空速为 $7000h^{-1}$的条件下，甲烷转化率达到了 21.8%，C_2^+ 的选择性可达 82.6%，C_2^+ 的产率为 17.86%，实现了选择性加转化率超过 100%。另外，中国科学院大连化物所的掺杂金属离子（Li^+、Mg^{2+}和 Al^{3+}）的 $CaTiO_3$ 催化剂的 C_2^+ 的产率也达到了 19.2%的高水平。

表 11-20 和表 11-21 列出了兰州化物所用溶胶-凝胶法制备的几组 Na_2WO_4-Mn/SiO_2 催化剂的活性和物性数据[38]，说明在催化剂的活性和选择性方面又取得了新的进展。

表 11-20　Na_2WO_4-Mn/SiO_2 催化剂的离子尺寸和表面积

催化剂	晶体相	晶体尺寸/nm	晶体相	晶体尺寸/nm	比表面积/(m^2/g)
WM10	Na_2WO_4	53.5	Mn_2O_3	82.1	1.73
WM15	Na_2WO_4	52.3	Mn_2O_3	40.4	2.39
WM20	Na_2WO_4	68.0	Mn_2O_3	46.2	2.28

表 11-21　Na_2WO_4-Mn/SiO_2 催化剂的催化性能

催化剂	反应温度/℃	甲烷转化率/%	选择性/%				产率/%		C_2H_4/C_2H_6
			C_2^+	C_2H_4	CO_2	CO	C_2^+	C_2H_4	
WM10	840	29.7	64.5	40.5	24.0	11.6	19.1	12.0	1.7
	860	30.2	61.6	40.4	24.5	13.9	18.6	12.2	1.9
	820	29.9	65.3	41.3	23.2	11.5	19.5	12.4	1.7
WM15	840	29.7	63.9	41.5	22.4	13.7	19.0	12.3	1.9
	860	29.6	62.1	41.0	22.1	15.8	18.4	12.1	1.9
	820	29.7	66.0	42.0	22.5	11.5	19.6	12.5	1.7
WM20	840	29.6	65.8	43.0	20.1	14.1	19.5	12.7	1.9
	860	29.0	63.3	42.2	20.3	16.4	18.4	12.2	2.0

中国科学院兰州化物所对 Na-W-Mn/SiO_2 催化剂的反应机理研究表明[11]，活化甲烷并选择性生成 C_2^+ 烃类的活性相是 Na_2WO_4、$Na_2W_2O_7$ 和 Mn_2O_3，确认了 Na-W-Mn/SiO_2 催化剂的活性中心是 Na-O-Mn 和 Na-O-W 结构单元，Na-O-Mn 主要分布在催化剂的表面，Na-O-W 则分布在催化剂较深的部位。还确认了 Na-W-Mn/SiO_2 催化剂活化甲烷的活性氧物种是表面晶格氧，在约 800℃温度下，表面晶格氧才对乙烯具有很好的选择性，表面晶格氧消耗后必须有外来氧的供给才能保持 C_2^+ 烃类的高选择性，所以甲烷氧化耦联反应需要采用甲烷和氧共同进料的方式。

三、OCM 工艺研究进展

由于目前 OCM 工艺的 C_2^+ 烃类的单程收率低于 25%，分析其原因是受本身动力学控制，期望从改进催化剂入手来突破目前 C_2^+ 烃类单程收率不小于 25% 比较困难。因此国内外学者除深入研究催化剂外还加大了工艺方面的研究工作，以期从催化剂和工艺、工程多方面取得突破。目前工艺方面的研究仍然处于实验室阶段，可以归纳为以下主要方面[6]：

1. Arco 公司甲烷氧化耦联的 REDOX 工艺

反应器采用循环流化床方式，由于直接用空气作氧化剂，不需要对原料中的甲烷组分进行分离，使工艺流程简化。反应后的反应器中不存在气相氧，从而避免了乙烯的深度氧化，C_2^+ 烃类的选择性较高。Arco 公司 REDOX 工艺最终产品方案是 C_2^+ 烃类进一步聚合、环化为汽油产品。声称催化剂的寿命可达 6 个月，具备工业催化剂所要求的理化性质；

2. Union Carbide 化学公司的固定床反应器工艺

以生产乙烯为目的，催化剂为 $BaCO_3/Al_2O_3$，原料中的 CH_4/O_2 比为 7∶1，为了提高乙烯的产率另配加 20μg/g 的氯乙烯，反应温度为 725℃，甲烷转化率为 18%，C_2^+ 的选择性为 77%，产物中乙烯与乙烷的比为 3∶1，乙烷被进一步裂解制成乙烯。

3. 澳大利亚联邦科学与工业组织和BHP公司的OXCO工艺

OXCO工艺的特点是利用甲烷氧化耦联反应所释放的热量，将反应生成的乙烷和原料天然气中分离出来的高碳烷烃在同一流化床反应器中进行氧化耦联反应裂解转化为乙烯。裂解反应是通过将烷烃直接送入流化床的非含氧区，将热量由甲烷氧化耦联区传递到裂解区。采取这种反应方式可使裂解转化段烯烃的选择性较高，而且可提高整个工艺的性能和效率，尤其是针对天然气中(非冷凝的)高级烷烃含量较高(试验所用天然气中乙烷和高级烷烃的含碳量占整个天然气碳含量的36%)情况，从而有利于天然气的整体利用。

4. 加压条件下甲烷氧化耦联反应

如果采用常压工艺，目前最好催化剂的甲烷的转化率均较低，产物中有大量未转化的甲烷必须分离循环。无论是采用深冷分离还是采用分离一体化流程，为了节约能耗均要求甲烷氧化耦联的反应压力与后续分离部分的压力尽可能的一致。中国科学院兰州化物所研究了用 $Na-W-Mn/SiO_2$ 催化剂增加压力(0.6~2.0MPa)、无稀释气条件下空速、烷氧比等参数对反应结果的影响[46]。试验表明，在0.6MPa、反应温度750℃、空速 $1.5\times10^5h^{-1}$、$CH_4/O_2=8$ 的条件下，可得到16%甲烷转化率和82% C_2^+ 烃类的选择性；空速提高可以抑止气相反应，有利于 C_2^+ 烃类的生成，空速从 $0.05\times10^5h^{-1}$ 提高到 $1.5\times10^5h^{-1}$，C_2^+ 烃类的选择性从62%提高到82%，CO_x 的选择性从35%迅速降低到17%。温度和压力同时提高，气相反应加剧，CO_x 的选择性迅速提高。上述试验结果证明加压氧化耦联反应是可行的。

5. CH_4-CO_2 共活化制 C_2 烃类的反应

Asami K 于1995年提出了一种 CH_4-CO_2 共活化制 C_2 烃类反应[47]的主要特点是用 CO_2 取代 O_2 作氧化剂，为甲烷活化提供活性氧物种。该反应中的惟一副产物是CO。因为没有氧气参加反应，CO又不会诱导气相自由基反应，因而 CH_4 和 CO_2 的反应将主要由多相催化反应控制。这项研究成果将有助于开发新的高活性、高选择性的甲烷氧化耦联催化剂。

CH_4 和 CO_2 的反应路径是：

(1) $2CH_4+CO_2\longrightarrow C_2H_6+CO+H_2O$

(2) $2CH_4+2CO_2\longrightarrow C_2H_4+2CO+2H_2O$

Asami K 于1995年用Cr、Zr、Sm的氧化物作共活化催化剂，分别得到的甲烷最高转化率为14.2%，最高 C_2 烃收率为0.43%，最高 C_2 烃选择性为31.5%，对这类领域的研究有启示作用。最近报道的 CH_4-CO_2 共活化制 C_2 烃类的 Cr_2O_3-CaO 催化剂，在反应温度850℃，$CO_2/CH_4=7:3$(体积比)的条件下，甲烷转化率为6.3%，最高 C_2 烃收率为4.0%，最高 C_2 烃选择性为64.0%，乙烯产率为29.7%，乙烷产率34.3%，说明 CH_4-CO_2 共活化制 C_2 烃类催化剂研究又有了新的进展[49]。

6. 激光表面催化甲烷氧化耦联制工艺[52]

天津大学化学系碳一化工国家重点实验室开发了一种新的激光表面催化技术来实现甲烷氧化耦联制乙烯，取得了具有工业应用价值的技术成果。该技术以天然气或石油炼厂甲烷和空气为反应原料，以能够吸附甲烷中C—H键的 $LiClO_4/Pb_3(PO_4)_2$ 复合材料为固体表面材料，以脉冲可选频 CO_2 激光器为光源，在特制的透射-反射式激光表面反应器中，采用固体表面键激发模式，于常压和150℃的条件下，用9~10μm波长、能量密度为0.8~1.5 J/cm²、脉冲间隔时间为1~4s的激光进行激光表面反应，激发800~1000次，甲烷单程转化率大于

35%，反应产物为乙烯、丙烯和乙烷，其中乙烯的选择性大于93%，激光光能利用率大于90%，乙烯分离出去后未反应的甲烷和副产乙烷可以循环利用[52]。

四、OCM 工程技术进展

甲烷氧化耦联制烯烃技术归纳为以下技术：①SRI 公司概念设计所采用的工艺；②UCC 公司的工艺；③法国 IFP 的 Oxyprolysis 工艺；④澳大利亚 BHP 和 CSIRO 公司的 OXCO 工艺；⑤俄罗斯有机合成研究院的 Vinios 工艺；⑥Amoco 公司的双流化学反应器工艺。

上述公司在工程技术方面有以下特点：

（1）SRI 甲烷氧化耦联制烯烃（OCM）工艺概念设计及 UCC 工艺

采用的是乙烷单独蒸汽裂解的方法，使氧化耦联生成的乙烷或原料气中含有的乙烷转化为乙烯，因此需要增设乙烷裂解单元。

（2）法国 IFP 的 Oxyprolysis 工艺

与 SRI 和 UCC 工艺有所不同，它是利用甲烷氧化耦联反应的高温反应条件及反应热使乙烷裂解，采用的是固定床反应器，在反应器一级出口处加入乙烷，利用甲烷氧化耦联产生的显热在第二反应器中使乙烷裂解。

（3）澳大利亚 BHP 和 CSIRO 公司的 OXCO 工艺

采用流化床工艺，优点是能够利用甲烷氧化耦联的反应热使乙烷充分裂解，但必须在甲烷和氧气分配器的上方再增加乙烷分配器内构件，使反应器的复杂程度增加。

（4）Amoco 公司的双流化学反应器工艺

反应器的特点是将催化剂涂在导热层上，利用导热层将甲烷氧化耦联产生的反应热传导到另外一路垂直交叉的管道中供乙烷裂解用。

甲烷氧化耦联制烯烃目前尚没有建设工业化的生产装置，目前处于从实验室阶段移至小型工厂的证实实验阶段，需要认证 OCM 反应器和乙烷裂解为乙烯的热裂解反应器，预计试验装置和半工业化试验装置的试验各需要 3 年时间，实现工业化最理想至少需要 6 年。在该合作项目中，伊朗石油工业研究所（RIPI）将负责 OCM 工艺流化床催化剂的开发，日本东洋工程公司（TEC）等将负责流化床反应器、初步设计、工艺流程和技术经济性研究。目前伊朗 RIPI 开发的 OCM 催化剂乙烯单程收率仍然偏低，为了提高经济效益，需要进一步改进催化剂性能。

由以上可以看出，甲烷直接转化为烯烃的 OCM 工艺无论是催化剂的改进还是工艺流程的优化、完善，工程技术的开发，还有许多工作要做，离工业化应用还有相当的路程。

第六节　生物质制化学品的炼制技术进展

木质生物质是目前世界上最有可能大规模利用的最为丰富的可再生资源和能源，通过太阳光的光合作用生成的木质生物质总量超过 2000 亿 t。木质生物质组分中，木质素含量约占20%，纤维素约占40%，半纤维素约占25%。为了从木质生物质生产目前主要由石油化工工艺生产的化工产品，需要通过气化、热裂解、加压液化等手段将生物质大分子降解或分解，然后对生成的小分子产物进一步进行纯化、重整或转化，形成可直接利用或可为下游化工利用的产品。

由于生物质分布广泛，属于可再生能源的范畴，开发生物质能源产品或生物质化工产品有利于减少对化石石油资源的过分依赖；生物质转化得到的甲醇、乙醇、丙二醇等化学品是目前化工产业必需和紧缺的原料；生物质原料尤其是木质生物质容易在贫瘠的土地上种植，比较容易做到不与粮争地、不与民争粮；有很大的技术发展空间寻找生产大宗不同种类或特殊化学品的低成本生产方式。因此生物炼制已经越来越受到人们的关注。

目前生物炼制根据使用的原料以及过程的不同，可以分为不同的炼制系统：①以木质纤维素为原料的炼制，指利用包含有纤维素的干生物质或废料为原料的炼制过程；②全作物炼制，是指利用玉米及谷物为原料的炼制过程，这类炼制不适合中国的国情，属于国家限制或控制发展的项目；③绿色炼制，是指利用天然湿生物质原料，例如青草和苜蓿为原料的炼制过程；④热化学炼制，是指利用热化学方法将生物质转化为成分均一的中间化合物，如合成气、生物油等，然后再通过生物的方法将其转化为各种生物基化学品。

生物质炼制目前尽管从理论上讲是积极并可行的，但从原料的收集与预处理、低成本生物酶的工业化生产、生产过程的整合和自动化等均有大量工作要做。生物质炼制目前仍然处于中试研究或小型示范工厂阶段，真正全面的生物质经济时代还没有到来。

一、生物质炼制的定义

美国能源部对生物炼制的定义是：依据化学炼制所提出的过程工厂概念，将生物质原料转化为一系列有价值的产品。美国国家可再生能源实验室（National Renewabal Energy Laboratory，NREL）定义生物炼制是整合了生物质转化过程来生产燃料、能源和生物基化学品的过程。生物质炼制过程及研究内容如图 11-17 所示[53]。

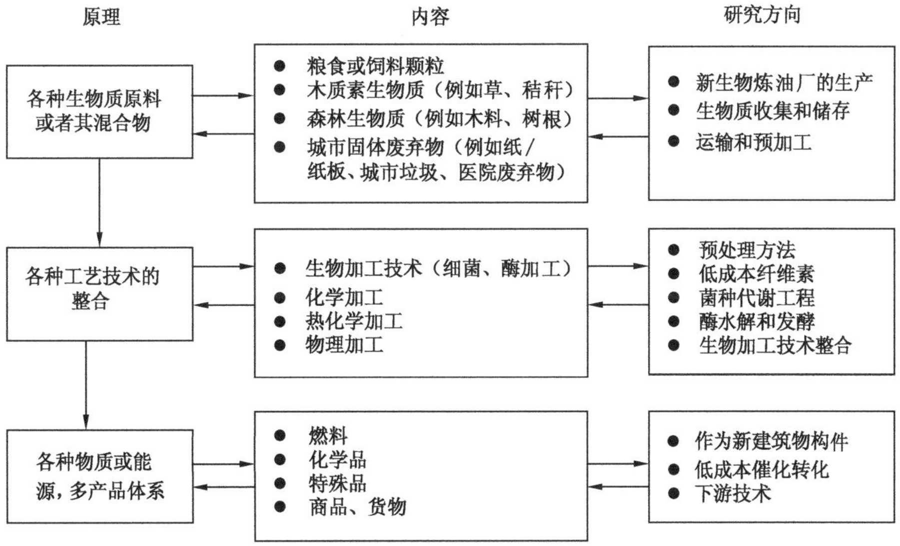

图 11-17　生物质炼制过程及主要研究方向

生物质原料与石油原料不同，其主要组分是碳水化合物，含氧量高，主要由纤维素、半纤维素、木质素、提取物和灰分组成。生物质炼制是先将生物质分解为微生物可分解和转化的糖、蛋白质等组分，然后进行生物发酵，再进一步进行产品精制的路线。生物炼制路线与石油加工路线有极大的差别，石油加工路线主要是原油先经过蒸馏精制分离后进一步围绕脱碳或加氢工艺路线进行加工，实际上是围绕碳、氢元素平衡进行加工并调节目的产品分子大小的加工过程。

二、生物质炼制的过程

生物质炼制过程可分为预处理、酶解和发酵、工艺过程整合三大步骤。

1. 生物质的预处理

生物质预处理的目的是为了在酶解阶段将生物质的细胞壁被酶水解，是对生物质进行均一化处理，使酶可以克服细胞壁的物理和化学障碍的过程。预处理方法有碱处理法、稀酸处理法、蒸汽爆破法、热水处理法、有机溶剂法、氨爆破法(AFEX)等。

对于以玉米、谷物等粮食作物为原料的生物质加工，为了充分利用粮食作物的糖分、蛋白质及脂肪等成分，也需要采用湿磨法或干磨法对粮食作物进行预处理。干磨法投资低，但对脂肪和蛋白质的利用率低。我国开发了半湿磨法，虽然效率不如湿磨法高，但能分离玉米的不同组分，投资大大降低。

2. 酶解和发酵

纤维素酶的生产、纤维素的水解以及各种发酵菌株的筛选是实现生物炼制的关键。酶解和发酵过程包含 4 个依次进行的生物过程：①纤维素酶的生产；②纤维素以及其他不溶性多糖的水解；③纤维素水解物的发酵；④半纤维素水解物的发酵。这 4 个过程可以分步进行，也可以进行局部或全过程整合。

整合可以归纳为四个不同类型的过程，即 SHF 过程、SSF 过程、SSCF 过程、CBF 过程。

水解和发酵分开过程(SHF)涉及四个独立的操作步骤，分别使用 4 种不同的生物催化剂。

糖化和发酵法过程(SSF)则整合了纤维素水解和纤维素水解产物的发酵过程。

糖化和共同发酵过程(SSCF)是纤维素水解、纤维素水解产物和半纤维素水解产物的发酵过程。

综合生物过程(CBF)或称之为直接微生物转化(DMC)则是一种高度整合过程，该过程不需要专门独立的纤维素酶生产过程，是潜在的低成本、高效率的生物炼制方法。

3. 生物炼制过程工艺整合

要实现生物炼制过程的经济性工业化生产，必须将预处理过程、酶水解过程、发酵过程以及高附加值产品的生产过程整合起来，形成生物炼制系统。这些整合包括包括各个过程的内部整合、各过程之间的局部整合以及宏观层次上的农业系统、工业系统和环境系统之间的整合。

三、生物质炼制的化学产品

虽然目前生物炼制的各种技术尚不成熟，但随着技术的进步必将出现一部分可代替或部分代替一部分目前由石油生产的生物基化学品。表 11-21 概括了目前认为有替代潜力的部分产品名称及其用途，如燃料乙醇、乳酸、柠檬酸、生物柴油、1，3-丙二醇等大宗化学品以及色素、燃料、润滑剂等特殊化学品。随着研究和认识的加深，有潜力的生物基化学品品种还会进一步扩大。

琥珀酸被认为是能够衍生出丁二醇和四氢呋喃等多种大宗化学品的优良化合物，再加上琥珀酸的生产过程能够和 CO_2 耦合，因此琥珀酸一直受到国内外生物质化学研究工作者的重视和关注。美国能源部一直支持多个国家实验室进行琥珀酸发酵和提取、分离的研究。我国自然科学基金和 863 项目也支持了多个琥珀酸项目的相关研究。

1. 木质生物质气化反应的主要产品

木质生物质(例如秸秆、锯末)不进行组分分离而直接气化可以得到多种小分子化合物的混合物，如 H_2、CO、CH_4、CO_2 等组分以及微量的 C_2H_4、C_2H_6 等。

表 11-22 生物基化学品生产平台及其应用[53]

生产技术平台	生物基化学品名称	主要应用领域
糖发酵	乙醇	生物燃料
	乳酸	酸溶剂、电镀辅助剂、添加剂、纺织/皮革辅助剂
	聚乳酸	热塑聚合体
	乙基乳酸	溶剂中间体
	1，3-丙三醇	特殊树脂
	柠檬酸	食品、pH 值控制剂、邻苯二甲酸聚酯
	琥珀酸	表面活性剂、食品、药品、抗生素、氨基酸、维生素
	琥珀酸衍生物（如：四氢呋喃、1，4-丁二醇）	溶剂、黏合剂、油漆、油墨、胶带、增塑剂、乳化剂、防冻剂、除草剂
	正丁醇	溶剂、增塑剂、聚合物、酯
	亚甲基丁二酸	铝阳极剂、反应共聚单体
	氨基酸	聚氨酯、尼龙、饲料
糖发酵和热化学	丙二醇	抗凝剂、增塑剂、溶剂、聚氨酯橡胶链增长剂
糖热化学	乙酰基丙酸及衍生物	燃料抗氧剂、生物降解除草剂、双酚
	甲基四氢呋喃	
	δ-氨基乙酰基丙酸	交换剂、共聚单体
	二戊烯酸	溶剂
	1，4-丁二醇	
油和液体加工	润滑剂和液压剂	聚氨酯
	溶剂	
	聚合物	
生物质气化	F-T 合成或 GTL 产品	燃料、溶剂、气溶胶、氧化剂、聚合物或单体的中间体
	甲醇	
	高级醇	
生物质热解	酚醛树脂	胶合板、定向纤维板

气化的介质通常是空气（氧气）、水蒸气、氧气和水蒸气的混合物。该过程主要包括干燥、热解、氧化和还原四个区域。这四个区域可分别在不同的设备中进行，目前也发展到可在一个设备中进行，例如上吸式固定床气化器和下吸式固定床气化器。

干燥是指在热量的作用下，在 100~150℃温度下将生物质表面的水分释放出的阶段；热解反应在温度为 160℃以上开始进行，温度越高，分解反应进行得越激烈。热解反应十分复杂，包括不同路径的一次、二次甚至高次反应，总的结果是大分子的碳水化合物的分子链被打碎，析出生物质中的挥发分，留下的母体成为进一步反应的床层。由于生物质中的挥发分组分高，在300~400℃温度下就可能释放出70%左右的挥发分，而煤炭则要到800℃温度下才能释放出30%左右的挥发分。

生物质的氧化反应是氧化剂中的氧与生物质中的碳发生反应，放出大量的热，温度可达1000~1200℃，由于气化是在限制氧含量的条件下进行的，气化反应残留的碳也会和气化剂中的氧发生氧化反应，放出热量，这部分热量被提供给还原区、热分解区和干燥区作为热量使用。

生物质经过热分解后得到的碳还会与气流中的H_2、CO_2、H_2O发生还原反应生成可燃性气体，主要是由C和CO_2，C和CO，C和H_2O，C和H_2，CO和H_2，CO_2和H_2，CO和H_2O发生还原反应，生成的可燃气主要是CO、CO_2、H_2、CH_4等组分。

木质生物质经不同热化学和生物化学处理的主要产物如图11-18所示。生物质通过气化生成的H_2、CO组分是合成气的主要成分，有可能经过分离、转换和精制达到目前天然气化工或煤化工生成的合成气组成要求，从而进一步生产甲醇、二甲醚或合成油。

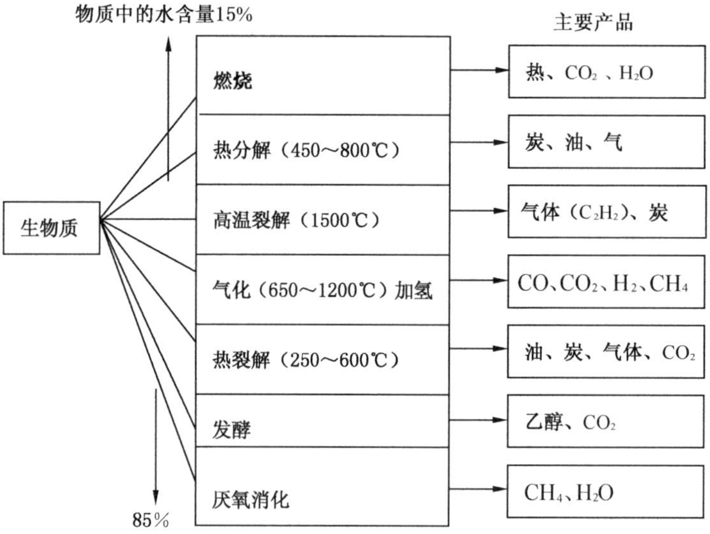

图11-18　木质生物质经不同热化学和生物化学处理的主要产物[54]

2. 木质生物质热化学液化反应的主要产品

生物质热化学反应的主要液体产物是生物油，又常称之为焦油。焦油主要成分是小分子有机化合物，几乎包含所有种类的含氧有机化合物，如醚、酯、醛、酮、酚、有机酸和醇等(见表11-23)。其特征是品位低、氧含量高、含水率高、pH值较低、密度大、热值低(仅相当于汽柴油的40%左右)、黏度变化范围大、稳定性差、有腐蚀性。生物油目前可分析出的成分有100多种，主要成分少于20种，其中7种物质含量超过5%，他们是苯、甲苯、二甲苯、萘、苯乙烯、酚和茚。

碱(KOH、NaOH、LiOH、$Ca(OH)_2$、K_2CO_3、Na_2CO_3等)是生物质液化产生液态小分子有机化合物的有效催化剂，例如以NaOH、Na_2CO_3为催化剂，以水为溶剂液化的稻草在375℃、25MPa的条件下液化率可达95%。

生物质液化的小分子有机化合物中几乎涵盖相当部分的酸、醇、醛、酚等石化工业产品，但因为其组成高度复杂，难以有效地分离和精制，使生物质制化学品的工业化进程还需要有相当的时日才能够进入到经济、成熟的阶段。

表 11-23　木质生物质热化学反应的液体产品[54]

化合物	相对分子质量	含量/%	化合物	相对分子质量	含量/%
甲苯	92	0.8	十氢萘(反位)	138	13.0
间二甲苯	106	1.9	十氢-β-萘酚	154	3.2
对二甲苯	106	5.9	三甲基苯酚	140	0.5
邻二甲苯	106	1.7	2-乙基-4-甲基苯酚	130	1.0
甲乙基苯	124	2.0	甲基-β-萘满	146	1.6
苯酚	88	3.3	1-甲氧基-3-乙基苯酚	146	2.0
三甲基苯	124	3.0	甲基-α-十氢萘	132	15.7
茚满	118	7.2	甲基-β-十氢萘	132	1.6
茚	116	2.1	2，3-二甲氧基苯酚	148	—
对甲基苯酚	102	2.6	乙酸基萘满	190	1.4
十氢萘(顺位)	138	3.8	萘满酮	148	—
邻甲基苯酚	102	3.5	乙基十氢萘	156	1.4
甲基茚满	132	3.6	二甲基十氢萘	156	2.2
1，3-二甲基苯乙烯	132	11.1			

3. 木质生物质催化酸化水解生产的小分子有机化合物

1）生产糠醛和羟甲基糠醛

用3%~6%的稀硫酸为催化剂，通过木质生物质的酸水解工艺可以生产糠醛和羟甲基糠醛。原理是将木质素所含的多缩戊糖(或多缩己糖)转化为戊糖(或己糖)，然后经过脱水步骤得到糠醛或羟甲基糠醛。该方法优点是技术路线成熟、工艺流程简单，投资小；缺点是原料利用率低、间歇操作、能耗高、糠醛渣难处理和副产物不便回收。

以盐酸为催化剂的水解反应由于盐酸的催化活性高，具有酸浓度低、用酸量少、水解反应速度快、反应时间短、不需要高压蒸汽、糠醛产率高的优点。

如果不用酸作催化剂，在高温和高压的条件下也可直接水解，因为在生成糠醛的同时也会生成醋酸，醋酸也能起到催化剂的作用，生产过程连续化，设备腐蚀少，出醛率高，只是反应条件比较苛刻。

2）生产乙酰丙酸

乙酰丙酸是低级脂肪酸，醇与酸会发生酯化反应生成乙酰丙酸酯，与不同的醇反应还可以得到甲基丙基甲酯、二乙基甲酯、二乙基丁酯等产物。

以纤维素为原料，用稀硫酸为催化剂，采用两个连续高压釜可制得乙酰丙酸。第一个反应釜的反应温度是215~230℃，硫酸的浓度是1.5%~3.5%，在第一个反应釜中木质素苯酚发生水解反应；第二个反应釜反应温度是200~210℃，硫酸浓度是3%~7%，水解20~30min。乙酰丙酸收率一般可达到70%。

不同木质素原料的反应条件会有所不同，例如以小麦秸秆为原料，在210~230℃，硫酸浓度3%，液固比15：1，反应时间30min时，乙酰丙酸产率可达到19.2%，这一技术有可能为麦秸秆的利用展现了一个良好的平台。

4. 生物柴油及1，3-丙二醇联产工艺[55]

生物柴油是可再生的清洁能源，已经在国内外得到广泛的应用和生产。1，3-丙二醇是重要的化工原料，广泛用于溶剂、油墨、涂料、药品、润滑剂和防冻剂的生产，是新型聚酯高分子材料(聚对苯二甲酸丙二醇酯 PTT)的重要单体。由于在生产生物柴油的过程中副产约10%的甘油，随着生物柴油产量的日益增加，副产甘油的利用将成为生物柴油大规模产业化发展所面临的课题。国内清华大学、大连理工大学等单位开展生物发酵法生产1，3-丙二醇的研究，用副产甘油为原料耦合生产1，3-丙二醇，虽然起步比德国、美国晚，但研究水平已经赶上甚至超过国际先进水平，从而不仅解决了生物柴油生产过程中副产甘油的出路，同时降低了1，3-丙二醇的生产成本。清华大学和黑龙江辰能生物工程公司、河南天冠集团合作完成了50m³发酵罐的工业化试验，生物柴油生产过程的甘油不需要进一步处理就可以用于1，3-丙二醇的生产，1，3-丙二醇浓度可达到70g/L，超过了国外同类产品水平，实现了生物柴油生产与1，3-丙二醇生产工艺的耦合。产品已经被日本丰田、仪征化纤公司试用于聚合物生产和纺丝工艺，得到了色相超过国外PTT指标的产品。其生产路径为下图(图11-19)所示。大连理工大学在实验室还采用膜过滤技术将脂肪酶催化甲醇或乙醇与油脂反应生成生物柴油，同时转化甘油为1，3-丙二醇的研究。

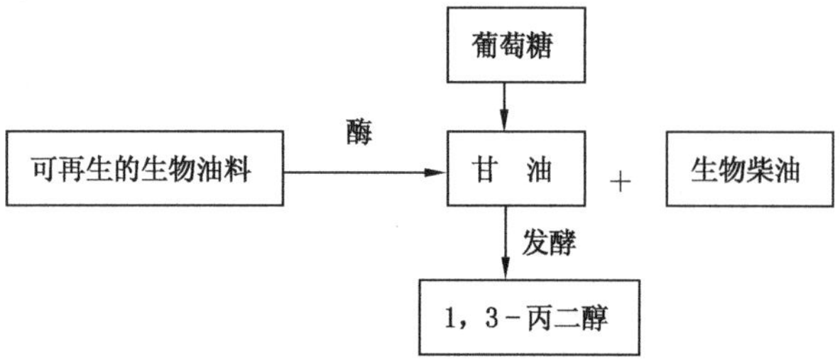

图11-19　全生物路线制备生物柴油和1，3-丙二醇工艺耦合示意图

5. 生物油制取化学品[66]

生物质热裂解主要产物是生物油、不凝气和木炭。现阶段生物油作为燃料更加备受关注。要进一步提高生物油的使用价值则必须建立工厂化的生物油工厂，将生物油用于制造化学品和替代燃料。生物油是含氧量很高的复杂有机成分混合物，化合物种类有数百种之多，几乎包含所有种类的含氧有机物，如：醇、醚、醛、酮、酚、有机酸、酯等。不同生物油的主要成分的相对含量均表现出相同的趋势。每种生物油中，苯、酚、蒽、萘、菲和一些酸的含量相对较大。至今尚不能够确定生物油的主要组成成分，从而影响生物油的的开发利用。即使是将生物油作为发动机燃料使用，如果不知道生物油组成成分与以石油为原料生产的汽柴油的差别，就将难以替代汽柴油使用。国内山西煤化所、沈阳农业大学、清华大学、浙江大学、广州能源研究所等单位采用色谱-质谱联用(GC-MS)技术目前也仅仅分析出了其中14~29个组分，与石油化工汽柴油组成分析的精度相差甚远。典型的木屑热解生物油特性如表11-24所示。

由表11-24的数据可以看出，生物油的热值仅仅为汽柴油燃料热值的40%左右，可以作为常规燃料用于锅炉燃料，不如化石燃料稳定。

加拿大RTI Ltd公司在生物油制取化学品方面进行研究并取得了一定的进展，认为生物油经过精制分离后有可能用于生产化学合成纤维、香料、有机肥料、燃料添加剂、去污剂、锅炉燃料、柴油内燃机燃料。

采用传统的蒸馏方法很难对生物油中化学品进行分离，简单的方法是通过诱导水定向分离，获得亲水物质和疏水物质。亲水物质的蒸馏需要较高的成本，采用连续萃取的

表11-24　典型的木屑热解生物油特性

物理性质	典型值
含水率(质量分数)/%	15~30
pH值	2.5
相对密度	1.20
元素分析(质量分数)/%	
C	56.4
H	6.2
O	37.3
N	0.1
灰分/%	0.1
高位热值(随含水率变化)/(MJ/kg)	16~19
黏度(40℃、25%含水率)/(mPa·s)	40~100
固体杂质(炭)(质量分数)/%	1
真空蒸馏	最大降解量为50%

方法可分离出含有乙酸乙酯的中性和酸性物质，尽管如此，目前还没有一套完善的分离工艺。选择性吸附、膜分离和连续色谱分离方法也在研究之中。疏水物质大部分来源于木质素，进一步降解可获得平均分子量较低的物质。生物油提取的化学品主要是乙醇醛、醋酸、蚁酸、左旋葡萄糖等。

四、生物质炼制的产业规模

1. 反应和气化装置处于中小试阶段

生物质炼制化学品目前还未进入产业化阶段，处于实验室研究或小规模示范阶段。最大规模的示范装置为加拿大 Dynamotive 研究机构的流化床装置，生物质进料规模为 1500kg/h，其他均为 3~50 kg/h 小型试验装置[67]。国外典型的生物质热裂解液化试验装置主要有以下类型[66]：

(1) 漩流锥反应器(Rotating cone)

典型的是荷兰 Twente 大学的试验装置，粉碎后的木质素颗粒滑入或压入旋转锥内，在高温的内表面上发生热分解反应，在 1s 的滞留期和 600℃ 温度下，约生成 60% 的液态产物、25% 的气态产物和 15% 的木炭。

(2) 流化床反应器(Fluid bed)

典型的是加拿大滑铁卢大学的试验装置，主要研究目的是研究最佳的林业材料转化为生物油的条件，该研究为后来的快速裂解和闪蒸裂解研究奠定了基础。试验装置的规模为 3kg/h，反应温度为 425~625℃ 之间，反应压力为 1.25kPa，进料速率为 1.5~3 kg/h，反应产物通过旋风分离器分离掉生成的木炭，油气和液体产品通过冷凝收集。液体产物由于没有过度氧化，含有 10%~20% 水分的生物油在室温下储存 12 个月仍然稳定。

(3) 循环流化床反应器(Circulating fluid bed)

典型的是希腊可再生能源中心的试验装置，主要由于干燥碎木的生物质加工研究，试验装置能力为 10kg/h，利用反应器底部的常规沸腾床内物料燃烧获得的热量加热沙子，加热的沙子随着高温燃烧生成的气体向上穿过循环流化床进入反应器与生物质混和并传递热量给生物质，发生反应生成炭和生物质挥发分，含有沙子的挥发分导出反应器经旋风分离器分离后冷凝回收生物油，沙子继续循环回燃烧室。产物中液体产品可达 61%，比其他快速裂解装置低。

(4) 气流床反应器(Entrained flow bed)

是美国 GTRI 早期 1980 年的试验装置，直到 1989 年才反应器才运转成功。干燥物料进料量为 57kg/h，生物质颗粒是呈旋转管式炉中的运动状态与高温热空气并流向上通过反应器。生物油产率不高，为 60%。虽然运转成功，也没有再扩大装置规模。

(5) 其他反应器

加拿大 Pyrovac 学会的真空移动床(Vacuum moving bed)反应器、英国 Aston 大学的高温气流(Ablative)反应器的进料规模都是每小时进几 kg 木质生物质，生物油收率也是 60% 左右。

中国的生物质裂解试验装置几乎在大学科研部门，主要分布在沈阳农业大学、上海理工大学、浙江大学、哈尔滨工业大学、华东理工大学、中国科学技术大学、河南农业大学、浙江农业大学、清华大学化工系、山东理工大学、中国科学院广州能源研究所等。《生物质热化学转换技术》[67]、《生物质能利用原理与技术》[68]等专著也是这些大学所编。在试验装置的规模上，除了沈阳农业大学从荷兰吞特(Twente)大学生物质技术集团引进的漩流锥反应器规模比较大(为 50 kg/h)外，其他绝大部分均是用于研究目的小型试验装置(1~5 kg/h 规模)。

2. 美国国家可再生能源实验室的生物炼油厂研究及进度说明

美国国家可再生能源实验室(NREL)生物质项目部于2007年2月公布了他们的生物质项目研究进展计划。木质纤维素原料的热化学加工主要障碍是技术经济问题，生物质的生化转化主要技术障碍是生物酶的转化率和酶的生产成本。NREL 近期到 2012 年的研究仍然处于中试阶段，计划2012年开始运转中试装置，目标是联合发酵的菌种可达到生成85%的 C_5 糖或95%的 C_6 糖产量，中试的乙醇成本达到1.07美元/加仑，原料价格降低2~5倍，从2009年的4535美元/t 降低到35美元/t。

诺维信公司预测，到2022年纤维素乙醇的产量有望超过玉米维原料的燃料乙醇产量。由于酶的成本高，目前纤维素乙醇的生产成本是2~4美元/加仑，而以第一代以玉米原料的燃料乙醇生产成本约为1.5美元/加仑，两者相差甚大，需要从各方面降低纤维素乙醇的生产成本。

美国国家可再生能源实验室(NREL)生物质项目部的纤维素生物质转化阶段目标路线见图11-20。规划和设想的每天处理1万t生物质干料的一体化生物炼油厂流程见图11-21，每天可生产1193000加仑乙醇(约3564t/d，130万 t/a)，4000加仑甲醇，20000加仑丙醇，7700加仑丁醇，3500戊醇。带有生物油加氢、生物油酯化、纤维素热解、生物质气化、含糖生物质发酵、合成气合成等工艺过程的生物炼油厂总流程见图11-22。美国国家可再生能源实验室的纤维素生物质转化项目到2012年的目标仍处于中试阶段，研究的重点是降低提高糖转化率、降低纤维素的成本、强化发酵菌的糖产率、降低酶的生产成本。可以看出，生物炼油厂离产业化进程还有不短的路程。

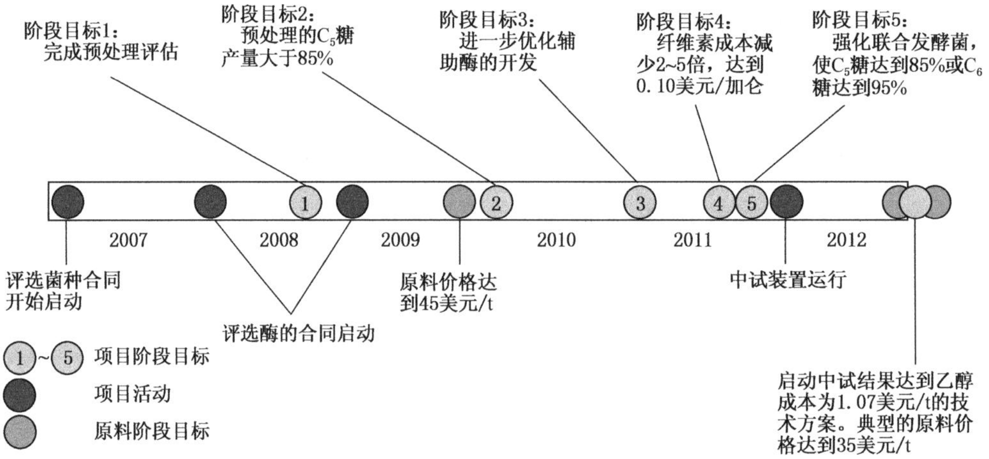

图11-20　美国国家可再生能源实验室生物质转化研究阶段目标

五、小结

研究和开发生物炼制是化石石油资源日益短缺背景下的必然选择，据报道，美国计划到2030年用生物基化学产品和生物基燃料替代25%的有机化学品、20%的运输燃料以及5%的电和热能源。我国目前虽然尚没有制定具体的生物质替代石油化工产品的数量规划，但为了缓解石油紧张，保障国家石油安全，财政部、国家税务总局等五部委于2006年年底联合出

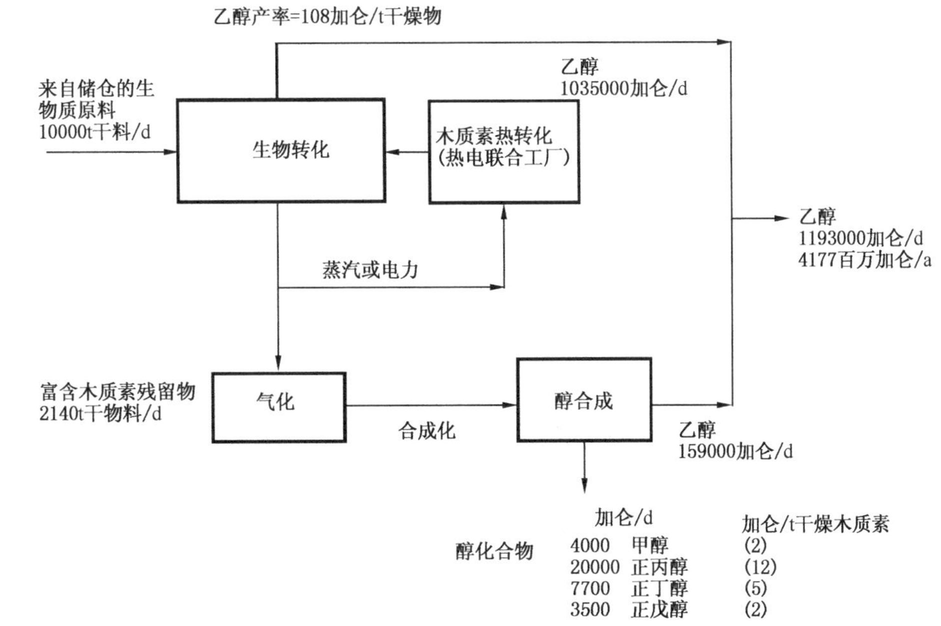

图 11-21　美国国家可再生能源实验室规划的生物质转化/热转化工厂物料流程

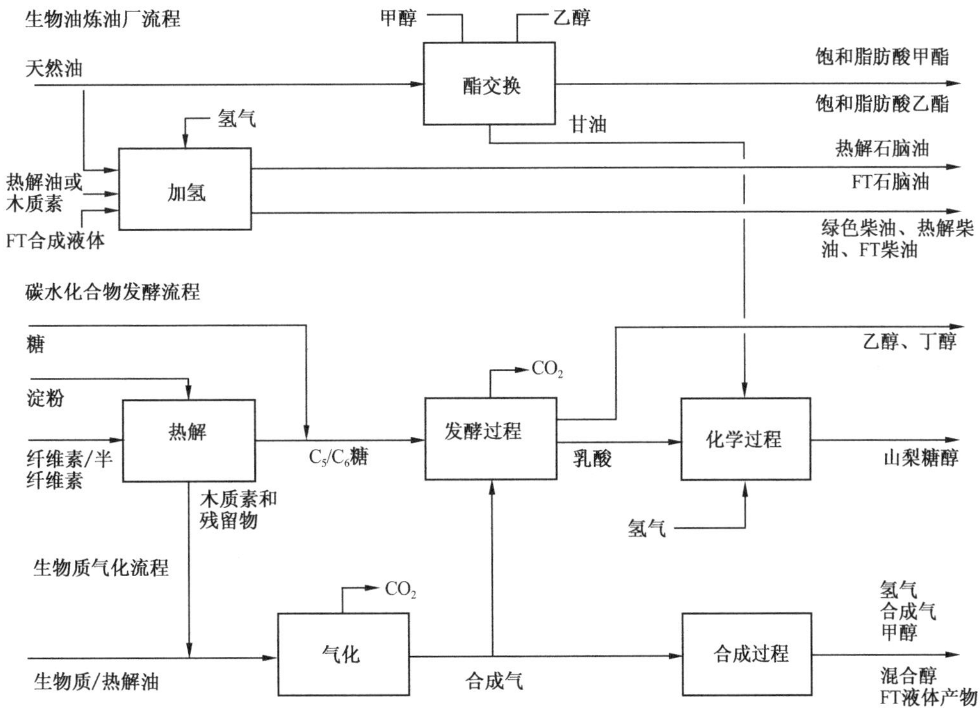

图 11-22　美国国家可再生能源实验室规划的生物炼油厂总流程

台了对生物能源与生物化工行业的四大财税支持政策，以鼓励我国生物能源与生物化工的发展，促进石油替代。

从前四部分可以看出，生物质炼制替代燃料和化学品虽然有许多优势，技术路线也可行，但要实现工厂化的经济规模生产还有许多社会、技术经济、工程放大、环境保护等问题有待深入分析研究，有待进一步论证。也就是说，真正的生物基化学产品取代石油基化学产品的时代还没有到来，还有许多困难需要克服。例如目前最为热点的纤维素乙醇生产的工业化过程成本太高（主要是原料的预处理成本、酶水解成本及酶生产成本太高，约占总成本的67%）的问题，使纤维素生产乙醇生产目前还处于用秸秆为原料的示范阶段。

生物质炼制目前还不成熟主要体现在以下四个方面：

① 要寻求更合适的原料，降低原材料预处理成本和酶的生产成本，目前纤维素乙醇的过程成本占到总成本的67%；

② 要开发更经济高效的转化设备和转化技术；

③ 改善生物油的使用性能；

④ 开发出有价值的生物质产品。

因此，生物质炼制生产化学品要达到实质性地部分替代目前石油化工工艺生产的化学品，还任重道远，但这一天肯定不会是遥远的将来。

参 考 文 献

1　沈师孔．天然气转化利用技术的研究进展．石油化工，2006，35(9)：806~807

2　张玉东，李树本等．天然气可甲烷和乙烷直接转化制乙烯．天然气化工，1998，23(2)：1~4

3　李军，张美凤等．SAPO-34分子筛研究进展．化工进展，2005，24(4)：435~436

4　何长青，刘中民等．SAPO-34分子筛表面酸性的研究．分子催化，1996，10(1)：48~54

5　何长青，刘中民等．模板剂对SAPO-34分子筛晶粒尺寸和性能的影响．催化学报，1995，16(1)：33~37

6　李选志．天然气制低碳烯烃技术及其进展．当代化工，2004，33(6)：321~323

7　郑燕英，杨庭录等．制备条件对SAPO-34分子筛结构及MTO活性的影响．燃料化学学报，1999，27(2)：139~144

8　李宏愿，梁娟等．硅磷酸铝分子筛SAPO-34的合成．石油化工，1987，16(5)：340~346

9　刘中民，许磊等．一种微孔金属磷酸硅铝型分子筛及其合成方法，ZL00105772.3

10　付晔，王乐夫等．晶化条件对SAPO-34结晶度及催化活性的影响．华南理工大学学报（自然科学版），2001，4：30~32

11　季生福，李树本等．Na-W-Mn/SiO_2催化剂活化甲烷的研究Ⅰ．活性中心的结构．分子催化，2000，14(1)：1~4

12　须沁华．SAPO分子筛．石油化工，1988，17(3)：186~192

13　Barger P T，Heights A. Methanol Conversion Process Using SAPO Catalyst. USP5095163. 1991

14　巴格尔P T，维尔森S T，雷诺尔斯M T.．金属磷铝酸盐分子筛以及使用它将甲醇转化为烯烃的方法，ZL00137259.9

15　齐国侦等．甲醇制烯烃反应过程中SAP0-34分子筛催化剂的积碳行为研究．石油化工，2006，35(1)：30~32

16　张美凤等．一种磷酸硅铝分子筛及其合成方法，ZL02130787.3

17　柯丽，冯静等．甲醇转化至烯烃技术的新进展．石油化工，2006，35(3)：205~209

18　Dahl I M，Fugerud T. Method of Synthesis Crystalline Microporous Metalloaluminophosphate from a Solid Body. PCT Int Appl，W0 03040037. 2002

19　Machteld M，Process for Manufacture of Molecular Sieves，CN1596222. 2005

20　Chang Y F. Spray Drying Molecular Sieve Catalyst，PCT Int Appl，W0200506622. 2005

21　ChangYF. Molecular Sieve Catalyst Composition，Its Makingand Use in Conversion Processes，US 2005075525. 2005

22 巴格尔 P T，马克 T L，卡奇 JA. 用于烯烃生产的耐磨催化剂，ZL 01132533X
23 常 Y F，沃恩 S N，马滕斯 L R U. 制备耐磨催化剂的方法及其用于含氧化合物—烯烃转化的用途，ZL200480013650. 4
24 Janssen M. Protecting Catalyst of a SAPO Molecular Sieve, US 6316683. 2001
25 Martens L R. Protecting Catalyst of a SAPO Molecular Sieve, AU 2004200665. 2004
26 XU Teng. Catalyst Pretreatment with Aldehyde in an Oxygenate to 0lefins Reaction System. PCT Int Appl, W0 20050566476. 2005
27 XU Teng. Catalyst Pretreatment With Dimethyl Ether in an Oxygenate to Olefins Reaction System. PCT Int Appl, W0 2005056500. 2005
28 Vallghn S N. Process to Control Conversion of C_4^+ and Heavier Stream to Lighter Products in Oxygenate Conversion Reactions. Ger Offen, DE60112556. 2005
29 Fuag S C. Method for lmproving Light 0lefin Selectivity in an Oxygenate Conversion Reactions. Ger Offen, DE60013254. 2005
30 徐腾，怀特 J L. 含氧化合物至烯烃的反应体系至催化剂预处理，CNl438921. 2003
31 Kuechiler K H. Catalyst Fluidization in Oxygenate to Olefin Reaction Systems. PCT Int Appl, W0 2005061418. 2005
32 JohnRS. Method and Reactor System for Converting Oxygenate Contaminates in an MTO Reactor System Product Effluent to Hydrocarbons, US200439239. 2004
33 Senetar J J. Selective Dimethyl Ether Recovery and Recycle in a Methanol to Olefin Process PCT Int Appl, W0 2004094355. 2004
34 陈香生，刘昱等．以天然气或煤基为原料的甲醇制低碳烯烃工艺工业化应用进展．炼油技术与工程，2005，1(1)：5~9
35 Marcello P. New Ethylene Routes are Available, but Economics lnhibit Their Use. OGJ, 1997, 95(26): 71
36 Houdek J M. Market Trends and Opportunities in Petrochemical Propylene Production NPPA Annual Meeting, 2005: AM-05-58
37 谢赛库，钟思青等．由甲醇或二甲醚生产丙烯的方法，ZL200510028809
38 王嘉欣，丑凌军等．溶胶-凝胶法制备 Na_2WO_4-Mn/SiO_2 催化剂及其甲烷氧化耦联反应性能的研究．天然气化工，2006，31(2)：2~3
39 海克 M，科斯 U 等．用甲醇制备丙烯的方法，ZL01810472
40 Rothaemel M, Wagner J S, Jensen F, et a1. Demonstrating the New Methnol to Propylene(MTP) Process. The 2003 AIChE Spring National Annual Meeting, New Orleans, USA, 2003
41 Waldemar L. Progress Report on MTP Focus on DME. The 2004 AIChE Spring National Annual Meeting, Frankfort, Germany, 2004
42 Potheamel M, Holtmann H D. Methanol to propylene MTP' s Way. Perochemie, 2002(118): 234~237
43 Martin R. Demonstrating the new Methanol to propylene(MTP)process. The 2003 AIChE Spring National Annual Meeting, New Orleans, USA, 2003
44 李新生，徐杰，林励吾．催化新反应与新材料．郑州：河南科学技术出版社，1996：31~36
45 陈俊武主编．催化裂化工艺与工程．第二版．北京．中国石化出版社，2005：184~185
46 丑凌军，蔡迎春，李树本等．加压下甲烷氧化耦联反应工业条件的研究．天然气化工，2002，27(5)：1~3
47 Asami K, FUjita T, Kusakabe K, et al. Conversion of Methane with Carbon Dioxide into C_2 Hydrocarbons over Metal Oxides. Appl Catal A: General, 1995, 126(2): 245~255
48 谢光全．甲醇制丙烯(MTP)．甲醛与甲醇，2005(3)：30
49 蔡迎春，丑凌军，李树本等．甲烷-二氧化碳制 C_2 烃研究进展．天然气化工，2003，28(5)：46~49

50　马鸣，陈伟等．我国天然气资源的开发利用现状．石油化工，2005，34(4)：396~397
51　谢茂松．甲烷的芳构化．石油化工，1996，25(8)：55~56
52　钟顺和，马红钦．激光表面催化甲烷氧化耦联制乙烯，CN91104194. X
53　王庆昭，郑宗宝等．生物炼制工业过程及产品．化学进展，2007，19(7/8)：1199~1204
54　林鹿，何北海．木质生物质转化高附加值化学品．化学进展，2007，19(7/8)：1208~1215
55　刘宏娟，杜伟等．生物柴油及1，3-丙二醇联产工艺产业化进展．化学进展，2007，19(7/8)：1185~1189
56　谢茂松．甲烷的芳构化．石油化工，1996，25(8)：62
57　汤立新，虑效平．甲烷脱氢耦联制芳烃催化剂研究进展．化学工业与工程技术，2002，23(3)：31~32
58　刘自力，林维明．稀土改性Mo/ZSM-5催化剂上甲烷直接芳构化反应的研究．天然气化工，1997，22(6)：23~25
59　曾金龙，熊智涛。强酸促进的Mo/ZSU-5基催化剂上甲烷非氧脱氢芳构化．高等学校化学学报，1998，19(1)：123~125
60　李春香，王幸宜．甲烷无氧芳构化的催化剂研究进展．化学工业与工程技术．2001，22(4)：23~24
61　徐奕德，包信和，林励吾．甲烷无氧芳构化研究新进展．石油与天然气化工，2004(S1)：34
62　徐奕德，包信和，林励吾．甲烷直接催化脱氢转化为芳烃和氢新反应的研究．中国科学基金，2006(3)：170
63　刘红梅，申文杰．分子筛的酸处理对Mo/ZSM-5催化甲烷无氧芳构化反应性能的影响．催化学报，2004，25(9)：688
64　王嘉欣，丑凌军等．甲烷氧化耦联Na_2WO_4-Mn/SiO_2催化剂热效应的研究．分子催化，2006，20(4)：306~307
65　陈宏善，牛建中．Na-W-Mn/SiO_2催化剂中金属-载体作用．高等学校化学学报，2001，22(5)：815~816
66　刘荣后，牛卫生．生物质热化学转换技术．北京．化工工业出版社．2005，220~235
67　刘荣后，牛卫生．生物质热化学转换技术．北京．化工工业出版社．2005，162~164
68　袁振宏，吴创之．生物质能利用原理与技术．北京．化工工业出版社．2005，169~336
69　王　，魏飞．流化床催化裂解生产丙烯的方法及反应器，ZL200610144290. 2

第三篇　应 用 篇

第十二章　交通运输工具的耗能与节能

第一节　交通运输量和运输燃料

一、世界交通工具和运输量预测

1. 客流交通量的预测

一个国家以至整个世界的经济发展必然会带动交通运输业的相应发展，对运输燃料的需求将随之增加。关于国民生产总值、一次能源需求量、原油需求量和交通运输需求能源量等方面的预测数据已在本书第三章叙述，本节将在其基础上进一步深化分析。

交通运输耗能的主要影响因子可用下式表达：

交通运输耗能 $=f$(工作量、运输结构、燃料种类、能量强度)

式中：工作量为乘客周转量和货物运量；运输结构即运输方式和运输工具；燃料种类即所使用的燃料类型；能量强度即运输燃料使用效率。

首先是对于以人公里表示客流交通量的预测。世界能源组织(WEO)和世界可持续发展理事会(WBCSD)依据表12-1[1]所列的20世纪前30年的国民生产总值增长率和人口增长率的数据预测了后50年(2000~2050年)客流交通量的变化，得到了不同国家和地区2000~2050年期间以万亿人千米(10^{12}P·km)为单位的每年总交通量变化预测曲线(图12-1)和以千公里(10^3km)为单位的每年人均交通量预测曲线(图12-2)[1]。

表12-1　经济和人口增长的采用数据

国家和地区	GDP年均增长率/%		人口年均增长率/%	
	1971~2000年	2000~2030年	1971~2000年	2000~2030年
世界总计	3.3	3.0	1.7	1.0
经合组织	3.0	2.0	0.8	0.4
北　美	3.2	2.1	1.3	0.8
美国、加拿大	3.2	2.0	1.0	0.8
墨西哥	3.9	3.4	2.4	1.0
欧　洲	2.5	2.0	0.5	0.1
欧　盟	2.4	1.9	0.3	-0.1
亚　太	3.7	2.0	0.9	0.1
日本、澳大利亚、新西兰	3.2	1.6	0.8	0.0
韩　国	7.4	3.6	1.3	0.4
过渡型经济国家	0.1	3.1	0.5	-0.3
俄罗斯	-2.9	3.0	-0.3	-0.6
发展中国家	4.8	4.1	2.0	1.3

续表

国家和地区	GDP 年均增长率/%		人口年均增长率/%	
	1971～2000 年	2000～2030 年	1971～2000 年	2000～2030 年
中　国	8.2	4.8	1.4	0.5
东　亚	5.6	3.6	2.0	1.0
印　尼	6.1	3.9	1.9	1.0
南　亚	4.8	4.6	2.1	1.3
印　度	4.9	4.6	2.1	1.1
拉　美	3.1	3.0	2.0	1.1
巴　西	3.9	2.9	1.9	1.0
中　东	2.9	2.6	3.2	2.3
非　洲	2.7	3.6	2.7	2.1

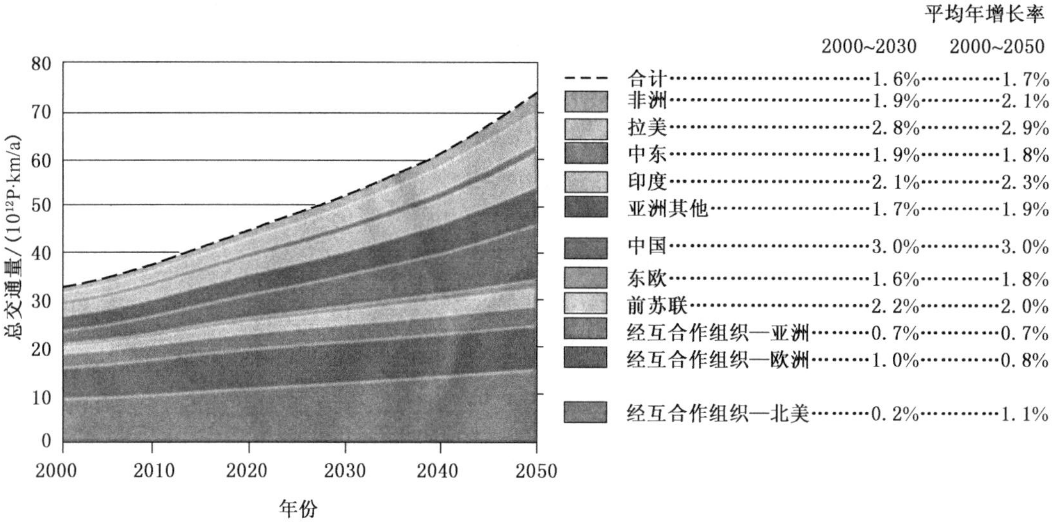

图 12-1　2000～2050 年不同国家和地区的每年总交通量预测

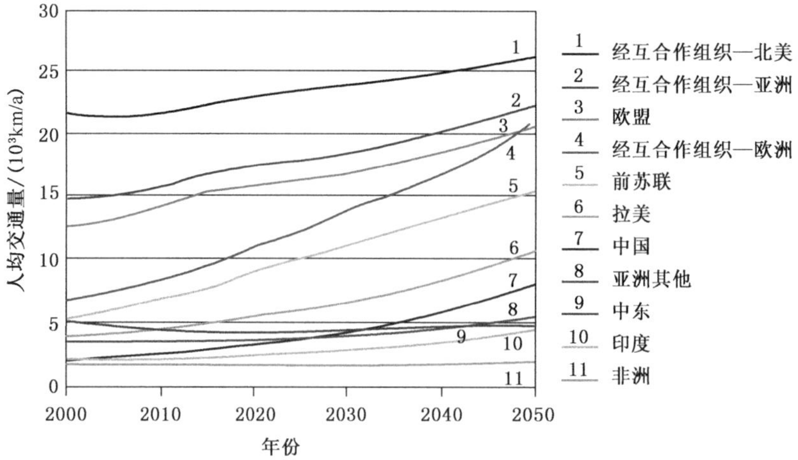

图 12-2　2000～2050 年不同国家和地区的每年人均交通量预测

从图12-2可看出世界不同地区的人均交通量由于发达程度不同而有很大差别，2000年北美人均交通量为21500km，非洲仅为1700km，相差12倍之多。欧盟为13000km，中国为2000km。预测2050年北美和欧盟人均交通量将分别增加到26000km和20000km，而我国将增加到8000km。

实现上述交通流量要靠多种交通工具。现按六类划分，预测全世界使用各类交通工具的每年总交通量，以万亿人千米(10^{12}P・km)为单位绘制的曲线和相应的年增长幅度见图12-3[1]。中国2007年公路客运周转量为1.14×10^{12}P・km，但缺轿车数据。有关地区和国家的数据将在本章下节中介绍。

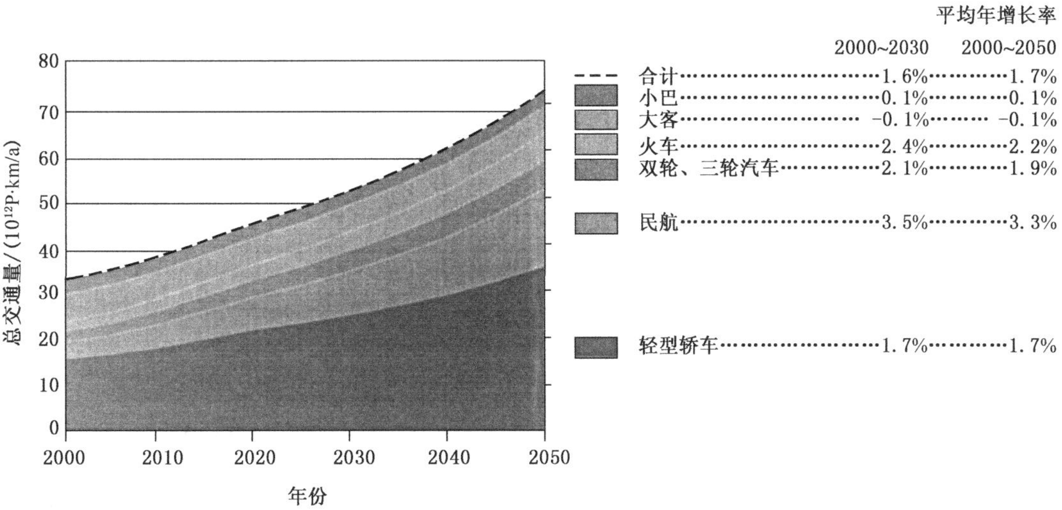

图12-3　2020~2050年全世界使用各类交通工具每年总交通量预测

美国为发达国家中的能耗大国，其运输能耗占总能耗的28%。取运输能耗=100，按运输工具手段划分大致为：轿车32、轻卡车28、其他卡车16、飞机9、船5、火车与公交汽车3、灌输3、农业和建筑业4；按使用对象分：私人63，集体和其他37；按燃料品种分：汽油62、柴油24、喷气燃料8、天然气2、其他4。

发达国家的人均交通量主要是以小汽车为主的交通量。根据不同来源的统计资料对美国家庭用车和交通情况做了粗略剖析[2]，2001年美国有1.07亿个家庭，共有轻型汽车1.91亿辆。按家庭统计，无车户为8.1%；有1辆车户为31.4%；有3辆或更多辆车户为23.2%。每个家庭平均乘车出行2171车次(上下班工作479车次、购物459车次、社会交际和娱乐441车次、其他则为医疗、上学、去教堂等个人或家庭活动)，平均每次行程大约16km。如果按每辆车统计，年平均行驶里程为19300km。

在外出旅游方面，1995年美国人均外出旅游行程约5000km，总周转里程为1.3×10^{12}P・km(按使用的交通工具划分，轻型汽车占55%，飞机占43%，大巴占1.5%，火车占0.5%，船舶占0.2%)。也就是说，有10亿人次和6.6亿家庭次乘坐汽车行驶了45×10^{10}车公里。可见美国人乘汽车主要用在日常工作和生活方面，而外出旅行则不到15%。

中国目前汽车普及率低，每年行驶车公里总数不及美国十分之一，无论是数量和质量都有待以较快的速度发展。2007年外出旅行总周转里程为2.1×10^{12}P・km，人均约是美国四分之一，而且主要是乘坐大巴和火车。

轻型汽车人均拥有量是国家发达程度的一项标志，目前发达国家平均已超过每千人400

辆，拉美和俄罗斯超过 100 辆，而中国还不到 30 辆，非洲不到 10 辆。全世界目前共计 9 亿辆，预计 2050 年将达 20 亿辆。有关增长幅度预测见图 12-4[1]。

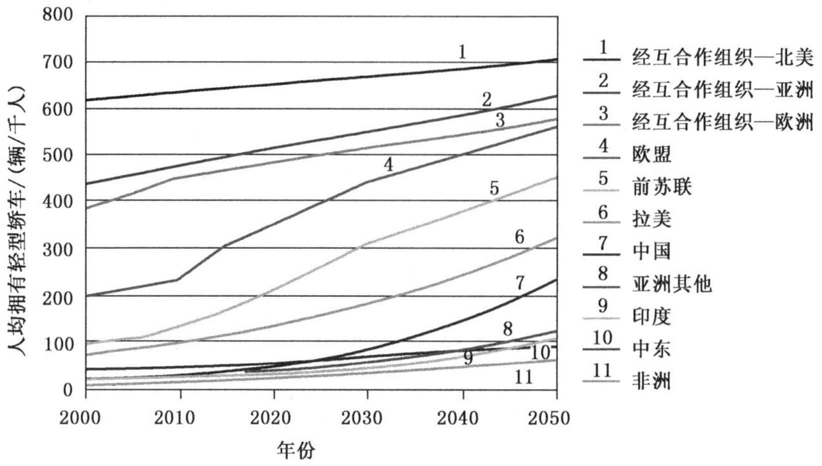

图 12-4　2000~2050 年不同国家和地区人均拥有车辆预测

据中国汽车工业协会统计，我国 2007 年汽车产量为 888.24 万辆，其中轿车 478.77 万辆，占 54.0%。2008 年中国汽车产量达到 934.5 万辆，其中乘用车产量 673.8 万辆，乘用车中轿车近 500 万辆。中国已经成为世界汽车生产和消费大国。随着中国经济的发展，轻型汽车保有量将持续增长。按“中情景”模式预测，2020 年我国小轿车保有量将达到 6000 万辆，达到 46 辆/千人的水平。

公安部统计 2007 年年底我国私人拥有的轿车数量是 1522 万辆，约占轿车总量的 60%，我国人均轿车保有量为 20 辆/千人，远低于工业化国家(约 400~600 辆/千人)水平。

从国情出发，在一定历史阶段摩托车的发展迅速，弥补了无力购买轻型汽车的运力需要。不少亚洲国家每千人已拥有摩托车 50 辆以上，而且今后还会增加。

2. 货运交通量的预测

货物运输量也存在相似情况。根据 GDP 和人口增长预测得到的不同国家和地区的每年总货运量(以万亿吨千米，10^{12} t · km 为单位)绘制的曲线和相应的年增长幅度数据见图 12-5[1]。根据全世界使用几类运输工具年货运量(以 10^{12}t · km 为单位)和相应的年增长幅度数据绘制的曲线见图 12-6[1]。中国 2007 年公路货运周转量为 1.13×10^{12}t · km。

从图中看出，货运量的年均增长幅度比交通量的增长幅度小，发达国家比发展中国家增长幅度小，但一般不少于 1.5%。陆上运输工具中卡车运输量的增长幅度大于火车运输量。不同地区和国家的人均货运量随该地该国资源情况和国土情况而异，难以相互比较。

二、运输结构和运输燃料

1. 世界运输结构和运输燃料预测

交通运输按结构可分为水运、空运、火车、运货卡车、公共汽车、摩托车和轻型汽车六大类。按照这六类运输工具运输能量计量的世界 2000 年运输结构分布(图 12-7)[3] 和世界 2000~2050 年间运输结构预测(图 12-9)[3] 体现了国际能源署(IEA)报告设定的基础情景。表明 50 年内运输总用能量约增加 1.5 倍(从 77EJ 到 176EJ)，其中增长幅度最大的是空运(约两倍)，但绝对量(22.6EJ)少于轻型汽车(38.5EJ)和货运卡车(26.8EJ)。

运输燃料通常有汽油、柴油、喷气燃料、渣油燃料和其他燃料五类，按这五类燃料绘制

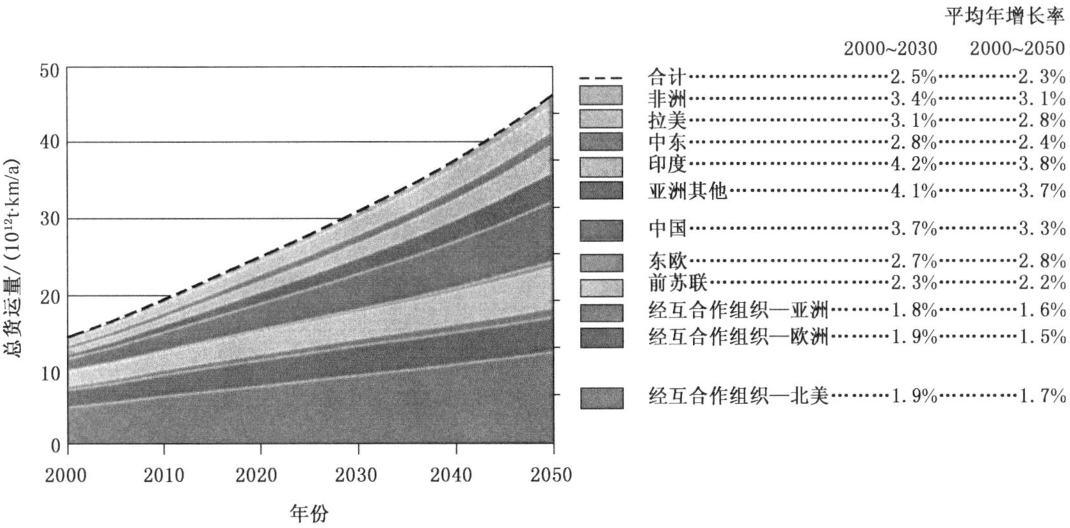

图 12-5　2000~2050 年不同国家和地区的每年总货运量预测

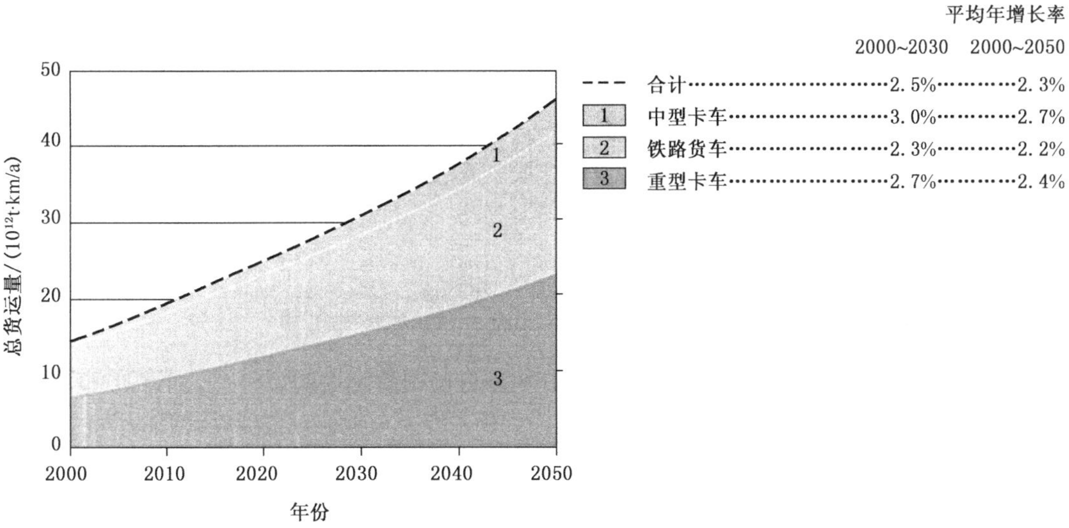

图 12-6　2020~2050 年全世界使用几类运输工具每年总货运量预测

的 2000 年世界运输燃料分布(图 12-8)[3] 和 2000~2050 年世界运输燃料预测(图12-10)[3] 展示了 IEA 设定的基础情景。

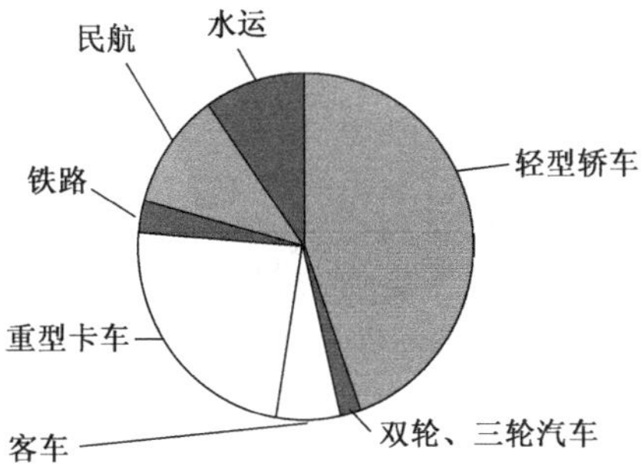

图 12-7　世界 2000 年运输结构分布

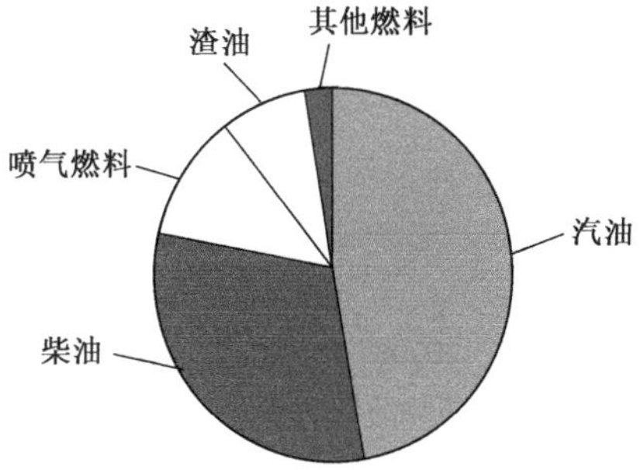

图 12-8　世界 2000 年运输燃料分布

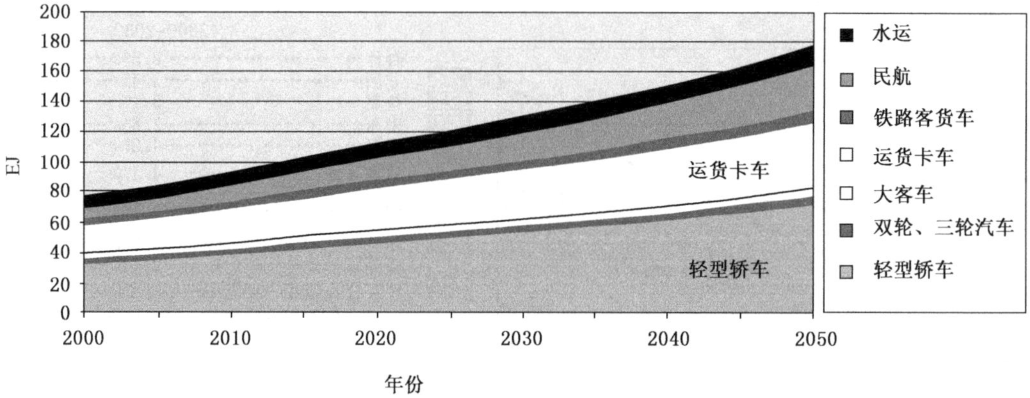

图 12-9　世界 2000~2050 年运输结构预测

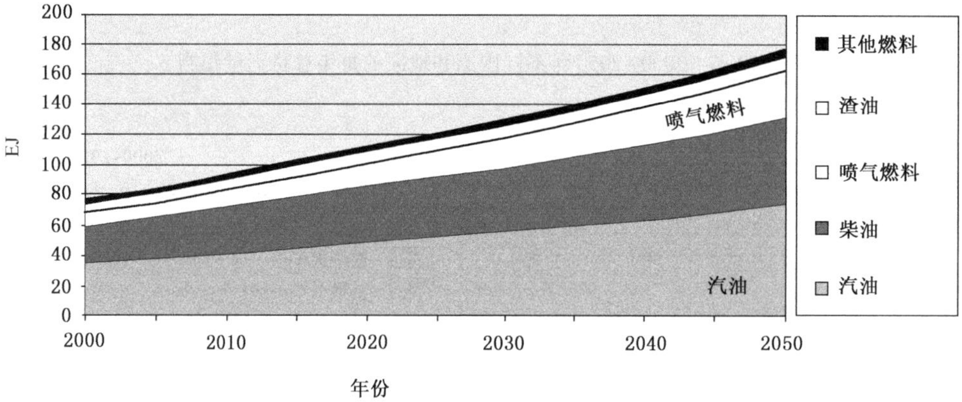

图 12-10　世界 2000~2050 年运输燃料预测

由于基础情景是按常规发展考虑，对 2050 年前对使用新型运输燃料及其车辆的市场份额预测偏低，因此汽油和柴油燃料仍然在公路运输中仍占有主角地位。按能耗计算的汽油消费量是从 2000 年的 36EJ(即 10^{18}J)增加到 2050 年的 70EJ，柴油消费量则从 24EJ 增加到 60EJ，在货运卡车和公共汽车中保持主要份额，在轻型汽车的份额有所增加。2000 年世界运输燃料中汽油在不同类型车辆中消耗分布见图 12-11[3]，相应的柴油消耗分布见图 12-12[3]。

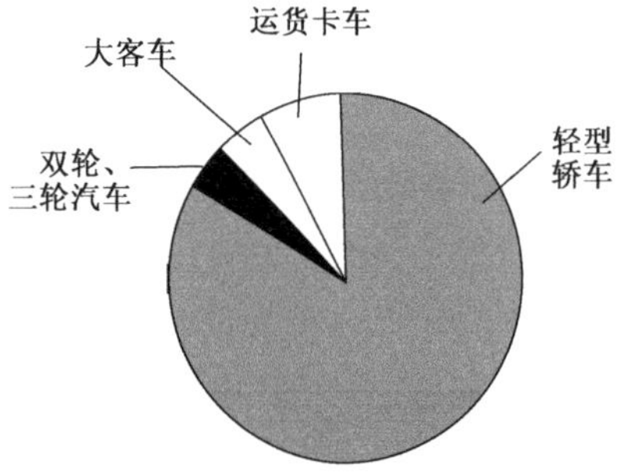

图 12-11　2000 年世界运输燃料中汽油在不同类型车辆中消耗分布

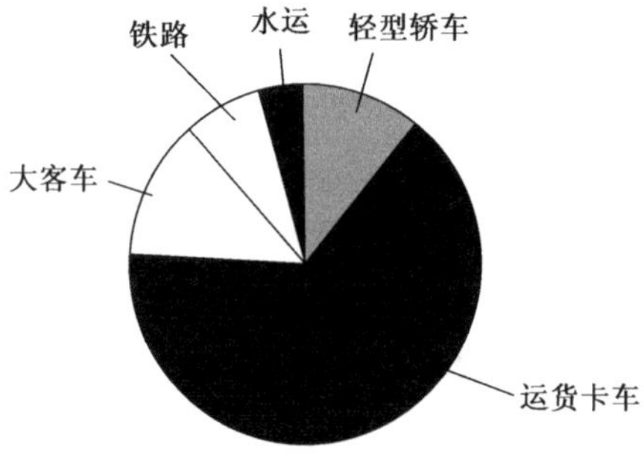

图 12-12　2000 年世界运输燃料中柴油在不同类型车辆中消耗分布

2. 美国运输结构和运输燃料消耗

美国运输燃料用途情况和替代汽油运输燃料使用情况[5]可参见表 12-2 和表 12-3。

表 12-2　2004 年美国运输结构

项目	能耗/EJ	项目	能耗/EJ	项目	能耗/EJ
轿　车	9.48	公交大客	0.28	游　艇	0.18
轻　卡	7.62	国内民航(客运)	1.62	铁路客运	0.14
摩托车	0.03	国际民航(客运)	0.54	铁路货运	0.56
商业轻卡	0.65	民航(货运)	0.65	军用喷气燃料	0.60
中　卡	0.79	国内水运	0.31	军用渣油燃料	0.02
重　卡	4.17	国际水运	0.58	军用柴油	0.13

表 12-3　2004 年美国运输燃料消费量

项目	能耗/EJ	项目	能耗/EJ	项目	能耗/EJ
汽　油	17.90	渣油燃料	0.64	压缩天然气	0.03
柴　油	6.25	液化石油气	0.03	电　力	0.09
喷气燃料	3.55	润滑油	0.15	管输天然气燃料	0.73
航空汽油	0.03	乙　醇	0.001	合　计	29.41

美国能源部信息署(EIA)在 2006 年发布的能源展望(AEO2006)报告[4]中对 2030 年运输用能的预测是 42.0EJ(其中轻型车为 24.3EJ)，比 2004 年增加 43%，人均增加 15%。采用先进和节能技术将会使用能增幅有所下降，如保持 2005 年的现有技术水平，预计用能要增加 3.9EJ；如果大量推广应用先进技术，用能会减少 3.0GJ。

预计美国轻型汽车的燃料构成将有所变化，2030 年柴油车的比例将从 2004 年的 1.6%增加到 2030 年的 5.2%；替代燃料比例将从 2004 年的 1.9%增加到 2030 年的 5.9%。

运输燃料效能一直是用户和制造商关注的焦点，表 12-4a 列举了 AEO2006 报告中美国轻型汽车的燃料效能的若干数据(原文单位为英里/加仑，表中已换算为我国通用单位 L/100km)[4]，小轿车的标准是 8.6L/100km，轻卡标准是 11.4L/100km。

表 12-4a　美国轻型汽车的燃料效能　　L/100km

车　型	停留在 2005 年水平	技术进步基准水平	先进技术主导水平
轻型车新产品	8.9	8.2	7.9
社会保有轻型车	11.5	10.5	9.7

美国 30 年来汽车燃料效率不断提高，但行驶里程也随之增加，轿车和轻型卡车(包括多功能车，SUV)平均功率在 1975 年为 103kW，20 世纪 80 年代曾下降到 76kW，随后攀升到 20 世纪末的 122kW，反映在单车年燃料消耗降幅缓慢。有关数据见表 12-4b。

表 12-4b　美国 35 年来交通运输业的能源强度

运输工具	1975 年	1980 年	1990 年	2000 年	2005 年
各类汽车/(英里/年)	9627	9458	11107	12164	12082
(加仑/车·年)	790	722	677	720	706
(英里/加仑)	12.2	13.3	16.4	16.9	17.1
其中：轿车/(英里/年)	9309	8813	10504	11976	12510
(加仑/车·年)	665	551	520	547	567
(英里/加仑)	13.0	16.0	20.2	21.9	22.1

有关各种车型在不同交通状况时的燃料效能将在本章以后各节介绍。衡量燃料效率的另一指标是单位行程(车·英里或人·英里)的燃料能耗(Btu),表12-4b不仅反映了美国35年来交通运输业的能源强度数据[21],而且也反映了该期间能源强度的下降趋势,也意味着技术进步给节能带来的效益。

表12-4c 美国35年来交通运输业的能源强度

运输工具	1970年	1980年	1990年	2000年	2005年
各类轿车/(Btu/车·英里)	9250	7916	6169	5687	5409
轻卡/(Btu/车·英里)	12479	10224	7746	7158	7652
大客车/(Btu/车·英里)	31796	36553	37374	41548	
大客车/(Btu/人·英里)	2472	2813	3794	4515	
民航/(Btu/人·英里)	10282	5561	4875	3952	3264
通用航空/(Btu/人·英里)	10374	11497	10146	11526	
铁路/(Btu/人·英里)	3548	3065	2505	3253	2709

3. 运输燃料的替代趋势

替代燃料中由于美国和欧盟大力提倡和支持使用生物质燃料(生物柴油和乙醇汽油),2020年前其份额可望有明显增长,也许能达到替代20%汽车用油的水平。如果纤维素制乙醇技术能够在10年左右取得突破性进展,那么在2050年就可能替代更大的比例。但是图12-10中仍然取用了偏低的数值。

关于燃料电池汽车的开发速度和今后市场占有量,由于涉及十分复杂的技术经济预测,各方提出的远景目标相互出入很大。以上预测图中对此也采用了偏低的数值。

大量使用化石能源会引起温室气体效应,并导致全球气候变暖已基本为各国所认可。很多国际组织呼吁加快低碳能源和氢能的开发速度。在国际合作与共同努力下,或许氢能的广泛应用能早日来临。按照世界持续发展业务理事会(WBCSD)发表的《走向2050的途径-能源与气候变化》报告[6]所提出的运输用能目标,要求2050年碳排放量比2002年降低10%以上,其中道路运输降低更多。虽然汽车总数从9.7亿辆增加到20亿辆,运量从13.9×10^9车公里增加到28×10^9车公里,但其中高效率车(混合动力车)和氢能车(燃料电池车)将增加到11亿辆和5亿辆之多。报告预测2050年全世界燃料构成比例:化石燃料将为60%、生物质燃料为15%、氢燃料为25%;美国的运输燃料构成比例:化石燃料将为48%、生物质燃料为24.7%、氢燃料为27.3%;中国运输燃料构成比例:化石燃料为83.45%、生物质燃料0%和氢燃料为16.6%。预测2025年美国燃料电池汽车保有量将达200万辆,中国将为公交客车和出租汽车建立加氢站。

该报告的设想目标是非常积极,但估计很难实现。对于中国2050年生物质燃料使用量为0,显然与目前中国积极发展生物质燃料替代的事实不符,有严重的偏离。

第二节 轻型汽车的用能与节能

一、世界轻型汽车的保有量及发展趋势

轻型汽车是轿车、八座以内的面包车、多功能车和皮卡等四轮乘用车的通称,它是家庭

主要的日常交通工具，消耗燃料约占整个运输燃料的 60%。而且随着国民经济的发展，轻型汽车的数量越来越大。表 12-5 是对 2000~2050 年世界不同地区和国家每千人保有轻型汽车数量的预测数据[3]。由于我国经济发展速度较快，表中关于中国的数字可能估计偏低。根据有关部门资料得到三种情景时我国汽车保有量预测见表 12-6。

表 12-5 2000~2050 年不同地区和国家轻型汽车保有数量 辆/1000 人

国家和地区	2000 年	2010 年	2020 年	2030 年	2040 年	2050 年
经合组织(北美)	618	636	651	667	682	698
经合组织(欧洲)	390	451	483	511	540	570
经合组织(亚太)	438	477	510	545	581	618
独联体	100	133	212	310	373	447
东欧	201	235	345	440	493	551
中国	13	26	50	86	142	231
印度	10	17	26	40	66	105
中东	42	47	57	68	79	91
亚洲其他	21	29	37	56	82	117
拉美	78	101	136	181	240	317
非洲	20	27	34	42	50	58

表 12-6 2010~2020 年我国不同类型汽车保有量预测 万辆

车型	2010 年			2020 年		
	低情景	中情景	高情景	低情景	中情景	高情景
轿车	2329	2485	2679	4852	6074	8914
微型客车	716	855	855	795	1092	1092
轻型客车	303	328	328	316	391	391
微型卡车	121	134	134	44	198	198
中型客车	110	121	121	139	184	184
轻型卡车	810	874	874	1012	1373	1373
大型客车	30	33	33	43	59	59
中型卡车	293	352	352	150	261	261
重型卡车	288	325	325	429	628	628
合计	5000	5507	5700	7780	10260	13100

将北美的经合组织国家每年不变的单车行驶里程定为 17600km/a，欧洲的经合组织国家定为 12500km/a，拉美国家定为 12000km/a，中国和非洲国家定为 10000km/a。按此计算的每年轻型汽车累计行驶里程见表 12-7[3]。关于平均每次出行单车乘坐人数也是一项交通量统计资料，预计北美经合组织国家会从 2000 年的 1.53 人递减到 2050 年的 1.36 人、欧洲从 1.64 人递减到 1.41 人、拉美和非洲从 1.81 人递减到 1.51 人、中国从 1.89 人到递减 1.58 人。

表 12-7　2000~2050 年不同地区和国家轻型汽车累计行程　10^9 车 · km/a

国家和地区	2000 年	2010 年	2020 年	2030 年	2040 年	2050 年
经合组织(北美)	4.4	4.9	5.6	6.1	6.6	7.1
经合组织(欧洲)	2.5	2.9	3.3	3.3	3.3	3.3
经合组织(亚太)	0.9	1.0	1.1	1.1	1.1	1.2
独联体	0.3	0.5	0.7	1.0	1.2	1.4
东　欧	0.2	0.3	0.3	0.4	0.5	0.5
中　国	0.2	0.3	0.7	1.3	2.1	3.4
印　度	0.1	0.1	0.3	0.4	0.8	1.3
中　东	0.1	0.1	0.2	0.3	0.4	0.5
亚洲其他	0.2	0.3	0.5	0.7	1.2	1.9
拉　美	0.4	0.6	1.0	1.3	1.8	2.5
非　洲	0.2	0.2	0.4	0.6	0.8	1.2

根据不同地区和国家的经济社会发展趋势预测的市场轻型汽车销售量见表 12-8[3]。其中对我国 2005 年的数据低于实际情况，对我国 2030 年以后的数据可能估计偏高。

表 12-8　2000~2050 年不同地区和国家轻型汽车市场销售　百万辆/a

国家和地区	2000 年	2010 年	2020 年	2030 年	2040 年	2050 年
经合组织(北美)	15.5	17.6	19.3	20.9	22.4	24.0
经合组织(欧洲)	16.0	17.7	17.9	17.9	17.9	17.9
经合组织(亚太)	6.0	7.3	7.3	7.5	7.8	8.2
独联体	2.1	2.7	3.9	5.0	5.9	6.8
东　欧	1.2	1.5	1.8	2.2	2.5	2.8
中　国	1.8	3.4	6.1	10.8	17.0	26.6
印　度	1.0	1.6	2.7	4.5	8.0	14.4
中　东	0.5	0.8	1.1	1.6	2.0	2.6
亚洲其他	1.6	2.4	3.6	5.8	9.5	15.4
拉　美	3.0	3.9	5.1	7.6	10.7	15.1
非　洲	1.1	2.0	2.8	3.4	5.1	7.7
世界合计	49.8	60.9	71.5	87.2	108.7	141.4

将北美经合组织国家汽车平均使用年限定为 18 年，欧洲和亚太地区经合组织国家定为 15 年，非洲国家定为 22.8 年，中国定为 18.3 年，以此估算各国家和地区的社会汽车保有量，所得结果是：世界轻型汽车总保有量将从 2000 年的 6.8 亿辆增长到 2050 年的 14 亿辆。

二、汽车的燃料消耗

汽车的燃料消耗是仅次于售车价格的一项指标。国外通常以(L/100km)或(英里/加仑或 mpg)表达，美国和英国采用后者。

油耗指标和多种因素有关，首先是与发动机工况有关，在最佳工况运行时单位油耗行驶里程最高，也就是在某车速时最高，低于或高于此车速则明显降低，车速与油耗的关系示意如图12-13[6]。新车目录中的油耗指标常分为城市和公路两种情况，前者一般比后者低20%。此外油耗还与驾驶情况及车况有关。例如过度加速和刹车可减少里程5%(城市)甚至33%(高速公路)；每超速5km/h通常会多耗油10%；频繁的冷启动会增大油耗；空气过滤器结垢、轮胎充气不足以至润滑油质量不好等都是额外增加油耗的原因。

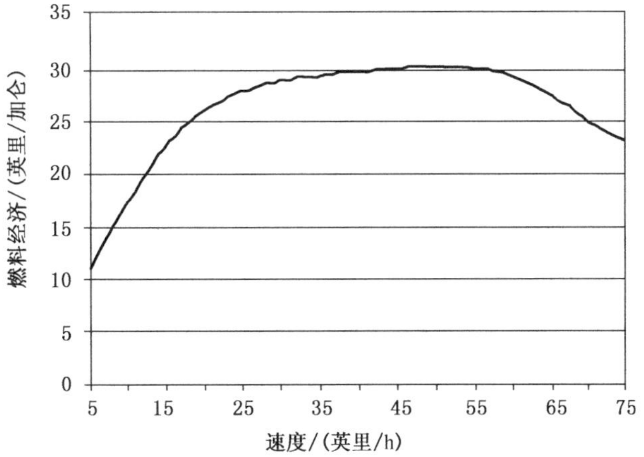

图12-13　车速和油耗关系示意

汽车的性能在不断改进，既表现在舒适性方面，还表现在驾驶性和安全性方面，尤其表现在油耗指标上。这是汽车制造商竞争的重要领域。表12-9从2008年若干制造商的产品目录中选择低油耗的牌号列举有关数据[6]。

表12-9　代表性汽车品牌和燃料消耗指标

类　别	制造商	品　牌	传动	缸数	排量/L	燃料消耗，每加仑行驶英里数/mpg	
						城市	公路
双座车	SLR	SmartFortwo*	自动	3	1.0	33	41
微　型	Mini	Cooper	手动	4	1.6	26	34
			自动	4	1.6	23	32
紧凑型	大众	Jetta	手动	4	2.0	21	29
			自动	4	2.0	21	29
小轿车	本田	Civic*	自动	4	1.3	40	45
	大众	Golf#	手动	4	1.9	37	44
中轿车	丰田	Prius*	自动	4	1.5	48	45
	现　代	Elantra	手动	4	2.0	24	33
	奥　迪	AudiA6	自动	6	3.1	18	27
大轿车	现代	Sonata	手动	4	2.4	21	30
			自动	4	2.4	22	31
小货车	Pontiac	Vibe	手动	4	1.8	26	33
	丰田	Matrix	手动	4	1.8	26	33

续表

类　别	制造商	品　牌	传动	缸数	排量/L	燃料消耗，每加仑行驶英里数/mpg 城市	公路
			自动	4	1.8	25	31
中货车	大众	Passat	自动	4	2.0	20	28
			手动	4	2.0	26	34
皮　卡	福特	Ranger	手动	4	2.3	21	26
			自动	4	2.3	19	24
	马自达	B2300	手动	4	2.3	21	26
			自动	4	2.3	19	24
	丰田	Tacoma	自动	4	2.7	19	25
运货面包车	Chevrolet	Van1500/2500	自动	6	4.3	15	20
	GMC	Savana	自动	6	4.3	15	20
乘坐面包车	Chevrolet	ChevyExpress	自动	8	5.3	12	16
	GMC	Savana	自动	8	5.3	12	16
小面包车	本田	Odyssey	自动	6	3.5	16	23
运动 SUV	福特	Escape	自动	4	2.3	20	26
	福特	Escape	手动	4	2.3	22	28
	马自达	Tribute	手动	4	2.3	22	28

* 为混合动力车；# 为柴油车。

表 12-9 中小轿车除了奥迪牌号作为陪衬外，其余轿车均属 4 缸小排量车（排气量低于 2L），因而油耗均低，尤其柴油车和汽油混合动力车更省油。尽管美国家庭用车排量较大，但我国不宜盲目仿效，而应把发展小排量轿车作为长期国策。

三、汽车油耗标准和燃油效率

1. 油耗标准

发达国家自从 20 世纪 70 年代石油危机发生后开始注意节约用油，为此美国首先制定了油耗法规，主要针对制造商和拥有车队的公司，被称为“公司平均燃料经济性”（CAFE—Corporate Average Fuel Economy）标准，违反这个标准将受到处罚。

标准从 1978/1983 年开始对轿车和轻型卡车的油耗标准逐步严格，从开始的 11.8/17.5（L/100km）降低到目前的 8.6/11.4（L/100km），起到了明显的节油效果。轿车的油耗标准近 20 年来未做修改，而轻型卡车今后还要提高，2007 年达到油耗 10.4L/100km。欧洲迄今虽然没有制定燃油经济性标准，但制定了严格的排气标准，同样起到了约束作用。日本按汽车最大质量分为 9 级，规定了 2010 年应达到的油耗标准，可参见表 12-10。

美国对各种牌号汽车燃油效率的测试由环保署（EPA）按规定的模拟实验得出，并在每年发表的燃料经济指导（Fuel Economy Guide）中公布。实践中发现原模拟方式不够全面，2008 年起增加高速行驶、启用空调和冷启动三项模拟内容，能耗指标普遍比过去上升，已和实际油耗靠拢。

表 12-10　日本汽油车的油耗标准

汽车质量										
汽车质量	起始质量/kg		703	828	1016	1266	1516	1766	2016	2266
	终止质量/kg	703	827	1015	1265	1515	1765	2015	2265	
油耗/(L/100km)		4.7	5.3	5.6	6.3	7.7	9.5	11.2	12.8	15.6

我国也按汽车最大质量分为 16 级，规定 2008 年新车应达到的油耗标准。中国乘用车油耗标准见表 12-11。

表 12-11　中国乘用车油耗标准

车重上限/kg		755	871	987	1097	1212	1329	1440	1550
油耗	手动/(L/100km)	6.2	6.5	7.0	7.5	8.1	8.6	9.2	9.7
	自动/(L/100km)	6.6	6.9	7.4	8.0	8.6	9.1	9.8	10.3
车重上限/kg		1671	1782	1893	2013	2124	2295	2527	
油耗	手动/(L/100km)	10.2	10.7	11.1	11.5	11.9	12.3	13.1	13.9
	自动/(L/100km)	10.8	11.3	11.8	12.2	12.6	13.0	13.9	14.7

表 12-12 是对 2000~2050 年世界不同地区和国家轻型汽车燃料消耗量的预测数据[3]。表 12-13 是对 2000~2050 年世界不同地区和国家轻型汽车汽油/柴油消耗量的预测数据[3]。可以看出，由于柴油轿车的能量效率高于汽油轿车，在技术上解决尾气污染问题后正逐步推广，尤其在欧洲得到政府的大力支持，推广应用速度很快。

表 12-12　2000~2050 年不同地区和国家轻型汽车燃料消耗量　EJ/a

国家和地区	2000 年	2010 年	2020 年	2030 年	2040 年	2050 年
经合组织(北美)	17.7	19.6	22.1	23.4	24.2	25.0
经合组织(欧洲)	7.0	7.6	7.8	7.5	7.2	6.9
经合组织(亚太)	3.2	3.2	3.3	3.2	3.1	3.1
独联体	1.2	1.7	2.6	3.3	4.0	4.4
东欧	0.7	0.8	1.0	1.2	1.3	1.4
中国	0.7	1.3	2.7	4.4	6.8	10.0
印度	0.3	0.5	1.0	1.5	2.3	3.8
中东	0.4	0.5	0.7	1.0	1.2	1.5
亚洲其他	0.8	1.1	1.8	2.5	3.7	5.6
拉美	1.6	2.3	3.4	4.2	5.5	7.3
非洲	0.8	1.1	1.7	2.4	2.9	3.8
世界合计	34.2	39.9	48.0	54.4	62.4	72.7

表 12-13　2000~2050 年不同地区和国家轻型汽车的汽油/柴油消耗量

10 亿 L 汽油当量

国家和地区	2000 年	2010 年	2020 年	2030 年	2040 年	2050 年
经合组织(北美)	495/8	539/10	607/13	639/17	659/21	674/26
经合组织(欧洲)	150/45	133/73	116/95	110/93	105/90	101/86
经合组织(亚太)	75/9	78/6	80/6	77/7	74/8	72/10

续表

国家和地区	2000 年	2010 年	2020 年	2030 年	2040 年	2050 年
独联体	34/1	47/2	69/4	88/6	104/9	114/12
东　欧	15/4	18/5	21/8	20/12	20/16	21/18
中　国	18/1	36/2	72/4	117/8	179/15	260/27
印　度	7/2	13/2	24/3	36/4	56/8	90/14
中　东	10/0	13/1	19/1	25/2	32/3	38/4
亚洲其他	21/1	31/1	48/3	67/5	98/8	145/15
拉　美	36/2	54/3	78/5	97/8	125/12	161/19
非　洲	21/1	30/1	47/3	65/4	78/6	98/10
世界合计	882/74	992/107	1181/144	1339/166	1530/196	1772/241

2. 汽车的燃料效率

深入分析汽车的燃料消耗必须了解从发动机系统到整车在道路运行时的车况及所涉及的诸多因素。按照内燃机的热力学基本定律，燃料的热量转换为有效功要受卡诺循环中实际摩擦和压力损失的双重限制。在 1000℃ 温度下，卡诺循环的理论效率约为 76%，而汽油内燃机在 10 : 1 压缩比工作时的奥托循环理论效率约为 45%，因此现代内燃机的峰值效率对轻型柴油机而言是在 40%～42%，对火花点燃的汽油机而言是在 34%～36%。实际行车中只有很少时间能实现峰值效率，多数时间偏离峰值效率较大。

典型轿车的燃料效率构成见表 12-14。

表 12-14　典型轿车的燃料效率构成

项　目		城市运行工况	公路运行工况	综合运行工况
总用能构成/%	牵引用能	57. 5	80. 5	65. 5
	附属设施用能	10. 0	6. 0	8. 7
	刹车和怠速耗能	15. 0	2. 0	10. 4
	传动损耗	17. 5	11. 5	15. 4
	总用能合计	100. 0	100. 0	100. 0
牵引用能构成/%	滚动阻力	27. 7	35. 2	30. 35
	空气动力阻力	18. 0	50. 4	29. 43
	惯性力	54. 3	14. 4	40. 22
	牵引用能合计	100. 0	100. 0	100. 0

表中牵引用能只占燃料能量的一小部分，但却是车辆行驶的基础能耗。为此学者们提出“从油箱到车轮(From Tank to Wheel，简称 TTW)”行车能量利用效率的评价指标。内燃机汽车 TTW 系统资料见本章第七节。

汽油内燃机汽车发展到现在已有百余年，技术已经十分成熟，但是 TTW 效率仍偏低，存在不少改进的余地。汽油发动机系统已从化油器供给燃料发展到目前的电控喷油，现在正在开发或将进一步开发贫油稀薄燃烧、多气门和电磁驱动可变气门、电辅助增压、可变压缩比等新技术。最后还将综合汽油机和柴油机两种燃烧方式的优点，研制燃烧过程不形成局部高温的均质混合气进入缸内，然后经过压缩点燃的均匀充气压燃(HCCI—Homogeneous Charge Compression Ignition)新技术，既可最大限度提高燃料效率，又可使排气净化。表12-15列出了美国能源部信息署分6个部件或系统介绍的正在进行开发或今后将开发的技术改进内容、代价以及预期效果[4]。

表 12-15 轻型汽油内燃机汽车技术改进内容和预期效果

系统部件	技术改进项目	技术改进的内容	预期效率可提高/%	单车需增加的费用(2000年)/美元
发动机系统	先进气门组	每缸4气门，开关程度和频率可调，无凸轮	2.5~8.0	45~750
	降低摩擦	轻型活塞和阀，减轻活塞环和阀片张力，改进表面覆盖	2.0~6.5	25~177
	汽缸钝化	低负荷时减少气缸动作，降低行程减少泵的能耗	4.5	250
	贫气燃烧	直喷燃料系统达到很低的燃料/空气比例	5.0	250
传动系统	控制系统	电子控制通过力矩转化器而提高效率	0.5~2.0	8~60
	传动系统	5速或6速自控，连续无极变速	6.5~10	435~615
附加负荷	泵的改进	减轻油泵、水泵和动力操纵泵的负荷	0.3~0.5	10~15
	电动泵	用电动泵替代机械泵	1.0~2.0	50~150
车身系统	材料	高强合金钢、铸铝件、内件轻量化、铝车身和封闭结构	3.3~13.2	每减重1kg增加0.9~2.6
	车身结构	取消框架结构	4.0	100
	空气动力阻力改进	车身型式改进使空气阻力系数降低	2.3~8.0	40~225
驱动系统	轮胎改进	减少滚动阻力	2.0~6.0	30~135
	四轮驱动改进	减轻重量，改进电控系统	2.0	100
独立系统	安全和排气	改善安全和尾气排放系统	约3.0	200

上述先进技术有些目前已经开始应用，或者正处于推广过程，在市场出售的新车中当前和今后将占有的百分率见图12-14[4](轿车)和图12-15[4](轻卡)。由此产生的节油效果见图12-16[4]，表现在单位油耗行驶里程的变化见表12-16。

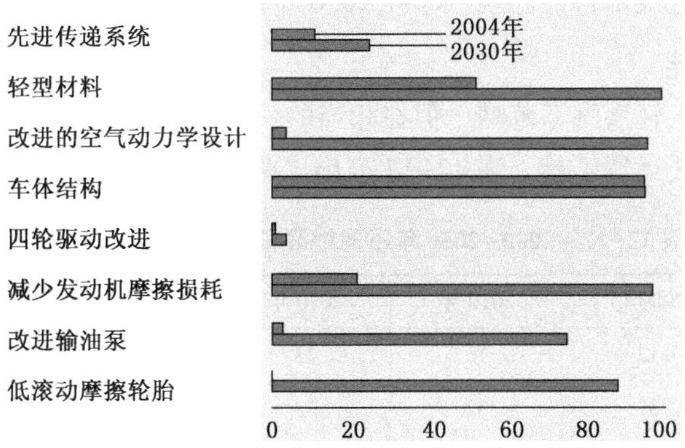

图 12-14 2004~2030年新轿车中拥有不同程度先进技术的百分率

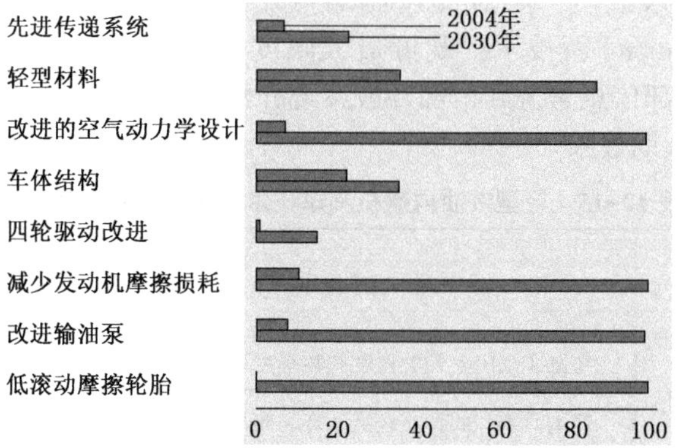

图 12-15　2004~2030 年新轻型卡车中拥有不同程度先进技术的百分率

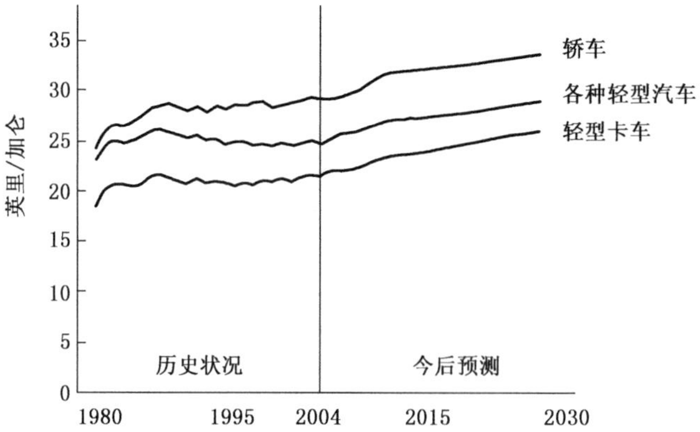

图 12-16　1980~2030 年出售新车燃料效率

表 12-16　新技术带来轻型汽车燃料效率的改善　　(英里/加仑)/(L/100km)

情　　景	2010 年	2030 年
新车(基准)		29. 3/8. 03
新车(先进技术)		32. 1/7. 33
社会保有车(基准)	20. 4/11. 53	22. 5/10. 46
社会保有车(先进技术)	20. 6/11. 41	24. 4/9. 64

美国预测推广先进技术将使轻型汽车在 2030 年比 2004 年节约燃料 1. 6GJ 之多。

四、摩托车的能耗

摩托车虽然不列入轻型汽车范畴，但在相当的一个时期内，在发展中国家却仍然是广泛使用的交通工具和轻便运货工具。表 12-17 列出了两轮摩托车保有量的预测数据[3]。

表 12-17　2000~2050 年不同地区和国家两轮摩托车数量　　每千人保有量

国家和地区	2000 年	2010 年	2020 年	2030 年	2040 年	2050 年
经合组织(北美)	12	13	13	14	14	15
经合组织(欧洲)	31	32	34	35	36	38
经合组织(亚太)	28	29	30	32	33	34

续表

国家和地区	2000年	2010年	2020年	2030年	2040年	2050年
独联体	21	22	23	24	25	26
东　欧	36	37	39	40	42	44
中　国	29	82	132	177	221	263
印　度	33	54	84	111	137	171
中　东	36	35	41	50	58	67
亚洲其他	64	84	110	125	144	169
拉　美	29	41	58	79	105	137
非　洲	15	22	30	39	49	61

由于功率相差悬殊，发展中国家单位油耗明显低于发达国家(最低为1.4L/100km，最高5.1L/100km)。全世界摩托车消费燃料数量预测如表12-18所列[3]，从中可以看出，50年内摩托车的燃料消耗增长幅度将达7倍，其中中国达15倍之多。

表12-18　2000~2050年不同地区和国家两轮摩托车燃料消耗　EJ/a

国家和地区	2000年	2010年	2020年	2030年	2040年	2050年
经合组织(北美)	0.04	0.04	0.04	0.04	0.05	0.05
经合组织(欧洲)	0.18	0.17	0.14	0.14	0.14	0.14
经合组织(亚太)	0.05	0.05	0.05	0.05	0.05	0.05
独联体	0.05	0.05	0.06	0.06	0.06	0.07
东　欧	0.03	0.03	0.04	0.03	0.04	0.04
中　国	0.18	0.70	1.46	2.01	2.51	2.97
印　度	0.17	0.40	0.83	1.20	1.56	2.06
中　东	0.05	0.07	0.12	0.17	0.23	0.30
亚洲其他	0.28	0.55	1.00	1.27	1.63	2.08
拉　美	0.11	0.19	0.32	0.48	0.68	0.94
非　洲	0.06	0.14	0.28	0.44	0.65	0.93
世界合计	1.20	2.39	4.35	5.91	7.60	9.63

第三节　重型汽车的用能与节能

一、重型汽车的分类和数量

1. 重型汽车或卡车的分类

轻型汽车主要功能是个人乘用，重型汽车或卡车的主要功能则是客运和货运的商务功能。按照美国汽车重量指导，GVW的分类，根据其总吨位(自重+公称载重)的不同，分为以下八个类别：

1类的总吨位是2.7t及以下，包括小面包车、通用面包车、多功能车和大皮卡车；

2类的总吨位是2.7~4.5t，包括小面包车、通用面包车和大皮卡车；

3类的总吨位是4.5~6.3t，包括城市送货车、常规面包车和高身封闭车；

4 类的总吨位是 6.3~7.2t，包括城市送货车、常规面包车和大型高身封闭车；

5 类的总吨位是 7.2~8.7t，包括城市送货车、大型高身封闭车和铲车；

6 类的总吨位是 8.7~11.7t，包括饮料运输车、围栏货车、学生客车；

7 类的总吨位是 11.7~14.8t，包括家具运输车、垃圾运输车、公交大客车和中型平板运输车；

8 类的总吨位是 14.8t 以上，包括自卸翻斗车、水泥运输车、重型平板运输车。

上述第 2 类又划分出 2b 类，它们是吨位大于 3.8t，汽油内燃发动机排量在 5.9L 以上和全部柴油机的车辆。

美国重型汽车或卡车燃料油消耗量中以第 8 类车为首，年消耗约 5000 万 t 燃料油；其次是第 6 类和第 2b 类，余下各类年燃料油消耗量均在 400 万 t 以内。

重型卡车是重要的道路运输工具，其数量虽比轻型汽车少很多，也随国民经济的发展而不断增长。表 12-19、表 12-20 分别是对 2000~2050 年世界不同地区和国家保有重型卡车与中型卡车数量的预测数据[3]。

表 12-19　2000~2050 年不同地区和国家重型卡车保有数量　　1000 辆

国家和地区	2000 年	2010 年	2020 年	2030 年	2040 年	2050 年
经合组织(北美)	4523	5812	7029	8256	9606	11145
经合组织(欧洲)	4026	5075	6157	7080	7727	8407
经合组织(亚太)	825	1017	1242	1466	1699	1969
独联体	420	602	872	1124	1464	1907
东　欧	251`	381	542	717	1031	1483
中　国	445	874	1441	2083	2928	4116
印　度	578	1050	1725	2534	3608	5124
中　东	900	1231	1655	2106	2555	3044
亚洲其他	1489	2428	3664	5058	6940	9438
拉　美	1538	2200	3068	4032	5175	6618
非　洲	294	462	688	945	1262	1651
世界合计	15289	21133	28084	35400	43995	54901

表 12-20　2000~2050 年不同地区和国家中型卡车保有数量　　1000 辆

国家和地区	2000 年	2010 年	2020 年	2030 年	2040 年	2050 年
经合组织(北美)	3575	4594	5557	6526	7594	8810
经合组织(欧洲)	4211	5308	6439	7404	8080	8792
经合组织(亚太)	4949	6102	7453	8794	10196	11183
独联体	847	1215	1758	2266	2952	3846
东　欧	469	712	1013	1340	1927	2770
中　国	1834	3601	5935	8578	12057	16947
印　度	1530	2779	4565	6707	9552	13564
中　东	3176	4345	5842	7432	9017	10745
亚洲其他	3699	6030	9100	12563	17237	23442
拉　美	2873	4110	5733	7534	9669	12365
非　洲	1039	1631	2427	3335	4454	5825
世界合计	28201	40427	55822	72480	92735	118918

按常年不变的每年单车行驶里程(各国家和地区的重卡均定为60000km/a，对经合组织国家中卡定为30000km/a，其他国家和地区中卡定为20000km/a)计算的每年重型、中型卡车累计行驶里程[3]分别见表12-21和表12-22。每次出行单车平均载货吨位也是一项交通量统计资料，预测采用的基准是：经合组织北美为10/2.2(重卡/中卡)、欧洲为8.0/1.7、亚太为8.0/1.5、其他国家和地区一律为6.0/1.7t/(车·次)。

表12-21 2000~2050年不同地区和国家重型卡车累计行程 10^9 车·km/a

国家和地区	2000年	2010年	2020年	2030年	2040年	2050年
经合组织(北美)	271.4	348.7	421.8	495.3	576.4	668.7
经合组织(欧洲)	241.6	304.5	369.4	424.8	463.6	504.4
经合组织(亚太)	49.5	61.0	74.5	87.9	102.0	118.1
独联体	25.2	36.1	52.3	67.4	87.8	114.4
东欧	15.0	22.9	32.5	43.0	61.9	89.0
中国	26.7	52.5	86.5	125.0	175.7	246.9
印度	34.7	63.0	103.5	152.0	216.5	307.4
中东	54.0	73.9	99.3	126.3	153.3	182.7
亚洲其他	89.3	145.7	219.8	303.5	416.4	566.3
拉美	92.3	132.0	184.1	241.9	310.5	397.1
非洲	17.7	27.7	41.3	56.7	75.7	99.0
世界合计	917.3	1268.0	1685.0	2124.0	2639.7	3294.0

表12-22 2000~2050年不同地区和国家中型卡车累计行程 10^9 车·km/a

国家和地区	2000年	2010年	2020年	2030年	2040年	2050年
经合组织(北美)	107.3	137.8	166.7	195.8	227.8	264.3
经合组织(欧洲)	126.3	159.2	193.2	222.1	242.4	263.8
经合组织(亚太)	148.5	183.0	223.6	263.8	305.9	354.4
独联体	16.9	24.3	35.2	45.3	59.0	76.9
东欧	9.4	14.2	20.3	26.8	38.5	55.4
中国	36.7	72.0	118.7	171.6	241.1	338.9
印度	30.6	55.6	91.3	134.1	191.0	271.3
中东	63.5	86.9	116.8	148.6	180.3	214.9
亚洲其他	74.0	120.6	182.0	251.3	344.7	468.8
拉美	57.5	82.2	114.7	150.7	193.4	247.3
非洲	20.8	32.6	48.5	66.7	89.1	116.5
世界合计	691.4	968.6	1310.9	1676.8	2113.4	2672.5

2. 重型和中型卡车的燃料消耗

卡车的燃料消耗指标是衡量其能耗的基础数据，通常是用燃料消耗强度(单位为MJ/t·km)来衡量的。表12-23和表12-24分别列出了不同国家和地区2000~2050年重型卡车和中型卡车的燃料消耗强度预测数据[3]。

表 12-23 2000~2050 年不同地区和国家重型卡车平均燃料消耗强度 MJ/t · km

国家和地区	2000 年	2010 年	2020 年	2030 年	2040 年	2050 年
经合组织(北美)	1.57	1.46	1.35	1.27	1.21	1.15
经合组织(欧洲)	1.65	1.53	1.42	1.34	1.27	1.21
经合组织(亚太)	1.73	1.61	1.49	1.40	1.33	1.27
独联体	2.01	1.82	1.64	1.50	1.40	1.29
东欧	1.90	1.72	1.56	1.42	1.32	1.23
中国	2.09	1.89	1.71	1.57	1.45	1.35
印度	2.14	1.94	1.75	1.60	1.49	1.38
中东	2.09	1.89	1.71	1.57	1.45	1.35
亚洲其他	1.99	1.80	1.63	1.49	1.38	1.28
拉美	1.99	1.80	1.63	1.49	1.38	1.28
非洲	2.14	1.94	1.75	1.60	1.49	1.38

表 12-24 2000~2050 年不同地区和国家中型卡车平均燃料消耗强度 MJ/t · km

国家和地区	2000 年	2010 年	2020 年	2030 年	2040 年	2050 年
经合组织(北美)	3.94	3.65	3.39	3.18	3.02	2.88
经合组织(欧洲)	4.96	4.60	4.27	4.01	3.81	3.63
经合组织(亚太)	5.78	5.36	4.97	4.67	4.44	4.22
独联体	5.48	4.96	4.48	4.10	3.81	3.53
东欧	5.71	5.16	4.67	4.27	3.96	3.68
中国	5.71	5.16	4.67	4.27	3.96	3.68
印度	6.42	5.81	5.25	4.81	4.46	4.14
中东	5.71	5.16	4.67	4.27	3.96	3.68
亚洲其他	5.42	4.90	4.43	4.06	3.77	3.49
拉美	5.42	4.90	4.43	4.06	3.77	3.49
非洲	7.13	6.45	5.83	5.34	4.96	4.60

因为在公路上行驶的重型卡车使用柴油的能耗比汽油车低，而且排气对环境影响面较小，因而重型卡车所用燃料几乎(99.9%)全是柴油，表 12-25 列出了 2000~2050 年不同国家和地区重型卡车的柴油消耗量的预测数据[3]。中型卡车使用的燃料有柴油和汽油两种，消耗燃料中各地区平均约有 42%使用的是汽油，但各地区彼此之间出入很大，欧洲和亚太地区中卡仍然以柴油车居多，北美地区两者比例大致相当，中国则是中卡汽油车比例大于柴油车。对于中型卡车两种燃料的用量详见表 12-26[3]。

表 12-25 2000~2050 年不同地区和国家重型卡车柴油消耗量 10^9L 汽油当量/a

国家和地区	2000 年	2010 年	2020 年	2030 年	2040 年	2050 年
经合组织(北美)	4.27	5.09	5.71	6.30	6.97	7.69
经合组织(欧洲)	3.20	3.74	4.21	4.54	4.72	4.88
经合组织(亚太)	0.69	0.78	0.89	0.99	1.09	1.20
独联体	0.30	0.39	0.52	0.61	0.74	0.89

续表

国家和地区	2000 年	2010 年	2020 年	2030 年	2040 年	2050 年
东　　欧	0.17	0.24	0.30	0.37	0.49	0.65
中　　国	0.34	0.60	0.89	1.18	1.53	2.00
印　　度	0.45	0.73	1.09	1.46	1.93	2.54
中　　东	0.68	0.84	1.02	1.19	1.34	1.48
亚洲其他	1.07	1.57	2.14	2.71	3.45	4.35
拉　　美	1.10	1.42	1.80	2.16	2.57	3.05
非　　洲	0.23	0.32	0.43	0.55	0.68	0.82
世界合计	12.48	15.73	19.00	22.05	25.50	29.56

表 12-26　2000~2050 年不同地区和国家中型卡车柴油/汽油的燃料消耗量

10^9L 汽油当量/a

国家和地区	2000 年	2010 年	2020 年	2030 年	2040 年	2050 年
经合组织(北美)	13.3/15.9	15.9/18.7	17.8/20.7	19.7/22.9	21.8/25.3	24.0/27.9
经合组织(欧洲)	23.8/8.1	27.6/9.3	31.1/10.3	33.6/11.1	34.8/11.6	36.0/12.0
经合组织(亚太)	28.1/10.6	32.1/12.2	36.4/13.8	40.3/15.3	44.4/16.8	49.0/18.6
独联体	1.5/3.6	1.9/4.7	2.5/6.2	3.0/7.3	3.6/8.8	4.4/10.7
东　　欧	1.6/1.2	2.3/1.6	2.9/2.0	3.5/2.5	4.7/3.3	6.3/4.4
中　　国	2.9/8.8	5.1/15.7	7.6/23.4	10.0/30.9	13.1/40.3	17.0/52.5
印　　度	8.6/1.2	14.2/1.9	21.1/2.8	28.3/3.8	37.4/5.0	49.3/6.6
中　　东	4.4/15.9	5.5/19.7	6.7/23.9	7.7/27.9	8.7/31.4	9.6/34.7
亚洲其他	12.9/8.0	19.0/11.8	26.0/16.1	32.9/20.3	41.8/25.8	52.7/32.6
拉　　美	11.1/4.7	14.4/6.1	18.1/7.6	21.8/9.2	25.9/10.9	30.8/13.0
非　　洲	5.2/2.4	7.4/3.5	9.9/4.6	12.5/5.8	15.5/7.2	18.8/8.8
世界合计	113.5/80.4	145.3/105.0	180.0/131.5	213.3/157.0	251.8/186.5	297.9/221.7

3. 重型乘用车的燃料消耗

重型乘用汽车有大客车和中客车两类，座位数从 8 座到 80 座不等。总保有量是中客略多；单车行驶路程则是大客较中客长(大客每年单车平均 40000~60000km，中客每年单车平均 35000~40000km)；总人公里数则是大客较多；总车公里数量两车大致相同；平均车公里耗能当然是大客(9.8~11.5MJ)高于中客(5.6~6.3MJ)，总耗能目前大客约比中客高 1 倍。远期由于中客增长较快，大客只比中客多 70%。本文只列举 2000~2050 年不同地区和国家大客车有关预测数据[3]，分别示于表 12-27、表 12-28 和表 12-29。

表 12-27　2000~2050 年间不同地区和国家大客车保有数量　　1000 辆

国家和地区	2000 年	2010 年	2020 年	2030 年	2040 年	2050 年
经合组织(北美)	760	775	791	807	823	834
经合组织(欧洲)	928	94	966	985	1005	1025
经合组织(亚太)	637	650	663	676	690	704
独联体	346	360	374	390	405	421

续表

国家和地区	2000年	2010年	2020年	2030年	2040年	2050年
东　　欧	135	141	146	152	158	165
中　　国	564	587	611	635	661	688
印　　度	640	666	693	721	750	780
中　　东	320	333	346	360	375	390
亚洲其他	1054	1097	1141	1187	1235	1285
拉　　美	480	499	520	541	562	585
非　　洲	435	453	471	490	510	530
世界合计	6299	6506	6721	6944	7174	7413

表 12-28　2000~2050 年不同地区和国家大客车累计行程　　10^9 车 · km/a

国家和地区	2000年	2010年	2020年	2030年	2040年	2050年
经合组织(北美)	45. 6	46. 5	47. 5	48. 4	49. 4	50. 4
经合组织(欧洲)	55. 7	56. 8	57. 9	59. 1	60. 3	61. 5
经合组织(亚太)	38. 2	39. 0	39. 8	40. 6	41. 4	42. 2
独 联 体	13. 8	14. 4	15. 0	15. 6	16. 2	16. 9
东　　欧	5. 4	5. 6	5. 8	6. 1	6. 3	6. 6
中　　国	22. 6	23. 5	24. 4	25. 4	26. 4	27. 5
印　　度	25. 6	26. 6	27. 7	28. 8	30. 0	31. 2
中　　东	12. 8	13. 3	13. 9	14. 4	15. 0	15. 6
亚洲其他	42. 2	43. 9	45. 6	47. 5	49. 4	51. 4
拉　　美	19. 2	20. 0	20. 8	21. 6	22. 5	23. 4
非　　洲	17. 4	18. 1	18. 8	19. 6	20. 4	21. 2
世界合计	298. 5	307. 7	317. 2	327. 1	337. 3	347. 9

表 12-29　2000~2050 年不同地区和国家大客车燃料消耗量　　EJ/a

国家和地区	2000年	2010年	2020年	2030年	2040年	2050年
经合组织(北美)	0. 52	0. 53	0. 55	0. 56	0. 57	0. 58
经合组织(欧洲)	0. 64	0. 65	0. 67	0. 68	0. 69	0. 71
经合组织(亚太)	0. 44	0. 45	0. 46	0. 47	0. 48	0. 49
独 联 体	0. 13	0. 14	0. 15	0. 15	0. 16	0. 16
东　　欧	0. 05	0. 05	0. 05	0. 06	0. 06	0. 06
中　　国	0. 22	0. 23	0. 24	0. 25	0. 26	0. 27
印　　度	0. 25	0. 26	0. 27	0. 28	0. 29	0. 30
中　　东	0. 12	0. 13	0. 14	0. 14	0. 15	0. 15
亚洲其他	0. 41	0. 43	0. 45	0. 46	0. 48	0. 50
拉　　美	0. 19	0. 19	0. 20	0. 21	0. 22	0. 23
非　　洲	0. 17	0. 18	0. 18	0. 19	0. 19	0. 20
世界合计	3. 15	3. 25	3. 35	3. 45	3. 55	3. 66

二、重型汽车的燃料效率

如同轻型汽车一样，重型汽车能耗问题也十分突出。对其能耗的技术分析和采取相应的节能措施势在必行。美国能源部组织政府和民间共同编制的“21 世纪卡车发展纲要”的技术路线图[7]详细对节能和环保的科学研究目标及措施做了详细说明。

汽车各方面的能耗最终体现为发动机的油耗。固然内燃机的类型对其热效率有所影响，但其作业状态对车辆的综合运行效率有更明显的影响。

1. 车辆的作业循环模型

汽车在城市与高速公路上的油耗就不同，需要建立不同车辆的作业循环模型。在城市里行驶车辆的作业循环模型会因车辆不同而异。

重型卡车存在“城际”与“郊区”两种模式，在两种模式下，车行驶最高速度分别为 100km/h 和 72km/h，而重型卡车能够按照这样的速度稳定运行时间又很少，在“城际”与“郊区”只分别占总运行时间的 12%和 7%，怠速时间分别为 9%和 25%，其余时间都消耗在减速或加速上面，因此平均行驶速度分别只有 54km/h 和 22km/h。

又如公交大客在闹市区行驶的循环模型(CBD-14)大致分 4 个典型阶段：

① 从 0km/h 加速到 32km/h 阶段，历时 10s；

② 保持 32km/h 的稳定速度阶段，历时 18.5s；

③ 从 32km/h 降速到 0km/h 阶段，历时 4.5s；

④ 怠速阶段，历时 7s。

以上循环约每英里 7 次，历时 10min。

2. 重卡发动机的热效率

重型卡车发动机本身热效率到 2010 年至少会提高约 20%(估计从当前的 42%到 2010 年的 50%左右)，2012 年的示范发动机系统热效率估计会达到 55%，上述效率数据仅仅是柴油发动机的数据，未含混合动力发动机系统的数据。表 12-30 列出了美国能源部报告列出的提高热效率的途径[7]。

表 12-30　提高柴油内燃机热效率途径

内　　容	提高效率/%	内　　容	提高效率/%
排气热量回收和改进热量管理	7	减少发动机摩擦损耗	1
更多的电动附属设施和系统优化	6	提高燃烧效率	2
汽缸压力达到峰值	4	新的发动机思路	25

汽车发动机产生的动力主要用于克服空气牵引阻力、车轮滚动摩擦阻力、传动系统的损失和提供附属设备用能。节能的潜力主要有：研究先进技术，使空气牵引的阻力系数从当前平均的 0.625 减少到 0.5；采用轻质车身材料，降低重卡自重的 15%到 20%，降低能耗；设法降低辅助设备 50%的能量负荷，从目前的 15kW 降低到 7.5kW；改进的柴油机辅助动力系统可降低怠速油耗约 85%，目前美国每年仅重卡怠速油耗一项就有 300 万 t。

现以典型重型卡车(总质量 36t)行驶速度 100km/h，“城市”与“郊区”两种模式下的基准油耗分别是 38L/100km 和 55L/100km，技术路线图提出的节能目标[7]见表 12-31。

表 12-31　重型卡车的燃料效率和节能潜力

项　　目	基 准 值	目 标 值	节能百分率/%
发动机总用能/kW	400	256	36
发动机损耗/kW	240	144	40
空气动力学损失/kW	85	68	20

续表

项　　目	基 准 值	目 标 值	节能百分率/%
滚动阻力损失/kW	51.0	30.6	40
传动系统损失/kW	9.0	6.3	30
附属设备能耗/kW	15.0	7.5	50
车速 100km/h 用燃料/(L/100km)	36	23	36
燃料经济性相对值	100	64	
车辆自重减少/%			15～20

表 12-32　中型卡车的燃料效率和节能潜力

项　　目	基 准 值	目 标 值	节能百分率/%
发动机总用能/kW	107.7	55.2①	48.7
发动机损耗/kW	71.7	64.6	10.0
空气动力学损失/kW	15.7	14.3	9.0
滚动阻力损失/kW	9.7	6.7	31.0
传动系统损失/kW	3.0	1.9	37.0
附属设备能耗/kW	7.5	3.8	50.0
车速 64km/h 用燃料/(L/100km)	23	12	47.8
燃料经济性相对值	100	52	
车辆自重减少/%			15～20

① 已考虑采用混合动力驱动。

表 12-33　中型卡车节能潜力单项分解指数

节　能　项　目	节能百分率	单项节能指数
发动机改进	10	1.10
减少空气动力的损失、滚动阻力的损失、传动系统的损失和附属设备的能耗	26	1.26
采用混合动力驱动	30～50	1.40
减少车身质量	28	1.22
合计		2.4

以重型汽车中的大客车为例，大客车车长 12m，载客率 50%，在闹市行使速度 32km/h，加速、减速和怠速频繁。表 12-34 列出了技术路线图提出的大客车节能目标[7]。

表 12-34　闹市行驶的大客车燃料效率和节能潜力

项　　目	基 准 值	目 标 值①	节能百分率/%
发动机总用能/kW	24.2	9.4	61.2
发动机损耗/kW	14.5	5.3	63.5
空气动力损失/kW	0.2	0.2	0.0
滚动阻力损失/kW	1.2	0.6	50.0
传动系统损失/kW	0.9	0.3	66.7
附属设备能耗/kW	6.1	1.3	78.7
车速 32km/h 用燃料/(L/100km)	73	26	64.4
燃料经济性相对值	100	36	
车辆自重减少	14.5	11.5	—

① 已考虑采用混合动力驱动。

第四节　替代燃料汽车

一、世界生物燃料替代概况

1. 世界生物乙醇和生物柴油替代概况

早期用于汽车的替代燃料主要有液化石油气和天然气，近年来由于乙醇和生物柴油等生物基替代燃料的迅速发展，发达国家将其作为对石油基燃料替代的国策，提出在2020年前使生物基替代燃料占到10%~20%的份额。根据国际能源组织IEA的预测，乙醇在轻型汽车燃料中的使用量将逐步增长[3]，表12-35列出了IEA预测的2000年~2050年世界轻型汽车使用乙醇数量。

表12-35　预测2000~2050年世界轻型汽车使用乙醇的数量　10^9L汽油当量/a

国家和地区	2000年	2010年	2020年	2030年	2040年	2050年
经合组织(北美)	2	11	12	13	13	14
经合组织(欧洲)	0	6	5	5	4	4
经合组织(亚太)	0	1	1	1	1	1
印　度	0	1	1	2	3	5
拉　美	6	9	13	16	23	26
合　计	8	27	32	36	42	50

表12-35表明全世界燃料乙醇使用量只占同期轻型汽车汽油用量的0.8%(2000年)和2.0%(2020年)。报告只对拉美的乙醇发展速度做了充分估计，对美国的发展估计偏低，美国在2006年用玉米为原料就生产了2270万t乙醇作为燃料，计划2030年生产243亿加仑(7300万t)生物乙醇，折合当时消费汽油当量的16%，其中用玉米原料的150亿加仑。报告对我国生物乙醇则无数据，实际上我国2006年生物乙醇的产量已经达到102万t，所用乙醇汽油均是E10汽油(掺有10%燃料乙醇)。

国际能源组织(IEA)的同一资料预测欧盟生物柴油从2000~2050年每十年期的使用量分别是0、3.1、3.9、3.9、3.9和4.6×10^9L油当量/a。不到欧盟2020年柴油总量使用量的2%。现在预计上列指标偏低。美国也在大力发展生物柴油和生物质气化合成柴油，预计2030年分别达到13亿加仑和42亿加仑，合计占柴油消费量的6.2%(体)。

上述IEA资料还提供了液化石油气和天然气替代燃料的发展规划，今后几十年替代量徘徊在$(16\sim19)\times10^9$L汽油当量/a。

2004年欧盟提出的目标是：乙醇和生物柴油替代比例是6%(2010年)和15%(2020年)；天然气替代比例是2%(2010年)和10%(2020年)；液化石油气替代比例是5%(2020年)。

美国能源部信息署(EIA)2002年报道的美国、加拿大和巴西燃料乙醇用量数据分别为6.0、0.24和12.5GL汽油当量/a，占各国汽油体积总量的1.6%、0.7%和22%；德国、法国和意大利生物柴油用量分别为0.30、0.28和0.09GL液体/a，占各国柴油体积总量的1.2%、1.2%和0.5%；

2. 美国替代燃料概况

美国近年来用液化石油气、压缩天然气、液化天然气、甲醇和乙醇替代车用燃料的数量

(不含低浓度乙醇汽油 Gasohol 中的乙醇)如表 12-36 所列。而 2005 年 Gasohol 中乙醇量为 10432ML 油当量。可以看出，美国已经基本放弃了将甲醇作为替代燃料，代之为乙醇燃料替代。

表 12-36　美国近年来替代车用燃料数量　10^6L 汽油当量/a

替代燃料＼年代及车型	2000 年 轻型车	2000 年 中重型车	2004 年 轻型车	2004 年 中重型车	2005 年 各型车
液化石油气	228	576	235	683	712
压缩天然气	145	183	176	428	632
液化天然气	1	27	2	40	85
甲醇(M85)	2	0	1	0	0
乙醇(E85)	45	0	85	0	144
乙醇(E95)	0	0.05	0	0	0
氢					0.1
电　力					20

美国使用替代燃料的灵活燃料车(醇燃料)或双燃料车(液化石油气或压缩天然气)保有量较多，运行中它们往往不用替代燃料，它们的保有量见表 12-37。固定使用一种替代燃料专用汽车保有量较少，数量见表 12-38。

表 12-37　美国替代燃料与汽油两用汽车保有量(2005 年)　千辆

车辆类型	轿　车	卡　车
乙醇灵活燃料	2870	2820
压缩天然气(双燃料)	130	350
液化石油气(双燃料)	470	1070

表 12-38　美国替代燃料专用汽车保有量(1996~2005 年)　千辆

燃料类型	1996 年	1998 年	2000 年	2002 年	2005 年
液化石油气	175.6	177.2	182.0	187.7	173.8
压缩天然气	60.1	78.8	100.8	120.8	117.7
液化天然气	0.7	1.2	2.1	2.7	2.7
甲醇(M85)	20.3	19.6	10.4	5.9	—
甲醇(M100)	0.2	0.2	0	0	0
乙醇(E85)	4.5	12.8	87.6	121.0	246.4
乙醇(E95)	0.4	0.01	0	0	0
氢					119 辆
电					51.3

3. 巴西乙醇燃料替代概况

巴西是目前惟一的大量推广乙醇燃料的国家，2004 年各类汽车保有辆见表 12-39

表 12-39　巴西汽车保有数量　千辆

汽车类型	轻型车	轻型车	轻型车	轻型车	重型车	合计
替代燃料	E25	E100	灵活	柴油	柴油	
替代数量	16540	2820	580	770	1660	22310
百分比	74.0	12.6	2.6	3.4	7.4	100

二、乙醇燃料汽车

乙醇与汽油的理化性质有一定差别，汽油中加入不同比例的燃料乙醇后，汽车的动力性能、启动性能、车的部件材料兼容性等方面都有一定程度的改变。

1. 对动力性能的影响

燃料乙醇的质量低热值为 26.8MJ/kg，与常规汽油的质量低热值 44MJ/kg 相比为 0.61∶1.0。燃料乙醇的体积低热值为 21.78MJ/L，与常规汽油的体积低热值 33.0MJ/L 相比为 0.66∶1.0。意味着使用燃料乙醇的燃料消耗量要比常规汽油大。但燃料乙醇理论混合气热值和常规汽油却很接近(分别为 2977kJ/kg 和 3000kJ/kg)，因此在发动机的每个工作循环中两种燃料发生的功率基本接近。由于燃料乙醇的辛烷值高于汽油(MON 值为 92，RON 值为 108)，且低调合比率时调合辛烷值高达 110 以上，因而可使基础汽油调入 10%乙醇后辛烷值增加 3~4 个单位，乙醇汽油抗爆震性能的提高有利于改善发动机的动力性。总之，动力性受压缩比、燃料乙醇含量和燃料供给方式的综合影响，在一定比例的范围内可保持不变。

2. 对冷启动性能的影响

冷启动性能指标和汽油 10%的馏出温度有一定的对应关系。燃料乙醇的沸点是恒定的，掺入量多会使乙醇汽油终馏点温度上升，尤其是使用纯乙醇时该问题更突出。目前推荐的最高乙醇含量为 85%。使用燃料乙醇会对发动机冷启动有不利影响的原因是乙醇的一些物化性质和汽油偏离很大，例如乙醇汽化热约是汽油的 2.7 倍，比热容约比常规汽油大 10%，这均会造成发动机进气温度低和发动机压缩行程终了温度下降，增加冷启动的难度。另外乙醇的动力黏度和最小点火能量均比常规汽油高一倍以上，也会造成发动机启动困难。

3. 对发动机部件材料的影响

使用燃料乙醇后是否对原常规汽油车使用的部件材料有兼容性也是一个十分重要的问题。因为乙醇是性能优良的溶剂，不仅对一般的塑料制品和橡胶制品具有溶胀作用，而且对普通金属材料也具有腐蚀性。为了保证行车安全，因此必须认真考虑使用乙醇汽油对汽车发动机油路系统中金属和非金属材料的溶胀和腐蚀作用，在对材料改进时还要同时考虑原来常规汽油车油路系统材料的兼容性。表 12-40 是需要改动材质的部件一览。

表 12-40　乙醇汽油对汽车部件材质需要的改动

燃油中乙醇含量	≤5%	5%~10%	10%~25%	25%~85%	≥85%
化油器		✓	✓	✓	✓
燃油注入			✓	✓	✓
燃油泵			✓	✓	✓
燃油压力设施			✓	✓	✓
燃油过滤器			✓	✓	✓

续表

燃油中乙醇含量	≤5%	5%~10%	10%~25%	25%~85%	≥85%
点火系统			✓	✓	✓
蒸发系统			✓	✓	✓
燃料箱			✓	✓	✓
催化转化器			✓	✓	✓
发动机本体				✓	✓
润滑油				✓	✓
进风口				✓	✓
排气系统				✓	✓
冷启动系统					✓

注：标注✓表示材料可能需要改动。

材质的改动自然会使造价增加，价格上升。从表12-41可见，在政府政策支持下，可灵活使用乙醇燃料的汽车出售价格与常规汽油汽车基本上是持平或略有增加。

乙醇燃料灵活汽车燃料消耗量，按折合当量汽油计算比汽油车低1%左右。表明乙醇的内燃机做功效率高于汽油。表12-42是不同类型的灵活燃料车与对应的汽油车在燃料消耗量和最大行驶里程的比较[5]，后者的里程数比前者高1/3左右，这是由于在燃料箱体积不变时，E85燃料体积热值比常规汽油低所致。

表12-41　不同类型的乙醇燃料灵活汽车价格比较(2004年)　　美元

	燃料灵活车	汽油车	差　价
紧凑型轿车	21200	20500	700
中型轿车	27300	26900	400
小型皮卡	21500	18800	2700
大型皮卡	27100	26100	1000
小型面包车	29800	27500	2300
大型面包车	24800	23600	1200
大型多用车	37300	37000	300

表12-42　不同类型的乙醇燃料灵活汽车燃料消耗和行驶里程比较

项　　目	燃料消耗量/(汽油当量L/100km)		里程/km	
	燃料灵活车	汽油车	燃料灵活车	汽油车
紧凑型轿车	7.37	7.44	538	738
中型轿车	8.43	8.51	554	758
小型皮卡	9.48	9.57	530	731
大型皮卡	12.29	12.41	570	781
小型面包车	9.44	9.53	656	898
大型多用车	12.22	12.34	606	830

表12-43列举了有代表性的美国汽车制造商2008年生产的典型乙醇燃料灵活汽车和同

型的常规汽油车主要性能对比数据[6]。

表 12-43　2008 年乙醇燃料灵活车和同型的常规汽油车主要性能对比

车型	制造商	品　牌	缸数	排量	灵活车燃料消耗和里程			汽油车燃料消耗和里程		
					油耗/(L/100km)		加一箱油的行驶里程	油耗/(L/100km)		加一箱油的行驶里程
					市区	公路	里程/km	市区	公路	里程/km
紧凑	Chrysler	Sebring	6	2.7	18.1	12.4	400	13.1	9.1	560
中轿	Dodge	Avanger	6	2.7	18.1	11.8	430	12.4	8.7	590
	Chrysler	Sebring	6	2.7	18.1	11.8	430	12.4	8.7	590
大轿	Chevrolet	Impala	6	3.5	18.1	11.8	400	16.8	11.2	510
	Ford	CrownVictoria	8	4.6	21.4	14.7	400	15.7	10.2	540
皮卡	Chevrolet	Silverado	8	5.3	21.4	14.7	460	14.7	11.8	630
	Nissan	Titan	8	5.6	26.1	19.6	450	19.6	13.8	630
小面	Chevrolet	UplanderFWD	6	3.9	19.6	13.8	420	14.7	10.2	610
SUV	Chevrolet	Avalanche	8	5.3	21.4	15.7	470	16.8	11.8	630
	GMC	YukonXL	8	5.3	21.4	15.7	380	16.8	11.8	530

表 12-43 所列的燃料消耗对燃料灵活车是 E85 消耗量，对常规汽油车则是常规汽油消耗量。两者比值是 1.4∶1.0。若每加仑 E85 燃料价按 2.00 美元，优质汽油按 2.80 美元计算，两者燃料成本方才相当。

三、甲醇燃料汽车

1. 对动力性能的影响

燃料甲醇和乙醇同属低碳醇类，且相对分子质量更低。甲醇的质量低热值比乙醇更低，为 19.9MJ/kg，与常规汽油质量低热值 44MJ/kg 相比，为 0.45∶1.0；甲醇体积低热值为 16.17MJ/L，与常规汽油体积低热值 33.0MJ/L 相比为 0.49∶1.0。这意味着使用燃料甲醇汽车的燃料消耗量不仅比使用常规汽油汽车的消耗量大，比使用燃料乙醇汽车的消耗量也大。使用燃料甲醇的理论混合气热值与使用常规汽油却很接近（3093kJ/kg 对 3000kJ/kg），表明在发动机的每个工作循环中发生的功率是基本接近的。此外甲醇的辛烷值（MON 值为 92，RON 值为 107）高于汽油，抗爆震性能好，有利于提高发动机的动力性。因此，甲醇可部分替代汽油作为发动机燃料。

2. 对冷启动性能的影响

但是由于甲醇汽化潜热大，使用高比率甲醇时，汽车在低温下（-5℃以下）不易启动；甲醇的饱和蒸气压较低，汽车在高温下使用时易产生气阻现象。

3. 对发动机部件材料的影响

甲醇与汽油的互溶性差，中、低比率的甲醇汽油易吸水分层；甲醇对橡胶有溶胀性，对锡、铅、铝等金属有腐蚀性；甲醇燃烧产物中含有甲醛、甲酸等化合物，能加速活塞环区的腐蚀。

4. 甲醇燃料的安全性

常温时甲醇蒸气压低于汽油，且气相密度低，容易在大气中流动扩散，此外在空气中甲醇蒸气能够点燃爆炸的浓度是汽油的4倍，因此发生火灾爆炸的概率远较汽油低。又因甲醇燃烧热值只有汽油的一半，发生火灾时产生热量较小，并且可用水扑灭，因此造成损失的程度抵于汽油。由于以上的火灾安全特点，在燃料运输、储存和使用上甲醇燃料相对比汽油安全。

甲醇燃料的毒性是引起争议的另一个问题。经鼻或口进入呼吸或消化系统对人的危害很大，在工作场所允许的甲醇蒸气最大浓度为200mg/L，低于汽油的300mg/L，一次饮用30mL则有生命危险。仅仅通过皮肤接触一般不会引起中毒，长期接触能引起湿疹、红肿等症状。在燃料运输、储存和使用时只要严格按规定管理和操作，就不会对人身健康产生不利影响。

5. 甲醇燃料在美国未能持续推广应用的原因

为了让高比率甲醇汽油(例如M85)得到推广应用，考虑到汽车发动机的广泛适用性，美国三大汽车制造公司从20世纪80年代起相继开发出灵活甲醇燃料汽车(FFV)，形成了18种车型产品。它们可以灵活采用不同比率的甲醇汽油(从0到85%)，方便了用户使用，最早在加州示范，此后在美国20多个州推广FFV(使用M85)，一般汽车则使用M15汽油，1993年美国共消耗车用甲醇1200万t，替代了约750万t汽油。但是这一甲醇燃料替代形势未能坚持下来，首先是由于那时石油价格回落，而甲醇价格受美国国内天然气价格影响很大，回落幅度不大，用户未得到实惠，许多FFV成了单纯汽油车；其次是石油财团不愿配合建立甲醇汽油的基础设施，影响其推广；再次是美国政府考虑推广乙醇燃料替代可减轻对石油和天然气资源的依赖，致力推广和发展E85乙醇汽油的替代；最后是汽车制造公司主攻方向已转为混合动力汽车和燃料电池汽车。所以目前美国公司车队中灵活甲醇FFV汽车已经寥寥无几，预计不久即将消失。

6. 甲醇燃料汽车在我国的应用

美国在甲醇推广进程中走过的弯路并不说明甲醇汽车燃料的失败，应结合国情研究论证。我国煤炭资源相对丰富，以煤为原料制甲醇的成本相对低廉，有条件在若干富煤地区合理布局生产甲醇燃料，在一定范围内推广应用，同时在缺煤地域推行乙醇燃料，做到相辅相成，合理地替代一部分常规石油汽油，使之既满足国民对不断增长的车用燃料需求，又符合我国的能源安全战略。

使用M15甲醇燃料无需对车进行改动，而M85和M100燃料则要适当改造。我国山西省为推广应用甲醇燃料，已经做了多年示范车队的运营，取得了使用经验，掌握了车辆改造技术。对于冷启动性能不如常规汽油的问题可采取加装一套冷启动装置的办法解决；对于腐蚀和溶胀问题可采取更换与燃料接触的泵体材料和密封件材料的办法解决；对于燃料过滤器和润滑油过滤器易被储运过程产生的凝胶体和燃烧产品中酸性物腐蚀生成的颗粒堵塞问题，可采用高梯度、深层吸附式过滤材料，变单一孔隙为渐进式孔隙，将纸质过滤材料改为植物纤维和高分子合成材料纤维，变单纯机械式过滤为物理与化学结合的过滤方式解决。我国开发M100甲醇汽车技术已经获得重要成果，改造一部车的费用在5000元以内。而美国使用M85燃料的FFV的价格高于汽油车约2500美元(按中型轿车对比)。

甲醇燃料辛烷值高，分子内含氧，燃烧做功效率比汽油高。M85燃料消耗量约与常规汽油体积比为1.65∶1，换算为消耗的纯甲醇对汽油的质量比约为1.76∶1，如按热值当量则为 2.04：1，可见效率增加约 16%。

高比率甲醇燃料汽车排气中甲醛含量高，应采用催化转化器去除。

四、二甲醚燃料汽车

二甲醚是正在研究开发中的替代燃料，它的十六烷值为 55~60，压缩性能优良，分子内含氧，燃烧完全，无黑烟和炭尘，适合于压燃式柴油发动机，与使用常规柴油比较，发动机功率提高是 10%~15%，热效率增加 2%~3%，因此是替代柴油的理想燃料。

二甲醚需在加压(约 0.5MPa)下储存，常温气态下使用。由于它的液相密度不及柴油的 80%，质量热值只有柴油的 2/3，达到同等功率的体积消耗量是柴油的 1.8 倍。如使用车用柴油机，要对供油系统和喷射系统适当改造，或进行专门设计，以保证燃料喷射和调节不因燃烧压力和温度的变化而变动，还要更换易溶胀的橡胶材料部件。由于二甲醚黏度很低，还需要加入黏度添加剂。

在高原油价格的情况下，如果天然气和煤炭价格不是大幅度增加，二甲醚价格可能会有优势。虽然在清洁燃料角度二甲醚有很多优点，但目前只停留在行车试验阶段。我国打算今后对大城市的部分公交车辆试行使用煤基二甲醚燃料。

五、天然气燃料汽车

1. 天然气燃料的替代性能

天然气资源较石油资源丰富，价格也较低廉，很早就被选为汽车的替代燃料。使用天然气做内燃机燃料可提高发动机的压缩比，改善其动力性能和经济性，增加热效率约 8%。天然气汽车的冷启动性能也好，还可延长供油系统和火花塞的使用期限和润滑油更换周期。

目前采用两种天然气供给方式：一是在 20~25MPa 压力下以气体状态储存，称为压缩天然气(CNG)；二是在常压和-162℃温度下以液体状态储存，称为液化天然气(LNG)。但是以上两种方式的天然气体积能量密度都比汽油低(前者为汽油的 23%~28%，后者为汽油的 60%)。表 12-44[5] 表明考虑到储存设备的自重和在汽车上的安装空间，储罐每加满一次的行驶里程比汽油车明显缩短。

表 12-44 美国天然气和液化石油气汽车一次行驶里程 km

燃料种类	汽 油	CNG	CNG(两用燃料)	LPG	LPG(两用燃料)
紧凑型轿车	741	445	370		592
大轿车	778	467	389		622
大皮卡	792	475	395	674	634
大面包车	1360	816	680	1155	1088

2. 天然气燃料替代的安全性

天然气着火燃点为 530℃，高于汽油；气体密度比空气低，在空气中迅速扩散，火灾危险性远比汽油小。天然气储罐设计的机械强度高，因损坏向外部环境的泄漏概率低，比汽油的使用条件更为安全。

天然气燃烧后的排气中有害气体含量较汽油车低(CO 低 70%，非甲烷有机物 NMOG 低 87%，氮氧化合物低 87%)，温室气体 CO_2 低约 20%，颗粒物含量远低于柴油车，在加油过程的蒸发泄漏也低于汽油(后者往往占车辆总排气中烃类 50%以上)，所以从环境保护角度看，使用天然气对社会居民健康有利。

3. 天然气燃料替代的推广使用情况

目前全世界有超过 200 万辆的天然气燃料汽车，其中美国有 13 万辆，我国约 7 万辆(主要分布在四川、重庆等产地和北京、上海等大城市的公交车队)。美国目前有天然气加气站 1300 座(约半数是专用)，我国近 300 座。表 12-45 预测的数据表明美国天然气燃料替代的发展速度较快[5]。

表 12-45　美国天然气和液化石油气轻型汽车保有量预测　　　　万辆

年　份	2005 年		2015 年		2030 年	
车型	轿车	轻卡	轿车	轻卡	轿车	轻卡
CNGV(双燃料)保有量	7	20	16	41	21	65
LPGV(双燃料)保有量	24	57	57	130	78	212

根据用户需要，制造商可提供 CNG 和汽油互换使用的两用燃料(Bi-fuel)汽车，但发动机动力有所下降，燃料消耗量增加。美国天然气汽车典型燃料消耗[5]见表 12-46。

表 12-46　美国天然气和液化石油气汽车燃料消耗　　　　汽油当量 L/100km

燃料种类	汽油	CNG	CNG(两用燃料)	LPG	LPG(两用燃料)
紧凑型轿车	7.4	6.9	7.4		7.4
大轿车	8.9	8.3	9.0		8.9
大皮卡	12.2	11.4	13.1	11.8	12.2
大面包车	9.0	12.9	9.3	8.7	9.0

基于燃料体积密度低，储存压力高等原因，天然气汽车价格无疑比常规汽油车昂贵。其参考价格[5]可见表 12-47。由于推广应用天然气汽车要建立在相对低廉的天然气价格和使用频率较高的车辆上面，因此社会用车(如公交客车、出租汽车、机场内短途客车、道路清洁车、送货车、垃圾车)使用更为合适，家庭自用车则不太方便。

表 12-47　美国天然气和液化石油气汽车参考价格(2004 年)　　　　美元/辆

燃料种类	汽油	CNG	CNG(两用燃料)	LPG	LPG(两用燃料)
紧凑型轿车	20700	27100	25900		25400
大轿车	34500	40300	42300		39500
大皮卡	26100	32900	32000	32200	31000
大面包车	23600	30400	29500	29700	28500

液化天然气车(LNGV)一般为双燃料(Dual-fuel)柴油内燃机汽车，美国通过车队行车试用证实可行，目前约有 1000 辆。天然气气化后作为主要燃料，柴油作为引燃燃料，柴油的消耗量占 15%以内，发动机燃油效率有所下降。液化天然气车适用范围有限，首先应距离液化天然气工厂或再气化站较近，以节省天然气的压缩费用，其次是 LNG 价格应低于同热量的柴油价格。是否采用液化天然气车不仅要从经济角度，还要从改善环境角度综合判断。

六、液化石油气燃料汽车

丙烷和丁烷或两者混合物都可用为内燃机汽车燃料，在国外取得了广泛应用，美国应用的相关数据已列入前面的表 12-44 至表 12-47 中。液化石油气需要专门的加气设施，而且车载液化气瓶容量有限，故一般适合于城市出租汽车。实质上液化石油气是石油基燃料，取代石油的意义不大。

第五节　电　动　汽　车

电动汽车家族一般划分为三大类：纯电动汽车(BEV)、混合动力汽车(HEV)和燃料电池汽车(FCV)。这三类汽车的共同特点是电能是汽车的全部或部分动力源，但车的动力系统差别很大，节能和环保方面各具特点，其中纯电动汽车和燃料电池汽车可实现“零排放”，因此又名为“零排放电动汽车(ZEV)”。

一、纯电动汽车

纯电动汽车是全部以外来电力为动力源，经由储电设施和电动机驱动的一种汽车。为了与其他类型的电动汽车有所区分，正式名称是“蓄电池汽车(BatteryVehicle)”或简称 BEV。

纯电动汽车的配置简单，动力部分主要有电动机和蓄电池两大部件，其中大功率蓄电池的性能是制约因素。现有产品的一次充电行程不大于 200km，充电时间长达 4~5h，只适合短距离行程者使用，会给周末较长旅程的旅游带来不便。20 世纪 90 年代纯电动轿车一度进入市场，可惜未能如愿占住市场，目前已经全面退出。现将曾经投放市场的纯电动汽车的规格与性能列于表 12-48[8]。

表 12-48　曾经投放市场的纯电动汽车的规格与性能

制造商	日　产	本　田	丰　田	通用汽车
牌　号	Altra	EVPlus	RAV-4	Gen Ⅰ & Ⅱ EV1
自重/kg	1700	1600	1550	1390/1290
载重/kg	370	315	372	
乘坐人数/人	5	4	5	2
电动机电压/V	400	288	288	312/343
电动机型式	Ne 永磁同步 AC	高效永磁		AC
功率/kW	62	49	50	102
蓄电池型式	锂离子	Ni-MH	Ni-MH	PbA/Ni-MH
蓄电池模块数	12	24(12V)	24(12V)	26
一次充电行程/km	192	96~128	181	88/152
最高速度/(km/h)	120	128	127	128
加速时间(0~80km/h)/s	12	17.7	12.8(0~80km/h) 18(0~96km/h)	9(0~96km/h)
充电方式	诱导式	诱导式	车载式	诱导式
充电时间/h	5	6~8	6~8	5.5~6(PbA) 6~8(Ni，MH)

纯电动车节约的燃料费用可方便地利用表 12-49 有关数据来估算。表中每辆车年行驶里程按 19200km 计算。

表 12-49　内燃机汽车与纯电动汽车年燃料费用对比　美元/a

燃料单价		内燃机汽车			纯电动汽车		
		1.99 (美元/加仑)	2.40 (美元/加仑)	2.80 (美元/加仑)	0.05 (美元/kW·h)	0.10 (美元/kW·h)	0.15 (美元/kW·h)
车型	Ford Ranger	990	1200	1400	240	490	730
	Toyota RAV4	920	1110	1300	180	360	540

纯电动汽车价格高昂，电池更换周期短，固定费用的差额一般超过燃料费用很多，只适合某些场所使用，很难在家庭推广。目前纯电动车具有适合在社区内行动的特点，符合安全和环保要求，无论载人运货，用途十分广泛。美国生产的号称“社区电动汽车”(Neighborhood Vehicle 简称 NEV)牌号多种多样[9]，最多可乘坐4人，载货700kg，大多用直流电机，功率2~3kW，电压48~72V，用220V交流电、经30A整流器一次充电需3~4h。行驶里程约40~50km，最高速度40km/h。

日本TEPCO公司报道新近开发成功的NEV快速充电设备(最大DC电压500V、电流100A、功率50kW)，已在两种牌号的车做了试验，其中R1e(富士重工产，乘2人，自重870kg，蓄电池容量9.2kW·h，一次满充电行程80km)5min充电4.5kW·h，可行驶38km，10min充电7.5kW·h，可行驶63km，而常规充电器则需8h(AC100V)或6h(AC200V)；i-MiEV(三菱自动车产，乘4人，自重1080kg，蓄电池容量16kW·h，一次满充电行程120km)15min充电8kW·h，可行驶60km，30min充电13kW·h，可行驶96km，而常规充电器则需14h(AC100V)或7h(AC200V)[17]。

2008年根据举办奥运会的需要，我国生产了一批纯电动公交客车，靠锰酸锂蓄电池驱动，可保证连续运营，为节省充电时间，利用机械手更换电池组，每次只需8min。目前该纯电动客车(京华BK6122EV2型)已服役于公交线路，不开空调时耗电1.26kW·h/km；还有安凯汽车公司自主研发的车身长10m以上的纯电动客车也走向产业化，据报道耗电0.8~1.3kW·h/km。

我国电动自行车近年在大中型城市内迅速发展，属于符合国情的短途电动交通工具，配置250~400W电机，耗电约3kW·h/100km。与纯电动汽车比较，节电效果显著。

二、混合动力汽车

混合动力汽车是以内燃机为主要动力，辅助以电动机和一系列能量回收和储存设备，将内燃机在制动等过程的能量转化为电能加以利用的汽车。传统的汽油内燃机的工况随汽车的行驶速度变化而改变，而且在城市内大部分运行时间时开时停，经常加速或减速，都在效率很低的负荷下工作，导致燃料效率低，排放气污染严重。采用混合动力后可按平均需用的功率来确定内燃机的最大功率，让它在低油耗、污染少的最优工况下工作。负荷小时富余的功率或汽车在制动、下坡、怠速时刹车、轮胎等因为摩擦产生的热量加以回收，给电池充电；负荷大时，如果内燃机功率不足，电池就会通过电动机“帮忙”。在繁华市区，可关停内燃机，由电池向电动机供电驱动汽车，实现“零排放”。混合动力车既保留了纯电动车在环保和效率方面的优点，克服其续驶里程过短，充电效率低的缺点，又发挥传统内燃机汽车加油方便、续驶里程长的优点，还能方便解决提供车内空调、取暖、除霜等耗电设备的供能问题。混合动力汽车的动力与传动系统透视图见图12-17。

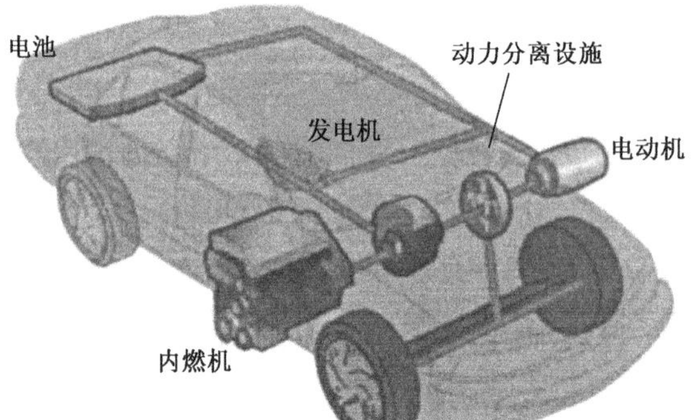

图12-17　混合动力汽车的动力与传动系统透视图

1. 内燃机和电机的组合方案

内燃机和电机的组合除有并联式和串联式两种基本配置方案外，还有两者结合的混联式。

并联式配置的内燃机和电动机共同驱

动车轮，内燃机和电动机分属两套系统，可分别独立地向传动系统提供扭矩。既可单独用内燃机在公路上行驶，在需要加速时又可让内燃机和电机共同工作。电动机可兼作发电机，又称电动发电机组。由于没有单独的发电机，发动机可以通过传动机构直接驱动车轮，接近于传统的汽车驱动系统，机械传动损耗与普通汽车接近，得到了比较广泛的应用。

（1）内燃机和电机的并联式组合

并联式配置的优点是：①采用较小功率的内燃机使之在高效率下工作，在大负荷工况下由两个设备提供动力；②电动机可向电池充电，不需单独的发电机；③传动功率无需经由蓄电池中转，总的能量效率高。

（2）内燃机和电机的串联式组合

串联式配置将内燃机、发电机和电动机三部分串联起来：内燃机驱动发电机发电，电能通过控制器输送到电池或电动机，由电动机通过变速机构驱动汽车。低负荷时由电池向电动机供电带动车轮，高负荷时则由内燃机带动发电机，使之发电驱动电动机。当车辆处于启动、加速、爬坡工况时，内燃机-发电机组和电池组共同向电动机提供电能，当车辆处于低速、滑行、怠速工况时，则由电池组驱动电动机，当电池组缺电时则由内燃机-发电机组向电池充电。

串联式配置的优点是：①内燃机始终在最佳工况点附近稳定运行，通过调整电池和电动机的输出来达到调整车速的目标，使内燃机避免了怠速和低速运转的工况，从而提高了内燃机的效率，减少了污染物排放；②适用于车辆在繁华市区频繁起步和低速运行情况。

串联式配置的缺点是：①与并联式相比，蓄电池大而笨重；②为保证蓄电池处于充电状态，内燃机负荷重；③从化学能到机械能、电能再回到机械能的反复转换，能量损失较大。

（3）内燃机和电机的混联式组合

混联式配置包含了串联式和并联式的特点。动力系统根据助力装置不同，分为内燃机为主要动力源与电动机为主要动力源两类。这一配置的优点是控制方便，缺点是结构比较复杂。

前两种配置方式的示意图见图 12-18。

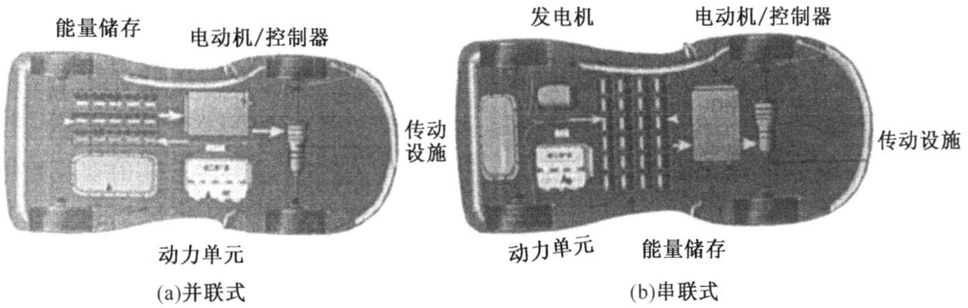

(a)并联式　(b)串联式

图 12-18　两种配置方式示意图

混合动力汽车还可按照混合度来分类。可分为：

（1）最小混合度的微混合

它采用一体化的启动机/发电机执行自动停/开功能，车辆启动时间小于 0.4s，电机功率约 10kW。

（2）轻混合度

它采用一体化的启动机/发电机执行自动停/开功能，车辆启动时间小于 0.3s，冷启动时间小于 0.8s，还有制动能量回收功能，电机功率约 20~40kW。

（3）完全混合度

这种混合除上述功能外，还具备纯电动驱动能力，电机功率约 70kW。根据蓄电池是否能从电网充电分为插电式(Plug-in HEV，简称 PHEV)和非插电式两类。

2. 混合动力汽车的推广应用

1）国外的应用进展

混合动力汽车在国外的研发已有近十年时间，突破了电机、电池和控制三方面的核心技术，其中既有纯电动汽车需用的技术，也包括混合动力汽车专用的技术。经过多次行车实验和改进，丰田公司的牌号为 Prius 已于 2004 年率先进入市场，其后，美国主要制造商也相继推出多种产品，2006 年在市场上能够买到的牌号覆盖了轻型汽车的各种类别，有关基本规格和性能见表 12-50[10]。

表 12-50 美国生产混合动力汽车基本规格性能表(2008 年)

制造商	福　特	马自达	Mercury	丰　田	福　特
牌号	EscapeFWD	Tribute2WD	MarinerFWD	Camry	Escape4WD
变速方式	自动(CVT)	自动(CVT)	自动(CVT)	自动(CVT)	自动(CVT)
排气量/L	2.3	2.3	2.3	2.4	2.3
缸数	4	4	4	4	4
城市油耗/(L/100km)	6.9	6.9	6.9	7.1	8.1
公路油耗/(L/100km)	7.8	7.8	7.8	6.9	8.7
制造商	马自达	Mercury	雪佛兰	Saturn	Lexus
牌号	Tribute4WD	Mariner4WD	Malibu	Aura	600hL
变速方式	自动(CVT)	自动(CVT)	自动(4)	自动(4)	自动(S8)
排气量/L	2.3	2.3	2.4	2.4	5
缸数	4	4	4	4	8
城市油耗/(L/100km)	8.1	8.1	9.8	9.8	11.8
公路油耗/(L/100km)	8.7	8.7	7.4	7.4	10.7

注：油耗按 EPA 新法测定，较旧法略高。

表 12-50 中各类轻型车对比非电动混合同牌号车的节能效果互不相同，在城市内行驶与在公路上行驶的对比也不相同。轿车一般节油 30%~40%，皮卡 5%~13%。

衡量选购混合动力汽车对用户的直接效益需要比较每年的节油费用和维修费用的差异以及一次投入的购车费用。前者随原油价格而变动，大约每年省几百美元，后者则高出二三千美元。但是混合动力车的有害气体和温室气体排放量明显降低，存在难以精确计算的社会效益，因此各国都从政策上大力支持，给制造商减收附加税和所得税的优惠，如美国对满足燃油消耗标准者轻型车免除 250~2000 美元所得税和 1000~3000 美元附加税；对使用期间至少节约 1500 加仑的客车或轻卡免除 250 美元附加税。法国对首批 10 万辆电动汽车给以每辆 15000 法郎的补贴，其中给制造商 10000 法郎。

在政府支持下，国外制造商努力争夺市场，扩大产能，争取在当时的高汽油价格阴影下，增加混合动力汽车的保有率，发展形势较好，已被公认是向新能源和清洁燃料过渡的理想车型。

混合动力汽车近几年仍然处于起步阶段，美国市场年销售量从 1999 年本田 Insight 的 17 辆递增到 2006 十种牌号 25 万辆(其中丰田 Prius 牌号居首，2006 年已突破 10 万辆，7 年内累计 33 万辆；本田 Civic 累计 12 万辆)。2007 年尼桑 Altima 牌号上市，这一款车(2.5L、4 缸，总功率 148kW)燃油效率 42/36mpg，比 ICE 原型车节油三分之一，但价格贵 20%(24400 美元对 20300 美元，前者已含美联邦减税 2350 美元)，丰田的新款 Highlander 牌号车厢变宽敞，增重约450kg，每加仑燃料行驶27英里，可见今后发展阶段在市场和社会保有率份额将稳步上升。

国外已有的混合动力车主要是轻型汽车，如果大型卡车或SUV采用，主要在公路行驶，则因传动系统效率低，节油效果不显著。美国几家公司正联合开发通过两套齿轮带动车轮的传动机构，让内燃机不需经由电动机直接带动车轮，这就要两套离合器，但电机变小。预计Chevrolet Tahoe牌号的混合动力汽车将于2008年投放市场，它比常规牌号节油约25%。

表12-51　美国生产混合动力汽车动力系统规格

制造商	本　田	丰　田	丰　田	福特	Mercury
牌号	CivicHybrid	Camry	Prius	Escape Hybrid4WD	Mariner Hybrid4WD
内燃机功率/kW	70		57	100	100
电动机功率/kW	15		50	71	70
净功率/kW	83	148	83	116	116
加速(0~60km/h)/s	11	9.4	10.2	9	9
蓄电池类型	Ni-MH	Ni-MH	Ni-MH	Ni-MH	Ni-MH
蓄电池电压/V	158	245	202	330	330

插电式混合动力汽车如完全靠储存电力行驶，按蓄电池容量所能一次最大行驶里程数分为两类(20英里、60英里)分别简称为PHEV20和PHEV60，而非插电式则称为HEV0。由于前两种车辆尚无正式产品，暂按表12-52a给定的参数考虑。根据初步预测，表12-52b列出了家庭用两类轿车采用不同混合动力方案时每年燃料与电能消耗及其费用(汽油按1.65美元/加仑，电力按0.06美元/kW·h计算)[11]。

表12-52a　插电式与非插电式混合动力紧凑型轿车基本参数

车　　型	ICEV	HEV0	PHEV20	PHEV60
发动机/kW	74	53	41	32
电动机/kW	—	23.3	37.3	60.7
蓄电池模块数	—	13	26	26
蓄电池额定功率/kW	—	24	39.6	85.8
蓄电池额定容量/(kW·h)	—	2.2	5.08	15.45
汽车自重/kg	1209	1221	1295	1381
最高车速/(英里/h)	124	101	113	98

表12-52b　插电式与非插电式混合动力汽车燃料费用比较

车　　型	ICEV	HEV0	PHEV20	PHEV60
每年行驶里程(城市用电力)/英里			2585	4959
每年行驶里程(公路用电力)/英里			2691	5161
每年行驶里程(城市用汽油)/英里	6528	6528	3943	1569
每年行驶里程(公路用汽油)/英里	6794	6794	4103	1633
紧凑型轿车				
城市行驶电力单耗/(kW·h/英里)			0.277	0.277
公路行驶电力单耗/(kW·h/英里)			0.320	0.315
城市行驶汽油单耗/(英里/加仑)	28.44	43.66	44.11	46.16
公路行驶汽油单耗/(英里/加仑)	38.45	39.38	45.22	47.11
每年汽油耗量/加仑	406	322	180	69
每年电力耗量/(kW·h)			1577	2997
每年汽油费用/美元	670	531	297	113
每年电力费用/美元			95	180
每年总能源费用/美元	670	531	392	293
行驶每英里的燃料费用/美分	5.03	3.99	2.94	2.20

续表

车　型	ICEV	HEV0	PHEV20	PHEV60
中型 SUV				
城市行驶电力单耗/(kW·h/英里)			0.406	0.384
公路行驶电力单耗/(kW·h/英里)			0.466	0.441
城市行驶汽油单耗/(英里/加仑)	16.56	27.54	29.16	30.15
公路行驶汽油单耗/(英里/加仑)	23.17	28.47	29.56	30.26
每年汽油耗量/加仑	687	476	274	106
每年电力耗量/(kW·h)			2336	4247
每年汽油费用/美元	1134	785	452	175
每年电力费用/美元			140	255
每年总能源费用/美元	1134	785	592	430
行驶每英里的燃料费用/美分	8.52	5.89	4.44	3.22

注：表中电价按夜间充电的谷间电费计算。

表 12-52 所列燃料和电力价格是 20 世纪初美国情况。在汽油价格居高而电力价格变动不大时，通过图 12-19 用条形图对不同燃料和电力价格时 CV、HEV 和 PHEV 的单位英里里程燃料费用的比较可知，PHEV 燃料费用最低[20]。

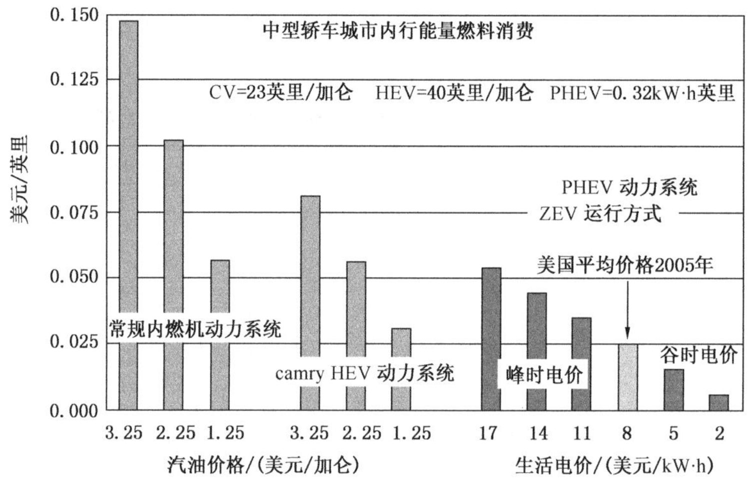

图 12-19　不同燃料和电力价格时 CV、HEV 和 PHEV 的单位里程燃料费用

表 12-53 列举若干数据表明插电式汽车不仅有利于节约汽油，还能减少有害气体和温室气体排放，从环境保护角度分析无疑是合理的。

表 12-53　CV、HEV 和 PHEV 的有害气体和温室气体排放

车　型	ICEV	HEV0	PHEV20	PHEV60
每年燃料生产过程排放 CO_2/kg	833	660	1043	1420
每年车辆行驶过程排放 CO_2/kg	3453	2738	1531	584
以上两项合计/kg	4286	3398	2574	2004
每年燃料生产过程排放烃/g	515	408	256	139
每年汽车尾气排放烃/g	97	97	59	23
每年蒸发损失烃/g	187	187	187	187
以上三项合计/g	799	692	501	349

续表

车　　型	ICEV	HEV0	PHEV20	PHEV60
每年燃料生产过程排放 NO_x/g	60	48	108	164
每年汽车尾气排放 NO_x/g	333	333	201	80
以上两项合计/g	393	381	309	244
燃料生产过程排放 CO_2/(g/英里)	63	50	78	107
车辆行驶过程排放 CO_2/(g/英里)	259	205	115	44
排放 CO_2 合计/(g/英里)	322	255	193	151
排放烃合计/(g/英里)	0.060	0.052	0.038	0.026
排放 NO_x/(g/英里)	0.030	0.029	0.023	0.018

图 12-20 表明以天然气为起始燃料，经转化后用于不同车型的温室气体排放对比，明显是 PHEV 最低[20]。

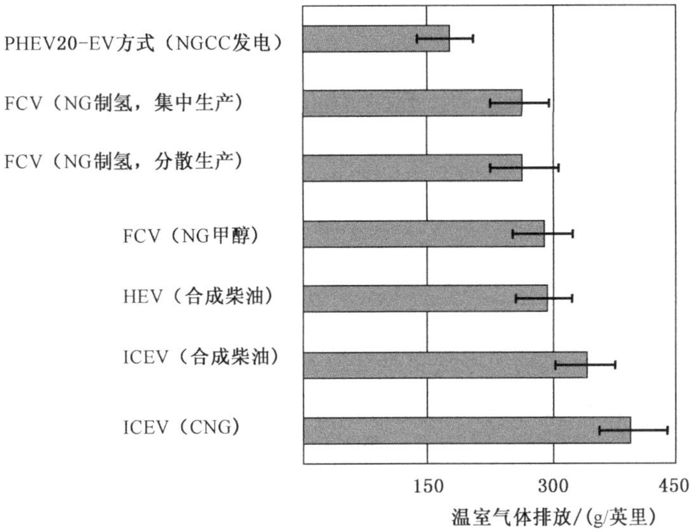

图 12-20　以天然气为起始燃料经转化后用于不同车型的温室气体排放

但用户更关心的是私人开支，而非社会效益。表 12-54 表明测算的汽车售价随一次电力行驶里程而增加，与非插电式差价约 6000~7000 美元，主要原因是蓄电池价格昂贵[11]。

表 12-54　混合动力汽车预测售价　　美元/辆

车　　型	紧凑型轿车				中型 SUV			
	ICEV	HEV0	HEV20	HEV60	ICEV	HEV0	HEV20	HEV60
车体	9209	9287	9287	9287	22969	23047	23047	23047
发动机及排气系统	2791	2331	1962	1756	5132	4298	3788	2953
传动系统	1520	978	978	978	2269	1540	1540	1540
附属动力	329	468	468	468	457	609	609	609
电力牵引	57	1546	2041	2867	95	2535	3690	3856
蓄电池系统	56	2399	3739	7036	56	3679	4986	9702
充电设施			760	760			746	860
合计	13962	17008	19235	23153	30977	35708	38406	42566

考虑到插电式汽车的蓄电池容量较大，利用一个车队同时充电时总体的蓄电能力，有助于电网的调峰。美国正在研制一套称为"车对电网 Vehicle to Grid，简称 V2G"的双向充电-供电系统，使用该系统可望得到供电部门的补贴费，改善插电式汽车的经济效益。

2008 年国际车展出现了若干柴油混合动力概念车，如 Kresler 公司的 PHEV-40 型的 Jeep Renegade。

2）中国的应用进展

我国科技部组织了中国电动汽车重大专项研究，5 年多来，在多家研究单位和制造单位的合作下，已取得重大进展。东风牌混合动力轿车完成了 2 万 km 行车可靠性和性能试验，与基础车动力性能相当，节油 30%以上，尾气排放满足欧Ⅲ标准。正在进行产业化准备工作。现在已开始在十个城市推行每市千车的计划，国家和地方共同补贴公用交通客车的购置费用。令人瞩目的是丰田的 Prius 牌号汽车已在我国生产并投放市场。2008 年东风思域牌混合动力汽车上市，试验节油效果 38%。混合动力大客车(含天然气燃料)在国内已超过万辆。

根据混合动力汽车的思路，有的专家提出发展混合动力自行车的建议[25]，它是将电动自行车和汽油助力自行车结合的产物，利用智能充电系统边骑行边充电，减速和暂时停滞时，发动机能量转换为电能存入电池，当电池充满则转换为电池供电驱动。采用四冲程30~40mL 汽油机，耗油量 1L/100km，加上充电后电池行程 50km，与常规摩托车相比节油三分之二，比小轿车节油 90%，相应污染物排放也减少。其综合能耗虽然高于电动自行车，其性能高于后者，而且由于"浮充电"特性，其蓄电池寿命可达 6 年，是电动自行车的 3 倍。

三、燃料电池汽车

把混合动力汽车的内燃机动力系统更换为燃料电池动力系统，就成为十多年来汽车行业着力研制的燃料电池汽车。它兼有内燃机汽车利用足够的外加燃料保证长距离持续提供动力的优点，以及电动汽车环境友好(零排放、低噪声)的特点。它的燃料利用效率最高。但是这一类型使用氢燃料的车辆存在储存(燃料供应系统库存和车上储存)、运输以及加注站等需要大量资金重新建设问题，还存在是否能与内燃机竞争的车用燃料电池技术开发与低廉生产问题。如果没有国家的政策支持、社会的资金投入和长期的行动计划，用燃料电池汽车逐步取代内燃机汽车就很难奏效。所幸主要汽车生产国家和行业对此已有共识，作为重大专项攻关项目已开展多年，多种概念车和样车几经展示与行车示范(包括从美国西海岸到东海岸的连续行驶和工交车队的实地运行)，正在走向预期目标。

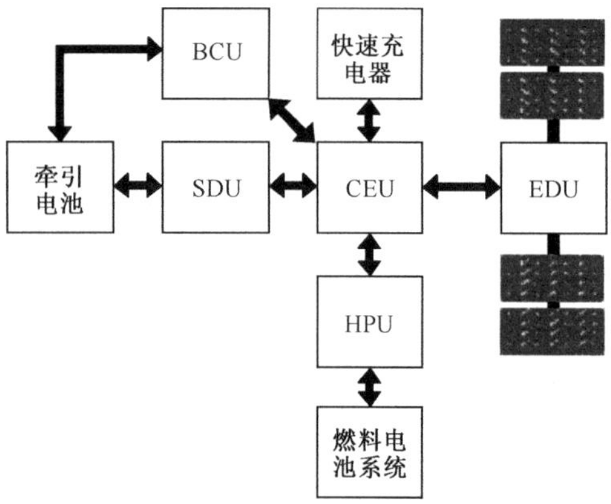

图 12-21　一种公交燃料电池客车动力配置示意图

BCU 电池监控单元；SDU 安全断开单元；CEU 控制电子单元；HPU 混合动力转换器；EDU 电力驱动单元

1. 燃料电池汽车的动力配置和性能

燃料电池汽车的配置十分复杂，仅燃料电池部分就集成了比内燃机更多的部件，若用车载制氢设备(又称燃料加工设施 On-board Fuel Processor)那就更为烦琐。已投入运行的一种公交客车动力配置示意图见图12-21[13]，图中"燃料电池系统"框内设备详见本书第十四章，动力配置一览表见表 12-55[13]，当前几家制造商生产的小型汽车规格和性能列于表12-56[6]。

表 12-55 燃料电池公交客车动力配置一览表

车身尺寸/m	长 9.72，宽 2.44
车重/kg	自重 10000，载重 3000
座位数	23
驱动方式	混合动力
行车控制系统	Enova 系统集成及软件
电力驱动 EDU	串联混合动力，蓄电池为主，诱导电机，最大 120kW 连续 60kW
动力控制 CEU，HPU	电子控制单元(CEU120)：逆变器输入 250~425VDC 最大输出 120kW；12V/24V DC-DC 直流变压器；液冷
动力装置	离子交换膜燃料电池，20kW
燃料及储存设施	35MP 压缩氢气，Dynatek 高压瓶 2 个各储藏 5kg
动力蓄电池	铅酸 70A-h 两组，两列共 28 模块，12V/336V
蓄电池管理 BCU，SDU	BCU 监控蓄电池操作和性能；SDU 安全接通和断开设施；6.6kW 车载充电设施
车外充电	快速充电器 Aero Vironment 60kW
附属设备	由 CEU 供电 12V/24V
制动	标准制动与功率回收制动
排气处理设备	零排放，不需要

12-56 燃料电池概念示范车规格性能一览表

制造商	丰 田	奔 驰	本 田	福 特	日 产	现 代
牌号	FCHV-4	NECAR4	FCX-V4	Focus(FCEV)	Xterra FCV	Tucson FCEV
质量/kg			1684	1727		1700
乘坐人数	5	5	4		5	
燃料电池型号	丰田 PEM	Ballard PEM		Ballard Mark 902	Ballard Mark 901	
燃料电池输出峰功率/kW		70			75	
燃料储存量以及储存压力	3 加仑汽油当量		氢 3.75kg35MPa		氢	氢 152L35MPa
电动机型式	永磁同步	永磁同步	DC 无刷	AC	永磁同步	AC
电动机峰功率/kW	140	55	80	65	140	80
电动机峰扭矩/Nm	216		272	190		LiPB
蓄电池类型及电压/V	288		超级电容 8.0farad	Ni-MH180	锂离子	250~460
一次行驶里程/km	250	448	355		250	300
最高速度/(km/h)	150	150	150		124	150

燃料电池的理论效率是实际电压(目前 0.70V，今后可能达到 0.75V)与理论电压(1.15V)的比值即 64%左右，比汽油内燃机高出 3 倍有余，但因内部能耗和自重均较大，安装在汽车上的燃料电池发动机效率是汽油内燃机的 2 倍多。图 12-22 的对比曲线表明燃料电池在不同负荷下的效率变化不大，而内燃机在低负荷时效率明显降低。

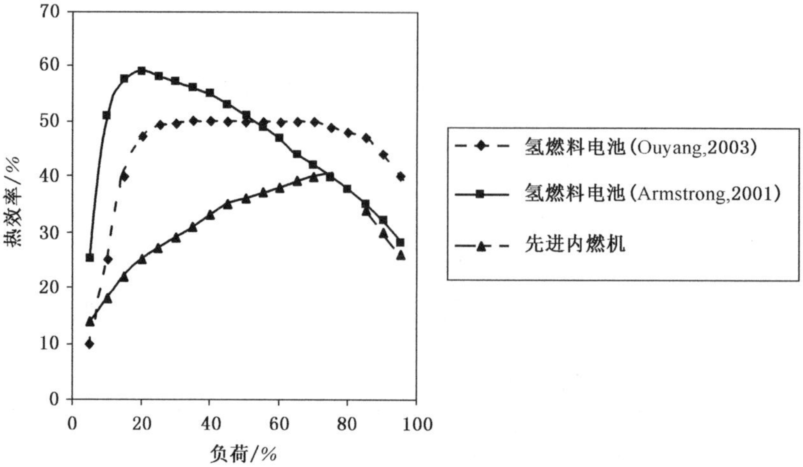

图 12-22　燃料电池汽车和汽油内燃机汽车在不同负荷下的热效率曲线

2. 燃料电池汽车的行车试验

在道路上行驶的汽油内燃机汽车、汽油混合动力汽车和燃料电池汽车的油耗对比见图 12-23a 和图 12-23b，这是日本 2002 年以来通过 59 辆燃料电池汽车示范运行得到的结果[19]。可以看出 FCV 效率至少是 ICEV 的 1.8~2.0 倍，通常最好的 FCV 效率是 ICEV 的 3 倍、是 HEV 的 1.0~1.5 倍。在城区运行时由于经常在低负荷下运行，因此 FCV 效率可达 ICEV 的 3 倍。但是注意到汽油内燃机和燃料电池技术都在与时俱进，今后较长时间两者效率差距如何变化，有待继续观察。

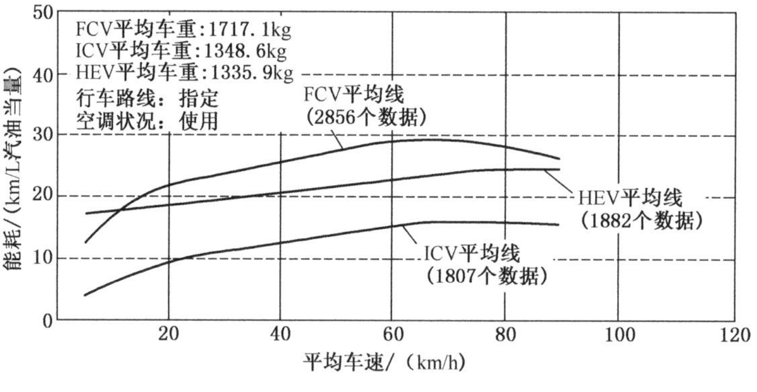

图 12-23a　日本燃料电池汽车示范试验平均曲线

FCV 车型：FCHV，X-Trail，FCV，FCX，HydroGen3，F-Cell，Mitsubishi FCV，wagonR-FCV

ICV 车型：Kluger，X-Trail，CR-V，Astra，A-Class，Grandis，Wagon R

HEV 车型：Prius，former Prius，Estima Hybrid，Tino Hybrid，Insight

美国能源部组织了 4 组有汽车制造商与大石油公司参加的 FCV 车辆供氢基础设施(含天然气就地生产氢气、电解氢气、外来压缩氢气和外来液氢等氢源)的《学习示范》行车试验，两年来在 13℃到 51℃气温下累计行驶 573064 车·英里，取得如下结果[22]：

① 燃料电池系统效率 52.5%~58.1%，接近 DOE 长期目标值 60%。

② 燃料电池寿命暂按电池堆电压下降 10%的时间推算，一个车队预测为 1250h，超过 DOE 指标(2006 年为 1000h)。2007 年开始使用第二代燃料电池，争取达到一个新的水平

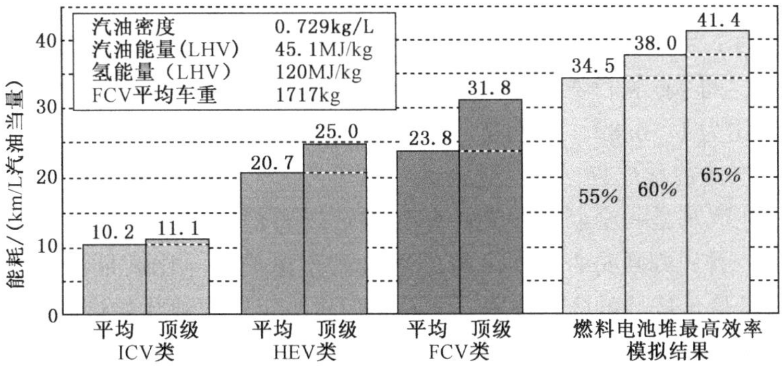

图 12-23b　日本燃料电池汽车示范试验数据整理结果

(2009 年为 2000h)，虽然实验室的电池已通过 5000h 的寿命试验，但商业应用验证还要付出艰苦努力。

③ 燃料行驶里程初步换算调整为 EPA 规定的条件后，4 个车队在 42~56 英里/kg 氢范围内。

④ 连续行程 100~190 英里，2009 年目标是 250 英里。

⑤ 安全状况十分良好。

⑥ 加氢设施平均加氢速度为 0.71kg/min，20%超过 1kg/min，平均加氢耗费 4.19 美分(加入量 2.15kg)。今后满足这一指标应无问题。

美国能源部组织了加州三家公交公司使用专门的燃料电池车队进行长期试验运行的测定[23]，其中一家公司发表的数据见表 12-57。与该公司在同一线路运行的同品牌 CNG 公交车相比，燃料消耗量为 1∶2.5，而和氢(内燃机)相比，燃料消耗量为 1∶1.7，证实了 FCV 的节能效果。

表 12-57　美国某燃料电池公交客车试验运行数据

车辆自重/kg	11300	往返行驶里程/km	20.5
车辆载重/kg	4000	每班往返数	9~10
座位数	26	往返时间/min	43(含停车时间 7)
混合动力型式	串联	平均速度/(km/h)	17
制动功率回收	有	试验时间	半年
电机	2×85kW 650VDC	总计行驶里程	12830
蓄电池	铅酸两组共 48 个各 12V	氢耗/(kg/h) kg/100km	789 6.17
燃料电池	质子交换膜 60kW	折合当量柴油/(英里/加仑)	8.23
燃料	压缩氢 25MPa	对比 CNG 内燃机	3.32
燃料储瓶	9 个共 25kg	对比氢内燃机	4.85
加速时间(0~36km/h)/s	9.1	车内噪声/dB(A)	
加速时间(0~48km/h)/s	16.5	停车时	62
最大坡度/%	17.5	48km/h	65
最高速度/(km/h)	88	88km/h	71

另外一家公司试验效果也很好，每千克氢行驶 8.8km，折合柴油当量 2.57km/L，而原先用柴油燃料时为 1.86km/L，两者燃料比较为 1∶1.4；其他一家公司的燃料电池驱动系统未采用联合动力，每 kg 氢行驶 5.0km，折合柴油当量 1.49km/L，而原先用柴油燃料时 1.69km/L，两者比为 1∶0.89，可见混合动力系统是必要的。

3. 燃料电池汽车的推广应用已经进入第二阶段

因为燃料电池汽车是一全新的事物，单纯验证燃料消耗指标远远不足以成为推广应用 FCV 的科学依据。首先判断是否达到可与内燃机汽车论伯仲、比高低的全面技术指标，然后比较制造商在批量生产后的生产成本。尤其是后者决定其产业化的进程。美国能源部所规划的燃料电池汽车产业化规划日程表见表 12-58a，可以看出目前已进入第二阶段技术进步的初期，当前燃料电池汽车的高昂造价毋庸置疑，因而制造商都以租赁方式提供给用户，如 2002 年丰田公司把它的示范轿车按 30 个月期限出租，每月收租金 1 万美元。粗略估算这辆车的制造成本约为 300000 美元，折合 4000 美元/kW。核心问题在于燃料电池堆的成本过高，但是随着各方面大力攻关和批量生产，车辆制造成本会不断下降，最终达到多数用户能够接受的水平。从表 12-59a 看出[12]，2030 年乐观估计和悲观估计的成本分别是 22000 美元与 27000 美元，只高于内燃机汽车 11%~42%。

2008 年 DOE 送交给美国国会关于今后实现氢能经济对社会产业结构变化给就业带来影响的预测报告[26]中，提出两种情景下 2020~2050 年美国燃料电池汽车数量，见表 12-58b；还举出 2015 年达到燃料电池汽车的攻关目标后燃料电池汽车部件分解价格估计，见表 12-59b。

表 12-58a　燃料电池汽车产业化规划日程表(美国能源部)

阶段	第 1 阶段 2000~2004 年	第 2 阶段(前期) 2004~2009 年	第 2 阶段(后期) 2009~2015 年	第 3 阶段 2015 年以后
任　务	技术可行性	汽车车队实地评估	产业化前示范	产业化
车辆目标	试验 FCV 的性能和可行性	实地考察使用 FCV 情况	FCV 车队产业化前示范	建设制造工厂和销售/服务设施
服务设施目标	加氢站示范，研究燃料供给方案	利用多种原料就地制氢	因地制宜合理的就地供氢途径	建设一定数量的加氢设施
决定能否进入下一阶段的主要验收指标				
燃料电池堆的寿命/h		2000	5000	
一次加氢行驶里程/km		>400	>480	
加氢站氢价格(不含税)/(美元/kg 氢)		3.00	1.50	

表 12-58b　2020 年以后美国燃料电池汽车数量预测

年　份	2020 年		2035 年		2050 年	
情景(H 快速发展，L 稳定发展)	H	L	H	L	H	L
当年轻型汽车中 FCV 市场销售份额/%	26.6	0.8	88.9	20.1	100	63
当年轻型汽车保有量中 FCV 份额/%	3.1	0.5	59.6	7.5	96	38.2
当年轻型汽车总保有量/百万辆	280.6		379.1		386.6	

表 12-59a　燃料电池汽车(80kW)成本现状和今后预测

年　　代	2005 年	2010 年	2030 年(乐观估计)	2030 年(悲观估计)
部件单价/(美元/kW)				
PEM 燃料电池堆	1800	500	35	75
FCV 驱动系统	1875	545	60	30
汽油内燃机	30	30	30	6000
储氢容器(50MPa)/(美元/kg)	1000	500	900	2000
整车部件价格/美元				
PEM 燃料电池堆	144000	40000	2800	6000
FCV 驱动系统				
汽油内燃机	2400	2400	2400	2400
储氢容器(50MPa)/(美元/kg)	4000	900	900	2000
三元转化器	430	430	430	430
电动机	1900	1700	1200	2025
整车成本/美元				
ICEV	19450	19450	19450	19450
FCV	167000	60750	21950	27075

表 12-59b　2015 年以后 ICEV 与 FC HEV 售价预测　　美元

类　　别	汽油内燃机汽车		燃料电池混合动力汽车	
车　　型	中型轿车	轻卡或 SUV	中型轿车	轻卡或 SUV
车　身	7148	16265	7148	16265
内燃机	2077	3004		
燃料电池系统			2190	3833
发动机冷却散热器	30	50	359	627
排气系统	250	250	250	250
传动系统	1045	1045		
电　机	40	40	560	1435
动力电子控制设备			480	1230
电控设备冷却散热器			224	574
附属部件	250	250	250	250
能量储存设备			1019	1610
蓄电池硬件，Acc 蓄电池	20	20	633	660
能量储存设施冷却散热器	90	90	103	111
主油箱	51	64		
压缩氢碳纤维储罐			624	861
组　装	5500	10539	7045	13978
销售环节	2690	5154	3445	6835
整车售价	19191	36771	24329	48520

2007 年有限制在美国市场销售的燃料电池汽车只有 Mercedes-Benz 的 F-cell 牌号半紧凑式轿车，65kW 电机，200VNiMH 蓄电池，燃料效率 57 英里/kg 氢，连续行程 110 英里。2008 年展示的概念车有 Chrysler 公司的 Ecovoyager，最大功率 197kW，连续行程 480km。

预测高新技术进步速度采用"进步比值(progress ratio)"，即累计产量翻一番后新价格对老价格的比率。表 12-60 的进步比值对乐观估计采用 0.85，而对悲观估计则为 0.78。

表 12-60　燃料电池汽车技术进步导致制造成本降低的预测　美元/kW

	2010 年	2020 年	2030 年	2040 年	2050 年
乐观预测	545	134	69	54	50
悲观预测	545	207	114	81	69

大型公交客车每年行驶路程较长(40000~60000km)，比小型轿车高出 2~3 倍，因而车辆价格对综合成本的影响较小。并且柴油机公交车排气不利于城市闹市区的环境保护和市民健康。从表 12-61 看出，使用不同燃料和不同发动机的大型客车最高和最低基本经营费用彼此之间相差只有 1~2 倍，远低于当前小型轿车的差价，所以推广应用 FCB 的时间可望比轿车提前若干年。

表 12-61　几种大型客车燃料和车辆价格费用对比

	燃料消耗/(GJ/1000km)	燃料单价/(美元/GJ)	年燃料费用/美元(1)	车辆差价/美元(2)	两项费用合计，(1)+0.16(2)
柴油 ICEV	19.2	30	34644	0(基准)	34644
柴油 HCEV	14.1	30	25409	115000	43806
汽油 HCEV	16.3	30	29314	100000	45314
天然气 ICEV	25.7	30	46192	50000	54192
天然气 HCEV	21.7	30	39086	165000	65486
氢气 ICEV	12.1	35	25406	175000	53406
氢气 FCV	10.6	35	22230	500000	102230
氢气 HFCV	8.5	35	17784	465000	91384

4. 我国燃料电池汽车的应用进展

我国《汽车产业发展政策》(2004)和《国家中长期科学和技术发展规划纲要，2006~2020年》均把新能源汽车列为优先主题项目，科技部更早就作为“863 计划重大项目”组织实施。同济大学、上海燃料电池汽车动力系统有限公司和上汽集团共同研发的“超越三号”燃料电池轿车在 2006 年国际挑战赛事中取得很高评价，证明了所研发的汽车动力平台结构的可行性，可满足驾驶平顺性、操纵稳定性和舒适性的重要指标。“超越三号”的燃料电池系统功率只有 45kW，但其混合动力系统与控制系统性能优秀，保证在动态范围内燃料电池系统处于最佳效率区间，动能回收效率高，每 100km 耗氢 1kg 左右，行驶噪声低。清华大学承担的燃料电池城市客车研发重大专项也取得好成绩，实验车在 40km/h 匀速行驶时每 100km 耗氢 3.3kg，预测未来的豪华大客车每 100km 耗氢 8.5kg。我国汽车制造公司已经采用自己燃料电池技术为 2008 年奥运会生产了一批产品并投入使用，装备大客车和轿车。目前支撑燃料电池汽车产业化的公共检测试验平台初步健全(整车测试、动力蓄电池测试、驱动电机测试燃料电池发动机测试)，还建立了技术标准体系。以上表明我国燃料电池汽车技术已跻身于国际先进行列，成绩喜人，当然在一些方面(燃料电池发动机功率密度、低温启动性、环境适应性和寿命等)也存在差距，有待进一步努力。

5. 燃料电池汽车的市场形势预测

关于燃料电池汽车市场销售和社会保有份额牵涉到很多不确定因素，历来公布的预测数据彼此之间颇有出入。按国际能源组织 2005 年发表的资料(表 12-62)，达到市场销售份额 5%、50%和 100%的时间分别为 2030 年、2040 年和 2050 年，而美国国家科学研究理事会(NRC)的乐观估计(表 12-63)则为 2019 年、2032 年和 2038 年，出入达 10 年左右。按照

DOE/NRC 的偏于乐观的情景估计，美国 2050 年汽油燃料消费在单纯汽油内燃机情景为 8 亿 t/a，在单纯混合动力情景为 5 亿 t/a，在全部 FCV 情景只有 0.5 亿 t/a。

表 12-62　燃料电池汽车市场销售和社会保有份额预测(国际能源组织)

	2010 年	2020 年	2030 年	2040 年	2050 年
世界累计产量/百万辆	0	0.2	8.4	133.3	502.4
OECD 累计产量/百万辆	0	0.22	8.63	143.7	349.8
市场份额(OECD)	0	0.2	5.0	50.0	100.0
社会保有份额(OECD)	0	0.1	2.2	13.1	31.0

表 12-63　ICEV、HEV、FCV 市场销售和社会保有份额乐观形势预测(美国国家科学研究理事会)

份　额		0%	10%	30%	50%	70%	90%	100%
达到市场销售份额年代	ICEV	2034	2031	2024	2021	2017	2014	2005
	HEV	2005 2038	2014 2037	2018 2035	2022，2028			
	FCV	2015	2024	2028	2032	2035	2036	2038
达到社会保有份额年代	ICEV	2043	2035	2028	2025	2021	2016	2005
	HEV	2005 2050	2016 2043	2023 2038	2028 2032			
	FCV	2015	2027	2033	2036	2039	2043	2050

混合动力汽车已经进入市场，取代纯内燃机汽车初见端倪，只要石油价位持续走高，那么混合动力汽车的市场份额将迅速增长。燃料电池汽车进入市场尚需时日，而且扩大其在市场的占有率还存在许多变数。

6. 燃料电池汽车推广应用的过渡时期

美国很多部门从事燃料电池汽车推广应用的战略研究，其中从进入市场到占有较大规模的一段长达 13 年(2012~2025 年)的过渡时间至关重要。这期间根据经济技术进步趋势，政府应正确把握对燃料电池汽车推广应用的支持力度。初步看来汽车价格的降低除了技术进步因素(时间)之外还在于生产规模的不断扩大(每年若干万辆)和生产经验的持续积累(累计生产辆数)，现假定三种情景：情景一是 2012 年起步年产数百辆，情景二和情景三是年产数千辆，2018 年时三种情景均达到年产数万辆水平，2025 年三种情景的年产量分别是 200 万、500 万和 1000 万辆，那么车价从开始的每辆 34 万美元，2018 年就降低到 5 万美元以内，2020 年到 3.5 万美元上下，2025 年到 2.5 万~2.8 万美元。政府支持燃料电池汽车产业使制造商避免过渡时期累计数百亿美元(仅美国)的亏损，从而把 FCV“扶上马、走一程”，否则 2025~2045 年仍然是 HEV 一统天下。

具体建议政府支持的内容包括：①汽车制造业补贴：2012~2017 年间 FCV 超过 HEV 的生产费用，减免 2018~2025 年间全部增值税；②加氢站建设投资补贴：2012~2017 年间平均每座站补 130 万美元，2018~2021 年补 70 万美元，2021~2025 年补 20 万~30 万美元；③氢成本补贴：2012~2018 年间 0.50 美元/kg，2025 年 0.30 美元/kg。

以上指 DOE 全部攻关目标如期实现的情况，如果未达到目标，不确定因素增加。例如燃料电池系统单价高于目标值 30 美元/kW，而是 60 美元/kW，2025 年后 FCV 的市场销售份额将大大低于 HEV。原油价格增加则有利于 FCV 的推广。

7. 车载燃料电池汽车的制氢技术方案

设有车载燃料加工装备的燃料电池汽车曾经作为早期汽车开发过程流行的一种类型。考虑到直接使用外来氢气就需要建设加氢站和复杂的供氢系统设施，可能制约早期燃料电池汽车的产业化，因此制造商首先采用车载甲醇制氢装备，利用容易实施的甲醇-水蒸气分解反应制出含氢气体，随后经过转化和净化得到氢气，供给燃料电池产生电力。美国能源部提出用汽油作为制氢原料，在稍复杂的车载制氢设备上制取氢气，这就基本利用了社会既有的庞大燃料供应与加油站等设施，是一种燃料电池汽车产业化初期可行的过渡方案。但是这种号称“车载燃料加工(on-board fuel processing)”技术具有相当难度，只有在政府大力资助下才有可能在规定日期前达到目标。尽管从20世纪90年代初期开始攻关，研发部门作出很大努力，取得不少成绩，但所规定的几项关键目标未能达到，于是美国能源部按照原定的关键决策时刻，于2004年6月召开专门决策会议，听取各方意见后决定停止该重大专题的下一步工作，宣告了这项重大方案的失败[14]。作为技术进步的一个过程，回顾这个方案的得失仍有参考价值，因此本书将做简单介绍。

所谓车载燃料是以普通汽油为主方案，甲醇或乙醇为次方案。加工工艺在大装置上是成熟的，对汽油而言首先要深度脱硫到3μg/g以内，然后去自热转化器(autothermal reformer，ATR)在大约800℃时发生部分氧化和蒸汽转化反应，产生氢气和CO、CO_2等气体，继续通过一氧化碳变换反应(高温500℃和低温200℃)，CO含量降低到0.2%，然后在325℃的选择氧化反应器内进一步降低到10μg/g以下，使之满足燃料电池堆进气规格[15]。

甲醇或乙醇的原料加工方案省略了深度脱硫，而甲醇更以水蒸气转化反应(steam reformer，SR)代替ATR，加工工艺略有简化，但对于车载装置而言仍嫌复杂。原料加工过程不可避免一定的热能消耗和物料损失，增加一项制备热效率，与氢燃料电池热效率以及附属设备效率综合得出综合效率，两种原料的车载加工系统和直接供氢的FC系统各环节的热效率曲线[16](对应于不同功率负荷百分比分别示于图12-24、图12-25和图12-26，其中综合效率彼此对比并和普通ICE系统对照见图12-27)。可看出车载加工系统的热效率比直接供氢低近10%，但汽油ATR-FC仍高于汽油ICE，略有节油效果，作为过渡方案尚可自圆其说。

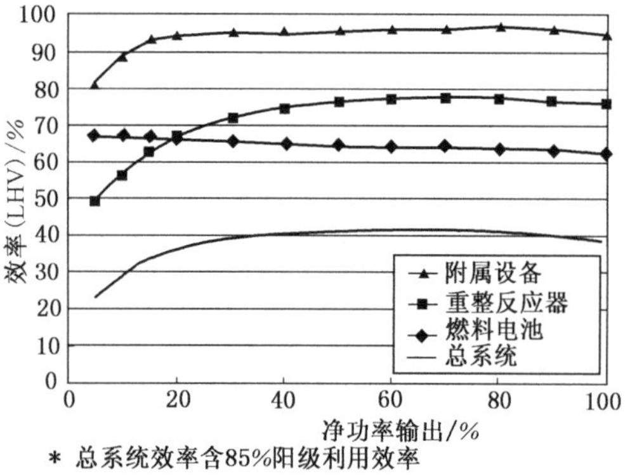

图12-24　车载汽油ATR加工系统各环节效率曲线

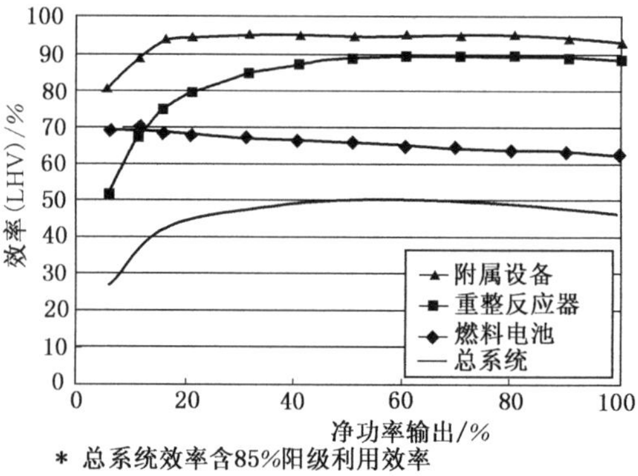

图12-25　车载甲醇SR加工系统各环节效率曲线

但是存在原料加工装备还带来：①设备尺寸和重量较大；②需要频繁启动和停止运行，设备的耐受性能；③设备的动态特性，能否符合车辆加速和减速要求；④启动额外消耗能量

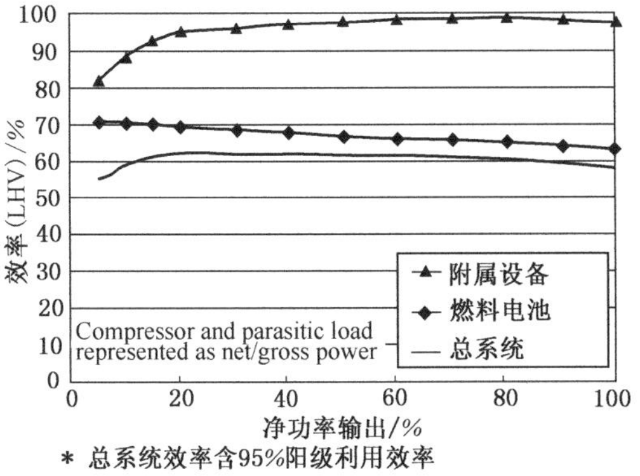

图 12-26　车载直接供氢系统各环节效率曲线

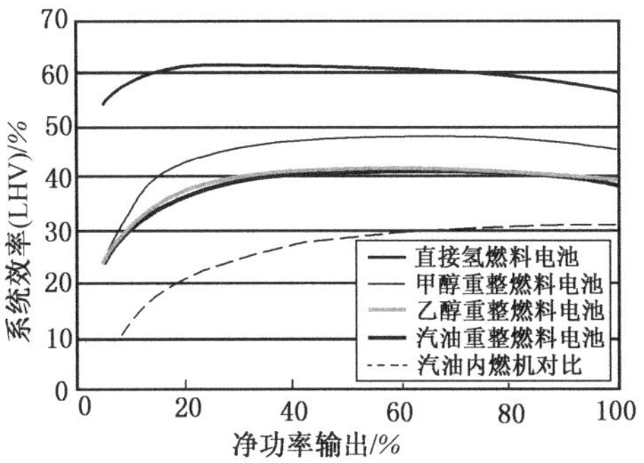

图 12-27　几种车载系统综合效率对比曲线

是否合算等问题，这些问题作为量化指标，早已列入攻关目标之中，见表 12-64。

表 12-64　美国能源部车载燃料加工装备的研发目标与实际执行情况

项　　目	2004 年目标	2004 年 2 月实际	最终目标	实现最终目标的概率
耐久性/h	2000	1000	5000	高
开停次数	>50		>20000	
功率密度/(W/L)	700	700	2000	中
效率/%	78	78	>80	高
启动能量/(MJ/50kW)	<2	7	<2	低
启动时间(+20℃)到达 90%牵引功率/s	<60	600	<30	
到达 10%牵引功率/s			<2	低
非稳态过渡从 10%到 90%/s	<5	10	<1	低
从 90%到 10%/s				
调节幅度(比值)	20 : 1	20 : 1	50 : 1	高
硫含量/(μg/g)	30	130	30	中
成本/(美元/kW)		65	<10	低

表 12-64 中最后一栏显示 2004 年美国能源部经专家评定后得到的看法，认为再经过若干年的努力，至少 4 项指标难以实现。剖析该 4 项指标无不与加工装备的尺度有关。按常规设计每个设备需要实现一个单独传热、传质和反应过程，基于目前已有类似装置的操作条件就决定了该设备的基本尺寸。例如 ATR、CO 高温变换、CO 低温变换三个反应的常规空速分别是 80000h^{-1}、10000h^{-1}和 5000h^{-1}，今后要提高到 1000000h^{-1}、40000h^{-1}和 80000h^{-1}，这要靠更高活性、当然价格也更昂贵的催化剂材料去实现(ATR 用 2%Rh 替代 0.5%Pt，CO 低温变换用 0.5%Pt 替代 Cu+Zn+Al)。例如采用微尺寸设备与相应管线组成几个模块，可大幅度(一个数量级)减少尺寸和减轻重量。曾经报道一种微通道的甲醇汽化器只有 7cm×12cm×2.5cm 大小，能满足 25kW 的燃料电池堆用氢。

最后的一条决策依据是 2004 年汽油混合动力汽车已开始产业化，性能喜人；预计在 2010 年技术进步的基础上对比燃料消耗，采用汽油 ATR 车载装备的 FCV 燃油经济性仍会落后于汽油 HEV，那么为汽油 ATR 车载装备就毫无意义，即使成功也徒劳无益。指标见表 12-65。

表 12-65　车载汽油转化制氢燃料电池汽车与汽油混合动力汽车的燃料经济性　L/100km

	2005 年指标对比①			2010 年指标对比②		
	城　市	公　路	综　合	城　市	公　路	综　合
ATR-FCV	4.7	3.4	4.2	3.9	3.4	3.4
HEV	3.9	3.4	3.4	3.3	3.3	3.3

① 2005 年 HEV 用丰田 Prius 牌号汽车作为代表。

② 按 2010 年 ATR-FCV 攻关目标，总重减轻 40%，电池效率增加 5%，能量密度 325W/kg，HEV 假定效率提高 10%(由于质量减少 40%)。

第六节　空运、水运和铁路运输

一、航空运输

作为一种快速的运输方式，近年来航空运输发展很快，不论客运量还是货运量的增长幅度均超过国内生产总值 GDP 的增长幅度，即其弹性系数大于 1，预测今后民航客运和货运的增长幅度为 GDP 增长幅度的 1.3~1.8 倍。有关航空运量的统计数字[3]见表 12-66。各时期客运量估计数据参见本章前面的图 12-3。

表 12-66　世界航空运输量的统计和预测数据

国家和地区	2000 年客运量/(10 亿人·km)	2000~2025 年预测年均增长率/%	2025~2050 年预测年均增长率/%
经合组织(北美)	1277	3.0	2.3
经合组织(欧洲)	871	3.3	1.7
经合组织(亚太)	333	2.6	2.1
独联体	63	4.2	3.7
东　欧	49	4.8	5.3
中　国	141	5.7	4.2
印　度	50	5.6	4.5
中　东	102	3.7	2.8
亚洲其他	197	4.6	4.0
拉　美	216	5.1	4.5
非　洲	77	4.9	4.1
世界合计	3376	3.6	2.9

航空运输燃料对大型飞机全部为喷气燃料(航空煤油)，只有小型飞机或直升飞机才使用汽油(航空汽油)。由于发动机需要很大动力，飞机的油耗很大。有些远洋航线一次加油量超过百吨。但是航空技术一直在发展进步，40 多年来从波音 707 到波音 777 等商用飞机的燃油消耗指标[以人·km 或 Retail Passenger Kilometer(RPK)所消耗的燃料热值(MJ)为基准][16]示于图 12-28。

从图 12-28 看出早期的中型客机燃料消耗几乎达到 6MJ/RPK，进入新世纪前夕则降低到 1.5MJ/RPK。

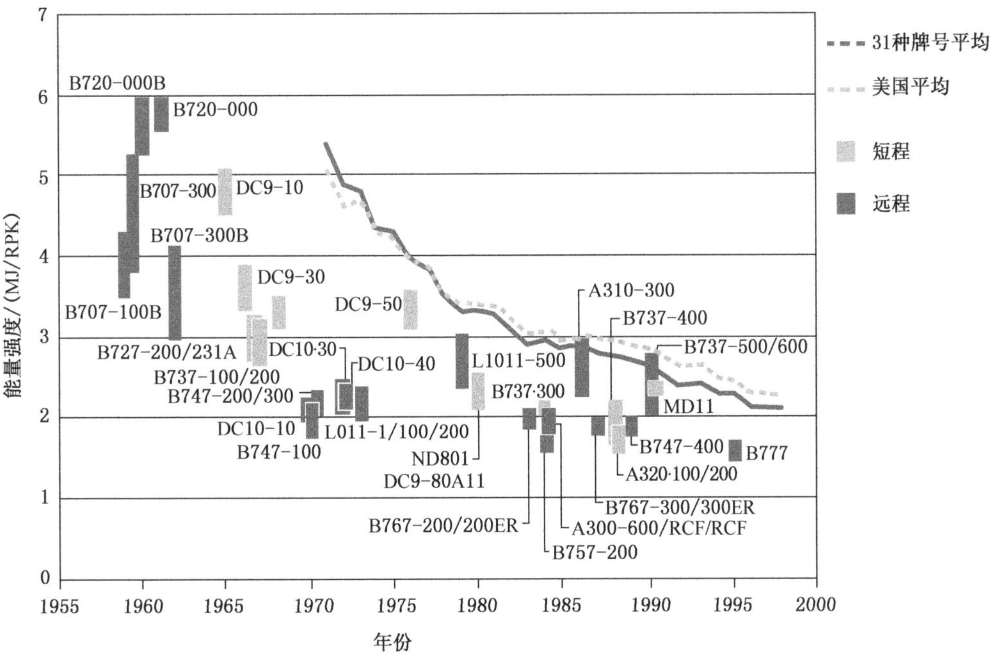

图 12-28 不同时期的新型客机燃料消耗指标的变化趋势

作为民航整体，由于新老机型并存，平均燃料消耗比新型机大约高 30%，预测今后将随业务发展和技术进步呈递减趋势。有的资料从 2000 年至 2050 年每 10 年的平均油耗依次按 2. 7MJ/RPK、2. 5MJ/RPK、2. 3MJ/RPK、2. 1MJ/RPK、2. 0MJ/RPK 和 1. 9MJ/RPK 估计。

根据美国能源部 EIA 统计数据，2004 年美国民航平均油耗为 4. 2L/100 人 · km(从支线客机 5. 7 到宽体客机 4. 2)；当年美国民航国内航班运量 7893 亿人 · km，国际航班运量 2789 人 · km，货运总量 265 亿 t · km；民航总喷气燃料消耗 2. 93PJ，航空汽油 0. 035PJ，军队消耗 0. 61PJ。在展望今后发展时指出 2010 年燃油效率将提高 9. 3%，2030 年将提高 31%，那时每座位油耗为 3. 1L/100km，并指出采用先进技术在 2030 年即可节约航空油料能量 1. 06EJ。

迄今航空业一直使用石油基燃料，如何替代这一石油产品就成为令人关注的问题。专家们探讨过使用氢能作为喷气发动机燃料，为了减少燃料储存体积显然只能采用液氢，但仍然比喷气燃料油箱体积大 3 倍，而且能量消耗高 9% ~ 34%[3]，因而使飞机有效载重减少 20% ~ 30%。以最新开发的 Airbus A-380 为例，原载客 665 人的客仓将减少 15%，乐观估计的燃料消耗量将增加 20%，燃料费用按液氢 20 美元/GJ，煤油 5 美元/GJ 计算，把增加的成本归于 CO_2 减排费用，那么减排每吨 CO_2 的费用高达 206 美元之多。

此外还应考虑氢的燃烧产物水蒸气在高空积累所引起的温室气体效应，为此氢燃料飞机飞行高度不宜超过 10000m，这一高度比 11000m 高度多消耗燃料 15%。从以上几个方面得出初步看法，用非烃燃料替代石油基航空燃料存在某种限制，对大型客机尤其困难。

二、水路运输

船舶运输是很古老的运输方式，但迄今由于节省燃料，水路运输仍然在运输业占有重要地位。有关燃料数据[3]见表 12-67。

表 12-67　有关水运燃料消耗数据(2000 年)　PJ

国家和地区	国内运输用柴油	国内运输用渣油	国际运输用渣油
经合组织(北美)	170	25	1183
经合组织(欧洲)	253	54	1722
经合组织(亚太)	134	275	536
独联体	31	12	10
东　欧	5	7	74
中　国	187	71	300
印　度	13~66	14	4
中　东	0	0	423
亚洲其他	88	37	969
拉　美	48	37	295
非　洲	15	0	329
世界合计	943		5844

2000~2050 年间水运的燃料消耗总增长幅度预测只有 33%(发展中地区国内增长幅度可能达到 50%)

三、铁路运输

铁路运输是陆地运输的一种主要方式，它特别适合大宗货物的长距离运输，较公路运输节省燃料。有关数据[3]见表 12-68。还可参阅本章前面的图 12-3 和图 12-6。中国 2007 年铁路客运周转量为 7216 亿人 · km，货运周转量为 23797 亿 t · km，比表中 2000 年数据增加很多。

表 12-68　铁路运输若干数据

国家和地区	2000 年客运量/(10 亿人 · km)	2000 年货运量/(10 亿 t · km)	2000~2050 年间客运预测对 GDP 弹性系数	2000~2050 年间货运预测对 GDP 弹性系数
经合组织(北美)	48	2427	0.42	0.77
经合组织(欧洲)	301	248	0.75	0.74
经合组织(亚太)	241	156	0.69	0.60
独联体	251	1576	0.56	0.68
东　欧	66	130	0.51	0.64
中　国	441	1334	0.67	0.69
印　度	431	305	0.61	0.70
中　东	80	30	0.94	0.78
亚洲其他	87	31	0.64	0.51
拉　美	14	118	0.29	0.49
非　洲	18	115	0.66	0.70
世界合计	1977	6470		

2000 年铁路运输平均能耗按 0.30MJ/人 · km 和 0.20~0.40MJ/t · km 估计，2000~2050 年间平均每年单位能耗可降低 1%(客运)和 2%~3%(货运)。能源主要是电力，在发达国

家、独联体、东欧和拉美客运占 80%~90%，货运主要用柴油，一般超过 50%，北美甚至达 98%。

根据美国能源部 EIA 统计数据，2004 年美国铁路货运 22168 亿 t·km，消耗柴油 559PJ，铁路运输的节油措施主要靠电气化实现，替代石油的问题并不突出。

第七节　运输过程能量效率

使用车、船、飞机从事客货运输的过程必然消耗燃料提供的能量，该能量除了克服运输工具运行中的阻力(空气阻力、道路、水体或轨道阻力)之外，还有相当多的能量耗费于发动机的能量损失、运输工具加速和减速(制动)的消耗以及传动系统和辅助系统的损耗。总括起来可用单一的运输过程能量效率去衡量。这一效率名为油箱到车轮效率(Tank-to-Wheel Efficiency)，简称 TTW，计算式如下：

$$\mathrm{TTW} = E_o / E_{i量}$$

$$E_o = \sum (R_{RO} + R_{AE} + Ma) \times V \times \Delta t$$

式中 E_o——消耗在车轮下的能量(对应于驾驶循环的输出能量)；

R_{RO}——车轮滚动阻力；

R_{AE}——空气阻力；

Ma——惯性(加速度)；

V——车速；

Δt——驾驶循环时间；

$E_{i量}$——在驾驶循环时间内消耗燃料的低位燃烧热(输入能量)。

美国能源部委托通用汽车公司等[18]选择了一种全尺寸皮卡作为基准车型，然后按照该公司开发的模拟模型，将其与另外 14 种类型使用不同燃料的汽车进行 WTT 与 TTW 能量效率和污染物排放估算，于 1991 年公布了有关数据，所用 15 种车型如下：

(1) 常规火花塞式的汽油内燃机汽车(基准车)；

(2) 常规压缩点火直喷式的柴油内燃机汽车；

(3) 常规火花塞式的 E85 乙醇汽油内燃机汽车；

(4) 常规火花塞式的压缩天然气内燃机汽车；

(5) 并联式混合动力汽油内燃机汽车；

(6) 并联式混合动力压缩点火直喷式的柴油内燃机汽车；

(7) 并联式混合动力火花塞式的 E85 乙醇汽油内燃机汽车；

(8) 车载汽油制氢装置的燃料电池汽车；

(9) 车载汽油制氢装置的燃料电池混合动力汽车；

(10) 车载甲醇制氢装置的燃料电池汽车；

(11) 车载甲醇制氢装置的燃料电池混合动力汽车；

(12) 车载乙醇制氢装置的燃料电池汽车；

(13) 车载乙醇制氢装置的燃料电池混合动力汽车；

(14) 氢气/液氢燃料电池汽车；

(15) 氢气/液氢燃料电池混合动力汽车。

以上模拟车型首先要能满足图 12-29 所示的性能指标，所得对比数据见表 12-69。

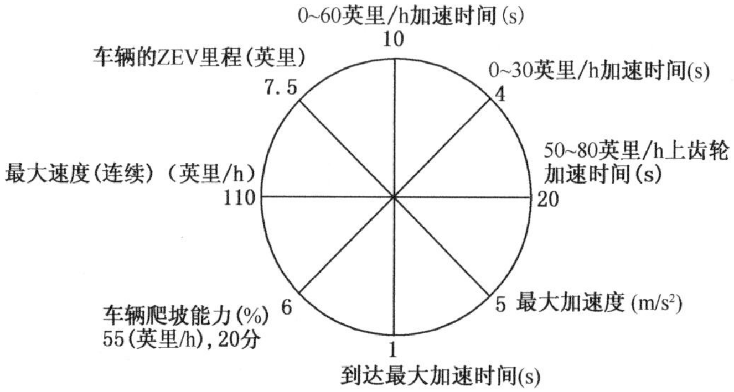

图 12-29　各车型共同具备的性能指标

表 12-69　15 种车型的燃料经济指标和 TTW 效率

车型	燃料经济/（英里/加仑）（市区）	燃料经济/（英里/加仑）（公路）	燃料经济/（英里/加仑）（综合）	燃料经济增加/%（对基准车）	TTW 效率	加速到 96km/h 所需时间/s
1	17.4	25.0	20.2	基准	16.7	7.9
2	20.2	30.4	23.8	18	19.4	9.2
3	17.4	25.0	20.2	0	16.7	7.9
4	17.0	24.7	19.8	-2	16.9	8.2
5	23.8	25.1	24.4	21	20.7	6.3
6	29.1	29.8	29.4	46	24.6	7.2
7	23.8	25.1	24.4	21	20.7	6.3
8	26.2	28.6	27.2	35	24.0	10.0
9	31.9	28.5	30.2	50	27.3	9.9
10	28.8	32.4	30.3	50	26.6	9.4
11	35.8	33.0	34.5	71	31.1	9.8
12	27.5	30.0	28.6	42	25.2	10.0
13	33.5	29.9	31.8	57	28.7	9.9
14	41.6	45.4	43.2	114	36.3	8.4
15	51.5	44.5	48.1	138	41.4	10.0

汽车制造商习惯以单位里程油耗作为燃料经济指标，美国采用每加仑燃料行驶英里数(milespergallon，简称 MPG)，而欧洲国家则采用每行驶 100km 的燃料升数，即 L/100km。本表 MPG 基准值为 20，最高值为 48，相差 1.4 倍，其 TTW 效率相应为 16.7 和 21.4。

另外一种表达方式是比较每年汽车消耗燃料的总能量(燃烧热，单位 10^6Btu 或 GJ)，从对比中看出相对的 TTW 效率；还可列出同一车型的 WTT 过程所消耗燃料的总能量，两者合计即表示 WTW 过程所消耗燃料的总能量，从对比中看出相对的 WTW 效率，具体可参阅图 12-30。

近年美国能源部 ANL 国家实验室就各种氢生产途径，按照 GREET 模型与 NREL 国家实验室的 H2A 模拟方法推算了近期(2005 年)、中期(2015 年)使用燃料电池汽车的 WTW 数据。以每行驶 1 英里耗化石燃料能源(Btu)表示的对比图[24]见图 12-31a 和图 12-31b，以每

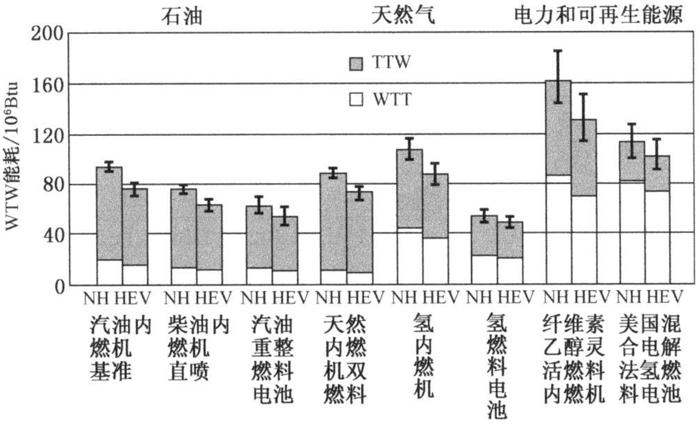

图 12-30　不同车型的 WTT 与 TTW 单车每年能耗

行驶 1 英里耗石油能源(Btu)表示的对比图[24]见图 12-32a 和图 12-32b。所选氢制造途径如下：

① 北美洲天然气水蒸气转化法分散生产；

② 生物质气化制氢集中生产；

③ 煤气化制氢集中生产；

④ 核能集中生产(只考虑 2030 年)；

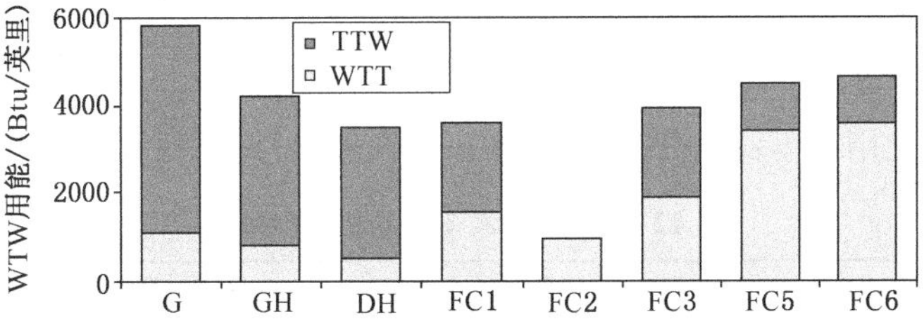

图 12-31a　近期不同车型的 WTW(WTT 与 TTW)每英里化石燃料能耗

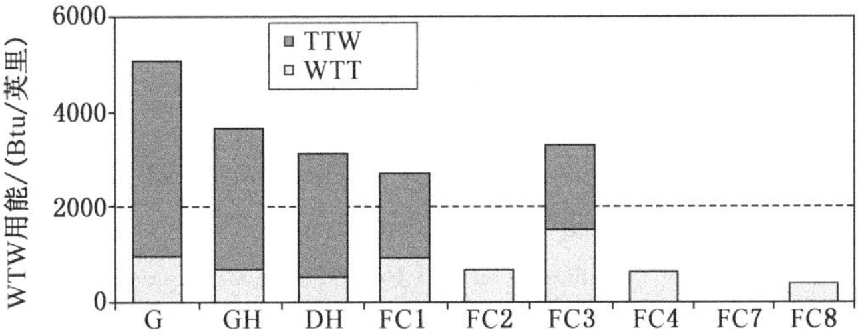

图 12-31b　中期不同车型的 WTW(WTT 与 TTW)每英里化石燃料能耗

⑤ 风电/电网电(60∶40)电解水分散生产；

⑥ 风电/电网电(60∶40)电解水集中生产；

⑦ 风电电解水分散生产；

⑧ 风电电解水集中生产。

以上制造途径①至⑧在图 12-31 和图 12-32 中分别用 FC1 至 FC8 表示。G 为汽油内燃机，GH 与 DH 分别为汽油和柴油混合动力。

估算的氢生产过程能量转化效率见表 12-70。

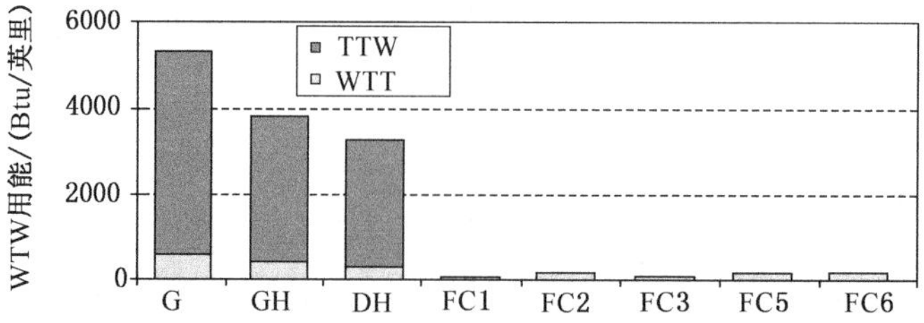

图 12-32a 近期不同车型的 WTW(WTT 与 TTW)每英里石油燃料能耗

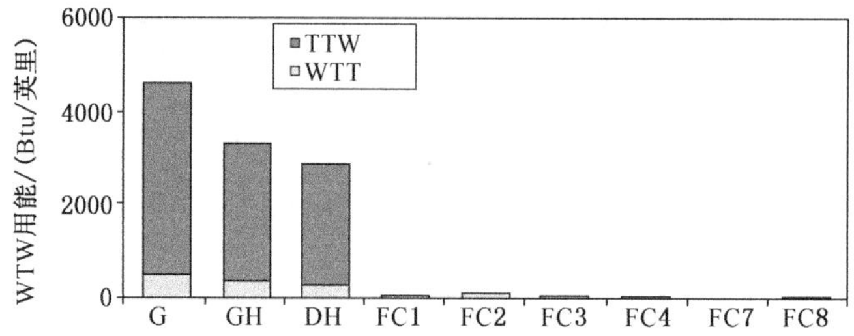

图 12-32b 中期不同车型的 WTW(WTT 与 TTW)每英里石油燃料能耗

表 12-70 各种氢生产途径的能量转化效率

途径编号	1	2	3	4	5，7	6，8
近期效率/%	70	45	60		65	65
中期效率/%	83	58	62	44	72	72

选用的几种对比用汽车发动机燃料效率(以单位燃料行驶里程表示)见表 12-71。

表 12-71 几种汽车发动机燃料效率 英里/加仑汽油当量

发动机	汽油内燃机 G	汽油内燃机 混合动力 GH	柴油内燃机 混合动力 DH	燃料电池 混合动力 FC
近期效率	24	34	38	57
中期效率	27.5	39	45	66

参 考 文 献

1 Mobility 2030: Meeting the Challenge to the Sustainable Mobility Project Full Report. WBCSD, 2004

2 2001NHTS Summary of Travel Trends. NItTS, 2001

3 Fulton L, Eads G. IEA/SMP Model Documentation and Reference Case Projection, 2004

4 EIA Annual Energy Outlook, 2007

5 EIA Annual Energy Outlook 2007 with Projections to 2030, Forecast Data Tables

6 EPA and DOE Fuel Economy Guide 2008, 2007

7 The 21st Century Truck Roadmap. DOE, 2000

8 Electric Drive Technologies & Products/Product Information/On-Road Vehicles. www. electricdrive, org

9 Neighborhood Electric Vehicles Specifications, 2004. www. afdc. energy, gov/afdc/progs/vehicles_ search php

10 Hybrid Car Buyers Guide, 2008. www. hybridcars, com/hybridguide

11 Duvall M. Comparing the Benefits and Impacts of Hybrid Electric Vehicle Options. Final Report by EPRI, 2002

12 Gielen D. Simbolotti G. Prospects for Hydrogen and Fuel Cells. IEA Series, 2006

13 EERE. DOE Fuel Cell Bus Demonstration Project at Hickam AFB, 2006

14 DOE Decision Team Committee Report: On-BoardFuel Processing GO/NO-GO Decision(Revised), Aug, 2004
15 Privette P M, Flynn T J, Perna M A, et al. Presented at the 1999 DOE/EPRI/GRI Fuel Cell Technology Review Conference, Chicago, 1999
16 A D Little Inc. Guidance for Transportation Technologies: Fuel Choice for Fuel Cell Vehicles. Final Report, Phase II Final Deliverable to DOE(35340-00), Feb 6, 2002
17 Takafumi A, Development of most Suitable Infrastructure for Commuter Electric Vehicles, Presented to IEA (Revolutionizing the Transport Sector), Paris, Oct 1, 2008
18 GM Corp, ANL, BP, ExxonMobil and Shell. Well-to-Wheel Energy Use and Greenhouse Gas Emissions of Advanced Fuel / Vehicle System—North American Analysis Executive Summary Report, 2001
19 Iwase T. Demonstration Project for Hydrogen Stations and Fuel Cell Vehicles in Japan, IEA/IPHE Building the Hydrogen Economy: Enabling Infrastructure Development(3rd Workshop), Shanghai, Oct, 2007
20 Winkel R, Van M R, Santini D, et al. Global Prospects of Plug-in Hybrider, Presented at EVS 22 Moving to Sustainable Mobility, 2006
21 Davis S C, Diegel S W. Transportation Energy Data Book. Edition 26. ORNL, 2007
22 Wipke K S, Thomas H, Welsh C, et al. Learning demonstration Interim Report-Summer. DOE Technical Report NREL/TP-560-41848, 2007
23 Eudy L. Technology Validation: Fuel Cell Bus Evaluations. 2007 DOE Hydrogen Program Merit Review Meeting, TVl0, May, 2007
24 Wang M, Wu Y. GREET WTWAnalysis of Fuel-Cell Vehicle with Different Hydrogen Pathways. 2007 DOE Hydrogen Program Merit Meeting, AN7, gay, 2007
25 罗宪安. 混合动力自行车：交通工具新宠，科学时报(新能源副刊)，2008-7-28
26 Effect of a Transition to a Hydrogen Economy on Employment in the United States, Report to Congress. DOE, Jul, 2008

第十三章　氢燃料的供应

氢燃料作为发展中的一种运输燃料，通过燃料电池产生动力，特别适用于运输车辆，在节约化石燃料，利用可再生能源方面具有重要意义。但是氢燃料的储存、供应和目前广泛使用的液体燃料和气体燃料截然不同，必须投入大量资金，建设独自的储存、运输和加注系统，形成新的运输产业链。本章将从氢的储存、运输和加注等方面分别加以叙述。

第一节　氢的储存是发展氢燃料汽车的关键

氢在常温下以气体状态存在，虽然燃烧热值高，但由于相对分子质量很小，单位体积密度低，从而单位体积的能量密度远比汽油或其他替代燃料低，成为有效储存能量的一大矛盾。对于容积受到限制的运输车辆，如何安全、方便并且经济可行地解决一次行驶 500km 所需氢燃料(大约 5kg 氢气，相当于轿车上装满 40L 汽油)的储存问题已成为当今世界性的重大攻关课题。

车上储氢要解决以下问题：①体积和质量；②成本；③效率；④加注时间；⑤载氢物质的氢容量和可逆性；⑥对某些氢源的再生过程；⑦热管理。

核心是以 kW · h/L 与 kW · h/kg 表达的能量密度和比能量能否满足要求，然后还应符合一系列指标。表 13-1 是美国能源部制定的氢储存技术经济攻关指标。

表 13-1　汽车上氢储存的技术经济攻关指标

参数	年份		
	2007 年	2010 年	2015 年
比能量(净)/(kW · h/kg)	1.5	2.0	3.0
(kgH_2/kg)	0.045	0.06	0.09
质量百分率/%	4.5	6	9
能量密度(净)/(kW · h/L)	1.2	1.5	2.7
(kgH_2/L)	0.036	0.045	0.081
储存系统费用/(美元/kW · h 净)	6	4	2
(美元/kgH_2)	200	133	67
循环周期(循环数)	500	1000	1500
最高/最低供氢温度/℃	85/-30	85/-40	85/-40
最大供氢压力/Atm(abs)	8，FC(燃料电池) 10，ICE(内燃机)	4，FC 35，ICE	3，FC 35，ICE
启动到全流量时间/s(20℃/-20℃)	15/30	5/15	5/15
加注 5kg 充满时间/min	10	3	2.5
储存损耗/[g/(h · kg)]	1	0.1	0.05

续表

参　　数	年　　份		
	2007 年	2010 年	2015 年
渗透和泄漏/(mL/h)	按联邦对密闭区的标准		
毒　性	符合实用标准		
安全性	符合实用标准		

车载储氢划分为以下几种基本类型：①气态储存；②液态储存；③吸附态储存；④金属氢化合物储存；⑤化学氢化合物储存。它们的优点和缺点见表 13-2[1]。

表 13-2　车载储氢几种基本类型的优点和缺点

储存类型	优　　点	缺　　点
气态储存	技术成熟，比能量高	体积大，压缩费用高，安全性
液态储存	比能量和能量密度高	液化费用高，蒸发损失，小储量时性能差
吸附态储存	比能量和能量密度中等，费用较低	压缩和冷却过程复杂性
金属氢化合物储存	高能量密度，安全性	比能量小，分解温度高，杂质多
化学氢化合物储存	高比能量，储存容量大	毒性、杂质，再加氢反应，转化率局限

几种储存系统的比能量与能量密度一览图见图 13-1[2]。

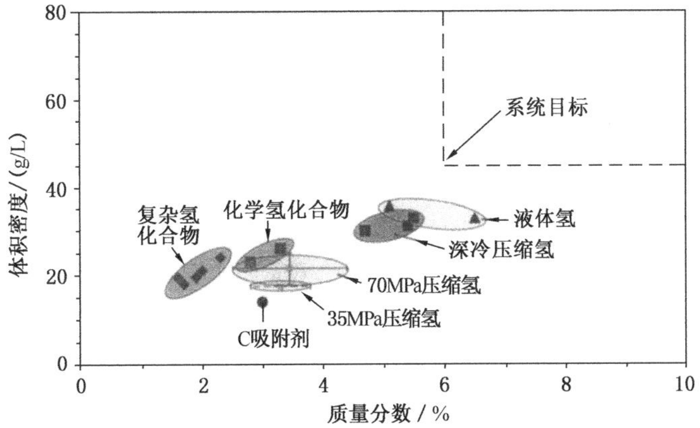

图 13-1　几种储存系统的质量分数与体积密度

按具体化合物细分的储氢质量百分率与储氢体积密度见图 13-2[3]。

图 13-1 和图 13-2 上还给出美国能源部 2010 年和 2015 年的攻关目标线条，图 13-3a 也绘出能量密度、比能量两项业已达到的指标与能源部攻关目标比较，可以看到还有不少差距。

车载燃料储存系统的制造成本也是一项关键指标，通常用单位功率的成本进行对比。2006 年报道的成本对比见图 13-3b，2007 年报道的成本对比见表 13-31。不难看到近期实现降低成本的难度很大。

几种储存类型攻关目标的实现仍面临不同程度的挑战，根据截至目前的实施情况要实现 2010 年攻关目标的难度见表 13-3[5]，H 表示难度大(最大挑战)，M 表示难度中等，L 表示容易实现(最小挑战)。

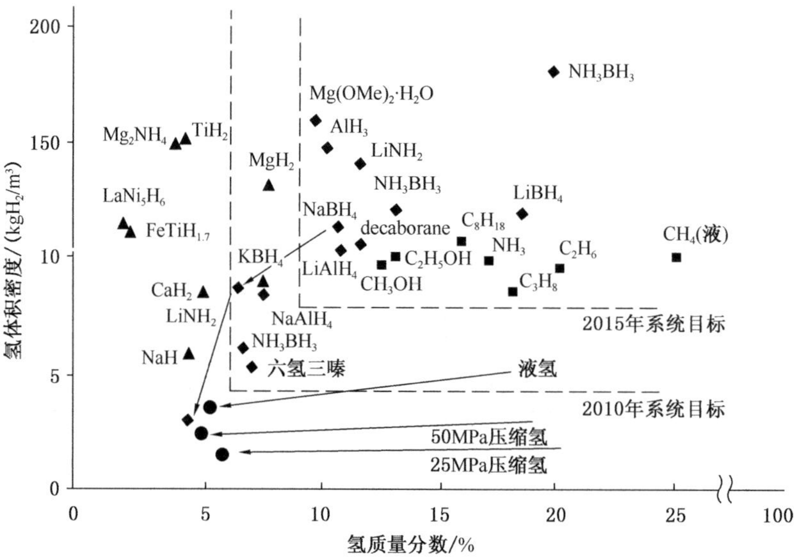

图 13-2　若干化合物的储氢质量分数与储氢体积密度图

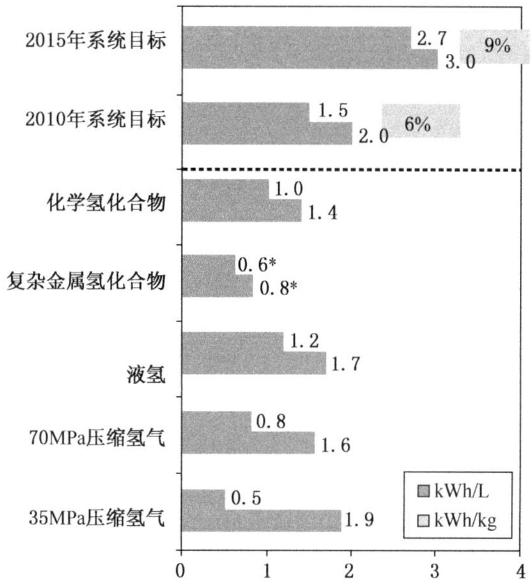

图 13-3a　能量密度、比能量目前水平和攻关目标对比

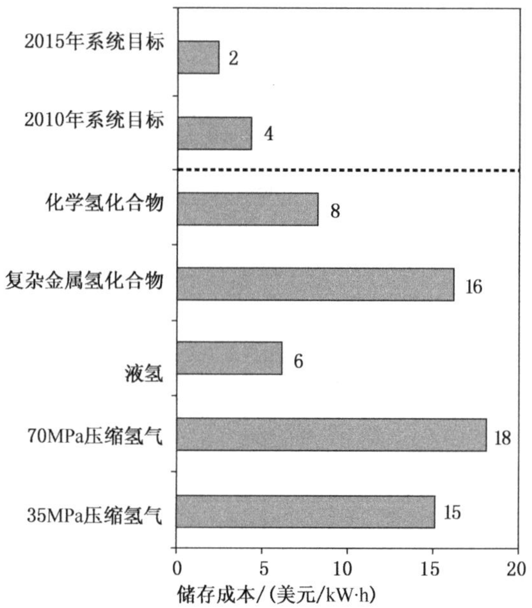

图 13-3b　储存成本目前水平和攻关目标对比

表 13-3　实现 2010 年攻关目标的难度

2010 年攻关目标	储　　罐	化学氢化合物①	金属氢化合物	吸附储存②
能量密度(1.5kW · h/L)	H	M	M	M/H
比能量(2.0kW · h/kg)	M	M	M/H	M
成本(4 美元/kW · h)	M/H	M/H②	M/H	M/H
加注时间(3min/5kg)	L	L	M/H	M
排放动力学(0.02g/s/kW)	L	M	M	M
耐久性(循环 1000 次)	L	M	M	M

① 表中所列化学氢化合物和吸附储存因无示范成果数据，是根据潜力估计。

② 化学氢化合物系统费用可能达标，但燃料成本难达到 2~3 美元/kg。

第二节　氢的气态储存

一、压缩氢的常温储存

氢的分子量只有氧的 1/16，天然气的 1/8，在轿车上储存一定数量的氢(例如 5kg)无疑需要高压气瓶，而且压力很高。过去德国使用的典型钢瓶体积为 50L，在压力为 20MPa 时储量仅仅为 8.9Nm^3，常温储氢量不足 1kg，6 个钢瓶并联体积和质量均过大。因此首先要将储存压力提高到 35MPa，甚至进一步到 70MPa，单个有效容积达到 160L 才能满足要求。

不同压力和不同温度(常温与低温)下包括高压瓶在内的氢气体积密度和单位质量的燃烧热量示于图 13-4[6]。

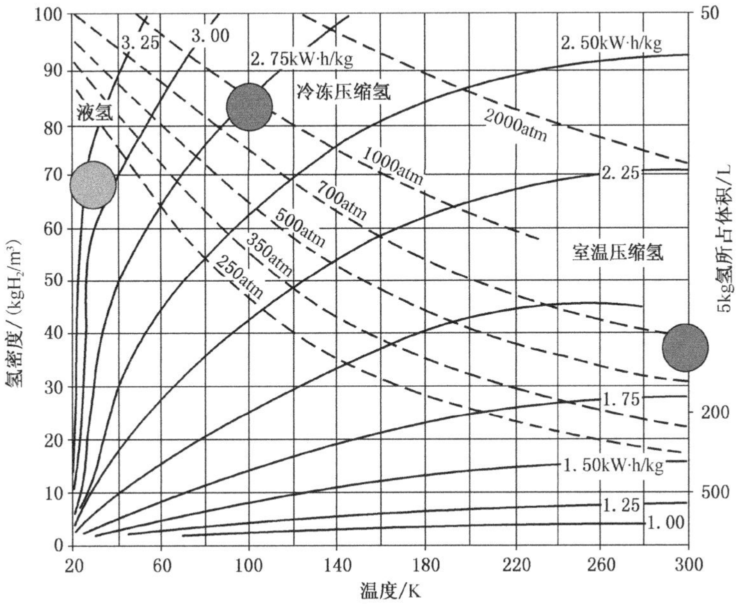

图 13-4　不同压力和温度下氢的压力容器储存能力

提高压力后氢气密度并非按理想气体定律与压力成正比，而存在较大的偏离，正如图 13-4 所示[6]，在 90MPa 压力下按理想气体计算的液氢密度可达到 70kg/m^3，但实际上只能达到 37kg/m^3。

高压容器储存必须有严格的安全措施，制造材质和工艺要求严格，并且需要定期检验，杜绝在日常运行的交通工具出现事故或隐患。

制造高压氢储瓶是一项正在进行的攻关课题。第一步是选择轻质高强度材料以减轻质量，第二步是降低生产成本。

美国能源部提出的比能量、能量密度和成本指标已在表 13-1 中介绍，表 13-4 对 2007 年实际达到水平与目标值进行了对照。

美国 Quantum 公司是富有经验的制造商。高压瓶采用复合结构，内层为防渗透材料(铝合金或高密度聚合物)，耐压层选择高质量的碳纤维(航天材料)为抗压材料，用环氧树脂填充缠绕制作，外层是保护层。半球形头部采用金属部件以便安装调节器、阀门和传感器。该公司设计的高压瓶结构剖面见图 13-5[7]。

表 13-4 氢的高压瓶储存目标和达到水平

	2010 年目标	2015 年目标	35MPa 高压瓶实际水平	70MPa 高压瓶实际水平
能量密度/(kW · h/L)	1.5	2.7	0.57	0.78
kgH_2/L	0.045	0.081	0.017	0.023
比能量/(kW · h/kg)	2.0	3.0	1.8	1.3
成本/(美元/kW · h)	4	2	17.1	26.7

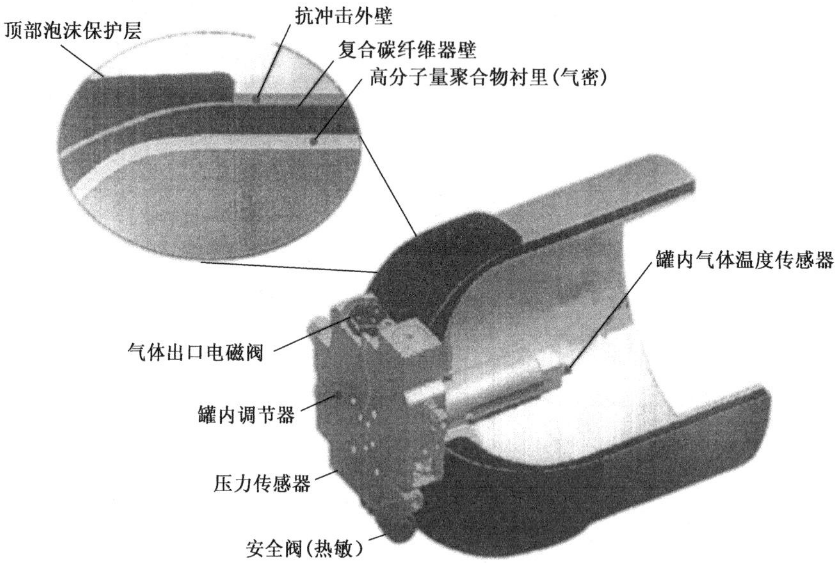

图 13-5 车载高压储氢瓶结构剖面图

压力为 70MPa，体积为 28L 的气瓶可用能量密度为 0.62kW · h/L，以后改进设计并选用价格低的材料，能量密度可从 0.58 逐步上升到 0.68，以后进一步可望达到 0.82。比能量对 70MPa 系统已达 1.3kW · h/kg，仍然与攻关目标差距较大[7]。

承担 DOE 攻关项目任务的主要制造商 Quantum Technologies 公司 2008 年公布的资料[40]显示：一个存储 5kg 氢气的 70MPa 高压瓶的公称体积是 123L，目前比能量为 1.42kW · h/kg，能量密度 0.85kW · h/L，成本 0.048kW · h/美元，争取 2010 年做到比能量为 2.09kW · h/kg,能量密度 0.90kW · h/L，成本 0.10kW · h/美元，但除比能量指标外，其他指标和 DOE 的目标仍出入较大(2010 年目标是：能量密度 1.5kW · h/L，成本 0.25kW · h/美元)。

车载高压气瓶成本居高不下的主要原因是目前碳纤维价格太贵，参见表 13-5。即使采用低强度材料的碳素纤维，价格可降低到高强度碳素纤维材料的 1/4，以美元/kW · h 计算的成本仍然不菲[7]。

表 13-5 碳纤维强度和价格

	高性能材料	中性能材料	低性能材料
细丝号/号	12	18	24
抗拉强度/MPa	6370	5490	4900
抗拉模数/GPa	294	294	230
价格/(美元/kg)	170	58	20

由图 13-6 可以看出，根据车载具体条件，70MPa 压力储存容器受直径和长度制约，只

比 35MPa 压力储存容器增加 25%~31%的储量(无制约时按物性理论值可增加 67%)，而且还会增加加氢站费用，在加氢时还有可能造成储罐的过度升温。

二、压缩氢的深冷储存

为了增加高压氢的储存效率，依据 PVT 规律，正在研究低温(-173℃或 100K)的高压冷储气瓶，采用液氮保冷。从图 13-7 中看出在 35MPa 压力下可能达到 4.5%(极限为 8.9%)和 $36kg/m^3$ 的储能指标，但 $45kg/m^3$ 的指标难以实现。图 13-8a，图 13-8b 为氢气瓶系统的质量构成和体积构成，氢的密度可分别达到 8.9%和 $36kg/m^3$。

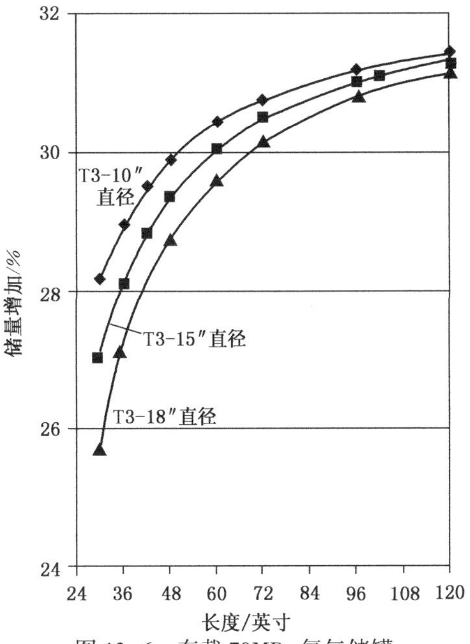

图 13-6　车载 70MPa 氢气储罐储量增加测算

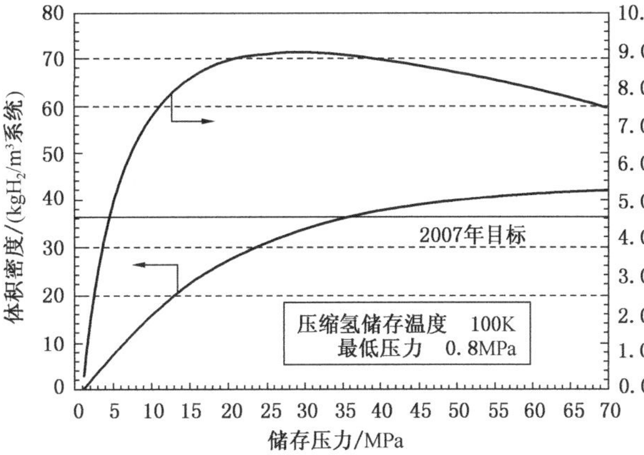

图 13-7　冷冻压缩氢储罐指标

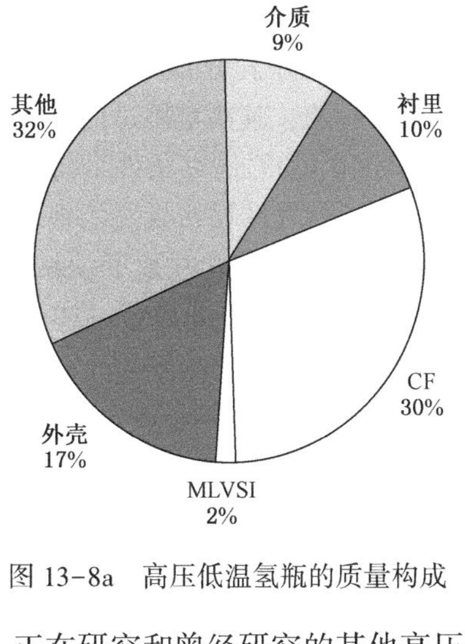

图 13-8a　高压低温氢瓶的质量构成

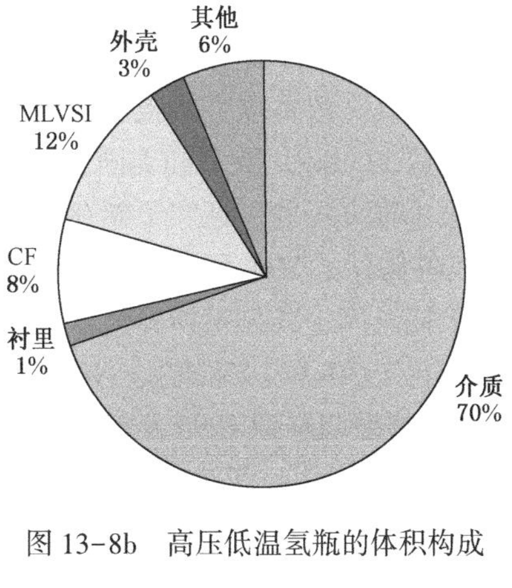

图 13-8b　高压低温氢瓶的体积构成

正在研究和曾经研究的其他高压氢气储存技术有：

(1) 高压(10MPa 以上)低温(77~150K)条件下用活性炭吸附、变温(50K 温差)脱附技术牌号为 AX-21 的活性炭本身的吸附氢能力为 16.5%(100K 时可回收量)，整个系统储氢达到 4.5%和 36kg/m^3 指标。

(2) 中空玻璃微球储氢技术

正在研究中的微型中空玻璃球储氢基本原理是：在高压(35~70MPa)与中温(300℃)下，氢能够穿过厚 1~10μm 的壁渗透到直径 10~100μm 的中空球内部，冷却到室温后，将球移到低压容器内，氢即保存在球体内，需要释放氢时可将球体缓慢加热到 200~300℃，按要求进行控制释放速率。氢储存密度可达 5.4%，车载容器轻巧，安全性比高压储氢瓶好。不足之处是车上难获得廉价中温热源，释放过程控制精确度不易做到，因此目前未能实用。

除了车载储氢设备外，整个供氢网络中的地面储存设备是非常关键并必不可少的，简单的办法是用大型筒状或球状高压容器储存，文献报道的容器储量从 9kg 到 1240kg，储存压力和储存数量对单位投资影响很大，单位投资约为 680~840 美元/kgH_2(调整到 1995 年美元价格)，估算数据见图 13-9。新近的公布资料[38]显示，按直径为 1.25m，长为 7.5m，壁厚为 63mm 用 SA516 Grade70 材料制造的钢制容器(储氢 91kg)的估算投资(含安装费用)为 1340 美元/kg。

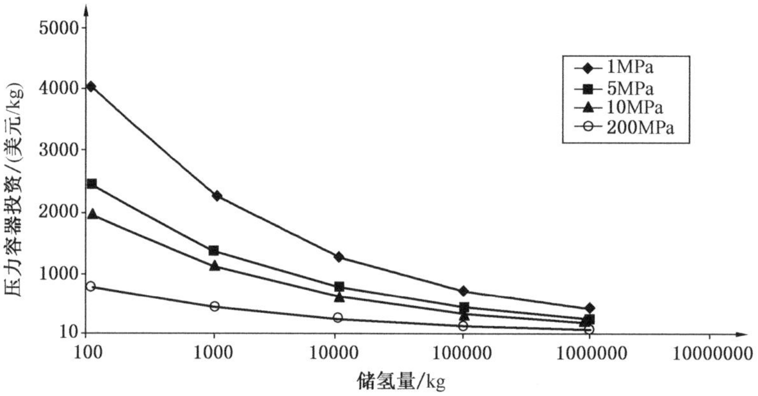

图 13-9 压力储氢容器单位投资

三、压缩氢的地下储存

参照天然气的做法，正在考虑用地下设施储存大量氢气的技术方案。不同的地下天然洞穴或岩石结构决定了储存方案的差别。采完的天然气井应该是首选，其次是用过的岩盐矿或硬质岩石矿。一般每立方米投资在 0~50 美元左右。在 20MPa 和 100℃储存条件下每立方米体积可储氢 13.3kg。欧洲和美国自从 20 世纪 50 年代以来，在天然气和城市煤气的地下储存方面积累了很多经验，证实了储存 50%~65%含氢气体的可行性。ICI 公司在地下 366m 深处 3 个盐穴各储存了 200 万 m^3 氢气，压力为 5MPa[15]。近年美国利用盐穴建成了一座大型天然气地下储气库，其储量换算为氢气约为 2000t(2260 万 m^3)，投资为 5700 万美元(含 89km 管线和一台 1930kW 压缩机)，注氢井投资只不过是 100 万美元，折合总单位投资为 28.6 美元/kgH_2。如果调整到 1995 年的美元价格，较新报道的 1000~7000t 容量储罐的单位投资从 8~16 美元/kgH_2[38]。可见地下储存要比地面储存单位投资低约两个数量级。1~20MPa 氢压缩耗能占其热值的 7%，经膨胀机可回收能量的 70%。地下气库、压缩机、膨胀机与附属设备的投资合计约 15 美元/kg 氢储量。按一年周转一次计算的总运行费用为 2.7 美元/GJ，若增加周转次数，费用将大大降低[9]。另一资料估算的运行成本见图 13-10，有效储存天数对成本影响不大。

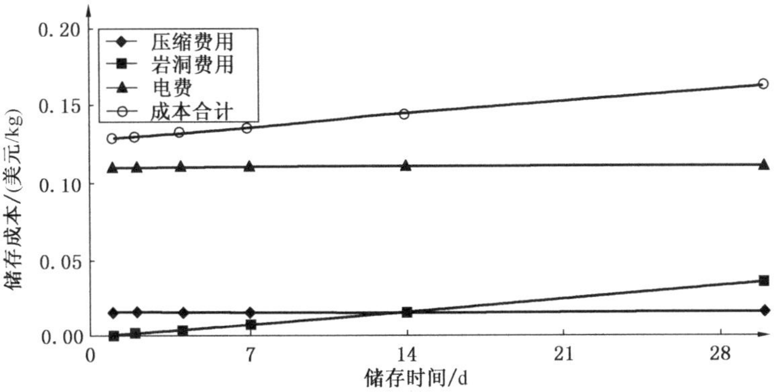

图 13-10　地下储氢成本估算(450kg/d)

第三节　氢的液态储存

一、液氢的生产

虽然氢是以气态形式在燃料电池予以应用，但是气态氢即使以高压状态储存，系统的比能量和能量密度仍然过低，目前仍有问题需要攻关。于是提出了使用液氢作为车载燃料方案。因为在航天事业推动下，液氢的生产和运输已经是非常成熟的技术。当然对应用于车载系统而言，还存在液氢制造成本问题和生产装置规模与运输方式的匹配问题。

氢在常压下的液化温度是 21K(-252℃)，26℃的气态焓为 3929.6kJ/kg，-253℃液态下的焓为-2.7kJ/kg，属于工业气体最难液化的一种。需要靠液氮进行预冷，然后通过膨胀透平和节流(Joule-Thomson 效应)降低到液化温度。典型的 Claude 液化工艺流程[10]见图 13-11,所得液氢产品密度为 70.8kg/m^3，装入保冷的专用低温容器即可作为车载燃料。

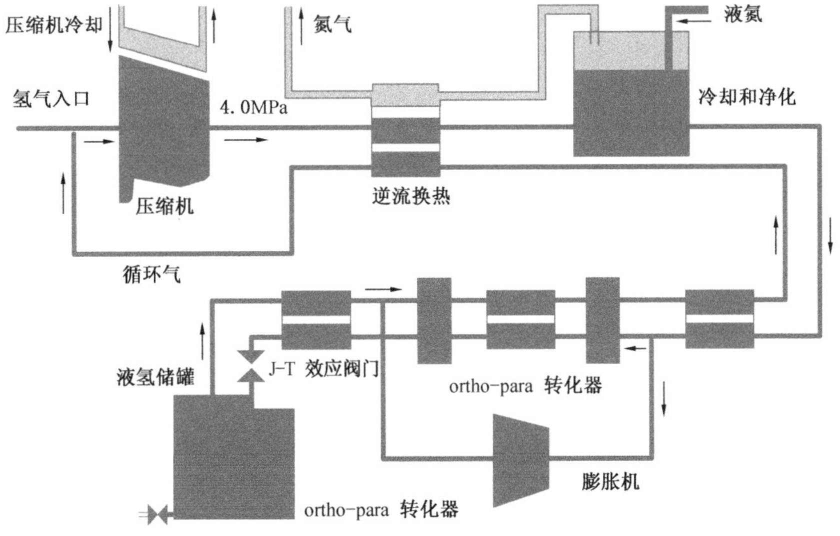

图 13-11　氢液化工艺流程示意图

液化过程理论能耗 3.92kW · h/kg，实际能耗 P(单位为 MJ/kg)随装置规模 C(单位为 t/d)而异，可用下式估算[30]。

$$P = 85959 \times C^{-0.1951}$$

一般按 10kW · h/kg 计算，约为氢的燃烧热的 30%，或者接近燃料电池发电功率的一半。

将国外氢液化装置的投资数据归纳为表 13-6。Ogden 还将氢液化的投资与产量参数作了关联，归纳的关联式如下：

液化装置投资(百万美元) = 30.8 + 0.38C(日产量 t/d)；

液化储存设备投资(百万美元) = 1.98 + 0.024C(日产量 t/d)。

表 13-6　氢的液化装置投资(1998 年文献数据)

液化生产能力/(t/d)	液化装置投资/10^6美元	液氢储存能力/t	储存设备投资/10^6美元	两项投资合计/10^6美元
27	40	27	2.6	43
90	70	90	4.4	74
270	126	270	7.9	134
405	190	405	12	202

注：表和关联式中的日产量单位已从短 t/d 改为公 t/d。

根据另一资料[9]，不同规模液化装置的液氢成本棒状图见图 13-12。所用投资数据是根据模型估计，从 2005 年的 150 美元/(GJ/a)[换算为 1.3×10^6 美元/(t/d)]降低到 2030 年的 50 美元/(GJ/a)[换算为 0.4×10^6 美元/(t/d)]。

合理的液化装置规模是 1PJ/a(23t/d)，采用电耗指标为 0.34GJ/GJ 氢(2005 年)，0.30GJ/GJ 氢(2030 年)，每度电价为 4 美分，进入固定成本的投资比率约为 12%。

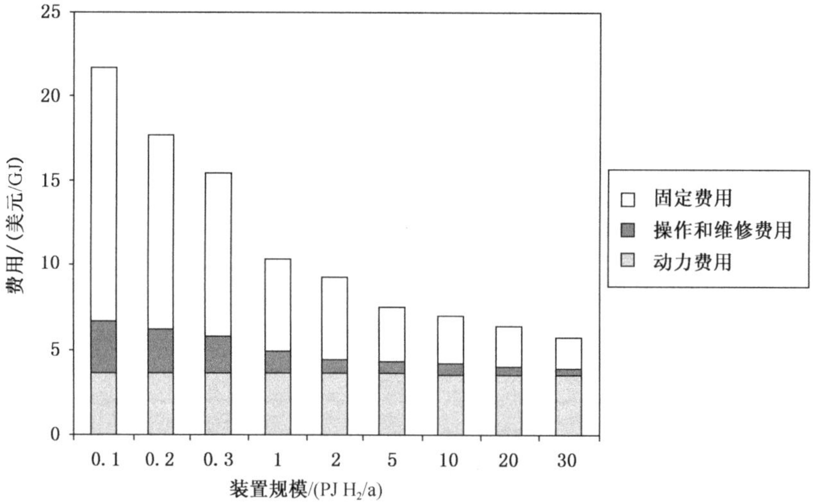

图 13-12　氢液化装置成本估计

二、液氢的储存

液氢的储存技术核心是深度保冷，使汽化量降低到极小，以便能减少能耗和物耗，其次是确保安全。基本结构是使用多层容器，内层由不锈钢或铝材制作，外壳用碳钢材料，容器中间采用多层(60~100 层)能反射热量的金属箔和超级隔热的保温材料(如珍珠岩粉或中空硅酸硼玻璃球)。储罐内层应能自由伸缩以适应反复灌注与抽出液氢时由于温度变化而造成的应力变化。大储罐中间层的厚度约 1m，保持低于 0.01Pa 的真空度[13]。

最早宝马公司提出供轿车使用的液氢容器示意于图 13-13。容积为 150L，自重 50~60kg。内桶为 2mm 厚的合金钢或铝合金，可耐压 0.6MPa，保冷层厚度为 30mm，由 70 层铝箔和玻璃棉构成，确保每日蒸发量低于 1.5%[12]。

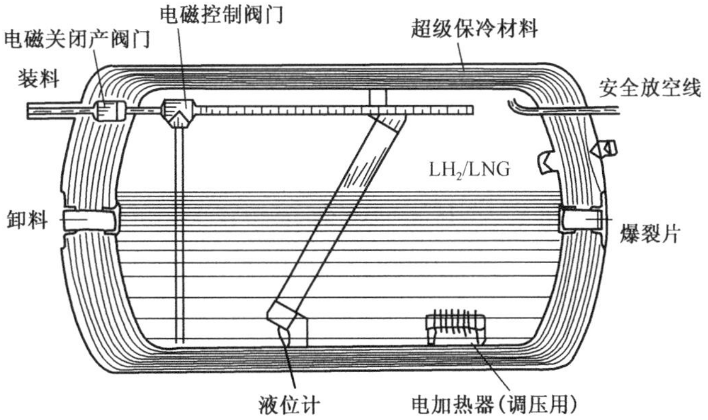

图 13-13　轿车使用的 150L 液氢容器示意

容器夹层装填直径为 30~100μm，壁厚为 1~5μm 的二氧化硅中空微球，其中部分球表面镀铝以抑制颗粒间的对流传热，并能够切断辐射传热。这种新型高度绝热容器的保冷效果远高于普通高真空容器，已经用于储存液氢，但投资较高。

宝马公司对上述液氢储罐进行了多项涉及行车安全的试验[12]，包括加速和振动、真空度破坏，容器变形和穿透、火灾和其他交通事故引发的支护设备损坏等试验，并取得了令人满意结果，其示意图见图 13-14。爆裂试验得到的安全系数大于 14，火灾试验表明容器暴露在 900℃温度下 4min 后安全阀开启，不到 10min 液氢全部汽化，而内桶尚未熔化。

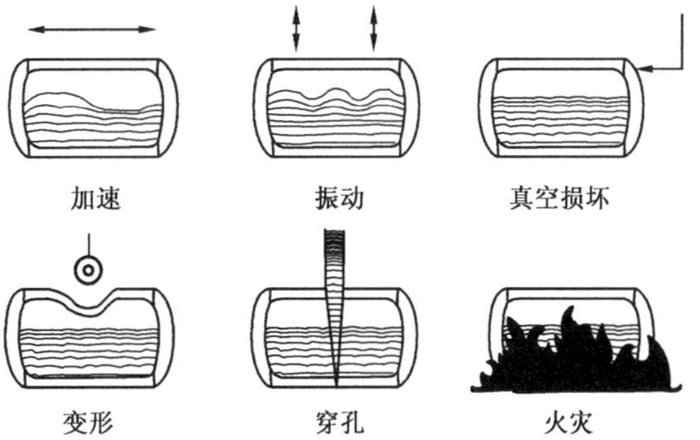

图 13-14　宝马公司对车载液氢罐的安全试验

此后美国 Laurence Livermore 国家实验室(LLNL)对车用液氢罐结构做了进一步研究，所设计的容积为 151L，厚度为 3mm 铝内桶和厚度为 3mm 不锈钢外桶，真空间隙 40mm，装填 40 层 MLVI，储存温度最低 -253℃，液氢容量 10.7kg，可用 10.1kg (336kW·h)。2007 年按批量生产(年 50 万套)估算[32]，每套价格 2715 美元(折合 8.1 美元/kW·h)，其中金属壳体 456 美元，保冷和热屏蔽 324 美元，容器其他部分 170 美元，调节阀、安全阀与调节器 770 美元，电子控制系统 150 美元，阀门保冷箱 135 美元，其他附属部件 384 美元，组装和检验 294 美元。

考虑到原液氢容器是低温低压容器，如液氢放置时间较长，将因外部热量漏入导致汽化，容器压力上升，部分氢经安全阀排出而损失，给途中行车带来不便。LLNL 提出第二代车载液氢罐——能耐高压(35MPa)的深冷压缩氢罐[33]，因热量漏入使氢气损失之前的保持时间延长了 5 倍，十分有利于长途行车。当然这样的低温高压容器价格不菲，2007 年按批量生产(年50万套)估算[32]，每套价格4527美元(折合13.6美元/kW·h)，其中金属壳体438美元，保冷和热屏蔽224美元，碳纤维1448美元，容器其他部分215美元，调节阀、安全阀与调节器1150美元，电子控制系统150美元，其他附属部件541美元，组装和检验费329美元。

2007年LLNL发表了将Prius牌号混合动力轿车燃料系统改为第二代车载液氢罐——深冷压缩氢罐系统。一罐液氢的行驶里程达到创纪录的1050km[34]，超过预期的800km，显示了液氢燃料的应用前景。

大型地面储罐通常为球形，以减少蒸发率。美国早期建造的两个液氢罐体积为190m^3，真空隔热层厚度为0.9m，蒸发率为0.3%/d，以后建造的液氢罐体积增加到1900m^3，罐蒸发率降低到0.08%/d。迄今世界最大的液氢罐体积已达3407m^3，罐内径/外径分别为18.75m/21.34m，蒸发率已经降低到0.03%/d[13]。

液氢储罐的单位储氢能力投资随其容量大小而变化，例如储量为270kg与300000kg的投资额分别为120000美元与5400000美元，折合每公斤氢的投资为445美元和18美元(按1995年价格)[16]。图13-15[16]表明，对于大容量和大吞吐能力的氢储罐，储存成本构成是以电费为主，储罐的固定费用所占比例很小，总成本为0.75~0.90美元/kg。

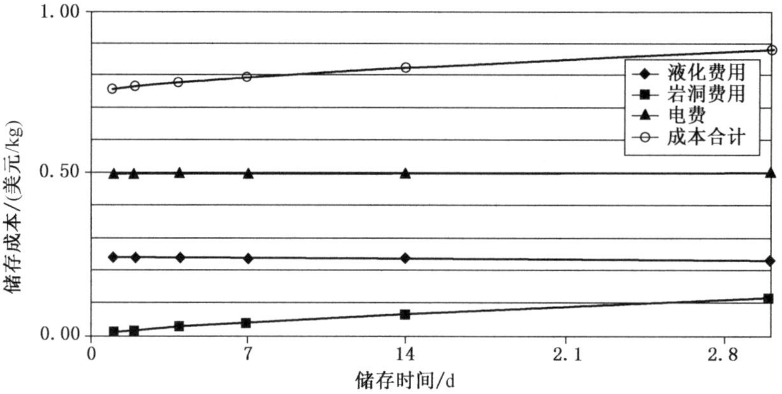

图13-15　液氢储存成本与周转速度关系(450kg/d)

第四节　氢的吸附态储存

一、碳纳米吸附材料

氢的吸附态储存介质有两大类，一类是碳基材料，包括活性炭、碳纳米管和石墨纤维等；另一类是高比表面积(HAS)吸附材料，包括沸石、金属氧化物框架物质(MOF)、和笼型结构水合物(Clathrate Hydrates)。对这些材料的要求首先是要有足够的吸附容量和好的解吸性能(条件、速率等)，适合车载的特殊情况，然后就是是材料的制造工艺、损耗指标、生产和使用成本(如本身价格和包装、运输费用)等比较合理。

碳纳米材料有0.7nm和0.9nm的富勒烯球(C_{60}和C_{70})、0.7~3nm的单壁纳米管(SWNT)、2~10nm的多壁(5层到30层)纳米管(MWNT)等，几种纳米材料的结构示意见图13-16，图13-16(a)至(c)为三种不同纳米管示意图，图13-16(d)为石墨纳米纤维结构示意图。

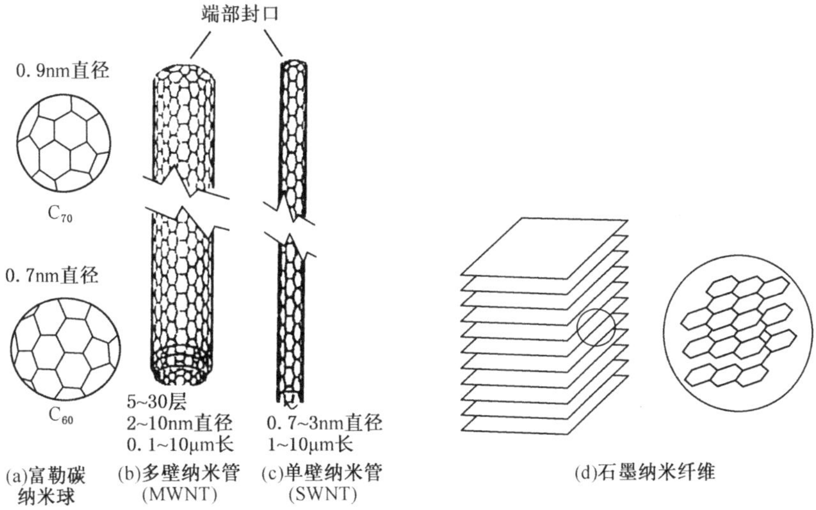

图 13-16　几种碳纳米材料结构示意图

(a)富勒烯球纳米管；(b)单壁纳米管；(c)多壁纳米管；(d)石墨纳米纤维

碳纳米材料一度被认为是潜力很大的储氢材料，过去曾报道过的高储氢密度实际没有那样大，经核实系实验测量技术不当所致。纯氢分子的物理吸附早有研究，但仅适用于低温，最高吸附容量为 6%，而且要采用极大表面积的碳材料。纯原子氢的化学吸附量曾经到过约 8%水平，但其共价键的脱附最低温度在 400℃以上，室温下氢吸附容量很低。碳纳米管的微观结构(直径、孔径、SWNT 成束情况、MWNT 的碳层数和阵列等)均影响其储氢性能，因此实验数据不易彼此重复。

但基于单壁碳纳米管的整齐结构(见图 13-17)，如果在管间空隙吸附氢，使 H/C 原子比达到 1∶1，那么当碳材料密度为 1.3g/mL 时，所吸附氢气量有可能达到 0.1g/mL 或 7.7%，就可能实现 2010 年 DOE 攻关目标值，学者对此寄予希望。但碳纳米管的批量生产技术尚不成熟且价格昂贵，将其用作车用储氢材料仍有待时日。

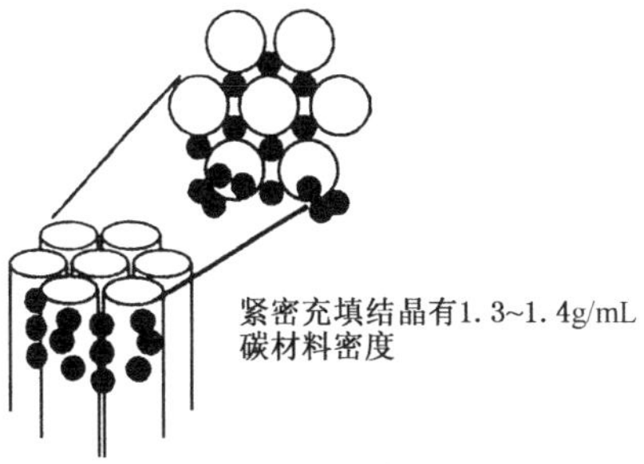

图 13-17　氢在单壁碳纳米管间吸附示意图

碳纳米管具有很大的纳米尺寸体积，骨架密度低，结合能较强，而且在制造过程调控性能好，从长远目标考虑值得下力气继续进行深入研究，主要研究方向是氢原子和碳原子表面与整体结合的机制模型、能促进氢分子解离的碳-金属复合物、精确测量氢的吸附和释放的方法、制造出室温条件下可逆吸附容量大于 2%的标准样品等。

1999 年 Ströbel 等报道碳纳米管在 296K、12.5MPa 条件下对氢的最大吸附量是 1.5%；2001 年 Nijkamp 等报道碳纳米管于 77K、常压条件下对氢吸附量和比表面积成线性关系，每 1000m^2/g 的吸附量为 1.5%，最大吸附量为 2.13%；2004 年 Miller 和 Gorte 经过仔细审查 DOE 的 NREL 实验室报告后，认为低压、室温下金属活化的单壁碳纳米管氢吸附量 2.5%的数据是可信的。

Züttel 提出了氢气与金属首先形成 α 相固溶液，继而生成 β 相金属氢化物的相变过程的研究成果。

由于碳纳米管制造工艺过程的差别对氢吸附量影响很大，并且会造成随机性波动，还需要进一步研究落实。

二、活性炭吸附材料

近来美国将吸附介质研究重点转向活性炭(牌号 AX-21)，采用低温(77~150K)和高压(大于 10MPa)的条件和变温吸附工艺(变温范围 50K)。图 13-18 结果表明，AX-21 活性炭在 100K、28MPa 的吸附量能达到 16.5%或 $36kg/m^3$ 的体积密度(含空隙内氢气)。图 13-19 表明，对整个车载系统而言，在 100K、15MPa 时质量分数为 4.5%。

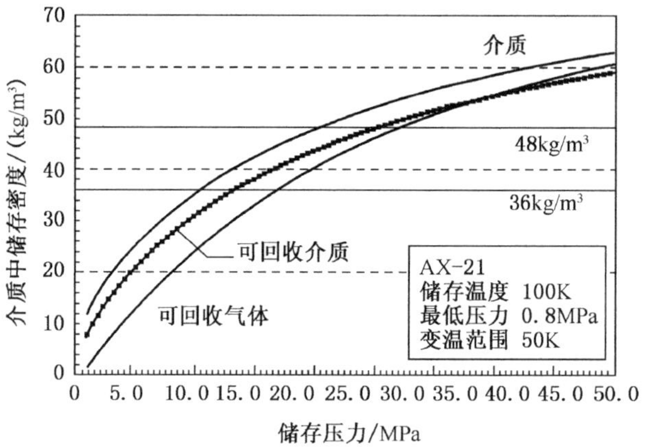

图 13-18　AX-21 活性炭低温氢吸附性能

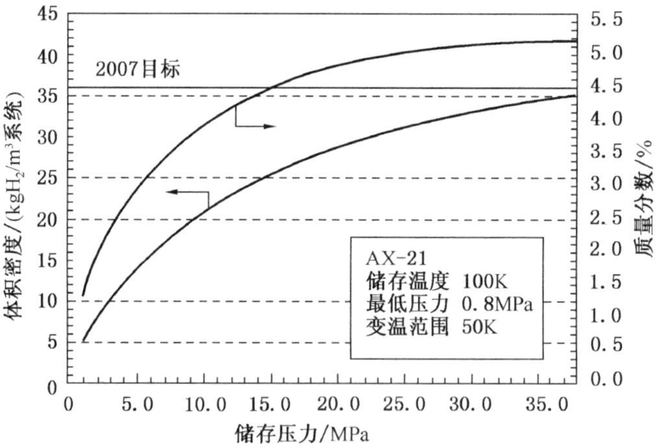

图 13-19　车载 AX-21 活性炭低温氢吸附系统性能

图 13-20 将 AX-21 系统与前述低温高压氢储存系统(图 13-7)作了比较，可以看出后者的质量储存密度高于前者，已达到 2007 年的目标值，而前者的体积储存密度高于后者(当压力低于 26.5MPa)。前者如在 100K 和 10MPa 条件下工作，两项储存密度比照目标值有不小差距。两者冷冻能耗对比是：前者大于 $9.5kW \cdot h/kgH_2$，后者约 $5.6kW \cdot h/kgH_2$。

车载低温活性炭系统尚未实际应用，图 13-21 介绍的是设想的设备结构和设计参数。有关参数见表 13-7。

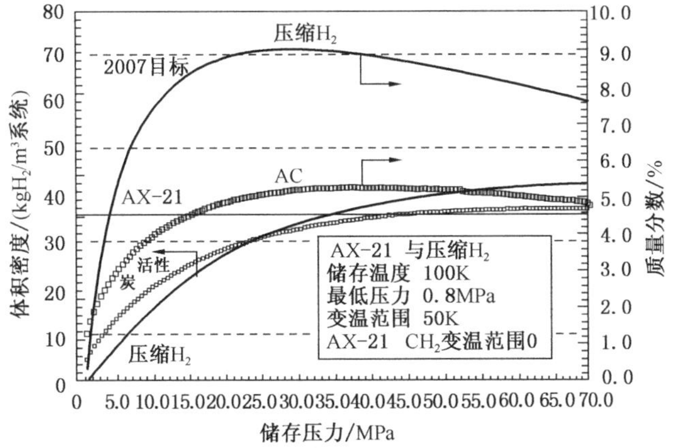

图 13-20　车载低温高压储氢系统与 AX-21 活性炭低温氢吸附系统比较

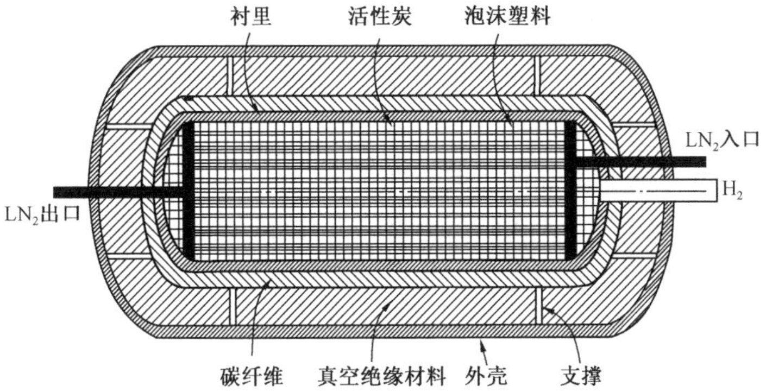

图 13-21　车载活性炭吸附氢储存设备结构示意

表 13-7　车载活性炭吸附氢储存设备数据表

换热管束材质及性能		碳纤维性能		车载系统参数	
材　　料	Al	材　　料	68%T30S+32%树脂	储氢量：5.6kg	设备体积：155L
管直径	9.8/7.4mm	拉伸强度	2550MPa，2.25SF	加氢速度：0.5~2kg/min	活性炭重：28kg
管板厚	0.9mm	金属泡沫支撑	2.4W/m/K		
铝合金外壳厚度	3mm			加氢压力：10MPa	设备长径比：2∶1

另外用活性炭制成气凝胶(Activated Carbon Aerogel，简称 ACA)，密度为 2.1g/mL，比表面积为 3200m^2/g。在 1.5MPa 氢压和 77K 温度时的氢质量吸附量可达 5%。沸石模板碳(Zeolite Templated Carbon)的比表面积为 3200m^2/g，氢质量吸附量达 5%。以上均为实验室单纯吸附数据，但可看到潜力。活性炭做氢吸附材质不仅比表面要求高，孔尺寸也需通过纳米工程使结构优化。

三、其他吸附材料

1. 金属碳化物吸附材料

一种名为源自碳的碳化物材料(Carbide-Derived Carbon，简称 CDC)，是用某些金属碳化物(例如 TiC)制备，可调控其直径到小于 1nm 微孔的孔隙度，这样的材料吸附氢的能力很高，优于先进技术制造的活性炭。对于孔体积 0.56mL/g(直径小于 1nm 微孔)CDC 材料，实验得出的氢吸附量为 2.8%。将关联度很好的曲线延伸，预测当孔体积 0.92mL/g(直径小于 1nm 微孔)时，常压吸附量即达到 4.5%之多。另一实验表明在 77K 和 4MPa 下氢的绝对吸附量为 5%，过剩吸附量接近 4%[29]。

2. 其他高比表面积吸附新材料

正在探索中尚未达到实用阶段的高比表面积新材料还有：①沸石类；②金属有机骨架物(Metal Organic Framework，简称 MOF)；③冰笼形物(Clathrates)。MOF 具有统一尺寸的立方空腔，有的表观比表面积很高(2500～3000m^2/g)，有的孔体积占总体积的 79.2%。MOF-5 在 77K 和 4MPa 下每个配合物分子可以吸收 17.2 分子氢，相当于 4.5%，吸氢量随压力而增加。MOF-177 比表面积达到 5900m^2/g，氢质量吸附量可达 7%。

有的多微孔金属有机物(Microporous Metal Organic Materials，简称 MMOM)具有三维立体结构和有序排列的一维通道，氢吸附能力很高。可以设想通过人工设计、分子组装和晶体工程等调控方法，选择合适的金属离子和有机配体，制造出理想性能的储氢材料。关于冰笼形物作为储氢材料的思路是建立在足够高的压力(例如 200MPa)和-24℃温度下，氢分子可以成对或四个一组被装进水分子构成的冰笼中，笼形物生成后就能用液氮作为冷却剂在低压下储存。

四、吸附态储存的研究开发工作要点

吸附态储存氢的研究开发工作包括重点材料的筛选、表征与制造、系统检测(多种先进手段和仪器测量吸附状态的氢的吸附量、吸附动力学、吸附热力学、杂质影响)和建立系统模型(预测理论、技术经济分析)等，然后制造 1kg 量级氢吸附-解吸系统。DOE 攻关目前只完成了 40%的既定任务，今后工作成果如何有待时日。

第五节　氢的化合态储存

一、单一金属氢化合物

氢的气态或液态储存是燃料储运的一种特殊形式，主要由于氢是以气态与液态方式储存并在高压下，或是在低温条件下输送。和其他燃料相比，生产和使用的成本较高。因此科学家设想让氢变为金属的单一或复杂化合物，这样就便于以液态或固态形式储存运输，然后在使用地点将氢化合物分解，重新成为氢气，分解后的另一产物运回再生，完成了氢的循环。这种思路当然先进并有吸引力，但需要进行多项研究开发，认真作出技术经济论证，才有可能确定廉价、合理的供氢方案。

氢的金属化合物种类繁多，由图 13-22 可得知其概貌。

1. 金属合金储氢材料

金属合金储氢材料[22]是采用普通金属合金方法制造的金属间化合物，例如 $LaNi_5$、Mg_2Ni、TiFe 等。它们都具有可逆性吸放大量氢气的特性，其吸收和释放氢气反应与温度、压力及合金组成有关。其反应机制可用首先形成含氢固溶体(α 相)，继而产生相变，生成金属氢化物(β 相)来解释。氢在合金中以原子状态存在，处于合金八面体或四面体间隙位置，因而具有高储氢密度和安全性。已研究开发了多种储氢合金材料，有的可用作为 Ni/MH 电池的高容量负极材料，有的需进一步提高性能，可望成为车用氢燃料的储存材料。

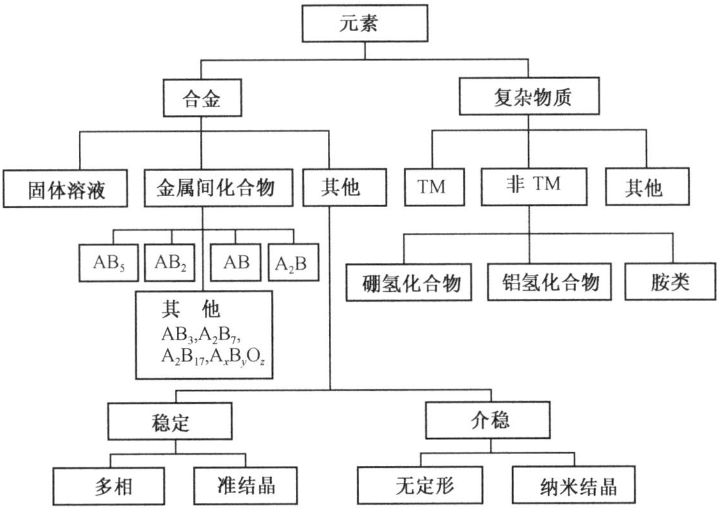

图 13-22　氢的金属化合物家族树

2. 单一金属氢化物储氢材料

以简单的单一金属氢化物为例，从图 13-23 看到按周期表排列即有 70 多种，再分为离子键化合物、共价聚合物、共价键化合物和金属化合物四类，其中有 9 种在常温时不稳定，

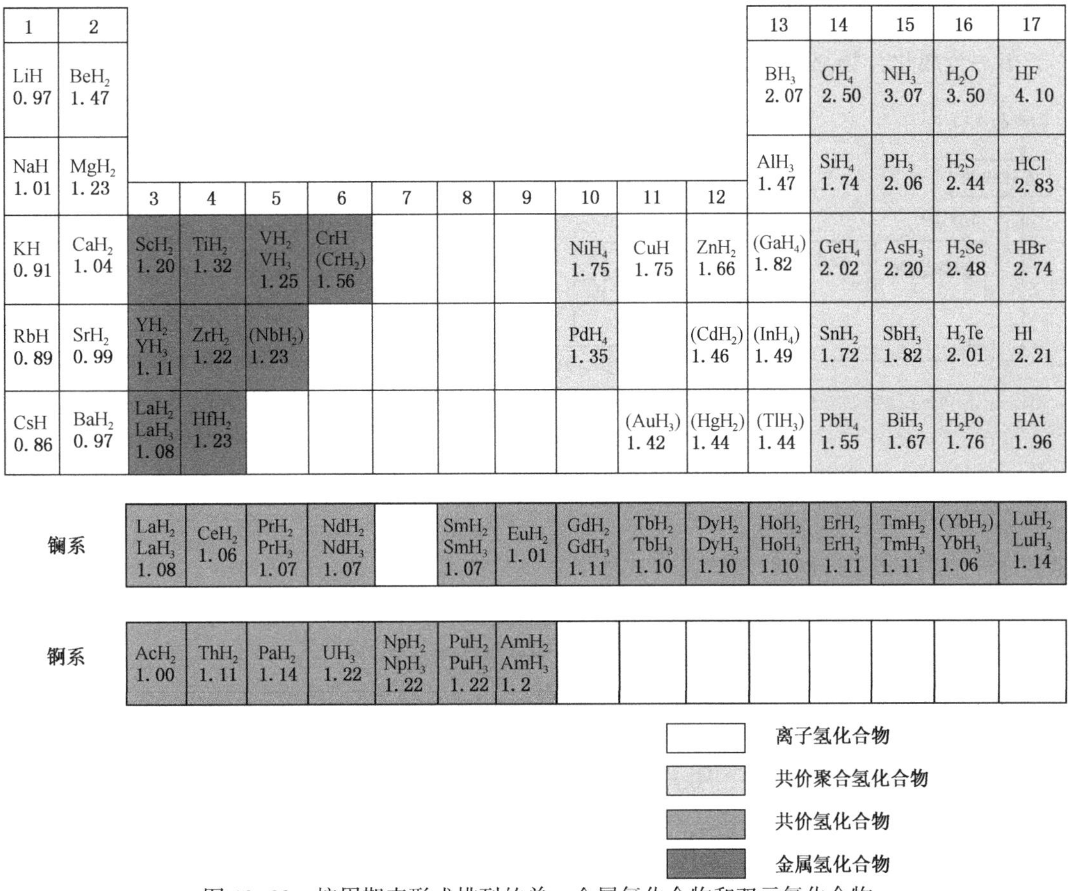

图 13-23　按周期表形式排列的单一金属氢化合物和双元氢化合物

有的分解温度太高，或是属于稀有元素，来源紧缺，或是价格贵。经过初步筛选，只有两种符合基本要求，即 LiH 和 MgH_2，图 13-24 展示了包括几种复杂金属化合物在内的金属氢化合物的体积含氢密度和质量含氢密度。

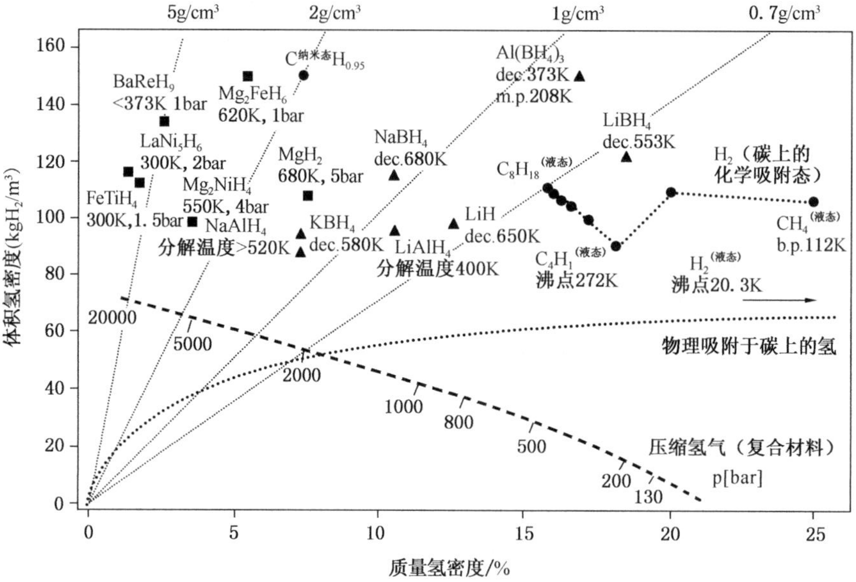

图 13-24　金属氢化合物的含氢密度

单一金属化合物靠加水分解产生氢气，例如 LiH、NaH、MgH_2 和 CaH_2，它们水解生成相应的金属氢氧化合物和氢气，理论氢容量分别为 7.8%、4.8%、6.5%和 5.2%。

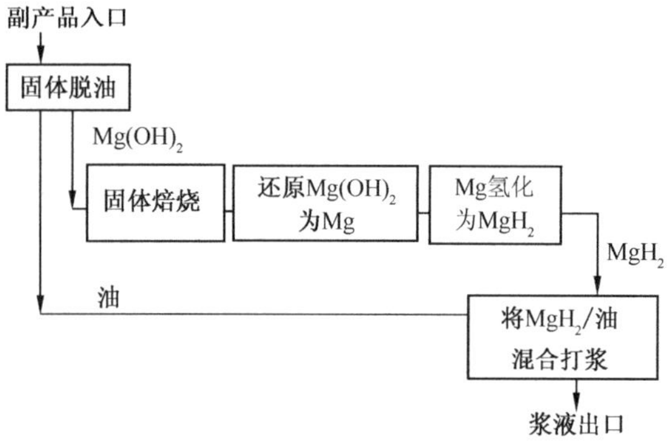

图 13-25　MgH_2 油浆分解产品回收再生系统流程

近年初步研究成果表明，LiH 和 MgH_2 都可能成为较适合的单一金属化合物候选者。金属化合物的粉末先配制为可泵送的高能量密度油浆（3.9kW · h/kg 和 4.8kW · h/L），以便于输送和储存。油浆既可在加氢站、又可在车上分解氢。现将 MgH_2 油浆的技术经济评估作一介绍[27]。

制造流程示意见图 13-25，图上显示油浆分解产氢以后的回收与再生系统流程。各种金属氢化物与水的水解反应式如下：

MgH_2 加水分解反应	$MgH_2+2H_2O = Mg(OH)_2+2H_2$	(1)
$Mg(OH)_2$焙烧反应	$Mg(OH)_2 = MgO+H_2O$	(2)
MgO 还原反应	$MgO = Mg+O$	(3)
	$H_2+O = H_2O$	(4)
Mg 氢化反应	$Mg+H_2 = MgH_2$	(5)

反应(1)在室温下进行，由于反应放热使温度上升到 123℃，部分水汽化；反应(2)在 527℃进行；反应(3)、(4)又称固体氧化物透氧离子膜(SOM 法)，是新开发的技术，在 1150℃进行；反应(5)在 250℃进行。反应(3)是吸热反应，而反应(4)、(5)均是放热反应。

按单位时间供氢416kg/h计算，参与反应的主要物料流量是：

MgH_2 反应(1)为2719kg/h；

$Mg(OH)_2$ 反应(2)为6023kg/h；

MgO反应(3)为4163kg/h；

H_2 反应(4)为208kg/h；

Mg反应(5)为2511kg/h；

焙烧空气反应为12360kg/h。

车载水解设备体积和质量均不大，包括燃料在内的总重大约是产氢的20倍，即质量密度是5%，体积密度是45~80g/L(根据产氢规模和是否回收凝结水而异)，详见表13-8[27]数据。

表13-8 MgH_2 车载水解设备一览表

氢储存量/kg	5	5	20	20
氢瞬时流速/(kg/h)	3	3	3	3
水汽产品状态	冷凝回收	燃料带水	冷凝回收	燃料带水
设备(质量/体积)/(kg/L)				
燃料储罐	1.5/51.4	1.9/81.4	3.3/201.7	4.5/320.8
水软袋	0.2	0.2	0.5	1.7
油浆软袋	0.9	0.9	2.0	2.0
副产品软袋	0.9	0.9	2.0	2.0
燃料水泵	0.3/0.3	0.3/0.3	0.3/0.3	0.3/0.3
加热器	0.1/0.1	0.1/0.1	0.1/0.1	0.1/0.1
混合部分	1.2/2.3	1.2/2.3	1.2/2.3	1.2/2.3
搅拌器及电机	0.3/0.3	0.3/0.3	0.3/0.3	0.3/0.3
气体分离器	2.3/9.4	2.3/9.4	2.3/9.4	2.3/9.4
分离器搅拌电机	0.5/0.3	0.5/0.3	0.5/0.3	0.5/0.3
冷凝器	5.0/15.0	5.0/15.0	5.0/15.0	5.0/15.0
过滤分离器	0.7/1.6	0.7/1.6	0.7/1.6	0.7/1.6
副产品阀门	0.1/0.1	0.1/0.1	0.1/0.1	0.1/0.1
水阀门	0.1/0.1	0.1/0.1	0.1/0.1	0.1/0.1
管线和管件	0.3/1.0	0.3/1.0	0.3/1.0	0.3/1.0
排汽冷凝器	5.0/15.0	5.0/15.0	5.0/15.0	5.0/15.0
排水泵	0.3/0.3	0/0	0.3/0.3	0.3/0.3
设备小计	19.6/96.9	15.2/111.7	23.9/247.2	20.9/351.1
物料量：油浆		52.6		206.1
反应水		32.5		134.0
副产水		0		0
副产品	80.0		320.1	340.2
合计	99.6/96.9	100.3/111.7	344.0/247.2	361.1/351.1
储存能量/kW·h	166.6	166.6	666.3	666.3
重量比能量/(kW·h/kg)	1.7	1.7	1.9	1.8
体积比能量/(kW·h/L)	1.7	1.5	2.7	1.9

MgH_2 油浆生产成本很高，按每产 5kg 氢计算，需要镁金属 30.15kg(83.2 美元)、反应氢 2.5kg(16.7 美元)、调合油 9.86kg(10.9 美元)、分散剂 0.30kg(4.3 美元)。制成油浆 42.81kg(115.1 美元)后，折合每千克新油浆成本 2.3 美元，换算为每千克车载产氢成本 23 美元。当油浆循环使用(交替水解和还原)，其物料成本预期可降低到 2 美元/kg[27]。由于还原过程能耗较大，因此产氢规模 1000t/d 时，综合成本是 6.50 美元/kg。除非产氢规模巨大，并采取新的节能措施和利用廉价能源，否则成本难降到 3.0 美元/kg 以内。

二、化学氢化合物储氢材料

简单的金属化合物储氢性能不够理想，因此研究工作者将研究领域延伸到其他化学氢化合物。其中复杂的金属氢化合物包含两种以上的金属，主要是碱金属或碱土金属与周期表第三主族元素(硼、铝)一起和氢形成的配位氢化物，这种多金属氢化物与单一金属氢化物之区别在于吸氢过程向离子或共价化合物的转变。目前 $LiBH_4$、$NaBH_4$ 等已经是实现了工业化生产的配位氢化物，它们靠加热分解产氢的温度很高，一般车上采用加水分解产生氢气。

1. 金属铝氢化合物

金属铝氢化合物可在车载条件(0.1~1.0MPa，25~120℃)的所谓优化“P-T 操作窗口”间进行吸氢-脱氢反应，利用燃料电池的余热(目前为 80℃，今后如能采用更耐高温的膜材料，温度可提高)加热脱附。氢铝化合物(AlH_4，又称 Alanate)在此窗口比简单金属氢化合物在氢容量方面具有更大的潜力，在常压和 33℃时进行第一步脱氢反应就可释放 3.7%氢，然后 120℃时进行第二步脱氢反应进一步释放 1.8%氢，其反应式如下：

$$NaAlH_4 = 1/3Na_3AlH_6 + 2/3Al + H_2 \quad (1)$$

$$Na_3AlH_6 = 3NaH + Al + 3/2H_2 \quad (2)$$

几类金属氢化合物的氢含量与释放氢温度示于图 13-26 和表 13-9。

表 13-9 两类复杂金属氢化合物关键性质

铝金属氢化合物	理论氢含量	释放氢温度	硼金属氢化合物	理论氢含量	释放氢温度
$LiAlH_4$	10.6	190	$LiBH_4$	18.5	300
$NaAlH_4$	7.5	100	$NaBH_4$	10.6	350
$Mg(AlH_4)_2$	9.3	140	KBH_4	7.4	125
$Ca(AlH_4)_2$	7.8	≮230	$Be(BH_4)$	20.8	125
			$Mg(BH_4)_2$	14.9	320
			$Ca(BH_4)_2$	11.6	260

金属配位氢化物是在非水解条件下进行氢的吸附—脱附过程，与储氢合金相比，差别是前者在普通条件下没有“可逆”的储氢性能，AlH_3 缺电子基团要想在温和条件下获得前述两个脱氢反应的逆反应，必须选择合适的催化剂(例如氯化钛)与合适的反应条件。

通过评估金属氢化合物的氢容量(本身和系统的质量百分容量)、吸收和解吸速率以及设备材料价格发现，$NaAlH_4$ 的本身氢容量 5.5%，由于粉状物填充密度低，设备体积大，系统氢容量偏低，加上解吸速率低，必须研究改进。初步发现加入另一种过渡金属或稀土金属氢化合物，采用多种加工方法(固态加工 SSP、熔融态加工 MSP 或基于溶液态的加工 SBP)制备的三元金属氢化合物，可能提高氢铝化钠的性能。

表 13-10 列出了美国能源部针对吸附—脱附型储氢金属氢化合物提出的 2010 年达到的目标。

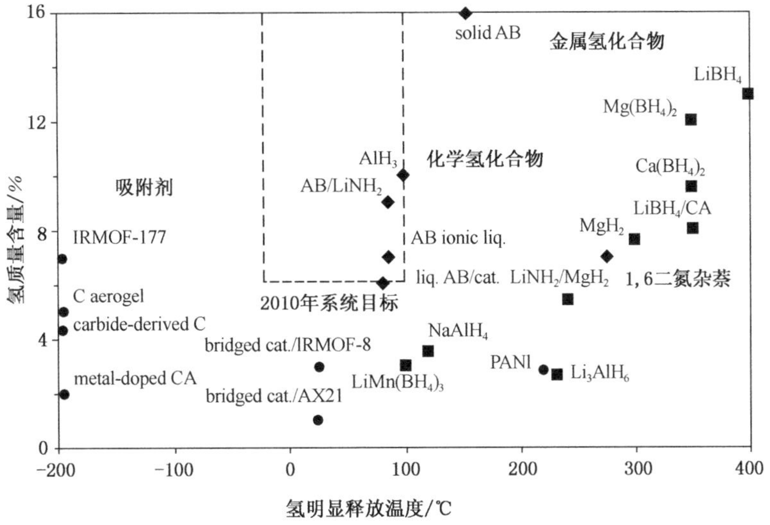

图 13-26　氢吸附材料和氢化合物的氢含量和释放氢温度

表 13-10　吸附—脱附型储氢金属氢化合物的攻关目标

储氢量	质量/kg	5	氢供给	供氢温度(最高)/℃	100
储存密度	质量密度/kWh/kg	2①		供氢温度(最低)/℃	-30
	体积密度/kWh/L	1.5		供氢流量(最小)/gH_2/s	4
费用	全周期/(美元/kWh)	4.0		FC 供氢压力(最低)/MPa	0.25
	燃料/(美元/kgH_2)	1.3		ICE 供氢压力(最低)/MPa	3.5
操作温度	最低/℃	-30		氢纯度/%(干基)	99.9
	最高/℃	50	动态响应	0~90%，90%~0/s	0.5
循环寿命	循环次数/N	1000		开始到全流量(20℃)/s	0.5
	平均值/%	90		开始到全流量(-20℃)/s	4.0
	可信度/%	90	加氢速度/(kgH_2/min)		1.5
毒性	符合应用标准		有用氢损失/(g/h/kgH_2)		0.1
安全性	符合应用标准		渗透和泄漏	符合联邦密闭区域安全标准	

① 相当于介质含氢 7.5%。

2. 金属锂胺化合物

近年发现的锂胺化合物的氢容量可达 6.5%，有望提高到 10%。但反应温度高达 285℃，添加镁加压时可降低到 220℃，仍然需要研究改进。其化学反应式如下：

$$Li_2NH+H_2 = LiNH_2+LiH$$

3. 金属硼氢化合物

值得考虑的另一种复杂金属氢化合物是硼氢化钠。如同前面介绍过的 MgH_2 一样，它也要通过加水分解产生氢气，用过的溶液从车上卸出，集中运去还原为氢化合物(车外再生)。在车载容器上发生如下反应：

$$NaBH_4+2H_2O = NaBO_2+4H_2$$

4. 胺基硼烷类化合物

为了进一步提高氢载体的氢含量，另一类化合物(胺基硼烷类化合物)已引起科学界的注目，成为新的攻关热点。基于它们拥有的 N—H 质子键和 B—H 氢化合键，胺基硼烷类化合物具有较强的氢储存能力和氢释放能力。它们载氢的理论质量密度和体积密度如下：

NH_4BH_4　(24.5%，0.20kg/L)

NH_3BH_3　(19.6%，0.16kg/L)

$NH_3B_3H_7$　(17.8%，0.14kg/L)

$B_3N_3H_{12}$　(14%，0.11kg/L)

$B_3N_3H_6$　(7.5%，0.06kg/L)

它们通过水分解或热分解释放氢

$NH_3BH_3+2H_2O \longrightarrow NH_4^++BO_2^-+3H_2$　9.0%

$NH_3B_3H_7+6H_2O \longrightarrow NH_4^++3BO_2^-+2H^++8H_2$　9.7%

$NH_3BH_3 \longrightarrow BN+3H_2$　19.4%

$NH_3B_3H_7 \longrightarrow “B_3N”+5H_2$　17.7%

热分解虽然放氢潜力很大，但释放速度慢，因此水分解适合车载使用条件。释放方法是考虑采用金属催化剂，或者是在常温下用离子液体、锂氢化合物、锂胺等加快分解速度和分解程度。再生方法正处于初步研究阶段。

三、车载设备和产氢流程

1. 车载设备和产氢流程

车载设备和产氢流程应力求简单，但实际很难做到。第一道工序是在加氢站，其余三道工序(储存、反应与水回收、输出氢气)都在车载设备上进行。以产氢为主的后面三道工序流程见图 13-27a[28]，以氢载体再生为主的第一道工序流程见图 13-27b，采用的虽然是未工业化的技术，但已经是成熟的技术。更先进的效率更高技术的技术还有许多种，有待深入开

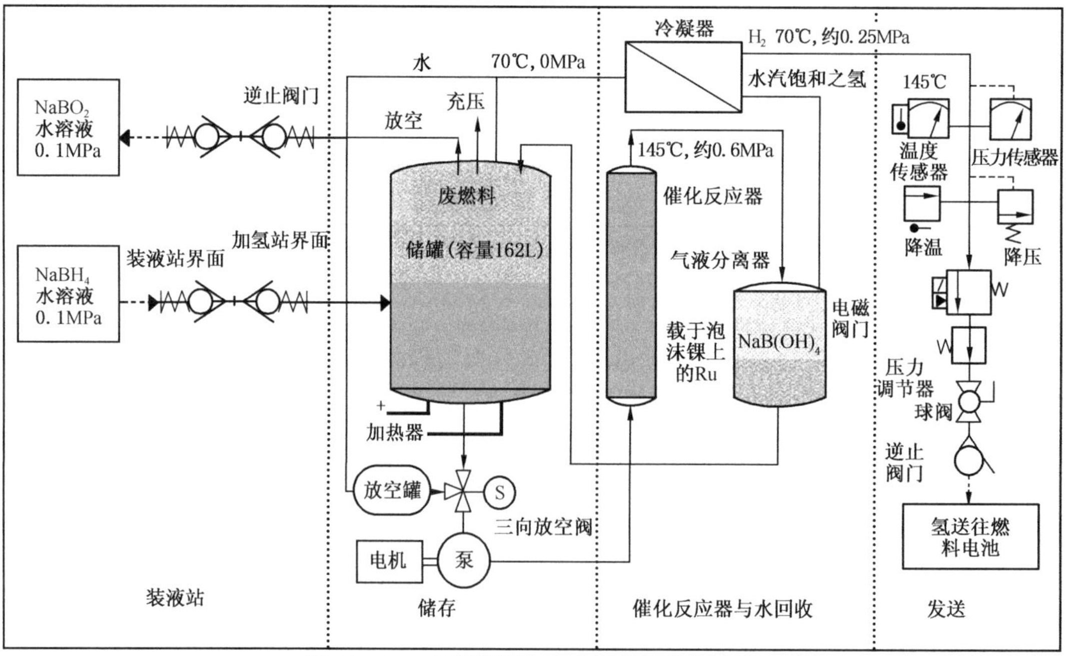

图 13-27a　车载硼氢化钠产氢系统流程示意

展研究；图 13-27c 为待开发的金属还原法技术；图 13-27d 为待开发的热碳还原法技术，是 RohmHaas 公司作为设想方案提出的流程。

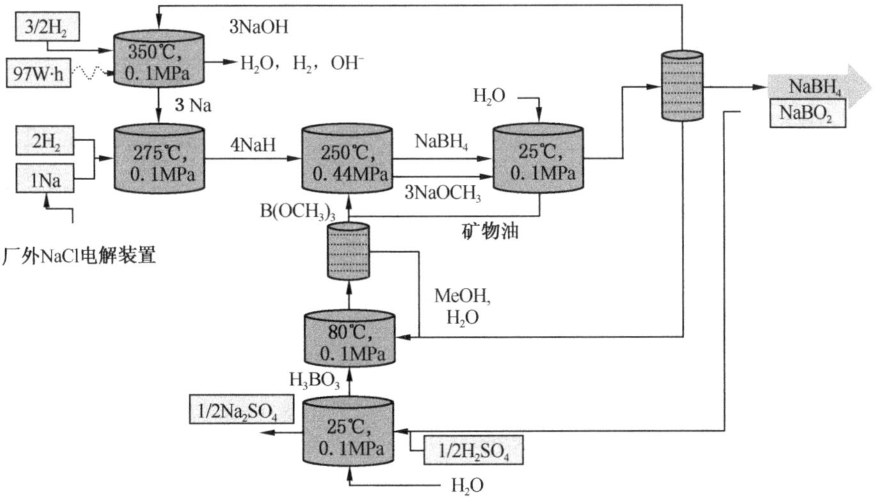

图 13-27b　硼氢化钠再生系统流程示意

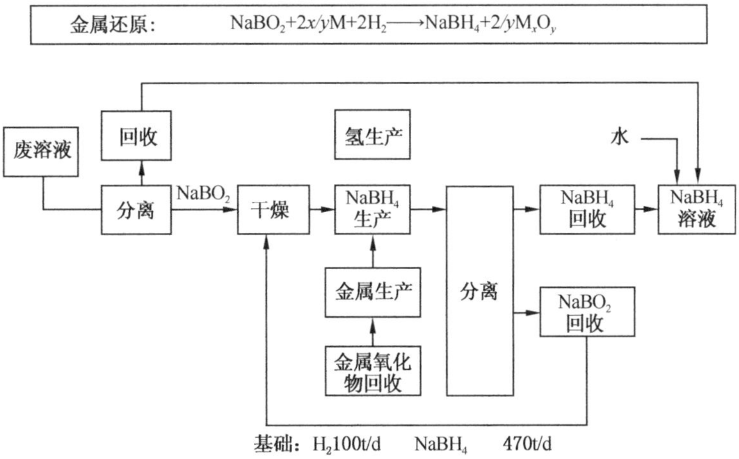

图 13-27c　硼氢化钠金属还原再生系统流程设想

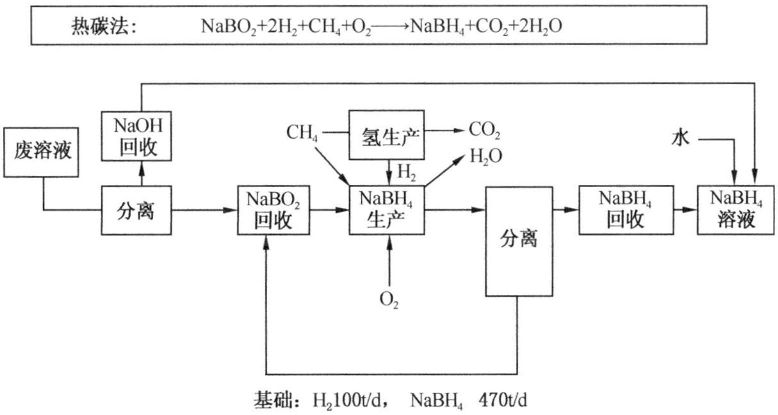

图 13-27d　硼氢化钠热碳还原再生系统流程设想

2. 技术经济评估

为了技术经济评估，假定了表 13-11 所列的主要参数。

表 13-11　车载硼氢化钠产氢系统技术参数

设备或材料	参数	数据
介质	氢储存量	5.6kg
	硼氢化钠理论氢含量	21.3%
	硼氢化钠溶液浓度	26%
	稳定剂	3%NaOH
	硼氢化钠溶液密度	1.04kg/L
	亚硼酸钠饱和溶液密度	1.25kg/L
储罐	电功率	20W
	材料	SS/PP
气液分离器	沉降速度	0.1m/s
	高径比 L/D	3.3-5

设备或材料	参数	数据
反应器	分解反应热	约 37.2kJ/kg
	催化剂	Ru/Ni
	催化剂浓度	1%
	转化率	92%
	空时产率	120LH_2/L
	温度(峰值)	145
	压力	0.6MPa
冷凝器	最大热负荷	32kW
	出口温度/湿度	70℃/100%
	最高环境温度	50℃
	风扇功率	750W

基于亚硼酸钠的水溶液在一定温度和浓度范围内存在液固两相平衡，为了防止固体析出与冻结，要实行“水-热管理”，从而增加了行车的复杂性。亚硼酸钠的水溶液相图见图 13-28。

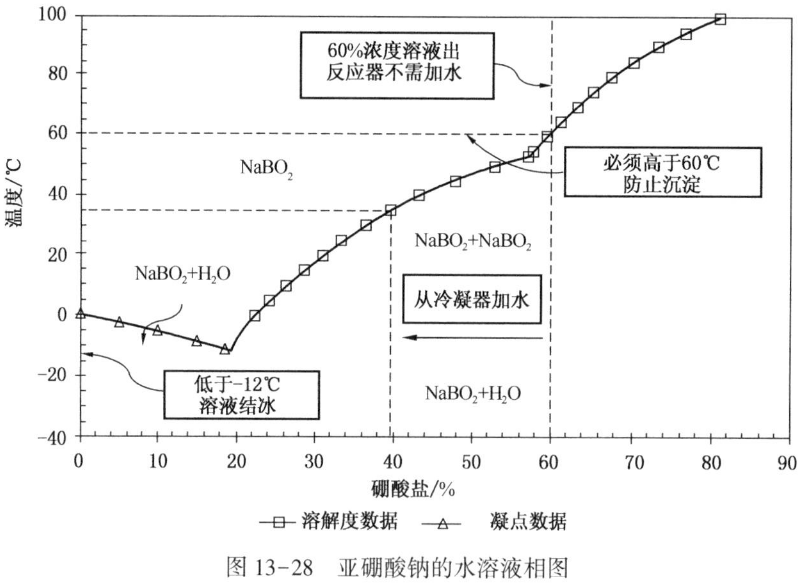

图 13-28　亚硼酸钠的水溶液相图

依据假定数据估算[28]硼氢化钠和铝氢化钠的车载储氢(5.6kg)设备的参数是：总质量分别是 175kg 和 350kg；全系统的氢含量分别是 3.2%和 1.6%，与 2007 年攻关目标相比存在差距。采用高压储氢瓶方案，全系统体积分别为 195L 和 270L 时对应的体积能量密度为 0.96kW · h/L 和 0.65kW · h/L，所以比高压储氢瓶稍强。全系统费用则硼氢化钠方案明显最低(4.7 美元/kWh)，能够实现 2007 年攻关目标，成为此方案的主要优点。

图 13-29、图 13-30 和图 13-31 展示了硼氢化钠、铝氢化钠和高压储氢瓶、液氢罐等车载储氢设备的全系统质量、系统体积和系统单位功率的成本棒状图[32]。

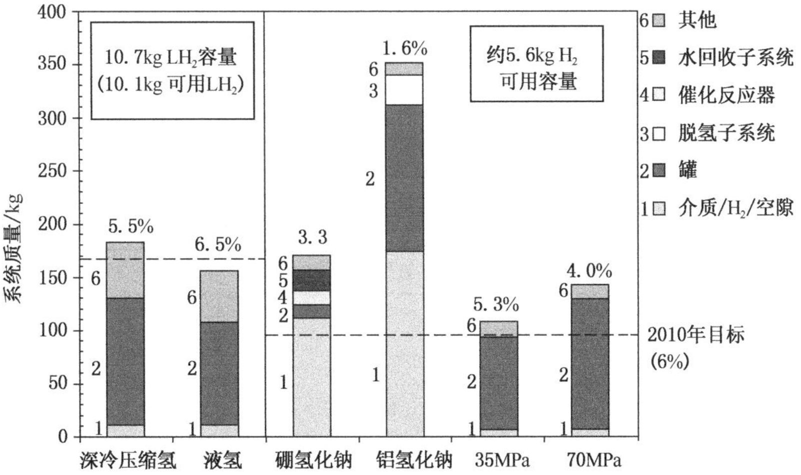

图 13-29　硼氢化钠、铝氢化钠等车载储氢设备的全系统质量对比

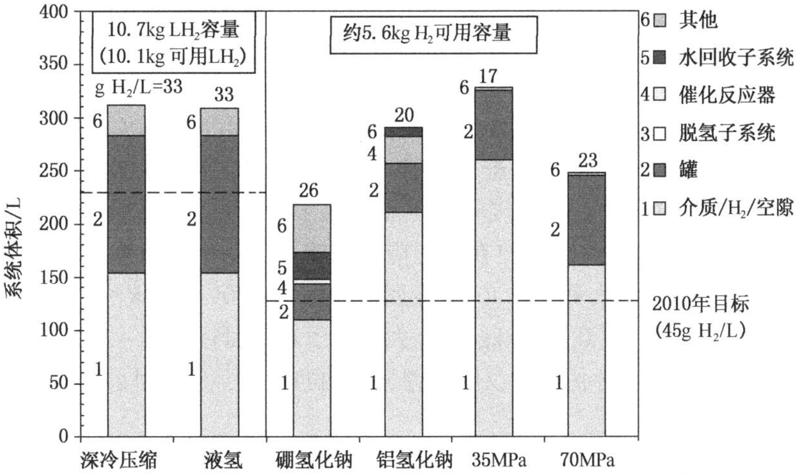

图 13-30　硼氢化钠、铝氢化钠等车载储氢设备的全系统体积对比

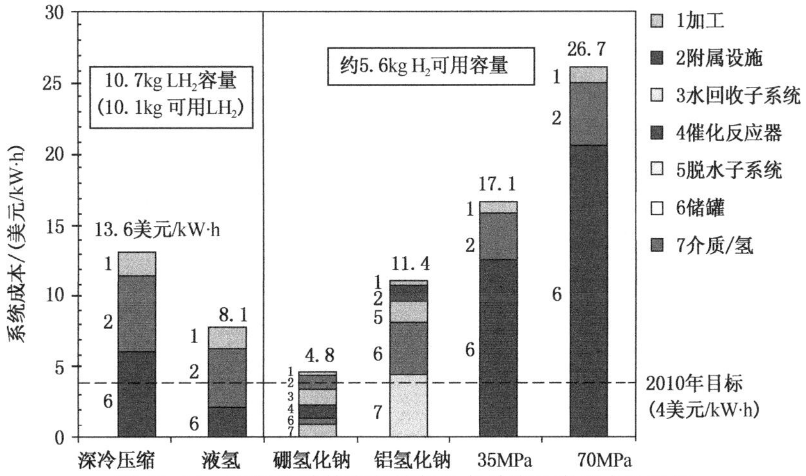

图 13-31　硼氢化钠等车载储氢设备单位功率成本的对比

当估算成本时，往往某些假设参数的价格变动会引起总成本的较大变化，这项灵敏度分析工作是十分必要的。例如铝氢化钠的价格从 3.5 美元/kW·h 变化到 8.0 美元/kW·h，系统费用就从 10 美元/kW·h 变化到 14 美元/kW·h。

表 13-12 是将图 13-29、图 13-30 和图 13-31 的金属氢化合物几项重要指标[28]列表进行对照。

表 13-12　硼氢化钠、铝氢化钠主要储氢指标比较

技术经济目标	单位	铝氢化钠	硼氢化钠	攻关目标
比能量(质量)	kW·h/kg	0.53	1.06	1.5
	kg H_2/kg	0.016	0.032	0.045
能量密度(体积)①	kW·h/L	0.65	0.96	1.2
	kg H_2/L	0.019	0.029	0.036
系统成本	美元/kW·h	11.3	4.7	6
	美元/kg H_2	377	160	200
燃料成本	美元/kgH_2	待估	待估	3

① 未计算固体颗粒的空隙。

2007 年 11 月 DOE 通过 NREL 组织专家评估会[36]，对 Millenium Cell 和 Rohm & Haas 两单位的几年从事硼氢化钠的研究成果进行评定，认为车载产氢部分存在的问题是：①30%溶液浓度会引起亚硼酸钠沉淀，24%浓度将使比能量低于攻关目标；②车载单罐产氢设备(用可移动隔膜将新鲜溶液与废溶液分开)在工程应用中难度大；③车载水量过多；④车外再生系统虽有几种方案，但再生效率只有 40%(金属还原法)和 50%(热碳法)，达不到 60%的攻关目标，使氢成本为 10.7~6.0 美元/kg H_2，大大高于攻关目标值(2~3kg H_2)。鉴于继续进行研究很难实现既定目标，评估会建议停止硼氢化钠的研究，但不排除对硼氢化氨等有前景的硼盐开展工作。

四、化合态储存氢材料的初步评选

如前所述，氢的化合态储存方案很多，仍然处于初步研究阶段，需要进行阶段性的筛选，并深入开展工作，才能找到能够满足要求的化合物。

表 13-1 的各项目标中有五项关键指标值得考虑：

① 系统的储氢密度(包括储氢材料、容器、相关设备和管道)应不低于 6%，因此储氢材料本身大约在 12%。

② 材料的可逆性，即在车上反复使用多次(2010 年指标：1000 次)，损耗极少，可逆性应在 99%以上，但目前实验室条件下很难做到，只要求在三个循环周期物料回收至少 50%。

③ 热力学要求：储氢化合物应具“介稳”性能，在常温下不释放氢，而少许加热(最好利用燃料电池余热)即迅速全部释放氢，一般限定最高释放温度不高于 350℃，否则耗能太大。

④ 材料的稳定性和挥发性：希望释放氢的同时产生其他杂质的数量不大于万分之二。(燃料电池系统杂质指标是：硫 0.01μL/L，氨 1.0μL/L，CO1μL/L，$CO_2$100μL/L，非甲烷烃 100μL/L)。

⑤ 化学动力学等：氢释放速率能满足行车加速要求，向车上加装速度达到 3 分钟 5kg

氢，卸出速度也要快。

2007 年美国能源部下属金属氢化合物研究中心（MHCoE）针对几年来各攻关组对 51 种材料所进行的研究成果初步评选，认定其中 27 种可继续开展研究工作，其他 24 种则建议停止研究[35]。

第六节　氢的气态输送

一、氢气的管道输送

氢的气态输送是最简便的输送方式，因为氢是以气态形式生产的产品，直接输送可省略不少环节。但是氢的分子量太低，气体状态的质量密度太小，相当于天然气的 1/8，即使按热值计算也只是天然气的 42%，因此对氢的输送要因地制宜进行多种方案对比。

气态输送主要是加压状态下通过管道的方式输送，根据输送距离考虑设置中间加压站。

达到一定范围的输送量和一定的距离，管输是合理的。反之，采用汽车运输压力储氢罐的办法也是向分散用户输送的可行方案。

利用管道输送的方式供给化工厂用氢在国外已有先例，具体情况如表 13-13 所列。

表 13-13　国外商业输氢管道一览表

经营公司	国　家	输氢数量/(t/a)	压力/MPa	管径/m	管长/km	备　注
Air Liquide	法、德、荷				合计 879	1966 年开始
Huels/BOC	德	22000	2.2	0.17～0.27	合计 250	1938/1993 年开始
Air Products	美	69000			合计 175	
Praxair	美	73000	1～2	0.25～0.30	合计 275	
	南非				80	

关于氢能燃料输送设想，近期以分散方式生产少量氢时，是采用供氢管线和汽车运输压力储氢罐相结合的方式；远期大规模生产氢气时，应以长距离输氢管线作为干线，再与分支管线和汽车运输相结合的方式，形成覆盖大区域以至全国的供氢网络。

1. 管道输送的能耗

前面谈过由于氢的体积能量密度比天然气低，所以输送同等能量的氢要比天然气的管道直径大，或者需要更高的压力。气体从常压经四级压缩，初温通常为 21℃，级间通常冷却到 32℃，压缩能量消耗主要消耗在管路输送中克服摩擦的损耗。对于起点压力为 7MPa，内径为 0.5m、总长 160km 的管线，中间压降达到 1.4MPa 就需要进行增压。天然气和氢气管道输送过程消耗的能量有很大的差异，天然气消耗的能量为其输送能量的 0.31%，而对氢气则高达 1.33%，具体见表 13-14。

表 13-14　天然气与氢气管道输送能耗比较

输送介质	输送流量/(万 m^3/h)	输送能量/(GJ/h)	输送能耗/(GJ/h)	净输送能量/(GJ/h)
天然气	20	6757	21	6736
氢气	52	5350	73	5277

每 1200km 输氢过程的压缩能耗大约是其低位热值的 10%，而同样能耗则可输送同样能

量的天然气 5000km，所以当考虑使用天然气为制氢原料时，大规模集中生产可能不如小规模分散生产，虽然后者生产成本高于前者，但运输费用明显较低。

一条直径 0.25m，到达用户压力为 2MPa 的输氢管线理论计算结果[16]见表 13-15。

表 13-15　输氢管线计算结果举例

流量/(t/h)	距离/km	起点压力/MPa	压缩机功率/kW	压缩机投资/10^6 美元	管道投资/10^6 美元	总投资/10^6 美元	年电费/10^6 美元	单位成本/(美元/kg)
4.5	32	2.45	379	0.42	20	20.4	0.16	0.03
4.5	161	3.73	1175	1.11	100	101.1	0.49	0.13
4.5	322	4.88	1683	1.55	200	201.6	0.71	0.26
45.4	16	10.15	30655	18.1	10	28.1	12.9	0.04

从表 13-15 可以看出，大流量短距离的成本低于小流量长距离的成本，相隔 322km 距离设置一个中间压缩站有利于降低压缩机功率和单位成本。国外迄今只有小口径管线资料，若向大口径方向延伸，单位投资增加幅度趋势较缓[18]。

氢气管输成本与氢能汽车市场占有率、管段长度以及城乡条件密切相关，参见图 13-32a、图 13-32b 和图 13-32c。

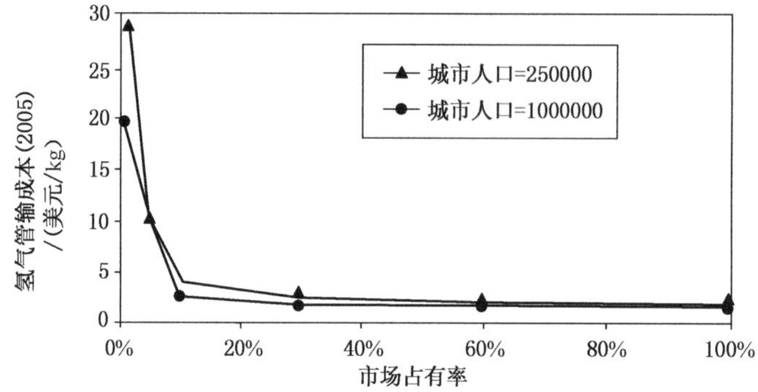

图 13-32a　管输氢气成本与氢能汽车市场占有率关系——向城市供应

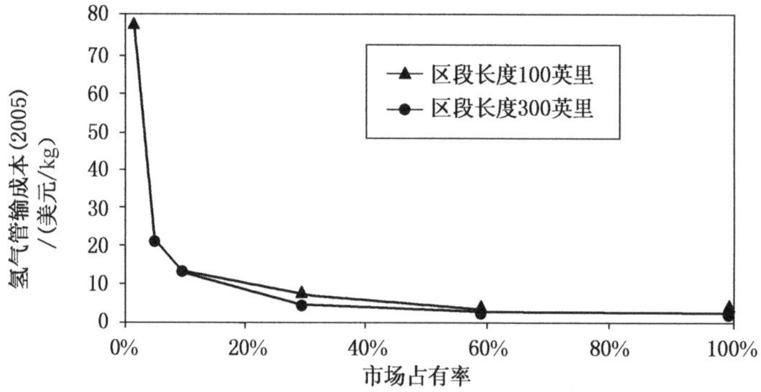

图 13-32b　管输氢气成本与氢能汽车市场占有率关系——省(州)内供应

2. 输氢管道的投资

TransCanada Pipeline Ltd 公布过若干大口径天然气管道项目的投资数据，管道的长度从

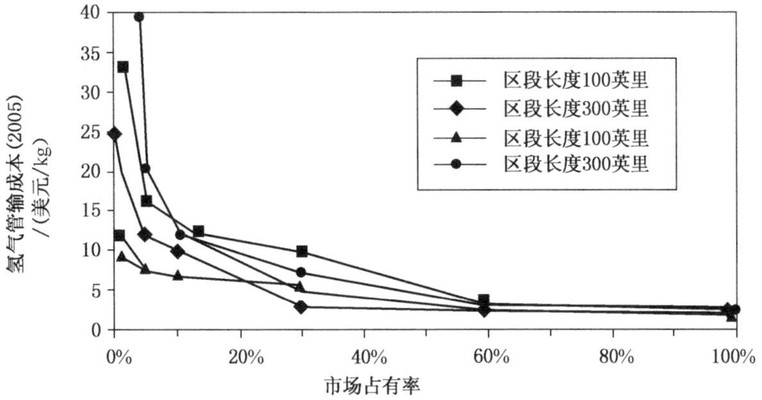

图 13-32c　管输氢气成本与氢能汽车市场占有率关系——省(州)内农村供应

40~731km 不等，每公里的投资从 67 万~125 万美元(换算为 1995 年价格)。压缩机站功率在 2700~28300kW 范围内，单位功率投资为 650~702 美元/kW(换算为 1995 年价)[16]。

美国新的资料将输氢管投资[23](2005)归纳为以下关联式：

$$I_1 = 1.1(330.5d^2+687d+26960)$$

$$I_2 = 1.1(343d^2+2074d+170013)$$

$$I_3 = 1.1(8417d+7324)$$

式中　I——每英里投资额，百万美元；

I_1，I_2，I_3——分别是材料费用、安装费用和其他费用；

d——管直径，英寸。

因为另有土地使用费未计入，故结合我国情况，安装费可降低。

压缩机的投资可按下式估算[24]：

$$I = 40094N^{0.6674}$$

式中　I——投资额，百万美元；

N——功率，kW。

表 13-15 所列固定成本只包括折旧费，如考虑投资回报，成本将增加。有时只此项即达 1 美元/kg，因此要认真进行方案选择。

今后大规模长距离输送氢气(180t/h，2000000Nm^3/h)的管道采用直径 1.2m 的管线是可行的，设想输送压力 10MPa 左右，每 160km 设置中间加压站。

3. 输氢管道的选材

氢气在高压下输送的管材选择十分重要。高压氢在管内壁，而管外壁处于常压，氢以原子状态扩散进入管材的粒子间甚至进入铁素体内部，随时间推移，扩散的氢原子增加到一定程度将引起"氢脆"，使金属母材产生微裂缝，最终导致爆裂。过去对氢在钢材内的渗透速率研究成果差异十分大，大部分数据出入达两个数量级[20]。温度为 25~100℃时氢在 α 铁中的渗透系数从 1×10^{-4}~1×10^{-9}cm^2/s 不等。究其原因不外是研究所用钢材成分、微观结构和表面状态的差别。因此美国能源部成立了《氢渗透与输氢管道结构整体性》的研究课题[8]，重点就以下四项课题进行研究：

① 氢扩散控制；

② 焊接应力控制；

③ 界面间障碍研究，例如采用玻璃涂层或有机物涂层；

④ 焊接物与母材评估。

具体内容包括：

① 不同压力条件下氢对常用管材渗透速率测试，建立数学模型；

② 对比有无氢存在的情况下钢材微观结构和机械性能的差异；

③ 焊接区的局部塑性变化导致的脆裂；

④ 应用热力-动力-冶金模型判断热力场和动力场对微结构以及热物理和机械性质的影响程度；

⑤ 管道内部覆盖材料对减轻氢扩散的作用；

⑥ 焊接区和热影响区的微观结构表徵、韧性和残余应力等。

这些课题研究迄今仍在进行，已取得以下初步成果：

① 测定了 APIX52 和 X65 两种高强度管道钢材渗透系数(温度 100℃、压差 930Pa)分别为 $2.681\times10^{-7}cm^2/s$ 和 $2.570\times10^{-7}cm^2/s$[7]；另根据 Sofronis 等报告，常温下测定的渗透率(以每平方米每秒氢原子数表示)与钢材厚度乘积和压力差的平方根存在线性关联，参见图13-33[31]。

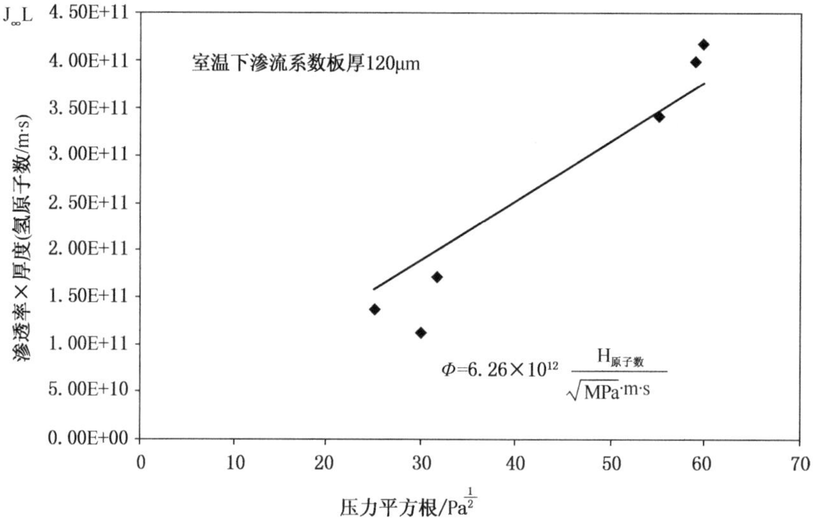

图 13-33　氢在钢材中的渗透系数

② 氢脆导致降低韧性、在断裂处真实应力损失、荷载能力下降以及致开裂。钢材中氢浓度与其在气体介质中分压的平方根成正比。

③ 钢材脆裂还受钢材的成分所影响、尤其受热-机械加工强烈影响(特别在焊口处)的微结构更容易脆裂。现已研究出专门在线的应力-应变检测仪器。正研究替代常规管输钢材，评估其抗氢脆性能。据报道正在测试具有少量 Ni、Cr 和 Cu 和低 C 低 Si 的新型的微合金钢材(铁素体/acicular 铁素体、铁素体/低含量珠光体的金相结构)，还有 HK-3、HK-4 等新品种低 Ni、无 Co 的高合金，蠕变性能超过 Supertherm，而价格低。此外还研制成功若干内衬材料(金属和非金属的表面障碍涂层)，例如 ATFI 公司的 Cerablak、Schott North America 公司的玻璃涂层、C^3 公司的稀土氧化合物涂层都在做优化试验[6]。

资料中[21]介绍的与裂缝生长速率有关示意图见图 13-34 和图 13-35。

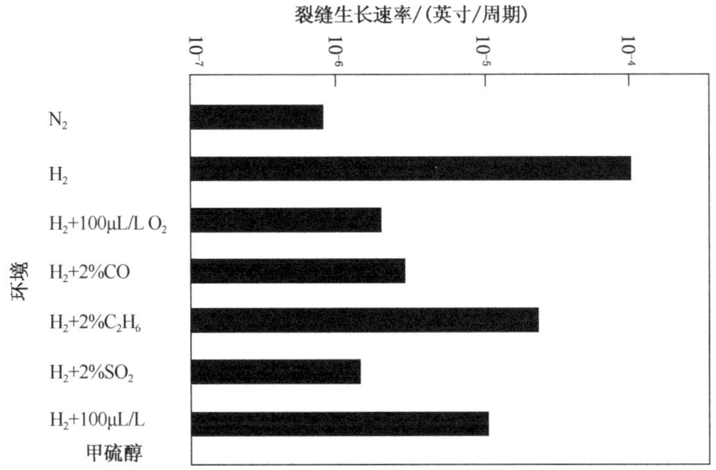

图 13-34　X42 管道钢在不同气体介质的疲劳裂缝生长速率

空气介质和压力氢介质对常用管材强度的影响[21]见表 13-16，可看出氢对拉伸后截面收缩率的影响远比空气大。

研究的初步结论如下：

① 避免采用金相微结构中珠光体含量高的高强度钢材，X52/X60HIC 比 X80 更适用；

② 避免管道内周期性压力波动；

③ 限制管材和焊接材料的硬度；

④ 严格选择垫片和密封防止泄漏（氢的点火能量低，爆炸范围宽，氢比天然气更容易着火，还更容易泄漏，氢不允许添加臭味剂）。

美国能源部在基础研究工作的成果上开展一系列工程应用研究开发，争取 2012 年前选定管道低合金钢材质和内部涂层材料以及相应的制造工艺和检验标准，并以每英里 16 英寸管线造价 60 万美元以内（目前 12 英寸管线每英尺造价 185 美元）为攻关目标。

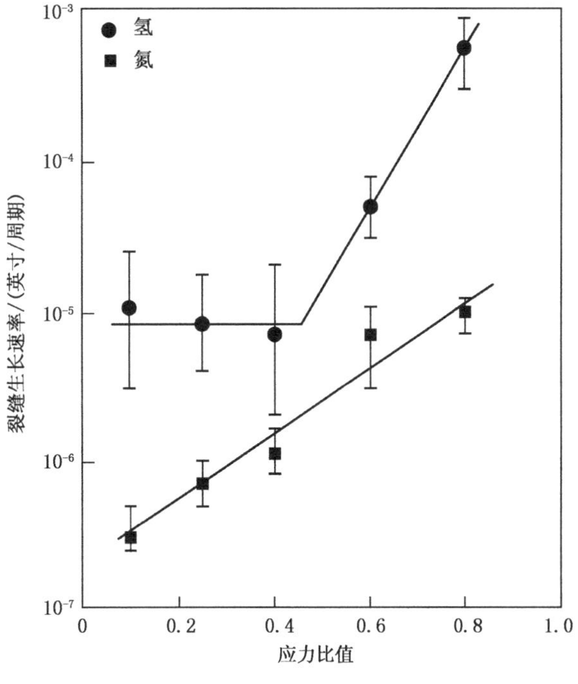

图 13-35　X42 管道钢疲劳裂缝生长速率是应力比值 R 的函数

二、氢气的压力容器拖车输送

压缩氢气还可储存在罐装压力容器内，由汽车牵引输送到目的地。一般压力为 20MPa，单罐装载 2.7~43kg 不等。一列拖车可总装 360~540kg 氢气。德国和美国均有数百辆拖车在营运氢气[17]。汽车运输的范例可见表 13-17。

从表13-17 可以看出劳务费是运费高昂的主要原因，根据我国国情此费用应可降低 9 成，油料费按当前价位则需增一倍以上，因此结合我国情况的综合费用约为 1.2 美元/kg。

表 13-16　光滑棒强度实验对比

强度名称	管材代号 API-5LX	介　质	0.2%屈服强度/MPa	极限抗张强度/MPa	拉伸/%	截面收缩/%
轴向强度	X42	空气	366	511	27	56
	X70	氢气(6.9MPa)	331	483	20	44
	X42	空气	584	669	20	57
	X70	氢气(6.9MPa)	548	659	20	47
径向强度	X42	空气	311	490	21	52
	X70	氢气(6.9MPa)	338	476	19	41
	X42	空气	611	702	19	53
	X70	氢气(6.9MPa)	593	686	15	38

注：试验在工程应变速率($10^{-4}s^{-1}$)进行。

表 13-17　压缩氢的汽车运输基本数据

名　称	数　据	名　称	数　据	名　称	数　据
输氢能力	150t/d	单车装载量	300kgH_2	投资/10^6 美元	140.7
输送距离	210km	储氢压力	16MPa	其中：汽车	27.0
服务对象	411 个加注站	卸载后压力	3MPa	拖车	42.6
汽车数目	300	有效装载量	244kg H_2	储氢罐	71.1
拖车数目	711	汽车价格	90000 美元	成本/(10^6 美元/a)	77.68
每车年行程	282940km	拖车价格	60000 美元	其中：劳务费	60.44
每天往返车次	554 次	氢储罐价格	100000 美元	油料费	8.79
每车年工作时间	7008h/a	司机工作制	12h/车次	管理费	1.41
司机年工作时间	3504h/a	司机报酬	28.75 美元/h	折旧费	7.04
往返运输时间	8.4h	耗油指标	37.8L/100km	分摊投资回报	25.33
装卸时间	2.0h	燃油价格	0.26 美元/L	运输费合计	103×10^6 美元/a
行车速度	50km/h	单位运输费用	2.09 美元/kg H_2		

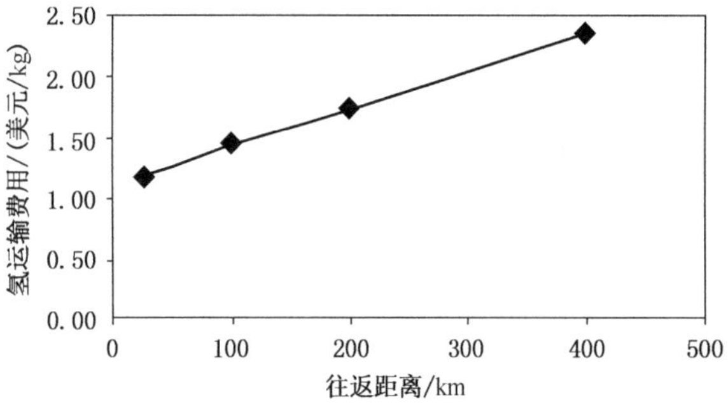

图 13-36　压缩氢汽车运输运费和运距关系

图 13-36 对压缩氢汽车运输的经济分析数据表明，往返距离 20~400km 范围内，压缩氢的汽车运输费用随运距逐渐增加(1.2~2.4 美元/kg)[19]。

美国 Laurence Livermore 国家实验室指出在氢气配送的短途运输中(往返 100km)如使用表 13-17 的钢制压力容器拖车，装载量少而运费高。图 13-37[4]表明尽管容器拖车投资从 16.5 万美元增加到 43 万美元，改用碳纤维复合材料并提高压力到 70MPa，容器装载量可增至 4 倍，运输费用则下降。如采用玻璃纤维复合材料，可将氢气温度降至 200K，那么低温下玻璃纤维强度增加 50%，储存密度增加 35%，减轻了容器自重，拖车投资只有 10 万美元，单位重量氢气低温制冷费用只需要 0.05 美元/kg，有助于减少配送运费到能源部攻关目标以内。

资料[16]提供了压缩氢铁路运输的估算。与表 13-17 不同的是氢储罐价格为 20 万美元；平板货车价格 10 万美元；氢气装载量为 454kg；行车速度 40km/h；每车次单程租用费为

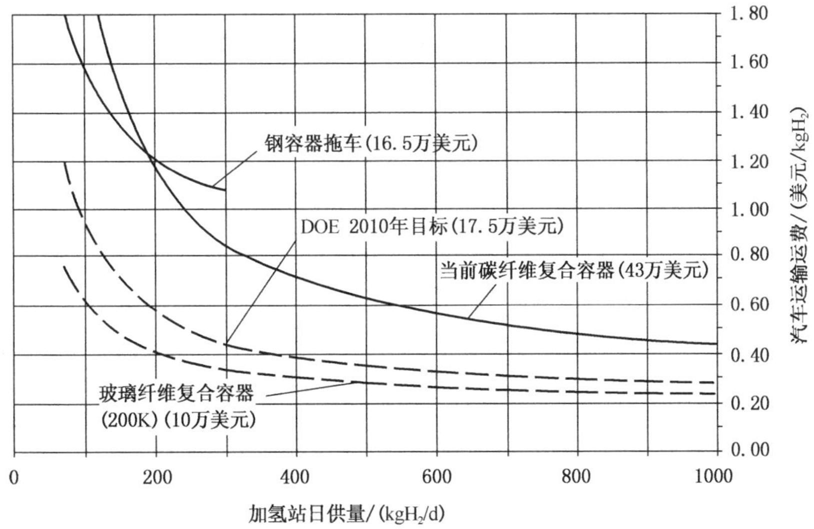

图 13-37　不同材料压力容器的压缩氢汽车运输运费和加氢站日供量关系

400 美元。在供氢 110t/d，输送距离 160km 情况时，车皮数量为 720 辆，单位质量氢的运输费用为 2.14 美元/kg。

第七节　氢的液态输送

一、液氢的汽车运输

液氢的管道输送只是在特定场合下予以应用，如美国宇航局肯尼迪宇航中心有一条内径 150mm、长 500m 的氢气输送管线，靠自流输送。

液氢的体积密度大，常压低温下容器的质量比高压氢罐轻，汽车运输效率相对来说较高，成本较低。供汽车运输的液氢圆筒储罐直径一般不大于 2.5m，比表面积只略高于球罐。已有的罐容为 30~70m^3，正常蒸发损耗每天为 0.3%~0.5%。液氢汽车运输当运量和运距见表 13-18。当运量和运距相同时，运输费用明显降低。

表 13-18　液氢的汽车运输基本数据

名　称	数　据	名　称	数　据	名　称	数　据
输氢能力	150t/d	单车装载量	4000kg H_2	投资/10^6 美元	13.2
输送距离	210km	储氢压力	0.1MPa	其中：汽车	2.0
服务对象	411 个加注站	途中蒸发	0.3%/d	拖车	1.3
汽车数目	22	有效装载量	3988kg H_2	储氢罐	9.9
拖车数目	22	汽车价格	90000 美元	成本/(10^6 美元/a)	5.76
每车年行程	235176km	拖车价格	60000 美元	其中：劳务费	4.43
每天往返车次	34 次	氢储罐价格	450000 美元	油料费	0.54
每车工作时间	7008h/a	司机工作制	12h/车次	管理费	0.13
司机工作时间	3504h/a	司机报酬	28.75 美元/h	折旧费	0.66
往返运输时间	8.4h	耗油指标	37.8L/100km	分摊投资回报	2.38
装卸时间	2.0h	燃油价格	0.26 美元/L	运输费合计	8.14×10^6 美元/a
行车速度	50km/h	单位运输费用	0.18 美元/kg		

当氢气运量为11t/d时，资料[16]提供了液氢汽车运输费用构成及与运距和单车装载量的关联曲线，参见图12-38和图12-39。

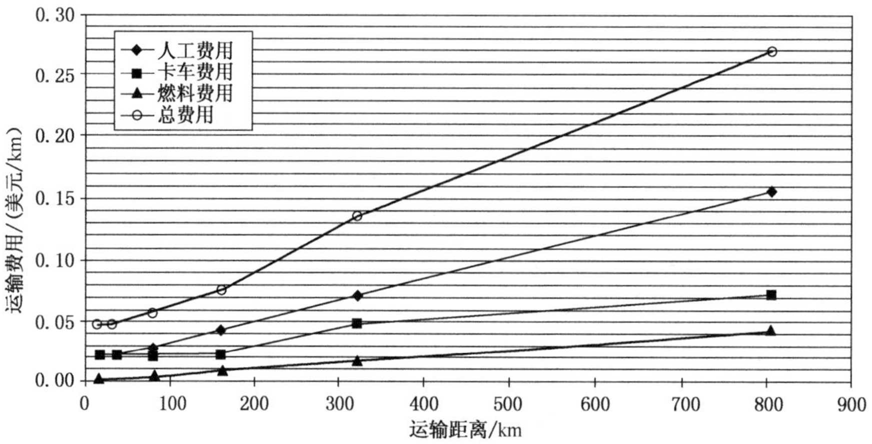

图13-38　液氢汽车运输费用与运距的关联曲线

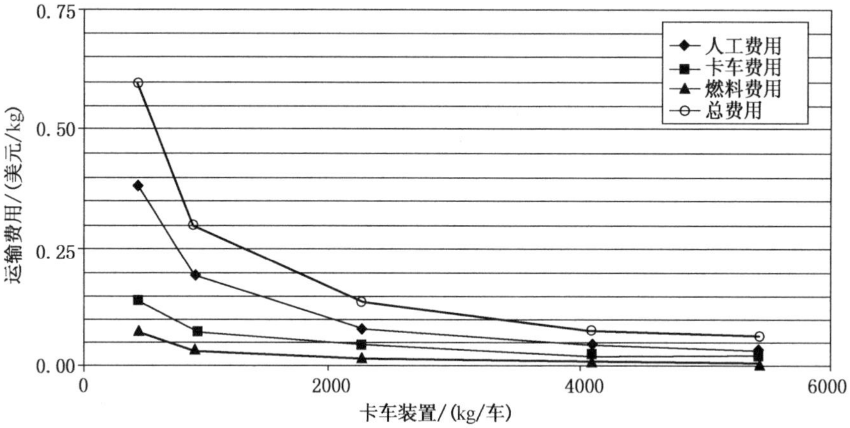

图13-39　液氢汽车运输费用与单车装载量的关联曲线(450kg/h，160km)

由图13-40和图13-41[5]可以看出，考虑到氢能汽车在前期的市场占有率不可能高，汽

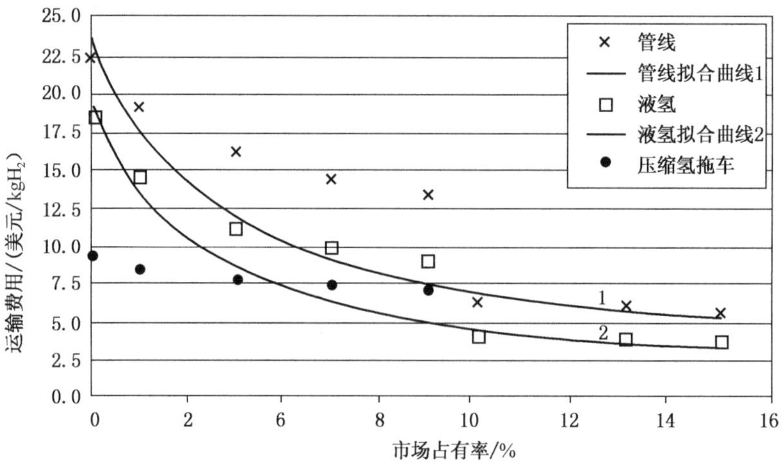

图13-40　液氢汽车和其他运输方式费用与市场占有率的关联曲线(一)

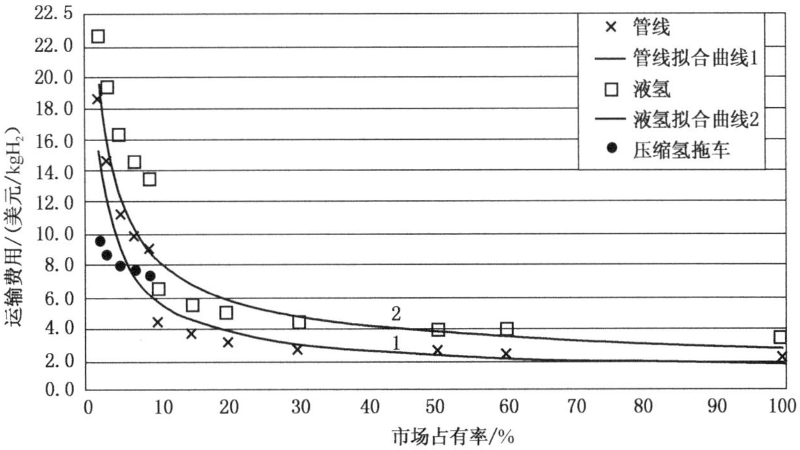

图 13-41　液氢汽车和其他运输方式费用与市场占有率的关联曲线(二)

车运输目标比较分散，单车装载量小，城市人口也对配送费用有较大影响等因素，液氢运输的经济性会不如管输[19]。

二、液氢的铁路和船舶运输

液氢的铁路运输始于 1960 年，那时 Linde 公司采用多层保冷的 $107m^3$ 储罐，蒸发损耗 0.3%~0.5%/d。后来 Praxair 公司拥有 16 辆自备铁路专用车，每车装载约 7t 液 H_2。

液氢的驳船运输曾在美国阿波罗登月工程中使用，容积为 $900m^3$。德国和日本都提出了更大的液氢容量为 $125000 \sim 200000m^3$ 的远洋运输船设计方案，以便将来进入氢燃料使用时期可从事长距离运输。应指出如果能像液化天然气运输船那样采用自身燃料，那么液氢运输的能量消耗将是所运氢能的 23%~38%，远大于 LNG 的 5%。

表 13-19 列出了资料[16]提供的液氢通过自备铁路、专用车船集装箱运输的详细测算数据。

表 13-19　液氢铁路和船运费用测算

运输形式	日运量/t	单程距离/km	单车/船装载量/t	蒸发损失率/(%/d)	平均运行速度/(km/h)	含装卸的往返时间/h	液氢储罐数
铁路	109	322	9.1	0.3	40	48	36
		1609	9.1	0.3	40	96	60
铁路	1089	322	9.1	0.3	40	48	360
		1609	9.1	0.3	40	96	600
船	109	322	4.1	0.3	16	48	107
		1609	4.1	0.3	16	48	320
船	1089	322	4.1	0.3	16	144	1067
		1609	4.1	0.3	16	144	3200
运输形式	储罐单价/美元	平板车单价/美元	总投资/10^6 美元	年折旧/10^6 美元	年运费/10^6 美元	年总费用/10^6 美元	单位费用/(美元/kg H_2)
铁路	400000	100000	18	1.2	3.36	4.56	0.12
	400000	100000	30	2.0	3.36	5.36	0.14

续表

运输形式	储罐单价/美元	平板车单价/美元	总投资/10^6 美元	年折旧/10^6 美元	年运费/10^6 美元	年总费用/10^6 美元	单位费用/(美元/kg H_2)
铁路	400000	100000	180	12	33. 6	45. 6	0. 12
	400000	100000	300	20	33. 6	53. 6	0. 14
船	350000		37. 5	6. 2	56	62. 2	1. 64
	350000		112	18. 7	56	74. 7	1. 99
船	350000		373. 5	62. 2	560	622. 2	1. 64
	350000		1120	186. 7	560	746. 7	1. 99

从表 13-19 可以看出，船运和铁路运输单位费用相差超过 10 倍，主要原因是船速低，周转速度慢，造成价格昂贵的储罐的利用率低所致。

第八节　加　氢　站

一、加氢站的规模和配置

加氢站(氢加注站)是氢能燃料供应系统的最后环节，在能耗和成本构成中占有重要位置，但是它的不确定因素比氢的生产和运输过程要多，细致的评估工作非常必要。下面就此作扼要说明。

首先指出氢能汽车正处于示范阶段，2000 年全世界有加氢站 20 座，到 2006 年增加到 100 座，各有特定的用户，代表性不强。

向这些加氢站配送氢燃料的方式有 35MPa 高压氢气和液氢两种，前者数量居多，而后者往往也以压缩氢形式加注，因为目前使用液氢的汽车数量很少。

1. 决定城区加氢站规模的主要因素

加氢站规模主要由以下三个因素决定：

① 地理因素：主要因素有每平方公里拥有的轻型汽车数目、城区面积等。

② 市场因素：主要因素有汽车保有量中氢能汽车的份额、覆盖率(汽油加油站中同时供应氢燃料的百分比)、每个站服务的汽车数目、汽车每年平均行驶里程等。

③ 技术因素：主要因素有汽车的燃料消耗、供应设施的性能和费用等。

举例如下：

一座 100 万人口的城市拥有轻型汽车 75 万辆，占地 500km^2，每平方千米有车 1500 辆，城市半径 12. 6km，设氢能汽车份额为 10%，已有汽油加油站 3000 座，加氢站覆盖率 20%，汽车每年行驶里程 24000km，每天平均耗氢 0. 7kg(按 1kg 氢折合 2. 8kg 汽油计算)。那么城区的氢能汽车每日消耗氢 52. 5t，为其服务的 600 座加氢站每座每日平均供氢 875kg。如采用管输氢，所需配送管线总长度 76km(一般为城市半径的 4~7 倍)。如用压缩氢罐汽车输送，需要 55 辆，用液氢罐汽车输送，则需要 7 辆。

通常考虑三个档次的加氢站规模：50kg/d、500kg/d 和 1300kg/d，相应的加氢对象为 10 车次、100 车次和 300 车次。加氢压力有 35MPa 和 70MPa 两种，前者又有阶梯式升压(使用三个储罐实现快速加氢)和一次升压两种方式，后者只有一次升压方式。一次升压用压缩机将储罐气体压力从 30MPa 或 70MPa 分别提高到 40MPa 和 80MPa。

美国 DOE 为了统一进行氢能评估(H2A)，正在编制有关加氢站的各项经济指标，涉及季节性供应与城市供氢规模和加氢站规模，详见 2007 年专门的报告[38]。

2. 加氢站的配置

阶梯式加氢适合于规模较小的加氢站，通常利用三个体积不等(例如 0.85m^3、0.57m^3 和 0.28m^3)的储罐，其入口阀组按优先次序开闭，出口阀组按程序开闭，这就对不均衡的小车加氢和偶尔的大车加氢实现不同的操作，可节省压缩费用。具体的流程示意见图 13-42。

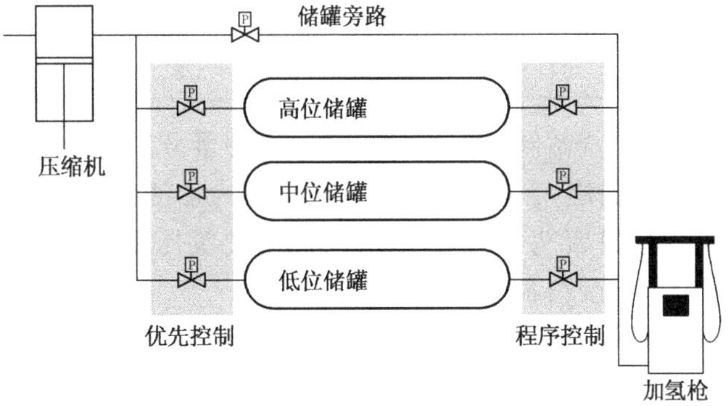

图 13-42　阶梯式加氢流程示意图

储罐压力 50MPa，温度 27℃，加氢枪额定压力 50MPa，最低压降 0.7MPa，加氢速度 3.6kg/min，通常小汽车配置的储罐体积 240L，额定压力 35MPa，允许最高储存压力 45MPa，最低 0.35MPa(g)，最低充满率 12.5%。

Air Products 公司可为用户提供整体式自动化加氢站，两种规模加氢能力分别为 2kg/d 和 20kg/d(正常氢源压力分别为 1.4MPa 和 0.4MPa，如有高压氢源则加氢能力分别达到 20kg/d 和 50kg/d)，储罐容量分别为 6kg 和 12kg，可满足用户的 2 辆小车和 20 辆小车或 2 辆大客车需要。设备自重分别为 1.8t 和 3.6t，占用空间分别为 2.7m×1.0m×1.9m 和 2.7m×2.1m×1.9m，布置非常紧凑。另一种是移动牵引式加氢站，储氢量 162kg，可利用量为 120kg；占地 4.9m×2.5m，设备重 4.5t。在氢能汽车发展的早期阶段采用这种加氢站十分方便。

目前采用的加氢压力(和车次载储罐压力匹配)均为 35MPa，进一步提高到 70MPa 固然有利于延长一次加氢的汽车行程，但存在不少技术问题和安全问题。加氢站的钢质储罐必须用复合内衬，不然会产生氢脆开裂。加氢时特别要控制温度升高程度，而且加氢枪压力更高。100MPa 隔膜式液压驱动的加氢压缩机设计制造要求很高，属于攻关项目。

二、加氢站的投资

文献发表的投资估计互有出入，表 13-20 列举一套较新数据。

表 13-20　加氢站投资估计　　1000 美元

升压方式	规模/(kg/d)	压缩机	储罐	加注设施	安装费用	投资合计
35MPa 阶梯升压	50	39	30	57	31	157
	500	195	181	114	98	588
	1300	458	469	229	139	1295

续表

升压方式	规模/(kg/d)	压缩机	储罐	加注设施	安装费用	投资合计
35MPa 一次升压	50	255	25	57	85	421
	500	510	125	114	187	936
	1300	764	328	229	255	1576
70MPa 一次升压	50	371	25	82	120	597
	500	926	125	164	243	1457
	1300	1112	328	328	265	2032

100kg/d 与 1500kg/d 加氢站储罐配置的阶梯储罐储量分别为 38kg 与 358kg，前者配置加氢枪 1 支(其余 7 支为加油枪)，后者 3 支(其余 5 支为加油枪)，储罐投资折合每千克氢为 818 美元；每支加氢枪投资为 26880 美元。活塞式氢压缩机(入口压力 2MPa，出口 43MPa)投资折合为 6300 美元/(kg/h)。

从图 13-43 看出随加氢站储罐容积的增加，压缩机功率下降，投资相应降低，虽然储罐投资上升，但二者总和逐步减少，逐步接近压缩天然气加气站的相应投资[25]。

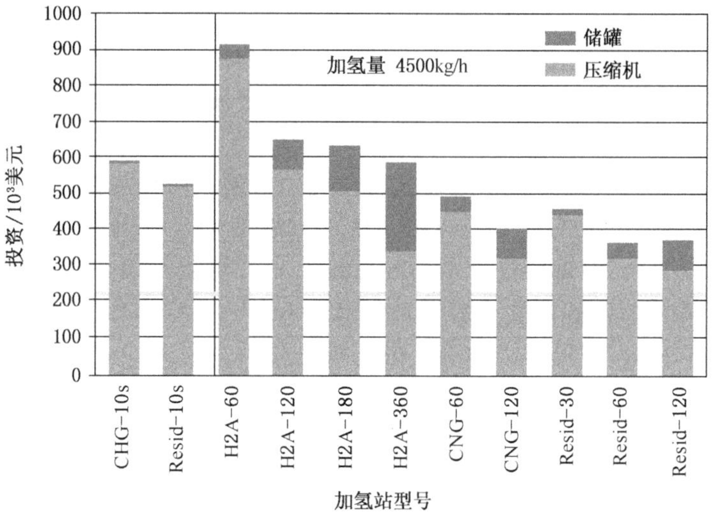

图 13-43　加氢站压缩机和储氢罐综合投资对比

注意天然气加气站的阶梯式金属高压储罐自重在 10t 以上，如果改存氢气，储存量减少 7/8，单位重量大为增加。目前 GTI 公司研制成功了使用碳纤维复合材料的储罐，自重可减少到钢罐的 1/8，每个罐(在 50MPa 储存 75～180Nm³)每 1Nm³ 的制造成本在 85～67 美元之间。

接收液氢的加氢站和高压氢气加氢站的设备差别很大，虽然经过加氢枪仍是高压氢气，资料表明这种加氢站的投资比表 13-21 所示的略高。

另一组加氢站基本数据见表 13-22a 和表 13-22b[30]。由于标准化程度不够，文献来源不同，注意到表 13-20、表 13-21 投资数据和表 13-22a、表 13-22b 存在差别。以上投资和成本数据为 2002 年情况。

美国能源部按照氢能应用分析模型(HDSAM)计算了 2005 年加氢站投资，见表 13-23。

表 13-21　接受液氢的加氢站投资估计　　1000 美元

车载罐压力	规模/(kg/d)	液氢储罐费用	高压液氢泵费用	高压汽化器费用	氢气缓冲罐费用	加氢系统费用	安装费用	费用合计
35MPa	50	130	101	47	13	57	87	435
	500	629	203	94	26	114	213	1279
	1300	629	406	186	53	229	225	1728
70MPa	50	130	129	47	124	82	127	638
	500	629	256	94	247	164	278	1668
	1300	629	512	186	494	328	322	2471

表 13-22a　接受高压氢气的加氢站基本数据

加氢站能力/(kg/d)	470	压缩机电耗/(kW/kg)	2	成本估算/(美元/kg 氢)	1.00
加氢枪数目	2	缓冲时间/h	3	其中：电力	0.07
加氢枪加料能力/(kg/h)	48	缓冲罐体积/m^3	3.7	其他可变费用	0.02
一次加入量/kg	4	缓冲罐氢容量/kg	123	固定费用	0.13
加注时间/min	5	缓冲罐压力/MPa	40	折旧	0.13
作业时间/(h/d)	17	一座加氢站投资/1000 美元	520	投资回报	0.65
增压压缩机数目	1	其中：氢压缩机	200		
增压压缩机功率/kW	56	氢缓冲罐	110		
入口压力/MPa	3~16	加氢枪	30		
出口压力/MPa	40	其他投资	160		

表 13-22b　接受液氢的加氢站基本数据

加氢枪数目	2	缓冲时间/h	3	成本估算/(美元/kg 氢)	1.28
加氢枪加料能力/(kg/h)	48	氢气缓冲罐体积/m^3	3.7	其中：电力	0.06
一次加入量/kg	4	缓冲罐氢容量/kg	123	其他可变费用	0.03
加注时间/min	5	缓冲罐压力/MPa	40	固定费用	0.17
作业时间/(h/d)	17	一座加氢站投资/1000 美元	520	折旧	0.17
液氢泵数目	1	其中：液氢泵/蒸发器	150	投资回报	0.85
液氢泵功率/kW	22	高压氢缓冲罐	110		
入口压力/MPa		加氢枪	30		
出口压力/MPa	40	液氢储罐	150		
		其他	220		

表 13-23　接受压缩氢的加氢站成本和投资

加氢站规模	成本和投资费用	压缩机	储罐等	加氢枪	合计
$1500kgH_2/d$	总成本/(美元/kgH_2)	0.50	0.30	0.05	0.85
	其中：固定费用	0.26	0.13	0.05	0.44
	能量费用	0.18	0.00	0.00	0.18
	其他费用	0.06	0.17	0.00	0.23
	投资/1000 美元	460	293	81	1014

续表

加氢站规模	成本和投资费用	压缩机	储罐等	加氢枪	合计
$100kgH_2/d$	总成本/(美元/kgH_2)	0.71	1.39	0.24	2.34
	其中：固定费用	0.36	0.34	0.24	0.94
	能量费用	0.18	0.00	0.00	0.18
	其他费用	0.17	1.05	0.00	1.22
	投资/1000美元	42	31	26	150

供给10~300辆汽车的用管道供氢的加氢站的投资扩大指标折合每辆车的投资是16000~6666美元，折合每年GJ氢为74~31美元，预计到2030年每日加氢115kg的小站每年GJ氢投资为25美元左右(其中压缩机4.13美元、储罐8.65美元、加氢枪4.11美元)。

氢燃料汽车进入市场初期，氢只能分散生产或就近供应。国外城市内天然气网络密集，在加氢站的"后院"建设小规模利用天然气制氢或电解水制氢装置，使生产和消费紧密结合，构成一体化企业，是一项经济合理的举措。不同规模的与加氢站一体化的制氢装置投资见表13-24。

表13-24　与加氢站一体化的制氢装置投资　1000美元[美元/(GJ/a)]

制氢规模/(kg/d)	50	500	1300
天然气转化法	689(315)	2678(122)	3003(53)
电解水法	337(154)	2340(107)	6357(106)

新的报道表明，通过对小型制氢装置的工艺进行一系列改进与完善，例如增加转化炉的热回收率、增加PSA过程的氢回收率、延长CO变换催化剂寿命等，可望取得优良的低投资、低成本的效果。表13-25列出了H2Gen Innovations公司开发的廉价分散型制氢系统推出的HGM系列，注意该表的装置是按批量生产(500套)估算的，天然气价格按4.5美元/10^6Btu计算。

表13-25　HGM系列分散型制氢装置投资

设备系列	HGM-2000	HGM-10000	HGM-26450
生产能力/H_2kg/d	113(140)	567	1500
总投资额/10^6美元	0.225	0.573	1.111
氢生产费用/(美元/kgH_2)	3.11	1.93	1.63
其中：投资回报	1.71	0.78	0.57
操作及维修	0.47	0.23	0.15
税收	0.03	0.02	0.01
原料天然气	0.78	0.78	0.78
电力	0.12	0.12	0.12
压缩和储存费用/(美元/kgH_2)	2.31	1.19	0.90
投资回报	2.06	1.01	0.74
操作及维修	0.14	0.07	0.05
电力	0.11	0.11	0.11

Hydradix 公司小型自热法天然气转化制氢装置(产能大于 $90Nm^3/h$，氢纯度 99.9%以上)已经历了连续 10d 的考核试验运行，当进料为 $20\sim45Nm^3/h$ 时，相应电耗 0.660～0.885kWh/Nm^3，装置冷启动时间 3h，热启动 1.5h。对于 $100Nm^3/h$ 装置的氢制造费用为 3.68 美元/kg(天然气价格 4.5 美元/10^6Btu，占 25%；电力 85 美元/1000kW·h；年开工率 85%；年投资回报 15%)[26]。

作为氢燃料的终端供应设施，加氢站投资远高于加油站，社会为此需投入巨额资金。目前欧美等发达国家每座加油站平均为 700～1800 辆汽车服务，设想加氢站平均为社会保有的 2100 辆车服务，每车每周加氢一次，即每站每日加氢 300 车次，每座站投资以 130 万美元计算，则发达国家为了实现向氢能汽车转变，总共要投入 4600 亿美元建设加氢站，确实是个惊人数字。

第九节　储存和运输的综合评估

前面各节分别介绍了氢的不同储存和运输方法，阅后定会得到这样一个印象：由于氢的能量密度过低，氢能储存与运输和其他石油替代运输燃料截然不同。无法利用常规的储运手段，也就是无法利用投资宏大的既有燃料供应设施，势必另起炉灶，很难获得社会和企业的认同，对推广应用氢能燃料产生负面影响。

最早的想法是采用压缩氢的储存、运输和车载容器，人们可以借鉴在天然气储运工程技术方面已经积累的丰富经验，推行上不存在大的障碍。但是氢有其不同于天然气的特殊性，首先是氢的密度低，以质量计的长输管线输送能力大大降低；其次是氢对高强度管材的渗透性而引发脆性开裂，只得采用低强度材料增加壁厚和投资。以上均导致氢的长距离输送成本上升。氢的短距离输送固然可以使用卡车，但单车运输量只有 300kg 左右，而每 200km 往返运输需耗柴油 70kg 左右，按热值计算已是氢能的 9%。高压瓶材料应该轻量化，在兼顾价格合理的前提下只能选择档次稍低的碳纤维材料，并力求制造 70MPa 的高压瓶。

于是后来建议在储存运输中使用液氢，这样中短距离的运输就能大幅度降低燃料消耗(同样卡车的液氢装载量约 4000kg，使柴油单耗比运输高压氢低一个数量级。但液氢运输途中蒸发损失每天约 0.5%，储罐的蒸发氢固然可以回收，但需要消费动力。最终液氢在加氢站重新汽化，其液化任务只是满足储运目的，花费的代价(电力消耗约 10kW·h/kg)可观，只宜在特定情况下应用。

进一步考虑的是低温(100K)压缩氢的应用，表面上解决了气态氢能量密度低的矛盾，但带来其他方面问题需要仔细论证。

氢的吸附态应用曾经一度被过分报道，后来证实碳纤维的实际吸附能力不高，其他研究中的吸附材料大多需要低温或高压才能够满足合适的吸附-解吸动力学要求，目前不易预测成功的可能性。

氢的化合态储存正引起广泛的兴趣，不少金属氢化合物已列入攻关课题，其中多数使用氢化物油浆形式以便利运输，然后在车上水解产生氢气。复杂性在于水解产物需卸车后运回集中处理的工厂，返回工厂后还原成为氢化合物的工艺过程并不简单，不仅设备繁多而且耗能不少。不妨举 MgH_2 从 $Mg(OH)_2$ 焙烧还原成 MgH_2 的例子，尽管作者报道过程的能量效率是 45.7%，那是以电解还原的电耗为基准，折合单位电耗是 39kW·h/kgH_2，已经超过氢本身拥有的能量。何况电能应折算为一次能源，那么这个氢能储运技术本身用能已超过任何其他制氢工艺技术，代价未免太大，似乎得不偿失。

氢燃料汽车目前仅仅处于进入市场的初期阶段，氢消费量有限，如果生产厂规模较大，必然造成储存和运输困难。不如利用已有的天然气供应网络，采用蒸汽转化法就地生产氢气，形成“前站后厂”的格局。虽然过小的生产规模使单位投资和成本上升，但能抵消从外部集中生产储存和装瓶卡车运输增加的费用。从表13-26预测的2030年加氢站配套建设小型天然气转化制氢装置的投资额数据中可发现技术进步可能使投资大幅度下降。

表13-26　2030年小型天然气转化制氢装置投资额预测(规模为115kg/d)

工艺流程	水汽转化/PSA	自热转化/PSA	水汽转化/膜	自热转化/膜
投资预测/(美元/GJ·a)	24.5	20.3	27.2	22.9

燃料电池汽车已进入市场早期，随着市场占有率的增加，加氢站的规模和数量也在增加，配送方式也会随之改变。例如百万人口城市内规模为100kg/d的加氢站当市场占有率为1%时，压缩氢气拖车配送的总费用(含储存、压缩、运输、加氢站)在10美元/kg以下，比液氢拖车和压缩氢管输方式(约17美元/kg)均低；但当市场占有率为9%时，压缩氢气配送的总费用(约8美元/kg)就明显高于其他配送方式(3~4美元/kg)。图13-44、图13-45和图13-46分别用柱状图表示预测的三种配送方式的分工序、分项目的成本构成，可见氢气的生产成本变动在2~4美元/kg之间(液氢在3~11美元/kg之间)，总成本的变化幅度却高达3~17美元/kg。

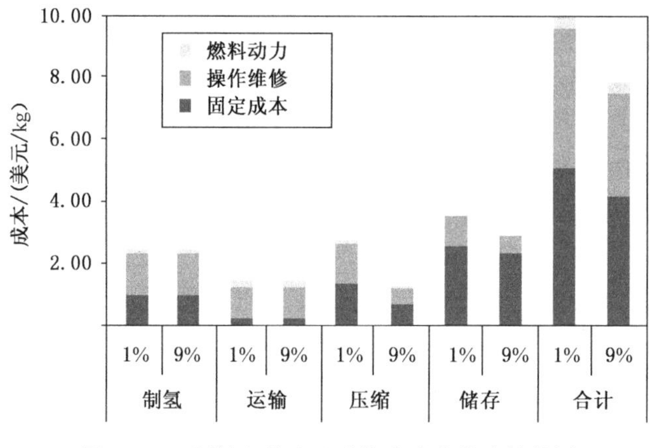

图13-44　压缩氢拖车配送综合成本构成柱状图

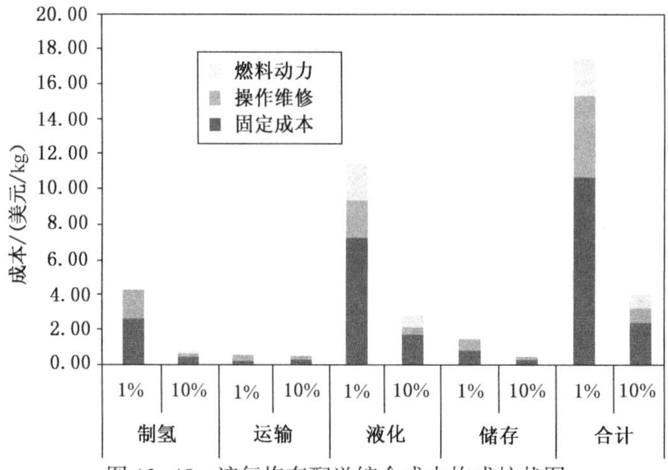

图13-45　液氢拖车配送综合成本构成柱状图

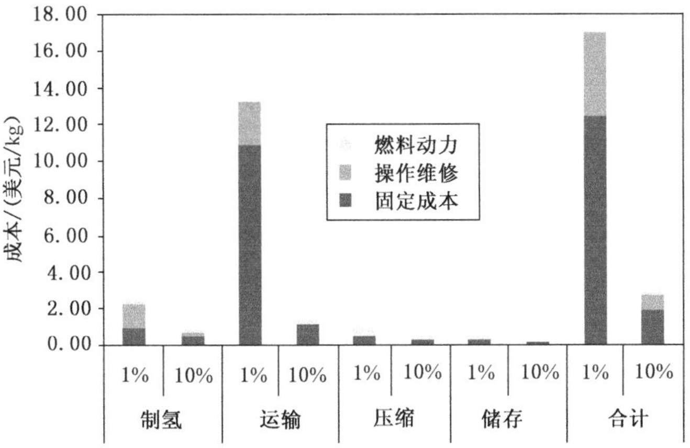

图 13-46　管输氢配送综合成本构成柱状图

采用系统分析方法，将氢的生产和储存、运输直至加氢站的综合成本合并，用柱状图表示其最低销售价格(美元/加仑汽油当量)见图 13-47[37]，其中包括当前和今后应用更先进技术的预测。注意今后采用管输时，多种方案的价格可低于 3 美元/加仑汽油当量，而加氢站就地生产可望降低到 2 美元/加仑汽油当量。

回顾 DOE 多年氢能攻关在降低氢综合成本(不含税)的成就，并展望今后趋势，图 13-48[38]显示了 2020 年成本达标的可能性和难度。图 13-49[39]则预测 2030 年美国日耗氢约 5300t 情景时分散制氢与集中管输(或液氢罐输)比较，优势已不明显。

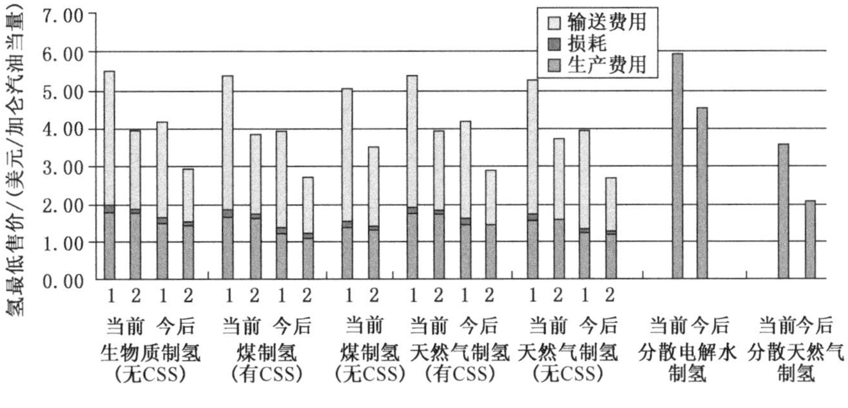

图 13-47　氢售价估算和预测

1—液氢卡车；2—管输；CSS—二氧化碳捕集和封存

最近美国能源部给国会的报告[11]中预测了 2020～2050 年氢从生产厂到加氢站如表 13-27 所示的运送方式。

表 13-27　2020～2050 年氢燃料输送方式预测

在总供应量中份额/%	2020 年	2035 年	2050 年
管线输送	0	55	70
压缩氢罐车输送	25	24	17
液氢罐车输送	32	18	11.5
就地分散生产	43	3	1.5

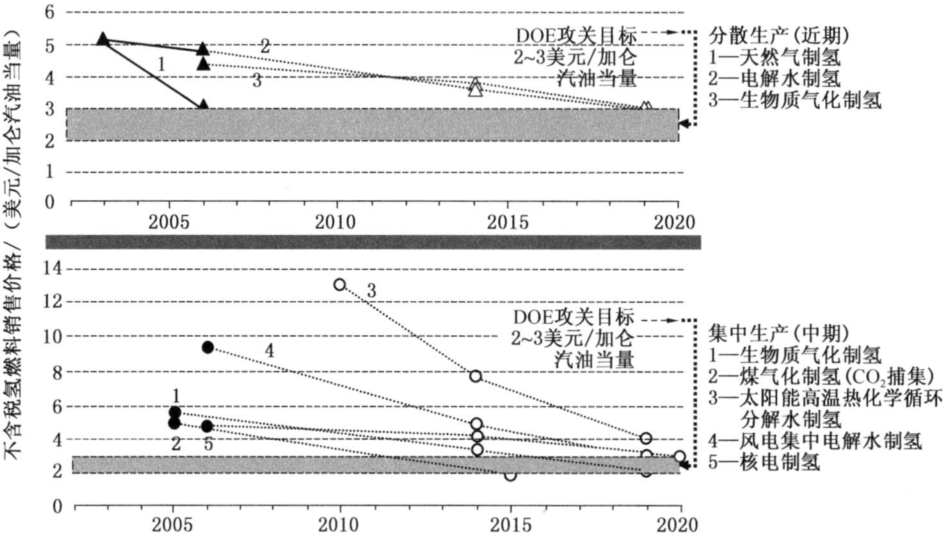

图 13-48　美国中近期氢燃料价格降低趋势预测

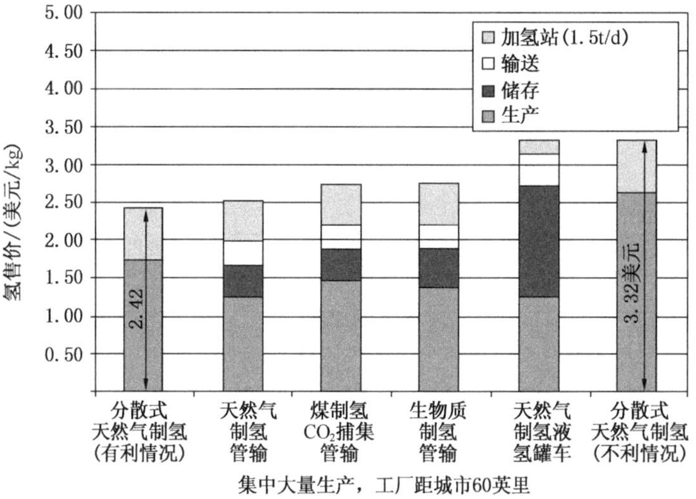

图 13-49　2030 年氢燃料售价预测

为了加速开发与氢能经济有关技术开发项目，美国能源部已经编制了至 2015 年的实施计划，组织了很多科研部门攻关，提出了高难度的攻关目标。现将有关氢能储运的攻关目标汇总列于表 13-28，供读者参考。经过 3 年多的努力，取得较丰硕的成果，但仍存在不少障碍，看来有些标准太高的目标未必能够如期实现。

表 13-28　氢能储运攻关目标汇总

项　　目	现状(2005 年)	2010 年目标	2015 年目标
管道干线输送投资/10^6 美元/英里	1.20	1.00	0.80
管道支线配送投资/(10^6 美元/英里)	0.30	0.25	0.20
管道输送可靠性(氢脆等)	未定	未定	严格
管道输送氢渗漏/%	未定	≯2%	≯0.5%

续表

项　　目		现状(2005年)	2010年目标	2015年目标
输送管线压缩机	可靠性	92%	95%	99%
	氢能效率/%	99%	99%	99%
	投资/(10^6美元/台)	18	15	12
加氢站压缩机	可靠性	未定	90%	99%
	氢能效率	94%	95%	96%
	是否被污染	因设计而异	降低	无
	投资/(10^6美元/kgH_2)	0.60	0.40	0.25
氢液化设施	小规模成本/(美元/kg)	1.80	1.60	1.50
	大规模成本/(美元/kg)	0.75	0.65	0.55
	小规模电能效率	25%	30%	35%
	大规模电能效率	40%	45%	50%
氢载体	氢容量/%	3.0	6.6	13.2
	氢容量/(kgH_2/L)	未定	0.013	0.027
	储运过程综合能量效率/%	未定	70	85
	储运过程综合成本/(美元/kgH_2)	未定	1.70	1.00
氢储存地质储存		可行性不详	证实可行性	储存投资和成本不高于同量(kg)天然气之1.5倍
加氢站储存成本/(美元/kgH_2)		0.70	0.30	0.20
氢纯度		98%以上(干基)		

参 考 文 献

1 Beckdah T A, Heben M J. Advanced Materials for Hydrogen Storage: Carbon Nanotubes. DOE/NREL Hydrogen Program Review, Livermore, 1994

2 Hynek S, Moore R. Liquefied Hydrogen Storage Aboard Automobiles. Proc 7th. Canadian Hydrogen Workshop, Quebec, 1995

3 Satyapal S, Read C. Hydrogen Storage. 2006 DOE Hydrogen Program Merit Review Meeting, May, 2006

4 Berry G, Weisberg A, Aceves S M. Inexpensive delivery of compressed hydrogen with advanced vessel technology. DOE and Freedom Car & Fuel Partnership Hydrogen Delivery and On-Board Storage Analysis Workshop, Jan 25, 2006

5 Mintz M, Gillete J, Elgowainy A, et al. H2A Delivery Models and Results. DOE and Freedom Car & Fuel Partnership Hydrogen Delivery and On-Board Storage AnalysisWorkshop, Jan25, 2006

6 Das S K. Materials Solutions for Hydrogen Delivery in Pipelines. DOE Hydrogen Program FY 2005 Progress Report, 2005: 415~416

7 Sofronis P, Robertson I M, Johnson D D. Hydrogen Embrittlement of Pipelines: Fundaments, Experiments, Modeling. 2007 DOE Hydrogen Program Merit Review Meeting, PD13, May, 2007

8 Feng Z, Babu S, Blencoe J G, et al. Hydrogen Permeability and Integrity of Hydrogen Delivery Pipelines. 2005 DOE Hydrogen Program Merit Review Meeting, PD33, May, 2005

9 Gielen D, Simbolotti G. Prospects for Hydrogen and Fuel Cells. IEA Series, 2006

10 Zuttel A. Toward Hydrogen, R & D Priorities to Create a Hydrogen Infrastructure. IEA Renewable Working Party Seminar: Storage and Distribution, Paris, Mar 3, 2003

11 Effect of a Transition to a Hydrogen Economy on Employment in the United States, Report to Congress. DOE,

Jul, 2008

12 Pehr K. Experimental Examinations on the Worst Case Behavior of LH/LNG Tanks for Passenger Cars. Paper to the 11th World Hydrogen Energy Conference, Stuttgart, 1996

13 Peschka W. Liquid Hydrogen: Fuel of Future, Springer-Verlag, 1992

14 Peterson U, Wursig G, Wohren N. Investigation into the Operating Behavior of 61m^3 liquid Hydrogen Tank. Paper to the HypothesisII, Rimstad, Norway, Aug 18~22, 1997

15 Taylor J B. Technical and Economic Assessment of Methods for the Storage of Large Quantities of Hydrogen. Iht J Hydrogen Energy, 1986(11): 5~22

16 Amos W A. Cost of Storing and Transporting Hydrogen. NREL/TP-570-25016, 1998

17 Trill R. Sicherheit bei Transport, Lagerung undNutzung von Gasformigem und Flussigem Wasserstoff. VDI Berichte No 1201, VDI Verlag, Dusseldorf, 1995

18 Minz M. Cost of some Hydrogen Fuel Infrastructure Options. Transportation Research Board Paper, ANL Transportation Technology R&D Center, Jan 16, 2002

19 Mintz M, Ringer M. H2A Delivery Analysis. 2005 DOE Hydrogen Program Merit Review Meeting, PD32, May, 2005

20 Babu S S, Paster M. Hydrogen Permeability and Integrity of Hydrogen Transfer Pipelines. DOE Hydrogen Program FY2004 Progress Report, 2004: 146~148

21 Sofronis P, Robeertson I M, Johnson D D. Hydrogen Embrittlement of Pipelines: Fundamentals, Experiments, Modelling. 2007 DOE Hydrogen ProgramMerit ReviewMeeting, PD33, May, 2007

22 许炜，陶占良，陈军. 储氢研究进展. 化学进展，2006，18(2/3)：200

23 Parker N. Using Natural Gas Transmission Pipeline to Estimate Hydrogen Pipeline Costs. University of California, UCD-ITS-RR-04-035, 2005

24 DOE H2A Delivery Component Model Version 1. 1, Users Guide, 2006

25 Liss W. Forecourt Storage and Compression Options. 2006 DOE Hydrogen Program Merit Review Meeting, PDP19, May, 2006

26 Harness J. Auto-Thermal Reforming Based Refueling Station at Sunline. 2005 DOE Hydrogen Program Merit Review Meeting, TVP6, May, 2005

27 McClain A W. Chemical Hydride Slurry for Hydrogen Production and Storage. 2005 DOE Hydrogen Program Merit Review Meeting, ST13, May, 2005

28 Lasher S. Analysis of Hydrogen Storage Materials and On-board Systems. 2006/2007 DOE Hydrogen Program Merit Review Meeting, ST20, May, 2006; ST32, May, 2007

29 Fischer J E, Gogotsi Y, Yildirim T. Carbide-Derived Carbons with Tunable Porosity Optimized for Hydrogen Storage. 2006 DOE Hydrogen Program Merit Review Meeting, ST21, May, 2006

30 Simbeck D R, Chang E. Hydrogen Supply Cost Estimation for Hydrogen Pathways. SFA Pacific Inc, 2002

31 Sofronis P, RobertsonI M, JohnsonD D. Hydrogen Embrittlement of Pipelines: Fundamentals, Experiments, Modelling. 2007 DOE Hydrogen Program Merit Review Meeting, PD13, May, 2007

32 Lasher S. Analysis of Hydrogen Storage Materials and On-board Systems. 2008 DOE Hydrogen Program Merit Review Meeting, ST1, Jun, 2008

33 Aceves S M, Berry G D, Weisberg A H, et al. Advanced Concepts for Vesicular Containment of Compressed and Cryogenic Hydrogen. 16th World Hydrogen Energy Congress Presentations, Lyon, France, Jun, 2006

34 LLNL/DOE Setting a World Driving Record with hydrogen. Science and Technology Review, Jun, 2007

35 Klebanoff L. Materials Go/No-GoDecisions Made within the Department of Energy Metal Hydride Center of Excellence, Sep/Oct, 2007

36 NREL/DOE Go/No-Go Recommendation for Sodium Borohydride for On-Board Vehicular Hydrogen Storage In-

dependent Review, NREL/MP-150-42220, Nov, 2007

37 Josek F. System Analysis . 2008 DOE Hydrogen Program Merit Review Meeting, Overview, Jun, 2008

38 Farmer R. Hydrogen Production and Delivery. 2008 DOE Hydrogen Program Merit Review Meeting, Overview, Jun, 2008

39 Greene D L. Analysis of the Transition to Hydrogen Fuel Cell Vehicle and the Potential Hydrogen Infrastructure Requirements. 2008 DOE Hydrogen Program Merit Review Meeting, Plenary Report, Jun, 2008

40 Liu C. H_2 Tank Manufacturing Optimization. 2008 DOE Hydrogen Program Merit Review Meeting, STP30, Jan 9, 2008

第十四章　燃料电池和动力蓄电池

本书第十二章中提到燃料电池汽车和纯电动汽车，它们的动力来自燃料电池和蓄电池。这两种发电和蓄电设备将作为新能源汽车的核心动力部分而得到重视，但也存在若干关键技术课题有待继续研究开发，其成果将成为燃料电池汽车和纯电动汽车能否大面积推广的主要因素。本节从应用的角度出发，对燃料电池和蓄电池的技术内容和发展趋势进行适当介绍。

第一节　燃　料　电　池

一、概述

燃料电池是一种直接将化学能转换为电能的设备，它是利用纯氢或者是能就地转化为氢的其他燃料与空气中的氧进行化学反应，把产生的大部分化学能转化为电能的电池，效率可达到50%以上，比汽油内燃机高一倍多。由于它惟一的反应产品是水汽，因此被认为是最清洁、环境友好的运输动力设备。

燃料电池与内燃机产生动力过程的主要差别是：后者是利用燃料高温燃烧的释放的热能通过卡诺循环转化为机械能，受热力学条件制约，其转化效率较低[理论最大效率 = $(T_1 - T_2)/T_1$]；燃料电池则是在较低温度下燃料与氧化剂进行的电化学反应，不受卡诺循环约束，即使在80℃的低温下也具有较高的效率。

燃料电池和蓄电池的共同点是高效地将化学能转化为电能，都不用机械运动部件，因而容易维护。两者的差别是反应物不同和过程不同，燃料电池的化学反应物储存在电池外部，启用时可以源源不断由外部提供，反应产物则连续排出；蓄电池的化学反应物和反应产物均储存在电池内部，启用时进行反应，将电力外送，当反应物耗尽，则用电产生逆反应，将反应产物重新变成反应物，这一过程即为充电过程。

二、燃料电池的分类

通常将燃料电池划分为五种类型：① 聚合物电解质膜燃料电池(Polymer Electrolyte Membrane Fuel Cell)，简称PEMFC；② 碱性燃料电池(Alkaline Fuel Cell)，简称AFC；③ 磷酸燃料电池(Phosphoric Acid Fuel Cell)，简称PAFC；④ 熔融碳酸盐燃料电池(Molten Carbonate Fuel Cell)，简称MCFC；⑤ 固体氧化物燃料电池(Solid Oxide Fuel Cell)，简称SOFC。下面分别扼要叙述。

1. 聚合物电解质膜燃料电池

聚合物电解质膜燃料电池又称质子交换膜燃料电池(Proton Exchange Membrane Fuel Cell)，它采用固体聚合物为电解质与含铂多孔碳电极，只需氢气与氧气两种反应物参与反应。氢在正极被电极材料催化为电子和质子(氢离子)，质子穿过位于电池中部的交换膜，在阴极再度被催化，与氧气及来自负极经由外部电路来的电子化合产生水。两极发生反应式如下：

阴极：$H_2 \longrightarrow 2H^+ + 2e$

阳极：$1/2O_2 + 2H^+ + 2e \longrightarrow H_2O$

电池工作温度约 80℃，此温度就能使电池启动迅速，对系统部件影响小，电池寿命长。然而由于采用昂贵的铂催化剂，易被 CO 中毒（最高容许浓度为 50μg/g）和硫化合物中毒（最高容许量浓度为 5μg/g），增加了成本费用。

PEMFC 的能量密度和体积密度比其他类型的电池高，工作温度低，特别适合于在运输车辆上使用。

质子交换膜燃料电池的工作原理如图14-1。

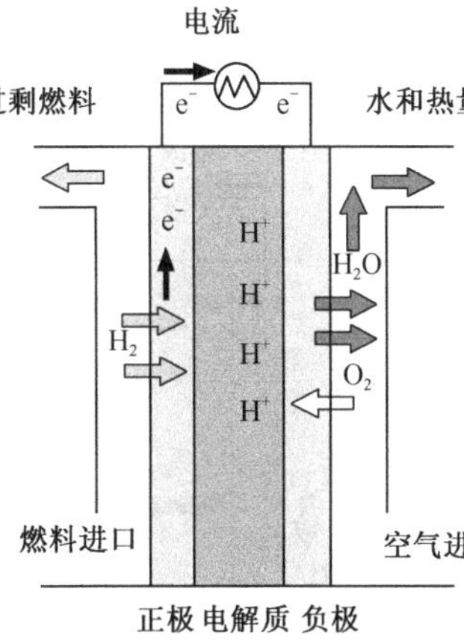

图 14-1　质子交换膜燃料电池工作原理

2. 碱性燃料电池

碱性燃料电池（AFC）是开发最早的燃料电池，在航天飞船中使用碱性燃料电池技术生产电力和水。它采用氢氧化钾水溶液作为电解质，其正极与负极则采用多种非贵金属的催化剂。老电池产品工作温度为 100~250℃，新设计的产品的工作温度则为 23~70℃。

由于化学反应速度快，使 AFC 效率高达 60%，在航天条件下性能优异。

碱性燃料电池的缺点是容易被空气与氢气中微量的二氧化碳中毒，致使净化费用增加，还影响电池使用期限（一般一年左右），也因此使成本增加，妨碍了其应用范围的扩大。

AFC 的工作原理如图 14-2。

3. 磷酸燃料电池（PAFC）

磷酸燃料电池（PAFC）是将磷酸存放在 Teflon 粘接的碳化硅基质中作电解质，采用含铂催化剂的多孔碳质电极，在电池内进行图 14-3 所示的化学反应。

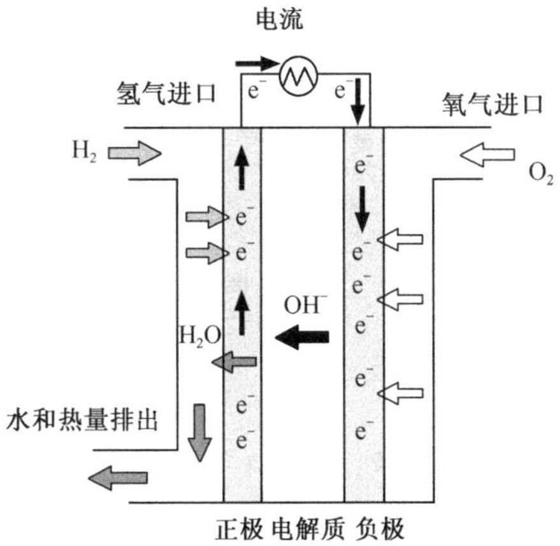

图 14-2　碱性燃料电池工作原理

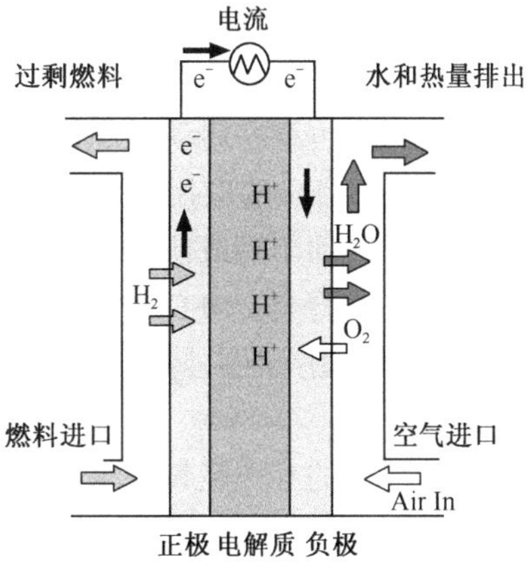

图 14-3　磷酸燃料电池工作原理

PAFC 属于现代燃料电池的第一代，技术发展成熟，当前世界上已有 200 多套在使用，其中大部分是固定发电装置，个别用于大型移动设备（如城市公交汽车）。PAFC 对氢气中一氧化碳的耐受性强于 PEMFC。

当 PAFC 单纯用于发电时，热效率在 33%~35%，仅略高于内燃机发电。如用于电热联产，总效率可到 85%。PAFC 的能量密度比其他类型的燃料电池低，设备显得笨重。由于使用昂贵的铂催化剂致使其成本很高，每千瓦投资需 4000~4500 美元。

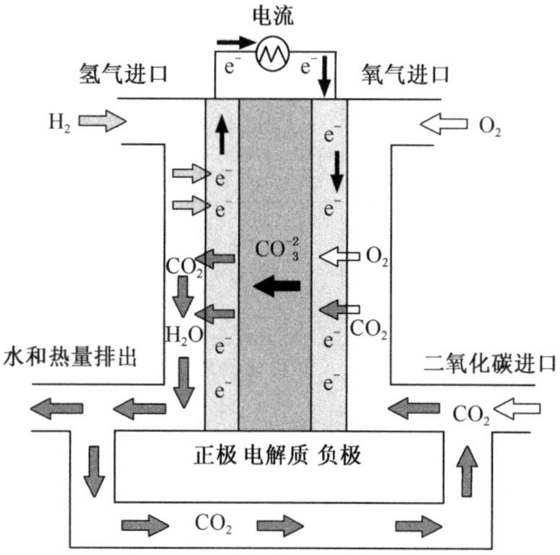

图 14-4　熔融碳酸盐燃料电池工作原理

4. 熔融碳酸盐燃料电池

熔融碳酸盐燃料电池(MCFC)是一种在高温(650℃)条件下工作的燃料电池，其电解质是悬浮在惰性陶瓷 $LiAlO_2$ 基质中的熔融碳酸盐混合物，其正极与负极均用非贵金属材料制作，降低了成本。MCFC 发电效率明显高于 PAFC，单纯发电效率为 60%，回收排气废热后的综合效率可达到 85%。

由于工作温度高。MCFC 可在电池内部将烃原料转化为氢，而不像前述三类燃料电池那样必须使用外部转化设备，它也不会被一氧化碳和二氧化碳中毒，甚至可直接用煤气作原料，从而简化原料制备过程并节省投资。

MCFC 的主要缺点是因为高温带来的腐蚀和材质损坏而降低了它的其耐久性，这正是当前科学界攻关的课题。

5. 固体氧化物燃料电池

固体氧化物燃料电池(SOFC)使用坚硬的非多孔陶瓷材料为电解质，正因为电解质是固体，SOFC 就不必制造成与其他电池相似的板状结构。SOFC 电池的效率可达到 50%~60%，如利用系统余热(例如电-化联产产生的余热)，综合效率可进一步提高到 80%~85%。

SOFC 的工作温度高达 1000℃，电极不需贵金属材料制造，还可在电池内部将烃原料转化为氢，它也不被一氧化碳和二氧化碳中毒，抗硫性能优越，可直接用煤气为原料，从而简化原料制备过程并节省投资。

但是过高温度也存在启动速度慢和需要保温和防护等问题，这限制了 SOFC 的应用范围，只能用于固定发电设施，而不适用于移动车辆或便携式设备。

科学家正在为降低 SOFC 工作温度到 800℃左右进行攻关，以便提高其耐久性并降低成本。据美国能源部报道已取得突破性成果。

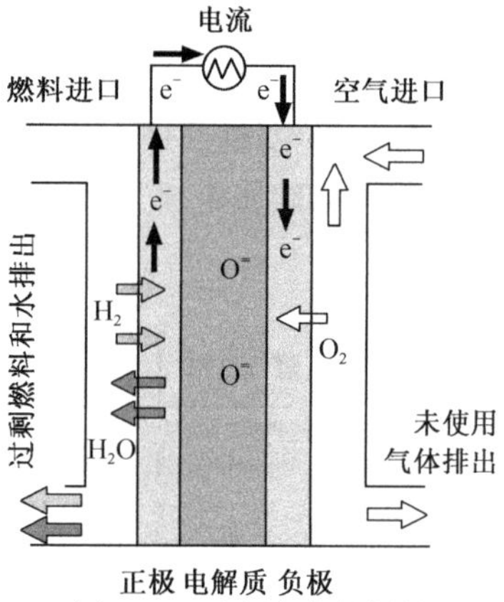

图 14-5　金属氧化物燃料电池工作原理

将以上介绍过的五类燃料电池性能特点和工作参数对比列于表 14-1。

表 14-1　五类燃料电池对比

电池类型	电解质	工作温度/℃	系统功率/kW	效率/%	应用领域	优　点	缺　点
PEMFC	固体多过氟磺酸聚合物	50~100	1~250	50~60	运输、小型、移动	启动迅速；腐蚀少	贵金属催化剂；原料要精制
AFC	浸在基质内的氢氧化钾水溶液	90~100	10~100	60~70	航天、军用	阳极反应快；性能好	原料和空气要脱除二氧化碳

续表

电池类型	电解质	工作温度/℃	系统功率/kW	效率/%	应用领域	优　点	缺　点
PAFC	浸在基质内的磷酸液体	150~200	50~1000	36~42(电)	分布式发电	高效率；电热联产	贵金属催化剂；体积重量大
MCFC	浸在基质内的碳酸锂、钠、钾水溶液	600~700	1~1000	60(电)	大型发电	高效率；燃料灵活；电热联产	腐蚀和损坏；启动慢
SOFC	固体氧化锆(添加少许钇)	650~1000	500~3000	60(电)	大型发电、辅助动力、分布式	高效率；燃料灵活；电热联产	腐蚀和损坏；启动慢

6. 正在开发的直接甲醇燃料电池

除了以上介绍过的五类燃料电池之外，还有正在开发中的直接甲醇燃料电池(Direct Methanol Fuel Cell，简称 DMFC)。这种电池直接将甲醇和水混合物送至阳极。

在正极于130℃温度下迅速被贵金属催化剂分解发生如下反应：

$$CH_3OH+H_2O \longrightarrow 6H^++CO_2+6e^-$$

在负极，发生空气中氧接受电子并与氢质子化合为水的如下反应：

$$3/2O_2+6e^-+6H^+ \longrightarrow 3H_2O$$

整个电池内的反应是甲醇燃烧成二氧化碳和水的如下反应：

$$2CH_3OH+3O_2 = 4H_2O+2CO_2$$

DMFC 技术尚处在发展期，存在贵金属用量大、甲醇向阴极渗漏与效率不高等问题有待解决，目前仅仅应用于小型便携式设备，作为汽车动力尚需时日。

三、燃料电池系统

从运输车辆的应用角度，本节将以 PEMFC 燃料电池为例叙述有关燃料电池的系统内容。

尽管燃料电池系统十分复杂，但一般可划分为三个子系统：① 燃料加工子系统(Fuel Processor)，通常含燃料供应泵，例如输送将甲醇或石脑油转化为氢气的燃料泵、气化器、氢气发生器和净化设施以及工艺用水供应设备(如果直接用氢燃料则不用上述设备)；② 燃料电池子系统，这部分含燃料电池堆、换热器、压缩-膨胀机、阳极尾气燃烧器、传感器和控制阀等；③ 配套设备(Balance-of-Plant)，这部分含电流变换器和调制器、启动蓄电池、系统控制器、电气、安全与系统包装等。

1. 燃料电池的燃料加工子系统

可将燃料电池的燃料加工子系统进一步分解为膜电极组件(Membrane Electrode Assembly，简称 MEA)、催化剂和双极板三个组件，现分别介绍如下。

1) 膜电极组件(MEA)

MEA 的电极有正极和负极。前者将从氢游离出来的电子导向外部电路，它表面有很多槽口使氢气均匀地分布在催化剂表面上，后者也有很多槽口使氧气均匀地分布在催化剂表面上，把从外部电路来的电子导向催化剂，使它与氢质子结合，并与氧化合为水。

作为电解质的聚合物膜只允许阳离子通过而拒绝电子通过。随膜的型式而异，膜的厚度通常为 50~175μm。催化剂层厚度取决于每个电极使用的铂量，例如 0.15mgPt/cm^2 时，催化剂层厚度约 10μm，相当于一般纸厚度的一半，这时 MEA 组件厚度为 200μm。

典型聚合物膜材料是商品名 Naflon 的聚过氟磺酸，它有类似于 Teflon 的氟碳骨架 $—CF_2—\underset{|}{C}F—CF_2—$ 和$—O—CF_2—CF—O—CF_2—C_2—$侧链以及磺酸离子簇 SO_3^- 和 H^+，其中阴离子 SO_3^- 附着在侧链上不能移动，但阳离子 H^+ 在膜被水湿润的情况下容易移动，氢离子在水分子参与下可以从膜的一个 SO_3^- 位置到达另一个 SO_3^- 位置，这一机制使固体电解质成为质子的优良导体。

流场和电流收集器设计良好并有支持层的单个 MEA 组件可产生 0.7V 电压与大约 0.5A/cm^2 的电流强度。

单个 MEA 组件的内部工作示意图见图 14-6，剖面图见图 14-7。

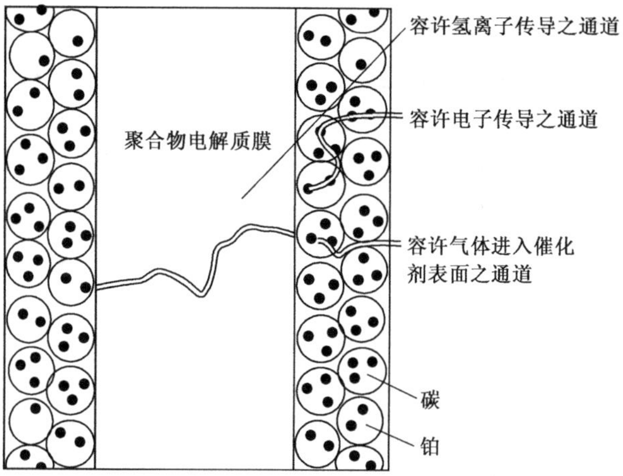

图 14-6　MEA 组件内部工作示意图

2）催化剂组件

燃料电池中进行的电化学反应由一半在正极上的氧化反应和另一半在负极上的还原反应构成，在低温时反应速度很慢，必须靠催化剂加速。由于涂催化剂的碳纤维纸或碳布非常薄，而且接触面积又很大，使铂/铂系金属催化剂非常有效。但是因价格昂贵，必须通过攻关将铂的用量从早期的 2~3g/kW 降低一个数量级才有推广应用的可能性。

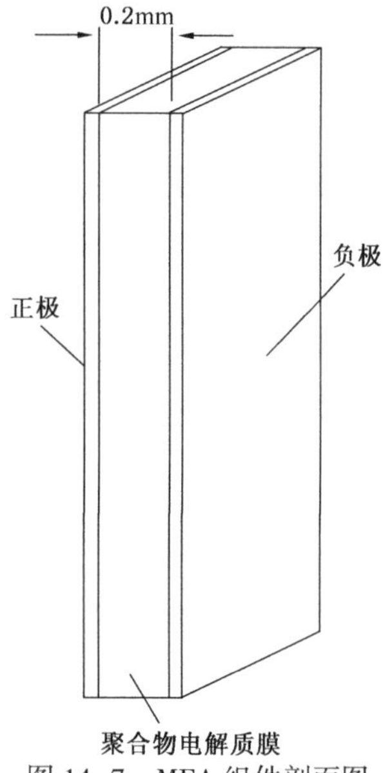

图 14-7　MEA 组件剖面图

3）气体扩散层组件

位于正极一侧和负极另一侧的支持层通常为多孔的碳纤维纸或碳布，厚度仅相当于普通纸张的 4~20 倍，支持层既要能导电，又要将气体均匀扩散到 MEA 组件的催化剂表面上。支持层还应维持恰当的水汽分配，让足够的水汽到达 MEA 组件，使膜保持润湿。支持层面一般有 Teflon 涂层，防止碳纤维纸或碳布的大多数孔隙不致被水滴阻塞，有利于气体的迅速扩散。因此支持层又称为气体扩散层（Gas Diffusion Layer），简称 GDL。带有 GDL 的 MEA 组件剖面图和内部结构示意图分别见图 14-8 和图 14-9。

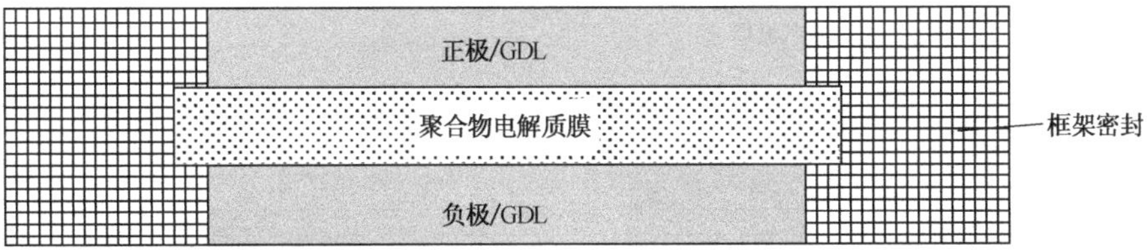

图 14-8　MEA/GDL 组件剖面图

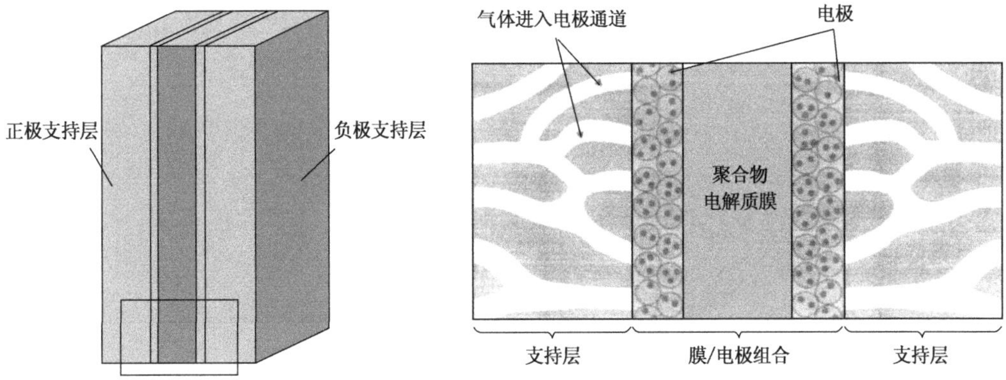

图 14-9　MEA/GDL 组件内部结构示意图

每个气体扩散层 GDL 的一侧用被称为“双极板 Bipolar Plate”(又称流场板，Flow Field Plate)的硬件压紧，其材料应具有导电、防气体扩散、坚固与轻质的特性，通常用石墨或复合材料制作。板靠近支持层的一侧有很多经过加工的槽形信道，其高度、宽度和间距均为 0.8mm，一方面保证气体在 MEA 的活性表面均匀分配，也保证向膜供给水汽，并从阴极导出水汽；另一方面作为电流收集器，氢氧化生成的电子从正极流出，经过支持层和双极板，然后经过外部电路流回燃料电池的阴极。在多个 MEA 的堆中，双极板靠近正极的一面供应氢气，靠近负极的一面供给空气。堆的两端则用单面带槽的端板固定。双极板的外观见图 14-10，3 个 MEA 组合的双极板和端板的安装方式见图14-11。

很多个 MEA 组件联结成一体，构成燃料电池堆(Fuel Cell Stack)，其外观和内部组件放大见图 14-12。

TIAX 咨询公司提出的 2005 年直接氢燃料净功率 80kW 的燃料电池堆的规格如下：电池电压 0.65V，堆电压 300V，额定功率时堆效率 51.7%，功率密度 600mW/cm^2，总载铂量 0.75mg/cm^2，单个电池有效面积 323cm^2(占总面积 85%)，电池堆数为 2；每厘米排列电池数 3.76。单个电池部件尺寸和质量见表14-2。

燃料电池堆外部的其他硬件设备功能是：① 对燃料电池系统进行有效的热量管理和水管理；② 将空气压缩送入系统，将排气的压力能回收送出系统；③ 用仪器对过程监测。

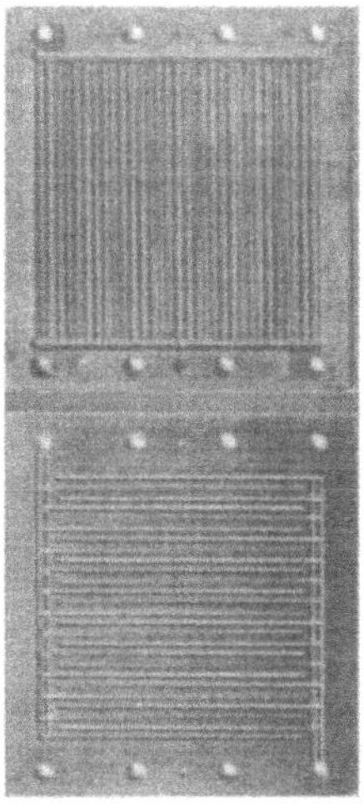

不锈钢流场/电流收集器照片

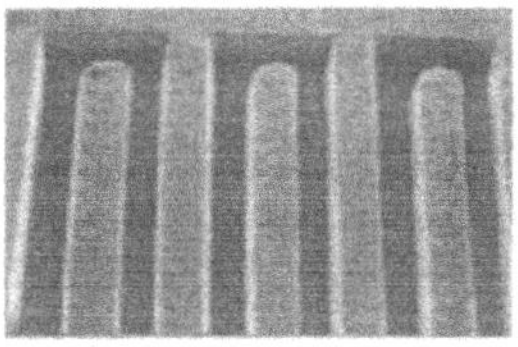

碳纤维复合物流场加工后放大图
(高度、宽度和间距均0.8mm)

图 14-10　双极板外观图

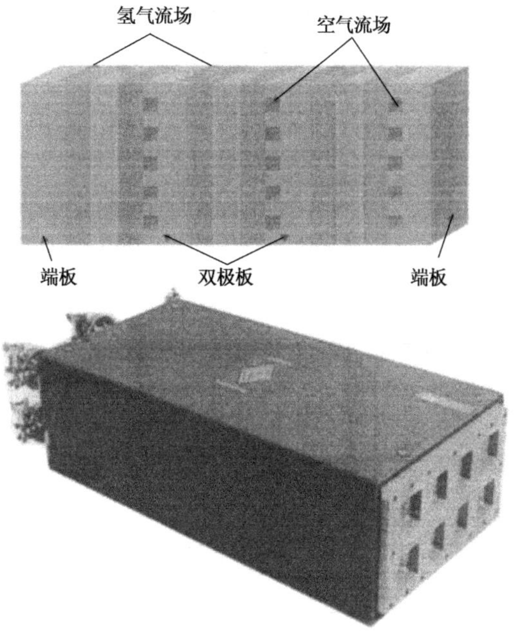

图 14-11　双极板和端板安装方式

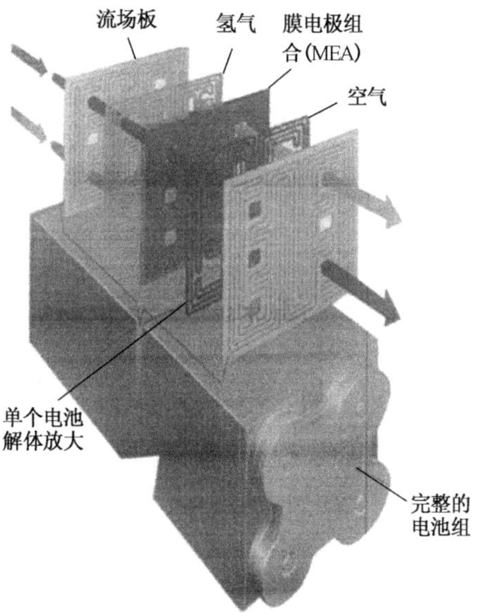

图 14-12　燃料电池堆外观图

表 14-2　单个电池部件尺寸和质量

部件	厚度/μm	质量/g	部件	厚度/μm	质量/g
膜	51	3. 24	双极板	2000	63. 96
正极	20	0. 66	框架密封	641	2. 74
正极 GDL	260	7. 67	垫片	100	0. 58
负极	20	0. 55	合计	2611	87
负极 GDL	260	7. 67			

冷却板(Coolant plate)的结构和双极板相似，冷却介质通过板上的槽流动，做到均匀取热，实现对燃料电池的有效热量管理。

2. 燃料电池子系统的主要设备

1) 增湿器

增湿器是燃料电池的又一重要设备，如果没有恰当的湿度，离子传导就不能进行，燃料电池将丧失其功能。在低压时反应物能够吸收的水分和温度密切相关，要提高增湿效果，应尽量使反应气体达到接近燃料电池工作温度时的饱和湿度。饱和温度过低不利，过高则导致水汽冷凝，也有害处。

增湿器和电池的组合有两种方式：内增湿器采用类似于双极板的石墨板，中间装亲水膜，一侧通反应物气体，另一侧通冷却水。这种组合方式存在着在低大气温度下用纯水为冷却介质时容易冻结问题，电池组过于笨重，检修必须同步等问题。外增湿器则有两种结构：其一为与内增湿器相似的膜式结构，只不过是单独设置；另一是名为"焓轮"的设备。从整体看，外增湿器比较灵活，而且允许燃料电池采用防冻液冷却。

膜式增湿器用于负极氢气的增湿，电池排气进口温度为 80℃，增湿氢气出口温度为 70~74℃。牌号为 PermaPure 的代表性产品有 1045 根内径 1mm、外径 1. 12mm 的 Nafion 管，膜面积

0.65m²，体积 2L，质量 3kg。正极增湿之所以采用“焓轮”型式是由于压降低，节约能耗，不担心串气。Cordierite（铝土）轮表面用氧化铝干燥剂覆层，两股空气于其中进行显热和潜热的交换，将空气增温增湿。阳极排气被降温降湿，代表性产品是 Humidicore，其新设计产品的尺寸是：外径 0.2m，长 0.15m，电机功率是 25W。

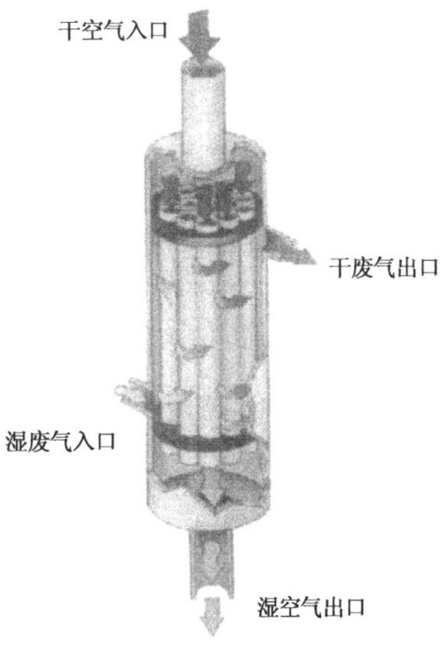

图 14-13　膜式增湿器外形

两种增湿器的外形图和剖面图分别见图 14-13[1] 与图 14-14[1]。

2）空气压缩机/膨胀机组（CEM）

空气压缩机/膨胀机组（CEM）是为了提高燃料电池工作压力，提高电池效率而设置。Honeywell 公司设计的高速机组最大转速为 110000r/min，惰速转速为 36000r/min，采用混流式轴流压缩机（效率 78%），径流可调喷嘴膨胀机（最大效率 82%）以及液冷电动机和控制器（效率 85%），设计空气流量为 90g/s，输入功率为 15.7kW（无膨胀机）、9.4kW（带膨胀机），其流量可调范围达 20：1。

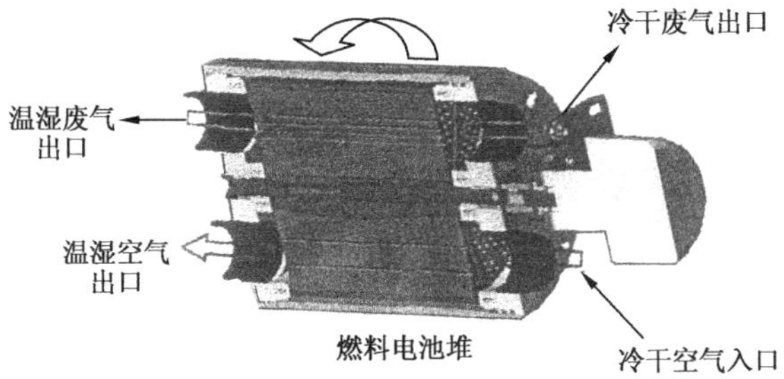

图 14-14　焓轮增湿器剖面图

3）循环鼓风机

循环鼓风机采用高速电机驱动，转速为 25000～30000r/min，电压为 24V，电流为4～5A，电机效率 87%～89%，风机峰值效率 14%～20%。一种配合 30kW 燃料电池的循环鼓风机和控制器总量不到 2kg，其特性曲线[12]见图14-15。

4）氢循环动力系统设备

从图 14-22a 系统流程图的右下方看出，氢气从车载压缩氢储罐（35MPa）引出，进入燃料电池堆，单程转化率大约 70%，从电池堆出来的氢气需要循环使用，少量随杂质一同排除。

氢气循环的动力可利用新鲜氢的压力，通过专门的喷射器实现。工作原理见图 14-16，外观见图 14-17 和图 14-18。采用两个串联的喷嘴直径为 2.3mm、文丘里喉管

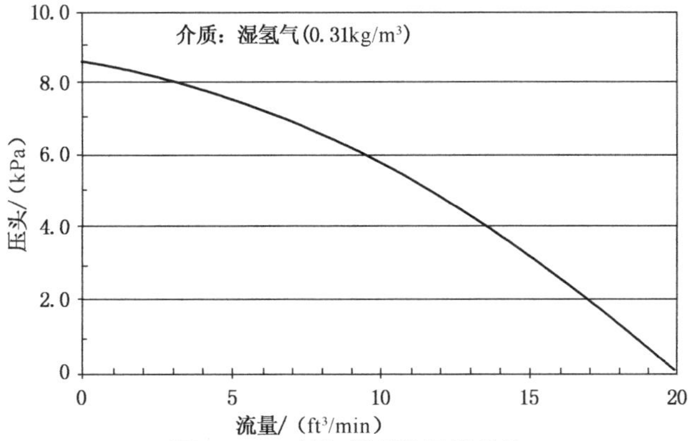

图 14-15　氢气循环鼓风机特性

直径 6.3mm 的喷射器，在 25%～100%额定负荷下，就能达到循环条件。如果实际负荷低于额定值的 25%，需要设置循环氢鼓风机。如图 14-19 所示的喷射器特性曲线[1]可以证实上述工况。

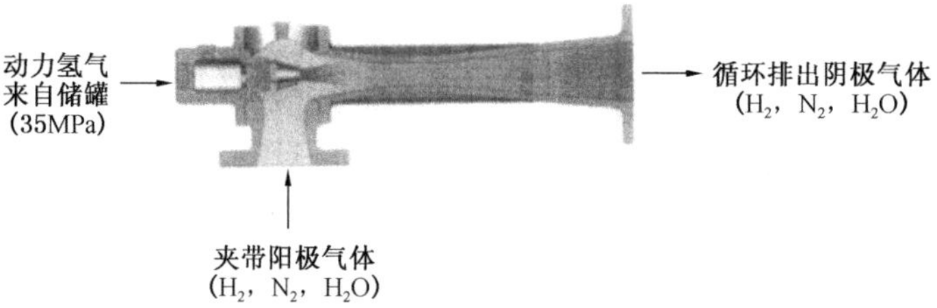

图 14-16　氢气喷射器工作原理图

图 14-17　单个氢气喷射器外观

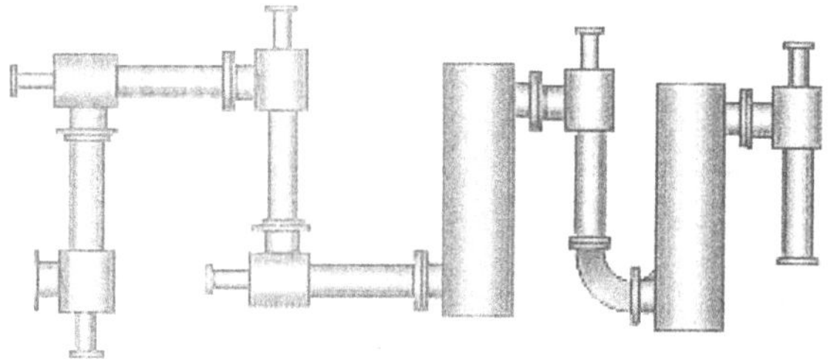

图 14-18　多个串联氢气喷射器外观

图 14-19 特性曲线表明，弛放氢排放阀考虑到燃料电池内空气一侧的少量气体会泄漏

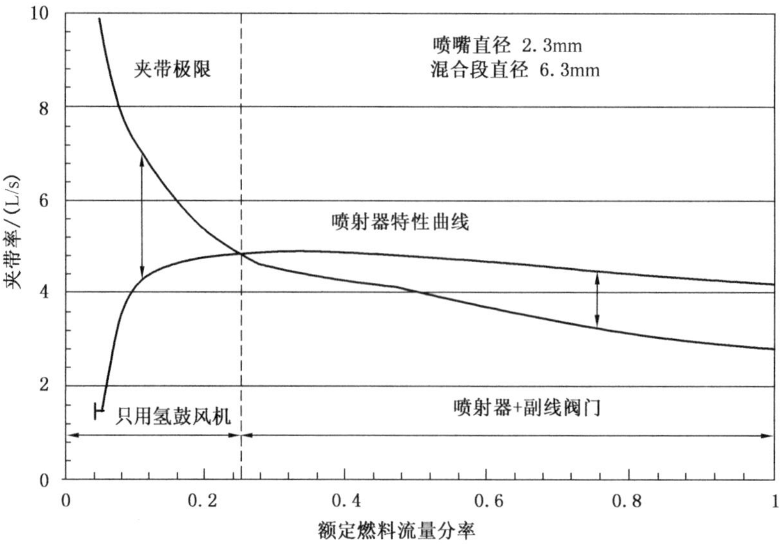

图 14-19　氢气喷射器特性曲线

到氢气一侧(穿透)，会造成氮气等杂质积累到循环氢中，从而使电池电压走低，效率下降；适当的排放比率可保持电池的最佳效率。反之如排放过多，氢损失过大，也导致综合效率下降。图 14-20 所示的电压在 0.7V 时，保持峰值效率的排放率为 0.6%。排放的废氢与电池的废空气混合，在安全条件下排至大气。

5) 传感器

传感器是为了监测氢的泄漏和氢的纯度，以保证行车安全、燃料经济和催化剂的寿命。整个车载压缩氢燃料电池系统(含燃料电池堆和外部设备)的外观图[5]见图 14-21。

3. 车载氢燃料电池的主要参数

1) 车载压缩氢燃料电池大系统流程

包含若干子系统在内的车载压缩氢燃料电池大系统流程示意图见图 14-22[2]。近期(2007年)Argonne 研究所设想的流程见图 14-22a，设想 2015 年进一步技术改进的流程图为 14-22b[9,10]。

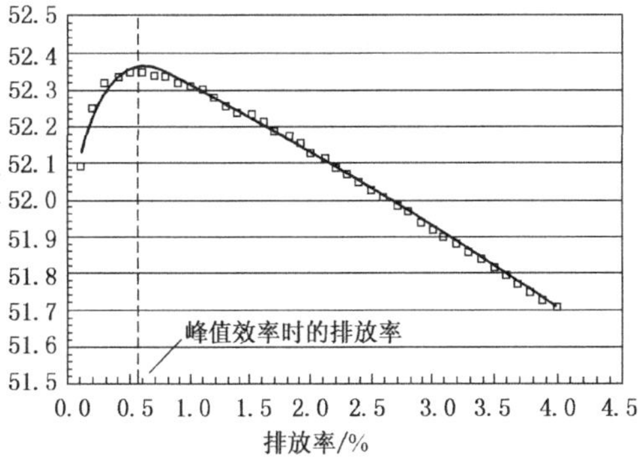

图 14-20　弛放气的最佳排放率曲线

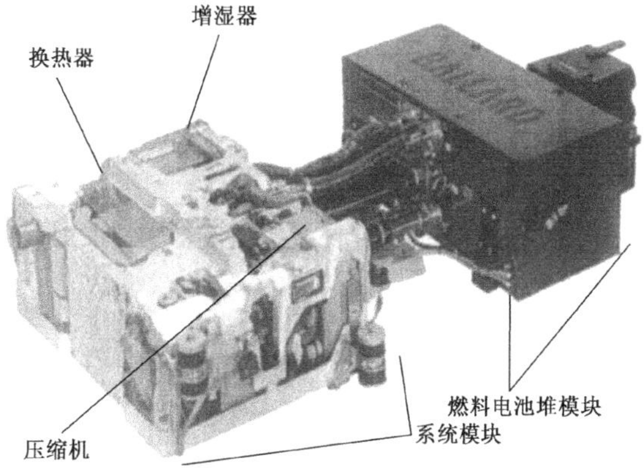

图 14-21　车载压缩氢燃料电池系统外观

2) 车载压缩氢燃料电池所属子系统的主要参数

(1) 燃料电池堆子系统主要参数

额定功率时的压力：	0.26MPa
氧利用率：	50%
单程氢反应率：	70%
额定功率时的电压：	0.7、0.65 或 0.6V
膜厚度：	50μm
膜工作温度：	80℃
负极/正极载铂量：	0.50/0.25mg/cm^2
GDL 编织碳纤维布厚度：	275μm
带冷却槽的石墨双极板厚度：	2mm
单位电池数量(每英寸个数)：	9.6

(2) 取热系统(双回路)主要参数

高温回路温度：	70℃
低温回路温度：	55℃

(3) 燃料供给系统主要参数

喷射器-再循环泵效率：	25%

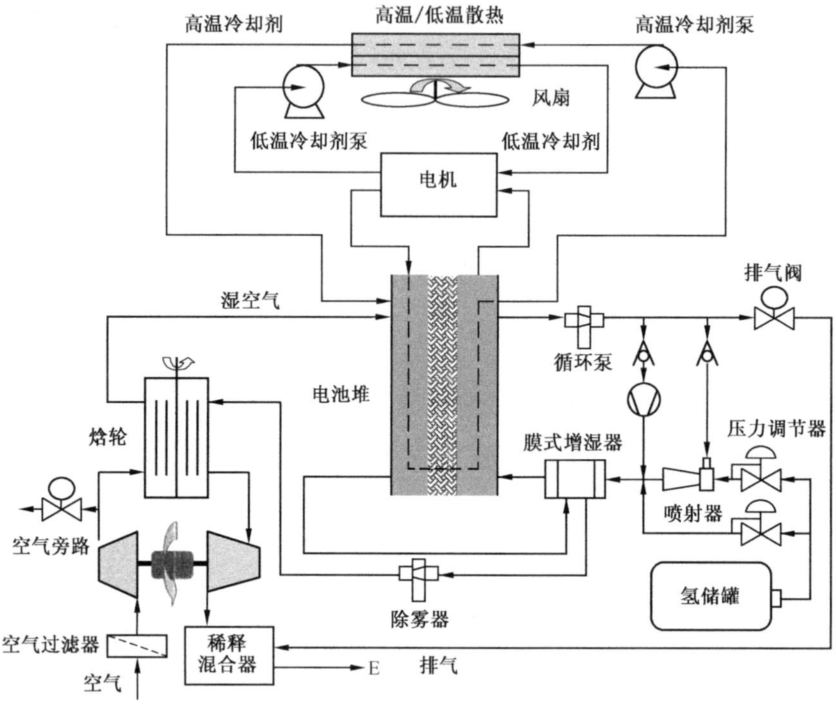

图 14-22a　近期车载压缩氢燃料电池系统流程示意

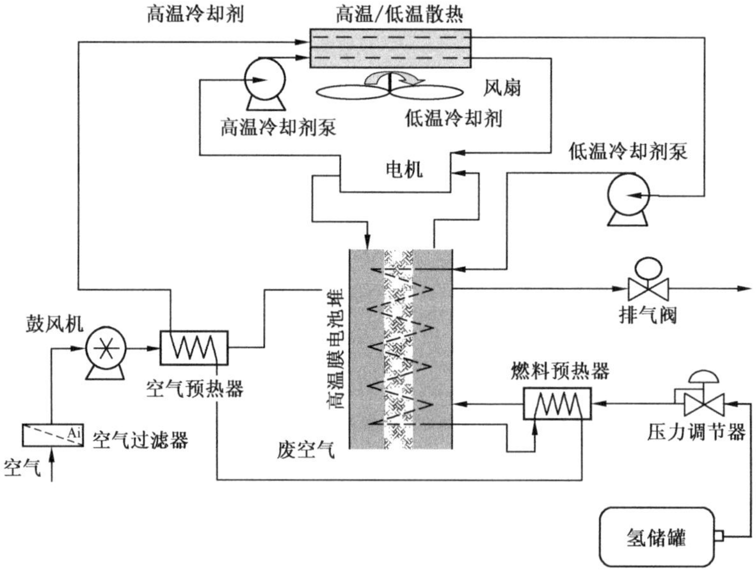

图 14-22b　2015 年车载压缩氢燃料电池系统流程示意

泵效率：	40%
泵及驱动电机效率：	75%、92%
鼓风机及驱动电机效率：	60%、92%
额定功率时的压降：	21kPa
电池堆和散热片压降：	70kPa

(4) 湿度调节系统主要参数

氢和空气相对湿度：　51%

(5) 空气供给系统主要参数

额定功率时的效率：

压缩机　78%

膨胀机　82%

电动机　92%

控制器　92%

调节比：　20

额定功率时的压降：　35kPa

4. 燃料电池系统改进展望

预期2010年电池堆将有新的改进，2015年将又有新的创新。其他系统在2010年变化不大，而在2015年有较多改进，如低压操作，不用“焓轮”和喷射器，详见图14-22b。三个阶段Argonne燃料电池系统的对比[2]汇总于表14-3。

表14-3　三个阶段燃料电池系统对比

系统及项目		2005年	2010年	2015年
电池堆子系统	电化学催化剂	Pt/C 0.5/0.25mg/cm^{2}Pt(c/a)	Pt合金	Pt合金或非贵金属
	膜	PFSA50μm	改性PFSA30μm	高温膜
	GDL	275μm编织碳纤维布	非编织碳+微孔层	非编织碳+微孔层
	双极板	2mm膨胀石墨	石墨/金属	石墨/金属
	电池功率密度	666mW/cm^2(0.65V)	TBD	TBD
	温度	80℃	≮90℃	≤120℃
空气管理系统	压力	加压(0.25MPa)	加压(0.25MPa)	接近常压
	技术	压缩机/膨胀机/电机	压缩机/膨胀机/电机	风机/电机
水管理系统	增湿	外部	外部/内部	无
	技术	EWH(空气)+MH(氢气)	EWH+MH先进流场	无
热量管理系统	散热器	标准型高温低温回路	改进型高温低温回路	标准型高温低温回路
	电池堆冷却剂	乙二醇	乙二醇	乙二醇
燃料管理系统	氢燃料	高纯度	燃料电池纯度	燃料电池纯度
	负极气体循环	喷射器/风机	喷射器/风机	全封闭
	弛放气	间断	间断	连续

近期80kW燃料电池系统的体积和质量初步数据列于表14-4。计算得出功率密度(W_e/L)为471(DOE目标是650)，比功率(W_e/kg)为630(DOE目标是650)。

表14-4　80kW燃料电池系统体积和质量的初步估计

项　目	体积/L	质量/kg
电池堆系统	40	47
附属设备	130	80
其中：水系统(焓轮、膜增湿器)	38	17

续表

项　目	体积/L	质量/kg
热量管理系统(散热器、风扇、冷却剂泵)	53	19
空气系统(压缩机/膨胀机组)	15	18
燃料系统(泵、喷射器)	5	6
其他	19	21
合计	170	127

四、燃料电池性能

燃料电池性能体现在热力学性能、效率和使用特性等方面，以下分别叙述。

1. 热力学性能

对于聚合物电解质膜燃料电池(PEMFC)，燃料电池进行的电化学反应式是：

正极反应　$H_2 \longrightarrow 2H^+ + 2e^-$

负极反应　$1/2O_2 + 2H^+ + 2e^- \longrightarrow H_2O$

综合反应　$H_2 + 1/2O_2 = H_2O$

根据 Nernst 公式：

$$E = (E^0 + RT/2F)\ln[P_{H_2}/P_{H_2O}] + (RT/2F)\ln[P_{O_2}{}^{1/2}]$$

式中 E 为电池反应在不同温度和产物分压下的理想平衡电位，E^0 则为理想标准电位，即在标准状态(1atm、25℃)和开路时的电压(V)。后者对 H_2/O_2 燃料电池，当产物为液态水时是 1.229V，当产物为气态水时是 1.18V。E^0 随标准 Gibbs 自由能相应改变。不同类型燃料电池的理想平衡电位见表 14-5。当电池工作温度升高时，燃料电池的理想(可逆)电压与工作温度的关系见图 14-23[3]。

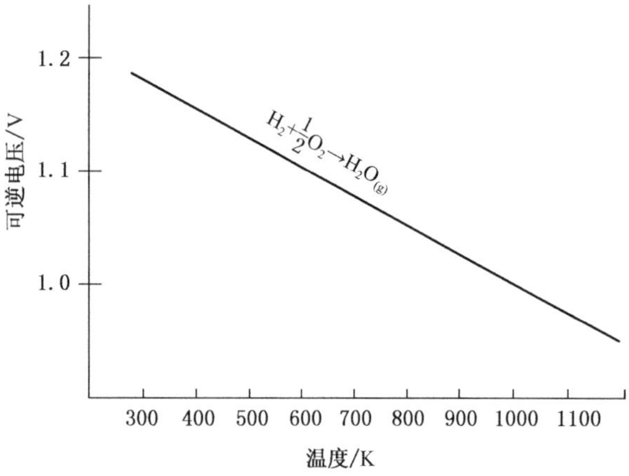

图 14-23　燃料电池的可逆电压与工作温度关系图

2. 电池内部的能量消耗(极化)

但在实际应用中，电池是向外界提供电力，电流在电极之间流通产生能量，电池内部也消耗能量，形成不可逆的损耗。此时电池的实际电压因此下降。这样的损耗通常称为“极化”(Polarization)，其三种极化来源分别是：① 活化极化 η_A；② 电阻极化 η_O；③ 浓度极化 η_C。

表 14-5　不同类型燃料电池的理想平衡电位

电池类型	PEMFC	AFC	PAFC	MCFC	SOFC
工作温度/℃	25	80	205	650	1100
理想电压/V	1.18	1.17	1.14	1.03	0.91

1) 活化极化

活化极化来自电化学反应速度受到电极表面动力学的影响，故必须克服其活化障碍。

2）电阻极化

电阻极化来自离子通过电解质和电极材料的阻力，服从欧姆定律。

$$\eta_O = iR$$

3）浓度极化

浓度极化是由于反应物在电极进行电化学反应而消耗所导致的电极周围流体无法维持最初的浓度。这时产生了浓度梯度。至少三个过程对浓度极化起作用，但在实用的电流密度区间，反应物进入/输出电化学反应中心的输送过程太慢起主导作用。

燃料电池实际电压与电流密度关系见图 14-24，燃料电池实际电压与电流密度关系见图 14-25[3]。

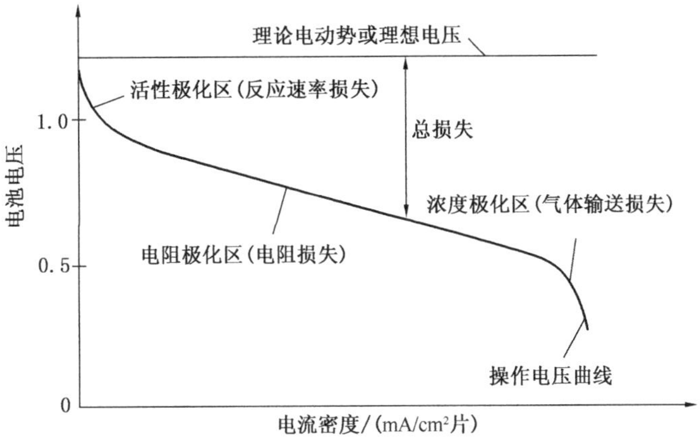

图 14-24　燃料电池实际电压与电流密度关系

图 14-26 示出以电压和电流为坐标的若干极化曲线，抬高曲线有利于电池的功率和效率，降低则反之。以电池工作压力为例，提高压力可使极化曲线上移，这是由于电化学反应速率随提高压力而加快，对于低浓度的反应物（空气中氧）尤其如此。但压力过高会造成流动压降增加、空气压缩动力增加以及更高的密封要求。

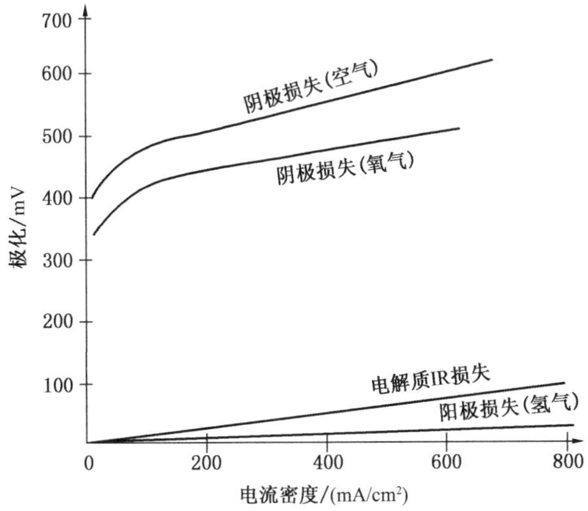

图 14-25　燃料电池极化产生的电压损失

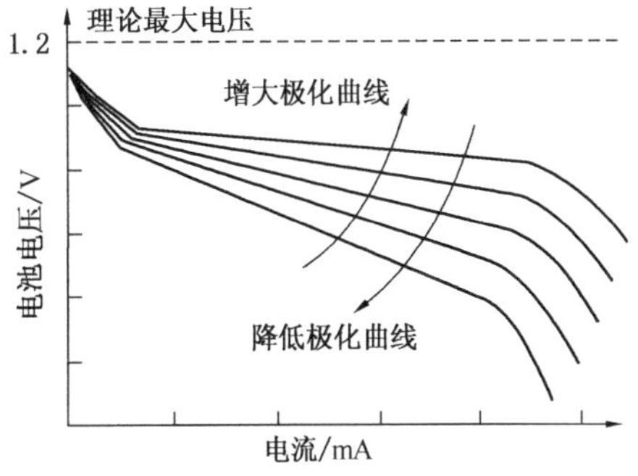

图 14-26　燃料电池不同的极化曲线

再以温度为例，提高温度可使极化曲线上移，这是由于反应物的净传递速率随提高温度而加快，由于电解质内离子传导速度的增加足以抵消由于金属内电子传导速度的降低的影响，并且传导速度增加的影响大于传导速度降低的影响。但水蒸气沸腾会严重影响氧分压，最高温度被限制在100℃以内。PEMFC的典型工作温度在70~90℃，最佳温度靠近80℃。

3. 燃料电池堆综合性能与效率

众多操作参数(如温度、压力、气体组成、反应物利用率、电流密度等)均会产生不同程度的电压损失，从而对燃料电池的性能产生影响。有些参数还相互影响，有利于或不利于电池的性能，影响电池本身或附属系统的成本。通常根据特定的需求，例如总功率、总电压、系统质量、电池寿命和系统成本来考虑选择电池的设计参数(电流密度与相关电压)。车用电池的体积、质量、电流密度和效率应属首选的设计参数。

电流密度之所以作为优选的参数，是因为电流密度越高，功率密度越高，但随之电压降低，电池效率也降低，如在高电流密度区操作，系统容易产生振荡而难以控制；采用较低的电流密度则可做到低操作费用(高效率)和低投资(小面积)的协调统一，这些从图14-27可以看出。从图14-28则可以看出，电压为0.5~0.6V之间功率最佳。

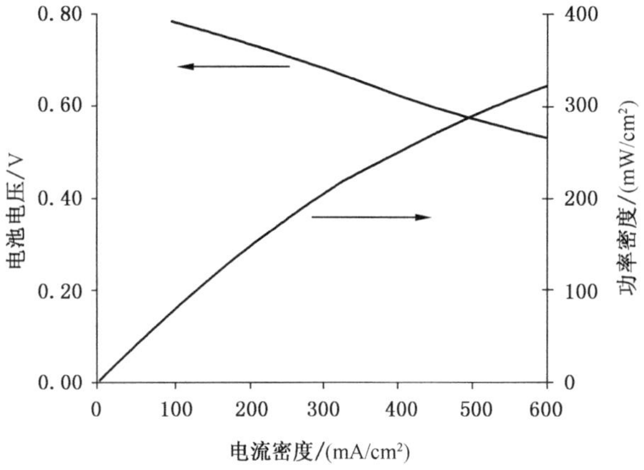

图14-27　电压/功率密度和电流密度关系

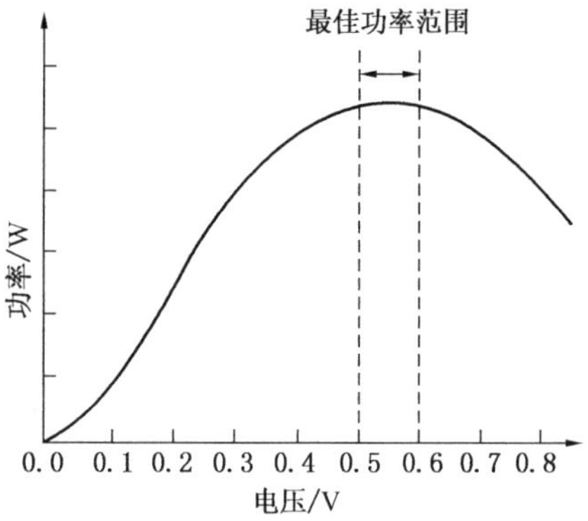

图14-28　电压和功率关系

1) 燃料电池堆的综合性能

燃料电池堆的性能十分重要，美国能源部Argonne国家实验室列举了在额定功率下三种电压等级(S1为0.70V；S2为0.65V；S3为0.60V)燃料电池堆的性能，详见表14-6。

表14-6　燃料电池堆的综合性能

项　　目	S1	S2	S3
单个电池电压/V	0.70	0.65	0.60
电池堆功率/kW	89.7	90.6	91.5
膜有效面积/m^2	19.6	13.6	10.9
Pt载荷/(g/kW)	1.64	1.12	0.90
功率密度/(mW/cm^2)	458	666	839
堆比功率/(W/kg)	1241	1726	2080
堆功率密度/(W/L)	1260	1860	2358

续表

项　　目	S1	S2	S3
N_2 穿透率/%	0.017	0.012	0.009
H_2 穿透率/%	0.302	0.202	0.152
O_2 穿透率/%	0.028	0.017	0.011
排气百分率/%	1.0	1.0	1.0
H_2 利用率/%	99.2	99.3	99.4
H_2 利用率(25%负荷)/%	95.0	—	97.5
堆效率/%	55.5	51.7	47.6
压缩机电机/kW	6.1	6.6	7.3
焓轮电机/kW	30	30	30
散热器风扇/kW	2.7	2.7	2.7
冷却剂泵/kW	0.8	1.0	1.1
H_2 循环泵/kW	0.25	0.27	0.27
燃料电池系统效率/%	49.5	45.7	41.7

电池堆的主要共同参数如下：

额定功率时的压力：	0.26MPa
单程氢反应率：	70%
负极/正极载铂量：	0.50/0.25mg/cm^2
带冷却槽的石墨双极板厚度：	2mm
氧利用率：	50%
膜工作温度：	80℃
GDL 编织碳纤维布厚度：	275μm
单位电池数量，每英寸个数：	9.6

2）不同电压等级燃料电池 2005 年达标评述

S1 堆比功率和功率密度未能达标(要求>1500)；

S2 和 S3 电池堆效率未能达标(要求>55%)；

S1 和 S2 贵金属载荷未能达标(要求≮1)；

S2 和 S3 额定功率时效率未能达标(要求>50)；

但是 2007 年 TIAX 的工作报告[5]提到 ANL 基于类似 3M 电池模型，认为电池堆性能不久即能改进，比照 2005 年有如下变化：

(1) 采用新的膜材料，膜厚度从 50μm 减薄到 30μm，提高相对湿度低时的耐受性。

(2) 采用三元 PtIrCo 纳米结构薄膜合金催化剂(Nanostructured Thin Film Catalyst，简称 NSTFC)，大幅度减少铂载荷(从 0.75mg/cm^2 降低到 0.30mg/cm^2)同时功率密度由 600mW/cm^{2}增加到 753mW/cm^2，降低循环操作时电化学活性表面(ECSA)的损失，增加高电位下的稳定性。

(3) 采用修饰碳载体(石墨化或表面修饰)可显著降低腐蚀速度，满足中期耐用性能。

(4) 电池堆工作温度从 80℃提高到 90℃，电池电压从 0.65V 高到 0.68V，效率从 52% 提高到 54%，总功率从 89.5kW 降低到 86.4kW。

燃料电池本身的效率是指其输出功率占所用氢燃料的燃烧热(低热值)之百分比。为了电池的运行，系统需要配置氢、空气和冷却水等供应设施，相应地消耗一定能量。于是电池系统的效率较电池堆本身低几个百分点。在车辆运行中由于行车工况经常改变，乘用车在城市内往往处于低负荷工况，燃料电池堆在低负荷率时的效率降低，系统效率更低。效率曲线见图 14-29。

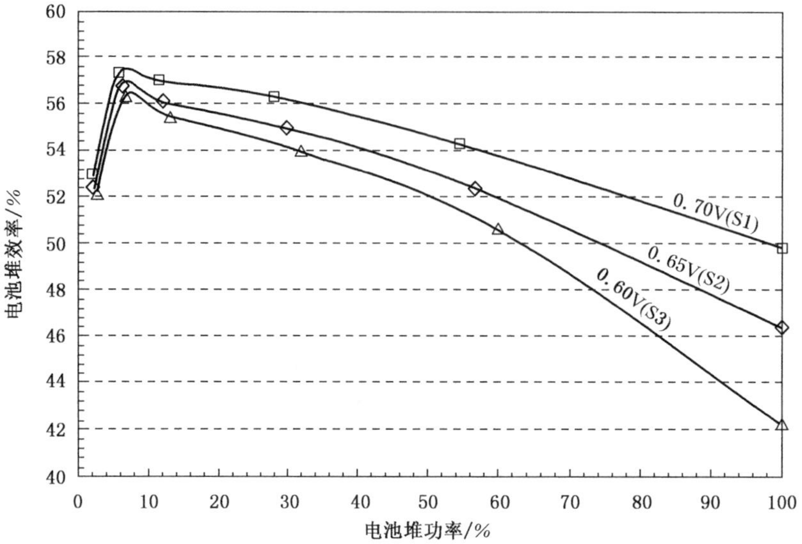

图 14-29 不同负荷率时的燃料电池系统效率曲线

4. 燃料电池的耐久性和低温性能

燃料电池除具备基本性能外，还应在长期使用中具备良好的耐久性和耐低温性能。耐久性(durability)即使用寿命，美国能源部 2010 年的攻关目标是大于 5000h。

2005 年已进行了模拟车辆驾驶循环的静态试验(恒定电压/电流/功率)以测燃料电池阻抗、催化剂活性面积、排水化学分析等数据。测试中采用一系列物化分析方法(例如在线或离线 SEM/XRF/XRD 分析仪、TEM/ICP-MS 分析仪、中子散射/氢吸附仪、逆向 GC 仪)，以评价膜电极组件的 MEA、气体扩散层 GDL、催化剂的接触角、总孔隙度、亲水与疏水孔隙度等指标。另外还开发了离线和加速测试技术。

可批量生产的新的膜材料，其耐久性超过 4000h，当组合成 MEA 后，铂含量低于 2010 年的攻关目标。

在催化剂开发方面，展示了新的 Pt/Re/Pd/C 和 Pt/Au/Ni/C 催化剂，较原来的 Pt/C 催化剂按铂计算的质量比活性高出 20 倍之多。

为了确保达到 2010 年的耐久性指标，今后将研究降活机理，测出各组件在寿命试验过程的性质变化(膜-电极耐久性、电催化剂活性和稳定性、催化剂和气体扩散层 GDL 的碳腐蚀、气体扩散介质疏水性、双极板材料及腐蚀产物等)然后改进其耐久性。

对于燃料电池的耐低温性能，要求汽车上的燃料电池应能在零度下放置和使用，满足 -20℃冷启动时间低于 30s 的次数达到总数的 50%，达到额定功率的 2010 年攻关目标，并能应对-30℃低温环境。

在低于零度的低温时，Nafion 材料的导电性能明显降低，尤其当出现冰时，影响程度更大。因此在低温启动时宜用低电流密度，降低电化学反应速度，减少反应水的产生速度，避免阴极被结冰覆盖而中止反应，导致无法自启动。从图 14-30 看出低温时保持适当的电压需要很低的电流密度，而低电流密度的升温时间太长，也是不能接受的[4]。

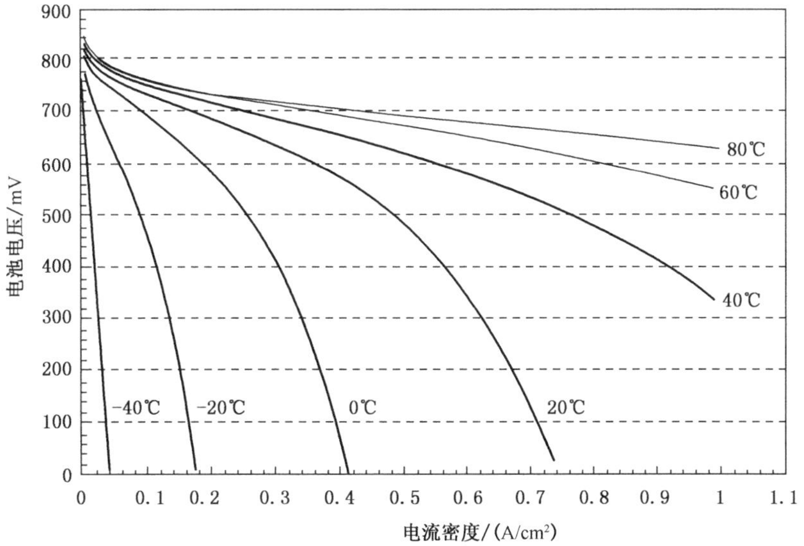

图 14-30　启动温度、电流密度和电池电压的关系

试验结果表明，在一定的起始温度与热惯性下存在一定的"临界电压"，超过此电压，电池堆即无法自启动。图 14-31 为初始温度为-20℃，不同电压下时间和冰的体积分率的关系曲线。

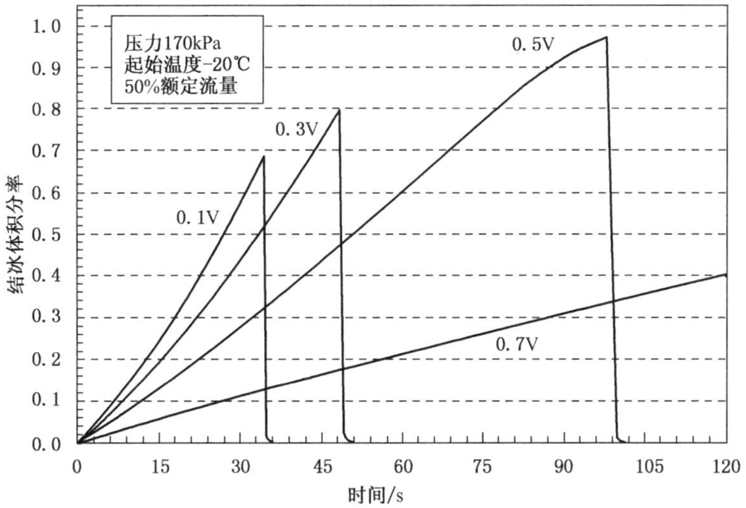

图 14-31　起始温度-20℃不同电压下时间和冰体积分率的关系[4]

只有当电池堆的阴极在未被冰完全覆盖之前，使堆的温度达到 0℃以上，才能实现自启动。升温时间长短又决定了自启动时间。因此在电池堆升温过程中，沿着图 14-32 所示的临界电压曲线提高电池电压，就可以在较短时间内升温到 0℃，满足自启动参数的攻关目标要求。

周期性的结冰/融冰对燃料电池性能会产生不利影响，这应该是耐低温性研究领域的另一课题。

五、燃料电池研究开发工作

运输业早期的燃料电池研究开发工作分散在若干专业制造商和汽车行业制造商进行，取

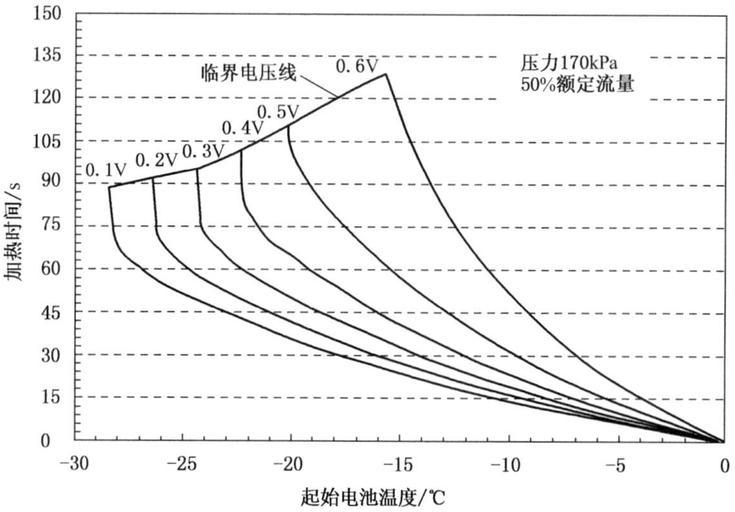

图 14-32　从初始温度升温到 0℃所需时间[4]

得了一定的成效。由政府出面有系统组织的研发工作则推美国能源部于 21 世纪初为配合“氢燃料应用”所开展的“氢和燃料电池”重大攻关项目，参加单位有几十所著名高等学校、研究所和有关部门企业，投入了大量经费，每年都举行汇报会议，对成绩进行评估并及时结合实际作出新的决定和部署。

研究开发内容涉及燃料电池在运输、固定发电或移动辅助发电设施和家用电器供电等领域的应用，本书仅就在运输业的应用进行介绍[7]。

1. 总体研究目标

2010 年前开发成功可供运输业使用的燃料电池系统，峰效率要达到 60%，每千瓦成本 2010 年为 45 美元，2015 年为 30 美元。

2. 研发方向

1）MEA 电池组件的技术开发

开发低价和耐用的板、膜、催化剂和以及高温膜材料，主要研究领域是：

① 开发新的廉价长寿命材料；

② 研究新的 MEA 结构和廉价催化剂；

③ 测出燃料/空气中污染物的上限；

④ 开发能容忍温度波动到 120℃并能在相对湿度 25%～50%下工作的 MEA；

⑤ 开发能容忍-40℃低温并能在-20℃自启动的膜材料；

⑥ 评估催化剂回收和回用技术。

2）廉价高效的压缩机/膨胀机技术开发

主要研究领域是：

① 不用润滑剂的压缩机/膨胀机；

② 改进效率和性能；

③ 减轻质量和成本；

④ 开发热量管理和水管理系统。

3）开发有效可靠的物理与化学传感器

主要研究领域是：

① 开发精确、可靠、快速反应的测量物理性质和化学性质的传感器；

② 降低成本与全过程综合消耗。

4）系统研究与市场分析方面

主要研究领域是：

①评估可为用户接受水平的降低成本潜力；

② 评价燃料电池系统的经济性和潜在市场需求。

3. 具体技术的攻关指标

表 14-7 和表 14-8 列举出美国能源部为运输业应用的燃料电池组合动力系统和直接使用氢的 PEM 燃料电池堆的技术目标，系统净功率按 80kW 计算，2005 年按 TIAX 公司预测的技术状况见表 14-7。

表 14-7　直接用氢的燃料电池组合动力系统技术目标

项　目	2005/2007 年现状	2010 年目标	2015 年目标
能量效率（25%额定功率）①/%	57/60	60	60
能量效率（100%额定功率）/%	46/50	50	50
功率密度/（W/L）	590/640	650	650
比功率/（W/kg）	710/790	650	650
动态响应（从 10%到 90%额定功率需要的时间）/s	1.5	1	1
到 50%额定功率低温启动时间/s（-20℃）	20	30	30
（+20℃）	10	5	5
启动和停机能耗（氢能+电能）/MJ　环境温度-20℃	7.5	5	5
环境温度+20℃	N/A	1	1
耐用性（带循环）/h	约 1000③	5000④	5000④
抗寒性⑤	-20	-40	-40
制造成本②/（美元/kW_e）	108/67	45	30

① 输入按氢的低燃烧热值，输出按直流电能量。

② 按批量生产（每年 500000 个），2002 年美元计算。

③ 稳态耐用性约为 20000h。

④ 包含典型驾驶循环。

⑤ 按保持冷态 8h 后仍具有原性能参数。

表 14-8　直接使用氢的 PEM 燃料电池堆的技术目标

项　目	2005/2007 年现状	2010 年目标	2015 年目标
能量效率（25%额定功率）①/%	59/62	65	65
能量效率（100%额定功率）/%	52/55	55	55
功率密度③/（W/L）	1730/2070	2000	2000
比功率（W/kg）	1860/1900	2000	2000
贵金属量/（g/kW）	1.1/0.4	0.3⑦	0.2
动态响应（从 10%到 90%额定功率需要时间）/s	1	1	1
到 90%额定功率低温启动时间/s　（-20℃）	120	30	30
（+20℃）	<60	15	15

续表

项　　目	2005/2007 年现状	2010 年目标	2015 年目标
耐用性(带循环)/h	约 1000③	5000④	5000④
抗寒性⑤/℃	-40	-40	-40
制造成本⑥/(美元/kW_e)	62/30	25	20

① 输入出按氢的低燃烧热值，输出按直流电能量。

② 功率是堆功率扣除附属设施后的净值。

③ 稳态耐用性约为 9000h。

④ 包含典型驾驶循环。

⑤ 按保持冷态 8h 后仍具有原性能参数。

⑥ 按批量生产(每年 500000 个)，2002 年美元计算。

⑦ 相当于 0.1mg/cm^2(阳极+阴极)，MEA 中的贵金属价格按 15 美元/g 计算。

构成燃料电池堆的膜与催化剂的攻关目标见表 14-9，双极板与 MEA 的攻关目标见表14-10。

表 14-9　膜与催化剂的攻关技术目标

项　　目		2005 年现状⑥	2010 年目标	2015 年目标
膜电导率/(S/cm)	工作温度		0.10	0.10
	室温		0.07	0.07
	-20℃		0.01	0.01
入口水汽分压/kPa		50	1.5	1.5
氧穿透率①/(mA/cm^2)		5	2	2
氢穿透率①/(mA/cm^2)		5	2	2
操作温度/℃		≮80	≤120	≤120
面积比电阻/(Ω·cm^2)		0.03	0.02	0.02
耐用性(带循环)/h				
工作温度≮80℃		2000③	5000④	5000④
工作温度>80℃		N/A	2000	5000④
耐寒性/℃		-20	-40	-40
冷凝水存在时的热循环能力		有	有	有
膜成本/(美元/m^2)		65	40	40
贵金属总量/(美元/kW)		0.6/1.1	0.5	0.4
贵金属总荷载(单位电极面积)/(mg/cm^2)		0.45/0.8	0.3	0.2
电化学面积损失⑦/%		90	≮40	≮40
电化学载体损失(1.2V，100h 后)⑦/mV		N/A	≮30	≮30
质量活性(900m$V_{iR-free}$)②/(A/mg_{pt})		0.28/0.11	0.44	0.44
比活性(900m$V_{iR-free}$)②/(μA/cm^2)		550/180	720	720
单位体积非铂催化剂活性(800m$V_{iR-free}$)/(A/cm^3)		8/NA	>130	300
催化剂成本⑤(美元/kW_e)		9/55	5	3

① 在 MEA 中测定，气体 1 大气压，工作温度。

② 在 80℃/120℃ H_2/O_2，出口压力 150kPa，氢/氧湿度 100%，化学计量数：阳极 2，阴极 9.5。

③ 稳态耐用性约为 25000h。

④ 包含典型驾驶循环。

⑤ 贵金属价格按 15 美元/g 计算，批量生产 250000 个电池堆/年，2002 年美元价格。

⑥ “现状”栏内若出现两组数据，则分别表示是单个电池 / 电池堆的性能数据。

⑦ 按 GM 公司议定书。

表 14-10 MEA 与双极板燃料电池的技术攻关目标

燃料电池	项目	2005 年现状[⑩]	2010 年目标	2015 年目标
MEA	工作温度/℃	≮80	≮120	≮120
	入口水汽分压/kPa	50	<1.5	<1.5
	耐用性(带循环)[⑦]/h			
	工作温度≮80℃	约 2000	5000	5000
	工作温度>80℃	N/A	2000	2000
	耐寒性/℃	−20	−40	−40
	催化剂总含量(两个电极)[①]/(g/kW 额定)	1.1	0.33	0.20
MEA	性能[1/4 功率(0.8V)]/(mA/cm^2)	200	300	300
	(mW/cm^2)	160	250	250
	性能(额定功率)/(mW/cm^2)	670/740	1000	1000
	全寿命期性能衰减程度[②]/%	5[⑨]	10	5
	冷凝水存在时的热循环能力	有	有	有
	贵金属成本/(美元/kW)	44/16		
	MEA 成本[⑧]/(美元/kW)	55/21	15	5
双极板	质量/(kg/kW)	0.36	<0.4	<0.4
	氢渗透率(80℃, 3atm)[③]/(cm^3·s^{-1}·cm^{-2})	$<2\times10^{-6}$	$<2\times10^{-6}$	$<2\times10^{-6}$
	腐蚀/(μA/cm^2)	<1[④]	<1[⑤]	<1[⑤]
	导电率/(S/cm)	>600	>100	>100
	电阻[⑥]/(Ω/cm)	<0.02	0.01	0.01
	弹性强度/MPa	>34	>25	>25
	弹性度(跨度中间变形度)/%	1.5~3.5	3~5	3~5
	双极板成本[⑧]/(美元/kW_e)	3/3	5	3

① 相当于 0.1mg/cm^2(阳极+阴极), MEA 中的贵金属价格按 15 美元/g 计算。
② 包括燃料与空气杂质对 MEA 的作用。
③ 相当于<0.1mA/cm^2。
④ 2005 年基于碳板，此后为金属板。
⑤ 如腐蚀产物均为离子单体，此值可能低至 1 nA/cm^2。
⑥ 含接触电阻。
⑦ 单个电池稳态耐用性约为 25000h。
⑧ 批量生产 250000 个电池堆/年，2002 年美元价格。
⑨ 2kW 电池堆 2200h。
⑩ 如有两个数据则分别为 2005/2007 年现状数据。

燃料电池系统的空气压缩机/膨胀机组的攻关技术目标见表 14-11。

表 14-11 80kW 空气压缩机/膨胀机组的攻关技术目标

项目	2005 年现状	2010 年目标	2015 年目标
满负荷输入功率(40℃空气)[①]/kW			
含膨胀机	6.3	5.4	5.4
不含膨胀机	13.7(2)	12.8	12.8
满负荷输入功率(40℃空气)/kW			
含膨胀机	5.2	4.4	4.4
不含膨胀机	12.4	11.6	11.6

续表

项　目	2005年现状	2010年目标	2015年目标
总包电机/电机控制器效率/%	85	85	85
空气/压缩机/膨胀机组全流量时效率/%	75/80④	80/80	80/80
空气/压缩机/膨胀机组20%～25%流量时效率③/%	45/30④	60/50	60/50
系统体积⑤/L	22②	15	15
系统质量⑤/kg	22②	15	15
系统成本⑥/美元	1500	400	200
负荷比	10∶1	10∶1	10∶1
最大流量时噪声(1m处)/dB(A)	65	65	65
从最大流量10%～90%的响应时间/s	1	1	1

① 干空气入口最大流量90g/s，出口压力2.5atm；膨胀机入口流量93g/s，压力2.2atm，温度80℃。
② 设计值。
③ 此时压缩比1.3，膨胀比1.2，随负荷而异。
④ 叶片效率实测值。
⑤ 含电机和电机控制器。
⑥ 按批量生产每年100000台计算，含电机和电机控制器。

燃料电池系统配套传感器技术目标见表14-12。

表14-12　燃料电池系统配套传感器2010年技术目标

对　象	测量范围	工作温度/℃	响应时间/s	环境条件	精度和寿命
CO	0.1～0.5μL/L	≮150	0.1～1	H_2 1～70MPa(干)	≤2%
H_2	25%～100%	70～150	0.1～1	H_2O 1～0.3MPa	≤2%
大气中 H_2	1%～5%	-30～80	<1	大气	<5%寿命10年
硫化合物	0.001～0.5μL/L	-40～300	<1 min (0.05μL/L)	H_2、CO、CO_2、烃	寿命10年
氢流量	2500SL/min(湿) 1000SL/min(干)			20%～100% R.H.	5%寿命10年
正极和负极气体湿度	20%～100% R.H.	0～120	<5		1%寿命10年
负极气体出口 O_2	0～50%	30～120	<0.5		1%寿命10年
燃料电池压差	0～70kPa	30～120	<1	抗寒 -40℃	1%寿命10年

氢燃料的规格是：氢纯度>99.9%；其他杂质含量是：CO含量≤0.1μL/L，H_2S 含量≤2nL/L，NH_3 含量≤0.2μL/L，CO_2 含量≤2500μL/L。最佳循环比随 CO_2 和CO浓度的增加而下降。纯氢的最佳循环比是125，CO为1μL/L时是80，CO_2 为1%时是20。以上是根据杂质对电池性能影响的一系列反应机理和数学模型验证得出的结果，详见文献[2]。

4. 目前燃料电池在技术方面存在的差距

综观表14-3至表14-8数据就可发现，尽管近几年来有组织地进行了不少工作，但有些项目的当前研究开发水平与2010年的攻关目标要求仍有很大距离，主要表现在：

1）耐久性方面差距

目前行车试验目标约2000h，但最新报道使用2-NSTF的MEA（Pt含量为0.2mg/cm²Pt-CoMn/活性炭催化剂）到2008年中已连续通过7300h试验室内的模拟耐久性试验，较2005年有了跨越式进步[6]。但实际应用中既有机械的耐久性问题，也有由于燃料中杂质引起的耐久性问题，效果尚需长期行车验证。

不用车载燃料转化器而用压缩氢气能减少杂质含量，有助于提高耐久性。

2）电极性能方面差距

阴极电压损失过大，影响效率目标。电极性能与贵金属载荷密切相关，反过来又与成本有联系。效率低造成功率密度低，难以满足目标值。因为阴极进行的电化学反应速度比阳极低约99%，是当前重点研究课题。

3）热量、空气和水管理方面差距

需要改进热量利用、冷却和增湿技术，高温PEM材料比低温材料有利。增加电池工作温度与大气温度的温差，加上更有效的热量回收系统设计，有利于回收约占燃料燃烧热量50%的低温位热。通过增湿过程保持水平衡也是水管理的重要环节。

4）压缩机/膨胀机方面差距

当前使用的机组既重又笨，效率低，耗用过大的车载动力。机组应该和电池堆一体化集成设计，达到紧凑、高效和廉价目标。

5）动力系统集成方面差距

燃料电池的子系统和辅助部件的工作状况与主系统同样关键，从整体角度应该仔细进行集成以便实现高的系统效率和低的生产成本。

6）传感器方面差距

需要开发适用燃料电池系统的廉价传感器。目前的传感器在性能、量程、精度和响应时间以至在高湿度环境下操作都多少存在问题，价格也较贵。

7）制造成本方面差距

制造成本达标是另一重大课题，本章下一节将详细讨论。

六、燃料电池的成本和价格

燃料电池取代内燃机成为汽车主要动力机械的首要条件是具备相对的价格优势，才能在市场竞争中取胜。当然作为新生事物，优势只能逐步体现。美国能源部确定的分时期的价格目标，就是根据这样的原则制定的。

燃料电池系统远比内燃机系统复杂，需要控制的参数更多，涉及的设备与仪表也多。其中电池组件中使用的有机高分子材料与贵金属催化剂用量随研究开发的进展会有变化，价格也受多种因素影响，很难作出可靠预测。设备价格还取决于制造工艺的进步与是否按批量生产，这些同样也不易估算。

1. 燃料电池系统制造成本

燃料电池系统总成本通常分解为电池堆、电动机、配套设备（Balance of Plant，简称BOP）和储氢设施等部分。现只就电池堆为例，文献资料[8]列出的制造成本见表14-13。这是对若干组件（电极、双极板）按手工方式小规模生产的数据，因此价格颇高，将来大批量生产时肯定会大幅度降低。

不同文献中引用的成本数据出入很大，主要是因为一系列前提条件不同所致，如是否是批量生产（通常是按每年50万台数量计算成本）；是否采用先进技术水平（通常按当前技术水平计算成本）；材料单价是否合理（通常仅考虑可能波动范围）等前提条件有所不同。

丰田公司称目前生产的燃料电池堆成本约为500美元/kW；Ballard公司则预测当每年生产量为50万台时成本将是140美元/kW，认为2010年以后可能下降到满足攻关目标要求。

表 14-13 PEM 燃料电池堆按手工方式制造成本

组 件	成本/(美元/m^2)	成本/(美元/kW)	构成比例/%
膜	500	250	14
电极	1423	712	39
双极板	1650	825	45
铂催化剂	48	24	1
外围	15	8	0
组装		8	0
合计		1826	100

2007 年 DTI 公司[9]根据以下三种工艺技术水平(2006 年，2010 年，2015 年)和 5 种年产量(1000，30000，80000，130000，500000 辆)的组合，逐项估算各个条件下的成本，得出年产量少于 3 万辆时成本急速上升，其中原材料成本差别不大，制造费用则差别很大。

回顾美国 TIAX 公司公布的几次数据均有变化[7]，将其 2001~2006 年数据和美国 DTI 公司 2010~2015 年预测数据[9]综合列于表 14-14。可看出实现 2010 年和 2015 年的系统成本和堆成本还有相当难度。

表 14-14 PEM 燃料电池系统批量生产成本 美元/kW

系统组件名称		2001 年	2004 年	2006 年	2010 年	2015 年
燃料电池系统	燃料电池设备	155	97			
	储氢设施	29	38			
	配套设施(BOP)	4	4			
	组装及间接费用	7	6			
	单位费用合计	195	145			
燃料电池设备	燃料电池堆	123	72	67	30	25
	尾气燃烧器	6	0	0		
	空气供应系统	15	13	14		
	冷却系统	10	12	4		
	氢机和喷射器			4		
	增湿器			8		
	传感器			7		
	总成			4		
	单位费用合计	154	97	108	70	59

进一步将燃料电池堆的生产成本分解，则 2005 年与 2007 年的批量生产预测值[13]见表 14-15和表 14-16。按当前技术和今后经过较大改进的技术估算的 2010 年批量生产成本需要大幅度下降，但 DTI 公司 2008 年预测[21]仍不能达到 DOE 目标，见表 14-17。

表 14-15 中 2005/2007 年估算依据的基础数据是：电池堆工作压力为 0.25MPa(A)；电池额定功率下电压为 0.65V；氧利用率为 50%；氢单程利用率为 70%；初期总功率约 90kW；功率密度为 600mW/cm^2(2004 年采用 350mW/ cm^2，2007 年将达到 753mW/ cm^2)；系统效率约 45%；膜单价为 23 美元/m^2(2007 年 16 美元/m^2)；铂单价为 29 美元/g(2007 年 39 美元/g，2008 年接近 71 美元/g)；电极载铂量 0.75mg/cm^2(2007 年 0.3mg/cm^2)；GDL 厚度为 260μm (2004 年采用 350μm)；密封材料从 2004 年的丁腈橡胶 (价格 11 美元/kg) 改为氟聚合物(价格 10~50 美元/kg)。

表 14-15　燃料电池堆的生产成本分解（50 万件/年批量生产）

组　　件	2005/2007/(美元/kW)(TIAX 公司)	2007/(美元/kW)(DTI 公司)
膜	4.3/4.0	3.8
电极	51.8/18	28.5
气体扩散层(GDL)	3.4/2.2	4.8
双极板	3.2/3.4	4.8
密封件	1.1/—	—
配套设施	1.1/—	—
最后组装	2.0/—	—
合计	67/31	51.3

表 14-16　燃料电池系统的生产成本构成（2007 年批量生产）

部　件	电池堆	增湿设施	热量控制设施	空气供给设施
生产成本/(美元/kW)	31	3.3	2.8	8.9
部　件	燃料供给设施	其他设施	总 装	合计
生产成本/(美元/kW)	3.8	3.1	5.5	59

表 14-17　燃料电池堆的生产成本预测(2010/2015 年批量生产)　美元/kW

部　　件	2010 年		2015 年	
	DOE 目标	DTI 预测	DOE 目标	DTI 预测
电池堆	25	27	15	23
配套设施	20	39	15	30
燃料电池系统	45	66	30	53

灵敏度分析发现功率密度、电极上铂荷载量和铂单价三项指标对电池堆成本影响很大。

2. 电池堆组件的成本

1）膜生产成本

当前为 DuPont 公司专利的广泛用于食盐电解槽的 Nafion 膜典型产品厚度为 50~175μm，它的气体穿透率低，化学稳定性好。由于正电子通过能力与湿度密切相关，因而需要增湿；由于工作温度低，需要使用活性高的铂催化剂(但抗 CO 能力差)。聚合物 PFSA 分散于水和异丙醇中，通过转辊成膜，再经过一系列工序制成成品。按为每年 500000 辆汽车配套，需建设 3 条生产线，生产 750 万 m^2 膜，投资额约为 3 千万美元。聚合物材料价格较贵，TIAX2006 年预测今后按批量生产预测成品膜单价为 23 美元/m^2，其中聚合物份额约占 90%，其单价(176 美元//kg)是可能影响膜生产成本灵敏度最大的因素。2007 年考虑将改进的 PFSA 膜厚度从 50μ 降低到 30μ，膜单价调整为 16 美元/m^2，其中聚合物份额约占 87%。从 2006 年延伸预测到 2015 年的膜成本估算数据见表 14-18[9]。

还需要研究开发新的廉价膜材料，例如有机改性硅酸盐类(ORMOSILs)以降低膜材料成本，但中近期内难以实现商业化。

2）电极和催化剂生产成本

生产电极首先应制备气体扩散层 GDL，对具有高导电性和多孔性的碳材料有两种选择：

一是用编织碳布，另一种是用非编织碳纸，前者容易披覆催化剂，但价格贵，后者需添加碳树脂材料。TIAX 公司建议采用前者，并按生产 GDL 工艺过程(配制由 PTFE 和碳粉组成的疏水混合物溶液，披覆于碳布上，三阶段热处理工序)做了成本估算，得出每平方米成本为 18.4 美元，其中原料占 95%(编织碳布 30 美元/kg)。

表 14-18　不同批量生产的 PEM 成本估算

年　份	年配套汽车的数量(辆)	1000	30000	130000	500000
2006 年	材料/(美元/m^2)	362.95	89.39	45.05	25.68
	(美元/电池堆)	1265.98	311.81	157.14	89.57
	合计/(美元/kW_{gross})	55.91	13.77	6.94	3.96
2010 年	材料/(美元/m^2)	362.95	101.99	50.22	27.96
	(美元/电池堆)	497.14	139.69	68.78	38.30
	合计/(美元/kW_{gross})	39.28	11.04	5.43	3.03
2015 年	材料/(美元/m^2)	362.95	102.20	50.30	28.00
	(美元/电池堆)	492.23	138.59	68.23	37.97
	合计/(美元/kW_{gross})①	39.28	11.06	5.44	3.03

①kW_{gross}是指总功率。

配合低温(80℃)膜材料使用的催化剂活性要求高，铂荷载量按正极 0.25 mg/cm^2、负极 0.5mg/cm^2、功率密度 600mW/cm^2 计算相当于 1.3g Pt/kW。2007 年按功率密度 753mW/cm^2 铂总荷载量 0.3mg/cm^2 计算相当于 0.4g Pt/kW，降低载荷并提高功率密度是降低铂耗量的根本途径。铂价格近年来上涨较快，TIAX 公司按 2005 年每盎司 900 美元（28 美元/g)估价，2007 年按每盎司 1100 美元（39 美元/g)估价。计算出 2007 年电极用铂 14 美元/kW，加工成催化剂并做成催化剂涂层后成本 120 美元/ m^2，折合 18 美元/kW，占电池堆成本 57%。由此可见铂耗量和铂价格就成为电极制造成本的决定性因素，同时也是电池堆制造成本的关键因素。

（1）燃料电池电极的生产成本

电极制造是配制正极墨和负极墨，分别用照相制版术印制(铂析出)在各自的 GDL 上。将正极/GDL、膜、负极/GDL 三层合并在一起连续辊轧成为一体，就成为 MEA 组件。

TIAX 公司按 2005 年技术水平和大规模生产估算膜电极组件(MEA)生产成本是 325 美元/ m^2,分解见表 14-19。

表 14-19　MEA 生产分项成本

项　目	MEA/(美元/m^2)	框架密封/(美元/m^2)	项　目	MEA/(美元/m^2)	框架密封/(美元/m^2)
材料	310.22	1.08	设备工具	0.91	0.97
其中：膜	(21.17)		投资回报	8.70	1.04
电极	(271.86)		其他	0.50	0.44
GDL	(17.18)		小计	320.86	4.35
人工	0.53	0.82	合计	325.21	

图 14-33 也表明大规模机械化生产电极可使成本降低 20 倍[14]，表 14-20 列出了新的估算资料[9]。

表 14-20　不同批量生产的电极成本估算

年　份	年配套汽车的数量(辆)	1000	30000	130000	500000
2006 年	材料/(美元/电池堆)	1479.46	1018.69	947.35	909.88
	制造费/(美元/电池堆)	121.80	4.38	3.08	2.48
	合计/(美元/电池堆)	1601.26	1023.07	950.43	912.36
	合计/(美元/kW_{gross})	70.72	45.19	41.98	40.30
2010 年	材料/(美元/电池堆)	448.44	308.78	287.15	275.80
	制造费/(美元/电池堆)	121.70	4.29	2.08	2.13
	合计/(美元/电池堆)	570.14	313.07	289.23	277.93
	合计/(美元/kW_{gross})	26.04	14.30	13.21	12.69
2015 年	材料/(美元/电池堆)	292.13	201.15	187.06	179.66
	制造费/(美元/电池堆)	121.69	4.28	2.07	2.12
	合计/(美元/电池堆)	413.82	205.43	189.13	181.78
	合计/(美元/kW_{gross})	19.01	9.44	8.69	8.35

(2) 降低铂载荷量的措施

降低正极荷载问题不大，降低负极荷载将造成电池电压损失 10～20mV，导致效率下降 2%～4%。根据攻关目标正极载铂量 0.1mg/cm²、负极 0.2mg/cm²、功率密度 600mW/cm² 计算相当于 0.5 g Pt/kW。即使如此，每辆车也需要 30～40g Pt，如果世界年产 5 千万辆燃料电池汽车，消耗铂的数量将十分惊人。

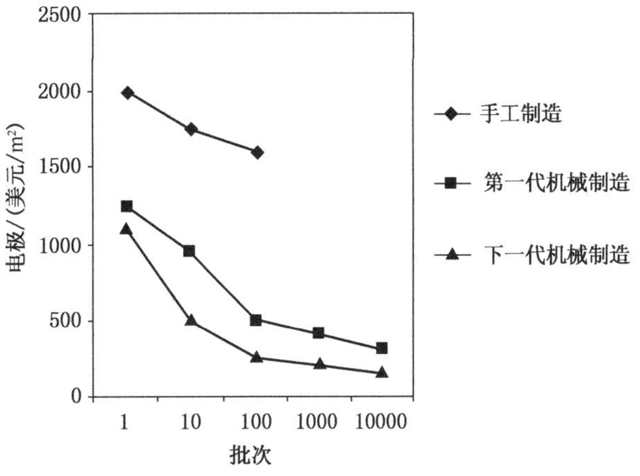

图 14-33　电极制造成本

努力方向包括：

① 改进电极结构和扩散介质以提高功率密度；

② 采用新的电极制造工艺可增加铂的表面积份额；

③ 用 Pt-Co 或 Pt-Cr 合金替代 Pt/C 催化剂可望提高活性 3 倍；

④ 采用耐温 100℃以上的新膜材料，从而不用铂系催化剂。

因此今后在燃料电池汽车发展道路上铂的消费和供应自然而然成为人们关注的话题，不少咨询机构为此做了论证工作[15]。

目前汽车铂金属消费量约占世界总铂金属量 41%(用于尾气催化转化器)、首饰铂金属消费量约占世界总铂金属量 37%。用于汽车的铂消耗量取决于投放市场的 PEMFC 汽车数量、配备动力和单位功率的铂用量。后者随着技术进步将逐渐降低，有资料估计今后单位功率铂用量会从 2005 年的 0.8g/kW 降低到 2025 年的 0.2g/kW，平均每车用量从 60g 下降到 15g，保守估计在大规模进入市场时不少于 20g。燃料电池汽车市场占有率涉及许多因素，按 2050 年 50%和 80%两种情景预测，那么该年度 FCV 销售量分别为 5 千万辆和 1 亿辆，估计 FCV 的铂用量见图 14-34，由图 14-35 可以看出燃料电池用铂量将居整个市场消费首位(比率为 74%和 88%)，而整个市场消费量为 470t/a 和 680t/a。

世界铂资源估计约 76000t，主要分在南非联邦。开采量从 1960 年以后每年递增 3.5t，

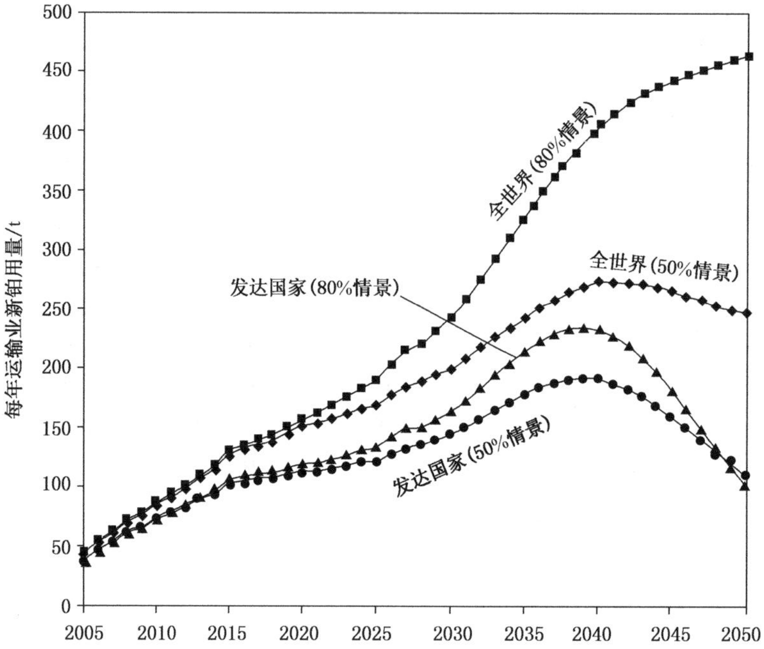

图 14-34　2005~2050 年间燃料电池汽车铂用量预测

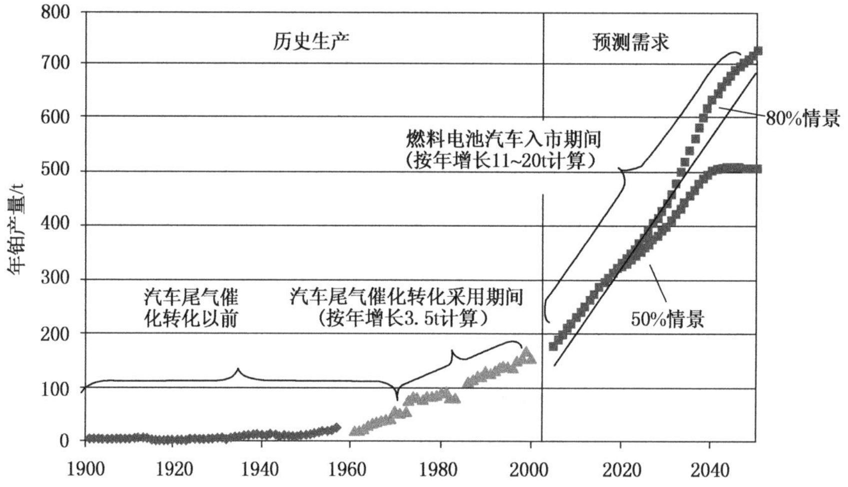

图 14-35　2005~2050 年间世界铂产量和用量(历史和预测)

2020 年以后视 FCV 市场占有率情景，递增速度为 11t/a 和 20t/a，世界铂消费的历史数据和今后预测见图 14-35。

2005~2050 年将动用资源 17500t 和 20500t(其中首饰业 5300t，工业催化 3200t，固定电源 500t，其余为运输业)，相当于总资源量的 22%和 26%，从资源角度看短期间的供需失衡可能出现，总的来看是有保证的。

应指出从报废燃料电池中回收铂是必要和可行的，已经进行了研究工作，回收率达 95%。当前已经从工业和运输业含铂废催化剂回收铂，每年回收近 200t，收率约 90%。图 14-36 为 1900~2050 年间全世界铂用量的历史数据和预测数据。

(3) 双极板生产成本

当前双极板是用精密加工的石墨材料或黄金被复的不锈钢材料制造，价格高昂。正在研

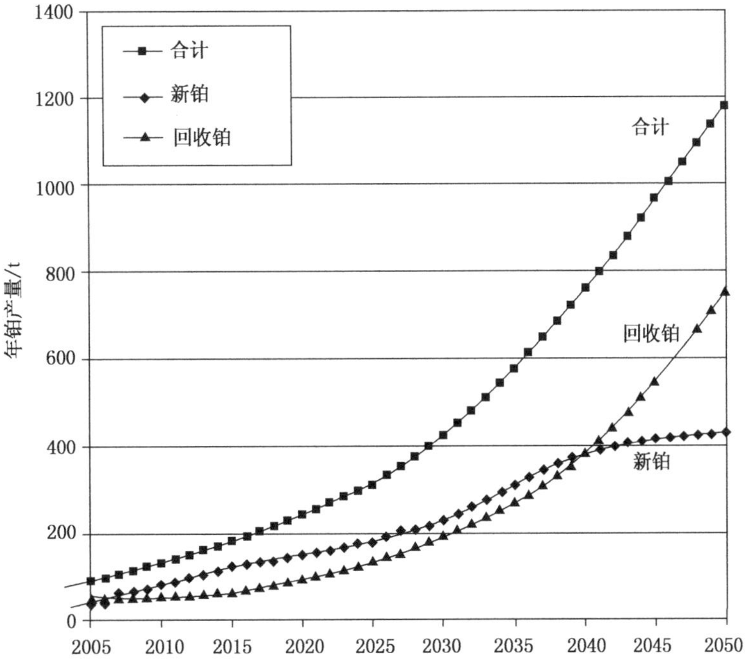

图 14-36　1900~2050 年全世界铂用量和回收量(历史和预测)

制中的材料是采用碳-高分子聚合物复合物或低合金钢，前者可用注塑法加工，大批量(例如每批生产 10000 m^2，可配备 400~800 辆汽车)比小批量生产成本大为降低，达到 90 美元/m^2 水平，参见图 14-37[16]。膨胀石墨箔具有高导电性、低接触电阻和低密度的优点，能够用滚筒连续压制模铸法生产，所制造的双极板密度小，厚度薄，价格低。按 2007 年技术水平与设定的大批量生产条件估算的成本仅为 18 美元/ m^2，其中材料费约占 57%，详见表14-21。2006 年 TIAX 公司估算数据[9]见表 14-22，看来所列成本应能下降。

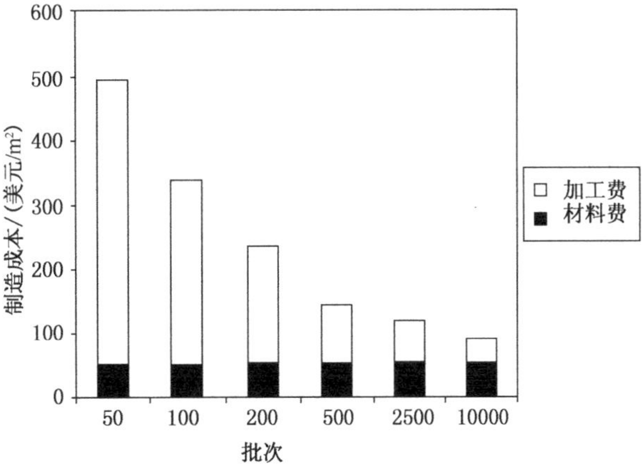

图 14-37　双极板制造成本和批量生产关系

(4) 其他成本

气体扩散层厚度按 275μm，编织碳布按 30 美元/kg，得出 GDL 成本 13 美元/ m^2，或 1.9 美元/kW。密封材料从丁腈橡胶（价格 11 美元/kg）改为 Viton(价格 44 美元/kg)后，成本增加到 9 美元/ m^2。

表 14-21　双极板制造的材料成本

材料名称	用量比例/%	单位价格/(美元/kg)	材料名称	用量比例/%	单位价格/(美元/kg)
膨胀石墨箔片	81	4.40	聚二甲基硅烷	0.05	18.50
乙烯酸酯	15	3.73	过氧化甲乙酮	1	6.66
碳纤维	2	10.00	环烷酸钴	0.3	8.18

表 14-22 不同批量生产的双极板成本估算(注塑成型)

年 份	年配套汽车的数量/辆	1000	30000	130000	500000
2006 年	材料/(美元/电池堆)	22.51	22.51	22.51	22.51
	制造费/(美元/电池堆)	115.12	97.00	98.40	97.18
	合计/(美元/电池堆)	137.63	119.51	120.90	119.69
	合计/(美元/kW_{gross})	6.08	5.28	5.34	5.29
2010 年	材料/(美元/电池堆)	15.60	15.60	15.60	15.60
	制造费/(美元/电池堆)	88.34	71.77	69.10	68.13
	合计/(美元/电池堆)	103.94	87.37	84.70	83.72
	合计/(美元/kW_{gross})	4.75	3.99	3.87	3.82
2015 年	材料/(美元/电池堆)	15.51	15.51	15.51	15.51
	制造费/(美元/电池堆)	88.02	71.44	68.79	67.81
	合计/(美元/电池堆)	103.54	86.95	84.30	83.32
	合计/(美元/kW_{gross})	4.76	3.99	3.87	3.83

(5) 电池堆组装成本和系统组装调试成本[9]

2006 年估计的成本见表 14-23。2007 年估计电池堆组装成本为 3.5 美元/ kW，电池系统组装成本为 5.4 美元/ kW。

表 14-23 不同生产规模电池堆组装成本和系统组装调试成本估计

年 份	年配套汽车的数量/辆	1000	30000	130000	500000
2006 年	组装/(美元/电池堆)	42.68	17.20	14.59	14.55
	合计/(美元/kW_{gross})	1.88	0.76	0.64	0.64
	组装/(美元/系统)	187.09	149.67	149.67	149.67
	合计/(美元/kW_{gross})	2.34	1.87	1.87	1.87
	调试/(美元/电池堆)	18.84	12.37	12.24	12.18
	合计/(美元/kW_{gross})	0.83	0.55	0.54	0.54
2010 年	组装/(美元/电池堆)	42.68	17.20	14.59	14.55
	合计/(美元/kW_{gross})	1.95	0.79	0.67	0.66
	组装/(美元/系统)	187.09	149.67	149.67	149.67
	合计/(美元/kW_{gross})	2.34	1.87	1.87	1.87
	调试/(美元/电池堆)	17.12	9.97	9.81	9.74
	合计/(美元/kW_{gross})	0.78	0.46	0.45	0.44
2015 年	组装/(美元/电池堆)	42.68	17.20	14.59	14.55
	合计/(美元/kW_{gross})	1.96	0.79	0.67	0.67
	组装/(美元/系统)	187.09	149.67	149.67	149.67
	合计/(美元/kW_{gross})	2.34	1.87	1.87	1.87
	调试/(美元/电池堆)	15.39	7.56	7.38	7.32
	合计/(美元/kW_{gross})	0.71	0.35	0.34	0.34

3. 配套设施(BOP)成本

构成 BOP 的空气系统、水系统、燃料系统和热量管理系统的设备和安装成本估计见表 14-24，数据分别引自 2005 年与 2007 年两年文献。

表 14-24　BOP 成本分解　美元/辆车

项　目	成　本	项　目	成　本	项　目	成　本
压缩机/膨胀机	650/待定	高温散热片	260/272	氢喷射器	40/待定
焓轮增湿器	260/250	低温散热片		传感器等	
膜增湿器	380/160	氢循环鼓风机	300/待定		

4. 燃料电池系统成本攻关目标完成情况评估

表 14-25 和表 14-26 综合了前面所列资料，并与美国能源部攻关目标比较，可以认为经过不懈工作，经济指标已经符合要求，而技术指标也基本实现。尤其 2007 年系统成本比 2005 年降低不少，但距离 2010/2015 目标仍有很大距离，仍需进一步努力。

表 14-25　燃料电池系统成本攻关目标完成情况(2005 年)　美元/kW

项　目	TIAX 2005/2007	DOE 目标 2010/2015
燃料电池堆	67/31	25/15
BOP	41/36	20/15
其中：燃料系统	4/4	
水系统	8/5	
热量管理系统	4/3	
空气系统	14/14	
其他	11/10	
合计	108/67	45/30

表 14-26　燃料电池系统技术攻关目标完成情况(2005 年)

项　目	体积/L	质量/kg	项　目	TIAN 预测	DOE 目标
燃料电池堆	51	58	堆功率密度/(W_e/L)	1569	1500
燃料系统	5.1	6.2	堆比功率/(W_e/kg)	1379	1500
水系统	15	15	系统功率密度/(W_e/L)	610	500
热量管理系统	25.5	20.5	系统比功率/(W_e/kg)	580	500
空气系统	15	17.5	系统效率/%(额定功率)	46	50
其他	19	21	系统效率/%(25%功率)	55	60
合计	131	138			

TIAX 在燃料电池系统成本预测方面做了大量工作，说明按目前技术水平，如形成大批量生产规模，单位功率的价位已经达到 DOE 攻关目标。但是预测的基准条件偏于理想，例如电池堆生产过程全部纵向集成化，专业厂只从外部购买 BOP 设备，然后组装成完整系统。实际情况可能偏离这样情况，导致额外增加 20%到 30%的费用。PEMFCV 推广应用过程中一个工厂年产量不可能迅速达到很大规模，而是从 5 万辆、10 万量逐渐过渡到 50 万辆。原料和材料所占成本比重很大，尤其以铂金属价格为最。灵敏度分析必不可少。

上面引用的价位(美元/kW)没有包括最终产品电池系统的全面测试和 24h 的试运行费用。电池堆上百个组件的每个缺陷和故障都会影响全局，尽管每个组件都经过严格检验，但组装后的整体测试应该是出厂前的重要环节，初步估计该项费用高达 18 美元/kW。

展望 DOE 提出的 2015 年成本目标(30 美元/kW)，应比 2008 年降一倍多，不难想象为了使 FCV 具备同 ICEV 或 HEV 的竞争力，今后研究开发任务将十分艰巨。

第二节　动力蓄电池

内燃机汽车的蓄电池容量小，只为火花塞点火和空负荷启动提供电力，通常采用成熟廉价的铅-酸蓄电池。随着混合动力汽车和燃料电池汽车的发展，相应蓄电池承担了汽车部分动力的助力作用，甚至全部动力(如对于外源充电式混合动力汽车 PHEV 和完全电动汽车 EV)，因而对电池的性能要求十分苛刻。不仅要具有高的功率密度，有的还要更高的能量密度。Ni-H 蓄电池能初步满足 HEV 的指标，但对 PHEV 则有差距，至于 EV 则差距更大，只能为小功率的 NEV 提供动力。新一代的 Li 蓄电池正处于大力研究开发阶段。

一、三种蓄电池的性能比较

1. 性能的比较

表 4-27 从定性方面表明铅-酸蓄电池、Ni-H 蓄电池和锂离子蓄电池的差异程度。表 4-28 对比了三种电池用于混合动力汽车时的主要性能指标。

表 14-27　三种车用蓄电池优异程度的相对差别

项　　目	质量(kg)	体积(L)	容量(kW · h)	放电功率(kW)	充电功率(kW)
铅-酸蓄电池	+ + +	+ + +	+	+ + +	+
Ni-H 蓄电池	+ +	+	+ +	+ +	+ +
锂离子电池	+	+	+ + +	+ + +	+ + +
项　　目	低温性能 (kW，kW · h)	浅循环寿命 (循环数)	深循环寿命 (循环数)	日历寿命 (年)	
铅-酸蓄电池	+ + +	+ +	+	+ + +	
Ni-H 蓄电池	+ +	+ + +	+ + +	+ +	
锂离子电池	+	+ + +	+ +	+ +	
项　　目	成　　本 (美元/kW、 美元/kW · h)	安全性、 误操作耐受性	技术成熟 程度	制造成熟 程度	
铅-酸蓄电池	+	+ + +	+ + +	+ + +	
Ni-H 蓄电池	+ + +	+ + +	+ + +	+ +	
锂离子蓄电池	+ + +	+ +	+ +	+	

表 14-28　三种电池用于混合动力汽车时的主要性能指标

项　　　目	铅-酸蓄电池	Ni-H 蓄电池	锂离子蓄电池
单个电池公称电压/ V	2. 0	1. 2	3. 6
电解质	酸	碱	有机化合物
比能量/(W · h/kg)	25	40	60～80
比功率/(W/kg)　23℃，50%SOC①	400	1300	3000
-20℃，50%SOC	250	250	400
充电接受程度/(W · h/kg)　50%SOC，10s	200	1200	2000
能量效率	良	中	良
热量管理需要	中等	高	中等
电控	易	繁	繁

① SOC 为充电程度(State of Charge)。

2. 混合动力汽车对动力蓄电池性能要求

现从性能角度对比电动汽车(EV)、电网充电式混合动力汽车(PHEV)和混合动力汽车(HEV)的对蓄电池要求的差别。

1）对电力负荷功能的要求

EV 属负荷消耗型(CD)汽车，从充电到放电，电量将用去 80%。每次行程达 480km。反复可达 1000 个循环。

PHEV 属边消耗边维持型(CDS)汽车，在短程行驶情况条件(16~64km)寿命可达 1000 个循环周期，在助力条件和 25%充电率(SOC)下，出力 40kW 维持 10s，这样的浅循环周期寿命可达 30 万次。

HEV 属维持型汽车，只在助力条件下使用，55%充电率时，出力 40kW 维持 10s，这样的浅循环周期寿命可达 30 万次。

2）对蓄电能力的要求

EV>40kW · h；PHEV 为 5~15kW · h；HEV 为 1~2kW · h。

3）对电功率与蓄电量比值(P/E)的要求

EV 为 2；PHEV 为 3~15；HEV 为 16 以上。

可见不同车型对动力电池有不同要求，应结合具体情况合理选用。

4）美国应用蓄电池联合会的动力蓄电池性能要求指标

美国应用蓄电池联合会(U S Applied Battery Consortium，简称 USABC)提出的 HEV、FCV 和 EV 的动力蓄电池性能要求指标[17]分别见表 14-29、表 14-30 和表 14-31。

表 14-29　混合动力汽车使用动力蓄电池性能要求指标

项　目	最　小	最　大
脉冲放电功率/kW	25(10s)	45(10s)
秒钟最大再生脉冲(10s 脉冲)/kW	20(50W · h 脉冲)	35(97W · h 脉冲)
总可利用能/(kW · h)	0.3	0.5
往复效率/%	>95(25W · h/次)	>90(50W · h/次)
循环寿命(CS)/次	300k 于 25W · h(7.5MW · h)	300k 于 50W · h(15MW · h)
冷曲轴功率(-30℃)①/kW	5	7
日历寿命/a	15	15
系统最大质量/kg	40	60
系统最大体积/L	32	45
最大操作电压/V_{dc}	<400	<400
最小操作电压/V_{dc}	>0.55V_{max}	>0.55V_{max}
最大自放电/(W · h/d)	50	50
操作温度/℃	-30~+52	-30~+52
复活温度/℃	-40~+66	-40~+66
生产成本(每年产出 10 万件)/美元	500	800

① 3 个 2s 脉冲，间歇 10s。

表 14-30　燃料电池汽车使用动力蓄电池性能要求指标

项　目	最　小	最　大
脉冲放电功率/kW	25(18s)	75(18s)
秒钟最大再生脉冲(10s 脉冲)/kW	22(12s)	65(10s)
总可利用能/(kW·h)	1.5	5
往复效率/%	>90	>90
冷曲轴功率(-30℃)①/kW	5	5
日历寿命/a	15	15
系统最大质量/kg	40	100
系统最大体积/L	30	75
最大操作电压/Vdc	≤440	≤440
最小操作电压/Vdc	≥0.5V_{max}	≥0.5V_{max}
操作温度/℃	-30~+52	-30~+52
复活温度/℃	-40~+66	-40~+66
生产成本(每年产出 10 万件)/美元	500	1500

① 3 个 2s 脉冲，间歇 10s。

表 14-31　电动汽车使用动力蓄电池性能要求指标

项　目		商业应用最低指标	2008 年技术水平
功率密度/(W/L)		460	600
比功率-放电，80%DOD①/30s/(W/kg)		300	400
比功率-充电，20%DOD/10s/(W/kg)		150	200
能量密度-C/3 放电速度/(W·h/L)		230	300
比能量-C/3 放电速度/(W·h/kg)		150	200
比功率/比能量比值		2 : 1	2 : 1
电池堆总容量/(kW·h)		40	40
寿命/a		10	10
循环寿命(CD)/次	80%DOD	1000	1000
	50%DOD	1600	
	30%DOD	2670	
功率和容量下降(额定值%)/%		20	20
操作环境/℃		-40~+50	-40~+85
正常充电时间/h		6	3~6
高速充电/min	20%~70%SOC，150W/kg	<30	15(40%~80%SOC)
	270W/kg	<20	
无故障连续放电 1h，对额定能量/%		75	75
效率(C/3 放电和 C/6 充电)/%			80
自放电(12 天)/%			<20
价格(年产 10000 台，40kW·h)/(美元/kW·h)		<150	75

① DOD 为放电深度(Depth of Discharge)。

5）几种常用电动汽车蓄电池的特性

过去曾在电动车使用上千个 NiMH 电池，能满足低功率车要求。代表性的 TOBS 系列 1000 单个电池的 NiMH 电池特性如表 14-32 所示。

表 14-32 NiMH 电池特性

项目	指标	项目	指标
公称电压	12V	模块体积	1.28L
公称容量	9Ah	模块质量	2.4kg
公称功率	2.7kW	能量密度	52W·h/L
公称能量(1C)	125W·h	比功率	1125W/kg
		功率密度	2100W/L

锂离子电池性能超群，已在小功率器件中配套应用。近年来正在为其扩大应用到汽车动力蓄电池领域而加速攻关，其性能特点见表 14-33。

表 14-33 锂离子电池性能

项目		当前水平	系统目标
高功率锂离子电池	比功率/(W/kg)	625	900
	功率密度/(W/L)	780	1450
	比能量/(W·h/kg)	75	75
	循环寿命/次	300000	300000
	日历寿命/a	10	15
高能量锂离子电池	比功率/(W/kg)	280	400
	功率密度/(W/L)	440	600
	比能量(3/C)	100	200
	能量密度(3/C)	155	300
	循环寿命，80%DOD/次	1000	1000

当前 Saft 公司生产的锂离子电池模块规格见表 14-34。

表 14-34 锂离子电池模块规格

项目	VLE	VL41M	VL30P①
外形尺寸/mm	242×190×123		
质量/kg	8.0		
容量/(W·h)	880	840	685
功率/W	3500	5000	7800

① 正在开发。

6）目前混合电动汽车中几种蓄电池的使用状况

混合动力车配置的主要动力系统见表 14-35，可看出在峰功率构成中蓄电池所占份额。组装成车用 14kW·h 锂离子电池总质量 120kg，峰功率 90~100kW。

表 14-35 混合动力车配置的主要动力系统功率和容量

项目	ICEV	HEV	PHEV20	PHEV60
内燃机峰功率/kW	127	67	61	38
电动机峰功率(120s)/kW		44	51	75
总牵引峰功率/kW	127	111	112	113
电动机连续功率/kW		19	22	32
蓄电池额定容量/kW·h		2.9	5.9	17.9
蓄电池额定功率/kW		49	54	99

蓄电池的循环寿命也是一项重要指标，它随充电幅度(SOC 变化幅度)而异，80%SOC 和 20%SOC 循环数差别可达几倍之多。图 14-38 绘出三种蓄电池的典型循环寿命曲线。

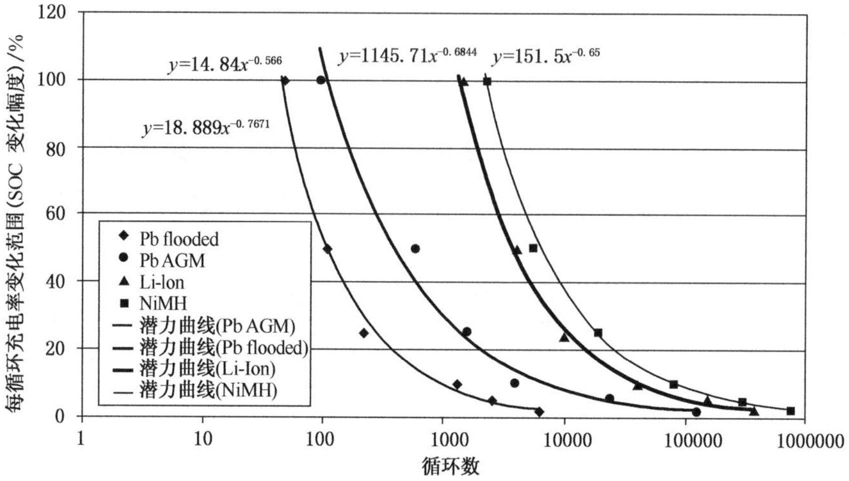

图 14-38　三种蓄电池的典型循环寿命曲线

根据 Saft America Inc 的报道，高功率锂离子电池系统目标价格是 500 美元，，当前实际价格是其 2~4 倍。高能量锂离子电池系统目标价格是 10 美元/kW · h(40kW · h 系统，年产 10 万件)，2003 年实际价格是其 2~4 倍。

PHEV 所用动力蓄电池经常需要充电。有条件的家庭一般夜间在自家车库充电，这就要采用合适的充电器。美国可供选择的充电器有 120V/15A、120V/20A 和 240V/40A 三种。充电速度依此为 1kW · h/h、1.3kW · h/h 和 5.7kW · h/h。第一种可在家庭内通用；第二种充电器应专门购置，大约需 200 美元；第三种不仅要购置，还要改造输电线路，大约需 1000 美元。现按三种轿车计算不同充电器的充电时间，见表 14-36。

为了控制充电时间不超过 8h，大型车和 PHEV60 车可能需要安装大功率充电器。夜间电网的谷时负荷有一定潜力，当 PHEV 保有量不高时不会影响电厂容量，而保有量增加时可考虑增加风力发电容量，达到减排温室气体目标。

表 14-36　PHEV 用 NiMH 充电时间　　h

车　型		紧凑型轿车		中型 SUV		大型 SUV	
动力混合度		PHEV20	PHEV60	PHEV20	PHEV60	PHEV20	PHEV60
充电器	120V/15A	4.0	12.3	6.3	18.6	7.4	22.1
	120V/20A	3.0	9.2	4.7	14.0	5.6	16.5
	240V/40A	0.7	2.2	1.1	3.3	1.3	3.9

二、动力蓄电池的研究开发工作安排

根据快速发展联合循环动力汽车的形势要求，高性能低成本动力蓄电池的研究开发十分迫切，已经纳入产业界(USABC 等)的行动计划。近期锁定在 5~10kW · h 容量、40kW 峰功率和成本不高于 4000 美元的目标。远期要求应能达到中型乘用车(SUV)连续行驶 64km，成本仍不高于 4000 美元的水平。锂离子电池的比功率(300W/kg 于 80%SOC 时)比 NiMH 电池高一倍，单个电池电压(4V) 比 NiMH 电池高两倍，其优势有利于今后发展，但是低温性能还较逊色，误用和安全性能(短路、充电放电超载、耐冲击和抗高温)有待改进，加上用于 PHEV 时深度放电循环寿命偏低，成本偏高 4~10 倍，说明研究开发任务很艰巨。

任务重点包括以下四方面[19,20]：

1. 材料的研究和开发

① 改进的负极材料有碳/石墨、钛酸盐 $Li_4Ti_5O_{12}$；

② 改进的正极材料有氧化钴 $LiCoO_2$、氧化锰 $LiMn_2O_4$、含镍混合氧化物 $LiNi_{0.8}Co_{0.15}AlO_2$、$LiMn_{1/3}Co_{1/3}Ni_{1/3}O_2$、磷酸铁 $LiFePO_4$；

③ 改进的电解质有 $LiPF_6$ 基、$LiBF_4$ 基、各种固体电解质和聚合物电解质。

以上材料按旧新程度排序，各具特点，此处不逐一介绍，只将材料进步将给比能量带来的变化列于表 14-37。

表 14-37　材料进步将给比能量带来的变化

时间(年份)	2006 年	2008 年	2010 年	2012 年	2014 年
电极材料		石墨-纳米碳	合金-纳米碳	合金-过渡金属氧化合物	合金-高电压过渡金属氧化合物
比能量/(W·h/kg)	60	80	90	120	160

2. 电池的开发

在国家实验室和产业界进行基础研究、应用研究和制造技术研究开发的基础上，制造适当容量的单个电池和模块。

3. 电池组的开发

建立实验室评价和工业验证设施，创造适合技术转让的环境。

4. 降低制造成本

需要以产业界/USABC 为主体，通过优化选择材料，改善电池设计和制造来降低制造成本。

以上任务预期到 2015 年基本完成，届时 PHEV 电池系统单位功率投资预计可降到 250 美元/kW 水平。

我国采用磷酸亚铁锂复合材料的新型锂离子电池研制已取得重大突破，容量超过 140mA/g，重复充电次数 2000 次以上。在 1000 次循环条件下能保持初始容量的 90%，能满足电动汽车大功率放电的要求。安全性能根本改善，消除了短路、过热和过度充电时可能爆炸燃烧的隐患。

我国中信国安盟固利公司在开发锂离子电池用锰酸锂正极材料与新型高能量密度大容量正极锂离子二次电池的关键技术方面，迅速取得突破性进展。2004 年将 400V/400Ah 动力蓄电池组应用到公交汽车上，通过 3 年试运行检验，同时努力改善其安全性。2008 年完成了“大容量锰酸锂动力电池制作技术”的科技奥运重大项目，提供了 50 辆客车用的全部动力电池。这种纯电动客车时速 80km，每充一次电可运行一百多公里。

三、动力蓄电池经济指标

电力储存系统中蓄电池模块占价格主要份额，对 HEV 尤其 PHEV 的竞争力起重大作用。从表 14-38 列出了 NiMH 电池的具体数据[12]。

表 14-38　不同混合动力比率的三种车型储电系统售价

项　目		额定功率/kW	额定能量/kW · h	模块比价格/(美元/kW · h)	系统价格/美元	更换电池价格/美元
紧凑型轿车	HEV	24.0	2.20	335	2399	1200~1400
	PHEV20	39.6	5.08	300	3739	1800~2600
	PHEV60	85.8	15.45	274	7036	4100~6400
中型 SUV	HEV	55.0	4.12	364	3679	1900~2600
	PHEV20	77.2	7.85	323	4986	2800~4100
	PHEV60	142.9	23.37	280	9702	6200~9800
大型 SUV	HEV	87.2	5.19	402	4390	2500~3500
	PHEV20	115.0	9.29	352	5811	3500~5300
	PHEV60	163.3	27.67	278	11035	7100~11500

表 14-38 资料取自 1992 年，近年来由于技术进步，价格可能下降。NiMH 电池系统中期预测每 kW · h 价格 400~450 欧元(年生产 2 万套)，远期预期可降低到 280~300 欧元(年生产 10 万套)[18]。但是后起之秀的锂离子电池目标价格比 NiMH 电池明显要低，DOE 的攻关要求达到 20 美元/kW 水平，目前正朝这一目标努力。

分析 25kW 锂离子电池价格构成[6]，预测采用 NiCoMn 三分之一层状阴极材料的高功率第二代电池，每个 15.4Ah 电池材料价格 8.64 美元，整个模块材料价 415 美元，占电池总价(500 美元)的 84.7%。而使用 $LiMn_2O_4$ 和天然石墨为尖晶石型电极材料的电池，每个 8.5Ah 电池材料价格 4.96 美元，整个模块材料价格仅为 238 美元。表 4-39 将各种材料所占比例进行了对比。

表 14-39　两种新型锂离子电池材料费用构成　　%

材　料	第二代	尖晶石型	材　料	第二代	尖晶石型
阳极活性材料	24	14	阳极电流收集	5	5
阳极碳和黏合剂	7	15	阴极电流收集	11	12
阴极活性材料	12	9	分离器	22	25
阴极黏合剂	4	3	电解质	15	17

四、动力蓄电池技术进步展望

尽管目前动力蓄电池的性能和价格还不能满足 PHEV 和 BEV 的要求，但是各方面的研究开发工作一直在进行。在 2008 年 IEA 举办的有关该技术的专题讨论会上，日本通商产业省汽车处的 Yamauchi[11]提出研发战略三阶段的路线图：

当前状态：性能(能量密度大致为 70W · h/kg)和价格(约 2000 美元/kW · h)均取相对值 1；

第一阶段为改进型(2010 年前)：性能不变，价格降低到 1/2，用于高性能 HEV 和 BEV；

第二阶段为先进型(2015~2020 年)：2015 年性能提高到 1.5 倍，价格降低到 1/7，用于 FCV、插电式 HEV 和 BEV；2020 年性能提高到 3 倍，价格降低到 1/10，用于高性能插电式 HEV；

第三阶段为创新型(2030 年以后)：性能提高到 7 倍，达到 500W · h/kg，超过锂离子电池极限，价格降低到 1/40(50 美元/kWh)，用于长行程 BEV。

作者认为第一阶段均由产业部门研发，第二阶段由产业部门、政府和高校合作研发，第三阶段由高校和研究所研发。

参 考 文 献

1 Carlson E J, Kopf P, Sinha J, et al. Cost Analysis of PEM Fuel Cell System for Transportation. NREL Subcontractor Report, NREL/SR-560-39104, Dec, 2005

2 Ahluwalia R K, Wang X, Kumar R. Fuel Cell System Analysis. 2007 DOE Hydrogen Program Merit Review Meeting, Presentation FC-1, May, 2007

3 Fuel Cell Performance. Fuel Cells Handbook. 5th Ed. EG&G Services, Parsons Inc, Science Applications International Corp, 2000

4 Ahluwalia R K , Wang X, Kumar R. Fuel Cell System Analysis. 2006 DOE Hydrogen Program Merit Review Meeting, Presentation FC23, May, 2006

5 Ganji J. Fuel Cells. 2000 Hydrogen Technology Forum. Washington D C, Jun, 2004

6 Applied Battery Research, wwwl, eere. energy, gov/vfuels/technologies/energy _ storage/applied _ battery, html

7 Hytdrgen, Fuel Cell and Infrastructure Technologies: Multi - Year Research, Development and Demonstration Plan, Technical Plan on Fuel Cells. DOE, 2007: 3. 4. 1~3. 4. 42

8 Tsuchiya H, Kobayashi O. Mass Production Cost of PEM Cell by Learning Curve. International Journal of Hydrogen Energy, 2004, 29: 985

9 James B D, Kalinoski J A. Mass Production Cost Estimation for Direct Hydrogen PEM Fuel System for Automotive Applications. 2007 DOE Hydrogen Program Review Meeting, FC28, May, 2007

10 Lasher S, Sinha J , Yang Y, et al. Direct Hydrogen PEMFC Manufacturing Cost for Automotive Applications. 2007 DOE Hydrogen Program Merit Review Meeting, FC27, May, 2007

11 Yamauchi T. The Role of Policy Interventions for Research, Development and Deployment of New Transport Technologies-Existings and Future Policies and Measures in Japan, IEA (Revolutionizing the Transport Sector) Workshop, Paris, Oct 1, 2008,

12 Duvall M. Comparing the Benefits and Impacts of Hybrid Electric Vehicle Options for Compact Sedan and Sport Utility Vehicles. EPRI Final Report, 1006892, Jul, 2002

13 Sinha J, Lasher S, Yang Y, et al. Direct Hydrogen PEMFC Manufacturing Cost for Automotive Applications, 2008 DOE Hydrogen Program Merit Review Meeting, FC8, Jun, 2008

14 De Castro E. Approaches to Low Cost Components and MEAs for PEMFCs Current and Future Directions. Paper Presented to Fuel Cell Seminar, fuelcellseminar. com/pdf/2004/82%20De%Castro/pdf

15 Platinum Availability and Economics for PEMFC Commercialization. TIAX Report to DOE, DE - FC04 - 01AL67601, Dec, 2003

16 Heinzel A, Kreus C, Mahlendorf F, et al. Injection Moulded Low Cost Bipolar Plates for PEM Fuel Cells. Journal of Power Sources, 2004, 131: 35~40

17 DOE EERE Energy Storage Research & Development. 2003 Annual Progress Report

18 Duvahl M. Batteries for Plug-in Hybrid Electric Vehicles. The Seattle' s Electric Vehicle-to-Grid (V2G) Forum, Jun, 2006

19 EERE/DOE Freedom CAR & Vehicle Technology Program. Plug - in Hybrid Electric Vehicle R&D Plan, External Draft, Feb, 2007

20 Pesaran A. Battery Choices for Different Plug - in HEV Configurations. Plug - in HEV Forum and Technical Roundtable. NREL/PR-540-40378, Jul, 2006

21 James B D, Kalinoski J A. Mass Production Cost Estimation for Direct Hydrogen PEM Fuel System for Automotive Applications, 2008 DOE Hydrogen Program Merit Review Meeting, FC7, Jun, 2008

第十五章　运输燃料生产和应用中的环境影响

第一节　概　　述

石油和其替代产品作为主要的移动运输工具燃料，在使用过程中通过燃烧释放其化学能量而做功，同时将燃烧废气产物排放到大气中。车辆排放的废气中既有燃烧完全产生的二氧化碳和水汽，也有未燃尽的烃化合物（甲烷、非甲烷以及其他碳质颗粒），还有燃料和空气中氧化物杂质，如硫氧化合物（SO_x）与氮氧化合物（NO_x）等。在生产燃料的炼油厂、煤化工厂和生物化工厂的有关工艺装置和公用设施也会排放相似的废气，煤燃烧后的排放废气中甚至含有对人体非常有害的金属汞。

早期汽油燃料由于烃组成不理想，杂质中硫含量高，而且含有四乙基铅抗爆剂，尾气中污染组分很多。随着技术进步及环境意识的提高，首先是实行汽油“无铅化”，紧接着又实施“新配方汽油”，汽油的结构组成日趋合理，对环境有污染的杂质含量不断减少。

20 世纪 90 年代开始提出“清洁燃料”的目标，要求“低硫化”甚至“无硫化”。柴油燃料也经历类似的发展过程，所不同的是对尾气中颗粒物排放逐步严格。从表 15-1 可看出近 30 年来美国对环境要求日益严格及汽车尾气排放的污染物数量日趋减少的变化情况。

表 15-1　30 年来美国汽车尾气排放的污染物数量

		1970 年	1980 年	1990 年	2000 年早期预测数据
汽车数量/百万辆		111.2	161.5	192.9	223
平均单车汽油用量/（加仑/a）		799	634	580	536
年汽油消费/10 亿加仑		88.8	102.4	111.9	120
尾气毒物排放/（10^6t/a）	Pb	0.16	0.06	0.003	0
	CO	64.2	46.2	33.4	21.1
	VOC	9.8	6.2	4.7	3.2
	NO_x	6.1	7.4	6.6	6.3
	SO_x	0.3	0.4	0.5	0.3
	颗粒物	0.9	1.1	1.1	0.7

上述污染物对环境的影响范围相对较小，一般只对局部的周围环境和居民健康构成危害。生产工厂产生的废气中颗粒物影响范围通常在几公里以内，硫氧化合物（SO_x）扩散范围可达几百公里，形成“酸雨”，危害土壤和农作物。但这些环境影响的问题早已被察觉，而且有相应的治理措施，经过国家和政府的立法约束及有关部门的执法行动，已经得到较好的控制，不会对全球的气候和环境造成整体性的破坏和影响。因此不将该污染物的排放和治理列入本书撰写的内容。

值得提出的是各类含碳燃料在燃烧后排放二氧化碳的问题。二氧化碳是存在大气层中的一种温室气体，其他温室气体还有甲烷、氧化亚氮、全氟化氮和六氟化硫等。这些气体有一种特殊作用，能够使太阳能量通过短波辐射的方式到达地球，而地球以长波辐射形式向外散发的能量却无法透过该温室气体层，这种现象被称为“温室效应”。正是由于这种效应，地球才能保持适宜生命生存的环境。然而向大气层持续大量地排放温室气体则会使其浓度不断增大，进而通过“温室效应”使地球温度不断上升。过去由于温室气体排放量较少，由此引发地球变暖的问题并未得到人们注意，似乎利用大烟囱向大气层排放燃烧废气是“天经地义”的行为。直到工业革命后200年的20世纪中期，人们才将全球平均温度升高了0.4~0.8℃和大气层二氧化碳浓度升高约90μL/L联系起来，认识到人为过量排放温室气体是全球气候变暖的主要诱因。1992年联合国政府间谈判达成了《联合国气候变化框架公约》（简称UNFCCC），1997年缔约方大会通过了《京都议定书》，对减少主要工业发达国家的温室气体排放量提出了明确规定。2007年联合国政府间气候变化论坛（Intergovernmental Panel on Climate Change，简称IPCC）公布了对全球气候变化的第四次评估报告，再次阐明了问题的严重性，向各国敲起警钟，成为当年举行的八国首脑会议（G8+5）的主要议题，多方取得了共识。

运输燃料排放的二氧化碳在温室气体排放总量中占有较多份额。迄今专门论述这一问题的著作并不多见，因此本章将着重介绍和讨论。

第二节　向大气层排碳与全球的碳循环

一、全球气候变暖的主要原因

1. 全球的碳循环

地球上的碳是以多种无机和有机化合物的形式存在于地球大气、海洋和陆地之间，并在它们之间不断地循环。这些循环存在于生物界之间、生物与非生物之间，在地质时间尺度上还存在包括沉积物和岩石之间的循环（例如，化石燃料生成过程就是这样的循环）。虽然碳元素在地壳的丰度不过0.5%，但它是生命有机体的关键成分，在地球生命的演变中扮演着重要的角色，因此，碳循环是地球生物圈健康发展的重要标志。

图15-1[1]列出了全球碳循环中几种碳汇或碳库（单位为Gt碳）以及它们之间碳交换通量（单位是Gt碳/a）。根据1992~1997年间测算的有关数据，碳交换多数是自然过程，个别属人为过程。它们始终在动态中变化，但在短的时间尺度上趋于平稳。图中示出地球陆地每年净获得CO_2量为0.7Gt碳/a，系来自光合作用产生101.5Gt碳/a，植物呼吸排放约50Gt碳/a，分解释放约50Gt碳/a；另外通过植物和土壤，经由陆地上风化、冲蚀和流失，最终从大气进入海洋。海洋净获得1.6 Gt碳/a，其中总纳入约92.4 Gt碳/a、总释放约90.8 Gt碳/a。

2. 全球气候变暖90%应归结为人为因素所致

图15-2表明20世纪由于人为燃烧化石燃料和水泥制造产业的规模迅速增长，20世纪末每年排碳量已超过60亿t。18世纪工业革命以来的250年燃烧化石燃料累计的碳排放量已达2700亿t（截至2000年），接近大气圈碳汇容量（7750亿t）的三分之一，足以打破地球长期以来的碳平稳状态，增加了大气圈的碳积累，导致大气层二氧化碳浓度迅速增长。图15-3表明，近年大气层二氧化碳浓度是以每年2.0μL/L的增幅上升。

近年政府间气候变化组织第四次评估报告说明，导致20世纪全球气候变暖的原因90%应归结为人为因素所致。图15-4a、图15-4b的几组曲线[1]十分明确地指出了近年气候变化的趋势。

若不能对此进行有效控制，那么大气层二氧化碳的浓度21世纪将继续上升。根据六种

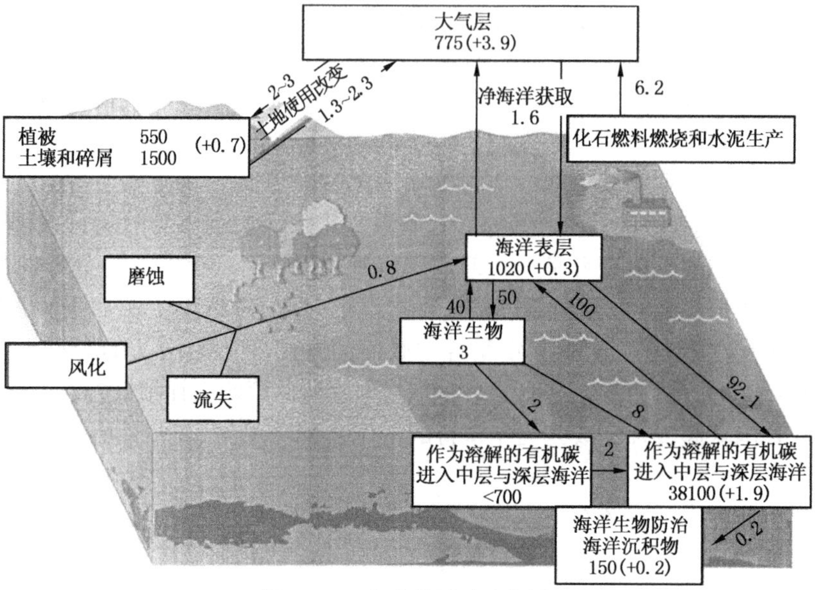

图 15-1　全球碳循环示意图

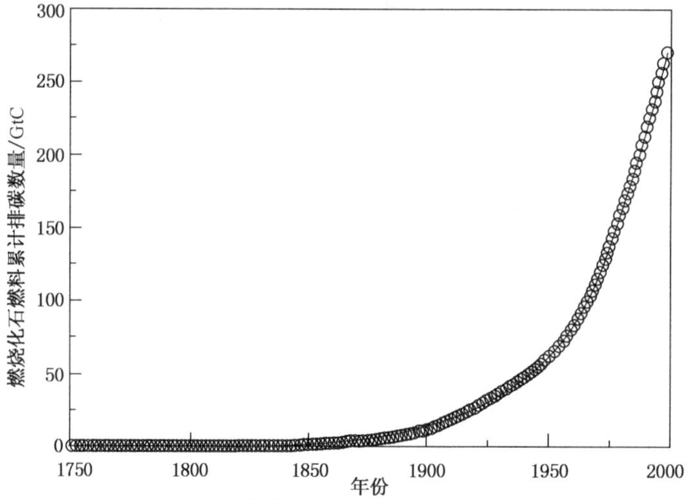

图 15-2　工业革命以来燃烧化石燃料累计排碳量

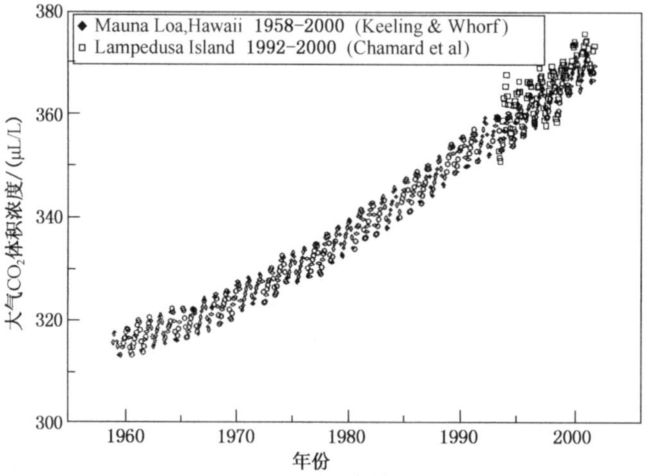

图 15-3　1958~2000 年大气层二氧化碳浓度变化

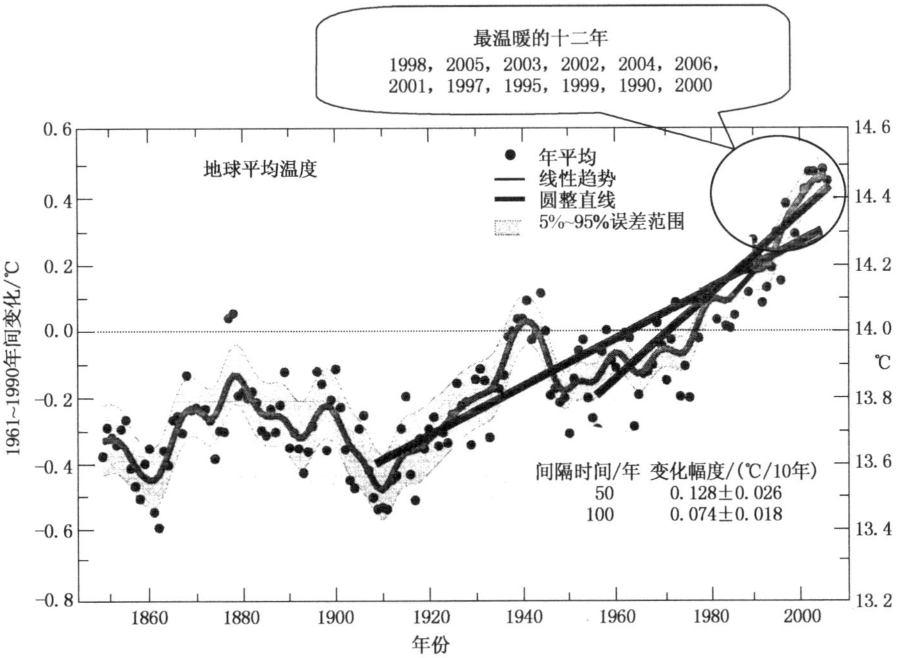

图 15-4a　近 40 年来全球气温变化趋势

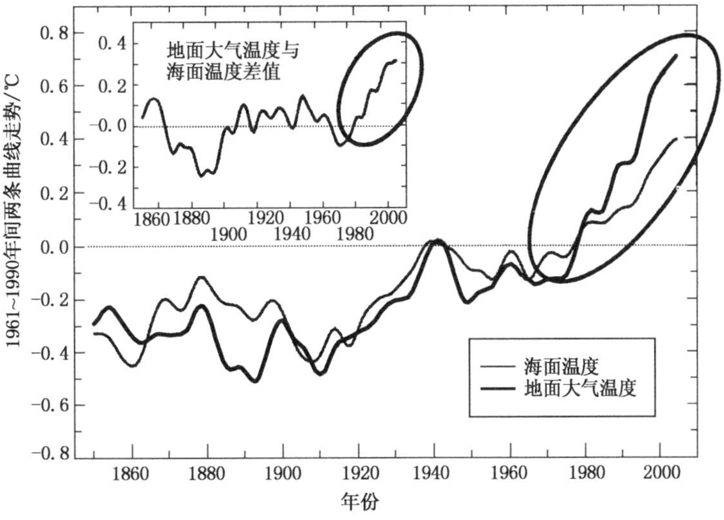

图 15-4b　近 40 年来全球地面温度和海洋表面温度变化趋势

不同情景推算的全球大气升温情景见表 15-2 和图 15-5a。不同温室气体浓度（平稳后）和大气平均温度平衡值的关联曲线示于图 15-5b。图 15-15a 图中曲线表示多种模型测算的全球气温上升的平均值及变化范围（阴影部分）。对应低位情景（B1）预测的最好温度上升幅度估计是 1.8℃（范围为 1.1~2.9℃）；对高位情景（A1F1）预测的最好温度上升幅度估计是 4.0℃（范围为 2.4~6.4℃）。图右侧的棒状图则表示 6 种 SRES 情景的预测结果，中间黑线表示最佳预测值，阴影部分表示变化范围。

大气中积累的碳引起的浓度变化需要很长时间才能趋于稳定。学者们推算的曲线显示要到 23 世纪才走向平缓，那时可从每一碳平衡浓度得出对应于相应的年排碳量，而且均低于

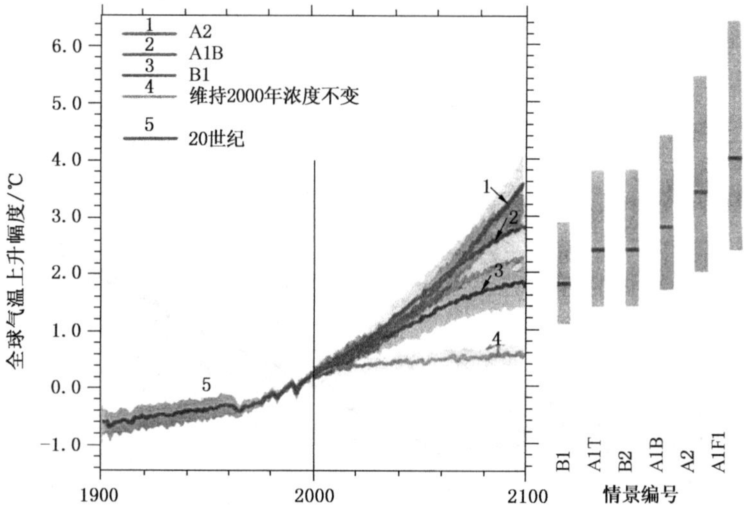

图 15-5a 今后不同情景下的全球气温上升幅度

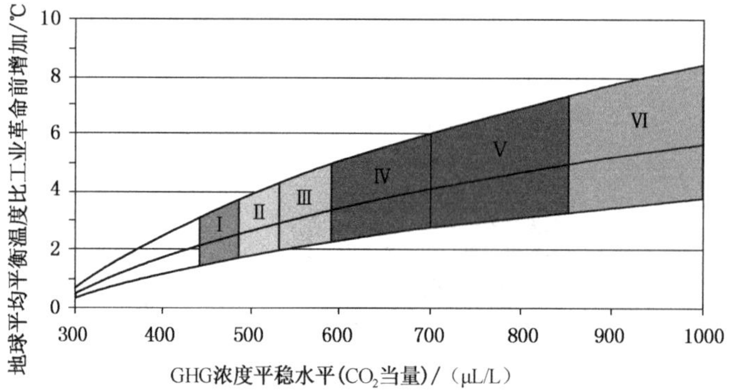

图 15-5b 不同温室气体浓度下的全球气温上升幅度

1990 年的水平，参阅图 15-5c[3]。例如 490~535μL/L 的碳平衡浓度要求的年排放量甚至比 1990 年实际数值还低 30%~60%。较好的情景是 21 世纪中叶温室气体浓度不高于 450μL/L，气温平均升高 2℃，但预计很难实现。若不及时采取有关措施，而听任自由发展，那么 21

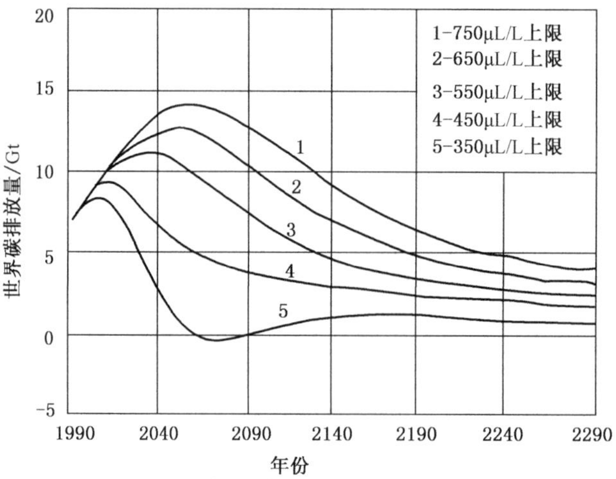

图 15-5c 二氧化碳浓度达到平稳的几种情景

世纪末温室气体浓度可能达 600μL/L 上下，气温平均升高 4℃以上，无疑将对人类生存环境带来灾难性后果。

表 15-2　不同情景下的全球气温上升幅度

情景编号	净辐射强度/(W/m^2)	CO_2 浓度/(μL/L)	CO_2 平衡浓度/(μL/L)	平衡时期地球温升①/℃	CO_2 排放量峰值出现时期	2050 年世界 CO_2 排放②
AA	2.5~3.0	350~400	445~490	2.0~2.4	2000~2015	-85~-50
AB	3.0~3.5	400~440	490~535	2.4~2.8	2000~2020	-60~-30
B	3.5~4.0	440~485	535~590	2.8~3.2	2010~2030	-30~+15
C	4.0~5.0	485~570	590~710	3.2~4.0	2020~2060	+10~+60
D	5.0~6.0	570~660	710~855	4.0~4.9	2050~2080	+25~+85
E	6.0~7.5	660~790	855~1130	4.9~6.1	2060~2090	+90~+140

① 对比世界工业化前时期。

② 相对于 2000 年（%）。

3. 以控制温室气体排放为目的的《京都议定书》

人为无节制地排放 CO_2 导致大气温度上升和自然灾害频发的事实无疑将对人类生存环境带来灾难性后果，也为各国政府就温室气体减排达成初步共识建立了基础。

表 15-3a 列出了《京都议定书》对 38 个承担减排义务国家（附件 B 国家）温室气体排放基准（选定为 1990 年）、排放量指标及近年排放简况。

表 15-3a　《京都议定书》承担减排义务主要国家温室气体排放量指标

国　家	1990 年温室气体排放总量（CO_2 当量）/亿 t	2008~2012 年排放限制指标（1990 年=100）	1990 年 CO_2 排放量/亿 t	2004 年温室气体排放总量（CO_2 当量）/亿 t
美　国	69.6	93	49.1	68.9
俄罗斯	30.0	100	23.7	
日　本	11.8	94	11.3	13.4①
德　国	12.0	92	10.1	10.2
英　国	7.3	92	5.8	6.7
加拿大	6.0	91	4.7	7.4①
意大利	5.2	92	4.3	5.8
法　国	5.5	92	3.9	5.6
八强（G8）合计	147.4		112.9	
欧盟 15 国合计	42.6		33.6	42.3
欧盟 25 国合计	52.4			49.8
附件 B 38 国合计	178.0		143.4	

① 2003 年数据。

非承担义务国家（附件 B 之外国家）主要是发展中国家和低发展国家，联合国 UNFCCC 在 2005 年公布了其中 122 个国家或地区在 1994 年前后的排放数据，总计排放三类 GHG117 亿 t，其中 CO_2 74 亿 t、CH_4 30 亿 t 当量、N_2O 13 亿 t 当量（不计土地与森林变化引起的改变），现选录部分数据[4]列于表 15-3b。

表 15-3b　发展中国家和低发展国家温室气体排放量

国家或地区	GHC 排放量/亿 tCO_2 当量	CO_2 排放量/亿 t	国家或地区	GHC 排放量/亿 tCO_2 当量	CO_2 排放量/亿 t
非洲地区	7.30	7.01	亚太地区	70.3	70.1
南非联邦	3.18	3.16	中　国	34.2	30.7
尼日利亚	1.21	1.19	印　度	7.98	7.79
埃　及	0.96	0.84	伊　朗	3.11	3.26
阿尔及利亚	0.65	0.64	韩　国	2.58	2.57
摩洛哥	0.29	0.28	印　尼	1.84	1.78
突尼斯	0.17	0.17	哈萨克斯坦	1.81	1.79
津巴布韦	0.17	0.17	朝　鲜	1.70	1.69
拉美地区	9.71	9.40	泰　国	1.45	1.41
墨西哥	3.12	3.09	乌兹别克	1.04	1.02
巴　西	2.65	2.53	马来西亚	0.92	0.89
阿根廷	1.24	1.20	巴基斯坦	0.91	0.88
哥伦比亚	0.63	0.61	菲律宾	0.59	0.58
智　利	0.38	0.37	以色列	0.53	0.52
秘　鲁	0.31	0.31	土库曼斯坦	0.33	0.32
古　巴	0.24	0.24	新加坡		0.27
厄瓜多尔	0.21	0.20	越　南	0.28	0.25
多米尼加	0.15	0.15	孟加拉国	0.18	0.17
特里尼达和多巴哥	0.15	0.15	阿塞拜疆	0.45	0.45
			其他地区	1.0	1.0

表 15-3c 和 15-3d 为荷兰环境评估机构 MNP 2007 年根据 IEA、BP 资料编制的 1990 年基准年后 12 年各国排碳量执行情况，附件 B 国家执行情况尚好，非附件 B 国家在经济发展中排放量增长幅度较大，这也在意料之中。

表 15-3c　1990～2002 年两大类国家排碳量　　亿 t/a

年　代	附件 B 国家		非附件 B 国家	
	陆地排放量	远洋排放量	陆地排放量	远洋排放
1990	38.71	0.86	21.44	0.47
1992	36.80	1.03	22.81	0.50
1994	35.93	1.03	24.90	0.55
1996	36.73	1.15	27.02	0.70
1998	37.40	1.22	27.51	0.74
2000	37.79	1.32	26.91	0.75
2002	37.90	1.28	29.86	0.80

表 15-3d　1990~2006 年两大类国家排二氧化碳量　亿 t/a

国　家	1990 年	1994 年	1998 年	2002 年	2006 年
美　国	48.4	51.1	54.8	56.5	57.5
欧盟 15 国	31.2	30.5	31.6	32.1	33.3
日　本	10.6	11.2	11.2	12.1	12.1
其他附件Ⅱ国家	7.8	8.2	9.3	9.9	10.5
俄罗斯	20.3	16.1	14.3	15.0	16.2
其他前苏联国家①	23.3	17.0	15.1	14.7	16.2
中　国	22.6	28.0	31.1	34.6	56.8
印　度	10.9	12.7	14.8	16.0	18.4
其他排碳大国②	5.9	7.2	8.7	10.1	12.2
其他非附件Ⅰ国家	20.3	24.6	29.2	33.5	39.5
远洋运输	6.6	6.9	7.7	8.2	8.9
合　计	207.8	213.4	227.8	242.6	281.6

① 含土耳其。

② 含巴西、墨西哥、南非、沙特阿拉伯、伊朗。

表 15-4 列举的是另一较新的公布数据（2003 年），是按年排碳排序的前 30 位国家的排碳量（亿 t/a）。

表 15-4　2003 年排碳量最多的 30 个国家　亿 t 碳/a

国　家	排碳量	国　家	排碳量	国　家	排碳量
美　国	15.80	墨西哥	1.14	印　尼	0.81
中　国	11.31	伊　朗	1.04	泰　国	0.67
俄罗斯	4.08	法　国	1.02	土耳其	0.60
印　度	3.48	南　非	0.99	阿尔及利亚	0.45
日　本	3.36	澳大利亚	0.97	哈萨克斯坦	0.43
德　国	2.20	乌克兰	0.86	马来西亚	0.43
加拿大	1.54	西班牙	0.84	委内瑞拉	0.40
英　国	1.52	波　兰	0.83	荷　兰	0.38
韩　国	1.24	沙　特	0.83	埃　及	0.38
意大利	1.22	巴　西	0.81	阿联酋	0.37

图 15-6 和图 15-7 展示不同地区在 20 世纪后 50 年 CO_2 排放变化曲线[6]。地区范围西欧与德国分为两组，北美只包括美国和加拿大，亚洲之一为中国、朝鲜、越南、蒙古，亚洲之二为日本、韩国和南亚各国，拉丁美洲包括墨西哥、中南美和加勒比地区。

纵然有《京都议定书》的约束，但发达国家中头号大国美国迄今拒绝签字，令议定书大打折扣，另一个一直拒绝签字的澳大利亚则是在 2007 年年底才签字认可。占世界人口约 80% 的发展中国家 1990 年排碳量还不到世界一半的不合理局面今后肯定会突破，因此预测 2003~2030 年世界排碳量仍然将以 1.1%~3.0%年增长率的幅度上升，总量将超过 1990 年一倍。IEA-WEO 设定的几种不同情景下 2004~2030 年温室气体排放量预测参见图 15-8。

从图 15-9 可以看出，2002 年石油燃料产生的 CO_2 为 67 亿 t，2030 年如仍旧使用常规原油将增排 71~94 亿 t。通过提高汽车效率可减排 16 亿~35 亿 t，生物质替代石油燃料将减排 6 亿~10 亿 t，净排 116 亿 t（未计入非常规石油和 CTL、GTL 增加的数量）。

2010~2030 年世界排放二氧化碳量预测见表 15-5，由于各国政府将要执行新制定的减排目标，排放量可能还会有所下降。

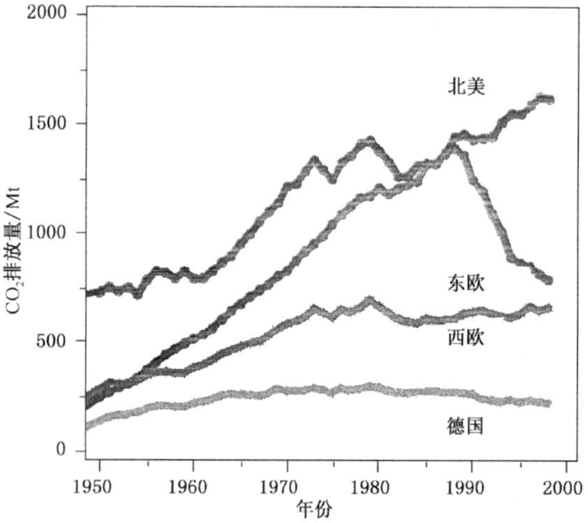

图 15-6　1950~2000 年欧洲和北美地区 CO_2 排放量

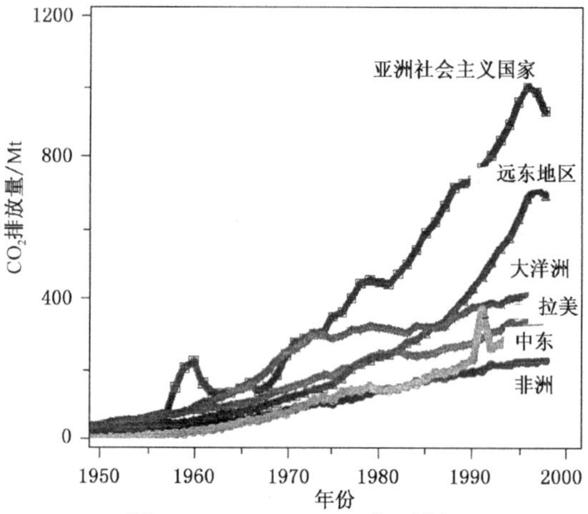

图 15-7　1950~2000 年亚洲、非洲和拉美地区 CO_2 排放量

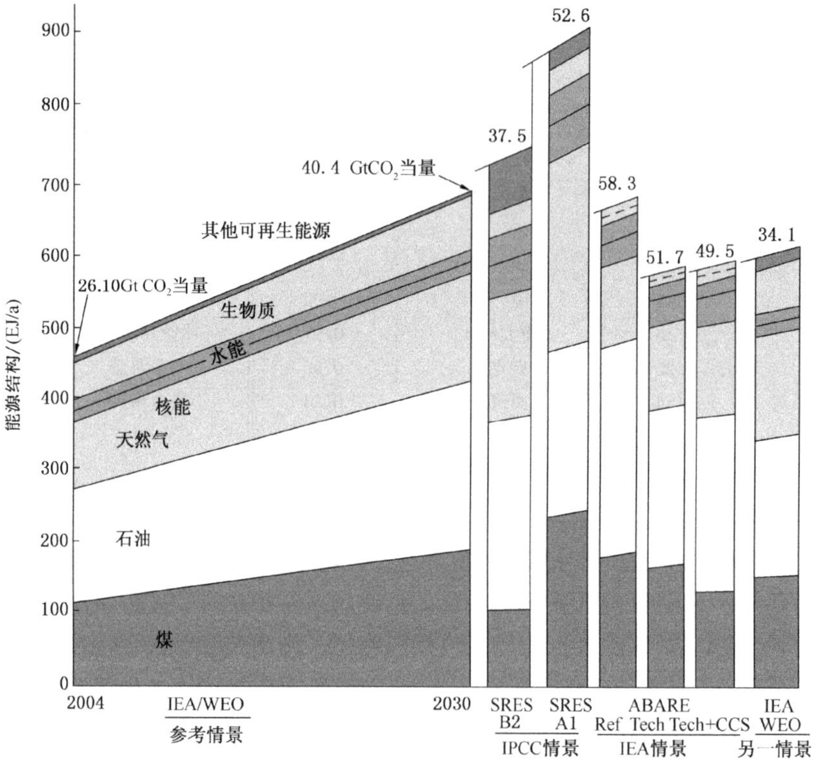

图 15-8　不同情景下 2004~2030 年世界一次能源结构和温室气体排放量

对于更长远的排碳量估计，IPCC 根据经济发展、一次能源结构和科技进步设想了四类情景家族、六种情景组合与 40 种具体情景。

A1 情景：世界经济发展很快，人口在 21 世纪中期达到峰值然后下降，广泛采用新技术，国家间交流充分，差距缩小。其中 A1FI 化石燃料为主，A1T 非化石能源为主，A1B 为能源平衡型；

A2 情景：国家间合作少，人口失控，经济增长慢；

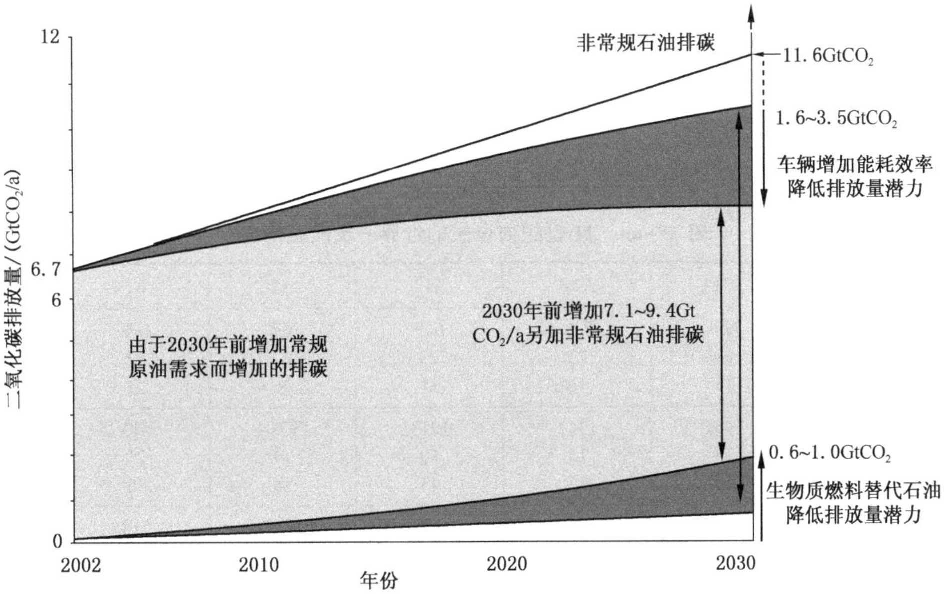

图 15-9　不同石油补充和替代情况下 2002~2030 年世界二氧化碳排放量

表 15-5　2010~2030 年世界排放二氧化碳量预测　亿 t/a

地区和国家		1990 年	2003 年	2010 年	2020 年	2030 年	2003~2030 年年均增长率
发达国家（OECD）	北　美	57.6	68.0	75.1	85.1	97.4	1.3
	美　国	49.9	58.0	63.7	71.2	81.1	1.3
	加拿大	4.7	6.0	6.8	8.0	8.7	1.4
	墨西哥	3.0	4.1	4.6	6.0	7.5	2.3
	欧洲 OECD	40.9	42.6	44.7	47.4	51.2	0.7
	亚太 OECD	15.4	20.9	22.7	24.6	26.4	0.9
	日　本	10.1	12.1	12.0	12.2	12.2	0
	韩　国	2.3	4.7	6.1	7.2	8.4	2.2
	澳、新	2.9	4.2	4.6	5.2	5.8	1.2
	发达国家合计	113.8	131.6	142.5	157.1	175.0	1.1
非 OECD 国家	东欧及前苏联	41.9	27.3	31.1	37.6	43.5	1.7
	其中：俄罗斯	23.3	16.1	18.0	21.2	23.7	1.5
	其他国家	18.6	11.2	13.1	16.4	19.8	2.1
	亚洲（非 OECD）	36.3	60.7	90.8	124.1	159.8	3.6
	中　国	22.4	35.4	58.6	81.6	107.2	4.2
	印　度	5.8	10.2	13.7	18.0	22.1	2.9
	其　他	8.1	15.1	18.5	25.5	30.6	2.7
	中　东	7.0	11.8	14.6	18.1	21.8	2.3
	非　洲	6.5	8.9	11.9	14.8	17.3	2.5
	中南美洲	6.7	10.1	12.7	15.9	19.3	2.4
	巴　西	2.2	3.5	4.2	5.1	6.1	2.1
	其　他	4.5	6.6	8.5	10.8	13.2	2.6
	非 OECD 国家合计	98.5	118.8	161.1	210.4	261.8	3.0
世界合计		212.3	250.3	303.6	367.5	436.8	2.1

B1 情景：和 A1 情景相似，但后半世纪侧重发展服务和信息产业，减少物料消费，强调可持续发展，但缺乏进一步控制气候变化的措施。

B2 情景：各国、各地区从局部经济、社会和环境的可持续发展出发，人口增长低于 A2，总体经济发展速度中等。

概括得出数据见表 15-6a、表 15-6b。

表 15-6a　21 世纪内设想的世界一次能源情况　10^{18}J/a

年代/情景	A1FI	A1B	A1T	A2	B1	B2
2020 年总量	669	711	649	595	606	566
煤炭/%	29	23	23	22	22	17
非碳能源/%	15	16	31	8	21	18
2050 年总量	1431	1347	1213	971	813	869
煤炭/%	33	14	10	30	21	10
非碳能源/%	19	36	43	18	30	30
2100 年总量	2073	2226	2021	1717	514	1357
煤炭/%	29	4	1	53	8	22
非碳能源/%	31	65	85	28	52	49

表 15-6b　21 世纪内设想的世界排碳情况　亿吨 t/a

年代/情景	A1FI	A1B	A1T	A2	B1	B2
2020 年	127 (110~161)	126 (90~163)	103 (87~117)	122 (80~143)	106 (78~145)	90 (85~134)
2050 年	239 (206~277)	164 (127~267)	123 (111~140)	174 (111~191)	113 (78~183)	110 (110~176)
2100 年	282 (256~368)	135 (105~206)	43 (43~92)	291 (175~354)	42 (5~133)	133 (75~246)
1990~2100 年排碳累计/亿 t	21890 (20270~25380)	14990 (13010~20730)	10680 (10490~11130)	18620 (13520~19380)	9830 (7720~13900)	11640 (11640~16860)

结合 IPCC 做过的六种情景分析（SRES）及此后（SRES 后）发表的文献，按概率分五档数据，以条形图表示的 2030 年与 2100 年温室气体排放量预测见图 15-10。

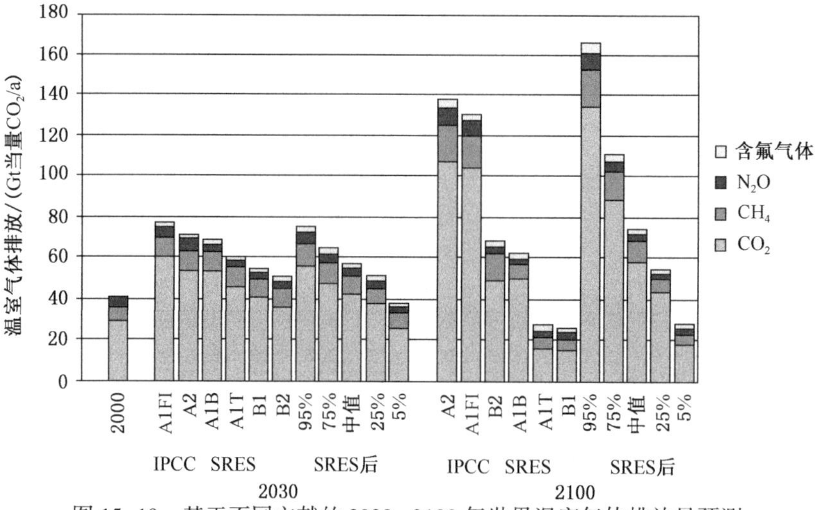

图 15-10　基于不同文献的 2030~2100 年世界温室气体排放量预测

可见今后 50 年乃至 21 世纪末的世界累计排碳数量是 1 万亿 t 到 2.5 万 t 吨不等，设法争取尽量降低排碳量以缓解气候变暖是全世界的共同责任。图 15-11 直观地表达出不同年度随不同情景变化的世界累计排碳数量的范围。

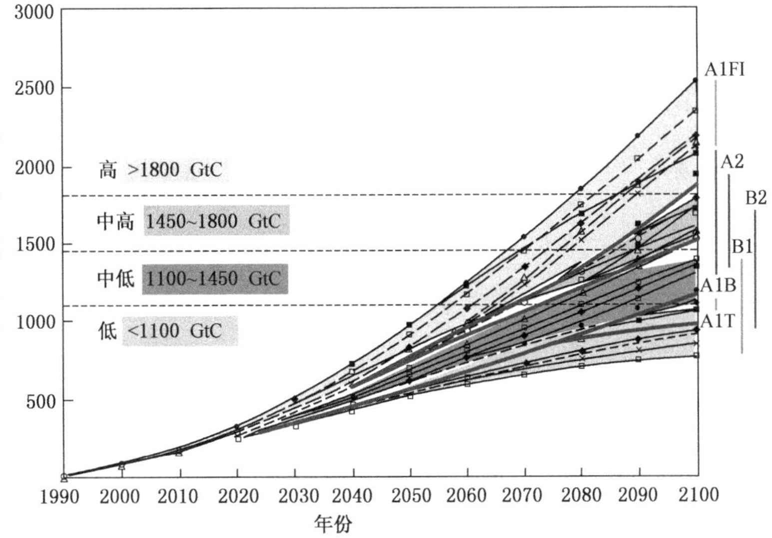

图 15-11　向大气排放的二氧化碳数量累计预测

科学衡量一个国家的温室气体排放量，应该以人均数值为基础，并结合经济发展水平进行对比。从图 15-12 看出发达国家中美国、加拿大和澳大利亚人均排放 5~6t 碳（或 18~25t 二氧化碳），欧洲和日本则人均排放在 2~3t 碳（或 8~10t 二氧化碳），彼此相差一倍之多。何况欧盟表示还可通过多种途径进一步把 2050 年的排碳量降低到 2000 年的一半。如此看来发达国家人均年排碳 1~1.5t 是可能的。否则占人口 80%的发展中国家将没有足够的排碳空间，那将是

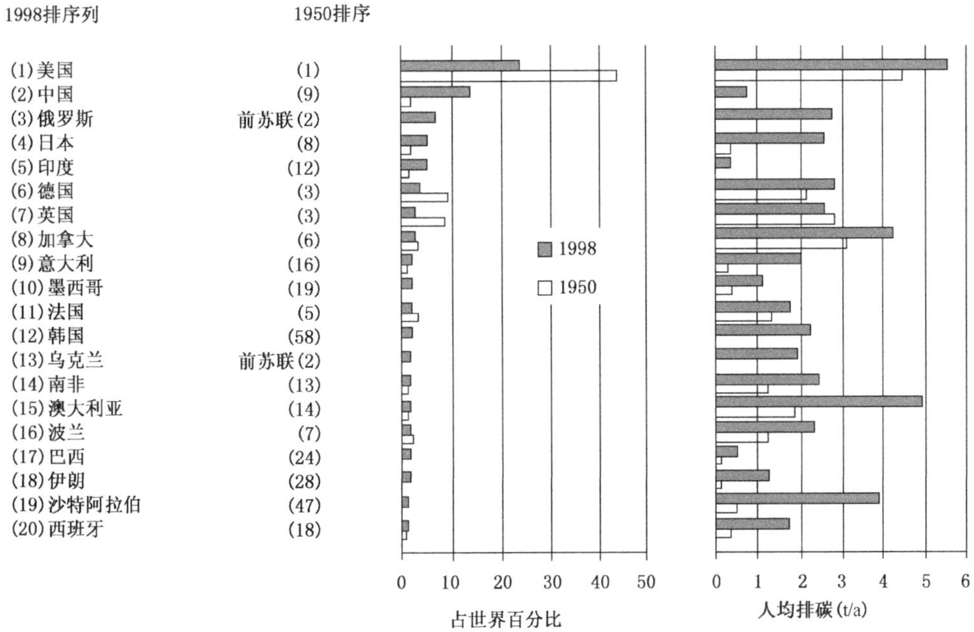

图 15-12　排放二氧化碳量占世界份额和人均数量的前 20 位国家

（1950 年与 1998 年资料）

极不公平的。为了全世界的协调发展，必须在各国间合理地分配“排碳额度”。

表 15-7 将联合国人类发展报告（2006 年）[5] 中按人类发展指数（HDI）从高到低排序的国家中选择一部分国家的 2003 年人均碳排放量（t/a）。

表 15-7　部分国家人均二氧化碳的排放量　t/a

HDI 序号	国家或地区	1980 年人均	2003 年人均	HDI 序号	国家或地区	1980 年人均	2003 年人均
1	挪　威	9.5	9.9	52	古　巴	3.2	2.3
2	冰　岛	8.2	7.6	55	墨西哥	3.7	4.0
4	澳大利亚	13.8	18.0	63	俄罗斯	9.8	10.3
7	美　国	20.4	19.8	65	巴　西	1.8	1.6
8	加拿大	17.1	17.9	69	委内瑞拉	6.0	5.6
9	日　本	7.9	9.7	73	沙特阿拉伯	14.0	13.0
13	英　国	10.3	9.4	75	乌克兰	7.5	6.6
17	法　国	9.0	6.2	85	菲律宾	0.8	1.0
18	德　国		9.8	104	中　国	1.5	3.2
21	意大利	6.6	7.7	106	伊　朗	3.0	5.6
22	以色列	5.4	10.6	109	越　南	0.9	0.6
25	中国香港	3.2	5.5	111	南　非	7.8	7.9
44	卡塔尔	56.3	63.1	112	印度尼西亚	0.6	1.4
46	科威特	18.0	31.1	127	印　度	0.5	1.2
48	阿联酋	34.8	33.6	139	孟加拉国	0.1	0.3

表 15-8 是选择摘录美国能源部 ORNL 实验室二氧化碳信息中心 CDIAC 公布的 2003 年人均碳排放量从高到低排序[6]。

表 15-8　从高到低排序的部分国家和地区人均碳的排放量　t/a

序　号	国家或地区	年人均排碳	序　号	国家或地区	年人均排碳
2	卡塔尔	20.33	64	法　国	1.70
3	阿联酋	11.81	69	伊　朗	1.57
4	科威特	8.81	71	委内瑞拉	1.53
11	美　国	5.43	75	中国香港	1.47
13	加拿大	4.88	84	南斯拉夫	1.26
14	澳大利亚	4.85	89	墨西哥	1.10
18	沙特阿拉伯	3.64	90	泰　国	1.10
25	新加坡	2.99	97	朝　鲜	0.93
29	俄罗斯	2.85	101	中　国	0.86
31	以色列	2.79	115	古　巴	0.61
36	挪　威	2.70	125	巴　西	0.46
37	德　国	2.66	131	印度尼西亚	0.36
38	日　本	2.64	136	印　度	0.33
39	韩　国	2.59	143	菲律宾	0.26
40	英　国	2.56	144	越　南	0.26
44	新西兰	2.41	159	巴基斯坦	0.20
47	荷　兰	2.38	170	尼日利亚	0.11
49	南　非	2.23	181	孟加拉国	0.07
53	意大利	2.10	187	缅　甸	0.05
54	冰　岛	2.07	197	坦桑尼亚	0.03
60	乌克兰	1.80	206	柬埔寨	0.01

二、温室气体 CO_2 的来源及减排方案

1. 二氧化碳的来源

了解总体二氧化碳排放数量之后，需要进一步了解其源头来自何处，根据 UNFCCC 资料，国外通常按表 15-9 内各项分开统计然后汇总。

表 15-9a　部分附件 B 国家源于固定燃烧的 CO_2 排放量　亿 t/a

国　家	能源工业		制造工业		农林渔业、商业、居民	
	1990 年	2002 年	1990 年	2002 年	1990 年	2002 年
法　国	0.68	0.59	0.83	0.81	0.94	0.98
德　国	4.14	3.57	1.96	1.32	2.04	1.74
英　国	2.28	1.94	0.94	0.84	1.13	1.15
意大利	1.33	1.53	0.88	0.90	0.76	0.78
美　国	17.92	22.40	9.67	9.56	5.64	6.04
加拿大	1.44	1.99	0.62	0.62	0.69	0.79
日　本	3.39	3.79	3.35	3.46	1.64	1.94
澳大利亚	1.42	1.99	0.37	0.43	0.12	0.16

表 15-9b　部分附件 B 国家源于运输（非固定燃烧）的 CO_2 排放量　亿 t/a

国　家	道路运输		水路运输		民用航空运输	
	1990 年	2002 年	1990 年	2002 年	1990 年	2002 年
法　国	1.11	1.33	0.10	0.10	0.13	0.20
德　国	1.50	1.66	0.10	0.09	0.14	0.21
英　国	1.09	1.17	0.10	0.09	0.18	0.30
意大利	0.94	1.15	0.10	0.11	0.06	0.10
美　国	11.12	14.05	1.15	0.81	2.23	2.37
加拿大	1.03	1.31	0.08	0.08	0.13	0.16
日　本	1.92	2.51	0.31	0.30	0.20	0.32
澳大利亚	0.53	0.65	0.04	0.04	0.06	0.14

表 15-10 是从美国能源部统计署 EIA 公布的 1990~2005 年 CO_2 排放量来源数据中选录部分内容[9]，从中可看到若干细节。EIA 公布的 2006 年排放量为 58.77 亿 t，比 2005 年减少 1.3%，而这一年来 GDP 增加 3.3%。主要原因是发电用天然气替代石油和煤等使 CO_2 得以减排 0.46 亿 t，2006 年的暖冬使居民社区 CO_2 减排了 0.46 亿 t。

表 15-10　美国近年来二氧化碳排放量来源统计　亿 t/a

CO_2 来源分类	1990 年	1995 年	2000 年	2005 年
各应用部门 CO_2 排放量合计	49.86	52.66	58.10	59.46
其中：居民社区	9.54	10.31	11.72	12.54
商业	7.81	8.41	10.06	10.51
工业	16.84	17.29	17.78	16.82
运输	15.67	16.65	18.54	19.59
非燃料应用 CO_2 排放量	0.98	1.05	1.10	1.06

续表

CO_2 来源分类	1990 年	1995 年	2000 年	2005 年
非燃料应用捕集的 CO_2 量	2.51	2.86	3.08	3.01
非燃料因素调整数量①	-0.83	-0.63	-0.59	-0.42
调整后 CO_2 排放量合计	49.02	52.03	57.51	59.03
其他 CO_2 排放量	0.88	1.05	1.02	1.05
其中：天然气火炬	0.09	0.17	0.06	0.06
天然气中二氧化碳	0.14	0.17	0.18	0.17
水泥生产	0.33	0.37	0.41	0.46
其他工业	0.27	0.28	0.29	0.28
废品燃烧	0.05	0.06	0.08	0.06

① 增加美国海外领土排放量；扣除海运燃油产生的 CO_2 量。

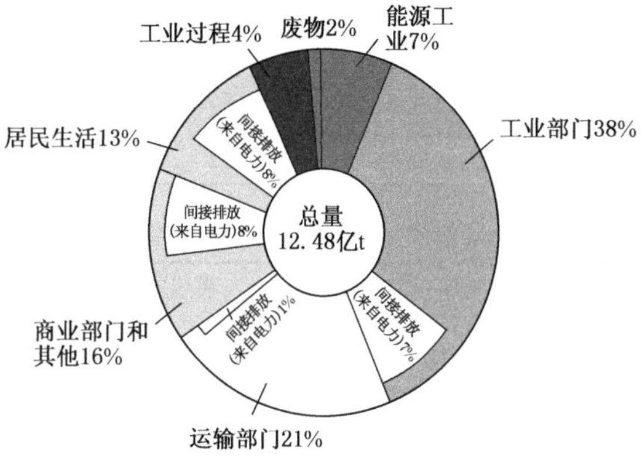

图 15-13　2005 年日本排放 CO_2 的不同来源剖析图

图 15-13 形象化地表示了 2005 年日本 CO_2 排放的不同来源，特别表示出了间接来自电力的排放数据[7]。

前面列举了许多数据，表明二氧化碳排放是工业化社会的伴生物，随着 20 世纪下半叶廉价化石燃料的大量应用呈现突飞猛进之势，打乱了大气层长期以来的平衡，使二氧化碳浓度持续增长，连带着其他温室气体的同步增加，是近年来地球温度日益变暖的主要原因。

从具体排放数据分析，目前全球排放二氧化碳量已达 280 亿 t/a，平均大气温度增加约 0.6℃，并且在继续增长。限制最终温升不高于 2℃的目标非常艰巨。

2. 温室气体的减排途径

减排的任务应首先由发达国家承担，发展中的大国也有责任合理控制排放量。美国、英国等学者都认为他们国家存在巨大的减排潜力。

1）美国的减排途径

美国 2005～2030 年减排 60%～80%的途径是大力提高能源效率，并增加可再生能源（风能、生物燃料、生物质能、光伏发电、太阳能集热发电、地热等）的份额。预计从 22.3 亿 t碳/a 基础上减排 11 亿～13 亿 t/a。具体减排途径是（以下未标明单位均为减排亿t 碳/a）：

提高能量效率可减排　　6.35～7.40

其中：提高发电效率　　1.65～2.70

提高油气使用效率　　4.70

增加可再生能源在发电中份额达到 51%（风能 20%、生物质能 8%、光伏发电 7%、太阳能集热发电 7%、地热 9%等）可减排　　4.53～6.33

其中：太阳能集热发电　　0.80

光伏发电　　0.50～0.80

风力发电	1.40~2.25
生物燃料	0.58
生物质能发电	0.60~0.90
地热发电	0.65~1.00

图 15-14 绘出 25 年内减排潜力曲线，作者认为 2030~2050 年减排仍有相当潜力（太阳能发电比例将进一步扩大），按常规发展时（2050 年排碳 28.6 亿 t）减排 60%估计，净排量只有 11 亿 t，低于 1990 年水平。

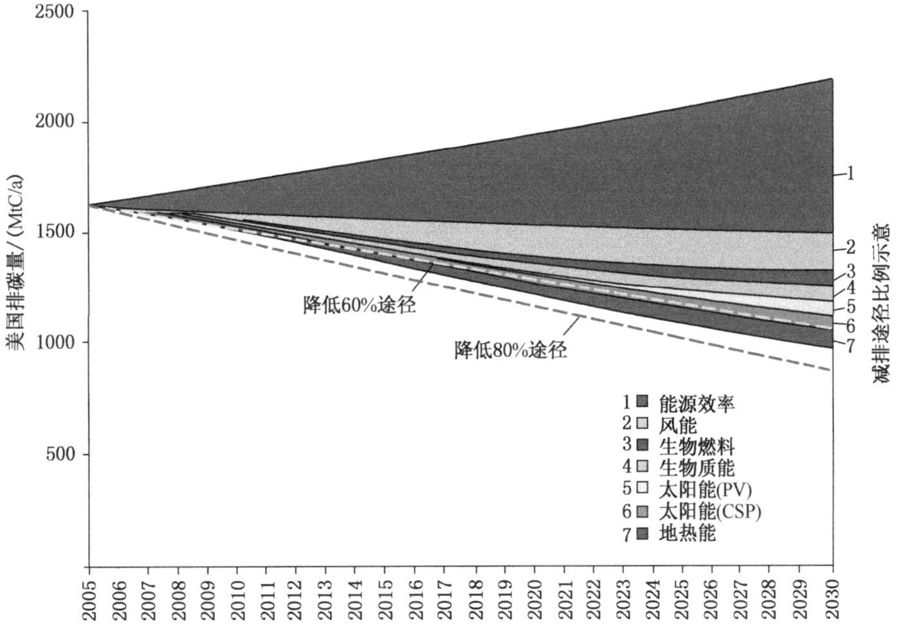

图 15-14 美国 2005~2030 年充分发挥碳减排潜力的理想情景

美国国家能源技术实验室（NETL）根据太平洋西北国家实验室设想的 21 世纪内碳减排技术应用程度，2020~2035 年为起步阶段，2050 年形成规模，下半世纪广泛推广应用。2050 年全世界将从 130 亿 t 排碳降低到 105 亿 t 排碳，21 世纪末世界排碳再降低到 70 亿 t/a。上述设想见图 15-15。该设想以低碳运输燃料生产、碳捕集和埋存的技术为主，氢能在运输燃料中基本得到推广。图中太阳能和核能的份额较少。

2）德国的减排途径

德国政府《2020 年环境议程》提出在 2020 年前温室气体排放量将在 1990 年基础上减少 40%，高于欧盟提出的 20%的目标。具体措施有（以下未标明单位均为亿 t 二氧化碳/a）：

电站现代化可减排	0.30
热电联产能力增大一倍可减排	0.20
可再生能源发电增加 27%可减排	0.55
降低电力消耗 11%可减排	0.40
提高建筑物能效可减排	0.40
提高汽车燃油效率，更多使用生物燃料可减排	0.30
利用更多可再生能源可减排	0.14

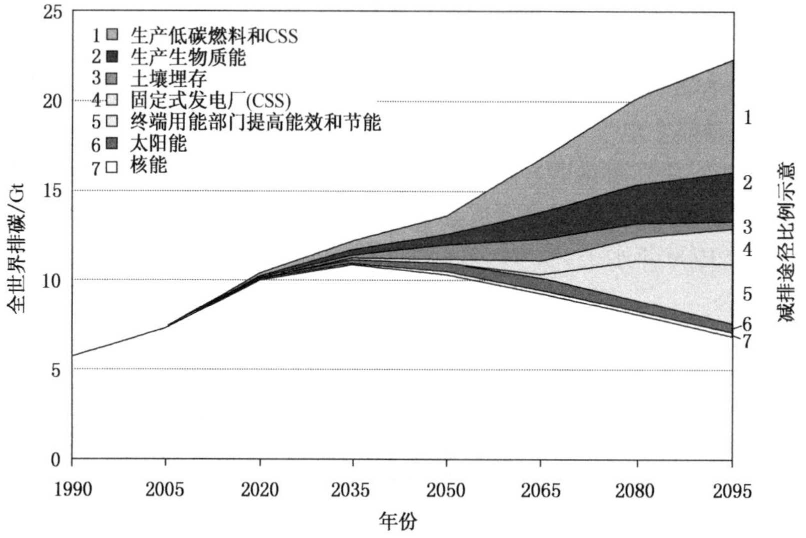

图 15-15　21 世纪内降低碳排放的技术应用设想

为实现以上措施需投入 30 亿欧元。注意德国拒绝通过发展核能实现减排目标。

3）英国的减排途径

英国 AEA 技术公司 2003 年根据模型计算发表文章[8]，提出在 2000 年排碳 1.32 亿 t 的基础上，2050 年减排 45%、60%和 70%三种设想方案。以减排 60%的方案为例，提高能量供应效率减排 8%，提高能量消费效率减排 44%，降低能量的碳强度减排 47%。原先常规发展 2050 年比 2020 年增加排放 47%。综合结果是：

$$(100+47)\times(1-0.08)\times(1-0.44)\times(1-0.47)=40.1$$

图 15-16 绘出了英国各方案时 2050 年终端能源构成。图中显示以氢能燃料替代石油的趋势。减排的比例取决于氢能燃料应用的比例。影响减排的另一部门是发电能源结构，图 15-17 显示核能与近海风能将是 2030 年减排的主力，回收二氧化碳的燃气轮机联合循环发电（GTCC）和生物质能发电将于 2050 年前进入角色。注意太阳能发电在英国不具备发展前景。

无疑世界大国和强国已把节能减排问题列入重大议程，相信各国会根据本国国情采取有

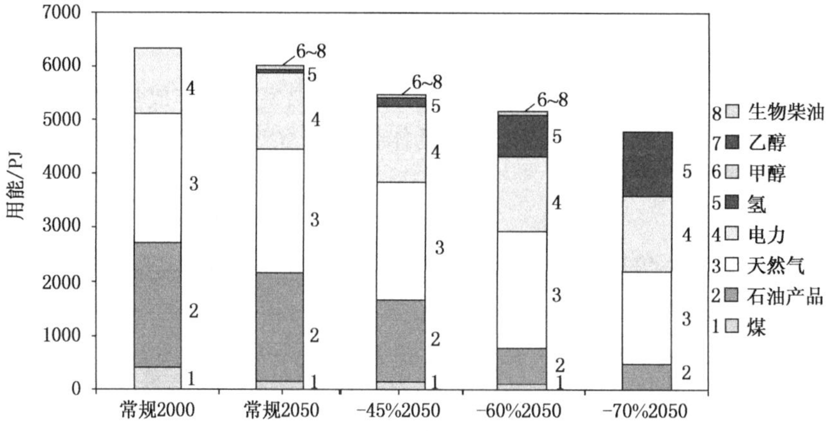

图 15-16　英国 2050 年减排方案终端能源结构

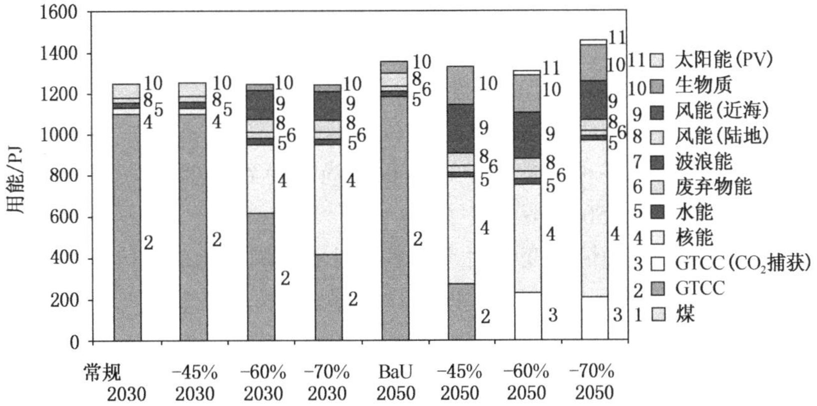

图 15-17　英国 2030 年和 2050 年减排方案发电能源结构

效措施，同时加强国际技术和经济合作，把减排任务落实。争取 2020 年后，在生物质能大规模利用、土壤捕集、固定式化石燃料发电的碳捕集和埋存、提高终端用能效率和节能、太阳能大规模发电、核能等领域有所突破，使二氧化碳排放量大幅度降低。

4）我国的温室气体减排任重道远

我国近年来经济发展速度快，耗能工业（钢铁、建材）增长幅度大，2002~2006 年排放二氧化碳从 33.1 亿 t 增加到 54.5 亿 t，我国人均排放占世界人均的百分比也从 65%升至 95%。预计不久我国将超过美国总量水平和世界人均水平[11]，值得关注。

3. 世界温室气体减排的奋斗目标和措施

IEA 在 2008 年《世界能源展望》（WEO2008）[27]的文章中指出世界各国需要努力减少温室气体排放，确保 2030 年排放温室气体（以 CO_2 当量计）不超过 48Gt，其中源于燃料的 CO_2 不超过 33Gt，大气层平衡浓度 550μg/g（以 CO_2 当量计），全球气温平稳时较工业化社会前上升 3℃。如果政府不加干预，听任自由发展（参考情景），那么 2030 年排放温室气体将是 60Gt（其中源于燃料的 $CO_2$41Gt），全球气温平稳后可能上升 5~6℃，无疑将造成灾难性后果。另一方面如果各国付出极大努力，技术创新成果得以实现，尤其发展中国家在发达国家财力与物力支持下，能够有效利用这些成果，则 2030 年排放温室气体将不会超过 40Gt（其中源于燃料的 CO_2 不超过 26Gt），大气层 CO_2 平衡浓度 450g/μg（以 CO_2 当量计），全球气温平稳时较工业化社会前上升 2℃。

从参考情景转变为大气层平衡浓度 550μg/g（以 CO_2 当量计）情景（以下简称 550 政策情景）所实施的主要措施首先是通过多种途径节约一次能源的消费，使其 2006~2030 年间能源消费平均年增长率从 1.6%降低到 1.2%，2030 年消费总量从 170 亿 t 石油当量降到 154 亿 t；石油消费量从 53 亿 t 降到 49 亿 t。2030 年参考情景取得如此多的石油产量十分不易，其中由于老油田产能递减，产量维持在 14 亿 t，从新开发油田获得产能 11 亿 t，从目前已有油田的增加采收率（EOR）以及待探明的油田获得产能 13 亿 t，还有天然气凝析油 10 亿 t，非常规石油 5 亿 t。节约石油的措施还有采用替代燃料和提高发动机的效率等。550 政策情景靠提高能量效率可少排 CO_2 近 5Gt。其他减排途径有扩大利用可再生能源与核能，可少排 CO_2 近 2Gt，新建发电厂尽量使用 CCS（二氧化碳捕获与封存）技术（总装机容量约 160GW，约为 OECD 国家总装机容量的 70%）少排 CO_2 约 0.7Gt。

从 550 政策情景转变为 450 政策情景是从 2020 年开始，要求 10 年内降低年排 $CO_2$7Gt，

450 政策情景靠提高能量效率少排 CO_2 近 3Gt。其他减排途径有扩大利用可再生能源与核能少排 CO_2 近 3Gt（此时非水可再生能源发电量将达到总发电量的 40%），新建发电厂尽量使用 CCS 技术（总装机容量约 190GW）少排 CO_2 约 1Gt。

550 政策情景要求 OECD 国家 2030 年总减排指标（对照 2006 年）为 40%，发展中国家净增加指标不高于 20%。从各种迹象看，这一目标尚未得到主要国家特别是高排碳国家的承诺。因此更难以祈求出现 450 政策情景了。

需要说明的是：由于远期情景变化因素很多，以上预测的全球大气温度达到平衡时较工业化社会前上升值存在一个变动幅度。本世纪开始时已上升 0.7℃。

第三节　运输车辆排放温室气体的综合分析

从上节的数据看到运输业排放的以二氧化碳为主的温室气体占排放总额的比例为15%～25%，对于发达国家比率更高。以美国为例，运输燃料排放二氧化碳达到年人均 5t 之多，日本和欧洲大国一般不少于 3t。了解世界排碳的宏观形势之后，进一步从微观角度对运输燃料的排碳应进行分析。

一、车辆—燃料的循环分析（WTW）

运输业中道路运输（客运和货运）耗能很大，分析其中细节问题之前，首先应对使用不同运输燃料和不同车辆驱动系统的作出综合评估，于是号称 WTW 的车辆—燃料循环分析研究应运而生。油井到车轮 WTW（Well to Wheel）是油井到油箱 WTT（Well to Tank）和油箱到车轮 TTW（Tank to Wheel）两部分组合而成。WTT 覆盖运输燃料的生产、销售全过程，TTW 则限于车辆内部。

WTW 研究范围含综合能量消耗和综合气体排放两方面。评估采用的模型和计算方法由美国 Argonne 国家实验室（ANL）开发，名为 GREET（The Greenhouse Gases，Regulated Emissions and Energy Use in Transportation）[12]。因涉及燃料品种与其生产路线，运输方式以及车辆动力系统繁多种类，输入参数各有合理的变化范围，模型采用 Monte Carlo 模拟方法，输出按概率分布的统计学计算结果。

本章只限于温室气体排放内容，GREET 模型有关综合能量消耗方面的计算结果从略。ANL 和 GM（通用汽车公司）结合北美地区情况已就先进燃料/车辆系统做过 WTW 分析，发表了分析成果[10,32]。GM、BP、ExxonMobil、Shell、Total Fina Elf 和德国 L－B－Systemtechnik 公司结合欧洲地区情况也做了 WTW 分析，并发表了分析成果[13]。

1. 不同地区 WTW 分析所用的燃料数据

表 15-11 所列的北美地区报告选择了基于石油、天然气、生物质和电力四类能源按照不同途径生产的 29 种车用燃料。

表 15-11　北美地区 WTW 分析选用燃料说明

编　号	能　源	燃料品种	生产途径	汽车发动机
1	石油	新配方汽油 30μg/g S	炼油厂（不掺氧化物）	常规火花塞 SI
2		新配方汽油 10μg/g S	炼油厂（不掺氧化物）	直喷 SI
3		新配方汽油 10μg/g S		FCV

续表

编　号	能　　源	燃料品种	生产途径	汽车发动机
4	天然气	低硫柴油 15μg/g S		
5		石脑油		
6		CNG		
7		CNG	非美国产，经由 LNG	
8		甲醇	非美国产天然气制造	
9		FT 柴油	非美国产天然气制造	
10		FT 石脑油	非美国产天然气制造	
11		氢	美国天然气大规模生产	FCV
12		氢	非美国天然气 LNG 大规模生产	FCV
13		氢	美国天然气小规模生产（加油站）	FCV
14		氢	非美国天然气 LNG 小规模生产	FCV
15		液氢	美国天然气大规模生产	FCV
16		液氢	非美国天然气 LNG 大规模生产	FCV
17		液氢	美国天然气小规模生产（加油站）	FCV
18		液氢	非美国天然气 LNG 小规模生产	FCV
19	生物质	乙醇汽油 E85	玉米原料	ICE
20		乙醇汽油 E85	纤维素原料	ICE
21		乙醇	玉米原料	FCV
22		乙醇	纤维素原料	FCV
23	电力（美国均价）	氢	电解法小规模生产（加油站）	FCV
24		液氢	电解法小规模生产（加油站）	FCV
25	电力（加州均价）	氢	电解法小规模生产（加油站）	FCV
26		液氢	电解法小规模生产（加油站）	FCV
27	电力（NGCC）	氢	电解法小规模生产（加油站）	FCV
28		液氢	电解法小规模生产（加油站）	FCV
29	电力（可再生能源）	氢	电解法小规模生产（加油站）	FCV

表 15-12 所列的欧洲地区报告选择了基于石油、天然气、生物质和电力四类能源按照不同途径生产的 32 种车用燃料。

表 15-12　欧洲地区 WTW 分析选用燃料说明

编　号	能　　源	燃料品种	生产途径	汽车发动机
1	石　油	新配方汽油 10μg/g S		ICE
2		低硫柴油 10μg/g S		
3		石脑油 0.4μg/g S		
4	天然气	压缩天然气		

续表

编　号	能　源	燃料品种	生产途径	汽车发动机
5		压缩天然气	由海外 LNG 制取	
6		甲　醇	进　口	
7		FT 柴油	进　口	
8		FT 石脑油	进　口	
9		氢	国内大规模生产	FCV
10		氢	国内大规模生产	
11		液　氢	国内大规模生产	
12		液　氢	进　口	
13		汽油（10%MTBE）	用天然气制造的 MTBE 调合	
14	电　力	氢（70MPa）	网电区域大规模电解	
15		氢（70MPa）	风电区域大规模电解	
16		氢（70MPa）	网电就地电解	
17		氢（70MPa）	NGCC 电就地电解	
18		氢（70MPa）	风电就地电解	
19		液　氢	网电区域大规模电解	
20		液　氢	风电区域大规模电解	
21	生物质	氢（70MPa）	废木料气化制氢	
22		氢（70MPa）	栽培杨木气化制氢	
23		甲　醇	废木材气化制氢	
24		乙醇 E100	作物秸杆纤维素发酵	
25		乙醇 E100	栽培杨木纤维素发酵	
26		乙醇 E100	甜菜常规发酵	
27		FT 柴油/石脑油	废木材气化，FT 合成	
28		柴油（5%RME）	油菜籽	
29		汽油（10%ETBE）	甜菜乙醇制 ETBE	
30		压缩甲烷	生物质产 Biogas	
31		氢（70MPa）	生物质产 Biogas 水蒸气转化	
32		汽油（10%MTBE）	废木材制造甲醇生产 MTBE	

WTT 分析主要参数是原料来源、目的运输燃料产品品种和加工途径。不论石油或天然气都把产地生产过程、从产地运输到运输燃料加工厂过程和加工过程本身的能量消耗与温室气体排放合并计算其能量收支（以输入总能 MJ/产品 MJ）或能量效率（%），以及单位产品热量的 GHG 排放量和 CO_2 排放量（以 g/MJ 或 $g/10^6$Btu 表示）。考虑到每个参数的波动范围，计算得到概率分布的统计数据。按北美情况计算的 WTT 结果选择有关数据列于表 15-13。

表 15-13　不同运输燃料的 WTT 有关数据（北美情况）

编　号	燃料品种	WTT 能量效率/%	GHC 排放/(g/10^6Btu)	CO_2 排放/(g/10^6Btu)
1	新配方汽油 30μg/g S	79.8	22140	19588
2	新配方汽油 10μg/g S	79.9	22113	19525
3	新配方汽油 10μg/g S	79.9	22097	19514
4	低硫柴油 15μg/g S	82.4	19157	16658
5	石脑油	86.4	14909	12530
6	CNG	86.8	17188	11438
7	CNG	77.7	27286	19690
8	甲　醇	62.4	29979	25947
9	FT 柴油	58.6	32125	27908
10	FT 石脑油	58.7	31888	27707
11	氢	58.0	111981	107552
12	氢	51.9	129345	120989
13	氢	55.5	121499	112650
14	氢	49.9	137856	124914
15	液　氢	42.3	150370	144798
16	液　氢	40.8	158042	152222
17	液　氢	33.6	215662	203360
18	液　氢	33.8	231564	215155
19	乙　醇	57.2	-221	-19397
20	乙　醇	41.8	-73864	-83190
21	氢	27.9	298546	287982
22	液　氢	21.0	396787	382727
23	氢	32.3	191186	182134
24	液　氢	24.3	254705	242649
25	氢	31.4	205251	191441
26	液　氢	23.7	271790	253664
27	氢	62.8	0	0

按欧洲情况计算的 WTT 结果选择有关数据列于表 15-14。

表 15-14　不同运输燃料（热值=1.00 MJ）的 WTT 有关数据（欧洲情况）

编　号	燃料品种	WTT 能量输入/(MJ/MJ)	WTT 能量损失/(MJ/MJ)	GHG 排放/(CO_2 当量 g/MJ)
1	新配方汽油 10μg/g S	1.16	0.16	13.2
2	低硫柴油 10μg/g S	1.12	0.12	10.4
3	石脑油 0.4μg/g S	1.11	0.11	9.9
4	压缩天然气	1.20	0.20	14

续表

编　号	燃料品种	WTT 能量输入/(MJ/MJ)	WTT 能量损失/(MJ/MJ)	GHG 排放/(CO_2 当量 g/MJ)
5	压缩天然气	1.24	0.24	16
6	甲　醇	1.62	0.62	27
7	FT 柴油	1.69	0.69	28
8	FT 石脑油	1.70	0.70	30
9	氢	1.61	0.61	90
10	氢	1.87	0.87	103
11	液　氢	2.14	1.14	124
12	液　氢	2.55	1.55	147
13	汽油（10%MTBE）	1.28	0.28	18
14	氢（70MPa）	4.64	3.64	208
15	氢（70MPa）	1.66	0.66	0
16	氢（70MPa）	4.64	3.64	208
17	氢（70MPa）	1.66	0.66	0
18	氢（70MPa）	3.26	2.26	188
19	液　氢	5.38	4.38	242
20	液　氢	1.95	0.95	2
21	氢（70MPa）	1.88	0.88	7.0
22	氢（70MPa）	1.91	0.91	21.7
23	甲　醇	1.87	0.87	61.8
24	乙醇 E100	2.78	1.78	-55.7
25	乙醇 E100	2.99	1.99	-29.5
26	乙醇 E100	2.55	1.55	-15.1
27	生物质 FT 柴油/石脑油	2.23	1.23	-62.0
28	柴油中 5%RME	1.70	0.70	-48.0
29	汽油中 10%ETBE	1.78	0.78	6.3
30	压缩甲烷	1.48	0.48	-56.7
31	氢（70MPa）	2.26	1.26	0.4
32	汽油（10%MTBE）	1.33	0.33	2.7

2. 不同发动机的用能和效率数据

TTW 的分析除了汽车发动机和传动配置在内的驱动系统参数外，还与行驶路线（城内或城外公路）等有关。首先确定能使用不同运输燃料的有代表性的基本车型，根据该车型 2010 年度预期的燃料经济数据（考虑近期可能采用的先进技术）计算基础数据。北美研究报告以 GM 皮卡为代表，这种车在轻型车中销售额较高，燃料消费占比例较大。欧洲研究报告以 Opel Zafira 牌号为代表，汽油内燃机排量 1.8L，汽车尾气排放符合欧Ⅳ标准。该车型使用不同燃料并配备不同发动机时的用能和效率见表 15-15。

表 15-15　各种发动机和燃料的效率

汽车发动机	百英里油耗/加仑	百公里油耗/L 汽油当量	发动机效率/%	整车效率/%
汽油常规内燃机	30.7	7.66	22.5	19.4
汽油混合动力内燃机	41.9	5.61	30.5	28.6
汽油直喷内燃机	35.7	6.59	25.2	22.6
汽油直喷混合动力内燃机	45.3	5.19	32.9	30.9
柴油直喷内燃机	38.2	6.16	28.5	25.5
柴油直喷混合动力内燃机	45.4	5.18	34.8	32.6
FT 柴油直喷内燃机	39.0	6.03	29.1	26.0
FT 柴油直喷混合动力内燃机	46.3	5.07	35.5	33.3
压缩天然气常规内燃机	33.6	7.00	25.8	22.9
压缩天然气混合动力内燃机	43.4	5.42	33.0	31.8
氢气常规内燃机	36.9	6.37	27.7	24.2
氢气混合动力内燃机	50.1	4.70	37.7	34.9
氢气燃料电池	65.6	3.59	56.6	44.3
氢气混合动力燃料电池	71.0	3.31	55.9	48.9
液氢燃料电池	67.1	3.51	56.6	44.3
液氢混合动力燃料电池	72.6	3.24	55.9	48.9

表 15-15 中各种发动机和燃料的 TTW GHG 排放 TTW 数据见表 15-16。

表 15-16　各种发动机和燃料的 GHG 排放（TTW 数据）

汽车发动机	下限/（g/km）	最佳/（g/km）	上限/（g/km）
汽油常规内燃机	175	185	196
汽油混合动力内燃机	123	136	147
汽油直喷内燃机	147	159	181
汽油直喷混合动力内燃机	117	127	141
柴油直喷内燃机	138	146	157
柴油直喷混合动力内燃机	113	123	132
FT 柴油直喷内燃机	132	140	150
FT 柴油直喷混合动力内燃机	114	124	132
压缩天然气常规内燃机	124	131	138
压缩天然气混合动力内燃机	92	102	110
氢气常规内燃机	3	3	3
氢气混合动力内燃机	3	3	3
氢气常规燃料电池	0	0	0
氢气混合动力燃料电池	0	0	0
氢气常规燃料电池	0	0	0
氢气混合动力燃料电池	0	0	0

3. 不同发动机和不同燃料组合的温室气体排放数据

把 WTT 和 TTW 按不同方式进行组合，然后集成为不同类型的 WTW。欧洲研究报告发表的若干 WTW 温室气体排放数据（最佳值）见表 15-17。

表 15-17　各种发动机和燃料组合方式的 GHG 排放（WTW 数据）

gCO_2 当量/km

运输燃料			汽车动力系统			
			内燃机（常规）	内燃机（混合动力）	燃料电池（常规）	燃料电池（混合动力）
汽油			217（化油器） 188（直喷）	160（化油器） 149（直喷）		
柴油			166	140		
FT 柴油（天然气）			203	168		
FT 柴油（废木材）			23	24		
压缩天然气		欧洲生产	162	127		
		俄罗斯生产	195	151		
		LNG	168	131		
		沼气	6	6		
压缩氢气	集中大规模生产	来自欧洲天然气	184	136	103	96
		来自俄国天然气	223	164	124	115
		火电电解	421	312	238	221
		风电电解	3	3	0	0
	加油站就地生产	风电电解	211	156	117	109
		火电电解	422	309	238	222
		NGCC 电解	380	280	215	202
		风电电解	3	3	0	0
	小规模分散生产	废木材	17	13	8	8
		栽培杨树	47	35	25	23
		有机废物	4	4	1	0
液氢（集中生产）		来自欧洲天然气	253	189	138	131
		来自俄国天然气	301	226	165	154
		火电电解	486	360	270	252
		风电电解	7	6	2	2

北美研究报告发表的若干 WTW 温室气体排放数据（含 WTT 和 TTW 两部分组成的条形图）见图 15-18。

4. 运输车辆的 WTW 分析研究报告结论

从北美和欧洲两份 WTW 研究报告摘录的表 15-11 到表 15-17 以及图 15-17 中的数据不难看出内在的联系和基本规律性，初步归纳为以下结论：

（1）因基础数据差异而变化很大

利用 GREET 模型可以对不同运输燃料和不同汽车动力系统的多种多样组合进行较可信的量化分析。由于基础数据（包含技术进步带来的技术性能和效率的提高，原料、生产和

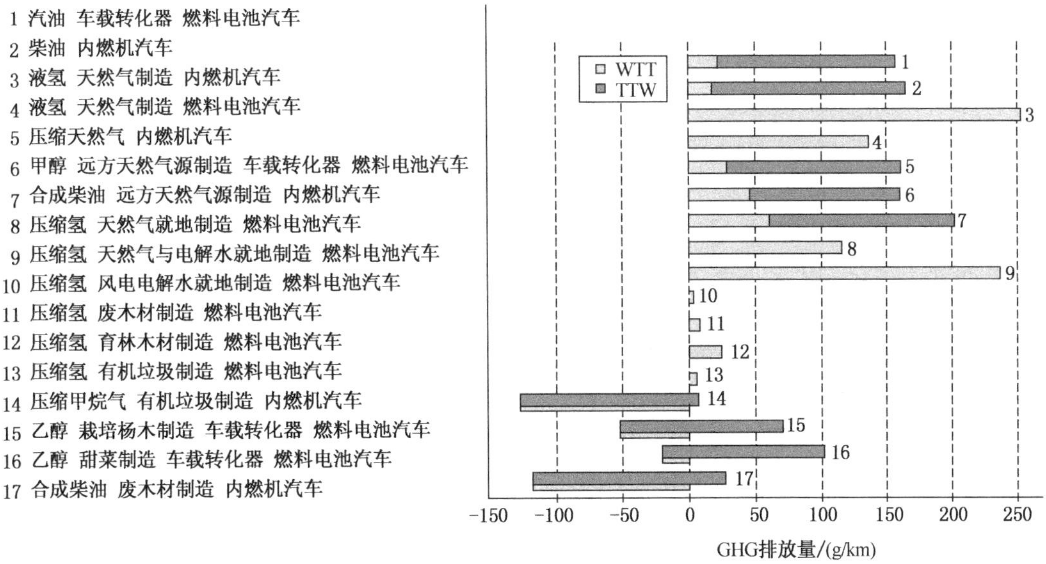

图 15-18　WTT 和 TTW 两部分组成的 WTW 温室气体排放数据条形图

生产规模差别引起各种技术经济指标变动）可能因地区、时间的变化而改变，所以必须结合具体情况进行具体分析研究，以便作为决策的依据。

（2）使用补充与替代燃料一定要有碳捕集封存措施

传统运输燃料品种固然不多，但补充与替代燃料品种却层出不穷。它们的原料和加工路线各异，有时同一原料与产品存在多种生产途径，其中若干正处于不同的研究开发阶段，无法提供可靠的技术经济指标。对比中需要考虑这种情况。应该指出利用石油以外的化石燃料生产补充替代油品或含碳醇醚燃料过程中燃料利用效率往往只有 50%～70%，若化石燃料原料含碳高于石油（例如天然沥青、超重油或煤炭），则综合利用效率偏低，反之，若化石燃料属于低碳燃料（例如天然气），则综合利用效率略高。原料含碳在 WTW 全过程中几乎都排放至大气，这就比以原油加工得到的汽油或柴油 WTW 排碳高 50%～60%（以天然气为原料时），甚至比以原油加工得到的汽油或柴油 WTW 排碳量高几倍（以天然沥青原料或煤炭为原料时）。除非在 WTT 过程尽量将碳捕集封存，否则对国家和世界而言，只会加剧温室气体的排量。

（3）汽车动力系统总体配置和技术先进性决定尾气排放量

TTW 阶段汽车动力系统总体配置方案和先进技术的含量决定了以单位行驶里程的燃料消耗，从而决定了尾气及其中温室气体的排放量。柴油机燃油效率一般高于传统汽油机 20%，直喷燃料的汽油机比传统化油器效率高 15%，混合动力内燃机约高于传统内燃机 15%～40%（视行驶区间和路程而异），燃料电池驱动的汽车效率比传统内燃机汽车至少高出 160%，而 TTW 温室气体为零排放。车载制氢的燃料电池汽车由于增加一套制氢设备，TTW 燃料效率比传统内燃机汽车约高 50%～65%，相应排碳也由零排放变为低排放。美国能源部不推荐把车载制氢的燃料电池汽车列入重点攻关课题，所以以上各表中略去了有关数据。

（4）可再生能源 WTW 全过程的温室气体排放差别极大

可再生能源作为原料生产运输燃料前景良好，当前大规模风力发电正在世界各地兴起，投资和成本将逐步下降，通过电解制氢开辟出一条 WTT 和 TTW 均为零排放的现实途径。当然燃料电池汽车能否大规模进入市场将是制约因素。生物质能源的碳源从自然界来，作为运输燃料后再回归大自然，表面上看仿佛可以实现零排放甚至负排放。但是仔细分析其 WTT 过程，不难看到人工栽培的生物质原料在育种、播种、施肥、植保、收割、脱粒、干燥和储存、运输等方面直接（耕作、运输等）和间接（生产化肥、农药等过程）消耗的燃料、电力多半是化石能源产品，根据具体替代燃料品种（粮食乙醇、生物柴油）WTT 过程仍需排放一定数量的温室气体，其中除了二氧化碳之外，特别应指出由于大量施用氮肥，农田土壤会排放另一种温室气体氧化亚氮（N_2O），其影响程度不可忽视。如果利用纤维素原料（作物秸秆）或不在农田栽培的非食用油料作物，并且利用副产木质提供热能和动力，那么 WTW 的 GHG 零排放甚至负排放就可能实现。

（5）氢燃料电池的 WTW 温室气体排放差异极大

关于燃料电池汽车的推广应用除了加速汽车本身的研发外，氢能燃料的廉价生产、储存（地面和车载）是重大课题，已在本书有关章节论述。这里要提出的是氢能化学转化法生产所用原料如果来自化石燃料，尤其在使用煤炭时，其 WTT 排放温室气体十分可观，如果不附加二氧化碳的捕集和封存措施，TTW 所带来的零排放将被抵消。氢气如果用电解法生产，风电对 WTT 的减排作用已如前述，煤电则产生大量排放，同样带来二氧化碳的捕集和封存问题。

（6）TTW 阶段的汽车尾气中其他毒物排放

北美研究报告中对 TTW 阶段的汽车尾气中一系列毒物（CO、VOC、NMHC、SO_x、NO_x、PM）的排放做了深入研究。

5. WTW 技术分析的发展与完善

自从提出 WTW 分析以来，各国学者先后做了大量研究工作，针对新的汽车动力系统和新的燃料和能源生产路线的多种组合和不同地区条件提出新的数据，并根据技术进步的影响作出修正或更新，与此同时 GREET 模型也在更新，目前最新版次为 GREET-8。美国能源部 WTW 燃料电池汽车的 WTW 分析列为氢能项目的一项专题，几年来在 8 种车型对比的基础上，发表了美国和欧洲采用不同制氢路线、使用焦炉气做制氢原料、使用分散小型发电为电源等 WTW 分析报告，今后将研究 PHEV 车型的 WTW 问题。

二、替代运输燃料的 WTW 分析与环境效应

上一节综合介绍了使用 WTW 分析方法预测多种替代石油运输燃料方案中的 GHG 排放数据，以便相互比较。为了深入研究，在一些典型案例中还要做更细致的工作，取得代表多种情况的准确数据。

1. 生物质乙醇汽油的 WTW 综合效果

美国能源部 ANL 国家实验室在 20 世纪 90 年代后期就乙醇汽油的 WTW 分析为课题，研究中型轿车使用不同牌号乙醇汽油时，每英里车程内燃机循环过程的燃油消耗与 GHG 排放。具体收集了农业栽培，农业化学品生产，乙醇生产和内燃机燃烧中的能源（电力、油品）消耗和 GHG 排放，并与单一汽油燃料比较，得出乙醇汽油相对于单一汽油每英里车程和每单位数量乙醇的能源消耗和 GHG 排放量的降低比率，从而定量判断燃料乙醇的应用效果。乙醇来源于玉米、速生草本植物或速生木本植物。扣除了玉米为原料时副产品和速生植物为原料时副产电力外输能源与 GHG 的折算。乙醇的生产方法按湿法和干法两方案计算。发表

的成果澄清了过去一度认为玉米乙醇在农业和工业生产过程能耗很大，WTW 综合效果差，从节能意义上得不偿失的观点。

文献[14]公布了美国 1998 年从生物质（玉米、杂交杨树、稷枝草）的农业种植、工业生产乙醇全过程所需用的燃料（耕作和运输用柴油、乙醇厂能源）及化学品（氮肥、磷肥、钾肥、除草剂、杀虫剂）基础数据，据此得出轿车使用 E10 与 E85 时 WTW 能量和 GHG 数量，见表15-18和表 15-19（仅列玉米原料）。

表 15-18　轿车使用 E10 乙醇汽油时 WTW 能量和 GHG 数量预测①

		原料	燃料	发动机燃烧	合　计
基准（汽油）	化石燃料/（Btu/英里）	109	897	3767	4774
	GHG 排放/（g/英里）	19.1	68.2	266.9	354.1
	其中：CO_2	12.2	66.9	263.7	342.8
	CH_4	6.6	0.1	1.6	8.3
	N_2O	0.3	1.2	1.6	3.0
湿法生产乙醇配制的 E10	化石燃料/（Btu/英里）	153	921	3514	4589
	GHG 排放/（g/英里）	24.8	71.0	248.2	344.0
	其中：CO_2	15.0	69.7	245.0	329.8
	CH_4	6.2	0.1	1.6	7.9
	N_2O	3.6	1.1	1.6	6.3
干法生产乙醇配制的 E10	化石燃料/（Btu/英里）	155	925	3514	4595
	GHG 排放/（g/英里）	25.1	70.5	248.2	343.8
	其中：CO_2	15.2	69.2	245.0	329.5
	CH_4	6.2	0.1	1.6	7.9
	N_2O	3.8	1.1	1.6	6.5

① GHG 及其组分数据均为 CO_2 当量值。

表 15-19　轿车使用 E85 乙醇汽油时 WTW 能量和 GHG 数量预测①

		原　料	燃　料	发动机燃烧	合　计
基准（汽油）	化石燃料/（Btu/英里）	131	1077	4520	5728
	GHG 排放/（g/英里）	22.9	81.8	322.6	427.3
	其中：CO_2	14.6	80.3	319.5	414.4
	CH_4	7.9	0.1	1.6	9.6
	N_2O	0.4	1.4	1.6	3.3
湿法生产乙醇配制的 E85	化石燃料/（Btu/英里）	755	1344	895	2994
	GHG 排放/（g/英里）	102.5	116.1	58.4	277
	其中：CO_2	55.8	114.5	55.8	226.1
	CH_4	1.7	0.7	1.0	3.4
	N_2O	45.1	0.9	1.6	47.5
干法生产乙醇配制的 E85	化石燃料/（Btu/英里）	747	1400	895	3042
	GHG 排放/（g/英里）	103.6	109.6	58.4	271.6
	其中：CO_2	54.9	107.6	55.8	218.3
	CH_4	1.7	1.1	1.0	3.8
	N_2O	47.1	0.9	1.6	49.4

① GHG 及其组分数据均为 CO_2 当量值。

从 WTW 数据计算的不同牌号乙醇汽油的单位车程节省燃料量与 GHG 排放量列于表 15-20，单位乙醇节省燃料量与 GHG 排放量列于表 15-21。

注意表中超过 100 的数值是 GHG 负排放或能量盈余（相对于单一汽油燃料）。

图 15-19 直观示出三种牌号乙醇汽油和单一汽油在 WTT（原料生产）WTT（燃料生产）和 TTW（车辆使用）三个过程的 WTW GHG 总排放量条形图。图 15-20 则是 WTW GHG 的三个组分含量。

表 15-20　不同牌号乙醇汽油的单位车程节省燃料量与 GHG 排放量

（相对于使用单一汽油的百分率）

汽油牌号	E10	E85	E95	E10	E85	E95
原料和生产工艺	玉米乙醇（干 法）			玉米乙醇（湿 法）		
石油燃料	6.4	75.6	88.1	6.2	73.7	86.1
化石燃料	2.7	40.7	49.1	3.3	42.5	51.0
GHG	1.3	25.5	32.0	1.6	23.8	36.1
原料和生产工艺	纤维素乙醇（木本原料）近期			纤维素乙醇（草本原料）近期		
石油燃料	5.8	69.6	81.4	6.0	71.4	83.5
化石燃料	6.7	79.0	92.0	5.9	70.4	82.3
GHG	8.9	102.2	118.2	5.7	67.6	79.3
原料和生产工艺	纤维素乙醇（木本原料）远期			纤维素乙醇（草本原料）远期		
石油燃料	7.2	71.3	83.1	7.4	72.7	84.7
化石燃料	8.5	74.5	86.6	8.2	70.6	82.1
GHG	9.8	91.0	105.1	7.6	67.5	78.8

表 15-21　不同牌号乙醇汽油的单位乙醇节省燃料量与 GHG 排放量

（相对于使用单一汽油的百分率）

汽油牌号	E10	E85	E95	E10	E85	E95
原料和生产工艺	玉米乙醇（干 法）			玉米乙醇（湿 法）		
石油燃料	93.7	95.8	95.2	91.2	93.5	93.0
化石燃料	26.4	51.7	53.0	48.7	53.8	55.1
GHG	46.4	32.3	34.6	24.1	30.1	32.5
原料和生产工艺	纤维素乙醇（木本原料）近期			纤维素乙醇（草本原料）近期		
石油燃料	85.5	88.2	87.9	88.0	90.5	90.1
化石燃料	98.3	100.2	99.4	86.6	89.3	88.9
GHG	106.6	129.7	127.6	83.6	85.7	85.6
原料和生产工艺	纤维素乙醇（木本原料）远期			纤维素乙醇（草本原料）远期		
石油燃料	106.3	90.4	89.8	108.3	92.2	91.5
化石燃料	125.5	94.5	93.5	120.1	89.5	88.7
GHG	143.8	115.4	113.5	112.0	85.6	85.1

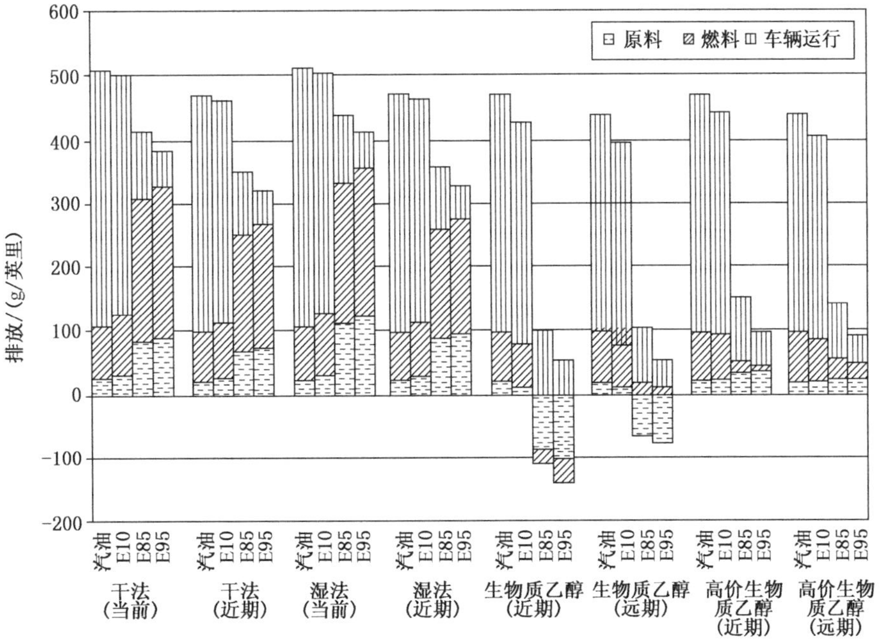

图 15-19　三种牌号乙醇汽油和单一汽油 WTT/TTW GHG 总排放量条形图

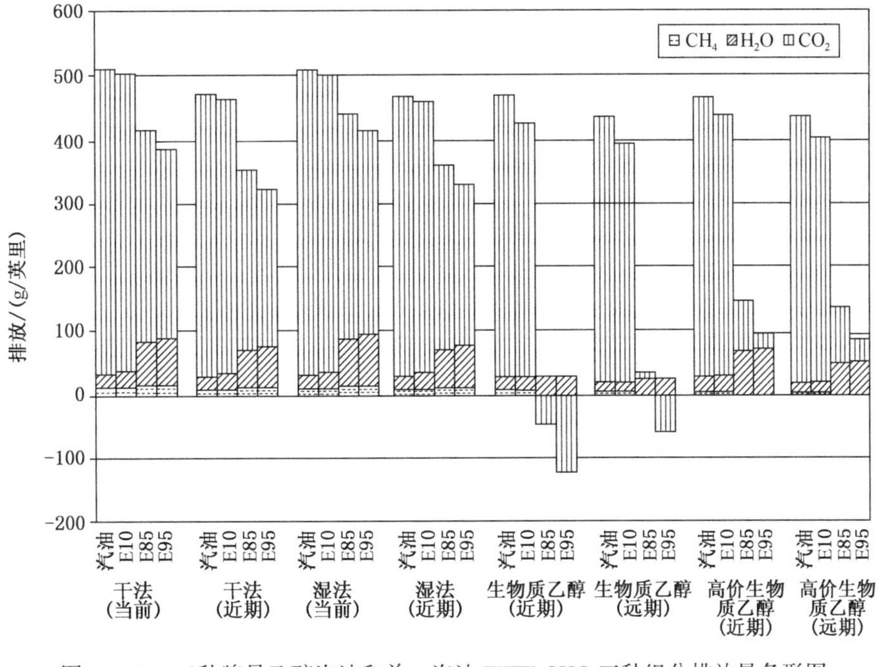

图 15-20　三种牌号乙醇汽油和单一汽油 WTW GHG 三种组分排放量条形图

2. 生物柴油的 WTW 分析

1998 年美国能源部和农业部联合发表了对生物柴油和天然石油柴油的生命周期分析(LCA)，以能耗和污染物排放为主要研究对象，细致对比了两类油品在农业和工业生产过程以及在柴油大客车的应用过程的数据，详细内容可参阅原报告[15,16]，这里只摘录若干内容。

该报告结合美国具体情况，综合按国内生产和从国外进口的原油计算的生产和运输的一次能源能耗为石油柴油产品热值的 13.0%，炼油和柴油运输能耗为石油柴油产品热值的 7.1%，总计为石油柴油热值 20.1%。生物柴油原料大豆的农业生产和运输能耗合计为生物柴油产品热值的6.9%，大豆油提炼和运输过程能耗为 8.8%，转化为生物柴油能耗为 8.0%，生物柴油调合与运输能耗为 0.4%，总计能耗约为生物柴油的 24.1%。

报告的 WTW GHG 排放采用单位轴功率功（bhp·h）为基准的排放量，将石油柴油、B20 生物柴油和 B100 生物柴油三种油品进行对比。现将其中 WTT 过程和 TTW 过程的 CO_2 排放量分别列于表 15-22。

表 15-22　石油柴油和生物柴油 WTW 源自化石燃料的 CO_2 排放量　g/bhp·h

项　目	CO_2 排放量	项　目	CO_2 排放量
石油柴油		生物柴油	
WTT		WTT	
国内原油生产	4.260	大豆种植	26.6588
国外原油生产	7.157	大豆运输	1.7749
国内原油运输	1.634	大豆油生产	34.7595
国外原油运输	6.925	大豆油运输	3.8134
石油炼制	62.136	生物柴油生产	34.5227
柴油运输	3.148	生物柴油运输	2.2946
TTW		TTW	
柴油燃烧	548.02	柴油燃烧	30.6235
WTW 合计	633.275	WTW 合计	136.4474

生物柴油燃烧中有源自生物质的 CO_2 排放量 543.34 g/bhp·h，排至大气层后最终通过光合作用又返回生物质，不增加大气层含量，因此未列表内。从表 15-23 看出生物柴油的减排效果显著。

表 15-23　三种牌号柴油 CO_2 净排放量比较　g/bhp·h

	石油柴油	B20 生物柴油	B100 生物柴油
CO_2 净排放量	633.28	534.20	136.45
减排百分比	基准	15.66	78.45

3. 合成柴油的能量效率

根据美国能源部 2002 年的资料[19]，将使用非北美天然气通过 GTL 法制造 FT 柴油与石油柴油作了对比。选用的三种柴油基本性质见表 15-24a。

表 15-24a　三种柴油性质

	密度/（kg/加仑）	碳含量/%	低热值/（Btu/加仑）
常规石油柴油 350μg/g S	3.240	87.0	128500
常规石油柴油 15μg/g S	3.240	87.0	128000
FT 柴油	2985	85.1	123895

三种柴油生产过程的能量效率（50%概率函数）见表 15-24b。

表 15-24b　三种柴油生产过程的能量效率（50%概率函数）

	能量效率/%	碳效率/%	外输能量
常规石油柴油 350μg/g S	89.0		
常规石油柴油 15μg/g S	87.0		
FT 柴油 非联产	61.0	71.3	
FT 柴油 联产电力	53.0	71.3	23.6 kW·h/10^6 柴油热值
FT 柴油 联产热力	53.0	71.3	26.8%柴油热值

4. 三种柴油生产和应用过程的 WTW 分析

数据见表 15-25。Mobil 公司 Krahl 认为 BTL 柴油扣除光合作用固定碳之外，净排碳优于生物柴油，三种柴油生产过程应用过程的 WTW 排放 CO_2 数据见表 15-26。

表 15-25　三种柴油生产过程的 WTW 分析数据

		WTT	TTW	WTW
350μg/g S 常规石油柴油	总能耗/%柴油热值	16.16	100.0	116.16
	石油能耗/%柴油热值	7.46	100.0	107.46
	CO_2/（kg/GJ 柴油热值）	14.51	80.42	94.93
	GHG/（kg/GJ 柴油热值）	16.74	81.93	98.67
15μg/g S 清洁石油柴油	总能耗/%柴油热值	21.40	100.0	121.40
	石油能耗/%柴油热值	9.90	100.0	109.90
	CO_2/（kg/GJ 柴油热值）	16.52	80.74	97.26
	GHG/（kg/GJ 柴油热值）	18.80	82.24	101.04
非联产工艺 FT 柴油	总能耗/%柴油热值	74.83	100.0	174.83
	石油能耗/%柴油热值	2.06	0	2.06
	CO_2/（kg/GJ 柴油热值）	34.26	75.18	109.44
	GHG/（kg/GJ 柴油热值）	44.09	76.68	113.17
联产电力工艺 FT 柴油	总能耗/%柴油热值	85.71	100.0	185.71
	石油能耗/%柴油热值	2.13	0	2.13
	CO_2/（kg/GJ 柴油热值）	29.13	75.18	104.21
	GHG/（kg/GJ 柴油热值）	31.01	76.68	107.69
联产热力工艺 FT 柴油	总能耗/%柴油热值	65.75	100.0	165.75
	石油能耗/%柴油热值	2.04	0	2.04
	CO_2/（kg/GJ 柴油热值）	16.80	75.18	91.98
	GHG/（kg/GJ 柴油热值）	18.14	76.68	94.82

表 15-26　三种柴油生产过程应用过程的 WTW 排放 CO_2 数据　g/km

	WTT	TTW	WTW
石油柴油	13.4	135	总排 149，净排 149
生物柴油	67.7	140	总排 208，净排 68
合成 BTL 柴油	22.0	130	总排 152，净排 22

注：① 表中数据按 1.9L 小轿车计算。
② 生物柴油和 BTL 柴油生产过程副产品的碳全部经光合作用循环。

5. 合成油联产电力过程的环境分析

以煤炭为原料（或煤炭/生物质联合原料）联产合成油、电力是可行的替代燃料生产方案。以下根据全过程碳平衡及能量平衡计算结果评估几种工艺方案的效率和环境效应。

采用以下四种工艺方案，分别进行碳平衡、功率平衡计算，然后进行经济和环境效应评估。

① C-FT-V：煤炭-联产合成油，CO_2 排放、不回收方案；

② C-FT-C：煤炭-联产合成油，CO_2 回收方案；

③ C-FT-CoC：煤炭-联产合成油，CO_2 及 H_2S 回收方案；

④ C/B-FT-CoC：煤炭/生物质-联产合成油，CO_2 及 H_2S 回收方案。

工厂的生产规模相当于年产合成油 70 万 t。设定两种温室气体排放价格：即 0 美元/t 碳当量和 100 美元/t 碳当量。

四个方案的技术经济和环境评估结果见表 15-27。

表 15-27　联产合成油的碳平衡和环境评估

工艺流程	C-FT-V		C-FT-C		C-FT-CoC		C/B-FT-CoC	
碳平衡（功率平衡）								
原料煤/（kgC/s）（MW）	74.2（2946）		77.7（3085）		77.7（3085）		56.4（2241）	
生物质/（kgC/s）（MW）							24.7（886.8）	
合成油产量/(kgC/s)（MW）	21.1（1035）		21.0（1032）		21.0（1033）		20.93（1032）	
GJ/h（t/h）	3726（82.8）		3715（82.6）		3715（82.6）		3715（82.6）	
电力/MW	461.3		429.9		428.3		459.5	
未转化的半焦/（kgC/s）	0.74		0.78		0.78		0.56	
煤的 CO_2 排放/（kgC/s）	52.5		8.27		6.94		6.64	
煤的 CO_2 捕集回收量/（kgC/s）	—		47.6		49.0		28.3	
煤的 CO_2 捕集率/（t CO_2/GJ_{FTL}）	—		[0.169]		[0.174]		[0.101]	
生物质 CO_2 捕集回收量，CO_2 捕集率/（kgC/s）[t CO_2/GJ_{FTL}]							22.3 [0.0791]	
燃料循环的 GHG 排放率/（kgC/GJ_{LHV}）	46.73		27.98		26.68		5.53	
相对于石油燃料（比值）	[1.80]		[1.08]		[1.03]		[0.21]	
燃料循环的 GHG 排放率/（gC/kW · h）	219.4		28.8		28.8		28.8	
GHG 排放价格/（美元/t 碳当量）	0	100	0	100	0	100	0	100
联产电价/（美分/kW · h）	4.75	6.94	4.75	6.94	4.75	6.94	4.75	6.94
建设总投资/亿美元	16.47		17.97		16.39		16.78	
碳储存费用/（美元/t CO_2）	—		6.59		6.47		6.50	
合成油成本计算/（美元/GJ_{LHV}）								
原料、投资、运转和维修成本合计	17.16		18.60		17.32		19.37	
扣除发电成本	-5.88	-8.59	-5.49	-8.03	-5.47	-7.99	-5.87	-8.58
GHG 排放成本	—	7.38	—	3.14	—	3.00	—	3.07
CO_2 运输储存费用	—		1.11		1.12		1.17	
扣除生物 CO_2 收益							-2.16	
合成油生产成本①	11.28	15.96	14.22	14.82	12.97	13.46	14.67	12.87
合成油当量汽油价/（美元/桶汽油当量）	56.4	79.8	71.1	74.1	64.9	67.3	73.3	64.2
原油平衡价/（美元/桶）	50.4	61.7	66.2	55.6	59.6	48.2	68.6	44.9

① 合成油生产成本=生产总成本-发电成本+GHG 排放成本，GHG 为温室气体。

几点结论：

• 温室气体排放效应：方案①为 CO_2 排放、不回收方案，与从石油生产运输燃料（炼油）相比，温室气体（GHG）排放率为石油炼油的1.8倍；方案②、③的GHG排放率略高于原油炼制过程［（1.03~1.08）：1］方案④为煤-生物质联合方案，GHG排放率仅相当于原油炼制过程的20%。

• 煤炼油过程的热效率：煤气化-费托合成-联产电力过程的总热效率约为50%；费托合成生产燃料的效率为34%~35%，发电效率为15%。

• 煤炼油过程的碳分布：煤炼油过程中，原料煤种的含碳只有少部分转化为合成油；约70%转化为 CO_2。采取 CO_2 回收技术后，仍有约10%排入大气中。

• 方案④：每生产1GJ合成油需用生物质原料量为0.86GJ；大大低于生产生物燃料油的生物质用量。对于生物质资源短缺地区具有重要意义，且此方案的GHG排放率接近于零排放。

• 合成油的生产成本与碳排放成本有关，当碳排放成本=0美元/t碳时，在原油价格为50美元/桶情况下，C-FT-V方案才有竞争力；采用带 CO_2 回收的联产合成油方案，就需要在更高原油价格下才具有竞争力。例如：对于带 CO_2、H_2S 回收的煤炭/生物质-联产合成油方案（碳回收成本按100美元/t碳计算），原油平衡价格为45美元/桶，合成油当量价格为64.2美元/桶。

• 在持续高油价情况下，煤炼油生产合成油是有利润的。若采用 CO_2 回收技术后，煤炼油（CTL）的GHG排放量可降至炼油生产燃料油的水平。否则，GHG排放量将比从原油生产燃料油增高很多。

• 包括 CO_2 回收技术的煤-生物质联合加工CTL，可使GHG排放量进一步下降，达到GHG接近于零排放的效果。

• 回收的 CO_2 若用于油田的强化二次采油（EOR），每生产1桶合成油所回收的 CO_2 约可使油田增产原油4桶，并可进一步降低合成油的成本，降低原油平衡价格、提高合成油的竞争能力。

本书其他有关章节（第六章、第九章、第十章）也涉及替代燃料生产过程的环境分析，请参照。

第四节　二氧化碳的减排和捕获

前面介绍过温室气体减排的必要性和国外近期总体的减排目标与措施。若想在排放量不断增长的形势下根本解决问题，需要采取双管齐下措施，即一方面减少排放量，另一方面采取从不得不排放的燃烧烟气或生产废气中将二氧化碳予以捕获并加以利用或封存的措施。前者属于直接减排或治本手段，后者则属于间接减排或治标手段，两者应相辅相成，才能行之有效。

全世界运输燃料燃烧产生的温室气体占其总量20%以上，其中发达国家远高于发展中国家。由于排放点分散、移动且数量很多的特征，很难设想在车辆上将二氧化碳等组分脱除。因此只能争取使用低碳或零碳运输燃料来减少其总排放量。

表15-28数据表明，燃煤火力发电厂的直接减排首先应采取先进技术，即提高蒸汽参数（由亚临界、超临界到超超临界状态），达到既提高了效率、节约了燃料，又减少了 CO_2 排放的效果。

表 15-28　提高发电蒸汽参数的减排效果

	亚临界煤粉锅炉	亚临界 CFB 锅炉	超临界煤粉锅炉	超超临界煤粉锅炉
发电效率（HHV）/%	34.3	34.8	38.5	43.3
CO_2 排放/（g/kW·h）	931	1030	830	738
CO_2 减排/%	基准	+10.6	-10.8	-20.7

表 15-29 列出 2007 年 IPCC 第四次评估报告第Ⅲ组报告中提出了 2030 年各国家地区通过调整用于发电的一次能源结构，温室气体减排的潜力和费用[20]。

表 15-29　2030 年世界发电业减排温室气体潜力和费用

	发电份额/%	增加发电量/（TW·h/a）	GHG 减排量/亿 tCO_2 当量	减排费用/（美元/t CO_2 当量）		备　注
				下限	上限	
天然气代煤		1358	9.3	0	12	代煤，18.8EJ/a
水电	17	1251	8.7	-16	41	
核电	18	2743	18.8	-24	25	
风电	7	1358	9.3	-16	33	
生物质电	7	2415	12.2	-16	63	
地热电	2	594	4.3	-16	33	
太阳能电	2	340	2.5	53	294	

表中减排费用除大规模太阳能发电技术有待完善，其余大部分均位于 50 美元/tCO_2 当量以内。

一、CO_2 捕获技术

捕获目的是从电厂大量排放的烟气中将低浓度 CO_2 取出并成为浓缩气体，运输到适当地点封存。全过程又简称 CCS（Carbon Capture and Sequestration）。已有三种主要方法可用于捕获从煤、天然气、石油或生物质燃料燃烧产生的 CO_2，分别叙述如下。

1. 燃烧后捕获系统技术

即按常规燃烧流程从烟气中分离浓度 15%以内的 CO_2，对于现代粉煤（PC）电厂或天然气联合循环（NGCC）电厂，通常采用单乙醇胺（MEA）为吸收溶剂。这一系统增设在现有电厂比较方便。但是由于常压下烟气体积庞大，允许压降有限，因此设备大，投资多，用于 CO_2 解吸的能耗大，使发电成本增加。国外研究对比了不同的吸收剂，尚未得到优化方案。我国一些高校和研究单位也在从事新的吸收工艺研究（例如用氨水），有待取得实效[29]。

2. 燃烧前捕获系统技术

即首先将燃料用水蒸气和氧气气化得到合成气，进一步转化为氢气和 CO_2，后者浓度高、压力高，容易分离。分离后气体通过燃气轮机与蒸汽轮机联合循环发电，气化和发电过程总称 IGCC。这项技术已开发成功 20 年，但在市场电价低时缺乏竞争力。今后在原油和天然气价格继续维持高位，环境保护日趋严格的形势下，这一发电技术和联产其他燃料结合（如氢、合成油），就会取得市场优势，美国正在大力开发的 FutureGen 清洁煤技术即属于此类系统。实施该技术的示范项目已进入实施阶段，侧重于 CCS 技术的开发和大规模应用，2012 年后投产，争取带动美国清洁煤发电的产业化。欧盟也提出了 ZeroGen 技术。我国华能集团公司在国家的支持下，联合 7 家大型电力企业和有关部门于 2007 年组建了绿色发电

GreenGen 公司，从事开发新一代的“绿色”多联产发电技术。计划在 10 年内分三个阶段完成若干创新的配套技术：第一阶段以 2000t/d 新型干煤粉气化炉为主，配套 250MW 发电；第二阶段单炉两种产能（2000t/d 和 3500t/d）对比，开发联产氢气、燃料电池发电和 CCS 技术（包括封存技术）；第三阶段发电能力 400MW，开发燃气轮机发电等技术[30]。

3. 氧化燃料系统技术

以氧代空气在锅炉燃烧，可获得高浓度（80%以上）CO_2，容易分离和捕获。该系统在廉价大规模制氧技术未成功开发前费用较高。

上述三种系统流程示意见图 15-21。

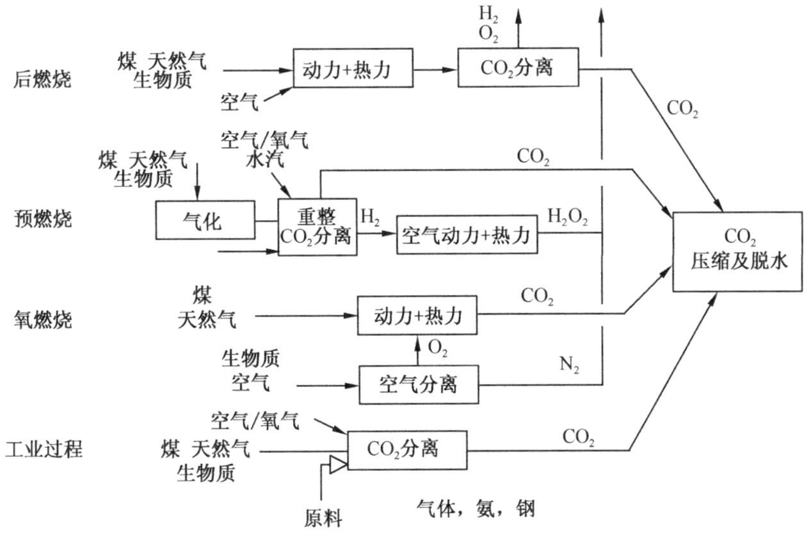

图 15-21　发电厂三种 CO_2 捕获系统流程示意图

迄今为止，500MW 大型发电厂尚未配置 CO_2 捕获系统，某咨询机构[17]已做了前期工作，计算得到的技术经济指标可信。下面图 15-22 为常规未配置 CO_2 捕获系统的 500MW 粉煤锅炉超超临界发电机组简易方框图，图 15-23、图 15-24、图 15-25 分别为标出了物料和主要参数的 500MW 以煤粉为燃料的配置三种 CO_2 捕获系统技术的简易方框图。

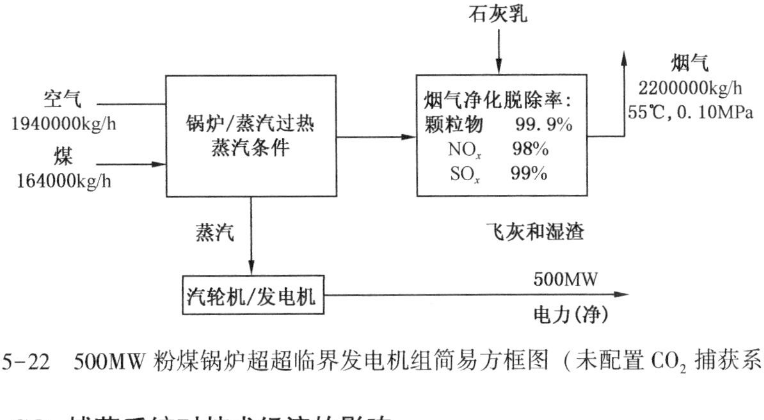

图 15-22　500MW 粉煤锅炉超超临界发电机组简易方框图（未配置 CO_2 捕获系统）

二、配置 CO_2 捕获系统对技术经济的影响

由表 15-30 可以看出，配置 CO_2 捕获系统需要大量溶剂循环，增加了发电厂内部动力

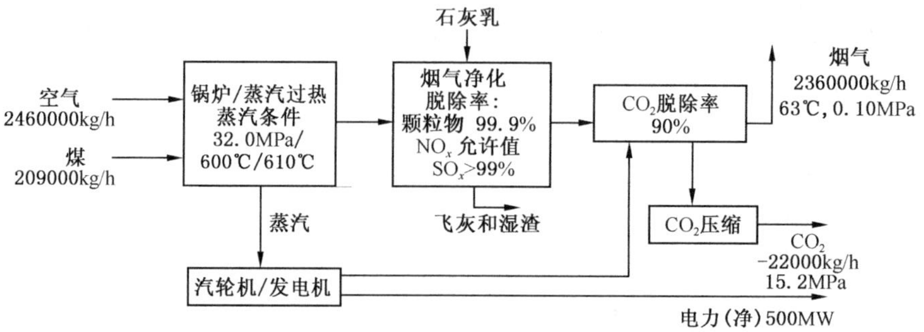

图 15-23　500MW 粉煤锅炉超超临界发电机组简易方框图（配置 CO_2 捕获系统）

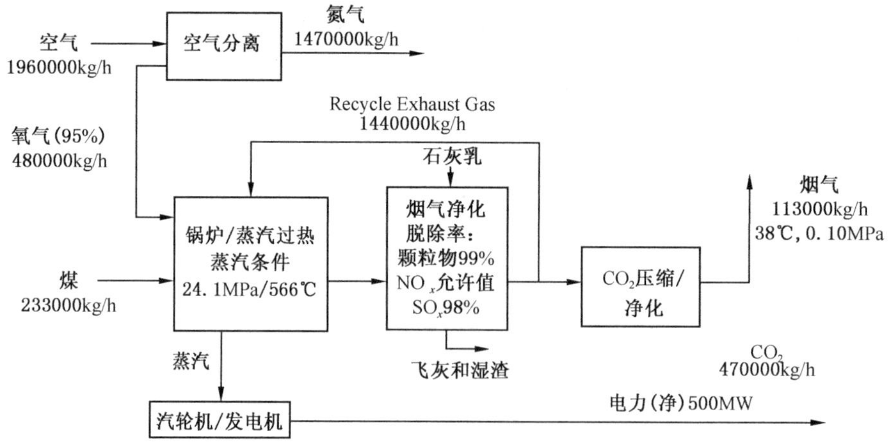

图 15-24　500MW 粉煤烧氧锅炉超临界发电机组简易方框图（配置 CO_2 捕获系统）

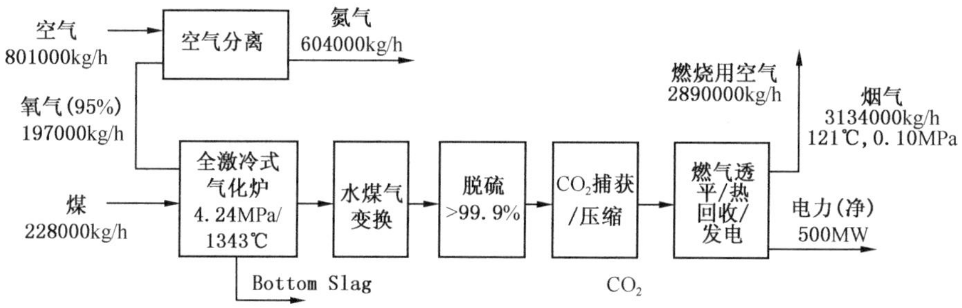

图 15-25　500MW 粉煤气化-联合循环发电机组简易方框图（配置 CO_2 捕获系统）

（电力、热力）消耗，降低了综合效率，相应减少了外送电量。如果保持外送电量不变，那么就需要扩大设备，增加投资，增大煤耗，还使 CO_2 捕获系统负荷增加，最终使电力成本增加。所以 CO_2 减排需要付出一定的代价。

表 15-30　配置 CO_2 捕获系统降低发电厂效率估计

	未配置时效率	CO_2 捕获用热效率降低	CO_2 压缩机用电效率降低	制氧用电效率降低	锅炉和烟气脱硫增效	其他降效
亚临界	34.3	-5.0	-3.5			-0.7
超临界（烧氧）	38.5		-3.5	-6.4	+3.0	-1.0
超超临界	43.3	-5.0	-3.5			-0.7

1. 采用 CO_2 捕获系统将使投资和电力成本提高

表 15-31 选录具有不同蒸汽参数的三种有捕获系统的 500MW 发电厂主要技术经济指标，并与无捕获系统进行比较，从而得出单位质量 CO_2 的减排费用。可看出燃烧后捕获系统需增加投资 50%～60%，电力成本以更大幅度上升。每吨 CO_2 的减排费用在 30～48 美元之间。

表 15-31　具有不同蒸汽参数的三种捕获系统的 500MW 发电厂主要技术经济指标

工艺方式		亚临界		超临界		超超临界	
捕获系统		无	有	无	有	无	有
运行参数	发电效率（HHV）/%	34.3	25.1	38.5	29.3	34.8	25.5
	煤用量/（t/h）	208	284	185	243	164	209
	CO_2 排放量/（t/h）	466	63.6	415	54.5	369	46.8
	CO_2 捕获量/（t/h）	0	573	0	491	0	422
	CO_2 排放量/（g/kW·h）	931	127	830	109	738	94
经济指标	工厂投资/（美元/kW）	1280	2230	1330	2140	1360	2090
	固定成本/（美分/kW）	2.60	4.52	2.70	4.34	2.76	4.24
	燃料成本/（美分/kW）	1.49	2.04	1.33	1.75	1.18	1.50
	操作和维修成本/（美分/kW）	0.75	1.60	0.75	1.60	0.75	1.60
	电力成本/（美分/kW）	4.84	8.16	4.78	7.69	4.69	7.34
CO_2 减排成本/（美元/t）	与同参数无减排比较	41.3		40.4		41.1	
	与超临界无减排比较	48.2		40.4		34.8	
工艺方式		超临界，氧气燃烧		IGCC		亚临界，循环流化床	
捕获系统		无	有	无	有	无	有
运行参数	发电效率（HHV）/%		30.6	38.4	31.2	34.8	25.5
	煤用量/（t/h）		232.6	185.4	215.5	297.0	406.0
	CO_2 排放量/（t/h）		52.2	416.0	51.2	517.0	70.7
	CO_2 捕获量/（t/h）		469.8	0	460.8		36.0
	CO_2 排放量/（g/kW·h）		104	832	102	1030	141
经济指标	工厂投资/（美元/kW）		1900	1430	1890	1330	2270
	固定成本/（美分/kW）		3.85	2.90	3.83	2.70	4.60
	燃料成本/（美分/kW）		1.67	1.33	1.64	0.98	1.34
	操作和维修成本/（美分/kW）		1.45	0.90	1.05	1.00	1.85
	电力成本/（美分/kW）		6.98	5.13	6.52	4.68	4.79
CO_2 减排成本/（美元/t）	与同参数无减排比较	30.3		19.3		39.7	
	与超临界无减排比较	30.3		24.0		42.8	

注：① 本表基于美国 Illinois 6# 动力煤（C61.2%，HHV25.35MJ/kg，煤价 1.50 美元/10^6Btu），CFB 炉用褐煤（HHV17.40MJ/kg，煤价 1.00 美元/10^6Btu）。

② CO_2 捕获效率 90%。

③ 原始资料大部为 2000～2040 年价格，按 CPI 指数校正到 2005 年，2007 年比 2004 年约高 25%～30%。

④ 固定成本按投资 15.1%（贷款 55%，利息 6.5%），税率 39.2%，通涨率 2%，建设期 3 年，运行期 20 年。

2. 德国 VGB PowerTech 公司所作捕获技术方式的技术经济比较

德国 VGB PowerTech 公司[18]引用 IEA 和其他文献，结合欧洲情况给出 6 种无 CO_2 捕获的发电厂和 10 种有 CO_2 捕获的发电厂的技术经济指标，见表 15-32。可和表 15-31 对照，相互比较。

表 15-32　三种捕获系统的大型发电厂主要技术经济指标

CO_2 捕获方式	燃烧后捕获（2000）		燃烧后捕获（2000）		燃烧后捕获（2002）	
电厂类型	粉煤		NGCC		NGCC	
配置 CO_2 捕获设施	无	有	无	有	无	有
发电能力/MW	500	362	790	663	400	338
净效率/%	46	33	56	47	58	49
CO_2 排放/（kg/MW·h）	722	148	370	61	363	60
CO_2 捕获/（kg/MW·h）		850		380		370
CO_2 减排/（kg/MW·h）		574		309		303
单位投资/（EUR/kW）	1020	1855	410	790	625	1515
燃料价格/（EUR/GJ）	1.5		3.5		3.5	
电力成本/（欧分/kW·h）	3.33	5.58	3.03	4.21	3.41	5.48
构成：燃料费用/%	39	32	77	67	67	51
固定费用/%	38	42	16	23	22	34
其他费用/%	23	26	7	10	11	15
CO_2 减排相对费用/（EUR/t）	39.3		37.9		68.1	
CO_2 捕获方式	燃烧前捕获（2003）		燃烧前捕获（2020）		燃烧前捕获（2002）	
电厂类型	粉煤 IGCC		粉煤 IGCC		NGCC	
配置 CO_2 捕获设施	无	有	无	有	无	有
发电能力/MW	776	676	879	776	400	392
净效率/%	43	34	49	43	58	46
	763	142	672	114	363	50
		809		647		403
		621		558		313
单位投资/（EUR/kW）	1370	1860	1130	1250	625	1430
燃料价格/（EUR/GJ）	1.5		1.5		3.5	
电力成本/（欧分/kW·h）	3.33	5.58	4.41	5.85	3.41	5.47
构成：燃料费用/%	39	32	31	30	67	54
固定费用/%	38	42	39	40	22	32
其他费用/%	23	26	30	30	11	14
CO_2 减排相对费用/（EUR/t）	23.1		7.6		65.9	
CO_2 捕获方式	氧气燃烧（2000）		氧气燃烧（2000）			
电厂类型	褐煤		NGCC			
配置 CO_2 捕获设施	无	有	无	有		
发电能力/MW	865	697	400	400		
净效率/%	43	34	58	48		
CO_2 排放/（kg/MW·h）	858	6	363	0		
CO_2 捕获/（kg/MW·h）		1060		439		
CO_2 减排/（kg/MW·h）		853		363		
单位投资/（EUR/kW）	1270	1570	625	1200		
燃料价格/（EUR/GJ）	1.1		3.5			
电力成本/（欧分/kW·h）	3.52	4.39	3.41	5.52		
构成：燃料费用/%	29	29	67	54		
固定费用/%	46	45	22	34		
其他费用/%	25	25	11	12		
CO_2 减排相对费用/（EUR/t）	10.2		49.8			

3. 两种煤发电厂不同 CO_2 捕获技术方式的技术经济比较

表 15-33 列出了 IPCC 在专题报告[2]中综合的基于当前技术新建两种煤发电厂的捕获费用（不含运输和封存费用）。

表 15-33　两种煤发电厂的捕获费用范围与可信度

CO_2 捕获方式	燃烧后捕获			IGCC		
	数据范围		代表值	数据范围		代表值
	低限	高限		低限	高限	
CO_2 捕前排放/（kg/MW·h）	736	811	762	682	846	773
CO_2 捕后排放/（kg/MW·h）	92	145	112	65	152	108
CO_2 减排百分率/%	81	88	85	81	91	86
发电效率（LHV）/%	30	35	33	31	40	35
捕获增加能耗/%	24	40	31	14	25	19
无 CO_2 捕获投资/（美元/kW）	1161	1486	1286	1169	1565	1326
有 CO_2 捕获投资/（美元/kW）	1894	2578	2096	1414	2270	1825
有 CO_2 捕获投资增加/%	44	74	63	19	66	37
无 CO_2 捕获电力成本/（美元/MW·h）	43	52	46	41	61	47
有 CO_2 捕获电力成本/（美元/MW·h）	62	86	73	54	79	62
有 CO_2 捕获电力成本增加/%	42	66	57	20	55	33
净 CO_2 捕获成本/（美元/tCO_2）	29	51	41	13	37	23
捕获成本可信度	中等			中等		

对于已有粉煤电厂增加捕获设施可采用燃烧后捕获（MEA 吸收法）或改为氧气燃烧的两种方案。表 15-34 引自资料[17]的数据表明后一方案更为经济可行。

表 15-34　已有发电厂增加捕获设施的两种方案比较

CO_2 捕获方式	亚临界蒸汽			超临界蒸汽		
	基准（无）	MEA	氧燃烧	基准（无）	MEA	氧燃烧
发电效率/%	35	20.5	22.4	39.2	25	27
改造投资/（美元/kW）	0	1604	1043	0	1314	867
发电成本/（美元/MW·h）	22.1	77.1	67.6	20.6	65.9	56.1
其中：固定成本	0	32.5	21.2	0	26.6	17.6
操作维修	7.5	19.6	23.6	7.5	18.8	16.6
燃料	14.6	25.0	22.9	13.1	20.5	19.0
CO_2 捕获量/（t/MW·h）	0	1.43	1.31	0	1.17	1.08
CO_2 排放量/（t/MW·h）	0.93	0.16	0.15	0.83	0.13	0.12
CO_2 捕获费用/（美元/t）	0	38.5	34.8	0	38.7	32.8
CO_2 减排费用/（美元/t）	0	71.4	58.0	0	62.6	48.0

从表 15-30 到表 15-34 中摘录的数据，都是从 21 世纪以来国外学者基于西方国家情况所做的研究成果选录的。由于前提条件各异，彼此数据会有出入，但是能说明一般趋势。总的看来，不论采用何种办法，电厂的 CO_2 捕获费用（投资、成本）都很高，CO_2 捕获任务的兑现很难成为商业行为，除非国家制定严格的法规并给以必要的支持才能陆续实施。

IEA 为此提出建议，把新建设的电厂设计成准备今后改造的“Capture Ready”电厂，那么总的投资和热效率比常规厂改造后有利，见表 15-35 的数据[26]。

表 15-35　已有发电厂增加捕获设施的两种方案比较

CO_2 捕获方式	常规燃烧，烟气脱 CO_2			氧气燃烧		
	1 不准备改	2 准备改造	2 改造后	1 不准备改	2 准备改造	2 改造后
净发电功率/kW	867	867	687	679	689	565
净发电效率（LHV）/%	45.3	45.3	35.9	44.3	45.0	36.5
CO_2 排放/（g/kW）（净）	727	727	114	721	711	81
投资/（EUR/kW）（净）	1401	1401	2201	1370	1373	2405
成本/（EUR/MW·h）（净）	19.76	19.76	27.75	19.92	19.92	25.26
其中：固定成本和维修	7.00	7.00	9.28	6.77	6.77	10.14
燃料	11.90	11.90	15.01	12.19	12.19	14.59
其他可变成本	0.86	0.86	3.46	0.96	0.96	0.73

注：燃料热值 25870kJ/kg，价格 1.50Euro/GJ，折旧和投资回报不计入成本。

4. NETL 设想的将来有 CO_2 捕获设施的煤电厂的技术经济

美国能源部 NETL 实验室结合今后技术开发项目预期成果，认为有 CO_2 捕获设施的煤电厂的技术经济指标能够明显改善。不仅对 IGCC 电厂有效，而且在采用固体燃料电池（SOFC）替代燃气轮机的电厂（IGFC 电厂）效果更为突出。固体燃料电池可以高效地将化学能转化为电能。当普通气化炉改为新型催化气化炉后，可使煤气中甲烷含量达到 15%左右，对 SOFC 的温度控制有利。这样一来 SOFC 排气冷却干燥后就是中压下的纯 CO_2。

表 15-36[28] 为将来先进的 IGCC 电厂和 IGFC 电厂与当前常规技术 IGCC 电厂（均有 CO_2 捕获设施）的主要指标比较，表明了各种重要技术措施对经济指标的影响。

表 15-36　将来的 IGCC 电厂和 IGFC 电厂与当前的 IGCC 电厂技术经济指标变化

技术措施	主要影响	热效率影响/%	投资影响/（美元/kW·h）	发电成本影响/（美元/kW·h）
常规 IGCC/CCS	基准			
干煤进料泵	增加气化效率	1.0	-19	-0.08
气化炉延长开工率	增加运行时间	0	0	-0.39
高温净化	减少投资，降低能耗	2.0	-319	-0.96
先进燃气轮机	增加输出功率	0.9	-73	-0.25
ITM 与先进燃气轮机 1	减少投资，增加输出功率	0.1	-118	-0.33
ITM 与先进燃气轮机 2	减少投资，增加输出功率	2.0	-89	-0.29
先进传感器和控制	延长在线时间	0	0	-0.26
先进 IGCC/CCS	合计	5.9	-618	-2.6
先进 IGFC/CCS	合计	23.7	-716	-3.1

5. 石油替代燃料厂采用 CO_2 捕获系统后的技术经济

联系到石油替代燃料，电厂 CO_2 捕获技术的经济意义只是在耗电高的工艺路线，例如电解水制氢（化石燃料）或煤的直接液化时才显出其重要性。因此应该结合利用碳基化石燃料生产石油替代燃料的工艺过程，具体分析 CO_2 捕获费用。可惜这方面的资料不多，表 15-37a列举的是 CTL 生产合成油的一例[17]。

表 15-37a　煤基合成油厂 CO_2 捕获的投资和成本

	工厂投资/[美元/(桶/日)]	固定成本/(美元/桶)	燃料成本/(美元/桶)	操作维修成本/(美元/桶)	总加工成本/(美元/桶)
无 CO_2 捕获	53000	23.1	16.8	10.0	49.9
有 CO_2 捕获	56000	24.3	16.8	14.2	55.3
CO_2 捕获增加	3000				5.6
CO_2 减排费	9.6 美元/t CO_2				

表 15-37b 为煤炭气化制氢的 CO_2 捕获技术经济数据。

表 15-37b　煤炭气化制氢的 CO_2 捕获技术经济数据

	数据范围		代表值
	低限	高限	
CO_2 捕获前排放/(kg/GJ)	78	174	137
CO_2 捕获后排放/(kg/GJ)	7	28	17
CO_2 减排百分率/%	72	96	86
制氢热效率(LHV)/%	52	68	60
捕获增加能耗/%	4	22	8
无 CO_2 捕获制氢成本/(美元/GJ)	6.5	10.0	7.8
有 CO_2 捕获制氢成本/(美元/GJ)	7.5	13.3	9.1
有 CO_2 捕获制氢成本增加/%	5	33	15
净 CO_2 捕获成本/(美元/t CO_2)	2	56	15
捕获成本可信度	中等		

CTL 和制氢所产生的 CO_2 均已在过程中脱除，这里所示的捕获成本只包括脱水和压缩费用，因此较低。

第五节　二氧化碳的运输和封存

含碳燃料的燃烧废气或含二氧化碳工业废气中的二氧化碳捕获后需要通过封存方式(个别情况是利用)进行处置，才算完成减排任务。碳捕获与封存是近年来正在研究开发的一项旨在降低全球气候变暖的重大技术。前面介绍了碳捕获的主要方法，下面重点叙述捕获后二氧化碳的运输与封存。

一、二氧化碳的运输方式

通常二氧化碳捕获的地点位于大规模燃烧燃料或加工含碳燃料的发电厂或工业企业，而适合封存的地点却在具有特定地质条件和生产背景的地区，彼此距离往往有几百公里甚至一千公里以上。实现每年数以百万吨计的二氧化碳的长距离运输构成 CSS 的一个重要环节。

最主要的运输方式是管道输送，人们对石油和天然气的管输已积累了丰富的经验。二氧化碳经压缩到 8MPa 左右，在超临界状态密度增加，虽然不如液态石油产品，但比输送天然气有利。自从 20 世纪 70 年代以来，美国老油田专门用于二氧化碳驱动增产原油的输送管道合计超过 2500km，年输量大于 40Mt。某些情况下可将二氧化碳装罐，储罐压力为 0.7MPa，在低温下保持液态，就像输送液化石油气那样采用船运。当然目前这一方式只在很小范围内实施，但设想远期当中东油田到达开采后期，需大量 CO_2 用于气驱采油时，利用大型“气灌”将液体二氧化碳通过远洋运输到该地，未尝不是可行之路。由于运量很大，汽车或火车运送液体二氧化碳并不现实。

二氧化碳输送管道的技术标准不如天然气严格。脱水的二氧化碳纵然含有微量硫氧化合物或氮氧化合物，也不会对碳钢材料产生腐蚀。含水的湿气就要用昂贵的合金或内衬合金钢材。二氧化碳管道输送对泄漏的要求不高，事故发生率低，迄今国外未发生过管输引起的伤亡事故。

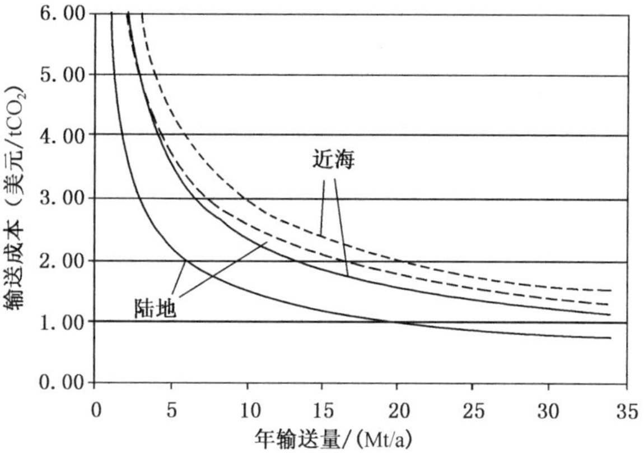

图 15-26a　CO_2 管道输送费用

二氧化碳管道输送费用与输送规模关系较大，以 250km 长度、正常坡度为例，年输送量少于 2~3Mt 时每吨成本可达 6~8 美元，但大于 15~20Mt 时每吨成本降低到 1~2 美元，见图 15-26a[21]。

对于长距离陆地和海底管道输送及船运，输送距离与输送成本的关系见图 15-26b[21]。该图数据按年输送量 6Mt 计算，海运成本含中间储罐、码头装卸设施与液化设施。可见大于 2000km 以远的长距离输送船运具有优势。有资料指出目前使用新的运输船、运输距离为 5000km 时每吨的运输成本为 28 美元，今后可能下降到 15 美元[22]。

二、二氧化碳的地质封存和利用

二氧化碳的封存一般采用“地质封存”技术，正在开发中的还有“海洋封存”技术。

地质封存有三种：①地下油藏或气藏封存；②地下深层岩盐构造封存；③地下不便开采的煤矿床封存。每种封存方法均是把高密度状态的二氧化碳注入地下的岩石构造中，开采过的油藏、气藏或盐水保留有多孔的岩石构造，即属于候选的储存地址。合适的地下或水下沉积岩构造均可考虑。图 15-27 给予了四类地质储存方式的剖面示意图。①为报废的油藏或气藏储存 CO_2；②使用 CO_2 提高生产中油、气井采收率；③深层盐水构造（a 水下、b 地下）储存 CO_2；④使用 CO_2 提高煤层气采收率。

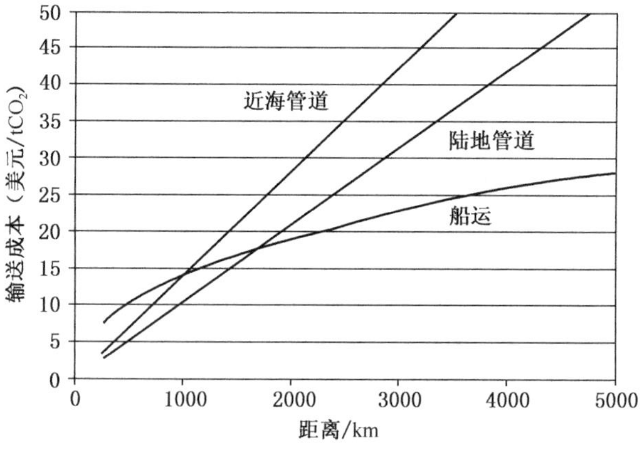

图 15-26b　CO_2 管道和船运输送费用

地质封存工艺源于成熟的石油或天然气勘探开发技术。它们包括钻井技术、注气技术、(油、气）藏计算机动态模拟和监控技术等。封存构造位于地下深度 800m 以上，该环境条件下 CO_2 以液相或超临界相存在，密度等于水的 50%~80%，在浮力作用下向上移动，靠上部的岩层封闭而不致泄漏。将油藏（气藏）中原有流体大部分置换出来，成为可采流体，

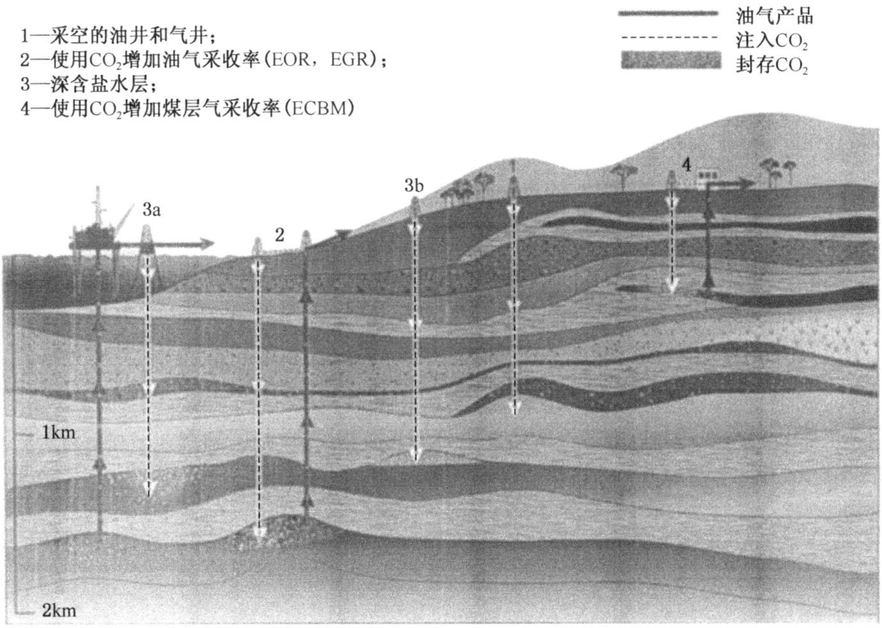

图 15-27　地质储存 CO_2 示意图

经由油管上升到地上，从而提高了采收率。部分注入的 CO_2 随同油/气逸出，在地面上彼此分离后作为循环 CO_2，重新压缩回注。图 15-28 示出用于增加原油采收率的注 CO_2 气实现地质封存的简要流程。

1. 地质封存的机理

(1) 结构和地层的物理捕获

低渗透率的密实岩石顶板（页岩或岩盐）能形成封闭条件，沉积盆地有不少这样构造，创造了物理捕获的条件。岩石层断裂折叠后形成的圈闭结构也可为物理捕获提供场所。应注

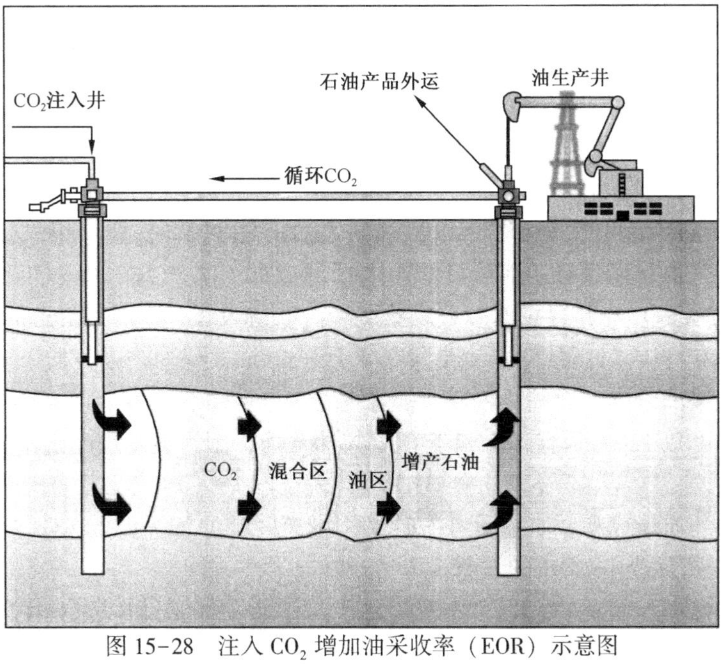

图 15-28　注入 CO_2 增加油采收率（EOR）示意图

意储存压力不要过大，否则会损坏封闭条件。

（2）水力学的物理捕获

地下深层盐水虽然没有严格的密封结构，但是注入的二氧化碳浮在水面以上，能形成局部的封闭环境，二氧化碳相随盐水在地下缓慢移动，部分溶解于水，行程几百公里需时百万年之久。

（3）地质化学捕获

溶解于水的二氧化碳使水呈弱酸性，与岩石的化学组分（钠或钾的碱性硅酸盐，钙、镁或铁的碳酸盐或硅酸盐）产生化学反应，生成重碳酸盐。有些反应速率快（以天计），而有些很慢（以百年或千年计）。

（4）物理吸附捕获

对于煤层还有物理吸附机制。由于煤对二氧化碳亲和力大于甲烷，前者注入后将逐步把后者置换出来。图 15-29 绘出实验室所作的一种煤对二氧化碳、甲烷、氮气的吸附曲线，以资对比。

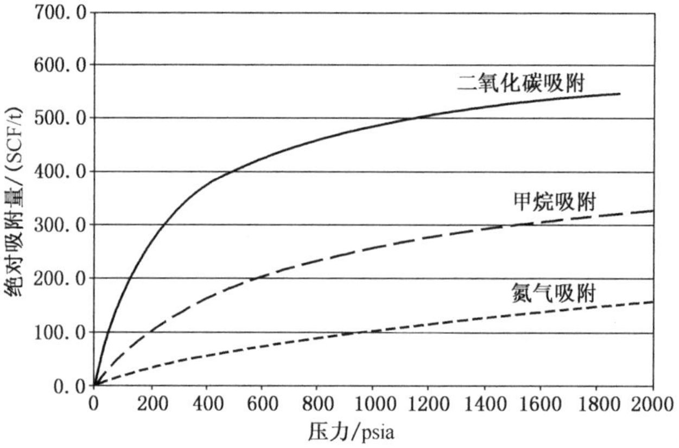

图 15-29　纯气体在 Tiffany 煤上的吸附

2. 目前二氧化碳提高采收率的运用

1）采用二氧化碳提高原油采收率

采用二氧化碳提高原油采收率（Enhanced Oil Recovery，简称 EOR）已有 30 多年的商业应用历史，其出发点是增产原油的产量，可能增加 8%～15%的采收率，约合净采出率的 30%～50%。美国目前应用这一技术所产原油约占总产能的 5%，意义很大。所用 CO_2 大部分来自地下自然气源，还没有任何项目使用电厂回收的 CO_2 气体，但多年积累的经验足可借鉴，EOR 成为众多 CO_2 封存技术中最成熟、经济效益最好，因而是首选的技术。

但是实施 EOR 也有限制条件：油藏深度应大于600m；原油密度应低于910kg/m^3；采油阶段已进入三次采油阶段（自喷采油和水驱采油之后）；还剩余有 20%～30%的原始地质储量。采油处的温度以 120℃为宜，有利于 CO_2 与油互溶，因为温度过高则不互溶，使碳驱效率下降。

由于各油田地质情况和原油性质出入颇大，增产每吨原油需要的 CO_2 数量从小于 2t 到 3～4t 不等，这一指标决定 EOR 的效益。

举个效益较好而且起到 CO_2 封存作用的事例，自从 21 世纪初以来，美国惟一的从煤制造替代天然气（SNG）的工厂，就将大量副产 CO_2 通过 330km 长的跨国专门管道输往加拿大的 Weyburn 油田，四年内扭转了采油后期减产的局面，达到日增产近千吨，相当于不用 EOR 的3倍，图 15-30 是对外发表的产量曲线[23]。

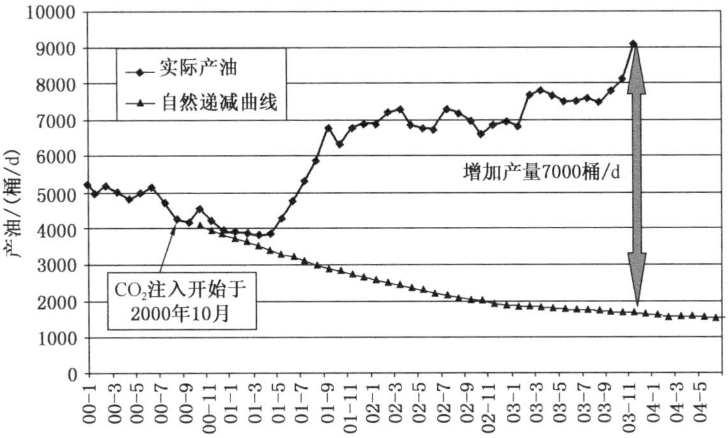

图 15-30　注入 CO_2 增加原油采收率实例

该项目有两台功率 14500kW、流量 65000Nm^3/h、出口压力 19MPa 的输气压缩机，2000~2005 年累计输气 770 万 t，增产原油产量 170 万 t。

理论上大范围推广应用注入 CO_2 的 EOR 在技术上可行，但受油田位置和 CO_2 供应的制约又往往不可行。今后在温室气体减排大政策的推动下，预期将会逐步推广。

我国正在应用的三次采油技术主要是聚合物水溶液驱油，今后具备条件时将使用二氧化碳驱油的 EOR 技术。根据估算[31]大庆油田已知油气藏二氧化碳总埋存潜力为 7.6 亿 m^3（按实际状态的体积计算）；苏北油田已知油气藏二氧化碳总埋存潜力为 2046 万 t，其中已枯竭的可埋存 470 万 t，能实行 EOR 技术的可埋存 1576 万 t，同时增产原油 467 万 t。

2）采用二氧化碳提高天然气采收率

采用二氧化碳提高天然气采收率（Enhanced Gas Recovery，简称 EGR）的目标是在气田采收率已经达到 80%~90%，压力下降到 2~5MPa 之后，将 CO_2 注入到气藏下部。利用 CO_2 和甲烷的密度差，剩余天然气被置换出来，同时气藏压力逐步提高，达到封存的条件。但是由于气体置换气体过程的复杂因素，不少研究开发工作尚待进行，而且其效益不如 EOR 明显，当前 EGR 还未在商业上实施。

3）采用二氧化碳提高煤层气采收率

采用二氧化碳提高煤层气采收率（Enhanced Coal Bed Methane，简称 ECBM）的目标是对不拟开采的深层煤田更充分利用其甲烷资源。通常煤层气采收率为 40%~50%，ECBM 技术可采出其剩余储量，使总采收率达到 90%~100%。但是适合采用 ECBM 技术的煤层与常规 CBM 存在着差别，ECBM 对构造地质条件要求严格，要求径向连续，纵向整体隔断，折叠和断层很少；要求煤层的渗透性在 1~5mD（毫达西），甲烷含量要尽量高（一般要求甲烷含量为5~15m^3/t；其数值的高低会给封存量和封存成本带来几倍的差异），要求煤层深度在 700~1500m 之间（CBM 则是浅煤层），因为随着压力增加，二氧化碳对甲烷的相对吸附能力增加（700m 深为 2∶1，1500 深为 5∶1 摩尔比），但过深（2000m）则由于地温上升使渗透率下降。

基于各种限制条件，ECBM 迄今只在个别国家试用，远未达到推广应用阶段。

3. 全世界的 CO_2 封存潜力预估

以上三项技术均是在增产回收油气，经济效益合算的前提下实施的。今后目标转向 CO_2 封存，允许付出一定的代价。因此在三项技术的基础上，还要考虑利用采空报废的油田或气田储存。这样一来可使用原有设备，减少新的投入。全球的油田气田陆续采空将提供更大的封存潜力，初步估计仅气田就可满足 1000Gt 的 CO_2 封存量，约等于当前 40 年的排放量。英国曾为今后北海油田封存 CO_2 提出 CENS 方案，初步估算每年可埋存 $30MtCO_2$，EOR 阶段可持续 15~25a。

IPCC[20] 根据不同文献汇总了 CO_2 封存潜力，IEA[2] 按每吨 20 美元费用估计储存潜力，并按 2030 年预测排放量计算储存年限，见表15-38。

表 15-38　全世界 CO_2 封存潜力

项　目	EOR+EGR	ECBM	地下深水层
IPCC 估计/Gt			
下限	675	3-15	1000
上限	900	200	10000（待确认）
IEA 估计/Gt	930	30	400~10000
IEA 估计可储存年限/a	2	50	20~530

美国能源部在其 CO_2 封存地区合作规划第一阶段确认了在美国与加拿大封存潜力约 3600Gt（其中 EOR、EGR 与采空井潜力 83Gt，ECBM 潜力 83Gt，深水层潜力 3374Gt），距离 4300 座发电厂和其他工业源少于 300 英里。准备第三阶段进行大规模示范，井深 900~3000m，CO_2 来自煤电厂、天然气加工厂和乙醇厂，采用采空井和深水层两种封存方式。我国学者估计在 26 万 km^2 的松辽盆地地下深盐水层的 CO_2 埋存潜力为 83Gt（理论值，系数取 2%）[31]。

美国能源部考虑到今后 CO_2 封存将在大范围陆续展开，为了便于编制可行性研究，提供有用的参考资料，2002 年即组织 TVA 公司等编写了临时性资料[24]。现将其中按 400MW 的 IGCC 发电厂 CSS 技术的 EOR 流程示于图15-31，ECBM 流程示于图15-32。

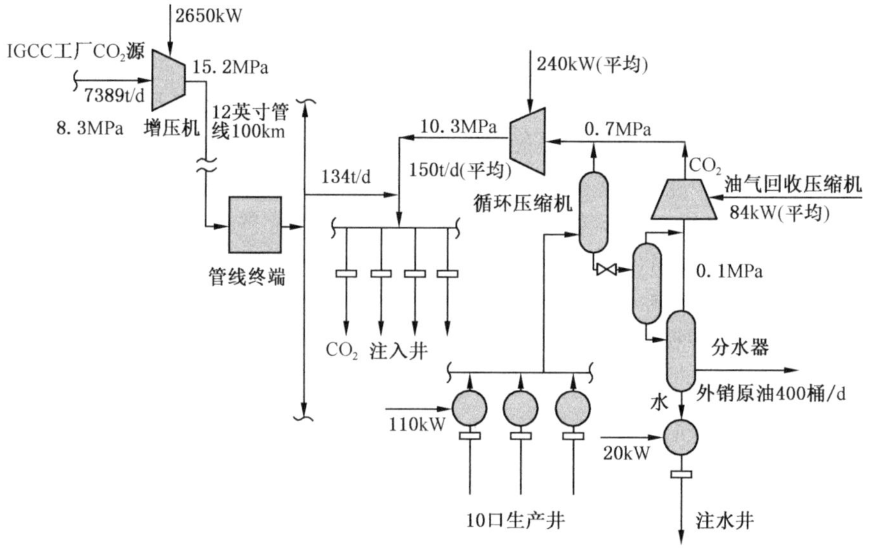

图 15-31　注入 CO_2 增加原油采收率（EOR）流程

4. CO_2 封存的简要技术经济

因为不同项目涉及的变量过多，其上限和下限差别很大，仅将以基准数据（见表 15-39）算出的几类封存技术的经济指标列于表 15-40。注意 2002 年采用的燃料价格（每桶原油价为 15.0 美元，每 10^6Btu 天然气价为 2.0 美元）远低于目前价格，故投资额也有出入。

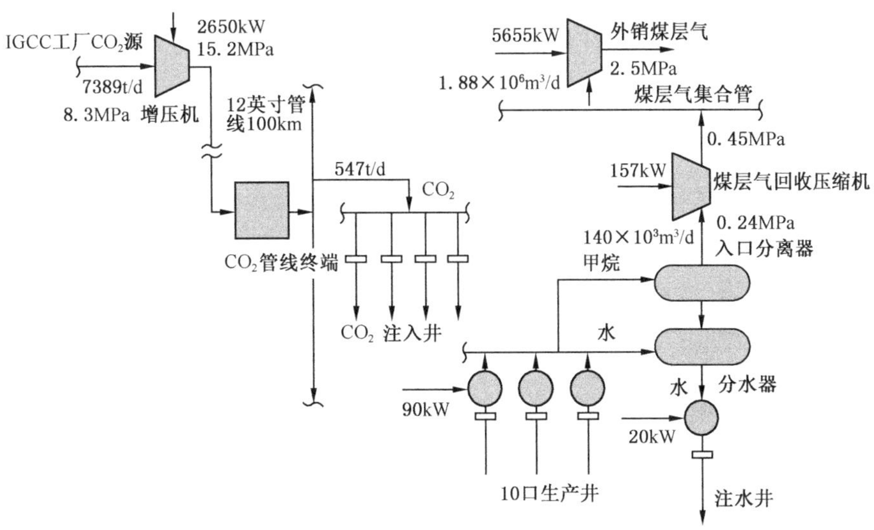

图 15-32　注入 CO_2 增加煤层气采收率（ECBM）流程

表 15-39　CO_2 封存方案对比的基准数据

封　存　方　案		EOR	DOR	DGR	ECBMR
工艺数据	井深/m	1219			610
	CO_2 储存量/（Mt/a）	2.16	2.16	2.16	2.16
	CO_2 减排量/（Mt/a）	1.69	1.82	1.82	1.78
经济指标（投资/年维修费）/［10^6 美元/（10^6 美元/a）］	资产转移	2.16/0	2.16/0	2.16/0	2.16/0
	输送（100km 管线）	26.8/1.33	26.8/1.33	26.8/1.33	26.8/1.33
	封存	182.8/27.0	65.3/6.52	9.2/0.97	17.7/1.97
	监控	0/0.22	0/0.22	0/0.22	0/0.22
合　计		211.8/28.5	94.3/8.1	38.1/2.52	46.7/3.5

表 15-40　CO_2 封存方案的经济对比数据

封存方案		EOR	DOR	DGR	ECBMR
年封存费用/10^6 美元（1~20a 均）	CO_2 储存费用	60.17	22.20	8.22	10.48
	回收原油天然气收益	(84.86)	33.96	0	0
	净封存费用	(24.69)	(11.76)	8.22	10.48
	CO_2 储存量/（Mt/a）	2.16	2.16	2.16	2.16
	单位 CO_2 净封存费用/（美元/t）	(11.44)	(5.45)	3.81	4.86
年捕获和净封存费用/10^6 美元（1~20a 均）	捕获费用	31.39	31.39	31.39	31.39
	净封存费用	(24.69)	(11.76)	8.22	10.48
	捕获和净封存费用	6.70	19.63	39.61	41.87
	CO_2 储存量/（Mt/a）	2.16	2.16	2.16	2.16
	单位 CO_2 捕获和净封存费用/（美元/t）	3.11	9.10	18.36	19.41
发电成本核算/（美元/MW·h）	无 CSS 参比发电厂	43.98	43.98	43.98	43.98
	捕获成本（1~20a）	11.10	11.10	11.10	11.10
	净封存成本（1~20a）	(8.73)	(4.16)	2.91	3.71
	成本合计	46.35	50.93	57.99	58.79

IPCC 资料[21]列出了较宽的数据范围，见表 15-41。可见对于具体项目必须按个案研究，否则难以判断是否可行（表内 CO_2 输送费用按 0~5 美元/tCO_2 地质封存费用按 0.6~8.3 美元/tCO_2，EOR 封存费用按 10~16 美元/t CO_2 计算）。

表 15-41　按照现有先进技术建设新厂时 CO_2 捕获、运输和封存费用

封存方案	费　　用	发电厂			制氢厂
		粉煤	NGCC	IGCC	
只有 CO_2 捕获	燃料消耗增加/%	24~40	11~22	14~25	4~22kg/GJ
	CO_2 捕获量/（kg/MW·h）	820~970	360~410	670~940	75~160kg/GJ
	CO_2 减排量/（kg/MW·h）	620~700	300~320	590~730	60~150
有 CO_2 捕获和地质封存	单位产品减排费用/（美元/MW·h）	19~47	12~29	10~32	0.4~4.4 美元/GJ
	单位 CO_2 减排费用/（美元/t CO_2）	30~71	38~91	14~53	3~75
有 CO_2 捕获和 EOR 封存	单位产品减排费用/（美元/MW·h）	5~29	6~22	5~19	2~2.8 美元/GJ
	单位 CO_2 减排费用/（美元/t CO_2）	9~44	9~68	7~31	14~49

5. 地下 CO_2 封存的安全性

数以千万吨计的二氧化碳封存于地下地质构造中，能否长期保存而不泄漏是人们关注的一个重大问题。从前述的机制出发，学者们研究后提出了以下观点：经过漫长岁月，一系列物理和化学过程持续进行，注入的 CO_2 逐渐从气雾状态溶解于移动的水和其他液体中，生成碳酸盐，这一过程要持续上数十年至百年，称为溶解捕获；溶解的 CO_2 和地质构造接触，首先产生重碳酸盐或碳酸盐离子，这一过程要持续上百年至千年，称为离子捕获；最后离子从水相转移到构造本体，生成更稳定碳酸盐矿物，这一过程则要持续上千年至百万年，称为矿物捕获。以上过程结合具体情况，不同程度地从单纯物理过程转向化学过程，如图 15-33[21]所示的 A、B、C、D 四个途径，到达更稳定的储存条件。图 15-34[21]随着时间推移，稳定性增加，不同类型的捕获比例也在改变。

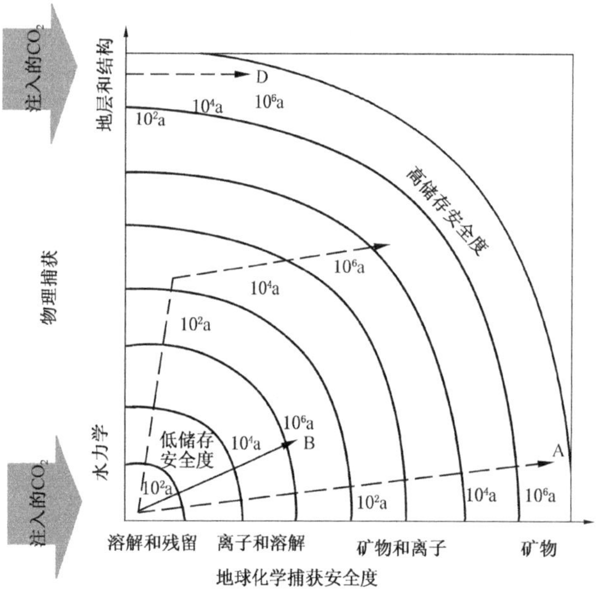

图 15-33　封存的安全性

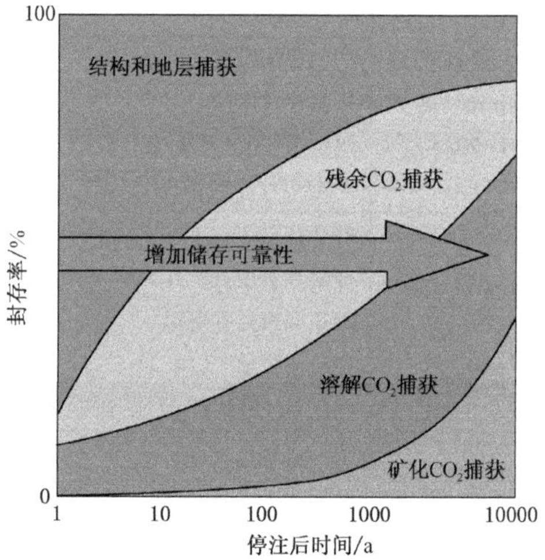

图 15-34　封存的安全性

6. 注入地下深部含盐水的沉积岩层

地质封存的另一种方法是将 CO_2 注入到地下深部含盐水的沉积岩层。岩层由于含盐多，除非做地热资源，无其他利用途径，正好用来储存二氧化碳。1996 年挪威在北海 Sleipner 气田实施了一项从天然气脱除的二氧化碳向地下盐水层注入储存的工程，砂岩层深度在海底下面 800~1000m，每年注入二氧化碳 1Mt，经过多年监测，在密实的页岩顶板下面有很厚的二氧化碳气雾层，产生横向的运动，目前已扩散到约 5km^2 的面积。预测逐渐溶解并饱和了二氧化碳的盐水将下沉，有利于防止外泄。

Sleipner 项目总投资 8000 万美元，折合 80 美元/tCO_2，挪威另一项目（Snohvit）总投资 81.91 亿美元，折合 275 美元/tCO_2，彼此出入达 3.5 倍之多，后者地点靠近北极圈是一原因。投资构成中压缩机组和管道各占三分之一以上。

关于地下深盐水层的储存潜力取决于地质条件等多种因素，目前很难作出准确估算。有的学者估计仅加拿大的 Alberta 州即有 4000Gt 的潜力。但是每个具体项目要做具体分析。以 500MW 煤电厂为例：每年 CO_2 封存量 3Mt，如果储存密度 0.5t/m^3，厚度 1m，那么每年占用面积 6km^2，40 年需 240km^2，确是一个不可忽视的数据。资料[25]估计的封存费用见表 15-42。

表 15-42 封存费用估计 欧元/t CO_2

项目	采空油气井深度			项目	扣除收益后相对费用		
	1000m	2000m	3000m		低	中	高
油井（陆）	1.1	1.6	3.6	EOR（陆）	-10	0	10
油井（海）	3.6	5.7	7.7	EOR（海）	-10	3	20
气井（陆）	1.1	1.6	3.6	ECBM	0	10	30
气井（海）	3.6	5.7	7.7				
盐水层（陆）	1.8	2.7	5.9				
盐水层（海）	4.5	7.3	11.4				

资料[25]估计的世界平均捕集/压缩（合计按 38.5 欧元/tCO_2）与封存（不同类型的典型费用）费用表示在图 15-35。

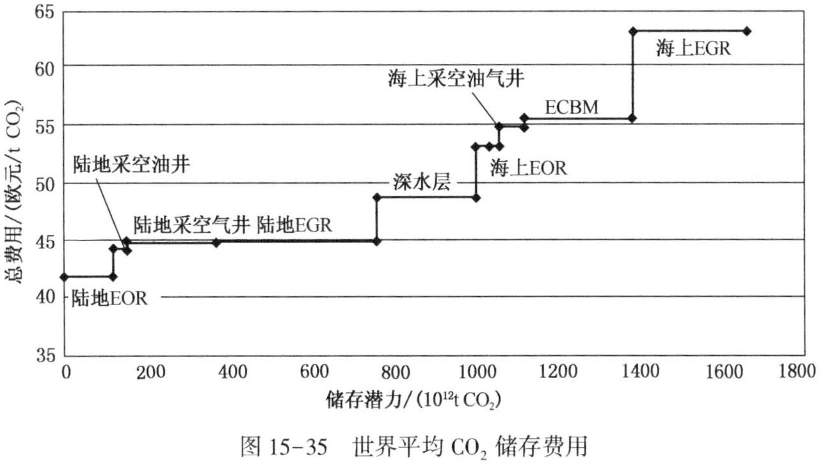

图 15-35 世界平均 CO_2 储存费用

7. 对 CO_2 的海洋封存的研究

海洋封存是引起人们兴趣但处在研究阶段（理论研究、模拟研究）的一种潜在封存方案。将二氧化碳通过管道或船舶运输到封存地点，从那里注入 1000m 以上的深海海底或水柱体。被溶解和消散后成为全球碳循环的一部分。大气与水体在海洋表面不断进行 CO_2 的自然交换，直到达到平衡条件。若大气层 CO_2 浓度增加，海洋则逐渐吸收额外的 CO_2 以建立新的平衡。过去两个世纪内，人为排放到大气层的 CO_2 总计有1300Gt，其中约有500Gt被海水所吸收。迄今海洋正以每年约7Gt的速度吸收新排放的 CO_2。目前多数 CO_2 都存留在海洋上层，导致表层海水的pH值下降了约0.1，但深层水pH值基本没有变化。预测经过若干世纪，表面溶解的pH值将与深层海水混合，海洋就能容纳更多的 CO_2，表15-43列出海水和大气层稳定平衡状态 CO_2 的分布（假定水温不变）。

表15-43　海水和大气层稳定平衡状态时 CO_2 分布

大气层 CO_2 含量/（μL/L）	海洋与大气层 CO_2 总和/Gt	平衡状态时海洋储存的 CO_2/Gt
350	2620~3140	2030~2550
450	5410~6370	4050~5010
550	7710~8990	5570~6850
650	9610~11210	6790~8290
750	11490~13170	7790~9570
1000	15380~17380	9730~11730

注入深海的 CO_2 在逐步溶解和扩散过程中，也使周围浓度上升，最终与大气层建立新的平衡，所需时间更长。

对海洋的观测和模式分析结果表明，被注入的深度越深，在海水中保留越久。利用7种模式模拟计算在3个不同深度连续注入，海洋封存保留的分率与时间和注入深度密切相关，见表15-44。

表15-44　海洋封存保留的分率随时间而变化

年　份	800m深度	1500m深度	3000m深度
2100	0.72~0.84	0.88~0.96	0.98~1.00
2200	0.44~0.56	0.67~0.81	0.88~1.00
2300	0.30~0.42	0.52~0.68	0.77~0.97
2400	0.21~0.35	0.40~0.58	0.67~0.91
2500	0.16~0.30	0.33~0.51	0.57~0.85

海洋封存需要注意对生态和环境产生的影响及风险。注入几个 $GtCO_2$ 足以发生在注入区能够测量到的海洋化学成分的变化，如果持续注入更多，那么变化范围会扩展到整个海洋体。经过学者们的实验室研究和模拟试验，大致认为注入深度在500m以内时，CO_2 以气态存在，细小气泡于上升中陆续溶解于水，到达海面将与大气层建立相平衡。注入深度在500m以上，CO_2 以液态存在，在海床上形成数十米深的液体 CO_2 湖泊。在局部水流等流体力学作用下，CO_2 液滴以一定速度上升，并部分溶解于上层海水中。接近静态环境时 CO_2 湖泊的溶解消失可能要一万年，但局部水流速度为0.05m/s就使消失时间降低到400年以内。注入深度在2500m以上，而且水温较低时，液体 CO_2 密度大而下沉，到海底形成结晶水合物。水合物虽然相对稳定，但也处于动态环境，细小的结晶会上浮而逐渐消融。

注入 CO_2 的扩散和溶解取决于一系列条件，最终影响范围很难预测，有待进一步的研究试验。但是溶解的 CO_2 使水的酸度增加，pH 值降低已是不争的事实。模拟 2100 年前累计注入 18000GtCO_2 并从 3000m 深度的 7 个地点释放，假设海洋封存提供了 10%的减缓能力，把大气层浓度稳定在 550μL/L，那么 22 世纪到来时约 1%的海水 pH 值降低 0.4。对比之下与大气层浓度 550μL/L 保持平衡时全部海水 pH 值降低 0.25[21]。无论 pH 值具体变化有多少，一些海洋生物的繁殖、生长、周期性供氧及活动性变缓和死亡率上升会受到不同程度影响。生物在接近 CO_2 湖泊时预计会立刻死亡。但目前关于实施海洋封存的长时间内对海洋生物与生态系统产生的慢性影响研究无法下手，推测将对生态系统带来相应的性质未知的后果，必须列为一项重要课题。

海洋封存的成本是值得关注的问题。虽然没有实施经验，但专家们已做了初步估算，以便和其他封存技术比较[21,24]。海洋封存可采用短距离的海底固定管道输送方案，成本相对便宜；但更灵活且有吸引力的方案是使用船舶将 CO_2 输送到海洋浮动平台或专用注入船上，再通过垂直管道注入。净发电 60MW 粉煤电厂捕获的 CO_2 按两方案分别计算。岸边是起点，延伸入海长 100km 或 500km，水深 3000m。固定管道输送 CO_2 气体，40000m^3 船输送 CO_2 液体（-50~55℃、0.6~0.7MPa）。表 15-45 数据是考虑岸上缓冲储罐、船运和平台注入三项费用得出每吨 CO_2 的封存费用。

表 15-45　海洋封存费用估算

	船运		固定管道运输	
海岸距离/km	100	500	100	500
封存成本/［美元/tCO_2（净）］	11.9（浮动平台）	13.2（浮动平台）	6.2	31.1
	14.2（专用注入船）	15.7（专用注入船）		

海洋封存费用比其他方案高，这是因为船与管道投资均大。封存 5.4MtCO_2/a 需要 3 艘船，投资 1.66 亿美元，浮动平台 2.0 亿美元，码头 5000 万美元，垂直管 800 万美元；单位 CO_2 总投资即达 100 美元/t 之多。同样规模的直径 0.4m 海底管线每 100km 投资 5100 万美元，增压机 940 万美元，注入管 1450 万美元，投入也可观。

参 考 文 献

1 IPCC Climate Change 2007. The Physical Science Basis, Summary for Policymakers, 2007

2 Audus H, An update on CSS. Recent developments. Presented at Second IEA Workshop on Legal Aspects of Storing CO_2, 2006

3 Wigly TM, Richels R, Edmonds JA. Economic and Environmental Choices in the Stabilization of Atmospheric CO_2 Concentrations. Nature, 1996, 379: 240

4 UNFCCC. Sixth Compilation and Synthesis of Initial National Communications from Parties not Included in Annex I to the Convention, Addendum, Oct 25, 2005

5 UN Human Development Report, 2003: 300~303

6 Marland G, Boden T A, Andres R J. Global Regional and National CO_2 Emissions In Trends: A compendium of Data on Global Change. CDIAC, ORNL, USDOE, 2003

7 日本政府向 UNFCCC 提交的 2006 年度报告

8 Taylor P G. Presentation to China-IEA Seminar on Energy Modeling & Statistics, Oct, 2003

9 EIA/DOE. Emissions of Greenhouse Gases in the United States, 2005

10 Brinkman N, Wang M, Weber T, et al. Well-to-Wheel Analysis of Advanced Fuel/Vehicle Systems—A North American Study of Energy Use, Greenhouse Gas Emissions, and Criteria Pollutant Emissions. Paper Published

by GM, ANL and Air Improvement Resource, Inc, May, 2005
11 何祚庥. 中国科学院院士建议, 2007 (7)
12 Wang M Q. GREET 1. 0——Transportation Fuel Cycle Model: Methodology and Use, Argonne National Laboratory, ANL/ESD-33, Jun, 1996
13 Choudhury R, Wurster R, Schindler J, et al. GM Well-to-Wheel Analysis of Energy Use and Greenhouse Gas Emissions of Advanced Fuel Vehicle Systems—A European Study. by L-B-Systemtechnik GmbH, a Co-operative Report on WTW Analysis, Sep, 2002
14 Wang M, Saricks C, Santini D. Effect of Fuel Ethanol Use on Fuel Cycle Energy and Greenhouse Gas Emissions, ANL/DOE report ANL/ESD-38, Jan, 1999
15 Sheenan J, Camobreco V, Duffield J, et al. Life Cycle Inventory of Biodiesel and Petroleum Diesel for Use in an Urban Bus. Final Report to DOE/DOA, DE-ACO_2-83CH10093, May, 1998
16 Sheenan J, Camobreco V, Duffield J, et al. An Overview of Biodiesel and Petroleum Diesel Life Cycles, NREL Task Report NREL/TP-580-24772, May, 1998
17 The Future of Coal. MIT Interdisciplinary Study, 2007
18 VGB Power Tech. A VGB Report on the State of Art. CO_2 Capture and Storage, 2005
19 Wang M. Fuel Choice for Fuel Cell Vehicles: Well-to-Wheels Energy and Emission Impacts, 2002 Fuel Cell Seminar, Palm Springs, Nov 18~21, 2002
20 IPCC Fourth Assessment Report on Climate Change, AR-4 Group 3 Report, 2007
21 IPCC Special Report on Carbon Dioxide Capture and Storage, Oct, 2005
22 Bogle S, Cray K., Morrison G. Prospects for CO_2 Capture and Storage. IEA, 2004
23 Practical Experiences Gained During the First Twenty Years of Operation of the Great Plains Gasification Plant and Implication for Future Projects. DOE, Apr, 2006
24 Economic Evaluations of CO_2 Storage and Sink Enhancement Options, Interim Report. US DOE, Dec, 2002
25 Hendriks C, Graus W, Van Bergen F. Global Carbon Dioxide Storage Potential and Costs. Ecofys bv, 2004
26 Technical Study (CO_2 Capture Ready Plants). IEA. May, 2007
27 IEA Word Energy Outlook, Executive Summary
28 Current and Future IGCC Technologies, Preliminary Results: The Potential of Advanced Power Systems R&D to Reduce Cost of Carbon Capture for Gasification-Based Plants, DOE/NETL-2008/1340, Oct 21, 2008
29 Jla Y. Chemical Absorption Technology of CO_2 Abatement , 2nd US-China CO_2 Emission Control Science & Technology Symposium, Hangzhou, May, 2008
30 Xu S. GreenGen, Near Zero Emission of Coal-Based Power Demonstration Project in China, 2nd US-China CO_2 Emission Control Science & Technology Symposium, Hangzhou, May, 2008
31 Li M. Regional Assessment of Carbon Dioxide Storage Potential, 2nd US-China CO_2Emission Control Science & Technology Symposium, Hangzhou, May, 2008
32 Well-to-Wheel Energy Use and Greenhouse Gas Emissions of Advanced Fuel/Vehicle Systems-North American Analysis Vol. 1, Executive Summary Report. General Motors Corp, ANL/DOE, BP, ExxonMobil and Shell, Jun, 2001

第十六章　宏观方案技术经济分析评估

第一节　概　　述

本书第二篇较为详尽地介绍了多种石油替代运输燃料的生产方案。每一方案随时间、地点、国家政策和其他具体实施条件的不同，可行性不尽相同。有的此处可行，彼处却不可行；有的近期可行，远期却不可行，或者反过来近期不可行，远期却可行；有的小规模替代可行，大规模替代却不可行。总之，除了具体项目的技术经济论证之外，从国家的长远规划角度，从可持续发展理念出发，迫切需要高层决策人站在高处，看到30~50年后的发展前景，在统筹安排能源发展的宏观战略大局内，妥善解决石油替代的百年大计。学者和专家们提前为此进行一系列有关宏观方案的技术经济分析评估实属必要。由于存在许多不确定的因素，这项工作需要反复进行，数据需要定期更新，及时修改完善所做的结论。

从石油替代产品类型考虑，液体烃燃料有较大优越性，不需改造既有的庞大燃料供应设施，也不需对汽车的结构做重大改变。石油以外的许多一次能源（如煤、天然气、生物质和微生物）都能转化为烃燃料（CTL、GTL、BTL、AGL），但它们同时又是发电（CTE、GTE、BTE）的重要原料。这就引出诸如煤发电-生物质制油与煤制油-生物质发电两组宏观对比方案。还可引出太阳能通过微藻制油-煤发电与煤制油-太阳能发电两组宏观对比方案。

从节约能源和减排温室气体出发，氢能作为石油替代产品确实有很大优点，虽然很难确认其推广的日程表，但事先做初步经济论证是有意义的。

第二节　技术经济指标基础数据

进行各种方案的技术经济分析评估之前，首先要确定可供对比的两方从属于哪一类别，即使用某种原料（主要是一次能源）生产某种替代石油产品（或用来发电）。经过归纳选出以下若干种基本类别，每种的指标应包括转化过程的能源效率、工厂投资、加工费用、新鲜水用量、占地面积和环境影响（重点是温室气体排放数量）等。这些取自不同文献发表的数据因技术新旧、地区位置、价格体系等存在差别，需要进行筛选。本节侧重于让读者阅读后有一基本印象，不拟深入探讨。因为引用的资料来源不同，个别数据与本书前面章节介绍过的数据可能有些出入。前面各章未曾叙述过各类发电过程的经济资料，本节介绍略为详细。在每类数据表后面，作者推荐了一套数据，虽是粗线条的，但是在同一基准上对比，能减少人为误差。

文献中经济指标数据有的引自工程项目资料，而有些则是作者的估计，肯定存在众多不确定因素带来的误差。在作具体评估时应考滤国内外通货膨胀因素，考虑投资和成本随年代的差异，换算为当前的数据。

结合中国国情，本节原料中只选择煤作为惟一的化石燃料。

一、以煤为原料制取石油替代运输燃料

1. 煤制甲醇

1）煤炭价格是制约甲醇价格的关键因素

煤制甲醇主要是由煤制合成气和合成气制甲醇两部分构成。在煤制合成气部分，煤炭价格占合成气的成本随煤炭价格的上升逐步加大，在煤炭价格分别为 200 元/t 和 600 元/t 时，由占合成气成本的 25.4%上升到 42.2%（财务内部收益率取 12%）。在合成气制甲醇部分，合成气成本占甲醇销售成本的 85%~90%。

2）装置大型化是降低煤基甲醇的关键

表 16-1 列出了不同装置规模煤基甲醇装置的成本对比。说明装置规模越大，生产成本越低。

表 16-1　三种规模下的煤制甲醇装置税前销售成本对比　人民币/a

名　称	180 万 t/a	120 万 t/a	60 万 t/a
总投资/亿元	53.55	39.34	24.21
单位投资/（元/t 甲醇）	2975	3278	4035
可变成本/万元	486.7	486.7	486.7
与人工相关的成本/万元	9.5	14.5	29.0
与投资相关的成本/万元	368.9	422.4	520.0
甲醇生产成本/（元/t）	859.1	917.5	1029.7
内部收益率 12%时甲醇销售成本/（元/t）	1239.1	1352.7	1565.6

山东兖州矿务局对拟建的 3 套不同规模的煤基甲醇装置技术经济指标作了预测，表明随着产能规模的增长，装置的单位投资费用和生产成本会明显下降[21]。24 万 t/a、50 万 t/a 和 150 万 t/a 的单位投资费用分别为 5675.5 元/（t/a）、3938.86 元/（t/a）、2256.65 元/（t/a）；相对投资费用比例分别为 100%、69.4%和 39.76%；相对平均产品成本分别为 100%、86.7%和 66.0%。

3）煤气化制甲醇的投资比天然气制甲醇的投资和能耗高得多

由于煤气化的投资高，180 万 t/a 的煤制甲醇装置界区内投资约 38 亿元人民币，其中煤制合成气部分的投资约 30 多亿元人民币。

表 16-2 是当前普遍采用的 ICI 或 Lurgi 工艺低压合成甲醇装置的技术经济指标[22]。同样的生产工艺，以煤炭为原料的甲醇原材料、动力消耗指标比天然气为原料的高出许多。

表 16-2　低压合成甲醇装置的技术经济指标

项　目	ICI 工艺	Lurgi 工艺
生产能力/（t/a）	100000	100000
反应器		管壳式反应器
反应压力/MPa	5~10	5~10
反应温度/℃	200~300	240~270
催化剂	铜系	铜系
催化剂寿命/a	3~4	
$n(H_2-CO_2)/n(CO+CO_2)$		2.0

续表

项　　目		ICI 工艺			Lurgi 工艺		
原料类别		重油	石脑油	天然气	煤	渣油	天然气
每吨甲醇消耗	原料和燃料/GJ	32.6	32.2	30.6	40.8	38.3	29.7
	电力/（kW·h）	88	35	35			
	新鲜水/m^3	0.75	1.15	1.15	3.8	2.5	3.1
	冷却水/m^3	88	64	70			
	催化剂和化学品/美元	1.8	1.8	1.5	0.6	0.5	1.0
装置能力范围/（t/d）					150~2500		

2. 煤制二甲醚

目前国内外二甲醚的生产基本上是通过甲醇脱水工艺固定床气相法合成生产，技术成熟，生产规模多为 10~20 万 t/a。国内外正在建设一大批以天然气为原料的 100 万 t/a 规模的二甲醚装置。国内外合成气一步法生产二甲醚仍然处于起步阶段，真正意义上的大规模工业化生产还没有实现，主要有中国石化集团的“一床双返三塔”新工艺、清华大学的一步法工艺、美国 Air Product 公司的液相二甲醚新工艺、日本 NKK 公司的液相新工艺等。

每吨二甲醚约消耗 1.414t 甲醇，由于二甲醚的生产基本上是通过甲醇脱水工艺生产，所以煤制二甲醚的投资比同规模的天然气制二甲醚的投资高得多，主要是因为煤气化和空分的投资高，表 16-3 所列出的原料煤价格为 100 元/t 不同装置规模和不同工艺的投资估算数据表明，无论何种方法，10 万 t/a 以下规模都是不经济的。规模越大，消耗定额和产品成本均大幅度降低。

表 16-3　煤制二甲醚装置的投资估算[10]

规模（单系列）/（kt/a）	投资/亿元	消耗定额（神府煤）/（t/t）	产品成本/（元人民币/t）
20（a）	1.8	3.02	1620
30（b）	2.3	2.92	1500
60（b）	3.8	2.84	1380
100（c）（d）	7.5	2.08	1130
200（d）	13.0	2.15	1080
300（d）（e）	18.0	2.02	1060
600（e）	31.4	2.10	1000
900（e）	43.5	2.08	970

注：a. 20kt/a 规模 UGI 间歇式固定床气化；b. 30~60kt/a 固定床富氧气化；c. 50~150kt/a 地下煤气化（含地下煤气化设施）；d. 100~300kg/a 水煤浆气化；e. 300~900kt/a 粉煤气化。

二甲醚用做替代燃料主要取决于其生产成本。二甲醚的生产成本与原料（煤或天然气）价格、采用的生产工艺等多种因素相关。目前，原油价格大幅攀升，据估算：在原油价格为 90 美元/桶情况下，柴油和液化气的销售价格分别约为 6800 元人民币/t 和 6200 元人民币/t。如果二甲醚价格能维持在 4500~4800 元人民币/t 之内就具有竞争力。

3. 煤制氢

现有的煤制氢技术成熟，很难再进一步提高效率、降低成本。煤炭制氢的建设投资高，必须达到经济规模才能在经济上可行。目前的气流床加压气化炉的煤炭日处理量为 3000t 左右，单系列煤气化炉制氢系统产氢气量约 15 万 Nm^3/h。

采用联产电力和/或化学品的大型 IGCC 制氢工厂是煤制氢工艺的发展方向，经济可行的规模需要日投煤量在6000t 以上。表 16-4 为常规煤炭制氢的技术经济数据。

表 16-4　常规煤炭制氢的技术经济数据

项　　目	数据	项　　目	数据
原料煤处理量/（t/d）	3000	当量热效率（按高热值计）	59
氢气产量/（2.4MPa）（t/d）	312.6	净发电量/MW	26.9
CO_2 回收率/%	87	总投资（2000 年美元）/亿美元	4.17
冷煤气效率/%	57.7	氢气生产成本/（美元/kg 氢气）	1.10

先进的煤制氢技术是采用高温脱硫、陶瓷膜分离技术同时完成水煤气变换和氢分离过程。膜技术是美国“橡树岭国家实验室”（ORNL）开发的无机膜技术，氢回收率可达 90%。先进的煤制氢-联产电力的工艺方案，可望于 2015 年实现商业化生产。表 16-5 为几种煤制氢工艺技术经济指标。

表 16-5　几种煤制氢工艺的综合技术经济指标

项　　目	常规流程	先进流程	氢电联产流程-1	氢电联产流程-2
工艺流程	气化-变换-脱硫-脱 CO_2-PSA	气化-高温脱硫-膜分离	气化-高温脱硫-膜分离-汽轮机发电	气化-高温脱硫-膜分离-SOFC 发电
煤处理量/（t/d）	3000	3000	6000	6000
氢产量/（万 m^3/d）	337	448	433	423
CO_2 回收	有（87%）	有（100%）	有（100%）	有（95%）
净发电量/MW	27	25	417	519
热效率（HHV）/%	59.0	75.5	59	65.2
总投资/亿美元	4.17	4.25	9.50	10.19
电价/（美元/kW · h）	0.0536	0.0536	0.0536	0.0536
氢燃料成本/（美元/kg）	1.096	0.789	0.533	0.536

表 16-6 不同煤制氢技术的经济性数据表明，联产电力的煤制氢技术生产成本最低，但投资较常规技术略高。

表 16-6　不同煤制氢技术的经济性

项　　目	常规技术	先进技术	联产电力
气化炉	德士古气化炉	E-Gas 气化炉	E-Gas 气化炉
原料煤处理量/（t/d）	3000	3000	6000
CO_2 回收	有（87%）	有（100%）	有（100%）
氢产量/（万 m^3/h）	14.0	18.6	18.1
热效率/%（高热值基准）	59	75.5	59
外输电量/MW	26.9	25	417
建设投资/亿美元	4.17	4.25	9.50
氢气成本/（美元/kg）	1.10	0.79	0.54

表 16-7 的数据表明，煤气化制氢虽然技术成熟，在化石能源制氢技术中，效率不高，且产品成本比和设备投资比均高于天然气水蒸气重整制氢和天然气部分氧化法制氢[20]。

表 16-7　几种化石能源制氢的比较

方　　法	天然气水蒸气重整	天然气部分氧化	煤气化
效率/%	74	82.7	59.4
产品成本比	1	1.66	2.26
设备投资比	1	2.87	4.89

4. 煤直接液化制油品

煤直接液化（DCL）与煤间接液化（IDCL）和煤制甲醇的技术经济比较见表 16-8。

表 16-8　各类煤炼油工艺的技术经济数据比较

项　　目	煤直接液化	煤间接液化		煤合成甲醇
		高温合成	低温合成	
技术数据				
热效率/%	59.75	41.56	41.26	45.64
产品收率/%	55.15	38.09	43.2	100.35
消耗指标				
煤/（t 标煤/GJ）	0.061	0.075	0.076	0.068
水/（t/GJ）	0.16	0.25	0.26	0.31
t/t	7	11.21	11.96	7.05
经济数据				
投资/（元人民币/t）	7260	9110	8415	3295
元人民币/GJ	169.76	200.0	183.0	144
成本/（元人民币/t）	1771.1	2191	1846	1084
元人民币/GJ	41.4	48.1	40.2	47.4
IRR/%	10.16	14.96	9.64	14.5
排放物				
CO_2/（kgC/GJ）	20.1	34.7	35.6	29.22
SO_x/（kg/GJ）	0.01	0.004	0.004	0.003
NO_x/（kg/GJ）	0.09	0.13	0.186	0.17
粉尘/（kg/GJ）	0.01	0.01	0.013	0.02
水/（kg/GJ）	6.87	6.29	6.46	5.58
废渣/（kg/GJ）	3.36	9.92	10.3	8.86

煤直接液化（DCL）的主要优点是化学过程的能效率较高、过程的 CO_2 排放量比间接法（IDCL）低。但如计入制氢和发电等过程用能，能效只稍高于 IDCL。DCL 生成油的芳烃含量高、柴油十六烷值低，如计算进一步改善柴油质量的能耗，低综合能效将再有所降低。

表 16-9 为神华公司直接液化法和间接液化法技术经济对比数据。表 16-10 为不同国家工程（咨询）公司针对中国不同煤液化项目的技术经济评价结果。该资料经济指标基于 21 世纪早期情况，现在费用已大幅度上升。另外煤炭用量仅考虑厂内消耗，供电（或外送电）用煤未计入。

表 16-9　中国神华集团煤直接液化和间接液化的技术经济对比

工艺技术	直接液化法	间接液化法	工艺技术	直接液化法	间接液化法
规模/（万 t/a）	315	291	水用量/（万 t/d）	7.5	8.5
总投资/亿元人民币	245	270	电耗量/（亿 kW·h/a）	26.0	17.3
煤炭用量/（万 t/a）	967	1096	单位产品投资/（万元人民币/t）	0.78	0.93

表 16-10　国内外对煤炭直接液化工艺的技术经济评价结果

项　目	云南先锋煤	黑龙江依兰煤	神华上湾煤
评估机构	德国	日本	中国
液化厂规模/（万 t/a）	102	97	315
主要产品产量			
汽油/（万 t/a）	35.34	29.62	50
柴油/（万 t/a）	53.04	45.72	215
液化气/（万 t/a）	6.75	13.42	31
BTX/（万 t/a）	0.88		19
煤用量/（万 t/a）	257	225.5	967
用水量/（万 t/d）	3.5	5.1	7.5
用电负荷/（万 kW）	17.0	15.1	32.5
项目总投资（2002 年）/亿元人民币	103.9	98.49	245
单位产品投资/（元人民币/t）	9117	9445	7778
投资回收期（含建设期）/a	13.4	14.5	13.8

5. 煤间接液化制油品

250 万 t/a 规模的煤间接液化制油装置按 2006 年 7 月美元计算的建设投资是 45.2795 亿美元，工厂的净发电量为 124MW，包括有 CO_2 回收（CO_2 压缩至 15MPa 后送出工厂、不进行填埋）。

中国拟建设的某国产化煤间接液化煤制油装置（100 万 t/a 油品），其可行性研究报告指标与国外的先进方案相比还有一定的差距（表 16-11）。

表 16-11　国内外煤炭间接液化合成油工厂能耗指标对比

序　号		1	2	3	4	5	6
装置产油规模/（万 t/a）		200	40	50~60			100
资料来源		美国能源部		Nexant 化学咨询公司			中国某示范厂
		基准方案	小厂方案	方案 1	方案 2	方案 3	
原料及油品产出	原料（折合标准煤）数量/（t/h）	858	159	324	324	324	548
	产出油品（含 LPG）/（t/h）	243	46.5	65.3	79.9	79.9	141
	外输电/MW	124	40	675	541	311	61
能量效率［（油+电的热值）/煤热值］/%		47.5	50.3	58.2	59.9	51.5	43.0
是否考虑 CO_2 捕集设施		是	是	否	否	是	否
合成油	耗煤（折合标准煤）数量/（t/h）	814	145	135	172	212	531
	单耗/（t 煤/t 合成油）	3.35	3.12	2.07	2.15	2.65	3.77
外输电	耗煤（折合标准煤）数量/（t/h）	44	14	189	152	112	17
	单耗/（kg 标准煤/kW · h）	0.36	0.36	0.28	0.28	0.36	0.28

二、以生物质为原料制取石油替代运输燃料

1. 燃料乙醇

1）能量效率

目前，燃料乙醇的能量转化效率为 38%左右（每 GJ 乙醇产品耗用 2.6GJ 的玉米），改进技术提高收率后将（2030 年）可提高至 56%。

燃料乙醇生产的能效率为乙醇高热值（29.66MJ/kg）对乙醇生产全过程（包括玉米耕种、玉米收获、乙醇生产和燃料乙醇分配全过程的能耗扣除副产品收益）总能耗

(22.20MJ/kg) 的比值。目前粮食生产燃料乙醇的能效比为 1.34：1。即用玉米生产乙醇过程中，每投入单位能量 (MJ/kg) 即可获得 1.34 单位的可再生能量收益。

巴西是用甘蔗生产燃料乙醇，它的能效率为 8：1，即每投入单位能量可获得 8 单位的可再生能量收益。

2) 建设投资

按 2006~2007 年美国新建玉米乙醇工厂数据：单位生产能力的建设投资为 500~620 美元/(t/a)(按 2006 美元计算)。

年产 18 万 t 的乙醇工厂建设总投资为 11200 万美元；年产 36 万 t 的乙醇工厂建设总投资为 18000 万美元。

预测以玉米秸秆为原料，年产 20 万 t 燃料乙醇工厂的建设投资为 1.97 亿美元 (按 2000 年美元价格计)。单位投资指标为 980 美元/(t/a)。表 16-12 为玉米秸秆制乙醇工厂的投资分析，表 16-13 为乙醇生产成本预测，表 16-14 为美国乙醇工厂的生产价格数据。

表 16-12　玉米秸秆制乙醇工厂的投资分析

项　　目	投资/万美元	比例/%	项　　目	投资/万美元	比例/%
1. 装置及系统投资			储存装置	220	1.8
原料储存及处理装置	800	6.6	锅炉及发电系统	4080	33.7
预处理及水解装置	2850	23.5	公用工程	500	4.1
糖化及联合发酵装置	1000	8.3	合计	12120	100.0
产品回收装置	2320	19.1	2. 其他费用	7620	
污水处理装置	350	2.9	3. 总投资	19740	

表 16-13　乙醇生产成本预测

项　　目	生产成本/(美元/L 汽油当量)(美元/桶汽油当量)		
	2002 年	2010 年	2010 年后
汽油	0.21 (33.4)	0.23 (36.6)	0.25 (39.8)
玉米生产乙醇	0.43 (68.4)	0.40 (63.6)	0.37 (58.8)
纤维素生产乙醇	0.53 (84.3)	0.43 (68.4)	0.27 (42.9)

表 16-14　美国乙醇工厂的生产价格

原料玉米价格/(美元/t)	乙醇出厂价格①/(美元/t)(美元/桶)	
	工厂规模 18 万 t/a	工厂规模 36 万 t/a
32	441 (55)	415 (52)
47	525 (66)	498 (63)
63	612 (79)	585 (74)
79	696 (87)	669 (84)
95	783 (98)	752 (95)

① 设定投资利润率为 12%。

玉米秸秆价格按 30 美元/t (干) 计算，燃料乙醇的生产成本为 357 美元/t。成本分析见表 16-15。

表 16-15　秸秆制乙醇成本分析

项　目	成本/（美分/kg 乙醇）	比例/%	说　明
玉米秸秆	11.17	31.3	30 美元/t（干）
其他材料	2.78	7.8	
纤维素酶	3.38	9.5	
废料处理费用	0.97	2.7	
固定成本	3.65	10.2	
折旧金	4.78	13.4	
各项税金	3.55	10.0	
投资利润	8.50	23.8	ROI 为 10%
小计	38.78	108.7	
扣除发电收益	-3.11	-8.7	
燃料乙醇成本	35.67	100.0	

3）单位面积产量合转化率

不同原料生产乙醇的产量和转化率数据参见表 16-16。

表 16-16　不同原料生产乙醇的产量和转化率

原　料	产量/（t/公顷）	乙醇转化率/（kg/t 原料）	单位耕地面积的乙醇产量/（t/公顷）
甜高粱（茎秆）	60	67	4.0
甘蔗	57	55	3.1
甜菜	24	70	1.7
玉米	4.6	289	1.3

4）CO_2 减排效应

生物质生产乙醇和石油生产汽油的 CO_2 排放量比较参见表 16-17。

表 16-17　生产乙醇的 CO_2 净排放量

生产方法	CO_2 净排放量/（$kgCO_2$ 当量/MJ 产品）
玉米生产乙醇	77
纤维素生产乙醇	11
石油汽油	94

2. 生物柴油

1）建设投资

按美国 2006 年数据，10 万 t/a 生物柴油工厂的建设投资为 4500 万美元，折合单位能力的建设投资指标为 450 万美元/（万 t/a）。

生产规模为 20 万 t/a 的同样生物柴油工厂的建设投资为 6600 万美元，折合单位能力的建设投资指标为 344 万美元/（万 t/a）。

2）生产成本

表 16-18 为以大豆油为原料生产生物柴油工厂的生产成本。

表 16-18　新建以大豆油为原料生产生物柴油的生产成本

脱胶大豆油价格/（美元/t）	生产成本①/（美元/桶）（美元/桶柴油当量）	
	工厂规模，10 万 t/a	工厂规模，20 万 t/a
440	82.7（91.4）	79.4（87.7）
550	98.3（108.6）	94.9（104.9）
660	113.8（125.8）	110.5（122.1）
770	128.9（142.5）	125.6（138.8）

① 生物柴油热值按 38GJ/t 计。

3）占用耕地指标和产量

表16-19生物柴油的占用耕地指标和产量。

表16-19　生物柴油的占用耕地指标和产量

油料作物名称	产油量/（kg/公顷）	每生产1t生物柴油占用耕地面积/公顷
棉籽油	273	3.70
大豆油	375	2.70
向日葵油	800	1.26
菜籽油	1000	1.00
蓖麻油	1200	0.84
棕榈油	5000	0.20

4）能量效率

每生产1单位能量的生物柴油需消费化石能源0.313单位能量，即生物柴油的能效比为3.2∶1。

5）环境效应

表16-20列出了含20%生物柴油的调合柴油相对于纯石油柴油的大气污染物减排效果数据。

表16-20　E-20调合柴油的大气污染物减排效应

项　　目	减排效应/%
未燃烧的烃类	20
一氧化碳	12
可吸入颗粒物	12
硫酸盐	20
多环芳烃	13
硝化的多环芳烃	50
臭氧	10

三、其他可再生能源与核能制取石油替代运输燃料

1. 风电制氢

事实上产自任何能源的电力均可用于电解水制氢。用化石燃料发的电制氢不仅成本高，而且排放温室气体过多，只适合燃料电池汽车示范时期的少量应用。太阳能PV发电制氢成本也较高，而且难以规模经营。核电或太阳能热力发电制氢可以另辟蹊径-高温电解水技术，但该技术迄今尚未成熟。因此无论在规模上，还是在成本上，发展风电制氢已成为热门话题。

首先讨论转化效率，目前工业应用的电解水装置综合效率（变电新效率、电解槽效率和主体生产环节效率的乘积）为60%~75%（LHV）或72%~88%（HHV）[13]。通过改进变电所效率和电解槽效率和提高单系列规模（MW级），今后可望将综合效率提高到77%（LHV）[14]。这意味着耗电指标降至41kW·h/kgH_2（HHV），此外还应设法降低氢压缩和储存的电力消耗量。目前全系统投资在1000美元/kW以上，今后争取降低到400~500美元/kW。

氢生产成本中电费和源自投资的固定费用所占比例超过90%，按电价48.3美元/MW·h计算，日产1t氢气的装置总生产成本为4.15美元/kgH_2，总成本内含电费2.41美元、源自投资的固定费用美元1.32；规模更小的20kg/d制氢装置（非风电）总成本高达19.0美元/kgH_2，其中电费3.15美元、源自投资的固定费用13.2美元[15]。

根据大规模（200MW）风电制氢（约100t/d）测算[13]，风电制氢成本为3.4~3.5美元/kgH_2，陆地48km距离的氢汽车运输（投资600万美元）成本为0.65美元/kgH_2，管道运输成本为0.1美元/kgH_2。而1600km长距离管输（0.25m直径，压力2.5MPa，投资15

亿美元）的成本则增加到 5.4 美元/kgH_2。

另一资料[16]按设计风级为 6 级和 4 级的风电厂制氢成本 4.1～4.5 美元/kgH_2，其中电费外的成本约 2.0 美元/kgH_2，但所列的 800km 输送费用只 0.3 美元/kgH_2，可能偏低。

2. 核能制氢

前面提到核电常温电解水制氢并不能发挥核能的特点，而高温电解法又面临技术难题较多，因此长期以来国内外都把侧重点放在化学热力学系统的间接分解水工艺，迄今深入研究了 S-I（硫-碘）系统，Ca-Br（钙-溴）系统和混合硫系统等，它们的几个过程反应温度适当，理论热效率在 50%以上，可利用从高温气冷核反应堆引出的 950℃氦气供热，以热能代电能降低水分解成本。这项技术只有日本中试装置指标（10MW 核能生产氢 1000Nm^3/h），暂不列入本方案。

值得关注的是德国 HTC-RTM 高技术中心曾于 2007 年国际原子能组织召开的一个专业会议上[17]为核能制氢产业化项目提出的高温气冷核反应堆（HTGR）热功率为 600MW，给产氢供热 500MW，年产氢 100kt，并向外供电 300GWh 的技术指标。

据称采用 1000℃催化热分解工艺（迄今未见详细报道，过程热效率达 90%），热力学平衡时水分解率为 99.9%，粗氢（氧含量 0.02%）和氧（氢含量 0.05%）快速分离后分别用钯膜和离子传递膜（OTM）提纯。该项目总投资 4.5 亿欧元，每 kg 氢成本约 1.0 欧元，每 MW · h 电成本约 40 欧元。以上数据似乎偏于乐观。

3. 核能协助生产碳基燃料

HTGR 的热能不仅可用于分解水制氢，而且可提供作为煤气化生产合成气（SG）或合成甲烷（SNG）的高温热源，并进一步生产甲醇、合成油等产品。这样约能节约用于燃料的碳（占总碳 40%～50%），节约燃烧需要的氧，并减排 CO_2 气体。20 多年来德国进行了大量研发工作，技术已经成熟。目前采用常规技术大致每 1000Nm^3 天然气产 1t 甲醇，同时排放 1.5tCO_2，如果附加 10MW · h 核能，则可产 2t 甲醇，CO_2 排放量不变[18]。对于投煤规模为 418t/h 的气化装置，使用 3000MW · h 核能可气化转化生产 CH_4 23.9 万 m^3/h。

四、各种能源发电

1. 煤发电

煤发电是最通常的发电方式。细分有燃烧发生蒸汽进而通过蒸汽轮机发电与气化产生煤气进而通过燃气轮机与蒸汽轮机联合循环发电（IGCC）两种基本方式，前者随原料不同（煤或煤矸石）而有粉煤链条锅炉燃烧（PC）与颗粒煤循环流化床燃烧（CFB）方式。链条锅炉燃烧随蒸汽参数差别而分亚临界、超临界和超超临界三大类，循环流化床燃烧主要采用亚临界方式。以上差别带来技术经济指标的差异，进行评估时需要给以适当考虑。因我国对发电厂的进厂煤价和出厂（上网）电价宏观控制，在方案对比中比较难作出准确判断。因此暂借助国外资料作为初步分析参考，然后根据国情进行必要的修正。

2007 年美国麻省理工学院（MIT）综合 2002～2004 年文献数据并按 2005 年情况进行更新，发表的 500MW 燃煤发电厂若干数据[3]列于表 16-21。

2007 年美国 NETL/DOE 发表的 550MW 烟煤发电厂底线技术经济指标[4]见表 16-22。

表 16-21　500MW 粉煤燃烧发电厂的基本技术经济指标

项　目		亚临界 PC	超临界 PC	超超临界 PC	亚临界 CFB
		不捕集 CO_2	不捕集 CO_2	不捕集 CO_2	不捕集 CO_2
性能指标	发电热效率（HHV）/%	34.3	38.5	43.3	34.8
	煤用量/（t/h）	208	185	164	297
	CO_2 产生量/（t/h）	466	415	369	517
	CO_2 捕集量/（t/h）	0	0	0	0
	CO_2 排放指标/（g/kW·h）	931	830	738	1030
经济指标	总投资/（美元/kW）	1280	1330	1360	1330
	总成本/（美元/MW·h）	48.4	47.8	46.9	46.8
	其中：燃料	14.9	13.3	11.8	9.8
	操作、维修	7.5	7.5	7.5	10.0
	固定费用（财务）	26.0	27.0	27.6	27.0
项　目		亚临界 PC	超临界 PC	超超临界 PC	亚临界 CFB
		捕集 CO_2	捕集 CO_2	捕集 CO_2	捕集 CO_2
性能指标	发电热效率（HHV）/%	25.1	29.3	34.1	25.5
	煤用量/（t/h）	284.0	284	243	209
	CO_2 产生量/（t/h）	636.6	545.5	468.8	
	CO_2 捕集量/（t/h）	573.0	415	369	
	CO_2 排放指标/（g/kW·h）	127	109	94	141
经济指标	总投资/（美元/kW）	2230	2140	2090	2270
	总成本/（美元/MW·h）	81.6	76.9	73.4	77.9
	其中：燃料	20.4	17.5	15.0	13.4
	操作、维修	16.0	16.0	16.0	18.5
	固定费用（财务）	45.2	43.4	42.4	46.0

注：PC 炉用 Illinois 6#煤（C：61.2%、HHV25.35MJ/kg），85%负荷率，煤价为 1.50 美元/10^6Btu；CFB 炉用褐煤（HHV17.4MJ/kg），85%负荷率，煤价 1.00 美元/10^6Btu；费用按 2005 年估计，随着燃料价格上涨、建设投资应该增加；由于美元贬值，当前应随之修正。

表 16-22　500MW 粉煤燃烧发电厂的基本技术经济指标

项　目		亚临界 PC	超临界 PC	IGCC（GE 炉）	IGCC（Shell 炉）
		不捕集 CO_2	不捕集 CO_2	不捕集 CO_2	不捕集 CO_2
性能指标	发电热效率（HHV）/%	36.8	39.1	38.2	41.1
	煤用量/（t/h）				
	CO_2 排放指标/（g/kW·h）	806	761	661	638
经济指标	总投资/（美元/kW）	1549	1575	1813	1977
	总成本/（美元/MW·h）	64.0	63.3	78.0	80.5
项　目		亚临界 PC	超临界 PC	IGCC（GE 炉）	IGCC（Shell 炉）
		捕集 CO_2	捕集 CO_2	捕集 CO_2	捕集 CO_2
性能指标	发电热效率（HHV）/%	24.9	27.2	32.5	32.0
	煤用量/（t/h）				
	CO_2 排放指标/（g/kW·h）	102	95	70	67
经济指标	总投资/（美元/kW）	2895	2870	2390	2668
	总成本/（美元/MW·h）	118.8	114.8	102.9	110.4

注：炉用 Illinois 6#煤（C：61.2%、HHV25.35MJ/kg），煤价为 1.80 美元/10^6Btu。

美国 EIA/DOE 发布的 2006 年年度能源展望（AEO）中预测了 2030 年前三种情景的煤电投资[1]见表 16-23。预测采用新技术的新建电厂指标见表 16-24。

表 16-23　2010~2030 年三种情景的煤电投资估计（2004 年）

项　目	总投资额/（美元/kW）			总热效率（HHV）/%		
年份	2010	2020	2030	2010	2020	2030
常规粉煤炉（高燃料价格，不捕集 CO_2）	1233	1202	1171	38.9	39.6	39.6
常规粉煤炉（低燃料价格，不捕集 CO_2）	1233	1191	1163	38.9	39.6	39.6
先进煤技术（高燃料价格，不捕集 CO_2）	1376	1223	1070	44.2	41.0	41.0
先进煤技术（低燃料价格，不捕集 CO_2）	1437	1437	1437	41.0	52.6	52.6

表 16-24　采用新技术的新建电厂技术经济指标（2005 年）

	规模/MW	总投资额/（美元/kW）	目前热效率/%	长远热效率/%	年固定成本/（美元/MW）	可变成本/（美元/MW · h）
粉煤炉新技术	600	1249	38.5	39.6	25.07	4.18
IGCC 不捕集 CO_2	550	1443	41.0	47.3	35.21	2.65
IGCC 捕集 CO_2	380	2065	35.1	43.0	41.44	4.04

Mitretek 2002 年的报告[8]中曾就今后开发更先进的煤气化发电技术做了预测，认为在煤气分离氢气过程以高温膜分离取代 PSA，并在燃气轮机前设置高温固体氧化物燃料电池（SOFC），就可增加发电量，使最终发电效率达到 65.7%（不捕集 CO_2）和 61.3%（捕集 CO_2），明显高于上表中所列的长远目标。但是需要进行大量研发工作，并取得实效。

2008 年 DOE/NETL 的两篇报告[25,26]中就此问题做较细致的研究，证实了将来一系列新技术成果纳入传统的 IGCC 技术以后，2020 年左右新建电厂的技术经济指标会大为改观。按 2007 年价格计算，不捕集 CO_2 的电厂每千瓦投资可降低到 1536 美元，每 MW · h 售电成本降低到 64 美元；捕集 CO_2 的电厂每千瓦投资可降低到 1764 美元，每 MW · h 售电成本降低到 77 美元。如果采用燃料电池（SOFC），形成 IGFC 成套技术，则捕集 CO_2 的电厂每千瓦投资可降低到 1666 美元，每 MW · h 售电成本降低到 72 美元。尤其值得一提的是 IGFC/CSS 技术的综合热效率可达到 58.8%，而 IGCC/CSS 技术的综合热效率只有 41%。对比之下，当前捕集 CO_2 燃烧粉煤电厂每千瓦投资却高达 2140 美元（表 16-21）。由此可见，传统工业改用新技术后仍可发挥潜在优势。

电厂使用大量化学水和冷却水，新鲜水用量大，美国有循环水冷却塔的典型煤电厂平均用新鲜水指标[9]，数据见表 16-25。

表 16-25　美国典型煤电厂平均用新鲜水指标

蒸 汽 参 数	亚　临　界			超　临　界		
脱硫技术	湿法烟气脱硫	干法烟气脱硫	无烟气脱硫	湿法烟气脱硫	干法烟气脱硫	无烟气脱硫
新鲜水单耗/（L/kW · h）	2.01	1.92	1.75	2.53	2.45	2.31

综合以上情况，为了简化起见，在本书列举的方案对比中采用下列煤发电指标（均考虑烟气脱硫）：

热效率：39.5%（不捕集 CO_2），29.5%（捕集 CO_2）；

投　资：6000 元人民币/kW（不捕集 CO_2），10000 元人民币/kW（（捕集 CO_2）；

用　水：2.5t/MW·h。

2. 煤发电联产合成油

当采用先进煤发电技术即IGCC技术时，可以同时考虑联产合成油。美国能源部NETL实验室组织了三家评估公司进行了多方案对比论证，其后又做了补充，认为在高油价情况并考虑捕集CO_2时仍然具有竞争力，数据见表16-26[11,12]。

表16-26　煤电厂联产合成油技术经济指标

技术方案	方案一	方案二	方案三
产品特点	单一发电	电联产油	电联产油
是否捕集CO_2	无	无	有
用煤量（干基）/（t/d）	8395	8395	8395
产油量/（t/d）	0	1587	1937
发电量（商品外送）/MW	1154.6	675.9	310.9
综合热效率（HHV）/%	40.0	52.6	49.0
总投资（2003年）/10^6美元	1316	1239	1251
新鲜水量/（t/d）	53150	40360	
CO_2排放量（相对值）	100	77	19

3. 煤发电联产氢

当采用先进煤发电技术即IGCC技术时，还可以同时考虑联产氢气。方案对比数据见表16-27[8]。

表16-27　煤发电联产氢方案技术经济指标对比

项　目	方案一	方案二	方案三
产品特点	产氢和少量发电	单一发电	电联产氢
采用的先进技术：①膜分离	有	有	有
②SOFC	无	有	有
③捕集CO_2	有	有	有
用煤量（干基）/（t/d）	2720	2720	5440
产氢量（折合纯氢）/（t/d）	403	0	380
发电量（商品外送）/MW	25	529	509
综合热效率（HHV）/%	75.5	61.3	64.5
总投资（1998年）/10^6美元	425	717	1037

4. 生物质发电

秸秆等经干燥粉碎后可以采用专门的锅炉燃烧，也可与煤掺混在一起在通常锅炉燃烧。还可先气化成煤气然后再经燃气轮机发电。机组规模以小型为主。有关指标[2]见表16-28。

表16-28　生物质发电厂技术经济指标

项　目	单独燃烧发电			气化后发电		
年份	2005	2010	2020	2005	2010	2020
热效率（HHV）/%	27.7	27.7	33.9	37.0	37.0	41.5
单位投资/（美元/kW）	1510	1346	1115	1650	1464	1258
年固定成本/（美元/MW）	60.0	60.0	49.0	43.4	43.4	43.4
可变成本/（美元/MW·h）	7.0	7.0	6.0	4.0	4.0	4.0
总成本/（美元/MW·h）		70.0	58.0		61.0	

注：生物质价格为2.50美元/GJ。

另一组资料的投资数据[1]见表 16-29。

表 16-29　生物质发电厂不同燃料价格时的投资额

	高燃料价格情景			低燃料价格情景		
年份	2010	2020	2030	2010	2020	2030
投资额/（美元/kW）	1673	1467	1261	1780	1704	1558

21 世纪早期美国 NREL 就比较了用于生物质气化联合循环发电（BGCC）的三种炉型（GTI 的 Renugas 加压炉、GTI 的 Renugas 常压炉和 Battelle 高通量气化炉（FERCO），按生物质（含 20%水的废木料）596~675t/d 的进料量计算，Renugas 加压炉工厂净发电 42MW，净热效率 40.6%，居三者之首。按年开工率 76%计算，年发电 280GW · h。电厂投资（2001 年）1118 美元/kW。若燃料收购价 1.4 美元/GJ，折合 15.0 美元/MW · h，加工费 17.0 美元/MW · h，投资分摊的费用按 20%计算为 23.0 美元/MW · h，总和为 65.0 美元/MW · h，大大超过煤电价格。比常规煤电增多的费用如认为是二氧化碳减排费用，那么每吨碳折合 77 美元，每吨二氧化碳折合 21 美元。若按表 16-28 的投资指标则上述数据应调高。总之，小规模（25~50MW 级）的生物质发电厂对农民增收有些帮助，但总体效益较差，国家从减排二氧化碳角度适当付给上网电费补贴是合理的。

综合以上情况，为了简化起见，在本书列举的方案对比中采用下列生物质发电厂指标：

热效率：28%（直燃），40%（气化）；

投　资：11000 元人民币/kW（直燃），13000 元人民币/kW（气化）。

5. 风能发电

风能是可再生能源，虽然风电的不稳定性对并网存在不利因素，由于风能发电可减少温室气体排放，近年发展速度很快。机组大型化能够降低单位电力投资。表 16-30 列出了风能发电投资与运行效率数据。

表 16-30　风能发电投资与运行效率

项　　目	总投资额/（美元/kW）			负荷因数/%（相对满负荷生产）		
年份	2010	2020	2030	2010	2020	2030
高燃料价格	1150	1115	1080	0.46	0.46	0.43
低燃料价格	1167	1167	1167	0.37	0.37	0.37

美国 DOE 风能规划（2001 年资料）中提出的技术经济指标见表 16-31a。

表 16-31a　风电厂技术经济指标之一

风力级数和年度	负荷因数/%	总投资额/（美元/kW）	发电成本/（美元/MW · h）	单位面积产能①/（kW · h/m²）
4 级，2005	32.6	915	41	1110
2010	44.7	910	30	1260
2020	47.1	860	27	1330
6 级，2005	44.3	900	27	1650
2010	49.6	800	24	1700
2020	53.8	750	22	1760

① 单位转子扫越面积。

最近 DOE 提出 2030 年美国风能发电达到 20%总发电量的目标，所采用的经济指标[23]见表 16-31b。

表 16-31b　风电厂技术经济指标之二（2006 年）

风力级数和年度	负荷因数/%	总投资额/（美元/kW）	发电成本（无 PTC）/（美元/MW·h）	单位面积产能（有 PTC）/（kW·h/m^2）
4 级，2005	36	1650	85	62
2010	39	1650	77	54
2020	42	1568	68	45
2030	43	1485	64	41
6 级，2005	44	1650	72	49
2010	46	1650	67	44
2020	48	1568	60	37
2030	49	1485	57	34

以上是陆上风电厂的指标。表 16-32a 列出的是近海和深海风电厂的相关指标[5]。

表 16-32a　近海和深海风电厂的技术经济指标之一

风力级数和年度		负荷因数/%	总投资额①/（美元/kW）	固定操作维修成本①/（美元/MW·h）	可变操作维修成本/（美元/MW·h）
近海	4 级风力，2005	33.0	1194	10.0	15.0
	2010	34.5	1143	10.0	14.1
	2020	35.0	1073	10.0	13.7
	6 级风力，2005	42.0	1194	10.0	15.0
	2010	43.8	1143	10.0	14.1
	2020	44.5	1073	10.0	13.7
深海	4 级风力，2005	33.0	2004	10.0	18.0
	2010	34.5	1888	10.0	16.6
	2020	35.0	1736	10.0	15.4
	6 级风力，2005	42.0	2004	10.0	18.0
	2010	43.8	1888	10.0	16.6
	2020	44.5	1736	10.0	15.4

①投资和成本数据均不含从机组至陆地输电线路。

DOE 还提出 2030 年美国风能发电达到 20%总发电量的目标，所采用的近海经济指标[23]见表 16-32b

表 16-32b　近海风电厂技术经济指标（2006 年）

风力级数和年度	负荷因数/%	总投资额/（美元/kW）	发电成本（无 PTC）/（美元/MW·h）	发电成本（有 PTC）/（美元/MW·h）
4 级，2005	38	2400	131	108
2010	41	2350	118	95
2020	44	2200	101	77
2030	45	2100	91	68
6 级，2005	46	2400	113	90
2010	48	2350	104	81
2020	51	2200	90	67
2030	51	2100	82	59

考虑到下风方向的涡流和其他空气动力学因素，机组纵向间距取 5 倍转子直径，横向间距取 10 倍转子直径，风电厂占地面积指标约为 6.5MW/km^2。

在本书列举的方案对比中采用下风方向，电厂投资指标为 10000 元人民币/kW。

6. 核能发电

压水堆核电厂正在掀起新一轮建设高潮，第四代快堆核电厂正在大力开发，预期25~30年后得到推广应用。表 16-33 为新建压水堆核电站投资指标。

表 16-33　新建压水堆核电站投资指标（2004 年）[1]　美元

项　目	常规 PWR 发电			先进 PWR（AP-1000）发电		
年份	2010	2020	2030	2010	2020	2030
总投资/（美元/kW）	1964	1832	1733	1902	1644	1387

核能发电成本主要来自投资的财务费用，而这与各国的优惠政策和其他情况有关，核电的售价又涉及投资回报率。表 16-34 是根据 EMWG 模型[6]估算的 1300MW 压水堆电厂成本数据。

表 16-34　核电厂成本指标（2004 年）　美元

项　目	操作维修费	燃料费（详见子项目）	来自投资的财务费用	工厂报废拆除费	合　计
成本/（美元/MW）	8.61	4.03	17.53	0.27	30.44
燃料子项目	铀矿石①	转化	提浓	元件制造	废燃料处置
成本/（美元/MW）	0.81	0.16	1.50	0.56	1.00

①表中铀矿石价格为 12 美元/kg，2007 年一度攀升到 300 美元/kg，2008 年末又回落到 100 美元/kg 以下，但从所占份额判断影响成本约 30%。

在本书列举的方案对比中采用核电厂投资指标为 14000 元人民币/kW。

7. 太阳能发电

工业示范的太阳能发电厂有光伏发电和集热发电两种基本类型，分别见表 16-35a、表 16-35b、表 16-36a 和表 16-36b[2]。

表 16-35a　太阳能光伏发电厂光电转化效率指标　%

项　目	类　型	2005 年	2010 年	2020 年
硅晶体	模块	17.0	18.5	19.0
	系统	14.1	15.1	16.1
薄膜	电池	20.0	21.0	22.0
	模块	15.0	17.0	18.0
	系统	8.8	11.2	12.8
光浓缩	电池	26.0	33.0	37.0
	系统	17.1	21.7	24.3

表 16-35b　太阳能光伏发电厂经济指标　%

项　目	类　型	2005 年	2010 年	2020 年
硅晶体	模块投资/（美元/W_p）	2.3	1.8	1.1
	其他投资/（美元/W_p）	1.6	1.2	0.7
	投资合计/（美元/W_p）	3.9	3.0	1.8
	操作维修成本/（美元/MW·h）	6.0	6.0	5.0

续表

项　　目	类　　型	2005 年	2010 年	2020 年
薄膜	模块投资/（美元/W_p）	1.0	0.5	0.4
	其他投资/（美元/W_p）	1.3	0.7	0.5
	投资合计/（美元/W_p）	2.3	1.2	0.9
	操作维修成本/（美元/MW·h）	3.0	2.0	1.0
光浓缩	模块投资/（美元/W_p）	0.7	0.6	0.5
	其他投资/（美元/W_p）	1.2	1.0	0.7
	投资合计/（美元/W_p）	1.9	1.6	1.2
	操作维修成本/（美元/MW·h）	10.0	8.0	6.0

注：W_p 为峰功率。

表 16-36a　太阳能集热发电厂技术指标　　%

项　　目		2005 年	2010 年	2020 年
塔式	年负荷率/%	44.0	65.0	77.0
	热电转化效率/%	16.2	17.0	20.0
槽式	年负荷率/%	41.7	51.2	51.2
	热电转化效率/%	13.9	14.8	15.6
碟式/发动机	年负荷率/%	50.0	50.0	50.0

表 16-36b　太阳能集热发电厂经济指标　　%

项　　目		2005 年	2010 年	2020 年
塔式	投资/（美元/kW）	2831	1365	1197
	操作维修成本/（美元/MW·h）	6.0	5.0	4.0
	总成本/（美元/MW·h）	6.6	5.1	3.8
槽式	投资/（美元/kW）	2988	2726	2723
	操作维修成本/（美元/MW·h）	13.0	9.0	7.0
	总成本/（美元/MW·h）	77.0	57.0	47.0
碟式/发动机	投资/（美元/kW）	3231	1960	1467
	操作维修成本/（美元/MW·h）	23.0	11.0	11.0
	总成本/（美元/MW·h）		61.0	55.0

使用 CEDS 模型[7]估计的 100MW 集热式发电厂投资为 2832（2030 年）和 2554（2050 年）美元/kW，年负荷率 40.9%~45.7%［对应的太阳能强度为 6~7kW/（m^2·d）］。

据 MED-CSP 报告（2005）[19]估计的集热式发电厂投资和成本见表 16-37。

表 16-37　太阳能集热式发电厂投资和成本

项　　目	2010 年	2020 年	2030 年	2040 年	2050 年
投资/（美元/kW）	3388	4662	4332	4185	4134
成本/（美元/MW·h）	71	52	45	41	40

注：单位投资总体上应是下降趋势，但 2030 年前投资增加是年有效生产时间逐步增加的结果。

结合具体项目的技术经济指标见表 16-38。

表 16-38　近期具体设计的太阳能塔式集热发电厂投资和成本（S&L 公司）

项目代号	Solar100	Solar200	Solar200	Solar220
投产年度	2010 年	2015 年	2020 年	2020 年
净发电能力/MW	100	200	200	220
净集热能力/MW	700	1400	1400	1400
年集热效率/%	16.5	16.8	16.8	17.8
土地面积/km^2	6.6	13.7	13.7	13.9
集热场面积/km^2	1.37	2.67	2.67	2.79
总投资额/10^6 美元	461	753	718	691
其中：定日镜组合	182	330	312	263
接收器	34	46	46	48
熔盐储罐	29	56	56	57
电力设施	31	46	46	62
单位投资额/（美元/kW）	4608	3766	3591	3139
电力成本/（美元/MW·h）	68.2		54.7	
其中：固定财务费	52.9		41.8	

第三节　具体分析论证

本节将就若干涉及原料路线、生产技术路线和产品方案的重要课题进行初步分析论证。有关论述往往也出现在各具体工程项目的项目建议书与可行性研究报告中，但大多从项目的具体情况出发，着眼于当前和长远的国家全局则嫌不足。当前需要考虑世界的发展趋势，并密切结合国情，从战略决策高度针对一系列替代石油的路线和方案作出抉择，以避免判断失误带来的损失。

因为所依据资料不够充分和准确，本节只能提供示意性的讨论，达不到足够精度和深度。拟将课题分为六类，逐一展开论述。

一、不同原料生产同类产品

典型的实例有天然气、煤或生物质原料生产合成油，号称 GTL、CTL 和 BTL 的三种路线。原料处理和制取合成气的工艺技术各有特色，合成与油品加工技术彼此相同。综合指标见表 16-39

表 16-39　GTL、CTL 和 BTL 三种原料路线生产合成油的综合指标

原料路线	GTL	CTL	BTL
综合能量转化效率①（HHV）/%	55	45	48
单位油品原料消耗量/（t/t）	2967m^3 天然气/t 汽油	3.3~4.0	5~6
原料价格	2.0 元/m^3	200 元/t	200~300 元/t
单位油品总投资额②/［元/（t/a）］	6000~7000	12000~14000	15000~18000

① 包括消耗外来电力或自产外送电力。

② 按 2006 年投资粗略估计，随加工能力而异。

GTL 方案具有投资低，排放二氧化碳少的优点，特别适合在廉价天然气的偏远产地建厂。我国天然气个别产地可用 CNG 替代运输燃料，但总的情况是国产和进口（LNG+CNG）

数量尚不能满足城市生活和调峰发电需要，无论从数量上或从价格上都不宜考虑建设GTL厂。

CTL比较适合在我国煤资源丰富地区建厂。当每桶原油价格超过80美元，且煤价低于300元/t时效益较好。但投资过高（超过天然石油深海开发、甚至超过非常规石油的开发投资）限制了它的近期和中期发展规模。远期如必须限制二氧化碳排放，那么仅此一项每吨产品成本就增加约1500元（每吨二氧化碳的捕集、输送和封存费用暂按300元计）。

BTL技术尚处于开发过程，因为受原料供应条件限制，装置规模偏低，单位投资最高，但具有“绿色产品”性质，不需限制二氧化碳排放，在此前提下所节省的费用足以抵消高额投资对成本的影响，因而较CTL有优势。

但是由于BTL规模限制，难以发挥更大作用，近期和中期可考虑将生物质与煤按（10~15）：（90~85）的比例掺混，一同气化，一定程度上减轻了CTL排放二氧化碳的压力。这就是新提出的CBTL技术。

下面另举一个将原油渣油深度加工多产轻油和煤直接液化制油的方案对比。虽然来自原油的渣油不属于替代燃料，但渣油加工多产轻油和煤制油两类方案仍具有可比性。

通常炼油厂的渣油深度加工有：①渣油加氢脱硫（同时脱除重金属，减少残炭）和后续的渣油催化裂化；②渣油的延迟焦化和后续的轻油加氢精制与蜡油催化裂化（或加氢裂化）两条路线。前者炼油厂轻质油品综合产率较高，但总投资也较高；后者则反之。十多年以来，我国石化集团新建炼油厂大多采用延迟焦化路线，为此曾引起争议。认为煤炭集团以高代价把煤变成油，石化集团炼油过程却不惜把油变为焦炭，似乎反其道而行之。孰是孰非，值得细致分析。首先指出煤加氢转化和渣油加氢转化是同类工艺，但是由于煤的氢含量远低于渣油，以单位油产品计算，煤加氢液化耗氢量和高压设备总质量大约是渣油加氢的5倍。然而渣油加氢过程净增产轻质油品只是其产品的一小部分，即应扣除对比渣油加工工艺（如延迟焦化）的轻质油产品。以1000万t/a炼油厂的200万t/a的渣油加工为例，采用渣油加氢路线与采用延迟焦化路线所产轻油相差约12~15万t/a，总投资相差约10亿~12亿元人民币。由于炼油厂制氢原料靠自产轻烃，导致渣油加氢路线增产轻油较少。今后如果位于中国北中部地区的炼油厂能取得廉价的煤制氢气，那么渣油加氢路线节省的部分轻烃可转化为轻质油品，使两条路线所产轻油相差约20万~22万t/a，总投资（含煤制氢装置，扣除轻烃制氢装置）相差约15万~18亿元。以上两种情景的单位增产轻油投资额均在8000元/（t/a），明显低于煤制油。加工费用也存在类似的相对差别。每增产1t轻油的效益则随原油价格的变动而改变，当原油价位高时更为突出。所以在原油价格相对低时，石化集团力主采用延迟焦化路线是为了节省投资，建设炼油厂和基础设施的投资不超过3000元/（t/a），靠采用渣油加氢路线却要一次付出8000元/（t/a）的代价，而油价低时加工收益较少，购买进口原油的流动资金也不太多。在当前形势下考虑渣油深度加工路线，对于重金属含量不过高的渣油，采用渣油加氢较延迟焦化似乎更有优势。

暂不具体分析有关产业集团的内部情况，仅从国家宏观角度着眼，鉴于今后20年炼油厂的规模可能继续扩大约2亿t/a，渣油加工路线的宏观决策十分重要，它将涉及年增产3~4Mt轻质油品问题，影响几百亿元投资的正确流向（在保证炼油业发展资金的前提下合理安排用于煤液化产业发展的资金）。

引出这一例子是为了说明宏观方案对比的重要性，具体对比数据需要进行深入细致的专题研究。

二、同一原料生产不同产品

典型的实例有煤制甲醇、煤制二甲醚与煤制油的方案对比，基础数据见表 16-40。

表 16-40　煤制甲醇、煤制二甲醚与煤制油的基础数据

工　艺　路　线	煤制甲醇	煤制二甲醚	煤制油
综合能量转化效率（HHV）/%	47	48	38~45
单位产品原料（标煤）消耗量/（t/t）	1.67	2.15	3.3~4.0
产品热值（HHV）/（MJ/kg）	22.9	29.8	45
产品燃油当量/（t/t）	0.51	0.66	1.00（基准）
单位产品总投资额/［元/（t·a）］	3200~4000	6500	12000~14000
产品出厂价格估计/（元/t）	1800	3200	4000

注：煤价按人民币 300 元/t 计算，煤制油前两项指标涵盖单纯制油和制油-发电联产。

严格的对比应是甲醇与 MTG 的汽油互比，二甲醚与 CTL 柴油互比。初步看来，MTG 比甲醇增加一道工序，汽油产率只有甲醇 40%，折合汽油当量 MTG 汽油是燃料甲醇的 2/3。但 MTG 的技术经济资料不够充分，只好将甲醇、二甲醚各与 CTL 柴油比较。简单说来，甲醇、二甲醚的制造工艺流程比 CTL 短，因而综合能量转化效率相对相差 15%左右，投资和成本相应低。但是常规汽油机或柴油机必须经过改造才能适用于甲醇或二甲醚，而且储存运输和加油等基础设施也要适当改变，对社会的投入相应增加，增加了管理的难度，部分抵消了节省煤和投资等带来的效益。

如果只在一定范围内应用，在替代石油运输燃料方面能起作用，但如在全国范围内大面积推广，各方面的得与失需要认真计算和衡量，进行全面评估之前争议是正常的。

三、两种原料交叉生产两种产品

往往两种一次能源原料（例如煤或生物质）都能生产两种能源产品（例如电力或合成油），形成两组交叉生产方案。哪个方案有利需要仔细比较。以年产 100 万 t 油品为例，基础数据见表 16-41。

表 16-41　煤或生物质交叉生产电力或合成油方案基础数据

项　　目	方案甲		方案乙	
	煤制油	生物质发电	生物质制油	煤发电
煤用量/（标煤 t/a）	3330000			3330000
生物质用量/（干基 t/a）		6000000	6000000	
能量转化效率/%	45	28	48	39
发电量/（TW·h/a）		7.5		10.5
粗估投资额/亿元	140	130	170	120

生物质发电厂规模在 25~50MW，热效率远不及大型煤电厂，而投资反而更高。生物质制油（BTL）热效率虽高，但大规模集中运输困难，规模只能到 10 万 t 级，单位投资也比 CTL 高。计算发电差额的收益，综合比较后还是方案乙优于方案甲。将 BTL 和 CBL 结合成为 CBTL，生物质发电改为和煤混烧发电可能是更合理的组合。

表 16-41 未考虑脱除二氧化碳。如果包含此项任务，那么两方案基本相当。制油脱碳费用较低，可先期实施。

下面举另一个交叉制油和发电的例子：原料有三种，其中微藻制柴油需要通过光合作用，由太阳光提供能源；太阳能发电也是从太阳光获得能源；两者均需大面积日照充分的荒漠土地，可视为等同能源。这样一来和煤制油与煤发电就构成非对称组合方案。以年产 100 万 t 油品为例，基础数据见表 16-42。

表 16-42 煤与太阳能交叉制油发电方案基础数据

项　　目	方案甲		方案乙	
	煤制油	太阳能发电	微藻制油	煤发电
煤用量/（标煤 t/a）	3330000			3330000
生物质用量/（干基 t/a）			3000000	
能量转化效率/%	45	17.5	10	39
发电装机/（GW）		2.2（集热式）		2.0
发电量/（TW · h/a）		16		10.5
占地面积/m^2		140000	140000	
粗略估计投资额/亿元	140	480	450	120

上述两方案属投资密集型，投资额为产品年产值的 4~5 倍之多。而且微藻制油的投资纯属猜算。毫无疑问，今后技术进步可以降低太阳能发电和微藻制油的成本。

先就二氧化碳排放做些初步分析。如前所述，方案甲煤制油捕集二氧化碳费用较低，但需考虑封存问题。方案乙发电厂排碳量的一半可给微藻利用，电厂离微藻养殖场较近时可将烟气直接送去，电厂最好建在煤田附近，如距离微藻养殖场很远，就需要捕集输送，增加了费用。

表中对比的基准是使用同量煤与太阳能，这样方案甲发电量高于方案乙。如果使两方案的发电量相同，方案甲发电投资降低到 300 亿元，占地面积减少到 100000m^2。

四、以电代油混合动力轿车和纯电动客车

混合动力汽车（HEV）将内部回收的动力转化为电力在内部储存后再利用，虽然未从外部提供电源，但可视为以电代油的另一方式。而在此基础上发展为插电式（PHEV），以电代油的作用就十分突出。表 16-43 数据源自第十二章表 12-52。表 16-44 是较新的一组费用对比数据，其汽油售价每加仑按 2.41 美元，电力价格每度按 9 美分计算。

表 16-43 HEV 和 PHEV-20 的技术经济指标比较

轿车类型	单年耗汽油差额/加仑	单车年耗外部电力差额/kW · h	单车价格差额（2002 年）/美元
紧凑型轿车	142	1577	约 2200
SUV 型轿车	202	2336	约 2700

表 16-44 单车平均每日燃料电力费用比较（2006 年） 美元

费　　用	ICEV	HEV	PHEV-20	PHEV-40
汽油费用	3.45	2.48	1.58	1.21
电力费用	0	0	0.48	0.72
每 100 英里燃电费用	9.1	6.5	5.4	5.1

资料来源：Merkel T，Simpson A. AABC-06，Baltimore，May 19，2006。

从有关资料算出每 2.9~3.1kW · h 或 3.8~4.0kW · h 电力可替代 1L 汽油。另一资料每 100km 在纯内燃机驱动时汽油消耗为 7.2L，纯电力驱动时电力消耗为 18kW · h，那么这时每 2.5kW · h 电力可替代 1L 汽油。

暂取4.0kW·h电力替代1L汽油，或5400kW·h电力替代1t汽油，最终结果1.8t发电（效率37%）用标煤就可替代煤制油（效率43%）的3.5t标煤，节省用煤近一半。论投资，每吨煤制油需14000元，而每kW发电厂只是其一半。可大幅度降低投资，对国家十分有利。

从用车人角度分析，如果最大限度发挥电动潜力，每年能从汽油消费中节省约2500元（每升价格按4.5元计算），多付电费1200元（未算峰谷差价），净节省1300元（未计蓄电池更新费用），而按今后大规模生产PHEV时，购车差价约20000元，简单回收期达15年，超过一般人承受力。如政府在购车价上适当补贴，并在夜间用电实行差价，才能推动这项有意义的以电代油工作。

2008年北京奥运会期间中国研制的50辆纯电动客车投入运营，效果显著。耗电150kW·h/100km，而同样的汽油客车耗油50L/100km，按当前的油价与夜间优惠电价计算，节约2.3元/km，若每年行驶60000km，年节省燃料动力费约14万元。但每辆车配备的大功率锂离子电池成本约50万元，如电池寿命能达到3年以上，才能抵消所节省的燃料动力费。

由此看来要实行汽车的以电代油，必须在现有基础上研制更廉价的高功率、高能量、长寿命的蓄电池。争取第一步普及PHEV轿车，第二步纯电动轿车进入市场。

五、煤发电与煤制油联合生产的经济论证

近年来不少学者提出在IGCC发展思路基础上，首先把煤气转化为合成气，把传统的大量尾气循环回到合成反应器的方式改为一次通过方式，生产合成油或甲醇。而不循环的低热值尾气可作为燃气轮机燃料。像常规的燃气轮机联合循环发电机组那样，能构成大型发电厂的主体。这样的大联合等于在IGCC中间插入合成化工生产，成为IG-SC-CC（Integrated Gasification-Synthetic Chemicals-Combined Cycle）。组合过程数目多了，一体化程度高了，生产环节长了，就是煤发电-煤化工联合生产的特点：它既有节约原料消耗、节约投资和成本、减少排放物的优点，也有联合刚度大，调节弹性小，增加生产管理和调度难度的缺点，值得认真研究并权衡得失。

1. 技术可行性

煤发电-煤化工联产技术目前尚停留在方案阶段，是尚未形成产业化的技术。但它的两大组成环节（IGCC和合成油或合成甲醇）技术都是成熟的，而且除个别技术尚在产业化示范阶段（合成油），其余早已产业化。当前的工作是需要进行整体组合，并通过示范厂的长期生产运行考验，应该不存在技术风险。

由于通常独立的合成油厂将合成尾气作为一般燃料，却另外使用大量燃料煤通过亚临界锅炉提供电能和热能。而在煤发电-煤化工联产工厂是将大量合成尾气用作联合循环燃料，发电的效率很高，因此联合技术的最大优点是节能。表16-45是参照国外发表的不完整资料，换算为我国通用单位，并经过加工整理而成。从表16-45可看出联合生产的综合能量转化效率（50%以上）高于单独发电（40%左右）或单独合成油（50%）。如果从技术上把联合节能的好处表达为合成油能量转化效率的提高，当合成油在产品中的能量份额陆续增加时，单位合成油耗煤就陆续下降，从单独生产的3.4陆续降到2.0，换成能量转化效率则是从50%提高到80%，确实令人鼓舞！

2. 经济合理性

煤发电-煤制油联产的经济效益十分突出。表16-46也是根据国外有关资料换算整理，但由于文献年代不一致（2000~2005年），工程项目包括范围不一致（例如有的合成油只计算到原油，未考虑进一步加工)，难以严格互比。但从表16-46可以看出联合生产可以降低工厂投资，当合成油在产品中的能量份额增加时，单位合成油投资就下降。由此看来，尽管没有数据，估计成本也会随之下降。当然存在成本的合理分摊问题，既考虑电力成本，也考虑合成油成本。

从关心温室气体排放的角度，今后煤转化产业需要算这本账。表16-47列举了单独IGCC与单独合成油减排CO_2的费用与不减排情况对比，看来每吨付出的费用在10~20美元，比常规煤粉锅炉发电节省一半左右。联合生产和减排CO_2节省的资金将可部分抵消IGCC发电比常规煤粉锅炉发电多付出的投资。

上述的对比只是初步情况，有待结合具体项目深入论证。

表16-45　IGCC和CTL用能指标[5,24]

序　　号	1	2	3	4	5	6
类　　型	IGCC大	IGCC小	CTL大	IGCC/CTL（小）	IGCC/CTL（中）	IGCC/CTL（大）
入厂原料煤量/（t/h）			970		386	386
折合标准煤量/（t/h）	350	128	835	251	322	326
产出油品/（t/h）	0	0	250	35.3	66.1	80.7
产出油品/（万t/a）	0	0	200	28	52	69
发电/MW					820	689
自用电/MW					144	148
外送电/MW	1155	427	0	475	676	541
原料煤热量/MW	2875	1042	6800	2043	2617	2650
油品热量/MW	0	0	3400	477	816	996
外送电热当量/MW	1155	427	0	475	676	541
能量转化效率/MW	40	41	50	46.6	57	58
转化标煤/（t/h）	350	128	835	251	350	324
外送电耗标煤/（t/h）	350	128	0	143	203	162
油品耗标煤/（t/h）	0	0	835	108	147	162
单位电标煤/（t/MW·h）	0.3	0.3		0.3	0.3	0.3
单位油品用标煤/（t/t）			3.3	3.1	2.4	2.0

表16-46　IGCC和CTL经济指标[5]

序　　号	1	2	3	4
类　　型	IGCC	CTL	IGCC/CTL（中）	IGCC/CTL（小）
产出油品/（万t/a）	0	200	52	~28
外送电/MW	1155	0	676	475
工厂总投资/（10^6美元）	1231	2750	1239	854
其中：发电部分投资/（10^6美元）	1231	0	811	534
制油部分投资/（10^6美元）	0	2750	428	320
单位油投资/[美元/（t/a）]		1325	823	1143
单位油投资相对值		100	62	86

表 16-47 IGCC 和 CTL 排碳指标[5]

序号	1	2	3	4
类型	IGCC 排碳	IGCC 减排	CTL 排碳	CTL 减排
产出油品/（万 t/a）	0	0	200	200
外送电/MW	500	500	0	0
总生成二氧化碳/（t/h）	416	512	1295	1295
总捕获二氧化碳/（t/h）	0	461	0	1165
总排放二氧化碳/（t/h）	416	51	1295	130
煤转化过程成本	51.3 美元/MW·h	65.2 美元/MW·h	416 美元/t 油	460 美元/t 油
单位二氧化碳捕获成本/（美元/t）		18.6		9.4

六、氢能运输燃料的经济论证

从节能和保护环境出发，氢能运输燃料主要用于燃料电池汽车（用于内燃机汽车的效益不够突出），但需要在燃料和车辆（包括燃料电池和蓄电池系统）制造工艺、产品储存输送、产品向车辆加注等方面进行一系列改动（可视为一场革命性变革），与前述各类替代石油燃料方案差别很大。可以说前面列举的方案在近期内（2020 年前）都能实施，而氢能方案正处在总体研发阶段，最快也要等到 2020 年后才能看出眉目。

尽管一度人们对氢能运输燃料的期待值很高，但经过各国多年来的努力，迄今仍有三大重要关口（高功率、长寿命、廉价的燃料电池；高能量密度的车载与地面储存设施；可再生能源的廉价制氢工艺）有待突破，其推广实施难度日益彰显。因此全面严谨的论证时机尚未到来，但当前就此战略问题展开一些分析对比，在启发思路方面多少能有所裨益。

涉及氢能的具体技术经济分析有两大类：一类是氢能运输燃料与其他替代运输燃料分析比较，另一类则是氢能运输燃料内部的各种方案比较。

第一类可举煤制氢与煤制油为例：两种燃料的生产路线相近，都经由煤的气化过程，制氢工艺路线短，热效率高。两种燃料生产都可与发电联合，从而降低煤耗。宏观上可按制氢：制油=100：80 的综合能量转化效率取值，若每 1t 合成油消耗 3.3t 标煤，则每 1t 氢消耗 6.6t 标煤。但每 1t 氢的热值为 2.5t 汽油当量，燃料电池汽车的燃料效率至少为内燃机汽车（ICEV）的 2 倍，按以上数据换算，使用氢能燃料耗煤将是汽油燃料的 40%。单纯从燃料效率出发，每千克氢的价格约等同于 7L 或 1.8 加仑汽油价格，如每加仑汽油售价 3 美元，折合每千克氢的价格 5 美元，远超过 DOE 的 3 美元攻关目标。

然而同时考虑到汽车型式的变动，不难看出燃料电池汽车的价格远远高于普通内燃机汽车，如按 60 美元/kW 燃料电池系统成本计算，每辆普通轿车的差价将不少于 1 万美元，十年所节省的燃料费用不够购车的差价，用户难以接受。

第二类包含各种制氢工艺方案和不同的储存运输方案。仅就制氢工艺装置方案而言，就有不同原料（天然气、煤、生物质、风电、核能或太阳能［热力学分解水］等）、不同规模（大型集中、小型分散、加氢站就地生产）组合方式（单产、电氢联产）等多种，其中有些方案正处于研究开发阶段，目前无法作出科学评价。具体内容见本书第十章。

对各方案的取舍大致分析如下：在天然气供应充足的地区，当前用天然气制氢较合理，利用已有天然气管网，首先采用小规模分散生产方式，逐步过渡到大规模集中生产。煤炭资源较丰富的地区可在氢能燃料普及的中期建设大型的煤制氢装置，也可实施煤电与制氢的联合生产。以煤为原料时，务必考虑二氧化碳的捕集和封存。

氢的储存运输方案多种多样，其中高压储氢方案已经成熟可行，然而因能量密度较低，且安全性要求高而不尽理想。其余方案均在研究阶段。具体内容见本书第十三章。

总的印象是氢能运输燃料配套技术过于复杂多变，现有水平不能令人满意，提出正确的分析评估为时尚早。

参 考 文 献

1 EIA/DOE Assumptions to the Annual Energy Outlook, 2006

2 Aabakken J. Power Technologies Data Book, Technical Report NREL/TP-620-37930, Apr, 2005

3 Future of Coal. MIT Inter-disciplinary Report, 2007

4 Cost and Performance Baseline for Fossil Energy Plants, Vol. 1: Bituminous Coal and Natural Gas to Electricity. Final Report, DOE/NETL-2007/1281

5 Ruether J, Keairns D, Newby R, et al. Coal-to-Power and Coal-to-Liquid Fuels Technologies Used in a Technoeconomic Study of the Hydrogen Economy, 8th Electric Utility Environmental Conference, Tucson, Jan, 2005

6 Cost Estimating Guidelines for Generation IV Nuclear Energy Systems. Generation IV International Forum, 2004

7 Blair N, Mehos M, Short W, et al. Concentrating Solar Deployment System (CSDS) -A New Model for Estimating US Concentrating Solar Power (CSP) Market Potential. Preprint Presented to Solar 2006 Conference, 2006

8 Gray O, Tomlinson G. Hydrogen from Coal. Mitretek Technical Report, MTR 2002-31, 2002

9 Estimating Fresh Water Needs to Meet Future Thermoelectric Generation Requirements, DOE/NETL-2006/1235

10 唐宏青. 碳—化工新技术概论. 氮肥与甲醇, 2006-12（专辑）：139

11 Ruether J. Coal to Power and Coal to Liquid Fuels Technologies Used in a Technoeconomic Study of the Hydrogen Economy. 8th Electric Utilities Environmental Conference, Tucson AZ 2005

12 Gasification Plant Cost and Performance Optimization: Task 2 Topical Report Coke/Coal Gasification with Liquids Co-production, DOE DE-AC26-99FT-40342, 2003

13 Liu E. Large Scale Wind Hydrogen Systems. GE Global Research Paper, Sep, 2003

14 Fingersh L J. Optimized Hydrogen and Electricity Generation from Wind, NREL Technical Report, NREL/TP-500-34634, Jun, 2003

15 Johanna I. Summary of Electrolytic Hydrogen Production, Milestone Completion Report, NREL/MP-560-36734, Sep, 2004

16 Myers D B. Hydrogen from Renewable Energy Resources: Pathway to 10 Quads For Transportation Uses in 2030 to 2050. DOE Hydrogen Program FY 2003 Progress Report

17 Klefenz H. Integration of Nuclear Energy and Chemical Production: High Temperature Gas-Cooled Reactor for Chemical Synthesis of Hydrogen, Oxygen, Methanol and Hydrocarbons. Abstract of Oral Presentation IAEA. International Conference on Non-Electric Applications of Nuclear Power, Oarai, Japan, Apr, 2007

18 VerfondernK. Survey on 20 Years of R&D on Nuclear Process Heat Applications in Germany, IAEA. International Conference on Non-Electric Applications of Nuclear Power, Oarai Japan, Apr, 2007

19 German Space Cerner. MED-CSP Team. Concentrating Solar Power for the Mediterranean Region. Final Report, Apr, 2005

20 苏亚欣，毛玉如，赵敬德. 新能源与可再生能源概论. 北京：化学工业出版社，2006：109

21 王东胜，东杰. 煤炭替代石油的主要技术途径和产品竞争力探讨. 洁净煤技术，2005，11（2）：11~14

22 郭树才. 煤化工工艺学. 北京：化学工业出版社，2006：249~250

23 O'Connell R, Pletka R. 20 Percent Wind Energy Penetration in the United States: A Technical Analysis of the Energy Resources. Black & Veatch, Oct, 2007

24 Bechtel, Global Energy, Nexant. Gasification Plant Cost and Performance Optimization, Final Report, Prepared for DOE, Sap, 2003

25 Current and Future IGCC Technologies, A Pathway Study Focused on Non-Carbon Capture Advanced Power Systems R&D Using Bituminous Coal—Volume 1, DOE/NETL-2008/1337, Oct 16, 2008

26 Current and Future IGCC Technologies, Preliminary Results: The Potential of Advanced Power Systems R&D to Reduce Cost of Carbon Capture for Gasification-Based Plants, DOE/NETL-2008/1340, Oct 21, 2008

总结和刍议

本书前后三篇合计十六章已经写就，并且在《概述》中介绍了各章的主要内容。全书涉及与石油补充和替代众多技术经济方方面面的问题，既谈到了目前状况，还展望今后三五十年的发展远景，空间时间跨度较大，学科覆盖面较广。有些属于世界范围的共性问题，也有与各国国情联系的个性问题。有些专题已进展到一定深度，达成多方共识，但也有些问题众说纷纭，尚未取得一致。因此本书编者拟就值得探讨的若干课题进行初步总结，试图择其要点，理出梗概、指出矛盾、引出思路从而找出方向。然后尽可能提出建议，供读者参阅。

初步总结

一、石油资源需求与供应的矛盾及其化解措施

19 世纪后期，石油开始展露身姿进入世界一次能源领域。石油工业提供内燃机所需的液体燃料，随着运输技术的快速发展而迅速扩大在能源市场的份额。20 世纪中叶，一系列合成有机化学品的发展使石油工业如虎添翼，确定了石油在一次能源和石油化工行业中的首席地位。天然气能源紧随其后，两类烃能源确实为人类社会的进步作出了很大贡献。然而仅仅一百余年，当人们过度地享用与消费这一能源之时，突然认识到这种资源将面临短缺，将进入逐步枯竭的后石油时代，不得不深入思考石油资源需求与供应的矛盾，研究解决这一影响到今后整个世界可持续发展的重大课题。

1. 常规石油资源有限

石油如同其他化石燃料资源一样，在地壳内的埋藏量十分有限。因为它是由几万年甚至十几万年前的生物质经过原始沉积和地质活动，在适当的生油条件和封闭的储油条件下演化而成。形成了大小不等的一般在地下深度 6000m 左右的油藏，这就是人们所称的石油资源。依靠几十年的石油地质勘探与地球化学研究中积累的丰富经验与技术手段，人们能够根据主要沉积岩盆地的基本数据，判断石油的原始埋藏量——即石油的地质储量。储油构造经过详细勘探而确认的储量即为探明储量，按合理的采收率计算，全世界迄今探明储量累计约 3000 亿 t。逐年探明可采储量经历了从低到高、又从高到低的过程（早期发现的大油田数量增长很快，以后逐年下降）。扣除已采出的数量即为剩余探明可采储量，目前世界剩余探明可采储量约 1600 亿 t（不包括天然沥青等非常规石油）。世界尚未探明的储量主要分布在环境过于艰苦和勘探成本过高的深海和极地地域，其预测数值精确度不高。此外已开发油田的储量和采收率数值过去估计偏低，后来的实际开发过程以及在技术进步的推动下可采储量一般会有所增长，但这项预测误差相对较小。

正在发展中的利用二氧化碳驱油技术又可增加已开发油田的采收率和可采储量。综合世界尚未探明储量是决定远景可采储量的关键，美国地质调查局（USGS）对世界已知沉积岩盆地的油藏按 5%、50%和 95%的概率分别估计其储量，然后取其平均值作为推荐值，自从 1984 年以来已发表 5 次评估报告，最近一次于 2000 年发表。统计数据截至 1996 年，已累计采出 982 亿 t，查明探明剩余可采储量 1314 亿 t，尚未发现储量 1286 亿 t，已开发油田增储

潜力1000亿t，最终剩余可回收资源量（按50%概率）合计约3600亿t（包括天然气凝析油），如取5%概率，则最终剩余可回收资源量约为5176亿t。应指出每次发表的储量数据呈递增趋势，但增幅逐次减少。BP公司和美国油气杂志（OGJ）每年发表的世界剩余探明可采储量数据（亿t）是：1985年1051/955、1995年1401/1363、2005年1636/1505，尽管两方数据有出入，但可看出新查明储量增长幅度趋缓。此外从历年发现的年产能大于500万t的大油田数量（20世纪50年代以前20个、50年代17个、60年代28个、70年代25个、80年代14个、90年代12个）看出新探明的储量在20世纪60~70年代达到高峰后也开始降低，有的学者担心1995~2025年新探明900亿t可采储量的USGS预测恐难实现。以上迹象表明5000亿t的常规原油总可采储量（含已采出量）可能性较大。有的学者曾质疑USGS的预测可能过于乐观，提出世界尚未探明的（不含重质、深海与极地）储量只有200亿t。

2. 常规石油产能已经面临峰期

1960年世界石油产量不过10.7亿t，2000年就跃升到38.3亿t。它既表明了石油在一次能源中的优势地位，又体现了石油对世界经济技术发展的巨大贡献。然而从可持续发展角度考虑，作为一种不可再生能源的石油资源已开始出现短缺，甚至走向枯竭。我们不妨从一个具体油田的产能进行分析：油田开发初期，产能以较快速度增长，约25年后产能达到顶峰，每年采出率（对地质储量）可达2%，这样的采出率往往维持几年后产能就开始下降，按照一定的储采比率递减，这就形成一条被地质学者称之为Hubbert的钟状曲线。经过不少油田的验证和预测，Hubbert的钟状曲线确属科学规律。但油田的规模和开发速度互不相同，又附加有世界市场变化、政治因素以及各国具体国情等因素，所以往往不可能孤立的按照投资者的意愿始终按最大回报率安排生产，产能曲线的高峰会成为平台形状，而且延续时间较长。由于采用了“三次采油”等增产措施，产能达到顶峰后的递减曲线往往不太陡峭，我国大庆油田40多年的实践就证实了这一点。世界其他大油田的实践也是五花八门，有的持续了70年，迄今仍保持一定产能，而有的则迅速衰竭。目前世界多数产油国家均已过了峰期，只有少数产油国家（主要是中东国家）未到峰期。统计资料表明世界116个大油田2002年所产出的16亿t原油中，20世纪50年代前发现的仍占总产能32%，50年代发现的占16%，两者合并接近一半，其后20世纪的四个年代比率分别为22%、18%、8%和5%，大有每况愈下之势；查其原因，近20年来发现的“大油田”产能平均只有800万t/a，总产能（2.1亿t/a）还抵不上20世纪50年代前发现的两个亿吨级大油田的产能（2.8亿t/a）。以上提供的信息说明了近25年来不仅发现新油田的数量下降，而且1000万t/a级产能者寥寥无几，世界产能的43%仍靠早期发现的14个巨型油田提供，难以持续，世界石油产能已面临峰期，对主要石油输出国的依赖将更为突出。

3. 石油消费不断增长，2030年前后将出现短缺

早期石油产品以煤油为主，消费量十分有限。自从内燃机作为移动动力、汽车成为主要交通运输工具后，汽车产业的快速发展促进了石油工业的同步增长，汽油和柴油成为消费额最大的石油产品。20世纪航空运输业的发展则使航空油料紧随汽油和柴油其后成为新的一种大宗石油消费产品，这三种油品2006年合计就超过20亿t。20世纪60年代兴起的石油化学工业也使化工用油的份额迅速增长，2006年用于石油化工原料消耗石油3亿t以上。发达国家在石油消费上先行一大步，迄今人均原油年消费额在2.7t左右，而美国甚至高于3t，超过世界人均水平2~4倍之多。而中等发展中国家人均为0.23t，中国2006年人均只有0.27t，预计2020年也在0.4t以下。发达国家与发展中国家石油消费的差距大体正比于他们

国内生产总值的差距。

发展中国家在21世纪内将抓住机遇尽快发展经济，这已是大势所趋，符合人类进步的历史潮流。发展经济必然增加能源的需求，尤其凸显在石油层面，是可持续发展的重大问题。20世纪70年代到21世纪初不少学术机构、政府部门和政府间的行业组织（IPCC、IEA/DOE、WEC、IEA）甚至大石油公司（如Shell）都就此开展研究工作，建立各类预测模型并测算了世界各地区与代表性国家在长期（2030年）和远期（2050年）甚至21世纪末（2100年）的预期石油产能和需求量。首先选定发展情景，例如“听其自然无所作为”作为一个极端、可持续和谐高效发展作为另一极端多达几类“家族”的几十个情景。不同情景涵盖着不同地区的人口增长和经济发展水平、一次能源的资源和利用程度、国际市场石油价格走势、能源开发和替代技术的进步（包含可再生能源或核能替代技术）速度以及政府实施的政策影响等多种复杂多变因素，不难设想预测数据彼此差别较大。例如关于一次能源消费量的预测（单位：每年亿t油当量）2030年在162~178之间，2050年高值237~263，低值小于200。常规石油消费量的预测（单位：每年亿t油当量）2030年在44~50之间，2050年高值54，低值小于40。但运输能源的增长较一次能源快，2030~2050年分别达到50和80亿t油当量。但由于常规石油资源的制约，相当一部分运输用能无法满足，可见2030年前后就将出现石油燃料短缺问题，而且日趋严重。

4. 石油供不应求的转折点

当专家们根据石油资源，预测石油产能时，就感觉到世界石油生产能力总和也和单一油田相似，存在类似Hubbert曲线的钟状线，会出现峰值的拐点。但是世界石油由几十个国家中数百个大大小小的油田集合生产，受各种自然因素和人为因素制约，规律过于复杂。经过仔细分析，不难看出以几十个大型油田的Hubbert曲线组合可决定世界石油生产的趋势。Hubbert曲线的顶峰可能转变为一个平缓的台地，持续时间较长。五年前有学者指出石油生产顶峰将出现在2005年，含非常规石油也会在2010到达顶峰，最高年产能43亿t，曾引起不小的争议，被称为悲观主义论点。历史已证明那是不准确的推断，关键在于储量的评估。当年USGS的资源评价并非过于乐观，而接近客观实际。现在多数学者认为在较快的经济发展速度下，石油需求每年将以2%的速度递增，如果得到石油出口国家的支持配合，那么达到顶峰的时间将在2035年前后，不排除由于多种因素而推迟。由于达到顶峰以前石油的供求矛盾已经十分明显，各种补充和替代措施将陆续付诸实施，因此过了顶峰之后，石油产能递减曲线不致太陡，直到21世纪末还会保持一定产能以满足喷气燃料、石蜡、沥青等石油产品和主要石油化工原料的需求。按照SRES-A1T情景，预计2000~2050年将消耗石油资源2700亿t，2050~2100年将消耗2270亿t，合计5000亿t，这就意味着将把地球的远景剩余可采储量家底吃空。

5. 最大限度节省石油能源是迫在眉睫的重要问题

在对石油供需矛盾的来由和补充替代措施进行初步小结之后，最根本的措施应是节省石油能源。途径不外下述几方面：

首先是降低石油生产、加工和运输过程以石油为原料的能源消耗，以便在消耗同样的石油资源情况下得到更多的石油产品。对于常规原油资源来说可能只有几个百分点的潜力可发掘，而对于非常规石油以至煤制油来说潜力却很大，不可忽视。

其次是提高使用石油产品的能效。大宗运输燃料通过以内燃机为主的驱动机械消耗掉，目前发动机和传动系统的能量效率偏低，只有不到15%的燃料能量用于克服轮胎和路面的摩擦阻力和车身与大气的空气动力阻力。美国一年一度对汽车制造商制定“燃料经济”标准，规定了百公里（或英里）行车的油耗上限。预计将充分发掘这方面的潜力。以轻型车辆（LDV）为例，2006年新车（按道路行驶性能修正测试数据）为21.5英里/加仑，2030年将增加到30.5英里/加仑，效率将提高42%；货运重卡相应从6.0英里/加仑增加到6.8英里/加仑，效率将提高13%。

最后是在发展经济的同时下工夫节约物流量与人流量。应特别指出随着轿车的普及，汽油和柴油消耗量剧增。国外每辆轿车年行驶1.5万km，用油1.5t。国外在估计运输燃料消耗时，把人均GDP和千人拥有汽车数目及人均出行里程等指标关联，发达国家人均耗油1t，发展中国家也朝这方向前进就不足为奇了，试想这是一个多么可怕的难以持续的情景。因此要从根本上改变人们过分依赖轿车出行的生活方式，乘坐小排量汽车，更多乘坐公共交通车辆，培养健康节约的生活习惯和作风。国家也要在科学发展观的指导下制定合理的汽车产业政策、油品税收和价格政策；做好城市总体布局和轨道交通规划等。

二、常规石油的补充与替代路线

预估21世纪30年代常规石油将逐步走向短缺，石油的补充与替代问题将提上日程。本书详细介绍了各种补充替代路线。其中包括非常规石油作为补充资源；用煤或天然气等一次能源替代的可行路线；用生物质替代的路线；或者现实或者处于研究开发中的替代路线；利用风能、核能与太阳能替代的远期或能实行的路线。在不同时期结合不同国情对有关路线进行了论证。

1. 非常规石油作为补充资源

地球蕴藏着丰富的超重质石油乃至天然沥青资源，这些被称为“非常规石油”的烃能够用常规的炼油技术加工，转化为通用的石油产品。代表性的非常规石油有油砂沥青、超重石油和页岩油，它们的总资源埋藏量远大于常规石油。过去几十年由于常规石油容易开采、运输和加工费用低廉，非常规石油不具备优势而被冷落。随着石油价格飙升，给非常规石油的应用创造了有利条件。

加拿大的油砂生产天然沥青项目在高石油价格时期表现出欣欣向荣的局面，不仅给美国西北部炼油厂补充原油来源，而且今后还考虑向亚太地区出口。美国能源部能源信息署展望油砂沥青在2020~2030年的产量视不同情景在0.8亿~2.2亿t之间变动。

委内瑞拉超重油的市场条件不如天然沥青，难以大幅度增产，但也将得到发展机遇，其2020~2030年的产量视不同情景在0.4亿~0.9亿t之间变动。

页岩油作为补充资源的条件目前尚不成熟。拥有大量油页岩资源的美国遇到页岩埋藏较深，必须采用特殊技术进行“地下干馏”才能利用的难题，靠电热法耗电过大，成本高昂，还可能污染地下环境，初步预测2030年以后或许能实现产业化。

虽然非常规石油的可采储量高达几百亿吨，但由于技术复杂和资金密集，不能实现过高的开采速度，估计2030年只能补充石油需求量的10%上下。此后如果继续取得技术进步，投入大量资金，2050年或许能补充石油需求量的15%~20%。

2. 煤或天然气替代石油

世界煤炭资源和天然气资源相对丰富，在“后石油时代”能继续供应几十年到一百年。虽然它们也是化石燃料，属于不可再生能源范畴，但是在可再生能源能够满足人类需求之前，恰好能接替一段石油的短缺时期。百余年前煤炭已是工业化前期的主要能源，迄今仍主要用于发电和冶金行业。尽管我国煤资源比较丰富，目前产量已居世界首位（2008年产量已达 27.16 亿 t)，预测 2050 年将超过 40 亿 t。庞大的煤炭产业在为国家能源需求作出重大贡献同时，也带来了运输量大，环境污染等负面影响。在未来二三十年内可再生能源的发电能力还不能达到足够比率时，毫无疑问应首先保证发电用煤，可用于替代石油的煤资源将非常有限，这将成为我国今后所面临的关键问题。除了煤炭资源问题外，煤代油和煤制油还需要妥善处理温室气体排放量大和水资源消耗量大的问题，这些问题的合理解决才能使煤炭替代液体燃料与煤化工产品替代石油化工产品走上可持续发展的道路。

1）煤直接液化生产烃燃料只能适度发展

煤是由很多芳香环、杂环与碳链联结形成的甚为复杂的有机大分子化学结构，它在热分解中生成焦炭和以芳烃为主的焦油。煤炭在加氢液化过程主要生成芳烃为主的油品。德国通过早期研究与工业实践已经成功地将褐煤或烟煤加氢“液化”为油品，进一步通过加氢改质、裂解为轻质运输燃料。由于投资大和生产成本高，当 20 世纪 50 年代廉价的石油涌入市场之后，煤直接液化产业才停顿下来。20 世纪 70~80 年代出现“石油危机”期间，在原有煤直接液化产业基础上对技术进行改进和提高的科学研究工作虽然一度得到恢复，但不久又因形势发展而销声匿迹。我国石油资源不足，但却拥有较丰富的煤炭资源，煤的直接液化研究工作一直紧跟世界水平未曾中断，在国家行业政策和煤炭企业的有力支持下，21 世纪初煤炭直接液化产业化开始起步。

发展煤的直接液化产业，以下三个问题需要认真考虑和面对：

首先应分析原料和产品的特点。我国能够直接液化的高产廉价煤种不多；中间柴油馏分的芳烃与环烷烃含量过高，十六烷值偏低，不符合国家标准，如果要达到柴油的质量标准，就必须研制高性能加氢开环选择性的催化剂，否则就只能按多产石脑油方案生产，使替代运输燃料的目标受到制约。

其次要考虑投资的经济效益。只有在原油价位大幅度攀高，而煤价相应上升幅度不大时，煤直接液化产业才能带来较大效益。要注意煤液化是投资巨大的项目，煤液化工厂每年 1t 油品的投资额达一万元以上，如计入煤矿与电厂的投资，则将超过 1.5 万元。如果利用同样的资金在国外勘探开发石油则可能得到 3 倍多的石油产品。建设每年 300 万 t 规模的直接液化工厂，同样的资金可建设每年 1500 万 t 规模的炼油厂。因此从战略角度，我国煤的直接液化产业不可不搞，但又不宜大发展。

最后要认识煤液化的资源利用效率不高，排放二氧化碳太多。通过对单位煤耗、碳利用效率和能量效率的初步技术分析看出，每产 1t 液化油品约耗用 3.2t 标煤，原料煤碳利用率约 54%（原料煤中碳直接进入油品虽高达 90%，但应扣除进入气体中与未能回收的渣油的碳)，制氢原料与发电燃料中的碳绝大部分变成二氧化碳，能量效率约 45%（液化最终商品油的高位热值占液化原料煤、制氢原料煤、自用燃料与购入动力折合燃料煤三者热值总和的百分比)。从能的有效利用角度，将煤转化为油等于给所消费的一次能源打了“对折”，“内耗”很大，此外制造过程排放的二氧化碳比石油炼制过程高近十倍。

2）煤或天然气制造合成气流程复杂，投资高

煤转化为液体烃产品的另一途径是“一碳化学”路线，即尽量保存碳元素，并将水蒸气分解为氢，两者结合构成碳-氢-氧的有机化合物或烃化合物。这个过程首先要将煤在高温下气化变成以一氧化碳与氢（$CO+H_2$）为主要成分的“合成气”，然后或者转化为甲醇或二甲醚，或者合成为每分子碳数从 2 到 100 的烃产品。同样天然气也可通过水蒸气转化和部分氧化变成“合成气”。因此煤或天然气制造合成气就为进一步生产若干替代石油产品搭建

了一个“平台”。这一平台包括煤气化、净化（含分离）、转化与制氧（空气分离）或天然气氧化与转化、分离与制氧等过程。整个平台工序繁杂，单系列产能小，投资大，加工费用高，需要努力改进。

煤气化技术发展历史悠久，早期用于生产城市煤气，以后转为生产合成氨、甲醇等化工产品。不同的气化炉能适应不同的无烟煤、烟煤、焦炭、褐煤等煤种，采用移动床、流化床（沸腾床）或气流床技术。大规模制造合成气的气化炉要求：①气化效率高，碳转化率不低于98%；②热效率高；③气体质量好，甲烷、氮含量低；④设备大型化，单炉日处理能力在2000~2500t干煤；⑤运行周期长，定期维修和非计划停工时间短。当前工业化成功的炉型有Shell、GE/Texaco、Lurgi和GSP。Shell炉以干煤粉为原料，热效率高，但炉内结构复杂，非计划停工时有发生，且投资最高；GE/Texaco炉以水煤浆进料，热效率稍低，设备可靠性高，需要定期更换喷嘴，因此需设置约20%的热备用炉。我国在该炉基础上做了重大革新，采用4个对置式喷嘴，效果显著，已经推广应用；GSP炉也以干煤粉为原料，热效率高，设备结构较简单，但尚无大型化业绩（曾运行的炉能力为700t/d）。此外美国能源部建议采用ConocoPhillips E-Gas炉，该炉为两段、中间激冷式，炉内有耐火砖衬，烟煤气化最大能力为1700t/d，但该炉合成气中甲烷含量较高。

近年来国内外致力于研究开发新一代的炉型，主要目标是用于与IGCC配套及气体用燃气轮机。例如用空气气化产低热值煤气的提升管式气化炉（Kellogg公司Transfer Reactor Gasifier）；适应于多种燃料的灵活型气化炉（Flexible Fuel Gasifier）等，这些炉型尚停留在中间试验阶段。专门用于生产合成气的新炉型未见报道。

空气分离（制氧）装置与气化炉密切相关，其规模也逐渐大型化，单系列最大能力达到10万Nm^3/h，可与最大气化炉配套。传统的低温分离工艺导致很大的能耗，迄今改进有限。正在开发中的氧离子膜分离技术（Oxygen Transfer Membrane简称OTM）有望在几年内实现产业化，与IGCC能构成最佳组合。虽然膜分离温度要求900℃，加热设备复杂，但用于合成气生产估计能节约投资20%以上。今后OTM能否取代低温分离工艺还需经历时间的考验。

总之，煤的气化过于复杂，代价高昂。如果单纯发电，它是否能与燃烧法的“清洁煤技术”在竞争中取胜，有待认真分析对比（随二氧化碳捕集任务而变）。如果为了生产合成气，那么舍此无彼，应该对气化—净化—分离过程做多种更细致的综合优化方案。

3）合成气制取合成油展现出较好的前景

将具有适当H_2/CO比例的合成气在中压和中/低温度下，经过专门的合成催化剂进行费-托反应，即生成相当于原油的石脑油、柴油和石蜡馏分，它们是碳原子数为1~60的链烷烃/烯烃混合物，因而以煤、天然气或生物质经由合成气制造合成油的过程被称为煤制油（CTL）、气制油（GTL）或生物质制油（BTL），煤经合成气制油在我国又称为煤的间接液化。

煤制油技术早在70年前就已产业化，二次大战后在南非得到进一步发展。20世纪末开始随着距离消费国偏远地区大量天然气资源的发现，天然气制油技术又受到重视，萌发了产业化的动力。同时煤炭资源丰富的美国和中国也在积极推动煤制油技术的开发和产业化。

几代科学家与工程师经过长时间的努力，合成气制取合成油的催化剂性能、反应器结构和装备大型化等难题大多得到解决，百万吨级合成油工厂的建设指日可待。由合成气生产的石脑油、柴油、硬蜡等产品质量优良，高品种润滑基础油、液体石蜡等产品也将随后开发。

煤的间接液化和直接液化一样存在着投资高昂的不利因素，尽管在原油价格居高时，煤液化产业的经济效益较高，但是每年吨油品超过万元的投资和比常规炼油厂少一个数量级的工厂规模仍令决策人犹豫不决。当然在中国用煤替代石油的举措和技术储备已有进展，但发展到多大规模仍应慎重从事。设想2050年替代石油数量如达到8000万t/a，那意味着煤替代所用的原料与燃料煤数量将占全国煤总产量的十分之一。

很难准确评价间接液化和直接液化在我国的推广前景。从煤质要求、产品质量升级、设备制造与操作管理方面，直接液化的要求更高。若换算为同一基准，单位产品煤耗、能耗和投资的差距彼此出入不大。采用哪项技术需要结合具体情况做细致的技术经济评价。国外GTL发展先行，CTL居后，2030~2050年可能形成较大生产规模。

煤液化与IGCC（整体气化-联合循环发电）结合，构成发电-制油联产技术，能实现煤的优化利用，降低分开发电与制油的煤耗、能耗与投资，而且有利于捕集和处理二氧化碳。国内外学者就此提出了多种建议方案，值得做更细致的工作，从宏观层面研究决策。

4）合成气制取甲醇和二甲醚技术成熟，甲醇广泛替代车用燃料还有争议

甲醇和二甲醚均能经由合成气制造。控制合成气中H_2和CO的体积比值为2，就可转化为甲醇。2个分子甲醇再脱除1个分子水就得到二甲醚，这一制造途径是“两步法”，另外也开发成功了从合成气直接生产的“一步法”。以上反应均应满足一定的反应条件和采用一定的催化剂。即使在高压下，合成甲醇过程的单程转化率仍低，需要较大的循环比率，并排出积累在尾气中的惰性组分。合成反应释放大量的反应热。从固定床反应器内快速取出热量，控制反应温度，以保持高的反应速率与催化剂活性，构成了不同型式反应器设计的特点。甲醇是用量大的一种有机化工原料，近年来单套（单系列）的生产能力不断增加（从每天600t、1000t、2000t到5000t），已取得降低成本的收效。过去二甲醚市场较小，装置规模也不大。由于受近年来高石油价格的影响，煤炭行业和产煤大省纷纷看中二甲醚替代液化石油气和柴油燃料的潜在市场，开始建设中型到大型的装置。

大规模生产甲醇和二甲醚的原料首先应推中东等地的廉价天然气资源，20年前国外学者曾就此提出建议和论证，认为就地将天然气转化为二甲醚，然后长距离船运，比经由LNG方式外运更合算。由于二甲醚作为石油替代燃料的问题未根本解决，上述建议未能实施。另一转化途径是GTL，目前却取得了领先地位。我国已探明的天然气资源不够丰富，不论自产的天然气，或是进口的LNG，首先应保证供给东部人口密集地区的民用燃料，因此国家的产业政策禁止使用天然气生产甲醇，从而给煤化工生产甲醇和二甲醚开辟了途径。

但是普遍推广煤制甲醇和二甲醚存在以下不可忽视的问题：

① 同前述（煤制油）的情况相似，煤转化为甲醇和二甲醚的综合能量转化效率只有60%左右，也就是说同属一次能源，转化后却损失40%，这不仅影响人均一次能源消费额度，而且给煤炭（主要是电煤）供应增加负担；

② 甲醇和二甲醚的热值只是汽油和柴油的一半多一点，运输费用高；

③ 制造和使用过程二氧化碳排放量大约是所替代石油产品生产过程排放量的两倍半，如不采取捕集和埋存措施，将使当前已经成为全球焦点的气候变化问题雪上加霜。而采取捕集和埋存的代价很大，仅此足以颠复这一新兴煤化工产业的经济效益。

甲醇和二甲醚均属可替代石油的燃料。甲醇替代汽油用于发动机燃料已有几十年的历史，曾经以15%（体）和85%（体）调合比例作为甲醇汽油（分别称为M15与M85汽油），并一度在美国加州推行，取得了一定成效。因甲醇对发动机部件有腐蚀性和溶胀性，对M15而言，只需要更换少许材料，增加少量投资；但对M85而言，因燃料动力性能和汽油出入较大，需要更换发动机本身，不仅投资增加，而且降低了燃料灵活性。从分散的社会

加油站角度，使用M85甲醇汽油增加了管理作业。如果在专门使用甲醇汽油的车队内部设置自身专用甲醇汽油加油站，从局部而言问题就趋于简化。我国山西省没有炼油厂，油品均来自省外，但省内拥有充足的甲醇来源，具备使用甲醇汽油的条件，经过政府部门组织的行车实践，已在公共交通和运输部门推广应用甲醇汽油。结合我国石油替代的总体形势，当前对进一步在全国较大范围内推广应用甲醇燃料还存在着某些争议。撇开甲醇高度分散在社会上众多加油站，造成对人民健康危害的有毒物质容易扩散的问题不谈，仅就含醇汽油的替代程度做以下分析：首先是我国正在大力推广乙醇汽油，燃料乙醇年产量将达到每年千万吨的水平，若按E10规格的商品调合，将占有一亿吨的汽油市场，接近2020年全国汽油总量。所以M15与E10将相互竞争全国的汽车燃料的市场份额。如果希望更大的取代程度，就必须强调使用高调合比例的M15或E85，这就将联系到“灵活燃料车”的推广问题。

二甲醚作为柴油替代燃料正处于开发阶段。二甲醚的物性和液化石油气类似，要用钢瓶以压缩状态储存，应用于普通轿车很不方便。因此首先用于大客车或定向货车为宜，国内外已多次做过发动机改造与行车实验，证实是可行的。急需对取代程度做细致分析，并核算大规模生产前提下的制造、运输、配送成本，结合柴油市场价格估算其经济效益。

5）煤或天然气制氢已有成熟技术，但开发氢能运输燃料和车辆步履维艰

氢作为一种新能源，在某些意义上又属一种“绿色能源”，近年来引起科学界的重视，曾经引发了关于“氢能经济”的畅想和争议。姑且不讨论这样命题，仅就氢燃料而言，氢确实是一种特殊的能量载体，它既非是通常以元素形态存在于自然界的一次能源，又非像电能那样是经一次能源转化后产生、便于输送以满足多方面应用的二次能源。氢可以通过燃烧产生热力，通过内燃机产生动力，还可通过“燃料电池”产生电力，后一方式能实现最高的能量转换效率。氢燃料的应用环节不排放任何毒性物质和温室气体，冠名为“绿色燃料”当之无愧。氢的生产环节对环境的影响则随原料不同而千差万别。

生产氢的最简易方式是水的电解，但生产规模小且成本高。满足大规模工业生产的方法是利用煤、焦炭或天然气制造。传统工艺是将固体燃料气化为富含氢和一氧化碳且杂质（氮、甲烷）含量少的“煤气”，接着把一氧化碳转化为氢，整个过程和前述的制取“合成气”大同小异，只不过是不需保持氢与一氧化碳的比例而将后者全部转化为前者。天然气的转化过程则是充分利用水蒸气转化，而不考虑部分氧化。

煤或天然气制氢工艺十分成熟，当前在合成氨生产中已广泛应用。炼油厂一般就地取材，以副产低碳烃（干气或液化石油气）为原料，补充催化重整副产氢的不足，也可根据具体条件使用天然气原料或石油焦原料，装置规模一般为每年5万~10万t。

用氢替代石油为运输燃料的特点是用量庞大，如果全部替代，以每吨氢替代5~6t石油产品计算，美国这样大国年耗量接近亿吨，中国在21世纪中期可能达5千万t。制氢装置规模将进一步大型化，达到每年20万t或更高。对于产煤大国，以煤为原料大规模产氢，经由长输管线分输各地的方案是合理的。但是在大规模推广燃料电池汽车的起步期和过渡时期，氢的供应量从少到多，从分散到集中，那么大型煤制氢装置的建设势必推迟，而应考虑分散的以天然气为原料的小型装置，甚至“前站（加氢站）后厂（制氢装置）”类型。对于天然气已经进入千家万户的发达国家，这一过渡方案是可行的。从中国具体情况出发，需要具体研究过渡方案。

6）煤电与油化联产是理想组合，应创造条件积极推广应用

通常煤电厂只做到供电与供热联合，为附近的工业区或居民区服务，故又名为热电厂

(Coproduction of Heat and Power，简称 CHP)。自从出现了煤气化和联合循环一体化工艺(Integrated Gasification and Combined Cycle，简称 IGCC）之后，结合该工艺特点可进一步将气化目标定为合成气，把大部分合成气转换为合成油、氢、甲醇等化学品，未转化的含有惰性组分与低价副产品的低热值气体，调入部分合成气（或煤气）后供给燃气轮机/蒸汽轮机机组，通过联合循环的热力学过程发电，扣除自用电后外送。这一方式又称煤电与油化联产。

IGCC 的净化效果优于煤的清洁燃烧技术，能做到根本消除硫氧化物、氮氧化物、颗粒物和汞的危害，按不捕集 CO_2运作时的热效率只有 38%，按捕集 CO_2运作时的热效率则为 31%，仅相当于超临界汽轮机组的热效率（39%/29%，为不捕集 CO_2/捕集 CO_2方式时热效率)，不如近年开发的超超临界（Ultra-supercritical）机组的热效率 43%/34%（不捕集 CO_2/捕集 CO_2)，而投资却高出不少。而且 IGCC 各环节（制氧、气化、净化和联合循环）远较锅炉和汽轮机系统复杂，综合开工率偏低，不利于电网的安全供电。以致世界上除屈指可数的几座 IGCC 电厂外，20 年来未得到推广应用。

有些渣油深度加工的炼油厂选择了 IGCC 技术，原料以石油焦为主，目的是生产氢气，同时联产电力。基于高硫石油焦价格低廉、销路有限，而且加工高硫原油时耗氢多，这一方案可行，但因规模不大，不属于专门的煤电与油化联产工厂。煤替代石油产业的兴起给 IGCC 技术唤起了生机。煤制油或是煤制氢的产业规模都很大，一座 300 万 t 合成油厂或 60 万 t 制氢厂年耗煤相当于 300~500MW 的煤电厂，具备了合理组合、形成一体化工厂的条件。根据美国能源部、美国 Nexant 化学咨询公司近年发表的煤基合成油与发电联合工厂的测算，综合能量转化效率达到 58%~60%（不捕集 CO_2）或 48%~52%（捕集 CO_2)，按年产油品 3Mt 统一换算，外送电最大为 4GW（不捕集 CO_2）或 1.4GW（捕集 CO_2)。如按每度电耗标煤 0.3kg（不捕集 CO_2）或 0.4kg（捕集 CO_2）计算，扣除电煤以后每吨合成油净耗 1.9~2.0t 标煤（不捕集 CO_2）或 2.9~3.2t 标煤（捕集 CO_2)，指标十分先进，展现出联合生产的效益。再举美国 Mitretek 咨询公司 2003 年发表的煤基发电与制氢联合工厂数据：当以氢为主要产品，外送电少，综合能量转化效率可达到 64%（不捕集 CO_2)，或者 59%（捕集 CO_2)；当氢与电联合生产，日耗煤 5400t，产氢 380t，外送电 475MW，综合能量转化效率 62%（不捕集 CO_2)，或者 57%（捕集 CO_2)。注意单纯发电的效率只有 42%，因此联合生产能提高能量利用效率。如果采用更先进的气化炉与先进的膜分离技术（氧分离、氢分离)，联合生产的综合效率还能增加约 3%。

如果燃气轮机前置固体氧化物燃料电池（SOFC)，日耗煤 5400t，产氢 380t，外送电 519MW，综合能量转化效率高达 65%（捕集 CO_2)。美国能源部组织联合开发的 FutureGen 超清洁煤电技术，拟建设的示范厂公称发电能力 275MW，年捕集封存 100 万 t CO_2，并联产氢气，预计 21 世纪 20 年代前形成可供推广的成套技术。

据此估计 2030 年煤替代石油接近 5%，2050 年或能达到 15%（含煤制氢)。

7) 煤或天然气生产基本石化产品比单纯替代油品更具竞争力

目前来自石油的大宗化工产品是低碳烯烃和苯系芳烃，基本通过石脑油高温热裂解或催化重整得到。直馏石脑油通常占原油的 10%~15%，二次加工石脑油产率则视原油性质和加工工艺而异，一般生产 1t 乙烯和丙烯至少约消耗原油 6t。通过甲醇催化脱水缩合也能生产低碳烯烃，称之为 MTO 和 MTP 的新技术架起了从煤或天然气到低碳烯烃的“一碳化学”桥梁，给非石油资源转化为基本石油化工原料展开了新的一页。虽然过去由于石油与煤炭或天然气比价差距不够大而未能迅速发展，但在高油价形势下，对煤炭储量丰富的国家却十分有利于发展这类技术。我国已开始建设世界级的大型甲醇制烯烃装置，生产1t乙烯和丙烯约消耗标准煤也大体是6t，大体1t煤可替代炼油——化工一体化工厂加工的1t原油（单纯从石油化工产品比较），这样的替代路线比3t标准煤替代1t原油（单纯从石油产品比较）更具竞争力。

迄今还没有煤替代石油生产大宗低碳芳烃（$C_6 \sim C_8$）的可行技术，天然气凝析油却是生产该类产品的优质原料。

8）煤或天然气替代石油综合讨论

间接法（费托合成法）在南非得到了技术发展并大规模应用。近年采用浆态床反应器技术基本成熟，使用天然气经费托合成液体燃料的GTL技术已在富产廉价天然气的国家揭开了产业化的序幕。美国和中国均有煤间接液化中试装置，中国可望率先建成大规模生产装置。CTL和GTL产业的发展将在某些煤炭或天然气资源丰富的国家得到发展，但由于投资和成本高、总能源效率低（55%~60%）和排放二氧化碳多等不利因素，EIA预测2030年可替代石油4.4亿t（高油价情景）。煤或天然气制氢的规模化取决于氢能运输燃料和车辆达到经济可行目标的开发速度，以IEA提出的TECH-Plus情景为例，按氢燃料电池轻型汽车在市场普及率30%计算，2050年氢燃料供应量将达2.5亿t油当量。我国煤资源虽然丰富，产量已居世界首位，主要是用为发电燃料。今后几十年发电能力的增长仍需主要依靠煤产量去保证，当煤产能接近颠峰时究竟有多少余量可用于作替代石油和石油化工的原料并不太乐观。利用风能或太阳能大规模发电并网，腾出部分电煤做石油替代原料是否合算也需要慎重考虑。

3. 生物质替代石油

太阳能通过光合作用合成生物质，虽然能量利用率不过2%~3%，却提供了具有代谢功能与生命力的有机化合物。生物质本身即可作为一种碳基一次能源，也能在一定的地质环境下转化为化石燃料——另一种碳基一次能源。前者属可再生能源，后者则属不可再生能源。

生物质生产替代石油燃料或者是经过生物化学转化过程，或者是在不同苛刻条件下经过单纯的化学转化过程。产品从能用于内燃机的碳基化合物燃料到氢。

1）国内外生物质制取燃料乙醇已形成规模，改用纤维素原料是方向

生物质的主要成分——淀粉、糖、纤维素和半纤维素均属碳水化合物，拥有一个、两个或多个缩合的六碳或五碳醣类结构。它们在特定微生物酶的作用下进行水解，转化为乙醇，并释放二氧化碳。制酒是人们早已掌握的古老技术，将其中乙醇提炼出来也属成熟工艺。燃料乙醇是人们熟悉的一种内燃机汽车燃料，在世界上廉价汽油供应充足时它们已被取代。但在盛产含糖作物的巴西，燃料乙醇早就是汽油的调合组分。近年来在石油供不应求的美国倡导下，乙醇汽油首先成为替代燃料的先行者。美国利用其过剩的玉米资源做燃料乙醇原料，并由政府财政补贴，责成汽车制造业生产灵活燃料轿车，大力推进了燃料乙醇的替代进程。由于石油资源短缺，中国一度提倡用陈粮生产燃料乙醇，已经形成了超过102万t/a的生产规模。在一些地区和企业规划扩大规模或建设新的粮食燃料乙醇项目时，国家发改委及时制止了产粮地区规划将大量玉米转化为乙醇的动向。现在的做法是鼓励发展用非粮非糖类淀粉质作物（木薯、甜高粱等）生产燃料乙醇。

纤维素和半纤维素广泛存在植物的秸秆内，大部份资源被废弃未加以利用，是制造燃料乙醇理想原料。国内外目前均以转化纤维素和半纤维素为方向，努力攻克高活性廉价纤维素

水解酶的难关，期望使酶的生产成本从当前每加仑乙醇 0.30 美元（折合人民币为 720 元/t）逐步下降到每加仑为 0.10 美元和 0.05 美元（折合人民币为 240 元/t 和 120 元/t），以便提高纤维素乙醇对汽油的竞争力。秸秆内的木质素尽管不能转化但可做加工过程的自用燃料，避免淀粉质原料加工时使用其他能源，增加温室气体排放的排放量。若以包括光合作用在内的全生命周期净排碳比率为 X，把 $1-X$ 作为衡量替代燃料“绿色程度”的指标，那么淀粉乙醇绿色程度指标仅为 0.2，而纤维素乙醇为 0.84。

2）生物质制取柴油首先应解决稳定和充足的原料供应问题

生物油脂的成分为长链脂肪酸（饱和或不饱和）甘油三酯，经无机酸或酶催化醇（甲醇）解产生的酯交换反应，变成脂肪酸甲酯（简称 FAME）和甘油，其分子结构和柴油的烃分子接近，燃烧性能相似，十六烷值较高，硫含量极低，热值略低，凝固点略高，安定性和润滑性稍差，可直接作为柴油的调合组分（比例 3%～5%），加工并加入添加剂后也可全部替代柴油，泛称生物柴油。它的原料来源广泛，植物油（大豆油、菜籽油等）或含动物脂肪的餐饮废油（地沟油）均可。为了避免争夺食用油市场，减少占用耕地，并降低收购价格，今后宜采用不占耕地的适当木本含油植物（黄连木、小桐子等），甚至盐碱地上的海滨锦葵种子为原料。因原料收集面大（除棕榈油外，其他油料亩产不足 0.2t），工厂规模一般为十万吨级，难形成大规模产业。当前欧洲和美国的生物柴油年产量达几百万吨，中国则处于刚起步阶段。生产生物柴油的副产品（低浓度甘油）存在处置问题。由于甘油本身市场有限，加工为丙二醇等石油化工产品有待开发。为了消除这一矛盾，国外公司开发成功了第二代生物柴油技术，即将生物油脂彻底加氢为长链烷烃，副产品是丙烷，所得柴油性质极好，十六烷值 80～100，但耗氢较多，成本稍高。首次采用该技术的装置正在建设中。

生物油脂还可掺入石油的重质馏分油中进催化裂化装置加工，号称“绿色汽油”的产率可达 45%（RON94.8），柴油和油浆 24%，水和碳氧化物 13%，焦炭 4.5%。也可采用多产低碳烯烃的操作条件得到与 FCC 收率相近的乙烯和丙烯。

3）生物质经热解气化途径制取替代燃料处于开发阶段

生物质的木质素结构特殊，不能靠酶等作用简单解聚，只有通过加温热解途径产生“生物油”、焦和气体。含纤维素和木质素的生物质热解后的生物油产率为 65%～70%，并含多种含氧有机化合物，经精制后可直接作为低热值燃料油，替代某些窑炉燃料或燃气轮机燃料。生物油经高温蒸汽重整能转化为含一氧化碳和氢的合成气，然后再制取甲醇或合成油。生物质不像煤那样容易直接气化，需要专门设计的气化炉，生物基合成油和生物基氢都可经过这一途径制取，前者又称 BTL，从 6t 干生物质能得到 1t 合成油，其生命循环周期净排碳远低于煤制油（CTL）或气制油（GTL），被誉为绿色燃料。国外 Choren 公司正在努力克服投资大和加工成本高的障碍，积极开发 BTL 技术。15%左右的生物质和煤一起气化又称为 CBTL 技术，并仍可用大型煤气化炉，近期容易推广应用。

4）微藻经光合反应制取柴油（或氢气）单位面积产能非常突出，实现产业化有待验证

前面述及的生物质都来自植物物的果实或茎叶，属于丧失生命的生物体，一般称为生物质。有些制造过程是利用微生物所产生酶的催化作用，不属于生命过程。真正利用生命过程的是微藻的光合作用。某种微藻的光合作用效率很高，充分光照且供给二氧化碳时繁殖率极强，实验室内的模试日产量最高超过 $100g/m^2$，过去（20 年前）室外开放跑道式池半年日平均产量就为 $20g/m^2$，当前报道的 A2BE 型密闭式池半年日平均产量已达 $55g/m^2$，折合每公顷年产微藻 220t。微藻含脂 40%左右（干基），若加工为生物柴油，每亩可产 5～6t，比一

般植物原料高 30 倍。有些科学家和创新型企业家对其前景十分看好。但微藻繁殖时二氧化碳供应配送烦琐，微藻油生产全过程（培育、繁殖、分离、脱水和压榨萃取）消耗化肥（氮磷肥）和电力颇多，特殊设计的生物光化学反应器制造费用高。有待在美国进行的产业规模放大试验取得数据后，才能作出可靠的技术经济评估。

微藻制氢研究工作已开展多年，主要有两种途径，即光生物分解法与光发酵法。光生物分解要防止氢酶在联产氧存在下的失活，使光能有效利用率在 10%以上，如此每公顷年产氢超过 4t，按行车效率折合每亩产汽油当量 1. 5t。工艺上要解决串联反应器控制（抑硫与补硫）问题，使微藻的代谢和分解水分别进行。工程上要解决廉价透光材料，否则仅此一项投资就十分昂贵。美国能源部计划在 2015 年作出能否产业化的决策。光发酵法以淀粉转化的葡萄糖为底物，靠细菌中的一种酶将其分解为氢（选择性达 80%）、二氧化碳和有机酸。这项技术相对成熟，但成本取决于原料价格。

5）生物质作替代燃料途径综合讨论

前面介绍的生物质源替代运输燃料有乙醇、柴油和氢等产品。生物质虽属可再生资源，但总体资源量不够丰富。美国利用其玉米产量优势，近年开始大力发展燃料乙醇，目标是 2030 年以前产量达到 7 千万 t（其中来自玉米原料 5 千万 t、纤维素原料 2 千万 t），折合 4600 万 t 油当量。欧洲国家除重点发展生物柴油外，还看重利用废弃生物质通过气化—合成路径替代部分石油（BTL 技术）。

我国土地资源有限，而且食用粮油为民生必需，因此国家禁止用粮油原料生产乙醇和柴油。应该利用非粮作物（如木薯、甜高粱）生产乙醇，非食用木本油料植物生产柴油，这就要开辟资源，扩大种植面积。按平均 7 亩地生产 1t 运输燃料（石油当量）计，具备种植、采集和运输条件的地区投入人力成本不多的 1 亿亩不可耕地即可替代 1400 万 t 石油产品。

我国应还尽量使废弃的生物质（秸秆、林业废木料、生物垃圾等）资源化。首先使纤维素制乙醇技术突破产业化瓶颈，降低成本，如果最终每年可利用 3 亿 t 原料就可替代 5 千万 t 石油（相当一个大庆油田）。近年秸秆发电项目纷纷上马，远期将形成 1500 万千瓦发电能力，消耗约 1 亿 t 原料。如此安排，废弃生物质资源所余不多，生产 BTL 将是无米之炊。为此需要讨论秸秆用于生产乙醇、生产 BTL 还是用来发电的经济合理性问题。按替代 1t 油品估算，乙醇路线和 BTL 路线分别用 5. 5t 和 6t 干秸秆，按替代 1t 标煤估算，发电和 BTL 分别用 2. 2t 和 1. 7t 干秸秆。虽然 BTL 有某些优势，但工厂规模不宜过小，导致原料运送过远，且投资额过大，地方集资困难。

最具吸引力的替代路线当属微藻油脂，其单位面积产量远远超过上述各类生物质，但规模化生产中一系列技术经济问题有待研究，可列为后备的一种远期替代石油资源。

4. 核能、太阳能和风能替代石油

作为替代石油运输燃料的最佳能源应该拥有资源充足、容易制取、生产过程对环境不产生污染的优势。前面介绍的非石油化石类能源除了容易制取之外，资源与环境的制约显而易见。生物质能源在一定意义上虽然属于绿色能源，但不易转化为烃类液体运输燃料，难以形成大宗生产规模，只能部分替代石油。其他可再生能源除熟知的水电外，风能和太阳能的大规模开发正处在起步阶段，它们主要提供分散的电能和家庭热能，它们作为新的可再生能源，规模开发的潜力很大，今后在一次能源中将占有越来越大的份额。核能虽然不属于可再生能源，在充分有效利用其储量、确保安全的前提下，在一次能源中也能够拥有相当的份额。核能和太阳能除了转化为电力外，还可提供高温热能，给某些依靠高温供热的能源转化过程创造有利条件。下面分别总结核能、太阳能和风能三种新能源。

1）核能替代石油

核电站已经为人类社会服务了半个多世纪，在展示其突出优点的同时，也暴露出一些生产安全问题与核废料处理问题的隐患。但是科学技术进步是主流，目前核电站技术已发展到第三代，核废料的后处理与循环使用，快中子堆的开发推广，钍资源的应用即将提到日程。核资源的充分利用，在一定条件下可扩大核电规模，核能在一次能源中的比重将会超过水电。

结合本书的内容，这里将重点讨论核能在发电之外的应用，即将核反应堆释放的高温热量应用于工业生产过程，特别是能源转化过程。自从成功开发号称第四代的高温气冷反应（HGTR）20多年以来，反应堆本身的结构已经不断改进，运行的可靠性经历考验，能通过氦气热载体向外界提供900~950℃的高温位热能，满足高温热化学分解水循环系统、高温电解水蒸气、高温煤气化、高温甲烷水蒸气转化等过程的需要。

国际原子能机构（IAEA）十分重视核能非电应用的前景，近年来组织了专门交流活动，在这前沿领域工作的主要是美国、法国、日本、德国、韩国的科学家，中国科学家也报告了实验室和中试装置的初步成果。取得的成就主要体现在以下三项工艺技术：

（1）高温热化学分解水循环系统

多年来科学家研究过上百种化学循环系统，认为硫-碘热化学循环系统（S-I系统）开发前景较好。它包括三个化学过程，制氢的综合能量转化效率可达51%；其次是改进的钙-溴热力学循环系统（原UT-3系统），其综合能量转化效率可达45%。将配合S-I系统的新型热气轮机-模块氦反应堆（GT-MHR）投资换算为制氢模块氦反应堆（H_2-MHR）投资，每kW热功率为669美元（其中S-I装置为255美元，高温供热环节43美元，2003年），每MW·h产氢12.9kg，制氢成本为1.43美元/kg（其中固定费用11.5美元/MW·h，操作费用6.8美元/MW·h）。由于高温工艺条件苛刻，设备材料投资偏高，并且物料循环量很大（如碘氢分子比为10：1，质量比达1270：1），总体投资偏大（年单位产氢投资约6700美元/t）将制约此项技术发展。在S-I系统基础上，将后面两个化学过程改为一个使二氧化硫在“脱极化电解池（Depolarized Electrolyzer）”电解氧化为硫酸，同时产生氢气的电化学过程，就是电热混合硫循环过程（Hybrid Sulfur Cycle，简称HyS），工序和设备虽然简化，但又有不少伴随着电解池的新课题有待解决，推广应用尚需时日。

（2）高温水蒸气电解（HTE）技术

HTE的发电原理恰是固体氧化物燃料电池（SOFC）的逆方向。它在技术开发方面有新的进展，催化剂等材料（Ni-Cr阴极、氧化锰阳极、ZrO_2-Y_2O_3电解质）初步选定，总能量转化效率最高到45%（其中电解过程效率远高于常温水电解，但总体受制于发电过程效率）。预计2015年完成原型（MW_t级）试验，争取每kg氢的生产成本低于1.5欧元）。由于电极电压与电流密度限制，大型化只能靠多套并联和多层叠置的电解池组成，总热功率为600MW（t），每小时产氢能力7.2t，需要200万个电解池，共计40000m^2面积。因此电极的寿命和单体故障率将给生产规模带来重大影响。目前预测2030年前建成示范装置，实现产业化进程也许在2050年前后。

（3）核能协助常规的煤（天然气）化学技术

除水分解产氢，以氢能燃料替代石油基运输燃料之外，核能的高温热量还可作为常规煤（天然气）化学工艺中某些高温环节的供热，从而节省煤炭或天然气的消耗。德国、美国和日本曾做了多方面试探，有些已进行过长时间中试并取得实效。概括来说，在生产合成气过程中用过热水蒸气直接将煤气化（省去氧气），或以核能高温热作为甲烷水蒸气转化炉的热源（省去燃料气），以上均可降低煤气中二氧化碳含量，补充高温电解得到的氢，得到符合H_2/CO比值的合成气，用以生产甲醇或合成油，这样既节省了约40%以上的煤或天然气消耗，又简化了煤气净化工序（脱除二氧化碳量减少约40%以上）。使用核能产生的高温氢气可将煤“临氢气化（Hydrogasification）”进而加工为甲烷，构成煤制造合成天然气（SNG）的另一途径。

2）太阳能替代石油

太阳能资源极其丰富，长期以来它为我们生存的地球提供了生物质能源及远古时代埋藏在地下由生物质演化的化石能源。人们早已掌握分散利用太阳能的众多方式，但能量绝对值太低，远不能满足社会发展的需求。多年来由于过分倚赖化石能源，对全球环境已经产生不利影响，加上资源供应渐趋紧张，科学家开始研究太阳能的大规模开发利用，争取以可再生的太阳能产生充足的电力。自从提出替代石油战略任务之后，将太阳能转化为运输燃料就成为一项全新的研究开发课题，思路首先指向水转化制氢的方向，扼要介绍如下：

（1）太阳能发电—电解水制氢

太阳能光伏发电和浓缩集热发电两个途径经过多年发展，已达到兆瓦级规模，投资和成本逐渐下降。常规的水电解制氢（氧）技术成熟，但电耗大，氢成本过高，与光伏发电联合难以成为替代石油的可行方案。

（2）太阳能光电催化分解水制氢

把光电转化与水催化电解结合在一起。将光活性薄膜（WO_3、Fe_2O_3、TiO_2）通过透明氧化物导电夹层覆盖在硅半导体光伏材料表面，提高低能量光子电位，进而与催化剂层组合成为专门的混合电极。美国能源部从2001年组织这一课题以来，在基础研究方面取得了较大进展，2015年的目标是实现化学转化过程效率12%，太阳能制氢转化效率（STH）10%，耐久性5000h。

（3）太阳能热化学分解水制氢

基本原理和前述的核能高温热化学分解水循环系统相似，但选择的化学系统不同。代表的化合物有氧化锌、碳酸镉、锰酸钠、亚铁酸钴等，从351种化学循环中筛选出五大类12种，热转化效率33%~49%。氧化锌是首选。第一步的脱氧反应一般需要1400~1600℃的高温，第二步的加水分解产氢反应在300~400℃的较低温度下进行。这就是靠有效浓缩太阳能才能实现的高温反应过程。这项技术最终实现产业化难度很大，其一是开发气溶胶形态的固体氧化锌毫秒级反应器，或CR-5型逆向旋转盘式亚铁酸钴反应器；其二是开发远高于集热发电的碗型高倍太阳热能收集器（浓缩倍数800），要解决过去很少涉及的高温特种设备结构设计、制造和选材等工程研究课题。设想的日产氢100t，两种太阳能高温热化学分解水循环系统的技术经济评估结果是：Zn/ZnO系统氢生产成本约3.10~4.85美元/kg，HyS（混合硫热化学制氢）系统为2.50~3.15美元/kg，前者反应温度过高，集热塔和反应器投资大。定日镜占总投资38%~45%，采用批量生产与技术改进可能使其成本下降40%，那么氢生产成本就会降低到3美元/kg以下。但是技术难度太大，21世纪中叶恐难实现。

（4）其他技术

直接分解水蒸气或二氧化碳分解生产一氧化碳，然后与水汽反应变换产氢的工艺路线都曾经被提出，有些甚至申请过专利，但是全需要2000℃以上的超高温度，难以实现低成本的大规模生产。

3）风能替代石油

风能只有转化为电力才能得到大规模利用。在提供高温热能方面，风能不具备核能或太阳能的优势。若考虑将风电能转化为氢能，会造成氢成本过高，仅局限于氢能燃料电池汽车的早期应用。因此风能和水能一样，它们大规模替代石油似乎无从谈起。但风能存在另一特点不能忽视，即风电的稳定性差，波动范围大，上电网的容量视该电网的强弱被限制在10%～15%，因此多余的波动容量最好就地利用，固定负荷的工业用户不能接受。较理想的方案就是用来电解制氢，并将一定数量的氢就地储存以缓冲供需双方的波动。风能发电—电解制氢有以下优点：①电解槽的电负荷控制（含动力-电子控制）可与风电的控制系统合二为一，节省电解槽工程投资30%以上；②以上两系统合并还可减少一半的交流/直流变换工序，从而减少电力损耗6%～10%；③利用风电塔的中空塔体内部空间储存氢，按1.5MW风电机组的塔计算，其容量可存放13h满负荷产氢的数量（1MPa压力），十分有利于电力上网的调度。当然塔体必须满足压力容器规范，增加防氢脆的内衬。

4）核能、太阳能和风能替代石油综合讨论

核能、太阳能和风能都是非碳基能源，将它们转化为碳基能源无从谈起。因此替代石油的途径一般限于转换为非碳基运输燃料的氢能，先发电然后电解水制氢成为共同的途径。然而电解水制氢的成本高昂，只适合于小规模生产情况，进一步的改进（加压电解，电解槽改进等）未必能扭转局面。

核能和太阳能以其特有的高温位热能提供了使用热化学循环分解水制氢的反应途径，做到以一次能源的热能替代二次能源的电能。尽管距离产业化很远，暂且从技术经济角度进行科学评价，预测这类新技术发展前景。

（1）技术可能性评述

热化学循环分解水制氢的方法多达几百种，21世纪来做过大量初步筛选，然后对其中几种候选方案开展了深入的基础研究，确定了工艺条件。脱氧反应温度高达800～1600℃，属历来化学反应工程之最。现在循环流程技术可行性已得到验证，反应器结构、材质等均有特殊要求，实验室原型设计正在进行，今后工程开发难度更大；核能供热的研究国外已有一定基础，可供借鉴；太阳能高倍浓缩无法参照已有经验，需要投入更大力量。总之，除核能协助的煤化工示范工厂十年后可能出现外，其他项目的技术开发尚在起步阶段，20～30年后才能出现示范工厂。

（2）能源转化过程的综合效率比较

前述的经过筛选后的几种热化学循环分解水制氢反应，能量转化效率大约为45%～50%，与先发电后电解水制氢（综合效率25%～30%）比较确实较高，但与化石燃料通过常规气化途径制氢（综合效率60%左右）比较则不具优势。一次能源的热能成本不能单纯以本身潜在能量去衡量，而应在取得可用热量的基础上对比。核能要通过高温气冷核反应堆取得高温热能，太阳能要通过庞大复杂的高温集热系统获得更高温热能，虽然以单位能量计算的核燃料价格不高，太阳能又是免费的，但使热能为人所用的设备却要巨额投资，相应转化为热能的固定成本。在这样基础上，热化学循环分解水制氢的优势就不明显，应朝着降低设备投资的方向努力。

（3）结合发电与制氢两个目标相互比较

核能和太阳能发电是其首要目标，近年来科学家才设想赋予它们制氢的任务。这就存在着将核能/太阳能发电与化石燃料制氢相结合及将核能/太阳能制氢与化石燃料发电结合的两条路线。这里用易位方式简单对这两条路线进行比较。按 100MW 的热量计算，热气轮机——第四代高温气冷反应堆组合（GT-HTGR）可发电 40MW，制氢——第四代高温气冷反应堆组合（H-HTGR）可产氢 1.2t/h；40MW 的煤电消耗标煤 12 t/h，而制氢 1.2t/h 消耗标煤 11t/h。初步看来核电制氢未收到节煤减排的效果。

除非核资源十分充足，大量核电站已替代了煤电站，可以动用多余的核燃料制氢，很难设想今后国内外出现这一情况。这一情况在某些氢需要量较大、电力供应充足又距离煤制氢工厂太远的地区，或许可行。太阳能发电并制氢与煤发电制氢也可互比，区别在于太阳能资源充沛，但十分分散，大规模化不易实现。

三、运输燃料和运输工具间的适配性

运输燃料的应用部位在各种运输工具的动力机械（发动机）。所用燃料与该动力机械间存在适配性。有些机械适用燃料的范围较窄，即其灵活性较差，往往燃料的变动带来动力机械的相应变革，甚至影响到运输工具的变革，对运输工具制造业产生重大影响。此外燃料供应系统（商业储存、运输、向运输工具加注燃料以及燃料在运输工具上的储存）也随着燃料的变动而改变，有些是根本的改变，涉及庞大老设施的逐步废除与大量的新基础设施的建设，是投资者需要慎重考虑的大事。

交通运输耗能主要与乘客周转量和货物运量、车辆保有量、运输方式、使用的运输工具、运输燃料的类型和运输燃料使用效率等多种因素有关，这也是人们关注的大事。

以下将以目前大量消耗石油基运输燃料（汽油和柴油）的运输工具（汽车）的动力机械为主线，讨论使用不同替代石油运输燃料的适配性问题。

1. 汽油内燃机和柴油内燃机汽车

内燃机的发明不久即导致汽车的发明，这项仅仅一个多世纪以来的技术进步大大推动了世界文明的进程。为了提供数量充足、质量不断提高的汽车运输燃料，石油工业得以快速发展，发动机设计和车辆设计水平日趋完美。后石油时代或替代石油的来临无疑将冲击这完美的匹配，于是人们考虑以下的应对措施：

① 提高燃油效率，改进车体结构与材料，提高发动机效率以降低单位行程的燃料消耗；

② 轿车柴油机化。为了降低发动机尾气的污染物排放，满足城市环境要求，目前欧洲基本实现了柴油机化，美国则停留在大客车和卡车范围；

③ 推广应用替代石油的运输燃料。

汽车燃料的替代种类大致可归纳为以下几种：

① 仍然属于石油烃的煤基、天然气基或生物质基合成柴油。合成柴油性能超群，可直接替代，无须更换目前汽车的任何设施。但受煤或天然气资源限制与环境等因素约束，目前还不能大量生产。号称“绿色柴油”的常规生物油脂加氢产物也具有类似性质，但有待产业化。

② 压缩天然气或液化天然气。汽车使用这类燃料需对发动机略加改造，但主要矛盾是燃料供应的基础设施难跟上，目前一般限于城市内公交汽车和出租汽车及少量的定点运行的长途汽车。

③ E10 乙醇汽油。乙醇掺合比例不高的 E10 乙醇汽油可直接在原来使用常规汽油的汽车发动机上使用，仅仅供应系统略有变化，但替代比率过低。E85 乙醇汽油则要求改造汽车发动机。灵活燃料汽车（Flexible Fuel Vehicle）理论最大替代比率为 80%。面临的问题是乙醇需求量大，寄期望开发成功采用纤维素原料的生产技术，而目前该技术在工艺和经济上都

存在有待攻克的难关。

④ 二甲醚。二甲醚替代柴油具有十六烷值高、压缩性能优、燃烧完全，无黑烟和炭尘、发动机效率可提高10%~15%，热效率增加2%~3%。缺点是发热值低，且需压缩罐储存，要专门的供应和加注设施，目前在国外尚未应用，我国今后将在城市公交汽车与定点运行的长途汽车上试用。

⑤ 甲醇。甲醇的辛烷值高于汽油，M15和M85甲醇汽油均可在汽油发动机上使用，国外20世纪曾经一度流行。国内大范围推广应用范围尚有争议，仅在局部省市推广试用。

2. 混合动力汽车

混合动力汽车仍以内燃机为主动力，辅以电动机和能量回收、储存设施。混合动力汽车的发动机可在低油耗的最佳工况下运行、利用低负荷运行时多余的功率和制动时摩擦产生的热量为电池充电。当汽车高负荷运行时内燃机功率不足，可通过电动机补充。混合动力轿车在市内行驶时节能效果可达20%~40%，在高速公路上行驶节油效果不显著，总体上具有节油和降低温室气体排放优点。

混合动力汽车已于2004年进入市场，一些国家制定了不同的免税、补贴政策以鼓励和支持混合动力汽车的发展。2008年国外大型汽车企业生产的牌号多达二十余种，低排量（1.5L）车燃油标准5.3/5.9L/100km，中排量（2.3~2.5L）车燃油标准7.0/9.1L/100km，大排量（6L）车燃油标准10.3/11.8L/100km。价格约高出常规内燃机汽车2000美元（中远期）~3000美元（近期）。

混合动力汽车有深度混合与浅度混合之分，或非插电式和插电式（PHEV）两种类型。前者燃料与内燃机汽车相同，但后者以部分电力替代燃油。插电式车按一次充电最大行驶里程划分，可有PHEV20和PHEV40两种型号（不启动内燃机时最大连续行驶20~40英里）。插电式混合动力车型的节油体现在日常短途行驶的里程比例较大，因此每年多数上班工作日几乎只需电池蓄电即可，估计在同等情况下PHEV-20比HEV节油三分之一，那么CV、HEV、PHEV三者耗油比例约为100：70：55。因节油而带来的减少排碳效应较好。粗略经济对比，按每加仑汽油3美元，每度电9美分计算，每年节省超过700美元，但售价也较高，与非充电式车的差价约6000~7000美元（据报道Chevrolet Volt牌号的PHEV40新车将于2010年在市场出售，报价30000美元）。石油价格如果向上攀升，预期混合动力汽车的性价比会逐步改善，市场份额将陆续增长。

3. 燃料电池汽车

燃料电池汽车的机械驱动部分由燃料电池发动机、动力系统、燃料系统和安全系统组成。

燃料电池的理论效率为64%左右，在燃料转化为动力系统内名列前茅。燃料电池汽车示范运行表明：汽车的燃料综合效率为内燃机汽车的2倍；是混合动力车型的1.5倍。1kg氢燃料约相当于5kg汽油。

发展燃料电池汽车的核心问题是燃料电池技术与批量生产。尽管适合车载的质子交换膜燃料电池（PEMFC）基本技术已经过关，各种概念车和样车早已问世。但预期生产成本超过70美元/kW，是汽油内燃机的3倍，电极的寿命2000h，是期望值的四分之一。如何降低贵金属用量和提高催化氧化稳定性是攻关重点，21世纪20年代开始批量进入市场并占有一定份额的难度很大。

氢燃料的推广应用将是汽车制造与交通运输行业的一场革命。虽然高度易燃易爆的氢气在工业生产中是早已熟悉的产品，但将装量5kg的高压氢分散到千家万户的汽车上将是一件世纪性的大事。

发展燃料电池汽车还存在其他技术经济问题，包括：氢燃料储存、运输和加注技术及建设相应的设施问题。解决这些问题需要若干年的持续攻关并取得满意成果，随之要投入大笔资金，建设制造工厂，建设遍及各地、改变公路运输面貌的基础设施。实现从石油基燃料向氢能燃料过渡谨慎的估计至少需要二三十年，争取2050年在市场上占有一定份额，为此国家政策扶持和社会公众的支持必不可少。

4. 纯电动汽车

前述各类汽车均采用运输燃料直接产生或通过发电转换为驱动动力，个别利用外来电源作为辅助动力，部分能量储存于蓄电池。纯电动车（BEV）则不用运输燃料，单纯由蓄电池提供所有动力。小功率的电动装载车、短途旅游乘座车和近年流行的电动自行车早已为人们熟悉，但它们不能满足轿车的性能要求，远达不到纯电动轿车（EV）的标准，只能称之为Neighbourhood Electric Vehicle（NEV）。

开发纯电动轿车的关键取决于蓄电池的性能和价格。传统的铅酸蓄电池的电容量、电功率、自重等指标与要求差距很大，后来的镍镉蓄电池有所改善，近年来研制的锂离子蓄电池的多项性能指标名列前茅，已被考虑用于PHEV。

PHEV蓄电池的电功率（40~60kW）是核心指标，而电容量不是主要矛盾。两者比值（P/E）越高，体积和重量越大，价格也越贵。EV的情况则以电容量（kW·h）为核心指标，按耗电16kW·h/100km和连续行驶500km，充电状态（SOC）操作窗口宽度80%计算，有效容量为80kW·h，电容量高达100kW·h。目前锂离子蓄电池比容量约100kW·h/kg，那么蓄电池组的重量锂离子蓄电池就高达1t以上，不能满足要求。正在研制的采用钛酸锂尖晶石阳极/纳米结构氧化物阴极的蓄电池除比容量之外其他性能（充电速度、放电速度、循环寿命等指标）可望取得突破，不会成为主要障碍。但锂离子蓄电池价格高昂（800~1000美元/kW，360美元/kW·h）却是不容忽视的问题。

基于上述难题，很难指望纯电动轿车能在21世纪中期实现大规模产业化生产。但制造商并未放弃生产城市内大型客车与短途小型电动轿车的努力，三井汽车公司计划2010年推出iMiEV牌号的纯电动车，连续行程200km，最高车速180km/h。根据我国国情，可预见将电动自行车进一步发展为小型电动轿车的良好前景。

5. 汽车的能效和环境影响

前面提过的汽车每加仑燃油行驶里程（英里）或行驶百公里的燃油指标（按城市内和市外公路两类情况）又称为燃料经济（Fuel Economy），已成为对比不同车型的一项重要指标。从节能的角度，这一指标有积极意义；但从严格的技术分析角度，该指标又不能充分反映内在规律。于是从油箱到车轮的效率（From Tank to Wheel，简称TTW）概念被提出，用以衡量燃料的全部热能用于驱动车轮（克服车轮与路面以及车身与大气的阻力）的百分比。经国外测试各类型的汽车TTW的数值均低，常规内燃机汽车大致在15%~25%之间。首先移动式内燃发动机因频繁的负荷变动，本身效率就不高，传动到车轴的效率也远不如固定式动机械，另外还承担如空调、照明等附属载荷，所以低效率理所当然，但不无改进余地。减轻车身重量、减少车身和轮胎的摩擦阻力等与车辆设计有关，发动机各系统以及动力系统的组合也存在有待改进的课题，当国家对此有明确要求的前提下，随着TTW的提高，燃油效率在目前基础上增加20%~30%应能实现。

汽车排放的尾气含有多种对人体健康有害的污染物（铅、烃、CO、NO_x、SO_x、PM_{10}），自20世纪80年代以后，经各国推行清洁燃料措施，已得到很大改善。今后采用混合动力汽车和采用替代燃料，还会进一步改善。目前出现的新问题是排气中的温室气体即二氧化碳仍多，大致占一个国家总排碳的15%~20%。发电厂的大量排碳可做到集中捕集，而捕集汽车排碳是不现实的。将来随着发电厂碳捕集的逐步实施，汽车排碳比率将越来越大，成为温室气体排放的罪魁。为此国外已开始公布各牌号汽车的年排碳数据（又称碳足迹，Carbon Footprint），或限制行驶每公里的排碳量，长远的措施则是采用生物质能源或可再生能源生产替代（碳基或非碳基燃料）。

四、综合能源效率和排碳强度分析

石油运输燃料的补充替代需要其他一次能源或二次能源通过一系列机械、物理、化学和生物的转化过程才能实现，远比单纯石油的勘探、开采与加工工序长，耗能多、投资高，甚至技术难度大。人们对各种替代燃料方案应认真研究，慎重论证，作出合理优化的科学决策，以便安排实施替代的路线图。综合本文叙述的资料，拟从生命周期分析（LCA）角度，对生产和应用不同替代燃料的综合能源效率和排碳强度作一概略的分析。

1. 各种替代燃料的综合能源效率

本文第五部分已经讨论了运输车辆的能源效率和排碳强度，也就是所谓TTW环节。以下谨就“从油井到油箱，WTT”环节，即生产替代燃料的全过程的能源效率作一匡算。

非常规石油生产运输燃料属于大分子重烃向中分子常规石油烃的转化（从油页岩提炼页岩油的过程略有差别），非常规石油与常规原油生产相比，由于热采，用能明显增加（例如深层油页岩地下热解单位产品用能（含非常规石油本身能量）大于1.3t/t；与常规原油加工相比，主要工序相似，但重质馏分份额大，复杂系数大，因而单位产品用能大一倍以上（以油当量FOE计，从1.10~1.15t/t增加到1.20~1.25t/t）。

煤或天然气生产烃产品不论间接液化或煤的直接液化，综合能量效率为45%~52%（天然气约60%），单位产品用能（FOE）为1.7~2.2t/t。若生产醇醚燃料，单位产品用能为1.4~1.6t/t。

生物质生产替代燃料，发酵法制乙醇和秸秆原料制乙醇的单位产品用能为1.0~0.3t/t；气化合成法生产合成油的单位产品用能为2.3~1.9t/t；生产生物柴油单位产品用能为0.1t/t（BTL）~0.5t/t（FOE）。

水电解制氢单位产品用能（以FOE计）约为3.2~3.5t/t，煤制氢约为1.8~2.0t/t。

注意用于燃料电池单位氢的能量效率至少比用于内燃机的石油产品高一倍。

风能电、太阳能光伏电与其他一次能源发电进行水电解制氢单位产品用能相同，高温核能与太阳能集热进行高温水电解制氢单位产品用能略低，高温核能与太阳能集热进行热化学分解水制氢单位产品用能也略低，因尚未工业化，暂缺可靠数据。

2. 能源替代路线图

由于资源量、技术成熟程度、经济合理性、基础设施与配套产业同步程度的差别，前述各种补充替代燃料进入市场的次序和发展规模有所不同，各国国情的差别也带来若干出入。世界能源理事会2007年组织撰写了一份报告，侧重于六方面的替代（柴油汽车替代汽油汽车、纤维素燃料乙醇、煤或天然气制油（CTL、GTL）、生物质制油（BTL）、混合动力汽车、燃料电池汽车），假设了2050年替代的比率，按不同国家（发达国家、发展中国家）情况区别对待，特别强调地区的差异和国家政策的影响，得出了多种情景的有关数据，绘制成多幅曲线图。

本书编者简要按下述替代路线估计今后可能的替代率：

非常规石油（油砂沥青、超重油）已开始充当补充常规石油不足的角色，2030 年前补充份额在 10%上下，此后美国油页岩开采技术可能成熟，逐渐占有一定的市场。

生物质能源（乙醇、生物柴油）稳步发展，10 年内纤维素乙醇高效酶技术和经济取得实效后步伐会加速，预期替代程度达 20%。30 年代以后生物质热解气化合成油生产技术与微藻柴油的高产技术如能做到经济可行，生物质能源替代率或能超过 30%。

当前煤与天然气以 CTL、GTL 方式替代石油技术基本成熟，待 10 年内示范厂的运行证实其可行性后，产煤大国（中国、美国）和市场偏远产气国家可望取得较快发展，但总替代率在 5%以内。

燃料电池汽车的普及应用取决于电池成本的大幅度降低与电池寿命的成倍延长，很难预测何时能实现。如果 21 世纪 30 年代开始实质应用，2050 年市场占有率可达 30%，那么所需氢气将分别用天然气或煤为原料，CTL、GTL 工厂将被 CTH、GTH 取代，发挥更大的能源效率。

纯电动轿车的开发取决于 60kW，200kW · h 高性能蓄电池的成功研制，很难预测实现的时间。

近年风能发电发展很快，利用风电制氢则是远景的设想。

3. 一次能源结构与排碳强度

替代石油基运输燃料的最终结果是动用了其他一次能源，产品有内燃机用的烃类或碳基燃料，也有非碳基的氢能燃料，另外有属于二次能源的电力。应该研究替代后社会所消费一次能源结构因时因地的变化状况和趋势。现在设想的中国 2050 年情况如下：

设定的基准情景是从目前发展走势推算到 21 世纪中期至 2050 年的不采取替代措施的石油消费，预测每年消费 8 亿~9 亿 t 原油，其中约 75%用于生产运输燃料。以此为基数，取值 100。以下所有能量数据均以石油当量为单位，设想由于各种节约和替代措施将使常规原油消费降低到 35。主要的节油措施是普及混合动力汽车，仅此即可节约油料 30，其中单纯 HEV 可节省 15；PHEV 又可节省 15，该能量是被电力取代，而电力要由以煤炭为主的一次能源 20. 5 产生。主要的补充替代措施有非常规石油 5（自产或进口），煤制油等 5，醇醚燃料 3，乙醇和生物柴油 10，天然气 2，氢能燃料暂按 10，希望届时增加。有关数据见下表（表中自天然气以下均按替代油品量折算为原油）。

2050 年中国石油补充替代设想情景（按常规发展未采取替代措施年用量为 100 计）

项　目	总　量	生产替代燃料使用一次能源（含原料与动力）				
		煤	天然气	生物质	其　他	合　计
常规石油	35	不　计				
非常规石油	5	1			1	2
天然气 NGV	2		1. 7			1. 7
乙醇、生物柴油	10	3. 5		17		20. 5
甲醇、二甲醚	3	5				5
CTL、GTL、BTL	5	8. 5		2		10. 5
氢	10	9	0. 3		1. 5	10. 8
HEV 节油	15					0
PHEV 节油（电代）	15	16			4. 5	20. 5
合　计	100	43	2	19	7	71

注：表内单位一律为油当量。

从表中看到补充和替代常规石油50（不计HEV节油），需要其他一次能源71，综合能量效率大约是70%，进一步分析其中氢能效率为92%，居第一位，这是由于燃料电池汽车能量效率高出内燃机汽车一倍以上带来的好处；PHEV效率73%（如全部按煤电则为70%）居第二位；以煤或生物质生产的三类替代燃料合计效率为50%。结果是多消费一次能源21，绝对量每年净增1.2亿~1.4亿t，约为当时总用能的3.0%~3.5%。

用于生产化工原料的石油量将因节油而不足，大约每年缺少5000万t裂解制乙烯原料。假设采用煤经甲醇制烯烃的替代途径去补充，那么每年要用1.4亿t标煤。

这时的替代运输燃料和替代石油化工原料两项将增加标煤年用量5.0亿~5.5亿t，使一次能源结构中煤的比例增加8%~9%，扣除少用石油减排的效果外，总能源系统排碳量相应增加（每年约6亿t），必须引起注意。

以较低的费用将煤气化过程产生的二氧化碳充分回收，可基本解决问题。但是二氧化碳的输送与封存的前期技术工作宜早日开展。

4. 生产替代燃料的地区和规模问题

常规原油的加工厂早已集中化，达到千万吨级规模；设备也随之大型化，达到单台千吨级。大宗原料和产品用管道输送，地区限制因素较小。而改为替代燃料之后将面临一系列变化。主要体现在以下方面：

(1) 生产工厂规模普遍小几倍或一两个数量级。百万吨级的（制氢工厂几十万吨级）大型煤制替代燃料工厂应建设在煤矿区，以减轻大量煤的外运。生物质资源分散，体积大，为了降低原料收购成本，运输半径不宜超过50km，决定了生物质原料加工厂一般为十万吨或10万~30万t级。表面上看分散生产对分散用户似乎更方便，但生产链较长，往往一级产品需要再次调合或进一步集中加工，抵消了分散带来的便利。风能或太阳能资源更分散，即使就地生产氢，规模也只有万吨级。

(2) 煤基替代液体燃料运输方便，但布点位置在西北产煤区，离用户有千里之遥，小口径管道运输未必经济，宜汇集为大系统管网全国统筹安排销售。

(3) 大量氢气可以长距离管输，与天然气比较，建设费和运费相对高昂。但运量少的短距离管道运输则不合算。

(4) 大量氢的储存仍是难题。

几条刍议

1. 石油替代是当前热门话题，也是世界性和世纪性难题

石油资源的日趋短缺已是不争的事实，尽管仍然存在“悲观派”和“乐观派”的不同见解，但无非是常规石油生产达到峰值的具体时间或早或晚的问题。鉴于交通运输业的快速发展已成人类社会进步的动力，为道路行驶的车辆提供方便灵活的动力赋予了石油基运输燃料无比的优势。遗憾的是汽车内燃机的能量转化效率过低，造成石油的消耗与时俱增。21世纪以来，替代石油成为当前热门话题，包括中国在内的很多国家已开始行动。把这项大课题充分展视，不难发现其中涉及专题之多，涉及部门之广，涉及人员之众，涉及时间之长是前所未有的。因此可以认为它是与其他一次能源密切相关，需要旷日持久研究开发、分阶段推广应用的一项重大课题，既是世界性难题，又是世纪性难题。

2. 切实核实国内可采的非常规石油资源和可利用的生物质资源

初步结论是近期可用煤或天然气等常规化石燃料生产合成油与醇醚类替代燃料，还可用来自粮食或非粮作物的淀粉、油脂等生物质原料为生产乙醇、生物柴油等替代燃料。

但结合国情分析，我国的煤主要是用于满足不断增长的电力生产需求，目前产量已经很高，今后能动用生产替代燃料的煤炭资源数量有限。大量非食用粮油作物（甜高粱、木薯、麻风树、黄连木等）还有待培育，已有耕地、林地的废弃物资源虽然理论上能折合几亿吨标准煤当量。这些资源中，扣除发电、制沼气的资源和难以动用的数量后，究竟有多少能用于生产替代燃料还有待仔细调查落实，其数量多少将决定替代石油运输燃料百分比。

国外非常规石油资源基本查明，其生产过程耗能用水较多，难以就地形成大规模生产能力。我国距离国外产地很远，能从国外进口的数量有限。国内油页岩资源开发涉及综合利用的复杂问题，页岩干馏和页岩油的加工研究和大规模产业化论证尚未列入日程，需要国家统一抓紧部署，才有望在20年内建成500万t级工厂。

因此保守估计我国用非常规石油资源补充常规石油的能力在2050年可以达到折原油8000万t/a左右，生物质资源生产石油替代燃料的能力折原油在6000万t/a左右（相当于再造一个大庆油田）。

3. 理解替代运输燃料生产的技术密集和资金密集性质

不论原料来自何种能源，所有补充和替代燃料的生产制造过程都具有生产链长，生产和储存运输工序多的特点，生物质原料包括从播种到收获乃至烘干、捆扎、打包等过程，其综合资金投入比石油勘探、开发、开采、运输和炼制高出不少。以单位产品（折合每吨石油当量）投资计算，前者一般为0.8万~2万元（人民币现价），而后者仅为0.5万~0.8万元。高投入必然带来的高额财务费用（含合理的回报），通常占产品价格构成的一半甚至更多。例如煤制油的固定费用（含回报）约2500元/t，是原料煤价3倍，秸秆制乙醇的固定费用（含回报）约2200元/t，是原料入厂价10倍。今后氢能燃料（含燃料电池汽车与基础设施）的资金投入尤其惊人。纵然原油价格在高位波动，替代燃料投资的风险远大于属于老能源的石油业。

新能源的开发需要一系列新技术，已有的传统技术只有被生产强度和能源效率更高的新技术更换，才能在成本上有竞争力。例如煤和生物质的大型气化炉、制氧的膜分离器、基于基因工程生产的高效廉价纤维素水解酶、核能与太阳能热化学水分解反应的高温取热与超高强度集热设备等，如果把燃料电池汽车相关技术包含进去，新技术项目之多，密集程度之高不胜枚举。

4. 认识石油替代过程的长期性与阶段性，可再生能源接替必将增加一次能源用量和温室气体排放量

石油替代不可能一蹴而就，它的完全替代将是一段长达半世纪左右的过程。如果提出一张路线图，就能看出明显的阶段性。燃料电池进入市场之前，替代燃料主要来自生物质生产的乙醇与生物柴油，有些国家可达到20%的替代率。在煤或天然气资源富足的国家，煤或天然气制油技术应用将通过商业化走向成熟，但不易占有较多的替代率。与此同时非常规石油将在少数资源丰富的国家得到发展，出口到周边地区，但不足形成全球性的贸易。氢燃料推广应用的早期，制氢原料也将是天然气或煤。

凡此种种可预见，生物质将首先替代石油，天然气和煤紧随其后。生命周期分析表明，乙醇和生物柴油的生产过程仍需消耗化石能源，严格上它们不属于纯绿色燃料。

像中国这样以煤为主要一次能源的国家，前阶段替代石油中煤所占比率远大于生物质，减油意味着增煤，扩大它在一次能源构成中的份额，抵消可再生能源与核能替代煤的部分效果，也给煤的生产供应增加压力，成为制约因素。还应注意到伴随煤炭消费增加而带来的温室气体排放同步增长将对环境的冲击，二氧化碳捕集和封存的前期工作（技术开发、封存地点调查和现场示范等长周期研究开发工作）宜尽早部署，以免贻误时机。

5. 大力推进混合动力汽车进入市场步伐和保有份额

作为一种回收内燃机汽车怠速、减速、刹车运行中动力，提高汽车燃油效率的混合动力汽车已投放市场多年，开始占有一定份额。随着油价飙升，混合动力汽车额外的费用可在5年左右回收，并且还产生减排温室气体的社会效益，预期今后销售量将更快增加。如果2050年前所有轿车均属混合动力型，年节油将折合为9000万t原油，效果可观。扩大混合动力中的蓄电和电动系统（PHEV-40），用外部电源一次充电后，能在全电力驱动下行驶60km，多数乘坐者每年约200天的上班时间内将不必给车加油，这样一来又可获得年节油折合为9000万t原油效益。不过所节省的油将用相对廉价的电力去补偿，多付的车价回收年限较长。假如外部电源来自煤电，节油减排的温室气体会被煤电增排抵消。无论如何，PHEV的节油效果是肯定的，宏观上每节油1t只需标煤1.4t，远低于煤制油。政府从战略角度应该提倡发展PHEV，给汽车研发部门和制造业必要的支持，争取早日实现产业化，也为来日纯电动轿车的诞生打下基石。

6. 关注燃料电池汽车与氢运输燃料的发展

自从科学界发现质子膜燃料电池的优异性能和氢本身属于“清洁燃料”的特点后，发展燃料电池汽车的呼声已有20年之久。在这期间几家大型汽车制造企业相继推出多种概念车和样车，取得了长距离行车的良好成绩。国外小量生产的轿车和客车已运行多年，并有专门的加氢站为之服务。大批量生产并进入市场的问题是电池系统制造费用太高，经过几年美国能源部组织的攻关，目前按批量生产大约是车用内燃机的3倍，再经过10年努力，能否降低到比内燃机略高的水平仍是疑问。此外由于氢的分散制造成本较高，经营多年的原有油品储存、运输和加注设施均需“推倒重来”，社会一系列与运输相关产业（制造业、运输业和服务业）要大改组，千家万户使用氢气带来的安全意识也要进行“再教育”，这些大变革也需要长时间的准备。迄今国内外对燃料电池汽车近中期发展前景并不看好。但鉴于氢燃料最终能利用可再生能源制造，使人类摆脱使用资源有限的化石燃料带来的困扰，最终实现“能源循环经济”的远景目标，国家主管部门和社会人士宜关注燃料电池汽车与氢运输燃料的发展，不失时机地跟踪国外前进的步伐，同时支持国内科技界与产业界努力作出自主创新的业绩。

7. 积极参与国际合作，开创新技术，争取达到较高的设备国产化水平

近年来很多与全人类有关的重大科技开发项目，往往采取国际合作方式组织实施。如能源项目中的ITER（核聚变）、FutureGen（煤电联产氢并捕获封存二氧化碳）等，不仅能解决资金问题，更重要的是积累各国人才的智慧，争取早日突破难关。国际合作成果由参加国共享，有利于推广应用。另一方面，根据参加国的产业优势，在新型大型设备和材料制造可分工协作，通过这个途径能有效提高中国设备制造业水平，提高国产化率，甚至形成出口产品。

8. 组织力量，结合国情，针对多项重大课题进行深入科学分析和反复技术经济论证，以期作出高水准的科学决策

上面论述了替代石油的方方面面问题，综合起来是属于能源领域一项大课题，它涵盖了

科学技术的众多学科与专业，涉及不少产业部门和单位。很多专题或子课题相互交叉、既有联系又有制约。彻底解决今后数十年我国替代石油的艰巨任务需要投入巨额资金，并在研发和产业化过程中承担不小的风险。鉴于新技术开发与新产业形成的时间跨度很长，前期工作宜尽早起步。这就需要政府高层组织力量，结合国情，针对多项重大问题进行深入科学分析和反复技术经济论证，保证作出高水准的科学决策。实施过程应统一安排重点课题的研究开发，统一组织国内有关单位实施，避免重复研发，浪费人力、物力和财力。尤其在发展新产业进程中更要谨慎行事，防止有些地方和老企业头脑过热，一哄而起，不遵循科学发展观办事，造成全国产业布局和地方工业园区规划不够合理，难以体现资源的有效利用（例如以块块分割，各行其是的分散项目替代煤-电-化工一体化生产），还可能出现争夺有限资源（水资源、生物质资源）的情况。

缩 略 英 语 词

A

ACA（Activated Carbon Aerogel） 活性炭制成的气凝胶

AEO（Annual Energy Outlook） 美国能源部年度能源展望

AERI（Alberta Energy Research Institute） 加拿大 Alberta 能源研究院

AFC（Alkaline Fuel Cell） 碱性燃料电池

AGHR（Advanced Gas Heated Reformer） 先进气体加热式重整

ANL 美国 Argonne 国家实验室

AGSO（Australian Geological Survey Organization） 澳大利亚地质调查组织

APERC（Asian-Pacific Energy Research Center） 亚太经济合作组织的能源研究中心

B

BEV（Battery Vehicle） 纯电动汽车，或称蓄电池汽车

BP（British Petroleum） 英国石油公司

BTX（Benzene，Toluene，Xylene） 苯、甲苯和二甲苯

C

CAFE（Corporate Average Fuel Economy） “公司平均燃料经济性”标准

CAPP（Canadian Association of Petroleum Producers） 加拿大石油生产者协会

Car-pooling 小汽车共用制度

CBTL（Coal-Biomass to Liquids） 煤-生物质制油技术

CCS（Carbon Capture and Sequestration） CO_2 捕集和封存技术

CDC（Carbide -Derived Carbon） 源自碳化物的碳材料

Cold Flow Production Technology 冷流动开采法

Conoco 康菲石油公司

Cyclic Steam Stimulation（CSS） 循环注入蒸汽开采法

CTL（Coal to Liquid） 煤炼油技术

D

DCL（Direct Coal Liquefaction） 煤炭直接液化

DilBit 凝析油稀释沥青

DME（Dimethyl Ether） 二甲醚

DMFC（Direct Methanol Fuel Cell） 直接甲醇燃料电池

DMTO 中国国内大连化物所与洛阳石化工程公司等单位开发的甲醇制烯烃工艺技术

DOA（Department of Agriculture） 美国农业部

DOE（Department of Energy） 美国能源部

E

EERE（Energy Efficiency and Regenerable Energy） 美国能源部下属的能源效率与可再

生能源管理机构

EIA（Energy Information Administration）　美国能源情报局（能源部下属单位）

EOR（Enhanced Oil Recovery）　提高原油采收率技术

EPA（Environment Protection Agency）　美国环境保护局

EAR（Estimated Additional Uranium Resources）　估算附加铀资源

EV（Electric Vehicle）　电动汽车

Exxon-Mobil　公司名

EPRF（Environmental Prediction Research Facility）　美国环境预测研究中心

F

FCV（Fuel Cell Vehicle）　燃料电池汽车

FOE（Fuel Oil Eguivalent）　以热值为基准的燃料油当量

Fuel Cell Stack　燃料电池堆

Foster Wheeler Starchem Methanol Process　福斯特-惠勒甲醇工艺

G

GHG（Greenhouse Gas）　温室气体

GTL（Gas to Liquids）　天然气制油

GT-MHR　新的汽轮机-模块化氦气核反应反应堆

GDP（Gross Domestic Production）　国内生产总值

H

HCCI（Homogeneous Charge Compression Ignition）　内燃机均匀充气压燃技术

HEV（Hybrid Electric Vehicle）　混合动力汽车

HCCI（ Homogeneous Charge Compression Ignition）　均质充气压缩点燃方式发动机

Hp（Hydrcarbon Yrocessing）烃加工杂志　（美国）

HTGR（High Temperature Gas-cooled Reactor）　高温气冷核反应堆

HRSG（Heat Recovery Steam Generator）　热回收发生蒸汽系统

I

IDCL（Indirect Coal liquefaction）　煤炭间接液化

IEA（International Energy Agency）　国际能源署

IEO（International Energy Outlook）　国际能源展望

IGCC（Integrated Gasification Combined Cycle）　整体式气化联合循环

IGOR（Integrated Goss Oil Refining）　德国的煤加氢液化工艺

IGFC（Integrated Gasification- Fuel Cell System）　燃料气化-燃料电池发电的联合循环系统

IIASA（International Institute for Applied System Analysis）　应用系统分析国际机构

IPCC（Intergovernmental Panel on Climate Change）　政府间气候变化组织

J

JM Catalysts　公司名

JM Synetix　公司名［前身是ICI公司］

L

LNG（Liquefied Natural Gas） 液化天然气

LNGV（Liquefied Natural Gas Vehicle） 液化天然气车

LPG（Liquefied Petroleum Gas） 液化石油气

LPMEOH™ 液相甲醇合成工艺

Lurgi Mega Methanol Process 鲁奇大型甲醇工艺

M

MCFC（Molten Carbonate Fuel Cell） 熔融碳酸盐燃料电池

MEA（Membrane Electrode Assembly） 膜电极组件

MHTGR（Modular High Temperature Gas-cooled Reactor） 模块式高温气冷核反应堆

MPG（Mile per Gallon） 每加仑油料行驶的英里数

MPG（Mixed Prairie Grasses） 一种草原型能源作物

MMOM（Microporous Metal Organic Materials） 微孔金属有机配合物

MTBE（Methyl-Tert-Butyl Ether） 甲基叔丁基醚

MTG（Methanol to Gasoline） 甲醇生产汽油技术

MTO（Methanol to Olefins） 甲醇制烯烃工艺技术

MTP（Methanol to Propylene） 甲醇制丙烯工艺技术

N

NEDOL 日本新能源产业技术开发综合机构（NEDO）开发的烟煤炭液化（BCL, Brown Coal Liquefaction Process） 工艺

NGL（Natural Gas Liquid） 天然气液体

NREL（National Regenerable Energy Laboratory） 美国可再生能源国家实验室

NETL（National Energy Technology Laboratory） 美国国家能源技术实验室

NHTS（National Household Travel Survey） 美国家庭旅游调查局

O

OCM（Oxidative Coupling of Methane） 甲烷氧化耦联制乙烯技术

OECD（Organization for Economic Cooperation and Development） 经济合作与发展组织

O G J（Oil & Gas Journal） 油气杂志（美）

OPEC（Organization of Petroleum Exporting Countries） 石油输出国组织（欧佩克）

ORNL（Oak Ridge National Laboratory） 美国橡树岭国家实验室

P

PAFC（Phosphoric Acid Fuel Cell） 磷酸燃料电池

PDU（Process Development Unit） 工艺开发试验装置

PEMFC（Polymer Electrolyte Membrane Fuel Cell） 聚合物电解质膜燃料电池

PHEV（Plug-in Hybrid Electric Vehicle） 电网充电式混合动力汽车

PPP（Purchasing Power Parities） 购买力当量价

POPs（Persistent Organic Pollutants） 持久性有机污染物

PCSD（ Pressure Cycle Steam Drive） 压力循环蒸汽驱动开采法

R

RAR（Reasonably Assured Uranium Resources）　合理确定的铀资源

Rentech　公司名

S

SAPO　催化剂 含硅铝磷氧化物分子筛催化剂

SAGD（Steam Assisted Gravity Drainage）　注入蒸汽-重力排出法

Sasol　公司名

SD（Sustainable Development）　可持续发展

SOFC（ Solid Oxide Fuel Cell）　固体氧化物燃料电池

SNG（Substitute Natural Gas）　煤制替代天然气

SUV（Sport Utility Vechicle）　多功能车

SynBit　合成油稀释沥青

Syntroleum　公司名

SMP（Sustainable Mobility Project）　IEA 与 WBCSD 合作开展的可持续交通研究项目

T

TDI（Turbo-Direct Injection）　涡轮直接喷射

TEQ（Toxic Equivalency ）　毒性当量浓度

TIAX　公司名

TTW（Tank to Wheel）　从“油箱到车轮”综合能量消耗核算综合气体排放研究

U

UOP　美国环球油品公司

USABC（U. S. Applied Battery Consortium）　美国应用蓄电池联合会

USGS（U. S. Geological Survey）　美国地质调查局

UNFCCC（United Nations Framework Convention of Climate Change）　联合国气候变化框架公约

W

WBCSD（World Business Council for Sustainable Development）　世界可持续发展理事会

WEO（World Energy Organization）　世界能源组织

WEC（World Energy Council）　世界能源理事会

WTT（Well to Tank）　从“油井到油箱”（指运输燃料从原料到产品生产全过程的能量消耗与 GHG 排放综合数据）

WTW（Well to Wheel）　从“油井到车轮”（指运输燃料应用于汽车运输全过程能量消耗与 GHG 排放综合数据）